目　录

《公路工程水泥及水泥混凝土试验规程》(JTG E30—2005)……………………………… 1
《公路土工试验规程》(JTG E40—2007)……………………………………………………… 2
《公路工程岩石试验规程》(JTG E41—2005)………………………………………………… 3
《公路工程集料试验规程》(JTG E42—2005)………………………………………………… 4
《公路工程土工合成材料试验规程》(JTG E50—2006)……………………………………… 5
《公路工程无机结合料稳定材料试验规程》(JTG E51—2009)……………………………… 6
《公路路基路面现场测试规程》(JTG E60—2008)…………………………………………… 7

JTG

中华人民共和国行业标准 JTG E30—2005

1

公路工程水泥及水泥混凝土试验规程

Test Methods of Cement and Concrete for Highway Engineering

2005-03-03 发布 2005-08-01 实施

中华人民共和国交通部发布

中华人民共和国交通部公告

1

第3号

关于发布《公路工程水泥及水泥混凝土试验规程》（JTG E30—2005）、《公路工程岩石试验规程》（JTG E41—2005）、《公路工程集料试验规程》（JTG E42—2005）的公告

现发布《公路工程水泥及水泥混凝土试验规程》（JTG E30—2005）、《公路工程岩石试验规程》（JTG E41—2005）和《公路工程集料试验规程》（JTG E42—2005），自2005年8月1日起施行。原《公路工程水泥混凝土试验规程》（JTJ 053—94）、《公路工程石料试验规程》（JTJ 054—94）和《公路工程集料试验规程》（JTJ 058—2000）同时废止。

《公路工程水泥及水泥混凝土试验规程》（JTG E30—2005）与《公路工程集料试验规程》（JTG E42—2005）由交通部公路科学研究所主编，《公路工程岩石试验规程》（JTG E41—2005）由中交第二公路勘察设计研究院主编。规程的管理权和解释权归交通部，日常的具体解释和管理工作由主编单位负责。

请各有关单位在实践中注意积累资料，总结经验，及时将发现的问题和修改意见函告规程主编单位（交通部公路科学研究所，北京市海淀区西土城路8号，邮政编码：100088；中交第二公路勘察设计研究院，武汉市汉阳区鹦鹉大道498号，邮政编码：430052），以便修订时参考。

特此公告。

中华人民共和国交通部

二○○五年三月三日

前　言

原中华人民共和国行业标准《公路工程水泥混凝土试验规程》(JTJ 053—94)于1994年7月5日发布,1994年12月1日实施,规程所涉及的各项试验方法与当时的相关国家标准保持一致或等效。该规程自颁布实施以来,在我国公路工程建设中得到广泛应用,对指导和规范公路工程水泥及水泥混凝土试验起到了重要作用。

近几年来,随着世界经济贸易及政治形势的变化,世界各国对采用国际标准提出了新的要求,推动了各国将本国标准同国际接轨的进程。我国十分重视与国际标准的接轨工作,1993年国家质量监督检验检疫总局颁布了《采用国际标准和国外先进标准管理办法》,2001年11月21日再次发布命令,实施《采用国际标准管理办法》。该办法指出,采用国际标准和国外先进标准是我国的一项重要技术政策,是技术引进的重要组成部分,应同我国的技术引进、技术改造和新产品开发相结合。

1994年国家建材局下达水泥标准修订项目计划任务书,中国建筑材料科学研究院等单位于1995年开展“ISO 679 水泥强度检验方法(国际法)”和“ISO 标准砂(国际标准砂)”的试验研究工作,于1999年提出了主要内容与ISO 679:1989完全一致的国家标准《水泥胶砂强度检验方法(ISO 法)》(GB/T 17671—1999)。由于水泥强度检验方法是水泥的最基本试验方法,所以这项试验方法的修订引起一系列相关标准方法的修订。接着建设部也组织中国建筑科学研究院等单位对水泥混凝土拌合物性能及硬化混凝土力学指标有关的试验方法进行修订。

原《公路工程水泥混凝土试验规程》是在国家标准和其他通用行业标准的基础上结合公路工程的特点编制的行业标准。因此,在国家标准和通用行业标准变化的情况下,对现行《公路工程水泥混凝土试验规程》(JTJ 053—94)中有关试验条件、仪器设备乃至整个试验方法进行相应的修订是非常必要的。

本次修订遵循了以下几个原则:

1. 试验方法的选取:基本保持现行试验规程的格局,根据相关标准的修订情况,综合考虑本行业的需求和一般实验室仪器设备的可行性选取。

2. 试验方法中凡是已有国家标准(包括即将制定完成的国家标准)的,以其为基础进行修订;尚无国家标准或国家标准不能适应行业要求的,积极采用国外或其他行业的先进标准。

3. 在主要内容上与通用标准保持一致。

根据上述修订原则及相关标准的修订情况,本次修订的主要内容有:

(1)为便于设计、施工等标准规范的引用,重新调整试验方法编号;

(2)“水泥胶砂强度检验方法(ISO 法)”及规程中所有与其相关的内容;

(3)“水泥标准稠度用水量、凝结时间、安定性检验方法”及其相关内容;

(4)增加水泥浆体流动性试验方法;

(5)增加水泥胶砂干缩试验方法;

(6)水泥混凝土试验方法中与现行国标不一致的内容;

(7)增加水泥混凝土拌合物泌水试验方法;

(8)增加碾压混凝土拌合物稠度试验及试件制作方法;

(9)增加水泥砂浆抗压强度试验方法。

本规程由交通部公路科学研究所负责解释。希望各单位在使用中注意总结经验,在执行中有何意见和建议,请及时函告交通部公路科学研究所(地址:北京市海淀区西土城路8号,邮政编码:100088,电话:010-62079598,传真:010-62079556,电子邮件:km.niu@rioh.cn)或中建标公路工程委员会秘书处(地址:北京市海淀区西土城路8号,邮政编码:100088,电话:010-62079195,传真:010-62079195,电子邮件:SHC@rioh.cn)。

原规程主编单位:交通部第二公路勘察设计院(现中交第二公路勘察设计研究院)
交通部公路科学研究所

原规程主要起草人:周俊卿 蔡正咏 李世绮 夏玲玲 李苏平

本规程修订单位:交通部公路科学研究所

本规程主要起草人:牛开民 田波 夏玲玲 刘英

目　录

1　总则 …… 1

2　术语、符号 …… 3

2.1　术语 …… 3

2.2　符号 …… 4

3　水泥试验 …… 5

T 0501—2005　水泥取样方法 …… 5

T 0502—2005　水泥细度检验方法(80μm 筛筛析法) …… 7

T 0503—2005　水泥密度测定方法 …… 10

T 0504—2005　水泥比表面积测定方法(勃氏法) …… 12

T 0505—2005　水泥标准稠度用水量、凝结时间、安定性检验方法 …… 16

T 0506—2005　水泥胶砂强度检验方法(ISO 法) …… 21

T 0507—2005　水泥胶砂流动度测定方法 …… 28

T 0508—2005　水泥浆体流动度测定方法(倒锥法) …… 30

T 0509—2005　水泥浆体流动度测定方法(筒球法) …… 32

T 0510—2005　水泥胶砂耐磨性试验方法 …… 33

T 0511—2005　水泥胶砂干缩试验方法 …… 37

T 0512—2005　水泥胶砂强度快速试验方法(1.5h 促凝压蒸法) …… 41

4　水泥混凝土拌合物试验 …… 46

T 0521—2005　水泥混凝土拌合物的拌和与现场取样方法 …… 46

T 0522—2005　水泥混凝土拌合物稠度试验方法(坍落度仪法) …… 47

T 0523—2005　水泥混凝土拌合物稠度试验方法(维勃仪法) …… 49

T 0524—2005　碾压混凝土拌合物稠度试验方法(改进 VC 法) …… 51

T 0525—2005　水泥混凝土拌合物表观密度试验方法 …… 53

T 0526—2005　水泥混凝土拌合物含气量试验方法(混合式气压法) …… 54

T 0527—2005　水泥混凝土拌合物凝结时间试验方法 …… 57

T 0528—2005　水泥混凝土拌合物泌水试验方法 …… 59

T 0529—2005　水泥混凝土拌合物配合比分析试验方法 …… 61

5　硬化水泥混凝土性能试验 …… 65

T 0551—2005　水泥混凝土试件制作与硬化水泥混凝土现场取样方法 …… 65

T 0552—2005　碾压混凝土抗弯拉试件的制作方法 …… 69

T 0553—2005　水泥混凝土立方体抗压强度试验方法 …… 71

T 0554—2005　水泥混凝土圆柱体轴心抗压强度试验方法 …… 72

T 0555—2005　水泥混凝土棱柱体轴心抗压强度试验方法 …… 75

T 0556—2005　水泥混凝土棱柱体抗压弹性模量试验方法 …… 76

T 0557—2005　水泥混凝土圆柱体抗压弹性模量试验方法 …… 79

T 0558—2005　水泥混凝土抗弯拉强度试验方法 …… 81

T 0559—2005　水泥混凝土抗弯拉弹性模量试验方法 …… 83

T 0560—2005 水泥混凝土立方体劈裂抗拉强度试验方法 …… 85
T 0561—2005 水泥混凝土圆柱体劈裂抗拉强度试验方法 …… 87
T 0562—2005 水泥混凝土抗弯拉试件断块抗压强度试验方法 …… 89
T 0563—2005 水泥混凝土强度快速试验方法(1h 促凝压蒸法) …… 90
T 0564—2005 水泥混凝土动弹性模量试验方法(共振仪法) …… 95
T 0565—2005 水泥混凝土抗冻性试验方法(快冻法) …… 97
T 0566—2005 水泥混凝土干缩性试验方法 …… 99
T 0567—2005 水泥混凝土耐磨性试验方法 …… 101
T 0568—2005 水泥混凝土抗渗性试验方法 …… 103
T 0569—2005 水泥混凝土渗水高度试验方法 …… 104
T 0570—2005 水泥砂浆立方体抗压强度试验方法 …… 105

1 总　　则

1.0.1 为规范公路工程中所使用水泥及水泥混凝土各种性能及特征值的测定,特制定本规程。

1.0.2 本规程适用于公路工程用水泥及水泥混凝土性能试验。

1.0.3 本规程使用的仪器设备,均应经相应的计量部门或检测机构检定合格。

1.0.4 计量单位应采用国家法定计量单位。

1.0.5 本规程所使用的筛孔除特殊说明外,均指方孔筛。

1.0.6 现行相关标准的内容通过在本规程中引用而构成为本规程的条文。本规程发布时,所引用版本均为有效。当所引用版本更新时,应探讨使用最新版本的可能性。

条文说明

为标准化本规程所采用国家标准或国际标准的用语,本规程使用:"等同"、"修改"、"非等效"。本规程中所使用"等同"是指标准与国家标准或国际标准在技术内容和文本结构上完全相同;或者与国家标准或国际标准的技术内容上相同,但可以包含小的编辑性修改。"修改"是指标准与国家标准或国际标准在技术内容上允许存在差异,这些差异应清楚地表明并给出解释。"非等效"是指与国家标准或国际标准在技术内容和文本结构上不同,同时他们之间的差异也没有被清楚地表述。

为方便引用,列出表 1.0-1 供参考。

表 1.0-1　本规程和其他方法对照表

本规程	国　标	ISO	ASTM	建　材	其　他
T 0501	GB 12573—1990				
T 0502	GB/T 1345—2005				
T 0503	GB/T 208—1994		ASTM C188—1989		
T 0504	GB 8074—1987		ASTM C204—2000		
T 0505	GB/T 1346—2001		ISO 9597—1989		
T 0506	GB/T 17671—1999	ISO 679—1989			
T 0507	GB/T 2419—2005				
T 0508			ASTM C939—1997		
T 0509					
T 0510				JC/T 421—2004	
T 0511			ASTM C596—2001	JC/T 603—2004	
T 0512				JC/T 738—2004	
T 0521		ISO 2736-1—1986			
T 0522		ISO 4109—1980	ASTM C143/C143M—2000		
T 0523		ISO 4110—1979			
T 0524					
T 0525		ISO 6276—1982			
T 0526		ISO 4848—1980	ASTM C231—1997		
T 0527			ASTM C403—1999		
T 0528			ASTM C232—1999		

续上表

本规程	国　标	ISO	ASTM	建　材	其　他
T 0529					
T 0551		ISO 2736-2—1986	ASTM C192/C192M—2000 ASTM C31/C31M—2000		
T 0552					
T 0553		ISO 4012—1978			
T 0554			ASTM C39/C39M—2001		
T 0555					
T 0556					
T 0557		ISO 6784—1982	ASTM C469—1994		
T 0558		ISO 4013—1978	ASTM C78—2002		
T 0559					
T 0560		ISO 4108—1980			
T 0561		ISO 4108—1980	ASTM C496—1996		
T 0562					AASTHO T140
T 0563					
T 0564			ASTM C215—1997		
T 0565			ASTM C666—1997		
T 0566					
T 0567			ASTM C944—1999	JC/T 421—1991	
T 0568					
T 0569					DL/T 5150—2001
T 0570			ASTM C109/C109M—2001		

2 术语、符号

2.1 术　语

2.1.1 细度 fineness

描述水泥粗细程度的参数。用规定筛网上所得筛余物的质量占试样原始质量的百分数或用比表面积来表示水泥样品的细度。

2.1.2 凝结时间 setting time

从加水开始，到水泥浆失去可塑性所需时间。

2.1.3 安定性 soundness

表征水泥硬化后体积变化均匀性的物理指标。雷氏法是观察由两个试针的相对位移所指示的水泥标准稠度净浆体积膨胀程度，而试饼法是观察水泥标准稠度净浆试饼体积膨胀程度。

2.1.4 标准稠度用水量 normal consistency

简称稠度，是指水泥净浆达到规定稠度时的加水量，以水泥质量百分率表示，用于测定水泥浆凝结时间和安定性的用水量。

2.1.5 水泥胶砂 cement mortar

一定比例的水泥、砂和水的混合物。水泥可以是不同类型的；砂可以是标准砂或 ISO 砂；一般用水量会根据不同要求而改变。

2.1.6 碾压混凝土 roller-compacted concrete

一种振动碾压成型的干硬性水泥混凝土。

2.1.7 坍落度 slump

一定形状的新拌水泥混凝土拌合物在自重作用下的下沉量。

2.1.8 坍落扩展度 slump spread

当新拌水泥混凝土拌合物的坍落度大于 220mm 时，拌合物最终扩展后的直径。

2.1.9 含气量 air content

按规定试验方法，所测得水泥混凝土拌合物单位体积所含气体的百分率。

2.1.10 泌水 bleeding

新拌水泥混凝土拌合物在静置状态下表面水分渗出现象。

2.1.11 水泥混凝土拌合物表观密度 cement concrete apparent specific density

单位体积新拌水泥混凝土拌合物的质量。

2.1.12 抗压强度 compressive strength

立方体试件或标准圆柱体试件单位面积上所能承受的最大压力。

2.1.13 抗弯拉强度 flexural strength

按规定试验方法测得水泥混凝土小梁试件所能承受的最大弯拉应力。

2.1.14 轴心抗压强度 axial compressive strength

棱柱体试件或圆柱体试件轴向单位面积所能承受的最大压力。

2.1.15 抗压弹性模量 compressive modulus of elasticity

棱柱体试件或圆柱体试件轴向承受的一定压力时产生单位变形所需应力。

2.1.16 抗弯拉弹性模量 flexural modulus

棱柱体试件承受的一定弯拉应力时产生单位变形所需应力。

2.1.17 抗冻性 resistance to freezing and thawing

水泥混凝土抵抗冻融循环的能力。

2.1.18 干缩性 drying shrinkages

一定环境下水泥混凝土失水后尺寸的收缩性能。

2.1.19 抗渗性 resistance to hydraulic pressure

水泥混凝土抵抗一定水压力的能力。

2.1.20 渗水高度 depth under hydraulic pressure

水泥混凝土在一定水压力下的渗水高度。

2.1.21 ISO 砂 ISO standard sand

特指符合 GB/T 17671—1999 要求的试验用砂,其多级粒径为 0.08 ~ 0.5mm、0.5 ~ 1.0mm、1.0 ~ 2.0mm。

2.1.22 集料的公称最大粒径 normal maximum size of aggregate

集料可能全部通过或允许有少量不通过(一般容许筛余不超过 10%)的最小标准筛筛孔尺寸。通常公称最大粒径比集料最大粒径小一个粒级。

2.2 符　号

符　号	意　义	符　号	意　义
B_a	拌合物泌水量	f_{ts}	水泥混凝土立方体劈裂抗拉强度
C	水泥混凝土强度等级专用符号	G	水泥胶砂单位面积的磨损量
E_c	水泥混凝土抗压弹性模量	G_c	水泥混凝土单位面积的磨损量
E_d	水泥混凝土动弹性模量	K_n	经 n 次冻融循环后的试件相对耐久性指数
E_f	水泥混凝土抗弯拉弹性模量	P	经 n 次冻融循环后试件的相对动弹性模量
F	水泥试样的筛余百分数	P_t	t 天龄期的水泥混凝土水分蒸发率
f'	水泥混凝土断块抗压强度	R_c	水泥胶砂的抗压强度
f_{1h}	促凝压蒸 1h 快硬湿筛砂浆抗压强度、	R_f	水泥胶砂的抗折强度
$f_{1.5h}$	促凝压蒸 1.5h 快硬水泥胶砂抗压强度	S	水泥混凝土抗渗等级
f_{PR}	单位面积贯入阻力	S_c	水泥的比表面积
f_{cc}	水泥混凝土圆柱体抗压强度	S_d	龄期 d 天的水泥混凝土干缩率
f_{cp}	水泥混凝土棱柱体轴心抗压强度	S_k	水泥混凝土相对渗透系数
f_{ct}	水泥混凝土圆柱体劈裂抗拉强度	S_t	水泥胶砂的干缩率
f_{cu}	水泥混凝土立方体抗压强度	W_n	n 次冻融循环后的试件质量变化率
f_f	水泥混凝土抗弯拉强度	ρ	水泥的密度
$f_{m,cu}$	水泥砂浆立方体抗压强度	ρ_h	拌合物密度

3 水 泥 试 验

T 0501—2005 水泥取样方法

(Test Method for Sampling of Cement)

1 目的、适用范围和引用标准

本方法规定了水泥取样的工具、部位、数量及步骤等。

本方法适用于硅酸盐水泥、普通硅酸盐水泥、矿渣硅酸盐水泥、粉煤灰硅酸盐水泥、火山灰质硅酸盐水泥、复合硅酸盐水泥、道路硅酸盐水泥及指定采用本方法的其他品种水泥。

引用标准:

GB 175—1999 《硅酸盐水泥、普通硅酸盐水泥》

GB 1344—1999 《矿渣硅酸盐水泥、火山灰质硅酸盐水泥及粉煤灰硅酸盐水泥》

GB 12958—1999《复合硅酸盐水泥》

GB 13693—1992《道路硅酸盐水泥》

2 仪器设备

(1)袋装水泥取样器(图 T 0501-1)。

(2)散装水泥取样器(图 T 0501-2)。

3 取样步骤

3.1 取样数量应符合各相应水泥标准的规定。

3.2 分割样

3.2.1 袋装水泥:每 1/10 编号从一袋中取至少 6kg。

3.2.2 散装水泥:每 1/10 编号在 5min 内取至少 6kg。

3.3 袋装水泥取样器:采用图 T 0501-1 的取样管取样。随机选择 20 个以上不同的部位,将取样管插入水泥适当深度,用大拇指按住气孔,小心抽出取样管。将所取样品放入洁净、干燥、不易受污染的容器中。

3.4 散装水泥取样器:采用图 T 0501-2 的槽形管式取样器取样,通过转动取样器内管控制开关,在适当位置插入水泥一定深度,关闭后小心抽出。将所取样品放入洁净、干燥、不易受污染的容器中。

4 样品制备

4.1 样品缩分

样品缩分可采用二分器,一次或多次将样品缩分到标准要求的规定量。

4.2 试验样及封存样

将每一编号所取水泥混合样通过 0.9mm 方孔筛,均分为试验样和封存样。

4.3 分割样

每一编号所取 10 个分割样应分别通过 0.9mm 方孔筛,不得混杂。

5 样品的包装与贮存

5.1 样品取得后应存放在密封的金属容器中,加封条。容器应洁净、干燥、防潮、密闭、不易破损、不与水泥发生反应。

5.2 封存样应密封保管3个月。试验样与分割样亦应妥善保管。

5.3 在交货与验收时，水泥厂和用户共同取实物试样，封存样由买卖双方共同签封。以抽取实物试样的检验结果为验收依据时，水泥厂封存样保存期为40d；以同编号水泥的检验报告为验收依据时，水泥厂封存样保存期为3个月。

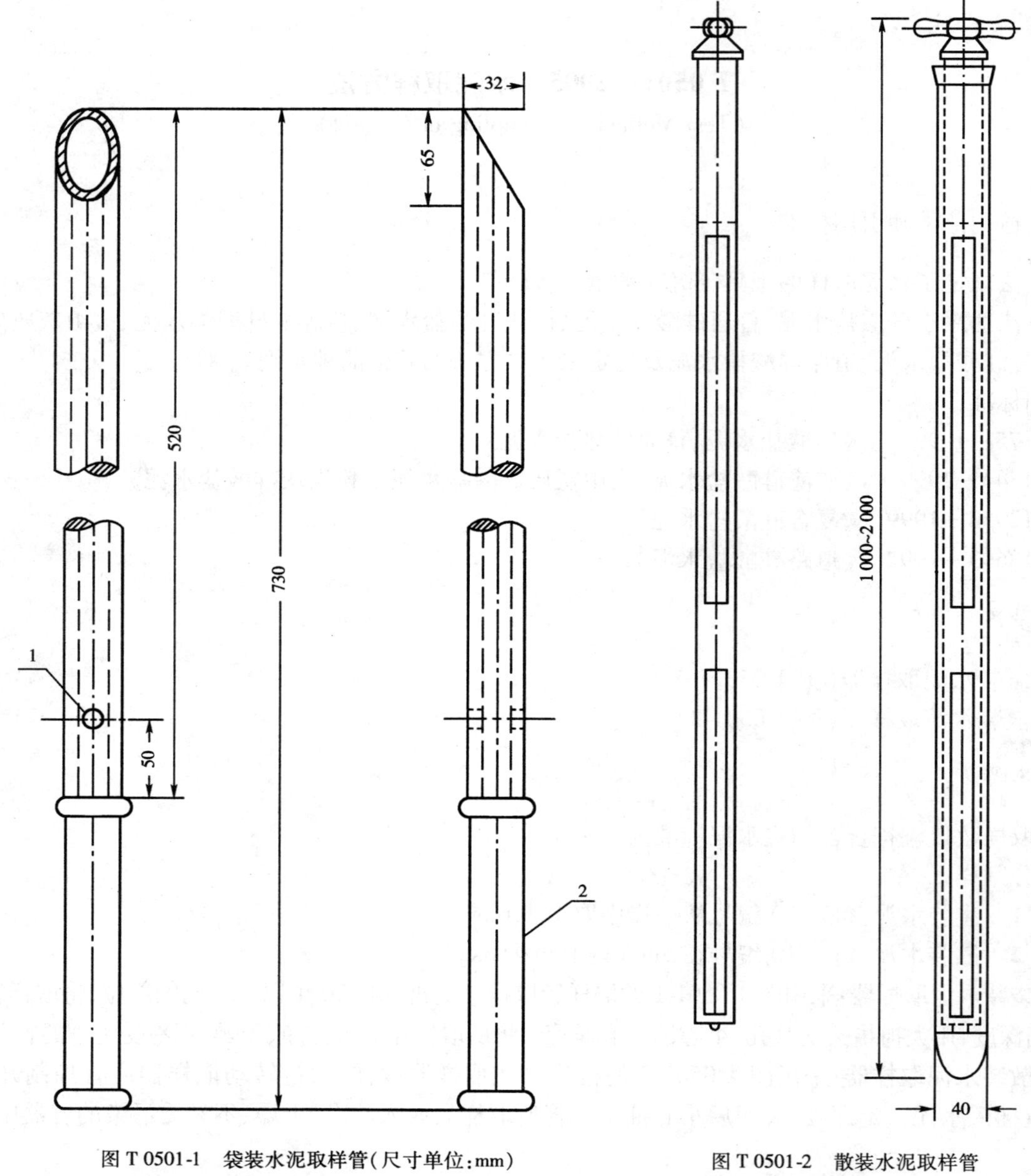

图 T 0501-1 袋装水泥取样管(尺寸单位：mm)
1-气孔；2-手柄

图 T 0501-2 散装水泥取样管
(尺寸单位：mm)

5.4 存放样品的容器应至少在一处加盖清晰、不易擦掉的标有编号、取样时间、地点、人员的密封印，如只在一处标志应在器壁上。

5.5 封存样应贮存于干燥、通风的环境中。

6 取样单

样品取得后，均应由负责取样操作人员填写如表 T 0501-1 所示的取样单。

表 T 0501-1 ×××水泥厂取样单

水泥编号	水泥品种及标号	取样人签字	取样日期	备注

条文说明

本方法参照 GB 12573—1990、GB 175—1999、GB 1344—1999、GB 12958—1999、GB 13693—1992 制定。由于公路方面一般不涉及水泥生产过程中的试样提取，所以本方法中删去 GB 12573—1990 中有关生产过程中取样方法，仅保留袋装水泥、散装水泥取样方法。

为了确保封存样品的质量不下降，可将水泥样品用食品塑料薄膜袋装好，并扎紧袋口，放入白口铁签封。选用食品塑料薄膜袋的原因在于其表面没有增塑剂，不会形成难溶于水的物质。

表 T 0501-2 中列出我国通用的六种水泥和道路硅酸盐水泥的代号和执行标准等。

表 T 0501-2 水泥的分类

水泥名称	代号	混合料掺量(%)					执行标准
		矿渣	火山灰	粉煤灰	石灰石	窑灰	
硅酸盐水泥	P.Ⅰ	0	—	—	0	—	GB 175—1999
	P.Ⅱ	<5			<5		
普通硅酸盐水泥	P.O	6~15,活性材料 6~10,非活性混合材料					
矿渣硅酸盐水泥	P.S	20~70	—				GB 1344—1999
粉煤灰硅酸盐水泥	P.F	—		20~40	—		
火山灰质硅酸盐水泥	P.P		20~50	—			
复合硅酸盐水泥	P.C	15~50,两种或两种以上混合材料					GB 12958—1999
道路硅酸盐水泥	—						GB 13693—1992

T 0502—2005 水泥细度检验方法(80μm 筛筛析法)

(Test Method for Fineness of Cement—the 80μm Sieve)

1 目的、适用范围和引用标准

本方法规定用 80μm 筛检验水泥细度的测试方法。

本方法适用于硅酸盐水泥、普通硅酸盐水泥、矿渣硅酸盐水泥、粉煤灰硅酸盐水泥、火山灰质硅酸盐水泥、复合硅酸盐水泥、道路硅酸盐水泥及指定采用本方法的其他品种水泥。

引用标准：

GB/T 6003.1—1997 《金属丝编织网试验筛》

JC/T 728—1996 《水泥物理检验仪器 标准筛》

2 仪器设备

(1)试验筛

①试验筛由圆形筛框和筛网组成，分负压筛和水筛两种，其结构尺寸见图 T 0502-1 和图 T 0502-2。负压筛应附有透明筛盖，筛盖与筛上口应有良好的密封性。

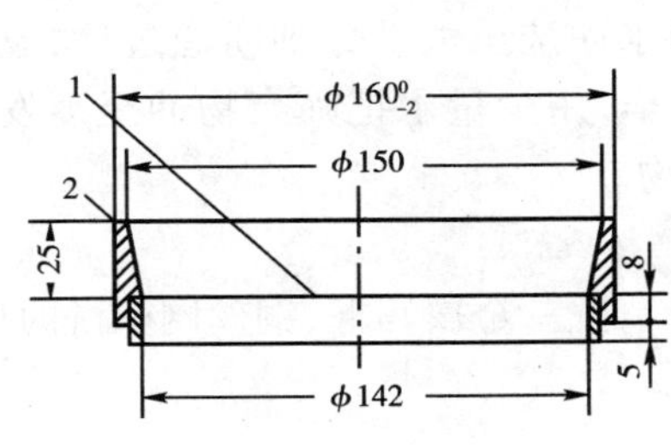

图 T 0502-1 负压筛(尺寸单位:mm)
1-筛网;2-筛框

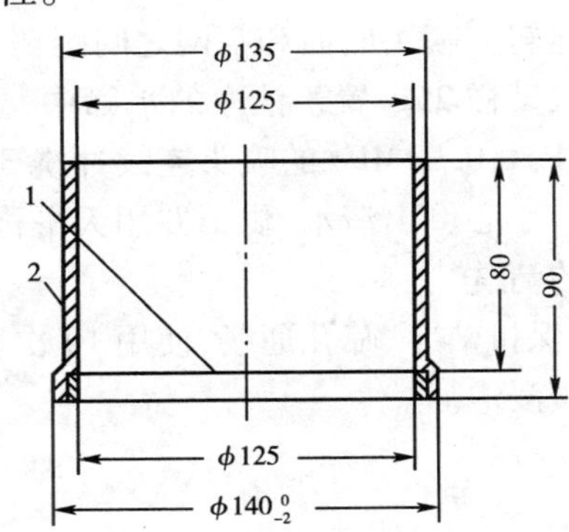

图 T 0502-2 水筛(尺寸单位:mm)
1-筛网;2-筛框

②筛网应紧绷在筛框上,筛网和筛框接触处,应用防水胶密封,防止水泥嵌入。

(2)负压筛析仪

①负压筛析仪由筛座、负压筛、负压源及收尘器组成,其中筛座由转速为30r/min ±2r/min的喷气嘴、负压表、控制板、微电机及壳体等部分构成,见图T 0502-3。

②筛析仪负压可调范围为4 000 ~6 000。

③喷气嘴上口平面与筛网之间距离为2 ~8mm。

④喷气嘴的上开口尺寸见图T 0502-4。

⑤负压源和收尘器,由功率≥600W的工业吸尘器和小型旋风收尘筒等组成或用其他具有相当功能的设备。

(3)水筛架和喷头

水筛架和喷头的结构尺寸应符合《水泥物理检验仪器　标准筛》(JC/T 728—1996)的规定,但其中水筛架上筛座内径为140 $_{-3}^{0}$mm。

(4)天平

量程应大于100g,感量不大于0.05g。

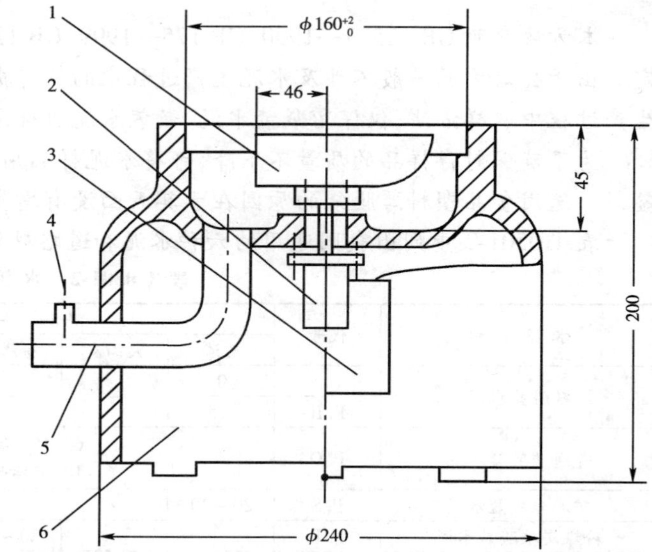

图T 0502-3　筛座(尺寸单位:mm)

1-喷气嘴;2-微电机;3-控制板开口;4-负压表接口;5-负压源及收尘器接口;6-壳体

3　样品处理

水泥样品应充分拌匀,通过0.9mm方孔筛,记录筛余物情况,要防止过筛时混进其他水泥。

4　试验步骤

4.1　负压筛法

4.1.1　筛析试验前,应把负压筛放在筛座上,盖上筛盖,接通电源,检查控制系统,调节负压至4 000 ~6 000Pa范围内。

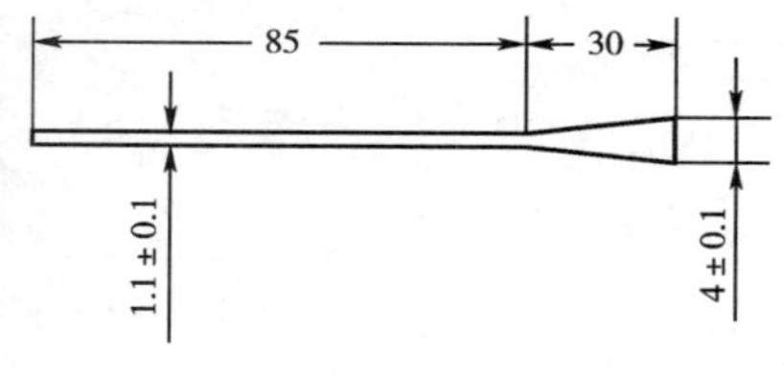

图T 0502-4　喷气嘴上开口

(尺寸单位:mm)

4.1.2　称取试样25g,置于洁净的负压筛中,放在筛座上,盖上筛盖,开动筛析仪连续筛析2min,在此期间如有试样附着在筛盖上,可轻轻地敲击筛盖使试样落下。筛毕,用天平称量筛余物。

4.1.3　当工作负压小于4 000Pa时,应清理吸尘器内水泥,使负压恢复正常。

4.2　水筛法

4.2.1　筛析试验前,使水中无泥、砂,调整好水压及水筛架的位置,使其能正常运转。喷头底面和筛网之间距离为35 ~75mm。

4.2.2　称取试样25g,置于洁净的水筛中,立即用淡水冲洗至大部分细粉通过后,放在水筛架上,用水压为0.05MPa ±0.02MPa的喷头连续冲洗3min。筛毕,用少量水把筛余物冲至蒸发皿中,等水泥颗粒全部沉淀后,小心倒出清水,烘干并用天平称量筛余物。

4.3　试验筛的清洗

试验筛必须保持洁净,筛孔通畅,使用10次后要进行清洗。金属筛框、铜丝网筛洗时应用专门的清洗剂,不可用弱酸浸泡。

5　试验结果

5.1　水泥试样筛余百分数按式(T 0502-1)计算:

$$F = \frac{R_s}{m} \times 100 \tag{T 0502-1}$$

式中：F——水泥试样的筛余百分数（%）；

R_s——水泥筛余物的质量（g）；

m——水泥试样的质量（g）。

计算结果精确至0.1%。

5.2 筛余结果的修正

为使试验结果可比，应采用试验筛修正系数方法来修正5.1款的计算结果。修正系数的测定，按T 0502附录进行。

合格评定时，每个样品应称取两个试样分别筛析，取筛余平均值为筛析结果。若两次筛余结果绝对误差大于0.5%时（筛余值大于5.0%时可放至1.0%），应再做一次试验，取两次相近结果的算术平均值作为最终结果。

5.3 负压筛法与水筛法测定的结果发生争议时，以负压筛法为准。

6 试验报告

试验报告应包括以下内容：

（1）试样编号；

（2）要求检测的项目名称；

（3）原材料的品种、规格和产地；

（4）试验日期及时间；

（5）仪器设备的名称、型号及编号；

（6）环境温度和湿度；

（7）试验采用方法；

（8）执行标准；

（9）水泥试样的筛余百分数；

（10）要说明的其他内容。

T 0502 附录 水泥试验筛的标定方法

A.1 原理

用标准样品在试验筛上的测定值，与标准样品的标准值的比值来反映试验筛孔的准确度。

A.2 水泥细度标准样品

应符合GSB 14—1511要求，或相同等级的标准样品。有争议时以GSB 14—1511标准样品为准。

A.3 标定操作

将标准样装入干燥洁净的密闭广口瓶内，盖上盖子摇动2min，消除结块。静置2min后，用一根干燥洁净的搅棒搅匀样品。按本方法第4条试验步骤测定标准样在试验筛上的筛余百分数。每个试验筛的标定应称取两个标准样品连续进行，中间不得插做其他样品试验。

A.4 标定结果

两个样品结果的算术平均值为最终值，但当两个样品筛余结果相差大于0.3%时，应称第三个样品进行试验，并取接近的两个结果进行平均作为最终结果。

A.5 试验筛修正系数按式（T 0502A-1）计算：

$$C = F_n / F_t \tag{T 0502A-1}$$

式中：C——试验筛修正系数；

F_n——标准样品的筛余标准值（%）；

F_t——标准样品在试验筛上的筛余值(%)。

修正系数计算精确至0.01。

注:修正系数 C 在0.80~1.20范围内时,试验筛可继续使用,C 可作为结果修正系数;当 C 值超出0.80~1.20范围时,试验筛应予淘汰。

A.6 水泥试样筛余百分数结果修正按式(T 0502A-2)计算:

$$F_C = C \cdot F \tag{T 0502A-2}$$

式中:F_C——水泥试样修正后的筛余百分数(%);

C——试验筛修正系数;

F——水泥试样修正前的筛余百分数(%)。

条文说明

本方法参照GB/T 1345—2005修改。其原理是采用80μm(180目)筛对水泥试样进行筛析试验,用筛网上所得筛余物的质量占试样原始质量的百分数来表示水泥样品的细度。

相对于原规程,由于手工干筛干扰因素较多,结果不稳定,所以本方法删去手工干筛。在实际操作中水压法的水压稳定至关重要,当水压较高时,样品会溅在筛框上,导致筛余结果偏低;反之,水压偏低,则会引起筛余偏高。可通过一定稳压措施得到稳定水流。

对于负压法而言,应保持负压筛水平,避免外界振动和冲击。当筛网有堵塞现象时,可将筛网反置,反吹空筛一段时间,再用刷子清刷;也可用吸尘器抽吸。

一般而言,水泥石强度并不一定随水泥细度的增加、组分水化活性的提高而提高。但颗粒越细,水化活性越高。水泥细度通常用筛余或比表面积来衡量。除了进行上述指标的控制,对于细度而言粒度分布也是重要因素。粒度分布是指组成水泥的所有颗粒中,不同粒径颗粒所占的百分比。粒度分布的测定不仅是控制水泥颗粒细度的一种有效的方法,更重要的是它将对粉磨、分级等环节的优化提供准确的依据。有研究表明,3~30μm的颗粒是担负水泥强度增长的主要粒级,其他粒度区段的颗粒对水泥强度的增长作用较小,大于60μm的颗粒甚至仅起填料作用。

GB 175—1999中规定硅酸盐水泥、普通硅酸盐水泥的80μm筛筛余量不大于10%。

T 0503—2005 水泥密度测定方法

(Standard Test Method for Cement Density)

1 目的、适用范围和引用标准

本方法规定了水泥密度的测量方法。

本方法适用于硅酸盐水泥、普通硅酸盐水泥、矿渣硅酸盐水泥、粉煤灰硅酸盐水泥、火山灰质硅酸盐水泥、复合硅酸盐水泥、道路硅酸盐水泥的密度及指定采用本方法的其他粉状物料密度的测定。

引用标准:

GB 253—1989 《煤油》

2 仪器设备

(1)李氏瓶。检定水泥密度用的李氏瓶应符合关于公差、符号、长度以及均匀刻度的要求,容积为220~250mL,带有长180~200mm、直径约10mm的细颈,细颈上刻度读数由0mL至24mL,且0~1mL和18~24mL之间应具有0.1mL刻度线,见图T 0503-1。

(2)恒温水槽或其他保持恒温的盛水玻璃容器。

(3)天平:量程大于100g,感量不大于0.01g。

(4)温度计:分度值不大于0.1℃。

(5)滤纸。

3 试验方法

3.1 将无水煤油注入李氏瓶中,液面至0mL到1mL刻度线内(以弯月液面的下部为准)。盖上瓶塞并放入恒温水槽内,使刻度部分浸入水中(水温应控制在李氏瓶刻度上的温度),恒温30min,记下第一次读数。

3.2 从恒温水槽中取出李氏瓶,用滤纸将李氏瓶内零点以上没有煤油的部分仔细擦净。

3.3 水泥预先通过0.9mm的方孔筛,在110℃ ±5℃温度下干燥1 h,并且在干燥器内冷却至室温。称取水泥60g,精确至0.01g,用小匙借助洗净烘干的玻璃漏斗装入李氏瓶中,反复摇动,直至没有气泡排出,再次放入恒温水槽,在相同温度下恒温30min,记下第二次读数。

3.4 两次读数时,恒温水槽温差不大于0.2℃。

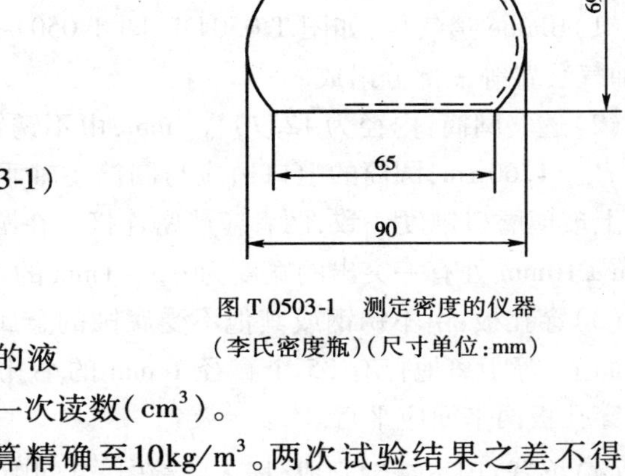

图 T 0503-1 测定密度的仪器(李氏密度瓶)(尺寸单位:mm)

4 试验结果

4.1 水泥密度按式(T 0503-1)计算:

$$\rho = 1\,000 \times \frac{P}{V} \qquad (\text{T 0503-1})$$

式中:ρ——水泥的密度(kg/m^3);

P——装入密度瓶的水泥质量(g);

V——在试验所确定温度条件下被水泥所排出的液体体积,即李氏密度瓶第二次读数减去第一次读数(cm^3)。

4.2 密度须以两次试验结果的平均值确定,计算精确至10kg/m^3。两次试验结果之差不得超过20kg/m^3。

5 试验报告

试验报告应包括以下内容:

(1)原材料的品种、规格和产地;

(2)试验日期及时间;

(3)仪器设备的名称、型号及编号;

(4)环境温度和湿度;

(5)执行标准;

(6)水泥试样的密度;

(7)要说明的其他内容。

条文说明

本方法参照GB/T 208—1994修改,而GB/T 208—1994参照ASTM C 188—1989制定。其工作原理为将水泥装入一定量液体介质的李氏瓶内,并使液体介质充分地浸透水泥颗粒。根据阿基米德定律,水泥的体积等于它所排开的液体体积,从而算出水泥单位体积的质量即为密度。为使测定的水泥不产生水化，液体介质采用无水煤油。操作过程中，应保证水泥在装入时和瓶内液体的温度相一致。

硅酸盐水泥的密度一般为3 100~3 200，普通硅酸盐水泥在3 100kg/m^{3}左右，矿渣水泥为2 600~3 000kg/m^3。

T 0504—2005　水泥比表面积测定方法（勃氏法）

(Method of Determination for Specific Surface of Cement—Blaine Method)

1　目的、适用范围

本方法规定采用勃氏法进行水泥比表面积测定。

本方法适用于硅酸盐水泥、普通硅酸盐水泥、矿渣硅酸盐水泥、粉煤灰硅酸盐水泥、火山灰灰硅酸盐水泥、复合硅酸盐水泥、道路硅酸盐水泥以及指定采用本方法的其他粉状物料。本方法不适用于测定多孔材料及超细粉状物料。

2　仪器设备

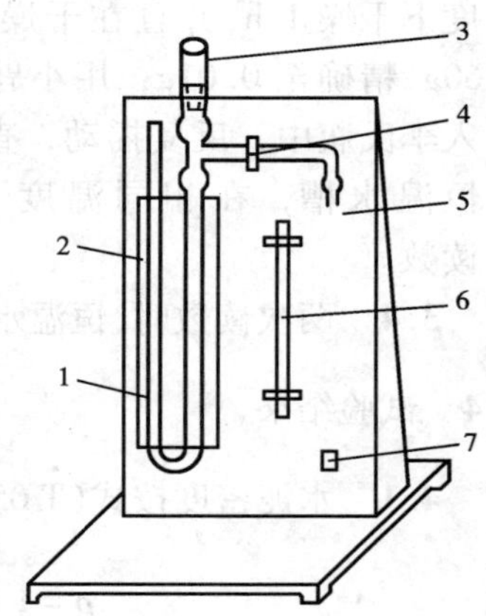

图 T 0504-1　Blaine 透气仪示意图

1-U 形压力计；2-平面镜；3-透气圆筒；4-活塞；5-背面接微型电磁泵；6-温度计；7-开关

（1）Blaine 透气仪：如图 T 0504-1、图 T 0504-2 所示，由透气圆筒、压力计、抽气装置等三部分组成。

（2）透气圆筒：内径为 $12.70^{+0.05}_{0}$mm，由不锈钢制成。圆筒内表面的粗糙度 R_a = 1.60μm，圆筒的上口边应与圆筒主轴垂直，圆筒下部锥度应与压力计上玻璃磨口锥度一致，两者应严密连接。在圆筒内壁，距离圆筒上口边55mm ± 10mm 处有一突出的宽度为0.5 ~ 1mm 的边缘，以放置金属穿孔板。

（3）穿孔板：由不锈钢或其他不受腐蚀的金属制成，厚度为 $1.0^{\ 0}_{-0.1}$mm。在其面上，等距离地打有 35 个直径 1 mm 的小孔，穿孔板应与圆筒内壁密合。穿孔板两平面应平行。

（4）捣器：用不锈钢制成，插入圆筒时，其间隙不大于0.1mm。捣器的底面应与主轴垂直，侧面有一个扁平槽，宽度3.0mm ± 0.3mm。捣器的顶部有一个支持环，当捣器放入圆筒时，支持环与圆筒上口边接触，这时捣器底面与穿孔圆板之间的距离为15.0mm ± 0.5mm。

（5）压力计：U 形压力计尺寸如图 T 0504-2a）所示，由外径为 9mm 的具有标准厚度的玻璃管制成。压力计一个臂的顶端有一锥形磨口与透气圆筒紧密连接，在连接透气圆筒的压力计臂上刻有环形线。从压力计底部往上 280 ~ 300mm 处有一个出口管，管上装有一个阀门，连接抽气装置。

（6）抽气装置：用小型电磁泵，也可用抽气球。

（7）滤纸：采用中速定量滤纸。

（8）天平：感量为 1mg。

（9）秒表：分度值为 0.5s。

（10）其他：烘干箱、干燥箱和毛刷等。

3　材料

（1）压力计液体

压力计液体采用带有颜色的蒸馏水。

（2）基本材料

基本材料采用中国水泥质量监督检验中心制备的标准试样。

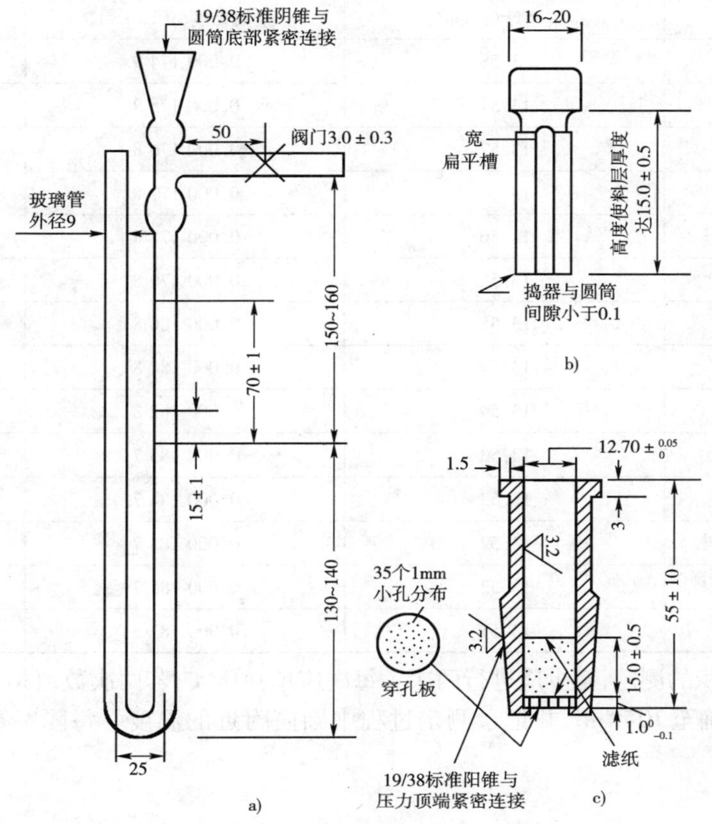

图 T 0504-2　Blaine 透气仪结构及主要尺寸(尺寸单位:mm)

a)U 形压力计;b)捣器;c)透气圆筒

4　仪器校准

4.1　漏气检查

将透气圆筒上口用橡皮塞塞紧,接到压力计上。用抽气装置从压力计一臂中抽出部分气体,然后关闭阀门,观察是否漏气。如发现漏气,用活塞油脂加以密封。

4.2　试料层体积的测定

4.2.1　水银排代法:将两片滤纸沿圆筒壁放入透气圆筒内,用一个直径略比透气圆筒小的细长棒往下按,直到滤纸平整放在金属的穿孔板上。然后装满水银,用一小块薄玻璃板轻压水银表面,使水银面与圆筒口平齐,并须保证在玻璃板和水银表面之间没有气泡或空洞存在。从圆筒中倒出水银,称量,精确至0.05g。重复几次测定,到数值基本不变为止。然后从圆筒中取出一片滤纸,试用约3.3g的水泥,按照本方法5.3款的要求压实水泥层[注]。再在圆筒上部空间注入水银,同上述方法除去气泡、压平、倒出水银称量,重复几次,直到水银称量值相差小于0.05g为止。

注:应制备坚实的水泥层,如水泥太松或不能压到要求体积时,应调整水泥的试用量。

4.2.2　圆筒内试料层体积 V 按式(T 0504-1)计算,精确到 $5\times10^{-9}\mathrm{m}^3$:

$$V=10^{-6}\times(P_1-P_2)/\rho_{水银} \qquad (\mathrm{T}\ 0504\text{-}1)$$

式中:V——试料层体积(m^3);

P_1——未装水泥时,充满圆筒的水银质量(g);

P_2——装水泥后,充满圆筒的水银质量(g);

$\rho_{水银}$——试验温度下水银的密度($\mathrm{g/cm}^3$),见表 T 0504-1。

表 T 0504-1 在不同温度下水银密度、空气黏度 η 和 $\sqrt{\eta}$

室温(℃)	水银密度(g/cm^3)	空气黏度 η(Pa·s)	$\sqrt{\eta}$
8	13.58	0.000 174 9	0.013 22
10	13.57	0.000 175 9	0.013 26
12	13.57	0.000 176 8	0.013 30
14	13.56	0.000 177 8	0.013 33
16	13.56	0.000 178 8	0.013 37
18	13.55	0.000 179 8	0.013 41
20	13.55	0.000 180 8	0.013 45
22	13.54	0.000 181 8	0.013 48
24	13.54	0.000 182 8	0.013 52
26	13.53	0.000 183 7	0.013 55
28	13.53	0.000 184 7	0.013 59
30	13.52	0.000 185 7	0.013 63
32	13.52	0.000 186 7	0.013 66
34	13.51	0.000 187 6	0.013 70

4.2.3 试料层体积的测定,至少应进行两次。每次应单独压实,若两次数值相差不超过 $5\times10^{-9}m^3$,则取两者的平均值,精确至 $10^{-10}m^3$,并记录测定过程中圆筒附近的温度。每隔一季度至半年应重新校正试料层体积。

5 试验步骤

5.1 试样准备

5.1.1 将 110℃ ±5℃下烘干并在干燥器中冷却到室温的标准试样,倒入 100mL 的密闭瓶内,用力摇动 2min,将结块成团的试样振碎,使试样松散。静置 2min 后,打开瓶盖,轻轻搅拌,使在松散过程中落到表面的细粉,分布到整个试样中。

5.1.2 水泥试样,应先通过 0.9mm 方孔筛,再在 110℃ ±5℃下烘干,并在干燥器中冷却至室温。

5.2 确定试样量

校正试验用的标准试样量和被测定水泥的质量,应达到在制备的试料层中的空隙率为 0.500 ± 0.005(50.0% ±0.5%),计算式为:

$$W=\rho V(1-\varepsilon) \tag{T 0504-2}$$

式中:W——需要的试样量(kg),精确至 1mg;

ρ——试样密度(kg/m^3);

V——按本方法 4.2 测定的试料层体积(m^3);

ε——试料层空隙率[注]。

注:空隙率是指试料层中孔的体积与试料层总的体积之比,一般水泥采用 0.500 ±0.005(50.0% ±0.5%)。如有些粉料按式(T 0504-2)算出的试样量在圆筒的有效体积中容纳不下或经捣实后未能充满圆筒的有效体积,则允许适当地改变空隙率。

5.3 试料层制备

将穿孔板放入透气圆筒的突缘上,用一根直径比圆筒略小的细棒把一片滤纸[注]送到穿孔板上,边缘压紧。称取按本方法 5.2 确定的水泥量,精确到 0.001g,倒入圆筒。轻敲圆筒的边,使水泥层表面平坦。再放入一片滤纸,用捣器均匀捣实试料直至捣器的支持环紧紧接触圆筒顶边并旋转两周,慢慢取出捣器。

注:穿孔板上的滤纸,应是与圆筒内径相同、边缘光滑的圆片。穿孔板上滤纸片如比圆筒内径小时,会有部分试样粘于圆筒内壁高出圆板上部;当滤纸直径大于圆筒内径时会引起滤纸片皱起使结果不准。每次测定需用新的滤纸片。

5.4 透气试验

5.4.1 把装有试料层的透气圆筒连接到压力计上，要保证紧密连接不致漏气[注]，并不振动所制备的试料层。

注：为避免漏气，可先在圆筒下锥面涂一薄层活塞油脂，然后把它插入压力计顶端锥形磨口处，旋转两周。

5.4.2 打开微型电磁泵慢慢从压力计一臂中抽出空气，直到压力计内液面上升到扩大部下端时关闭阀门。当压力计内液体的弯月液面下降到第一个刻度线时开始计时，当液体的弯月面下降到第二条刻度线时停止计时，记录液面从第一条刻度线下降到第二刻度线所需的时间，以秒表（s）记录，并记下试验时的温度（℃）。

6 试验结果

6.1 当被测物料的密度、试料层中空隙率与标准试样相同，试验时温差不大于 ±3℃时，可按式（T 0504-3）计算：

$$S_c = \frac{S_s\sqrt{T}}{\sqrt{T_s}} \tag{T 0504-3}$$

如试验时温差大于 ±3℃时，则按式（T 0504-4）计算：

$$S_c = \frac{S_s\sqrt{T}\sqrt{\eta_s}}{\sqrt{T_s}\sqrt{\eta}} \tag{T 0504-4}$$

式中：S_c——被测试样的比表面积（m^2/kg）；

S_s——标准试样的比表面积（m^2/kg）；

T——被测试样试验时，压力计中液面降落测得的时间（s）；

T_s——标准试样试验时，压力计中液面降落测得的时间（s）；

η——被测试样试验温度下的空气黏度（Pa·s）；

η_s——标准试样试验温度下的空气黏度（Pa·s）。

6.2 当被测试样的试料层中空隙率与标准试样试料层中空隙率不同，试验时温差不大于 ±3℃时，可按式（T 0504-5）计算：

$$S_c = \frac{S_s\sqrt{T}(1-\varepsilon_s)\sqrt{\varepsilon^3}}{\sqrt{T_s}(1-\varepsilon)\sqrt{\varepsilon_s^3}} \tag{T 0504-5}$$

如试验时温差大于 ±3℃时，则按式（T 0504-6）计算：

$$S_c = \frac{S_s\sqrt{T}(1-\varepsilon_s)\sqrt{\varepsilon^3}\sqrt{\eta_s}}{\sqrt{T_s}(1-\varepsilon)\sqrt{\varepsilon_s^3}\sqrt{\eta}} \tag{T 0504-6}$$

式中：ε——被测试样试料层中的空隙率；

ε_s——标准试样试料层中的空隙率。

6.3 当被测试样的密度和空隙率均与标准试样不同，试验时温差不大于 ±3℃时，可按式（T 0504-7）计算：

$$S_c = \frac{S_s\sqrt{T}(1-\varepsilon_s)\sqrt{\varepsilon^3}\rho_s}{\sqrt{T_s}(1-\varepsilon)\sqrt{\varepsilon_s^3}\rho} \tag{T 0504-7}$$

如试验时温差大于 ±3℃时，则按式（T 0504-8）计算：

$$S_c = \frac{S_s\sqrt{T}(1-\varepsilon_s)\sqrt{\varepsilon^3}\rho_s\sqrt{\eta_s}}{\sqrt{T_s}(1-\varepsilon)\sqrt{\varepsilon_s^3}\rho\sqrt{\eta}} \tag{T 0504-8}$$

式中：ρ——被测试样的密度（kg/m^3）；

ρ_s——标准试样的密度（kg/m^3）。

6.4 比表面积值的单位为 m^2/kg，精确至 $1m^2/kg$。

6.5 水泥比表面积应由两次透气试验结果的平均值确定,精确至 $1m^2/kg$。如两次试验结果相差2%以上时,应重新试验。

7 试验报告

试验报告应包括以下内容:

(1)原材料的品种、规格和产地;

(2)试验日期及时间;

(3)仪器设备的名称、型号及编号;

(4)环境温度和湿度;

(5)水泥试样的比表面积;

(6)执行标准;

(7)要说明的其他内容。

条文说明

本方法和 GB 8074—1987(neq ASTM C 204:1981) 等效。水泥比表面积是指单位质量的水泥粉末所具有的总面积,以 m^2/kg 表示。其原理根据一定量的空气通过具有一定空隙率和固定厚度的水泥层时,所受阻力不同而引起流速的变化来测定水泥的比表面积。在一定空隙率的水泥层中,孔隙的大小和数量是颗粒尺寸的函数,同时也决定了通过料层的气流速度。通常水泥比表面积大于 $300m^2/kg$。

测定比表面积应注意以下几个方面:

1.试样捣实:由于试料层内空隙分布均匀程度对比表面积结果有影响,因此捣实试样应按规定统一操作。

2.空隙率大小:试料层空隙率,对一般硅酸盐水泥为0.5,但对掺有多孔材料的水泥或过细的水泥,需要调整。但在测定需要相互比较的试料时,空隙率不宜改变太多。

3.透气仪各部分接头应保持紧密。

T 0505—2005 水泥标准稠度用水量、凝结时间、安定性检验方法

(Standard Test Methods for Water Requirement of
Normal Consistency, Setting Time and Soundness of the Portland Cements)

1 目的、适用范围和引用标准

本方法规定了水泥标准稠度用水量、凝结时间和体积安定性的测试方法。

本方法适用于硅酸盐水泥、普通硅酸盐水泥、矿渣硅酸盐水泥、粉煤灰硅酸盐水泥、火山灰质硅酸盐水泥、复合硅酸盐水泥、道路硅酸盐水泥及指定采用本方法的其他品种水泥。

引用标准:

JC/T 727—1996 《水泥物理检验仪器 净浆标准稠度与凝结时间测定仪》

JC/T 729—1996 《水泥物理检验仪器 水泥净浆搅拌机》

GB/T 1346—2001 《水泥标准稠度用水量、凝结时间、安定性检验方法》

2 仪器设备

(1)水泥净浆搅拌机:符合 JC/T 729 的要求。

(2)标准法维卡仪:如图 T 0505-1 所示,标准稠度测定用试杆(见图 T 0505-1c))有效长度为 50mm ±1mm,由直径为 ϕ10mm ±0.05mm 的圆柱形耐腐蚀金属制成。测定凝结时间时取下试杆,用试针(见图 T 0505-1d)、图 T 0505-1e))代替试杆。试杆由钢制成,其有效长度初凝针为 50mm ±1mm、终凝针为

30mm ± 1mm、直径为 ϕ1.13mm ± 0.05mm 的圆柱体。滑动部分的总质量为 300g ± 1g。与试杆、试针联结的滑动杆表面应光滑，能靠重力自由下落，不得有紧涩和旷动现象。

盛装水泥净浆的试模（见图 T 0505-1a））应由耐腐蚀的、有足够硬度的金属制成。试模为深 40mm ± 0.2mm、顶内径 ϕ65mm ± 0.5mm、底内径 ϕ75mm ± 0.5mm 的截顶圆锥体，每只试模应配备一个大于试模、厚度大于等于或 2.5mm 的平板玻璃底板。

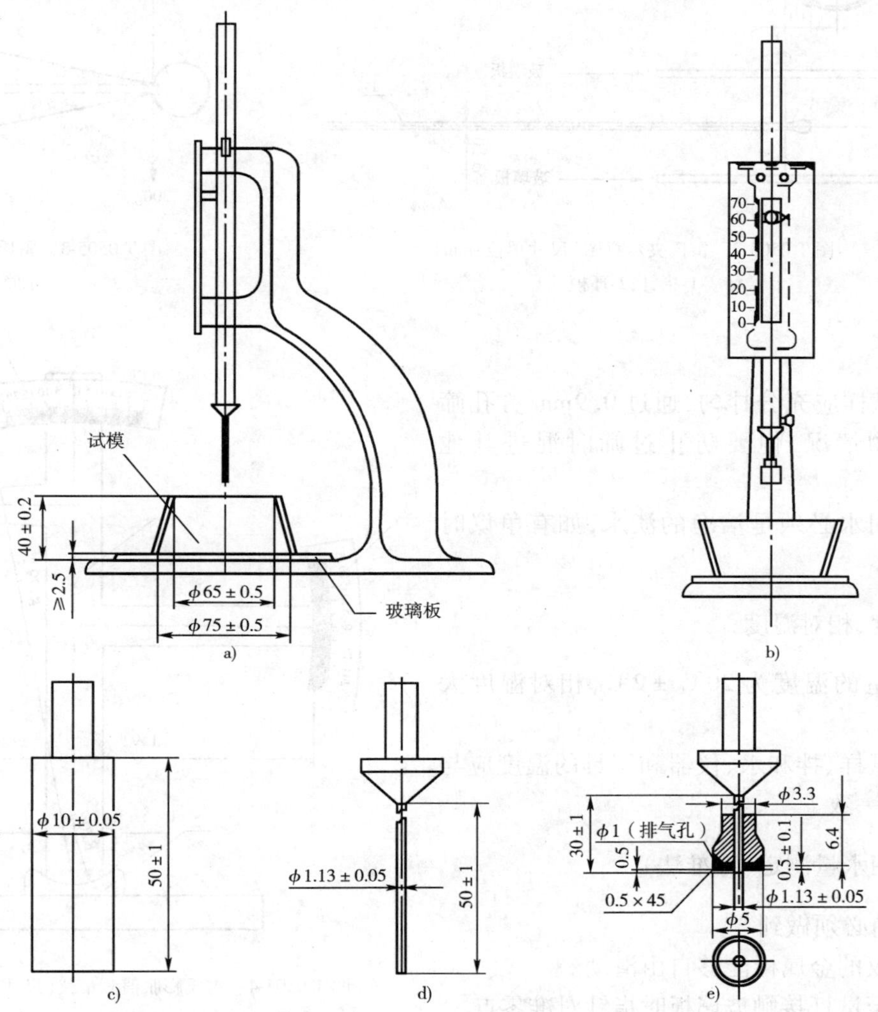

图 T 0505-1　测定水泥标准稠度和凝结时间用的维卡仪（尺寸单位：mm）

a）初凝时间测定用立式试模侧视图；b）终凝时间测定用反转试模前视图；c）标准稠度试杆；d）初凝用试针；e）终凝用试针

（3）代用法维卡仪：符合 JC/T 727 的要求。

（4）沸煮箱：有效容积约为 410mm × 240mm × 310mm，箅板结构应不影响试验结果，箅板与加热器之间的距离大于 50mm。箱的内层由不易锈蚀的金属材料制成，能在 30min ± 5min 内将箱内的试验用水由室温升至沸腾并可保持沸腾状态 3h 以上，整个试验过程中不需补充水量。

（5）雷氏夹膨胀仪：由铜质材料制成，其结构如图 T 0505-2。当一根指针的根部先悬挂在一根金属丝或尼龙丝上，另一根指针的根部再挂上 300g 质量的砝码时，两根指针的针尖距离增加应在17.5mm ± 2.5mm范围以内，即 $2x$ = 17.5mm ± 2.5mm，当去掉砝码后针尖的距离能恢复至挂砝码前的状态。雷氏夹受力示意图如图 T 0505-3。

（6）量水器：分度值为 0.1mL，精度 1%。

（7）天平：量程 1 000g，感量 1g。

（8）湿气养护箱：应能使温度控制在 20℃ ± 1℃，相对湿度大于 90%。

（9）雷氏夹膨胀值测定仪：如图 T 0505-4 所示，标尺最小刻度 0.5mm。

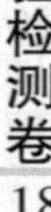

(10)秒表:分度值1s。

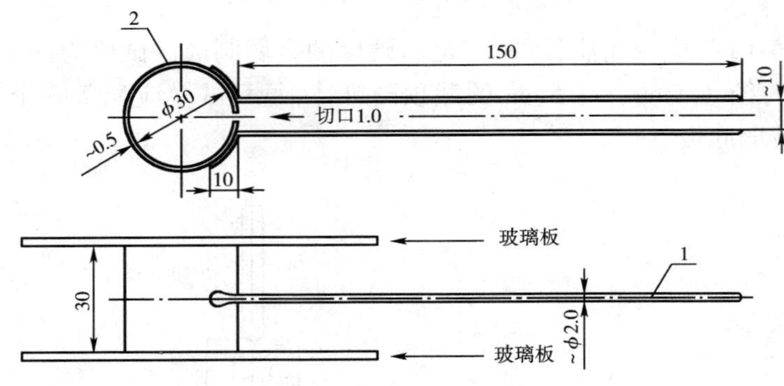

图 T 0505-2　雷氏夹示意图(尺寸单位:mm)

1-指针;2-环模

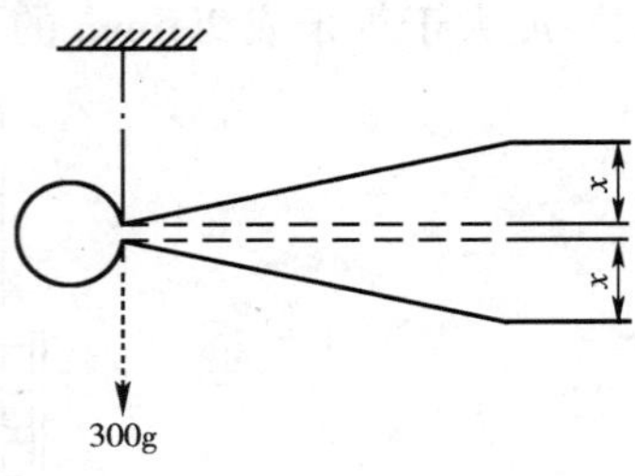

图 T 0505-3　雷氏夹受力示意图

3　试样及用水

3.1　水泥试样应充分拌匀,通过 0.9mm 方孔筛并记录筛余物情况,但要防止过筛时混进其他水泥。

3.2　试验用水必须是洁净的淡水,如有争议时可用蒸馏水。

4　实验室温度、相对湿度

4.1　实验室的温度为 20℃ ±2℃,相对湿度大于 50%。

4.2　水泥试样、拌和水、仪器和用具的温度应与实验室内室温一致。

5　标准稠度用水量测定(标准法)

5.1　试验前必须做到

(1)维卡仪的金属棒能够自由滑动。

(2)调整至试杆接触玻璃板时指针对准零点。

(3)水泥净浆搅拌机运行正常。

图 T 0505-4　雷氏膨胀值测量仪(尺寸单位:mm)

1-底座;2-模子座;3-测弹性标尺;4-立柱;5-测膨胀值标尺;6-悬臂;7-悬丝

5.2　水泥净浆拌制

用水泥净浆搅拌机搅拌,搅拌锅和搅拌叶片先用湿布擦过,将拌和水倒入搅拌锅中,然后 5 ~10s 内小心将称好的 500g 水泥加入水中,防止水和水泥溅出;拌和时,先将锅放在搅拌机的锅座上,升至搅拌位置,启动搅拌机,低速搅拌 120s,停 15s,同时将叶片和锅壁上的水泥浆刮入锅中间,接着高速搅拌 120s 停机。

5.3　标准稠度用水量测定步骤

5.3.1　拌和结束后,立即将拌制好的水泥净浆装入已放在玻璃板上的试模中,用小刀插捣,轻轻振动数次,刮去多余的净浆。

5.3.2　抹平后迅速将试模和底板移到维卡仪上,并将其中心定在试杆下,降低试杆直到与水泥净浆表面接触,拧紧螺丝 1 ~2s 后,突然放松,使试杆垂直自由地沉入水泥净浆中。在试杆停止沉入或释放试杆 30s 时记录试杆到底板的距离,升起试杆后,立即擦净。

5.3.3　整个操作应在搅拌后 1.5min 内完成。以试杆沉入净浆并距底板 6mm ±1mm 的水泥净浆为标准稠度净浆。其拌和水量为该水泥的标准稠度用水量(P),按水泥质量的百分比计。

5.3.4 当试杆距玻璃板小于5mm时,应适当减水,重复水泥浆的拌制和上述过程;若距离大于7mm时,则应适当加水,并重复水泥浆的拌制和上述过程。

6 凝结时间测定

6.1 测定前准备工作:调整凝结时间测定仪的试针接触玻璃板,使指针对准零点。

6.2 试件的制备:以标准稠度用水量按5.2制成标准稠度净浆(记录水泥全部加入水中的时间作为凝结时间的起始时间)一次装满试模,振动数次刮平,立即放入湿气养护箱中。

6.3 初凝时间测定

6.3.1 记录水泥全部加入水中至初凝状态的时间作为初凝时间,用"min"计。

6.3.2 试件在湿气养护箱中养护至加水后30min时进行第一次测定。测定时,从湿气养护箱中取出试模放到试针下,降低试针与水泥净浆表面接触。拧紧螺丝1~2s后,突然放松,使试杆垂直自由地沉入水泥净浆中。观察试针停止沉入或释放试针30s时指针的读数。

6.3.3 临近初凝时,每隔5min测定一次。当试针沉至距底板4mm±1mm时,为水泥达到初凝状态。

6.3.4 达到初凝时应立即重复测一次,当两次结论相同时才能定为达到初凝状态。

6.4 终凝时间测定

6.4.1 由水泥全部加入水中至终凝状态的时间为水泥的终凝时间,用"min"计。

6.4.2 为了准确观察试件沉入的状况,在终凝针上安装了一个环形附件(见图T 0505-1e))。在完成初凝时间测定后,立即将试模连同浆体以平移的方式从玻璃板下翻转180°,直径大端向上、小端向下放在玻璃板上,再放入湿气养护箱中继续养护。

6.4.3 临近终凝时间时每隔15min测定一次,当试针沉入试件0.5mm时,即环形附件开始不能在试件上留下痕迹时,为水泥达到终凝状态。

6.4.4 达到终凝时应立即重复测一次,当两次结论相同时才能定为达到终凝状态。

6.5 测定时应注意,在最初测定的操作时应轻轻扶持金属柱,使其徐徐下降,以防止试针撞弯,但结果以自由下落为准;在整个测试过程中试针沉入的位置至少要距试模内壁10mm。每次测定不能让试针落入原针孔,每次测试完毕须将试针擦净并将试模放回湿气养护箱内,整个测试过程要防止试模震动。

注:使用能得出与标准中规定方法结果的自动测试仪器时,不必翻转试件。

7 标准稠度用水量测定(代用法)

7.1 标准稠度用水量的测定可用调整水量法和不变水量法两种方法中的任一种,如发生争议时,以调整水量法为准。采用调整水量法测定标准稠度用水量时,拌和水量应按经验确定加水量;采用不变水量法测定时,拌和水量为142.5mL,水量精确到0.5 mL。

7.2 试验前须检查项目:仪器金属棒应能自由滑动;试锥降至锥模顶面位置时,指针应对准标尺零点;搅拌机运转应正常等。

7.3 水泥净浆拌制同5.2。

7.4 标准稠度用水量测定

7.4.1 拌和结束后,立即将拌好的净浆装入锥模内,用小刀插捣,振动数次后,刮去多余净浆,抹平后迅速放到试锥下面固定位置上。将试锥降至净浆表面处,拧紧螺丝1~2s后,突然放松,让试锥垂直自由沉入净浆中,到试锥停止下沉或释放试锥30s时记录试锥下沉深度。整个操作应在搅拌后1.5min内完成。

7.4.2 用调整水量法测定时,以试锥下沉深度28mm±2mm时的净浆为标准稠度净浆。其拌和水量为该水泥的标准稠度用水量(P),按水泥质量的百分比计。如下沉深度超出范围,须另称试样,调整水量,重新试验,直至达到28mm±2mm时为止。

7.4.3 用不变水量法测定时,根据测得的试锥下沉深度S(mm),按式(T 0505-1)(或仪器上对应

标尺)计算得到标准稠度用水量$P(\%)$:

$$P = 33.4 - 0.185S \quad (\text{T 0505-1})$$

当试锥下沉深度小于13mm时,应改用调整水量法测定。

8 安定性测定(标准法)

8.1 测定前的准备工作

每个试样需要两个试件,每个雷氏夹需配备质量约75~80g的玻璃板两块。凡与水泥净浆接触的玻璃板和雷氏夹表面都要稍稍涂上一层油。

8.2 雷氏夹试件的制备方法

将预先准备好的雷氏夹放在已稍擦油的玻璃板上,并立刻将已制好的标准稠度净浆装满雷氏夹。装浆时一只手轻轻扶持雷氏夹,另一只手用宽约10mm的小刀插捣数次然后抹平,盖上稍涂油的玻璃板,接着立刻将雷氏夹移至湿气养护箱内养护24h±2h。

8.3 沸煮

8.3.1 调整好沸煮箱内的水位,使之在整个沸煮过程中都能没过试件,不需中途添补试验用水,同时保证在30min±5min内水能沸腾。

8.3.2 脱去玻璃板取下试件,先测量雷氏夹指针尖端间的距离A,精确到0.5mm,接着将试件放入水中箅板上,指针朝上,试件之间互不交叉,然后在30min±5min内加热水至沸腾,并恒沸3h±5min。

8.4 结果判别

沸煮结束后,即放掉箱中的热水,打开箱盖,待箱体冷却至室温,取出试件进行判别。

测量雷氏夹指针尖端间的距离C,精确至0.5mm,当两个试件煮后增加距离$(C-A)$的平均值不大于5.0mm时,即认为该水泥安定性合格;当两个试件的$(C-A)$值相差超过4.0mm时,应用同一样品立即重做一次试验。再如此,则认为该水泥为安定性不合格。

9 安定性测定(代用法)

9.1 测定前的准备工作

每个样品需准备两块约100mm×100mm的玻璃板。凡与水泥净浆接触的玻璃板都要稍稍涂上一层隔离剂。

9.2 试饼的成型方法

将制好的净浆取出一部分分成两等份,使之呈球形,放在预先准备好的玻璃板上,轻轻震动玻璃板并用湿布擦净的小刀由边缘向中央抹动,做成直径70mm~80mm、中心厚约10mm、边缘渐薄、表面光滑的试饼,接着将试饼放入湿气养护箱内养护24h±2h。

9.3 沸煮

9.3.1 调整好沸煮箱内的水位,使之在整个沸煮过程中都能没过试件,不需中途添补试验用水,同时保证水在30min±5min内能沸腾。

9.3.2 脱去玻璃板取下试件,先检查试饼是否完整(如已开裂、翘曲,要检查原因,确定无外因时,该试饼已属不合格品,不必沸煮),在试饼无缺陷的情况下将试饼放在沸煮箱的水中箅板上,然后在30min±5min内加热至水沸腾,并恒沸3h±5min。

9.4 结果判别

沸煮结束后,即放掉箱中的热水,打开箱盖,待箱体冷却至室温,取出试件进行判别。目测试饼未发现裂缝,用钢直尺检查也没有弯曲(使钢直尺和试饼底部紧靠,以两者间不透光为不弯曲)的试饼为安定性合格;反之为不合格。当两个试饼判别结果有矛盾时,该水泥的安定性为不合格。

10 试验报告

试验报告应包括以下内容:

(1)要求检测的项目名称;

(2)试样编号；

(3)试验日期及时间；

(4)仪器设备的名称、型号及编号；

(5)环境温度和湿度；

(6)执行标准；

(7)使用检测方法；

(8)水泥试样的标准稠度用水量、凝结时间、安定性；

(9)要说明的其他内容。

条文说明

本方法参照 GB/T 1346—2001 修改，而 GB 1346—2001 又与 ISO 9597:1989 等效(eqv)。相对于原方法(GB 1346—1989)，在标准稠度方面新方法规定，采用试杆法为标准法，相应试锥法为代用法；在安定性方面，采用雷氏法为标准法，而试饼法为代用法，当有矛盾时，以标准法为准。

在新标准中，由于仪器设备的改变，所以初凝时间由"试针沉至距底板 2 ~ 3mm，即为水泥达到初凝状态"修改为"试针沉至距底板 4mm ± 1mm，即为水泥达到初凝状态"。终凝时间的测定修订改用安装环形附件的专用试针，使得终凝时间的测定更为直观。

在水泥净浆加水搅拌后，可能发生异常凝结现象。这种早期凝结又分为假凝和瞬凝。假凝的主要特征是加水凝固后，净浆没有明显温度升高，净浆重新搅拌后可恢复塑性。产生假凝的原因在于，当水泥加入水中时，半水石膏和无水石膏比 C_3A 能更快溶解，形成硫酸钙过饱和溶液，同时转化为二水石膏结晶析出，带来假凝。此外还与水泥中存在的碱有关。

瞬凝的主要特征是当水泥加入水中时，大量放热，很快失去流动性。产生的原因主要是 C_3A 含量过高，而水泥中为掺入石膏或掺入的石膏中 SO_3 过低引起的。

对于水泥早期凝固的测定方法，可参照本方法进行。在完成净浆成型后，用标准维卡仪试杆下端对准距圆模边缘直径三分之一处，在净浆完成搅拌 20s 后，测定试杆下沉 30s 时的深度为初始针入度；在净浆完成搅拌 5min 后，测定试杆下沉 30s 时的深度为终期针入度；完成终期针入度测定后，将圆模中的净浆连同剩余净浆放回搅拌机中搅拌 1min，再次测定得到的针入度，为再拌针入度。对于快凝水泥可以采用针入度来表征凝结时间的快慢。

T 0506—2005　水泥胶砂强度检验方法(ISO 法)

(Method of Testing Cements for Determination of Strength—ISO method)

1　目的、适用范围和引用标准

本方法规定水泥胶砂强度检验基准方法的仪器、材料、胶砂组成、试验条件、操作步骤和结果计算。其抗压强度结果与 ISO 679:1989 结果等同。

本方法适用于硅酸盐水泥、普通硅酸盐水泥、矿渣硅酸盐水泥、粉煤灰硅酸盐水泥、复合硅酸盐水泥、道路硅酸盐水泥以及石灰石硅酸盐水泥的抗折与抗压强度检验。采用其他水泥时必须研究本方法的适用性。

引用标准：

ISO 679—1989　《水泥的试验方法　水泥强度的测定》

GB/T 6003.3—1997　《金属丝编织网试验筛》

GB/T 17671—1999　《水泥胶砂强度检验方法(ISO 法)》

JC/T 681—1997　《行星式水泥胶砂搅拌机》

JC/T 682—1997　《水泥胶砂试件成型振实台》

JC/T 683—1997　　《40mm×40mm 水泥抗压夹具》
JC/T 723—1996　　《水泥物理检验仪器　胶砂振动台》
JC/T 724—1996　　《水泥物理检验仪器　电动抗折试验机》
JC/T 726—1997　　《水泥胶砂试模》

2　仪器设备

(1)胶砂搅拌机

胶砂搅拌机属行星式,其搅拌叶片和搅拌锅作相反方向的转动。叶片和锅由耐磨的金属材料制成,叶片与锅底、锅壁之间的间隙为叶片与锅壁最近的距离。制造质量应符合 JC/T 681—1997 的规定。

(2)振实台

振实台(图 T 0506-1)应符合 JC/T 682—1997 的规定。由装有两个对称偏心轮的电动机产生振动,使用时固定于混凝土基座上。基座高约400mm,混凝土的体积约0.25m^3,重约600kg。为防止外部振动影响振实效果,可在整个混凝土基座下放一层厚约 5mm 天然橡胶弹性衬垫。

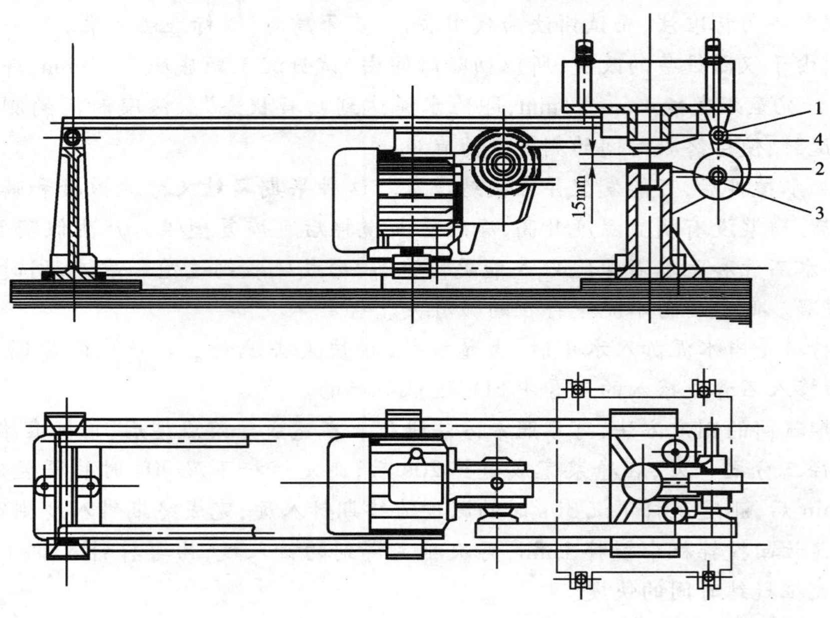

图 T 0506-1　典型振实台
1-突头;2-凸轮;3-止动器;4-随动器

将仪器用地脚螺丝固定在基座上,安装后设备成水平状态,仪器底座与基座之间要铺一层砂浆以确保它们完全接触。

(3)代用振动台

使用该设备最终得到的28d 抗压强度与按 ISO 679 规定方法得到的强度之差在5%内为合格。使用代用振动台,其频率为2 800 ~3 000 次/min, 振动台为全波振幅0.75mm ±0.02mm。代用胶砂振动台(图 T 0506-2)应符合 JC/T 723—1996 的规定和 GB/T 17671—1999 中第 11 章的要求。

(4)试模及下料漏斗

①试模为可装卸的三联模,由隔板、端板、底座等部分组成,制造质量应符合《水泥胶砂试模》(JC/T 726—1997)的规定。可同时成型三条截面为 40mm×40mm×160mm 的棱形试件。

②下料漏斗(图 T 0506-3)由漏斗和模套两部分组成。漏斗用厚为0.5mm 的白铁皮制作,下料口宽度一般为 4 ~5mm。模套高度为 20mm,用金属材料制作。套模壁与模型内壁应重叠,超出内壁不应大于 1mm。

(5)抗折试验机和抗折夹具

抗折试验机应符合 JC/T 724—1982(1996)中的要求,一般采用双杠杆式,也可采用性能符合要求的其他试验机。加荷与支撑圆柱必须用硬质钢材制造。通过三根圆柱轴的三个竖向平面应该平行，并在试验时继续保持平行和等距离垂直试件的方向，其中一根支撑圆柱能轻微地倾斜使圆柱与试件完全接触，以便荷载沿试件宽度方向均匀分布，同时不产生任何扭转应力，如图 T 0506-4。

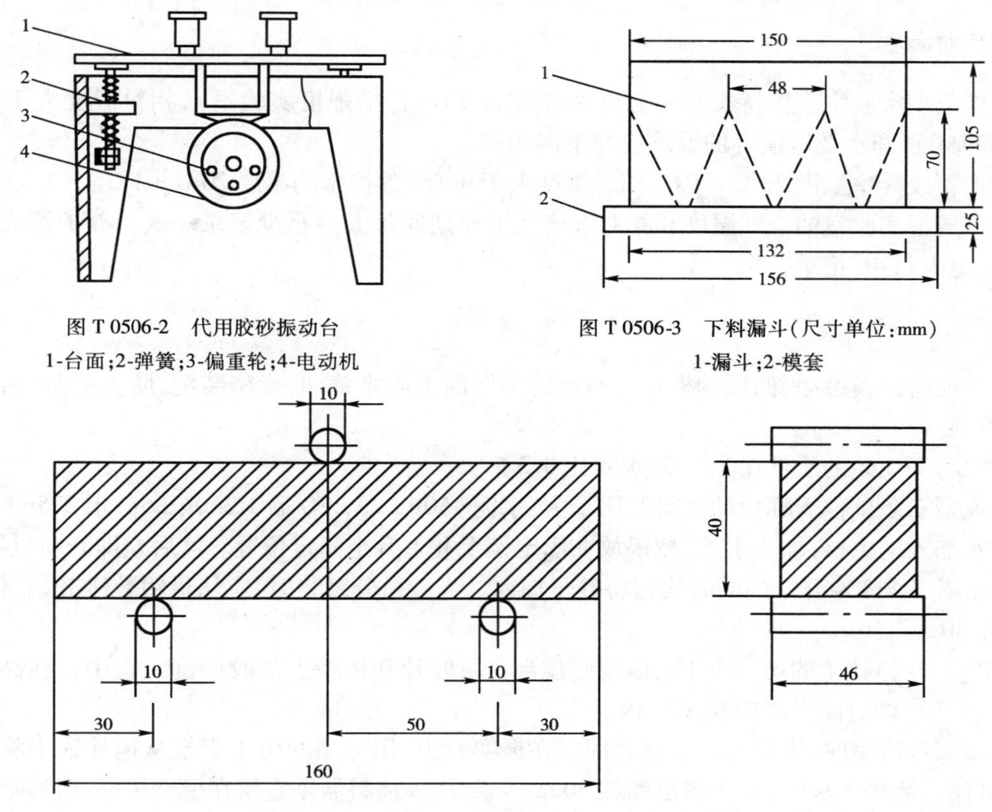

图 T 0506-2　代用胶砂振动台

1-台面；2-弹簧；3-偏重轮；4-电动机

图 T 0506-3　下料漏斗（尺寸单位：mm）

1-漏斗；2-模套

图 T 0506-4　抗折强度测定加荷图（尺寸单位：mm）

抗折夹具应符合 JC/T 724—1996 中的要求。

抗折强度也可用抗压强度试验机（见本方法 2.6）来测定，此时应使用符合上述规定的夹具。

（6）抗压试验机和抗压夹具

①抗压试验机的吨位以 200～300kN 为宜。抗压试验机，在较大的 4/5 量程范围内使用时，记录的荷载应有 ±1.0% 的精度，并具有按 2400N/s ±200N/s 速率的加荷能力，应具有一个能指示试件破坏时荷载的指示器。

压力机的活塞竖向轴应与压力机的竖向轴重合，而且活塞作用的合力要通过试件中心。压力机的下压板表面应与该机的轴线垂直并在加荷过程中一直保持不变。

②当试验机没有球座，或球座已不灵活或直径大于 120mm 时，应采用抗压夹具，由硬质钢材制成，受压面积为 40mm ×40mm，并应符合 JC/T 683—1997 的规定。

注：1. 试验机的最大荷载以 200～300kN 为佳，可以有两个以上的荷载范围，其中最低荷载范围的最大值大致为最高范围里的最大值的 1/5。

2. 采用具有加荷速度自动调节方法和具有结果记录装置的压力机是合适的。

3. 可以润滑球座以便与试件接触更好，但应确保在加荷期间不致因此而发生压板的位移。在高压下有效的润滑剂不宜使用，以避免压板的移动。

4. "竖向"、"上"、"下"等术语是对传统的试验机而言。

（7）天平：感量为 1g。

3　材料

3.1　水泥试样从取样到试验要保持 24h 以上时，应将其储存在基本装满和气密的容器中，这个容器不能和水泥反应。

3.2 ISO 标准砂。各国生产的 ISO 标准砂都可以用来按本方法测定水泥强度。中国 ISO 标准砂符合 ISO 679 中 5.1.3 要求，其质量控制按 GB/T 17671—1999 的 11 章进行。

3.3 试验用水为饮用水。仲裁试验时用蒸馏水。

4 温度与相对湿度

4.1 试件成型实验室应保持实验室温度为 20℃ ±2℃（包括强度实验室），相对湿度大于 50%。水泥试样、ISO 砂、拌和水及试模等的温度应与室温相同。

4.2 养护箱或雾室温度 20℃ ±1℃，相对湿度大于 90%，养护水的温度 20℃ ±1℃。

4.3 试件成型实验室的空气温度和相对湿度在工作期间每天应至少记录一次。养护箱或雾室温度和相对湿度至少每 4h 记录一次。

5 试件成型

5.1 成型前将试模擦净，四周的模板与底座的接触面上应涂黄油，紧密装配，防止漏浆，内壁均匀地刷一薄层机油。

5.2 水泥与 ISO 砂的质量比为 1:3，水灰比 0.5。

5.3 每成型三条试件需称量的材料及用量为：水泥 450g ±2g；ISO 砂 1 350g ±5g；水 225mL ±1mL。

5.4 将水加入锅中，再加入水泥，把锅放在固定架上并上升至固定位置。然后立即开动机器，低速搅拌 30s 后，在第二个 30s 开始的同时均匀将砂子加入。当砂是分级装时，应从最粗粒级开始，依次加入，再高速搅拌 30s。

停拌 90s。在停拌中的第一个 15s 内用胶皮刮具将叶片和锅壁上的胶砂刮入锅中。在高速下继续搅拌 60s。各个阶段时间误差应在 ±1s 内。

5.5 用振实台成型时，将空试模和模套固定在振实台上，用适当的勺子直接从搅拌锅中将胶砂分为两层装入试模。装第一层时，每个槽里约放 300g 砂浆，用大播料器垂直架在模套顶部，沿每个模槽来回一次将料层播平，接着振实 60 次。再装入第二层胶砂，用小播料器播平，再振实 60 次。移走模套，从振实台上取下试模，并用刮尺以 90°的角度架在试模顶的一端，沿试模长度方向以横向锯割动作慢慢向另一端移动，一次将超出试模的胶砂刮去。并用同一直尺在近乎水平的情况下将试件表面抹平。

5.6 当用代用振动台成型时，在搅拌胶砂的同时将试模及下料漏斗卡紧在振动台台面中心。将搅拌好的全部胶砂均匀地装于下料漏斗中，开动振动台 120s ±5s 停车。振动完毕，取下试模，用刮平尺按 5.5方法刮去多余胶砂并抹平试件。

5.7 在试模上作标记或加字条标明试件的编号和试件相对于振实台的位置。两个龄期以上的试件，编号时应将同一试模中的三条试件分在两个以上的龄期内。

5.8 试验前或更换水泥品种时，须将搅拌锅、叶片和下料漏斗等抹擦干净。

6 养护

6.1 编号后，将试模放入养护箱养护，养护箱内箅板必须水平。水平放置时刮平面应朝上。对于 24h 龄期的，应在破型试验前 20min 内脱模。对于 24h 以上龄期的，应在成型后 20 ~ 24h 内脱模。脱模时要非常小心，应防止试件损伤。硬化较慢的水泥允许延期脱模，但须记录脱模时间。

6.2 试件脱模后即放入水槽中养护，试件之间间隙和试件上表面的水深不得小于 5mm。每个养护池中只能养护同类水泥试件，并应随时加水，保持恒定水位，不允许养护期间全部换水。

6.3 除 24h 龄期或延迟 48h 脱模的试件外，任何到龄期的试件应在试验（破型）前 15min 从水中取出。抹去试件表面沉淀物，并用湿布覆盖。

7 强度试验

7.1 各龄期（试件龄期从水泥加水搅拌开始算起）的试件应在下列时间内进行强度试验：

龄期　　　试验时间

——24h　　　　24h ±15min；
——48h　　　　48h ±30min；
——72h　　　　72h ±45min；
——7d　　　　7d ±2h；
——28d　　　　28d ±8h。

7.2　抗折强度试验

7.2.1　以中心加荷法测定抗折强度。

7.2.2　采用杠杆式抗折试验机试验时，试件放入前，应使杠杆成水平状态，将试件成型侧面朝上放入抗折试验机内。试件放入后调整夹具，使杠杆在试件折断时尽可能地接近水平位置。

7.2.3　抗折试验加荷速度为 50 N/s ±10N/s，直至折断，并保持两个半截棱柱试件处于潮湿状态直至抗压试验。

7.2.4　抗折强度按式（T 0506-1）计算：

$$R_{\mathrm{f}}=\frac{1.5F_{\mathrm{f}}\cdot L}{b^3} \tag{T 0506-1}$$

式中：R_{f}——抗折强度（MPa）；

F_{f}——破坏荷载（N）；

L——支撑圆柱中心距（mm）；

b——试件断面正方形的边长，为40mm。

抗折强度计算值精确到0.1MPa。

7.2.5　抗折强度结果取三个试件平均值，精确至0.1 MPa。当三个强度值中有超过平均值 ±10%的，应剔除后再平均，以平均值作为抗折强度试验结果。

7.3　抗压强度试验

7.3.1　抗折试验后的断块应立即进行抗压试验。抗压试验须用抗压夹具进行，试件受压面为试件成型时的两个侧面，面积为40mm ×40mm。试验前应清除试件受压面与加压板间的砂粒或杂物。试件的底面靠紧夹具定位销，断块试件应对准抗压夹具中心，并使夹具对准压力机压板中心，半截棱柱体中心与压力机压板中心差应在 ±0.5mm 内，棱柱体露在压板外的部分约为10mm。

7.3.2　压力机加荷速度应控制在2400N/s ±200N/s 速率范围内，在接近破坏时更应严格掌握。

7.3.3　抗压强度按式（T 0506-2）计算：

$$R_{\mathrm{c}}=\frac{F_{\mathrm{c}}}{A} \tag{T 0506-2}$$

式中：R_{c}——抗压强度（MPa）；

F_{c}——破坏荷载（N）；

A——受压面积，40mm ×40mm =1 600mm²。

抗压强度计算值精确到0.1MPa。

7.3.4　抗压强度结果为一组6个断块试件抗压强度的算术平均值，精确至0.1 MPa。如果6个强度值中有一个值超过平均值 ±10%的，应剔除后以剩下的5个值的算术平均值作为最后结果。如果5个值中再有超过平均值 ±10%的，则此组试件无效。

8　试验报告

试验报告应包括以下内容：

（1）要求检测的项目名称；

（2）原材料的品种、规格和产地；

（3）试验日期及时间；

（4）仪器设备的名称、型号及编号；

（5）环境温度和湿度；

（6）执行标准；

（7）不同龄期对应的水泥试样的抗折强度、抗压强度，报告中应包括所有单个强度结果（包括舍去的试验结果）和计算出的平均值；

（8）要说明的其他内容。

条文说明

本方法参照 GB/T 17671—1999 修改。GB 177—1985 虽然没有作废，但不再被《硅酸盐水泥、普通硅酸盐水泥》（GB 175—1999），《矿渣硅酸盐水泥、火山灰质硅酸盐水泥及粉煤灰硅酸盐水泥》（GB 1344—1999），《复合硅酸盐水泥》（GB 12958—1999）引用。虽然 GB/T 17671—1999 为推荐性标准，但因被上述强制性标准的引用而成为强制性标准。

对于火山灰水泥而言，在水灰比 0.5 和灰砂比 1:3条件下，流动度可能有很大变化，所以《矿渣硅酸盐水泥、火山灰质硅酸盐水泥及粉煤灰硅酸盐水泥》（GB 1344—1999）中规定："按 GB/T 17671—1999 进行。但火山灰水泥进行胶砂强度检验的用水量按 0.50 水灰比和胶砂流动度不小于 180mm 来确定。当流动度小于 180mm 时，须以 0.01 的倍数递增的方法将水灰比调整到胶砂流动度不小于 180mm。"

为区别 ISO 方法与硬练法、GB 177—1985 方法，特列出表 T 0506-1，其主要区别在于检验方法中的胶砂组成，即水灰比、灰砂比和砂。

表 T 0506-1　不同强度试验方法的比较

内容		硬练法	GB 177—1985（软练法）	ISO
砂	砂源		福建平源	厦门
	粒径范围（mm）	单级 0.5～0.85	单级 0.25～0.65 混合	级配砂： 0.08～0.5(1/3)， 0.5～1.0(1/3)，1.0～2.0(1/3)
胶砂性质	水灰比	0.3～0.4	0.44～0.46	0.50
	灰砂比	1∶3	1∶2.5	1∶3
试件形状	抗折	8 字形	4cm×4cm×16cm	4cm×4cm×16cm
	抗压	7.07cm×7.07cm	4cm×6.25cm	4cm×4cm
搅拌	转速（r/min）		搅拌锅：65±3 搅拌叶：137±6	搅拌叶：140±10（自转） 285±10（自转） 62±5（公转） 125±10（公转）
	工作程序加料顺序		加水和水泥，干拌，搅拌中加水，搅拌 180s	加水，加水泥，低速 30s，再低速 30s 的同时加入砂，高速 30s，停 90s，高速 60s
温湿条件		实验室：21℃±4℃ R.H. >50%； 养护箱：20℃±3℃ R.H. >90%		实验室：20℃±2℃ R.H. ≥50%； 养护箱：20℃±1℃ R.H. ≥90%
	养护水	20℃±2℃		20℃±1℃；饱和 $Ca(OH)_2$
破型试验	压力机	—	精度±2%，速度 5 000N/s±500N/s	精度±1%，速度 2 400N/s±200N/s
	取件时间	—		破型前 15min 取出
强度计算	抗压强度	—	剔除最大、最小试验结果，以剩下 4 个结果平均	6 个测定值的算术平均值为试验结果。如有超出平均值精度±10% 者剔除，再以剩余 5 个结果平均。再有超出，该组无效

GB 177—1985 方法和 ISO 法相比较，GB 177 存在以下缺点：

1. 水泥强度试验中水泥成分过多，强度值对水泥浆与砂子胶结性能的反应不够敏感。这样低密度、低活性的水泥在结果上可以得到更多的好处。

2. 胶砂的用水量偏低，这样有利于那些需水量较大的水泥，造成事实的不公平。

3. 和国际上通行标准不统一，不利于贸易和交流。

而 ISO 方法检验出的水泥强度更接近水泥在水泥混凝土中的实际作用。

根据中国建筑材料科学研究院的研究表明，我国水泥的旧版 GB 强度等级大体上比 ISO 等级低一个等级。如 GB 425 对应 ISO 32.5，GB 525 大致对应 ISO 42.5。新版 GB 175 已于 1999 年 12 月 1 日实施，规定水泥强度采用《水泥胶砂强度检验方法（ISO 法）》（GB/T 17671—1999）测试，同时 GB 175—1999 规定普通硅酸盐水泥的强度等级见表 T 0506-2。

表 T 0506-2　水泥强度等级

水泥品种	强度等级							
硅酸盐水泥	—	—	42.5	42.5R	52.5	52.5R	62.5	62.5R
普通硅酸盐水泥、矿渣硅酸盐水泥、火山灰质硅酸盐水泥、粉煤灰硅酸盐水泥、复合硅酸盐水泥	32.5	32.5R	42.5	42.5R	52.5	52.5R	—	—

为方便查询，表 T 0506-3 中列出 GB 中各龄期水泥强度。

表 T 0506-3　水泥强度

品种	强度等级	抗压强度（MPa）		抗折强度（MPa）	
		3d	28d	3d	28d
硅酸盐水泥	42.5	17.0	42.5	3.5	6.5
	42.5R	22.0	42.5	4.0	6.5
	52.5	23.0	52.5	4.0	7.0
	52.5R	27.0	52.5	5.0	7.0
	62.5	28.0	62.5	5.0	8.0
	62.5R	32.0	62.5	5.5	8.0
普通硅酸盐水泥	32.5	11.0	32.5	2.5	5.5
	32.5R	16.0	32.5	3.5	5.5
	42.5	16.0	42.5	3.5	6.5
	42.5R	21.0	42.5	4.0	6.5
	52.5	22.0	52.5	4.0	6.5
	52.5R	26.0	52.5	5.0	7.0
矿渣硅酸盐水泥 火山灰质硅酸盐水泥 粉煤灰硅酸盐水泥	32.5	10.0	32.5	2.5	5.5
	32.5R	15.0	32.5	3.5	5.5
	42.5	15.0	42.5	3.5	6.5
	42.5R	19.0	42.5	4.0	6.5
	52.5	21.0	52.5	4.0	7.0
	52.5R	23.0	52.5	4.5	7.0
复合硅酸盐水泥	32.5	11.0	32.5	2.5	5.5
	32.5R	16.0	32.5	3.5	5.5
	42.5	16.0	42.5	3.5	6.5
	42.5R	21.0	42.5	4.0	6.5
	52.5	22.0	52.5	4.0	7.0
	52.5R	26.0	52.5	5.0	7.0

T 0507—2005 水泥胶砂流动度测定方法

（Test Method for Fluidity of Cement Mortar）

1 目的、适用范围和引用标准

本方法规定水泥胶砂流动度测定方法的仪器和操作步骤。

本方法适用于火山灰质硅酸盐水泥、复合硅酸盐水泥和掺有火山灰的普通硅酸盐水泥、矿渣硅酸盐水泥及指定采用本方法的其他品种水泥的胶砂流动度测定。

引用标准：

GB/T 17671—1999 《水泥胶砂强度检验方法（ISO 法）》

JC/T 681—1997 《行星式水泥胶砂搅拌机》

2 仪器设备

（1）胶砂搅拌机：应符合 JC/T 681—1997 的有关规定。

（2）水泥胶砂流动度测定仪（简称跳桌）：技术要求及其安装方法应符合 T 0507 附录的规定。

（3）试模：用金属材料制成，由截锥圆模和模套组成。

截锥圆模内壁须光滑，尺寸为：高度 60 mm ±0.5mm；上口内径 70 mm ±0.5mm；下口内径 100 mm ±0.5mm；下口外径 120mm，模壁厚度大于 5mm。模套与截锥圆模配合使用。

（4）捣棒：用金属材料制成，直径为 20 mm ±0.5mm，长度约 200mm，捣棒底面与侧面成直角，其下部光滑，上部手柄滚花。

（5）卡尺：量程不小于 300mm，分度值不大于 0.5mm。

（6）小刀：刀口平直，长度大于 80mm。

（7）秒表：分度值为 1s。

3 试样制备

3.1 材料准备

胶砂材料用量按相应标准要求或试验设计确定。水泥试样、标准砂和试验用水及试验条件应符合 GB/T 17671—1999 中第四条的有关规定。

3.2 胶砂制备

按 GB/T 17671—1999 中有关规定进行。

4 试验步骤

4.1 如跳桌在 24h 内未被使用，先空跳一个周期 25 次。

4.2 在制备胶砂的同时，用潮湿棉布擦拭跳桌台面、试模内壁、捣棒以及与胶砂接触的用具，将试模放在跳桌台面中央并用潮湿棉布覆盖。

4.3 将拌好的胶砂分两层迅速装入流动试模，第一层装至截锥圆模高度约 2/3 处，用小刀在相互垂直的两个方向上各划 5 次，用捣棒由边缘至中心均匀捣压 15 次，之后装第二层胶砂，装至高出截锥圆模约 20mm，用小刀在相互垂直的两个方向上各划 5 次，再用捣棒由边缘至中心均匀捣压 10 次。捣压后应使胶砂略高于截锥圆模。捣压深度，第一层捣至胶砂高度的 1/2，第二层捣实不超过已捣实底层表面。捣压顺序见图 T 0507-1、图 T 0507-2。装胶砂和捣压时，用手扶稳试模，不要使其移动。

4.4 捣压完毕，取下模套，用小刀由中间向边缘分两次以近水平的角度将高出截锥圆模的胶砂刮去并抹平，擦去落在桌面上的胶砂。将截锥圆模垂直向上轻轻提起，立刻开动跳桌，每秒钟一次，在 25s ±1s 内完成 25 次跳动。

4.5 跳动完毕，用卡尺测量胶砂底面最大扩散直径及与其垂直方向的直径，计算平均值，精确至

1mm,即为该水量下的水泥胶砂流动度。

流动度试验,从胶砂拌和开始到测量扩散直径结束,须在6min内完成。

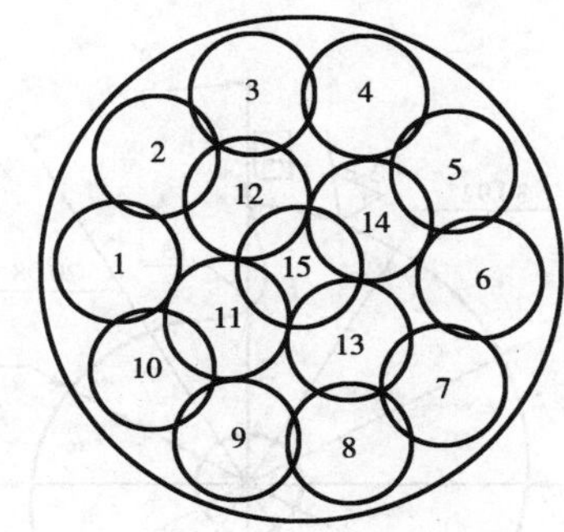

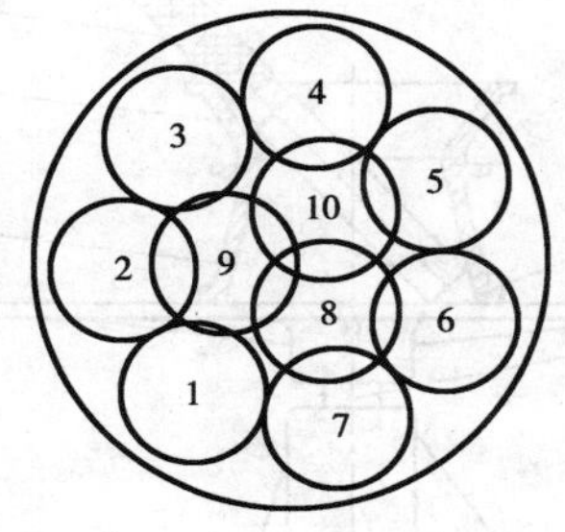

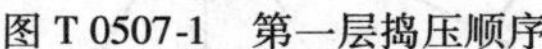

图 T 0507-1　第一层捣压顺序　　　　图 T 0507-2　第二层捣压顺序

4.6　电动跳桌与手动跳桌测定的试验结果发生争议时,以电动跳桌为准。

5　试验报告

试验报告应包括以下内容:

(1)要求检测的项目名称;

(2)原材料的品种、规格和产地;

(3)试样编号;

(4)试验日期及时间;

(5)仪器设备的名称、型号及编号;

(6)环境温度和湿度;

(7)执行标准;

(8)使用砂的类型;

(9)水泥胶砂流动度;

(10)要说明的其他内容。

T 0507 附录　跳桌及其安装

本附录规定了跳桌的技术要求和安装方法,适用于跳桌的结构设计和性能检定。

A.1　技术要求

A.1.1　跳桌(图 T 0507A-1)主要由跳动部分和机架部分组成。

A.1.2　跳动部分是由圆盘桌面和推杆构成。总质量为4.35kg±0.15kg,且以推杆为中心均匀分布。圆盘桌面直径300mm±1mm,是由硬度不低于200HB的铸钢制成,边缘厚约5mm。其上表面应光滑平整,并镀硬铬。表面粗糙度 R_a 在0.8~1.6μm之间。桌面中心有直径为125mm的刻圆,用以确定锥形试模的位置。从圆盘外缘指向中心有8条线,相隔45°分布。桌面有6根辐射状筋,相隔60°均匀分布。圆盘表面的平面度不超过0.10mm。跳动部分下落瞬间,托轮不应与凸轮接触。跳桌落距为10.0mm±0.2mm。推杆与机架孔的公差间隙为0.05~0.10mm。

A.1.3　凸轮(图 T 0507A-2)由钢制成,其外表面轮廓应符合等速螺旋线,表面硬度不低于洛氏55HRC。当推杆和凸轮接触时不应察觉出有跳动,上升过程中保持圆盘桌面平稳,不抖动。

A.1.4　机架是由铸铁制成的坚固整体,有三根相隔120°分布的增强筋延伸整个机架高度。机架孔周围环状精磨。机架孔的轴线应与圆盘上表面垂直。当圆盘下落和机架接触时,接触面应保持光滑,并与圆盘上表面成平行状态,同时在360°范围内完全接触。

A.1.5　转动轴与转速为60r/min的同步电机连接,其转动机构能保证跳桌在25s±1s内完成25

次跳动。

A.1.6 跳桌底座有3个直径为12mm的孔,以便与混凝土基座连接,三个孔均匀分布在直径为200mm的圆上。

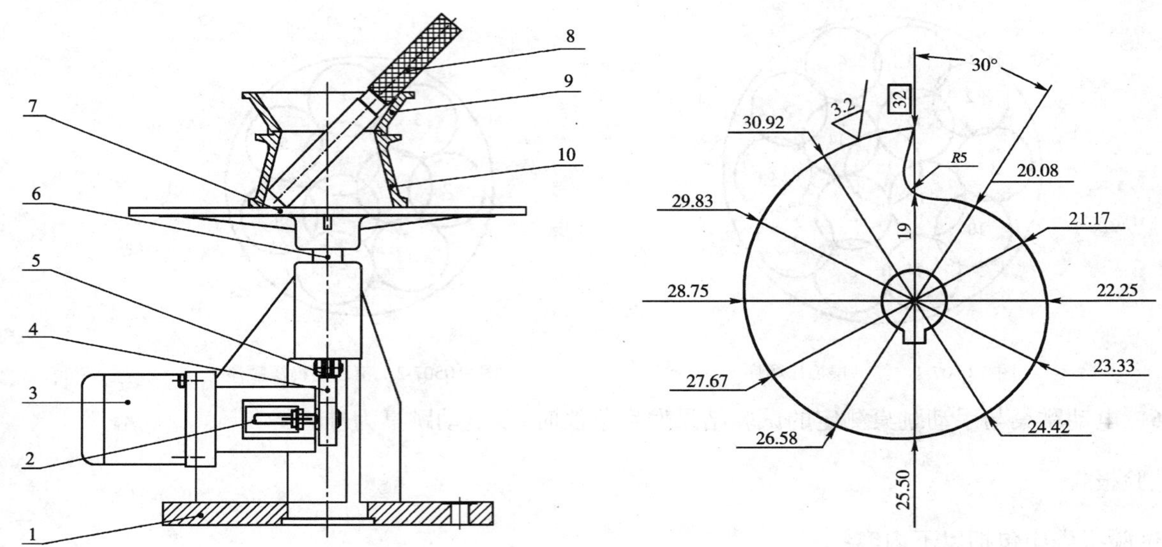

图 T 0507A-1 跳桌

1-机架;2-接近开关;3-电机;4-凸轮;5-滑轮;6-推杆;7-圆盘桌面;8-捣棒;9-模套;10-截锥圆模

图 T 0507A-2 凸轮示意图(尺寸单位:mm)

A.2 安装和保养

A.2.1 跳桌宜通过膨胀螺栓安装在已硬化的水平混凝土基座上。基座由重度至少2 240kg/m^{3}的混凝土浇筑而成,基部约为400mm×400mm见方,高约690mm。

A.2.2 推杆应保持清洁,并稍涂润滑油。圆盘与机架接触面不应有油。凸轮表面上涂油可减少操作的摩擦。

A.3 检定

安装好的跳桌用流动度标准样(JBW 01-1-1)进行检定,测得的流动度值与标准样给定流动度相差在规定范围内,则跳桌的使用性能合格。

条文说明

本方法参照《水泥胶砂流动度检验方法》(GB/T 2419—2005)修改。与旧版标准相比,主要修改部分为:采用技术参数与EN 459-2—2001相同的水泥胶砂流动度跳桌,但跳动次数为25次;水泥胶砂流动度检验用砂为ISO砂,胶砂组成按相应标准要求或试验设计确定。

T 0508—2005 水泥浆体流动度测定方法(倒锥法)

(Standard Test Method for Flow of Grout for Cement Mortar—Flow Cone Method)

1 目的、适用范围和引用标准

本方法规定公称最大粒径小于2.36mm的水泥浆体流动度测定方法的仪器和操作步骤。本方法适于流出时间小于35s的水泥浆体。

本方法适用于硅酸盐水泥、普通硅酸盐水泥、矿渣硅酸盐水泥、粉煤灰硅酸盐水泥、火山灰质硅酸盐水泥、复合硅酸盐水泥、道路硅酸盐水泥浆体及指定采用本方法的其他浆体流动度的测定。

引用标准:

JC/T 681—1997 《行星式水泥胶砂搅拌机》

2 仪器设备

(1)倒锥:具体尺寸见图 T 0508-1,材料可以是玻璃、不锈钢、铝或其他金属。

(2)容器:容积最小 2 000mL。

(3)支架:用金属材料制成,用于支撑倒锥。

(4)水平尺。

(5)秒表:分度值为 0.2s。

(6)胶砂搅拌机。

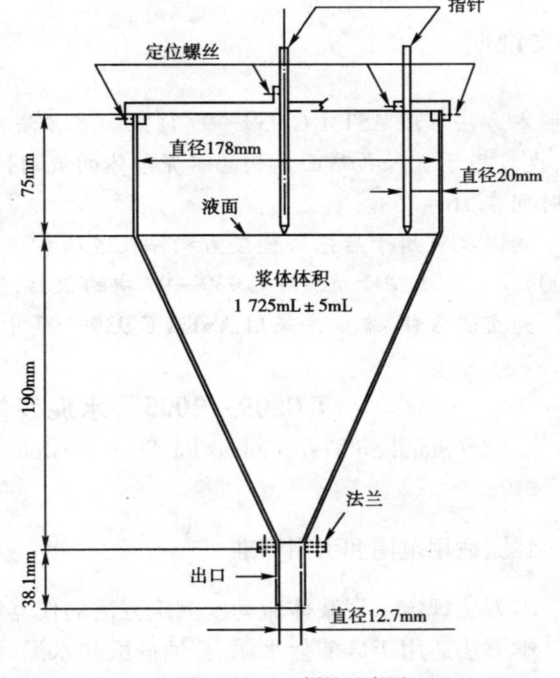

图 T 0508-1 倒锥示意图

3 仪器的标定

3.1 试验前确保倒锥稳定,并用水准仪检查是否垂直。往倒锥中加入水,调整指示器的位置确保容积为1 725mL ±5mL。

3.2 用手指堵住倒锥的出口,在手指松开的同时,按下秒表,在流出水流变得间断的同时再次按下秒表。如果在 20℃ ±2℃的温度下,流出时间为 8.0s ±0.2s,则倒锥可以使用。

4 试验步骤

4.1 室内温度应保持在 20℃ ±2℃。

4.2 使用前 1min,用水润湿倒锥。用手指或其他塞子堵住出口。

4.3 徐徐将浆体加入倒锥中,在接近指针时要减慢速度,直到体积为 1 725mL ±5mL。

4.4 在松开手指或塞子的同时按下秒表,在流出浆体变得间断的同时再次按下秒表。此时间为浆体流出时间。最后观察出口,如果出口透亮的话,则说明倒锥方法可用;否则不可用。

4.5 同一种材料至少进行两次试验,且浆体不得重复使用。

4.6 试验应在搅拌结束 1min 内完成。

4.7 使用完成后应将倒锥清洗干净。

5 试验结果

试验结果以两次以上试验结果的平均值为准,平均值修约到最近的 0.2s 上。每次试验的结果应在平均值 ±1.8s 以内。

6 试验报告

试验报告应包括以下内容:

(1)要求检测的项目名称;

(2)原材料的品种、规格和产地;

(3)试验日期及时间;

(4)仪器设备的名称、型号及编号;

(5)环境温度和湿度;

(6)执行标准;

(7)材料配合比;

(8)水泥浆体流动度;

(9)要说明的其他内容。

条文说明

本方法参照 ASTM C 939—97 修改。本方法可适用于水泥混凝土路面脱空封堵时浆体流动性的评价,也可用于贯入式路面结构的水泥浆体的流动性评价。对于水泥混凝土路面脱空封堵时,一般浆体适用时间在 16 ~ 25s。

同时也可用于后张法预应力构件孔道压浆。值得注意的是,《公路桥涵施工技术规范》(JTJ 041—2000)中也有类似于 ASTM C 939—97 中的仪器,但该仪器的部分尺寸在英制换算公制过程中进行了取整。为交流方便,本方法采用 ASTM C 939—97 中所示仪器尺寸。

T 0509—2005　水泥浆体流动度测定方法(筒球法)

(Standard Test Method for Flow of Grout for Cement Mortar—Ball & Canister Method)

1　目的、适用范围和引用标准

本方法规定水泥浆体流动度测定方法的仪器和操作步骤。

本方法适用于硅酸盐水泥、普通硅酸盐水泥、矿渣硅酸盐水泥、粉煤灰硅酸盐水泥、火山灰质硅酸盐水泥、复合硅酸盐水泥、道路硅酸盐水泥浆体及指定采用本方法的其他浆体流动度的测定。

引用标准:

JC/T 681—1997　《行星式水泥胶砂搅拌机》

2　仪器设备

(1)流动度筒:具体尺寸见图 T 0509-1,材料可以为透明的有机玻璃。长方体透明塑料容器的内壁尺寸为 102.4mm × 102.4mm × 500mm,壁厚 8mm,容器内装直径为 25.6mm 的玻璃球 160 个,如图所示共 10 层,其空隙率为 44.4%。

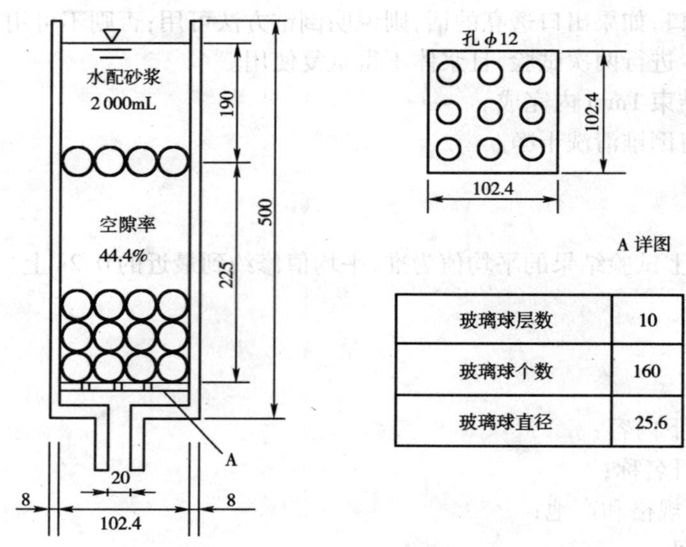

玻璃球层数	10
玻璃球个数	160
玻璃球直径	25.6

图 T 0509-1　砂浆筒球流动仪示意图(尺寸单位:mm)

(2)容器:容积最小 2 000mL,分度值不大于 5mL。

(3)支架:用金属材料制成,用于支撑流动度筒。

(4)水平尺。

(5)秒表:分度值不大于0.2s。

(6)胶砂搅拌机。

3 仪器的标定

试验前确保流动度筒稳定,并用水准仪检查是否垂直。

4 试验步骤

4.1 室内温度应保持在20℃±2℃。

4.2 在使用前,将筒和球用水润湿。

4.3 快速将2 000mL±5mL浆体加入筒中,同时按下秒表。

4.4 当灌入浆体中部出现明显分层时再次按下秒表,此时间为砂浆流动度。

4.5 同一种材料至少进行两次试验,浆体不得重复使用。

4.6 试验应在搅拌结束1min内完成。

4.7 使用完成后应将筒、球清洗干净。

5 试验结果

5.1 试验结果以两次以上试验结果的平均值为准,平均值修约到最近的0.2s上。每次试验的结果应在平均值±2s以内。

5.2 压力灌浆时,浆体出现上、下层分离,即砂粒下沉,水泥浆上浮。为了区分浆体的保水性和均匀性,可采用上、下分层差值来表征,精确至1mm。

6 试验报告

试验报告应包括以下内容:

(1)要求检测的项目名称、执行标准;

(2)原材料的品种、规格和产地;

(3)试验日期及时间;

(4)仪器设备的名称、型号及编号;

(5)环境温度和湿度;

(6)材料配合比;

(7)水泥浆体流动度;

(8)分层差值;

(9)要说明的其他内容。

条文说明

T 0507是常规评价胶砂流动性的方法,而T 0508、T 0509是用于评价水泥浆体流动性的方法,更接近于公路部门的实际情况,利用T 0508、T 0509得到的浆体流动度,还应根据现场温度、风力等条件作适当修正。

振动灌浆砂浆的流动度以16~20s为宜;压力灌浆时浆体的流动度以18~25s为宜。

T 0510—2005 水泥胶砂耐磨性试验方法

(Standard Test Method for Abrasion Resistance of Mortar Surfaces by Rotating-Cutter Method)

1 目的、适用范围和引用标准

本方法规定水泥胶砂耐磨性试验的仪器设备、试验步骤。

本方法适用于硅酸盐水泥、普通硅酸盐水泥、矿渣硅酸盐水泥、粉煤灰硅酸盐水泥、火山灰质硅酸盐水泥道路硅酸盐水泥、复合硅酸盐水泥及指定采用本方法的其他品种水泥或建筑材料的耐磨性试验。

引用标准：

GB/T 17671—1999 《水泥胶砂强度检验方法(ISO 法)》

JC/T 681—1997 《行星式胶砂搅拌机》

2 仪器设备

(1)水泥胶砂耐磨试验机：水泥胶砂耐磨试验机性能应符合 T 0510 附录的要求。

(2)试模：

①水泥胶砂耐磨性试验用试模由侧板、端板、底座、紧固装置及定位销组成，如图 T 0510-1 所示。各组件可以拆卸组装。试模模腔有效容积为 150mm × 150mm × 30mm。

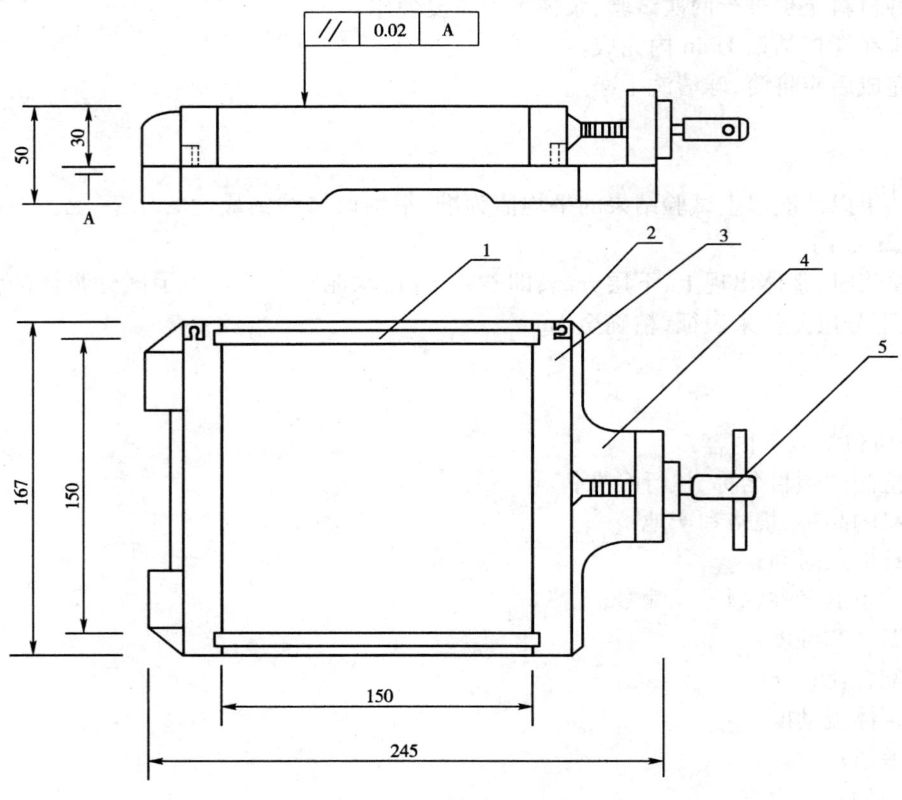

图 T 0510-1 试模示意图(尺寸单位：mm)

1-侧板；2-端板；3-底座；4-紧固装置；5-定位销

②侧板与端板由 45 号钢制成，表面粗糙度 R_a 不大于 6.3μm，组装后模框上下面的平行度不大于 0.02mm，模框应有成组标记。

③底座用 HT20-40 灰口铸铁加工，底座上表面粗糙度 R_a 不大于 6.3μm，平面度不大于 0.03mm，底座非加工面经涂漆无流痕。

④侧板、端板与底座紧固后，最大翘起量应不大于 0.05mm，其模腔对角线长度误差不大于 0.1mm。

⑤紧固装置应灵活，放松螺旋时侧板应能方便地从端板中取出或装入。

⑥试模总质量：6 ~6.5kg。

(3)模套：结构与尺寸如图 T 0510-2 所示。

(4)干燥箱：温度不低于 105℃且带有鼓风装置。

(5)胶砂搅拌机：应符合《行星式胶砂搅拌机》(JC/T 681—1997)

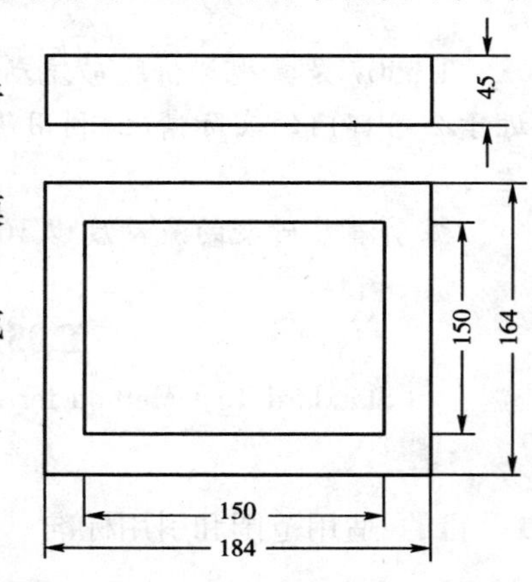

图 T 0510-2 模套(尺寸单位：mm)

的规定。

(6)胶砂振动台:应符合《水泥胶砂强度检验方法(ISO 法)》(GB/T 17671—1999)中 11.7 条代用振动台的规定。

(7)天平:量程不小于 2 000g,感量不大于 2g。

3 试样制备

3.1 水泥试样应充分拌匀,通过 0.9mm 方孔筛,在试验前一天送到实验室贮存。

3.2 试验用砂采用符合《水泥胶砂强度检验方法(ISO 法)》(GB/T 17671—1999)规定的粒度范围在 0.5 ~ 1.0mm 的标准砂。

3.3 试验用水应是洁净的饮用水。

4 试件成型及养护

4.1 成型室及养护箱的温度、湿度要求:

成型室:20℃ ±2℃,相对湿度 >50%;

养护箱:20℃ ±1℃,相对湿度 >90%;

养护水:20℃ ±1℃。

试样、标准砂和试验用水以及试模的温度应与室温相同。

4.2 成型前将试模擦净,模板与底座的接触面应涂黄油,紧密装配,防止漏浆,内壁均匀刷上一薄层机油。

4.3 试件的灰砂比为 1:2.5,硅酸盐水泥、普通硅酸盐水泥、矿渣水泥的水灰比为0.44;火山灰水泥、粉煤灰水泥为 0.46。每一试样需成型 3 块试件,分别搅拌成型。每成型 1 块试件应称水泥 400g,标准砂 1 000g。

4.4 将水加入锅中,再加入水泥,把锅放在固定架上。然后立即开动机器,低速搅拌 30s 后,在第二个 30s 开始的同时均匀将砂子加入。当各级砂是分装时,应从最粗粒级开始依次加入。

停拌 90s,在停拌中的第一个 15s 内用胶皮刮具将叶片和锅壁上的胶砂刮入锅中。在高速下继续搅拌 60s。在各个阶段时间误差应在 ±1s 内。

4.5 在胶砂搅拌的同时,将试模及模套卡紧在振动台台面中心位置,并将拌和好的全部胶砂均匀地装入试模内,开动振动台,约 10s 时,开始用小刀插划胶砂,横划 14 次,竖划 14 次,另外在试件四角分别用小刀插 10 次,整个插捣工作在 90s 内完成。插划胶砂方法如图T 0510-3所示。振动 120s ±5s 后自动停机。

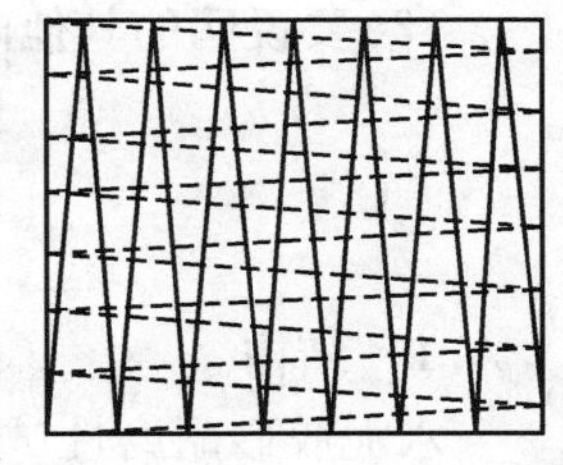

图 T 0510-3 胶砂插划方法

4.6 振毕,取下试模,去掉模套,刮平、编号。放入养护箱中养护至 24 h ±0.25h(从加水开始算起),取出脱模。脱模时应防止试件损伤,硬化较慢的水泥允许延长脱模时间,但需记录脱模时间。

4.7 脱模后,立即将试件放入 20℃ ±1℃水中养护,试件间应留有间隙,水面至少高出试件 20mm,养护水应每两周更换一次,试件在水槽中养护到 27d 龄期取出,立即擦干立放,在空气中自然干燥 24h,在 60℃ ±5℃的烘箱中烘干 4h,然后冷却至室温。

注:对于道路硅酸盐水泥,耐磨指标是一个极为重要的指标。经过试验验证将试件在 60℃ ±5℃的烘箱中烘干延长至 24h,试验结果的重复性更好。

5 试验步骤

5.1 取经干燥处理后的试件,将刮平面朝下,放至耐磨试验机的水平转盘上,做好定位标记,并用夹具轻轻固紧。接着在 300N 负荷下预磨 30 转,取下试件扫净粉粒称量,该质量作为试件的原始质量 m_1;然后再将试件放回到水平转盘的原来位置上放平、固紧(注意不要在试件与转盘之间残留颗粒以免影响试件与磨头的接触),再磨 40 转,取下试件扫净粉粒称质量 m_2。整个磨损过程应将吸尘器对准试件磨损面,使磨下的粉尘及时从磨损面上被吸走。

注：预磨是为了改善试件与磨头的接触情况和去掉表层净浆，所以预磨转数可以视试件的强度及表面的平整度而改变。

5.2 花轮磨头与水平转盘作相反方向转动，磨头沿着试件表面环形轨迹磨削，使试件表面产生一个内径约为30mm，外径约为130mm的环形磨损面。

5.3 花轮片磨损质量损失0.5g时，应将同一组的花轮片内外调换位置，再磨损0.5g时，应予淘汰。

6 试验结果计算

6.1 每一试件单位面积的磨损量按式（T 0510-1）计算，精确至0.001kg/m²，计算式为：

$$G=\frac{m_1-m_2}{0.0125} \tag{T 0510-1}$$

式中：G——单位面积的磨损量（kg/m²）；

m_1——试件的原始质量（kg）；

m_2——试件磨损后的质量（kg）；

0.012 5——磨损面积（m²）。

6.2 取三块试件结果的平均值作为试件的磨损量。其中磨损量超过平均值15%的应予以剔除，剔除一块时，取余下两块试件结果的平均值，剔除两块时，应重新做试验。

7 试验报告

试验报告应包括以下内容：

（1）要求检测的项目名称；

（2）原材料的品种、规格和产地；

（3）试验日期及时间；

（4）仪器设备的名称、型号及编号；

（5）环境温度和湿度；

（6）执行标准；

（7）水泥胶砂的磨损量；

（8）要说明的其他内容。

T 0510 附录 水泥胶砂耐磨性试验机

A.1 结构

水泥胶砂耐磨性试验机由直立主轴、水平转盘、传动机构和控制系统组成。主轴和转盘不在同一轴线上，主轴和转盘同时按相反方向转动，主轴下端配有磨头连接装置，可以装卸磨头。

A.2 技术要求

A.2.1 主轴与水平转盘垂直度，测量长度80mm时偏离度不大于0.04mm。

A.2.2 水平转盘转速17.5r/min±0.5r/min，主轴与转盘转速比为35∶1。

A.2.3 主轴与转盘的中心距为40mm±0.2mm。

A.2.4 负荷分为200N、300N、400N三档，误差不大于±1%。

A.2.5 主轴升降行程不小于80mm，磨头最低点距水平转盘工作面不大于25mm。

A.2.6 水平转盘上配有能夹紧试件的卡具，卡头单向行程为150^{+4}_{-1}mm。卡夹宽度不小于50mm。夹紧试件后应保证试件不上浮或翘起。

A.2.7 花轮磨头（如图T 0510A-1）由三组花轮组成，按星形排列成等分三角形，花轮与轴心最小距离为16mm，最大距离为25mm。每组花轮由两片花轮片装配而成，其间隔为2.6 mm～2.8mm。花轮片直径为$\phi25^{+0.02}_{0}$mm，厚度为$3_{0}^{+0.02}$mm，边缘上均匀分布12个矩形齿，齿宽为3.3mm，齿高为3mm，由不小于HRC 60硬质钢制成。

A.2.8　机器上装有必要的电器控制器，具有 0～999 转盘数字自动控制显示装置，其转数误差小于 1/4 转，并装有电源电压监测表及自动停车报警装置，电器绝缘性能良好，噪声小于 90dB。

A.2.9　吸尘器装置：随时将磨下的粉尘吸走。

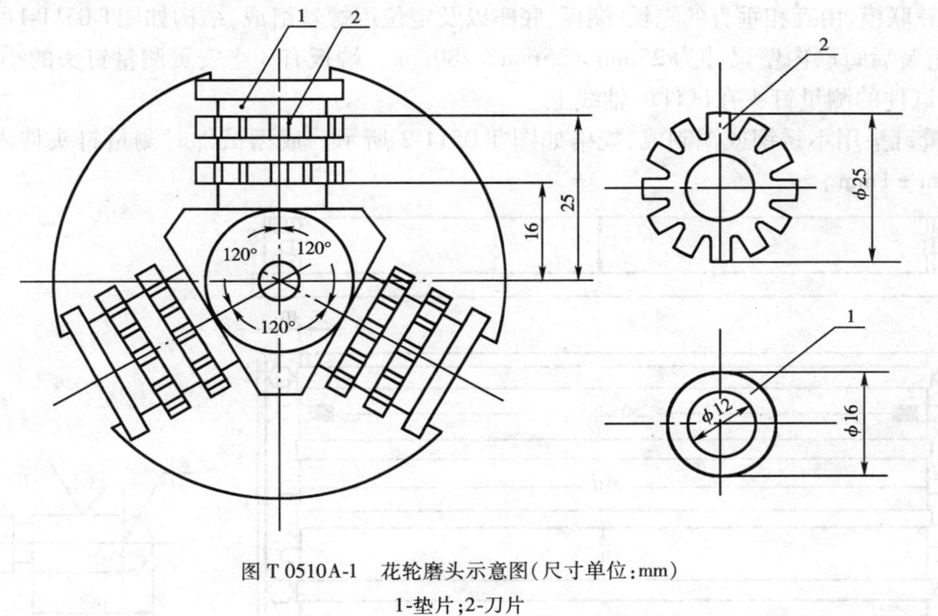

图 T 0510A-1　花轮磨头示意图(尺寸单位：mm)

1-垫片；2-刀片

条文说明

本方法参照《水泥胶砂耐磨性试验方法》(JC/T 421—2004)修改。与旧版标准相比，主要修改部分为：胶砂搅拌机采用《行星式胶砂搅拌机》(JC/T 681—1997)；胶砂振动台采用《水泥胶砂强度检验方法(ISO 法)》(GB/T 17671—1999)中代用振动台；试验用砂用符合《水泥胶砂强度检验方法(ISO 法)》(GB/T 17671—1999)规定的粒度范围在 0.5～1.0mm 的标准砂；预磨负荷改为 300N。

T 0511—2005　水泥胶砂干缩试验方法

(Standard Test Method for Drying Shrinkage of Cement Mortar)

1　目的、适用范围和引用标准

本方法规定水泥胶砂干缩试验的胶砂组成、仪器设备及试验步骤。

本方法适用于硅酸盐水泥、普通硅酸盐水泥、矿渣硅酸盐水泥、粉煤灰硅酸盐水泥、复合硅酸盐水泥、道路硅酸盐水泥及指定采用本方法的其他品种水泥。

引用标准：

GB/T 17671—1999　《水泥胶砂强度检验方法(ISO 法)》

JC/T 681—1997　《行星式胶砂搅拌机》

T 0507—2005　《水泥胶砂流动度测定方法》

2　方法原理

本方法是采用上端装有球形钉头的 25mm×25mm×280mm、灰砂比为 1∶2 的胶砂试件，在一定温度、一定湿度的空气中养护后，用比长仪测量不同龄期试件的长度变化来确定水泥胶砂的干缩性能。

3　仪器设备

(1)胶砂搅拌机符合 JC/T 681—1997 的规定。

(2)流动度试验用跳桌、截锥圆模、模套、圆柱捣棒、游标卡尺符合 T 0507—2005“水泥胶砂流动度测定方法”的规定。

(3)试模

试模为三联模,由互相垂直的隔板、端板、底座以及定位用螺丝组成,结构如图T 0511-1所示。各组件可以拆卸,组装后每联内壁尺寸为 25mm ×25mm ×280mm。端板有 3 个安置测量钉头的小孔,其位置应保证成型后试件的测量钉头在试件的轴线上。

(4)测量钉头用不锈钢或铜制成,规格如图 T 0511-2 所示。成型试件时测量钉头伸入试模端板的深度为 10mm ±1mm。

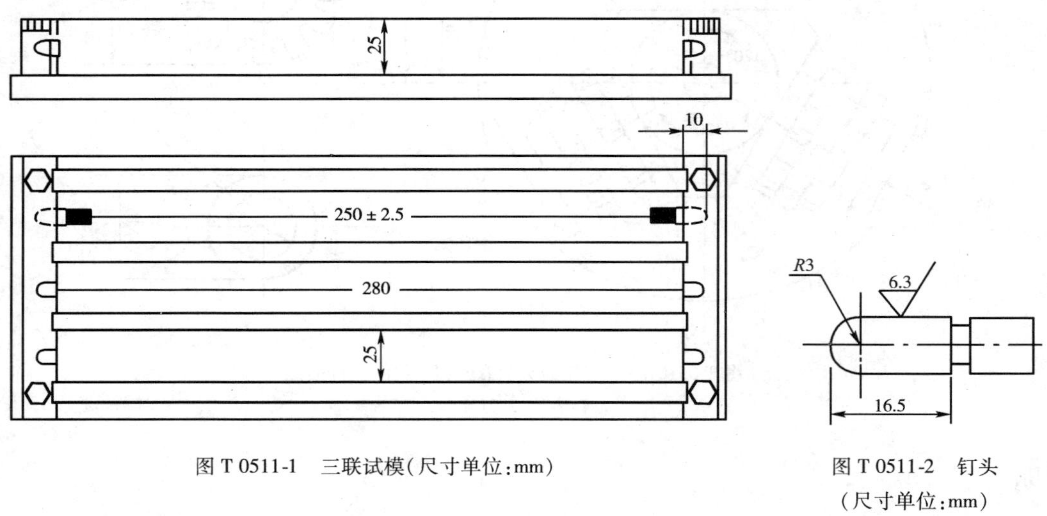

图 T 0511-1　三联试模(尺寸单位:mm)

图 T 0511-2　钉头(尺寸单位:mm)

(5)隔板和端板用钢制成,表面粗糙度 R_a 不大于 6.3μm。

(6)底座用 HT20-40 灰口铸铁加工,底座上表面粗糙度 R_a 不大于6.3μm,底座非加工面经涂漆无流痕。

(7)捣棒

捣棒包括方捣棒和缺口捣棒两种,均为金属材料。方捣棒受压面积为 23mm ×23mm。缺口捣棒用于捣固测量头两侧的胶砂,规格如图 T 0511-3 所示。

(8)刮板

用不易锈蚀和不被水泥浆腐蚀的金属材料制成,规格见图 T 0511-4。

(9)水泥胶砂干缩养护湿度控制箱

用不易被药品腐蚀的塑料制成,其最小单元能养护 6 条试件并自成密封系统,最小单元的结构如图 T 0511-5 所示。有效容积为 340mm ×220mm ×200mm,有 5 根放置试件的箅条,分为上、下两部分,箅条宽 10mm,高 15mm,相互间隔 45mm,箅条上部放置试件的空间高为 65mm,箅条下部用于放置控制单元湿度用的药品盘,药品盘由塑料制成,大小应能从单元下部自由进出,容积约 2.5L。

(10)测长设备

①比长仪

由百分表、支架及校正杆组成,百分表分度值为 0.01mm,最大基长不小于 300mm,量程为 10mm,校正杆中部与手接触部分应套上绝热层。

②允许用其他形式的测长仪,但精度必须符合

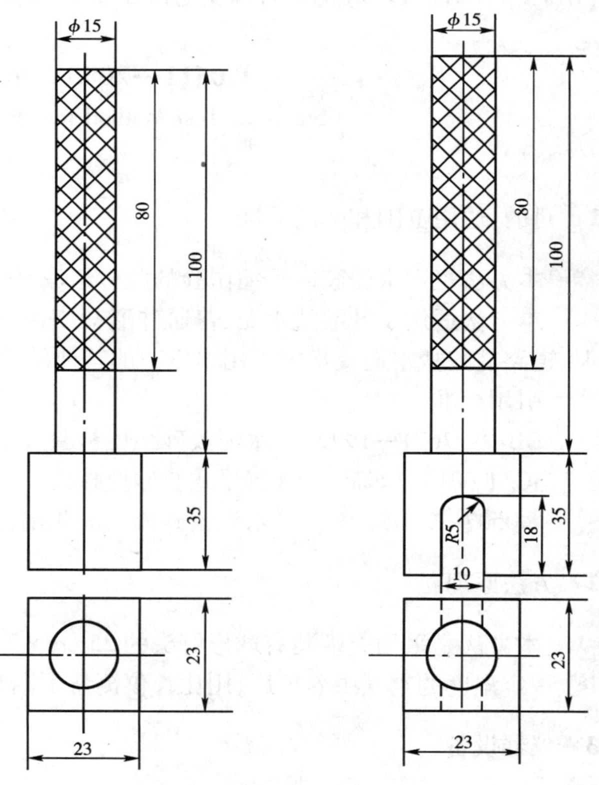

图 T 0511-3　捣棒(尺寸单位:mm)

上述要求，在仲裁检验时，应以比长仪为准。

4 试验材料

4.1 试验用砂采用符合《水泥胶砂强度检验方法(ISO 法)》(GB/T 17671—1999)规定的粒度范围在0.5~1.0mm 的标准砂。试验用水应是洁净的饮用水。

4.2 试件成型室温度为 20℃ ±2℃，相对湿度大于 50%。

4.3 水泥试样、拌和水、标准砂、仪器和用具的温度应与实验室一致。

4.4 带模养护的养护箱或雾室温度保持在 20℃ ±1℃，相对湿度大于 90%。

4.5 养护池水温度应在 20℃ ±1℃范围内。

4.6 试件干缩养护箱温度 20℃ ±3℃，相对湿度 50% ±4%。

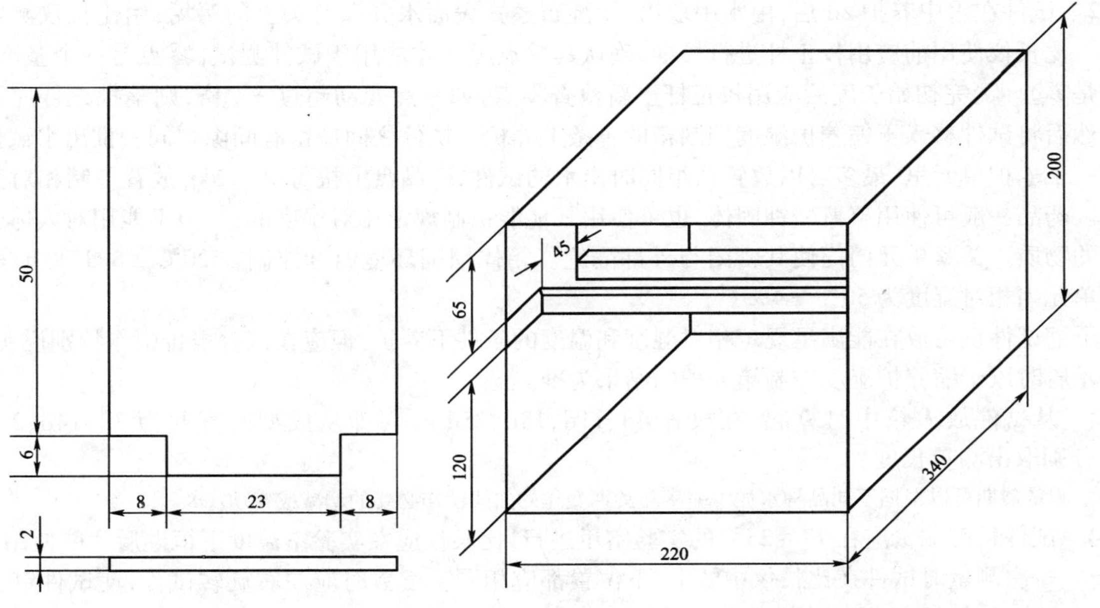

图 T 0511-4 刮板(尺寸单位:mm)　　图 T 0511-5 干缩养护湿度控制箱单元示意图(尺寸单位:mm)

5 胶砂组成

5.1 灰砂比

胶砂中水泥与标准砂比例为 1:2。水泥胶砂的干缩性测定应成型 3 条试件，成型时应称取水泥试样 500g，标准砂 1 000g。

5.2 胶砂用水量

胶砂的用水量，按制成胶砂流动度达到 130~140mm 来确定。胶砂流动度的测定按 T 0507—2005 “水泥胶砂流动度测定方法”进行，但灰砂比应按本方法 5.1 要求。

6 试件成型

6.1 试模的准备

成型前将试模擦净，四周的模板与底座的接触面上应涂黄油，紧密装配，防止漏浆，内壁均匀刷一薄层机油。然后将钉头擦净，在钉头的圆头端沾上少许黄油，将钉头嵌入试模孔中，并在孔内左右转动，使钉头与孔准确配合。

6.2 胶砂的制备

胶砂制备按 GB/T 17671—1999 中 6.3 条规定进行。

6.3 试件的成型

将已制备好的胶砂，分两层装入两端已装有钉头的试模内。第一层胶砂装入试模后，先用小刀来回划实,尤其是钉头两侧,必要时可多划几次,再用刮砂板刮去多于试模高度3/4的胶砂,然后用23mm×23mm方捣棒从钉头内侧开始,从一端向另一端顺序捣10次,返回捣10次,共捣压20次,再用缺口捣棒在钉头两侧各捣压2次,然后将余下胶砂装入模内,同样用小刀划匀,刀划之深度应透过第一层胶砂表面,再用23mm×23mm捣棒从一端开始顺序捣压12次,往返捣压24次(每次捣压时,先将捣棒接触胶砂表面再用力捣压。捣压应均匀稳定,不得冲压)。捣压完毕,用小刀将试模边缘的胶砂拨回试模内,用三棱刮刀刮平,然后编号,最后将试件带模放入养护箱或雾室内养护。

7 试件养护、存放和测量

7.1 试件自加水时算起,养护24h±2h后脱模。然后将试件放入温度20℃±1℃的水中养护。如脱模有困难时,可延长脱模时间。所延长的时间应在试验报告中注明,并从水养时间中扣除。

7.2 试件在水中养护2d后,由水中取出,用湿布擦去表面水分和钉头上的污垢,用比长仪测定初始长度。比长仪使用前应用校正杆进行校准,确认其零点无误才能用于试件测量(零点是一个基准数,不一定是零)。测完初始长度后应用校正杆重新检查零点,如零点变动超过±1格,则整批试件应重新测定。然后将试件移入干缩养护湿度控制箱的箅条上养护。试件之间应留有间隙。同一批出水试件可以放在一个养护单元里,最多可以放置两组同时出水的试件,药品盘上按每组0.5kg放置控制相对湿度的药品。药品一般可使用硫氰酸钾固体,也可使用其他能控制规定相对湿度的盐,但不能用对人体与环境有害的物质。关紧单元门闩使其密闭与外部隔绝。箱体周围环境温度控制在20℃±3℃,此时药品应能使单元内相对湿度为50%±4%。

干缩试件也可放在能满足规定相对湿度和温度的条件下养护,但应在试验报告中作特别说明,在结论有矛盾时以干缩养护湿度控制箱养护的结果为准。

7.3 从试件放入箱中时算起,在放置4d、11d、18d、25d时,(即从成型时算起为7d、14d、21d、28d时),分别取出测量长度。

注:测量龄期可以根据不同品种水泥干缩率随龄期变化的曲线图作必要的增减或变动。

7.4 试件长度测量应在17~25℃的实验室里进行,比长仪应在实验室温度下恒温后才能使用。

7.5 每次测量时试件在比长仪中的上、下位置都应相同。读数时应左右旋转试件,使试件钉头和比长仪正确接触,指针摆动不得大于0.02mm。读数应记录至0.001mm。

测量结束后,应用校正杆校准零点,当零点变动超过0.01mm,整批试件应重新测量。

8 试验结果

8.1 水泥胶砂试件各龄期干缩率S_t(%)按式(T 0511-1)计算,计算精确至0.001%。

$$S_t = \frac{L_0 - L_r}{250} \times 100 \tag{T 0511-1}$$

式中:L_0——初始测量读数(mm);

L_r——某龄期的测量读数(mm);

250——试件有效长度(mm)。

8.2 结果处理

以三条试件的干缩率的平均值作为试件的干缩结果,计算精确至0.001%,如有一条干缩率超过中间值15%时取中间值作为试样的干缩结果;当有两条试件超过中间值15%时应重新做试验。

9 试验报告

试验报告应包括以下内容:

(1)要求检测的项目名称;

(2)原材料的品种、规格和产地;

(3)试验日期及时间;

(4)仪器设备的名称、型号及编号;

(5)环境温度和湿度;

(6)原材料的品种、规格、产地;

(7)执行标准;

(8)指定龄期的水泥胶砂试件干缩率;

(9)要说明的其他内容。

条文说明

本方法参照《水泥胶砂干缩试验方法》(JC/T 603—2004)修订,相对于旧标准在以下几个方面做出修改:(1)胶砂搅拌机采用《行星式胶砂搅拌机》(JC/T 681—1997);(2)试验用砂采用符合《水泥胶砂强度检验方法(ISO法)》(GB/T 17671—1999)规定的粒度范围在0.5~1.0mm的标准砂。

养护相对湿度采用50%,是由于水泥在相对湿度50%时收缩明显,这一点与水泥混凝土收缩时采用的60%相对湿度有所不同,在使用中应予注意。

T 0512—2005 水泥胶砂强度快速试验方法(1.5h促凝压蒸法)

(1.5-hour Accelerated Strength Test by Accelerating-Autoclaving Method for Cement Mortar)

1 目的、适用范围和引用标准

本方法规定了促凝压蒸1.5h的水泥胶砂快硬强度的仪器设备及试验步骤。在事先已有满足精度要求的强度推定经验式的条件下,可通过本方法快速推定水泥胶砂28d龄期(抗压、抗折)强度。

本方法适用于硅酸盐水泥、普通硅酸盐水泥、矿渣硅酸盐水泥、粉煤灰硅酸盐水泥、复合硅酸盐水泥、道路硅酸盐水泥以及石灰石硅酸盐水泥的抗折与抗压强度检验。

本方法不能用于评定水泥强度等级。

引用标准:

GB/T 6003.3—1997 《试验筛》

GB/T 17671—1999 《水泥胶砂强度检验方法(ISO法)》

JC/T 681—1997 《行星式水泥胶砂搅拌机》

JC/T 682—1997 《水泥胶砂试件成型振实台》

JC/T 683—1997 《40mm×40mm水泥抗压夹具》

JC/T 723—1996 《水泥物理检验仪器 胶砂振动台》

JC/T 724—1996 《水泥物理检验仪器 电动抗折试验机》

JC/T 726—1997 《水泥胶砂试模》

T 0506—2005 水泥胶砂强度检验方法(ISO法)

2 仪器设备

(1)抗压试验机或万能试验机应符合T 0506—2005“水泥胶砂强度检验方法(ISO法)”的2.6。

(2)压蒸仪:采用电热手提式高压消毒器,如图T 0512-1所示。主体和盖为优质铸铝合金制成,盖上装有安全阀和压力表,铝质内桶的尺寸为ϕ280mm×280mm(本试验不用内桶,另加工制作1个高度不低于150mm的箅架),电热管额定功率为2kW,工作蒸汽压力为140~160kPa,相应温度约为126~128℃。当采用外加热型高压消毒器时,配用2kW电炉。将试件带模放入盛有沸水的压蒸仪中压蒸养护时,从加盖、压阀后至蒸汽压力升至工作压力的时间为20~30min。

如采用其他规格的压蒸设备,需在试验报告中注明。

(3)台秤:量程5kg,感量为5g。

(4)天平:量程不小于100g,感量不大于0.1g。

(5)试模盖板:由钢板制成,200mm×150mm ×10mm,上下板面光洁、平整。

(6)秒表,分度值为1s。

(7)0.9mm 方孔筛。

(8)水泥胶砂搅拌机、胶砂振动台、规格为 40mm×40mm×160mm 的三联钢模、下料漏斗、刮平刀及 40mm×40mm 抗压夹具等,均应符合 T 0506—2005"水泥胶砂强度检验方法(ISO 法)"的要求。

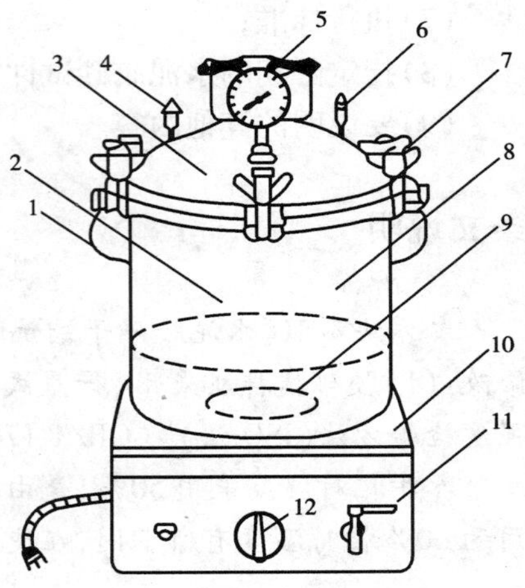

图 T 0512-1 压蒸仪

1-提手;2-箅架;3-盖;4-放汽阀;5-压力表;6-安全阀;7-紧固螺栓;8-主体;9-电热管;10-电流控制箱;11-放水龙头;12-开关

3 材料和试剂

(1)水泥:水泥试样应充分拌匀,通过0.9mm 方孔筛并记录筛余物。

(2)砂:采用ISO 标准砂。应符合 GB/T 17671—1999 的质量要求。

(3)水:必须是洁净的淡水。

4 试验步骤

4.1 试验准备

4.1.1 把试模擦净,四周的模板与底座的接触面应涂上黄油,紧密装配,防止漏浆,内壁均匀刷一薄层机油。将准备好的试模连同下料漏斗一起固定在水泥胶砂振动台上。

4.1.2 将压蒸仪中的水加至离箅约50mm 的高度并烧开,检查压蒸仪是否漏气,如有漏气现象,必须采取相应的改善措施(更换密封胶圈或采取其他措施)。

4.1.3 称取试验材料:一组三个试件的材料用量如表 T 0512-1 所示。

表 T 0512-1 三个试件的材料用量

材料名称	用　量	材料名称	用　量
水泥	450g±2g	CS 促凝剂	5g±0.1g
ISO 砂	1 350g±5g	水	225mL±1mL

4.1.4 配制 CS 促凝剂溶液:将 CS 促凝剂 5g 加入规定量的拌和水中,充分搅拌使之溶化。

4.1.5 CS 专用促凝剂:采用化学纯或分析纯的无水碳酸钠 Na_2CO_3 和无水硫酸钠 Na_2SO_4 按表 T 0512-2的质量比合成。为提高促凝剂的分散均匀性,宜事先将所用化学试剂研细,再采用塑料袋按每次试验用量5g 密封分装,于阴凉干燥处保存,防止受潮结块。

表 T 0512-2 促凝剂配方(质量比例)

名　称	Na_2CO_3(%)	Na_2SO_4(%)	$NaAlO_2$(%)
CS	75	25	—
CAS	60	25	15

4.2 拌制水泥胶砂

将称好的水泥与 ISO 砂倒入砂浆搅拌锅内,开动搅拌机,拌和 5s 后徐徐加入促凝剂溶液,25~30s内加完。自开动机器搅拌 3min±5s 后停车。将粘在叶片上的胶砂刮下,取下搅拌锅,准备成型试件。

4.3 成型试件

按 T 0506—2005"水泥胶砂强度检验方法(ISO 法)"的有关规定进行。

4.4 试件压蒸养护

4.4.1 试件成型后即加盖事先刷过机油的钢盖板,并将试件带模放至水已烧沸的压蒸仪中压蒸养护。加盖、压阀后立即记录压蒸养护的始、末时间。试件的压蒸养护时间从压蒸仪加盖、压安全阀时起计为1.5h,允许偏差为±2min。

4.4.2 压蒸过程中应经常观察压力表示值,记录自压蒸仪加盖、压阀至蒸汽压力达到140~160kPa并开始释放蒸汽的时间。每次试验时的升压时间应基本相同,为25min±5min。压蒸过程中如发生漏汽或安全阀座堵塞等致使蒸汽压力产生异常现象时,应及时处理,且所作试验无效;当实验室的电压变化较大致使升压时间不稳定时,应采用稳压电源。

4.4.3 压蒸养护到规定时间时,将压蒸仪从电炉上搬下,提阀放汽,在确认压蒸仪内无蒸汽压力后,开盖取出试模,立即拆模,待试件冷却约10min后,即测定快硬胶砂的抗压强度。

4.5 测定快硬胶砂抗压强度

4.5.1 检查压力机和抗压夹具的球座,必须转动灵活,防止试件偏心受压。

4.5.2 清除试件受压面与抗压夹具加压板上的砂粒或杂物,并使夹具对准压力机中心。

4.5.3 将试件两端轮流进行抗压试验。试验时,以试件的侧面为受压面,试件端头伸出夹具约10mm,加荷速度约为2400 N/s±200 N/s,均匀加荷直至试件破坏。

4.6 抗折试验见T 0506—2005“水泥胶砂强度检验方法(ISO法)”中的7.2。

5 试验结果计算

5.1 抗折试验

抗折强度结果取三块试件平均值,精确至0.1MPa。当三个强度值中有超过平均值±10%的,应剔除后再平均,以平均值作为抗折强度试验结果。

5.2 快硬水泥胶砂抗压强度计算

$$f_{1.5\mathrm{h}}=\frac{F_{\mathrm{c}}}{A} \qquad \text{(T 0512-1)}$$

式中:$f_{1.5\mathrm{h}}$——快硬水泥胶砂抗压强度(MPa);

F_{c}——试件的破坏荷载(N);

A——试件受压面积,即40mm×40mm(mm^2)。

抗压强度计算值精确至0.1MPa。抗压强度结果为6个抗压强度测定值的算术平均值,如果6个强度值中有一个值超过平均值±10%的,应剔除后再以剩下的5个结果平均。如果5个值中再有超过平均值±10%的,则此组试件无效。

5.3 推定标准养护28d龄期的水泥胶砂抗压、抗折强度

5.3.1 采用事先通过试验建立的强度推定经验式,根据快硬水泥胶砂抗压强度试验结果,推算出标准养护28d龄期的水泥胶砂抗压强度和抗折强度。

注:进行预备试验建立强度推定经验式及推定精度校核的方法应符合T 0512附录的规定。

5.3.2 推定标准养护28d龄期的水泥胶砂抗压强度R_{c}和抗折强度R_{f}时,所测快硬水泥胶砂强度$f_{1.5\mathrm{h}}$的测值应在建立强度推定经验式试验所得$R_{28}=a+bf_{1.5\mathrm{h}}$或$R_{28}=A\cdot f_{1.5\mathrm{h}}^{B}$回归线的范围内,不得外推;快速试验的水泥样品,其品种、牌名须与事先建立强度推定式试验所用水泥相同。

6 试验报告

试验报告应包括以下内容:

(1)要求检测的项目名称;

(2)试验日期及时间;

(3)仪器设备的名称、型号及编号;

(4)环境温度和湿度;

(5)执行标准;

(6)1.5h的水泥胶砂抗压、抗折强度;

(7)推定28d的水泥胶砂抗压、抗折强度;

(8)要说明的其他内容。

T 0512 附录　水泥胶砂强度推定经验式的建立方法及精度要求

A.1　目的和适用范围

建立水泥胶砂28d龄期强度推定经验式，用于1.5h促凝压蒸法快速测定水泥胶砂强度试验。

A.2　仪器设备

A.2.1　符合T 0506“水泥胶砂强度检验方法(ISO法)”所用仪器设备要求。

A.2.2　符合T 0512“水泥胶砂强度快速试验(1.5h促凝压蒸法)”所用仪器设备要求。

A.3　材料与试剂

A.3.1　水泥、ISO砂、水、促凝剂，其技术要求与T 0512相同。

A.3.2　预备试验采用的水泥样品数不宜少于30个，不同样品的水泥胶砂28d抗压强度最高、最低值之差不宜小于20MPa。

A.4　试验步骤

A.4.1　试验准备，与T 0512相同。

A.4.2　每种水泥样品均同时取两份试样，分别按照T 0506、T 0512的有关规定测定水泥胶砂28d龄期抗压强度R_{c28}、抗折强度R_{f28}及促凝压蒸1.5h的快硬强度$f_{1.5h}$。

A.5　试验结果计算

A.5.1　建立28d水泥胶砂强度推定经验式

将各个水泥样品的R_{c28}、R_{f28}、$f_{1.5h}$试验结果汇总，进行数据回归分析，建立直线型($Y=a+bX$)或幂函数型($Y=AX^B$)的水泥胶砂抗压、抗折强度推定经验式。所建强度推定式的相关性必须高度显著(一般情况下相关系数不小于0.85，水泥样品等级单一时不作规定)，偏差C_v不宜超过8%，最大不应超过10%。

A.5.2　验证强度经验式的推定精度

预备试验建立的强度经验式须经试用验证其推定精度，确认推定精度满足实用要求后方可正式采用。采用中的推定式，也须经常进行推定精度校核。在试验数据不少于20~30组的条件下，根据经验式得出的28d强度推定值($\hat{R}_{c28}$或$\hat{R}_{f28}$)与试验实测值(R_{c28}或R_{f28})的平均误差百分率$\bar{V}$不宜超过8%，最大不应超过10%。当发现推定精度有异常变化时，应分析原因，必要时应对此经验式进行适当修正或重新建立新的经验式。

平均误差百分率$\bar{V}$按下式统计：

$$\bar{V}=[\sum_{i=1}^{n}(|Y_i-\hat{Y}_i|/Y_i)/n]\times100 \quad (T\ 0512A\text{-}1)$$

式中：$\bar{V}$——平均误差百分率(%)；

Y_i——试验实测的水泥胶砂28d强度(R_{c28}或R_{f28})(MPa)；

$\hat{Y}_i$——根据水泥胶砂快硬强度$f_{1.5h}$推定的28d强度(MPa)；

n——试验组数。

A.5.3　统计试验误差

(1)按下式计算组内试验误差V_t及其平均值$\bar{V}_t$：

$$(V_t)_i=(1/d_2)\times(R_t/\bar{R})\times100 \quad (T\ 0512A\text{-}2)$$

$$\bar{V}_t=\sum_{i=1}^{n}(V_t)_i/n \quad (T\ 0512A\text{-}3)$$

式中：$(V_t)_i$——任意一组试验的组内试验误差(%)；

$\bar{V}_t$——n组试验的平均组内试验误差(%)；

d_2——极差系数：一组3个数据(R_{f28}及$f_{1.5h}$)时，$d_2=1.693$，$i/d_2=0.591$；一组6个数据(R_{c28})时，$d_2=2.534$，$i/d_2=0.395$；

R_t——组内极差(1组几个试件强度的最大值与最小值之差)(MPa)；

$\bar{R}$——1 组几个试件强度（f_{28}、f_{f28}或$f_{1.5h}$）的平均值（MPa）；

n——试验组数。

（2）按下式计算多天变异系数 V_d 及其平均值 $\bar{V}_d$：

$$(V_d)_i = (S/\bar{R}) \times 100 \quad \text{(T 0512A-4)}$$

$$\bar{V}_d = \sum_{i=1}^{m}(V_d)_i/m \quad \text{(T 0512A-5)}$$

式中：$(V_d)_i$——任意一个水泥样品的多天试验变异系数（%）；

$\bar{V}_d$——m 个水泥样品的平均多天变异系数（%）；

$\bar{R}$——同一水泥样品不同天 n 次重复试验强度结果的平均值（MPa）；

n——同一水泥样品不同天重复试验的次数；

m——不同水泥样品的个数；

S——同一水泥样品不同天重复试验强度结果的标准差（MPa）；

$$S = \sqrt{\left[\left[\sum_{i=1}^{n}R_i^2 - \left(\sum_{i=1}^{n}R_i\right)^2/n\right]/(n-1)\right]} \quad \text{(T 0512A-6)}$$

R_i——任意一个水泥样品任意一次试验的强度结果（MPa）。

在试验数据不少于 30 组的条件下，R_{c28}、R_{f28}或$f_{1.5h}$的平均组内试验误差 $\bar{V}_t$ 应小于 5%；平均多天试验变异系数 $\bar{V}_d$ 应小于 10%。否则，应分析原因，采取相应改进措施。

条文说明

本试验快速推定的水泥胶砂 28d 龄期强度，可供水泥生产厂及使用单位及时检测水泥质量或用于混凝土配合比设计，不作为仲裁水泥等级合格与否的依据。

由于水泥强度的标准检验方法，需要 28d 以后才能确定等级，远远不能满足水泥生产控制和水泥使用的要求，所以提出本方法。原标准是基于《水泥胶砂强度检验方法》（GB/T 177—1985）提出的，由于水泥强度已经采用《水泥胶砂强度检验方法（ISO 法）》（GB/T 17671），所以本方法也调整为采用 T 0506—2005“水泥胶砂强度检验方法（ISO 法）”的相应方法推断水泥强度。

4　水泥混凝土拌合物试验

T 0521—2005　水泥混凝土拌合物的拌和与现场取样方法

(Standard Practice for Making and Curing Concrete Test Specimens in the Laboratory)

1　目的、适用范围和引用标准

本方法规定了在常温环境中室内水泥混凝土拌合物的拌和与现场取样方法。

轻质水泥混凝土、防水水泥混凝土、碾压水泥混凝土等其他特种水泥混凝土的拌和与现场取样方法,可以参照本方法进行,但因其特殊性所引起的对试验设备及方法的特殊要求,均应遵照对这些水泥混凝土的有关技术规定进行。

引用标准:

JG/T 3020—1994　《混凝土试验用振动台》

2　仪器设备

(1)搅拌机:自由式或强制式。

(2)振动台:标准振动台,符合《混凝土试验用振动台》的要求。

(3)磅秤:感量满足称量总量1%的磅秤。

(4)天平:感量满足称量总量0.5%的天平。

(5)其他:铁板、铁铲等。

3　材料

3.1　所有材料均应符合有关要求,拌和前材料应放置在温度20℃ ±5℃的室内。

3.2　为防止粗集料的离析,可将集料按不同粒径分开,使用时再按一定比例混合。试样从抽取至试验完毕过程中,不要风吹日晒,必要时应采取保护措施。

4　拌和步骤

4.1　拌和时保持室温20℃ ±5℃。

4.2　拌合物的总量至少应比所需量高20%以上。拌制混凝土的材料用量应以质量计,称量的精确度:集料为 ±1%,水、水泥、掺合料和外加剂为 ±0.5%。

4.3　粗集料、细集料均以干燥状态[注]为基准,计算用水量时应扣除粗集料、细集料的含水率。

注:干燥状态是指含水率小于0.5%的细集料和含水率小于0.2%的粗集料。

4.4　外加剂的加入

对于不溶于水或难溶于水且不含潮解型盐类,应先和一部分水泥拌和,以保证充分分散。

对于不溶于水或难溶于水但含潮解型盐类,应先和细集料拌和。

对于水溶性或液体,应先和水拌和。

其他特殊外加剂,应遵守有关规定。

4.5　拌制混凝土所用各种用具,如铁板、铁铲、抹刀,应预先用水润湿,使用完后必须清洗干净。

4.6　使用搅拌机前,应先用少量砂浆进行涮膛,再刮出涮膛砂浆,以避免正式拌和混凝土时水泥砂浆黏附筒壁的损失。涮膛砂浆的水灰比及砂灰比,应与正式的混凝土配合比相同。

4.7 用搅拌机拌和时，拌和量宜为搅拌机公称容量 1/4 ~ 3/4 之间。

4.8 搅拌机搅拌

按规定称好原材料，往搅拌机内顺序加入粗集料、细集料、水泥。开动搅拌机，将材料拌和均匀，在拌和过程中徐徐加水，全部加料时间不宜超过 2min。水全部加入后，继续拌和约 2min，而后将拌合物倾出在铁板上，再经人工翻拌 1 ~ 2min，务必使拌合物均匀一致。

4.9 人工拌和

采用人工拌和时，先用湿布将铁板、铁铲润湿，再将称好的砂和水泥在铁板上拌匀，加入粗集料，再混合搅拌均匀。而后将此拌合物堆成长堆，中心扒成长槽，将称好的水倒入约一半，将其与拌合物仔细拌匀，再将材料堆成长堆，扒成长槽，倒入剩余的水，继续进行拌和，来回翻拌至少 6 遍。

4.10 从试样制备完毕到开始做各项性能试验不宜超过 5min（不包括成型试件）。

5 现场取样

5.1 新混凝土现场取样：凡由搅拌机、料斗、运输小车以及浇制的构件中采取新拌混凝土代表性样品时，均须从三处以上的不同部位抽取大致相同分量的代表性样品（不要抽取已经离析的混凝土），集中用铁铲翻拌均匀，而后立即进行拌合物的试验。拌合物取样量应多于试验所需数量的 1.5 倍，其体积不小于 20L。

5.2 为使取样具有代表性，宜采用多次采样的方法，最后集中用铁铲翻拌均匀。

5.3 从第一次取样到最后一次取样不宜超过 15min。取回的混凝土拌合物应经过人工再次翻拌均匀，而后进行试验。

条文说明

水泥混凝土拌合物的性能与拌和过程密切相关，为规范室内拌和水泥混凝土拌合物和现场混凝土拌合物取样，特制定本方法。

由于配合比计算时，一般都以原料干燥状态为基准，所以，应事先测得原材料的含水量，然后在拌和加水时扣除。

T 0522—2005　水泥混凝土拌合物稠度试验方法（坍落度仪法）

(Standard Test Method for Determination of the Consistency)

1 目的、适用范围和引用标准

本方法规定了采用坍落度仪测定水泥混凝土拌合物稠度的方法和步骤。

本方法适用于坍落度大于 10mm，集料公称最大粒径不大于 31.5mm 的水泥混凝土的坍落度测定。

引用标准：

JG 3019—1994　《水泥混凝土试模》

JG 3021—1994　《水泥混凝土坍落度仪》

GB/T 50080—2002　《普通混凝土拌合物性能试验方法标准》

T 0521—2005　水泥混凝土拌合物的拌和与现场取样方法

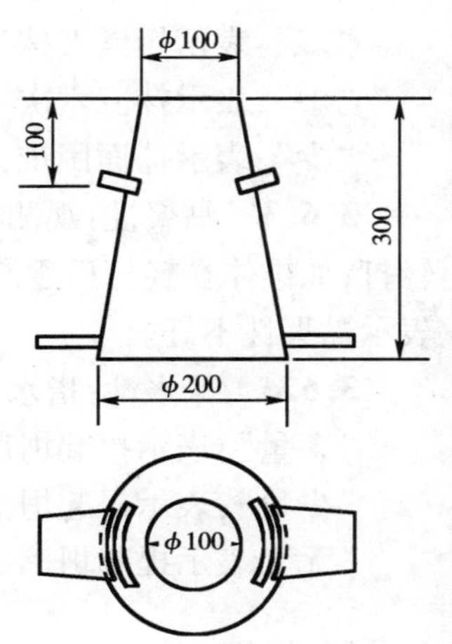

图 T 0522-1　坍落度试验用坍落筒

（尺寸单位：mm）

2 仪器设备

(1) 坍落筒：如图 T 0522-1 所示，符合《水泥混凝土坍落度仪》中有关技术要求。坍落筒为铁板制成的截头圆锥筒，厚度不小于 1.5mm，内侧平滑，没有铆钉头之类的突出物，在筒上方约 2/3 高度处有两个把手，近下端两侧焊有两个踏脚板，保证坍落筒可以稳定操作，坍落筒尺寸如表 T 0522-1。

(2)捣棒：符合《水泥混凝土坍落度仪》(JG 3021)中有关技术要求，为直径 16mm，长约 600mm 并具有半球形端头的钢质圆棒。

(3)其他：小铲、木尺、小钢尺、镘刀和钢平板等。

表 T 0522-1　坍落筒尺寸

集料公称最大粒径(mm)	筒的名称	筒的内部尺寸(mm)		
		底面直径	顶面直径	高度
<31.5	标准坍落筒	200 ±2	100 ±2	300 ±2

3　试验步骤

3.1　试验前将坍落筒内外洗净，放在经水润湿过的平板上(平板吸水时应垫以塑料布)，踏紧踏脚板。

3.2　将代表样分三层装入筒内，每层装入高度稍大于筒高的1/3，用捣棒在每一层的横截面上均匀插捣25 次。插捣在全部面积上进行，沿螺旋线由边缘至中心，插捣底层时插至底部，插捣其他两层时，应插透本层并插入下层约 20 ~30mm，插捣须垂直压下(边缘部分除外)，不得冲击。在插捣顶层时，装入的混凝土应高出坍落筒口，随插捣过程随时添加拌合物。当顶层插捣完毕后，将捣棒用锯和滚的动作，清除掉多余的混凝土，用镘刀抹平筒口，刮净筒底周围的拌合物。而后立即垂直地提起坍落筒，提筒在 5 ~10s 内完成，并使混凝土不受横向及扭力作用。从开始装料到提出坍落度筒整个过程应在 150s 内完成。

3.3　将坍落筒放在锥体混凝土试样一旁，筒顶平放木尺，用小钢尺量出木尺底面至试样顶面最高点的垂直距离，即为该混凝土拌合物的坍落度，精确至 1mm。

3.4　当混凝土试件的一侧发生崩坍或一边剪切破坏，则应重新取样另测。如果第二次仍发生上述情况，则表示该混凝土和易性不好，应记录。

3.5　当混凝土拌合物的坍落度大于 220mm 时，用钢尺测量混凝土扩展后最终的最大直径和最小直径，在这两个直径之差小于 50mm 的条件下，用其算术平均值作为坍落扩展度值；否则，此次试验无效。

3.6　坍落度试验的同时，可用目测方法评定混凝土拌合物的下列性质，并予记录。

3.6.1　棍度：按插捣混凝土拌合物时难易程度评定。分"上"、"中"、"下"三级。

"上"：表示插捣容易；

"中"：表示插捣时稍有石子阻滞的感觉；

"下"：表示很难插捣。

3.6.2　含砂情况：按拌合物外观含砂多少而评定，分"多"、"中"、"少"三级。

"多"：表示用镘刀抹拌合物表面时，一两次即可使拌合物表面平整无蜂窝；

"中"：表示抹五六次才可使表面平整无蜂窝；

"少"：表示抹面困难，不易抹平，有空隙及石子外露等现象。

3.6.3　黏聚性：观测拌合物各组分相互黏聚情况。评定方法是用捣棒在已坍落的混凝土锥体侧面轻打，如锥体在轻打后逐渐下沉，表示黏聚性良好；如锥体突然倒坍、部分崩裂或发生石子离析现象，即表示黏聚性不好。

3.6.4　保水性：指水分从拌合物中析出情况，分"多量"、"少量"、"无"三级评定。

"多量"：表示提起坍落筒后，有较多水分从底部析出；

"少量"：表示提起坍落筒后，有少量水分从底部析出；

"无"：表示提起坍落筒后，没有水分从底部析出。

4　试验结果

混凝土拌合物坍落度和坍落扩展度值以毫米(mm)为单位，测量精确至 1mm，结果修约至最接近的 5mm。

5 试验报告

试验报告应包括以下内容：

(1)要求检测的项目名称、执行标准；

(2)原材料的品种、规格和产地以及混凝土配合比；

(3)试验日期及时间；

(4)仪器设备的名称、型号及编号；

(5)环境温度和湿度；

(6)搅拌方式；

(7)水泥混凝土拌合物坍落度(坍落扩展度值)；

(8)要说明的其他内容，如棍度、含砂情况、黏聚性和保水性。

条文说明

本方法基本上根据 GB/T 50080—2002、ASTM C 143 和 ISO 4109—1980 修改。在评价水泥混凝土拌合物的稠度方面，坍落度试验是重要指标之一。随着近年来流态混凝土的推广，本方法中增加了坍落扩展度来评价其稠度。同时还增加了其他评价水泥混凝土拌合物工作性能的指标：棍度、含砂情况、黏聚性和保水性。

坍落度试验可以认为是测量水泥混凝土在自重作用下流动的抗剪性。ISO 4103—1979 中规定了拌合物稠度分级，见表 T 0522-2。

表 T 0522-2　水泥混凝土的稠度分级

级　别	坍落度(mm)	级　别	坍落度(mm)
特干硬	—	低　塑	50~90
很干稠	—	塑　性	100~150
干　稠	10~40	流　态	>160

T 0523—2005　水泥混凝土拌合物稠度试验方法(维勃仪法)

(Standard Test Method for Determination of the Consistency—Vebe Test)

1 目的、适用范围和引用标准

本方法规定用维勃稠度仪来测定水泥混凝土拌合物稠度的方法和步骤。

本方法适用于集料公称最大粒径不大于 31.5mm 的水泥混凝土及维勃时间在 5~30s 之间的干稠性水泥混凝土的稠度测定。

引用标准：

JG 3043—1997　《维勃稠度仪》

JG 3021—1994　《水泥混凝土坍落度仪》

T 0521—2005　水泥混凝土拌合物的拌和与现场取样方法

2 仪器设备

(1)稠度仪(维勃仪)：如图 T 0523-1 所示，符合《维勃稠度仪》(JG 3043)的规定。

①容器 1：为金属圆筒，内径 240mm ±5mm，高 200mm ±2mm，壁厚 3mm，底厚 7.5mm。容器应不漏水并有足够刚度，上有把手，底部外伸部分可用螺母将其固定在振动台上。

②坍落度筒 2：为截头圆锥，筒底部直径 200mm ±2mm，顶部直径 100mm ±2mm，高度 300mm ±

2mm，壁厚不小于1.5mm，上下开口并与锥体轴线垂直，内壁光滑，筒外安有把手。

③圆盘3：用透明塑料制成，上装有滑杆4。滑棒可以穿过套筒5垂直滑动。套筒装在一个可用螺钉6固定位置的旋转悬臂上。悬臂上还装有一个漏斗7。坍落筒在容器中放好后，转动旋臂，使漏斗底部套在坍落筒上口。旋臂装在支柱8上，可用定位螺丝9固定位置。滑棒和漏斗的轴线应与容器的轴线重合。

圆盘直径230mm±2mm，厚10mm±2mm，圆盘、滑棒及荷重块组成的滑动部分总质量为2 750g±50g。滑棒刻度可用来测量坍落度值。

④振动台：工作频率50Hz，空载振幅0.5mm，上有固定容器的螺栓。

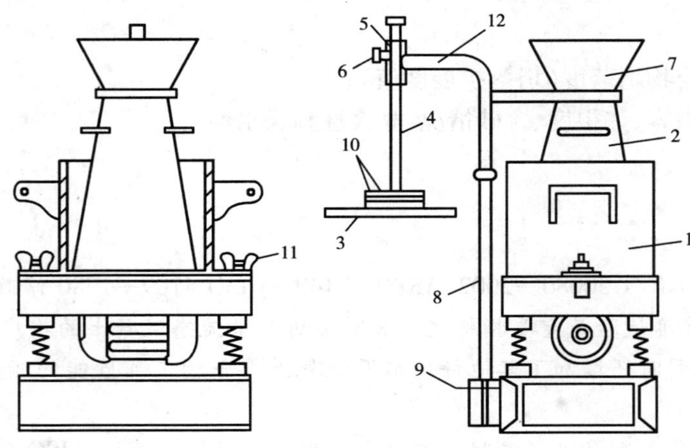

图T 0523-1　稠度计（维勃仪）

1-容器；2-坍落度筒；3-圆盘；4-滑杆；5-套筒；6-螺钉；7-漏斗；8-支柱；9-定位螺丝；10-荷重块；11-元宝螺母；12-旋转架

（2）捣棒、镘刀等符合JG 3021的要求。

（3）秒表：分度值为0.5s。

3　试验步骤

3.1　将容器1用螺母固定在振动台上，放入润湿的坍落筒2，把漏斗7转到坍落筒上口，拧紧螺丝9，使漏斗对准坍落筒口上方。

3.2　按坍落度试验步骤，分三层经漏斗装入拌合物，用捣棒每层捣25次，捣毕第三层混凝土后，拧松螺丝6，把漏斗转回到原先的位置，并将筒模顶上的混凝土刮平，然后轻轻提起筒模。

3.3　拧紧螺丝9，使圆盘可定向地向下滑动，仔细转圆盘到混凝土上方，并轻轻与混凝土接触。检查圆盘是否可以顺利滑向容器。

3.4　开动振动台并按动秒表，通过透明圆盘观察混凝土的振实情况，当圆盘底面刚为水泥浆布满时，迅即按停秒表和关闭振动台，记下秒表所记时间，精确至1s。

3.5　仪器每测试一次后，必须将容器、筒模及透明圆盘洗净擦干，并在滑棒等处涂薄层黄油，以备下次使用。

4　试验结果

秒表所表示时间即为混凝土拌合物稠度的维勃时间，精确到1s。以两次试验结果的平均值作为混凝土拌合物稠度的维勃时间。

5　试验报告

试验报告应包括以下内容：

（1）项目名称、执行标准；

（2）原材料的品种、规格和产地以及混凝土配合比；

（3）试验日期及时间；

(4)仪器设备的名称、型号及编号;
(5)环境温度和湿度;
(6)搅拌方式;
(7)混凝土拌合物维勃时间;
(8)要说明的其他内容。

条文说明

本方法根据 ISO 4110—1979 修改,与国标 GB/T 50080—2002 等同。维勃试验是将新拌水泥混凝土装入坍落度筒内后再拔去坍落度筒,并将透明圆盘放在圆锥混凝土顶面,然后在规定频率和振幅下振动,直到透明圆盘的下表面完全布满水泥浆为止。但试验中由于水泥浆润湿圆盘底不均匀,判断试验终点较难。

ISO 4103—1979 中规定了拌合物稠度分级,见表 T 0523-1。

表 T 0523-1 水泥混凝土的稠度分级

级 别	维勃时间(s)	级 别	维勃时间(s)
特干硬	≥31	低 塑	10~5
很干稠	30~21	塑 性	≤4
干 稠	20~11	流 态	—

T 0524—2005 碾压混凝土拌合物稠度试验方法(改进 VC 法)

(Standard Test Method for Determination of the Consistency of Roll Compacted Concrete — Modified Vebe Test)

1 目的、适用范围和引用标准

本方法规定了碾压混凝土拌合物稠度测定的仪器设备和试验步骤。

本方法适用于实验室及现场测定路面碾压混凝土拌合物的稠度,为碾压混凝土配合比设计及现场质量控制提供依据。

引用标准:

JG 3043—1997 《维勃稠度仪》

JG 3021—1994 《水泥混凝土坍落度仪》

T 0521—2005 水泥混凝土拌合物的拌和与现场取样方法

2 仪器设备

(1)维勃稠度仪:该仪器由以下各部分组成(见图 T 0524-1)。

①振动台:工作频率 50Hz ±3Hz,空载(含筒)振幅 0.5mm ±0.1mm。

②容量筒:金属制成,内径 240mm,内高 200mm,壁厚约 3mm,底厚约 7mm。容量筒应不漏水并有足够刚度,上有把手,底部外伸部分可用螺母固定在振动台上。

③透明圆盘:用透明有机玻璃制成,上装有滑杆。压板直径 230mm ±2mm,厚 10 mm ±2mm,荷重和滑杆的总质量为 2.75kg ±0.05kg,滑杆可通过套筒垂直滑动。滑杆

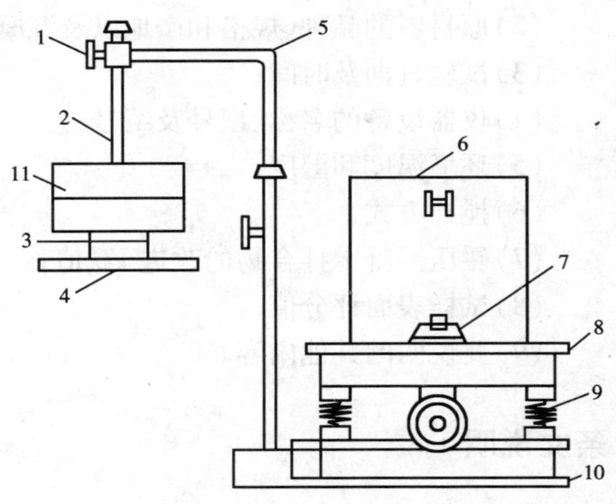

图 T 0524-1 维勃工作度测定仪简图

1-螺栓;2-滑杆;3-砝码;4-圆盘;5-转向弯杆;6-容量筒;7-固定螺栓;8-台面;9-弹簧;10-底座;11-配重砝码

及套筒的轴线与容器轴线重合。

④配重砝码：两块，共 8 700g。

(2) 捣棒：直径 16mm，长 600mm，一端为弹头形；橡皮锤、镘刀等符合 T 0522 中第 2 条的要求。

(3) 秒表：分度值为 0.5s。

(4) 磅秤：量程大于 50kg。

3 试验步骤

3.1 试验前用湿布擦拭容量筒内壁及透明圆盘的上、下面。

3.2 取质量均匀、有代表性的水泥混凝土试样约 25kg。

3.3 用铁勺等工具将试样分两层轻轻装入容量筒内，底层应超过半筒，上层应高出筒口。装料时应避免自由下倒，以防试样离析；每装一层用捣棒从容量筒周边向中心螺旋形均匀插捣 25 次。插捣底层时，捣棒应贯穿整个深度但不触及筒底；插捣上层时，捣棒应插入底层表面以下 1 ~ 2cm。每层插捣后，用橡皮锤均匀敲击容量筒周围 10 次，以消除插捣产生的孔洞；上层插捣完毕后，用金属镘刀除去高出筒口的试样，并将表面抹平。

3.4 将装有试样的容量筒固定于振动台上，并把透明圆盘连同荷重及配重砝码加到拌合物表面。

3.5 开动振动台，同时按下秒表，注意观察透明圆盘下试样表面出浆情况。记下从振动开始到圆盘下的试样半面积出浆所经过的时间。此时间即为混凝土的改进 *VC* 值(s)，记录精确至 1s。

3.6 当圆盘下的试模半面积出浆时，只记录 *VC* 值，但不关闭振动台，使其继续振至 60s 时再停机。停机后，提取圆盘及配重砝码，对试样表面的平整情况及出浆程度进行评分。评分标准参考表T 0524-1。

表 T 0524-1 试样表面评分标准值

评 分	5	4	3	2	1
表面评分	平整出浆很好	平整出浆较好	平整基本出浆	有缺陷出浆不足	不平整且无浆

4 试验结果

每个试样重复两次试验，以两次测值的平均值为试验结果，精确至 1s。如果两次测值与平均值的误差均超过 20%，试验结果无效。

5 试验报告

试验报告应包括以下内容：

(1) 要求检测的项目名称、执行标准；

(2) 原材料的品种、规格和产地以及混凝土配合比；

(3) 试验日期及时间；

(4) 仪器设备的名称、型号及编号；

(5) 环境温度和湿度；

(6) 搅拌方式；

(7) 碾压混凝土拌合物的改进 *VC* 值；

(8) 试样表面评分值；

(9) 要说明的其他内容。

条文说明

由于碾压混凝土拌合料属超干硬性混凝土，普通混凝土的稠度测定方法（坍落度仪法、维勃仪法）均不适用。根据资料，马歇尔击实法、土工击实法及改进 *VC* 法均可用于碾压混凝土拌合物稠度的评定，对三种方法的大量对比试验表明，改进 *VC* 法的试验时间短，精度高，并且与混凝土的施工性能有较好的相关关系，更适于稠度较大的路用碾压混凝土。

稠度是路面碾压混凝土配合比设计的重要指标，也是影响路面平整度和压实度的关键因素。稠度较低，路面容易压实，但平整度难以保证；提高稠度可改善平整度，但稠度过大，路面压实度难以达到要求。根据经验，路面碾压改进 *VC* 值在 35 ~ 45s 之间较为适宜。

T 0525—2005　水泥混凝土拌合物表观密度试验方法

（Standard Test Method for Determination of Apparent Specific Density of Fresh Concrete）

1　目的、适用范围和引用标准

本方法规定了水泥混凝土拌合物表观密度测定的试验步骤。

本方法适用于测定水泥混凝土拌合物捣实后的密度，以备修正、核实水泥混凝土配合比计算中的材料用量。当已知所用原材料密度时，还可以算出拌合物近似含气量。

引用标准：

T 0521—2005　　水泥混凝土拌合物的拌和与现场取样方法

GB/T 50080—2002《普通混凝土拌合物性能试验方法标准》

2　仪器设备

（1）试样筒

试样筒为刚性金属圆筒，两侧装有把手，筒壁坚固且不漏水。对于集料公称最大粒径不大于 31.5mm的拌合物采用 5L 的试样筒，其内径与内高均为 186mm ± 2mm，壁厚为 3mm。对于集料公称最大粒径大于 31.5mm 的拌合物所采用试样筒，其内径与内高均应大于集料公称最大粒径的 4 倍。

（2）捣棒：符合 T 0522 的规定。

（3）磅秤：量程 100kg，感量为 50g。

（4）振动台：应符合 T 0521 的规定。

（5）其他：金属直尺、镘刀、玻璃板等。

3　试验步骤

3.1　试验前用湿布将试样筒内外擦拭干净，称出质量（m_1），精确至 50g。

3.2　当坍落度不小于 70mm 时，宜用人工捣固：

对于 5L 试样筒，可将混凝土拌合物分两层装入，每层插捣次数为 25 次。

对于大于 5L 的试样筒，每层混凝土高度不应大于 100mm，每层插捣次数按每10 000mm^2 截面不小于 12 次计算。用捣棒从边缘到中心沿螺旋线均匀插捣。捣棒应垂直压下，不得冲击，捣底层时应至筒底，捣上两层时，须插入其下一层约 20 ~ 30mm。每捣毕一层，应在量筒外壁拍打 5 ~ 10 次，直至拌合物表面不出现气泡为止。

3.3　当坍落度小于 70mm 时，宜用振动台振实，应将试样筒在振动台上夹紧，一次将拌合物装满试样筒，立即开始振动，振动过程中如混凝土低于筒口，应随时添加混凝土，振动直至拌合物表面出现水泥浆为止。

3.4　用金属直尺齐筒口刮去多余的混凝土，用镘刀抹平表面，并用玻璃板检验，而后擦净试样筒外部并称其质量（m_2），精确至 50g。

4　试验结果计算

4.1　按下式计算拌合物表观密度 ρ_h：

$$\rho_h = \frac{m_2 - m_1}{V} \times 1\,000 \qquad (T\ 0525\text{-}1)$$

式中：ρ_h——拌合物表观密度（kg/m^3）；

m_1——试样筒质量（kg）；

m_2——捣实或振实后混凝土和试样筒总质量（kg）；

V——试样筒容积（L）。

试验结果计算精确到 10 kg/m^3。

4.2 以两次试验结果的算术平均值作为测定值，精确到 10 kg/m^3，试样不得重复使用。

注：应经常校正试样筒容积：将干净的试样筒和玻璃板合并称其质量，再将试样筒加满水，盖上玻璃板，勿使筒内存有气泡，擦干外部水分，称出水的质量，即为试样筒容积。

5 试验报告

试验报告应包括以下内容：

(1)要求检测的项目名称，执行标准；

(2)原材料的品种、规格和产地以及混凝土配合比；

(3)试验日期及时间；

(4)仪器设备的名称、型号及编号；

(5)环境温度和湿度；

(6)搅拌方式；

(7)水泥混凝土拌合物表观密度；

(8)要说明的其他内容。

条文说明

本方法参照《普通混凝土拌合物性能试验方法标准》（GB/T 50080—2002）修订。水泥混凝土拌合物的密度是在一定压实方法下的密度，其实质为水泥混凝土拌合物的毛体积密度。水泥混凝土拌合物的压实方法，根据不同坍落度而不同。

水泥混凝土拌合物表观密度用于修正、核实混凝土配合比计算中的材料用量，假定拌合物表观密度参考表如下。

表 T 0525-1 拌合物表观密度参考

混凝土强度等级	C7.5～C15	C20～C30	C35～C40	>C40
假定拌合物表观密度（kg/m^3）	2 300～2 350	2 350～2 400	2 400～2 450	2 450

当已知所用原材料密度时，还可以算出拌合物近似含气量。

T 0526—2005 水泥混凝土拌合物含气量试验方法（混合式气压法）

(Standard Test Method for Air Content of Freshly Mixed Concrete by the Volumetric Method)

1 目的、适用范围和引用标准

本方法规定了采用混合式气压法测定水泥混凝土拌合物含气量的仪器设备和试验步骤。

本方法适用于集料公称最大粒径不大于 31.5mm、含气量不大于 10% 且有坍落度的水泥混凝土。

引用标准：

T 0521—2005 水泥混凝土拌合物的拌和与现场取样方法

2 仪器设备

(1)混合式气压法含气量测定仪：包括量钵和量钵盖，钵体与钵盖之间有密封圈，如图 T 0526-1 所示。

(2)测定仪附件:校正管、100mL 量筒、注水器、水平尺、插捣棒。

(3)压力表:量程为 0.25MPa;分度值为0.01MPa。

(4)台秤:量程 50kg,感量为 50g。

(5)橡皮锤:应带有质量约 250g 的橡皮锤头。

(6)振动台:符合 T 0521 中的技术要求。

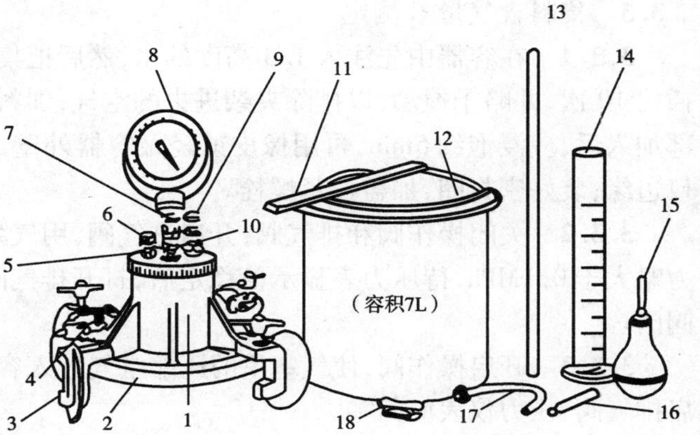

图 T 0526-1　混合式气压法含气量测定仪

1-气室;2-上盖;3-夹子;4-小龙头;5-出水口;6-微调阀;7-排气阀;8-压力表;9-手泵;10-阀门杆;11-刮尺;12-量钵;13-捣棒;14-量筒;15-注水器;16-校正管(2);17-校正管(1);18-水平尺

3　试验步骤

3.1　标定仪器

3.1.1　量钵容积的标定

先称量含气量测定仪量钵和玻璃板总重,然后将量钵加满水,用玻璃板沿量钵顶面平推,使量钵内盛满水且玻璃板下无气泡。擦干钵体外表面后连同玻璃板一起称重。两次质量的差值除以该温度下水的密度即为量钵的容积 V。

3.1.2　含气量 0% 点的标定

把量钵加满水,将校正管(2)接在钵盖下面小龙头的端部。将钵盖轻放在量钵上,用夹子夹紧使其气密良好并用水平仪检查仪器的水平。打开小龙头,松开排气阀,用注水器从小龙头处加水,直至排气阀出水口冒水为止。然后拧紧小龙头和排气阀,此时钵盖和钵体之间的空隙被水充满。用手泵向气室充气,使表压稍大于 0.1MPa,然后用微调阀调整表压使其为 0.1MPa。按下阀门杆 1 ~2 次,使气室的压力气体进入量钵内,读压力表读数,此时指针所示压力相当于含气量 0%。

3.1.3　含气量 1% ~10% 的标定

含气量 0% 标定后,将校正管(1)接在钵盖小龙头的上端,然后按一下阀门杆,慢慢打开小龙头,量钵中的水就通过校正管(1)流到量筒中。当量筒中的水为量钵容积的 1% 时,关闭小龙头。

打开排气阀,使量钵内的压力与大气压平衡,然后重新用手泵加压,并用微调阀准确地调到 0.1MPa。按 1 ~2 次阀门杆,此时测得的压力表读值相当于含气量 1%,同样方法可测得含气量 2%、3% ~10% 的压力表读值。

以压力表读值为横坐标,含气量为纵坐标,绘制含气量与压力表读值关系曲线。

3.2　混凝土拌合物含气量测定

3.2.1　擦净量钵与钵盖内表面,并使其水平放置。将新拌混凝土拌合物均匀适量地装入量钵内,用振动台振实,振动时间 15 ~30s 为宜。也可用人工捣实,将拌合物分三层装料,每层插捣 25 次,插捣上层时捣棒应插入下层 10 ~20mm。

3.2.2　刮去表面多余的混凝土拌合物,用镘刀抹平,并使其表面光滑无气泡。

3.2.3　擦净钵体和钵盖边缘,将密封圈放于钵体边缘的凹槽内,盖上钵盖,用夹子夹紧,使之气密良好。

3.2.4　打开小龙头和排气阀,用注水器从小龙头处往量钵中注水,直至水从排气阀出水口流出,再关紧小龙头和排气阀。

3.2.5　关好所有的阀门,用手泵打气加压,使表压稍大于 0.1MPa,用微调阀准确地将表压调到0.1MPa。

3.2.6　按下阀门杆 1 ~2 次,待表压指针稳定后,测得压力表读数 P_{01}。

3.2.7　开启排气阀,压力仪表应归零,对容器中试样再测定一次压力值 P_{02}。

3.2.8　如果 P_{01} 和 P_{02} 的相对误差小于 0.2%,以两次测值的算术平均值,按压力与含气量关系曲线查得所测混凝土样品的仪器测定含气量 A_1 值(精确至 0.1%)作为试验结果;如果不满足,则应进行第三次试验,测得压力值 P_{03}。当 P_{03} 与 P_{01}、P_{02} 中较接近一个值的相对误差不大于0.2%时,则取两值的算术平均值,按压力与含气量关系曲线查得所测混凝土样品的仪器测定含气量 A_1 值(精确至0.1%)作为试验结果。当仍大于0.2%时,须重做试验。

3.3 集料含气量 C 测定

3.3.1 在容器中先注入1/3高度的水,然后把集料慢慢倒入容器。水面升高25mm左右就应轻轻插捣10次,并略予搅动,以排除夹杂进去的空气;加料过程中应始终保持水面高出集料的顶面;集料全部加入后,应浸泡约5min,再用橡皮锤轻敲容器外壁,排净气泡,除去水面气泡,加水至满,擦净容器上口边缘;装好密封圈,加盖拧紧螺栓。

3.3.2 关闭操作阀和排气阀,开启进气阀,用气泵向气室内注入空气,打开操作阀,使气室内的压力略大于0.1MPa,待压力表显示值稳定后,打开排气阀,并用操作阀调整压力至0.1MPa,然后关紧所有阀门。

3.3.3 开启操作阀,使气室里的压缩空气进入容器,待压力表显示稳定后记录显示值 P_{g1},然后开启排气阀,压力仪表应归零。

3.3.4 重复3.3.2、3.3.3步骤,对容器内的试样再检测一次,记为 P_{g2}。

3.3.5 如果 P_{g1} 和 P_{g2} 的相对误差小于0.2%,以两次测值的平均值,按压力与含气量关系曲线查得集料的含气量 C(精确至0.1%)作为试验结果。如果不满足,则应进行第三次试验,测得压力值 P_{g3}。当 P_{g3} 与 P_{g1}、P_{g2} 中较接近一个值的相对误差不大于0.2%时,则取两值的算术平均值,按压力与含气量关系曲线查得集料的含气量 C(精确至0.1%)作为试验结果。当仍大于0.2%时,须重做试验。

4 试验结果

含气量按下式计算:

$$A = A_1 - C \qquad \text{(T 0526-1)}$$

式中:A——混凝土拌合物含气量(%);

A_1——仪器测定含气量(%);

C——集料含气量(%)。

结果精确至0.1%。

5 试验报告

试验报告应包括以下内容:

(1)要求检测的项目名称,执行标准;

(2)原材料的品种、规格和产地以及混凝土配合比;

(3)试验日期及时间;

(4)仪器设备的名称、型号及编号;

(5)环境温度和湿度;

(6)搅拌方式;

(7)水泥混凝土拌合物含气量;

(8)要说明的其他内容。

条文说明

本方法参照ASTM C 231—78修改,但在本方法中没有采用ASTM C 231—78中的气压式含气量测定仪,而采用混合式含气量测定仪。混合式含气量测定仪与气压式含气量测定仪区别在于,混凝土试样顶面与锥盖间的空间用水注满,由于水不可压缩,从而减少了试验误差。

含气量测试方法可分为水压法和气压法,由于水压法操作比较烦琐且检测数据不准,所以没有列入本方法。混合式方法属压力法测定拌合物含气量,这个方法的基本原理是混凝土受到一定压力时,通过测定其体积变化的大小,并使用Boyle's原理计算含气量。

上述方法只能测定总含气量,而不能区分引入空气与截入空气。GBJ 80—85 中列出了最大含气量,对于有抗冻要求和抗盐要求的混凝土路面的含气量应尽量靠近最大限值。

T 0527—2005　水泥混凝土拌合物凝结时间试验方法

(Standard Test Method for Time of Setting of Concrete Mixtures by Penetration Resistance)

1　目的、适用范围和引用标准

本方法规定了测定水泥混凝土拌合物凝结时间的方法,以控制现场施工流程。

本方法适用于各通用水泥和常见外加剂以及不同水泥混凝土配合比、坍落度值不为零的水泥混凝土拌合物的凝结时间测定。

引用标准:

GB/T 50080—2002　《普通混凝土拌合物性能试验方法标准》

GB/T 6005—1997　《试验筛　金属丝编织网、穿孔板和电成型薄板筛孔的基本尺寸》

JG 3021—1994　《水泥混凝土坍落度仪》

T 0521—2005　水泥混凝土拌合物的拌和与现场取样方法

2　仪器设备

(1)贯入阻力仪:如图 T 0527-1 所示,最大测量值不小于 1 000N,刻度盘分度值为 10N。

(2)测针:长约 100mm,平面针头圆面积为 $100mm^2$、$50mm^2$ 和 $20mm^2$ 三种,在距离贯入端 25mm 处刻有标记。

(3)试模:上口径为 160mm,下口径为 150mm,净高 150mm 的刚性容器,并配有盖子。

(4)捣棒:直径 16mm,长 650mm,符合 JG 3021 的规定。

(5)标准筛:孔径 4.75mm,符合《试验筛　金属丝编织网、穿孔板和电成型薄板筛孔的基本尺寸》(GB/T 6005—1997)规定的金属方孔筛。

(6)其他:铁制拌和板、吸液管和玻璃片。

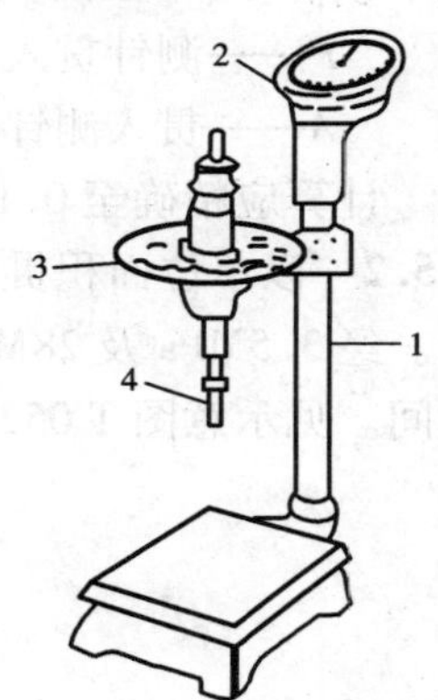

图 T 0527-1　贯入阻力仪示意图

1-主体;2-刻度盘;3-手轮;4-测针

3　试样制备

3.1　取混凝土拌合物代表样,用 4.75mm 筛尽快地筛出砂浆,再经人工翻拌后,装入一个试模。每批混凝土拌合物取一个试样,共取三个试样,分装三个试模。

3.2　对于坍落度不大于 70mm 的混凝土宜用振动台振实砂浆,振动应持续到表面出浆为止且应避免过振;对于坍落度大于 70mm 的宜用捣棒人工捣实,沿螺旋方向由外向中心均匀插捣 25 次,然后用橡皮锤轻击试模侧面以排除在捣实过程中留下的空洞。进一步整平砂浆的表面,使其低于试模上沿约 10mm,砂浆试样筒应立即加盖。

3.3　试件静置于温度 20℃ ±2℃或尽可能与现场相同的环境中,并在以后的试验中,环境温度始终保持 20℃ ±2℃。在整个测试过程中,除在吸取泌水或贯入试验外,试筒应始终加盖。

3.4　约 1h 后,将试件一侧稍微垫高约 20mm,使其倾斜静置约 2min,用吸管吸去泌水。以后每到测试前约 2min,同上步骤用吸管吸去泌水(低温或缓凝的混凝土拌合物试样,静置与吸水间隔时间可适当延长)。若在贯入测试前还有泌水,也应吸干。

4　试验步骤

4.1　将试件放在贯入阻力仪底座上,记录刻度盘上显示的砂浆和容器总质量。

4.2　根据试样的贯入阻力大小,选择适宜的测针。一般当砂浆表面测孔边出现微裂缝时,应立即改换较小截面积的测针,如表 T 0527-1。

表 T 0527-1　测 针 选 用 参 考

单位面积贯入阻力(MPa)	0.2 ~ 3.5	3.5 ~ 20.0	20.0 ~ 28.0
平头测针圆面积(mm^2)	100	50	20

4.3　先使测针端面刚刚接触砂浆表面,然后转动手轮,使测针在 10s ± 2s 内垂直且均匀地插入试样内,深度为 25 mm ± 2mm,记下刻度盘显示的增量,精确至 10N。并记下从开始加水拌和起所经过的时间(精确至 1min)及环境温度(精确至 0.5℃)。

测定时,测针应距试模边缘至少 25mm,测针贯入砂浆各点间净距至少为所用测针直径的两倍且不小于 15mm。三个试模每次各测 1 ~ 2 点,取其算术平均值为该时间的贯入阻力值。

4.4　每个试样作贯入阻力试验应在 0.2 ~ 28MPa 间,且不小于六次,最后一次的单位面积贯入阻力应不低于 28MPa。从加水拌和时算起,常温下普通混凝土 3h 后开始测定,以后每次间隔为 0.5h;早强混凝土或在气温较高的情况下,则宜在 2h 后开始测定,以后每隔 0.5h 测一次;缓凝混凝土或在低温情况下,可在 5h 后开始测定,每隔 2h 测一次。在临近初凝、终凝时可增加测定次数。

5　试验结果

5.1　单位面积贯入阻力 f_{PR} 按下式计算:

$$f_{PR} = \frac{P}{A} \tag{T 0527-1}$$

式中:f_{PR}——单位面积贯入阻力(MPa);

P——测针贯入深度为 25mm 时的贯入压力(N);

A——贯入测针截面面积(mm^2)。

计算应精确至 0.1MPa。

5.2　以单位面积贯入阻力为纵坐标,测试时间为横坐标,绘制单位面积贯入阻力与测试时间关系曲线。经 3.5MPa 及 28MPa 画两条平行于横坐标的直线,则直线与曲线相交点的横坐标即为初凝及终凝时间。见示意图 T 0527-2。

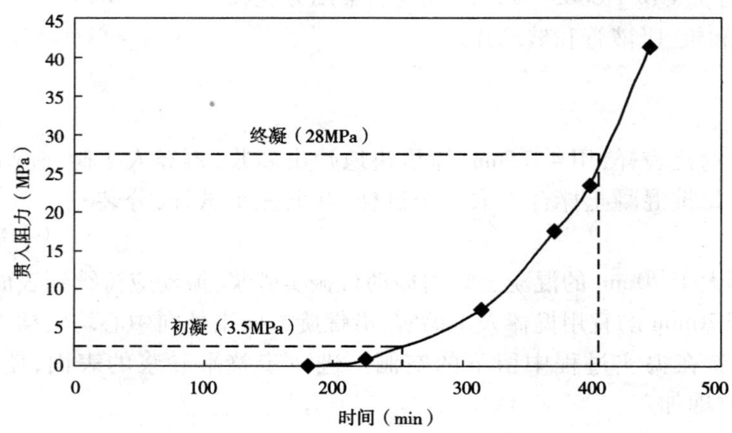

图 T 0527-2　时间—贯入阻力曲线

5.3　凝结时间取三个试样的平均值。三个测值中的最大值或最小值,如果有一个与中间值之差超过中间值的 10%,则以中间值为试验结果;如果最大值和最小值与中间值之差均超过中间值的 10% 时,则此试验无效。

凝结时间用 h:min 表示,并精确至 5min。

6　试验报告

试验报告应包括以下内容:

(1)要求检测的项目名称、执行标准;

(2)原材料的品种、规格和产地以及混凝土配合比;

(3)试验日期及时间;

(4)仪器设备的名称、型号及编号;

(5)环境温度和湿度;

(6)每次贯入阻力试验时对应的环境温度、时间、贯入压力、测针面积和计算出来的贯入阻力值;

(7)贯入阻力和时间曲线、初凝时间和终凝时间;

(8)要说明的其他内容。

条文说明

本方法参照 GB/T 50080—2002 和 ASTM C 403/C 403M—1999 制订,但在所使用测针方面,没有采用 ASTM C 403 的横截面积($654mm^2$、$323mm^2$、$161mm^2$、$65mm^2$、$32mm^2$、$16mm^2$),而是采用 $100mm^2$、$50mm^2$、$20mm^2$ 系列。本方法和 ASTM C 403 都认为在贯入 1in(25mm)时的压力与面积比,为 3.5MPa 达到初凝,而压力与面积比为 28MPa 达到终凝对应标准。

初凝时间大致相当于混凝土拌合物不再适于正常浇灌的时间,终凝时间接近于硬化开始的时间。凝结基本上由 C_3S 的水化作用所控制。在初凝以前新拌混凝土拌合物将失去一定的坍落度,而终凝之后一段时间内将获得适当的强度。

T 0528—2005 水泥混凝土拌合物泌水试验方法

(Standard Test Method for Bleeding of Freshly Mixed Concrete)

1 目的、适用范围和引用标准

本方法规定了测定水泥混凝土拌合物泌水性的方法和步骤。

本方法适用于集料公称最大粒径不大于 31.5mm 的水泥混凝土拌合物泌水的测定。

引用标准:

GB/T 50080—2002 《普通混凝土拌合物性能试验方法标准》

JG 3021—1994 《水泥混凝土坍落度仪》

T 0521—2005 水泥混凝土拌合物的拌和与现场取样方法

2 仪器设备

(1)试样筒:试样筒为刚性金属圆筒,两侧装有把手,筒壁坚固且不漏水。对于集料公称最大粒径不大于 31.5mm 的拌合物采用 5L 的试样筒,其内径与内高均为 186mm ± 2mm,壁厚为 3mm,并配有盖子。对于集料公称最大粒径大于 31.5mm 的拌合物采用的试样筒,其内径与内高均应大于集料公称最大粒径的 4 倍。

(2)台秤:量程为 50kg,感量为 50g。

(3)量筒:容量为 10mL、50 mL、100 mL 的量筒及吸管,量筒分度值均为 1 mL。

(4)捣棒:符合 JG 3021—1994 的规定。

(5)秒表:分度值为 1s。

3 试验步骤

3.1 试验中室温应保持在 20℃ ±2℃。

3.2 应用湿布湿润试样筒内壁后立即称量,记录试样筒的质量。再将混凝土试样装入试样筒,混凝土的装料及捣实方法如下:

3.2.1 坍落度不大于70mm，用振动台振实。将试样一次装入试样筒内，开启振动台，振动应持续到表面出浆为止，且应避免过振；并使混凝土拌合物低于试样筒表面30mm±3mm，并用抹刀抹平，抹平后立即称量并记录试样筒与试样的总质量，开始计时。

3.2.2 坍落度大于70mm，用捣棒捣实。混凝土拌合物应分两层装入，每层的插捣次数为25次；捣棒由边缘向中心均匀地插捣，插捣底层时捣棒应贯穿整个深度，插捣第二层时，捣棒应插透本层至下一层的表面；每一层捣完后用橡皮锤轻轻敲击容器外壁5~10次，直到拌合物表面插捣孔消失并不见大气泡为止；并使混凝土拌合物表面低于试样筒表面30mm±3mm，并用抹刀抹平，抹平后立即称量并记录试样筒与试样的总质量，开始计时。

3.3 保持试样筒水平且不振动，试验过程中除了吸水操作外，应始终盖好盖子。

3.4 拌合物加水拌和开始计时，从计时开始后的60min内，每10min吸取一次试样表面渗出的水。60min后，每30min吸取一次试样表面渗出的水，直到认为不再泌水为止。为便于吸水，每次吸水前2min，将一片35mm厚的垫块垫入筒底一侧使其倾斜；吸水后，恢复水平。吸出的水放入量筒中，记录每次吸水的水量并计算吸水累计总量，精确到1mL。当吸水累计总量用质量表述时，用W_w表示。

4 试验结果

4.1 泌水量按下式计算：

$$B_a = \frac{V}{A} \tag{T 0528-1}$$

式中：B_a——泌水量（mL/mm^2）；

V——吸水累计总量（mL）；

A——试件外露表面面积（mm^2）。

计算精确至0.01mL/mm^2。泌水量取三个试样的平均值。如果其中一个与中间值之差超过中间值的15%，则以中间值为试验结果。如果最大值和最小值与中间值之差均超过中间值的15%，则试验无效。

4.2 泌水率按下式计算：

$$B = \frac{W_w}{(W/m)(m_1 - m_0)} \times 100 \tag{T 0528-2}$$

式中：B——泌水率（%）；

W_w——累计吸水总量（g）；

m——拌和混凝土时，拌合物总质量（g）；

W——拌和混凝土时，拌合物所需总用水量（g）；

m_1——泌水前试样筒及试样总质量（g）；

m_0——试样筒质量（g）。

计算精确至1%。泌水率取三个试样的平均值。如果其中一个与中间值之差超过中间值的15%，则以中间值为试验结果。如果最大值和最小值与中间值之差均超过中间值的15%，则试验无效。

5 试验报告

试验报告应包括以下内容：

（1）要求检测的项目名称、执行标准；

（2）原材料的品种、规格和产地以及混凝土配合比；

（3）试验日期及时间；

（4）仪器设备的名称、型号及编号；

（5）环境温度和湿度；

（6）搅拌方式；

（7）水泥混凝土拌合物总用水量和总质量；

(8)试样筒质量、试样筒和试样总质量；

(9)每次吸水时间和对应的吸水量；

(10)泌水量和泌水率；

(11)要说明的其他内容。

条文说明

本方法参照 GB/T 50080—2002 和 ASTM C 232—92 修改。泌水(Bleeding)通常是由于新拌混凝土内部集料颗粒沉淀所引起，集料颗粒不能保持所有拌和水。

T 0529—2005 水泥混凝土拌合物配合比分析试验方法

(Standard Test Method for Analysis the Constitute of Concrete Mixture)

1 目的、适用范围和引用标准

本方法规定了水泥混凝土拌合物配合比分析试验的仪器设备和试验步骤。

本方法适用于用水洗分析法测定普通水泥混凝土拌合物中四组分(水泥、水、砂、石)的含量，但不适用于集料含泥量波动较大以及用特细砂和山砂配制的水泥混凝土。

引用标准：

JTG E42—2005《公路工程集料试验规程》

T 0521—2005 水泥混凝土拌合物的拌和与现场取样方法

T 0525—2005 水泥混凝土拌合物表观密度试验方法

T 0503—2005 水泥密度测定方法

GB/T 50080—2002《普通混凝土拌合物性能试验方法标准》

2 仪器设备

(1)广口瓶：容积为 2 000mL 的玻璃瓶，并配有玻璃盖板。

(2)台秤：量程为 50kg，感量为 50g；

(3)电子秤：量程不小于 5kg，感量不大于 1g；

(4)试样筒：符合 T 0525 要求的容积为 5L 和 10L 的试样筒并配有玻璃盖板；

(5)标准筛：孔径为 4.75mm 和 0.15mm 标准筛各一个。

3 在进行本试验前，应对混凝土下列原材料进行相关项目的试验与测定：

3.1 水泥表观密度试验，按 T 0503"水泥密度测定方法"进行。

3.2 粗集料、细集料的表观密度试验，按《公路工程集料试验规程》试验。

3.3 细集料修正系数按下述方法测定：

向广口瓶中注水至筒口，再一边加水一边徐徐推进玻璃板，注意玻璃板下不带有任何气泡，盖严后擦净板面和广口瓶壁的余水，如玻璃板下有气泡，必须排除。测定广口瓶、玻璃板和水的总质量。取具有代表性的两个细集料试样，每个试样的质量为 2kg，精确至 1g。分别倒入盛水的广口瓶中，充分搅拌、排气后浸泡约半小时；然后向广口瓶中注水至筒口，再一边加水一边徐徐推进玻璃板，注意玻璃板下不得带有任何气泡，盖严后擦净板面和瓶壁的余水，称得广口瓶、玻璃板、水和细集料的总质量。则细集料在水中的质量为：

$$m_{ys} = m_{ks} - m_p \quad (T\ 0529\text{-}1)$$

式中：m_{ys}——细集料在水中的质量(g)；

m_{ks}——细集料和广口瓶、水及玻璃板的总质量(g)；

m_p ——广口瓶、玻璃板和水的总质量(g)。

应以两个试样试验结果的算术平均值作为测定值,计算应精确至1g。

然后用0.15mm 的标准筛将细集料过筛,用以上同样的方法测得大于0.15mm 细集料在水中的质量:

$$m_{ysl} = m_{ksl} - m_p \quad (T\ 0529\text{-}2)$$

式中:m_{ysl}——大于0.15mm 的细集料在水中的质量(g);

m_{ksl}——大于0.15mm 的细集料和广口瓶、水及玻璃板的总质量(g);

m_p——广口瓶、玻璃板和水的总质量(g)。

应以两个试样试验结果的算术平均值作为测定值,计算应精确至1g。

细集料修正系数为:

$$C_s = \frac{m_{ys}}{m_{ysl}} \quad (T\ 0529\text{-}3)$$

式中:C_s——细集料修正系数;

m_{ys}——细集料在水中的质量(g);

m_{ysl}——大于0.15mm 的细集料在水中的质量(g)。

计算精确至0.01。

4 水泥混凝土拌合物的取样

4.1 水泥混凝土拌合物的取样应按 T 0521 的规定进行。

4.2 当水泥混凝土中粗集料的公称最大粒径≤37.5mm 时,混凝土拌合物的取样量≥50kg;混凝土中粗集料公称最大粒径>37.5mm 时,混凝土拌合物的取样量≥100kg。

4.3 进行混凝土配合比(水洗法)分析时,当混凝土中粗集料公称最大粒径≤37.5mm 时,每份取12kg 试样;当混凝土中粗集料的公称最大粒径>37.5mm 时,每份取15kg 试样。剩余的混凝土拌合物试样,按 T 0525 的规定,进行拌合物表观密度的测定,并测量其体积 V。

5 试验步骤

5.1 整个试验过程的环境温度应在15~25℃之间,从最后加水至试验结束,温差不应超过2℃;试验至少进行两次。

5.2 用试样筒称取质量为 m_0 的混凝土拌合物试样,精确至50g 并应符合第4条中的有关规定;然后按下式计算混凝土拌合物试样的体积:

$$V = \frac{m_0}{\rho_h} \quad (T\ 0529\text{-}4)$$

式中:V——试样的体积(cm^3);

m_0——试样的质量(g);

ρ_h——混凝土拌合物的表观密度(g/cm^3)。

5.3 把试样筒中混凝土拌合物和水的混合物全部移到4.75mm 筛上水洗过筛,水洗时,要用水将筛上粗集料仔细冲洗干净,粗集料上不得粘有砂浆,筛子应备有不透水的底盘,以收集全部冲洗过筛的砂浆与水的混合物,称量洗净的粗集料试样质量 m_g。粗集料表观密度符号为 ρ_g,单位 g/cm^3。

5.4 将全部冲洗过筛的砂浆与水的混合物全部移到试样筒中,加水至试样筒三分之二高度,用棒搅拌,以排除其中的空气;如水面上有不能破裂的气泡,可以加入少量的异丙醇试剂以消除气泡;让试样静止10min 以使固体物质沉积于容器底部。加水至满,再一边加水一边徐徐推进玻璃板,注意玻璃板下不得带有任何气泡,盖严后应擦净板面和筒壁的余水。称出砂浆与水的混合物和试样筒、水及玻璃板的总质量。应按下式计算砂浆在水中的质量:

$$m'_m = m_k - m_D \quad (T\ 0529\text{-}5)$$

式中:m'_m——砂浆在水中的质量(g);

m_k——砂浆与水的混合物和试样筒、水及玻璃板的总质量(g)；

m_D——试样筒、玻璃板和水的总质量(g)。

计算应精确至1g。

5.5 将试样筒中的砂浆与水的混合物在0.15mm筛上冲洗，然后将在0.15mm筛上洗净的细集料全部移至广口瓶中，加水至满，再一边加水一边徐徐推进玻璃板，注意玻璃板下不得带有任何气泡，盖严后应擦净板面和瓶壁的余水；称出细集料试样、广口瓶、水及玻璃板总质量，应按下式计算细集料在水中的质量：

$$m'_s = C_s(m_{ks} - m_p) \tag{T 0529-6}$$

式中：m'_s——细集料在水中的质量(g)；

C_s——细集料修正系数；

m_{ks}——细集料试样、广口瓶、水及玻璃板总质量(g)；

m_p——广口瓶、玻璃板和水的总质量(g)。

计算应精确至1g。

6 试验结果

混凝土拌合物中四种组分的结果计算及确定应按下述方法进行：

6.1 混凝土拌合物试样中四种组分的质量应按以下公式计算：

6.1.1 试样中的水泥质量应按下式计算：

$$m_c = (m'_m - m'_s) \times \frac{\rho}{\rho - 1} \tag{T 0529-7}$$

式中：m_c——试样中的水泥质量(g)；

m'_m——砂浆在水中的质量(g)；

m'_s——细集料在水中的质量(g)；

ρ——水泥的密度(g/cm^3)。

计算应精确至1g。

6.1.2 试样中细集料的质量应按下式计算

$$m_s = m'_s \times \frac{\rho_s}{\rho_s - 1} \tag{T 0529-8}$$

式中：m_s——试样中细集料的质量(g)；

m'_s——细集料在水中的质量(g)；

ρ_s——处于干燥状态下的细集料的密度(g/cm^3)。

计算应精确至1g。

6.1.3 试样中的水的质量应按下式计算

$$m_w = m_0 - (m_g + m_s + m_c) \tag{T 0529-9}$$

式中：m_w——试样中的水的质量(g)；

m_0——拌合物试样质量(g)；

m_g、m_s、m_c——分别为试样中粗集料、细集料和水泥的质量(g)。

计算应精确至1g。

6.1.4 混凝土拌合物试样中粗集料的质量应按第5.3条中得出的粗集料质量m_g，单位g。

6.2 混凝土拌合物中水泥、水、粗集料、细集料的单位用量，分别按下式计算

$$C = \frac{m_c}{V} \times 1000 \tag{T 0529-10}$$

$$W = \frac{m_w}{V} \times 1000 \tag{T 0529-11}$$

$$G = \frac{m_g}{V} \times 1000 \tag{T 0529-12}$$

$$S = \frac{m_s}{V} \times 1000 \quad (T\ 0529\text{-}13)$$

式中： C、W、G、S——分别为水泥、水、粗集料、细集料的单位用量（kg/m^3）；

m_c、m_w、m_g、m_s——分别为试样中水泥、水、粗集料、细集料的质量（g）；

V——试样体积（cm^3）。

计算应精确至 $1kg/m^3$。

6.3 以两个试样试验结果的算术平均值作为测定值，两次试验结果差值的绝对值应符合下列规定：水泥≤$6kg/m^3$；水≤$4kg/m^3$；砂≤$20kg/m^3$；石≤$30kg/m^3$，否则此次试验无效。

7 试验报告

试验报告应包括以下内容：

(1)要求检测的项目名称、执行标准；

(2)原材料的品种、规格和产地；

(3)仪器设备的名称、型号及编号；

(4)环境温度和湿度；

(5)试样的质量；

(6)水泥的密度；

(7)粗集料和细集料的表观密度；

(8)试样中水泥、水、细集料和粗集料的质量；

(9)水泥混凝土拌合物中水泥、水、粗集料和细集料的单位用量；

(10)水泥混凝土拌合物水灰比；

(11)其他要说明的问题。

条文说明

本方法参照 GB/T 50080—2002 编制，为了确认水泥混凝土拌合物的水灰比以及配合比特增加此方法。

5 硬化水泥混凝土性能试验

T 0551—2005 水泥混凝土试件制作与硬化水泥混凝土现场取样方法

(Standard Practice for Making and Curing Concrete Test Specimens in the Laboratory)

1 目的、适用范围和引用标准

本方法规定了在常温环境中室内试验时水泥混凝土试件制作与硬化水泥混凝土现场取样方法。

轻质水泥混凝土、防水水泥混凝土、碾压混凝土等其他特种水泥混凝土的制作与硬化水泥混凝土现场取样方法，可以参照本方法进行，但因其特殊性所引起的对试验设备及方法的特殊要求，均应遵照对这些水泥混凝土试件制作和取样的有关技术规定进行。

引用标准：

GB/T 2611—1992 《试验机通用技术要求》

GB/T 3722—1992 《液压式压力试验机》

GB/T 50081—2002 《普通混凝土力学性能试验方法标准》

JG 3019—1994 《混凝土试模》

JG/T 3020—1994 《混凝土试验用振动台》

JG 3021—1994 《水泥混凝土坍落度仪》

T 0521—2005 水泥混凝土拌合物的拌和与现场取样方法

2 仪器设备

(1)搅拌机：自由式或强制式。

(2)振动台：标准振动台，应符合《混凝土试验用振动台》要求。

(3)压力机或万能试验机：压力机除符合《液压式压力试验机》(GB/T 3722)及《试验机通用技术要求》(GB/T 2611)中的要求外，其测量精度为 ±1%，试件破坏荷载应大于压力机全量程的 20% 且小于压力机全量程的 80%。同时应具有加荷速度指示装置或加荷速度控制装置。上下压板平整并有足够刚度，可以均匀地连续加荷卸荷，可以保持固定荷载，开机停机均灵活自如，能够满足试件破型吨位要求。

(4)球座：钢质坚硬，面部平整度要求在 100mm 距离内高低差值不超过 0.05mm，球面及球窝粗糙度 $R_a = 0.32\mu m$，研磨、转动灵活。不应在大球座上作小试件破型，球座最好放置在试件顶面(特别是棱柱试件)，并凸面朝上，当试件均匀受力后，一般不宜再敲动球座。

(5)试模

①非圆柱试模：应符合《混凝土试模》(JG 3019—1994)，内表面刨光磨光(粗糙度 $R_a = 3.2\mu m$)。内部尺寸允许偏差为 ±0.2%；相邻面夹角为 90° ±0.3°。试件边长的尺寸公差为 1mm。

②圆柱试模：直径误差小于 $\frac{1}{200}d$，高度误差应小于 $\frac{1}{100}h$。试模底板的平面度公差不超过 0.02mm。组装试模时，圆筒纵轴与底板应成直角，允许公差为 0.5°。

为了防止接缝处出现渗漏，要使用合适的密封剂，如黄油。并采用紧固方法使底板固定在模具上。

常用的几种试件尺寸(试件内部尺寸)规定如表 T 0551-1。所有试件承压面的平面度公差不超过

0.000 5d(d为边长)。

(6)捣棒:符合《水泥混凝土坍落度仪》(JG 3021)中有关技术要求,为直径16mm、长约600mm并具有半球形端头的钢质圆棒。

表 T 0551-1 试件尺寸

试件名称	标准尺寸(mm)	非标准尺寸(mm)
立方体抗压强度试件	150×150×150(31.5)	100×100×100(26.5) 200×200×200(53)
圆柱抗压强度试件	ϕ150×300(31.5)	ϕ100×200(26.5) ϕ200×400(53)
芯样抗压强度试件	$\phi150\times l_m$(31.5)	$\phi100\times l_m$(26.5)
立方体劈裂抗拉强度试件	150×150×150(31.5)	100×100×100(26.5)
圆柱劈裂抗拉强度试件	ϕ150×300(31.5)	ϕ100×200(26.5) ϕ200×400(53)
芯样劈裂强度试件	$\phi150\times l_m$(31.5)	$\phi100\times l_m$(26.5)
轴心抗压强度试件	150×150×300(31.5)	200×200×400(53) 100×100×300(26.5)
抗压弹性模量试件	150×150×300(31.5)	200×200×400(53) 100×100×300(26.5)
圆柱抗压弹性模量试件	ϕ150×300(31.5)	ϕ100×200(26.5) ϕ200×400(53)
抗弯拉强度试件	150×150×600(31.5) 150×150×550(31.5)	100×100×400(26.5)
抗弯拉弹性模量试件	150×150×600(31.5) 150×150×550(31.5)	100×100×400(26.5)
水泥混凝土干缩试件	100×100×515(19)	150×150×515(31.5) 200×200×515(50)
抗渗试件	上口直径175mm,下口直径185mm,高150mm的锥台	上下直径与高度均为150mm的圆柱体

注:括号中的数字为试件中集料公称最大粒径,单位mm。标准试件的最短尺寸大于公称最大粒径4倍。

(7)压板:用于圆柱试件的顶端处理,一般为厚6mm以上的毛玻璃,压板直径应比试模直径大25mm以上。

(8)橡皮锤:应带有质量约250g的橡皮锤头。

(9)钻孔取样机:钻机一般用金刚石钻头,从结构表面垂直钻取,钻机应具有足够的刚度,保证钻取的芯样周面垂直且表面损伤最少。钻芯时,钻头应作无显著偏差的同心运动。

(10)锯:用于切割适于抗弯拉试验的试件。

(11)游标卡尺。

3 非圆柱体试件成型

3.1 水泥混凝土的拌和参照T 0521—2005“水泥混凝土拌合物的拌和与现场取样方法”。成型前试模内壁涂一薄层矿物油。

3.2 取拌合物的总量至少应比所需量高20%以上,并取出少量混凝土拌合物代表样,在5min内进行坍落度或维勃试验,认为品质合格后,应在15min内开始制件或作其他试验。

3.3 对于坍落度小于25mm时[注],可采用ϕ25mm的插入式振捣棒成型。将混凝土拌合物一次装入试模,装料时应用抹刀沿各试模壁插捣,并使混凝土拌合物高出试模口;振捣时振捣棒距底板10~20mm,且不要接触底板。振捣直到表面出浆为止,且应避免过振,以防止混凝土离析,一般振捣时间为20s。振捣棒拔出时要缓慢,拔出后不得留有孔洞。用刮刀刮去多余的混凝土,在临近初凝时,用抹刀抹平。试件抹面与试模边缘高低差不得超过0.5mm。

注:这里不适于用水量非常低的水泥混凝土;同时不适于直径或高度不大于100mm的试件。

3.4 当坍落度大于25mm且小于70mm时,用标准振动台成型。将试模放在振动台上夹牢,防止试模自由跳动,将拌合物一次装满试模并稍有富余,开动振动台至混凝土表面出现乳状水泥浆时为止,振动过程中随时添加混凝土使试模常满,记录振动时间(约为维勃秒数的2~3倍,一般不超过90s)。振动结束后,用金属直尺沿试模边缘刮去多余混凝土,用镘刀将表面初次抹平,待试件收浆后,再次用镘刀将试件仔细抹平,试件抹面与试模边缘的高低差不得超过0.5mm。

3.5 当坍落度大于70mm时,用人工成型。拌合物分厚度大致相等的两层装入试模。捣固时按螺旋方向从边缘到中心均匀地进行。插捣底层混凝土时,捣棒应到达模底;插捣上层时,捣棒应贯穿上层后插入下层20~30mm处。插捣时应用力将捣棒压下,保持捣棒垂直,不得冲击,捣完一层后,用橡皮锤轻轻击打试模外端面10~15下,以填平插捣过程中留下的孔洞。

每层插捣次数100cm^{2}截面积内不得少于12次。试件抹面与试模边缘高低差不得超过0.5mm。

4 圆柱体试件制作

4.1 水泥混凝土的拌和参照T 0521—2005“水泥混凝土拌合物的拌和与现场取样方法”。成型前试模内壁涂一薄层矿物油。

4.2 取拌合物的总量至少应比所需量高20%以上,并取出少量混凝土拌合物代表样,在5min内进行坍落度或维勃试验,认为品质合格后,应在15min内开始制件或作其他试验。

4.3 对于坍落度小于25mm时[注],可采用ϕ25mm的插入式振捣棒成型。拌合物分厚度大致相等的两层装入试模。以试模的纵轴为对称轴,呈对称方式填料。插入密度以每层分三次插入。振捣底层时,振捣棒距底板10~20mm且不要接触底板;振捣上层时,振捣棒插入该层底面下15mm深。振捣直到表面出浆为止,且应避免过振,以防止混凝土离析 。一般时间为20s。捣完一层后,如有棒坑留下,可用橡皮锤敲击试模侧面10~15下。振捣棒拔出时要缓慢。用刮刀刮去多余的混凝土,在临近初凝时,用抹刀抹平,使表面略低于试模边缘1~2mm。

注:这里不适于用水量非常低的水泥混凝土;同时不适于直径或高度不大于100mm的试件。

4.4 当坍落度大于25mm且小于70mm时,用标准振动台成型。将试模放在振动台上夹牢,防止试模自由跳动,将拌合物一次装满试模并稍有富余,开动振动台至混凝土表面出现乳状水泥浆时为止。振动过程中随时添加混凝土使试模常满,记录振动时间(约为维勃秒数的2~3倍,一般不超过90s)。振动结束后,用金属直尺沿试模边缘刮去多余混凝土,用镘刀将表面初次抹平,待试件收浆后,再次用镘刀将试件仔细抹平,使表面略低于试模边缘1~2mm。

4.5 当坍落度大于70mm时,用人工成型。

对于试件直径为200mm时,拌合物分厚度大致相等的三层装入试模。以试模的纵轴为对称轴,呈对称方式填料。每层插捣25下,捣固时按螺旋方向从边缘到中心均匀地进行。插捣底层时,捣棒应到达模底,插捣上层时,捣棒插入该层底面下20~30mm处。插捣时应用力将捣棒压下,不得冲击,捣完一层后,如有棒坑留下,可用橡皮锤敲击试模侧面10~15下。用镘刀将试件仔细抹平,使表面略低于试模边缘1~2mm。

而对于试件直径为100mm或150mm时,分两层装料,各层厚度大致相等。试件直径为150mm时,每层插捣15下;试件直径为100mm时,每层插捣8下。捣固时按螺旋方向从边缘到中心均匀地进行。插捣底层时,捣棒应到达模底,插捣上层时,捣棒插入该层底面下15mm深。用镘刀将试件仔细抹平,使表面略低于试模边缘1~2mm。

当所确定的插捣次数使混凝土拌合物产生离析现象时,可酌情减少插捣次数至拌合物不产生离析的程度。

4.6 对试件端面应进行整平处理,但加盖层的厚度应尽量薄。

4.6.1 拆模前当混凝土具有一定强度后,用水洗去上表面的浮浆,并用干抹布吸去表面水之后,抹上干硬性水泥净浆,用压板均匀地盖在试模顶部。加盖层应与试件的纵轴垂直。为防止压板和水泥浆之间的粘结,应在压板下垫一层薄纸。

4.6.2 对于硬化试件的端面处理,可采用硬石膏或硬石膏和水泥的混合物,加水后平铺在端面,并用压板进行整平。在材料硬化之前,应用湿布覆盖试件。

注:也可采用下面任一方法抹顶。

①使用硫黄与矿质粉末的混合物(如耐火黏土粉、石粉等)在 180~210℃间加热(温度更高时将使混合物烘成橡胶状,使强度变弱),摊铺在试件顶面,用试模钢板均匀按压,放置 2h 以上即可进行强度试验;

②用环氧树脂拌水泥,根据需要硬化时间加入乙二胺,将此浆膏在试件顶面大致摊平,在钢板面上垫一层薄塑料膜,再均匀地将浆膏压平;

③在有充分时间时,也可用水泥浆膏抹顶,使用矾土水泥的养生时间在 18h 以上,使用硅酸盐水泥的养生时间在 3d 以上。

4.6.3 对不采用端部整平处理的试件,可采用切割的方法达到端面和纵轴垂直。

整平后的端面应与试件的纵轴相垂直,端面的平整度公差在 ±0.1mm 以内。

5 养护

5.1 试件成型后,用湿布覆盖表面(或其他保持湿度办法),在室温 20℃ ±5℃,相对湿度大于 50% 的环境下,静放一个到两个昼夜,然后拆模并作第一次外观检查、编号,对有缺陷的试件应除去,或加工补平。

5.2 将完好试件放入标准养护室进行养护,标准养护室温度 20℃ ±2℃,相对湿度在 95% 以上,试件宜放在铁架或木架上,间距至少 10~20mm,试件表面应保持一层水膜,并避免用水直接冲淋。当无标准养护室时,将试件放入温度 20℃ ±2℃ 的不流动的$Ca(OH)_2$饱和溶液中养护。

5.3 标准养护龄期为 28d(以搅拌加水开始),非标准的龄期为 1d、3d、7d、60d、90d、180d。

6 硬化水泥混凝土现场试样的钻取或切割取样

6.1 芯样的钻取

6.1.1 钻取位置:在钻取前应考虑由于钻芯可能导致的对结构的不利影响,应尽可能避免在靠近混凝土构件的接缝或边缘处钻取,且基本上不应带有钢筋。

6.1.2 芯样尺寸:芯样直径应为混凝土所用集料公称最大粒径的 4 倍,一般为 150mm ±10mm 或 100mm ±10mm。

对于路面,芯样长径比宜为 1.9~2.1。对于长径比超过 2.1 的试件,可减少钻芯深度;也可先取芯样长度与路面厚度相等,再在室内加工成为长径比为 2 的试件;对于长径比不足 1.8 的试件,可按不同试验项目分别进行修正。

6.1.3 标记:钻出后的每个芯样应立即清楚地编号,并记录所取芯样在混凝土结构中的位置。

6.2 切割

对于现场采取的不规则混凝土试块,可按表 T 0551-1 所列棱柱体尺寸进行切割,以满足不同试验的需求。

6.3 检查

6.3.1 外观检查

每个芯样应详细描述有关裂缝、接缝、分层、麻面或离析等不均匀性,必要时应记录以下事项:

(1)集料情况:估计集料的最大粒径、形状及种类,粗细集料的比例与级配。

(2)密实性:检查并记录存在的气孔、气孔的位置、尺寸与分布情况,必要时应拍下照片。

6.3.2 测量

(1)平均直径 d_m:在芯样高度的中间及两个1/4处按两个垂直方向测量三对数值确定芯样的平均直径 d_m,精确至1.0mm。

(2)平均长度 l_m:取芯样直径两端侧面测定钻取后芯样的长度及加工后的长度,其尺寸差应在0.25mm之内,取平均值作为试件平均长度 l_m,精确至1.0mm。

(3)平均长、高、宽:对于切割棱柱体,分别测量所有边长,精确至1.0mm。

条文说明

为规范混凝土试件的制作过程,特制定本方法。本方法规定了非圆柱试件和圆柱试件的试件尺寸,并规定标准试件的横截面最短尺寸应大于公称最大粒径4倍。

在试件成型时,本方法根据混凝土坍落度的不同,将成型方法分为小于25mm、25~70mm和大于70mm,分别提出不同成型方法。

对于圆形试件,由于要求两个端面保持平行,所以本方法给出试件端面处理方法,对端面进行整平处理。

由于硬化水泥混凝土的性能试验都涉及到压力机,而且压力机的工作性能显著影响着性能试验的最终结果,所以特别提出对压力机的要求。

在养护条件方面,标准养护室温度由20℃±3℃提高为20℃±2℃。由水中养护变为不流动的$Ca(OH)_2$饱和液中养护,温度为20℃±2℃。

T 0552—2005 碾压混凝土抗弯拉试件的制作方法

(Standard Practice for Making Roller-Compacted Concrete Specimens in the Laboratory)

1 目的、适用范围和引用标准

本方法规定了碾压混凝土抗弯拉试件制作的步骤。

本方法适于路面碾压混凝土抗弯拉试件成型。

引用标准:

JG 3019—1994 《水泥混凝土试模》

JG/T 3020—1994 《混凝土试验用振动台》

JG 3021—1994 《水泥混凝土坍落度仪》

2 仪器设备

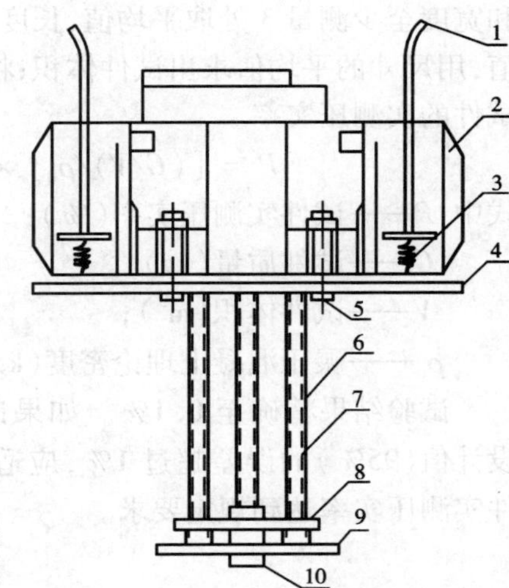

图 T 0552-1 改制平板振动器的结构示意图

1-扶手;2-振捣器;3-弹簧;4-底板;5-螺栓;6-套管;7-螺杆;8-弹簧成型板;9-成型压板;10-压板连接螺栓

2.1 改制平板振动器如图T 0552-1所示。频率50Hz±3Hz,振幅1 mm,功率1.1kW,质量约25kg。平板振动器下的压板应具有一定的刚度,其边长比试模尺寸小约5mm。

2.2 试模:内壁尺寸100mm×100mm×400mm或150mm×150mm×550mm或150mm×150mm×600mm,铸铁制成;内表面磨光,拆装方便,内部尺寸允许偏差为:棱边长度不超过1mm,直角不超过0.5°。模板应有足够的刚度,在加压振动作用下,不易变形。

2.3 套模:铸铁或钢制成,内轮廓尺寸与试模相同,高度约100mm,不易变形并能固定于试模上。

2.4 压板:如图T 0552-2。板的长度与宽度分别比试模内壁尺寸小约5mm,厚度不小于15mm,上部焊有限位杆(可用钢筋或角钢)。

3 试件的制作

3.1 试验准备

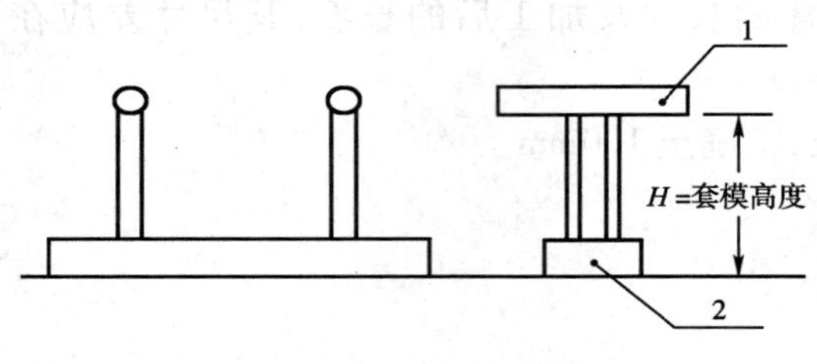

图 T 0552-2 压板结构示意图

1-限位杆;2-压头

3.1.1 检查改进平板振动器等试验器具,确认具有良好的工作状态。

3.1.2 检查试模外形,应采用外形整齐并能拼装紧固的试模;将试模和套模擦净,内壁涂一薄层矿物油,并将套模紧固在试模上。

3.1.3 将试模编号,测定、记录试模内腔(长、宽、深)尺寸,应以 3 个不同部位(中间和两端)的平均值为结果,测量精确至 0.1mm。

3.1.4 根据碾压混凝土的理论密度及试模内腔容积,按 95% 的压实率计算成型一个试件所需的试样质量。

3.2 试件成型

3.2.1 按所需试样用量称取有代表性的碾压混凝土试样,将试样分两层装入试模。装模时,应注意不使试样产生离析。每次试样入模后,先用镘刀沿试模内壁上下插捣一周,再用捣棒插捣。100mm × 100mm ×400mm 的试件,每层插捣 50 下;150mm × 150mm × 550mm 或 150mm × 150mm × 600mm 的试件,每层插捣 100 下。插捣按螺旋方向从边缘到中间均匀地进行。插捣下层时应插捣至模底,插捣上层时应插入下层 2cm 左右。插捣时应用力均匀,不得冲击。

3.2.2 将压板置于试样表面,把改制平板振动器放在压板上,打开振动器开关,振至试样与试模口齐平为止,图 T 0552-3。

3.2.3 去掉压板和套模,用镘刀将试样表面抹光。

3.3 确认试件压实率

进行试件强度试验前,用游标卡尺测定其尺寸,高度和宽度至少测量 3 处取平均值,长度至少测量两处取平均值,用尺寸的平均值求出试件体积;将试件称重,最后求出试件的实测压实率。

$$P = [(G/V)/\rho_0] \times 100 \qquad (T\ 0552\text{-}1)$$

式中:P——试件实测压实率(%);

G——试件质量(kg);

V——试件体积(m^3);

ρ_0——碾压混凝土理论密度(kg/m^3)。

试验结果精确至 0.1%。如果试件的实测压实率与设计值(95%)的误差超过 1%,应适当调整试样,以使试件实测压实率达到规定要求。

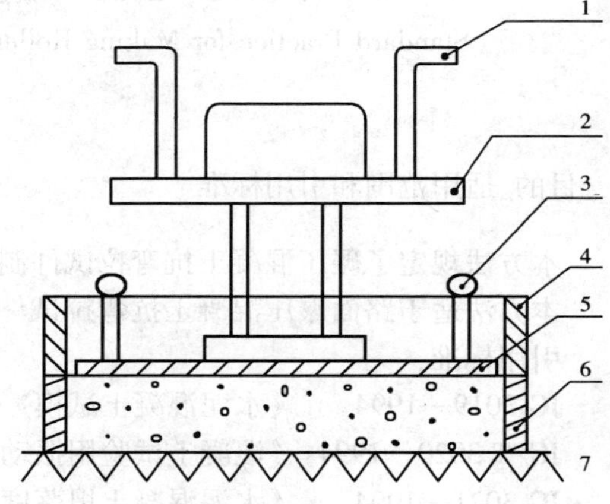

图 T 0552-3 试件成型示意图

1-把手;2-平板振捣器;3-限位杆;4-套模;5-压板;6-试模;7-地面

条文说明

本方法参照国家八五攻关项目《高等级公路碾压混凝土路面成套技术》等成果制定。由于碾压混凝土抗弯拉试件的制作方法有所不同,特别强调在一定压实率下的试件成型,所以单独列为一个方法。对于其他成型方法可参照 ASTM C 1176—1992 Standard Practice for Making Roller-Compacted Concrete in Cylinder Molds Using a Vibrating Table(使用振动台在筒模中制作碾压混凝土) 和 C 1170—91 Standard Test Methods for Determining Consistency and Density of Roller-Compacted Concrete Using a Vibrating Table(使用振动台测定碾压混凝土的稠度和密度的试验方法)。

T 0553—2005　水泥混凝土立方体抗压强度试验方法

(Standard Test Method for Compressive Strength of Cubic Concrete Specimens)

1　目的、适用范围和引用标准

本方法规定了测定水泥混凝土抗压极限强度的方法和步骤。本方法可用于确定水泥混凝土的强度等级,作为评定水泥混凝土品质的主要指标。

本方法适于各类水泥混凝土立方体试件的极限抗压强度试验。

引用标准:

GB/T 2611—1992　《试验机通用技术要求》

GB/T 3722—1992　《液压式压力试验机》

T 0551—2005　水泥混凝土试件制作与硬化水泥混凝土现场取样方法

2　仪器设备

(1)压力机或万能试验机:应符合 T 0551 中 2.3 的规定。

(2)球座:应符合 T 0551 的 2.4 规定。

(3)混凝土强度等级大于或等于 C60 时,试验机上、下压板之间应各垫一钢垫板,平面尺寸应不小于试件的承压面,其厚度至少为 25mm。钢垫板应机械加工,其平面度允许偏差 ±0.04mm;表面硬度大于或等于 55HRC;硬化层厚度约 5mm。试件周围应设置防崩裂网罩。

3　试件制备和养护

3.1　试件制备和养护应符合 T 0551 中相关规定。

3.2　混凝土抗压强度试件尺寸符合 T 0551 中表 T 0551-1 规定。

3.3　集料公称最大粒径符合 T 0551 中表 T 0551-1 规定。

3.4　混凝土抗压强度试件应同龄期者为一组,每组为 3 个同条件制作和养护的混凝土试块。

4　试验步骤

4.1　至试验龄期时,自养护室取出试件,应尽快试验,避免其湿度变化。

4.2　取出试件,检查其尺寸及形状,相对两面应平行。量出棱边长度,精确至 1mm。试件受力截面积按其与压力机上下接触面的平均值计算。在破型前,保持试件原有湿度,在试验时擦干试件。

4.3　以成型时侧面为上下受压面,试件中心应与压力机几何对中。

4.4　强度等级小于 C30 的混凝土取 0.3 ~0.5MPa/s 的加荷速度;强度等级大于 C30 小于 C60 时,则取 0.5 ~0.8MPa/s 的加荷速度;强度等级大于 C60 的混凝土取 0.8 ~1.0MPa/s 的加荷速度。当试件接近破坏而开始迅速变形时,应停止调整试验机油门,直至试件破坏,记下破坏极限荷载 F(N)。

5　试验结果

5.1　混凝土立方体试件抗压强度按下式计算:

$$f_{cu} = \frac{F}{A} \qquad (T\ 0553\text{-}1)$$

式中:f_{cu}——混凝土立方体抗压强度(MPa);

F——极限荷载(N);

A——受压面积(mm^2)。

5.2　以 3 个试件测值的算术平均值为测定值,计算精确至 0.1MPa。三个测值中的最大值或最小值中如有一个与中间值之差超过中间值的 15%，则取中间值为测定值；如最大值和最小值与中间值之差均超过中间值的 15%，则该组试验结果无效。

5.3 混凝土强度等级小于 C60 时，非标准试件的抗压强度应乘以尺寸换算系数（见表 T 0553-1），并应在报告中注明。当混凝土强度等级大于等于 C60 时，宜用标准试件，使用非标准试件时，换算系数由试验确定。

表 T 0553-1 立方体抗压强度尺寸换算系数

试件尺寸（mm）	尺寸换算系数	试件尺寸（mm）	尺寸换算系数
100×100×100	0.95	200×200×200	1.05

6 试验报告

试验报告应包括以下内容：

（1）要求检测的项目名称和执行标准；

（2）原材料的品种、规格和产地；

（3）仪器设备的名称、型号及编号；

（4）环境温度和湿度；

（5）水泥混凝土立方体抗压强度值；

（6）要说明的其他内容。

条文说明

本方法参照 ISO 4012—1978 修改。我国抗压强度方法基本上沿用 ISO 4012—1978 和 ISO 3893—1977 的方法。对于抗压试件的形状，ASTM C 39—96 中采用圆柱试件，ISO 4012—1978 中圆柱试件和立方体试件并用。我国和英国等欧洲国家采用立方体。

GBJ 107—87 将普通水泥混凝土按立方体抗压标准值分为 C7.5、C10、C15、C20、C25、C30、C35、C40、C45、C50、C55、C60 共 12 个等级。

T 0554—2005 水泥混凝土圆柱体轴心抗压强度试验方法

（Standard Test Method for Compressive Strength of Cylindrical Concrete Specimens）

1 目的、适用范围和引用标准

本方法规定了测定圆柱体水泥混凝土极限抗压强度的方法。

本方法适用于各类水泥混凝土的圆柱体试件及现场芯样的极限抗压强度试验。

引用标准：

GB/T 2611—1992 《试验机通用技术要求》

GB/T 3722—1992 《液压式压力试验机》

T 0551—2005 水泥混凝土试件制作与硬化水泥混凝土现场取样方法

2 仪器设备

（1）压力机或万能试验机：应符合 T 0551 中 2.3 的规定。

（2）球座：应符合 T 0551 的 2.4 规定。

（3）混凝土强度等级大于或等于 C60 时，试验机上、下压板之间应各垫一钢垫板，平面尺寸应不小于试件的承压面，其厚度至少为 25mm。钢垫板应机械加工，其平面度允许偏差 ±0.04mm；表面硬度大于或等于 55HRC；硬化层厚度约 5mm。试件周围应设置防崩裂网罩。

(4)游标卡尺:量程300mm,分度值0.02mm。

3 试件制备和养护

3.1 试件制备和养护应符合T 0551中相关规定。

3.2 混凝土抗压强度试件尺寸符合T 0551中表T 0551-1规定。

3.3 集料公称最大粒径也应符合T 0551中表T 0551-1规定。

3.4 对于现场芯样,长径比大于等于1。适宜的长径比为1.9~2.1,最大长径比不能超过2.1。芯样最小直径为100mm,直径至少是公称最大粒径的2倍。

3.5 混凝土抗压强度试件要求同龄期者为一组,每组为三个同条件制作和养护的混凝土试块。

4 试验步骤

4.1 圆柱试件在试验前,务必进行端面整平。

4.2 在破型前,保持试件原有湿度,在试验时擦干试件。测量其尺寸及外观。首先测量沿试件高度中央部位相互垂直的两个方向的直径,分别记为d_1,d_2。再分别测量相互垂直两个方向直径端点的四个高度。

4.3 将试件置于上下压板之间,试件轴中心应与压力机几何对中。

4.4 强度等级小于C30的混凝土取0.3~0.5MPa/s的加荷速度;强度等级大于C30小于C60时,则取0.5~0.8MPa/s的加荷速度;强度等级大于C60的混凝土取0.8~1.0MPa/s的加荷速度。当试件接近破坏而开始迅速变形时,应停止调整试验机油门,直至试件破坏,记下破坏极限荷载F(N)。

5 试验结果

5.1 圆柱体试件抗压强度按下式计算:

$$f_{cc} = \frac{4F}{\pi d^2} \qquad (T\ 0554\text{-}1)$$

式中:f_{cc}——混凝土圆柱体抗压强度(MPa);

F——极限荷载(N);

d——试件计算直径(mm)。

其中d按下式计算:

$$d = \frac{d_1 + d_2}{2}$$

式中:d_1、d_2——为两个垂直方向的直径(mm),精确至0.1mm。

5.2 以3个试件测值的算术平均值为测定值。三个测值中的最大值或最小值中有一个与中间值之差超过中间值的15%,则取中间值为测定值;如最大值和最小值与中间值之差均超过中间值的15%,则该组试验结果无效。结果计算精确至0.1MPa。

5.3 混凝土强度等级小于C60时,非标准试件的抗压强度应乘以尺寸换算系数(见表T 0554-1),并应在报告中注明。当混凝土强度等级大于或等于C60时,宜用标准试件,使用非标准试件时,换算系数由试验确定。

表T 0554-1 圆柱体抗压强度尺寸换算系数

试件尺寸(mm)	尺寸换算系数	试件尺寸(mm)	尺寸换算系数
ϕ100×200	0.95	ϕ200×400	1.05

5.4 对于现场采取的非标准芯样,有如下修正:

对于长径比不为2的试件,按表T 0554-2修正。

表 T 0554-2　抗压强度尺寸修正系数

长度与直径比,L/d	修正系数	说明
2.00	1.00	当 L/d 为表列中间值时,修正系数可用插入法求得
1.75	0.98	
1.50	0.96	
1.25	0.93	
1.00	0.87	

注:本修正系数适用于强度介于 14 ~ 40MPa 之间的混凝土。

6　试验报告

试验报告应包括以下内容:

(1)要求检测的项目名称、执行标准;

(2)原材料的品种、规格和产地;

(3)仪器设备的名称、型号及编号;

(4)环境温度和湿度;

(5)混凝土圆柱体抗压强度;

(6)要说明的其他内容。

条文说明

本方法参照 ISO 4012—1978、ASTM C 39—96 和 ASTM C 42/C 42M—99 修改。对于圆柱试件目前有 ASTM C 39 和 ISO 4012—1978 两种方法。为了和立方体抗压试件的试验方法一致,本方法采用 ISO 4012—1978 中的加载速率,而 ASTM C 39—96 加载速率较慢为 0.14 ~ 0.34 MPa/s,但基本上 ISO 4012—1978 的速率包括了 ASTM C 39—96 的速率。

由于在公路工程中,混凝土芯样常为圆柱体,所以本方法中补充了圆柱芯样的抗压强度。

ISO 4012—1978 的圆柱体和立方体试件抗压强度等级参照表 T 0554-3。

标准立方体试件 150mm × 150mm × 150mm 的抗压强度一般比标准圆柱体试件 ϕ150mm × 300mm 的抗压强度要高,约为 1.25 倍,通过上表可以近似得到标准立方体试件和标准圆柱体试件强度之间的换算关系,这个换算关系不能用于水泥混凝土强度等级评定时的转换依据。

对于现场的非标准芯样的修正采用 ASTM C 42/C 42M—1999 相应规定。

表 T 0554-3　圆柱体和立方体试件强度等级

28d 抗压强度(MPa)		
混凝土强度等级	圆柱体 ϕ150mm × 300mm	立方体 150mm × 150mm × 150mm
C2/2.5	2.0	2.5
C4/5	4.0	5.0
C6/7.5	6.0	7.5
C8/10	8.0	10.0
C10/12.5	10.0	12.5
C12/15	12.0	15.0
C16/20	16.0	20.0
C20/25	20.0	25.0
C25/30	25.0	30.0

28d 抗压强度(MPa)		
混凝土强度等级	圆柱体 ϕ150mm×300mm	立方体 150mm×150mm×150mm
C30/35	30.0	35.0
C35/40	35.0	40.0
C40/45	40.0	45.0
C45/50	45.0	50.0
C50/55	50.0	55.0

T 0555—2005 水泥混凝土棱柱体轴心抗压强度试验方法

(Standard Test Method for Static Strength of Concrete in Compression of Prism Concrete Specimens)

1 目的、适用范围和引用标准

本方法规定了测定棱柱体水泥混凝土轴心抗压强度的方法。

本方法适用于各类水泥混凝土的棱柱体试件。

引用标准:

GB/T 2611—1992 《试验机通用技术要求》

GB/T 3722—1992 《液压式压力试验机》

T 0551—2005 水泥混凝土试件制作与硬化水泥混凝土现场取样方法

2 仪器设备

(1)压力机或万能试验机:应符合 T 0551 中 2.3 的规定。

(2)球座:应符合 T 0551 的 2.4 规定。

(3)混凝土强度等级大于或等于 C60 时,试验机上、下压板之间应各垫一钢垫板,平面尺寸应不小于试件的承压面,其厚度至少为 25mm。钢垫板应机械加工,其平面度允许偏差 ±0.04mm;表面硬度大于或等于 55HRC;硬化层厚度约 5mm。试件周围应设置防崩裂网罩。

(4)钢尺:分度值为 1mm。

3 试件制备和养护

3.1 试件制备和养护应符合 T 0551 中相关规定。

3.2 混凝土轴心抗压强度试件尺寸符合 T 0551 中表 T 0551-1 规定。

3.3 集料公称最大粒径符合 T 0551 中表 T 0551-1 规定。

3.4 混凝土轴心抗压强度试件以同龄期者为一组,每组为 3 根同条件制作和养护的混凝土试件。

4 试验步骤

4.1 至试验龄期时,自养护室取出试件,用湿布覆盖,避免其湿度变化。在试验时擦干试件,测量其高度和宽度,精确至 1mm。

4.2 在压力机下压板上放好试件,几何对中。

4.3 强度等级小于 C30 的混凝土取 0.3~0.5MPa/s 的加荷速度;强度等级大于 C30 小于 C60 时,则取 0.5~0.8MPa/s 的加荷速度;强度等级大于 C60 的混凝土取 0.8~1.0MPa/s 的加荷速度。当试件接近破坏而开始迅速变形时,应停止调整试验机油门,直至试件破坏,记下破坏极限荷载 F(N)。

5 试验结果

5.1 混凝土棱柱体轴心抗压强度 f_{cp} 按下式计算:

$$f_{cp} = \frac{F}{A} \qquad (T\ 0555\text{-}1)$$

式中：f_{cp}——混凝土棱柱体轴心抗压强度（MPa）；

F——极限荷载（N）；

A——受压面积（mm^2）。

结果计算精确至0.1MPa。

5.2 以3个试件测值的算术平均值为测定值。3个试件中最大值或最小值中如有一个与中间值之差超过中间值的15%，则取中间值为测定值；如最大值和最小值与中间值之差均超过中间值的15%，则该组试验结果无效。

5.3 采用非标准尺寸试件测得的轴心抗压强度，应乘以尺寸换算系数，对200mm×200mm截面试件为1.05；对100mm×100mm截面试件为0.95。当混凝土强度等级大于或等于C60时，宜用标准试件。

6 试验报告

试验报告应包括以下内容：

（1）要求检测的项目名称、执行标准；

（2）原材料的品种、规格和产地；

（3）仪器设备的名称、型号及编号；

（4）环境温度和湿度；

（5）混凝土轴心抗压强度值；

（6）要说明的其他内容。

条文说明

水泥混凝土棱柱体轴心抗压强度值用于抗压弹性模量试验，不能用于混凝土强度等级评定。一般轴心抗压强度值小于立方体抗压强度值。

T 0556—2005 水泥混凝土棱柱体抗压弹性模量试验方法

（Standard Test Method for Static Modulus of
Elasticity of Concrete in Compression of Prism Concrete Specimens）

1 目的、适用范围和引用标准

本方法规定了测定水泥混凝土在静力作用下的受压弹性模量方法，水泥混凝土的受压弹性模量取轴心抗压强度1/3时对应的弹性模量。

本方法适用于各类水泥混凝土的直角棱柱体试件。

引用标准：

GB/T 2611—1992《试验机通用技术要求》

GB/T 3722—1992《液压式压力试验机》

JB/T 54251—1994《杠杆千分表产品质量分等》

T 0551—2005 水泥混凝土试件制作与硬化水泥混凝土现场取样方法

T 0555—2005 水泥混凝土棱柱体轴心抗压强度试验方法

2 仪器设备

（1）压力机或万能试验机：应符合T 0551中2.3的规定。

（2）球座：应符合T 0551的2.4规定。

(3)微变形测量仪:符合《杠杆千分表产品质量分等》中技术要求,千分表 2 个(0 级或 1 级);或精度不低于 0.001mm 的其他仪表,如引伸仪。

(4)微变形测量仪固定架两对,标距为 150mm,如图 T 0556-1 和图 T 0556-2。

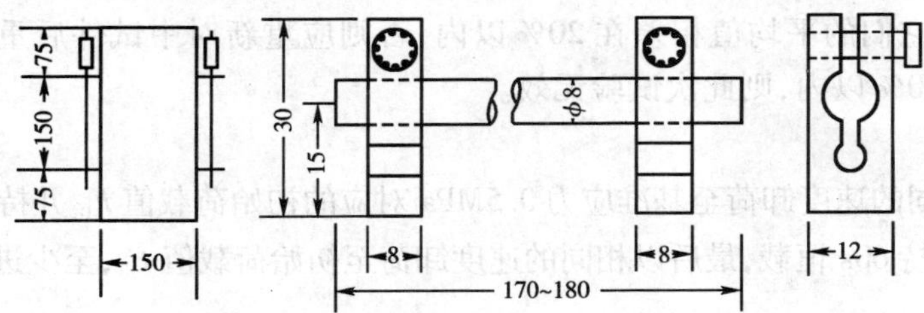

图 T 0556-1　千分表座示意图(一对)(尺寸单位:mm)

(5)钢尺(量程 600mm,分度值为 1mm)、502 胶水、铅笔和秒表等。

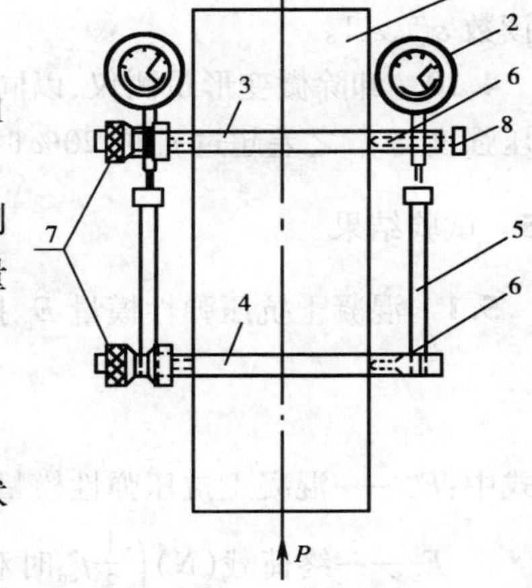

图 T 0556-2　框式千分表座示意图(一对)

1-试件;2-量表;3-上金属环;4-下金属环;5-接触杆;6-刀口;7-金属环固定螺丝;8-千分表固定螺丝

3　试件制备

3.1　试件尺寸与棱柱体轴心抗压强度试件尺寸相同,符合 T 0551 中表 T 0551-1 规定。

3.2　每组为同龄期同条件制作和养护的试件 6 根,其中 3 根用于测定轴心抗压强度,提出弹性模量试验的加荷标准,另 3 根则做弹性模量试验。

4　试验步骤

4.1　试件取出后,用湿毛巾覆盖并及时进行试验,保持试件干湿状态不变。

4.2　擦净试件,量出尺寸并检查外形,尺寸量测精确至 1mm,试件不得有明显缺损,端面不平时须预先抹平。

4.3　取 3 根试件按 T 0554 规定进行轴心抗压强度试验,计算棱柱体轴心抗压强度值 f_{cp}。

4.4　取另 3 根试件做抗压弹性模量试验,微变形量测仪应安装在试件两侧的中线上并对称于试件两侧。

4.5　将试件移于压力机球座上,几何对中。加荷方法见图 T 0556-3。

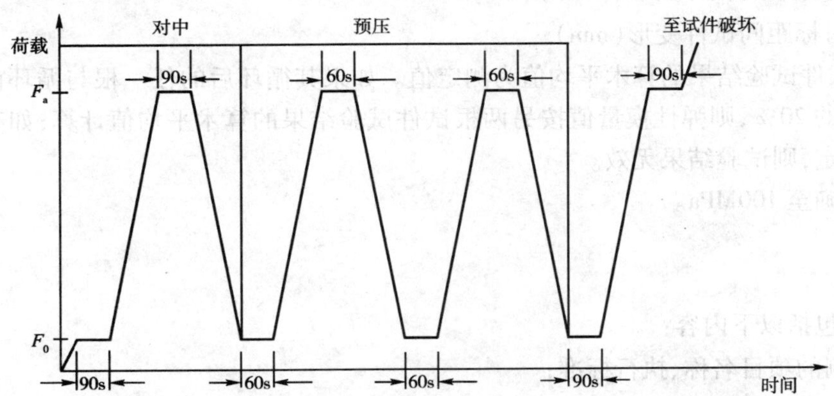

图 T 0556-3　弹性模量加荷方法示意图

注:1. 90s 包括 60s 持荷时间,30s 读数时间。

2. 60s 为持荷时间。

4.6　调整试件位置

开动压力机,当上压板与试件接近时,调整球座,使接触均衡。加荷至基准应力为0.5MPa对应的初

始荷载值 F_0，保持恒载60s并在以后的30s内记录两侧变形量测仪的读数 $\varepsilon_0^{左}$、$\varepsilon_0^{右}$。应立即以0.6MPa/s±0.4MPa/s的加荷速率连续均匀加荷至1/3轴心抗压强度 f_{cp} 对应的荷载值 F_a，保持恒载60s并在以后的30s内记录两侧变形量测仪的读数 $\varepsilon_a^{左}$、$\varepsilon_a^{右}$。

4.7 以上读数应和它们的平均值相差在20%以内，否则应重新对中试件后重复4.6中的步骤。如果无法使差值降低到20%以内，则此次试验无效。

4.8 预压

确认4.7后，以相同的速度卸荷至基准应力0.5MPa对应的初始荷载值 F_0 并持荷60s。以相同的速度加荷至荷载值 F_a，再保持60s恒载，最后以相同的速度卸荷至初始荷载值 F_0，至少进行两次预压循环。

4.9 测试

在完成最后一次预压后，保持60s初始荷载值 F_0，在后续的30s内记录两侧变形量测仪的读数 $\varepsilon_0^{左}$、$\varepsilon_0^{右}$，再用同样的加荷速度加荷至荷载值 F_a，再保持60s恒载，并在后续的30s内记录两侧变形量测仪的读数 $\varepsilon_a^{左}$、$\varepsilon_a^{右}$。

4.10 卸除微变形量测仪，以同样的速度加荷至破坏，记下破坏极限荷载 F(N)。如果试件的轴心抗压强度与 f_{cp} 之差超过 f_{cp} 的20%时，应在报告中注明。

5 试验结果

5.1 混凝土抗压弹性模量 E_c 按下式计算：

$$E_c = \frac{F_a - F_0}{A} \times \frac{L}{\Delta n} \tag{T 0556-1}$$

式中：E_c——混凝土抗压弹性模量(MPa)；

F_a——终荷载(N)$\left(\frac{1}{3}f_{cp}\text{时对应的荷载值}\right)$；

F_0——初荷载(N)(0.5MPa时对应的荷载值)；

L——测量标距(mm)；

A——试件承压面积(mm^2)；

Δn——最后一次加荷时，试件两侧在 F_a 及 F_0 作用下变形差平均值(mm)；

$$\Delta n = (\varepsilon_a^{左} + \varepsilon_a^{右})/2 - (\varepsilon_0^{左} + \varepsilon_0^{右})/2$$

ε_a——F_a 时标距间试件变形(mm)；

ε_0——F_0 时标距间试件变形(mm)。

5.2 以3根试件试验结果的算术平均值为测定值。如果其循环后的任一根与循环前轴心抗压强度与之差超过后者的20%，则弹性模量值按另两根试件试验结果的算术平均值计算；如有两根试件试验结果超出上述规定，则试验结果无效。

结果计算精确至100MPa。

6 试验报告

试验报告应包括以下内容：

(1)要求检测的项目名称、执行标准；

(2)原材料的品种、规格和产地；

(3)试验日期及时间；

(4)仪器设备的名称、型号及编号；

(5)环境温度和湿度；

(6)抗压弹性模量值；

(7)要说明的其他内容。

条文说明

对于抗压试验中假定试件处于纯单向受压状态,但实际上由于试件端部与支撑板的摩擦作用,在试件顶端产生"禁锢"作用,即顶端处于三轴应力状态下,而试件仅在中间一小段真正处于单向受压状态。为减少顶端产生"禁锢"作用,可适当增加试件高度,也就是加长了单向受压区间,那么在此段量测应力、应变之间的关系也就变简单了。在粗略估计材料模量时,可采用顶面法,即认为整个试件处于纯单向受压状态,而忽略"禁锢"作用。

T 0557—2005 水泥混凝土圆柱体抗压弹性模量试验方法

(Standard Test Method for Static Modulus of Elasticity of Concrete in Compression of Cylindrical Concrete Specimens)

1 目的、适用范围和引用标准

本方法规定了在静力作用下测定水泥混凝土圆柱体抗压弹性模量的方法,水泥混凝土的抗压弹性模量取轴心抗压强度 1/3 时对应的弹性模量。

本方法适用于各类水泥混凝土的圆柱体试件。

引用标准:

GB/T 2611—1992 《试验机通用技术要求》

GB/T 3722—1992 《液压式压力试验机》

JB/T 54251—1994 《杠杆千分表产品质量分等》

T 0551—2005 水泥混凝土试件制作与硬化水泥混凝土现场取样方法

T 0553—2005 水泥混凝土圆柱体轴心抗压强度试验方法

2 仪器设备

(1)压力机或万能试验机:应符合 T 0551 中 2.3 的规定。

(2)球座:应符合 T 0551 的 2.4 规定。

(3)微变形测量仪:符合《杠杆千分表产品质量分等》中技术要求,千分表 2 个(0 级或 1 级);或分度值不大于 0.001mm 的其他仪表,如引伸仪。

(4)微变形测量仪固定架两对,标距为 150mm。

(5)钢尺(量程 600mm,分度值为 1mm)、502 胶水、铅笔和秒表等。

3 试件制备

3.1 试件尺寸与圆柱体抗压强度试件相同,尺寸符合 T 0551 中表 T 0551-1。

3.2 每组为 6 根同龄期同条件制作和养护的试件,其中 3 根用于测定圆柱体抗压强度,提出弹性模量试验的加荷标准,另 3 根用于弹性模量试验。

4 试验步骤

4.1 试件取出后,用湿毛巾覆盖并及时进行试验,保持试件干湿状态不变。

4.2 擦净试件,测量其尺寸及外观。首先测量沿试件高度中央部位相互垂直的两个方向的直径,分别记为 d_1、d_2。再分别测量相互垂直两个方向直径端点的四个高度。试件不得有明显缺损,端面须预先进行端部处理。

4.3 取 3 根试件按 T 0554 进行圆柱体抗压强度试验,计算圆柱体抗压强度 f_{cc}。

4.4 取另 3 根作为抗压弹性模量试件,变形量测仪应安装在试件两侧的母线上。

4.5 将试件移于压力机球座上。

4.6 对中

开动压力机，当上压板与试件接近时，调整球座，使接触均衡。加荷至基准应力为0.5MPa对应的初始荷载值 F_0，保持恒载60s并在以后的30s内记录两侧变形量测仪的读数 $\varepsilon_0^{左}$、$\varepsilon_0^{右}$。应立即以0.6 MPa/s ±0.4 MPa/s的加荷速率连续均匀加荷至1/3圆柱体抗压强度 f_{cc} 对应的荷载值 F_a，保持恒载60s并在以后的30s内记录两侧变形量测仪的读数 $\varepsilon_a^{左}$、$\varepsilon_a^{右}$。

4.7 以上读数应和它们的平均值相差在20%以内，否则应重新对中试件后重复4.6中的步骤。如果无法使差值降低到20%以内，则此次试验无效。

4.8 预压

确认4.7后，以0.6MPa/s ±0.4MPa/s的速度卸荷至基准应力0.5MPa对应的初始荷载值 F_0，并持荷60s。以相同的速度加荷至荷载值 F_a，再保持60s恒载，最后以相同的速度卸荷至初始荷载值 F_0，至少进行两次预压循环。

4.9 测试

在完成最后一次预压后，保持60s初始荷载值 F_0，在后续的30s内记录两侧变形量测仪的读数 $\varepsilon_0^{左}$、$\varepsilon_0^{右}$，再用0.6 MPa/s ±0.4 MPa/s的加荷速度加荷至荷载值 F_a，再保持60s恒载，并在后续的30s内记录两侧变形量测仪的读数 $\varepsilon_a^{左}$、$\varepsilon_a^{右}$。

4.10 卸除变形量测仪，以0.6MPa/s ±0.4MPa/s速度加荷至破坏，记下破坏极限荷载 F(N)。如果试件的圆柱体抗压强度与 f_{cc} 之差超过 f_{cc} 的20%时，应在报告中注明。

5 试验结果计算

5.1 试件直径计算：

$$d = \frac{d_1 + d_2}{2}$$

式中：d——试件计算直径(mm)，精确至0.1mm；

d_1,d_2——两个垂直方向的直径(mm)。

5.2 混凝土抗压弹性模量 E_c 按下式计算：

$$E_c = \frac{4(F_a - F_0)}{\pi d^2} \times \frac{L}{\Delta n} \quad \text{(T 0557-1)}$$

式中：E_c——混凝土抗压弹性模量(MPa)；

F_a——终荷载(N)$\left(\frac{1}{3}f_{cc}\text{时对应的荷载值}\right)$；

F_0——初荷载(N)(0.5MPa时对应的荷载值)；

L——测量标距(mm)；

d——试件的计算直径(mm)；

Δn——最后一次加荷时，试件两侧在 F_a 及 F_0 作用下变形差平均值(mm)；

$$\Delta n = (\varepsilon_a^{左} + \varepsilon_a^{右})/2 - (\varepsilon_0^{左} + \varepsilon_0^{右})/2$$

ε_a——F_a 时标距间试件变形(mm)；

ε_0——F_0 时标距间试件变形(mm)。

5.3 以3根试件试验结果的算术平均值为测定值。如果其中有一根试件的轴心抗压强度值与用以确定检验控制荷载的轴心抗压强度值之差超过后者的20%时，则弹性模量值按另两根试件试验结果的算术平均值计算；如有两根试件超出上述规定，则试验结果无效。

结果计算精确至100MPa。

6 试验报告

试验报告应包括以下内容：

(1)要求检测的项目名称、执行标准;
(2)原材料的品种、规格和产地;
(3)试验日期及时间;
(4)仪器设备的名称、型号及编号;
(5)环境温度和湿度;
(6)抗压弹性模量值;
(7)要说明的其他内容。

条文说明

本试验参照 ISO 6784—1982 修改。ASTM C 496 中也有圆柱体抗压模量测试方法,为比较 ISO 和 ASTM 的差异,特列出表 T 0557-1 如下。

表 T 0557-1 ISO 和 ASTM 的差异

项　目	ASTM	ISO
加载程序	以 0.24MPa/s 的速率加载,需加载两次,第一次预加载,不记录,而第二次以 241kPa/s ± 34kPa/s 一直加载;分别记录下纵向变形为 50 个微应变时的荷载以及 40% 极限荷载时的应变	0.6MPa/s ± 0.4MPa/s 加载到破坏荷载的 1/3,保持 60s,记录后续 30s 的应变,再卸载,至少循环 2 次,如果偏差大于 20%,应作废
模量	极限强度的 40% 和 50 个微应变之间的割线模量	预压(0.5MPa),以 1/3 极限强度对应的割线模量为所求模量

T 0558—2005　水泥混凝土抗弯拉强度试验方法

(Standard Test Method for Determination of Flexural Strength of Concrete Specimens—Using Simple Beam with Third-Point Loading)

1　目的、适用范围和引用标准

本方法规定了测定水泥混凝土抗弯拉极限强度的方法,以提供设计参数,检查水泥混凝土施工品质和确定抗弯拉弹性模量试验加荷标准。

本方法适用于各类水泥混凝土棱柱体试件。

引用标准:

GB/T 2611—1992　《试验机通用技术要求》
GB/T 3722—1992　《液压式压力试验机》
T 0551—2005　水泥混凝土试件制作与硬化水泥混凝土现场取样方法

2　仪器设备

(1)压力机或万能试验机:应符合 T 0551 中 2.3 的规定。

(2)抗弯拉试验装置(即三分点处双点加荷和三点自由支承式混凝土抗弯拉强度与抗弯拉弹性模量试验装置):如图 T 0558-1 所示。

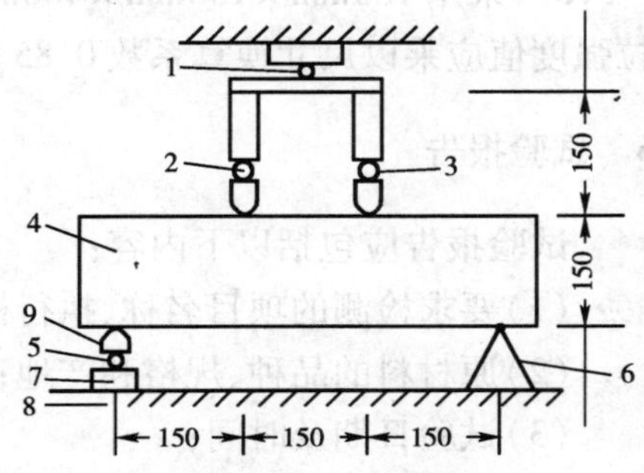

图 T 0558-1　抗弯拉试验装置
(尺寸单位:mm)
1、2-一个钢球;3、5-两个钢球;4-试件;6-固定支座;7-活动支座;8-机台;9-活动船形垫块

3　试件制备和养护

3.1　试件尺寸应符合 T 0551 中表 T 0551-1 的规定,同时在试件

长向中部 1/3 区段内表面不得有直径超过 5mm、深度超过 2mm 的孔洞。

3.2 混凝土抗弯拉强度试件应取同龄期者为一组，每组 3 根同条件制作和养护的试件。

4 试验步骤

4.1 试件取出后，用湿毛巾覆盖并及时进行试验，保持试件干湿状态不变。在试件中部量出其宽度和高度，精确至 1mm。

4.2 调整两个可移动支座，将试件安放在支座上，试件成型时的侧面朝上，几何对中后，务必使支座及承压面与活动船形垫块的接触面平稳、均匀，否则应垫平。

4.3 加荷时，应保持均匀、连续。当混凝土的强度等级小于 C30 时，加荷速度为0.02 ~ 0.05MPa/s；当混凝土的强度等级大于等于 C30 且小于 C60 时，加荷速度为0.05 ~ 0.08MPa/s；当混凝土的强度等级大于等于 C60 时，加荷速度为 0.08 ~ 0.10MPa/s。当试件接近破坏而开始迅速变形时，不得调整试验机油门，直至试件破坏，记下破坏极限荷载 F(N)。

4.4 记录下最大荷载和试件下边缘断裂的位置。

5 试验结果

5.1 当断面发生在两个加荷点之间时，抗弯拉强度 f_f 按下式计算：

$$f_f = \frac{FL}{bh^2} \tag{T 0558-1}$$

式中：f_f——抗弯拉强度(MPa)；

F——极限荷载(N)；

L——支座间距离(mm)；

b——试件宽度(mm)；

h——试件高度(mm)。

5.2 以 3 个试件测值的算术平均值为测定值。3 个试件中最大值或最小值中如有一个与中间值之差超过中间值的 15%，则把最大值和最小值舍去，以中间值作为试件的抗弯拉强度；如最大值和最小值与中间值之差值均超过中间值 15%，则该组试验结果无效。

3 个试件中如有一个断裂面位于加荷点外侧，则混凝土抗弯拉强度按另外两个试件的试验结果计算。如果这两个测值的差值不大于这两个测值中较小值的 15%，则以两个测值的平均值为测试结果，否则结果无效。

如果有两根试件均出现断裂面位于加荷点外侧，则该组结果无效。

注：断面位置在试件断块短边一侧的底面中轴线上量得。

抗弯拉强度计算精确到 0.01MPa。

5.3 采用 100mm × 100mm × 400mm 非标准试件时，在三分点加荷的试验方法同前，但所取得的抗弯拉强度值应乘以尺寸换算系数 0.85。当混凝土强度等级大于或等于 C60 时，应采用标准试件。

6 试验报告

试验报告应包括以下内容：

(1)要求检测的项目名称、执行标准；

(2)原材料的品种、规格和产地；

(3)试验日期及时间；

(4)仪器设备的名称、型号及编号；

(5)环境温度和湿度；

(6)水泥混凝土抗弯拉强度值；

(7)要说明的其他内容。

条文说明

本方法参照 ISO 4013—1978 修改制定。在路面结构设计中，常用到抗弯拉强度指标。在本方法中，仅采用 ISO 4013—1978 中的加荷点为两个的加载法，将梁一分为三；同时 ISO 4013—1978 中还有一个在梁顶面单点加载的方法，将梁一分为二。ASTM C 78 也采用了加荷点为两个的加载法，将梁一分为三。

抗弯拉试验装置对于抗弯拉试验结果有着显著影响，所以在试验过程中必须使用符合规定的装置，使所有加荷头与试件均匀接触，并避免产生转矩，使得试件不是折坏，而是折、扭复合破坏。

T 0559—2005 水泥混凝土抗弯拉弹性模量试验方法

(Standard Test Method for Determination of Flexural Modulus of Concrete Specimens)

1 目的、适用范围和引用标准

本方法规定了测定水泥混凝土抗弯拉弹性模量的方法和步骤。抗弯拉弹性模量是以 1/2 抗弯拉强度时的加荷模量为准。

本方法适用于各类水泥混凝土棱柱小梁试件。

引用标准：

GB/T 2611—1992 《试验机通用技术要求》

GB/T 3722—1992 《液压式压力试验机》

JB/T 54251—1994 《杠杆千分表产品质量分等》

T 0551—2005 水泥混凝土试件制作与硬化水泥混凝土现场取样方法

T 0558—2005 水泥混凝土抗弯拉强度试验

2 仪器设备

(1)压力机、抗弯拉试验装置：仪器设备应符合 T 0558 的规定。

(2)千分表：一个。分度值为 0.001mm，0 级或 1 级。

(3)千分表架：一个。图 T 0559-1 为金属刚性框架，正中为千分表插座，两端有三个圆头长螺杆，可以调整高度。

(4)毛玻璃片(每片约 1.0cm^2)、502 胶水、平口刮刀、丁字尺、直尺、钢卷尺和铅笔等。

图 T 0559-1 千分表架
(尺寸单位：mm)

3 试件制备

3.1 试件尺寸符合 T 0551 中表 T 0551-1 的规定，同时在试件长向中部 1/3 区段内表面不得有直径超过 5mm、深度超过 2mm 的孔洞。

3.2 每组 6 根同龄期同条件制作的试件，3 根用于测定抗弯拉强度，3 根则用作抗弯拉弹性模量试验。

4 试验步骤

4.1 至试验龄期时，自养护室取出试件，用湿布覆盖，避免其湿度变化。清除试件表面污垢，修平与装置接触的试件部分(对抗弯拉强度试件即可进行试验)。在试件上下面(即成型时两侧面)画出中线和装置位置线，在千分表架共四个脚点处，用干毛巾先擦干水分，再用 502 胶水粘牢小玻璃片，量出试件中部的宽度和高度，精确至 1mm。

4.2 将试件安放在支座上，使成型时的侧面朝上，千分表架放在试件上，压头及支座线垂直于试件中线且无偏心加载情况，而后缓缓加上约1kN压力，停机检查支座等各接缝处有无空隙（必要时需加金属薄垫片），应确保试件不扭动，而后安装千分表，其触点及表架触点稳立在小玻璃片上，如图T 0559-2。

4.3 取抗弯拉极限荷载平均值的1/2为抗弯拉弹性模量试验的荷载标准（即 $F_{0.5}$），进行5次加卸荷载循环，由1kN起，以0.15～0.25kN/s的速度加荷，至3kN刻度处停机（设为 F_0），保持约30s（在此段加荷时间中，千分表指针应能起动，否则应提高 F_0 至4kN等），记下千分表读数 Δ_0，而后继续加至 $F_{0.5}$，保持约30s，记下千分表读数 $\Delta_{0.5}$；再以同样速度卸荷至1kN，保持约30s，为第一次循环，如图T 0559-3。

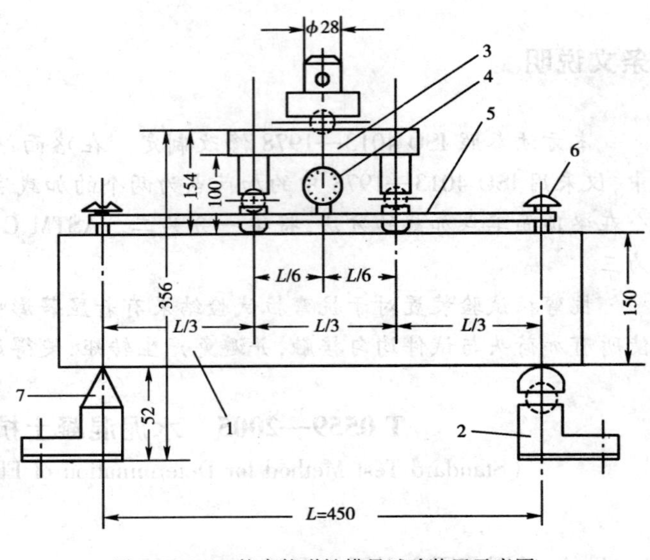

图T 0559-2 抗弯拉弹性模量试验装置示意图
（尺寸单位：mm）

1-试件；2-可移动支座；3-加荷支座；4-千分表；5-千分表架；6-螺杆；7-固定支座

4.4 同第一次循环，共进行五次循环，取第五次循环的挠度值为准。如第五次与第四次循环挠度值相差大于0.5μm时，须进行第六次循环，直到两次相邻循环挠度值之差符合上述要求为止，取最后一次挠度值为准。

4.5 当最后一次循环完毕，检查各读数无误后，立即去掉千分表，继续加荷直至试件折断，记下循环后抗弯拉强度 f'_f，观察断裂面形状和位置。如断面在三分点外侧，则此根试件结果无效；如有两根试件结果无效，则该组试验无效。

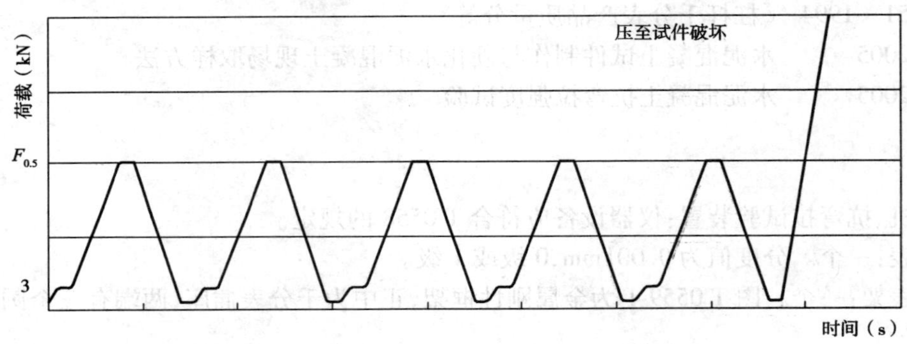

图T 0559-3 抗弯拉弹性模量试验加荷示意图

5 试验结果

5.1 混凝土抗弯拉弹性模量 E_f 按简支梁在三分点各加荷载 $\frac{F_{0.5}}{2}$ 的跨中挠度公式反算求得：

$$E_f = \frac{23L^3(F_{0.5} - F_0)}{1296J|\Delta_{0.5} - \Delta_0|} \tag{T 0559-1}$$

式中：E_f——混凝土抗弯拉弹性模量（MPa）；

$F_{0.5}$、F_0——终荷载及初荷载（N）；

$\Delta_{0.5}$、Δ_0——对应 $F_{0.5}$ 及 F_0 的千分表读数（mm）；

L——试件支座间距离（$L=450$mm）；

J——试件断面转动惯量，$J=\frac{1}{12}bh^3$（mm⁴）。

5.2 以3个试件测值的算术平均值为测定值。3个试件中最大值或最小值中如有一个与中间值之差超过中间值的 15%，则把最大值和最小值舍去，以中间值作为试件的抗弯拉强度。如有两个测值与中间值的差值均超过中间值的 15% 时，则该组试验结果无效。

3 个试件中如有一个断裂面位于加荷点外侧，则混凝土抗弯拉强度按另外两个试件的试验结果计算。如果这两个测值的差值不大于这两个测值中较小值的 15%，则以两个测值的平均值为测试结果，否则结果无效。

如果有两根试件均出现断裂面位于加荷点外侧，则该组结果无效。

注：断面位置在试件断块短边一侧的底面中轴线上量得。

结果计算精确至 100MPa。

6 试验报告

试验报告应包括以下内容：

(1)要求检测的项目名称、执行标准；

(2)原材料的品种、规格和产地；

(3)试验日期及时间；

(4)仪器设备的名称、型号及编号；

(5)环境温度和湿度；

(6)抗弯拉模量；

(7)断裂位置

(8)要说明的其他内容。

条文说明

关于混凝土抗弯拉模量试验，现有的各种试验方法中都没有相近的方法。本方法是沿用 JTJ 053—94 中的老方法，该方法是中国公路学会道路工程学会水泥混凝土路面学组委员会于 1991 年 1 月讨论确定的。混凝土抗弯拉模量试验和计算采用抗弯拉极限荷载平均值的 1/2 为抗弯拉模量试验的标准荷载，并经反复加荷变形稳定后的割线模量。常见水泥混凝土抗弯拉模量见表 T 0559-1。

表 T 0559-1 水泥混凝土抗弯拉模量

水泥混凝土抗弯拉强度(MPa)	4.0 ~ 4.5	4.5 ~ 5.5
水泥混凝土抗弯拉模量(MPa)	27 000 ~ 31 000	28 000 ~ 35 000

T 0560—2005 水泥混凝土立方体劈裂抗拉强度试验方法

(Standard Test Method for Splitting Tensile Strength of Cubic Concrete Specimens)

1 目的、适用范围和引用标准

本方法规定了测定水泥混凝土立方体试件的劈裂抗拉强度的方法和步骤。

本方法适用于各类水泥混凝土的立方体试件。

引用标准：

GB/T 3722—1992 《液压式压力试验机》

GB/T 2611—1992 《试验机通用技术要求》

T 0551—2005 水泥混凝土试件制作与硬化水泥混凝土现场取样方法

2 仪器设备

(1)压力机或万能试验机：应符合 T 0551 中 2.3 的规定。

(2)劈裂钢垫条和三合板垫层(或纤维板垫层),如图 T 0560-1 所示。钢垫条顶面为半径 75mm 的弧形,长度不短于试件边长。木质三合板或硬质纤维板垫层的宽度为 20mm,厚为 3 ~4mm,长度不小于试件长度,垫层不得重复使用。

(3)钢尺:分度值为 1mm。

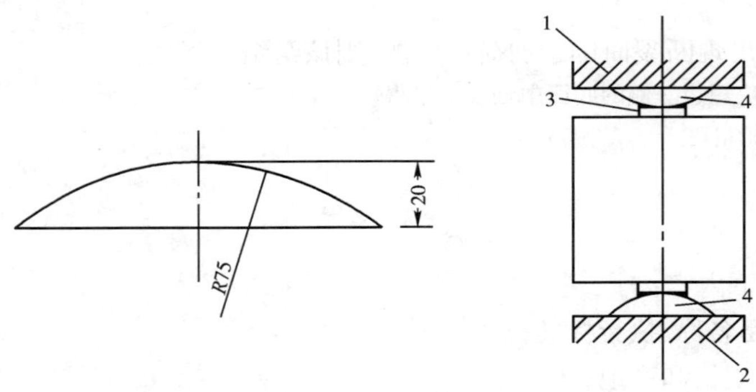

图 T 0560-1 劈裂试验用钢垫条(尺寸单位:mm)

1-上压板;2-下压板;3-垫层;4-垫条

3 试件制备和养护

3.1 试件尺寸符合 T 0551 中表 T 0551-1 的规定。

3.2 本试件应同龄期者为一组,每组为 3 个同条件制作和养护的混凝土试块。

4 试验步骤

4.1 至试验龄期时,自养护室取出试件,用湿布覆盖,避免其湿度变化。检查外观,在试件中部画出劈裂面位置线,劈裂面与试件成型时的顶面垂直。尺寸测量精确至 1mm。

4.2 试件放在球座上,几何对中,放妥垫层垫条,其方向与试件成型时顶面垂直。

4.3 当混凝土的强度等级小于 C30 时,加荷速度为 0.02 ~0.05MPa/s;当混凝土的强度等级大于或等于 C30 且小于 C60 时,加荷速度为 0.05 ~0.08MPa/s;当混凝土的强度等级大于等于 C60 时,加荷速度为 0.08 ~0.10MPa/s。当试件接近破坏而开始迅速变形时,不得调整试验机油门,直至试件破坏,记下破坏极限荷载 F(N)。

5 试验结果计算

5.1 混凝土立方体劈裂抗拉强度 f_{ts} 按下式计算:

$$f_{ts} = \frac{2F}{\pi A} = 0.637\frac{F}{A} \qquad (T\ 0560\text{-}1)$$

式中:f_{ts}——混凝土立方体劈裂抗拉强度(MPa);

F——极限荷载(N);

A——试件劈裂面面积(mm^2),为试件横截面面积。

5.2 劈裂抗拉强度测定值的计算及异常数据的取舍原则为:以 3 个试件测值的算术平均值为测定值。如 3 个试件中最大值或最小值中如有一个与中间值的差值超过中间值的 15% 时,则取中间值为测定值;如有两个测值与中间值的差值均超过上述规定时,则该组试验结果无效。计算结果精确到0.01MPa。

6 试验报告

试验报告应包括以下内容

(1)要求检测的项目名称、执行标准;

(2)原材料的品种、规格和产地;
(3)试验日期及时间;
(4)仪器设备的名称、型号及编号;
(5)环境温度和湿度;
(6)立方体试件的劈裂抗拉强度值;
(7)要说明的其他内容。

条文说明

本方法参照 ISO 4108—1980 修改。由于直接拉伸试验的对中比较困难,所以采用间接拉伸法(劈裂拉伸)得到混凝土的抗拉强度,一般劈裂强度高于直接拉伸强度。

T 0561—2005　水泥混凝土圆柱体劈裂抗拉强度试验方法

(Standard Test Method for Splitting Tensile Strength of Cylindrical Concrete Specimens)

1　目的、适用范围和引用标准

本方法规定了测定圆柱试件和现场钻芯取样的劈裂抗拉强度方法。

本方法适用于各类水泥混凝土的圆柱试件和现场芯样。

引用标准:

GB/T 2611—1992　《试验机通用技术要求》
GB/T 3722—1992　《液压式压力试验机》
T 0551—2005　水泥混凝土试件制作与硬化水泥混凝土现场取样方法

2　仪器设备

(1)压力机或万能试验机:应符合 T 0551 中 2.3 的规定。

(2)劈裂夹具、木质三合板垫层、钢垫条,如图 T 0561-1 所示。钢垫条为平面,厚度不小于 10mm,长度不短于试件边长。木质三合板或硬质纤维板垫层的宽度为 20mm,厚为 3 ~ 4mm,长度不小于试件长度,垫层不得重复使用。支架为钢支架。

(3)钢尺:分度值为 1mm。

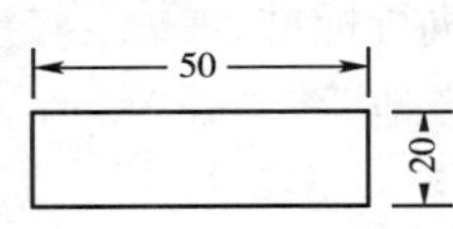
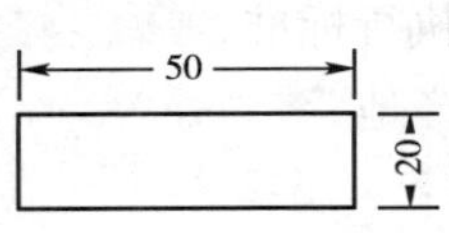

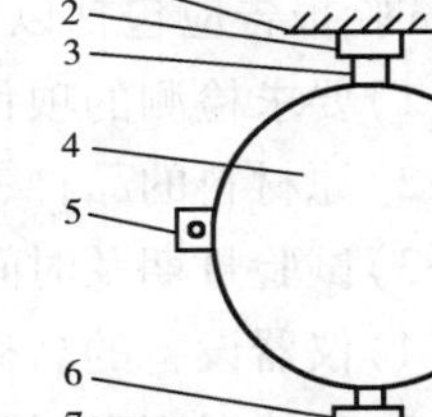

图 T 0561-1　圆柱体芯样劈裂抗拉试验装置示意图(尺寸单位:mm)
a)夹具钢垫条;b)劈裂夹具
1、7-压力机压板;2、6-夹具钢垫条;3-木质或纤维垫层;4-试件;5-侧杆

3　试件制备和养护

3.1　试件尺寸符合 T 0551 中表 T 0551-1 的规定。

3.2　本试件应同龄期者为一组,每组为 3 个同条件制作和养护的混凝土试件。

3.3　对于现场芯样,长径比大于等于 1。适宜的长径比在 1.9 ~2.1 之间,最大长径比不能超过 2.1。芯样最小直径为 100mm,直径至少是公称最大粒径的 2 倍。芯样在进行强度试验前需进行调湿,一般应在标准养护室养护 24h。

4　圆柱试件的劈裂试验步骤

4.1　至试验龄期时,自养护室取出试件,用湿布覆盖,避免其湿度变化。测量出直径、高度并检查外形,尺寸量测至 1mm。

4.2 在试件中部画出劈裂面位置线。圆柱体的母线公差为 0.15mm。这两条母线应位于同一轴向平面内,彼此相对,两条线的末端在试件的端面上相连,应为通过圆心的直径,以明确标明承压面。将试件、劈裂夹具、垫条和垫层如图 T 0561-1b)所示放在压力机上,借助夹具两侧杆,将试件对中。开动压力机,当压力机压板与夹具垫条接近时,调整球座使压力均匀接触试件。当压力到 5kN 时,将夹具的侧杆抽掉。

4.3 当混凝土的强度等级小于 C30 时,加荷速度为 0.02 ~0.05MPa/s;当混凝土的强度等级大于等于 C30 且小于 C60 时,加荷速度为 0.05 ~0.08MPa/s;当混凝土的强度等级大于或等于 C60 时,加荷速度为 0.08 ~0.10MPa/s。当试件接近破坏而开始迅速变形时,不得调整试验机油门,直至试件破坏,记下破坏极限荷载 F(N)。

5 试验结果

5.1 圆柱体劈裂抗拉强度 f_{ct} 按下式计算:

$$f_{ct} = \frac{2F}{\pi d_m \times l_m} \tag{T 0561-1}$$

式中:f_{ct}——圆柱体劈裂抗拉强度(MPa);

F——极限荷载(N);

d_m——圆柱体截面的平均直径(mm);

l_m——圆柱体平均长度(mm)。

5.2 劈裂抗拉强度测定值的计算及异常数据的取舍原则为:以 3 个试件测值的算术平均值为测定值。如 3 个试件中最大值或最小值中有一个与中间值的差值超过中间值的 15% 时,则取中间值为测定值;如有两个测值与中间值的差值均超过上述规定时,则该组试验结果无效。

结果计算精确至 0.01MPa。

6 试验报告

试验报告应包括以下内容:

(1)要求检测的项目名称、执行标准;

(2)原材料的品种、规格和产地;

(3)试验日期及时间;

(4)仪器设备的名称、型号及编号;

(5)环境温度和湿度;

(6)圆柱体劈裂抗拉强度值;

(7)要说明的其他内容。

条文说明

本方法参照 ISO 4108—1980 修改。本方法同时有 ASTM C 496 和 ISO 4108—1980 两种方法,其中 ASTM C 496 加荷速度为 0.01 ~0.02MPa/s。

对于水泥混凝土路面而言,由于设计中采用抗弯拉强度,而在施工过程中却常常通过钻芯得到圆柱试件的劈裂强度,所以迫切需要得到抗弯拉强度和劈裂强度之间的换算关系。但由于目前在试件尺寸、加载速率等方面在世界范围内还不统一,所以得到的抗弯拉强度和劈裂强度之间的换算关系还比较离散,尚不能得出确信的换算关系。为此,希望各有关部门积累相关数据,待条件成熟后,再给出抗弯拉强度和劈裂强度之间的换算关系。

T 0562—2005 水泥混凝土抗弯拉试件断块抗压强度试验方法

(Standard Test Method for Compressive Strength of Hydraulic-Cement Concrete —Using Portions of Prisms Broken in Flexure)

1 目的、适用范围和引用标准

本方法规定了测定水泥混凝土抗弯拉试件断块试件抗压强度的方法和步骤。

本方法适于各种水泥混凝土抗弯拉试件断块的抗压强度测定。

引用标准:

GB/T 2611—1992 《试验机通用技术要求》

GB/T 3722—1992 《液压式压力试验机》

T 0551—2005 水泥混凝土试件制作与硬化水泥混凝土现场取样方法

T 0558—2005 水泥混凝土抗弯拉强度试验方法

2 仪器设备

(1)压力机或万能试验机:应符合 T 0551 中 2.3 的规定。

(2)球座:应符合 T 0551 的 2.4 规定。

(3)试件压板:如图 T 0562-1 所示。

上压板为 150mm 见方的钢板,厚度大于或等于 40mm,淬火并刨平(R_a = 2.5μm);导向轴使上下压板两侧对准在一个垂直面上;下压板长度应能使两侧板与试件间保留 10 ~ 13mm 的空隙,厚度、硬度等与上压板相同。

3 试件制备

3.1 本试件为进行抗弯拉强度试验后小梁的断块,其长度较梁高至少长 50mm,无显著裂纹及凹凸不平等缺陷。

3.2 以成型时两侧面作为破型时上下加压面。

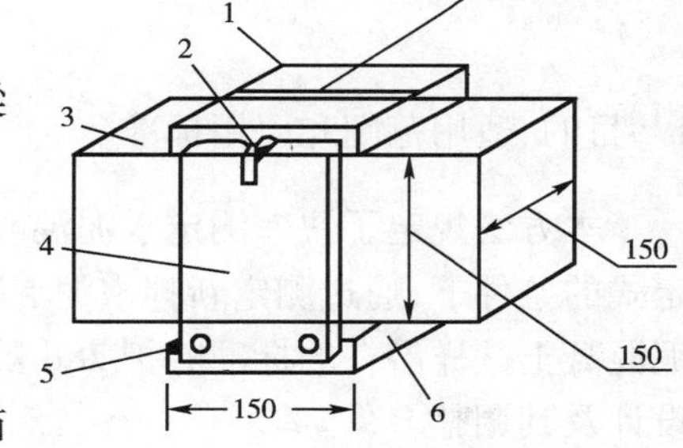

图 T 0562-1 试件压板

(尺寸单位:mm)

1-上压板;2-导向轴;3-试件;4-导向侧板;5-定位螺丝;6-下压板

4 试验步骤

4.1 在完成抗弯拉试验后,应尽快试验,并对试件进行编号,描述断块情况。

4.2 试件安置压板中(如图 T 0562-1),将压板放置机台上,几何对中。

4.3 强度等级小于或等于 C30 且的混凝土取 0.3 ~ 0.5MPa/s 的加荷速度;强度等级大于 C30 小于或等于 C60 时,则取 0.5 ~ 0.8MPa/s 的加荷速度;强度等级大于 C60 的混凝土取 0.8 ~ 1.0MPa/s 的加荷速度。当试件接近破坏而开始迅速变形时,不得调整试验机油门,直至试件破坏,记下破坏极限荷载 F(N)。

5 试验结果

5.1 混凝土断块抗压强度 f' 按下式计算:

$$f' = \frac{F}{A} \quad \text{(T 0562-1)}$$

式中:f'——混凝土断块抗压强度(MPa);

F——极限荷载(N);

A——上压板面积(mm^2)。

5.2 每根试件两断块试验结果的平均值(或一块)为该根试件的抗压强度。每组3根试件抗压强度测定值的计算及异常数据取舍原则为:以3个试件测值的算术平均值为测定值。三个试件中最大值或最小值中如有一个与中间值的差值超过中间值的15%时,则取中间值为测定值;如有两个测值与中间值的差值均超过上述规定时,则该组试验结果无效。

结果计算精确至0.1MPa。

6 试验报告

试验报告应包括以下内容:

(1)要求检测的项目名称、执行标准;

(2)原材料的品种、规格和产地;

(3)仪器设备的名称、型号及编号;

(4)环境温度和湿度;

(5)断块抗压强度值;

(6)要说明的其他内容。

条文说明

本方法参照 AASHTO T 140 制定。本方法得到的抗压强度不宜用作混凝土强度等级评定。特别需要说明的是,为完成本试验必须有试验压板,上下压板应保持平行,压板两侧对准在一个垂直面上,确保受压面为15cm×15cm。

T 0563—2005 水泥混凝土强度快速试验方法(1h促凝压蒸法)

(1-hour Accelerated Strength Test by Accelerating-Autoclaving Method for Cement Concrete)

1 目的、适用范围和引用标准

本方法规定了快速测定水泥混凝土强度的方法和步骤。在事先已建立同材料的水泥混凝土强度推定式的条件下,通过测定新拌水泥混凝土湿筛砂浆试样促凝压蒸1h后的快硬强度,可即时预测出该水泥混凝土试样潜在的标准养护28d龄期(抗压和抗弯拉)强度,用于水泥混凝土现场质量管理或配合比设计及其调整。

本方法适用于硅酸盐水泥、普通硅酸盐水泥、矿渣硅酸盐水泥、粉煤灰硅酸盐水泥、火山灰质硅酸盐水泥、复合硅酸盐水泥、道路硅酸盐水泥及指定采用本方法的其他品种水泥及掺加常用外加剂的质量均匀的新拌水泥混凝土。

引用标准:

GB/T 2611—1992 《试验机通用技术要求》

GB/T 3722—1992 《液压式压力试验机》

T 0512—2005 水泥胶砂强度快速试验方法(1.5h促凝压蒸法)

T 0551—2005 水泥混凝土试件制作与硬化水泥混凝土现场取样方法

T 0552—2005 水泥混凝土立方体抗压强度试验方法

T 0557—2005 水泥混凝土抗弯拉强度试验方法

2 仪器设备与材料

(1)压力机或万能试验机:符合T 0551中2.3的规定。

(2)混凝土湿筛砂浆振动筛分、成型两用机(简称两用机):由机体、筛子、振动台、下料漏斗等部件组成,如图T 0563-1和图T 0563-2所示。

机体由 0.5kW 电机带动凸轮产生连续简谐振动,频率为 2800 ~ 3000 次/min,振幅为 1mm ± 0.1mm。筛子孔径为 ϕ4.75mm。

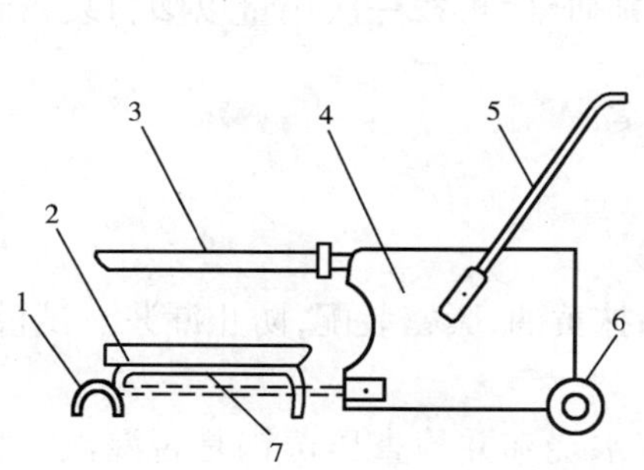

图 T 0563-1　两用机筛分工作状态

1-筛分支撑;2-接料盘;3-筛子;4-机体;5-成型支撑;6-胶轮;7-接料盘架

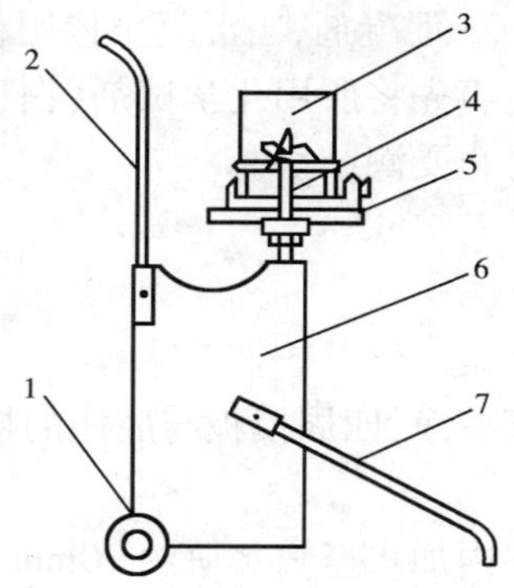

图 T 0563-2　两用机成型工作状态

1-胶轮;2-筛分支撑;3-下料漏斗;4-试模;5-振动台面;6-机体;7-成型支撑

将机体平放,装上筛子(图 T 0563-1),可筛分混凝土中的砂浆;卸下筛子,将机体翻转 90°使之直立,装上振动台面、试模及下料漏斗(图 T 0563-2),可振动成型湿筛砂浆试件。

(3)专用压蒸仪

采用装有压力表的 ϕ240mm 压蒸锅,如图 T 0563-3 所示。压力表表盘尺寸为 ϕ55mm,量程为0 ~ 250kPa。

压蒸仪配用 1.5kW 电炉加热。将试件带模放入盛有沸水的压蒸仪内压蒸养护时,正常情况下,加盖安全阀约 15min 后,锅内蒸汽压力达到并稳定在 100 kPa ± 10kPa,温度约为 120℃。

(4)湿筛砂浆专用试模

包括可装卸的三联钢模和钢盖板。钢模组装后内壁互相垂直,有效尺寸为 31.6mm × 31.6mm × 50mm。试模结构如图 T 0563-4 所示,尺寸精度要求如表 T 0563-1。

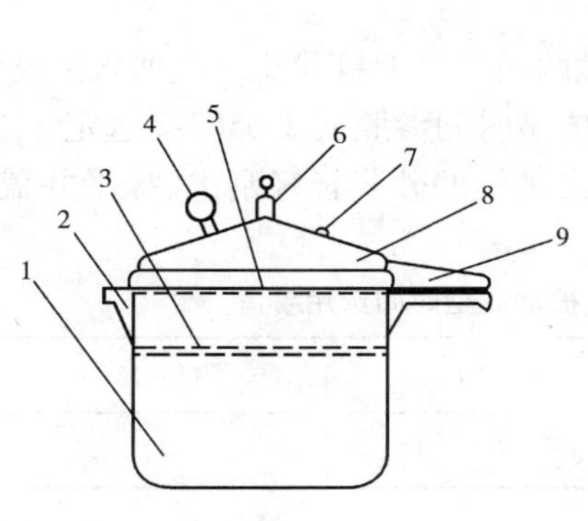

图 T 0563-3　专用压蒸仪结构

1-锅体;2-小手柄;3-蒸屉;4-压力表;5-密封圈;6-限压阀;7-易熔塞;8-锅盖;9-把手

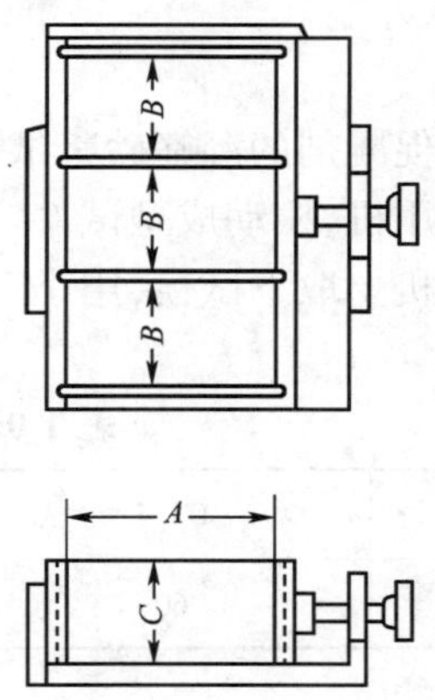

图 T 0563-4　试模结构

(5)台秤:量程 5kg,感量为 5g。

(6)天平:量程 100g,感量为 0.1g。

(7)砂浆搅拌锅、拌和铲、小刀、方形搪瓷盘(或铁皮制作的料盘,尺寸约 250mm × 400mm)、秒表等。

表 T 0563-1　试 模 尺 寸

符　　号	制造尺寸(mm)	磨损后允许尺寸(mm)
A	50	—
B	31.6 - 0.1	31.6 + 0.1
C	31.6 + 0.1	31.6 - 0.1

(8)专用促凝剂

CS 或 CAS 专用促凝剂,每次试验用量 5g,采用分析纯或化学纯的化学试剂按表 T 0512-2 的配方配成。一般情况下用 CS 促凝剂,当混凝土掺用粉煤灰或缓凝型外加剂时,可用 CAS 促凝剂。为提高促凝剂的均匀分散性,应事先将所用化学试剂(白色颗粒)分别研细,再按一次用量以塑料袋密封分装,应在阴凉干燥处存放,防止受潮结块。

3 试验步骤

3.1 试验准备

3.1.1 将试模擦净,四周模板与底座的接触面上涂抹黄油,紧密装配,防止漏浆。试模内壁均匀刷一薄层机油。

3.1.2 压蒸锅内加水至离蒸屉约 20mm 的高度,将水烧沸并检查压蒸锅是否漏汽。如漏汽,须采取相应改善措施(更换密封圈等)。

3.2 筛取新拌混凝土的湿筛砂浆试样

3.2.1 在现场或实验室成型标准养护 28d 龄期混凝土(抗压、抗弯拉强度)试件的同时,取有代表性的新拌混凝土试样约 4 ~ 5kg 均匀摊放在两用机的筛子中。筛面及其他用具的表面均应事先用湿布擦拭。

3.2.2 开动两用机,手持小铲轻轻翻拌筛内的混凝土拌合物,筛至粗集料表面不粘砂浆并基本不见砂浆落入接料盘为止。为防止试样中水分损失,筛分工作应力求快速。

3.2.3 混凝土筛分完毕后,立即将接料盘中的湿筛砂浆试样拌匀,并用经湿布擦拭的拌合锅称取 500g 砂浆试样。

3.3 在砂浆试样中加入促凝剂

将砂浆试样摊平,均匀撒入规定量的促凝剂,按动秒表开始记时并立即用湿布擦过的拌合铲迅速将砂浆翻拌、拨压 30s。翻拌时,锅沿逆时针方向转动,铲沿顺时针方向翻拌、拨压,每翻拌一次,约拨压 3 ~ 4次,共反复 15 次左右。

3.4 成型试件

3.4.1 将加有促凝剂的湿筛砂浆试样通过两用机的下料漏斗一次加入试模中。

3.4.2 开动两用机,振动成型试件。振动成型时间参照表 T 0563-2 选定。

3.4.3 从两用机上取下试模,用小刀将高出试模的砂浆轻轻刮去、抹平并盖上事先刷过机油的钢盖板。

表 T 0563-2 振动成型时间选用参考

混凝土坍落度(cm)	0 ~ 5	6 ~ 10	11 ~ 15	> 15
试件振动成型时间(s)	60	50	40	30

3.5 试件压蒸养护

3.5.1 从加入促凝剂起至 5min 时,将带模的试件放入水已烧沸的压蒸仪内压蒸养护。压蒸时间从加盖、压阀后起计,一般为 1h。采用快硬水泥时,可缩短为 30 ~ 40min;使用缓凝型外加剂或掺粉煤灰混合料时,可延长至 1.5h。适宜的压蒸时间应通过试验确定。

3.5.2 记录压蒸过程中的升压时间(加盖锅盖后至蒸汽压力达到 100kPa ± 10kPa 并且开始释放蒸汽时)各次试验应基本相同,为 15min 左右。如发现异常,应查找原因并及时处理,重新进行试验。

3.5.3 压蒸养护到规定时间(允许误差为 ± 2min)时,切断电源,将压蒸锅从电炉上搬下,去阀放汽,在确认锅内无蒸汽压力后,开盖取出试模,立即拆模进行试件抗压强度试验。

3.6 测定快硬砂浆抗压强度

3.6.1 检查并放正压力机球座,球座应转动灵活,防止试件局部或偏心受压。

3.6.2 清除试件端面和压力机加压板上的砂粒或杂物,将试件直立放在加压板的中心,均匀加荷,直至试件破坏。

4 试验结果

4.1 计算快硬湿筛砂浆抗压强度

$$f_{1h}=\frac{F}{A} \tag{T 0563-1}$$

式中：f_{1h}——促凝压蒸 1h 快硬湿筛砂浆抗压强度(MPa)；

F——破坏荷载(N)；

A——试件受压面积(1 000mm²)。

注：压蒸养护时间为 0.5h 或 1.5h 时，强度相应记为 $f_{0.5h}$ 或 $f_{1.5h}$。

以三个试件测值的算术平均值作为试验结果。如任一测值与中间值的差值超过中间值的 15%，则取中间值为试验结果；当有两个测值与中间值的差值超过上述规定时，则该组试验结果无效。

4.2 推定混凝土强度

4.2.1 采用事先建立且推定精度满足使用要求的混凝土抗压、抗弯拉强度推定经验式[见式(T 0563-2)~式(T 0563-5)]，根据快硬湿筛砂浆抗压强度试验结果 f_{1h}，推定标准养护 28d 龄期的混凝土抗压强度 $\hat{f}_{28}$ 及抗弯拉强度 $\hat{f}_{f28}$。

$$\hat{f}_{28}=a_1+b_1f_{1h} \tag{T 0563-2}$$

$$\hat{f}_{f28}=a_2+b_2f_{1h} \tag{T 0563-3}$$

或 $$\hat{f}_{28}=A_1f_{1h}^{B_1} \tag{T 0563-4}$$

$$\hat{f}_{f28}=A_2f_{1h}^{B_2} \tag{T 0563-5}$$

式中：$\hat{f}_{28}$——混凝土试件标准养护 28d 龄期的抗压强度(MPa)；

$\hat{f}_{f28}$——混凝土试件标准养护 28d 龄期的抗弯拉强度(MPa)；

f_{1h}——促凝压蒸 1h 的快硬湿筛砂浆试件抗压强度(MPa)；

a_1、b_1、a_2、b_2 或 A_1、B_1、A_2、B_2——待定系数(与原材料性质有关，通过试验确定)。

注：进行预备试验建立混凝土强度推定经验式的方法应符合本规程 T 0563 附录的规定。

4.2.2 确定标准养护 28d 抗压、抗弯拉强度时，快硬湿筛砂浆强度的测值应在预备试验所得强度经验式的回归线范围内，不得外推。

5 试验报告

试验报告应包括以下内容：

(1)要求检测的项目名称、执行标准；

(2)原材料的品种、规格和产地；

(3)仪器设备的名称、型号及编号；

(4)环境温度和湿度；

(5)1h 快硬强度和推定 28d 龄期时的强度；

(6)要说明的其他内容。

T 0563 附录 混凝土强度推定经验式的建立方法及精度要求

A.1 目的和适用范围

建立混凝土(抗压、抗弯拉)强度推定经验式，用于 1h 促凝压蒸法快速推定混凝土强度试验。

A.2 仪器设备与材料

A.2.1 T 0563“水泥混凝土强度快速试验方法(1h 促凝压蒸法)”所用仪器设备及促凝剂。

A.2.2 T 0553“水泥混凝土立方体抗压强度试验方法”、T 0558“水泥混凝土抗弯拉强度试验方法”所用仪器设备。

A.3 试验步骤

A.3.1 在实验室采用与现场混凝土相同的原材料，设计4～6种灰水比（如1.50、1.75、2.00、2.25、2.50等）的混凝土配合比。最大、最小灰水比之差不应小于1，且现场混凝土的灰水比必须包括在此灰水比范围中。混凝土的石子用量或砂率适中，坍落度与施工要求相同。

A.3.2 按照设计配合比相继拌制各级混凝土，每种配合比均同时取样分别按本规程测定促凝压蒸1h湿筛砂浆抗压强度f_{1h}、混凝土28d抗压强度f_{28}及抗弯拉强度f_{f28}。一般情况下，建立一个推定经验式的数据不宜少于30组，因此，各个配合比的重复试验次数不宜少于5～8次。

如直接取现场混凝土进行预备试验，应注意取样混凝土的强度等级范围（尽量取不同强度等级）及材料的均一性。

A.4 试验结果计算

A.4.1 建立混凝土强度推定经验式

将各组快硬湿筛砂浆抗压强度及相应的混凝土28d抗压、抗弯拉强度试验结果汇总，进行数据回归分析，得出直线型（$Y = a + bX$）或幂函数型（$y = AX^B$）混凝土抗压、抗弯拉强度推定经验式。

所建混凝土强度推定式的相关性必须高度显著（一般情况下，室内试验的相关系数可达0.95左右，现场试验可达0.85左右；在现场混凝土强度等级单一的情况下，相关系数有可能达不到显著性程度），回归离差系数一般不应超过10%，最大不应超过15%。

A.4.2 验证混凝土强度经验式的推定精度

所建混凝土强度推定经验式须经现场试用验证其推定精度，在确认推定精度满足要求后方可正式采用。使用中的经验式，也须经常校核推定精度。

1. 在现场成型标准养护28d龄期混凝土抗压、抗弯拉强度试件的同时，取相同混凝土试样进行湿筛砂浆促凝压蒸1h快硬强度试验，根据所建强度经验式推定混凝土28d抗压强度或抗弯拉强度。

2. 按T 0512附录的方法统计28d龄期混凝土强度实测值与快速推定值的平均误差百分率$\bar{V}$。

3. 在现场试验数据不少于20～30组的条件下，$\bar{V}$不宜超过10%，最大不应超过15%。否则，应分析原因，必要时对所建经验式进行适当修正或重新建立新的强度经验式。

A.4.3 统计试验误差

在试验数据不少于20～30组的条件下，混凝土强度及湿筛砂浆快硬强度的平均组内试验误差$\bar{V}_t$不应大于5%，平均多天试验变异系数$\bar{V}_d$不应大于10%。否则，应分析原因，采取相应改进措施。

注：①$\bar{V}_t$及$\bar{V}_d$的统计计算方法见T 0512附录。

②关于“混凝土强度推定经验式的建立及其推定精度计算方法”的详细内容，见《1h推定混凝土强度新技术》（人民交通出版社出版）。

条文说明

1983年国家计划委员会将此方法列为施工新技术重点推广项目之一，并下达交通部公路科研所“1h推定混凝土强度新技术应用的研究”课题任务。在1983～1987年的应用研究工作中，通过推广应用并不断总结经验，以及着重进行完善试验方法、提高混凝土强度推定精度的试验研究，研制成混凝土湿筛砂浆振动筛分、成型两用机（简称两用机），改手工筛分、成型湿筛砂浆为机械操作，减轻了试验劳动强度并显著提高了试验精度。同时，还研制成JQY—20型可携式轻便压力机，为施工现场采用此方法加强混凝土质量控制创造了方便条件。本方法自列入《公路工程水泥混凝土试验规程》（JTJ 053—83）实施以来已取得良好的实际效果。

以往此法主要用于混凝土抗压强度的推定，近来此法也用于混凝土抗弯拉强度的推定。例如，湖北省公路局在316、107国道等水泥混凝土路面工程施工中将此法用于推定混凝土28d抗弯拉强度，1989年通过鉴定获得专家好评；广西第五建筑工程公司于1989年12月至1990年5月在南宁机场道面混凝土施工中将此法用于推定混凝土抗弯拉强度，平均推定误差仅3%，施工中混凝土28d抗弯拉强度平均值为6.59MPa，离差系数仅3.4%。实践证明，此法用于推定混凝土的抗弯拉强度不仅推定精度好，而且在一定条件下可提高施工质量的控制水平。

T 0564—2005 水泥混凝土动弹性模量试验方法(共振仪法)

(Standard Test Method for Fundamental Transverse Resonant Frequencies of Concrete Specimens)

1 目的、适用范围和引用标准

本方法规定了采用共振仪测定水泥混凝土动弹性模量的方法和步骤。

本方法适于各种符合尺寸要求的水泥混凝土试件的动弹性模量测定。测定水泥混凝土的动弹性模量，以检验水泥混凝土在经受冻融或其他侵蚀作用后遭受破坏的程度，评定其耐久性能。

引用标准：

T 0551—2005 水泥混凝土试件制作与硬化水泥混凝土现场取样方法

2 仪器设备

(1)共振法混凝土动弹性模量测定仪(简称共振仪)：输出频率可调范围为100Hz ~ 20kHz，输出功率应能激励试件产生受迫振动，以便能用共振的原理测定出试件的基频振动频率。

在无专用仪器的情况下，可将各类仪器组合进行试验。

共振仪输出频率的可调范围应与所测试件的尺寸、密度及混凝土品种相匹配，一般为100Hz ~ 20kHz，输出功率也应能激励试件产生受迫振动，其基本原理示意如图T 0564-1所示。

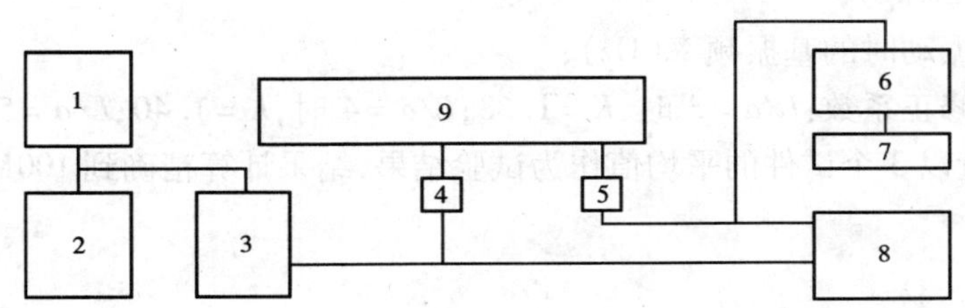

图T 0564-1 共振法混凝土动弹性模量测定工作原理图

1-振荡器；2-频率计；3-放大器；4-激振换能器；5-拾振换能器；6-放大器；7-微安表；8-示波器；9-试件

(2)试件支承件：硬橡胶韧型支座或约20mm厚的软泡沫塑料垫。

(3)台秤：量程20kg，感量为10g。

3 试件制备

本试验采用截面为100mm × 100mm的棱柱体试件，其长宽比一般为3 ~ 5。标准试件尺寸为100mm × 100mm × 400mm。

4 试验步骤

4.1 试验前测定试件的质量和尺寸。3个试件质量与其平均值的允许偏差为 ±0.5%，尺寸与其平均值的允许偏差为1%。每个试件的长度和截面尺寸均取3个部位的平均值。

4.2 将试件安放在支承体上，并定出以共振法测量试件横向基频振动频率时，激振换能器和拾振器的位置，如图T 0564-2所示。将激振器和拾振器的测杆轻轻地压在试件的表面上(测杆与试件接触面一般涂一薄层黄油或凡士林)，测杆压力的大小以不出现噪音为宜。

4.3 用共振仪进行测定时，可根据试件共振频率的大小，选择相应的频率测量范围。调整激振功率和接受增益旋钮至适当位置，以粗调迅速找到试件的共振点后，再进行细调。当微安表和示波器指示的幅度值一致增加，达到最大的幅度时即为共振。此时，从数字计数器上读出的频率，就是试件的自振频率。

4.4 用组合仪器进行测定时，采用示波器作显示仪器，示波器的图形调成一个正圆时的频率作为共振频率。当仪器同时具有指示电表和示波器时，以电表指针达到最大值时的频率作为共振频率。

4.5 观测时，应重复测试两次，测试结果的波动范围，以小于±0.5%为宜。以两次试验的平均值作为该试件的测值。

注：在测试过程中，如发现两个以上的峰值时，建议采用以下方法找出真实共振峰：

①将输出功率固定，反复调整仪器输出频率，从微安表上比较幅值的大小，幅值最大者为真实的共振峰。

②可把拾振器测杆移至节点处（距端部0.224倍的试件长度），如微安表指针为零，即为真实共振峰。

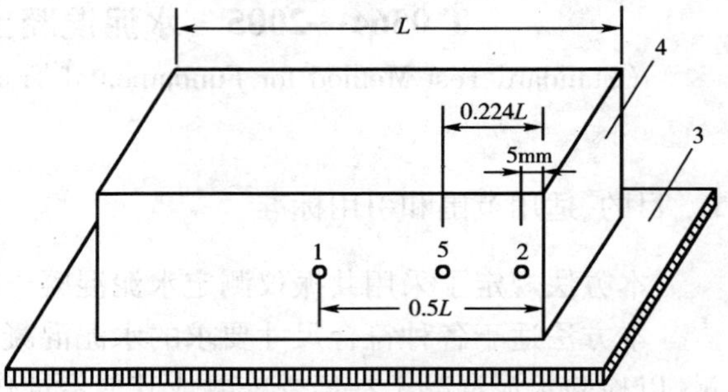

图 T 0564-2 测示位置示意图

1-激振器位置；2-拾振器位置；3-泡沫塑料垫；4-试件（测量时试件成型面朝上）；5-节点

5 试验结果

混凝土动弹性模量应按下式计算：

$$E_{\mathrm{d}} = 9.46 \times 10^{-4} \frac{WL^3f^2}{a^4} \times K \qquad \text{(T 0564-1)}$$

式中：E_{d}——混凝土动弹性模量（MPa）；

a——正方形截面试件的边长（mm）；

L——试件的长度（mm）；

W——试件的质量（kg）；

f——试件横向振动时的基振频率（Hz）；

K——试件尺寸修正系数：$L/a=3$时，$K=1.68$；$L/a=4$时，$K=1.40$；$L/a=5$时，$K=1.26$。

混凝土动弹性模量以3个试件的平均值作为试验结果，结果计算精确到100MPa。

6 试验报告

试验报告应包括以下内容：

（1）要求检测的项目名称、执行标准；

（2）原材料的品种、规格和产地；

（3）仪器设备的名称、型号及编号；

（4）环境温度和湿度；

（5）混凝土动弹性模量；

（6）要说明的其他内容。

条文说明

本规程参照 ASTM C 215—97 修改。动弹性模量测量是一种无破损检测方法，对于持续的化学侵蚀、重复的冻融循环、老化及其他一些因素而导致的模量逐渐变化的测量极为有效。动弹性模量测量的原理是借助在混凝土中传播的波，在泊松比、密度和材料长度不变的条件下，波速（基频＝波速/材料长度）和材料的弹性模量符合一定的函数关系。于是通过共振法测得材料的基频，就可以推知材料的弹性模量，为区别于常规的弹性模量，故称之为动弹性模量。普通的动弹性模量在14 000～42 000MPa间。除了本方法测得的横向基频外，采用类似的方法也可测得纵向基频，详见ASTM C 215—97。

T 0565—2005　水泥混凝土抗冻性试验方法(快冻法)

(Standard Test Method for Resistance of Concrete to Rapid Freezing and Thawing)

1　目的、适用范围和引用标准

本方法规定用快冻法测定水泥混凝土抵抗水和负温共同反复作用的能力。

本方法适用于以动弹性模量、质量损失率和相对耐久性指数作为评定指标的水泥混凝土抗冻性试验。本方法特别适用于抗冻性要求高的水泥混凝土。

引用标准:

T 0551—2005　水泥混凝土试件制作与硬化水泥混凝土现场取样方法

T 0564—2005　水泥混凝土动弹性模量试验方法(共振仪法)

2　仪器设备

(1)快速冻融试验装置:能使试件固定在水中不动,依靠热交换液体的温度变化而连续、自动地按照本方法第4条的要求进行冻融的装置。满载运行时冻融箱内各点温度的极差不得超过2℃。

(2)试件盒:橡胶盒(也可用不锈钢板制成),净截面尺寸为110mm×110mm,高500mm。

(3)动弹性模量测定仪:共振法频率测量范围100Hz~20kHz。其他设备应符合T 0563的要求。

(4)台秤:量程不小于20kg,感量不大于10g。

(5)热电偶电位差计:能测量试件中心温度,测量范围-20~20℃,允许偏差为±0.5℃。

3　试样制备

3.1　试样制备应符合T 0551的规定。

采用100mm×100mm×400mm的棱柱体混凝土试件,每组3根,在试验过程中可连续使用。除制作冻融试件外,尚应制备中心可插入热电偶电位差计测温的同样形状、尺寸的标准试件,其抗冻性能应高于冻融试件。

3.2　也可以是现场切割的试件,尺寸为100mm×100mm×400mm。

4　试验步骤

4.1　按T 0551"水泥混凝土试件制作与硬化水泥混凝土现场取样方法"规定进行试件的制作和养护。试验龄期如无特殊要求一般为28d。在规定龄期的前4d,将试件放在20℃±2℃的饱和石灰水中浸泡,水面至少高出试件20mm(对水中养护的试件,到达规定龄期时,可直接用于试验)。浸泡4d后进行冻融试验。

4.2　浸泡完毕,取出试件,用湿布擦去表面水分。按T 0564"水泥混凝土动弹性模量试验方法(共振仪法)"测横向基频,并称其质量,作为评定抗冻性的起始值,并做必要的外观描述。

4.3　将试件放入橡胶试件盒中,加入清水,使其没过试件顶面约1~3mm(如采用金属试件盒,则应在试件的侧面与底部垫放适当宽度与厚度的橡胶板或多根直径3mm的电线,用于分离试件和底部)。将装有试件的试件盒放入冻融试验箱的试件架中。

4.4　按规定进行冻融循环试验,应符合下列要求:

4.4.1　每次冻融循环应在2~5h完成,其中用于融化的时间不得小于整个冻融时间的1/4。

4.4.2　在冻结和融化终了时,试件中心温度应分别控制在-18℃±2℃和5℃±2℃。中心温度应以测温标准试件实测温度为准。

4.4.3　在试验箱内,各个位置上的每个试件从3℃降至-16℃所用的时间,不得少于整个受冻时间的1/2,每个试件从-16℃升至3℃所用的时间也不得少于整个融化时间的1/2,试件内外温差不宜超过28℃。

4.4.4 冻和融之间的转换时间不应超过 10min。

4.5 通常每隔 25 次冻融循环对试件进行一次横向基频的测试并称重，也可根据试件抗冻性高低来确定测试的间隔次数。测试时，小心将试件从试件盒中取出，冲洗干净，擦去表面水，进行称重及横向基频的测定，并做必要的外观描述。测试完毕后，将试件调头重新装入试件盒中，注入清水，继续试验。试件在测试过程中，应防止失水，待测试件须用湿布覆盖。

4.6 如果试验因故中断，应将试件在受冻状态下保存在原试验箱内。如果达不到这个要求，试件处在融解状态下的时间不宜超过两个循环。

4.7 冻融试验到达以下三种情况的任何一种时，即可停止试验。

(1)冻融至 300 次循环。

(2)试件的相对动弹性模量下降至 60% 以下。

(3)试件的质量损失率达 5%。

5 试验结果

5.1 相对动弹性模量 P 按下式计算：

$$P = \frac{f_n^2}{f_0^2} \times 100 \quad \text{(T 0565-1)}$$

式中：P——经 n 次冻融循环后试件的相对动弹性模量(%)；

f_n——冻融 n 次循环后试件的横向基频(Hz)；

f_0——试验前试件的横向基频(Hz)。

以 3 个试件的平均值为试验结果，结果精确至 0.1%。

5.2 质量变化率 W_n 按下式计算：

$$W_n = \frac{m_0 - m_n}{m_0} \times 100 \quad \text{(T 0565-2)}$$

式中：W_n——n 次冻融循环后的试件质量变化率(%)；

m_0——冻融试验前的试件质量(kg)；

m_n——n 次冻融循环后的试件质量(kg)。

以 3 个试件的平均值为试验结果，精确至 0.1%。

5.3 相对耐久性指数 K_n 按下式计算：

$$K_n = P \times N/300 \quad \text{(T 0565-3)}$$

式中：K_n——经 n 次冻融循环后的试件相对耐久性指数(%)；

N——达到本试验 4.7 款规定的冻融循环次数；

P——经 n 次冻融循环后 3 个试件的相对动弹模量平均值(%)。

精确至 0.1%。

5.4 当 P 不大于 60% 或质量损失率达 5% 时的冻融循环次数 n，即为试件的最大抗冻循环次数。

5.5 冻融循环结束时试件的抗弯拉强度(可选)

当试件外观完整时，可按照 T 0558—2005“水泥混凝土抗弯拉强度试验方法”进行抗弯拉强度试验。

6 试验报告

试验报告应包括以下内容：

(1)要求检测的项目名称、执行标准；

(2)原材料的品种、规格和产地；

(3)仪器设备的名称、型号及编号；

(4)环境温度和湿度；

(5)试件的质量变化率、最大抗冻循环次数和相对耐久性指数；

(6)冻融循环结束时试件的抗弯拉强度(可选)；

(7)要说明的其他内容。

条文说明

本方法参照 ASTM C 666—97 修改。ASTM C 666—97 中提出两种方法：在水中快冻(A 法)和在空气中快冻(B 法)，无论 A 法还是 B 法均要求在水中融化。相对于本快冻法，ASTM C 671 中提出每两星期冻融循环一次的方法，在试验期间测定试件的线性膨胀，直到试件达到临界膨胀点或达到规定循环次数。由于混凝土面板在接缝处水分的聚集，所以在使用 10 ~ 15 年内会因冻融循环在接缝处产生耐久性裂缝(D 裂缝)。在 GBJ 82—85 中还有一个抗冻试验方法，称之为慢冻法，它要求试件在 -15 ~ -20℃条件下保持不小于 4h(150mm×150mm×150mm 或 100mm×100mm×100mm)，然后在水中融化不小于 4h。且慢冻法定义混凝土同时满足强度损失率不超过 25%、质量损失率不超过 5% 的最大循环次数为混凝土抗冻标号。而在快冻法中，没有这个概念。

本方法参考美国材料试验协会 ASTM C 666—97 标准，将试件融化终了的中心温度定为 5℃ ±2℃，同时试件从融到冻，从冻到融所用时间也相应地规定为：从 3℃降至 -16℃所用时间不得少于整个受冻时间的 1/2，试件从 -16℃升到 3℃所用的时间不得少于整个融化时间的 1/2。

有时在试验结束后，试件没有明显的剥落现象，但由于多次循环，试件出现许多微裂纹并吸入水分，所以可能导致试件质量增加，而不是减少，为此本方法将质量损失率 W_n 改为质量变化率 W_n。

由于需要对试件进行无损检测，所以引入动态弹性模量评价冻融循环对试件的影响，但现有试验表明动态弹性模量和试件的抗弯拉强度相关性较差，所以本方法提出冻融循环结束时试件的抗弯拉强度作为备选指标。

T 0566—2005　水泥混凝土干缩性试验方法

(Standard Test Method for Drying Shrinkages of Cement Concrete)

1　目的、适用范围和引用标准

本方法规定了在恒温、恒湿条件下，测定水泥混凝土试件由于失水引起的轴向长度变形的方法。

本方法适用于不同水泥混凝土干缩性能的比较，本方法规定集料公称最大粒径不大于 26.5mm。

引用标准：

T 0551—2005　水泥混凝土试件制作与硬化水泥混凝土现场取样方法

2　仪器设备

(1)试模：规格为 100mm×100mm×400mm 或 100mm×100mm×515mm 的金属试模，两个端板的中心有放置测钉的孔，用于安装测钉。

(2)测钉：以不锈的金属制成，如图 T 0566-1 所示。

(3)测长仪器：

①测量标距为 540 ~ 600mm，允许偏差为 0.01mm 的测微计(附有标准棒)。

②其他测长仪，至少达到 0.002% 的相对测量精度。

③测量混凝土变形的装置应具有殷钢或石英玻璃制作的标准杆，以便在测量前及测量过程中校核仪器的读数。

(4)干缩室(箱)：室(箱)内控温度为 20℃ ±2℃，相对湿度为 60% ±5%。室(箱)内配有温度、湿度自动记录仪，记录温度、湿度变化。置于恒温室中的干缩箱内须放干燥剂去湿。

3 试验步骤

3.1 干缩率试验以三个试件为一组。混凝土的拌和、成型按 T 0551 的规定进行。

3.2 如果采用预埋测钉，将干净的测钉安置在试模两头端板的中心孔中。成型试件的过程中，应防止测钉脱落。试件成型后送养护室养护，约 2 ~ 4h 后抹平表面，并防止水珠滴在试件表面。试件应带模养护 1 ~ 2d（视当时混凝土实际强度而定）。

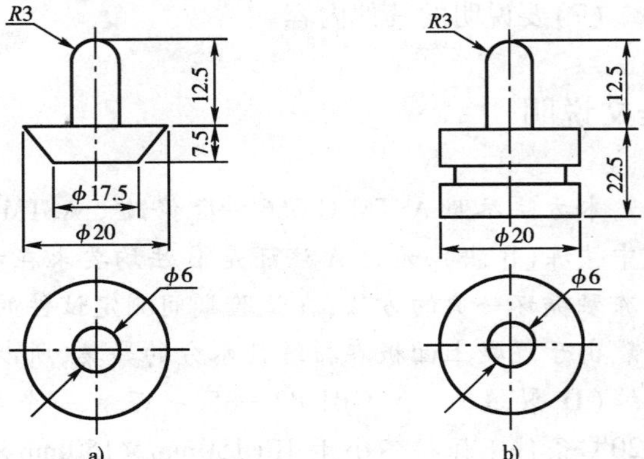

图 T 0566-1 轴心收缩仪测钉（尺寸单位：mm）
a）后埋测钉；b）预埋测钉

3.3 如果采用后埋测钉，成型试件后，试件应带模养护 1 ~ 2d（视当时混凝土实际强度而定）。拆模后，立即用环氧树脂或其他化学黏结剂加固轴心测钉。

3.4 试件应在 3d 龄期（从搅拌混凝土加水时算起）从标准养护室取出，并立即移入干缩室内测定初始长度（含测头）。初始长度应重复测定三次，取算术平均值作为基准长度的测定值。

3.5 从移入干缩室日起计算，在 1d、3d、7d、14d、28d、60d、90d、120d、150d、180d 测定试件的长度。

3.6 测量前应先用标准杆校正仪器的零点，并应在半天的测定过程中至少校核 1 ~ 2 次（其中一次在全部试件测读完后）。如复核时发现零点与原值的偏差超过 ±0.01mm，应调零后重新测定。

3.7 试件每次在收缩仪上放置的位置、方向应保持一致。为此，应在试件上标明相应的记号。试件在放置及取出时应仔细，不能碰撞表架及表杆，否则应重新校核零点。

每次读数应重复 3 次。

3.8 试件经测长和称量后，将底面架空置于不吸水的硬质网格垫板上，连同垫板放在试件架上，试件之间的间距应不小于 30mm。

注：湿试件和干试件应分开储存。

3.9 需要测定混凝土自收缩的试件，在 3d 龄期时从标准养护室取出立即密封处理。密封处理可采用金属套或蜡封，采用金属套时试件装入后应盖严焊死，不得留有任何缝隙。外露的测头周围应用石蜡封堵。蜡封时至少应涂蜡 3 次，每次涂蜡前应用浸蜡的纱布裹严，蜡封完毕后应套塑料布。

收缩试验期间，试件应无质量变化，在 180d 内质量变化不超过 10g，否则无效。

4 试验结果计算

某一龄期混凝土的干缩率按下式计算：

$$S_d = \frac{(X_{01} - X_{t1})}{L_0} \times 100 \tag{T 0566-1}$$

式中：S_d——龄期 d 天的混凝土干缩率（%）；

L_0——试件的测量标距，等于混凝土试件的长度（不计测头凸出部分）减去 2 倍测头埋入深度（mm）；

X_{01}——试件的初始长度（含测头）（mm）；

X_{t1}——龄期 t 天时干缩长度测值（含测头）（mm）。

取 3 个试件干缩率的算术平均值作为试验结果，干缩率计算精确至 0.000 1%。

5 试验报告

试验报告应包括以下内容：

（1）要求检测的项目名称、执行标准；

（2）原材料的品种、规格和产地；

(3)仪器设备的名称、型号及编号;

(4)环境温度和湿度;

(5)干缩率;

(6)要说明的其他内容。

条文说明

本方法参照 GBJ 82—85 修改。干缩率是公路工程水泥混凝土的主要性能之一,与所用原材料和配合比等许多因素有关,必须通过试验进行测定。

目前也有将棱柱体混凝土试件竖起来,以千分表固定在混凝土试件上端测定干缩变形的办法,但这种测试方法必须考虑混凝土初期由自重引起的变形。

T 0567—2005 水泥混凝土耐磨性试验方法

(Standard Test Method for Abrasion Resistance of Concrete Surfaces)

1 目的、适用范围和引用标准

本方法规定了水泥混凝土耐磨性试验的方法和步骤。

本方法适用于检验水泥混凝土的耐磨性,按规定的磨损方式磨削,以试件磨损面上单位面积的磨损量作为评定水泥混凝土耐磨性的相对指标。

引用标准:

T 0510—2005 水泥胶砂耐磨性试验方法

T 0551—2005 水泥混凝土试件制作与硬化水泥混凝土现场取样方法

2 仪器设备

(1)混凝土磨耗试验机:应符合 T 0510 附录"水泥胶砂磨耗试验机"的有关规定,并同时符合以下条件:

①水平转盘上的卡具,应能卡紧 150mm × 150mm × 150mm 立方体试件或直径为 ϕ150mm 的钻孔取芯试件,卡紧后试件不上浮和翘起。

②磨头与水平转盘间有效净空为 160 ~ 180mm。

(2)磨头花轮刀片:应符合 T 0510 附录中有关花轮刀片的规定。

(3)试模:模腔有效容积为 150mm × 150mm × 150mm,符合表 T 0551-1 的规定。

(4)烘箱:调温范围为 50 ~ 200℃,控制温度允许偏差为 ±5℃。

(5)电子秤:量程大于 10kg,感量不大于 1g。

3 试样

混凝土磨耗试验采用 150mm × 150mm × 150mm 立方体标准试件,每组 3 个试件。试件的成型和养护按 T 0551 的规定进行。

4 试验步骤

4.1 试件养护至 27d 龄期从养护地点取出,擦干表面水分放在室内空气中自然干燥 12h,再放入 60℃ ±5℃烘箱中,烘 12h 至恒重。

4.2 试件烘干处理后放至室温,刷净表面浮尘。

4.3 将试件放至耐磨试验机的水平转盘上(磨削面应与成型时的顶面垂直),用夹具将其轻轻紧固。在 200N 负荷下磨 30 转,然后取下试件刷净表面粉尘称重,记下相应质量 m_1,该质量作为试件的初始质量。然后在 200N 负荷下磨 60 转,然后取下试件刷净表面粉尘称重,并记录剩余质量 m_2。

整个磨损过程应将吸尘器对准试件磨损面，使磨下的粉尘被及时吸走。如果混凝土具有高耐磨性，可再增加旋转次数，并应特别注明。

4.4 每组花轮刀片只进行一组试件的磨耗试验，进行第二组磨耗试验时，必须更换一组新的花轮刀片。

5 试验结果

5.1 按下式计算每一试件的磨损量，以单位面积的磨损量来表示。

$$G_c = \frac{m_1 - m_2}{0.0125} \tag{T 0567-1}$$

式中：G_c——单位面积的磨损量(kg/m^2)；

m_1——试件的初始质量(kg)；

m_2——试件磨损后的质量(kg)；

0.012 5——试件磨损面积(m^2)。

5.2 以3块试件磨损量的算术平均值作为试验结果，结果计算精确至0.001kg/m^2。当其中一块磨损量超过平均值15%时，应予以剔除，取余下两块试件结果的平均值作为试验结果，如两块磨损量均超过平均值15%时，应重新试验。

6 试验报告

试验报告应包括以下内容：

(1)要求检测的项目名称、执行标准；

(2)原材料的品种、规格和产地；

(3)仪器设备的名称、型号及编号；

(4)环境温度和湿度；

(5)单位面积的磨损量；

(6)要说明的其他内容。

条文说明

本方法和ASTM C 944—95在试验原理上是一致的，均采用旋转磨耗法，以一定时间内试件的质量损失率作为磨损量。然而采用JC/T 421—91规定的磨耗试验机和ASTM C 944—95有所区别，所以在配重和磨耗时间方面有所不同。

美国已制订了混凝土和水泥砂浆耐磨性试验方法。ASTM C 77—89a包括三种方法(转盘式、琢毛滚轮式和滚珠式)。

1990年中国建筑材料科学研究院研制成功的新型磨耗试验机已通过鉴定，所制订的“水泥胶砂耐磨性试验方法”已被批准作为国家专业标准(编号JC/T 425—91)。

中国建筑材料科学研究院对为配合道路水泥国家标准的制订而研制成功的新型耐磨耗试验机和已被批准作为国家专业标准的试验方法已进行大量试验工作；对水泥胶砂耐磨性试验机和已作为国家专业标准的试验方法也已进行了大量的试验工作；对水泥胶砂耐磨性试验已取得比较成熟的经验，为混凝土耐磨性试验创造了重要条件。如果这种新型磨耗试验机能同时检测混凝土和水泥胶砂两者的耐磨性能，则可一机两用，取得事半功倍的效果。

1992年交通部公路科学研究所用TMS—240型“水泥胶砂耐磨试验机”(对试件固定部分作了加工改制)，进行不同配合比水泥胶砂和混凝土的耐磨性试验，结果表明，两者的磨损量均与强度有很密切的关系(相关系数为0.91～0.94)，可以达到一机两用的预期目的。本试验方法以室内试验为主，用普遍采用的边长为150mm立方体作为混凝土抗磨标准试件，易于进行大量比较试验，通用性较好。

T 0568—2005 水泥混凝土抗渗性试验方法

(Standard Test Method for Permeation Resistance of Cement Concrete under Hydraulic Pressure)

1 目的、适用范围和引用标准

本方法规定了水泥混凝土抗渗性试验的方法和步骤。

本方法适用于检测水泥混凝土硬化后的防水性能以及测定其抗渗等级。

引用标准:

T 0551—2005 水泥混凝土试件制作与硬化水泥混凝土现场取样方法

2 仪器设备

(1)水泥混凝土渗透仪:应能使水压按规定方法稳定地作用在试件上。

(2)成型试模:上口直径175mm,下口直径185mm,高150mm的锥台或上下直径与高度均为150mm的圆柱体。

(3)螺旋加压器、烘箱、电炉、浅盘、铁锅、钢丝刷等。

(4)密封材料:如石蜡,内掺松香约2%。

3 试件制备

3.1 制备和养生符合T 0551的规定。试块养护期不少于28d,不超过90d。

3.2 试件成型后24h拆模,用钢丝刷刷净两端面水泥浆膜,标准养护龄期为28d。

4 试验步骤

4.1 试件到龄期后取出,擦干表面,用钢丝刷刷净两端面,待表面干燥后,在试件侧面滚涂一层熔化的密封材料,然后立即在螺旋加压器上压入经过烘箱或电炉预热过的试模中,使试件底面和试模底平齐,待试模变冷后,即可解除压力,装在渗透仪上进行试验。

如在试验过程中,水从试件周边渗出,说明密封不好,要重新密封。

4.2 试验时,水压从0.1MPa开始,每隔8h增加水压0.1MPa,并随时注意观察试件端面情况,一直加至6个试件中有3个试件表面发现渗水,记下此时的水压力,即可停止试验。

注:当加压至设计抗渗等级,经8h后第三个试件仍不渗水,表明混凝土已满足设计要求,也可停止试验。

5 试验结果

混凝土的抗渗等级以每组6个试件中4个未发现有渗水现象时的最大水压力表示。抗渗等级按下式计算:

$$S = 10H - 1 \quad (T\ 0568\text{-}1)$$

式中:S——混凝土抗渗等级;

H——第三个试件顶面开始有渗水时的水压力(MPa)。

注:混凝土抗渗等级分级为S2、S4、S6、S8、S10、S12,若压力加至1.2MPa,经过8h,第三个试件仍未渗水,则停止试验,试件的抗渗等级以S12表示。

6 试验报告

试验报告应包括以下内容:

(1)要求检测的项目名称、执行标准;

(2)原材料的品种、规格和产地;

(3)仪器设备的名称、型号及编号;

(4)环境温度和湿度；

(5)抗渗等级；

(6)要说明的其他内容。

条文说明

本方法参照《普通混凝土长期性和耐久性能试验方法》(GBJ 82—85)中的第五章修改，本方法可用于评价水泥混凝土的耐久性。

T 0569—2005　水泥混凝土渗水高度试验方法

(Standard Test Method for Permeation Depth of Cement Concrete under Hydraulic Pressure)

1　目的、适用范围和引用标准

本方法规定了在给定时间和水压力条件下水泥混凝土渗水高度的测定方法。

本方法适用于室内相对比较水泥混凝土的密实性，计算相对渗透系数。也可用于比较水泥混凝土的抗渗性。

引用标准：

T 0551—2005　水泥混凝土试件制作与硬化水泥混凝土现场取样方法

2　仪器设备

(1)梯形板：尺寸如图 T 0569-1 所示，画有十条等间距垂直于上下端的直线。亦可采用尺寸约为 200mm×200mm 的玻璃或其他透明材料，将十条等间距线画在上面。

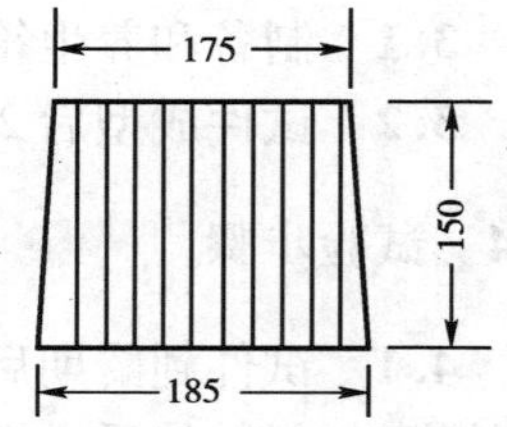

图 T 0569-1　梯形玻璃板
(尺寸单位：mm)

(2)钢尺：分度值为 1mm。

(3)成型试模：上口直径 175mm，下口直径 185mm，高 150mm 的锥台或上下直径与高度均为 150mm 的圆柱体。

(4)钟表：分度值为 min。

(5)螺旋加压器、烘箱、电炉、浅盘、铁锅、钢丝刷等。

3　试件制备

试件到龄期后取出，擦干表面，用钢丝刷刷净两端面，待表面干燥后，在试件侧面滚涂一层熔化的密封材料，然后立即在螺旋加压器上压入经过烘箱或电炉预热过的试模中，使试件底面和试模底平齐，待试模变冷后，即可解除压力，装在渗透仪上进行试验。

如在试验过程中，水从试件周边渗出，说明密封不好，要重新密封。

比较不同水泥品种的混凝土时，试件养护至 28d；比较水泥品种相同的混凝土时，试件可养护至 14d。

4　试验步骤

4.1　试验时，水压控制恒定为 0.8 MPa±0.05MPa，同时开始记录时间(精确到 min)，24h 后停止试验，取出试件。

注：1. 在恒压过程中，如果试件顶端出现渗水，应立即停止试验，并记录下时间。此时该试件的渗水高度即为试件高度。

2. 当混凝土较为密实时，压力可改为 1.0 MPa 或 1.2MPa 。

4.2　将试件放在压力机上，沿纵断面将试件劈裂成两半，待看清水痕后(约过 2～3min)用墨汁描出水痕,即为渗水轮廓,笔迹不宜太粗。

4.3 将梯形玻璃板放在试件劈裂面上,用尺测量十条线的渗水高度(精确至1mm)。

5 结果计算

5.1 以10个测点处渗水高度的算术平均值作为该试件的渗水高度;然后再计算6个试件的渗水高度的算术平均值,作为该组试件的平均渗水高度。

如试件的渗水高度均匀(3个试件渗水高度值中最大值与最小值之差不大于3个数的平均值的30%)时,允许从6个试件中先取3个试件进行试验,其渗水高度取3个试件的算术平均值。

根据试验所得渗水高度大小,相对比较混凝土的密实性。

5.2 相对渗透系数:

$$S_k = \frac{mD_m^2}{2TH} \quad \text{(T 0569-1)}$$

式中:S_k——相对渗透系数(mm/s);

D_m——平均渗水高度(cm);

H——水压力,以水柱高度表示(cm);

T——恒压经历的时间(h);

m——混凝土的吸水率,一般为0.03。

注:1MPa的水压力,以水柱高度表示为10 200cm。

6 试验报告

试验报告应包括以下内容:

(1)要求检测的项目名称、执行标准;

(2)原材料的品种、规格和产地;

(3)仪器设备的名称、型号及编号;

(4)环境温度和湿度;

(5)渗水高度和相对渗透系数;

(6)要说明的其他内容。

条文说明

本方法参考《水工混凝土试验规程》(DL/T 5150—2001)中的4.22节修改。

T 0570—2005 水泥砂浆立方体抗压强度试验方法

(Standard Test Method for Compressive Strength of Cubic Mortar Specimens)

1 目的、适用范围和引用标准

本试验规定了测定水泥砂浆抗压极限强度的方法,以确定水泥砂浆的强度等级,作为评定水泥砂浆品质的主要指标。

本试验适用于各类水泥砂浆的70.7mm×70.7mm×70.7mm立方体试件。

引用标准:

JG/T 3020—1994 《混凝土试验用振动台》

GB/T 3722—1992 《液压式压力试验机》

GB/T 2611—1992 《试验机通用技术要求》

JG 3019—1994 《水泥混凝土试模》

JG 3021—1994　《水泥混凝土坍落度仪》

2　仪器设备

(1)试模为70.7mm×70.7mm×70.7mm立方体,由铸铁或钢制成,应具有足够的刚度并拆装方便。试模的内表面应机械加工,其平面度应为每100mm不超过0.05mm,组装后各相邻面的垂直度不应超过±0.5°。

(2)捣棒:直径10mm、长350mm的钢棒,端部应磨圆。

(3)压力试验机:符合JG/T 3020中压力机的要求。

(4)垫板:试验机上、下压板及试件之间可垫以钢垫板,垫板的尺寸应大于试件的承压面,其平面度应为每100mm不超过0.02mm。

3　试件制备及养护

3.1　制作砌筑砂浆试件时,将无底试模放在普通黏土砖上(砖的吸水率不小于10%,含水率不大于2%),试模内壁事先涂刷薄层机油或脱模剂。

3.2　使用前预先在普通黏土砖上铺上吸水性较好的纸,如湿的新闻纸(或其他未粘过胶凝材料的纸),纸的大小要以能盖过砖的四边为准。砖的使用面要求平整,凡砖四个垂直面粘过水泥或其他胶结材料后,不允许再使用。

3.3　向试模内一次注满砂浆,用捣棒均匀由外向里按螺旋方向插捣25次,为了防止低稠度砂浆插捣后可能留下孔洞,允许用油灰刀沿模壁插数次,使砂浆高出试模顶面6~8mm。

3.4　当砂浆表面开始出现麻斑状态时(约15~30min),将高出部分的砂浆沿试模顶面削去抹平。

3.5　试件制作后应在20℃±5℃温度环境下放置一昼夜(24h±2h),当气温较低时,可适当延长时间,但不应超过两昼夜,然后对试件进行编号并拆模。试件拆模后,应在标准养护条件下继续养护至28d,然后进行试压。

3.6　标准养护的条件

3.6.1　水泥混合砂浆:标准养护的条件为温度20℃±2℃,相对湿度60%~80%。

3.6.2　水泥砂浆和微沫砂浆:标准养护的条件为温度20℃±2℃,相对湿度90%以上。

3.6.3　养护期间,试件彼此间隔10mm以上。

4　试验步骤

4.1　试件从养护地点取出后,应尽快进行试验,以免试件内部的温、湿度发生显著变化。先将试件擦拭干净,测量尺寸,并检查其外观。试件尺寸测量精确至1mm,如果实测尺寸与公称尺寸之差不超过1mm,按公称尺寸进行计算。

4.2　将试件安放在试验机的下压板上(或下垫板上),试件的承压面应与成型时的顶面垂直,试件中心应与试验机下压板(或下垫板)中心对准。

开动试验机,当上压板与试件(或下垫板)接近时,调整球座,使接触面均衡受压。承压试验应连续而均匀加荷,加荷速度为0.5~5kN/s(砂浆强度5MPa及5MPa以下时,取下限为宜,砂浆强度5MPa以上取上限为宜),保持试验机油门,直至试件破坏。

5　试验结果计算

5.1　立方体抗压强度

$$f_{m,cu} = \frac{F_u}{A} \quad \text{(T 0570-1)}$$

式中:$f_{m,cu}$——砂浆立方体抗压强度(MPa);

F_u——破坏荷载(N);

A——试件承压面积(mm^2)。

5.2 结果处理

以6个试件的算术平均值作为该组试件的抗压强度,精确至0.1 MPa。

6 试验报告

试验报告应包括以下内容:

(1)要求检测的项目名称、执行标准;

(2)原材料的品种、规格和产地;

(3)仪器设备的名称、型号及编号;

(4)环境温度和湿度;

(5)立方体抗压强度;

(6)要说明的其他内容。

条文说明

本方法参照 ASTM C 109/C 109M—98 制订。但在 ASTM C 109/C 109M—98 中采用的试件为 50mm×50mm×50mm 立方体。

JTG

中华人民共和国行业标准　　JTG E40—2007

公路土工试验规程

Test Methods of Soils for Highway Engineering

2007-07-11 发布　　2007-10-01 实施

中华人民共和国交通部发布

中华人民共和国交通部公告

2007年第21号

关于公布《公路土工试验规程》（JTG E40—2007）的公告

现公布《公路土工试验规程》（JTG E40—2007），自2007年10月1日起施行，原《公路土工试验规程》（JTJ 051—93）同时废止。

该规程的管理权和解释权归交通部，日常解释和管理工作由主编单位交通部公路科学研究院负责。请各有关单位在实践中注意总结经验，若有修改意见，请函告交通部公路科学研究院（地址：北京市海淀区西土城路8号，邮政编码：100088），以便修订时研用。

特此公告。

中华人民共和国交通部

二○○七年七月十一日

前　　言

《公路土工试验规程》(JTJ 051—93)(以下简称《93 规程》)自 1993 年实施以来,在我国公路工程建设中发挥了积极的作用。20 世纪 90 年代后期,随着我国高等级公路建设的迅速发展,以及国家科技水平的提高和基本建设条件的改善,《93 规程》的内容已不能满足公路交通建设的要求。为此,交通部下达《93 规程》的修订任务,并由交通部公路科学研究院主编。编写单位以两个现行国家标准《土工试验方法标准》(GB/T 50123—1999)和《土的分类标准》(GBJ 145—90)为基础,参照水利部、铁道部等相关行业的土工试验规程进行了修订。

本次修订按照尽可能与国标统一,并满足公路行业需求的原则进行。

修订的主要内容有:

1. 增加了“术语、符号”一章。对各章内容及条文说明进行了局部修改和有效性确认。

2. 土的工程分类中,对塑性图进行了部分调整。

3. 将“含水量”名称修改为“含水率”。删除了“碳化钙气压法”。

4. 比重试验增加了浮力法。

5. 颗粒分析试验增加了对密度计法的“刻度及弯月面的校正”依据标准。

6. 界限含水率试验增加了 76g 锥入土 17mm 的液限试验方法和液限碟式仪试验方法。

7. 渗透试验修订了变水头渗透试验方法。

8. 规定了击实试验的土类和击实筒的匹配以及击实功能等。

9. 增加了标准吸湿含水率试验方法。

10. 黄土湿陷试验方法中增加了自重湿陷系数试验、溶滤变形系数试验和湿陷起始压力试验。

11. 增加了冻土密度试验、冻结温度试验、冻土导热系数试验、未冻含水率试验、冻胀率试验和冻土融化压缩试验的冻土类试验方法。

12. 增加了湿化试验方法。

13. 在土的直接剪切试验中增加了排水反复直接剪切试验方法。

14. 在细粒土三轴压缩试验的固结不排水试验中,增加了固结后的土样几何尺寸计算方法;增加了“一个试样多级加荷三轴压缩试验”。

15. 增加了粗粒土直接剪切试验方法。

本规程由交通部公路科学研究院负责具体解释。希望各单位在使用中注意总结经验,有何意见和建议,请及时函告交通部公路科学研究院。地址:北京市海淀区西土城路 8 号,邮政编码:100088;联系人:王园,电话:010 - 62078519,传真:010 - 62079556,电子信箱:y. wang@ rioh. cn 或 wybjcn@ sohu. com。

主 编 单 位:交通部公路科学研究院

主要起草人:王　园　冯瑞玲　陈　耀　甘　雨　谭春海　李　辉

商庆森　梁向前　柏松平　折学森　刘书套　张立新

刘怡林　杨世基　武小平

目　录

1　总则 ………………………………………………………………… 1
2　术语、符号 ……………………………………………………………… 2
　2.1　术语 ………………………………………………………………… 2
　2.2　符号 ………………………………………………………………… 3
3　土的工程分类 ……………………………………………………………… 5
　3.1　一般规定 ………………………………………………………………… 5
　3.2　巨粒土分类 ………………………………………………………………… 7
　3.3　粗粒土分类 ………………………………………………………………… 7
　3.4　细粒土分类 ………………………………………………………………… 8
　3.5　特殊土分类 ………………………………………………………………… 10
　3.6　土的简易鉴别、分类和描述 ……………………………………………… 10
4　土样采集和试样制备 ……………………………………………………… 16
　T 0101—2007　土样的采集、运输和保管 ………………………………… 16
　T 0102—2007　土样和试样制备 ……………………………………… 17
5　土的含水率试验 ……………………………………………………… 23
　T 0103—1993　烘干法 ……………………………………………… 24
　T 0104—1993　酒精燃烧法 ……………………………………………… 25
　T 0105—1993　比重法 ……………………………………………… 26
6　土的密度试验 ……………………………………………………… 28
　T 0107—1993　环刀法 ……………………………………………… 28
　T 0108—1993　电动取土器法 ……………………………………………… 29
　T 0109—1993　蜡封法 ……………………………………………… 32
　T 0110—1993　灌水法 ……………………………………………… 33
　T 0111—1993　灌砂法 ……………………………………………… 36
7　土的比重试验 ……………………………………………………… 41
　T 0112—1993　比重瓶法 ……………………………………………… 41
　T 0169—2007　浮力法 ……………………………………………… 43
　T 0113—1993　浮称法 ……………………………………………… 45
　T 0114—1993　虹吸筒法 ……………………………………………… 46
8　颗粒分析试验 ……………………………………………………… 49
　T 0115—1993　筛分法 ……………………………………………… 49
　T 0116—2007　密度计法 ……………………………………………… 51
　T 0117—1993　移液管法 ……………………………………………… 59
9　界限含水率试验 ……………………………………………………… 62
　T 0118—2007　液限和塑限联合测定法 ……………………………… 62
　T 0170—2007　液限碟式仪法 ……………………………………………… 67
　T 0119—1993　塑限滚搓法 ……………………………………………… 69
　T 0120—1993　缩限试验 ……………………………………………… 71
10　土的收缩试验 ……………………………………………………… 73

T 0121—1993　收缩试验 …… 73
11　土的天然稠度试验 …… 77
T 0122—2007　天然稠度试验 …… 77
12　砂的相对密度试验 …… 80
T 0123—1993　砂的相对密度试验 …… 80
13　土的湿化试验 …… 84
T 0171—2007　湿化试验 …… 84
14　土中毛细管水上升高度试验 …… 86
T 0128—1993　毛细管水上升高度试验 …… 86
15　渗透试验 …… 90
T 0129—1993　常水头渗透试验 …… 90
T 0130—2007　变水头渗透试验 …… 93
16　土的击实试验 …… 97
T 0131—2007　击实试验 …… 97
17　土的承载比(CBR)试验 …… 102
T 0134—1993　承载比(CBR)试验 …… 102
18　土的回弹模量试验 …… 109
T 0135—1993　承载板法 …… 109
T 0136—1993　强度仪法 …… 111
19　土体固结试验 …… 115
T 0137—1993　单轴固结仪法 …… 115
T 0138—1993　快速试验法 …… 121
20　土的标准吸湿含水率试验 …… 127
T 0172—2007　标准吸湿含水率试验 …… 127
21　黄土湿陷试验 …… 130
T 0139—2007　相对下沉系数试验 …… 130
T 0173—2007　自重湿陷系数试验 …… 133
T 0174—2007　溶滤变形系数试验 …… 136
T 0175—2007　湿陷起始压力试验 …… 138
22　土的直接剪切试验 …… 142
T 0140—1993　黏质土的慢剪试验 …… 142
T 0141—1993　黏质土的固结快剪试验 …… 146
T 0142—1993　黏质土的快剪试验 …… 150
T 0143—1993　砂类土的直剪试验 …… 154
T 0176—2007　排水反复直接剪切试验 …… 157
23　土的三轴压缩试验 …… 162
T 0144—1993　不固结不排水试验 …… 162
T 0145—1993　固结不排水试验 …… 169
T 0146—1993　固结排水试验 …… 179
T 0177—2007　一个试样多级加荷试验 …… 188
24　土的无侧限抗压强度试验 …… 197
T 0148—1993　细粒土无侧限抗压强度试验 …… 197
25　粗粒土和巨粒土的最大干密度试验 …… 201
T 0133—1993　表面振动压实仪法 …… 201
T 0132—1993　振动台法 …… 206

26 粗粒土的直接剪切试验 …… 213
T 0178—2007 粗粒土直接剪切试验 …… 213
27 粗粒土的三轴压缩试验 …… 218
T 0147—1993 粗粒土三轴压缩试验 …… 218
28 土的膨胀性试验 …… 225
T 0124—1993 自由膨胀率试验 …… 225
T 0125—1993 无荷载膨胀率试验 …… 227
T 0126—1993 有荷载膨胀率试验 …… 230
T 0127—1993 膨胀力试验 …… 233
29 冻土试验 …… 236
T 0179—2007 冻土密度浮称法试验 …… 236
T 0180—2007 冻土密度浮力法试验 …… 237
T 0181—2007 冻土密度联合测定法试验 …… 239
T 0182—2007 冻土密度环刀法试验 …… 241
T 0183—2007 冻土密度充砂法试验 …… 243
T 0184—2007 冻结温度试验 …… 244
T 0185—2007 冻土导热系数试验 …… 246
T 0186—2007 未冻含水率试验 …… 248
T 0187—2007 冻胀率试验 …… 250
T 0188—2007 冻土融化压缩试验 …… 253
30 土中化学成分试验 …… 257
T 0149—1993 酸碱度试验 …… 257
T 0150—1993 烧失量试验 …… 258
T 0151—1993 有机质含量试验 …… 259
T 0152—1993 易溶盐试验待测液的制备 …… 262
T 0153—1993 易溶盐总量的测定——质量法 …… 263
T 0154—1993 易溶盐碳酸根及碳酸氢根的测定 …… 264
T 0155—1993 易溶盐氯根的测定——硝酸银滴定法 …… 267
T 0156—1993 易溶盐氯根的测定——硝酸汞滴定法 …… 268
T 0157—1993 易溶盐钙和镁离子的测定——EDTA 配位滴定法 …… 270
T 0158—1993 易溶盐硫酸根的测定——质量法 …… 273
T 0159—1993 易溶盐硫酸根的测定——EDTA 间接配位滴定法 …… 275
T 0160—1993 易溶盐钠和钾离子的测定——火焰光度法 …… 277
T 0161—1993 中溶盐石膏测定——盐酸浸提硫酸钡质量法 …… 279
T 0162—1993 难溶盐碳酸钙测定——气量法 …… 281
T 0163—1993 阳离子交换量试验——EDTA—铵盐快速法 …… 283
T 0164—1993 阳离子交换量试验——草酸铵—氯化铵法 …… 285
31 土中矿物成分试验 …… 289
T 0165—1993 硅的测定 …… 289
T 0166—1993 倍半氧化物(R_2O_3)总量的测定 …… 291
T 0167—1993 铁和铝的测定 …… 293
T 0168—1993 钙和镁的测定 …… 295
附录 A 试验成果的分析整理方法 …… 298
附录 B 二氧化碳密度表 …… 301

1 总 则

1.0.1 为测定土的基本工程性质,统一试验方法,并为公路工程设计和施工提供可靠的计算指标和参数,制定本规程。

1.0.2 本规程适用于各类公路工程的地基土、路基土及其他路用土的基本工程性质试验。

1.0.3 各项工程应编制合理的试验方案,采集代表性的试样,测算准确的数据和进行正确的资料分析整理,为设计和施工提供反映实际情况的各种土性指标。

1.0.4 土工试验资料的分析整理按附录A进行,通过对样本(试验测得的数据)的研究,来估计总体(土体单元)的特征及其变化的规律性。

1.0.5 土工试验检测报告,对不同类型和级配特征的土,应提供土的基本颗粒级配、液限和塑限指标;对于特殊土,还应提供描述特殊土基本特征的试验测试指标。

1.0.6 公路土工试验除应符合本规程要求外,尚应符合国家和行业现行相关标准的规定。

条文说明

本规程包括87个测定土的基本工程性质的试验项目。修订本规程的目的是使公路系统的试验室在进行土工试验时有一个统一的试验准则,使所有的试验及试验结果具有一致性和可比性。

共性技术要求系指土的物理、水理、力学和化学性质试验中带共性的要求或标准,内容涉及土性指标的选择、成果整理、指标换算和试验报告等,系参考其他部门经验并结合公路工程特点而制定。

本规程中土的工程分类系以国家标准《土的分类标准》(GBJ 145—90)最新修订报批稿为基础并依照公路建设特性要求进行编制。各项基本试验遵照《土工试验方法标准》(GB/T 50123—1999),对《公路土工试验规程》(JTJ 051—93)进行了修订。

2 术语、符号

2.1 术　　语

2.1.1　含水率 water content

土中水的质量与土颗粒质量的比值，以百分率表示。

2.1.2　密度 density

单位体积土的质量。

2.1.3　孔隙率 porosity

土的孔隙体积与土总体积的比值，以百分率表示。

2.1.4　孔隙比 void ratio

土的孔隙体积与固体颗粒体积的比值。

2.1.5　土粒比重 specific gravity of soil particle

土颗粒的质量与同体积4℃时蒸馏水的质量的比值。

2.1.6　级配 gradation

土料按颗粒粗细的不同，将粒径相似、工程性质相近的颗粒划分为若干个粒组，土中各粒组的相对含量，即为土颗粒的级配。它是以不均匀系数 C_u 和曲率系数 C_c 来评价构成土的颗粒粒径分布曲线形态的一种概念。

2.1.7　稠度界限 consistency limit

黏性土随含水率的变化从一种状态变为另一种状态时的界限含水率。

2.1.8　固结 consolidation

饱和土体在外荷载作用下，土体孔隙中水分逐渐排出，使土体体积减小、密度增长的过程。

2.1.9　压缩系数 coefficient of compressibility

在 K_0 固结试验中，土试样的孔隙比减小量与有效压力增加量的比值。即 e—p 压缩曲线上某压力段的割线斜率，以绝对值表示。

2.1.10　压缩指数 compression index

压缩试验所得土孔隙比与有效压力对数值关系曲线上直线段的斜率。即 e—lg p 压缩曲线上大于先期固结压力后的直线段斜率。

2.1.11　压缩模量 constrained modulus

土体在侧限条件下受压时，竖向有效压力与竖向应变的比值。

2.1.12　回弹模量 modulus of resilience

土体在部分侧限条件下，卸载过程中的竖向压力与回弹应变的比值。

2.1.13　渗透系数 coefficient of permeability

土中水渗流呈层流状态时，其流速与作用水力梯度成正比关系的比例系数。

2.1.14　抗剪强度 shear strength

土体在剪切面上所能承受的极限剪应力。

2.1.15　无侧限抗压强度 unconfined compression strength

土体在无侧限条件下，抵抗轴向压力的极限强度。

2.1.16　有机质土 organic soil

土中有机质含量多于或等于总质量的5%且少于总质量的10%的土。

2.1.17 黄土 loess

主要由粉粒组成,呈棕黄或黄褐色,具有大孔隙和垂直节理特征的土。受水浸湿后产生湿陷的黄土,称为湿陷性黄土。

2.1.18 膨胀土 expansive soil

富含亲水性矿物并具有明显的吸水膨胀与失水收缩特性的高塑性黏土。

2.1.19 冻土 frozen soil

具有负温或零温度,并含有冰晶的土(石)。

2.1.20 红土 laterite

石灰岩或其他岩浆岩经风化后形成的富含铁铝氧化物的褐红色粉土或黏土。

2.1.21 盐渍土 saline soil

不同程度盐渍化土的总称。在公路工程中,一般指地表下1.0m内土中易溶盐含量平均大于0.3%的土。

条文说明

本章节内容为新增内容。术语解释参考了《岩土工程基本术语标准》(GB/T 50279—98)和《公路工程名词术语》(JTJ 002—87)进行编写。

2.2 符 号

本规程相关符号见表2-1。

表2-1 符号和单位

名词、术语	符号	单位	名词、术语	符号	单位
时间	t	d,min,s	单位渗透流量	q	cm^3/s
温度(摄氏制)	t	°C	承载比	CBR	%
含水率	w	%	压缩系数	a	kPa^{-1}
湿土质量	m	g,kg	体积压缩系数	a_v	kPa^{-1}
干土质量	m_s	g,kg	压缩模量	E_s	kPa
湿密度	ρ	g/cm^3	回弹模量	E_0	kPa
干密度	ρ_d	g/cm^3	固结系数	C_v	cm^2/s
土粒密度	ρ_s	g/cm^3	固结度	U	%
土粒比重	G_s 或 G		时间因数	T_v	
孔隙比	e		相对下沉系数	i_m	
孔隙率	n	%	自重湿陷系数	δ_{zs}	
饱和度	S_r	%	溶滤变形系数	δ_{wt}	
土粒直径	d	mm	湿陷起始压力	p_{sh}	kPa
水的动力黏滞系数	η	kPa·s	垂直压力	p	kPa
砂的相对密度	D_r		轴向应变	ε_1	%
最大孔隙比	e_{max}		大主应力	σ_1	kPa
最小孔隙比	e_{min}		周围压力	σ_3	kPa
最大干密度	ρ_{dmax}	g/cm^3	正应力	σ	kPa
最小干密度	ρ_{dmin}	g/cm^3	孔隙水压力	u	kPa
液限	w_L	%	凝聚力	c	kPa
塑限	w_P	%	内摩擦角	φ	(°)
塑性指数	I_P		剪应力	τ	kPa

续上表

名词、术语	符　号	单　位	名词、术语	符　号	单　位
缩限	w_s	%	崩解量	A_t	%
稠度	w_c		抗剪强度	S	kPa
体缩率	e_s	%	原状土无侧限抗压强度	q_u	kPa
最佳含水率	w_{op}	%	重塑土无侧限抗压强度	q'_u	kPa
自由膨胀率	δ_{ef}	%	灵敏度	S_t	
无荷载膨胀率	δ_e	%	冻土密度	ρ_f	g/cm^3
有荷载膨胀率	δ_{ep}	%	冻结温度	T	℃
膨胀力	p_e	kPa	冻土导热系数	λ	W/(m·K)
渗透系数	k	cm/s	未冻含水率	w_n	%
渗透速度	v	cm/s	冻胀率	η_f	%
t 时间内渗透水量	Q	cm^3	冻土融化压缩系数	a	MPa^{-1}

条文说明

本表内容主要为《93 规程》中目录前的一页内容。由于修订后的规程增加了相关冻土、膨胀土、粗粒土和黄土以及湿化的试验方法，因此在修订后表中增加了无荷载膨胀率、有荷载膨胀率、膨胀力、崩解量、自重湿陷系数、溶滤变形系数、湿陷起始压力、冻土密度、冻结温度、冻土导热系数、未冻含水率、冻胀率和冻土融化压缩系数的名词、术语、符号和单位等的内容。

3　土的工程分类

3.1　一 般 规 定

3.1.1　土的工程分类(简称“分类”)适用于公路工程用土的鉴别、定名和描述,以便对土的性状作定性评价。

3.1.2　应以土的下列特征作为土的分类依据:

(1)土颗粒组成特征。

(2)土的塑性指标:液限(w_L)、塑限(w_P)和塑性指数(I_P)。

(3)土中有机质存在情况。

3.1.3　本“分类”应按筛分法(T 0115—1993)确定各粒组的含量;按液限塑限联合测定法(T 0118—2007)确定液限和塑限;按本方法 3.4.8 判别有机质存在情况。

3.1.4　土的颗粒应根据图 3-1 所列粒组范围划分粒组。

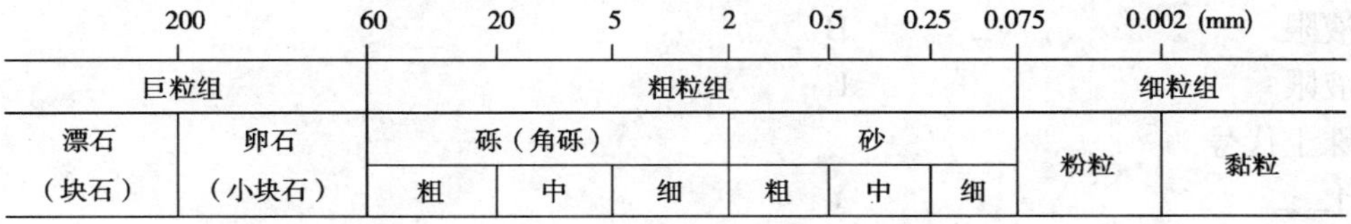

200
60
20
5
2
0.5
0.25
0.075
0.002 (mm)
巨粒组
粗粒组
细粒组
漂石
(块石)
卵石
(小块石)
砾(角砾)
砂
粗
中
细
粗
中
细
粉粒
黏粒

图 3-1　粒组划分图

3.1.5　本“分类”将土分为巨粒土、粗粒土、细粒土和特殊土,分类总体系见图 3-2。

土
巨粒土
粗粒土
细粒土
特殊土
漂石土
卵石土
砾类土
砂类土
粉质土
黏质土
有机质土
黄土
膨胀土
红黏土
盐渍土
冻土

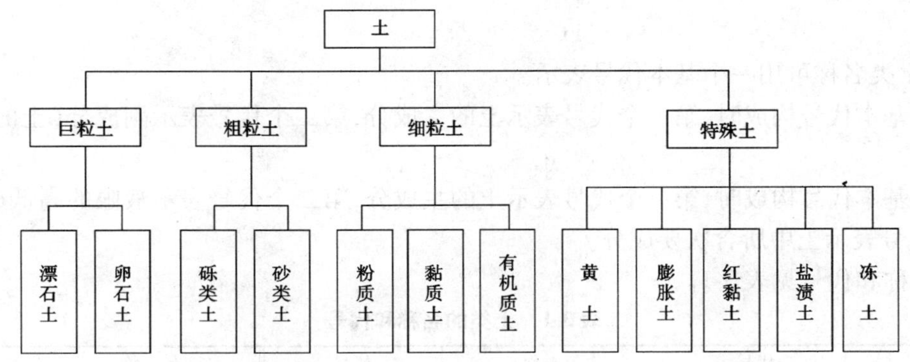

图 3-2　土分类总体系

3.1.6　土颗粒组成特征应以土的级配指标的不均匀系数(C_u)和曲率系数(C_c)表示:

不均匀系数 C_u 反映粒径分布曲线上的土粒分布范围,按下式计算:

$$C_u = \frac{d_{60}}{d_{10}} \tag{3-1}$$

曲率系数 C_c 反映粒径分布曲线上的土粒分布形状,按下式计算:

$$C_c = \frac{d_{30}^2}{d_{10} \times d_{60}} \tag{3-2}$$

以上两式中:d_{10}、d_{30}和 d_{60}——土的特征粒径(mm),在土的粒径分布曲线上,小于该粒径的土粒质量分别为总土质量的 10%、30%、60%。

3.1.7　细粒土应根据塑性图分类。土的塑性图以液限(w_L)为横坐标、塑性指数(I_P)为纵坐标构成。

3.1.8 土的成分、级配、液限和特殊土等基本代号应按下列规定构成：

(1)土的成分代号

漂石　B

块石　B_a

卵石　C_b

小块石　Cb_a

砾　G

角砾　G_a

砂　S

粉土　M

黏土　C

细粒土(C和M合称)　F

(混合)土(粗、细粒土合称)　Sl

有机质土　O

(2)土的级配代号

级配良好　W

级配不良　P

(3)土液限高低代号

高液限　H

低液限　L

(4)特殊土代号

黄土　Y

膨胀土　E

红黏土　R

盐渍土　St

冻土　Ft

3.1.9 土类名称可用一个基本代号表示。

当由两个基本代号构成时，第一个代号表示土的主成分，第二个代号表示副成分(土的液限或土的级配)。

当由三个基本代号构成时，第一个代号表示土的主成分，第二个代号表示液限的高低(或级配的好坏)，第三个代号表示土中所含次要成分。

土类的名称和代号见表3-1。

表3-1　土类的名称和代号

名　称	代号	名　称	代号	名　称	代号
漂石	B	级配良好砂	SW	含砾低液限黏土	CLG
块石	B_a	级配不良砂	SP	含砂高液限黏土	CHS
卵石	C_b	粉土质砂	SM	含砂低液限黏土	CLS
小块石	Cb_a	黏土质砂	SC	有机质高液限黏土	CHO
漂石夹土	BSl	高液限粉土	MH	有机质低液限黏土	CLO
卵石夹土	CbSl	低液限粉土	ML	有机质高液限粉土	MHO
漂石质土	SlB	含砾高液限粉土	MHG	有机质低液限粉土	MLO
卵石质土	SlCb	含砾低液限粉土	MLG	黄土(低液限黏土)	CLY
级配良好砾	GW	含砂高液限粉土	MHS	膨胀土(高液限黏土)	CHE
级配不良砾	GP	含砂低液限粉土	MLS	红土(高液限粉土)	MHR
细粒质砾	GF	高液限黏土	CH	红黏土	R
粉土质砾	GM	低液限黏土	CL	盐渍土	St
黏土质砾	GC	含砾高液限黏土	CHG	冻土	Ft

3.2 巨粒土分类

3.2.1 巨粒土应按图 3-3 定名分类。

(1)巨粒组质量多于总质量 75% 的土称漂(卵)石。

(2)巨粒组质量为总质量 50% ~75%(含 75%)的土称漂(卵)石夹土。

(3)巨粒组质量为总质量 15% ~50%(含 50%)的土称漂(卵)石质土。

(4)巨粒组质量少于或等于总质量 15% 的土,可扣除巨粒,按粗粒土或细粒土的相应规定分类定名。

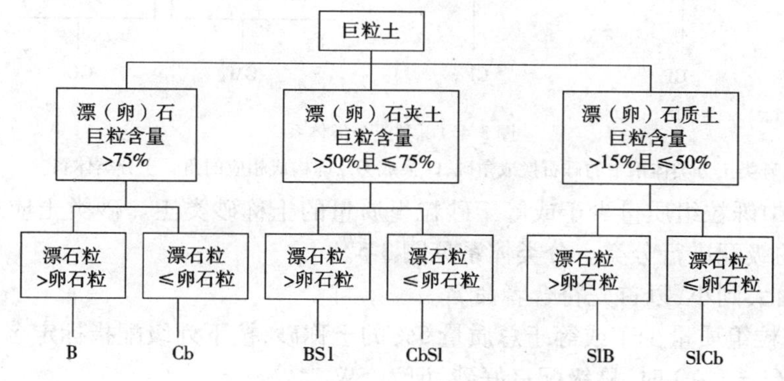

图 3-3 巨粒土分类体系

注:1. 巨粒土分类体系中的漂石换成块石,B 换成 B_a,即构成相应的块石分类体系。

2. 巨粒土分类体系中的卵石换成小块石,C_b 换成 Cb_a,即构成相应的小块石分类体系。

3.2.2 漂(卵)石按下列规定定名:

(1)漂石粒组质量多于卵石粒组质量的土称漂石,记为 B。

(2)漂石粒组质量少于或等于卵石粒组质量的土称卵石,记为 Cb。

3.2.3 漂(卵)石夹土按下列规定定名:

(1)漂石粒组质量多于卵石粒组质量的土称漂石夹土,记为 BSl。

(2)漂石粒组质量少于或等于卵石粒组质量的土称卵石夹土,记为 CbSl。

3.2.4 漂(卵)石质土应按下列规定定名:

(1)漂石粒组质量多于卵石粒组质量的土称漂石质土,记为 SlB。

(2)漂石粒组质量少于或等于卵石粒组质量的土称卵石质土,记为 SlCb。

(3)如有必要,可按漂(卵)石质土中的砾、砂、细粒土含量定名。

3.3 粗粒土分类

3.3.1 试样中巨粒组土粒质量少于或等于总质量 15%,且巨粒组土粒与粗粒组土粒质量之和多于总土质量 50% 的土称粗粒土。

3.3.2 粗粒土中砾粒组质量多于砂粒组质量的土称砾类土。砾类土应根据其中细粒含量和类别以及粗粒组的级配进行分类。分类体系见图 3-4。

(1)砾类土中细粒组质量少于或等于总质量 5% 的土称砾,按下列级配指标定名:

①当 $C_u \geqslant 5$,且 $C_c = 1 \sim 3$ 时,称级配良好砾,记为 GW。

②不同时满足 3.3.2(1)中的①条件时,称级配不良砾,记为 GP。

(2)砾类土中细粒组质量为总质量 5% ~15%(含 15%)的土称含细粒土砾,记为 GF。

(3)砾类土中细粒组质量大于总质量的 15%,并小于或等于总质量的 50% 的土称细粒土质砾,按细粒土在塑性图中的位置定名:

①当细粒土位于塑性图 A 线以下时,称粉土质砾,记为 GM。

②当细粒土位于塑性图 A 线或 A 线以上时,称黏土质砾 ,记为 GC。

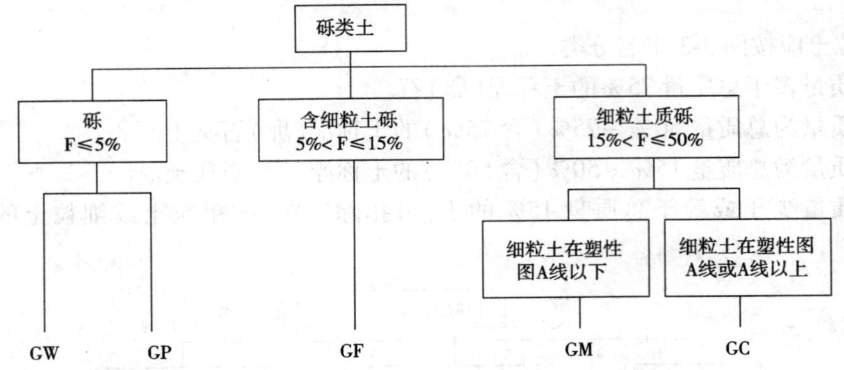

图 3-4　砾类土分类体系

注:砾类土分类体系中的砾石换成角砾,G 换成 G_a,即构成相应的角砾土分类体系。

3.3.3　粗粒土中砾粒组质量少于或等于砂粒组质量的土称砂类土。砂类土应根据其中细粒含量和类别以及粗粒组的级配进行分类。分类体系见图 3-5。

根据粒径分组由大到小,以首先符合者命名。

(1)砂类土中细粒组质量少于或等于总质量 5% 的土称砂,按下列级配指标定名:

①当 $C_u \geqslant 5$,且 $C_c = 1 \sim 3$ 时,称级配良好砂,记为 SW。

②不同时满足本方法 3.3.3(1)中的①条件时,称级配不良砂,记为 SP。

(2)砂类土中细粒组质量为总质量 5% ~15%(含 15%)的土称含细粒土砂,记为 SF。

(3)砂类土中细粒组质量大于总质量的 15%,并小于总质量的 50% 的土称细粒土质砂,按细粒土在塑性图中的位置定名:

①当细粒土位于塑性图 A 线以下时,称粉土质砂 ,记为 SM。

②当细粒土位于塑性图 A 线或 A 线以上时,称黏土质砂 ,记为 SC。

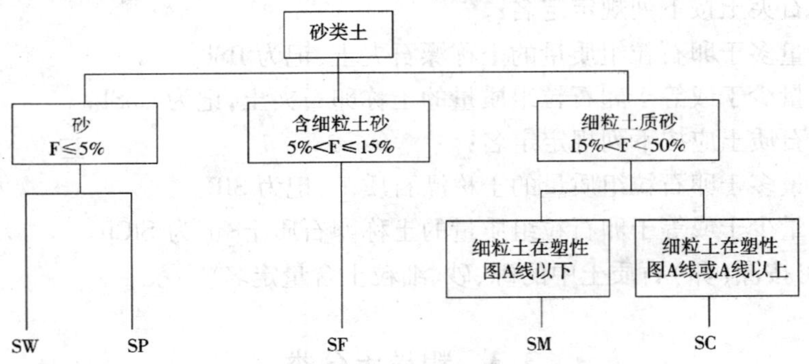

图 3-5　砂类土分类体系

注:需要时,砂可进一步细分为粗砂、中砂和细砂。

粗砂——粒径大于 0.5mm 颗粒多于总质量 50%;

中砂——粒径大于 0.25mm 颗粒多于总质量 50%;

细砂——粒径大于 0.075mm 颗粒多于总质量 75%。

3.4　细粒土分类

3.4.1　试样中细粒组土粒质量多于或等于总质量 50% 的土称细粒土。分类体系见图 3-6。

3.4.2　细粒土应按下列规定划分:

(1)细粒土中粗粒组质量少于或等于总质量 25% 的土称粉质土或黏质土。

(2)细粒土中粗粒组质量为总质量 25% ~50%(含 50%)的土称含粗粒的粉质土或含粗粒的黏

质土。

(3)试样中有机质含量多于或等于总质量的5%,且少于总质量的10%的土称有机质土。试样中有机质含量多于或等于10%的土称为有机土。

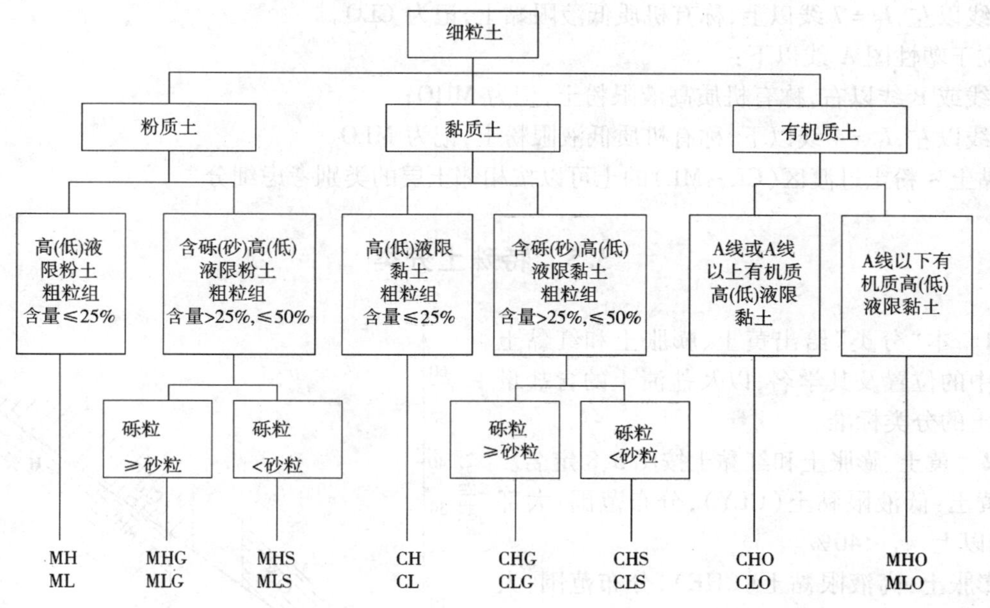

图3-6 细粒土分类体系

3.4.3 细粒土应按塑性图分类。本"分类"的塑性图(见图3-7)采用下列液限分区:

低液限 $w_L < 50\%$

高液限 $w_L \geqslant 50\%$

3.4.4 细粒土应按其在图3-7中的位置确定土名称:

(1)当细粒土位于塑性图A线或A线以上时,按下列规定定名:

在B线或B线以右,称高液限黏土,记为CH;

在B线以左,$I_P = 7$线以上,称低液限黏土,记为CL。

(2)当细粒土位于A线以下时,按下列规定定名:

在B线或B线以右,称高液限粉土,记为MH;

在B线以左,$I_P = 4$线以下,称低液限粉土,记为ML。

(3)黏土~粉土过渡区(CL~ML)的土可以按相邻土层的类别考虑细分。

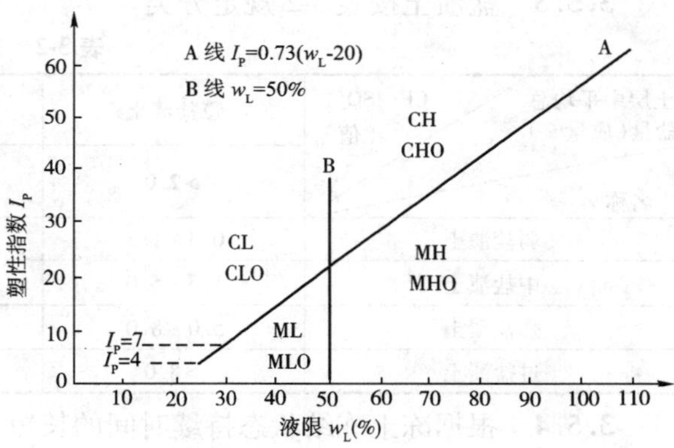

图3-7 塑性图

3.4.5 本"分类"确定的是土的学名和代号,必要时,允许附列通俗名称或当地习惯名称。

3.4.6 含粗粒的细粒土应先按本方法3.4.4的规定确定细粒土部分的名称,再按以下规定最终定名:

(1)当粗粒组中砾粒组质量多于砂粒组质量时,称含砾细粒土,应在细粒土代号后缀以代号"G"。

(2)当粗粒组中砂粒组质量多于或等于砾粒组质量时,称含砂细粒土,应在细粒土代号后缀以代号"S"。

3.4.7 土中有机质包括未完全分解的动植物残骸和完全分解的无定形物质。后者多呈黑色、青黑色或暗色;有臭味;有弹性和海绵感。借目测、手摸及嗅感判别。

当不能判定时,可采用下列方法:将试样在105~110℃的烘箱中烘烤。若烘烤24h后试样的液限小于烘烤前的四分之三,则该试样为有机质土。当需要测有机质含量时,按有机质含量试验(T 0151—1993)进行。

3.4.8 有机质土应根据图3-7按下列规定定名：

(1)位于塑性图A线或A线以上时：

在B线或B线以右，称有机质高液限黏土，记为CHO；

在B线以左，$I_P=7$线以上，称有机质低液限黏土，记为CLO。

(2)位于塑性图A线以下：

在B线或B线以右，称有机质高液限粉土，记为MHO；

在B线以左，$I_P=4$线以下，称有机质低液限粉土，记为MLO。

(3)黏土～粉土过渡区(CL～ML)的土可以按相邻土层的类别考虑细分。

3.5 特殊土分类

3.5.1 本“分类”给出黄土、膨胀土和红黏土在塑性图中的位置及其学名，以及盐渍土的含盐量标准和冻土的分类标准。

3.5.2 黄土、膨胀土和红黏土按图3-8定名。

(1)黄土：低液限黏土(CLY)，分布范围：大部分在A线以上，$w_L<40\%$。

(2)膨胀土：高液限黏土(CHE)，分布范围：大部分在A线以上，$w_L>50\%$。

(3)红黏土：高液限粉土(MHR)，分布范围：大部分在A线以下，$w_L>55\%$。

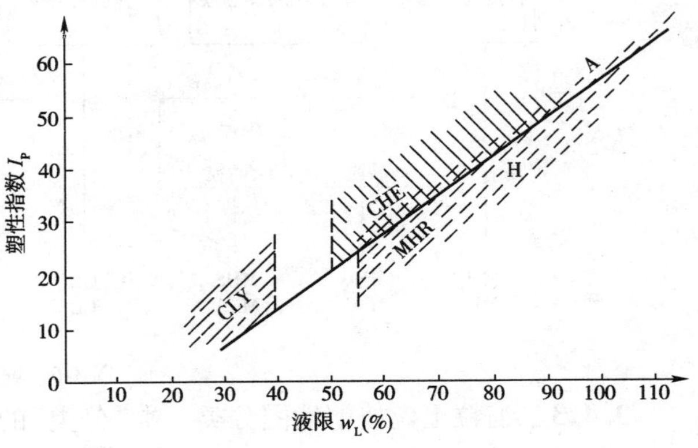

图3-8 特殊土塑性图

3.5.3 盐渍土按表3-2规定分类。

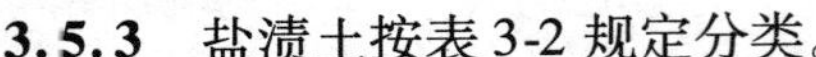

表3-2 盐渍土工程分类

土层中平均总盐量(质量%) \ Cl^-/SO_4^{2-}比值 \ 名称	氯盐渍土	亚氯盐渍土	亚硫酸盐渍土	硫酸盐渍土
	>2.0	1.0～2.0	0.3～1.0	<0.3
弱盐渍土	0.3～1.5	0.3～1.0	0.3～0.8	0.3～0.5
中盐渍土	1.5～5.0	1.0～4.0	0.8～2.0	0.5～1.5
强盐渍土	5.0～8.0	4.0～7.0	2.0～5.0	1.5～4.0
过盐渍土	>8.0	>7.0	>5.0	>4.0

3.5.4 根据冻土冻结状态持续时间的长短，我国冻土可分为多年冻土、隔年冻土和季节冻土三种类型(表3-3)。

表3-3 冻土按冻结状态持续时间分类

类　型	持续时间 t(年)	地面温度(℃)特征	冻融特征
多年冻土	$t\geqslant 2$	年平均地面温度≤0	季节融化
隔年冻土	$2>t\geqslant 1$	最低月平均地面温度≤0	季节冻结
季节冻土	$t<1$	最低月平均地面温度≤0	季节冻结

3.6 土的简易鉴别、分类和描述

3.6.1 土的简易鉴别方法是指用目测法代替筛分法确定土粒组成及其特征的方法；用干强度、手捻、韧性和摇振反应等定性方法代替用液限仪测定细粒土塑性的方法。

3.6.2 确定土粒组含量时，可将研散的风干试样摊成一薄层，凭目测估计土中巨、粗、细粒组所占的比例。再按本方法3.2～3.4的有关规定确定其为巨粒土、粗粒土或细粒土。

3.6.3 干强度试验：将一小块土捏成土团，风干后用手指捏碎、掰断及捻碎，根据用力大小区分为：

(1)很难或用力才能捏碎或掰断者为干强度高。

(2)稍用力即可捏碎或掰断者为干强度中等。

(3)易于捏碎和捻成粉末者为干强度低。

3.6.4 手捻试验:将稍湿或硬塑的小土块在手中揉捏,然后用拇指和食指将土捻成片状,根据手感和土片光滑度可分为:

(1)手感滑腻,无砂,捻面光滑者为塑性高。

(2)稍有滑腻感,有砂粒,捻面稍有光泽者为塑性中等。

(3)稍有黏性,砂感强,捻面粗糙者为塑性低。

3.6.5 搓条试验:将含水率略大于塑限的湿土块在手中揉捏均匀,再在手掌上搓成土条,根据土条不断裂而能达到的最小直径可区分为:

(1)能搓成小于1mm 土条者为塑性高。

(2)能搓成1~3mm 土条而不断者为塑性中等。

(3)能搓成直径大于3mm 的土条即断裂者为塑性低。

3.6.6 韧性试验:将含水率略大于塑限的土块在手中揉捏均匀,然后在手掌中搓成直径为3mm 的土条,再揉成土团,根据再次搓条的可能性可区分为:

(1)能揉成土团,再成条,捏而不碎者为韧性高。

(2)可再成团,捏而不易碎者为韧性中等。

(3)勉强或不能揉成团,稍捏或不捏即碎者为韧性低。

3.6.7 摇振反应试验:将软塑至流动的小土块,捏成土球,放在手掌上反复摇晃,并以另一手掌击此手掌,土中自由水渗出,球面呈现光泽;用两手指捏土球,放松后水又被吸入,光泽消失。根据上述渗水和吸水反应快慢可区分为:

(1)立即渗水和吸水者为反应快。

(2)渗水和吸水中等者为反应中等。

(3)渗水吸水慢及不渗不吸者为无反应。

3.6.8 巨粒土和粗粒土可根据本方法3.6.2 条的目估,按本方法3.2 和3.3 中有关规定进行分类定名。

3.6.9 细粒土可根据本方法3.6.3~3.6.7 的试验结果,按表3-4 进行分类定名。

表3-4 细粒土简易分类

半固态时的干强度	硬塑~可塑态时的手捻感和光滑度	土在可塑态时		软塑~流塑态时的摇振反应	土类代号
		可搓成最小直径(mm)	韧性		
低~中	灰黑色,粉粒为主,稍黏,捻面粗糙	3	低	快~中	MLO
中	砂粒稍多,有黏性,捻面较粗糙,无光泽	2~3	低~中	快~中	ML
中~高	有砂粒,稍有滑腻感,捻面稍有光泽,灰黑色者为CLO	1~2	中	无~很慢	CL CLO
中	粉粒较多,有滑腻感,捻面较光滑	1~2	中	无~慢	MH
中~高	灰黑色,无砂,滑腻感强,捻面光滑	<1	中~高	无~慢	MHO
高~很高	无砂感,滑腻感强,捻面有光泽,灰黑色者为CHO	<1	高	无	CH CHO

3.6.10 在现场采样和试验开启试样时,应按下列内容描述土的状态。

(1)巨粒土和粗粒土

通俗名称及当地名称;土颗粒最大粒径;漂石粒、卵石粒、砾粒、砂粒组的含量;土颗粒形状(圆、次圆、棱角或次棱角);土颗粒的矿物成分;土的颜色和有机质;细粒土(黏土或粉土);土的代号和名称。

(2)细粒土

通谷名称及当地名称;土颗粒最大粒径;漂石粒、卵石粒、砾粒、砂粒组的含量;潮湿时土的颜色及有机质;土的湿度(干、湿、很湿或饱和);土的状态(流动、软塑、可塑或硬塑);土的塑性(高、中或低);土的代号和名称。

3.6.11 根据土的不同用途分别描述下列内容:

(1)当用作填料时,不同土类的分布层次及范围。

(2)当用作地基时,土的分布层次及范围、结构性和密度。

条文说明

3.1 一般规定

3.1.1 本分类以《土的分类标准》(GBJ 145—90)的最新修订报批稿为基础,为公路岩土工程进行分类而编制,属专门分类标准。内容包括对土类进行鉴别,确定其名称和代号,并给以必要的描述。以统一公路工程用土的名称,并对土的工程性质加以定性。

3.1.2 土的工程分类是土工试验方法的内容之一,故分类试验应遵照本规程有关试验项目中规定的方法和要求进行。

3.1.3 本分类将土分为巨粒土、粗粒土、细粒土和特殊土,可以满足一般的工程需要。由于土分类系按扰动试样进行,因此,土的天然状态如密度的疏、密,含水状态的干、湿,结构状态的成层或各向异性,历史应力为正常固结或超固结等,分类中均无法统筹考虑。为此,如软土等类型的土没有列入本标准。土的地质成因对土的性质有一定影响,但目前还没有反映这种因素的定量指标,而且属于同一成因的土类,其性质也会千差万别,所以绝大多数分类都不按成因划分土类。填土实际上是一种无确定概念的材料,可以是本标准所包括的各种土类,也可以是建筑房渣或工业弃料,遇到这种情况,建议在试样描述中详细记录说明。盐渍土是我国西北地区分布较广的土类,本标准仍将其保留在特殊土中。随着高速公路在华北、西北和青藏高原的建设,冻土病害问题突显出来,本标准将冻土的相关内容写入特殊土中。

3.1.4 粗粒土的性质主要取决于土颗粒的粒径分布和特征,而细粒土的性质却主要取决于土粒和水相互作用的状态,即土的塑性。土中有机质对土的工程性质也有影响。土颗粒的分布特征可用筛分法确定,土的塑性指标易于借常规试验测定。这些特征和指标也可在现场凭目测和触感的经验方法估计,根据这些特征和指标判别土类,即能反映土的主要物理力学性质,操作也方便。

3.1.5 粒组划分界限系反映土的某些性质改变的粒径值,如具有分子运动、毛细管水上升、亲水性、渗透性等。本分类采用的粒组范围主要是根据国外标准并结合国内各相邻行业的实际应用而规定的。关于粗粒与细粒的分界粒径,目前国内相关行业和《土的分类标准》(GBJ 145—90)的最新修订报批稿均采用0.075mm作为细粒上限。对目前使用的0.075mm和0.074mm土壤筛的筛孔进行40倍的放大测量表明,筛孔实测孔径为0.065~0.095mm,鉴于此0.075mm和0.074mm土壤筛的筛孔尺寸精度没有本质的区别,此次修订后按0.075mm作为土的粗粒与细粒的分界粒径。关于黏粒与粉粒的分界粒径,目前国内相关行业和《土的分类标准》(GBJ 145—90)采用0.005mm作为黏粒上限。同时鉴于《93规程》对0.074mm以下土颗粒分析试验中不进行刻度及弯月面校正,而本次修订已同其他行业一致进行了刻度及弯月面校正等,再考虑到实际试验中的不可控制误差因素以及国标和相邻行业标准,同时考虑到小于0.075mm以下土的颗粒分析试验精度也无法达到可靠的0.003mm精度,因此在修订初期考虑将0.005mm作为黏粒与粉粒的分界粒径。但在规程修订的征求意见和审查阶段业内专家提出了不同的意见,规程修订审查会最后决定,此次修订后的土的工程分类仍按0.002mm作为黏粒与粉粒的分界粒径。

3.1.6 粗粒土的可压实性、强度、压缩性和渗透性等均与土的级配有关。C_u和C_c两指标是国际通用指标。

3.1.7 塑性图是美、英、日、德等国长期用于细粒土分类的标准，国际上称它为卡氏(Gasagrande)塑性图。图中的液限是由国外广泛应用的卡氏碟式仪测定的。鉴于国标《土的分类标准》(GBJ 145—90)的最新修订报批稿采用了质量为76g、锥角为30°、入土深度为17mm的液限标准 w_L 和 w_{L10}，w_L 与碟式仪液限时的不排水强度等效，为此，本规程中测定土的液限采用碟式仪或相当于76g锥入土深度17mm的方法。考虑到100g锥入土深度20mm是公路交通系统的研究成果，并且该两种方法的试验结果等效，在本次修订中将两种方法同时列出，均可采用图3-7的塑性图进行分类。为了不使分类过细，仍如《土的分类标准》(GBJ 145—90)一样，塑性图只采用A、B两条线，A线上有机土分别用CHO和CLO表示。

3.1.8 本分类采用的各种代号与国外相同。只是几种特殊土的代号系本标准所规定，以免与其他代号相混。国际上对漂石与块石、卵石与小块石、砾石与角砾均用同一代号表示，不易区分，建议用棱角形"angular"的第一个字母"a"作为B、Cb和G的脚标加以区分，即块石为 B_a，小块石为 Cb_a，角砾为 G_a。

3.2 巨粒土分类

3.2.1 与国外分类相比，巨粒土分类体系是我国分类标准的特色之一。本分类仍沿用《93规程》并参考国标《土的分类标准》(GBJ 145—90)的最新修订报批稿将含巨粒的土分为三档：

土中巨粒组质量超过总质量50%的土总体称为巨粒土，这时巨粒在上中起骨架作用，决定着土的主要性状。

土中巨粒组质量为总质量15%～50%(含50%)时，土占优势，巨粒部分起骨架作用，部分起充填作用，笼统称为漂(卵)石质土。

土中巨粒组质量少于总质量15%时，巨粒体积将不足试样总体积的10%，可视为散布在土内的零星颗粒，对土的总体性状不致有明显影响，故可舍去不计，扣除巨粒后土样按粗粒土或细粒土的相应规定分类定名。

3.2.2～3.2.4 土中巨粒组质量多于试样总质量75%时，它们在土中所占体积已超过2/3，形成了骨架，对土的性状起主宰作用，这类土应称(纯)巨粒土。

巨粒组为总质量的50%～75%(含75%)，巨粒虽起主要作用，但土料的影响也不可忽视，为简化起见，定名为漂(卵)石夹土。

漂石质量多于卵石质量的土称漂石。

漂石质量少于或等于卵石质量的土称卵石。

漂(卵)石夹土的划分也基于上述考虑。

漂(卵)石质土也是基于上述考虑并根据习惯概念分类定名。

3.3 粗粒土分类

3.3.2 砾类土按其中含细粒组的多少可分为三档。当细粒组含量少于或等于5%时，细粒对砾类土性质无甚影响，应认为是(纯)砾。此时级配对土的性质有明显影响，应予考虑。本分类采用的两个级配指标和界限系根据我国长期工程经验，并参考国外主要标准确定的。

3.3.3 砂类土的分类定名和砾石土一一对应，是符合一般习惯推理的。

3.4 细粒土分类

3.4.1 细粒土可分为以下几种情况：

(1)土内粗粒组含量少于或等于总质量的25%时，粗粒零星散布，对土的性质影响不大，故称(纯)细粒土。

(2)土内粗粒组含量为总质量的25%～50%(含50%)时，粗粒已能起部分骨架作用，对土的性状有相当影响,理应在定名时予以反映。

(3)有机质成分对土的物理力学性质有不同程度的影响,分类时应予以反映。

3.4.2　根据本标准的土分类体系,这里仍将《93 规程》原老土名与现分类土名对照表列出,如表3-5,便于大致对照。鉴于老土名系按颗粒组成机械地划分,不同于新的分类体系,要完全套用新土名和代号是有困难的,因此,只能作大致的对照。从表3-5可以看出,一个老土名可能出现两个新土名,表明老分类法的不合理性。

表3-5　新老土名对照表

老土组	老土名	颗粒组成(按质量%计)		塑性指数 I_P	液限(%) w_L	新土名		土名代号	砂粒含量(%)
		砂粒(2~0.074mm)	黏粒(<0.002mm)						
砂土	砂土	>80	0~3				砂 含细粒土砂	S SF	
砂性土	粉质砂土 粗亚砂土 细亚砂土	50~80 >50 粗砂多于细砂 >50 细砂多于粗砂	0~3 3~10 3~10			细粒土质砂	粉土质砂	SM	
粉性土	粉质亚砂土 粉土	20~50 <20	0~10 0~10	>2 >2	<50	粉质土	含砂低液限粉土 低液限粉土	MLS ML	
	粉质轻亚黏土 粉质重亚黏土	<45 <40	10~20 20~30	>10 >18	<50		含砂低液限粉土 低液限黏土	MLS CL	>25
黏性土	轻亚黏土 重亚黏土	>45 >40	10~20 20~30	>10 >18	<50	黏质土	黏土质砂 含砂低液限黏土	SC CLS	>50 >25
	轻黏土 重黏土	<70 <45	30~50 >50	>26 >50	>50		高液限黏土质砂 含砂高液限黏土 高液限黏土	SCH CHS CH	>50 >25

3.4.3　利用塑性图进行细粒土分类的依据见本方法3.1.7说明。图中土类划分界限是按国际上广泛应用的碟式液限仪的试验标准和我国以往长期采用的按塑性指数 I_P 分类的标准确定的。图3-7中 $I_P=7$ 和 $I_P=4$ 两条横虚线之间的区域系过渡区,可能由低液限粉土ML过渡为低液限黏土CL。原规程塑性图中采用的 $I_P=10$ 和 $I_P=6$ 两条横虚线是按理论液限值推算出来的。

3.4.4　分类指标有时正好位于划分界限上,此时应该从工程安全角度出发,确定土名称。

3.4.7　土中有机质成分可能是未完全分解的动植物残骸,也可能是经过完全分解而失去原成分性质的深色无定形物质,通常可由外观识别。目前对有机质含量缺少公认的测试方法,故各国的同类标准都按经验判别,用土烘烤后的液限降低来判别,就是经验方法之一。

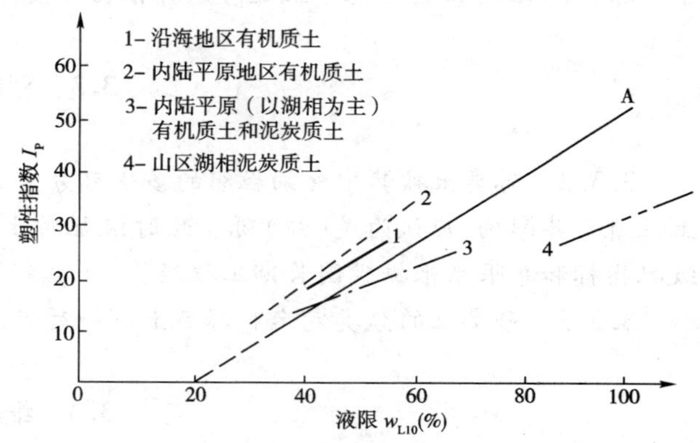

图3-9　有机质土在塑性图上的分布(杨可铭,1981)

3.4.8　根据我国各地4 000余组有机质土的塑性指数 I_P 和液限 w_L(76g锥液限标准)回归分析,得它们在塑性图上的分布如图3-9,其中沿海和内陆冲积河漫滩相的有机质土位于A线以上,而内陆湖泊相沉积的有机质土则位于A线以下。A线以上有机质土的烧失量一般为5%~10%,A线以下的则均在15%以上,而且距A线愈远,烧失量愈大。1983年,美国ASTM修订土分类标准时,也发现A线以上有有机质土存在;英国BSCS—1981同样承认了这个事实。我国的杨可铭早在1981年就提出了这样的研究成果。A线以上的有机质仍按细粒土分类,只是在土类代号后缀以有机质代号“O”。

3.5 特殊土分类

3.5.1 特殊土在塑性图上的分布位置是根据我国大量实测资料统计后得到的,国外尚未发现过类似的成果。由于不同特殊土的成因、矿物成分、结构与一般土有别,因此,它们在塑性图上各占据一定的范围是理所当然的。

3.5.2 黄土在粒度上粉粒含量高,其中的黏土矿物成分以次生的高岭石为主,故主要集中于A线以上的低液限区。膨胀土是高分散性的黏土,其矿物成分中亲水的蒙脱石含量较其他土为多;根据近2 000组资料的分析,它们均在A线以上。红黏土的黏粒含量一般为50%~70%,属黏土。但由于它们富含铁铝,天然状态下呈团粒结构,使按常规方法测得的塑性指数偏低而落于A线之下;并且发现,凡是落在A线以上的红黏土,其矿物成分中总是混入了一定量的蒙脱石和蛭石等亲水物质。这样的红黏土与A线以下的有明显区别,而且有强烈的膨胀性;如果它们位于膨胀土范围内,应当视为膨胀土。

3.5.3 盐渍土根据被利用的土层中平均总盐量可分为四档。盐渍土(salty soil)的代号S和砂(sand)的代号相重复,故以代号St表示。

3.5.4 根据国内外各行业通常的习惯,冻土按冻结状态持续时间分类,可分为多年冻土(简称“永冻土”)、隔年冻土和季节冻土(简称“季冻土”)。

3.6 土的简易鉴别、分类和描述

3.6.1~3.6.7 简易鉴别分类主要是为现场勘察制定的,也可供试验室开启试样时初步判别土类。本标准的简易鉴别分类方法是根据国内外广泛应用的方法,结合多年实践经验确定的。

几种简易鉴别的具体方法是根据我国工程勘察多年实践经验规定的,对每一种鉴别结果均以三个档次表示,由此可以对土类进行较可靠的评价。

3.6.8、3.6.9 细粒土的简易鉴别分类方法是根据8种规程与手册以及国外6种权威性的规程与标准,结合北京市勘察院多年来的工程勘察经验提出的。

3.6.10 单独的土分类名称和代号不能反映其原位状态和某些特殊状态。本条内容为描述土性状的最基本内容,以便为土的利用提供更准确的依据。

3.6.11 土的描述是工程中利用土或评价土的重要依据,故描述的重点应密切结合工程需要。例如,用土作填料时,其天然含水率、有机质含量、粗细粒的搭配情况、土层分布以及厚度等均直接影响到土料的适宜性和蕴藏量的估计等;如土用作建筑物地基,稠度状态和结构等,都与地基承载力、渗透性关系密切。

4　土样采集和试样制备

T 0101—2007　土样的采集、运输和保管

1　土样要求

1.1　采取原状土或扰动土视工程对象而定。凡属桥梁、涵洞、隧道、挡土墙、房屋建筑物的天然地基以及挖方边坡、渠道等,应采取原状土样;如为填土路基、堤坝、取土坑(场)或只要求土的分类试验者,可采取扰动土样。冻土采取原状土样时,应保持原土样温度,保持土样结构和含水率不变。

1.2　土样可在试坑、平洞、竖井、天然地面及钻孔中采取。取原状土样时,必须保持土样的原状结构及天然含水率,并使土样不受扰动。用钻机取土时,土样直径不得小于10cm,并使用专门的薄壁取土器;在试坑中或天然地面下挖取原状土时,可用有上、下盖的铁壁取土筒,打开下盖,扣在欲取的土层上,边挖筒周围土,边压土筒至筒内装满土样,然后挖断筒底土层(或左、右摆动即断),取出土筒,翻转削平筒内土样。若周围有空隙,可用原土填满,盖好下盖,密封取土筒。采取扰动土时,应先清除表层土,然后分层用四分法取样。对于盐渍土,一般应分别在0~0.05m、0.05~0.25m、0.25~0.50m、0.50~0.75m、0.75~1.0m垂直深度处,分层取样。同时,应测记采样季节、时间和气温。

1.3　土样数量按相应试验项目规定采取。

1.4　取土记录和编号:无论采用什么方法取样,均应用"取样记录簿"记录并撕下其一半作为标签,贴在取土筒上(原状土)或折叠后放入取土袋内。"取样记录簿"宜用韧质纸并必须用铅笔填写各项记录。取样记录簿记录内容应包含工程名称、路线里程(或地点)、记录开始日期、记录完毕日期、取样单位、采取土样的特征、试坑号、取样深度、土样号、取土袋号、土样名、用途、要求试验项目或取样说明、取样者、取样日期等。对取样方法、扰动或原状、取样方向以及取土过程中出现的现象等,应记入取样说明栏内。

2　土样包装和运输

2.1　原状土或需要保持天然含水率的扰动土,在取样之后,应立即密封取土筒,即先用胶布贴封取土筒上的所有缝隙,在两端盖上用红油漆写明"上、下"字样,以示土样层位。在筒壁贴上"取样记录簿"中扯下的标签,然后用纱布包裹,再浇注融蜡,以防水分散失。原状土样应保持土样结构不变;对于冻土,原状土样还应保持温度不变。

2.2　密封后的原状土在装箱之前应放于阴凉处,冻土土样应保持温度不变。不需保持天然含水率的扰动土,最好风干稍加粉碎后装入袋中。

2.3　土样装箱时,应与"取样记录簿"对照清点,无误后再装入,并在记录簿存根上注明装入箱号。对原状土应按上、下部位将筒立放,木箱中筒间空隙宜以稻(麦)草或软物填紧,以免在运输过程中受振、受冻。木箱上应编号并写明"小心轻放"、"切勿倒置"、"上"、"下"等字样。对已取好的扰动土样的土袋,在对照清点后可以装入麻袋内,扎紧袋口,麻袋上写明编号并拴上标签(如同行李签),签上注明麻袋号数、袋内共装的土袋数和土袋号。

2.4　盐渍土的扰动土样宜用塑料袋装。为防止取样记录标签在袋内湿烂,可用另一小塑料袋装标签,再放入土袋中;或将标签折叠后放在盛土的塑料袋口,并将塑料袋折叠收口,用橡皮圈绕扎袋口标签以下,再将放标签的袋口向下折叠,然后再以未绕完的橡皮圈绕扎系紧。每一盐渍土剖面所取的5塑料袋土,可以合装于一个稍大的布袋内。同样在装入布袋前要与记录簿存根清点对照,并将布袋号补记在

原始记录簿中。

3　土样的接受与管理

3.1　土样运到试验单位,应主动附送"试验委托书",委托书内各栏根据"取样记录簿"的存根填写清楚,若还有其他试验要求,可在委托书内注明。土样试验委托书应包括试验室名称、委托日期、土样编号、试验室编号、土样编号(野外鉴别)、取样地点或里程桩号、孔(坑)号、取样深度、试验目的、试验项目等,以及责任人(如主管、主管工程师审核、委托单位及联系人等)。

3.2　试验单位在接到土样之后,即按照"试验委托书"清点土样,核对编号并检查所送土样是否满足试验项目的需要等。同时,每清点一个土样,即在委托书中的试验室编号栏内进行统一编号,并将此编号记入原标签上,以免与其他工程所送土样编号相重而发生错误。

3.3　土样清点验收后,即根据"试验委托书"登记于"土样收发登记簿"内,并将土样交试验负责人员妥善保存,按要求逐项进行试验。土样试验完毕,将余土仍装入原装内,待试验结果发出,并在委托单位收到报告书一个月后,若仍无人查询,即可将土样处理。若有疑问,尚可用余土复试。试验结果报告书发出时,即在原来"土样收发登记簿"内注明发出日期。

条文说明

土样的采集、运输和保管,是完成土工试验极其重要的环节。尤其是对特殊土的采集和运输应特别注意,如对原状冻土在采集和运输的过程中应保持原土样温度和土样的结构以及含水率不变等。如果送到试验室的土样不符合要求,没有代表性,那么,任何精密的仪器和审慎的操作都将毫无意义。故本规程根据公路工程专业的特点和不同的工程性质,分别规定出采样的土体状态、取样方法、土样数量及"取样记录",并对包装、运输与管理给出具体规定。每项试验所需土样的多少和土样的工程分类、土样状态及土的最大粒径有关,应参照相应试验项目采取。原则上扰动土按质量计,原状土按体积计。

工程(或委托)单位,将土样送到试验室的同时,必须附送"委托试验书",以便试验室核对验收,从而保证试样的品质,进行有效试验。

T 0102—2007　土样和试样制备

1　细粒土扰动土样的制备程序

1.1　对扰动土样进行土样描述,如颜色、土类、气味及夹杂物等;如有需要,将扰动土样充分拌匀,取代表性土样进行含水率测定。

1.2　将块状扰动土放在橡皮板上用木碾或粉碎机碾散,但切勿压碎颗粒;如含水率较大不能碾散时,应风干至可碾散时为止。

1.3　根据试验所需土样数量,将碾散后的土样过筛。物理性试验如液限、塑限、缩限等试验,需过0.5mm筛;常规水理及力学试验土样,需过2mm 筛;击实试验土样的最大粒径必须满足击实试验采用不同击实筒试验时的土样中最大颗粒粒径的要求。按规定过标准筛后,取出足够数量的代表性试样,然后分别装入容器内,标以标签。标签上应注明工程名称、土样编号、过筛孔径、用途、制备日期和人员等,以备各项试验之用。若系含有多量粗砂及少量细粒土(泥砂或黏土)的松散土样,应加水润湿松散后,用四分法取出代表性试样;若系净砂,则可用匀土器取代表性试样。

1.4　为配制一定含水率的试样,取过2mm 筛的足够试验用的风干土1~5kg,按本方法2.2步骤计算所需的加水量;然后将所取土样平铺于不吸水的盘内,用喷雾设备喷洒预计的加水量,并充分拌和;然后装入容器内盖紧,润湿一昼夜备用(砂类土浸润时间可酌量缩短)。

1.5　测定湿润土样不同位置的含水率(至少两个以上),要求差值满足含水率测定的允许平行差值。

1.6　对不同土层的土样制备混合试样时,应根据各土层厚度,按比例计算相应质量配合,然后按本方法1.1～1.4步骤进行扰动土的制备工序。

2　扰动土样制备的计算

2.1　按下式计算干土质量：

$$m_s = \frac{m}{1 + 0.01w_h} \qquad (T\ 0102\text{-}1)$$

式中：m_s——干土质量(g)；

m——风干土质量(或天然土质量)(g)；

w_h——风干含水率(或天然含水率)(%)。

2.2　按下式计算制备土样所需加水量：

$$m_w = \frac{m}{1 + 0.01w_h} \times 0.01(w - w_h) \qquad (T\ 0102\text{-}2)$$

式中：m_w——土样所需加水量(g)；

m——风干含水率时的土样质量(g)；

w_h——风干含水率(%)；

w——土样所要求的含水率(%)。

2.3　按下式计算制备扰动土样所需总土质量：

$$m = (1 + 0.01w_h)\rho_d V \qquad (T\ 0102\text{-}3)$$

式中：m——制备土样所需总土质量(g)；

ρ_d——制备土样所要求的干密度(g/cm³)；

V——计算出的击实土样或压模土样体积(cm³)；

w_h——风干含水率(%)。

2.4　按下式计算制备扰动土样应增加的水量：

$$\Delta m_w = 0.01(w - w_h)\rho_d V \qquad (T\ 0102\text{-}4)$$

式中：Δm_w——制备扰动土样应增加的水量(cm³)；

其余符号含义同前。

3　粗粒土扰动土样的制备程序

3.1　无凝聚性的松散砂土、砂砾及砾石等按本方法1.3制备土样，然后取具有代表性足够试验用的土样做颗粒分析使用，其余过5mm筛，筛上筛下土样分别贮存，供做比重及最大、最小孔隙比等试验用，取一部分过2mm筛的土样备力学性质试验之用。

3.2　如砂砾土有部分黏土黏附在砾石上，可用毛刷仔细刷尽捏碎过筛，或先用水浸泡，然后用2mm筛将浸泡过的土样在筛上冲洗，取筛上及筛下具有代表性试样做颗粒分析用。

3.3　将过筛土样或冲洗下来的土浆风干至碾散为止，再按本方法1.1～1.4步骤操作。

4　扰动土样试件的制备程序

根据工程要求，将扰动土制备成所需的试件进行水理、物理力学等试验之用。

根据试件高度要求分别选用击实法和压样法，高度小的采用单层击实法，高度大的采用压样法。

4.1　击实法

4.1.1　根据工程要求，选用相应的夯击功进行击实。

4.1.2　按试件所要求的干质量、含水率，按本方法1和3制备湿土样，并称制备好的湿土样质量，准确至0.1g。

4.1.3　将试验用的切土环刀内壁涂一薄层凡士林，刀口向下，放在试件上，用切土刀将试件削成略大于环刀直径的土柱。然后将环刀垂直向下压，边压边削，至土样伸出环刀上部为止，削平环刀两端，擦净环刀外壁，称环土合质量，准确至0.1g，并测定环刀两端所削下土样的含水率。

4.1.4 试件制备应尽量迅速，以免水分蒸发。

4.1.5 试件制备的数量视试验需要而定，一般应多制备 1～2 组备用，同一组试件或平行试件的密度、含水率与制备标准之差值，应分别在 $\pm 0.1g/cm^3$ 或 2% 范围之内。

4.2 压样法

4.2.1 按本方法 4.1.2 的规定，将湿土倒入压模内，拂平土样表面，以静压力将土压至一定高度，用推土器将土样推出。

4.2.2 按本方法 4.1.3～4.1.5 的规定进行操作。

5 原状土试件制备程序

按土样上下层次小心开启原状土包装皮，将土样取出放正，整平两端。在环刀内壁涂一薄层凡士林，刀口向下，放在土样上，无特殊要求时，切土方向应与天然土层层面垂直。

按本方法 4.1.3 的操作步骤切取试件，试件与环刀要密合，否则应重取。

切削过程中，应细心观察并记录试件的层次、气味、颜色，有无杂质，土质是否均匀，有无裂缝等。

如连续切取数个试件，应使含水率不发生变化。

视试件本身及工程要求，决定试件是否进行饱和；如不立即进行试验或饱和时，则将试件暂存于保湿器内。

切取试件后，剩余的原状土样用蜡纸包好置于保湿器内，以备补做试验之用。切削的余土做物理性质试验。平行试验或同一组试件密度差值不大于 $\pm 0.1g/cm^3$，含水率差值不大于 2%。

冻土制备原状土样时，应保持原土样温度，保持土样的结构和含水率不变。

6 试件饱和

土的孔隙逐渐被水填充的过程称为饱和。孔隙被水充满时的土，称为饱和土。

根据土的性质，决定饱和方法：

砂类土：可直接在仪器内浸水饱和。

较易透水的黏性土：即渗透系数大于 $10^{-4}cm/s$ 时，采用毛细管饱和法较为方便，或采用浸水饱和法。

不易透水的黏性土：即渗透系数小于 $10^{-4}cm/s$ 时，采用真空饱和法。如土的结构性较弱，抽气可能发生扰动，不宜采用。

7 毛细管饱和法

7.1 仪器设备

7.1.1 饱和器：见图 T 0102-1～图 T 0102-3。

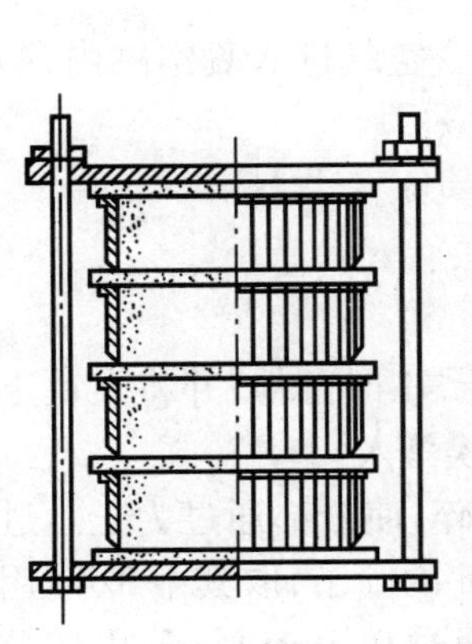

图 T 0102-1 重叠式饱和器

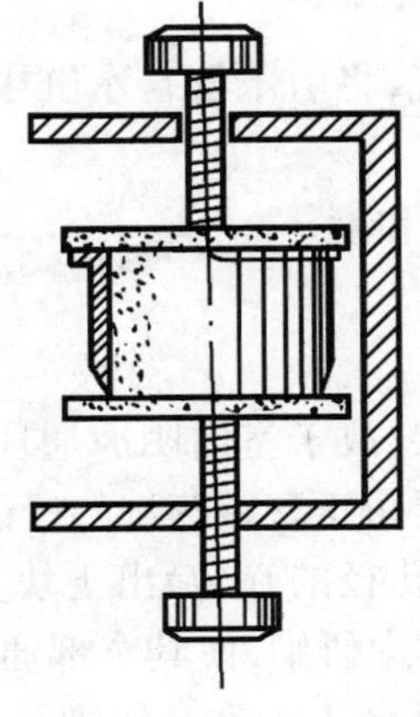

图 T 0102-2 框架式饱和器

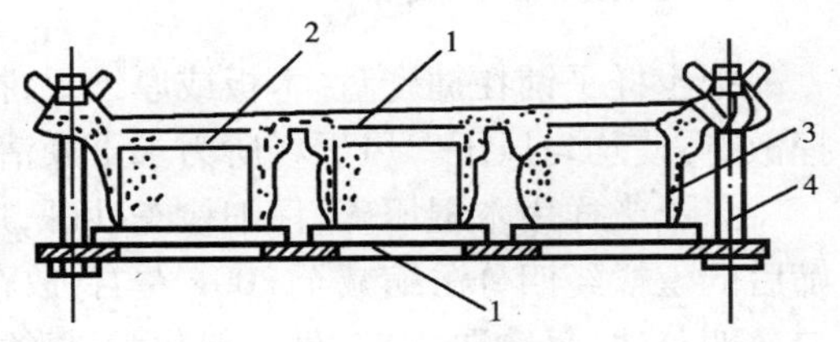

图 T 0102-3 平列式饱和器

1-夹板；2-透水石；3-环刀；4-拉杆

7.1.2 水箱:带盖。

7.1.3 天平:感量0.1g。

7.2 操作步骤

7.2.1 在重叠式饱和器下正中放置稍大于环刀直径的透水石和滤纸,将装有试件的环刀放在滤纸上,试件上面再放一张滤纸和一块透水石。按这样的顺序重复,由下向上重叠至适当高度,将饱和器上板放在最上部透水石上,旋紧拉杆上端的螺丝,将各个环刀在上下板间夹紧。

7.2.2 如用平列式饱和器时,则将透水石放置于下板各圆孔上,并顺序放置滤纸、装试件的环刀、滤纸、上部透水石及上板,旋紧拉杆上端的螺丝,将各个环刀在上下板间夹紧。

7.2.3 将装好试件的饱和器,放入水箱中(重叠式和框架式饱和器放倒,平列式则平放),注清水入箱,水面不宜将试件淹没(重叠式和框架式饱和器)或超过试件顶面(平列式饱和器),以便土中气体得以排出。

7.2.4 关上箱盖,防止水分蒸发,静置数日,借土的毛细管作用,使试件饱和,一般约需3d。

7.2.5 取出饱和器,松开螺丝,取出环刀,擦干外壁,吸去表面积水,取下试件上下滤纸,称环土合质量,准确至0.1g,并计算饱和度。

7.2.6 如饱和度小于95%时,将环刀装入饱和器,浸入水内,重新延长饱和时间。

8 真空饱和法

8.1 仪器设备

8.1.1 真空饱和法整体装置,如图T 0102-4所示。

8.1.2 饱和器:尺寸形式见图T 0102-1~图T 0102-3。

8.1.3 真空缸:金属或玻璃制。

8.1.4 抽气机。

8.1.5 真空测压表。

8.1.6 其他:天平、硬橡皮管、橡皮塞、管夹、二路活塞、水缸、凡士林等。

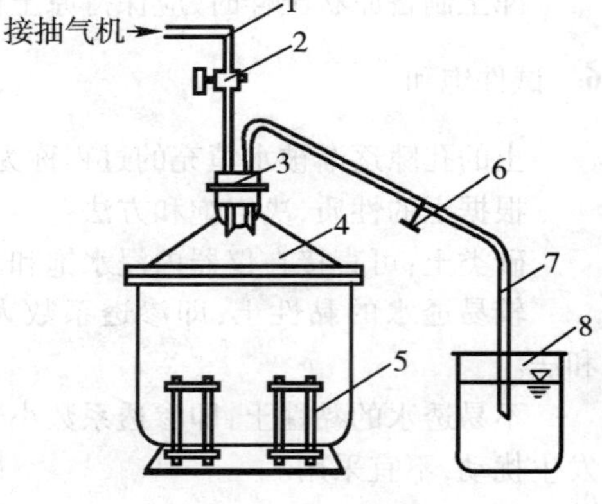

图T 0102-4 真空饱和法装置

1-排气管;2-二通阀;3-橡皮塞;4-真空缸;5-饱和器;6-管夹;7-引水管;8-水缸

8.2 操作步骤

8.2.1 按本方法7.2.1、7.2.2步骤将试件装入饱和器。

8.2.2 将装好试件的饱和器放入真空缸内,盖口涂一薄层凡士林,以防漏气。

8.2.3 关管夹,开阀门(见图T 0102-4),开动抽气机,抽除缸内及土中气体;当真空压力表达到-101.325kPa(一个负大气压力值)后,稍微开启管夹,使清水从引水管徐徐注入真空缸内。在注水过程中,应调节管夹,使真空压力表上的数值基本上保持不变。

8.2.4 待饱和器完全淹没水中后,即停止抽气,将引水管自水缸中提出,令空气进入真空缸内,静待一定时间,借大气压力使试件饱和。

8.2.5 取出试件称质量,准确至0.1g,计算饱和度。

9 化学试验的土样制备

把土样平铺在搪瓷盘、木板或厚纸上,摊成薄层,放于室内阴凉通风处风干,不时翻拌,并将大块土捏散,促使均匀风干。风干场所力求干燥清洁,并要防止酸碱蒸汽的侵蚀和尘埃落入。

风干土样用木棍压碎,仔细检查砂砾,过2mm孔径的筛,筛出土块重新压碎,使全部通过为止。过筛后的土样经四分法缩减至200g左右,放在瓷研钵中研细,使其全部通过1mm的筛子,取其中3/4(用二次四分法,每次取一半)供一般化学试验之用。其余1/4重又研细,使全部通过0.5mm筛子,由四分法分出1/2,置于105~110℃烘箱中烘至恒温,贮于干燥器中,供碳酸盐等分析之用。

剩余1/2,压成扁平薄层,划成许多小方格,用角匙按分格规律均匀挑取样品10g左右,放入玛瑙研钵中仔细研碎，使其全部通过 0.1mm 筛子，最后在 105～110℃烘箱中烘 8h，放在干燥器内，供矿质成分全量分析之用。

10 结果整理

10.1 按下式计算饱和度：

$$S_r = \frac{(\rho - \rho_d)G_s}{e\rho_d} \tag{T 0102-5}$$

或

$$S_r = \frac{wG_s}{e} \tag{T 0102-6}$$

式中：S_r——饱和度(%)，计算至 0.01；

ρ——饱和后的密度(g/cm^3)；

ρ_d——土的干密度(g/cm^3)；

e——土的孔隙比；

G_s——土粒比重；

w——饱和后的含水率(%)。

10.2 本试验记录格式如表 T 0102-1。

表 T 0102-1 扰动土试件制备记录

工程名称＿＿＿＿＿＿＿＿ 计算者＿＿＿＿＿＿＿＿

制 备 者＿＿＿＿＿＿＿＿ 校核者＿＿＿＿＿＿＿＿

土样编号	制备日期	制备标准			所需土质量及增加水量的计算					试件制备							备注
		干密度	含水率	计算的试筒或压模容积	干土质量	含水率	湿土质量	增加的水量	所需土质量	制备方法	环刀质量	环刀加湿土质量	湿土质量	密度	含水率	干密度	
		ρ_d (g/cm^3)	w (%)	V (cm^3)	m_s (g)	w_h (%)	m (g)	Δm_w (mL)	(g)		(g)	(g)	(g)	(g/cm^3)	w (%)	ρ_d (g/cm^3)	
×××		1.70	16	81	137.8	5	144.6	15.2	159.8	击样	40	198.7	158.7	1.96	15.4	1.70	应变剪切试验用
										击样		199.5	159.5	1.97	15.0	1.71	应变剪切试验用
										击样		199.0	159.0	1.96	15.9	1.69	应变剪切试验用
×××		1.70	16	100	170	5	178.4	18.7	197.1	击样	50	248.0	198.0	1.98	16.5	1.70	压缩试验用
×××		天然 1.65	天然 15	100	—	—	—	—	189.7	击样	50	239.3	188.3	1.89	14.8	1.65	压缩试验用天然含水率土样

条文说明

1～4 本规程要求统一土样和试样的制备程序和方法，以提高试验资料的可比性。

本规程适用于扰动土样的预备程序、扰动或原状土样的制备程序。扰动土样的制备，包括风干、碾散、过筛、匀土、分样和贮存等预备程序以及制备试样程序。扰动土样的制备，视实际情况，分别按击实试验规程中标准击实方法制样，对中小型填方工程可按击样法或压样法进行。一般情况下，当试样的总厚度不大于50mm时，可采用压样法。

5 原状土的开土、土样描述及试样制备强调了对土样质量的鉴别。为保证试验结果的可靠性，质量不符要求的原状土样不能做力学性质试验。

6～8 根据土样的渗透性采用浸水(毛细管)饱和法和真空饱和法。一般渗透系数大于10^{-4}cm/s，采用浸水饱和；小于10^{-4}cm/s采用真空饱和。渗透系数可以预估，不一定实测。浸水饱和，费时很多，可考虑使用高水头或负压的方法，减少饱和时间。二氧化碳和反压力饱和是目前较好的饱和方法，但需要一定的仪器设备，故本规程没有列入。在三轴压缩试验中，列有反压力饱和及二氧化碳饱和。

通常毛细饱和法以及浸水饱和法的饱和度只能达到80%～85%。真空饱和法的饱和度可达97%左右。

5　土的含水率试验

T 0103—1993　烘　干　法

1　目的和适用范围

本试验方法适用于测定黏质土、粉质土、砂类土、砂砾石、有机质土和冻土土类的含水率。

2　仪器设备

2.1　烘箱：可采用电热烘箱或温度能保持105～110℃的其他能源烘箱。

2.2　天平：称量200g，感量0.01g；称量1 000g，感量0.1g。

2.3　其他：干燥器、称量盒[为简化计算手续，可将盒质量定期(3～6个月)调整为恒质量值]等。

3　试验步骤

3.1　取具有代表性试样，细粒土15～30g，砂类土、有机质土为50g，砂砾石为1～2kg，放入称量盒内，立即盖好盒盖，称质量。称量时，可在天平一端放上与该称量盒等质量的砝码，移动天平游码，平衡后称量结果减去称量盒质量即为湿土质量。

3.2　揭开盒盖，将试样和盒放入烘箱内，在温度105～110℃恒温下烘干①。烘干时间对细粒土不得少于8h，对砂类土不得少于6h。对含有机质超过5%的土或含石膏的土，应将温度控制在60～70℃的恒温下，干燥12～15h为好。

3.3　将烘干后的试样和盒取出，放入干燥器内冷却(一般只需0.5～1h即可)②。冷却后盖好盒盖，称质量，准确至0.01g。

注①：对于大多数土，通常烘干16～24h就足够。但是，某些土或试样数量过多或试样很潮湿，可能需要烘更长的时间。烘干的时间也与烘箱内试样的总质量、烘箱的尺寸及其通风系统的效率有关。

注②：如铝盒的盖密闭，而且试样在称量前放置时间较短，可以不需要放在干燥器中冷却。

4　结果整理

4.1　按下式计算含水率：

$$w = \frac{m - m_s}{m_s} \times 100 \tag{T 0103-1}$$

式中：w——含水率(%)，计算至0.1；

m——湿土质量(g)；

m_s——干土质量(g)。

4.2　本试验记录格式如表T 0103-1。

4.3　精密度和允许差。

本试验须进行二次平行测定，取其算术平均值，允许平行差值应符合表T 0103-2规定。

表 T 0103-1　含水率试验记录(烘干法)

工程编号________________　　　　　　　　　试验者________________

土样说明________________　　　　　　　　　计算者________________

试验日期________________　　　　　　　　　校核者________________

盒　号		1	2	3	4
盒质量(g)	(1)	20	20	20	20
盒+湿土质量(g)	(2)	38.87	40.54	40.65	40.45
盒+干土质量(g)	(3)	35.45	36.76	36.16	35.94
水分质量(g)	(4)=(2)-(3)	3.42	3.78	4.49	4.51
干土质量(g)	(5)=(3)-(1)	15.45	16.76	16.16	15.94
含水率(%)	$(6)=\frac{(4)}{(5)}$	22.1	22.6	27.8	28.3
平均含水率(%)	(7)	22.4		28.1	

表 T 0103-2　含水率测定的允许平行差值

含水率(%)	允许平行差值(%)	含水率(%)	允许平行差值(%)
5 以下	0.3	40 以上	≤2
40 以下	≤1	对层状和网状构造的冻土	<3

5　报告

5.1　土的鉴别分类和代号。

5.2　土的含水率 w 值。

条文说明

1　含水率是土的基本物理指标之一,它反映土的状态,它的变化将使土的一系列力学性质随之而异;它又是计算土的干密度、孔隙比、饱和度等项指标的依据,是检测土工构筑物施工质量的重要指标。鉴于目前国内各行业和国家标准将含水量改名为含水率,因此,本标准也改为含水率。含水率试验的烘干法精度高,应用广。

2　烘干法一般采用能控制恒温的电热烘箱。

3　鉴于目前国内外主要土工试验标准多数以 105~110℃为标准,故规定烘干温度为 105~110℃。

试样烘至恒量所需的时间与土类及取土数量有关。本试验规定土量为 15~30g,对砂类土宜烘6~8h,黏质土宜烘 8~10h。砂类土、砾类土因持水性差,颗粒大小相差悬殊,水分变化大,所以试样应多取一些,本规程规定取 50g。对有机质含量超过 5% 的土,因土质不均匀,采用烘干法时,除注明有机质含量外,亦应取 50g。

有机质土在 105~110℃温度下经长时间烘干后,有机质特别是腐殖酸会在烘干过程中逐渐分解而不断损失,使测得的含水率比实际的含水率大,土中有机质含量越高,误差越大。故本规程对有机质含量超过 5% 的土,应在 60~70℃的恒温下进行烘干。

某些含有石膏的土在烘干时会损失其结晶水,用此方法测定其含水率有影响。每 1% 的石膏对含水率的影响约为 0.2%。如果土中有石膏,则试样应该在不超过 80℃的温度下烘干,并可能要烘更长的时间。

T 0104—1993　酒精燃烧法

1　目的和适用范围

本试验方法适用于快速简易测定细粒土(含有机质的土除外)的含水率。

2 仪器设备

2.1 称量盒(定期调整为恒质量)。

2.2 天平:感量0.01g。

2.3 酒精:纯度95%。

2.4 滴管、火柴、调土刀等。

3 试验步骤

3.1 取代表性试样(黏质土5~10g,砂类土20~30g),放入称量盒内,称湿土质量 m,准确至0.01g。

3.2 用滴管将酒精注入放有试样的称量盒中,直至盒中出现自由液面为止。为使酒精在试样中充分混合均匀,可将盒底在桌面上轻轻敲击。

3.3 点燃盒中酒精,燃至火焰熄灭。

3.4 将试样冷却数分钟,按本试验3.3、3.4方法再重新燃烧两次。

3.5 待第三次火焰熄灭后,盖好盒盖,立即称干土质量 m_s,准确至0.01g。

4 结果整理

4.1 按下式计算含水率:

$$w = \frac{m - m_s}{m_s} \times 100 \tag{T 0104-1}$$

式中:w——含水率(%),计算至0.1;

m——湿土质量(g);

m_s——干土质量(g)。

4.2 本试验记录格式如表T 0104-1。

表T 0104-1 含水率试验记录(酒精燃烧法)

工程编号________ 试验者________

土样说明________ 计算者________

试验日期________ 校核者________

盒 号		1	2	3	4
盒质量(g)	(1)	20	20	20	20
盒+湿土质量(g)	(2)	38.87	40.54	40.65	40.45
盒+干土质量(g)	(3)	35.45	36.76	36.16	35.94
水分质量(g)	(4)=(2)-(3)	3.42	3.78	4.49	4.51
干土质量(g)	(5)=(3)-(1)	15.45	16.76	16.16	15.94
含水率(%)	$(6)=\frac{(4)}{(5)}$	22.1	22.6	27.8	28.3
平均含水率(%)	(7)	22.4		28.1	

4.3 精密度和允许差。

本试验须进行二次平行测定,取其算术平均值,允许平行差值应符合表T 0104-2规定。

表 T 0104-2　含水率测定的允许平行差值

含水率(%)	允许平行差值(%)	含水率(%)	允许平行差值(%)
5 以下	0.3	40 以上	≤2
40 以下	≤1	对层状和网状构造的冻土	<3

5　报告

5.1　土的鉴别分类和代号。

5.2　土的含水率 w 值。

条文说明

1　在试样中加入酒精,利用酒精在土上燃烧,使土中水分蒸发,将土样烘干,是快速简易测定且较准确的方法之一;适用于在没有烘箱或土样较少的条件下,对细粒土进行含水率测定。

2　酒精纯度要求达 95%。

3　取代表性试样时,砂类土数量应多于黏质土。

T 0105—1993　比 重 法

1　目的和适用范围

本试验方法仅适用于砂类土。

2　仪器设备

2.1　玻璃瓶:容积 500mL 以上。

2.2　天平:称量 1 000g,感量 0.5g。

2.3　其他:漏斗、小勺、吸水球、玻璃片、土样盘及玻璃棒等。

3　试验步骤

3.1　取代表性砂类土试样 200 ~ 300g,放入土样盘内。

3.2　向玻璃瓶中注入清水至 1/3 左右,然后用漏斗将土样盘中的试样倒入瓶中,并用玻璃棒搅拌1 ~ 2min,直到所含气体完全排出为止。

3.3　向瓶中加清水至全部充满,静置 1min 后用吸水球吸去泡沫,再加清水使其充满,盖上玻璃片,擦干瓶外壁,称质量。

3.4　倒去瓶中混合液,洗净,再向瓶中加清水至全部充满,盖上玻璃片,擦干瓶外壁,称质量,准确至 0.5g。

4　结果整理

4.1　按下式计算含水率:

$$w = \left[\frac{m(G_s - 1)}{G_s(m_1 - m_2)} - 1\right] \times 100 \qquad (\text{T 0105-1})$$

式中:w——砂类土的含水率(%),计算至 0.1;

m——湿土质量(g);

m_1——瓶、水、土、玻璃片合质量(g);

m_2——瓶、水、玻璃片合质量(g);

G_s——砂类土的比重。

4.2 本试验记录格式如表 T 0105-1。

表 T 0105-1 含水率试验记录(比重法)

土样编号	瓶号	湿土质量(g)	瓶、水、土、玻璃片合质量(g)	瓶、水、玻璃片合质量(g)	土样比重	含水率(%)	平均值(%)	备注

4.3 精密度和允许差。

本试验须进行二次平行测定,取其算术平均值,允许平行差值应符合表 T 0105-2 规定。

表 T 0105-2 含水率测定的允许平行差值

含水率(%)	允许平行差值(%)	含水率(%)	允许平行差值(%)
5 以下	0.3	40 以上	≤2
40 以下	≤1	对层状和网状构造的冻土	<3

5 报告

5.1 土的鉴别分类和代号。

5.2 土的含水率 w 值。

条文说明

1 通过本法试验,测定湿土体积,估计土粒比重,间接计算土的含水率。由于试验时没有考虑温度的影响,所得结果准确度较差。土内气体能否充分排出,直接影响试验结果的精度,故比重法仅适用于砂类土。

2 本试验需用的主要设备为容积 500mL 以上的玻璃瓶。

3 土样倒入未盛满水的玻璃瓶中后,用玻璃棒充分搅拌悬液,使空气完全排出,因土内气体能否充分排出会直接影响试验结果的精度。

此外,鉴于碳化钙气压法目前已很少使用,市场上已不多见。过去引用该方法,主要是考虑在边远地区电力供应困难,现场工作条件较差等问题,无法开展正常的含水率试验工作等。现在用酒精燃烧法可完全替代该方法,且酒精资源丰富,更具备现场试验条件。因此,此次修订取消了碳化钙气压法作为含水率的试验方法。

6 土的密度试验

T 0107—1993 环 刀 法

1 目的和适用范围

本试验方法适用于细粒土。

2 仪器设备

2.1 环刀:内径6~8cm,高2~5.4cm,壁厚1.5~2.2mm。

2.2 天平:感量0.1g。

2.3 其他:修土刀、钢丝锯、凡士林等。

3 试验步骤

3.1 按工程需要取原状土或制备所需状态的扰动土样,整平两端,环刀内壁涂一薄层凡士林,刀口向下放在土样上。

3.2 用修土刀或钢丝锯将土样上部削成略大于环刀直径的土柱,然后将环刀垂直下压,边压边削,至土样伸出环刀上部为止。削去两端余土,使土样与环刀口面齐平,并用剩余土样测定含水率。

3.3 擦净环刀外壁,称环刀与土合质量 m_1,准确至0.1g。

4 结果整理

4.1 按下列公式计算湿密度及干密度:

$$\rho = \frac{m_1 - m_2}{V} \qquad \text{(T 0107-1)}$$

$$\rho_d = \frac{\rho}{1 + 0.01w} \qquad \text{(T 0107-2)}$$

式中:ρ——湿密度(g/cm^3),计算至0.01;

m_1——环刀与土合质量(g);

m_2——环刀质量(g);

V——环刀体积(cm^3);

ρ_d——干密度(g/cm^3),计算至0.01;

w——含水率(%)。

4.2 本试验记录格式如表T 0107-1。

4.3 精密度和允许差。

本试验须进行二次平行测定,取其算术平均值,其平行差值不得大于0.03g/cm^3。

5 报告

5.1 土的鉴别分类和状态描述。

5.2 土的含水率 w(%)。

5.3 土的湿密度 ρ（g/cm^3）。

5.4 土的干密度 ρ_d（g/cm^3）。

表 T 0107-1　密度试验记录（环刀法）

土样编号			1		2		3	
环刀号			1	2	3	4	5	6
环刀容积（cm^3）	（1）		100	100	100	100	100	100
环刀质量（g）	（2）							
土＋环刀质量（g）	（3）							
土样质量（g）	（4）	（3）－（2）	178.6	181.4	193.6	194.8	205.8	207.2
湿密度（g/cm^3）	（5）	$\frac{(4)}{(1)}$	1.79	1.81	1.94	1.95	2.06	2.07
含水率（%）	（6）		13.5	14.2	18.2	19.4	20.5	21.2
干密度（g/cm^3）	（7）	$\frac{(5)}{1+0.01(6)}$	1.58	1.58	1.64	1.63	1.71	1.71
平均干密度（g/cm^3）	（8）		1.58		1.64		1.71	

条文说明

1　密度是土的基本物理性指标之一，用它可以换算土的干密度、孔隙比、孔隙率、饱和度等指标。无论在室内试验或野外勘察以及施工质量控制中，均须测定密度。

环刀法只能用于测定不含砾石颗粒的细粒土的密度。环刀法操作简便而准确，在室内和野外普遍采用。

2　在室内做密度试验，考虑到与剪切、固结等项试验所用环刀相配合，规定室内环刀容积为60～150cm^3。施工现场检查填土压实密度时，由于每层土压实度上下不均匀，为提高试验结果的精度，可增大环刀容积，一般采用的环刀容积为200～500cm^3。

环刀高度与直径之比，对试验结果是有影响的。根据钻探机具、取土器的筒高和直径的大小，确定室内试验使用的环刀直径为6～8cm，高2～3cm；野外采用的环刀规格尚不统一，径高比一般以1～1.5为宜。

环刀壁越厚，压入时土样扰动程度也越大，所以环刀壁越薄越好。但环刀压入土中时，须承受相当的压力，壁过薄，环刀容易破损和变形。因此，建议壁厚一般用1.5～2mm。

3　根据工程实际需要，采取原状土或制备所需状态的扰动土。

T 0108—1993　电动取土器法

1　目的和适用范围

本试验方法适用于硬塑土密度的快速测定。

2　仪器设备

2.1　电动取土器由底座、行走轮、立柱、齿轮箱、升降机构、取芯头等组成，如图T 0108-1所示。

2.1.1 底座：由底座平台、定位销(15)、行走轮(14)组成。平台是整个仪器支撑基础；定位销供操作时仪器定位用；行走轮供换点取芯时仪器近距离移动用，当定位时四只轮子可扳起离开地表。

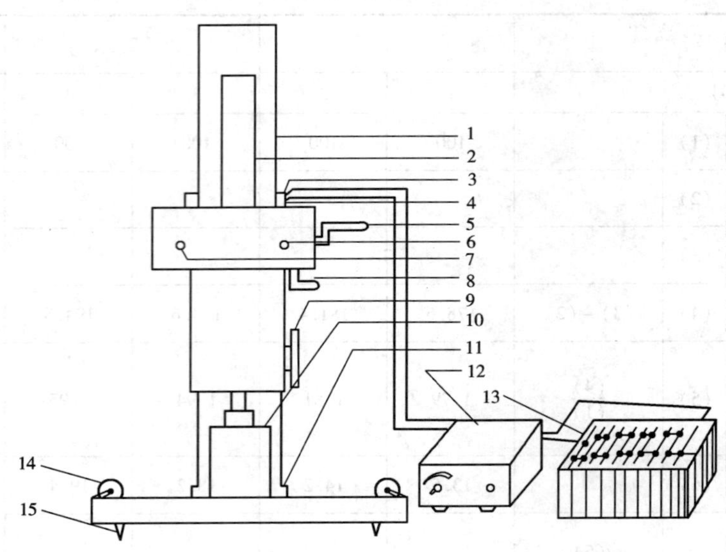

图 T 0108-1 电动取土器

1-立柱；2-升降轴；3-电源输入；4-直流电机；5-升降手柄；6-电源指示；7-电源指示；8-锁紧手柄；9-升降手轮；10-取芯头；11-立柱套；12-调速器；13-电瓶；14-行走轮；15-定位销

2.1.2 立柱：立柱由立柱(1)与立柱套(11)组成，装在底座平台上，作为升降机构、取芯机构、动力和传动机构的支架。

2.1.3 升降机构：由升降手轮(9)、锁紧手柄(8)组成，供调整取芯机构高低用。松开锁紧手柄，转动升降手轮，取芯机构即可升降，到所需位置时拧紧手柄定位。

2.1.4 取芯机构：由取芯头(10)、升降轴(2)组成。取芯头为金属圆筒，下口对称焊接两个合金钢切削刀头，上端面焊有平盖，其上焊螺母，靠螺旋接于升降轴上。取芯头有三种规格，即 ϕ50mm × 50mm、ϕ70mm × 70mm、ϕ100mm × 100mm，取芯头为可换式。另配有相应的取芯套筒、扳手、铝盒等。

2.1.5 动力和传动机构：主要由直流电机(4)、调速器(12)、齿轮箱组成，另配电瓶和充电器。当电机工作时，通过齿轮箱的齿轮将动力传给取芯机构，升降轴旋转，取芯头进入旋切工作状态。

2.1.6 电动取土器主要技术参数为：工作电压 DC24V(36A · h)；转速 50 ~ 70r/min，无级调速；整机质量约 35kg。

2.2 天平：称量 1 000g，感量 1.0g(用于取芯头内径为 10cm 样品的称量)；称量 1 000g，感量 0.1g(用于取芯头内径小于 7cm 样品的称量)。

2.3 其他：修土刀、钢丝锯及测定含水率的设备等。

3 试验步骤

3.1 装上所需规格的取芯头。在施工现场，取芯前，选择一块平整的路段，将四只行走轮打起，四根定位销钉采用人工加压的方法，压入路基土层中。松开锁紧手柄，旋动升降手轮，使取芯头刚好与土层接触，锁紧手柄。

3.2 将电瓶与调速器接通，调速器的输出端接入取芯机电源插口。指示灯亮，显示电路已通；启动开关，电动机工作，带动取芯机构转动。根据土层含水率调节转速，操作升降手柄、上提取芯机构，停机。移开机器。由于取芯头圆筒外表有几条螺旋状突起，切下的土屑排在筒外顺螺纹上旋抛出地表，因此，将取芯套筒套在切削好的土芯立柱上，摇动即可取出样品。

3.3 取出样品，立即按取芯套筒长度用手刀或钢丝锯修平两端，制成所需规格土芯，如拟进行其他试验项目，装入铝盒，送试验室备用。

3.4 用天平称量土芯带套筒质量，从土芯中心部分取试样测定含水率。

4 结果整理

4.1 对于所需规格的土芯按下列公式计算湿密度及干密度：

$$\rho = \frac{m_1 - m_2}{V} \tag{T 0108-1}$$

$$\rho_d = \frac{\rho}{1 + 0.01w} \tag{T 0108-2}$$

式中：ρ——湿密度（g/cm^3），计算至0.01；

m_1——环刀与土合质量（g）；

m_2——环刀质量（g）；

V——环刀体积（cm^3）；

ρ_d——干密度（g/cm^3）；

w——含水率（%）。

4.2 本试验记录格式如表T 0108-1。

表 T 0108-1　密度试验记录（电动取土器法）

土样编号			1		2		3	
环刀号			1	2	3	4	5	6
环刀容积（cm^3）	(1)		100	100	100	100	100	100
环刀质量（g）	(2)							
土+环刀质量（g）	(3)							
土样质量（g）	(4)	(3)-(2)	178.6	181.4	193.6	194.8	205.8	207.2
湿密度（g/cm^3）	(5)	$\frac{(4)}{(1)}$	1.79	1.81	1.94	1.95	2.06	2.07
含水率（%）	(6)		13.5	14.2	18.2	19.4	20.5	21.2
干密度（g/cm^3）	(7)	$\frac{(5)}{1+0.01(6)}$	1.58	1.58	1.64	1.63	1.71	1.71
平均干密度（g/cm^3）	(8)		1.58		1.64		1.71	

4.3 精密度和允许差。

本试验须进行二次平行测定，取其算术平均值，其平行差值不得大于0.03g/cm^3。

5 报告

5.1 土的鉴别分类和状态描述。

5.2 土的含水率 w（%）。

5.3 土的湿密度 ρ（g/cm^3）。

5.4 土的干密度 ρ_d（g/cm^3）。

条文说明

1、2　电动取芯机采用电瓶供电，驱动直流电机，使取芯头转动，并配备有调速器。根据路基土的湿度调节该机转速,便可获得最佳效果。取芯头有 ϕ50mm × 50mm、ϕ70mm × 70mm、ϕ100mm × 100mm 三种规格,可根据需要选用。取芯头为可换式。取芯速度快,例如取 ϕ50mm × 50mm 的一只土芯仅需 14s。所取的试件,因不扰动路基的原状结构,故能反映其真实情况。

3　由于取芯头圆筒外表有几条螺旋状凸起,切下的土屑排在筒外顺螺纹上旋抛出地表,因此,将取芯套筒套在切削好的土芯立柱上,摇动即可取出样品。

T 0109—1993　蜡 封 法

1　目的和适用范围

本试验方法适用于易破裂土和形态不规则的坚硬土。

2　仪器设备

2.1　天平:感量 0.01g。

2.2　烧杯、细线、石蜡、针、削土刀等。

3　试验步骤

3.1　用削土刀切取体积大于 $30cm^3$ 的试件,削除试件表面的松、浮土以及尖锐棱角,在天平上称量,准确至 0.01g。取代表性土样进行含水率测定。

3.2　将石蜡加热至刚过熔点,用细线系住试件浸入石蜡中,使试件表面覆盖一薄层严密的石蜡。若试件蜡膜上有气泡,需用热针刺破气泡,再用石蜡填充针孔,涂平孔口。

3.3　待冷却后,将蜡封试件在天平上称量,准确至 0.01g。

3.4　用细线将蜡封试件置于天平一端,使其浸浮在盛有蒸馏水的烧杯中,注意试件不要接触烧杯壁,称蜡封试件的水下质量,准确至 0.01g,并测量蒸馏水的温度。

3.5　将蜡封试件从水中取出,擦干石蜡表面水分,在空气中称其质量。将其与 3.3 中所称质量相比,若质量增加,表示水分进入试件中;若浸入水分质量超过 0.03g,应重做。

4　结果整理

4.1　按下式计算湿密度及干密度:

$$\rho = \frac{m}{\dfrac{m_1 - m_2}{\rho_{wt}} - \dfrac{m_1 - m}{\rho_n}} \qquad \text{(T 0109-1)}$$

$$\rho_d = \frac{\rho}{1 + 0.01w} \qquad \text{(T 0109-2)}$$

式中:ρ——土的湿密度(g/cm^3),计算至 0.01;

ρ_d——土的干密度(g/cm^3),计算至 0.01;

m——试件质量(g);

m_1——蜡封试件质量(g);

m_2——蜡封试件水中质量(g);

ρ_{wt}——蒸馏水在 t℃时密度(g/cm^3),准确至 0.001;

ρ_n——石蜡密度(g/cm^3),应事先实测,准确至 $0.01g/cm^3$;一般可采用 $0.92g/cm^3$;

w——含水率(%)。

4.2　本试验记录格式如表 T 0109-1。

表 T 0109-1　密度试验记录(蜡封法)

工程名称＿＿＿＿＿＿　土样说明＿＿＿＿＿＿　试验日期＿＿＿＿＿＿

试 验 者＿＿＿＿＿＿　计 算 者＿＿＿＿＿＿　校 核 者＿＿＿＿＿＿

土样编号	试件质量(g)	蜡封试件质量(g)	蜡封试件水中质量(g)	温度(℃)	水的密度(g/cm^3)	蜡封试件体积(cm^3)	蜡体积(cm^3)	试件体积(cm^3)	湿密度(g/cm^3)	备注
	(1)	(2)	(3)		(4)	(5) $\frac{(2)-(3)}{(4)}$	(6) $\frac{(2)-(1)}{\rho_n}$	(7) (5)-(6)	(8) $\frac{(1)}{(7)}$	
1A	62.79	66.41	27.44	32	0.995	39.10	3.94	35.16	1.79	石蜡密度 0.92 g/cm^3
	63.00	66.37	27.60	32	0.995	39.00	3.64	35.36	1.79	
2A	62.59	65.86	27.84	5	1.000	38.02	3.56	34.46	1.82	
	72.05	76.15	32.00	5	1.000	44.15	4.45	39.70	1.82	
平均									1.81	

土样编号			A
平均湿密度(g/cm^3)	(9)		1.81
平均含水率(%)	(10)		13.5
平均干密度(g/cm^3)	(11)	$\frac{(9)}{1+0.01(10)}$	1.59

4.3　精密度和允许差。

本试验须进行二次平行测定,取其算术平均值,其平行差值不得大于$0.03g/cm^3$。

5　报告

5.1　土的鉴别分类和状态描述。

5.2　土的含水率w(%)。

5.3　土的湿密度ρ(g/cm^3)。

5.4　土的干密度ρ_d(g/cm^3)。

条文说明

1　不能用环刀切削坚硬易碎、含有粗粒、形状不规则的土,可用蜡封法测定密度。

3　蜡封试样在水中的质量,系指试样在水中的重力与浮力之差;蜡封试样的质量和蜡封试样在纯水中的质量之差,与纯水在t℃时的密度的比值,即为蜡封试样的体积;当再减去试样上蜡的体积之后,即得风干土样的体积。

密度试验中使用的石蜡,选用55号石蜡为宜,其密度以实测为准。如无条件实测,可采用其密度的近似值$0.92g/cm^3$进行计算。测定石蜡的密度,应根据"阿基米德原理",采用静水力学天平称量法或采用500～1 000mL广口瓶比重法进行。

封蜡时,为避免易碎裂土的扰动和蜡封试样内气泡的产生,本规程采用一次徐徐浸蜡方法。

T 0110—1993　灌 水 法

1　目的和适用范围

本试验方法适用于现场测定粗粒土和巨粒土的密度。

2　仪器设备

2.1　座板:座板为中部开有圆孔,外沿呈方形或圆形的铁板,圆孔处设有环套,套孔的直径为土中所含最大石块粒径的3倍，环套的高度为其粒径的5%。

2.2 薄膜：聚乙烯塑料薄膜。

2.3 储水筒：直径应均匀，并附有刻度。

2.4 台秤：称量50kg，感量5g。

2.5 其他：铁镐、铁铲、水准仪等。

3 试验步骤

3.1 根据试样最大粒径宜按表T 0110-1确定试坑尺寸。

表T 0110-1 试坑尺寸

试样最大粒径(mm)	试坑尺寸	
	直径(mm)	深度(mm)
5~20	150	200
40	200	250
60	250	300
200	800	1 000

3.2 按确定的试坑直径画出坑口轮廓线。将测点处的地表整平，地表的浮土、石块、杂物等应予清除，坑凹不平处用砂铺整。用水准仪检查地表是否水平。

3.3 将座板固定于整平后的地表。将聚乙烯塑料膜沿环套内壁及地表紧贴铺好。记录储水筒初始水位高度，拧开储水筒的注水开关，从环套上方将水缓缓注入，至刚满不外溢为止。记录储水筒水位高度，计算座板部分的体积。在保持座板原固定状态下，将薄膜盛装的水排至对该试验不产生影响的场所，然后将薄膜揭离底板。

3.4 在轮廓线内下挖至要求深度，将落于坑内的试样装入盛土容器内，并测定含水率。

3.5 用挖掘工具沿座板上的孔挖试坑，为了使坑壁与塑料薄膜易于紧贴，对坑壁需加以整修。

将塑料薄膜沿坑底、坑壁密贴铺好。

在往薄膜形成的袋内注水时，牵住薄膜的某一部位，一边拉松，一边注水，使薄膜与坑壁间的空气得以排出，从而提高薄膜与坑壁的密贴程度。

3.6 记录储水筒内初始水位高度，拧开储水筒的注水开关，将水缓缓注入塑料薄膜中。当水面接近环套的上边缘时，将水流调小，直至水面与环套上边缘齐平时关闭注水管，持续3~5min，记录储水筒内水位高度。

4 结果整理

4.1 细粒与石料应分开测定含水率，按下式求出整体的含水率：

$$w = w_f p_f + w_c(1 - p_f) \quad \text{(T 0110-1)}$$

式中：w——整体含水率(%)，计算至0.01；

w_f——细粒土部分的含水率(%)；

w_c——石料部分的含水率(%)；

p_f——细粒料的干质量与全部材料干质量之比。

细粒料与石块的划分以粒径60mm为界。

4.2 按下式计算座板部分的容积：

$$V_1 = (h_1 - h_2)A_w \quad \text{(T 0110-2)}$$

式中：V_1——座板部分的容积(cm^3)，计算至0.01；

A_w——储水筒截面积(cm^2)；

h_1——储水筒内初始水位高度(cm)；

h_2——储水筒内注水终了时水位高度(cm)。

4.3 按下式计算试坑容积:

$$V_p = (H_1 - H_2)A_w - V_1 \tag{T 0110-3}$$

式中:V_p——试坑容积(cm^3),计算至0.01;

H_1——储水筒内初始水位高度(cm);

H_2——储水筒内注水终了时水位高度(cm);

A_w——储水筒断面积(cm^2);

V_1——座板部分的容积(cm^3)。

4.4 按下式计算试样湿密度:

$$\rho = \frac{m_p}{V_p} \tag{T 0110-4}$$

式中:ρ——试样湿密度(g/cm^3),计算至0.01;

m_p——取自试坑内的试样质量(g)。

4.5 灌水法密度试验记录格式如表T 0110-2。

表T 0110-2 灌水法密度试验记录

工程名称______________ 试 验 者______________

土样编号______________ 计 算 者______________

试坑深度__________m 校 核 者______________

试样最大粒径__________mm 试验日期______________

测点					1	2
座板部分注水前储水筒水位高度	h_1	(cm)	(1)			
座板部分注水后储水筒水位高度	h_2	(cm)	(2)			
储水筒断面积	A_w	(cm^2)	(3)			
座板部分的容积	$V_1 = (h_1 - h_2)A_w$	(cm^3)	(4)	[(1) - (2)] × (3)		
试坑注水前储水筒水位高度	H_1	(cm)	(5)			
试坑注水后储水筒水位高度	H_2	(cm)	(6)			
试坑容积	$V_p = (H_1 - H_2)A_w - V_1$	(cm^3)	(7)	[(5) - (6)] × (3) - (4)		
取自试坑内的试样质量	m_p	(g)	(8)			
试样湿密度	$\rho = \frac{m_p}{V_p}$	(g/cm^3)	(9)	$\frac{(8)}{(7)}$		
细粒土部分含水率	w_f	(%)	(10)			
石料部分含水率	w_c	(%)	(11)			
细粒料干质量与全部干质量之比	p_f		(12)			
整体含水率	$w = w_f p_f + w_c(1 - p_f)$	(%)	(13)	(10) × (12) + (11) × [1 - (12)]		
试样干密度	$\rho_d = \frac{\rho}{1 + w}$	(g/cm^3)	(14)	$\frac{(9)}{1 + w}$		

4.6 精密度和允许差。

灌水法密度试验应进行两次平行测定,两次测定的差值不得大于 0.03 g/cm³,取两次测值的平均值。

5 报告

5.1 试料来源,外观描述。

5.2 试样最大粒径(mm)。

5.3 试坑尺寸(cm)。

5.4 试样干密度 ρ_d(g/cm³)。

条文说明

1 本试验方法适用于现场测定粗粒土和巨粒土特别是后者的密度,从而可为粗粒土和巨粒土最大干密度试验(表面振动压实仪法和振动台法)提供施工现场检验密实度的手段。

2 以往规程中使用的橡皮囊,尚无定型产品。本试验采用聚氯乙烯塑料薄膜。

3 按试样最大粒径确定试坑尺寸,试验规定试样最大粒径为 200mm,一般情况下,可以满足现场检验巨粒土密度的要求。

4 日本灌水法密度试验分开测定细粒料与石料的含水率,这样更符合实际,故本试验采用了这种方法。日本对细粒料与石块的划分以 75mm 为界,本试验将分界粒径改为 60mm,因日本以 75mm 作为砾粒的上限,而我国则以 60mm 作为粗粒土和巨粒土的分界粒径。

T 0111—1993 灌 砂 法

1 目的和适用范围

本试验法适用于现场测定细粒土、砂类土和砾类土的密度。试样的最大粒径一般不得超过 15mm,测定密度层的厚度为 150 ~ 200mm。

注:①在测定细粒土的密度时,可以采用 ϕ100mm 的小型灌砂筒。

②如最大粒径超过 15mm,则应相应地增大灌砂筒和标定罐的尺寸,例如,粒径达 40 ~ 60mm 的粗粒土,灌砂筒和现场试洞的直径应为 150 ~ 200mm。

2 仪器设备

2.1 灌砂筒:金属圆筒(可用白铁皮制作)的内径为 100mm,总高 360mm。灌砂筒主要分两部分:上部为储砂筒,筒深 270mm(容积约 2 120cm³),筒底中心有一个直径 10mm 的圆孔;下部装一倒置的圆锥形漏斗,漏斗上端开口直径为 10mm,并焊接在一块直径 100mm 的铁板上,铁板中心有一直径 10mm 的圆孔与漏斗上开口相接。在储砂筒筒底与漏斗顶端铁板之间设有开关。开关为一薄铁板,一端与筒底及漏斗铁板铰接在一起,另一端伸出筒身外,开关铁板上也有一个直径 10mm 的圆孔。将开关向左移动时,开关铁板上的圆孔恰好与筒底圆孔及漏斗上开口相对,即三个圆孔在平面上重叠在一起,砂就可通过圆孔自由落下。将开关向右移动时,开关将筒底圆孔堵塞,砂即停止下落。

灌砂筒的形式和主要尺寸如图 T 0111-1 所示。

2.2 金属标定罐:内径 100mm,高 150mm 和 200mm 的金属罐各一个,上端周围有一罐缘。

注:如由于某种原因,试坑不是 150mm 或 200mm 时,标定罐的深度应该与拟挖试坑深度相同。

2.3 基板:一个边长 350mm、深 40mm 的金属方盘,盘中心有一直径 100mm 的圆孔。

2.4 打洞及从洞中取料的合适工具,如凿子、铁锤、长把勺、长把小簸箕、毛刷等。

2.5 玻璃板:边长约 500mm 的方形板。

2.6 饭盒(存放挖出的试样)若干。

2.7 台秤:称量 10 ~ 15kg,感量 5g。

2.8 其他:铝盒、天平、烘箱等。

2.9 量砂:粒径 0.25 ~ 0.5mm、清洁干燥的均匀砂,约 20 ~ 40kg。应先烘干,并放置足够时间,使其与空气的湿度达到平衡。

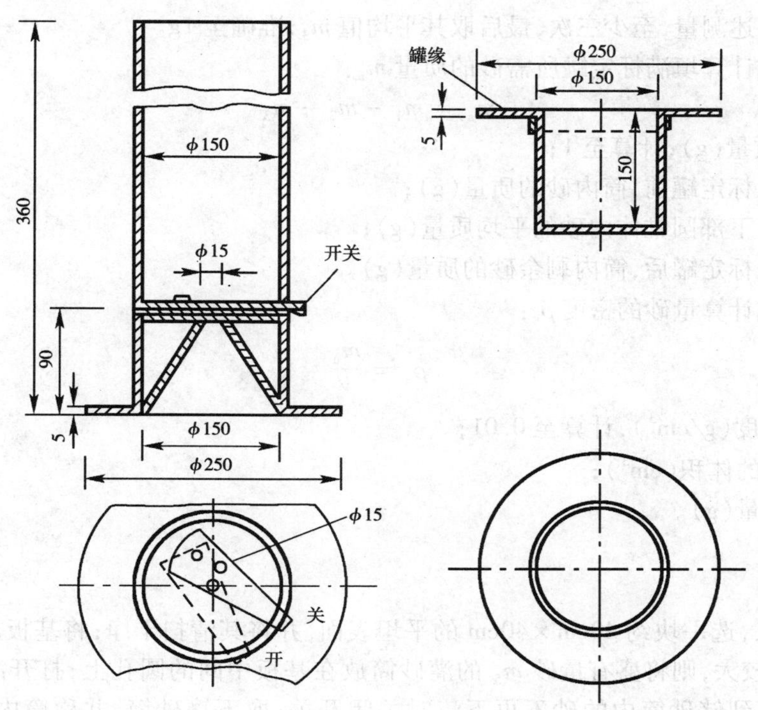

图 T 0111-1 灌砂筒和标定罐(单位:mm)

3 仪器标定

3.1 确定灌砂筒下部圆锥体内砂的质量

3.1.1 在储砂筒内装满砂,筒内砂的高度与筒顶的距离不超过 15mm,称筒内砂的质量 m_1,准确至 1g。每次标定及而后的试验都维持该质量不变。

3.1.2 将开关打开,让砂流出,并使流出砂的体积与工地所挖试洞的体积相当(或等于标定罐的容积);然后关上开关,并称量筒内砂的质量 m_5,准确至 1g。

3.1.3 将灌砂筒放在玻璃板上,打开开关,让砂流出,直到筒内砂不再下流时,关上开关,并小心地取走罐砂筒。

3.1.4 收集并称量留在玻璃板上的砂或称量筒内的砂,准确至 1g。玻璃板上的砂就是填满灌砂筒下部圆锥体的砂。

3.1.5 重复上述测量,至少三次;最后取其平均值 m_2,准确至 1g。

3.2 确定量砂的密度

3.2.1 用水确定标定罐的容积 V。

(1)将空罐放在台秤上,使罐的上口处于水平位置,读记罐质量 m_7,准确至 1g。

(2)向标定罐中灌水,注意不要将水弄到台秤上或罐的外壁;将一直尺放在罐顶,当罐中水面快要接近直尺时,用滴管往罐中加水,直到水面接触直尺;移去直尺,读记罐和水的总质量 m_8。

(3)重复测量时,仅需用吸管从罐中取出少量水,并用滴管重新将水加满到接触直尺。

(4)标定罐的容积 V 按下式计算:

$$V = (m_8 - m_7)/\rho_w \qquad (T\ 0111\text{-}1)$$

式中:V——标定罐的容积(cm^3),计算至 0.01;

m_7——标定罐质量(g);

m_8——标定罐和水的总质量(g);

ρ_w——水的密度(g/cm^3)。

3.2.2 在储砂筒中装入质量为 m_1 的砂,并将罐砂筒放在标定罐上,打开开关,让砂流出,直到储砂筒内的砂不再下流时,关闭开关;取下罐砂筒,称筒内剩余的砂质量,准确至1g。

3.2.3 重复上述测量,至少三次,最后取其平均值 m_3,准确至1g。

3.2.4 按下式计算填满标定罐所需砂的质量 m_a:

$$m_a = m_1 - m_2 - m_3 \quad \text{(T 0111-2)}$$

式中:m_a——砂的质量(g),计算至1;

m_1——灌砂入标定罐前,筒内砂的质量(g);

m_2——灌砂筒下部圆锥体内砂的平均质量(g);

m_3——灌砂入标定罐后,筒内剩余砂的质量(g)。

3.2.5 按下式计算量砂的密度 ρ_s:

$$\rho_s = \frac{m_a}{V} \quad \text{(T 0111-3)}$$

式中:ρ_s——砂的密度(g/cm^3),计算至0.01;

V——标定罐的体积(cm^3);

m_a——砂的质量(g)。

4 试验步骤

4.1 在试验地点,选一块约40cm×40cm的平坦表面,并将其清扫干净;将基板放在此平坦表面上;如此表面的粗糙度较大,则将盛有量砂 m_5 的灌砂筒放在基板中间的圆孔上;打开灌砂筒开关,让砂流入基板的中孔内,直到储砂筒内的砂不再下流时关闭开关;取下罐砂筒,并称筒内砂的质量 m_6,准确至1g。

4.2 取走基板,将留在试验地点的量砂收回,重新将表面清扫干净;将基板放在清扫干净的表面上,沿基板中孔凿洞,洞的直径100mm。在凿洞过程中,应注意不使凿出的试样丢失,并随时将凿松的材料取出,放在已知质量的塑料袋内,密封。试洞的深度应与标定罐高度接近或一致。凿洞毕,称此塑料袋中全部试样质量,准确至1g。减去已知塑料袋质量后,即为试样的总质量 m_t。

4.3 从挖出的全部试样中取有代表性的样品,放入铝盒中,测定其含水率 w。样品数量:对于细粒土,不少于100g;对于粗粒土,不少于500g。

4.4 将基板安放在试洞上,将灌砂筒安放在基板中间(储砂筒内放满砂至恒量 m_1),使灌砂筒的下口对准基板的中孔及试洞。打开灌砂筒开关,让砂流入试洞内。关闭开关。小心取走灌砂筒,称量筒内剩余砂的质量 m_4,准确至1g。

4.5 如清扫干净的平坦的表面上,粗糙度不大,则不需放基板,将罐砂筒直接放在已挖好的试洞上。打开筒的开关,让砂流入试洞内。在此期间,应注意勿碰动灌砂筒。直到储砂筒内的砂不再下流时,关闭开关。仔细取走灌砂筒,称量筒内剩余砂的质量 m_4,准确至1g。

4.6 取出试洞内的量砂,以备下次试验时再用。若量砂的湿度已发生变化或量砂中混有杂质,则应重新烘干,过筛,并放置一段时间,使其与空气的湿度达到平衡后再用。

4.7 如试洞中有较大孔隙,量砂可能进入孔隙时,则应按试洞外形,松弛地放入一层柔软的纱布。然后再进行灌砂工作。

5 结果整理

5.1 按下式计算填满试洞所需砂的质量:

灌砂时试洞上放有基板的情况

$$m_b = m_1 - m_4 - (m_5 - m_6) \quad \text{(T 0111-4)}$$

灌砂时试洞上不放基板的情况

$$m_b = m_1 - m'_4 - m_2 \tag{T 0111-5}$$

式中：m_b——砂的质量(g)；

m_1——灌砂入试洞前筒内砂的质量(g)；

m_2——灌砂筒下部圆锥体内砂的平均质量(g)；

m_4、m'_4——灌砂入试洞后，筒内剩余砂的质量(g)；

$(m_5 - m_6)$——灌砂筒下部圆锥体内及基板和粗糙表面间砂的总质量(g)。

5.2 按下式计算试验地点土的湿密度：

$$\rho = \frac{m_t}{m_b} \times \rho_s \tag{T 0111-6}$$

式中：ρ——土的湿密度(g/cm³)，计算至0.01；

m_t——试洞中取出的全部土样的质量(g)；

m_b——填满试洞所需砂的质量(g)；

ρ_s——量砂的密度(g/cm³)。

5.3 按下式计算土的干密度：

$$\rho_d = \frac{\rho}{1 + 0.01w} \tag{T 0111-7}$$

式中：ρ_d——土的干密度(g/cm³)，计算至0.01；

ρ——土的湿密度(g/cm³)；

w——土的含水率(%)。

5.4 本试验的记录格式如表T 0111-1。

表 T 0111-1 密度试验记录(灌砂法)

工程名称______ 土样说明 砾类土 试验日期______

试验者______ 计算者______ 校核者______

砂的密度 1.28g/cm³

取样桩号	取样位置	试洞中湿土样质量	灌满试洞后剩余砂质量	试洞内砂质量	湿密度	含水率测定							干密度
						盒号	盒+湿土质量	盒+干土质量	盒质量	干土质量	水质量	含水率	
		m_t (g)	m_4、m'_4 (g)	m_b (g)	ρ (g/cm³)		(g)	(g)	(g)	(g)	(g)	(%)	ρ_d (g/cm³)
		4 031		2 233.6	2.31	B_5	1 211	1 108.4	195.4	913	102.6	11.2	2.08
		2 900		1 613.9	2.30	3A	1 125	1 040	195.5	844.1	85	10.1	2.09

5.5 精密度和允许差。

本试验须进行二次平行测定，取其算术平均值，其平行差值不得大于0.03g/cm³。

6 报告

6.1 土的鉴别分类和状态描述。

6.2 土的含水率w(%)。

6.3 土的湿密度ρ(g/cm³)。

6.4 土的干密度ρ_d(g/cm³)。

条文说明

1 *灌砂法一般在野外应用。灌砂法是利用均匀颗粒的砂，由一定高度下落到一规定容积的筒或洞*

内,按其单位重不变的原理来测量试洞的容积。该试验使用的主要设备是灌砂法密度试验仪,包括漏斗、漏斗架、防风筒和套环。鉴于公路部门不常使用这种仪器,而使用最多的是灌砂筒和标定罐,因此,用灌砂筒来测定土的密度。

2~5　这种新的灌砂筒是根据英国标准 BS137 和 BS1924 设计制作的。其特点是,将过去所用的灌砂法密度测定仪的几个分开部件(如漏斗、漏斗架、防风筒、套环和量砂容器)合成一个整体。使用时,储砂筒内量砂处于封闭条件下,完全不受风的影响,因此,其测量精度高,准确性好。例如,用粒径 0.25~0.50mm 的量砂,在直径 150mm、高 170mm 的标定罐(容积 3 038cm^3)内标定量砂的密度,共标定 10 次;另外,确定填满灌砂筒下部圆锥体需要的量砂质量,也测定 10 次。这两种试验的结果如表 T 0111-2所示。

表 T 0111-2　灌砂筒的试验精度

试验项目	变化范围	平均值	标准差	变异系数(%)
填满圆锥体的砂(kg)	0.611~0.617	0.615	0.002 0	0.3
填满标定罐的砂(kg)	3.879~3.889	3.884	0.003 2	0.08
量砂密度(g/cm^3)	1.277~1.280	1.278	0.001	0.08

从表列资料可以看出,所得量砂密度的精度很高,变异系数仅 0.08%。

用灌砂法测量试洞的容积时,其准确度和精度受下列几个因素的影响:

(1)标定罐的深度对砂的密度有影响。标定罐的深度减 2.5cm,砂的密度约降低 1%。因此,标定罐的深度应与试洞的深度一致。

(2)储砂筒中砂面的高度对砂的密度有影响。储砂筒中砂面的高度降低 5cm,砂的密度约降低 1%。因此,现场测量时,储砂筒中的砂面高度应与标定砂的密度时储砂筒中的砂面高度一致。

(3)砂的颗粒组成对试验的重现性有影响。使用的砂应清洁干燥,否则,砂的密度会有明显变化。

用不同粒径的砂标定漏斗的体积和砂的密度时的重现性列在表 T 0111-3 中。从表中所列资料可以看出,使用粒径 0.3~0.6mm 砂的重现性最好。标定的精度达到 0.001kg。

表 T 0111-3　用不同粒径的砂标定时的重现性

砂的粒径(mm)	与平均值的最大偏差	
	在锥形漏斗中(%)	在标定罐中(%)
0.6~1.2	0.4	0.3
0.3~0.6	0.2	0.1
0.15~0.3	0.6	0.2
小于 0.15	0.7	0.2

7 土的比重试验

T 0112—1993 比重瓶法

1 目的和适用范围

本试验法适用于粒径小于5mm的土。

2 仪器设备

2.1 比重瓶:容量100(或50)mL。

2.2 天平:称量200g,感量0.001g。

2.3 恒温水槽:灵敏度±1℃。

2.4 砂浴。

2.5 真空抽气设备。

2.6 温度计:刻度为0~50℃,分度值为0.5℃。

2.7 其他:如烘箱、蒸馏水、中性液体(如煤油)、孔径2mm及5mm筛、漏斗、滴管等。

2.8 比重瓶校正。

2.8.1 将比重瓶洗净、烘干,称比重瓶质量,准确至0.001g。

2.8.2 将煮沸后冷却的纯水注入比重瓶。对长颈比重瓶注水至刻度处,对短颈比重瓶应注满纯水,塞紧瓶塞,多余水分自瓶塞毛细管中溢出。调节恒温水槽至5℃或10℃,然后将比重瓶放入恒温水槽内,直至瓶内水温稳定。取出比重瓶,擦干外壁,称瓶、水总质量,准确至0.001g。

2.8.3 以5℃级差,调节恒温水槽的水温,逐级测定不同温度下的比重瓶、水总质量,至达到本地区最高自然气温为止。每级温度均应进行两次平行测定,两次测定的差值不得大于0.002g,取两次测值的平均值。绘制温度与瓶、水总质量的关系曲线。

3 试验步骤

3.1 将比重瓶烘干,将15g烘干土装入100mL比重瓶内(若用50mL比重瓶,装烘干土约12g),称量。

3.2 为排除土中空气,将已装有干土的比重瓶,注蒸馏水至瓶的一半处,摇动比重瓶,土样浸泡20h以上,再将瓶在砂浴中煮沸,煮沸时间自悬液沸腾时算起,砂及低液限黏土应不少于30min,高液限黏土应不少于1h,使土粒分散。注意沸腾后调节砂浴温度,不使土液溢出瓶外。

3.3 如系长颈比重瓶,用滴管调整液面恰至刻度处(以弯月面下缘为准),擦干瓶外及瓶内壁刻度以上部分的水,称瓶、水、土总质量。如系短颈比重瓶,将纯水注满,使多余水分自瓶塞毛细管中溢出,将瓶外水分擦干后,称瓶、水、土总质量,称量后立即测出瓶内水的温度,准确至0.5℃。

3.4 根据测得的温度,从已绘制的温度与瓶、水总质量关系曲线中查得瓶水总质量。如比重瓶体积事先未经温度校正,则立即倾去悬液,洗净比重瓶,注入事先煮沸过且与试验时同温度的蒸馏水至同一体积刻度处,短颈比重瓶则注水至满,按本试验3.3步骤调整液面后,将瓶外水分擦干,称瓶、水总质量。

3.5 如系砂土,煮沸时砂粒易跳出,允许用真空抽气法代替煮沸法排除土中空气,其余步骤与本试验3.3、3.4相同。

3.6 对含有某一定量的可溶盐、不亲性胶体或有机质的土,必须用中性液体(如煤油)测定,并用真空抽气法排除土中气体。真空压力表读数宜为100kPa,抽气时间1~2h(直至悬液内无气泡为止),其余步骤同本试验3.3、3.4。

3.7 本试验称量应准确至0.001g。

4 结果整理

4.1 用蒸馏水测定时,按下式计算比重:

$$G_s = \frac{m_s}{m_1 + m_s - m_2} \times G_{wt} \quad (T\ 0112\text{-}1)$$

式中:G_s——土的比重,计算至0.001;

m_s——干土质量(g);

m_1——瓶、水总质量(g);

m_2——瓶、水、土总质量(g);

G_{wt}——t℃时蒸馏水的比重(水的比重可查物理手册),准确至0.001。

4.2 用中性液体测定时,按下式计算比重:

$$G_s = \frac{m_s}{m'_1 + m_s - m'_2} \times G_{kt} \quad (T\ 0112\text{-}2)$$

式中:G_s——土的比重,计算至0.001;

m'_1——瓶、中性液体总质量(g);

m'_2——瓶、土、中性液体总质量(g);

G_{kt}——t℃时中性液体比重(应实测),准确至0.001。

4.3 本试验记录格式如表T 0112-1。

表T 0112-1 比重试验记录(比重瓶法)

工程名称__________ 试验方法__________ 试验日期__________

试 验 者__________ 计 算 者__________ 校 核 者__________

试验编号	比重瓶号	温度(℃)	液体比重	比重瓶质量(g)	瓶、干土总质量(g)	干土质量(g)	瓶、液总质量(g)	瓶、液、土总质量(g)	与干土同体积的液体质量(g)	比重	平均比重值	备注
		(1)	(2)	(3)	(4)	(5)	(6)	(7)	(8)	(9)		
						(4)-(3)			(5)+(6)-(7)	$\frac{(5)}{(8)}\times(2)$		
	1	15.2	0.999	34.886	49.831	14.945	134.714	144.225	5.434	2.746	2.75	
	2	15.2	0.999	34.287	49.227	14.940	134.696	144.191	5.445	2.741		

4.4 精密度和允许差。

本试验必须进行二次平行测定,取其算术平均值,以两位小数表示,其平行差值不得大于0.02。

5 报告

5.1 土的鉴别分类和代号。

5.2 土的比重G_s值。

条文说明

1 土粒比重是土的基本物理性指标之一,是计算孔隙比和评价土类的主要指标。

关于比重的定义,以往国内《土工试验规程》和常见教科书上一般将比重定义为:土粒在温度100~

105℃,烘至恒重时的重量与同体积4℃时蒸馏水重量的比值。近年来,国外某些书刊中给出这样的定义:给定体积材料的质量(或密度)与等体积水的质量(或密度)的比值。

各类科技词典中,多取物理学的定义来解释比重这个词,即物理的重量与其体积的比值。《现代科学技术词典》将材料的比重定义为:材料的密度和其一标准材料密度之比。这一定义更具有科学性和一般性。实际上,国外书刊上已直接用材料比重来定义土的比重了。鉴于以上情况,并考虑到我国法定计量单位中有关"比重"概念给土工试验一些基本公式和计算造成不便的现实,我们仍沿袭使用"比重"这个无量纲名词,作为土工试验中的专用名词来对待。但它有明确的定义:土粒比重是土粒在温度105~110℃下烘至恒量时的质量与同体积4℃时纯水质量的比值,这样既照顾了习惯用法,又有明确的科学定义,符合法定计量的有关规定。

本试验适用于粒径小于5mm的土。

颗粒小于5mm的土用比重瓶法测定。根据土的分散程度、矿物成分、水溶盐和有机质的含量又分别规定用纯水和中性液体测定。排气方法也根据介质的不同分别采用煮沸法和真空抽气法。

2 目前各单位多用100mL的比重瓶,也有采用50mL的。比较试验表明,瓶的大小对比重结果影响不大,但因100mL的比重瓶可以多取些试样,使试样的代表性和试验的精度提高,所以本规程建议采用100mL的比重瓶,但也允许采用50mL的比重瓶。

比重瓶校正一般有两种方法:称量校正法和计算校正法。前一种方法精度比较高,后一种方法引入了某些假设,但一般认为对比重影响不大。本试验以称量校正法为准。

3 关于试样状态,规定用烘干土,但考虑到烘焙对土中胶粒有机质的影响尚无一致意见,所以这次规定一般应用烘干试样,也可用风干或天然湿度试样。一般规定有机质含量小于5%时,可以用纯水测定。

从资料上看,易溶盐含量小于0.5%时,用纯水和中性液体测得的比重几乎无差异。含盐量大于0.5%时,比重值可差1%以上,因此规定含盐量大于0.5%时,用中性液体测定。

排气方法,规程中仍选用煮沸法为主。如需用中性液体时,则采用真空抽气法。

粗、细粒土混合料比重的测定,本规程规定分别测定粗、细粒土的比重,然后取加权平均值。

T 0169—2007 浮力法

1 目的和适用范围

本试验目的是测定土颗粒的比重。本试验方法适用于粒径大于或等于5mm的土,且其中粒径大于或等于20mm的土质量应小于总土质量的10%。

2 仪器设备

2.1 浮力仪(含电子天平):称量1 000g以上,感量0.001g;应附有孔径小于5mm的金属网篮,其直径为10~15cm,高为10~20cm;适合网篮沉入的盛水容器(图T 0169-1)。

2.2 其他:烘箱、温度计、孔径5mm及20mm筛等。

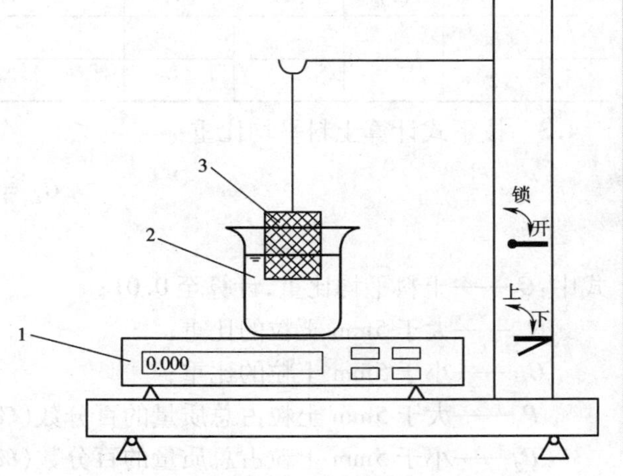

图T 0169-1 浮力仪

1-电子天平;2-盛水容器;3-盛粗粒土的金属网篮

3 试验步骤

3.1 取代表性试样500~1 000g(m_s)。彻底冲洗试样,直至颗粒表面无尘土和其他污物。

3.2 称烧杯和杯中水的质量m_1,将金属网篮缓缓浸没于水中,再称烧杯、杯中水和悬没于水中的金属网篮的总质量,并立即测量容器内水的温度,准确至0.5℃。计算出悬没于水中的金属网篮的浮力质量 m_2。

3.3 将试样浸在水中一昼夜取出,立即放入金属网篮,缓缓浸没于水中,并在水中摇晃,至无气泡逸出时为止。

3.4 称烧杯、杯中水和悬没于水中的金属网篮及试样的总质量 m_3。并立即测量容器内水的温度,准确至0.5℃。

3.5 取出试样烘干,称量。

4 结果整理

4.1 按下式计算土粒比重:

$$G_s = \frac{m_s}{m_3 - m_2 - m_1} \times G_{wt} \tag{T 0169-1}$$

式中:G_s——土粒比重,计算至0.001;

m_s——干土质量(g);

m_1——烧杯和杯中水的质量(g);

m_2——悬没于水中的金属网篮的浮力质量(g);

m_3——烧杯、杯中水和悬没于水中的金属网篮及试样的总质量(g);

G_{wt}——t℃时水的比重,准确至0.001。

4.2 本试验记录格式如表 T 0169-1。

表 T 0169-1 比重试验记录(浮力法)

工程名称______ 试验日期______

试 验 者______ 计 算 者______ 校 核 者______

野外编号	室内编号	温度 (℃)	某一温度下水的比重	烘干土质量 m_s (g)	烧杯、杯中水和悬没于水中的金属网篮及试样的浮力总质量 m_3 (g)	悬没于水中的金属网篮的浮力质量 m_2 (g)	烧杯和杯中水的质量 m_1 (g)	比重	平均值
		(1)	(2)	(3)	(4)	(5)	(6)	(7)	
	1								
	2								

4.3 按下式计算土料平均比重:

$$G_s = \frac{1}{\frac{P_1}{G_{s1}} + \frac{P_2}{G_{s2}}} \tag{T 0169-2}$$

式中:G_s——土料平均比重,计算至0.01;

G_{s1}——大于5mm 土粒的比重;

G_{s2}——小于5mm 土粒的比重;

P_1——大于5mm 土粒占总质量的百分数(%);

P_2——小于5mm 土粒占总质量的百分数(%)。

4.4 精密度和允许差。

本试验必须进行二次平行测定,取其算术平均值,以两位小数表示,其平行差值不得大于0.02。

5 报告

5.1 土的鉴别分类和代号。

5.2 土的比重 G_s 值。

条文说明

颗粒大于5mm的砾石、碎石等粗粒，颗粒本身有孔隙存在。孔隙又分封闭的与开敞的两部分。浸水时开敞部分为水所填充，封闭部分水不能浸入。因此，粗粒比重的种类通常以视比重、干比重、饱和面干比重和比重四种方法来表示。

规程中采用视比重，这样比较方便，因为一般指的孔隙，实际上是指被水充填的孔隙。

浮力法所测结果较为稳定。但大于20mm粗粒较多时，采用本方法将增加试验设备，室内使用不便。因此，规定粒径大于5mm的试样中大于或等于20mm颗粒含量小于10%时用浮力法。

T 0113—1993 浮称法

1 目的和适用范围

本试验目的是测定土颗粒的比重。本试验方法适用于粒径大于或等于5mm的土，且其中粒径大于或等于20mm的土质量应小于总土质量的10%。

2 仪器设备

2.1 静水力学天平（或物理天平）：称量1 000g以上，感量0.001g；应附有孔径小于5mm的金属网篮，其直径为10～15cm，高为10～20cm；适合网篮沉入的盛水容器（图T 0113-1）。

2.2 其他：烘箱、温度计、孔径5mm及20mm筛等。

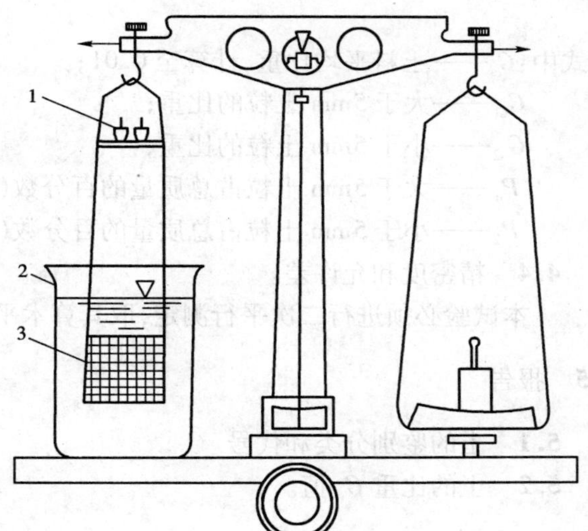

图T 0113-1 浮称天平

1-调平平衡砝码盘；2-盛水容器；3-盛粗粒土的金属网篮

3 试验步骤

3.1 取代表性试样500～1 000g。彻底冲洗试样，直至颗粒表面无尘土和其他污物。

3.2 将试样浸在水中一昼夜取出，立即放入金属网篮，缓缓浸没于水中，并在水中摇晃，至无气泡逸出时为止。

3.3 称金属网篮和试样在水中的总质量。

3.4 取出试样烘干，称量。

3.5 称金属网篮在水中质量，并立即测量容器内水的温度，准确至0.5℃。

4 结果整理

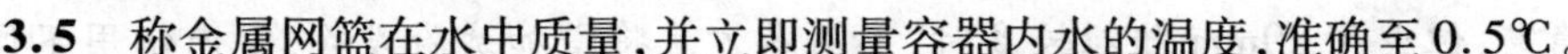

4.1 按下式计算土粒比重：

$$G_s = \frac{m_s}{m_s - (m'_2 - m'_1)} \times G_{wt} \qquad (\text{T 0113-1})$$

式中：G_s——土粒比重，计算至0.001；

m'_1——金属网篮在水中质量（g）；

m'_2——试样和金属网篮在水中总质量（g）；

m_s——干土质量(g);

G_{wt}——t℃时水的比重,准确至0.001。

4.2 本试验记录格式如表T 0113-1。

表T 0113-1 比重试验记录(浮称法)

工程名称＿＿＿＿＿＿＿＿＿＿＿＿ 试验日期＿＿＿＿＿＿

试 验 者＿＿＿＿＿＿ 计 算 者＿＿＿＿＿＿ 校 核 者＿＿＿＿＿＿

野外编号	室内编号	温度 (℃)	水的比重	烘干土质量 (g)	金属网篮加试样在水中质量 (g)	金属网篮在水中质量 (g)	试样在水中质量 (g)	比重	平均值
		(1)	(2)	(3)	(4)	(5)	(6)	(7)	
							(4)-(5)	$\frac{(3)\times(2)}{(3)-(6)}$	
	1	15.5	0.999	989.5	717.8	100	617.8	2.659	2.66
		15.5	0.999	989.5	717.7	100	617.7	2.658	
	2	15.0	0.999	989.5	718.5	100	618.5	2.664	2.67
		15.0	0.999	989.5	718.7	100	618.7	2.665	

4.3 按下式计算土料平均比重:

$$G_s = \frac{1}{\frac{P_1}{G_{s1}} + \frac{P_2}{G_{s2}}} \quad \text{(T 0113-2)}$$

式中:G_s——土料平均比重,计算至0.01;

G_{s1}——大于5mm土粒的比重;

G_{s2}——小于5mm土粒的比重;

P_1——大于5mm土粒占总质量的百分数(%);

P_2——小于5mm土粒占总质量的百分数(%)。

4.4 精密度和允许差。

本试验必须进行二次平行测定,取其算术平均值,以两位小数表示,其平行差值不得大于0.02。

5 报告

5.1 土的鉴别分类和代号。

5.2 土的比重G_s值。

条文说明

浮称法与浮力法的基本原理一样。

浮称法所测结果较为稳定,但大于20mm粗粒较多时,采用本方法将增加试验设备,室内使用不便。因此,规定粒径大于5mm的试样中大于或等于20mm颗粒含量小于10%时用浮称法。

T 0114—1993 虹吸筒法

1 目的和适用范围

本试验目的是测定土颗粒的比重。本试验法适用于粒径大于或等于5mm的土,且其中粒径大于或等于20mm土的含量大于或等于总土质量的10%。

2 仪器设备

2.1 虹吸筒:见图 T 0114-1。

2.2 台秤:称量 10kg,感量 1g。

2.3 量筒:容积大于 2 000mL。

2.4 其他:烘箱、温度计、孔径 5mm 及 20mm 的筛等。

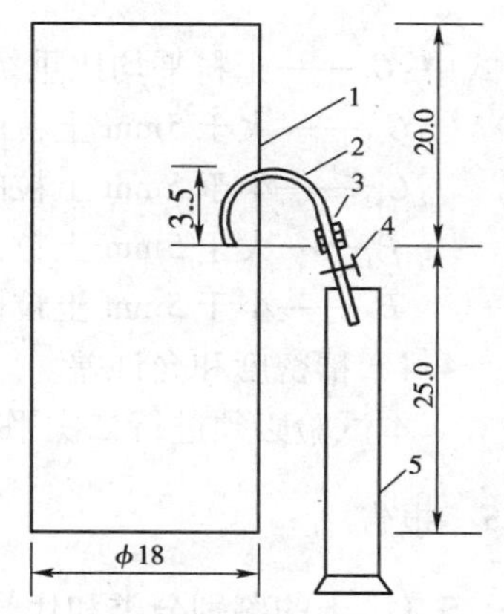

图 T 0114-1 虹吸筒(单位:cm)

1-虹吸筒;2-虹吸管;3-橡皮管;4-管夹;5-量筒

3 试验步骤

3.1 取代表性试样 1 000 ~7 000g。将试样彻底冲洗,直至颗粒表面无尘土和其他污物。

3.2 再将试样浸在水中一昼夜取出,晾干(或用布擦干),称量。

3.3 注清水入虹吸筒,至管口有水溢出时停止注水。待管不再有水流出后,关闭管夹,将试样缓缓放入筒中,边放边搅,至无气泡逸出时为止,搅动时勿使水溅出筒外。称量筒质量。

3.4 待虹吸筒中水面平静后,开管夹,让试样排开的水通过虹吸管流入筒中。

3.5 称量筒与水质量后,测量筒内水的温度,准确至 0.5℃。

3.6 取出虹吸筒内试样,烘干,称量。

3.7 本试验称量准确至 1g。

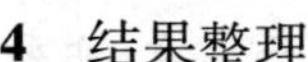

4 结果整理

4.1 按下式计算比重:

$$G_s = \frac{m_s}{(m_1 - m_0) - (m - m_s)} \times G_{wt} \qquad (T\ 0114\text{-}1)$$

式中:G_s——土粒比重,计算至 0.01;

m_s——干土质量(g);

G_{wt}——t℃时水的比重,准确至 0.001;

m——晾干试样质量(g);

m_1——量筒加水总质量(g);

m_0——量筒质量(g)。

4.2 本试验记录格式如表 T 0114-1。

表 T 0114-1 比重试验记录(虹吸筒法)

工程名称＿＿＿＿＿＿＿＿ 试验日期＿＿＿＿＿＿

试 验 者＿＿＿＿＿＿ 计 算 者＿＿＿＿＿＿ 校 核 者＿＿＿＿＿＿

野外编号	室内编号	温度 (℃)	水的比重	烘干土质量 (g)	风干土质量 (g)	量筒质量 (g)	量筒加排开水质量 (g)	排开水质量 (g)	吸着水质量 (g)	比重	平均值
		(1)	(2)	(3)	(4)	(5)	(6)	(7)	(8)	(9)	
								(6) - (5)	(4) - (3)	$\frac{(3)\times(2)}{(7)-(8)}$	
	1	15.5	0.999	1 979.0	2 000	272.4	1 040.0	767.7	21.0	2.647	2.65
		15.5	0.999	1 979.0	2 010	272.4	1 049.4	777.0	31.0	2.649	
	2	15.5	0.999	1 978.5	2 000	272.4	1 039.0	766.6	21.5	2.652	2.65
		15.5	0.999	1 970.0	2 000	272.4	1 045.0	772.0	30.5	2.651	

4.3 按下式计算土料平均比重：

$$G_s = \frac{1}{\frac{P_1}{G_{s1}} + \frac{P_2}{G_{s2}}} \tag{T 0114-2}$$

式中：G_s——土料平均比重，计算至0.01；

G_{s1}——大于5mm土粒的比重；

G_{s2}——小于5mm土粒的比重；

P_1——大于5mm土粒占总质量的百分数（%）；

P_2——小于5mm土粒占总质量的百分数（%）。

4.4 精密度和允许差。

本试验必须进行二次平行测定，取其算术平均值，以两位小数表示，其平行差值不得大于0.02。

5 报告

5.1 土的鉴别分类和代号。

5.2 土的比重 G_s 值。

条文说明

由于对粗颗粒的实体积测试不准，所以虹吸筒法测得的结果不稳定，测得的比重值一般偏小。一般只在粒径大于5mm的试样中大于或等于20mm的颗粒含量大于或等于10%时，才用虹吸筒法。

本试验方法测得的比重与浮力法和浮称法相同，也为土粒的视比重。若要测定饱和面干比重，亦采用虹吸筒法，具体操作参考有关手册。

8 颗粒分析试验

T 0115—1993 筛分法

1 目的和适用范围

本试验法适用于分析粒径大于0.075mm的土颗粒组成。对于粒径大于60mm的土样，本试验方法不适用。

2 仪器设备

2.1 标准筛：粗筛（圆孔）孔径为60mm、40mm、20mm、10mm、5mm、2mm；细筛孔径为2.0mm、1.0mm、0.5mm、0.25mm、0.075mm。

2.2 天平：称量5 000g，感量5g；称量1 000g，感量1g；称量200g，感量0.2g。

2.3 摇筛机。

2.4 其他：烘箱、筛刷、烧杯、木碾、研钵及杵等。

3 试样

从风干、松散的土样中，用四分法按照下列规定取出具有代表性的试样：

3.1 小于2mm颗粒的土100～300g。

3.2 最大粒径小于10mm的土300～900g。

3.3 最大粒径小于20mm的土1 000～2 000g。

3.4 最大粒径小于40mm的土2 000～4 000g。

3.5 最大粒径大于40mm的土4 000g以上。

4 试验步骤

4.1 对于无凝聚性的土

4.1.1 按规定称取试样，将试样分批过2mm筛。

4.1.2 将大于2mm的试样按从大到小的次序，通过大于2mm的各级粗筛。将留在筛上的土分别称量。

4.1.3 2mm筛下的土如数量过多，可用四分法缩分至100～800g。将试样按从大到小的次序通过小于2mm的各级细筛。可用摇筛机进行振摇。振摇时间一般为10～15min。

4.1.4 由最大孔径的筛开始，顺序将各筛取下，在白纸上用手轻叩摇晃，至每分钟筛下数量不大于该级筛余质量的1%为止。漏下的土粒应全部放入下一级筛内，并将留在各筛上的土样用软毛刷刷净，分别称量。

4.1.5 筛后各级筛上和筛底土总质量与筛前试样质量之差，不应大于1%。

4.1.6 如2mm筛下的土不超过试样总质量的10%，可省略细筛分析；如2mm筛上的土不超过试样总质量的10%，可省略粗筛分析。

4.2 对于含有黏土粒的砂砾土

4.2.1 将土样放在橡皮板上，用木碾将黏结的土团充分碾散，拌匀、烘干、称量。如土样过多时，用四分法称取代表性土样。

4.2.2 将试样置于盛有清水的瓷盆中,浸泡并搅拌,使粗细颗粒分散。

4.2.3 将浸润后的混合液过 2mm 筛,边冲边洗过筛,直至筛上仅留大于 2mm 以上的土粒为止。然后,将筛上洗净的砂砾风干称量。按以上方法进行粗筛分析。

4.2.4 通过 2mm 筛下的混合液存放在盆中,待稍沉淀,将上部悬液过 0.075mm 洗筛,用带橡皮头的玻璃棒研磨盆内浆液,再加清水、搅拌、研磨、静置、过筛,反复进行,直至盆内悬液澄清。最后,将全部土粒倒在 0.075mm 筛上,用水冲洗,直到筛上仅留大于0.075mm净砂为止。

4.2.5 将大于 0.075mm 的净砂烘干称量,并进行细筛分析。

4.2.6 将大于 2mm 颗粒及 2 ~ 0.075mm 的颗粒质量从原称量的总质量中减去,即为小于 0.075mm颗粒质量。

4.2.7 如果小于0.075mm 颗粒质量超过总土质量的 10%,有必要时,将这部分土烘干、取样,另做密度计或移液管分析。

5 结果整理

5.1 按下式计算小于某粒径颗粒质量百分数:

$$X = \frac{A}{B} \times 100 \tag{T 0115-1}$$

式中:X——小于某粒径颗粒的质量百分数(%),计算至 0.01;

A——小于某粒径的颗粒质量(g);

B——试样的总质量(g)。

5.2 当小于 2mm 的颗粒如用四分法缩分取样时,按下式计算试样中小于某粒径的颗粒质量占总土质量的百分数:

$$X = \frac{a}{b} \times p \times 100 \tag{T 0115-2}$$

式中:X——小于某粒径颗粒的质量百分数(%),计算至 0.01;

a——通过 2mm 筛的试样中小于某粒径的颗粒质量(g);

b——通过 2mm 筛的土样中所取试样的质量(g);

p——粒径小于 2mm 的颗粒质量百分数(%)。

5.3 在半对数坐标纸上,以小于某粒径的颗粒质量百分数为纵坐标,以粒径(mm)为横坐标,绘制颗粒大小级配曲线,求出各粒组的颗粒质量百分数,以整数(%)表示。

5.4 必要时按下式计算不均匀系数:

$$C_u = \frac{d_{60}}{d_{10}} \tag{T 0115-3}$$

式中:C_u——不均匀系数,计算至 0.1 且含两位以上有效数字;

d_{60}——限制粒径,即土中小于该粒径的颗粒质量为 60% 的粒径(mm);

d_{10}——有效粒径,即土中小于该粒径的颗粒质量为 10% 的粒径(mm)。

5.5 本试验记录格式如表 T 0115-1。

5.6 精密度和允许差。

筛后各级筛上和筛底土总质量与筛前试样质量之差,不应大于 1%。

6 报告

6.1 土的鉴别分类和代号。

6.2 颗粒级配曲线。

6.3 不均匀系数 C_u。

表 T 0115-1 颗粒分析试验记录(筛分法)

工程名称＿＿＿＿＿＿＿＿ 试验者＿＿＿＿
土样编号＿＿＿＿＿＿＿＿ 计算者＿＿＿＿
土样说明＿＿＿＿＿＿ 试验日期＿＿＿＿＿ 校核者＿＿＿＿

筛前总土质量 = 3 000g 小于 2mm 取试样质量 = 810g
小于 2mm 土质量 = 810g
小于 2mm 土占总土质量 = 27%

粗筛分析				细筛分析				
孔径 (mm)	累积留筛土质量 (g)	小于该孔径的土质量 (g)	小于该孔径土质量百分比 (%)	孔径 (mm)	累积留筛土质量 (g)	小于该孔径的土质量 (g)	小于该孔径土质量百分比 (%)	占总土质量百分比 (%)
				2.0	2 190	810	100	27.0
60				1.0	2 410	590	72.8	19.7
40	0	3 000	100	0.5	2 740	260	32.1	8.7
20	350	2 650	88.3	0.25	2 920	80	9.9	2.7
10	920	2 080	69.3	0.075	2 980	20	2.5	0.7
5	1 600	1 400	46.7					
2	2 190	810	27.0					

条文说明

1 当大于 0.075mm 的颗粒超过试样总质量的 15% 时,应先进行筛分试验,然后经过洗筛,再用密度计法或移液管法进行试验。

2 在选用分析筛的孔径时,可根据试样颗粒的粗、细情况灵活选用。

3 对于砾类土等颗粒较大的土样,按其最大颗粒决定试样数量,这样比较直观,易于掌握,又可得到比较有代表性的数据。

用风干土样进行筛分试验,按四分法取代表性试样,数量随粒径大小而异,粒径愈大,数量愈多。

4 对于无凝聚性的土样,可采用干筛法;对于含有部分黏土的砾类土,必须用水筛法,以保证颗粒充分分散。

T 0116—2007 密 度 计 法

1 目的和适用范围

本试验方法适用于分析粒径小于 0.075mm 的细粒土。

2 仪器设备

2.1 密度计

2.1.1 甲种密度计:刻度单位以 20℃ 时每 1 000mL 悬液内所含土质量的克数表示,刻度为 -5 ~ 50,最小分度值为 0.5。

2.1.2 乙种密度计:刻度单位以 20℃ 时悬液的比重表示,刻度为 0.995 ~ 1.020,最小分度值为0.000 2。

2.2 量筒:容积为 1 000mL,内径为 60mm,高度为 350mm ± 10mm,刻度为 0 ~ 1 000mL。

2.3 细筛：孔径为2mm、0.5mm、0.25mm；洗筛：孔径为0.075mm。

2.4 天平：称量100g，感量0.1g；称量100g(或200g)，感量0.01g。

2.5 温度计：测量范围0～50℃，精度0.5℃。

2.6 洗筛漏斗：上口直径略大于洗筛直径，下口直径略小于量筒直径。

2.7 煮沸设备：电热板或电砂浴。

2.8 搅拌器：底板直径50mm，孔径约3mm。

2.9 其他：离心机、烘箱、三角烧瓶(500mL)、烧杯(400mL)、蒸发皿、研钵、木碾、称量铝盒、秒表等。

3 试剂

浓度25%氨水、氢氧化钠(NaOH)、草酸钠($Na_2C_2O_4$)、六偏磷酸钠[$(NaPO_3)_6$]、焦磷酸钠($Na_4P_4P_2O_7 \cdot 10H_2O$)等；如须进行洗盐手续，应有10%盐酸、5%氯化钡、10%硝酸、5%硝酸银及6%双氧水等。

4 试样

密度计分析土样应采用风干土。土样充分碾散，通过2mm筛(土样风干可在烘箱内以不超过50℃鼓风干燥)。

求出土样的风干含水率，并按下式计算试样干质量为30g时所需的风干土质量。准确至0.01g。

$$m = m_s(1 + 0.01w) \quad \text{(T 0116-1)}$$

式中：m——风干土质量(g)，计算至0.01；

m_s——密度计分析所需干土质量(g)；

w——风干土的含水率(%)。

5 密度计校正

5.1 密度计刻度及弯月面校正：按《标准玻璃浮计检定规程》(JJG 86—2001)进行。土粒沉降距离校正参见本试验条文说明。

5.2 温度校正：当密度计的刻制温度是20℃，而悬液温度不等于20℃时，应进行校正，校正值查表T 0116-1。

表T 0116-1 温度校正值

悬液温度 t (℃)	甲种密度计温度校正值 m_t	乙种密度计温度校正值 m'_t	悬液温度 t (℃)	甲种密度计温度校正值 m_t	乙种密度计温度校正值 m'_t
10.0	-2.0	-0.001 2	20.2	0.0	+0.000 0
10.5	-1.9	-0.001 2	20.5	+0.1	+0.000 1
11.0	-1.9	-0.001 2	21.0	+0.3	+0.000 2
11.5	-1.8	-0.001 1	21.5	+0.5	+0.000 3
12.0	-1.8	-0.001 1	22.0	+0.6	+0.000 4
12.5	-1.7	-0.001 0	22.5	+0.8	+0.000 5
13.0	-1.6	-0.001 0	23.0	+0.9	+0.000 6
13.5	-1.5	-0.000 9	23.5	+1.1	+0.000 7
14.0	-1.4	-0.000 9	24.0	+1.3	+0.000 8
14.5	-1.3	-0.000 8	24.5	+1.5	+0.000 9
15.0	-1.2	-0.000 8	25.0	+1.7	+0.001 0
15.5	-1.1	-0.000 7	25.5	+1.9	+0.001 1
16.0	-1.0	-0.000 6	26.0	+2.1	+0.001 3
16.5	-0.9	-0.000 6	26.5	+2.2	+0.001 4
17.0	-0.8	-0.000 5	27.0	+2.5	+0.001 5
17.5	-0.7	-0.000 4	27.5	+2.6	+0.001 6
18.0	-0.5	-0.000 3	28.0	+2.9	+0.001 8
18.5	-0.4	-0.000 3	28.5	+3.1	+0.001 9
19.0	-0.3	-0.000 2	29.0	+3.3	+0.002 1
19.5	-0.1	-0.000 1	29.5	+3.5	+0.002 2
20.0	-0.0	-0.000 0	30.0	+3.7	+0.002 3

5.3 土粒比重校正:密度计刻度应以土粒比重2.65为准。当试样的土粒比重不等于2.65时,应进行土粒比重校正。校正值查表T 0116-2。

表 T 0116-2 土粒比重校正值

土粒比重	甲种密度计 C_G	乙种密度计 C'_G	土粒比重	甲种密度计 C_G	乙种密度计 C'_G
2.50	1.038	1.666	2.70	0.989	1.588
2.52	1.032	1.658	2.72	0.985	1.581
2.54	1.027	1.649	2.74	0.981	1.575
2.56	1.022	1.641	2.76	0.977	1.568
2.58	1.017	1.632	2.78	0.973	1.562
2.60	1.012	1.625	2.80	0.969	1.556
2.62	1.007	1.617	2.82	0.965	1.549
2.64	1.002	1.609	2.84	0.961	1.543
2.66	0.998	1.603	2.86	0.958	1.538
2.68	0.993	1.595	2.88	0.954	1.532

5.4 分散剂校正:密度计刻度系以纯水为准,当悬液中加入分散剂时,相对密度增大,故须加以校正。

注纯水入量筒,然后加分散剂,使量筒溶液达1 000mL。用搅拌器在量筒内沿整个深度上下搅拌均匀,恒温至20℃。然后将密度计放入溶液中,测记密度计读数。此时密度计读数与20℃时纯水中读数之差,即为分散剂校正值。

6 土样分散处理

土样的分散处理,采用分散剂。对于使用各种分散剂均不能分散的土样(如盐渍土等),须进行洗盐。

对于一般易分散的土,用25%氨水作为分散剂,其用量为:30g土样中加氨水1mL。

对于用氨水不能分散的土样,可根据土样的pH值,分别采用下列分散剂:

6.1 酸性土(pH<6.5),30g土样加0.5mol/L氢氧化钠20mL。溶液配制方法:称取20g NaOH(化学纯),加蒸馏水溶解后,定容至1 000mL,摇匀。

6.2 中性土(pH=6.5~7.5),30g土样加0.25mol/L草酸钠18mL。溶液配制方法:称取33.5g $Na_2C_2O_4$(化学纯),加蒸馏水溶解后,定容至1 000mL,摇匀。

6.3 碱性土(pH>7.5),30g土样加0.083mol/L六偏磷酸钠15mL。溶液配制方法:称取51g $(NaPO_3)_6$(化学纯),加蒸馏水溶解后,定容至1 000mL,摇匀。

6.4 若土的pH大于8,用六偏磷酸钠分散效果不好或不能分散时,则30g土样加0.125mol/L焦磷酸钠14mL。溶液配制方法:称取55.8g $Na_4P_2O_7 \cdot 10H_2O$(化学纯),加蒸馏水溶解后,定容至1 000mL,摇匀。

对于强分散剂(如焦磷酸钠)仍不能分散的土,可用阳离子交换树脂(粒径大于2mm的)100g放入土样中一起浸泡,不断摇荡约2h,再过2mm筛,将阳离子交换树脂分开,然后加入0.083mol/L六偏磷酸15mL。

对于可能含有水溶盐,采用以上方法均不能分散的土样,要进行水溶盐检验。其方法是:取均匀试样约3g,放入烧杯内,注入4~6mL蒸馏水,用带橡皮头的玻璃棒研散,再加25mL蒸馏水,煮沸5~10min,经漏斗注入30mL的试管中,塞住管口,放在试管架上静置一昼夜。若发现管中悬液有凝聚现象(在沉淀物上部呈松散絮绒状),则说明试样中含有足以使悬液中土粒成团下降的水溶盐,要进行洗盐。

7 洗盐(过滤法)

7.1 将分散用的试样放入调土皿内,注入少量蒸馏水,拌和均匀。将滤纸微湿后紧贴于漏斗上,然后将调土皿中土浆迅速倒入漏斗中,并注入热蒸馏水冲洗过滤。附于皿上的土粒要全部洗入漏斗。若发现滤液混浊,须重新过滤。

7.2 应经常使漏斗内的液面保持高出土面约5mm。每次加水后,须用表面皿盖住。

7.3 为了检查水溶盐是否已洗干净,可用两个试管各取刚滤下的滤液 3 ~ 5mL,管中加入数滴 10% 盐酸及 5% 氯化钡;另一管加入数滴 10% 硝酸及 5% 硝酸盐。若发现任一管中有白色沉淀时,说明土中的水溶盐仍未洗净,应继续清洗,直至检查时试管中不再发现白色沉淀时为止。将漏斗上的土样细心洗下,风干取样。

8 试验步骤

8.1 将称好的风干土样倒入三角烧瓶中,注入蒸馏水 200mL,浸泡一夜。按前述规定加入分散剂。

8.2 将三角烧瓶稍加摇荡后,放在电热器上煮沸 40min(若用氨水分散时,要用冷凝管装置;若用阳离子交换树脂时,则不需煮沸)。

8.3 将煮沸后冷却的悬液倒入烧杯中,静置 1min。将上部悬液通过 0.075mm 筛,注入 1 000mL 量筒中。杯中沉土用带橡皮头的玻璃棒细心研磨。加水入杯中,搅拌后静置 1min,再将上部悬液通过 0.075mm筛,倒入量筒。反复进行,直至静置 1min 后,上部悬液澄清为止。最后将全部土粒倒入筛内,用水冲洗至仅有大于 0.075mm 净砂为止。注意量筒内的悬液总量不要超过 1 000mL。

8.4 将留在筛上的砂粒洗入皿中,风干称量,并计算各粒组颗粒质量占总土质量的百分数。

8.5 向量筒中注入蒸馏水,使悬液恰为 1 000mL(如用氨水作分散剂时,这时应再加入 25% 氨水 0.5mL,其数量包括在 1 000mL 内)。

8.6 用搅拌器在量筒内沿整个悬液深度上下搅拌 1min,往返约 30 次,使悬液均匀分布。

8.7 取出搅拌器,同时开动秒表。测记 0.5min、1min、5min、15min、30min、60min、120min、240min 及 1 440min的密度计读数,直至小于某粒径的土重百分数小于 10% 为止。每次读数前 10 ~ 20s 将密度计小心放入量筒至约接近估计读数的深度。读数以后,取出密度计(0.5min 及 1min 读数除外),小心放入盛有清水的量筒中。每次读数后均须测记悬液温度,准确至 0.5℃。

8.8 如一次做一批土样(20 个),可先做完每个量筒的 0.5min 及 1min 读数,再按以上步骤将每个土样悬液重新依次搅拌一次。然后分别测记各规定时间的读数。同时在每次读数后测记悬液的温度。

8.9 密度计读数均以弯月面上缘为准。甲种密度计应准确至 1,估读至 0.1;乙种密度计应准确至 0.001,估读至 0.000 1。为方便读数,采用间读法,即 0.001 读作 1,而 0.000 1 读作 0.1。这样既便于读数,又便于计算。

9 结果整理

9.1 小于某粒径的试样质量占试样总质量的百分比按下列公式计算:

9.1.1 甲种密度计

$$X = \frac{100}{m_s} C_G (R_m + m_t + n - C_D) \tag{T 0116-2}$$

$$C_G = \frac{\rho_s}{\rho_s - \rho_{w20}} \times \frac{2.65 - \rho_{w20}}{2.65}$$

式中:X——小于某粒径的土质量百分数(%),计算至 0.1;

m_s——试样质量(干土质量)(g);

C_G——比重校正值,查表 T 0116-2;

ρ_s——土粒密度(g/cm^3);

ρ_{w20}——20℃时水的密度(g/cm^3);

m_t——温度校正值,查表 T 0116-1;

n——刻度及弯月面校正值;

C_D——分散剂校正值;

R_m——甲种密度计读数。

9.1.2 乙种密度计

$$X = \frac{100V}{m_s} C'_G [(R'_m - 1) + m'_t + n' - C'_D] \rho_{w20} \tag{T 0116-3}$$

$$C'_G = \frac{\rho_s}{\rho_s - \rho_{w20}}$$

式中：X——小于某粒径的土质量百分数(%)，计算至0.1；

V——悬液体积(=1 000mL)；

m_s——试样质量(干土质量)(g)；

C'_G——比重校正值，查表T 0116-2；

ρ_s——土粒密度(g/cm³)；

n'——刻度及弯月面校正值；

C'_D——分散剂校正值；

R'_m——乙种密度计读数；

ρ_{w20}——20℃时水的密度(g/cm³)；

m'_t——温度校正值，查表T 0116-1。

9.2 土粒直径按下列公式计算，也可按图T 0116-1确定。

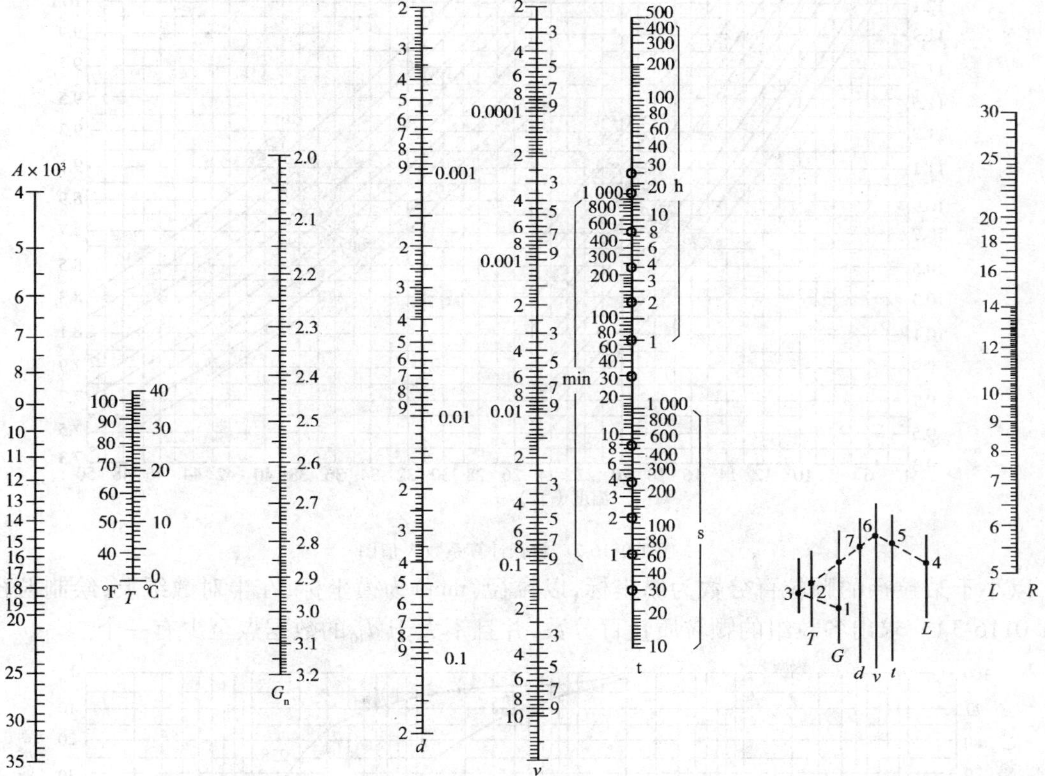

图T 0116-1 土粒直径列线图

$$d = \sqrt{\frac{1\ 800 \times 10^4 \eta}{(G_s - G_{wt}) \rho_{w4} g} \times \frac{L}{t}} \tag{T 0116-4}$$

式中：d——土粒直径(mm)，计算至0.000 1且含两位有效数字；

η——水的动力黏滞系数(参见"渗透试验")(10^{-6}kPa·s)；

ρ_{w4}——4℃时水的密度(g/cm³)；

G_s——土粒比重；

G_{wt}——温度t℃时水的比重；

L——某一时间t内的土粒沉降距离(cm)；

g——重力加速度(981cm/s²)；

t——沉降时间(s)。

为了简化计算,公式(T 0116-4)可写成:

$$d = K\sqrt{\frac{L}{t}} \tag{T 0116-5}$$

式中:K——粒径计算系数$\left(=\sqrt{\frac{1\ 800\times10^4\eta}{(G_s-G_{wt})\rho_{w4}g}}\right)$,与悬液温度和土粒比重有关,其值见图 T 0116-2。

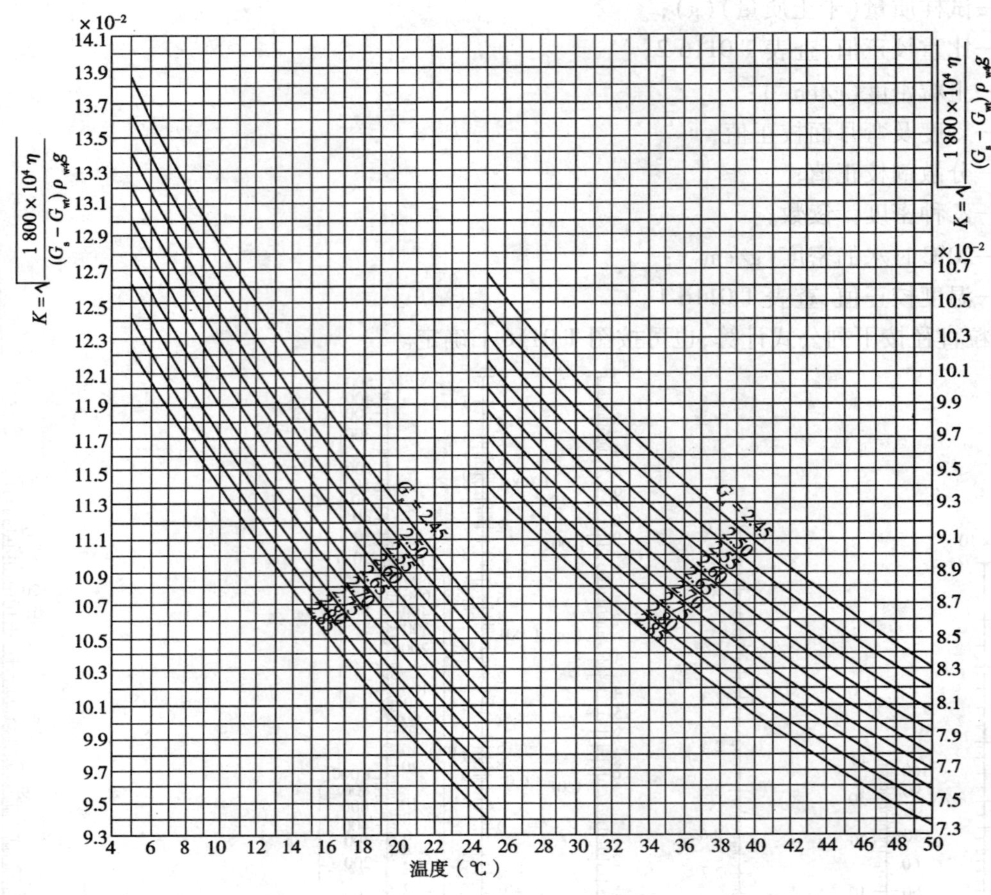

图 T 0116-2 粒径计算系数 K 值图

9.3 以小于某粒径的颗粒百分数为纵坐标,以粒径(mm)为横坐标,在半对数纸上,绘制粒径分配曲线(图 T 0116-3)。求出各粒组的颗粒质量百分数,并且不大于 d_{10} 的数据点至少有一个。

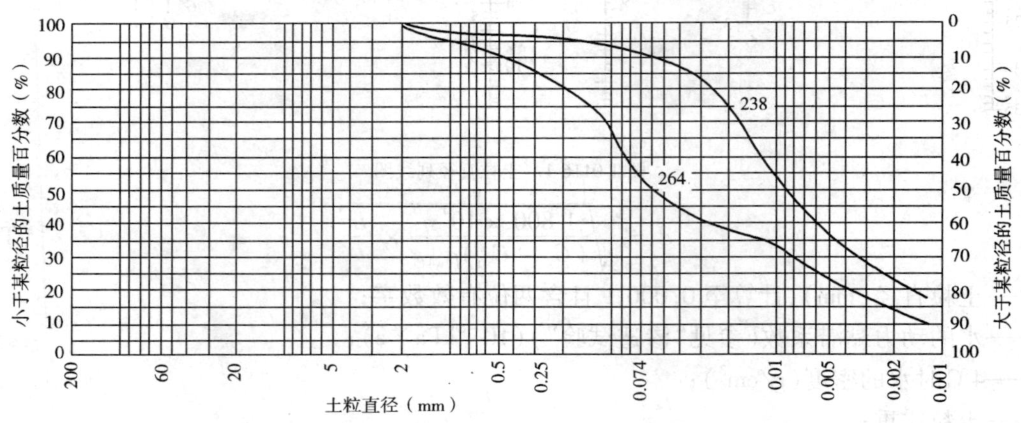

图 T 0116-3 粒径分配曲线

如系与筛分法联合分析,应将两段曲线绘成一平滑曲线。

9.4 本试验记录格式如表 T 0116-3。

表 T 0116-3 颗粒分析试验记录(甲种密度计)

工程名称________ 土粒比重 2.74 试验者________

土样编号________ 比重校正值________ 计算者________

土样说明________ 密度计号 甲4 校核者________

烘干土质量______g 量筒编号________ 试验日期________

下沉时间	悬液温度	密度计读数	温度校正值	分散剂校正值	刻度及弯月面校正	R	R_H	土粒沉降落距	粒径	小于某粒径的土质量百分数
t	t	R_m	m_t	C_D	n	$R_m+m_t+n-C_D$	RC_G	L	d	X
(min)	(℃)							(cm)	(mm)	(%)
0.5	19.50	29.7	-0.1	1.3	2.06	30.36	29.78	10.49	0.061 4	99.3
1	19.50	27.2	-0.1	1.3	2.10	27.90	27.37	12.25	0.046 9	91.2
5	19.50	23.6	-0.1	1.3	2.03	24.23	23.77	12.43	0.021 1	79.2
15	19.50	19.5	-0.1	1.3	2.00	20.10	19.72	12.94	0.012 4	65.7
30	20.00	15.7	0.0	1.3	2.08	16.48	16.17	13.23	0.008 8	53.9
60	20.00	9.4	0.0	1.3	1.95	10.05	9.86	13.93	0.006 4	32.9
120	20.00	4.8	0.0	1.3	2.10	5.60	5.49	14.19	0.004 6	18.3
240	20.00	2.4	0.0	1.3	1.92	3.02	2.96	15.74	0.003 4	9.9

10 报告

10.1 土的鉴别分类和代号。

10.2 颗粒分析试验记录表。

10.3 土的颗粒级配曲线。

条文说明

1 密度计法适用于粒径小于0.075mm的细粒土。

2 由于不同浓度溶液的表面张力不同,弯月面的上升高度也不同,密度计在生产后其刻度与密度计的几何形状、质量等均有关。因此,需进行刻度、有效沉降距离和弯月面的校正。

3 本规程选用的试剂供作分散处理和洗盐之用,其中六偏磷酸钠和焦磷酸钠属强分散剂。

4 密度计分析用的土样采用风干土,试样质量为30g,即悬液浓度为3%。

5 密度计应进行温度、土粒比重和分散剂的校正。

6 根据对分散剂和分散方法的试验研究结果,特对分散剂和分散方法作如下规定:

进行土的分散之前,用煮沸后的蒸馏水,按1: 5的土水比浸泡土样,摇振3min,澄清约半小时后,用酸度计或pH试纸测定土样悬液的pH值。按照酸性土(pH≤6.5)、中性土(6.5<pH≤7.5)、碱性土(pH>7.5)分别选用分散剂。这样,就可避免采用一种分散剂所带来的偏差。

对酸性土(30g土样),加0.5mol/L氢氧化钠20mL;对中性土(30g土样),加0.25mol/L草酸钠18mL;对碱性土(30g土样),加0.083mol/L六偏磷酸钠15mL。若土的pH值大于8,六偏磷酸钠分散效果不好或不好分散时,另用30g土样加0.125mol/L焦磷酸钠14mL进行分散。加入以上分散剂稍加振荡,煮沸40min,即可分散。

对于用强分散剂(如焦磷酸钠)仍不能分散的土样,可用阳离子树脂(粒径大于2mm)100g投入浸泡的土样中,不断搅拌,使之进行交换,历时约2h,观察其不起泡时为止,说明此时离子交换基本完成。

再过 2mm 筛，将阳离子树脂与土样悬液分开，然后在土样悬液中加入 0.083mol/L 六偏磷酸钠 15mL，不煮沸即可分散。交换后的树脂，加盐酸处理，使之恢复后，仍能继续使用。

7　本规程规定对易溶盐含量超过总量 0.5% 的土样须进行洗盐，采用过滤法。

洗盐的检验方法，本规程采用目测法。此外尚可采用“电导法”，其具体操作方法详见有关的试验规程。电导法效率高，操作方便、准确。它的原理是根据电导率在低浓度溶液范围内，与悬液中易溶盐成正比关系。由于导电率因盐性不同其值也不一，故对不同地区不同盐性的土类，应做标准样试验。

当对含有易溶盐超过 0.5% 的土进行密度计或移液管法颗粒分析时，若不洗盐，将对试验结果产生显著的影响，如表 T 0116-4 所示。

表 T 0116-4　盐渍土洗盐与不洗盐的比较（按密度计法）

省　区	土样号	含盐量(%)	粉粒含量(%) 0.05～0.005mm		黏粒含量(%) <0.005mm	
			洗盐前	洗盐后	洗盐前	洗盐后
新疆	146	5.26	22.33	6.0	9.08	18.61
	147	14.66	17.23	13.10	40.04	41.17
甘肃	133	2.1	62.20	47.50	1.50	14.00
	142	2.19	54.50	43.50	0.50	14.00
	143	1.11	24.99	22.47	17.99	21.34
	149	5.13	20.79	7.21	5.25	16.52
	156	0.88	41.50	34.70	9.50	13.00

8　本规程所规定的试验步骤适用于甲、乙两种密度计。

9　土粒直径计算公式，在“历史”的文献中，多采用以下两式表达：

$$d=\sqrt{\frac{1\,800\eta}{(G_s-G_{wt})\rho_{w4}g}\times\frac{L}{t}} \tag{T 0116-6}$$

或

$$d=\sqrt{\frac{1\,800\mu}{(G_s-G_{wt})\rho_{w4}}\times\frac{L}{t}} \tag{T 0116-7}$$

以上两式中的 η、μ，其计量单位系力学单位制的导出单位，分别为 $\eta[10^{-2}g/(cm\cdot s)]$、$\mu(10^{-5}g\cdot s/cm^2)$。两者的换算关系为 $\eta=\mu\times g$（重力加速度 $981cm/s^2$）、$\mu=\eta/g$。

10　密度计土粒沉降距离校正

（1）测定密度计浮泡体积。在 250mL 量筒内倒入约 130mL 纯水，并保持水温为 20℃，测定量筒内水面读数（以弯月面上缘为准）后画一标记。将密度计放入量筒中，使水面达密度计最低分度处（以弯月面上缘为准），同时测记水面在量筒上的读数（以弯月面上缘为准）后再画一标记。两者之差，即为密度计浮泡的体积。读数准确至 1mL。

（2）测定密度计浮泡体积中心。在测定密度计浮泡体积后，将密度计向上缓缓垂直提起，使水面恰落至两标记的正中间，此时水面与浮泡相切（以弯月面上缘为准），即为浮泡体积中心。将密度计固定于三足架上，用直尺准确量出水面至密度计最低分度的垂直距离。

（3）测定 1 000mL 量筒内径（准确至 1mm），并算出量筒面积。

（4）量出自密度计最低分度至玻璃杆上各分度处的距离，每隔 5 格或 10 格量距 1 次。

（5）按式（T 0116-8）计算土粒有效沉降距离（图 T 0116-4）。

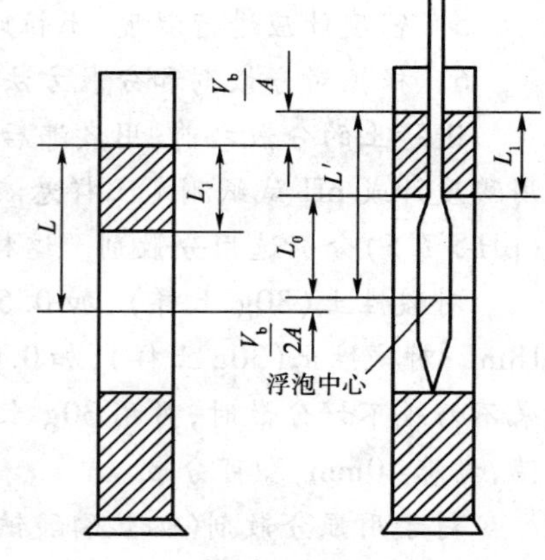

图 T 0116-4　土粒有效沉降距离校正

$$L = L' - \frac{V_b}{2A}$$

$$= L_1 + \left(L_0 - \frac{V_b}{2A}\right) \qquad (T\ 0116\text{-}8)$$

式中：L——土粒有效沉降距离(cm)；

L_1——自最低刻度至玻璃杆上各分度的距离(cm)；

L_0——密度计浮泡中心至最低分度的距离(cm)；

V_b——密度计浮泡体积(cm^3)；

A——1 000mL 量筒面积(cm^2)。

(6)用所量出的不同 L_1 代入本规程式(T 0116-8)，计算出如图 T 0116-4 相应的 L 值。

T 0117—1993 移液管法

1 目的和适用范围

本试验方法适用于分析粒径小于 0.075mm 细粒土的组成。

2 仪器设备

2.1 分析天平：感量 0.001g。

2.2 移液管：为土的颗粒分析特制的 25mL 移液管，管端侧面开有四个小孔(图T 0117-1)。

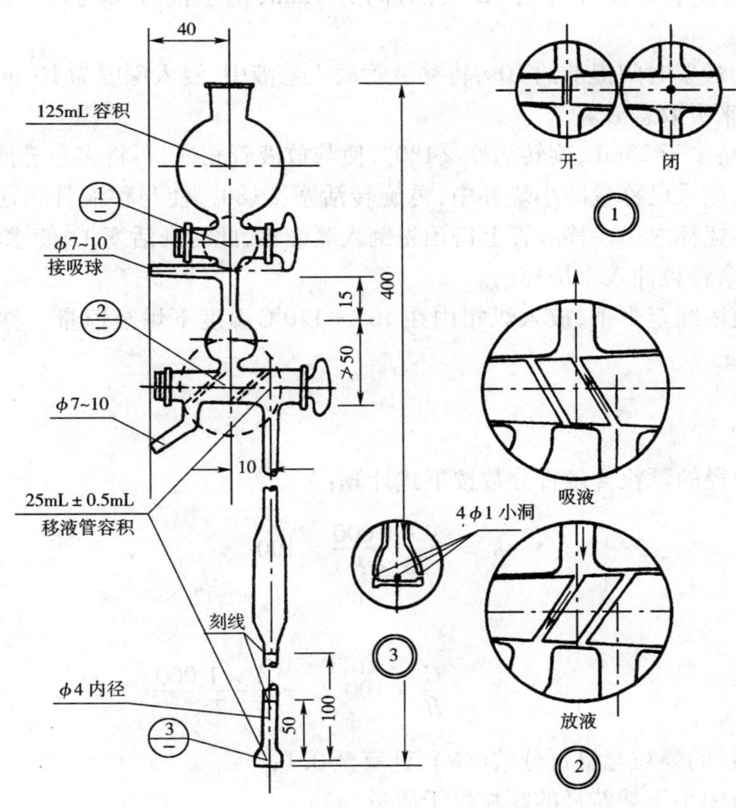

图 T 0117-1 移液管(单位：mm)

2.3 恒温水槽：高度应高于量筒。

2.4 1 000mL 量筒、50mL 小烧杯(高型)等，其他与密度计分析(T 0116—2007)相同。

3 试验步骤

3.1 取代表性试样,黏质土为10~15g,砂类土为20g,按密度计法(T 0116—2007)8.1~8.5制取悬液。

3.2 将盛土样悬液的量筒放入恒温水槽,使悬液恒温至适当温度。试验中悬液温度变化不得大于±0.5℃。按式(T 0117-1)计算粒径小于0.05mm、0.01mm、0.005mm和其他所需粒径下沉一定深度所需的静置时间:

$$t = \frac{L}{\frac{2}{9} \times 10^{-4} \times g \times r^2 \times \frac{\rho_s - \rho_{wt}}{\eta}} \qquad (T\ 0117\text{-}1)$$

式中:t——某粒径土粒下沉一定深度所需的静置时间(s),计算至0.01;

g——重力加速度,981cm/s^2;

r——土粒半径$\left(\frac{d}{2}\right)$(cm)(原以mm表示的粒径在这里须化为cm);

ρ_s——土粒密度(g/cm^3);

ρ_{wt}——t℃时水的密度(g/cm^3);

η——纯水的动力黏滞系数(10^{-6}kPa·s);

L——移液管浸入悬液深度(10cm)。

3.3 准备好50mL小烧杯,称量,准确至0.001g。

3.4 准备好移液管,活塞①应放在关闭位置上,旋转活塞②应放在与移液管及吸球相通的位置上。

3.5 用搅拌器将悬液上下搅拌各约30次,时间为1min,使悬液分布均匀。停止搅拌,立即开动秒表。

3.6 根据各粒径的静置时间提前约10s,将移液管放入悬液中,浸入深度为10cm,靠连接自来水管所产生的负压或用吸球来吸取悬液。

3.7 吸入悬液,至略多于25mL,旋转活塞②180°,使与放液管相通,再将多余悬液从放液口放出。

3.8 将移液管下口放入已称量的小烧杯中,再旋转活塞②180°,使与移液管相通。同时用吸球将悬液(25mL)全部注入小烧杯内。在移液管上口预先倒入蒸馏水,此时开活塞①,使水流入移液管中,再将这部分水连同管内剩余颗粒冲入小烧杯内。

3.9 将烧杯内悬液浓缩至半干,放入烘箱内在105~110℃温度下烘至恒量。称量小烧杯连同干土的质量,准确至0.001g。

4 结果整理

4.1 土中小于某粒径的颗粒含量百分数按下式计算:

$$X = \frac{A \times 1\,000}{25 \times B} \times 100 \qquad (T\ 0117\text{-}2)$$

或

$$X = \frac{C}{B} \times 100, C = \frac{A \times 1\,000}{25} \qquad (T\ 0117\text{-}3)$$

式中:X——小于某粒径的颗粒含量百分数(%),计算至0.1;

A——25mL悬液中小于某粒径的颗粒烘干质量(g);

B——试样总质量(g);

C——1 000mL悬液中小于某粒径的颗粒总质量(g)。

如系与筛分法联合分析,应将两段曲线绘成一平滑曲线。

4.2 本试验记录格式如表T 0117-1。

表 T 0117-1 颗粒分析试验(移液管法)

工程名称________　　>0.075mm 颗粒含量(%)________　　试验者________

土样编号________　　<0.075mm 颗粒含量(%)________　　计算者________

土样说明________　　试验日期________　　校核者________

总干土质量9.8g　　取样深度10cm　　土粒比重2.65

粒径 (mm)	杯号	杯+土质量 (g)	杯质量 (g)	25mL 吸管内土质量 (g)	1 000mL 量筒内土质量 (g)	小于某粒径土质量百分数 (%)	小于某粒径土质量占总土质量百分数 (%)
(1)	(2)	(3)	(4)	(5)	(6)	(7)	
				(3)-(4)	$\frac{9.8}{100}\times(7)$		
0.05	A	30.032 4	29.787 4	0.245 0	9.80	100.0	
0.01	B	20.303 4	20.168 6	0.134 8	5.39	55.0	
0.005	C	22.066 5	21.953 8	0.112 7	4.51	46.0	
0.001	D	23.247 5	23.164 2	0.083 3	3.33	34.0	

5 报告

5.1 土的鉴别分类和代号。

5.2 颗粒分析试验记录表。

5.3 土的颗粒级配曲线。

条文说明

1 本试验方法适用于粒径小而比重大的细粒土。

2 移液管法不能保证吸取同一深度处的悬液,因此,我们将移液管端部略为放大,侧面加开四个小孔,既能保证悬液不致流失,又可吸取近似同一深度处平面的悬液。

3 温度越高,悬液静置时间越短。在不同温度(40~60℃)下,用移液管法和密度计法进行了比较试验,结果表明,误差不大,但为保险起见,采用50℃没有问题。一般情况下,可采用40℃,这样可缩短试验时间。

如无恒温水槽,则在室温变化不大的情况下(在测定时间内,室温变化小于0.5℃),也可采用室温法。方法是将吸液深度从10cm减为5cm,按实际悬液温度计算某粒径的静置时间,取此值的一半,作为吸取悬液的时间。1 000mL或2 000mL量筒均可采用。

9 界限含水率试验

T 0118—2007 液限和塑限联合测定法

1 目的和适用范围

1.1 本试验的目的是联合测定土的液限和塑限,用于划分土类、计算天然稠度和塑性指数,供公路工程设计和施工使用。

1.2 本试验适用于粒径不大于0.5mm、有机质含量不大于试样总质量5%的土。

2 仪器设备

2.1 圆锥仪:锥质量为100g或76g,锥角为30°,读数显示形式宜采用光电式、数码式、游标式、百分表式。

2.2 盛土杯:直径50mm,深度40~50mm。

2.3 天平:称量200g,感量0.01g。

2.4 其他:筛(孔径0.5mm)、调土刀、调土皿、称量盒、研钵(附带橡皮头的研杵或橡皮板、木棒)、干燥器、吸管、凡士林等。

3 试验步骤

3.1 取有代表性的天然含水率或风干土样进行试验。如土中含大于0.5mm的土粒或杂物时,应将风干土样用带橡皮头的研杵研碎或用木棒在橡皮板上压碎,过0.5mm的筛。

取0.5mm筛下的代表性土样200g,分开放入三个盛土皿中,加不同数量的蒸馏水,土样的含水率分别控制在液限(a点)、略大于塑限(c点)和二者的中间状态(b点)。用调土刀调匀,盖上湿布,放置18h以上。测定a点的锥入深度,对于100g锥应为20mm±0.2mm,对于76g锥应为17mm。测定c点的锥入深度,对于100g锥应控制在5mm以下,对于76g锥应控制在2mm以下。对于砂类土,用100g锥测定c点的锥入深度可大于5mm,用76g锥测定c点的锥入深度可大于2mm。

3.2 将制备的土样充分搅拌均匀,分层装入盛土杯,用力压密,使空气逸出。对于较干的土样,应先充分搓揉,用调土刀反复压实。试杯装满后,刮成与杯边齐平。

3.3 当用游标式或百分表式液限塑限联合测定仪试验时,调平仪器,提起锥杆(此时游标或百分表读数为零)、锥头上涂少许凡士林。

3.4 将装好土样的试杯放在联合测定仪的升降座上,转动升降旋钮,待锥尖与土样表面刚好接触时停止升降,扭动锥下降旋钮,同时开动秒表,经5s时,松开旋钮,锥体停止下落,此时游标读数即为锥入深度h_1。

3.5 改变锥尖与土接触位置(锥尖两次锥入位置距离不小于1cm),重复本试验3.3和3.4步骤,得锥入深度h_2。h_1、h_2允许平行误差为0.5mm,否则,应重做。取h_1、h_2平均值作为该点的锥入深度h。

3.6 去掉锥尖入土处的凡士林,取10g以上的土样两个,分别装入称量盒内,称质量(准确至0.01g),测定其含水率w_1、w_2(计算到0.1%)。计算含水率平均值w。

3.7 重复本试验3.2~3.6步骤,对其他两个含水率土样进行试验,测其锥入深度和含水率。

3.8 用光电式或数码式液限塑限联合测定仪测定时,接通电源,调平机身,打开开关,提上锥体(此时刻度或数码显示应为零)。将装好土样的试杯放在升降座上,转动升降旋钮,试杯徐徐上升,土样表面和锥尖刚好接触，指示灯亮，停止转动旋钮，锥体立刻自行下沉，5s 时，自动停止下落，读数窗上或数码管上显示键入深度。试验完毕，按动复位按钮，锥体复位，读数显示为零。

4　结果整理

4.1　在双对数坐标上，以含水率 w 为横坐标，锥入深度 h 为纵坐标，点绘 a、b、c 三点含水率的 h—w 图（图 T 0118-1）。连此三点，应呈一条直线。如三点不在同一直线上，要通过 a 点与 b、c 两点连成两条直线，根据液限（a 点含水率）在 h_P—w_L 图上查得 h_P，以此 h_P 再在 h—w 的 ab 及 ac 两直线上求出相应的两个含水率。当两个含水率的差值小于 2% 时，以该两点含水率的平均值与 a 点连成一直线。当两个含水率的差值不小于 2% 时，应重做试验。

4.2　液限的确定方法

4.2.1　若采用 76g 锥做液限试验，则在 h—w 图上，查得纵坐标入土深度 $h=17$mm 所对应的横坐标的含水率 w，即为该土样的液限 w_L。

4.2.2　若采用 100g 锥做液限试验，则在 h—w 图上，查得纵坐标入土深度 $h=20$mm 所对应的横坐标的含水率 w，即为该土样的液限 w_L。

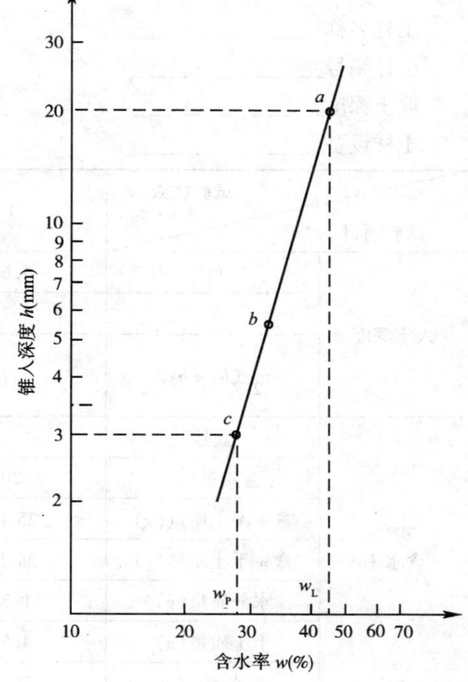

图 T 0118-1　锥入深度与含水率（h—w）关系

4.3　塑限的确定方法

4.3.1　根据本试验 4.2.1 求出的液限，通过 76g 锥入土深度 h 与含水率 w 的关系曲线（图 T 0118-1），查得锥入土深度为 2mm 所对应的含水率即为该土样的塑限 w_P。

4.3.2　根据本试验 4.2.2 求出的液限，通过液限 w_L 与塑限时入土深度 h_P 的关系曲线（图 T 0118-2），查得 h_P，再由图 T 0118-1 求出入土深度为 h_P 时所对应的含水率，即为该土样的塑限 w_P。查 h_P—w_L 关系图时，须先通过简易鉴别法及筛分法（见土的工程分类及T 0115—1993）把砂类土与细粒土区别开来，再按这两种土分别采用相应的 h_P—w_L 关系曲线；对于细粒土，用双曲线确定 h_P 值；对于砂类土，则用多项式曲线确定 h_P 值。

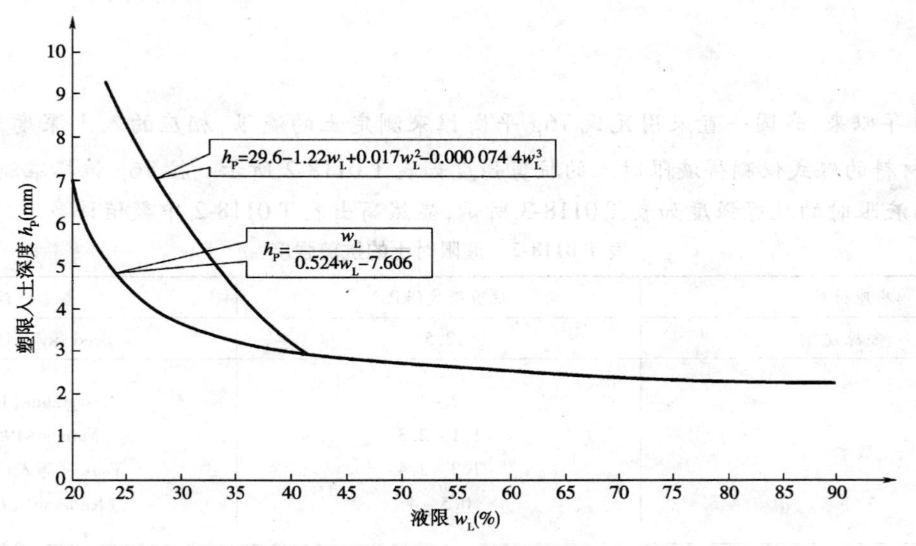

图 T 0118-2　h_P—w_L 关系曲线

若根据本试验 4.2.2 求出的液限，当 a 点的锥入深度在 20mm ± 0.2mm 范围内时，应在 ad 线上查得入土深度为 20mm 处相对应的含水率，此为液限 w_L。再用此液限在"图T 0118-2 h_P—w_L 关系曲线"上找出与之相对应的塑限入土深度 h'_P，然后到 $h—w$ 图 ad 直线上查得 h'_P 相对应的含水率，此为塑限 w_P。

4.4 本试验记录格式如表 T 0118-1。

表 T 0118-1 液限塑限联合试验记录

工程名称________　　　　试 验 者________
土样编号________　　　　计 算 者________
取土深度________　　　　校 核 者________
土样设备________　　　　试验日期________

试验项目 \ 试验次数		1	2	3	
入土深度	h_1	4.68	9.81	19.88	
	h_2	4.73	9.79	20.12	
	$\frac{1}{2}(h_1+h_2)$	4.71	9.80	20	w_P　I_P
含水率	盒号				双曲线法　27.2　14.0
	盒质量(g)	20			搓条法　26.2　15.0
	盒+湿土质量(g)	25.86	27.49	30.62	
	盒+干土质量(g)	24.51	25.52	27.53	液限　$w_L=41.2$
	水分质量(g)	1.35	1.97	3.09	
	干土质量(g)	4.51	5.52	7.53	
	含水率(%)	29.9	35.7	41.04	

4.5 精密度和允许差。

本试验须进行两次平行测定，取其算术平均值，以整数(%)表示。其允许差值为：高液限土小于或等于2%，低液限土小于或等于1%。

5 报告

5.1 土的鉴别分类和代号。

5.2 土的液限 w_L、塑限 w_P 和塑性指数 I_P。

条文说明

1　1950 年以来，我国一直采用瓦氏 76g 平衡锥来测定土的液限，相应的入土深度为 $h_L=10$mm。用不同基座材料的碟式仪测得液限时土的抗剪强度如表 T 0118-2 所示。按 76g 锥标准测得土(从低塑性到高塑性)液限时的抗剪强度如表 T 0118-3 所示，显然高出表 T 0118-2 中数值许多。

表 T 0118-2 液限时土的抗剪强度

基座材料	抗剪强度(kPa)	备　注
硬橡皮	2.5	Seed 等人(1964)
胶木	2～3	Casagrahde(1958)
	1.1～2.3	Norman(1958)
	1.3～2.4	Youssef 等人(1965)
	0.5～4	Karlsson(1977)
英国标准橡皮	0.8～1.6	Norman(1985)
	0.7～1.45	Skepton 和 Northey(1952)
	1～3	Skopek 和 Ter-Stepanian (1975)

表 T 0118-3 76g 锥液限时几种土的抗剪强度试验结果

土　名	76g 锥的液限 $\overline{w}_L$	剪切时土样含水率 w	抗剪强度 (kPa)
红黏土	58.0	60.0	5.4
青海砂类土	23.0	22.9	4.7
内蒙西砂类土	22.5	21.4	5.2
北京粉质土	31.0	30.7	4.9

根据 1 000 多个土样的液限试验，发现按 76g 锥和卡氏碟式仪测得的结果相差很大，两者之间的关系可表示如下：

$$\overline{w}_L = 6.5 + 0.66 w_L \quad (r = 0.96, n = 1\ 106) \tag{T 0118-1}$$

式中：$\overline{w}_L$——76g 锥求得的液限(%)，计算至 0.01；

w_L——碟式仪求得的液限(%)。

我国水电部在修订液限塑限联合测定的过程中，曾组织全国 13 个单位对各地 16 种土(从低液限到高液限)用 FG—II 型光电式液限仪进行了第二次液限塑限对比试验，其中不同标准时的不排水抗剪强度如表 T 0118-4 所示。

表 T 0118-4 不同标准下的液限强度（不排水抗剪强度，kPa）

液限标准	76g 锥 $h_L = 17$mm	76g 锥 $h_L = 10$mm	ASTM 碟式仪 平均液限	100g 锥 $h_L = 20$mm
平均值	1.9	5.3	1.9	1.9
范围值	1.3 ~ 2.7	3.1 ~ 7.1	0.7 ~ 3.7	1.2 ~ 2.6

从表 T 0118-4 的试验结果可以看出，76g 锥以入土深度 17mm 作为液限和 100g 锥以入土深度 20mm 作为液限时的抗剪强度与美国 ASTM D423 碟式仪液限时的强度一致，说明 76g 锥 17mm 和 100g 锥 20mm 的液限入土深度均可以达到与 ASTM D423 碟式仪等效的目的。影响圆锥入土深度的因素可归结为土质、物理状态(湿度和密度状态)和结构三大方面，对于扰动土，排除了结构状态的影响。塑限时入土深度与含水率关系不稳定的原因就在于湿密状态和土质的影响。

压密理论告诉我们，最佳含水率约等于或略大于塑限，此时土的状态不再符合土力学中关于可塑性的定义。在这种状态下，圆锥和土体将产生剪切和压密的综合作用。为消除试样密度对圆锥入土深度的影响，测定塑限时，必须首先控制试样的密实程度。以 K_2 表示密实度系数，定义为试样任意含水率下土体干密度 ρ_d 与饱水时干密度 ρ_{dsat} 之比：

$$K_2 = \frac{\rho_d}{\rho_{dsat}} \tag{T 0118-2}$$

$$\rho_{dsat} = \frac{G_s}{1 + G_s w} \tag{T 0118-3}$$

式中：ρ_d——土的干密度(g/cm^3)，计算至 0.01；

w——含水率，以小数计；

G_s——土粒比重。

根据研究，当 $K_2 = 0.95 \sim 1.0$ 时，各类细粒土的入土深度与含水率呈对数线性关系，这就是控制试验密实度对入土深度影响的标准。

土的性质对塑限时入土深度有显著影响，一般地讲，对砂类土的影响较大，而对粉质土和黏质土的影响则较小。哈尔滨建筑工程学院曾对三种土按锥质量 475g 正应力计算，在不同含水率和密度下进行了 500 余组剪切试验，整理出的剪力 τ_f 与入土深度 h 的关系曲线如图 T 0118-3 所示。可以看出，粉质土和黏质土的两条曲线几乎重合，而与砂类土的曲线有较大差别。试验结果如下：

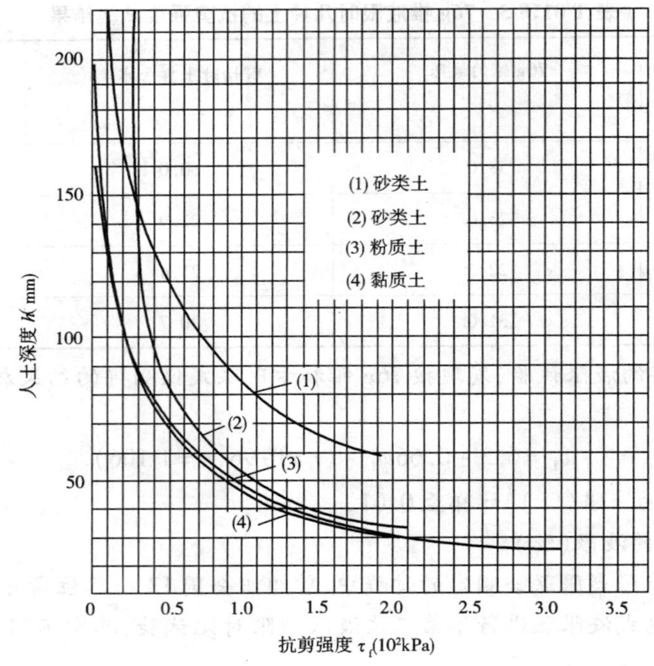

图 T 0118-3　抗剪强度与入土深度的关系曲线

粉质土和黏质土　　　　　　　　　$\tau_f = 90 \sim 130\text{kPa}$

(可搓成条的)砂类土　　　　　　　$\tau_f = 50\text{kPa}$

剪切试验结果提供了考虑土质差异的塑限入土深度的依据。相应于滚搓法塑限值的100g锥塑限入土深度 h_P 与液限 w_L 之间的关系曲线如图 T 0118-4 所示。从图 T 0118-4 可以看出,液限 $w_L > 35$ 的点比较集中,h_P 值基本上在 2 ~ 3mm 范围内波动;而 $w_L < 35$ 的点则相当分散,h_P 值变化颇大。低塑性黏土和砂类土属于或共存于 $w_L < 35$ 这个范围内。

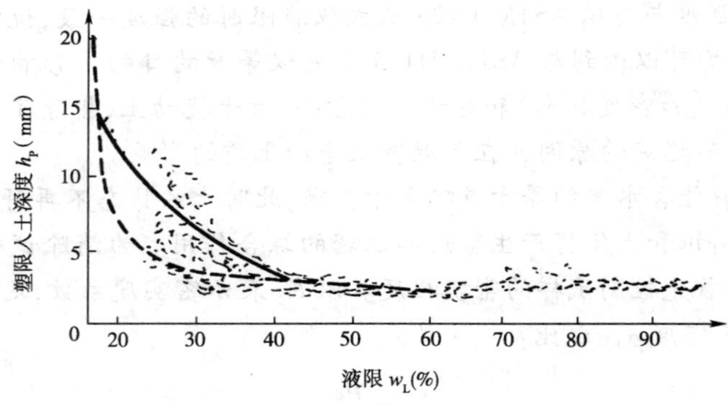

图 T 0118-4　塑限入土深度 h_P 与液限 w_L 的关系曲线

因此,对不同土类,必须采用变数 h_P 值。

2　液限塑限联合测定仪有数码式、光电式、游标式和百分表式四种。本规程并列这四种仪器,可根据具体情况选用。

3　试样制备好坏对液限塑限联合测定的精度具有头等重要意义。制备试样应均匀、密实。一般制备三个试样 。一个要求含水率接近液限(入土深度 20mm ± 0.2mm),一个要求含水率接近塑限,一个居中。否则,就不容易控制曲线的走向。对于联合测定精度最有影响的是靠近塑限的那个试样。可以先将试样充分搓揉,再将土块紧密地压入容器,刮平,待测。当含水率等于塑限时,对控制曲线走向最有利,但此时试样很难制备,必须充分搓揉,使土的断面上无孔隙存在。为便于操作,根据实际经验含水率可略放宽,以入土深度不大于 4 ~ 5mm 为限。

调整联合测定仪,使锥尖与土表面接触,按钮使锥自动落下。关于放锥时间,1999 年水电部颁发的《土工试验规程》(SL 237—1999)规定为 5s,英国 BS 1377—75 也规定为 5s。我们在试验中发现,黏质土锥深随时间变化不甚明显，对低塑性土，在5~30s之间锥深随时间的增长有加大的趋势，其对应的液限塑限值随之减小。交通部第一公路勘察设计院曾对10个低塑性土试样以不同放锥时间（5s、15s、30s）进行了对比试验，发现不同时间的液限塑限差值不大，不致影响土的定名，因此放锥时间定为5s是可行的。对于土面变形的误差不另校正，统一计入读数内。采用度盘或游标后，读数可读到0.01cm。

4　从图T 0118-4可以看出，在低塑性范围内（$w_L < 35\%$），如用两条曲线计算h_P值，则基本上可概括图中点的分布，一条是下部的双曲线，纵坐标以液限$w_L = 20\%$为原点，因$w_L < 20\%$时，点很少；另一条是上部的多项式曲线，曲线左端到$w_L = 24\%$为止，因在该点以左，点也很少。

首先需要测定$h_L = 20$mm时土的液限w_L，然后分别按砂类土和细粒土的公式计算相应的h_P值。于是，塑限值可直接从h—w图上读出。

在h—w双对角坐标纸上，当a、b、c三点不在同一直线上时，《土工试验方法标准》（GB/T 50123—1999）规定按固定h_P值（$h_P = 2$mm）确定ab、ac两直线交点处的两个含水率，本试验（T 0118—2007）第4条规定按变数h_P值确定ab、ac直线交点处的两个含水率；显然，后者更为合理，因为h_P值随土质而异。

T 0170—2007　液限碟式仪法

1　目的和适用范围

本试验的目的是按碟式液限仪法测定土的液限，适用于粒径小于0.5mm以及有机质含量不大于试样总质量5%的土。

2　仪器设备

2.1　碟式液限仪：由土碟和支架组成专用仪器，并有专用划刀，如图T 0170-1，底座应为硬橡胶制成。

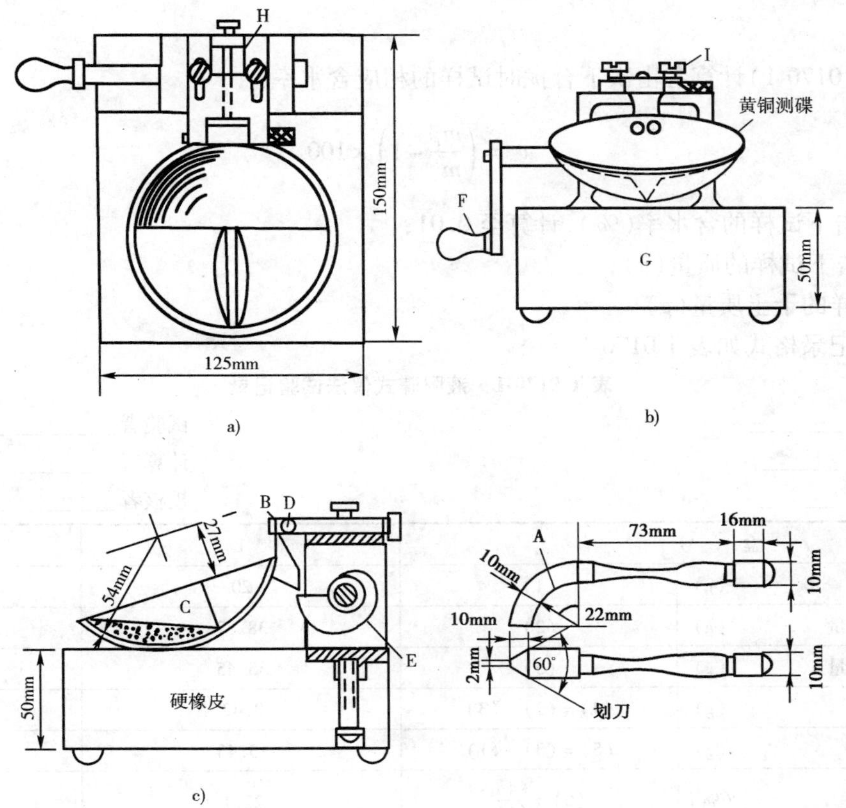

图T 0170-1　碟式液限仪

A-划刀；B-销子；C-土碟；D-支架；E-蜗轮；F-摇柄；G-底座；H-调整板；I-螺丝

2.2 天平:称量 200g,分度值 0.01g。

2.3 其他:烘箱、干燥缸、铝盒、调土刀、筛(孔 0.5mm)等。

3 试验步骤

3.1 取过 0.5mm 筛的土样(天然含水率的土样或风干土样均可)约 100g,放在调土皿中,按需要加纯水,用调土刀反复拌匀。

3.2 取一部分试样,平铺于土碟的前半部,如图 T 0170-1a)所示。铺土时应防止试样中混入气泡。用调土刀将试样面修平,使最厚处为 10mm,多余试样放回调土皿中。以蜗形轮为中心,用划刀自后至前沿土碟中央将试样划成槽缝清晰的两半[图 T 0170-2a)]。为避免槽缝边扯裂或试样在土碟中滑动,允许从前至后,再从后至前多划几次,将槽逐步加深,以代替一次划槽,最后一次从后至前的划槽能明显地接触碟底。但应尽量减少划槽的次数。

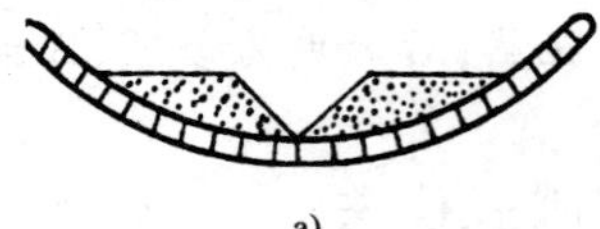

a)

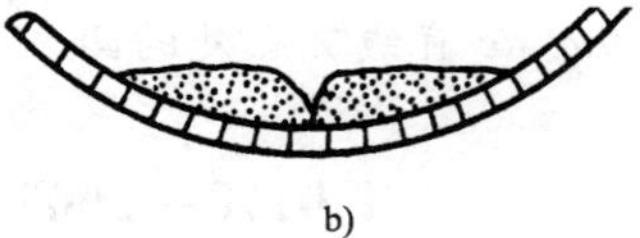

b)

图 T 0170-2 划槽及合拢状态

a)试前划成两半;b)试后合拢情况

3.3 以每秒 2 转的速率转动摇柄 F,使土碟反复起落,坠击于底座 G 上,数记击数,直至试样两边在槽底的合拢长度为 13mm 为止,记录击数,并在槽的两边采取试样 10g 左右,测定其含水率。

3.4 将土碟中的剩余试样移至调土皿中,再加水彻底拌和均匀,按本试验 3.1 ~ 3.3 的规定至少再做两次试验。这两次土的稠度应使合拢长度为 13mm 时所需击数在 15 ~ 35 次之间(25 次以上及以下各 1 次)。然后测定各击次下试样的相应含水率。

4 结果整理

4.1 按式(T 0170-1)计算各击次下合拢时试样的相应含水率:

$$w_n = \left(\frac{m_n}{m_s} - 1\right) \times 100 \tag{T 0170-1}$$

式中:w_n——n 击下试样的含水率(%),计算至 0.01;

m_n——n 击下试样的质量(g);

m_s——试样的干土质量(g)。

4.2 本试验记录格式如表 T 0170-1。

表 T 0170-1 液限碟式仪法试验记录

工程编号__________ 试验者__________

土样说明__________ 计算者__________

试验日期__________ 校核者__________

盒号			1	2
盒质量	(g)	(1)	20	20
盒+湿土质量	(g)	(2)	38.87	40.54
盒+干土质量	(g)	(3)	35.45	36.76
水分质量	(g)	(4)=(2)-(3)	3.42	3.78
干土质量	(g)	(5)=(3)-(1)	15.45	16.76
液限含水率	(%)	(6)=$\frac{(4)}{(5)}$	22.1	22.6
平均液限含水率	(%)	(7)	22.4	

4.3 根据试验结果,以含水率为纵坐标,以击次的对数为横坐标,绘制曲线,如图T 0170-3。查得曲线

上击数 25 次所对应的含水率，即为该试样的液限。

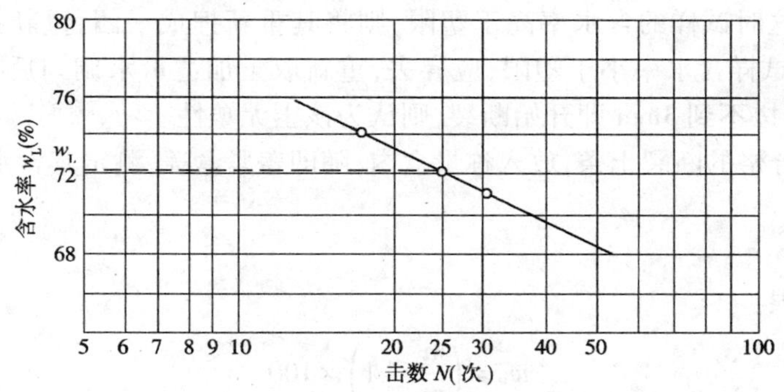

图 T 0170-3 含水率与击数关系曲线

4.4 精密度和允许差。

本试验须进行两次平行测定，取其算术平均值，以整数(%)表示。其允许差值为：高液限土小于或等于 2%，低液限土小于或等于 1%。

5 报告

5.1 土的鉴别分类和代号。

5.2 土的液限值。

条文说明

测定土的液限和塑限最通用的方法分别为碟式仪法和滚搓法。目前，碟式仪仍然有两种划刀，一种是 ASTM 划刀(简称 A 刀)，另一种是卡氏划刀(简称 C 刀)。试验结果表明，用 A 刀测得的液限值比用 C 刀测得的液限值约低 10%。另外，碟式仪底座的硬度也影响试验结果。卡式试验得到液限时的不排水抗剪强度为 2～3kPa，为此本标准建议用美国 ASTM D423 所采用的碟式仪规格，以便于国际技术交流。

T 0119—1993 塑限滚搓法

1 目的和适用范围

本试验的目的是按滚搓法测定土的塑限，适用于粒径小于 0.5mm 以及有机质含量不大于试样总质量 5% 的土。

2 仪器设备

2.1 毛玻璃板：尺寸宜为 200mm × 300mm。

2.2 天平：感量 0.01g。

2.3 其他：烘箱、干燥器、称量盒、调土皿、直径 3mm 的铁丝等。

3 试验步骤

3.1 按本规程(T 0118—1993) 3.1 条制备试样，一般取土样约 50g 备用。为在试验前使试样的含水率接近塑限，可将试样在手中捏揉至不粘手为止，或放在空气中稍为晾干。

3.2 取含水率接近塑限的试样一小块，先用手搓成椭圆形，然后再用手掌在毛玻璃板上轻轻搓滚。搓滚时须以手掌均匀施压力于土条上，不得将土条在玻璃板上进行无压力的滚动。土条长度不宜超过手掌宽度，并在滚搓时不应从手掌下任一边脱出。土条在任何情况下不允许产生中空现象。

3.3 继续搓滚土条，直至土条直径达 3mm 时，产生裂缝并开始断裂为止。若土条搓成 3mm 时仍未产生裂缝及断裂，表示这时试样的含水率高于塑限，则将其重新捏成一团，重新搓滚；如土条直径大于 3mm 时即行断裂，表示试样含水率小于塑限，应弃去，重新取土加适量水调匀后再搓，直至合格。若土条在任何含水率下始终搓不到 3mm 即开始断裂，则认为该土无塑性。

3.4 收集约 3～5g 合格的断裂土条，放入称量盒内，随即盖紧盒盖，测定其含水率。

4 结果整理

4.1 按下式计算塑限：

$$w_{\mathrm{P}} = \left(\frac{m_1}{m_2} - 1\right) \times 100 \tag{T 0119-1}$$

式中：w_{P}——塑限（%），计算至 0.1；

m_1——湿土质量（g）；

m_2——干土质量（g）。

4.2 本试验记录格式如表 T 0119-1。

表 T 0119-1 塑限滚搓法试验记录

工程编号____________ 试验者____________

土样说明____________ 计算者____________

试验日期____________ 校核者____________

盒号			1	2
盒质量	(g)	(1)	20	20
盒+湿土质量	(g)	(2)	38.87	40.54
盒+干土质量	(g)	(3)	35.45	36.76
水分质量	(g)	(4)=(2)-(3)	3.42	3.78
干土质量	(g)	(5)=(3)-(1)	15.45	16.76
塑限含水率	(%)	$(6)=\frac{(4)}{(5)}$	22.1	22.6
平均塑限含水率	(%)	(7)	22.4	

4.3 精密度和允许差。

本试验须进行两次平行测定，取其算术平均值，以整数（%）表示。其允许差值为：高液限土小于或等于 2%，低液限土小于或等于 1%。

5 报告

5.1 土的鉴别分类和代号。

5.2 土的塑限值。

条文说明

1 塑限试验长期以来采用滚搓法。该法虽存在许多缺点，如标准不易掌握，人为因素较大，但由于该试验法的物理概念明确，且试验人员已在实践中积累了许多经验，国际上有很多国家采用此法，故本规程将滚搓法列入塑限的校核试验方法。

2 关于滚搓工具，有的单位认为毛橡皮板同样能得出满意的结果，在无毛玻璃板的情况下，也允许用毛橡皮板。

3 国内外在测定塑限的规定中，搓条方法不尽相同，土条断裂时的直径多数采用 3mm，我国历次规程均采用 3mm，故仍沿用 3mm。关于滚搓速度，各国均无具体要求，美国 ASTM D424 规定搓滚速度为每分钟 80～90 次；英国 BS 1377 规定，手指的压力必须使滚搓 5～10 个往返后，土条直径由 6mm 减至 3mm，高塑性黏土则允许往返 10～15 次。这种规定太细、太死，不易掌握，也无必要，故仍维持原有规定。对于某些低液限砂类土，始终搓不到3mm，可认为塑性极低或无塑性，可按极细砂处理。

T 0120—1993 缩限试验

1 目的和适用范围

土的缩限是扰动的黏质土在饱和状态下，因干燥收缩至体积不变时的含水率。本试验适用于粒径小于0.5mm和有机质含量不超过5%的土。

2 仪器设备

2.1 收缩皿（或环刀）：直径4.5~5cm，高2~3cm。

2.2 天平：感量0.01g。

2.3 电热恒温烘箱或其他含水率测定装置。

2.4 蜡、烧杯、细线、针。

2.5 卡尺：分度值0.02mm。

2.6 其他：制备含水率大于液限的土样所需的仪器。

3 试验步骤

3.1 制备土样：取具有代表性的土样，制备成含水率大于液限的土膏。

3.2 在收缩皿内涂一薄层凡士林，将土样分层装入皿内，每次装入后将皿底拍击试验台，直至驱尽气泡为止。

3.3 土样装满后，用刀或直尺刮去多余土样，立即称收缩皿加湿土质量。

3.4 将盛满土样的收缩皿放在通风处风干，待土样颜色变淡后，放入烘箱中烘至恒量，然后放在干燥器中冷却。

3.5 称收缩皿和干土总质量，准确至0.01g。

3.6 用蜡封法测定试样体积。

4 结果整理

4.1 缩限：含水率达液限的土在105~110℃下水分继续蒸发至体积不变时的含水率，叫做缩限，用下式计算。

$$w_s = w - \frac{V_1 - V_2}{m_s} \times \rho_w \times 100 \quad \text{(T 0120-1)}$$

式中：w_s——缩限（%），计算至0.1；

w——试验前试样含水率（%）；

V_1——湿试件体积（即收缩皿容积）（cm^3）；

V_2——干试件体积（cm^3）；

m_s——干试件质量（g）；

ρ_w——水的密度，$\rho_w = 1g/cm^3$。

4.2 收缩指数：液限与缩限之差称收缩指数，按下式计算。

$$I_s = w_L - w_s \quad \text{(T 0120-2)}$$

式中：I_s——收缩指数（%），计算至0.1；

w_L——土的液限（%）。

4.3 本试验记录格式如表T 0120-1所示。

4.4 精密度和允许差。

本试验需进行二次平行测定，取其算术平均值，计算至0.1%。平行差值，高液限土不得大于2%，低液限土不得大于1%。

表 T 0120-1 扰动土收缩试验记录

工程名称＿＿＿＿＿＿＿＿　　　　试 验 者＿＿＿＿＿＿＿＿
土样编号＿＿＿＿＿＿＿＿　　　　计 算 者＿＿＿＿＿＿＿＿
土样说明＿＿＿＿＿＿＿＿　　　　校 核 者＿＿＿＿＿＿＿＿
土样制备说明＿＿＿＿＿＿　　　　试验日期＿＿＿＿＿＿＿＿

室内编号			I		II	
收缩皿编号			1	2	3	4
液限 w_L	(%)		49		60	
皿+湿土质量 m_1	(g)		116.4	117.2	118.6	119.4
皿+干土质量 m_2	(g)		98.0	98.8	97.5	98.3
皿的质量 m_3	(g)		62	63	62	62.5
含水率 w	(%)	$\frac{m_1-m_2}{m_2-m_3}\times 100$	51.1	51.4	59.4	58.9
皿的容积 V_1	(cm^3)		38.2	38.5	37.6	38.0
干土体积 V_2	(cm^3)		23.4	23.6	20.2	20.6
缩限平均值 w_s	(%)	$w-\frac{V_1-V_2}{m_2-m_3}\rho_w\times 100$	10.0	9.8	10.4	10.3
			9.9		10.4	
收缩指数 I_s		w_L-w_s	39.1		49.6	

5 报告

5.1 土的鉴别分类和代号。

5.2 土的缩限 w_s 和收缩指数 I_s。

条文说明

1 本节内容是用试验方法求得土的缩限含水率,其体缩率和线缩率的测求方法见收缩试验。

2 缩限试验所用收缩皿,其直径最好大于高度,以便于蒸发干透,也可用液限试验杯代替。但环刀是不适宜的,因它不便振动排气,不便挤压,同时环刀与玻璃杯之间容易跑水流土。

3 分层装填试样时,要注意不断挤压拍击,以充分排气。否则,不符合体积收缩等于水分减少的基本假定,而使计算结果失真。本规程要求收缩皿底和皿壁要平滑弯曲,为的是易于装土排气。改用蜡封法代替水银排开法测定体积,在于防止污染。

10　土的收缩试验

T 0121—1993　收缩试验

1　目的和适用范围

本试验方法适用于原状土和击实黏质土。

2　仪器设备

2.1　收缩仪：如图 T 0121-1 所示。多孔板直径约 70mm，厚约 4mm，孔的总面积应大于整个板面的 50% 以上；测板直径 10mm，厚约 4mm。

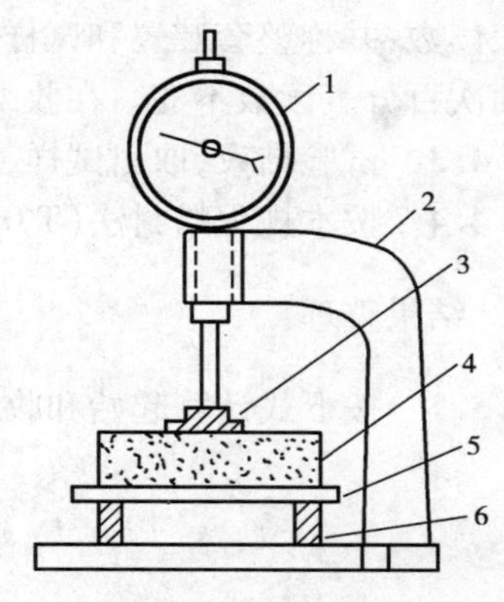

图 T 0121-1　收缩仪

1-量表；2-支架；3-测板；4-试样；5-多孔板；6-垫块

2.2　环刀：直径 61.8mm，高 20mm。

2.3　卡尺：0.05mm × 12.5mm；千分表，最小分度值 0.001mm。

2.4　其他：推土块、凡士林、干燥缸和蜡封工具等。

3　试样

3.1　压样法制备试样

3.1.1　按试件所要求的干质量、含水率，按本规程 T 0102—2007 中 4.2 制备湿土样，并称制备好的湿土样质量，准确至 0.1g。

3.1.2　将湿土倒入压模内，拂平土样表面，以静压力将土压至一定高度，用推土器将土样推出。

3.1.3　将试验用的切土环刀内壁涂一薄层凡士林，刀口向下，放在试件上，用切土刀将试件削成略大于环刀直径的土柱。然后将环刀垂直向下压，边压边削，至土样伸出环刀上部为止，削平环刀两端，擦净环刀外壁，称环土合质量，准确至 0.1g，并测定环刀两端所削下土样的含水率。

3.1.4　试件制备应尽量迅速，以免水分蒸发。

3.1.5　试件制备的数量视试验需要而定，一般应多制备 1 ~ 2 组备用，同一组试件或平行试件的密度、含水率与制备标准之差值，应分别在 ±0.1g/cm^3 或 2% 范围之内。

3.2　原状土试件制备程序

按土样上下层次小心开启原状土包装皮，将土样取出放正，整平两端。在环刀内壁涂一薄层凡士林，刀口向下，放在土样上，无特殊要求时，切土方向应与天然土层层面垂直。

按本试验 3.1.3 的操作步骤切取试件，试件与环刀要密合，否则应重取。

切削过程中，应细心观察并记录试件的层次、气味、颜色，有无杂质，土质是否均匀，有无裂缝等。

如连续切取数个试件，应使含水率不发生变化。

视试件本身及工程要求，决定试件是否进行饱和；如不立即进行试验或饱和时，则将试件暂存于保湿器内。

切取试件后，剩余的原状土样用蜡纸包好置于保湿器内，以备补做试验之用。切削的余土做物理性试验。平行试验或同一组试件密度差值不大于 ±0.1g/cm^3，含水率差值不大于 2%。

冻土制备原状土样时，应保持原土样温度，保持土样的结构和含水率不变。

3.3　试件饱和

土的孔隙逐渐被水填充的过程称为饱和。孔隙被水充满时的土，称为饱和土。

根据土的性质，决定饱和方法：

砂类土：可直接在仪器内浸水饱和。

较易透水的黏性土：即渗透系数大于 10^{-4}cm/s 时，采用毛细管饱和法较为方便，或采用浸水饱和法。

不易透水的黏性土：即渗透系数小于 10^{-4}cm/s 时，采用真空饱和法。如土的结构性较弱，抽气可能发生扰动，不宜采用。

将试样推出环刀(当试样不紧密时，采用风干脱环法)，置于多孔板上，称试样和多孔板的质量，准确至 0.1g。

4 试验步骤

4.1 装好百分表，记下初读数。

4.2 在室温不高于 30℃条件下进行收缩试验。根据试样温度及收缩速度，宜每隔 1～4h 测记百分表读数，并称整套装置和试样质量，准确至 0.1g。两天后，每隔 6～24h 测记百分表读数，并称质量，至两次百分表读数不变。在收缩曲线的 I 阶段内应取不得少于 4 个数据。

4.3 试验结束，取出试样，并在 105～110℃下烘干。称干土质量，准确至 0.1g。

4.4 按本规程蜡封法(T 0109—1993)测定烘干试样体积。

5 结果整理

5.1 按下式计算起始和收缩过程的含水率：

$$w = \left(\frac{m_t}{m_s} - 1\right) \times 100 \tag{T 0121-1}$$

式中：w——起始或某时刻的含水率(%)，计算至 0.1；

m_t——某时刻称得的试样质量(g)；

m_s——干土质量(g)。

5.2 按下式计算线缩率：

$$e_{sL} = \frac{R_t - R_0}{H_0} \times 100 \tag{T 0121-2}$$

式中：e_{sL}——线缩率(%)，计算至 0.01；

H_0——试样原高度(mm)；

R_0——百分表初读数(mm)；

R_t——收缩过程中某时刻百分表读数(mm)。

5.3 体缩率按下式计算：

$$e_s = \frac{V_0 - V_1}{V_0} \times 100 \tag{T 0121-3}$$

式中：e_s——体缩率(%)，计算至 0.1；

V_0——试样原体积(环刀容积)(cm^3)；

V_1——试样烘干后的体积(cm^3)。

5.4 以线缩率为纵坐标，含水率为横坐标，绘制关系曲线，如图 T 0121-2。如 I 和 II 阶段的转折点明显，则与其相应的横坐标值即为原状土的缩限 w'_s。否则，延长 I、II 阶段的直线段，两者交点相应的横坐标值即为原状土的近似缩限。

5.5 本试验记录格式如表 T 0121-1。

6 报告

6.1 土的鉴别分类和代号。

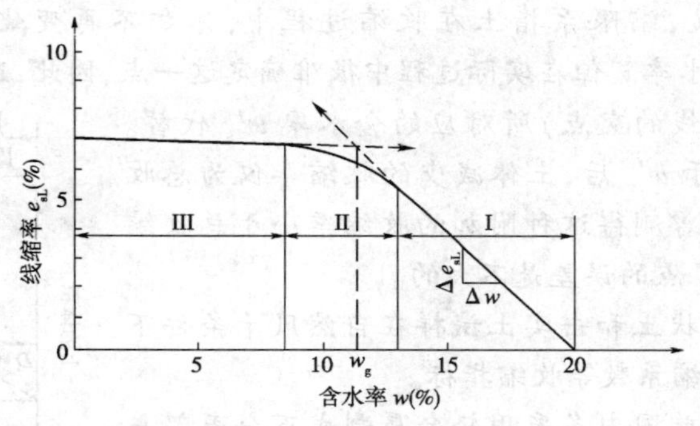

图 T 0121-2 含水率与线缩率的关系曲线

表 T 0121-1 原状土收缩试验记录

工程名称________ 试 验 者________

土样编号________ 计 算 者________

仪器编号________ 校 核 者________

土样说明________ 试验日期________

日期 (d.h)	百分表读数 (1/100)	单向收缩率 (mm)	线缩率 (%)	试样质量 (g)	水质量 (g)	含水率 (%)	试验前后状态
14.15	0	0	0	120.12	31.12	35.0	试样原高度 = 20mm
15.8	19.3	0.19	0.95	118.3	29.3	32.9	试样面积 = 30cm^2
16.0	50.0	0.50	2.50	113.7	24.7	27.7	试验前含水率 = 35%
16.8	63.0	0.63	3.15	112.2	23.2	26.1	试验前干密度 = 1.48g/cm^3
16.0	94.5	0.95	4.75	109.3	22.3	22.8	试验后干土质量 = 89g
17.8	97.6	0.98	4.90	108.7	19.7	22.1	试验后试样尺寸:
18.0	110.8	1.11	5.55	107.1	18.1	20.3	高度 = 1.71cm
18.8	116.6	1.17	5.85	106.6	17.4	19.5	直径 = 5.80cm
19.8	124.8	1.25	6.25	105.3	16.3	18.2	
21.8	129.8	1.30	6.50	104.6	15.6	17.6	
23.8	134.0	1.34	6.70	104.0	15.0	16.9	
25.8	139.0	1.39	6.95	103.4	14.4	16.2	
27.8	142.0	1.42	7.10	102.7	14. 1	15.8	
29.8	146.0	1.46	7.30	102.4	13.4	5.0	
31.8	155.0	1.55	7.75	101.1	12.1	13.6	
2.8	163.0	1.63	8.15	99.7	10.7	12.0	
4.8	168.0	1.68	8.40	97.9	8.9	10.0	
6.8	168.1	1.68	8.40	95.7	6.7	7.5	
8.8	168.1	1.68	8.40	94.8	5.8	6.5	
体缩(%)		24.6	收缩系数		0.37	缩限(%)	12.3

6.2 土的体缩率 e_s(%)。

6.3 土的线缩率 e_{sL}(%)。

6.4 土的缩限 w'_s(%)。

条文说明

1 随着土体含水率的减少,土的收缩过程大致可分三个阶段(见图 T 0121-3):直线收缩阶段(Ⅰ),其斜率为收缩系数;曲线过渡阶段(Ⅱ),随土质不同,曲线各异;近水平直线阶段,此时土的体积基本上不再收缩。根据定义，缩限系指土在收缩过程中，体积不再变化时所对应的含水率，即图 T 0121-3 中 C 点所对应的含水率。但在实际过程中很难确定这一点，因此，通常以过渡阶段曲线的拐点 E(即Ⅰ、Ⅲ两阶段直线延长线的交点)所对应的含水率 w'_s 代替。根据试验和计算，含水率小于 w'_s 后，土体减少的收缩率仅为总收缩的 5% ~10%；Terzaghi 也曾测得这种附加的收缩率小于总收缩率的 5%，可见以 E 点代替 C 点的误差是不大的。

本试验的目的是测定原状土和击实土试样在自然风干条件下的线缩率、体缩率、缩限及收缩系数等收缩指标。

2　在仪器设备方面，目前国内多采用轻金属制成百分表架与托板连在一起的形式，以便整体称量，避免反复装卸试样。也有专用的干缩仪，设有电热干燥器，或放干燥剂，可以减轻气温变化的影响，并可随时称质量。有的单位提出用微波干燥的方法，在低温下快速干缩，大约 1 ~2h 即可完成收缩全过程。迄今还没有定型设备。

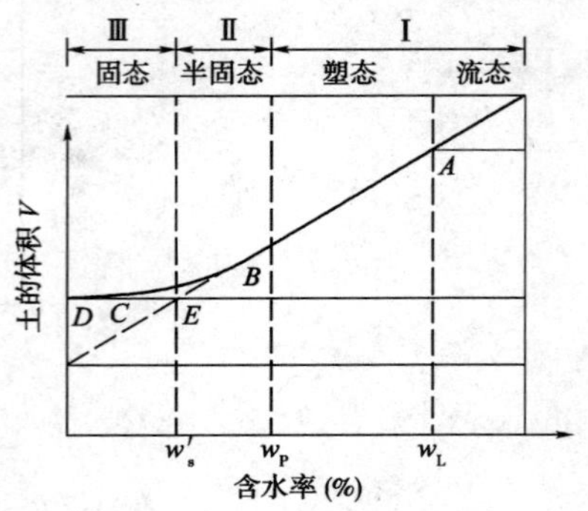

图 T 0121-3　土体收缩过程

3　原状土收缩试验的方法很多，大部分为直接量测法。例如，将原状土切削成立方体或长方体，以量测各个棱边长度的变化，或在土块四周和上端安装百分表，观测整体收缩变形量。在方法上一致的是试样上放测板，下放多孔板，利用低温和干燥剂等。在量测方面，除卡尺、百分表、蜡封法外，近来也有用聚氯乙烯封闭的。这对体积变形复杂或对发生细裂纹的试样，有一定适应性。

11 土的天然稠度试验

T 0122—2007 天然稠度试验

1 目的和适用范围

1.1 土的液限与天然含水率之差和塑性指数之比,称为土的天然稠度。

1.2 本试验采用直接法和间接法。直接法是按烘干法(T 0103—1993)测定原状土的天然含水率,用稠度公式计算土的天然稠度。间接法是用 LP—100 型液限塑限联合测定仪测定天然结构土体的锥入深度,并用联合测定结果确定土的天然稠度。

2 仪器设备

2.1 LP—100 型液限塑限联合测定仪。

2.2 环刀:直径 5~6cm,高 3~4cm。

2.3 其他:削土刀、钢丝锯、凡士林、含水率试验设备等。

3 试验步骤

3.1 按含水率试验中烘干法(T 0103—1993)的试验步骤测定原状土的天然含水率。

3.2 切削具有天然含水率、土质均匀的试件 1 块,其长度、宽度(或直径)不小于 5cm,厚度不小于 3cm。整平上下面。对于软黏土,若能用环刀切入土体时,将切入环刀后的土体整平上下面。

3.3 将制备好的试样按液限塑限联合测定法(T 0118—2007)测定其液限和塑限。按(T 0118—2007)中 3.3~3.8 条步骤测定其锥入深度,填入记录表内。

3.4 改变锥尖在试件表面的位置 3~5 处(锥尖之间的距离不小于 1cm),测其锥入深度,并记入记录表内。

4 结果整理

4.1 由联合测定,已知土的液限 w_L 和塑性指数 I_P;由含水率试验,已知土的天然含水率 w。将这些数据代入下式,即可计算该土的天然稠度 w_c:

$$w_c = \frac{w_L - w}{I_P} \tag{T 0122-1}$$

4.2 土体的含水率 w 和锥入深度 h 为曲线关系,用下式表示:

$$\lg h = \alpha + \beta \lg w \tag{T 0122-2}$$

或

$$\lg h = \alpha + \beta \lg(w_L - I_P w_c) \tag{T 0122-3}$$

式中:

$$\beta = \frac{\lg 20 - \lg h_P}{\lg w_L - \lg w_P}$$

$$\alpha = \lg 20 - \beta \lg w_L$$

在联合测定法中，w_L、w_P、h_P 和 I_P 均为已知，测得锥入深度 h 后，由公式（T 0122-3）或查由该式绘制的诺谟图，即可求得稠度 w_c。

4.3 由测得的多个锥入深度中取占多数的值，或对允许误差范围内的数值求其平均值，作为计算锥入深度。根据联合测定时该土样的塑限入土深度 h_P，由图 T 0122-1 查得相应的稠度 w_c 值。

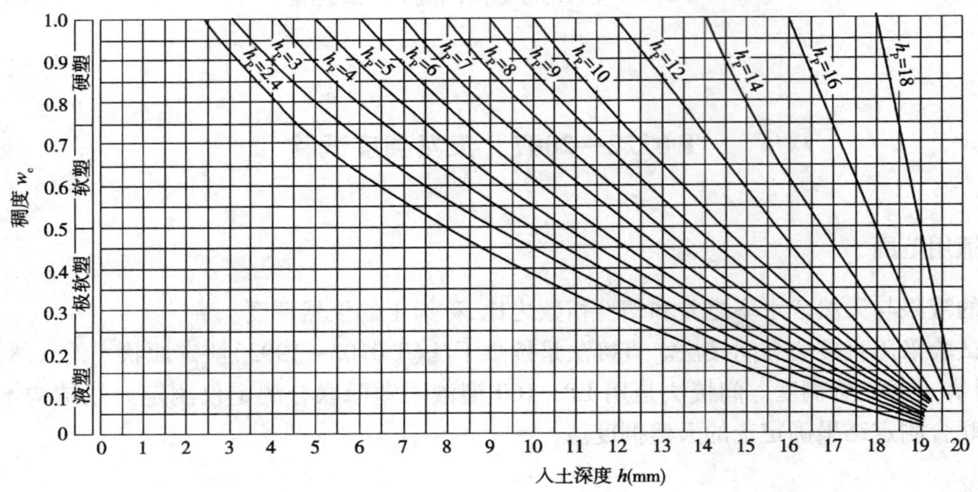

图 T 0122-1　入土深度与天然稠度的诺谟图

4.4 本试验记录格式如表 T 0122-1。

表 T 0122-1　天然稠度试验记录

工程编号________　土样编号________　取土深度________

土样制备说明________________　试验日期________

试 验 者________　计 算 者________　校 核 者________

锥入深度 h(mm)						最后所取读数 h（mm）	塑限锥入深度 h_P（mm）	稠度 w_c	土的状态描述	备　注
试验次数	1	2	3	4	5					
	12.5	12.3	12.5	12.5	12.7	12.5	3	0.36	极软塑	按图 T 0122-1

5 报告

5.1 土的鉴别分类和代号。

5.2 土的天然稠度 w_c 值。

条文说明

液限塑限联合测定用双对数坐标绘制含水率与入土深度的关系时，有很好的线性关系。稠度的划分，既然为 0～1.0，那就不能用双对数坐标来表示入土深度与稠度的关系，而须用普通坐标来表示它们的关系。这就带来一个问题：究竟入土深度与稠度是线性关系或是曲线关系？所谓线性关系，就是入土深度 h 与 w_c 的关系可以式（T 0122-4）表示：

$$w_c = \frac{w_L - f(h)}{I_P} \tag{T 0122-4}$$

式中有两个变数，即自变数 $f(h)$ 和因变数 w_c，因 w_L 和 I_P 为常数，故构成线性关系。

如果入土深度 h 与含水率 w 是双对数关系，则：

$$\lg h = \alpha + \beta \lg w \tag{T 0122-5}$$

将稠度公式（T 0122-1）代入上式得：

$$\lg h = \alpha + \beta \lg (w_L - w_c I_P) \quad (T\ 0122\text{-}6)$$

当土达到液限时,$w = w_L$,$h = 20mm$,式(T 0122-6)变为:

$$\lg 20 = \alpha + \beta \lg w_L \quad (T\ 0122\text{-}7)$$

当土达到塑限时,$w = w_P$,h 为塑限时的锥入深度 h_P,式(T 0122-6)变为:

$$\lg h_P = \alpha + \beta \lg w_P \quad (T\ 0122\text{-}8)$$

式(T 0122-7)和式(T 0122-8)表示两个边界情况。联解此二式,可求得不同土质的系数 α、β 值,即

$$\alpha = \lg 20 - \beta \lg w_L$$

$$\beta = \frac{\lg 20 - \lg h_P}{\lg w_L - \lg w_P}$$

根据联合测定结果,对348个土样入土深度与含水率双对数图进行了验证,发现实测入土深度与按式(T 0122-6)的计算深度十分吻合,而与按式(T 0122-4)计算的深度偏离很大,这就证明了稠度与入土深度在普通坐标上应是曲线关系,从而否定了多年来国内外认为是线性关系的结论,也间接证明了入土深度与含水率在双对数坐标上应是直线关系。

对于一个具体土样而言,h_L 和 h_P 根据联合试验为已知值,塑性指数 I_P 也为已知值,于是 h 与 w_c 之间的关系就可进行计算了。

12 砂的相对密度试验

T 0123—1993 砂的相对密度试验

1 目的和适用范围

1.1 相对密度是砂紧密程度的指标，等于其最大孔隙比与天然孔隙比之差和最大孔隙比与最小孔隙比之差的比值。

1.2 本试验的目的是求无凝聚性土的最大与最小孔隙比，用于计算相对密度，借此了解该土在自然状态或经压实后的松紧情况和土粒结构的稳定性。

1.3 本试验适用于颗粒直径小于5mm的土，且粒径2~5mm的试样质量不大于试样总质量的15%。

2 仪器设备

2.1 量筒：容积为500mL及1 000mL两种，后者内径应大于60mm。

2.2 长颈漏斗：颈管内径约12mm，颈口磨平（图T 0123-1）。

2.3 锥形塞：直径约15mm的圆锥体镶于铁杆上（图T 0123-1）。

2.4 砂面拂平器（图T 0123-1）。

2.5 电动最小孔隙比仪，如无此种仪器，可用下列2.6~2.8设备。

2.6 金属容器，有以下两种：

2.6.1 容积250mL，内径50mm，高度127mm。

2.6.2 容积1 000mL，内径100mm，高度127mm。

2.7 振动仪（图T 0123-2）。

2.8 击锤：锤重1.25kg，高度150mm，锤座直径50mm（图T 0123-3）。

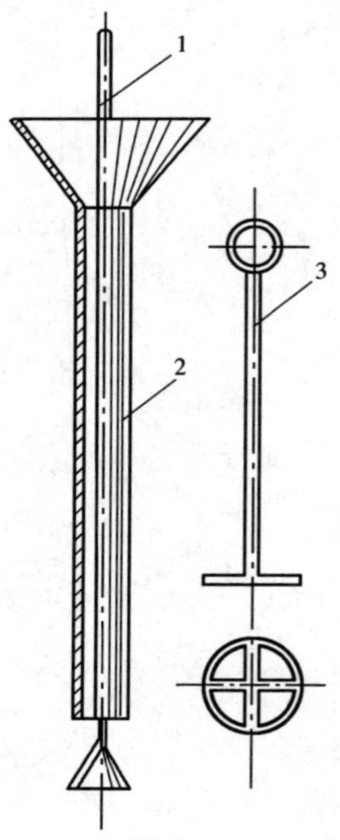

图T 0123-1 长颈漏斗

1-锥形塞；2-长颈漏斗；3-拂平器

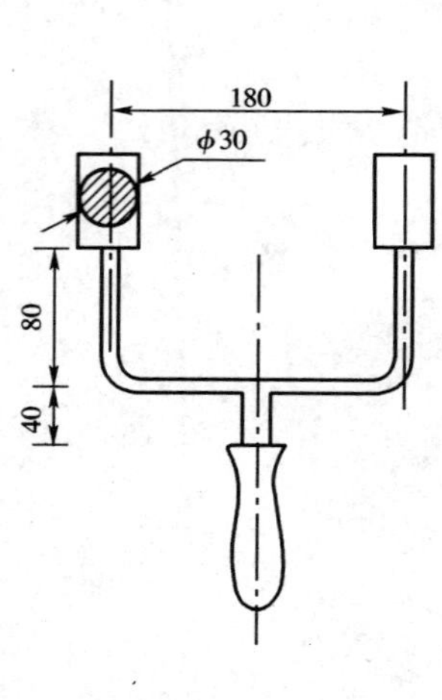

图T 0123-2 振动仪（单位：mm）

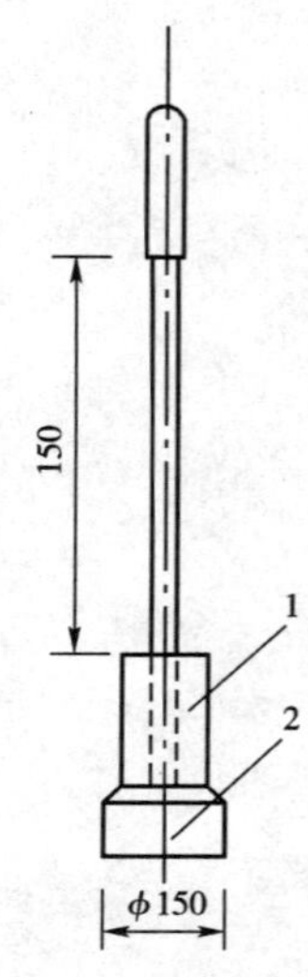

图T 0123-3 击锤（单位：mm）

1-击锤；2-锤座

2.9 台秤：感量1g。

3 试验步骤

3.1 最大孔隙比的测定

3.1.1 取代表性试样约1.5kg，充分风干（或烘干），用手搓揉或用圆木棍在橡皮板上碾散，并拌和均匀。

3.1.2 将锥形塞杆自漏斗下口穿入，并向上提起，使锥体堵住漏斗管口，一并放入容积1 000mL量筒中，使其下端与量筒底相接。

3.1.3 称取试样700g，准确至1g，均匀倒入漏斗中，将漏斗与塞杆同时提高，移动塞杆使锥体略离开管口，管口应经常保持高出砂面约1~2cm，使试样缓缓且均匀分布地落入量筒中。

3.1.4 试样全部落入量筒后取出漏斗与锥形塞，用砂面拂平器将砂面拂平，勿使量筒振动，然后测读砂样体积，估读至5mL。

3.1.5 以手掌或橡皮塞堵住量筒口，将量筒倒转，缓慢地转动量筒内的试样，并回到原来位置，如此重复几次，记下体积的最大值，估读至5mL。

3.1.6 取上述两种方法测得的较大体积值，计算最大孔隙比。

3.2 最小孔隙比的测定

3.2.1 取代表性试样约4kg，按本试验3.1.1步骤处理。

3.2.2 分三次倒入容器进行振击，先取上述试样600~800g（其数量应使振击后的体积略大于容器容积的1/3）倒入1 000cm^3容器内，用振动仪以150~200次/min的速度敲打容器两侧，并在同一时间内，用击锤于试样表面锤击30~60次/min，直至砂样体积不变为止（一般约5~10min）。敲打时要用足够的力量使试样处于振动状态；振击时，粗砂可用较少击数，细砂应用较多击数。

3.2.3 如用电动最小孔隙比试验仪时，当试样同上法装入容器后，开动电机，进行振击试验。

3.2.4 按本试验3.2.2步骤进行后两次加土的振动和锤击，第三次加土时应先在容器口上安装套环。

3.2.5 最后一次振毕，取下套环，用修土刀齐容器顶面削去多余试样，称量，准确至1g，计算其最小孔隙比。

4 结果整理

4.1 按下列公式计算最小与最大干密度：

$$\rho_{dmin}=\frac{m}{V_{max}} \tag{T 0123-1}$$

$$\rho_{dmax}=\frac{m}{V_{min}} \tag{T 0123-2}$$

式中：ρ_{dmin}——最小干密度（g/cm^3），计算至0.01；

ρ_{dmax}——最大干密度（g/cm^3），计算至0.01；

m——试样质量（g）；

V_{max}——试样最大体积（cm^3）；

V_{min}——试样最小体积（cm^3）。

4.2 按下列公式计算最大与最小孔隙比：

$$e_{max}=\frac{\rho_w G_s}{\rho_{dmin}}-1 \tag{T 0123-3}$$

$$e_{min}=\frac{\rho_w G_s}{\rho_{dmax}}-1 \tag{T 0123-4}$$

式中：e_{max}——最大孔隙比，计算至0.01；

e_{min}——最小孔隙比，计算至0.01；

G_s——土粒比重；

ρ_{dmin}——最小干密度（g/cm³）；

ρ_{dmax}——最大干密度（g/cm³）。

4.3 按下列公式计算相对密度：

$$D_r = \frac{e_{max} - e_0}{e_{max} - e_{min}} \quad (T\ 0123\text{-}5)$$

或

$$D_r = \frac{(\rho_d - \rho_{dmin})\rho_{dmax}}{(\rho_{dmax} - \rho_{dmin})\rho_d} \quad (T\ 0123\text{-}6)$$

式中：D_r——相对密度，计算至0.01；

ρ_{dmin}——最小干密度（g/cm³）；

ρ_{dmax}——最大干密度（g/cm³）；

e_0——天然孔隙比或填土的相应孔隙比；

e_{max}——最大孔隙比；

e_{min}——最小孔隙比；

ρ_d——天然干密度或填土的相应干密度（g/cm³）。

4.4 本试验记录格式如表T 0123-1。

表T 0123-1 相对密度试验记录

工程名称＿＿＿＿＿＿＿ 试验者＿＿＿＿＿＿＿

土样编号＿＿＿＿＿＿＿ 计算者＿＿＿＿＿＿＿

试验日期＿＿＿＿＿＿＿ 校核者＿＿＿＿＿＿＿

试验项目 试验方法				最大孔隙比 漏斗法		最小孔隙比 振击法		备注
试样+容器质量	(g)	(1)				2 162	2 165	
容器质量	(g)	(2)		750				
试样质量	(g)	(3)	(1)-(2)	400	420	412	415	
试样体积	(cm³)	(4)		335	350	250		
干密度	(g/cm³)	(5)	(3)÷(4)	1.20		1.20		
平均干密度	(g/cm³)	(6)		1.20		1.66		
比重 G_s		(7)		2.65				
孔隙比 e		(8)		1.21		0.59		
天然干密度	(g/cm³)	(9)		1.30				
天然孔隙比 e_0		(10)		1.04				
相对密度 D_r		(11)		0.27				

4.5 精密度和允许差。

最小与最大干密度，均须进行两次平行测定，取其算术平均值，其平行差值不得超过0.03g/cm³。

5 报告

5.1 砂类土的鉴别分类和代号。

5.2 砂的相对密度 D_r 值。

条文说明

1 相对密度是无凝聚性粗粒土紧密程度的指标，对于土质建筑物地基的稳定性，特别是在抗震稳定性方面，具有重要的意义。

2　相对密度试验中的三个参数，即最大干密度、最小干密度及现场干密度对相对密度值都很敏感。因此，试验方法和仪器设备的标准化是十分重要的。然而，目前没有统一而完善的测求最大、最小孔隙比的方法，天然孔隙比的测定也存在不少问题。从国外情况看，美国对相对密度试验研究较多，最大密度试验方法也基本上统一用振动台法。

3　(Ⅰ)最小干密度试验

测定最大孔隙比即最小干密度的方法常见的有漏斗法、量筒法和松砂器法。水电部门的对比试验结果表明，几种方法所得结果相差不大，但各种方法本身尚存在不同的问题。漏斗法是用小的管径来控制砂样，使其均匀缓慢地落入量筒，以达到很疏松的堆积。但由于受漏斗管径的限制，有些粗颗粒受到阻塞；加大管径又不易控制砂样的慢慢流出，故一般只适用于较小颗粒的砂样。慢速倒转法由于颗粒下落较慢，粗颗粒下落较快，产生粗细颗粒分层现象。采用慢速倒转法虽然存在一些缺点，但能达到较松的密度，测得最大孔隙比。

(Ⅱ)最大干密度试验

测定砂的最小孔隙比即最大干密度，国外采用振动台法，国内以往采用振动锤击法。

通常采用的方法，按加力性质可分为三大类：锤击法、振动法、锤击与振动或静荷载与振动联合使用的方法。锤击法主要适用于略具黏性的砂土，与击实试验的作用相同。振动法是一种较好的方法，因能产生不同的惯性力而引起密度的增加，所以美国 ASTM 将其列为标准试验方法。锤击与振动联合使用的方法，兼有振动与锤击的优点。将两种方法进行比较，结果表明，振动锤击法比振动台法测得的最大干密度为大，如表 T 0123-2。

表 T 0123-2　不同方法测得的最大干密度（单位：g/cm³）

土　类	振动台法		振动锤击法	
	干　法	湿　法	干　法	湿　法
标准砂	1.65	1.72	1.78	1.72
黄砂	1.88	1.94	2.04	1.96

鉴于以上试验结果，本规程仍以振动锤击法作为测定最大干密度的标准方法。

13　土的湿化试验

T 0171—2007　湿 化 试 验

1　目的和适用范围

1.1　土的湿化是土体在水中发生崩解的现象。本试验的目的是测定具有结构性的黏质土体在水中的崩解速度,作为湿法填筑路堤选择土料的标准之一。

1.2　本试验方法适用于粒径不大于 10mm 的土。

2　仪器设备

2.1　浮筒:长颈锥体,下有挂钩,颈上有刻度,分度值为 5,如图 T 0171-1 所示。

2.2　网板:10cm×10cm。金属方格网,孔眼 $1cm^2$,可挂在浮筒下端。

2.3　玻璃水筒:宽约 15cm,高约 70cm,长度视需要而定,内盛清水。

2.4　天平:称量 500g,分度值 0.01g。

2.5　其他:烘箱、干燥器、时钟、切土刀、调土皿、称量皿等。

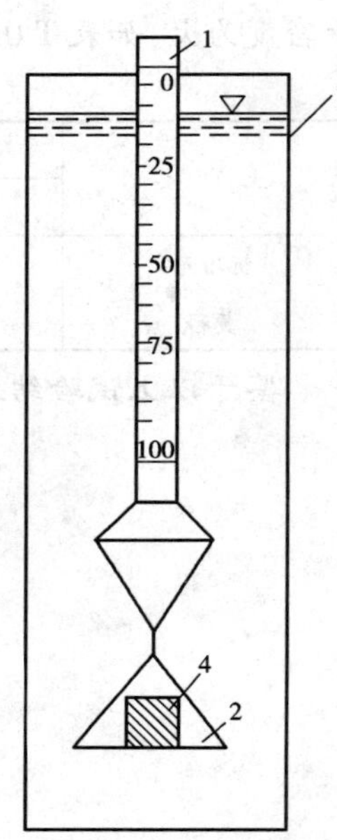

图 T 0171-1　湿化仪示意图
1-浮筒;2-网板;3-玻璃水筒;4-试样

3　试验步骤

3.1　按需要取原状土或用扰动土制备成所需状态的土样,用切土刀切边长为 50mm 的立方体试样 6 个。

3.2　按本规程含水率试验、密度试验中规定测定试样的含水率及密度。

3.3　将试样放在网板中央,网板挂在浮筒下,然后手持浮筒颈端,迅速地将试样浸入水筒中,开动秒表。

3.4　立即测记开始时浮筒齐水面处刻度的瞬间稳定读数及开始时间。

3.5　在试验开始后按 1min、3min、10min、30min、60min、2h、3h、4h……测记浮筒齐水面处的刻度读数,并描述各时该试样的崩解情况。根据试样崩解的快慢,可适当缩短或延长测读的时间间隔。

3.6　当试样完全通过网板落下后,试验即告结束。如果试样长期不崩解时,则记试样在水中的情况,直到 6 个试样试验完毕。

4　结果整理

4.1　按下式计算崩解量:

$$A_t=\frac{R_t-R_0}{100-R_0}\times 100 \qquad (T\ 0171\text{-}1)$$

式中:A_t——试样在时间 t 时的崩解量(%),计算至 0.01;

R_t——时间 t 时浮筒齐水面处的刻度读数;

R_0——试验开始时浮筒齐水面处刻度的瞬间稳定读数。

4.2　本试验的记录格式如表 T 0171-1。

4.3　精密度或允许误差。

若干次平行试验的偏差系数 C_v(%)应不大于 10%。

表 T 0171-1 湿化试验记录表

工程编号________　　试 验 者________
土样编号________　　计 算 者________
仪器说明________　　校 核 者________
土样说明________　　试验用水________

密度 (g/cm³) 含水率 (%)

观察时间 年 月 (d:h:min)	经过 时间 (h:min)	浮筒 读数	浮筒 读数差	崩解量 (%)	崩解情况
		R_t	R_t-R_0	$A_t=\dfrac{R_t-R_0}{100-R_0}\times100$	

5 报告

5.1 土的鉴别分类和代号。

5.2 土的湿化崩解量 A_t 值(%)。

条文说明

1 用土作为建筑材料的公路工程,直接处于大气中,遭受着气候、水位变化的作用,土体易产生湿化的现象,以至于破裂、剥落或降低其强度和稳定性。另外,在湿法填筑路堤的设计与施工中,需要了解土料湿化崩解的速度,作为取舍料场的依据。因此测定土的湿化性能,是有重要意义的。

3.1 试样的选用取决于实际工作条件,如为地基土应采用原状土样;如为填筑的路堤,应取扰动土样,并控制一定的密度和含水率,制备成试样进行试验。在水利行业标准《水中填土筑坝暂行施工技术规范》中,规定以 5cm×5cm×5cm 的立方体土体进行湿化试验,作为选择土料标准之一。

3.5 试验中需要测定的指标,主要是土的崩解速度。因此,需要确定读数的时间间隔。

14 土中毛细管水上升高度试验

T 0128—1993 毛细管水上升高度试验

1 目的和适用范围

1.1 土的毛细管水上升高度是水在土孔隙中因毛细管作用而上升的最大高度。

1.2 本试验的目的是测定土的毛细管水上升高度和速度,用于估计地下水位升高时路基被浸湿的可能性和浸湿的程度。

1.3 结合道路工程的特点,本规程采用直接观测法。本试验适用于确定对道路发生危害的路基土的强烈毛细管水上升高度,即在含水率与上升高度的关系曲线上,取含水率等于塑限时的下部高度为强烈毛细管水上升高度。

2 仪器设备

2.1 毛细管试验仪:包括试验架、有机玻璃试验管、有机玻璃盛水筒、特制挂簧及挂绳等。

有机玻璃管内径4.0~4.5cm、壁厚3mm左右,每10cm开一直径10mm小洞,洞口配有能拧紧的有机玻璃小盖,下端和有机玻璃底座用丝扣相接,距零点1cm处开一排气小孔。管顶有可以通气的铝盖。底座上配有橡皮垫圈和铜丝网。若两根管相接,还有联结接口和螺栓。用特制弹簧保证盛水下降时水面高度始终保持不变,如图T 0128-1。

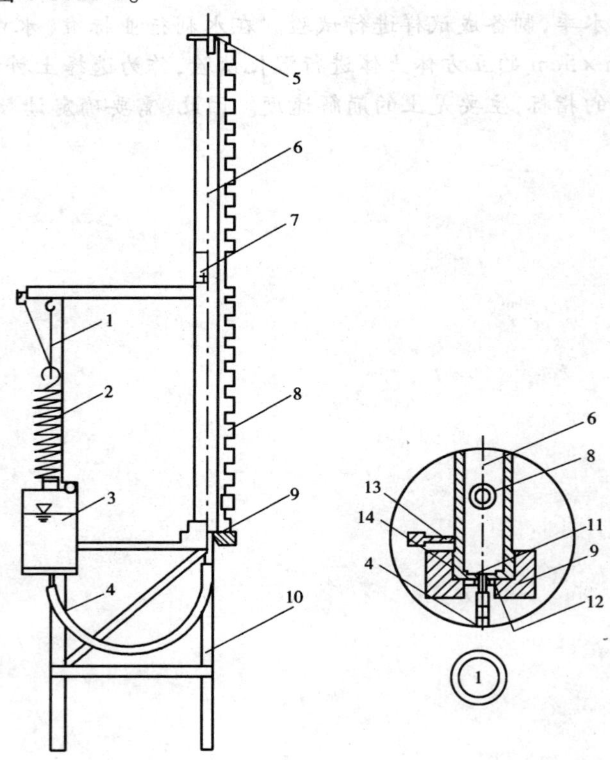

图T 0128-1 毛细管试验仪

1-挂绳;2-特制弹簧;3-盛水筒;4-塑料管;5-铝盖;6-有机玻璃土样管;7-接口;8-ϕ10mm小洞及螺盖;9-底座(详见①);10-试验架;11-铜丝网;12-多孔圆铜板;13-排气孔;14-橡胶垫圈

2.2 其他:天平(感量0.01g)、烘箱、漏斗、捣棒等。

3 试验步骤

3.1 装好毛细管试验仪,将底座的垫圈和铜丝网垫好,然后与有机玻璃管拧紧,同时将管上排气孔和小孔全部拧上盖。对于毛细管水上升高度较大的土,如需要两根或两根以上的管时,应先准备好接口、螺栓,以便随时拼接。

3.2 取具有代表性的风干土样5kg左右(每个管需土2.0~2.5kg),借漏斗分数次装入有机玻璃管中,并用捣棒不断振捣,使其密实度均匀。当装满一根管后,若需要继续拼接时,用胶布将两管包好,外用接口接上,拧紧固定螺栓,继续将土样装入,同时边用捣棒振捣,直至装满为止。顶端盖上铝盖。

3.3 将有机玻璃管放入装好的试验架上,固定管身,使其垂直。

3.4 将盛水筒装满水,盖上盖子,拧上弹簧,接上塑料管,挂上挂绳。

3.5 用水平尺控制盛水筒水面比有机玻璃管零点高出0.5~1.0cm,然后固定挂绳于挂钩上,这时筒内水面高度将始终保持不变。

3.6 接通塑料管和有机玻璃管底部的接口,然后开启排气小孔,使空气排出,直到孔内有水流出时,拧紧螺帽。

3.7 从小孔有水排出时计起,经30min、60min,以后每隔数小时,根据管中土的颜色,测记该时的毛细管水上升高度,直至上升稳定为止。

3.8 若需要了解强烈毛细管水上升高度,可将筒壁小洞盖打开,依次用小勺取出土样,测其含水率。

4 结果整理

4.1 在半对数纸上,以毛细管水上升高度 h 为纵坐标,以时间 t 为横坐标,绘制毛细管水上升高度 h 与时间 t 的关系曲线,如图 T 0128-2。

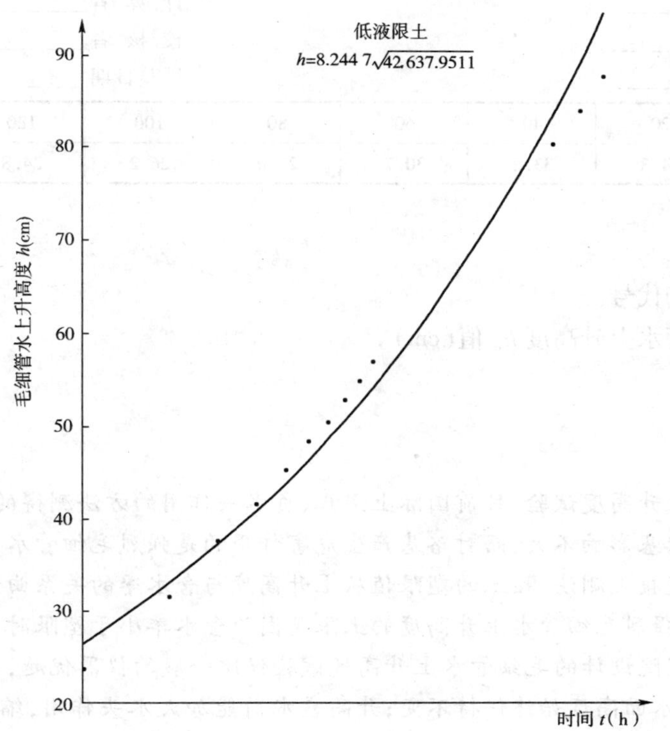

图 T 0128-2 毛细管水上升高度与时间的关系曲线

绘制时,应根据实测值的散点分布,确定 h—t 关系的数学模型,一般可按下式表达:

$$h = \sqrt[n]{mt} \qquad \text{(T 0128-1)}$$

式中:n、m——试验常数,用最小二乘法求得。

4.2 另绘制毛细管水上升高度 h 与含水率 w 的关系曲线，如图 T 0128-3。在横坐标上找出含水率等于该土塑限之点，从该点引垂线，交曲线于 A 点，再由 A 点引水平线，交纵坐标于 B 点。B 点的纵坐标即代表该土的强烈毛细管水上升高度 h_c。

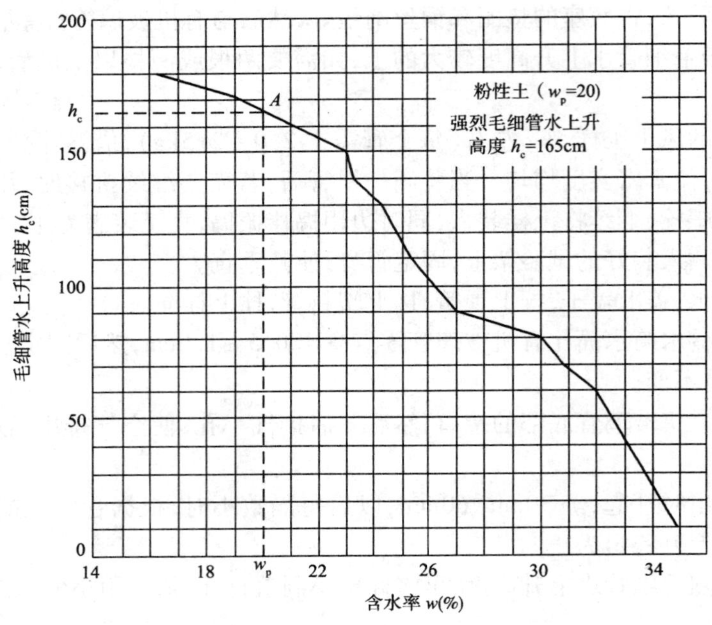

图 T 0128-3 毛细管水上升高度与含水率的关系曲线

4.3 试验记录格式如表 T 0128-1。

表 T 0128-1 强烈毛细管水上升高度试验记录

土样编号______________　　　　计 算 者______________

土样说明______________　　　　校 核 者______________

仪器编号______________　　　　试验日期______________

毛细管水上升高度(cm)	20	40	60	80	100	120	140	160
含水率(%)	34.3	33.2	30.7	27.0	26.2	24.8	23.2	21.0

5 报告

5.1 土的鉴别分类和代号。

5.2 土的强烈毛细管水上升高度 h_c 值(cm)。

条文说明

1 关于毛细管水上升高度试验，目前国际上用正、负水头作用的方法测得的毛细管水上升高度，实际上是毛细管水头，对路基影响不大，而对路基产生危害作用的是强烈毛细管水上升高度。要测定毛细管水上升高度，只能用直接观测法，按土的塑限值从上升高度与含水率的关系曲线上查出强烈毛细管水上升高度。以塑限作为强烈毛细管水上升高度的上限是因为含水率小于塑限时，对路基不发生危害。

2 铁道部科学研究院设计的毛细管水上升高度试验仪比一般的仪器优越，其特点是用特制挂簧能保证盛水筒水位下降时水面高度始终保持不变；升高盛水筒能加大水头作用，缩短观测时间；盛土样的管子采用有机玻璃管，经久耐用，装土捣实时不致破坏，其侧面开有间距 10cm 的小孔，便于取土测定含水率；能观测毛细管水上升速度。鉴于这些优点，故本规程选用这种仪器。

盛水筒弹簧可按下列密圈圆柱形螺旋弹簧计算公式进行设计：

$$\lambda = \frac{64PR^3 n}{Gd^4}$$

式中：λ——弹簧在轴向压力 P 作用下的伸长或缩短量(cm)；

R——弹簧圈半径(cm)；

n——弹簧圈数；

G——剪切弹簧模量(等于 8×10^7kPa)；

d——弹簧钢丝直径(cm)。

例如，当 $P=6.4$N，$\lambda=12$cm，$d=0.15$cm 和 $R=1.4$cm 时，$n=43$ 圈。

3 土样原始湿度不一，密度不同，试验所得结果也不同。因此，试验时应按具体要求控制管内土样的湿度和密度。

4 根据毛细管水上升高度与时间的关系曲线，可用最小二乘法求得曲线的类型，并可估算毛细管水上升的平均速度。

15 渗透试验

T 0129—1993 常水头渗透试验

1 目的和适用范围

1.1 本试验方法适用于砂类土和含少量砾石的无凝聚性土。

1.2 试验用水应采用实际作用于土的天然水。如有困难,允许用蒸馏水或一般经过滤的清水,但试验前必须用抽气法或煮沸法脱气。试验时水温宜高于试验室温度3~4℃。

2 仪器设备

2.1 常水头渗透仪(70型渗透仪):如图T 0129-1,其中有封底圆筒高40cm,内径10cm;金属孔板距筒底6cm。有三个测压孔,测压孔中心间距10cm,与筒边连接处有铜丝网;玻璃测压管内径为0.6cm,用橡皮管与测压孔相连。

2.2 其他:木锤、秒表、天平等。

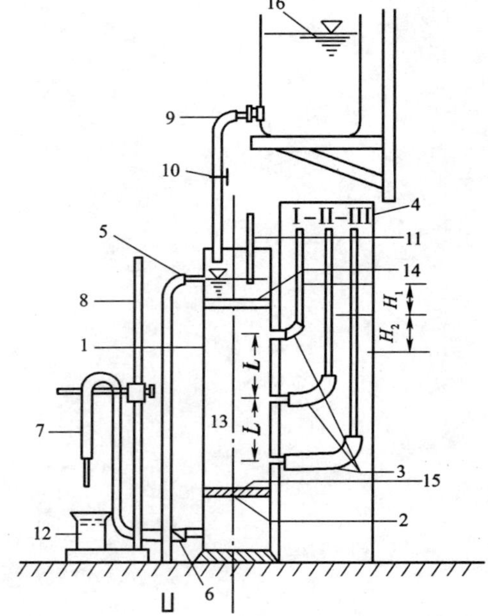

图T 0129-1 常水头渗透仪装置

1-金属圆筒;2-金属孔板;3-测压孔;4-测压管;5-溢水孔;6-渗水孔;7-调节管;8-滑动支架;9-供水管;10-止水夹;11-温度计;12-量杯;13-试样;14-砾石层;15-铜丝网;16-供水瓶

3 试验步骤

3.1 按图T 0129-1将仪器装好,接通调节管和供水管,使水流到仪器底部,水位略高于金属孔板,关止水夹。

3.2 取具有代表性土样3~4kg,称量,准确至1.0g,并测其风干含水率。

3.3 将土样分层装入仪器,每层厚2~3cm,用木锤轻轻击实到一定厚度,以控制孔隙比。如土样含黏粒比较多,应在金属孔板上加铺约2cm厚的粗砂作为缓冲层,以防细粒被水冲走。

3.4 每层试样装好后,慢慢开启止水夹,水由筒底向上渗入,使试样逐渐饱和。水面不得高出试样顶面。当水与试样顶面齐平时,关闭止水夹。饱和时水流不可太急,以免冲动试样。

3.5 如此分层装入试样、饱和,至高出测压孔3~4cm为止,量出试样顶面至筒顶高度,计算试样高度,称剩余土质量,准确至0.1g,计算装入试样总质量。在试样上面铺1~2cm砾石作缓冲层,放水,至水面高出砾石层2cm左右时,关闭止水夹。

3.6 将供水管和调节管分开,将供水管置入圆筒内,开启止水夹,使水由圆筒上部注入,至水面与溢水孔齐平为止。

3.7 静置数分钟,检查各测压管水位是否与溢水孔齐平,如不齐平,说明仪器有集气或漏气,需挤压测压管上的橡皮管,或用吸球在测压管上部将集气吸出,调至水位齐平为止。

3.8 降低调节管的管口位置,水即渗过试样,经调节管流出。此时调节止水夹,使进入筒内的水量多于渗出水量,溢水孔始终有余水流出,以保持筒中水面不变。

3.9 测压管水位稳定后,测记水位,计算水位差。

3.10 开动秒表,同时用量筒接取一定时间的渗透水量,并重复一次。接水时,调节管出水口不浸入水中。

3.11 测记进水和出水处水温,取其平均值。

3.12 降低调节管管口至试样中部及下部1/3高度处,改变水力坡降$\frac{H}{L}$,重复3.8~3.11步骤进行测定。

4 结果整理

4.1 按下式计算干密度及孔隙比:

$$\rho_d = \frac{m_s}{Ah} \tag{T 0129-1}$$

$$e = \frac{G_s}{\rho_d} - 1 \tag{T 0129-2}$$

式中:ρ_d——干密度(g/cm³),计算至0.01;

e——试样孔隙比,计算至0.01;

m_s——试样干质量(g);

$$m_s = \frac{m}{1 + w_h}$$

m——风干试样总质量(g);

w_h——风干含水率(%);

A——试样断面积(cm²);

h——试样高度(cm);

G_s——土粒比重。

4.2 按下式计算渗透系数:

$$k_t = \frac{QL}{AHt} \tag{T 0129-3}$$

式中:k_t——水温t℃时试样渗透系数(cm/s),计算至三位有效数字;

Q——时间t内的渗透水量(cm³);

L——两测压孔中心之间的试样高度(等于测压孔中心间距:$L = 10$cm);

H——平均水位差(cm);

$$H = \frac{H_1 + H_2}{2}$$

t——时间(s)。

其他符号同上。

4.3 标准温度下的渗透系数按下式计算:

$$k_{20} = k_t \frac{\eta_t}{\eta_{20}} \tag{T 0129-4}$$

式中:k_{20}——标准水温(20℃)时试样的渗透系数(cm/s),计算至三位有效数字;

η_t——t℃时水的动力黏滞系数(kPa·s);

η_{20}——20℃时水的动力黏滞系数(kPa·s);

η_t/η_{20}——黏滞系数比,见表T 0129-1。

表 T 0129-1　水的动力黏滞系数 η_t、黏滞系数比 $\frac{\eta_t}{\eta_{20}}$

温度 t(℃)	动力黏滞系数 η_t(10^{-6}kPa·s)	$\frac{\eta_t}{\eta_{20}}$	温度 t(℃)	动力黏滞系数 η_t(10^{-6}kPa·s)	$\frac{\eta_t}{\eta_{20}}$
10.0	1.310	1.297	20.0	1.010	1.000
10.5	1.292	1.279	20.5	0.998	0.988
11.0	1.274	1.261	21.0	0.986	0.976
11.5	1.256	1.243	21.5	0.974	0.964
12.0	1.239	1.227	22.0	0.963	0.953
12.5	1.223	1.211	22.5	0.952	0.943
13.0	0.206	1.194	23.0	0.941	0.932
13.5	1.190	1.178	23.5	0.930	0.921
14.0	1.175	1.163	24.0	0.920	0.910
14.5	1.160	1.148	24.5	0.909	0.900
15.0	1.144	1.133	25.0	0.899	0.890
15.5	1.130	1.119	25.5	0.889	0.880
16.0	1.115	1.104	26.0	0.879	0.870
16.5	1.101	1.090	26.5	0.869	0.861
17.0	1.088	1.077	27.0	0.860	0.851
17.5	1.074	1.066	27.5	0.850	0.842
18.0	1.061	1.050	28.0	0.841	0.833
18.5	1.048	1.038	28.5	0.832	0.824
19.0	1.035	1.025	29.0	0.823	0.815
19.5	1.022	1.012	29.5	0.814	0.806

4.4　根据需要，可在半对数坐标纸上绘制以孔隙比为纵坐标，渗透系数为横坐标的 e—k 关系曲线。

4.5　本试验记录格式如表 T 0129-2。

表 T 0129-2　常水头渗透试验记录

工程名称＿＿＿＿＿　仪器编号＿＿＿＿＿　试样高度 h = 30cm　试 验 者＿＿＿＿＿

土样编号＿＿＿＿＿　侧压孔间距 L = 10cm　试样干质量 m_s = 3 200g　计 算 者＿＿＿＿＿

土样说明＿＿＿＿＿　试样断面积 A = 78.5cm²　土粒比重 G_s = 2.65　校 核 者＿＿＿＿＿

孔隙比 e = 0.95　试验日期＿＿＿＿＿

试验次数	经过时间 t (s)	测压管水位 1管 (cm)	2管 (cm)	3管 (cm)	水位差 H_1 (cm)	H_2 (cm)	平均 H (cm)	水力坡降 J	渗透水量 Q (cm³)	渗透系数 k_t (cm/s)	平均水温 t (℃)	校正系数 $\frac{\eta_T}{\eta_{20}}$	水温20℃时渗透系数 k_{20} (cm/s)	平均渗透系数 $\overline{k_{20}}$
(1)	(2)	(3)	(4)	(5)	(6)	(7)	(8)	(9)	(10)	(11)	(12)	(13)	(14)	(15)
					(3) − (4)	(4) − (5)	$\frac{(6)+(7)}{2}$	$\frac{(8)}{(10)}$		$\frac{(10)}{A(9)(2)}$			(11)×(13)	$\frac{\sum(14)}{n}$
1	518	45.0	43.0	41.0	2.0	2.0	2.0	0.20	110	0.0135	13.5	1.176	0.0159	
2	520	45.0	43.0	41.0	2.0	2.0	2.0	0.20	111	0.0135	13.5	1.176	0.0159	
3	200	43.8	39.4	35.0	4.4	4.4	4.4	0.44	92	0.0135	13.5	1.176	0.0159	
4	200	43.6	39.2	34.8	4.4	4.4	4.4	0.44	93	0.0135	13.5	1.176	0.0159	
5	125	44.3	36.5	28.7	7.8	7.8	7.8	0.78	105	0.0137	13.5	1.176	0.0161	
6	125	44.3	36.5	28.7	7.8	7.8	7.8	0.78	105	0.0137	13.5	1.176	0.0161	0.016

4.6 精密度和允许差。

一个试样多次测定时，应在所测结果中取3～4个允许差值符合规定的测值，求平均值，作为该试样在某孔隙比 e 时的渗透系数。允许差值不大于 2×10^{-n}。

5 报告

5.1 土的鉴别分类和代号。

5.2 土的渗透系数 k_{20} 值（cm/s）。

条文说明

1 渗透是水在多孔介质中运动的现象。若土中渗透水流呈层线状态，则渗透速度与水力坡降成正比。以达西定理表示，即

$$v = kJ$$

式中：v——渗透速度（cm/s）；

k——渗透系数（cm/s）；

J——水力坡降。

常水头渗透试验适用于砂类土。

2 用于常水头渗透试验的仪器有70型渗透仪。这种仪器设备，操作方法和量测技术等方面与国外大同小异，国内各单位通过多年来工作实践认为是可行的。

3 渗透系数与水的动力黏滞系数成反比，而动力黏滞系数与温度有关，为此，在计算中要换算到标准温度下的渗透系数。关于标准温度，各国极不统一，美国采用20℃，日本采用15℃，前苏联采用10℃。为了与国标取得一致，故本规程也以20℃作为标准温度。

关于试验用水问题，水中含气体对渗透系数的影响，主要是由于水中气体分离，形成气泡堵塞土的孔隙，使渗透系数降低。因此，试验中要求用无气水，用实际作用于土中的天然水更好。本规程规定用过滤后的纯水进行脱气，并规定水温高于室温3～4℃，目的是避免水进入试样因温度升高而分解出气泡。

4 按土力学的基本公式计算干密度和孔隙比。根据渗透系数与动力黏滞系数成反比的关系，很容易把某温度下的渗透系数换算为标准温度下的渗透系数。

孔隙比与渗透系数的关系曲线，需要时才绘制。

T 0130—2007 变水头渗透试验

1 目的和适用范围

本试验方法适用于细粒土。本试验采用的蒸馏水，应在试验前用抽气法或煮沸法进行脱气。试验时的水温，宜高于室温3～4℃。

2 仪器设备

2.1 渗透容器：见图T 0130-1，由环刀、透水石、套环、上盖和下盖组成。环刀内径61.8mm，高40mm；透水石的渗透系数应大于 10^{-3}cm/s。

2.2 变水头装置：由温度计（分度值0.2℃）、渗透容器、变水头管、供水瓶、进水管等组成（图T 0130-2）。变水头管的内径应均匀，管径不大于1cm，管外壁应有最小分度为1.0mm的刻度，长度宜为2m左右，如图T 0130-2。

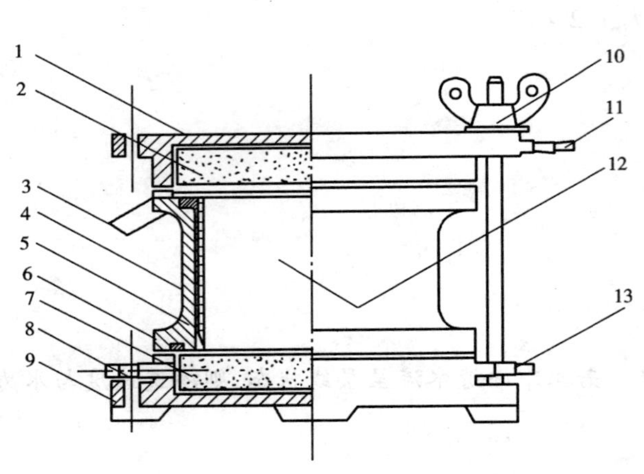

图 T 0130-1　渗透容器

1-上盖;2-透水石;3-橡皮圈;4-环刀;5-盛土筒;6-橡皮圈;7-透水石;8-排气孔;9-下盖;10-固定螺杆;11-出水孔;12-试样;13-进水孔

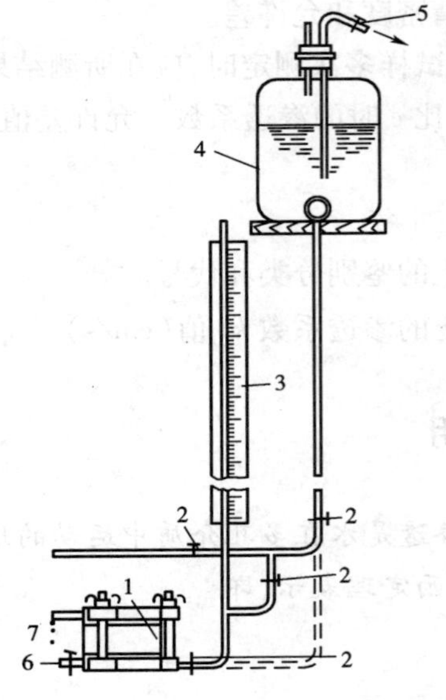

图 T 0130-2　变水头渗透装置

1-渗透容器;2-进水管夹;3-变水头管;4-供水瓶;5-接水源管;6-排气水管;7-出水管

2.3　其他:切土器、温度计、削土刀、秒表、钢丝锯、凡士林。

3　试样制备

应按本规程(T 0102—2007)的规定进行,并应测定试样的含水率和密度。

4　试验步骤

4.1　将装有试样的环刀装入渗透容器,用螺母旋紧,要求密封至不漏水不漏气。对不易透水的试样,进行抽气饱和;对饱和试样和较易透水的试样,直接用变水头装置的水头进行饱和。

4.2　将渗透容器的进水口与变水头管连接,利用供水瓶中的纯水向进水管注满水,并渗入渗透容器,开排气阀,排除渗透容器底部的空气,直至溢出水中无气泡,关排水阀,放平渗透容器,关进水管夹。

4.3　向进水头管注纯水,使水升至预定高度,水头高度根据试样结构的疏松程度确定,一般不应大于2m,待水位稳定后切断水源,开进水管夹,使水通过试样。当出水口有水溢出时开始测记变水头管中起始水头高度和起始时间,按预定时间间隔测记水头和时间的变化,并测记出水口的温度,准确至0.2℃。

4.4　将变水头管中的水位变换高度,待水位稳定再进行测记水头和时间变化,重复试验5~6次。当不同开始水头测定的渗透系数在允许差值范围内时,结束试验。

5　结果整理

5.1　按下式计算干密度及孔隙比:

$$\rho_d = \frac{m_s}{Ah} \qquad (T\ 0130\text{-}1)$$

$$e = \frac{G_s}{\rho_d} - 1 \qquad (T\ 0130\text{-}2)$$

式中:ρ_d——干密度(g/cm^3),计算至0.01;

e——试样孔隙比,计算至0.01;

m_s——试样干质量(g);

$$m_s = \frac{m}{1 + w_h}$$

m——风干试样总质量(g);

w_h——风干含水率(%);

A——试样断面积(cm^2);

h——试样高度(cm);

G_s——土粒比重。

5.2 变水头渗透系数按下式计算:

$$k_t = 2.3\frac{aL}{A(t_2 - t_1)}\lg\frac{H_1}{H_2} \qquad (T\ 0130\text{-}3)$$

式中:k_t——水温 t℃时的试样渗透系数(cm/s),计算至三位有效数字;

a——变水头管的内径面积(cm^2);

2.3——ln 和 lg 的变换因数;

L——渗径,即试样高度(cm);

t_1、t_2——分别为测读水头的起始和终止时间(s);

H_1、H_2——起始和终止水头;

A——试样的过水面积。

5.3 标准温度下的渗透系数按下式计算:

$$k_{20} = k_t\frac{\eta_t}{\eta_{20}} \qquad (T\ 0130\text{-}4)$$

式中:k_{20}——标准水温(20℃)时试样的渗透系数(cm/s),计算至三位有效数字;

η_t——t℃时水的动力黏滞系数(kPa·s);

η_{20}——20℃时水的动力黏滞系数(kPa·s);

η_t/η_{20}——黏滞系数比,见表 T 0129-1。

5.4 根据需要,可在半对数坐标纸上绘制以孔隙比为纵坐标,渗透系数为横坐标的 e—k 关系曲线。

5.5 变水头渗透试验的记录格式见表 T 0130-1。

表 T 0130-1 变水头渗透试验记录

工程名称______ 仪器编号__________ 土粒比重G_s = 2.71 试验者__________________

土样编号______ 试样断面积 A = 30cm^2 孔隙比e = 0.721 计算者______ 校核者______

土样说明 粉性土(原状) 试样高度 h_i = 4cm 测压管面积 a = 0.224cm^2 试验日期__________

历时 t			开始水头 h_1	终了水头 h_2	$2.3\frac{aL}{At}$	$\lg\frac{H_1}{H_2}$	平均水温 t	水温 t℃时渗透系数 k_t	校正系数 η_t/η_{20}	水温 20℃时渗透系数 k_{20}	平均渗透系数 k_{20}
开始 t_1 (日时分)	终了 t_2 (日时分)	历时 t (s)	(cm)	(cm)	(cm/s)		(℃)	(cm/s)		(cm/s)	(cm/s)
(1)	(2)	(3)	(4)	(5)	(6)	(7)	(9)	(10)	(11)	(12)	(13)
		(2) - (1)								(10) × (11)	$\frac{\sum(12)}{n}$
4 8 30	4 8 31	60	160	125	1.15×10^{-3}	0.107 2	9	1.23×10^{-4}	1.334	1.65×10^{-4}	
4 8 31	4 8 32	60	160	125	1.15×10^{-3}	0.107 2	9	1.23×10^{-4}	1.334	1.65×10^{-4}	
4 8 32	4 8 33	60	160	126	1.15×10^{-3}	0.103 8	9	1.19×10^{-4}	1.334	1.59×10^{-4}	
4 8 33	4 8 34	60	160	126	1.15×10^{-3}	0.103 8	9	1.19×10^{-4}	1.334	1.59×10^{-4}	
4 8 34	4 8 35	60	160	126	1.15×10^{-3}	0.103 8	9	1.19×10^{-4}	1.334	1.59×10^{-4}	
4 8 35	4 8 36	60	160	127	1.15×10^{-3}	0.100 3	9	1.15×10^{-4}	1.334	1.54×10^{-4}	
4 8 36	4 8 37	60	160	127	1.15×10^{-3}	0.100 3	9	1.15×10^{-4}	1.334	1.54×10^{-4}	1.59×10^{-4}

5.6 精密度和允许差。

一个试样多次测定时,应在所测结果中取 3 ~ 4 个允许差值符合规定的测值,求平均值,作为该试样

在某孔隙比 e 时的渗透系数。允许差值不大于 2×10^{-n}。

6 报告

6.1 土的鉴别分类和代号。

6.2 土的变水头渗透系数 k_{20} 值(cm/s)。

条文说明

1 变水头渗透试验适用于黏质土。

2 用于变水头渗透试验的仪器要求结构简单,止水严密,易于排气。由于《93 规程》中的变水头渗透试验方法已很少使用,本标准采用与国标和相关行业相同的简单的试验装置进行试验。

3 试验用水要求与常水头渗透试验相同。

用原状土试样试验时,可根据需要用环刀垂直或平行于土样层面切取;用扰动土样试验时,可按击实法制备试样,两者均须进行充水饱和。

4 渗透系数计算公式也进行了修订。

求得的渗透系数也是测试某一温度下的渗透系数,同样需换算为标准温度下的渗透系数。

16　土的击实试验

T 0131—2007　击 实 试 验

1　目的和适用范围

本试验方法适用于细粒土。

本试验分轻型击实和重型击实。内径100mm试筒适用于粒径不大于20mm的土。内径152mm试筒适用于粒径不大于40mm的土。

当土中最大颗粒粒径大于或等于40mm，并且大于或等于40mm颗粒粒径的质量含量大于5%时，则应使用大尺寸试筒进行击实试验，或按5.4条进行最大干密度校正。大尺寸试筒要求其最小尺寸大于土样中最大颗粒粒径的5倍以上，并且击实试验的分层厚度应大于土样中最大颗粒粒径的3倍以上。单位体积击实功能控制在2 677.2 ~2 687.0kJ/m^3 范围内。

当细粒土中的粗粒土总含量大于40%或粒径大于0.005mm颗粒的含量大于土总质量的70%（即$d_{30}\leqslant 0.005$mm）时，还应做粗粒土最大干密度试验，其结果与重型击实试验结果比较，最大干密度取两种试验结果的最大值。

2　仪器设备

2.1　标准击实仪（图T 0131-1和图T 0131-2）。击实试验方法和相应设备的主要参数应符合表T 0131-1的规定。

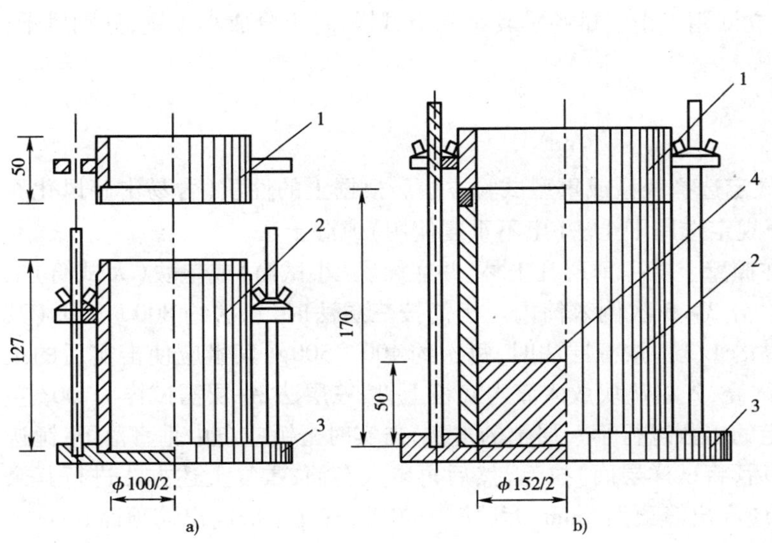

图T 0131-1　击实筒（单位：mm）

a）小击实筒；b）大击实筒

1-套筒；2-击实筒；3-底板；4-垫板

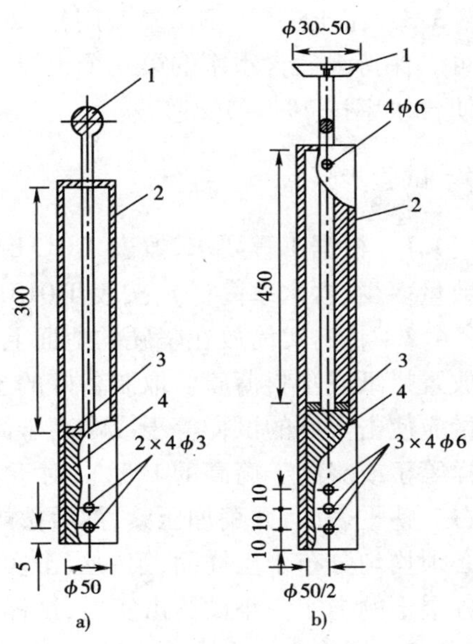

图T 0131-2　击锤和导杆（单位：mm）

a）2.5kg击锤（落高30cm）；b）4.5kg击锤（落高45cm）

1-提手；2-导筒；3-硬橡皮垫；4-击锤

表 T 0131-1　击实试验方法种类

试验方法	类别	锤底直径（cm）	锤质量（kg）	落高（cm）	试筒尺寸		试样尺寸		层数	每层击数	击实功（kJ/m³）	最大粒径（mm）
					内径（cm）	高（cm）	高度（cm）	体积（cm³）				
轻型	I-1	5	2.5	30	10	12.7	12.7	997	3	27	598.2	20
	I-2	5	2.5	30	15.2	17	12	2 177	3	59	598.2	40
重型	II-1	5	4.5	45	10	12.7	12.7	997	5	27	2 687.0	20
	II-2	5	4.5	45	15.2	17	12	2 177	3	98	2 677.2	40

2.2　烘箱及干燥器。

2.3　天平：感量 0.01g。

2.4　台秤：称量 10kg，感量 5g。

2.5　圆孔筛：孔径 40mm、20mm 和 5mm 各 1 个。

2.6　拌和工具：400mm×600mm、深 70mm 的金属盘，土铲。

2.7　其他：喷水设备、碾土器、盛土盘、量筒、推土器、铝盒 、修土刀、平直尺等。

3　试样

3.1　本试验可分别采用不同的方法准备试样。各方法可按表 T 0131-2 准备试料。

表 T 0131-2　试 料 用 量

使用方法	类别	试筒内径（cm）	最大粒径（mm）	试料用量（kg）
干土法，试样不重复使用	b	10	20	至少 5 个试样，每个 3
		15.2	40	至少 5 个试样，每个 6
湿土法，试样不重复使用	c	10	20	至少 5 个试样，每个 3
		15.2	40	至少 5 个试样，每个 6

3.2　干土法（土不重复使用）。按四分法至少准备 5 个试样，分别加入不同水分（按2%～3%含水率递增），拌匀后闷料一夜备用。

3.3　湿土法（土不重复使用）。对于高含水率土，可省略过筛步骤，用手拣除大于 40mm 的粗石子即可。保持天然含水率的第一个土样，可立即用于击实试验。其余几个试样，将土分成小土块，分别风干，使含水率按 2%～3%递减。

4　试验步骤

4.1　根据工程要求，按表 T 0131-1 规定选择轻型或重型试验方法。根据土的性质（含易击碎风化石数量多少、含水率高低），按表 T 0131-2 规定选用干土法（土不重复使用）或湿土法。

4.2　将击实筒放在坚硬的地面上，在筒壁上抹一薄层凡士林，并在筒底（小试筒）或垫块（大试筒）上放置蜡纸或塑料薄膜。取制备好的土样分 3～5 次倒入筒内。小筒按三层法时，每次约 800～900g（其量应使击实后的试样等于或略高于筒高的 1/3）；按五层法时，每次约 400～500g（其量应使击实后的土样等于或略高于筒高的 1/5）。对于大试筒，先将垫块放入筒内底板上，按三层法，每层需试样 1 700g 左右。整平表面，并稍加压紧，然后按规定的击数进行第一层土的击实，击实时击锤应自由垂直落下，锤迹必须均匀分布于土样面，第一层击实完后，将试样层面“拉毛”然后再装入套筒，重复上述方法进行其余各层土的击实。小试筒击实后，试样不应高出筒顶面 5mm；大试筒击实后，试样不应高出筒顶面 6mm。

4.3　用修土刀沿套筒内壁削刮，使试样与套筒脱离后，扭动并取下套筒，齐筒顶细心削平试样，拆除底板，擦净筒外壁，称量，准确至 1g。

4.4　用推土器推出筒内试样，从试样中心处取样测其含水率，计算至 0.1%。测定含水率用试样的数量按表 T 0131-3 规定取样（取出有代表性的土样）。两个试样含水率的精度应符合本试验第 5.6 条的规定。

表 T 0131-3 测定含水率用试样的数量

最大粒径(mm)	试样质量(g)	个 数
<5	15~20	2
约 5	约 50	1
约 20	约 250	1
约 40	约 500	1

4.5 对于干土法(土不重复使用)和湿土法(土不重复使用),将试样搓散,然后按本试验第 3 条方法进行洒水、拌和,每次约增加 2% ~3% 的含水率,其中有两个大于和两个小于最佳含水率,所需加水量按下式计算:

$$m_w = \frac{m_i}{1+0.01w_i} \times 0.01(w - w_i) \tag{T 0131-1}$$

式中:m_w——所需的加水量(g);

m_i——含水率 w_i 时土样的质量(g);

w_i——土样原有含水率(%);

w——要求达到的含水率(%)。

按上述步骤进行其他含水率试样的击实试验。

5 结果整理

5.1 按下式计算击实后各点的干密度:

$$\rho_d = \frac{\rho}{1+0.01w} \tag{T 0131-2}$$

式中:ρ_d——干密度(g/cm^3),计算至 0.01;

ρ——湿密度(g/cm^3);

w——含水率(%)。

5.2 以干密度为纵坐标,含水率为横坐标,绘制干密度与含水率的关系曲线(图T 0131-3),曲线上峰值点的纵、横坐标分别为最大干密度和最佳含水率。如曲线不能绘出明显的峰值点,应进行补点或重做。

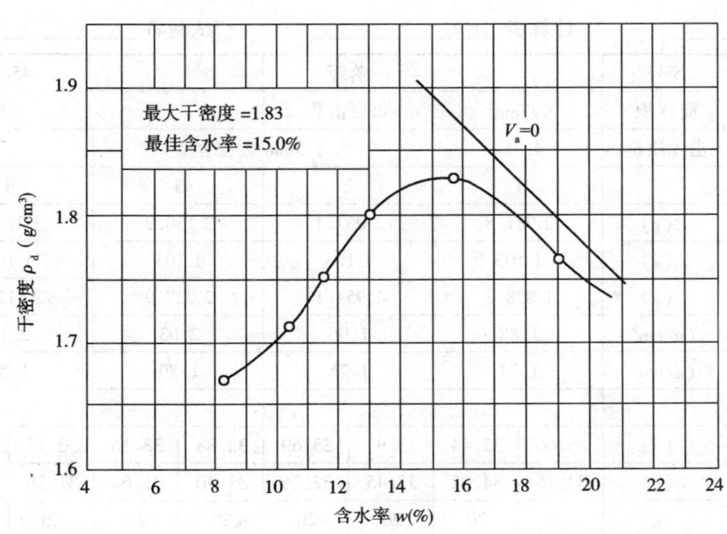

图 T 0131-3 含水率与干密度的关系曲线

5.3 按下式计算饱和曲线的饱和含水率 w_{max},并绘制饱和含水率与干密度的关系曲线图。

$$w_{max} = \left[\frac{G_s\rho_w(1+w) - \rho}{G_s\rho}\right] \times 100 \tag{T 0131-3}$$

或

$$w_{\max}=\left(\frac{\rho_{w}}{\rho_{d}}-\frac{1}{G_{s}}\right)\times 100 \tag{T 0131-4}$$

式中：$w_{\max}$——饱和含水率（%），计算至0.01；

ρ——试样的湿密度（g/cm³）；

ρ_{w}——水在4℃时的密度（g/cm³）；

ρ_{d}——试样的干密度（g/cm³）；

G_{s}——试样土粒比重，对于粗粒土，则为土中粗细颗粒的混合比重；

w——试样的含水率（%）。

5.4 当试样中有大于40mm的颗粒时，应先取出大于40mm的颗粒，并求得其百分率p，把小于40mm部分做击实试验，按下面公式分别对试验所得的最大干密度和最佳含水率进行校正（适用于大于40mm颗粒的含量小于30%时）。

最大干密度按下式校正：

$$\rho'_{dm}=\frac{1}{\dfrac{1-0.01p}{\rho_{dm}}+\dfrac{0.01p}{\rho_{w}G'_{s}}} \tag{T 0131-5}$$

式中：ρ'_{dm}——校正后的最大干密度（g/cm³），计算至0.01；

ρ_{dm}——用粒径小于40mm的土样试验所得的最大干密度（g/cm³）；

p——试料中粒径大于40mm颗粒的百分率（%）；

G'_{s}——粒径大于40mm颗粒的毛体积比重，计算至0.01。

最佳含水率按下式校正：

$$w'_{0}=w_{0}(1-0.01p)+0.01pw_{2} \tag{T 0131-6}$$

式中：w'_{0}——校正后的最佳含水率（%），计算至0.01；

w_{0}——用粒径小于40mm的土样试验所得的最佳含水率（%）；

p——同前；

w_{2}——粒径大于40mm颗粒的吸水量（%）。

5.5 本试验记录格式如表T 0131-4。

表T 0131-4 击实试验记录

校核者________ 计算者________ 试验者________

土样编号		筒号		落距	45cm
土样来源		筒容积	997cm³	每层击数	27
试验日期		击锤质量	4.5kg	大于5mm颗粒含量	

<table>
<tr><td rowspan="6">干密度</td><td>试验次数</td><td></td><td colspan="2">1</td><td colspan="2">2</td><td colspan="2">3</td><td colspan="2">4</td><td colspan="2">5</td></tr>
<tr><td>筒+土质量</td><td>(g)</td><td colspan="2">2 981.8</td><td colspan="2">3 057.1</td><td colspan="2">3 130.9</td><td colspan="2">3 215.8</td><td colspan="2">3 191.1</td></tr>
<tr><td>筒质量</td><td>(g)</td><td colspan="2">1 103</td><td colspan="2">1 103</td><td colspan="2">1 103</td><td colspan="2">1 103</td><td colspan="2">1 103</td></tr>
<tr><td>湿土质量</td><td>(g)</td><td colspan="2">1 878.8</td><td colspan="2">1 954.1</td><td colspan="2">2 027.9</td><td colspan="2">2 112.8</td><td colspan="2">2 088.1</td></tr>
<tr><td>湿密度</td><td>(g/cm³)</td><td colspan="2">1.88</td><td colspan="2">1.96</td><td colspan="2">2.03</td><td colspan="2">2.12</td><td colspan="2">2.09</td></tr>
<tr><td>干密度</td><td>(g/cm³)</td><td colspan="2">1.71</td><td colspan="2">1.75</td><td colspan="2">1.80</td><td colspan="2">1.83</td><td colspan="2">1.76</td></tr>
<tr><td rowspan="8">含水率</td><td>盒号</td><td></td><td></td><td></td><td></td><td></td><td></td><td></td><td></td><td></td><td></td><td></td></tr>
<tr><td>盒+湿土质量</td><td>(g)</td><td>35.60</td><td>35.44</td><td>33.93</td><td>33.69</td><td>32.88</td><td>33.16</td><td>33.13</td><td>34.09</td><td>36.96</td><td>38.31</td></tr>
<tr><td>盒+干土质量</td><td>(g)</td><td>34.16</td><td>34.02</td><td>32.45</td><td>32.26</td><td>31.40</td><td>31.64</td><td>31.36</td><td>32.15</td><td>24.28</td><td>35.36</td></tr>
<tr><td>盒质量</td><td>(g)</td><td>20</td><td>20</td><td>20</td><td>20</td><td>20</td><td>20</td><td>20</td><td>20</td><td>20</td><td>20</td></tr>
<tr><td>水质量</td><td>(g)</td><td>1.44</td><td>1.42</td><td>1.48</td><td>1.43</td><td>1.48</td><td>1.52</td><td>1.77</td><td>1.94</td><td>2.68</td><td>2.95</td></tr>
<tr><td>干土质量</td><td>(g)</td><td>14.16</td><td>14.02</td><td>12.45</td><td>12.26</td><td>11.40</td><td>11.64</td><td>11.36</td><td>12.15</td><td>14.28</td><td>15.36</td></tr>
<tr><td>含水率</td><td>(%)</td><td>10.3</td><td>10.1</td><td>11.9</td><td>11.7</td><td>13.0</td><td>13.0</td><td>15.6</td><td>16.0</td><td>18.8</td><td>19.2</td></tr>
<tr><td>平均含水率</td><td>(%)</td><td colspan="2">10.2</td><td colspan="2">11.8</td><td colspan="2">13.0</td><td colspan="2">15.8</td><td colspan="2">19.0</td></tr>
<tr><td></td><td colspan="4">最佳含水率=15.0%</td><td colspan="8">最大干密度=1.83g/cm³</td></tr>
</table>

5.6 精密度和允许差。

本试验含水率须进行两次平行测定，取其算术平均值，允许平行差值应符合表T 0131-5规定。

表 T 0131-5 含水率测定的允许平行差值

含水率(%)	允许平行差值(%)	含水率(%)	允许平行差值(%)	含水率(%)	允许平行差值(%)
5 以下	0.3	40 以下	≤1	40 以上	≤2

6 报告

6.1 土的鉴别分类和代号。

6.2 土的最佳含水率 w_0(%)。

6.3 土的最大干密度 ρ_{dm}(g/cm^3)。

条文说明

1 各国所用的击实试验方法是大同小异的，重型击实试验方法的单位击实功为轻型击实法的4.5倍。

由于各国所用试筒的容积与美国的不尽相同，因此试验方法就有所不同：一种是改变击数而不改变击实功，例如英国；另一种是不改变击数而改变击实功，例如日本。英国 BS 1377—75 将试筒容积调整为 1 000cm^3 后，为了维持原轻型 598.2kJ/m^3 的击实功数值，特将每层击数提高到 27 次。

本次修订对击实试验采取了不同层数和击数而不改变击实功的做法，即对不同试验类别分别采用 27 次和 98 次，使相应的击实功仍维持在 2 677.2 ~ 2 687.0kJ/m^3 左右。

为了适应不同道路等级、各种压实机具等的要求，本规程将轻型与重型试验并列。采用哪种方法，应根据有关规定或工程、科学试验的特殊需要选定。试验表明，在单位体积击实功相同的情况下，同类土用轻型和重型击实试验的结果相同。

考虑到在标准筛系列中没有 25mm 和 38mm 筛，结合对大粒径颗粒含量的要求，修订为 20mm 和 40mm 筛。

2 本次修订仍然采用了与美国试筒相近的尺寸，其中大试筒高 17cm，减去垫块厚度 5cm，净高为 12cm，容积达 2 177cm^3，比美国的类似试筒 2 144cm^3 稍大。设计大试筒是为了既可做击实试验，也可做承载比试验。

3 根据试验类型的不同，分别采用干土法和湿土法准备试样。取消了干土法试样的重复使用方法。

所谓湿土法，就是采集 5 个以上的高含水率土样，每个质量 3kg 左右，按施工时能进行碾压的最高含水率分别晾干至不同含水率，其中至少 3 个土样小于此最高含水率，至少 2 个土样大于此最高含水率，然后按常规法进行击实试验。

4 根据工程实际的具体要求，按击实试验方法种类中规定选择轻型或重型试验方法；根据土的性质按表 T 0131-2 规定选用干土法或湿土法，对于高含水率土宜选用湿土法，对于非高含水率土则选用干土法。

4.2 这是很重要的试验步骤，应严格掌握。对于干土法，每次宜增加 2% ~3% 的含水率，这样可以提高击实曲线的质量。

5 土中夹有较大的颗粒，如碎(砾)石等，对于求最大干密度和最佳含水率都有一定的影响。所以试验规定要过 40mm 筛。如 40mm 筛上颗粒(称超尺寸颗粒)较多(3% ~30%)时，所得结果误差较大。因此，必须对超尺寸颗粒的试料直接用大型试筒(如容积 2 177cm^3)做试验。当细粒土中的粗粒土含量大于 40% 时，还应做粗粒土最大干密度试验，其结果与重型击实试验结果相比较，最大干密度取两种试验结果的最大值。最佳含水率则对应取值。

17 土的承载比(CBR)试验

T 0134—1993 承载比(CBR)试验

1 目的和适用范围

1.1 本试验方法只适用于在规定的试筒内制件后,对各种土和路面基层、底基层材料进行承载比试验。

1.2 试样的最大粒径宜控制在20mm以内,最大不得超过40mm且含量不超过5%。

2 仪器设备

2.1 圆孔筛:孔径40mm、20mm及5mm筛各1个。

2.2 试筒:内径152mm、高170mm的金属圆筒;套环,高50mm;筒内垫块,直径151mm、高50mm;夯击底板,同击实仪。试筒的形式和主要尺寸如图T 0134-1所示,也可用(T 0131—2007)击实试验的大击实筒。

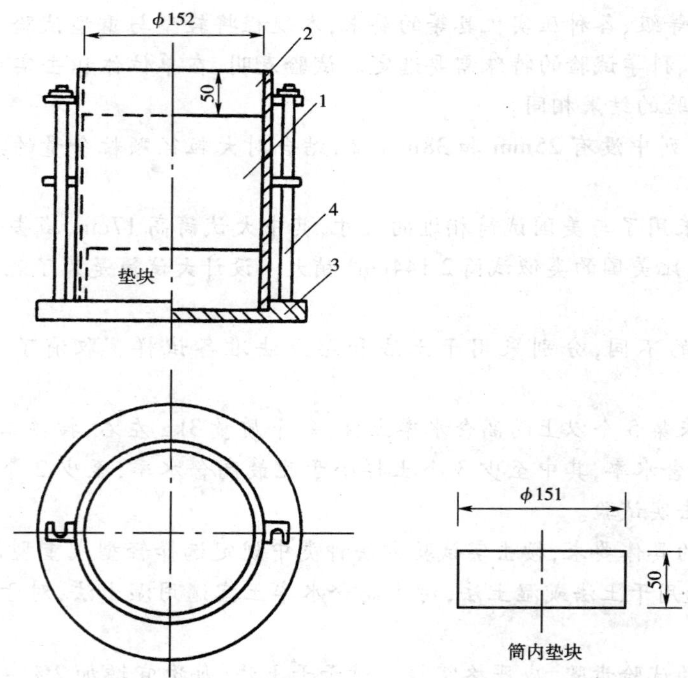

图T 0134-1 承载比试筒(单位:mm)

1-试筒;2-套环;3-夯击底板;4-拉杆

2.3 夯锤和导管:夯锤的底面直径50mm,总质量4.5kg。夯锤在导管内的总行程为450mm,夯锤的形式和尺寸与重型击实试验法所用的相同。

2.4 贯入杆,端面直径50mm、长约100mm的金属柱。

2.5 路面材料强度仪或其他载荷装置:能量不小于50kN,能调节贯入速度至每分钟贯入1mm,可采用测力计式,如图T 0134-2所示。

2.6 百分表:3 个。

2.7 试件顶面上的多孔板(测试件吸水时的膨胀量),如图 T 0134-3 所示。

2.8 多孔底板(试件放上后浸泡水中)。

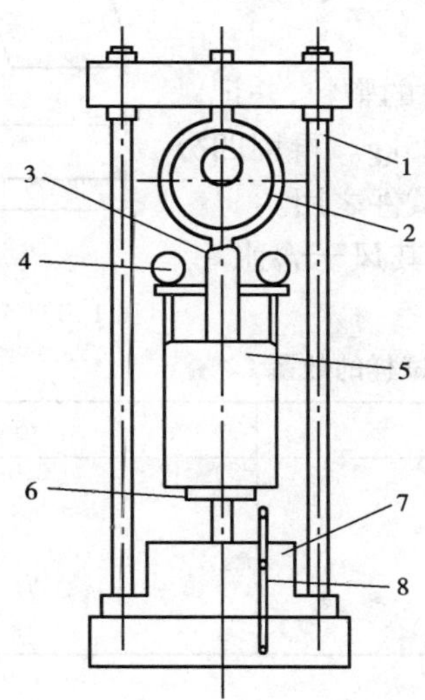

图 T 0134-2 手摇测力计式载荷装置示意图

1-框架;2-量力环;3-贯入杆;4-百分表;5-试件;6-升降台;7-蜗轮蜗杆箱;8-摇把

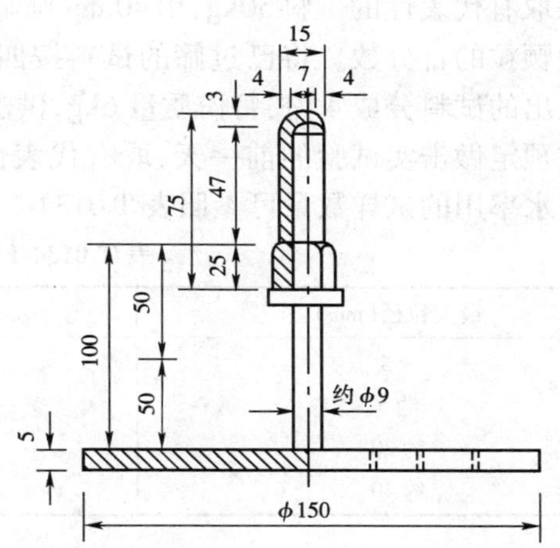

图 T 0134-3 带调节杆的多孔板(单位:mm)

2.9 测膨胀量时支承百分表的架子,如图 T 0134-4 所示。或采用压力传感器测试。

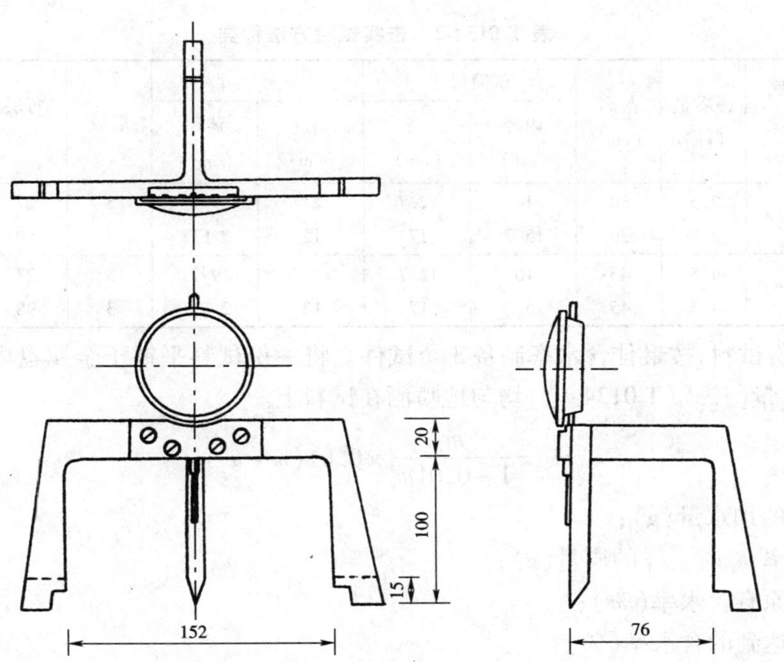

图 T 0134-4 膨胀量测定装置(单位:mm)

2.10 荷载板:直径 150mm,中心孔眼直径 52mm,每块质量 1.25kg,共 4 块,并沿直径分为两个半圆块,如图 T 0134-5 所示。

2.11 水槽:浸泡试件用,槽内水面应高出试件顶面 25mm。

2.12 其他:台秤,感量为试件用量的 0.1%;拌和盘、直尺、滤纸、脱模器等与击实试验相同。

3 试样

将具有代表性的风干试料(必要时可在50℃烘箱内烘干),用木碾捣碎,但应尽量注意不使土或粒料的单个颗粒破碎。土团均应捣碎到通过5mm的筛孔。

采取有代表性的试料50kg,用40mm筛筛除大于40mm的颗粒,并记录超尺寸颗粒的百分数。将已过筛的试料按四分法取出约25kg。再用四分法将取出的试料分成4份,每份质量6kg,供击实试验和制试件之用。

在预定做击实试验的前一天,取有代表性的试料测定其风干含水率。测定含水率用的试样数量可参照表T 0134-1采取。

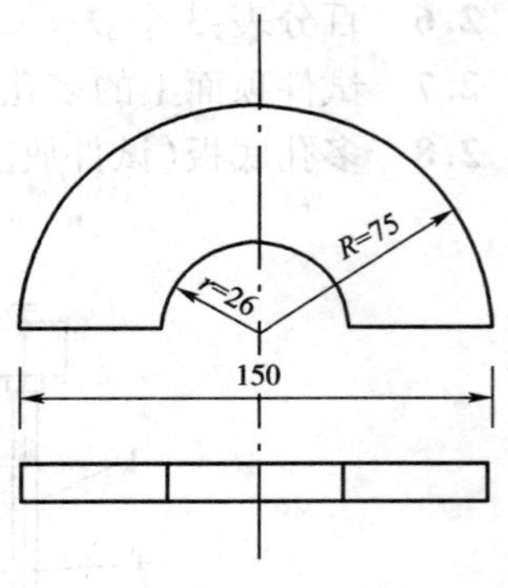

图T 0134-5 荷载板(单位:mm)

表T 0134-1 测定含水率用试样的数量

最大粒径(mm)	试样质量(g)	个数
<5	15~20	2
约5	约50	1
约20	约250	1
约40	约500	1

4 试验步骤

4.1 称试筒本身质量(m_1),将试筒固定在底板上,将垫块放入筒内,并在垫块上放一张滤纸,安上套环。

4.2 将试料按表T 0134-2中II-2规定的层数和每层击数进行击实,求试料的最大干密度和最佳含水率。

表T 0134-2 击实试验方法种类

试验方法	类别	锤底直径(cm)	锤质量(kg)	落高(cm)	试筒尺寸		试样尺寸		层数	每层击数	击实功(kJ/m³)	最大粒径(mm)
					内径(cm)	高(cm)	高度(cm)	体积(cm³)				
轻型	I-1	5	2.5	30	10	12.7	12.7	997	3	27	598.2	20
	I-2	5	2.5	30	15.2	17	12	2 177	3	59	598.2	40
重型	II-1	5	4.5	45	10	12.7	12.7	997	5	27	2 687.0	20
	II-2	5	4.5	45	15.2	17	12	2 177	3	98	2 677.2	40

4.3 将其余3份试料,按最佳含水率制备3个试件。将一份试料平铺于金属盘内,按事先计算得的该份试料应加的水量[按式(T 0134-1)]均匀地喷洒在试料上。

$$m_w = \frac{m_i}{1 + 0.01w_i} \times 0.01(w - w_i) \qquad (T\ 0134\text{-}1)$$

式中:m_w——所需的加水量(g);

m_i——含水率w_i时土样的质量(g);

w_i——土样原有含水率(%);

w——要求达到的含水率(%)。

用小铲将试料充分拌和到均匀状态,然后装入密闭容器或塑料口袋内浸润备用。

浸润时间:重黏土不得少于24h,轻黏土可缩短到12h,砂土可缩短到1h,天然砂砾可缩短到2h左右。

制每个试件时,都要取样测定试料的含水率。

注:需要时,可制备三种干密度试件。如每种干密度试件制3个,则共制9个试件。每层击数分别为30、50和98次,使试件的干密度从低于95%到等于100%的最大干密度。这样,9个试件共需试料约55kg。

4.4 将试筒放在坚硬的地面上,取备好的试样分3次倒入筒内(视最大料径而定),每层需试样1 700g左右(其量应使击实后的试样高出1/3筒高1~2mm)。整平表面,并稍加压紧,然后按规定的击数进行第一层试样的击实,击实时锤应自由垂直落下,锤迹必须均匀分布于试样面上。第一层击实完后,将试样层面"拉毛",然后再装入套筒,重复上述方法进行其余每层试样的击实。大试筒击实后,试样不宜高出筒高 10mm。

4.5 卸下套环,用直刮刀沿试筒顶修平击实的试件,表面不平整处用细料修补。取出垫块,称试筒和试件的质量(m_2)。

4.6 泡水测膨胀量的步骤如下:

4.6.1 在试件制成后,取下试件顶面的破残滤纸,放一张好滤纸,并在其上安装附有调节杆的多孔板,在多孔板上加 4 块荷载板。

4.6.2 将试筒与多孔板一起放入槽内(先不放水),并用拉杆将模具拉紧,安装百分表,并读取初读数。

4.6.3 向水槽内放水,使水自由进到试件的顶部和底部。在泡水期间,槽内水面应保持在试件顶面以上大约 25mm。通常试件要泡水 4 昼夜。

4.6.4 泡水终了时,读取试件上百分表的终读数,并用下式计算膨胀量:

$$\text{膨胀量} = \frac{\text{泡水后试件高度变化}}{\text{原试件高}(=120\text{mm})} \times 100 \quad (\text{T 0134-2})$$

4.6.5 从水槽中取出试件,倒出试件顶面的水,静置 15min,让其排水,然后卸去附加荷载和多孔板、底板和滤纸,并称量(m_3),以计算试件的湿度和密度的变化。

4.7 贯入试验。

4.7.1 将泡水试验终了的试件放到路面材料强度试验仪的升降台上,调整偏球座,对准、整平并使贯入杆与试件顶面全面接触,在贯入杆周围放置 4 块荷载板。

4.7.2 先在贯入杆上施加 45N 荷载,然后将测力和测变形的百分表指针均调整至整数,并记读起始读数。

4.7.3 加荷使贯入杆以 1 ~ 1.25mm/min 的速度压入试件,同时测记三个百分表的读数。记录测力计内百分表某些整读数(如 20、40、60)时的贯入量,并注意使贯入量为 250×10^{-2}mm 时,能有 5 个以上的读数。因此,测力计内的第一个读数应是贯入量 30×10^{-2}mm 左右。

5 结果整理

5.1 以单位压力(p)为横坐标,贯入量(l)为纵坐标,绘制 p—l 关系曲线,如图T 0134-6所示。图上曲线 1 是合适的。曲线 2 开始段是凹曲线,需要进行修正。修正时在变曲率点引一切线,与纵坐标交于 O'点,O'即为修正后的原点。

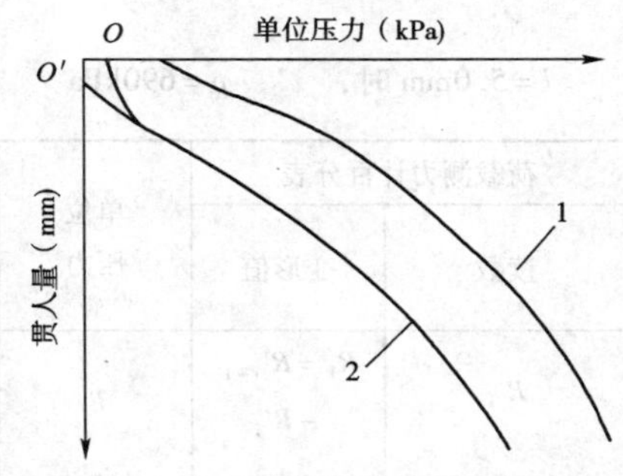

图 T 0134-6 单位压力与贯入量的关系曲线

5.2 一般采用贯入量为 2.5mm 时的单位压力与标准压力之比作为材料的承载比(CBR)。

即:

$$\text{CBR} = \frac{p}{7\,000} \times 100 \quad (\text{T 0134-3})$$

式中:CBR——承载比(%),计算至 0.1;

p——单位压力(kPa)。

同时计算贯入量为 5mm 时的承载比:

$$\text{CBR} = \frac{p}{10\,500} \times 100 \quad (\text{T 0134-4})$$

如贯入量为 5mm 时的承载比大于 2.5mm 时的承载比,则试验应重做。如结果仍然如此,则采用 5mm 时的承载比。

5.3 试件的湿密度用下式计算:

$$\rho = \frac{m_2 - m_1}{2\,177} \quad (\text{T 0134-5})$$

式中：ρ——试件的湿密度（g/cm³），计算至0.01；

m_2——试筒和试件的合质量（g）；

m_1——试筒的质量（g）；

2 177——试筒的容积（cm³）。

5.4 试件的干密度用下式计算：

$$\rho_d = \frac{\rho}{1 + 0.01w} \tag{T 0134-6}$$

式中：ρ_d——试件的干密度（g/cm³），计算至0.01；

w——试件的含水率。

5.5 泡水后试件的吸水量按下式计算：

$$w_a = m_3 - m_2 \tag{T 0134-7}$$

式中：w_a——泡水后试件的吸水量（g）；

m_3——泡水后试筒和试件的合质量（g）；

m_2——试筒和试件的合质量（g）。

5.6 本试验记录格式如表T 0134-3和表T 0134-4。

表T 0134-3 贯入试验记录

土样编号＿＿＿＿＿＿　　　　试 验 者＿＿＿＿

最大干密度　1.69g/cm³　　　　计 算 者＿＿＿＿

最佳含水率　18%　　　　校 核 者＿＿＿＿

每层击数　98　　　　试验日期＿＿＿＿

试件编号＿＿＿＿

量力环校正系数 $C = 0.239\ 8\text{kN}/0.01\text{mm}$，贯入杆面积 $A = 1.963\ 5 \times 10^{-3}\text{m}^2$

$P = \frac{C \times R}{A}$

$l = 2.5\text{mm}$ 时，　$p = 611\text{kPa}$　$\text{CBR} = \frac{p}{7\ 000} \times 100 = 8.7\%$

$l = 5.0\text{mm}$ 时，　$p = 690\text{kPa}$　$\text{CBR} = \frac{p}{10\ 500} \times 100 = 6.6\%$

荷载测力计百分表		单位压力	贯入量百分表读数					贯入量
			左表		右表		平均值	
读数	变形值		读数	位移值	读数	位移值		
R'_i	$R_1 = R'_{i+1} - R'_i$	p	R_{1i}	$R_1 = R_{1i+1} - R_{1i}$	R_{2i}	$R_2 = R_{2i+1} - R_{2i}$	$R_1 = \frac{1}{2}(R_1 + R_2)$	l
(0.01mm)	(0.01mm)	(kPa)	(0.01mm)	(0.01mm)	(0.01mm)	(0.01mm)	(0.01mm)	(mm)
0.0			0.0		0.0			
	0.9	110		60.4		60.6	60.5	0.61
0.9			60.4		60.6			
	1.8	220		106.5		106.5	106.5	1.07
1.8			106.5		106.5			
	2.9	354		151.1		150.9	151.0	1.51
2.9			151.1		150.9			
	4.0	489		193.9		194.1	194.0	1.94
4.0			193.9		194.1			
	4.8	586		240.4		240.6	240.5	2.41
4.8			240.4		240.6			
	5.1	623		286.1		285.9	286.0	2.86
5.1			286.1		285.9			
	5.4	660		335.0		335.0	335.0	3.34
5.4			335.0		335.0			
	5.6	684		383.0		383.0	383.0	3.83
5.6			383.0		383.0			
	5.6	684		488.0		488.0	488.0	4.88
5.6			488.0		488.0			

表 T 0134-4　膨胀量试验记录

类别	项目	符号及单位	序号	计算式	1	2	3
膨胀量	试验次数				1	2	3
	筒号		(1)				
	泡水前试件(原试件)高度	(mm)	(2)		120	120	120
	泡水后试件高度	(mm)	(3)		128.6	136.5	133
	膨胀量	(%)	(4)	$\frac{(3)-(2)}{(2)}\times 100$	7.167	13.75	10.83
	膨胀量平均值	(%)		10.58			
密度	筒质量	m_1　(g)	(5)		6 660	4 640	5 390
	筒+试件质量	m_2　(g)	(6)		10 900	8 937	9 790
	筒体积	(cm^3)	(7)		2 177	2 177	2 177
	湿密度	ρ　(g/cm^3)	(8)	$\frac{(6)-(5)}{(7)}$	1.948	1.974	2.021
	含水率 w	(%)	(9)		16.93	18.06	26.01
	干密度	ρ_d　(g/cm^3)	(10)	$\frac{(8)}{1+0.01w}$	1.666	1.672	1.604
	干密度平均值	(g/cm^3)		1.647			
吸水量	泡水后筒+试件合质量	m_3　(g)	(11)		11 530	9 537	10 390
	吸水量	w_a　(g)	(12)	(11)-(6)	630	600	600
	吸水量平均值	(g)		610			

5.7　精密度和允许差。

如根据3个平行试验结果计算得的承载比变异系数 C_v 大于12%,则去掉一个偏离大的值,取其余两个结果的平均值。如 C_v 小于12%,且3个平行试验结果计算的干密度偏差小于0.03g/cm^3,则取3个结果的平均值。如3个试验结果计算的干密度偏差超过0.03g/cm^3,则去掉一个偏离大的值,取其两个结果的平均值。

承载比小于100,相对偏差不大于5%;承载比大于100,相对偏差不大于10%。

6　报告

6.1　材料的颗粒组成、最佳含水率(%)和最大干密度(g/cm^3)。

6.2　材料的承载比(%)。

6.3　材料的膨胀量(%)。

条文说明

1　本试验主要参考美国 ASTM D1883—78 和 AASHTO—74 规程编制。承载比试验是由美国加州公路局首先提出来的,简称 CBR(California Bearing Ratio 的缩写)试验。日本也把 CBR 试验纳入全国工业规格土质试验方法规程(JIS A1211—70)。所谓 CBR 值,是指试料贯入量达2.5mm时,单位压力对标准碎石压入相同贯入量时标准荷载强度的比值。标准荷载与贯入量之间的关系如表 T 0134-5所示。

表 T 0134-5　不同贯入量时的标准荷载强度和标准荷载

贯入量 (mm)	标准荷载强度 (kPa)	标准荷载 (kN)
2.5	7 000	13.7
5.0	10 500	20.3
7.5	13 400	26.3
10.0	16 200	31.8
12.5	18 300	36.0

标准荷载强度与贯入量之间的关系也可用下式表示：

$$p = 162L^{0.61} \tag{T 0134-8}$$

式中：p——标准荷载强度(kPa)；

L——贯入量(mm)。

CBR是路基土和路面材料的强度指标，是柔性路面设计的主要参数之一。在我国的柔性路面设计中，虽以路基土和路面材料的回弹模量值作为设计参数，但在路基路面施工规范中仍将CBR作为一项力学指标。在现场测试中CBR值的离散性较大。为便于参考国外有关CBR方面的资料进行设计，同时进一步积累这方面的资料，促进国际学术交流，仍将CBR试验列入本规程。

2　在美国，CBR筒采用的尺寸为直径15.3cm，高11.64cm（筒高177.8mm减去垫块厚度61.4mm），容积与重型击实筒相同，仍为2 144cm^3。一般要求制备3个试件，使击实后的干密度为最大干密度的95%～100%，每个试件分别按每层10、30和60次夯实，均分三层击实。

在日本，CBR筒的尺寸与重型击实试验用的试筒相同，垫块厚度50mm。制备试件时，采用与重型击实试验相同的层数和每层击数。

目前使用的路面材料测试仪，其附件CBR筒的尺寸与美国的相近，只是垫块厚度为50cm，但较美国的薄一些，与日本的相同。考虑到路面材料测试仪已成批生产，使用的单位也较多，因此，本规程以路面材料测试仪作为加载设备，同时维持CBR筒原定尺寸和垫块厚度。

3　本试验采用风干试料，按四分法备料。先按击实试验求得试料的最佳含水率后，再按此最佳含水率制备所需试件。

4　做CBR试验时，应模拟材料在使用过程中处于最不利状态，在一般情况下，可按饱水四昼夜作为设计状态。但是，在干燥地区，如能结合地区、地形、排水、路面排水构造和路面结构等因素，论证土基潮湿程度和土试件饱水四昼夜的含水率有明显差异时，则可适当改变试件饱水方法和饱水时间，使CBR试验更符合实际状况。

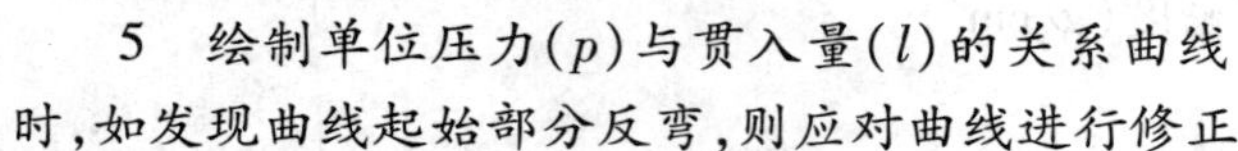

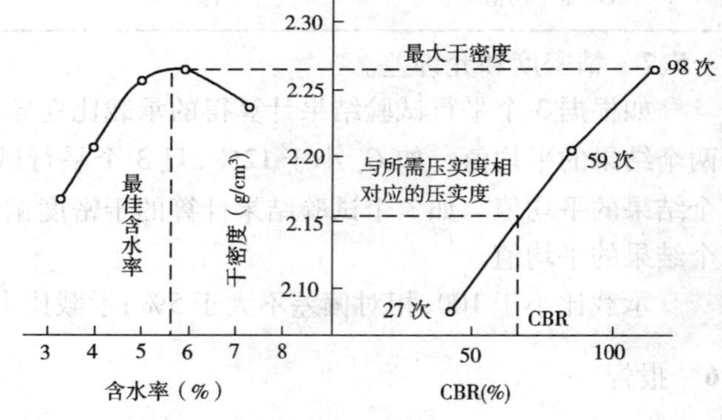

图 T 0134-7　对应于所需压实度的CBR求取方法

5　绘制单位压力(p)与贯入量(l)的关系曲线时，如发现曲线起始部分反弯，则应对曲线进行修正，以O'作为修正的原点。

5.7　精度要求系对三个平行试验结果规定的。

6　当制备三种干密度试件时，对应所需压实度的CBR求取方法如图T 0134-7，其膨胀量求取方法相同。

18　土的回弹模量试验

T 0135—1993　承载板法

1　目的和适用范围

本试验适用于不同湿度和密度的细粒土。

2　仪器设备

2.1　杠杆压力仪:最大压力 1 500N,如图 T 0135-1 所示。

2.2　承载板:直径 50mm,高 80mm,如图 T 0135-2 所示。

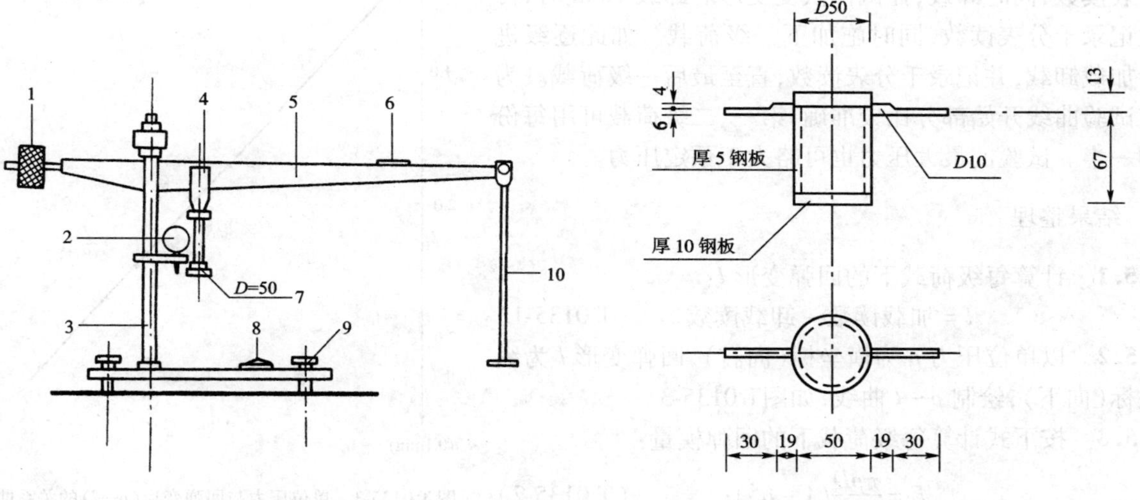

图 T 0135-1　杠杆压力仪(单位:mm)

1-调平砝码;2-千分表;3-立柱;4-加压杆;5-水平杠杆;6-水平气泡;
7-加压球座;8-底座气泡;9-调平脚螺丝;10-加载架

图 T 0135-2　承载板(单位:mm)

2.3　试筒:内径 152mm、高 170mm 的金属圆筒;套环,高 50mm;筒内垫块,直径 151mm,高 50mm;夯击底板与击实仪相同。如图 T 0134-1 所示。

2.4　量表:千分表两块。

2.5　秒表一只。

3　试样

3.1　本试验可分别采用不同的方法准备试样。各方法可按表 T 0135-1 准备试料。

表 T 0135-1　试 料 用 量

使用方法	类　别	试筒内径(cm)	最大粒径(mm)	试料用量(kg)
干土法,试样不重复使用	b	10 15.2	20 40	至少 5 个试样,每个 3 至少 5 个试样,每个 6
湿土法,试样不重复使用	c	10 15.2	20 40	至少 5 个试样,每个 3 至少 5 个试样,每个 6

3.2 干土法(土不重复使用)按四分法至少准备5个试样,分别加入不同水分(按2%~3%含水率递增),拌匀后闷料一夜备用。

3.3 湿土法(土不重复使用)对于高含水率土,可省略过筛步骤,用手拣除大于40mm的粗石子即可。保持天然含水率的第一个土样,可立即用于击实试验。其余几个试样,将土分成小土块,分别风干,使含水率按2%~3%递减。

3.4 根据工程要求选择轻型或重型法,视最大粒径用小筒或大筒进行击实试验,得出最佳含水率和最大干密度。然后按最佳含水率用上述试筒击实制备试件。

4 试验步骤

4.1 安装试样:将试件和试筒放在杠杆压力仪的底盘上;将承载板放在试件中央(位置)并与杠杆压力仪的加压球座对正;将千分表固定在立柱上,将表的测头安放在承载板的表架上。

4.2 预压:在杠杆仪的加载架上施加砝码,用预定的最大单位压力 p 进行预压。含水率大于塑限的土,$p=50\sim100$kPa;含水率小于塑限的土,$p=100\sim200$kPa。预压进行1~2次,每次预压1min。预压后调正承载板位置,并将千分表调到接近满量程的位置,准备试验。

4.3 测定回弹量:将预定最大单位压力分成4~6份,作为每级加载的压力。每级加载时间为1min时,记录千分表读数,同时卸载,让试件恢复变形。卸载1min时,再次记录千分表读数,同时施加下一级荷载。如此逐级进行加载卸载,并记录千分表读数,直至最后一级荷载。为使试验曲线开始部分比较准确,第一、二级荷载可用每份的一半。试验的最大压力也可略大于预定压力。

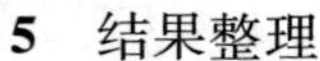

5 结果整理

5.1 计算每级荷载下的回弹变形 l:

$$l=\text{加载读数}-\text{卸载读数} \qquad (\text{T 0135-1})$$

5.2 以单位压力 p 为横坐标(向右),回弹变形 l 为纵坐标(向下),绘制 p—l 曲线,如图T 0135-3。

5.3 按下式计算每级荷载下的回弹模量:

$$E=\frac{\pi pD}{4l}(1-\mu^2) \qquad (\text{T 0135-2})$$

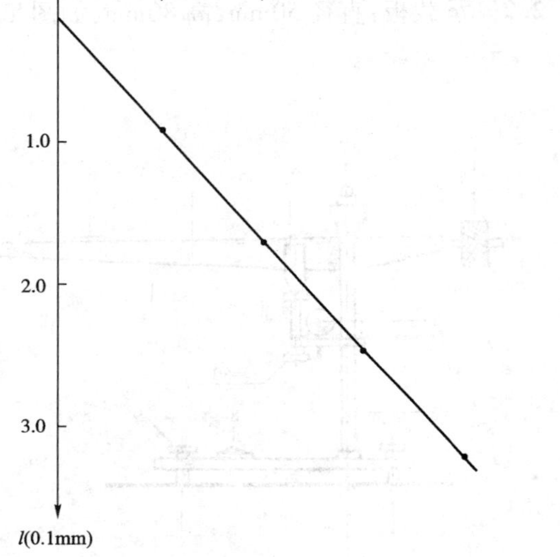

图T 0135-3 单位压力与回弹变形(p—l)的关系曲线

表T 0135-2 回弹模量试验记录

(杠杆压力仪法)

工程名称 试验工程　　　　压力计＿＿＿＿

土样编号 No. 2　　　　试验者＿＿＿＿

土样说明 黏质土　　　　计算者＿＿＿＿

试验方法 杠杆仪法　　　　试验日期＿＿＿＿

加载级数	单位压力(kPa)	砝码重量(N)或压力计读数(0.01mm)	量表读数(0.1mm)						回弹变形(0.1mm)		回弹模量(kPa)
			加载			卸载					
			左	右	平均	左	右	平均	读数值	修正值	
1	25	5	8.91	9.04	8.98	9.48	9.62	9.55	0.57	0.38	22 670
2	50	10	8.15	8.29	8.22	9.08	9.25	9.17	0.95	0.76	22 670
3	100	20	6.50	6.72	6.61	8.27	8.40	8.34	1.73	1.54	22 375
4	150	30	4.96	5.11	5.04	7.39	7.64	7.52	2.48	2.29	22 571
5	200	40	3.30	3.42	3.36	6.53	6.69	6.61	3.25	3.06	22 522

式中：E——回弹模量（kPa）；

p——承载板上的单位压力（kPa）；

D——承载板直径（cm）；

l——相应于单位压力的回弹变形（cm）；

μ——细粒土的泊松比，取0.35。

5.4 每个试样的回弹模量由$p—l$曲线上直线段的数值确定。

5.5 对于较软的土，如果$p—l$曲线不通过原点，允许用初始直线段与纵坐标轴的交点当作原点，修正各级荷载下的回弹变形和回弹模量。

5.6 本试验记录表格见表T 0135-2。

5.7 精密度和允许差。

土的回弹模量由三个平行试验的平均值确定，每个平行试验结果与均值回弹模量相差均应不超过5%。

6 报告

6.1 土的鉴别分类和代号。

6.2 试验方法。

6.3 土的回弹模量E值（kPa）。

条文说明

1 本方法当压力较大时，加卸载将比较繁琐，因此主要适用于含水率较大、硬度较小的土。

2 本规程的承载板直径为50mm，杠杆压力仪的加压球座直径为50mm。用原有设备时，必须保证加压球座在承载板上居中放置，避免发生偏心。

3 由于加载初始时的土样塑性变形，得出的$p—l$曲线有可能与纵坐标轴相交于原点以下的位置。如果仍按读数值计算回弹变形，其中将包含一部分塑性变形，故应采用从每个变形读数中减去交点坐标数值的方法予以修正。

T 0136—1993 强度仪法

1 目的和适用范围

本试验适用于不同湿度、密度的细粒土及其加固土。

2 仪器设备

2.1 路面材料强度仪：能量不小于50kN，能调节贯入速度至每分钟贯入1mm，可采用测力计式，如图T 0136-1。

注：为使读数时不挡视线，可将贯入杆上的量表支架用螺丝孔与贯入杆相联，做CBR试验时将支架拧上，进行本试验时将支架取下。

2.2 试筒：内径152mm，高170mm的金属圆筒；套环，高50mm；筒内垫块，直径151mm，高50mm；夯击底板同击实仪。试筒的形式和尺寸与击实试验相同，仅在与夯击底板的立柱联结的缺口板上多一个内径5mm、深5mm的螺丝孔，用来安装千分表支架，如图T 0136-1。

2.3 承载板：直径50mm、高80mm的用钢板制成的空心圆柱体，两侧带有量表支架，如图T 0136-2。

2.4 量表支杆及表夹：支杆长200mm，直径10mm，一端带有长5mm的与试筒上螺丝孔联结的螺丝杆，如图T 0136-3。表夹的各部尺寸如图T 0136-4。表夹可用钢制，也可用硬塑料制成。

2.5 量表:千分表两块。

2.6 秒表一只。

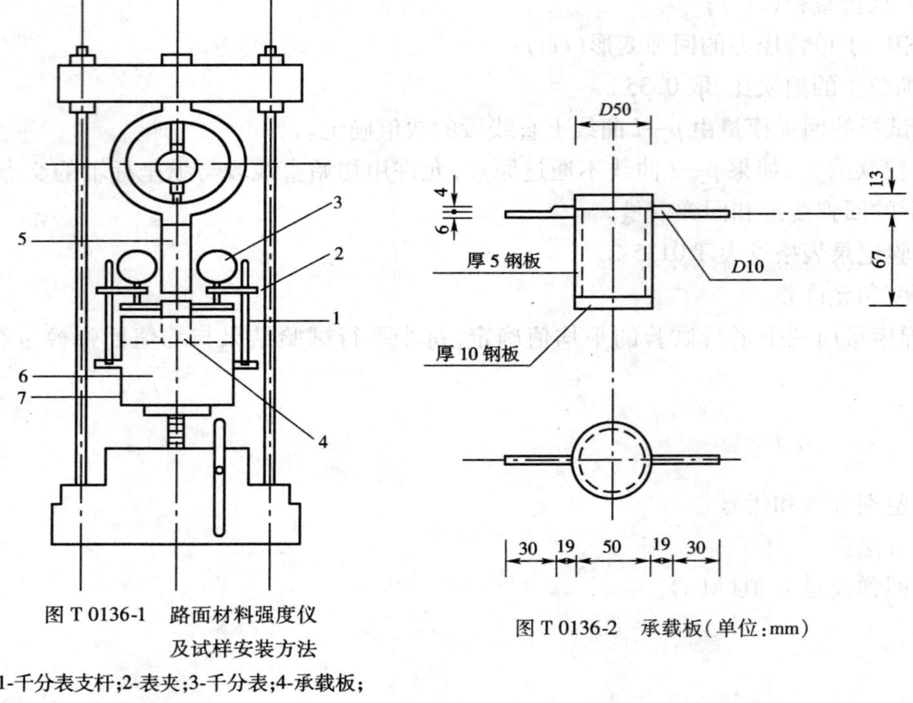

图 T 0136-1 路面材料强度仪及试样安装方法

1-千分表支杆;2-表夹;3-千分表;4-承载板;5-贯入杆;6-土样;7-试筒

图 T 0136-2 承载板(单位:mm)

3 试样

3.1 用上述带螺丝孔的试筒采用不同的方法击实制备试件。各方法可按表 T 0136-1 准备试料。

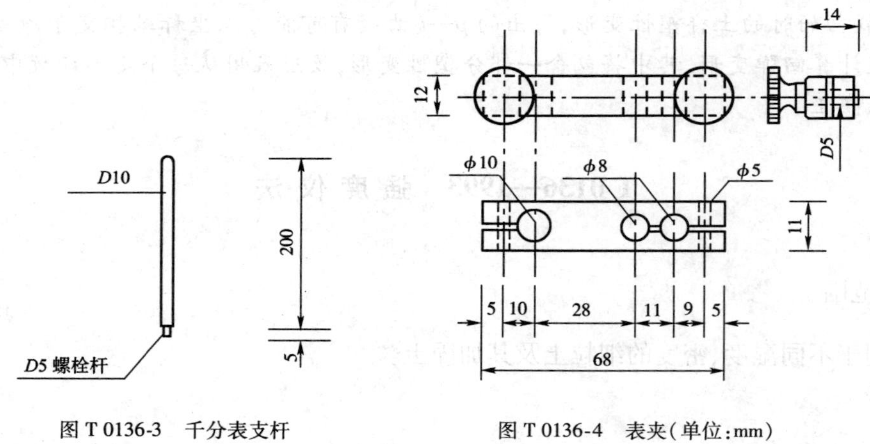

图 T 0136-3 千分表支杆(单位:mm)

图 T 0136-4 表夹(单位:mm)

表 T 0136-1 试 料 用 量

使用方法	类 别	试筒内径(cm)	最大粒径(mm)	试料用量(kg)
干土法,试样不重复使用	b	10 15.2	20 40	至少5个试样,每个3 至少5个试样,每个6
湿土法,试样不重复使用	c	10 15.2	20 40	至少5个试样,每个3 至少5个试样,每个6

3.2 干土法(土不重复使用)按四分法至少准备5个试样,分别加入不同水分(按2%~3%含水率递增),拌匀后闷料一夜备用。

3.3 湿土法(土不重复使用)对于高含水率土,可省略过筛步骤,用手拣除大于40mm的粗石子即可。保持天然含水率的第一个土样,可立即用于击实试验。其余几个试样,将土分成小土块,分别风干,使含水率按2%~3%递减。

根据工程要求选择轻型或重型法,视最大粒径用小筒或大筒进行击实试验,得出最佳含水率和最大干密度。然后按最佳含水率用上述试筒击实制备试件。

4 试验步骤

4.1 安装试样:将试件和试筒放在强度仪的升降台上;将千分表支杆拧在试筒两侧的螺丝孔上,将承载板放在试件表面中央位置,并与强度仪的贯入杆对正;将千分表和表夹安装在支杆上,并将千分表测头安放在承载板两侧的支架上。

4.2 预压:摇动摇把,用预定的试验最大单位压力进行预压。含水率大于塑限的土,$p=50\sim100$kPa;含水率小于塑限的土,$p=100\sim200$kPa。预压进行1~2次,每次预压1min。预压后调正承载板位置,并将千分表调到接近满量程的位置,准备试验。

4.3 测定回弹模量。

4.3.1 将预定的最大压力分为4~6份,作为每级加载的压力。由每级压力计算测力计百分表读数,按照百分表读数逐级加载。

4.3.2 加载卸载:将预定最大单位压力分成4~6份,作为每级加载的压力。每级加载时间为1min时,记录千分表读数,同时卸载,让试件恢复变形。卸载1min时,再次记录千分表读数,同时施加下一级荷载。如此逐级进行加载卸载,并记录千分表读数,直至最后一级荷载。为使试验曲线开始部分比较准确,第一、二级荷载可用每份的一半。试验的最大压力也可略大于预定压力。

如果试样较硬,预定的p值可能偏小,此时可不受p值的限制,增加加载级数,至需要的压力为止。

5 结果整理

5.1 计算每级荷载下的回弹变形l:

$$l=\text{加载读数}-\text{卸载读数} \quad (\text{T 0136-1})$$

5.2 以单位压力p为横坐标(向右),回弹变形l为纵坐标(向下),绘制p—l曲线,如图T 0136-5。

5.3 按下式计算每级荷载下的回弹模量:

$$E=\frac{\pi pD}{4l}(1-\mu^2) \quad (\text{T 0136-2})$$

式中:E——回弹模量(kPa);

p——承载板上的单位压力(kPa);

D——承载板直径(cm);

l——相应于单位压力的回弹变形(cm);

μ——细粒土的泊松比,取0.35;对于具有一定龄期的加固土取0.25~0.30。

5.4 每个试样的回弹模量由p—l曲线上直线段的数值确定。

5.5 对于较软的土,如果p—l曲线不通过原点,允许用初始直线段与纵坐标轴的交点当作原点,修正各级荷载下的回弹变形和回弹模量。

5.6 试验记录格式如表T 0136-2。

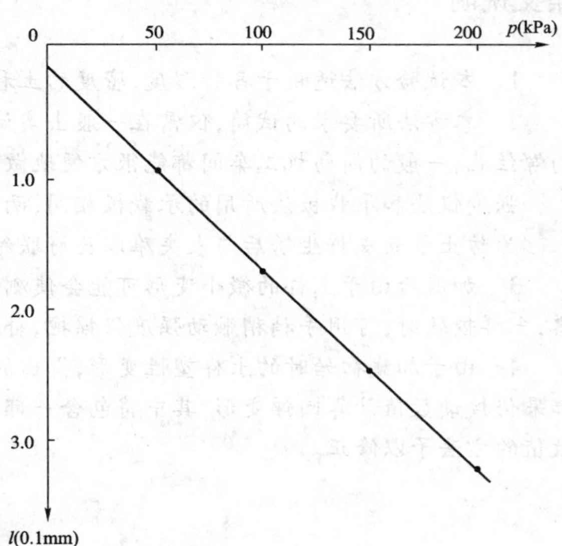

图T 0136-5 单位压力与回弹变形(p—l)的关系曲线

表 T 0136-2　回弹模量试验记录(强度仪法)

工程名称　试验工程　　　　压 力 计　500kg 量力环

土样编号　No.8　　　　试 验 者　试验工程

土样说明　黏质土　　　　计 算 者　试验工程

试验方法　强度仪法　　　　试验日期

加载级数	单位压力(kPa)	砝码重量(N)或压力计读数(0.01mm)	量表读数(0.1mm)						回弹变形(0.1mm)		回弹模量(kPa)
			加载			卸载					
			左	右	平均	左	右	平均	读数值	修正值	
1	80	6.56	7.19	7.03	7.11	7.38	7.22	7.30	0.19		145 090
2	160	13.12	6.68	6.56	6.62	7.07	6.95	7.01	0.39		141 370
3	240	19.67	6.24	6.08	6.16	6.78	6.62	6.70	0.54		153 151
4	320	26.23	5.73	5.63	5.68	6.49	6.37	6.43	0.75		147 025
5	400	32.79	5.26	5.14	5.20	6.16	6.06	6.11	0.91		151 468
6	480	39.34	4.74	4.60	4.67	5.88	5.76	5.82	1.15		143 828

5.7　精密度和允许差。

土的回弹模量由三个平行试验的平均值确定,每个平行试验结果与均值回弹模量相差均应不超过5%。

6　报告

6.1　土的鉴别分类和代号。

6.2　试验方法。

6.3　土的回弹模量 E 值(kPa)。

条文说明

1　本试验方法适用于各种湿度、密度的土和加固土,硬度较大的土用本方法尤为方便。

2　本方法所要求的试筒,仅需在一般击实试验和CBR试验所用的试筒上,钻一直径5mm、深5mm的螺丝孔,一般的简易机工车间都能很方便地做到。

强度仪法和承载板法所用的承载板相同,两种仪器通用。

为防止量表支杆生锈后与表夹难以良好联结,支杆最好能用电镀处理。

3　加载后由于土样的微小变形可能会使测力计发生轻微的卸载,对于较硬的土,卸载很小可以忽略;土样较软时,可用手稍稍触动强度仪摇把,补上卸掉的微小压力。

4　由于加载初始时的土样塑性变形,得出的 p—l 曲线有可能与纵坐标轴相交于原点以下的位置。如果仍按读数值计算回弹变形,其中将包含一部分塑性变形,故应采用从每个变形读数中减去交点坐标数值的方法予以修正。

19　土体固结试验

T 0137—1993　单轴固结仪法

1　目的和适用范围

1.1　本试验的目的是测定土的单位沉降量、压缩系数、压缩模量、压缩指数、回弹指数、固结系数，以及原状土的先期固结压力等。

1.2　本试验方法适用于饱和的黏质土。当只进行压缩时，允许用非饱和土。

2　仪器设备

2.1　固结仪：见图 T 0137-1，试样面积 $30cm^2$ 和 $50cm^2$，高 2cm。

2.2　环刀：直径为 61.8mm 和 79.8mm，高度为 20mm。环刀应具有一定的刚度，内壁应保持较高的光洁度，宜涂一薄层硅脂或聚四氟乙烯。

2.3　透水石：由氧化铝或不受土腐蚀的金属材料组成，其透水系数应大于试样的渗透系数。用固定式容器时，顶部透水石直径小于环刀内径 0.2～0.5mm；当用浮环式容器时，上下部透水石直径相等。

2.4　变形量测设备：量程 10mm，最小分度为 0.01mm 的百分表或零级位移传感器。

2.5　其他：天平、秒表、烘箱、钢丝锯、刮土刀、铝盒等。

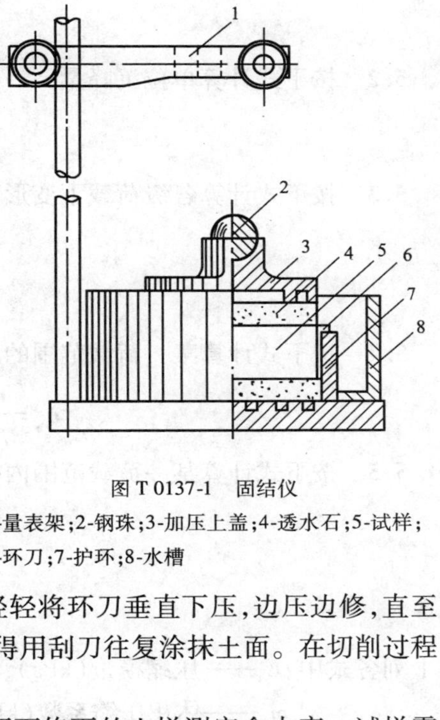

图 T 0137-1　固结仪

1-量表架；2-钢珠；3-加压上盖；4-透水石；5-试样；6-环刀；7-护环；8-水槽

3　试样

3.1　根据工程需要切取原状土样或制备所需湿度密度的扰动土样。切取原状土样时，应使试样在试验时的受压情况与天然土层受荷方向一致。

3.2　用钢丝锯将土样修成略大于环刀直径的土柱。然后用手轻轻将环刀垂直下压，边压边修，直至环刀装满土样为止。再用刮刀修平两端，同时注意刮平试样时，不得用刮刀往复涂抹土面。在切削过程中，应细心观察试样并记录其层次、颜色和有无杂质等。

3.3　擦净环刀外壁，称环刀与土总质量，准确至 0.1，并取环刀两面修下的土样测定含水率。试样需要饱和时，应进行抽气饱和。

4　试验步骤

4.1　在切好土样的环刀外壁涂一薄层凡士林，然后将刀口向下放入护环内。

4.2　将底板放入容器内，底板上放透水石、滤纸，借助提环螺丝将土样环刀及护环放入容器中，土样上面覆滤纸、透水石，然后放下加压导环和传压活塞，使各部密切接触，保持平稳。

4.3　将压缩容器置于加压框架正中，密合传压活塞及横梁，预加 1.0kPa 压力，使固结仪各部分紧密接触，装好百分表，并调整读数至零。

4.4　去掉预压荷载，立即加第一级荷载。加砝码时应避免冲击和摇晃，在加上砝码的同时，立即开动秒表。荷载等级一般规定为50kPa、100kPa、200kPa、300kPa和400kPa。有时根据土的软硬程度,第一级荷载可考虑用25kPa。

4.5 如系饱和试样,则在施加第一级荷载后,立即向容器中注水至满。如系非饱和试样,须以湿棉纱围住上下透水面四周,避免水分蒸发。

4.6 如需确定原状土的先期固结压力时,荷载率宜小于1,可采用0.5或0.25倍,最后一级荷载应大于1 000kPa,使e—lg$p$曲线下端出现直线段。

4.7 如需测定沉降速率、固结系数等指标,一般按0s、15s、1min、2min、4min、6min、9min、12min、16min、20min、25min、35min、45min、60min、90min、2h、4h、10h、23h、24h,至稳定为止。固结稳定的标准是最后1h变形量不超过0.01mm。

当不需测定沉降速度时,则施加每级压力后24h,测记试样高度变化作为稳定标准。当试样渗透系数大于10^{-5}cm/s时,允许以主固结完成作为相对稳定标准。按此步骤逐级加压至试验结束。

注:测定沉降速率仅适用于饱和土。

4.8 试验结束后拆除仪器,小心取出完整土样,称其质量,并测定其终结含水率(如不需测定试验后的饱和度,则不必测定终结含水率),并将仪器洗干净。

5 结果整理

5.1 按下式计算试验开始时的孔隙比:

$$e_0=\frac{\rho_s(1+0.01w_0)}{\rho_0}-1 \tag{T 0137-1}$$

5.2 按下式计算单位沉降量:

$$S_i=\frac{\sum\Delta h_i}{h_0}\times 1\,000 \tag{T 0137-2}$$

5.3 按下式计算各级荷载下变形稳定后的孔隙比e_i:

$$e_i=e_0-(1+e_0)\times\frac{S_i}{1\,000} \tag{T 0137-3}$$

5.4 按下式计算某一荷载范围的压缩系数a_v:

$$a_v=\frac{e_i-e_{i+1}}{p_{i+1}-p_i}=\frac{(S_{i+1}-S_i)(1+e_0)/1\,000}{p_{i+1}-p_i} \tag{T 0137-4}$$

5.5 按下式计算某一荷载范围内的压缩模量E_s和体积压缩系数m_v:

$$E_s=\frac{p_{i+1}-p_i}{(S_{i+1}-S_i)/1\,000} \tag{T 0137-5}$$

$$m_v=\frac{1}{E_s}=\frac{a_v}{1+e_0} \tag{T 0137-6}$$

上列各式中:E_s——压缩模量(kPa),计算至0.01;

m_v——体积压缩系数(kPa^{-1}),计算至0.01;

a_v——压缩系数(kPa^{-1}),计算至0.01;

e_0——试验开始时试样的孔隙比,计算至0.01;

ρ_s——土粒密度(数值上等于土粒比重)(g/cm^3);

w_0——试验开始时试样的含水率(%);

ρ_0——试验开始时试样的密度(g/cm^3);

S_i——某一级荷载下的沉降量(mm/m),计算至0.1;

$\Sigma\Delta h_i$——某一级荷载下的总变形量,等于该荷载下百分表读数(即试样和仪器的变形量减去该荷载下的仪器变形量,mm);

h_0——试样起始时的高度(mm);

e_i——某一荷载下压缩稳定后的孔隙比,计算至 0.01;

p_i——某一荷载值(kPa)。

5.6 以单位沉降量 S_i 或孔隙比 e 为纵坐标,以压力 p 为横坐标,作单位沉降量或孔隙比与压力的关系曲线,如图 T 0137-2 所示。

5.7 按下式计算压缩指数 C_c 及回弹指数 C_s:

$$C_c(\text{或 } C_s) = \frac{e_i - e_{i+1}}{\lg p_{i+1} - \lg p_i} \qquad (\text{T 0137-7})$$

5.8 按下述方法求固结系数 C_v。

5.8.1 求某一压力下固结度为 90% 的时间 t_{90}。

以百分数表读数 d(mm)为纵坐标,时间平方根 $\sqrt{t}$(min)为横坐标,作 d—$\sqrt{t}$ 曲线,如图 T 0137-3。延长 d—$\sqrt{t}$ 曲线开始段的直线,交纵坐标轴于 d_s(理论零点)。过 d_s 作另一直线,令其横坐标为前一直线横坐标的 1.15 倍,则后一直线与 d—$\sqrt{t}$ 曲线交点所对应的时间平方即为固结度达 90% 所需的时间 t_{90},C_v 按下式计算:

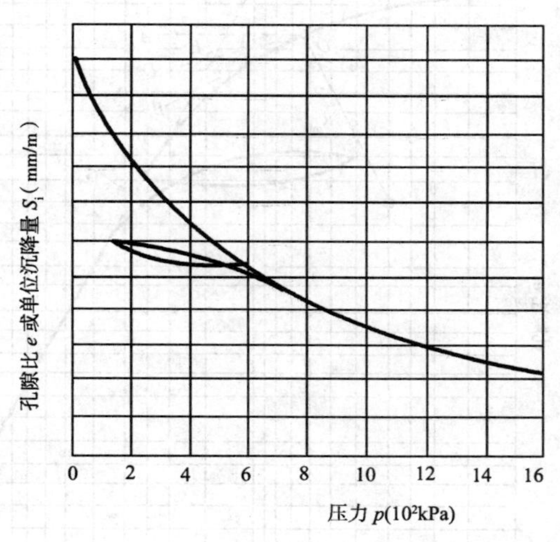

图 T 0137-2 S_i(或 e)—p 关系曲线

图 T 0137-3 用时间平方根法求 t_{90}

$$C_v = \frac{0.848\,\overline{h}^2}{t_{90}} \qquad (\text{T 0137-8})$$

式中:C_v——固结系数(cm²/s),计算至三位有效数字;

$$\overline{h} = \frac{h_1 + h_2}{4} \qquad (\text{T 0137-9})$$

$\overline{h}$——计算至 0.01,即等于某一荷载下试样初始与终了高度的平均值之半。

5.8.2 求某一荷载下固结度为 68% 的 t_{68}。

以百分表读数 d(mm)为纵坐标,以时间的常用对数 $\lg t$(min)为横坐标,在半对数纸上作 d—$\lg t$ 曲线,如图 T 0137-4 所示。在曲线开始部分选择任意时间 t_1,查到相应的百分数读数 d_1,又在 $t_2 = \frac{t_1}{4}$ 处查得另一相应的百分表读数 d_2,$2d_2$—d_1 之值为 d_{s1}。如此另在曲线开始部分以同法求得 d_{s2}、d_{s3}、d_{s4} 等,取其平均值,得理论零点 d_s。通过 d_s 作一水平线,然后向上延长曲线中的直线段,两直线交点的横坐标乘以 10 即得 t_{68},则:

$$C_v = \frac{0.380\,\overline{h}^2}{t_{68}} \qquad (\text{T 0137-10})$$

式中:C_v——固结系数(cm²/s),计算至三位有效数字。

5.8.3 求某一荷载下固结度为 50% 的 t_{50}。

同上法求得理论零点 d_s 后，延长 d—lg$t$ 曲线的中部直线段和通过曲线尾部数点作一切线的交点即为理论终点为 d_{100}，则

$$d_{50}=\frac{d_0+d_{100}}{2}$$

对应于 d_{50}的时间即为固结度等于50%的时间 t_{50}，则

$$C_v=\frac{0.197\,\bar{h}^2}{t_{50}} \tag{T 0137-11}$$

式中：C_v——固结系数（cm^2/s），计算至三位有效数字。

5.9 按下述方法确定原状土的先期固结压力 p_c。

作 e—lg$p$ 曲线（图 T 0137-5），在曲线上首先找出最小曲率半径 R_{min}的 O 点，通过 O 点作水平线以 OA、切线 OB 及 AOB 的分角线 OD，OD 与曲线的直线 C 的延长线交于 E 点，则对应于 E 点的压力值即为先期固结压力 P_c。

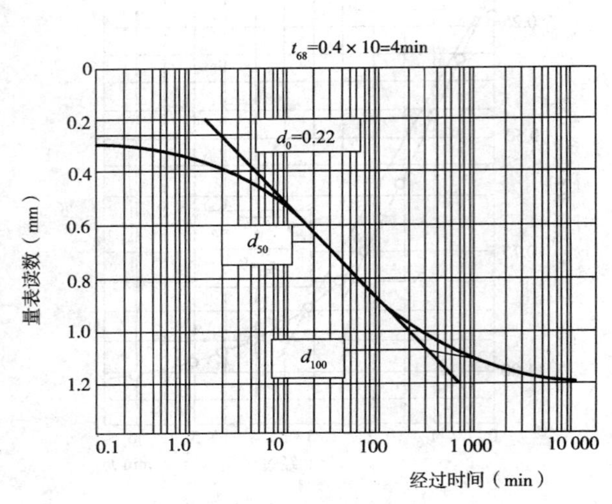

图 T 0137-4　用时间对数坡度法求 t_{68}

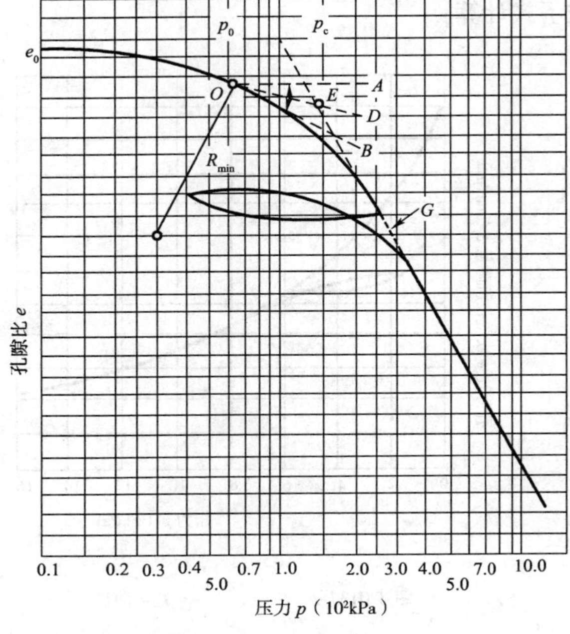

图 T 0137-5　e—lg$p$ 曲线先期固结压力

5.10 本试验记录格式如表 T 0137-1 ~ 表 T 0137-3。

表 T 0137-1　固结试验记录（一）

工程编号________　　　　试 验 者________

土样编号________　　　　计 算 者________

取土深度________　　　　校 核 者________

土样说明________　　　　试验日期________

含 水 试 验

试样情况		盒号	盒+湿土质量 (g)	盒+干土质量 (g)	盒质量 (g)	水质量 (g)	干土质量 (g)	含水率 (%)	
			(1)	(2)	(3)	(4)	(5)	(6)	
			(1)	(2)	(3)	(1)-(2)	(2)-(3)	$\frac{(4)}{(5)}\times100$	
试验前	饱和前								
	饱和后		22.17	17.94	7.0	4.23	10.94	38.7	平均
	（或饱和土）		17.50	14.61	7.0	2.89	7.61	38.0	38.4
试验后			127.8	102.6	16.2	25.2	86.4	29.2	

密度试验

续上表

试样情况		环刀+土质量(g)	环刀质量(g)	土质量(g)	试样体积(cm^3)	密度(g/cm^3)
		(1)	(2)	(3)	(4)	(5)
		(1)	(2)	(1)-(2)	(4)	(3)÷(4)
试验前	饱和前					
	饱和后(或饱和土)	166.3	46.5	119.8	64.4	1.86
试验后		158.1	46.5	111.6	57.0	1.96

孔隙比及饱和度计算 $G_s=2.75$

试样情况		试验前	试验后
含水率	(%)	38.4	29.2
密度	(g/cm^3)	1.86	1.96
孔隙比		1.046	0.813
饱和度	(%)	100	100

表 T 0137-2 固结试验记录(二)

工程编号＿＿＿＿ 土样编号＿＿＿＿ 试验者＿＿＿＿

仪器编号＿＿＿＿ 土样说明＿＿＿＿ 试验日期＿＿＿＿

经过时间(min)	压力(kPa) 50		100		200		400	
	时间	读数	时间	读数	时间	读数	时间	读数
0.00	10:20	0	10:20	0.964	10:20	1.358	10:20	2.355
0.25		0.410		1.014		1.445		2.335
1.00		0.510		1.062		1.522		2.405
2.25		0.602		1.107		1.590		2.423
4.00		0.632		1.140		1.644		2.438
6.25		0.749		1.168		1.688		2.450
9.00		0.800		1.192		1.722		2.460
12.25		0.834		1.208		1.748		2.470
16.00		0.854		1.228		1.766		2.480
20.25		0.869		1.232		1.782		2.488
25.00		0.897		1.240		1.792		2.495
30.25		0.886		1.247		1.806		2.500
36.00		0.891		1.253		1.813		2.508
42.25		0.896		1.258		1.820		2.515
60.00	11:20	0.906		1.331		1.836		2.530
23h		0.962		1.355		1.945		2.636
24h		0.964		1.358		1.948		2.640
总变形量(mm)		0.964		1.358		1.948		2.640
仪器变形量(mm)		0.040		0.050		0.062		0.074
试样总变形量(mm)		0.924		1.308		1.886		2.564

表 T 0137-3　固结试验记录(三)

工程编号______________　　　　土样编号______________　　　　试验日期______________

试 验 者______________　　　　计 算 者______________　　　　校 核 者______________

试样原始高度 $h_0 = 20\text{mm}$

试验前孔隙比 $e_0 = 1.04$

$C_v = \dfrac{0.848\bar{h}^2}{t_{90}}$　　$C_v = \dfrac{0.197\bar{h}^2}{t_{50}}$　　$C_v = \dfrac{0.380\bar{h}^2}{t_{68}}$

加荷时间 (h)	压力 (kPa)	试样总变形量 (mm)	压缩后试样高度 (mm)	单位沉降量 (mm/m)	孔隙比	平均试样高度 (mm)	单位沉降量差 (mm/m)	压缩模量 (MPa)	压缩系数 (MPa^{-1})	排水距离 (cm)	固结系数 10^{-3} (cm^2/s)
	Δ	$\sum\Delta h_i$	$h = h_0 - \sum\Delta h_i$	$s_i = \dfrac{\sum\Delta h_i}{h_0} \times 1\,000$	$e_i = e_0 - \dfrac{s_i(1+e_0)}{1\,000}$	$\bar{h} = \dfrac{h_1 + h_2}{2}$	$s_2 - s_1$	E_s	a	$\bar{h} = \dfrac{h_1 + h}{4}$	C_v
0	0	0	20.000	0	1.04						
						19.537	46.3	1.03	1.80	0.977	2.18
24	50	0.926	19.074	46.3	0.95						
						18.883	19.1	2.45	0.80	0.944	2.02
24	100	1.308	18.692	65.4	0.91						
						18.403	28.9	3.14	0.60	0.920	1.90
24	200	1.886	18.114	94.3	0.85						
						17.775	33.9	5.15	0.35	0.896	1.62
24	400	2.564	17.436	128.2	0.78						
						17.053	38.3	8.70	0.20	0.889	1.61
24	800	3.330	16.670	166.5	0.70						

6　报告

6.1　土的鉴别分类和代号。

6.2　土的压缩系数 a_v(MPa^{-1})。

6.3　土的压缩模量 E_s(MPa)。

6.4　土的压缩指数 C_c。

6.5　土的回弹指数 C_s。

6.6　土的固结系数 C_v(cm^{-2}/s)。

6.7　原状土的先期固结压力 p_c(kPa)。

条文说明

1　固结试验(Consolidation Test)是以 Terzaghi 的单向固结理论为基础的。对于非饱和土,规定可用该试验中的方法测定压缩指标,不得用于测定固结系数。

2　固结试验所用固结仪的加荷设备,常用的是杠杆式和磅秤式。近年来,随着固结压力的增大,也有人采用气压式、液压式等。本规程采用杠杆式加荷设备。垂直变形测量设备一般用百分表,随着仪器自动化(数据自动采集),应采用灵敏度为零级的位移传感器。

在相同的试验条件下,高度不同的试样,所反映的各固结阶段的沉降量以及时间过程均有差异。本规程所用仪器直径为61.8mm和79.9mm,高度为20mm,径高比接近国外标准(3.5~4.0)。

3　根据工程实际需要,切取厚状土样或按(T 0102—2007)中2规定制备所需湿度密度的扰动土样。试样需要饱和时,应按(T 0102—2007)中7规定进行抽气饱和。

4　本规程规定每级荷载下固结24h作为稳定标准。

5　本规程介绍了单位沉降量 S、压缩系数 a_v、固结系数 C_v、压缩模量 E_s 和先期固结压力 p_c 等的确定方法。

T 0138—1993　快速试验法

1　目的和适用范围

本试验采用快速方法确定饱和黏质土的各项土性指标,是一种近似试验方法。

2　仪器设备

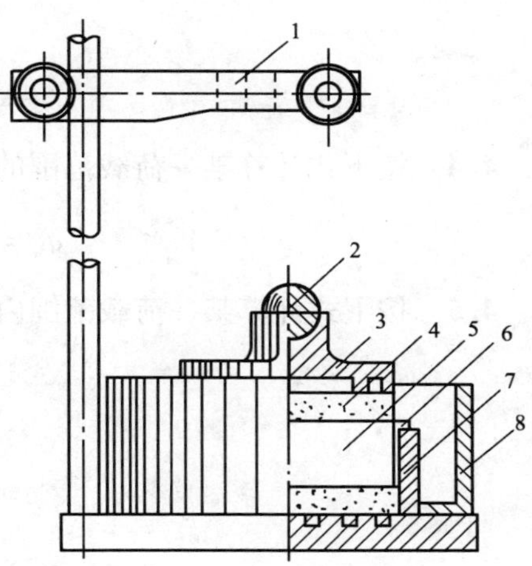

图 T 0138-1　固结仪

1-量表架;2-钢珠;3-加压上盖;4-透水石;5-试样;6-环刀;7-护环;8-水槽

2.1　固结仪:见图 T 0138-1,试样面积 30cm^2 和 50cm^2,高 2cm。

2.2　环刀:直径为 61.8mm 和 79.8mm,高度为 20mm。环刀应具有一定的刚度,内壁应保持较高的光洁度,宜涂一薄层硅脂或聚四氟乙烯。

2.3　透水石:由氧化铝或不受土腐蚀的金属材料组成,其透水系数应大于试样的渗透系数。用固定式容器时,顶部透水石直径小于环刀内径 0.2～0.5mm;当用浮环式容器时,上下部透水石直径相等。

2.4　变形量测设备:量程 10mm,最小分度为 0.01mm 的百分表或零级位移传感器。

2.5　其他:天平、秒表、烘箱、钢丝锯、刮土刀、铝盒等。

3　试验步骤

3.1　在切好土样的环刀外壁涂一薄层凡士林,然后将刀口向下放入护环内。

3.2　将底板放入容器内,底板上放透水石、滤纸,借助提环螺丝将土样环刀及护环放入容器中,土样上面覆滤纸、透水石,然后放下加压导环和传压活塞,使各部密切接触,保持平稳。

3.3　将压缩容器置于加压框架正中,密合传压活塞及横梁,预加 1.0kPa 压力,使固结仪各部分紧密接触,装好百分表,并调整读数至零。

3.4　去掉预压荷载,立即加第一级荷载。加砝码时应避免冲击和摇晃,在加上砝码的同时,立即开动秒表。荷载等级一般规定为 50kPa、100kPa、200kPa、300kPa 和 400kPa。有时根据土的软硬程度,第一级荷载可考虑用 25kPa。

3.5　如系饱和试样,则在施加第一级荷载后,立即向容器中注水至满。如系非饱和试样,须以湿棉纱围住上下透水面四周,避免水分蒸发。

3.6　如需确定原状土的先期固结压力时,荷载率宜小于 1,可采用 0.5 或 0.25 倍,最后一级荷载应大于 1 000kPa,使 e—lg$p$ 曲线下端出现直线段。

3.7　一般按 0s、15s、1min、2min、4min、6min、9min、12min、16min、20min、25min、35min、45min、60min,至稳定为止。各级荷载下的压缩时间规定为 1h,最后一级荷载下加读到稳定沉降时的读数。固结稳定的标准是最后 1h 变形量不超过 0.01mm。

当不需测定沉降速度时,则施加每级压力后 24h,测记试样高度变化作为稳定标准。当试样渗透系数大于 10^{-5}cm/s 时,允许以主固结完成作为相对稳定标准。按此步骤逐级加压至试验结束。

注:测定沉降速率仅适用于饱和土。

3.8　试验结束后拆除仪器,小心取出完整土样,称其质量,并测定其终结含水率(如不需测定试验后的饱和度,则不必测定终结含水率),并将仪器洗干净。

4　结果整理

4.1　按下式计算试验开始时的孔隙比:

$$e_0=\frac{\rho_s(1+0.01w_0)}{\rho_0}-1 \quad (T\ 0138\text{-}1)$$

4.2 按下式计算单位沉降量：

$$S_i=\frac{\sum\Delta h_i}{h_0}\times 1\ 000 \quad (T\ 0138\text{-}2)$$

4.3 按下式计算各级荷载下变形稳定后的孔隙比 e_i：

$$e_i=e_0-(1+e_0)\times\frac{S_i}{1\ 000} \quad (T\ 0138\text{-}3)$$

4.4 按下式计算某一荷载范围的压缩系数 m_v：

$$a_v=\frac{e_i-e_{i+1}}{p_{i+1}-p_i}=\frac{(S_{i+1}-S_i)(1+e_0)/1\ 000}{p_{i+1}-p_i} \quad (T\ 0138\text{-}4)$$

4.5 按下式计算某一荷载范围内的压缩模量 E_s 和体积压缩系数 m_v：

$$E_s=\frac{p_{i+1}-p_i}{(S_{i+1}-S_i)/1\ 000} \quad (T\ 0138\text{-}5)$$

$$m_v=\frac{1}{E_s}=\frac{a_v}{1+e_0} \quad (T\ 0138\text{-}6)$$

上列各式中：E_s——压缩模量(kPa)，计算至 0.01；

m_v——体积压缩系数(kPa^{-1})，计算至 0.01；

a_v——压缩系数(kPa^{-1})，计算至 0.01；

e_0——试验开始时试样的孔隙比，计算至 0.01；

ρ_s——土粒密度(数值上等于土粒比重)(g/cm^3)；

w_0——试验开始时试样的含水率(%)；

ρ_0——试验开始时试样的密度(g/cm^3)；

S_i——某一级荷载下的沉降量(mm/m)，计算至 0.1；

$\Sigma\Delta h_i$——某一级荷载下的总变形量，等于该荷载下百分表读数(即试样和仪器的变形量减去该荷载下的仪器变形量，mm)；

h_0——试样起始时的高度(mm)；

e_i——某一荷载下压缩稳定后的孔隙比，计算至 0.01；

p_i——某一荷载值(kPa)。

4.6 以单位沉降量 S_i 或孔隙比 e 为纵坐标，以压力 p 为横坐标，作单位沉降量或孔隙比与压力的关系曲线，如图 T 0138-2 所示。

4.7 按下式计算压缩指数 C_c 及回弹指数 C_s：

$$C_c(\text{或}\ C_s)=\frac{e_i-e_{i+1}}{\lg p_{i+1}-\lg p_i} \quad (T\ 0138\text{-}7)$$

4.8 按下述方法求固结系数 C_v。

4.8.1 求某一压力下固结度为 90% 的时间 t_{90}。

以百分数表读数 d(mm)为纵坐标，时间平方根$\sqrt{t}$(min)为横坐标，作 d—$\sqrt{t}$曲线，如图 T 0138-3。延长 d—$\sqrt{t}$曲线开始段的直线，交纵坐标轴于 d_s(理论零点)。过 d_s 作另一直线，令其横坐标为前一直线横坐标的 1.15 倍，则后一直线与 d—$\sqrt{t}$曲线交点所对应的时间平方即为固结度达 90% 所需的时间 t_{90}，C_v 按下式计算：

$$C_v=\frac{0.848\ \bar{h}^2}{t_{90}} \quad (T\ 0138\text{-}8)$$

式中：C_v——固结系数（cm^2/s），计算至三位有效数字；

$$\bar{h}=\frac{h_1+h_2}{4} \tag{T 0138-9}$$

$\bar{h}$——计算至 0.01，即等于某一荷载下试样初始与终了高度的平均值之半。

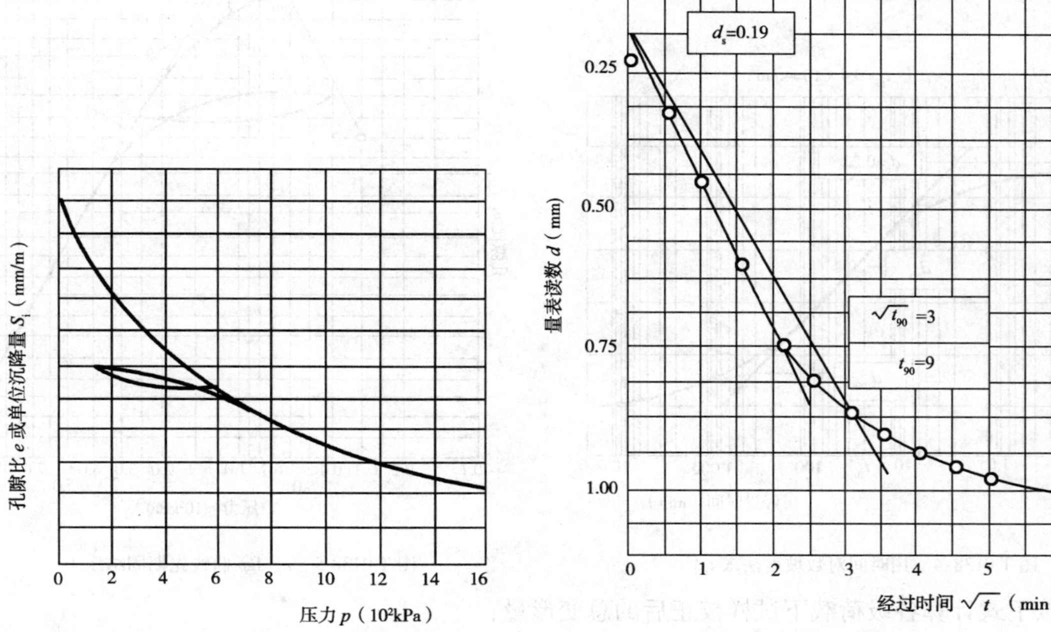

图 T 0138-2　S_i（或 e）—p 关系曲线　　　图 T 0138-3　用时间平方根法求 t_{90}

4.8.2　求某一荷载下固结度为 68% 的 t_{68}。

以百分表读数 d(mm) 为纵坐标，以时间的常用对数 $\lg t$(min) 为横坐标，在半对数纸上作 d—$\lg t$ 曲线，如图 T 0138-4 所示。在曲线开始部分选择任意时间 t_1，查到相应的百分数读数 d_1，又在 $t_2=\frac{t_1}{4}$ 处查得另一相应的百分表读数 d_2，$2d_2-d_1$ 之值为 d_{s1}。如此另在曲线开始部分以同法求得 d_{s2}、d_{s3}、d_{s4} 等，取其平均值，得理论零点 d_s。通过 d_s 作一水平线，然后向上延长曲线中的直线段，两直线交点的横坐标乘以 10 即得 t_{68}，则：

$$C_v=\frac{0.380\,\bar{h}^2}{t_{68}} \tag{T 0138-10}$$

式中：C_v——固结系数（cm^2/s），计算至三位有效数字。

4.8.3　求某一荷载下固结度为 50% 的 t_{50}。

同上法求得理论零点 d_s 后，延长 d—$\lg t$ 曲线的中部直线段和通过曲线尾部数点作一切线的交点即为理论终点为 d_{100}，则

$$d_{50}=\frac{d_0+d_{100}}{2}$$

对应于 d_{50} 的时间即为固结度等于 50% 的时间 t_{50}，则

$$C_v=\frac{0.197\,\bar{h}^2}{t_{50}} \tag{T 0138-11}$$

式中：C_v——固结系数（cm^2/s），计算至三位有效数字。

4.9　按下述方法确定原状土的先期固结压力 p_c。

作 e—$\lg p$ 曲线（图 T 0138-5），在曲线上首先找出最小曲率半径 R_{min} 的 O 点，通过 O 点作水平线以

OA、切线 OB 及 AOB 的分角线 OD，OD 与曲线的直线 C 的延长线交于 E 点，则对应于 E 点的压力值即为先期固结压力 p_c。

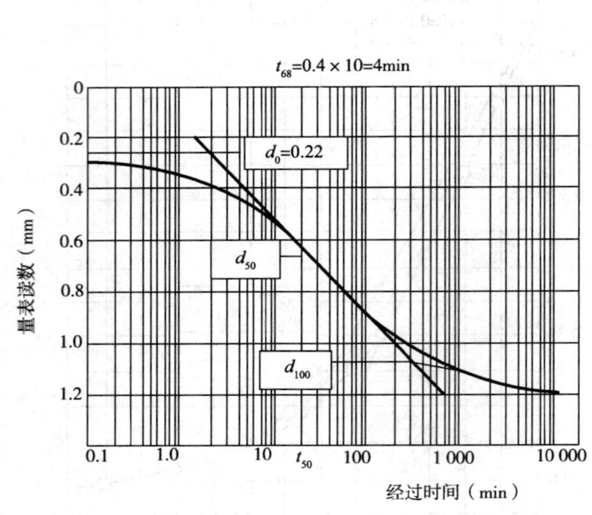

图 T 0138-4　用时间对数坡度法求 t_{68}

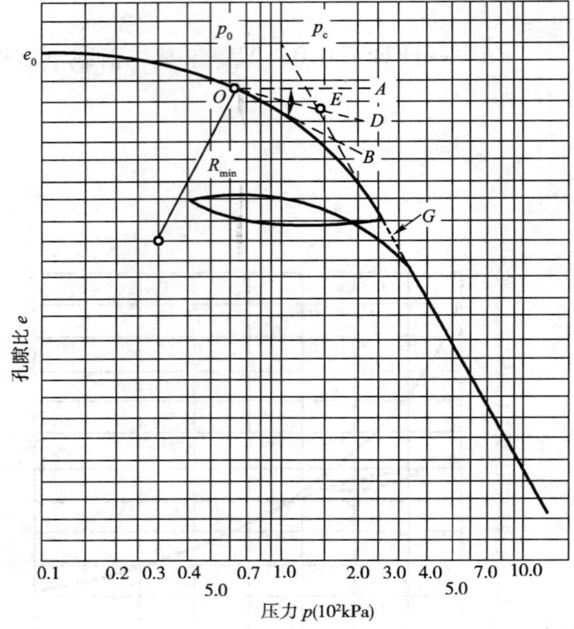

图 T 0138-5　e—lgp 曲线先期固结压力

4.10　按下式计算各级荷载下试样校正后的总变形量：

$$\Sigma\Delta h_i=(h_i)_t\frac{(h_n)_T}{(h_n)_t}=K(h_i)_t \tag{T 0138-12}$$

式中：$\Sigma\Delta h_i$——某一荷载下校正后的总变形量（mm）；

$(h_i)_t$——同一荷载下压缩 1h 的总变形量减去该荷载下的仪器变形量（mm）；

$(h_n)_t$——最后一级荷载下压缩 1h 的总变形量减去该荷载下的仪器变形量（mm）；

$(h_n)_T$——最后一级荷载下达到稳定标准的总变形量减去该荷载下仪器变形量（mm）；

K——大于 1 的校正系数，$K=\frac{(h_n)_T}{(h_n)_t}$。

4.11　本试验记录见表 T 0138-1～表 T 0138-3。

表 T 0138-1　固结试验记录（一）

工程编号________________　　　　试 验 者________________

土样编号________________　　　　计 算 者________________

取土深度________________　　　　校 核 者________________

土样说明________________　　　　试验日期________________

含 水 试 验

试样情况		盒号	盒＋湿土质量（g）	盒＋干土质量（g）	盒质量（g）	水质量（g）	干土质量（g）	含水率（%）
			(1)	(2)	(3)	(4)	(5)	(6)
			(1)	(2)	(3)	(1)－(2)	(2)－(3)	$\frac{(4)}{(5)}\times100$
试验前	饱和前							
	饱和后（或饱和土）		22.17 17.50	17.94 14.61	7.0 7.0	4.23 2.89	10.94 7.61	38.7　平均 38.0　38.4
试验后			127.8	102.6	16.2	25.2	86.4	29.2

密度试验　　　　续上表

试样情况		环刀+土质量 (g)	环刀质量 (g)	土质量 (g)	试样体积 (cm^3)	密度 (g/cm^3)
		(1)	(2)	(3)	(4)	(5)
		(1)	(2)	(1)-(2)	(4)	(3)÷(4)
试验前	饱和前					
	饱和后(或饱和土)	166.3	46.5	119.8	64.4	1.86
试验后		158.1	46.5	111.6	57.0	1.96

孔隙比及饱和度计算 $G_s=2.75$

试样情况		试验前	试验后
含水率	(%)	38.4	29.2
密度	(g/cm^3)	1.86	1.96
孔隙比		1.046	0.813
饱和度	(%)	100	100

表 T 0138-2　固结试验记录(二)

工程编号____________　土样编号____________　试验者____________
仪器编号____________　土样说明____________　试验日期____________

经过时间(min)	压力(kPa) 50		100		200		400	
	时间	读数	时间	读数	时间	读数	时间	读数
0.00	10:20	0	10:20	0.964	10:20	1.358	10:20	2.355
0.25		0.410		1.014		1.445		2.335
1.00		0.510		1.062		1.522		2.405
2.25		0.602		1.107		1.590		2.423
4.00		0.632		1.140		1.644		2.438
6.25		0.749		1.168		1.688		2.450
9.00		0.800		1.192		1.722		2.460
12.25		0.834		1.208		1.748		2.470
16.00		0.854		1.228		1.766		2.480
20.25		0.869		1.232		1.782		2.488
25.00		0.897		1.240		1.792		2.495
30.25		0.886		1.247		1.806		2.500
36.00		0.891		1.253		1.813		2.508
42.25		0.896		1.258		1.820		2.515
60.00	11:20	0.964		1.358		1.948		2.530
23h		0.962		1.355		1.945		2.636
24h		0.964		1.358		1.948		2.640
总变形量(mm)		0.964		1.358		1.948		2.640
仪器变形量(mm)		0.040		0.050		0.062		0.074
试样总变形量(mm)		0.924		1.308		1.886		2.564

表 T 0138-3　快速法固结试验记录

工程编号________　　试验者________

土样说明________　　计算者________

试验日期________　　校核者________

试样原始高度 $h_0=20\text{mm}$　　$K=\frac{(h_n)_T}{(h_n)_t}=1.031$

加荷时间 (h)	压力 (kPa)	校正前试样总变形量 (mm)	校正后试样总变形量 (mm)	压缩后试样高度 (mm)	单位沉降量 (mm/m)	备注
	p	$(h_i)_t$	$\sum\Delta h_i=K(h_i)_t$	$h=h_0-\sum\Delta h_i$	$S_i=\frac{\sum\Delta h_i}{h}\times 1\,000$	
1	50	1.20	1.24	18.76	62	
1	100	1.98	2.04	17.96	102	
1	200	2.76	2.85	17.15	142	
1	400	3.53	3.64	16.36	182	
1	800	4.24	4.37	15.63	219	
稳定	800	4.37				

5　报告

5.1　土的鉴别分类和代号；

5.2　土的压缩系数 a_v（MPa^{-1}）。

5.3　土的压缩模量 E_s（MPa）。

5.4　土的压缩指数 C_c。

5.5　土的回弹指数 C_s。

5.6　土的固结系数 C_v（cm^{-2}/s）。

5.7　原状土的先期固结压力 p_c（kPa）。

条文说明

1～3　快速试验法是每级荷载下固结 1h，最后一级荷载固结 24h，以两者变形之比作为校正系数校正变形量。考虑到公路部门在修建高等级公路时，需采集大量土样做固结试验，如规定均按常规方法进行，则试验时间将会拖得很长，不能满足实际工作需要，故本规仍保留快速试验法。

20 土的标准吸湿含水率试验

T 0172—2007 标准吸湿含水率试验

1 目的和适用范围

本试验方法适用于在温度为20℃ ±2℃、相对湿度为60% ±5%标准条件下,进行土样标准吸湿含水率的测定,同时也可间接确定土样或水泥等细粒材料比表面等性质。

2 仪器设备

2.1 烘箱:可采用电热烘箱或温度能保持在105～110℃下的其他能源烘箱,也可用红外线烘箱。

2.2 天平:感量0.001g。

2.3 称量盒:采用铝盒。土样水分蒸发速度与铝盒的直径成正相关,与铝盒的高度成反相关。以直径不大于6cm,高度不大于1.5cm为宜。

2.4 试验装置:盛有氯化钙或其他干燥剂的干燥缸;或恒温恒湿箱等。

3 试剂

用蒸馏水配置溴化钠饱和盐溶液1 000mL 。溴化钠饱和盐溶液中可以略有结晶,充分保证盐溶液处于饱和状态。

4 试验步骤

4.1 干燥缸法

4.1.1 将洁净的铝盒置于105～110℃恒温下烘3～4h,取出在干燥缸中冷却至室温,立即称量。如此反复操作,直至恒质重为止(前后两次质量相差不大于0.001g),记下铝盒质量。

4.1.2 取具有代表性的天然土体试样约4g,土样应用小刀切削为薄片状,置于已知质量(m_0)的小铝盒中,将土样平铺盒底,盖紧盒盖称量盒与湿土总质量(m_1)。

4.1.3 揭开盒盖,直接将装有土样的小铝盒放置在饱和盐溶液上的多孔板上。

4.1.4 每天取出土样测读一次读数,记下盒与湿土总质量,直到试样恒质量为止,测记吸湿后盒与恒定湿土总质量(m_2),准确至0.001g。

4.1.5 将恒质量的土样放入烘箱中,在温度105～110℃恒温下烘焙8h。

4.1.6 取出铝盒,将盒盖盖好,放入盛有$CaCl_2$的干燥器中放置冷却至室温(一般只需0.5～1h即可),立即称量。

4.1.7 再将铝盒放入烘箱中,在温度105～110℃恒温下烘焙3～4h。取出铝盒,将盒盖盖好,放入盛有$CaCl_2$的干燥器中放置冷却至室温,立即称量。如此反复操作直至恒质量为止,记下质量(m_3),准确至0.001g。

4.2 恒温恒湿箱法

4.2.1 将溴化钠饱和盐溶液1 000mL放置于恒温恒湿箱底部。

4.2.2 将洁净的铝盒置于105～110℃恒温下烘3～4h,取出在干燥缸中冷却至室温,立即称量。如此反复操作,直至恒量为止(前后两次质量相差不大于0.001g),记下铝盒质量。

4.2.3 取具有代表性的天然土体试样约4g,土样应用小刀切削为薄片状,置于已知质量(m_0)的小铝盒中，将土样平铺盒底，盖紧盒盖称量盒与湿土总质量(m_1)。

4.2.4 揭开盒盖，将装有土样的铝盒放入恒温恒湿箱中。

4.2.5 盖上恒湿箱盖板，使之密封。

4.2.6 每天取出土样测读一次读数，记下盒与湿土总质量，直到试样恒质量为止，测记吸湿后盒与恒定湿土总质量(m_2)，准确至0.001g。

4.2.7 将恒质量的土样放入烘箱中，在温度105~110℃恒温下烘焙8h。

4.2.8 取出铝盒，将盒盖盖好，放入盛有$CaCl_2$的干燥器中放置冷却至室温(一般只需0.5~1h即可)，立即称量。

4.2.9 再将铝盒放入烘箱中，在温度105~110℃恒温下烘焙3~4h。取出铝盒，将盒盖盖好，放入盛有$CaCl_2$的干燥器中放置冷却至室温，立即称量。如此反复操作直至恒质量为止，记下质量(m_3)，准确至0.001g。

5 结果整理

5.1 按下式计算标准吸湿含水率

$$w_a = \frac{m_2 - m_3}{m_3 - m_0} \times 100 \quad \text{(T 0172-1)}$$

式中：w_a——标准吸湿含水率(%)，计算至0.01；

m_0——铝盒质量(g)；

m_2——吸湿后盒与湿土总质量(g)；

m_3——烘干后的盒与土总质量(g)；

$m_2 - m_3$——最大吸湿水质量(g)；

$m_3 - m_0$——试验干土质量(g)。

5.2 本试验记录格式如表T 0172-1。

表T 0172-1 标准吸湿含水率记录表

工程编号＿＿＿＿＿＿　　试 验 者＿＿＿＿＿＿

土样编号＿＿＿＿＿＿　　计 算 者＿＿＿＿＿＿

取土深度　　校 核 者＿＿＿＿＿＿

土样说明＿＿＿＿＿＿　　试验日期＿＿＿＿＿＿

盒号			134	
吸湿后盒+湿土总质量	m_2	(g)	35.605	35.451
烘干后盒+干土总质量	m_3	(g)	34.162	34.023
盒质量	m_0	(g)	20.000	20.000
最大吸水质量	$m_2 - m_3$	(g)	1.443	1.428
干土质量	$m_3 - m_0$	(g)	14.162	14.023
标准吸湿含水率	w_a	(%)	10.19	10.18
平均标准吸湿含水率	$\overline{w}_a$	(%)	10.19	

5.3 精密度和允许差。

本试验需要进行平行测定，平行试验容许误差0.2%，取算术平均值。

6 报告

6.1 土的鉴别分类和代号。

6.2 土的标准吸湿含水率w_a(%)值。

条文说明

本试验方法系中交第二公路勘察设计研究院2002~2004年西部交通建设科技项目“膨胀土地区公路勘察设计技术研究”的研究成果。针对该试验，中交第二公路勘察设计研究院获得了两项专利。

本试验有两种试验装置，一种是采用干燥缸试验，另一种是采用恒温恒湿箱试验。通常建议采用干燥缸试验方法。

采用干燥缸试验的最大优点是湿度可以很准确地控制。试验温度由室温控制。室内安装两台双制式空调即可解决室内温度控制问题。

采用恒温恒湿箱试验，将土样放置在恒温恒湿箱中，将恒温恒湿箱设置为控制的标准温度(20℃ ±2℃)和标准湿度(60% ±5%)，土样恒重的含水率即为最大吸湿含水率。为了加快试验进度，可在恒温恒湿箱中增加空气对流装置。这种试验装置最大的优点是试验温度和湿度能够比较精确地控制，标准吸湿含水率的测定变得非常简单。不足的是，恒温恒湿箱在保湿养护试验过程中喷淋可能会对试样有影响，此外试验设备比较昂贵。

21 黄土湿陷试验

T 0139—2007 相对下沉系数试验

1 目的和适用范围

本试验的目的是测定黄土(黄土类土)的大孔隙比和相对下沉系数。

2 仪器设备

2.1 固结仪:见图 T 0139-1,试样面积 30cm^2 和 50cm^2,高 2cm。

2.2 环刀:直径为 61.8mm 和 79.8mm,高度为 20mm。环刀应具有一定的刚度,内壁应保持较高的光洁度,宜涂一薄层硅脂或聚四氟乙烯。

2.3 透水石:由氧化铝或不受土腐蚀的金属材料组成,其透水系数应大于试样的渗透系数。用固定式容器时,顶部透水石直径小于环刀内径 0.2 ~ 0.5mm;当用浮环式容器时,上下部透水石直径相等。

2.4 变形量测设备:量程 10mm,最小分度为 0.01mm 的百分表或零级位移传感器。

2.5 其他:天平、秒表、烘箱、钢丝锯、刮土刀、铝盒等。

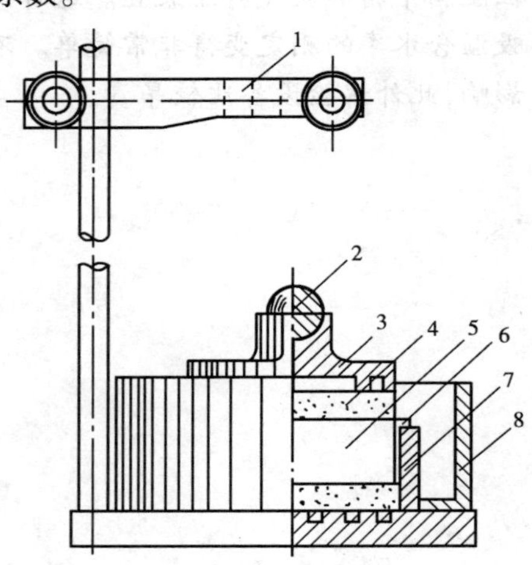

图 T 0139-1 固结仪

1-量表架;2-钢珠;3-加压上盖;4-透水石;5-试样;6-环刀;7-护环;8-水槽

3 试样

为判定黄土(黄土类土)的下沉性质,应切取三个原状土样。切土时应使土样受荷方向与天然土层受荷方向一致,并记录和描述土样的层次、颜色和有无杂质等。各试样间的密度差值不得大于 0.03g/cm^3,并测定试样含水率。

4 试验步骤

4.1 单线法

4.1.1 切取 5 个环刀试样,分别将切好的原状土样的环刀外壁涂一薄层凡士林,然后将刀口向下放入护环内。

4.1.2 将底盘放入容器内,底盘上放透水石和滤纸,借助提环螺丝将护环放入容器中,土样上面覆以滤纸和透水石,然后放下加压导环和传压活塞,使各部密切接触,保持平衡。

4.1.3 将加压容器置于加压框架正中,密合传压活塞及横梁,预加 1.0kPa 的压力,使固结仪各部密切接触,装好百分表,并调整读数至零。

4.1.4 对 5 个试样均在天然湿度下分级加压,分别加至不同的规定压力,按下述进行试验,直至试样湿陷变形稳定为止。

(1)去掉预加荷载,立即加上第一级荷载 50kPa,在加上砝码的同时开动秒表,按下述时间读百分表读数:10min、20min、30min,以后每 1h 读数一次,直至达到稳定沉降为止。然后加第二级荷载。沉降稳定的标准是每小时变形量不超过 0.01mm。

(2)第二级荷载为100kPa,以后顺次为150kPa、200kPa、400kPa,加压间隔为50kPa。荷载加上后,按本试验4.1.4(1)规定的时间记录百分表读数至沉降稳定为止。

(3)5个试样分别在最后一级压力下,达到沉降稳定,稳定标准为每小时变形不大于0.01mm。而后自试样顶面加水,按本试验4.1.4(1)规定的时间间隔记录百分表读数至再度达沉降稳定。稳定标准为每3d变形不大于0.01mm。

4.1.5 记读最后一级荷载下达到假定沉降后的百分表读数。拆除仪器,取下试样,测定其含水率和干密度。

4.1.6 如须测定大孔隙比与压力的关系,用从同一块土切取的另外两个性质相同土样,测定其密度和含水率。并按上述步骤安装仪器并进行试验。但第一个试样在整个过程中应保持其天然含水率。为此,需用湿棉花覆盖在传压活塞周围。第二个试样在50kPa压力下达到沉降稳定,稳定标准为每小时变形不大于0.01mm。而后自试样顶面加水,直至试样分别在各级压力下浸水变形稳定。稳定标准为每3d变形不大于0.01mm。

4.1.7 为求实际压力下的大孔隙比及相对下沉系数,可按本试验4.1.4(2)和(3)以及4.1.5步骤进行试验,求大孔隙比及相对下沉系数的实际最大值。

4.1.8 试验完毕,放掉容器的积水,拆除仪器,取出土样。在试样中心处取土测定其含水率。

4.2 双线法

4.2.1 切取两个环刀试样,分别将切好的原状土样的环刀外壁涂一薄层凡士林,然后将刀口向下放入护环内。

4.2.2 将底盘放入容器内,底盘上放透水石和滤纸,借助提环螺丝将护环放入容器中,土样上面覆以滤纸和透水石,然后放下加压导环和传压活塞,使各部密切接触,保持平衡。

4.2.3 将加压容器置于加压框架正中,密合传压活塞及横梁,预加1.0kPa的压力,使固结仪各部密切接触,装好百分表,并调整读数至零。

4.2.4 一个试样在天然湿度下按下述分级加压,直至湿陷变形稳定为止。

(1)去掉预加荷载,立即加上第一级荷载50kPa,在加上砝码的同时开动秒表,按下述时间读百分表读数:10min、20min、30min,以后每1h读数一次,直至达到稳定沉降为止。然后加第二级荷载。沉降稳定的标准是每小时变形量不超过0.01mm。

(2)第二级荷载为100kPa,以后顺次为150kPa、200kPa、400kPa,加压间隔为50kPa。荷载加上后,按本试验4.2.4(1)规定的时间记录百分表读数至沉降稳定为止。

(3)试样在最后一级压力下,达到沉降稳定,稳定标准为每小时变形不大于0.01mm。再自试样顶面加水,按本试验4.2.4(1)规定的时间间隔记录百分表读数至再度达浸水沉降稳定。稳定标准为每3d变形不大于0.01mm。

4.2.5 另一个试样在天然湿度下施加第一级压力50kPa,按4.2.4(1)规定的时间间隔记录百分表读数,直至变形稳定,稳定标准为每小时变形不大于0.01mm。而后浸水,再分级加压、记录百分表读数,直至试样在各级压力下浸水变形稳定为止。稳定标准为每3d变形不大于0.01mm。

4.2.6 记读最后一级荷载下达到假定沉降后的百分表读数。拆除仪器,取下试样,测定其含水率和干密度。

4.2.7 为求实际压力下的大孔隙比及相对下沉系数,可按本试验4.2.4(2)和(3)以及4.2.6步骤进行试验,并在加荷至计算压力下浸水,求其在该荷载下的大孔隙比及相对下沉系数,或在不同荷载下进行试验,求大孔隙比及相对下沉系数的实际最大值。

4.2.8 试验完毕,放掉容器的积水,拆除仪器,取出土样。在试样中心处取土测定其含水率。

5 结果整理

5.1 按下式计算试样的孔隙比:

$$e=\frac{h}{h_s}-1 \qquad (T\ 0139\text{-}1)$$

$$h_s = \frac{h_0}{1+e_0} \quad \text{(T 0139-2)}$$

式中：e——试样的孔隙比，计算至0.001；

e_0——试验开始时试样的孔隙比；

h_s——试样土粒体积高度，计算至0.001(mm)；

h——试样高度(mm)；

h_0——试验开始时试样的高度(mm)。

5.2 按下式计算大孔隙比(见图 T 0139-2)：

$$e_m = e_p - e'_p \quad \text{(T 0139-3)}$$

式中：e_m——大孔隙比，计算至0.001；

e_p——p(kPa)压力时浸水前试样的稳定孔隙比；

e'_p——p(kPa)压力时浸水后试样的稳定孔隙比。

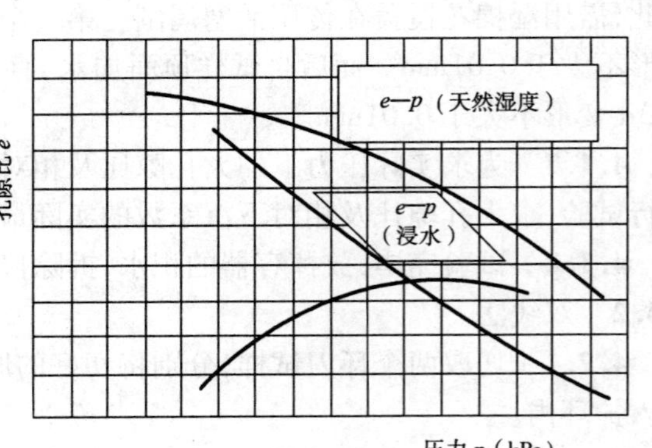

图 T 0139-2 e—p 和 e_m—p 关系曲线

5.3 按下列计算相对下沉系数：

$$i_m = \frac{e_m}{1+e_0} \quad \text{(T 0139-4)}$$

式中：i_m——相对下沉系数，计算至0.01；

e_m——大孔隙比；

e_0——试验开始时孔隙比。

5.4 本试验记录格式如表 T 0139-1。

6 报告

6.1 土的鉴别分类和代号。

6.2 黄土的大孔隙比 e_m 值。

6.3 黄土的相对下沉系数 i_m 值。

表 T 0139-1 黄土湿陷试验记录(相对下沉系数)

工程编号________ 试 验 者________

取土深度________ 计 算 者________

土样编号________ 校 核 者________

土样描述________ 试验日期________

试样原始高度 $h_0 = 20$mm

试样原始孔隙比 $e_0 = 1.114$

试样土粒体积高度 $h_s = \frac{h_0}{1+e_0} = 9.461$mm

压力 (kPa)	50		100		150		200		200（在浸水下）	
	时间	读数	时间	读数	时间	读数	时间	读数	时间	读数
测值	9:30	0.000	11:00	0.250	13:00	0.408	15:30	0.570	18:00	0.766
	9:40	0.223	11:10	0.378	13:10	0.527	15:40	0.700	18:10	2.030
	9:50	0.240	11:20	0.389	13:20	0.541	15:50	0.720	18:20	2.070
	10:00	0.242	11:30	0.391	13:30	0.549	16:00	0.730	18:30	2.090
	10:30	0.247	12:00	0.400	14:00	0.558	16:30	0.749	19:00	2.118
	11:00	0.250	12:30	0.405	14:30	0.563	17:00	0.756	19:30	2.135
			13:00	0.408	15:00	0.568	17:30	0.761	20:00	2.143
					15:30	0.570	18:00	0.766	20:30	2.150
									21:00	2.157
									23:00	2.160

续上表

压力 (kPa)	50		100		150		200		200（在浸水下）	
	时间	读数	时间	读数	时间	读数	时间	读数	时间	读数
总变形量 (mm)	0.250		0.408		0.570		0.766		2.160	
仪器变形量 (mm)	0.021		0.029		0.034		0.037		0.037	
试样变形量 (mm)	0.229		0.279		0.536		0.729		2.123	
试样高度 h(mm)	19.771		19.621		19.464		19.271		17.877	
孔隙比 e	1.090		1.074		1.057		1.037		0.89	
大孔隙比 e_m	$e_m = e_p - e'_p = 1.037 - 0.89 = 0.147$									
相对下沉系数 i_m	$i_m = \frac{e_m}{1+e_0} = \frac{0.147}{1+1.114} = 0.07$									

条文说明

黄土为第四纪沉积物，由于成因的不同，历史条件、地理条件的改变以及区域性自然气候条件的影响，使黄土的外部特性、结构特性、物质成分以及物理、化学、力学特性均不相同。本试验将原生黄土、次生黄土、黄土状土及新近堆积黄土统称为黄土类土。因为它们具有某些共同的变形特性，需要通过压缩试验来测定。

压缩变形与湿陷变形的含义不同。压缩变形是指黄土在载荷作用下含水率不变时的垂直变形。这种变形相当于黄土地基未经处理，当建筑物施工时，含水率变化很小，主要是载荷增加所产生的垂直变形。而湿陷变形是指黄土在荷重和浸水共同作用下，由于结构遭破坏产生显著的湿陷变形，这是黄土的重要特性。湿陷系数大于或等于0.015时，称为湿陷性黄土；当湿陷系数小于0.015时，称非湿陷性黄土。

1　黄土湿陷性指标的测定，国内外都沿用单线、双线两种方法。单线法比双线法更适用于黄土变形的实际情况。双线法简便，工作量小，但与变形的实际情况不完全符合，故以单线法为标准方法。

2　黄土相对下沉系数试验所用的加荷设备，常用的有杠杆式和磅秤式。近年来，随着压缩应力的增大，也有人采用气压式、液压式等。本试验采用杠杆式加荷设备。垂直变形测量设备一般用百分表，随着仪器自动化（数据自动采集），应采用灵敏度为零级的位移传感器。

在相同的试验条件下，高度不同的试样，所反映的各下沉变形阶段的沉降量以及时间过程均有差异。本试验所用仪器直径为61.8mm和79.9mm，高度为20mm，径高比接近国外标准（3.5～4.0）。

3　为测定黄土的湿陷性指标，一般应切取三个原状土样，一个试样用于测定孔隙比或垂直变形与压力的关系，另两个试样用于测定大孔隙比与压力的关系。

4　浸水压力和湿陷系数是划分湿陷等级的主要指标，工业与民用建筑物地基的基底压力大多在200kPa以下，采用200kPa的浸水压力接近实际荷载。因此，以200kPa的浸水压力作为评定湿陷系数的标准。

黄土颗粒间的黏性机理与黏土不同，故对黄土的压缩变形和湿陷变形，一般均采用每小时变形量不大于0.01mm为稳定标准。

5　本试验方法采用大孔隙比和相对下沉系数作为黄土湿陷性指标。两者从不同角度表征黄土的湿陷特性。

T 0173—2007　自重湿陷系数试验

1　目的和适用范围

本试验的目的是测定黄土（黄土类土）的自重湿陷系数。

2　仪器设备

2.1　固结仪：见图 T 0173-1，试样面积 $30cm^2$ 和 $50cm^2$，高 2cm。

2.2　环刀：直径为 61.8mm 和 79.8mm，高度为 20mm。环刀应具有一定的刚度，内壁应保持较高的光洁度，宜涂一薄层硅脂或聚四氟乙烯。

2.3　透水石：由氧化铝或不受土腐蚀的金属材料组成，其透水系数应大于试样的渗透系数。用固定式容器时，顶部透水石直径小于环刀内径 0.2～0.5mm；当用浮环式容器时，上下部透水石直径相等。

2.4　变形量测设备：量程 10mm，最小分度为 0.01mm 的百分表或零级位移传感器。

2.5　其他：天平、秒表、烘箱、钢丝锯、刮土刀、铝盒等。

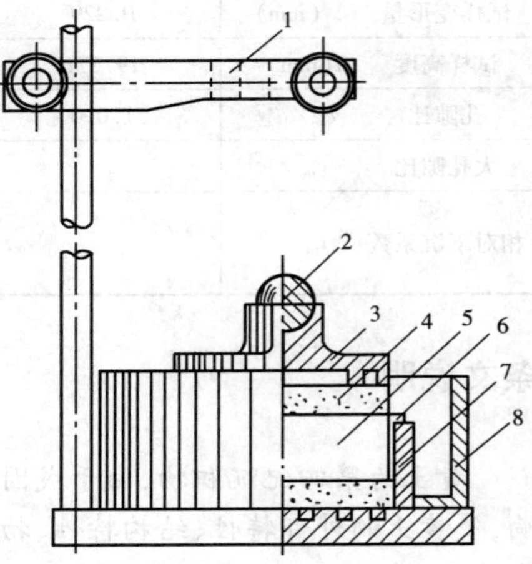

图 T 0173-1　固结仪

1-量表架；2-钢珠；3-加压上盖；4-透水石；5-试样；6-环刀；7-护环；8-水槽

3　试验步骤

3.1　原状土试件制备

3.1.1　按土样上下层次小心开启原状土包装皮，将土样取出放正，整平两端。在环刀内壁涂一薄层凡士林，刀口向下，放在土样上。无特殊要求时，切土方向应与天然土层层面垂直。

3.1.2　将试验用的切土环刀内壁涂一薄层凡士林，刀口向下，放在试件上，用切土刀将试件削成略大于环刀直径的土柱。然后将环刀垂直向下压，边压边削，至土样伸出环刀上部为止，削平环刀两端，擦净环刀外壁，称环土合质量，准确至 0.1g，并测定环刀两端所削下土样的含水率。试件与环刀要密合，否则应重取。

切削过程中，应细心观察并记录试件的层次、气味、颜色，有无杂质，土质是否均匀，有无裂缝等。

如连续切取数个试件，应使含水率不发生变化。

视试件本身及工程要求，决定试件是否进行饱和。如不立即进行试验或饱和时，则将试件暂存于保湿器内。

切取试件后，剩余的原状土样用蜡纸包好置于保湿器内，以备补做试验之用。切削的余土做物理性试验。平行试验或同一组试件密度差值不大于 $\pm 0.1g/cm^3$，含水率差值不大于 2%。

3.2　单线法

3.2.1　切取 5 个环刀试样，分别将切好的原状土样的环刀外壁涂一薄层凡士林，然后将刀口向下放入护环内。

3.2.2　将底盘放入容器内，底盘上放透水石和滤纸，借助提环螺丝将护环放入容器中，土样上面覆以滤纸和透水石，然后放下加压导环和传压活塞，使各部密切接触，保持平衡。

3.2.3　将加压容器置于加压框架正中，密合传压活塞及横梁，预加 1.0kPa 的压力，使固结仪各部密切接触，装好百分表，并调整读数至零。

3.2.4　将土的饱和自重压力大致均分规定为 5 级压力，分别施加在 5 个试样上。当施加的压力小于或等于 50kPa 时，可一次施加；当压力大于 50kPa 时，应分级施加，每级压力不大于 50kPa，每级压力时间不少于 15min，如此连续加至规定压力。加压后每隔 1h 测记一次变形读数，直到每小时试样变形量不超过 0.01mm 为止。

3.2.5　向容器内注入纯水，水面应高出试样顶面，每隔 1h 测记一次变形读数，分别测记 5 个试样浸水变形稳定读数后的百分表读数。直至试样浸水变形稳定为止。稳定标准为每 3d 变形不大于 0.01mm。

3.2.6　拆除仪器，取下试样，测定其含水率和干密度。

3.3　双线法

3.3.1　切取两个环刀试样，分别将切好的原状土样的环刀外壁涂一薄层凡士林，然后将刀口向下放入护环内。

3.3.2 将底盘放入容器内，底盘上放透水石和滤纸，借助提环螺丝将护环放入容器中，土样上面覆以滤纸和透水石，然后放下加压导环和传压活塞，使各部密切接触，保持平衡。

3.3.3 将加压容器置于加压框架正中，密合传压活塞及横梁，预加 1.0kPa 的压力，使固结仪各部密切接触，装好百分表，并调整读数至零。

3.3.4 在一个试样上施加土的饱和自重压力，当饱和自重压力小于或等于 50kPa 时，可一次施加；当压力大于 50kPa 时，应分级施加，每级压力不大于 50kPa，每级压力时间不少于 15min，如此连续加至饱和自重压力。加压后每隔 1h 测记一次变形读数，直到每小时试样变形量不超过 0.01mm 为止。再自试样顶面加水，每隔 1h 测记一次变形读数。测记浸水沉降稳定百分表读数。稳定标准为每 3d 变形不大于 0.01mm。

3.3.5 在另一个试样上施加第一个 50kPa 压力，每隔 1h 测记一次变形读数，直至试样每小时试样变形量不超过 0.01mm 为止。再向容器内注入纯水，水面应高出试样顶面，当饱和自重压力小于或等于 50kPa 时，可一次施加；当压力大于 50kPa 时，应分级施加，每级压力不大于 50kPa，每级压力时间不少于 15min，如此连续加至饱和自重压力。加压后每隔 1h 测记一次变形读数，直到试样浸水变形稳定为止。稳定标准为每 3d 变形不大于 0.01mm。

3.3.6 试验完毕，放掉容器的积水，拆除仪器，取出土样。在试样中心处取土测定其含水率和干密度。

4 结果整理

4.1 自重湿陷系数按下式计算：

$$\delta_{zs} = \frac{h_z - h'_z}{h_0} \qquad (T\ 0173\text{-}1)$$

式中：δ_{zs}——自重湿陷系数，计算至 0.001；

h_z——在饱和自重压力下，试样变形稳定后的高度（mm）；

h'_z——在饱和自重压力下，试样浸水湿陷变形稳定后的高度（mm）；

h_0——试样初始高度（mm）。

4.2 本试验记录格式如表 T 0173-1。

表 T 0173-1 黄土湿陷试验记录（自重湿陷系数）

工程编号________________ 试验者________________

试样编号________________ 计算者________________

试验日期________________ 校核者________________

试样编号：________________ 环 刀 号：________________

仪 器 号：________________ 试样初始高度：________________（mm）

饱和自重压力计算								试验测试		
								经过时间（min）	百分表读数	
层数	密度（g/cm³）	含水率（%）	比重	孔隙度（%）	饱和密度（g/cm³）	层厚（m）	土层自重压力（kPa）		自重压力（kPa）	浸水（mm）
(1)	(2)	(3)		(4) $=1-\frac{(1)}{(3)\times[1+(2)]}$	(5) $=\frac{(1)}{1+(2)}+0.85\times(4)$	(6)	(7) $=9.81\times(6)\times(5)$			
								稳定读数		
自重压力（kPa）Σ(7)								自重湿陷系数		

5 报告

5.1 土的鉴别分类和代号。

5.2 黄土的自重湿陷系数 δ_{zs} 值。

条文说明

黄土受水浸湿后，在上覆土的自重压力下发生湿陷的称为自重湿陷性黄土，在上覆土的自重压力下不发生湿陷的称为非自重湿陷性黄土。

土的饱和自重压力应分层计算，以工程地质勘察分层为依据，当工程未提供分层资料时，才允许按取样密集成度和试样密度粗略地划分层次。

饱和自重压力大于50kPa时，应分级施加，每级压力不大于50kPa。每级压力时间视变形情况而定；为使试验时有个参考，本条文中规定不小于15min，参考原冶金部规程。

T 0174—2007 溶滤变形系数试验

1 目的和适用范围

本试验的目的是测定黄土（黄土类土）的湿陷变形系数和溶滤变形系数。

2 仪器设备

2.1 固结仪：见图 T 0174-1，试样面积 $30cm^2$ 和 $50cm^2$，高 2cm。

2.2 环刀：直径为 61.8mm 和 79.8mm，高度为 20mm。环刀应具有一定的刚度，内壁应保持较高的光洁度，宜涂一薄层硅脂或聚四氟乙烯。

2.3 透水石：由氧化铝或不受土腐蚀的金属材料组成，其透水系数应大于试样的渗透系数。用固定式容器时，顶部透水石直径小于环刀内径 0.2～0.5mm；当用浮环式容器时，上下部透水石直径相等。

2.4 变形量测设备：量程 10mm，最小分度为 0.01mm 的百分表或零级位移传感器。

2.5 其他：天平、秒表、烘箱、钢丝锯、刮土刀、铝盒等。

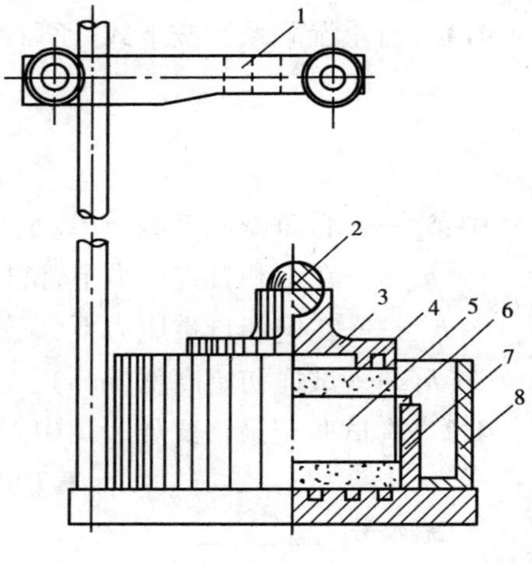

1 2 3 4 5 6 7 8

图 T 0174-1 固结仪

1-量表架；2-钢珠；3-加压上盖；4-透水石；5-试样；6-环刀；7-护环；8-水槽

3 试验步骤

3.1 原状土试件制备

3.1.1 按土样上下层次小心开启原状土包装皮，将土样取出放正，整平两端。在环刀内壁涂一薄层凡士林，刀口向下，放在土样上。无特殊要求时，切土方向应与天然土层层次垂直。

3.1.2 将试验用的切土环刀内壁涂一薄层凡士林，刀口向下，放在试件上，用切土刀将试件削成略大于环刀直径的土柱。然后将环刀垂直向下压，边压边削，至土样伸出环刀上部为止，削平环刀两端，擦净环刀外壁，称环土合质量，准确至 0.1g，并测定环刀两端所削下土样的含水率。试件与环刀要密合，否则应重取。

切削过程中，应细心观察并记录试件的层次、气味、颜色，有无杂质，土质是否均匀，有无裂缝等。

如连续切取数个试件，应使含水率不发生变化。

视试件本身及工程要求，决定试件是否进行饱和。如不立即进行试验或饱和时，则将试件暂存于保湿器内。

切取试件后，剩余的原状土样用蜡纸包好置于保湿器内，以备补做试验之用。切削的余土做物理性试验。平行试验或同一组试件密度差值不大于 $\pm 0.1g/cm^3$，含水率差值不大于 2%。

3.2 单线法

3.2.1 切取 5 个环刀试样，分别将切好的原状土样的环刀外壁涂一薄层凡士林，然后将刀口向下放入护环内。

3.2.2 将底盘放入容器内，底盘上放透水石和滤纸，借助提环螺丝将护环放入容器中，土样上面覆以滤纸和透水石，然后放下加压导环和传压活塞，使各部密切接触，保持平衡。

3.2.3 将加压容器置于加压框架正中，密合传压活塞及横梁，预加 1.0kPa 的压力，使固结仪各部密切接触，装好百分表，并调整读数至零。

3.2.4 对 5 个试样均在天然湿度下分级加压，分别加至不同的规定压力，按下述进行试验，直至试样湿陷变形稳定为止。

(1) 去掉预加荷载，立即加上第一级荷载 50kPa，在加上砝码的同时开动秒表，按下述时间读百分表读数：10min、20min、30min，以后每 1h 读数一次，直至达到稳定沉降为止。然后加第二级荷载。沉降稳定的标准是每小时变形量不超过 0.01mm。

(2) 第二级荷载为 100kPa，以后顺次为 150kPa、200kPa、400kPa，加压间隔为 50kPa。荷载加上后，按本试验3.2.4(1) 规定的时间记录百分表读数至沉降稳定为止。

(3) 5 个试样分别在最后一级压力下，达到沉降稳定后，自试样顶面加水，按本试验3.2.4(1) 规定的时间间隔记录百分表读数至再度达沉降稳定。

3.2.5 继续用水渗透，每隔 2h 测记一次变形读数，24h 后每天测记 1～3 次，直至每 3d(72h) 变形不大于 0.01mm 为止。

3.2.6 测记试样溶滤变形稳定的百分表读数。拆除仪器，取下试样，测定其含水率和干密度。

3.3 双线法

3.3.1 切取两个环刀试样，分别将切好的原状土样的环刀外壁涂一薄层凡士林，然后将刀口向下放入护环内。

3.3.2 将底盘放入容器内，底盘上放透水石和滤纸，借助提环螺丝将护环放入容器中，土样上面覆以滤纸和透水石，然后放下加压导环和传压活塞，使各部密切接触，保持平衡。

3.3.3 将加压容器置于加压框架正中，密合传压活塞及横梁，预加 1.0kPa 的压力，使固结仪各部密切接触，装好百分表，并调整读数至零。

3.3.4 一个试样在天然湿度下按下述分级加压，直至湿陷变形稳定为止。

(1) 去掉预加荷载，立即加上第一级荷载 50kPa，在加上砝码的同时开动秒表，按下述时间读百分表读数：10min、20min、30min，以后每 1h 读数一次，直至达到稳定沉降为止。然后加第二级荷载。沉降稳定的标准是每小时变形量不超过 0.01mm。

(2) 第二级荷载为 100kPa，以后顺次为 150kPa、200kPa、400kPa，加压间隔为 50kPa。荷载加上后，按本试验 3.3.4(1) 规定的时间记录百分表读数至沉降稳定为止。

(3) 试样在最后一级压力下，达到沉降稳定后，自试样顶面加水，按本试验 3.3.4(1) 规定的时间间隔记录百分表读数至再度达沉降稳定。

3.3.5 另一个试样在天然湿度下施加第一级压力 50kPa，按 3.3.4(1) 规定的时间间隔记录百分表读数，待变形稳定后浸水。按 3.3.4(1) 规定的时间间隔记录百分表读数，直至第一级压力下湿陷稳定后，再分级加压、记录百分表读数，直至试样在各级压力下浸水变形稳定为止。

3.3.6 继续用水渗透，每隔 2h 测记一次变形读数，24h 后每天测记 1～3 次，直至每 3d(72h) 变形不大于 0.01mm 为止。

3.3.7 测记试样溶滤变形稳定的百分表读数。拆除仪器，取下试样，测定其含水率和干密度。

4 结果整理

4.1 溶滤变形系数按下式计算：

$$\delta_{wt}=\frac{h_z-h_s}{h_0} \quad (T\ 0174\text{-}1)$$

式中：δ_{wt}——溶滤变形系数，计算至0.001；

h_z——在某级压力下，试样浸水湿陷变形稳定后的高度(mm)；

h_s——在某级压力下，长期渗透而引起的溶滤变形稳定后的试样高度(mm)；

h_0——试样的初始高度(mm)。

4.2 本试验记录格式如表T 0174-1。

表T 0174-1 黄土湿陷试验记录(溶滤变形系数)

工程编号____ 试样含水率____ 试验者____

试样编号____ 试样密度____ 计算者____

仪器编号____ 土粒比重____ 校核者____

试验方法____ 试样初始高度____mm

压力(kPa) \ 变形读数(mm)	浸水湿陷		浸水溶滤	
	时间	读数	时间	读数
总变形量				
仪器变形量				
试样变形量				
试样高度				
	溶滤变形系数 $\delta_{wt}=\frac{h_z-h_s}{h_0}$			

5 报告

5.1 土的鉴别分类和代号。

5.2 黄土的溶滤变形系数δ_{wt}值。

条文说明

渗透溶滤变形是指黄土在荷重及渗透水长期作用下，由于盐类溶滤及土中孔隙继续被压密而产生的垂直变形，实际上是湿陷变形的继续，一般很缓慢，在公路湿陷性黄土地基中是常见的。

溶滤变形系数是公路土工建筑物施工和运用阶段所关注的湿陷性指标。一般在实际荷重下进行试验，浸水后长期渗透求得溶滤变形。

对于渗透溶滤变形，由于变形特性除粒间应力引起的缓慢塑性变形以外，还取决于长期渗透时盐类溶滤作用，故规定3d的变形量不大于0.01mm。

T 0175—2007 湿陷起始压力试验

1 目的和适用范围

本试验的目的是测定黄土(黄土类土)的湿陷起始压力。

2 仪器设备

2.1 固结仪：见图T 0175-1，试样面积30cm^{2}和50cm^2，高2cm。

2.2 环刀:直径为61.8mm和79.8mm,高度为20mm。环刀应具有一定的刚度,内壁应保持较高的光洁度,宜涂一薄层硅脂或聚四氟乙烯。

2.3 透水石:由氧化铝或不受土腐蚀的金属材料组成,其透水系数应大于试样的渗透系数。用固定式容器时,顶部透水石直径小于环刀内径0.2~0.5mm;当用浮环式容器时,上下部透水石直径相等。

2.4 变形量测设备:量程10mm,最小分度为0.01mm的百分表或零级位移传感器。

2.5 其他:天平、秒表、烘箱、钢丝锯、刮土刀、铝盒等。

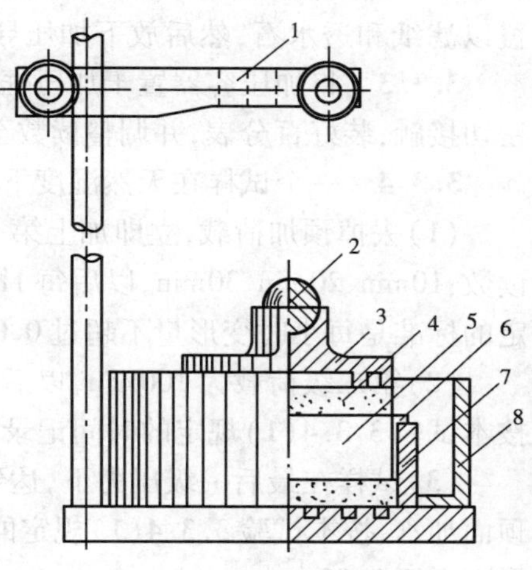

图 T 0175-1 固结仪

1-量表架;2-钢珠;3-加压上盖;4-透水石;5-试样;6-环刀;7-护环;8-水槽

3 试验步骤

3.1 原状土试件制备

3.1.1 按土样上下层次小心开启原状土包装皮,将土样取出放正,整平两端。在环刀内壁涂一薄层凡士林,刀口向下,放在土样上。无特殊要求时,切土方向应与天然土层层次垂直。

3.1.2 将试验用的切土环刀内壁涂一薄层凡士林,刀口向下,放在试件上,用切土刀将试件削成略大于环刀直径的土柱。然后将环刀垂直向下压,边压边削,至土样伸出环刀上部为止,削平环刀两端,擦净环刀外壁,称环土合质量,准确至0.1g,并测定环刀两端所削下土样的含水率。试件与环刀要密合,否则应重取。

切削过程中,应细心观察并记录试件的层次、气味、颜色,有无杂质,土质是否均匀,有无裂缝等。

如连续切取数个试件,应使含水率不发生变化。

视试件本身及工程要求,决定试件是否进行饱和。如不立即进行试验或饱和时,则将试件暂存于保湿器内。

切取试件后,剩余的原状土样用蜡纸包好置于保湿器内,以备补做试验之用。切削的余土做物理性试验。平行试验或同一组试件密度差值不大于±0.1g/cm³,含水率差值不大于2%。

3.2 单线法

3.2.1 切取5个环刀试样,分别将切好的原状土样的环刀外壁涂一薄层凡士林,然后将刀口向下放入护环内。

3.2.2 将底盘放入容器内,底盘上放透水石和滤纸,借助提环螺丝将护环放入容器中,土样上面覆以滤纸和透水石,然后放下加压导环和传压活塞,使各部密切接触,保持平衡。

3.2.3 将加压容器置于加压框架正中,密合传压活塞及横梁,预加1.0kPa的压力,使固结仪各部密切接触,装好百分表,并调整读数至零。

3.2.4 对5个试样均在天然湿度下分级加压,分别加至不同的规定压力,按下述进行试验,直至试样湿陷变形稳定为止。

(1)去掉预加荷载,立即加上第一级荷载50kPa,在加上砝码的同时开动秒表,按下述时间读百分表读数:10min、20min、30min,以后每1h读数一次,直至达到稳定沉降为止。然后加第二级荷载。沉降稳定的标准是每小时变形量不超过0.01mm。

(2)第二级荷载为100kPa,以后顺次为150kPa、200kPa、400kPa,加压间隔为50kPa。荷载加上后,按本试验3.2.4(1)规定的时间记录百分表读数至沉降稳定为止。

(3)5个试样分别在最后一级压力下,达到沉降稳定后,自试样顶面加水,按本试验3.2.4(1)规定的时间间隔记录百分表读数至再度达变形稳定。稳定标准为每3d变形不大于0.01mm。

3.2.5 记读最后一级荷载下达到假定沉降后的百分表读数。拆除仪器,取下试样,测定其含水率和干密度。

3.3 双线法

3.3.1 切取两个环刀试样,分别将切好的原状土样的环刀外壁涂一薄层凡士林,然后将刀口向下放入护环内。

3.3.2 将底盘放入容器内,底盘上放透水石和滤纸,借助提环螺丝将护环放入容器中,土样上面覆以滤纸和透水石,然后放下加压导环和传压活塞,使各部密切接触,保持平衡。

3.3.3 将加压容器置于加压框架正中,密合传压活塞及横梁,预加1.0kPa的压力,使固结仪各部密切接触,装好百分表,并调整读数至零。

3.3.4 一个试样在天然湿度下按下述分级加压,直至湿陷变形稳定为止。

(1)去掉预加荷载,立即加上第一级荷载50kPa,在加上砝码的同时开动秒表,按下述时间读百分表读数:10min、20min、30min,以后每1h读数一次,直至达到稳定沉降为止。然后加第二级荷载。沉降稳定的标准是每小时变形量不超过0.01mm。

(2)第二级荷载为100kPa,以后顺次为150kPa、200kPa、400kPa,加压间隔为50kPa。荷载加上后,按本试验3.3.4(1)规定的时间记录百分表读数至沉降稳定为止。

(3)试样在最后一级压力下,达到沉降稳定,稳定标准为每小时变形不大于0.01mm。而后自试样顶面加水,按本试验3.3.4(1)规定的时间间隔记录百分表读数至再度达沉降稳定,稳定标准为每3d变形不大于0.01mm。

3.3.5 另一个试样在天然湿度下施加第一级压力50kPa,按3.3.4(1)规定的时间间隔记录百分表读数,待变形稳定,稳定标准为每小时变形不大于0.01mm。而后浸水,按3.3.4(1)规定的时间间隔记录百分表读数,直至第一级压力下浸水变形稳定,再分级加压、记录百分表读数,直至试样在各级压力下浸水变形稳定为止。稳定标准为每3d变形不大于0.01mm。

3.3.6 记读最后一级荷载下达到假定沉降后的百分表读数。拆除仪器,取下试样,测定其含水率和干密度。

4 结果整理

4.1 各级压力下的湿陷系数应按下式计算:

$$\delta_{sp}=\frac{h_{pn}-h_{pw}}{h_0} \tag{T 0175-1}$$

式中:δ_{sp}——各级压力下的湿陷系数,计算至0.001;

h_{pw}——在各级压力下试样浸水变形稳定后的高度(mm);

h_{pn}——在各级压力下试样变形稳定后的高度(mm);

h_0——试验开始时试样的高度(mm)。

以压力为横坐标、湿陷系数为纵坐标,绘制压力与湿陷系数关系曲线(图T 0175-2),湿陷系数为0.015所对应的压力即为湿陷起始压力。

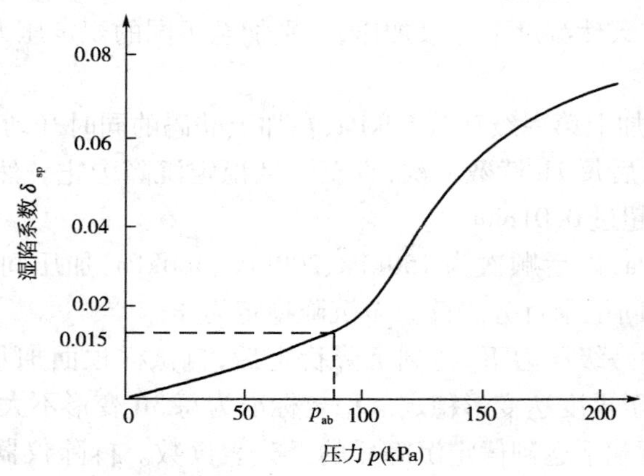

图 T 0175-2 湿陷系数与压力关系曲线

4.2 本试验记录格式如表T 0175-1。

表 T 0175-1　黄土湿陷试验记录(湿陷起始压力)

工程编号________________　　试验者________________

试样编号________________　　计算者________________

试验日期________________　　校核者________________

试样编号: 环刀号:								环刀号:							
试样初始高度: (mm)								试样初始高度: (mm)							
经过时间(min)	天然状态 仪器号:							浸水状态 仪器号:							
	50(25)(kPa)	100(50)(kPa)	150(75)(kPa)	200(100)(kPa)	250(150)(kPa)	300(200)(kPa)	浸水	50(25)(kPa)	浸水	100(50)(kPa)	150(75)(kPa)	200(100)(kPa)	250(150)(kPa)	300(200)(kPa)	
	百分表读数(mm)							百分表读数(mm)							
仪器变形量															
试样变形量															
湿陷系数															

5 报告

5.1 土的鉴别分类和代号。

5.2 黄土的各级压力下的湿陷系数 δ_{sp} 值。

条文说明

黄土在荷重作用下,受水浸湿后开始出现湿陷的压力,称为湿陷起始压力。黄土湿陷试验对地基来说,主要是测定自重湿陷系数、起始压力和规定压力下的湿陷系数,而对填土建筑物来说,主要是测定施工和运营阶段相应的湿陷性指标,包括本试验的所有内容。

湿陷起始压力利用湿陷系数和压力关系曲线求得。测定湿陷起始压力(或不同压力下的湿陷系数),国内外都沿用单线、双线两种方法。从理论上和试验结果来说,单线法比双线法更适用于黄土变形的实际情况,如果土质均匀可以得出良好的结果。双线法简便,工作量少,但与变形的实际情况不完全符合,为与现行国家标准《湿陷性黄土地区建筑规范》(GB 50025—2004)对应使用,本标准改成单线法、双线法并列,供试验人员根据实际情况选用。进行双线法时,保持天然湿度施加压力的试样,在完成最后一级压力后仍要求浸水测定湿陷系数,其目的在于与浸水条件下最后一级压力的湿陷系数比较,以便二者进行校核。

22　土的直接剪切试验

T 0140—1993　黏质土的慢剪试验

1　目的和适用范围

本试验方法适用于测定黏质土的抗剪强度指标。

2　仪器设备

2.1　应变控制式直剪仪：由剪切盒、垂直加荷设备、剪切传动装置、测力计和位移量测系统组成，如图 T 0140-1所示。

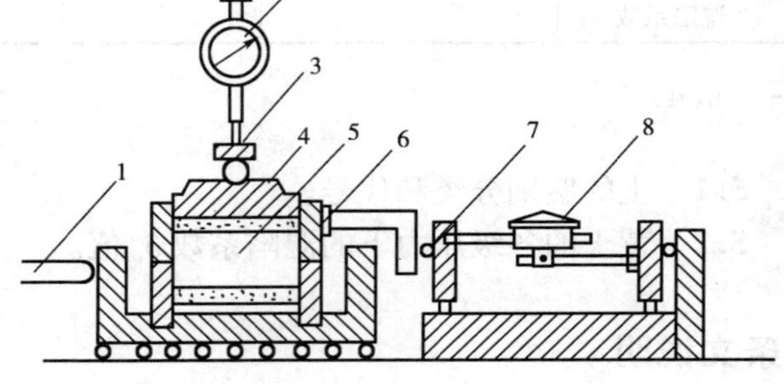

图 T 0140-1　应变控制式直剪仪示意图

1-推动座；2-垂直位移百分表；3-垂直加荷框架；4-活塞；5-试样；6-剪切盒；7-测力计；8-测力百分表

2.2　环刀：内径 61.8mm，高 20mm。

2.3　位移量测设备：百分表或传感器。百分表量程为 10mm，分度值为 0.01mm；传感器的精度应为零级。

3　试样

3.1　原状土试样制备

3.1.1　每组试样制备不得少于 4 个。

3.1.2　按土样上下层次小心开启原状土包装皮，将土样取出放正，整平两端。在环刀内壁涂一薄层凡士林，刀口向下，放在土样上。无特殊要求时，切土方向应与天然土层层面垂直。

3.1.3　将试验用的切土环刀内壁涂一薄层凡士林，刀口向下，放在试件上，用切土刀将试件削成略大于环刀直径的土柱。然后将环刀垂直向下压，边压边削，至土样伸出环刀上部为止，削平环刀两端，擦净环刀外壁，称环土合质量，准确至 0.1g，并测定环刀两端所削下土样的含水率。试件与环刀要密合，否则应重取。

切削过程中，应细心观察并记录试件的层次、气味、颜色，有无杂质，土质是否均匀，有无裂缝等。

如连续切取数个试件，应使含水率不发生变化。

视试件本身及工程要求，决定试件是否进行饱和。如不立即进行试验或饱和时，则将试件暂存于保湿器内。

切取试件后，剩余的原状土样用蜡纸包好置于保湿器内，以备补做试验之用。切削的余土做物理性试验。平行试验或同一组试件密度差值不大于 ±0.1g/cm^3，含水率差值不大于 2%。

3.2　细粒土扰动土样的制备程序

3.2.1　将扰动土样进行土样描述，如颜色、土类、气味及夹杂物等。如有需要，将扰动土样充分拌匀，取代表性土样进行含水率测定。

3.2.2　将块状扰动土放在橡皮板上用木碾或粉碎机碾散，但切勿压碎颗粒。如含水率较大不能碾散时，应风干至可碾散时为止。

3.2.3　根据试验所需土样数量，将碾散后的土样过筛。物理性试验如液限、塑限、缩限等试验，需过 0.5mm 筛；常规水理及力学试验土样，需过 2mm 筛；击实试验土样的最大粒径必须满足击实试验采用不同击实筒试验时的土样中最大颗粒粒径的要求。按规定过标准筛后，取出足够数量的代表性试样，然后分别装入容器内，标以标签。标签上应注明工程名称、土样编号、过筛孔径、用途、制备日期和人员等,以备各项试验之用。若系含有多量粗砂及少量细粒土(泥砂或黏土)的松散土样,应加水润湿松散后,用四分法取出代表性试样;若系净砂,则可用匀土器取代表性试样。

3.2.4 为配制一定含水率的试样,取过2mm筛的足够试验用的风干土1~5kg。按下式计算制备土样所需加水量:

$$m_w = \frac{m}{1+0.01w_h} \times 0.01(w - w_h) \qquad \text{(T 0140-1)}$$

式中:m_w——土样所需加水量(g);

m——风干含水率时的土样质量(g);

w_h——风干含水率(%);

w——土样所要求的含水率(%)。

将所取土样平铺于不吸水的盘内,用喷雾设备喷洒预计的加水量,并充分拌和;然后装入容器内盖紧,润湿一昼夜备用(砂类土浸润时间可酌量缩短)。

3.2.5 测定湿润土样不同位置的含水率(至少两个以上),要求差值满足含水率测定的允许平行差值。

3.2.6 对不同土层的土样制备混合试样时,应根据各土层厚度,按比例计算相应质量配合,然后按本方法3.2.1~3.2.4步骤进行扰动土的制备工序。

3.3 试件饱和

土的孔隙逐渐被水填充的过程称为饱和。孔隙被水充满时的土,称为饱和土。

根据土的性质,决定饱和方法:

砂类土:可直接在仪器内浸水饱和。

较易透水的黏性土:即渗透系数大于10^{-4}cm/s时,采用毛细管饱和法较为方便,或采用浸水饱和法。

不易透水的黏性土:即渗透系数小于10^{-4}cm/s时,采用真空饱和法。如土的结构性较弱,抽气可能发生扰动,不宜采用。

4 试验步骤

4.1 对准剪切容器上下盒,插入固定销,在下盒内放透水石和滤纸,将带有试样的环刀刃向上,对准剪盒口,在试样上放滤纸和透水石,将试样小心地推入剪切盒内。

4.2 移动传动装置,使上盒前端钢珠刚好与测力计接触,依次加上传压板、加压框架,安装垂直位移量测装置,测记初始读数。

4.3 根据工程实际和土的软硬程度施加各级垂直压力,然后向盒内注水;当试样为非饱和试样时,应在加压板周围包以湿棉花。

4.4 施加垂直压力,每1h测记垂直变形一次。试样固结稳定时的垂直变形值为:黏质土垂直变形每1h不大于0.005mm。

4.5 拔去固定销,以小于0.02mm/min的速度进行剪切,并每隔一定时间测记测力计百分表读数,直至剪损。

4.6 试样剪损时间可按下式估算:

$$t_f = 50t_{50} \qquad \text{(T 0140-2)}$$

式中:t_f——达到剪损所经历的时间(min);

t_{50}——固结度达到50%所需的时间(min)。

4.7 当测力计百分表读数不变或后退时,继续剪切至剪切位移为4mm时停止,记下破坏值。当剪切过程中测力计百分表无峰值时,剪切至剪切位移达6mm时停止。

4.8 剪切结束,吸去盒内积水,退掉剪切力和垂直压力,移动压力框架,取出试样,测定其含水率。

5 结果整理

5.1 剪切位移按下式计算:

$$\Delta l = 20n - R \tag{T 0140-3}$$

式中:Δl——剪切位移0.01mm,计算至0.1;

n——手轮转数;

R——百分表读数。

5.2 剪应力按下式计算:

$$\tau = CR \tag{T 0140-4}$$

式中:τ——剪应力(kPa),计算至0.1;

C——测力计校正系数(kPa/0.01mm)。

5.3 以剪应力τ为纵坐标,剪切位移Δl为横坐标,绘制τ—Δl的关系曲线,如图T 0140-2。

5.4 以垂直压力p为横坐标,抗剪强度S为纵坐标,将每一试样的抗剪强度点绘在坐标纸上,并连成一直线。此直线的倾角为摩擦角φ,纵坐标上的截距为凝聚力c,如图T 0140-3所示。

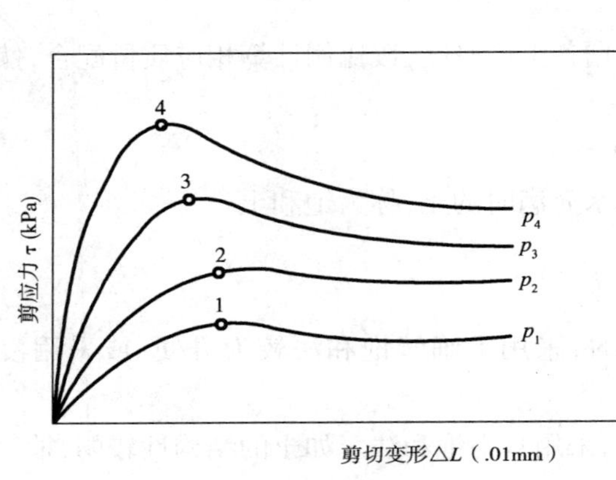

图 T 0140-2 剪应力τ与剪切位移Δl的关系曲线

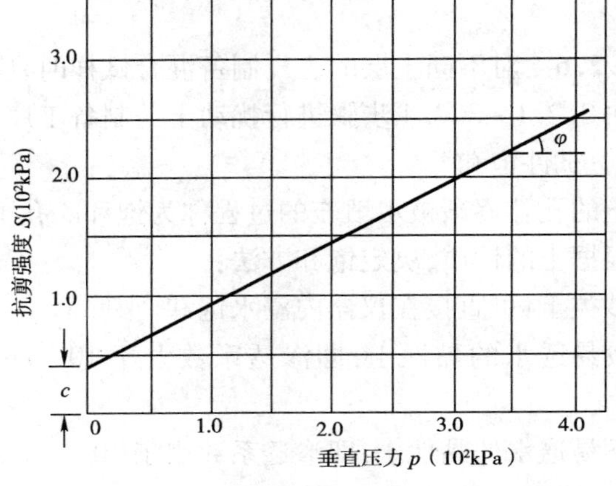

图 T 0140-3 抗剪强度与垂直压力的关系曲线

5.5 本试验记录格式如表 T 0140-1 和表 T 0140-2。

表 T 0140-1 直接剪切试验记录(一)

工程名称________________ 试 验 者________________

土样编号________________ 校 核 者________________

土粒比重 $G_s = 2.70$ 试验日期________________

试样编号			1			2			3			4			5		
			起始	饱和后	剪后	起始	饱和后	剪后	起始	饱和后	剪后	起始	饱和后	剪后	起始	饱和后	剪后
湿密度 ρ (g/cm³)	(1)	(1)	1.76	1.93	1.94	1.75	1.93	1.94	1.75	1.94	1.94	1.74	1.94	1.95	1.75	1.94	1.95
含水率 w (%)	(2)	(2)	16.4	27.7	28.8	16.4	27.8	28.8	16.4	27.7	28.8	16.4	27.7	28.7	16.4	27.7	28.8
干密度 ρ_d (g/cm³)	(3)	$\frac{(1)}{1+\frac{(2)}{100}}$	1.51	1.51	1.51	1.50	1.51	1.51	1.50	1.52	1.51	1.49	1.52	1.52	1.50	1.52	1.52

续上表

试样编号			1			2			3			4			5		
			起始	饱和后	剪后	起始	饱和后	剪后	起始	饱和后	剪后	起始	饱和后	剪后	起始	饱和后	剪后
孔隙比 e	(4)	$\frac{10G_s}{(3)}-1$	0.79	0.79	0.79	0.80	0.79	0.79	0.80	0.78	0.79	0.81	0.78	0.78	0.80	0.78	0.78
饱和度 S_r (%)	(5)	$\frac{G_s(2)}{(4)}$	56.0	94.7	98.4	55.4	95.0	98.4	55.3	95.8	98.4	54.6	95.8	99.3	55.3	95.8	99.6
试样描述 本试样系用过2mm筛土制备的			注:①试样系用抽气饱和; ②饱和后的饱和度:$S_r=\frac{(\rho-\rho_d)}{\rho_d e}G_s$														

表 T 0140-2　直接剪切试验记录(二)

工程名称__________　　试 验 者__________

土样编号__________　　校 核 者__________

试验方法　　慢剪　　　　试验日期__________

试样编号　仪器编号 手轮转速　垂直压力 300kPa 测力计校正系数 $C=6.21\text{kPa}/0.01\text{mm}$					剪切前固结时间 23h　剪切历时 剪切前压缩量 0.853mm　抗剪强度 152kPa				
手轮转数(1)	测力计百分表读数(0.01mm)(2)	剪切位移(0.01mm)(3)=(1)×20-(2)	剪应力(kPa)(4)=(2)×C	垂直位移(0.01mm)	手轮转数(1)	测力计百分表读数(0.01mm)(2)	剪切位移(0.01mm)(3)=(1)×20-(2)	剪应力(kPa)(4)=(2)×C	垂直位移(0.01mm)
1	1.6	18.4	9.9		16	21.2	298.8	131.7	
2	9.0	31.0	55.9		17	21.8	318.2	135.4	
3	11.0	49.0	68.3		18	21.8	338.2	135.4	
4	12.5	67.5	77.6		19	22.2	357.8	137.9	
5	14.0	86.0	86.9		20	22.8	377.2	141.6	
6	14.5	105.5	90.0		21	23.0	397.0	142.8	
7	15.3	124.7	95.0		22	23.3	416.7	144.7	
8	16.6	143.4	103.1		23	23.6	436.4	146.6	
9	17.0	163.0	105.6		24	24.0	456.0	149.0	
10	17.6	182.4	109.3		25	24.5	475.5	152.1	
11	18.3	201.7	114.6		26	24.5	495.5	152.1	
12	19.0	221.0	118.0		27	24.5	515.5	152.1	
13	19.7	240.3	122.3		28	24.8	535.2	154.0	
14	20.0	260.0	124.2		29	24.8	555.2	154.0	
15	20.8	279.2	129.2						

6　报告

6.1　土的鉴别分类和代号。

6.2　土的抗剪强度指标 c、φ 值。

条文说明

1 直接剪切试验所用仪器结构简单,操作方便,以往试验室均用该试验测定土的抗剪强度指标。由于应力条件和排水条件的限制,国外仅用直剪仪进行慢剪试验。本规程规定慢剪是主要方法。慢剪试验是在试样上施加垂直压力及水平剪切力的过程中均匀地使试样排水固结。如在施工期和工程使用期有充分时间允许排水固结,则可采用慢剪试验。

2 直剪仪分为应变控制式和应力控制式两种。应变控制式的优点是能较准确地测定剪应力和剪切位移曲线上的峰值和最后值,且操作方便,故本规程以此仪器为准。

3 对于每个土样切取多少个试样的问题,一般是按照垂直压力的分级来确定。对于正常固结黏土,一般在100~400kPa荷载的作用下,可以认为符合库仑方程的直线关系,所以切取4个土样,以便逐渐施加四级垂直压力。根据我们多年对黄土的试验,每一级压力宜小一些,可以取垂直压力分别为50kPa、100kPa、200kPa、300kPa、400kPa五级,需切取五个试样。

4 试验资料表明,当剪切速率为0.017~0.024mm/min时,剪切过程中试样能充分排水,测得的慢剪强度比较稳定。本规程规定慢剪速率为0.02mm/min。

以往各种规程中规定每小时变形不大于0.05mm为稳定标准。考虑到土类不同固结稳定时间不同,因此,本规程规定黏质土垂直变形每小时不大于0.005mm。

关于剪切标准,当剪应力与剪切变形的曲线有峰值时,表现出测力计百分表指针不再前进或显著后退,即为剪损。当剪应力与剪切变形的曲线无峰值时,表现出百分表指针随手轮旋转而继续前进,则规定某一剪切位移的剪应力值为破坏值。国内一般采用最大位移为试样直径的1/10,对61.8mm直径的试样约为6mm,本规程规定为6mm。

5 公式(T 0140-3)中的n为手轮转一转的位移量(0.01mm)。式(T 0140-3)也是抗剪强度S的计算公式,R需采用相应于最大剪应力的百分表读数。

T 0141—1993 黏质土的固结快剪试验

1 目的和适用范围

本试验适用于渗透系数小于10^{-6}cm/s的黏质土。

2 仪器设备

2.1 应变控制式直剪仪:由剪切盒、垂直加荷设备、剪切传动装置、测力计和位移量测系统组成,如图T 0141-1所示。

2.2 环刀:内径61.8mm,高20mm。

2.3 位移量测设备:百分表或传感器。百分表量程为10mm,分度值为0.01mm;传感器的精度应为零级。

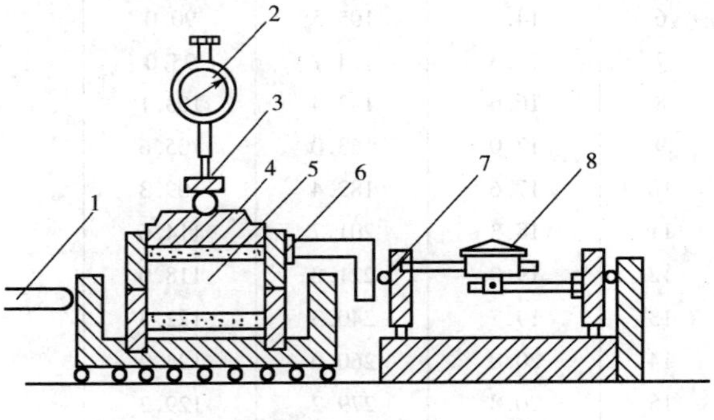

图 T 0141-1 应变控制式直剪仪示意图

1-推动座;2-垂直位移百分表;3-垂直加荷框架;4-活塞;5-试样;6-剪切盒;7-测力计;8-测力百分表

3 试样

3.1 原状土试样制备

3.1.1 每组试样制备不得少于4个。

3.1.2 按土样上下层次小心开启原状土包装皮,将土样取出放正,整平两端。在环刀内壁涂一薄层凡士林,刀口向下,放在土样上。无特殊要求时,切土方向应与天然土层层面垂直。

3.1.3 将试验用的切土环刀内壁涂一薄层凡士林,刀口向下,放在试件上,用切土刀将试件削成略大于环刀直径的土柱。然后将环刀垂直向下压，边压边削，至土样伸出环刀上部为止，削平环刀两端，擦净环刀外壁，称环土合质量，准确至0.1g，并测定环刀两端所削下土样的含水率。试件与环刀要密合，否则应重取。

切削过程中，应细心观察并记录试件的层次、气味、颜色，有无杂质，土质是否均匀，有无裂缝等。

如连续切取数个试件，应使含水率不发生变化。

视试件本身及工程要求，决定试件是否进行饱和。如不立即进行试验或饱和时，则将试件暂存于保湿器内。

切取试件后，剩余的原状土样用蜡纸包好置于保湿器内，以备补做试验之用。切削的余土做物理性试验。平行试验或同一组试件密度差值不大于 $\pm 0.1g/cm^3$，含水率差值不大于2%。

3.2 细粒土扰动土样的制备程序

3.2.1 将扰动土样进行土样描述，如颜色、土类、气味及夹杂物等。如有需要，将扰动土样充分拌匀，取代表性土样进行含水率测定。

3.2.2 将块状扰动土放在橡皮板上用木碾或粉碎机碾散，但切勿压碎颗粒。如含水率较大不能碾散时，应风干至可碾散时为止。

3.2.3 根据试验所需土样数量，将碾散后的土样过筛。物理性试验如液限、塑限、缩限等试验，需过0.5mm筛；常规水理及力学试验土样，需过2mm筛；击实试验土样的最大粒径必须满足击实试验采用不同击实筒试验时的土样中最大颗粒粒径的要求。按规定过标准筛后，取出足够数量的代表性试样，然后分别装入容器内，标以标签。标签上应注明工程名称、土样编号、过筛孔径、用途、制备日期和人员等，以备各项试验之用。若含有多量粗砂及少量细粒土（泥砂或黏土）的松散土样，应加水润湿松散后，用四分法取出代表性试样。若系净砂，则可用匀土器取代表性试样。

3.2.4 为配制一定含水率的试样，取过2mm筛的足够试验用的风干土1～5kg。按下式计算制备土样所需加水量：

$$m_w = \frac{m}{1+0.01w_h} \times 0.01(w - w_h) \qquad \text{(T 0141-1)}$$

式中：m_w——土样所需加水量（g）；

m——风干含水率时的土样质量（g）；

w_h——风干含水率（%）；

w——土样所要求的含水率（%）。

将所取土样平铺于不吸水的盘内，用喷雾设备喷洒预计的加水量，并充分拌和；然后装入容器内盖紧，润湿一昼夜备用（砂类土浸润时间可酌量缩短）。

3.2.5 测定湿润土样不同位置的含水率（至少两个以上），要求差值满足含水率测定的允许平行差值。

3.2.6 对不同土层的土样制备混合试样时，应根据各土层厚度，按比例计算相应质量配合，然后按本方法3.2.1～3.2.4步骤进行扰动土的制备工序。

3.3 试件饱和

土的孔隙逐渐被水填充的过程称为饱和。孔隙被水充满时的土，称为饱和土。

根据土的性质，决定饱和方法：

砂类土：可直接在仪器内浸水饱和。

较易透水的黏性土：即渗透系数大于 10^{-4}cm/s时，采用毛细管饱和法较为方便，或采用浸水饱和法。

不易透水的黏性土：即渗透系数小于 10^{-4}cm/s时，采用真空饱和法。如土的结构性较弱，抽气可能发生扰动，不宜采用。

4 试验步骤

4.1 对准剪切容器上下盒，插入固定销，在下盒内放透水石和滤纸，将带有试样的环刀刃向上，对准剪盒口,在试样上放滤纸和透水石,将试样小心地推入剪切盒内。

4.2 移动传动装置,使上盒前端钢珠刚好与测力计接触,依次加上传压板、加压框架,安装垂直位移量测装置,测记初始读数。

4.3 根据工程实际和土的软硬程度施加各级垂直压力,然后向盒内注水;当试样为非饱和试样时,应在加压板周围包以湿棉花。

4.4 施加垂直压力,每1h测记垂直变形一次。试样固结稳定时的垂直变形值为:黏质土垂直变形每1h不大于0.005mm。

4.5 拔去固定销,固结快剪试验的剪切速度为0.8mm/min,在3~5min内剪损。并每隔一定时间测记测力计百分表读数,直至剪损。

4.6 试样剪损时间可按下式估算:

$$t_f = 50t_{50} \quad (T\ 0141\text{-}2)$$

式中:t_f——达到剪损所经历的时间(min);

t_{50}——固结度达到50%所需的时间(min)。

4.7 当测力计百分表读数不变或后退时,继续剪切至剪切位移为4mm时停止,记下破坏值。当剪切过程中测力计百分表无峰值时,剪切至剪切位移达6mm时停止。

4.8 剪切结束,吸去盒内积水,退掉剪切力和垂直压力,移动压力框架,取出试样,测定其含水率。

5 结果整理

5.1 剪切位移按下式计算:

$$\Delta l = 20n - R \quad (T\ 0141\text{-}3)$$

式中:Δl——剪切位移(0.01mm),计算至0.1;

n——手轮转数;

R——百分表读数。

5.2 剪应力按下式计算:

$$\tau = CR \quad (T\ 0141\text{-}4)$$

式中:τ——剪应力(kPa),计算至0.1;

C——测力计校正系数(kPa/0.01mm)。

5.3 以剪应力τ为纵坐标,剪切位移Δl为横坐标,绘制τ—Δl的关系曲线,如图T 0141-2。

5.4 以垂直压力p为横坐标,抗剪强度S为纵坐标,将每一试样的抗剪强度点绘在坐标纸上,并连成一直线。此直线的倾角为摩擦角φ,纵坐标上的截距为凝聚力c,如图T 0141-3所示。

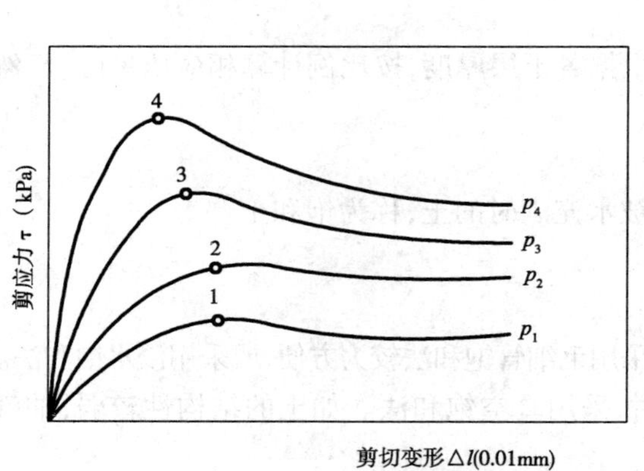

图T 0141-2 剪应力τ与剪切位移Δl的关系曲线

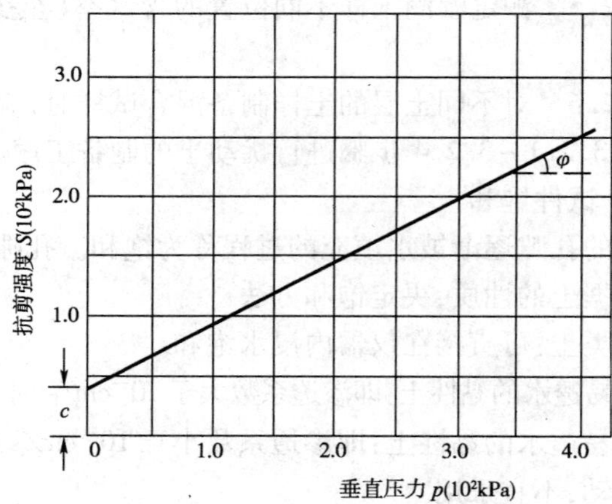

图T 0141-3 抗剪强度与垂直压力的关系曲线

5.5 本试验记录格式如表T 0141-1和表T 0141-2。

表 T 0141-1　直接剪切试验记录(一)

工程名称________　　　　试 验 者________

土样编号________　　　　校 核 者________

土粒比重　$G_s=2.70$　　　　试验日期________

试样编号				1			2			3			4			5		
				起始	饱和后	剪后	起始	饱和后	剪后	起始	饱和后	剪后	起始	饱和后	剪后	起始	饱和后	剪后
湿密度 ρ	(g/cm^3)	(1)	(1)	1.76	1.93	1.94	1.75	1.93	1.94	1.75	1.94	1.94	1.74	1.94	1.95	1.75	1.94	1.95
含水率 w	(%)	(2)	(2)	16.4	27.7	28.8	16.4	27.8	28.8	16.4	27.7	28.8	16.4	27.7	28.7	16.4	27.7	28.8
干密度 ρ_d	(g/cm^3)	(3)	$\frac{(1)}{1+\frac{(2)}{100}}$	1.51	1.51	1.51	1.50	1.51	1.51	1.50	1.52	1.51	1.49	1.52	1.52	1.50	1.52	1.52
孔隙比 e		(4)	$\frac{10G_s}{(3)}-1$	0.79	0.79	0.79	0.80	0.79	0.79	0.80	0.78	0.79	0.81	0.78	0.78	0.80	0.78	0.78
饱和度 S_r	(%)	(5)	$\frac{G_s(2)}{(4)}$	56.0	94.7	98.4	55.4	95.0	98.4	55.3	95.8	98.4	54.6	95.8	99.3	55.3	95.8	99.6
试样描述 本试样系用过2mm筛土制备的				注:①试样系用抽气饱和; ②饱和后的饱和度:$S_r=\frac{(\rho-\rho_d)}{\rho_d e}G_s$														

表 T 0141-2　直接剪切试验记录(二)

工程名称________　　　　试 验 者________

土样编号________　　　　校 核 者________

试验方法　固结慢剪　　　　试验日期________

试样编号　　　仪器编号

手轮转速　　　垂直压力300kPa

测力计校正系数 $C=6.21kPa/0.01mm$

剪切前固结时间23h　　　剪切历时

剪切前压缩量0.853mm　　　抗剪强度152kPa

手轮转数(1)	测力计百分表读数(0.01mm)(2)	剪切位移(0.01mm)(3)=(1)×20-(2)	剪应力(kPa)(4)=(2)×C	垂直位移(0.01mm)	手轮转数(1)	测力计百分表读数(0.01mm)(2)	剪切位移(0.01mm)(3)=(1)×20-(2)	剪应力(kPa)(4)=(2)×C	垂直位移(0.01mm)
1	1.6	18.4	9.9		16	21.2	298.8	131.7	
2	9.0	31.0	55.9		17	21.8	318.2	135.4	
3	11.0	49.0	68.3		18	21.8	338.2	135.4	
4	12.5	67.5	77.6		19	22.2	357.8	137.9	
5	14.0	86.0	86.9		20	22.8	377.2	141.6	
6	14.5	105.5	90.0		21	23.0	397.0	142.8	
7	15.3	124.7	95.0		22	23.3	416.7	144.7	
8	16.6	143.4	103.1		23	23.6	436.4	146.6	
9	17.0	163.0	105.6		24	24.0	456.0	149.0	
10	17.6	182.4	109.3		25	24.5	475.5	152.1	
11	18.3	201.7	114.6		26	24.5	495.5	152.1	
12	19.0	221.0	118.0		27	24.5	515.5	152.1	
13	19.7	240.3	122.3		28	24.8	535.2	154.0	
14	20.0	260.0	124.2		29	24.8	555.2	154.0	
15	20.8	279.2	129.2						

6 报告

6.1 土的鉴别分类和代号。

6.2 土的抗剪强度指标 c、φ 值。

条文说明

1 固结快剪试验是在试样上施加垂直压力,待排水稳定后施加水平剪切力进行剪切。

由于仪器结构的限制,无法控制试样的排水条件,以剪切速率的快慢来控制试样的排水条件,实际上对渗透性大的土类还是要排水。为此,本试验规定对于渗透系数小于 10^{-6}cm/s 的土类,才允许用直剪仪进行固结快剪试验。对于公路高填方边坡,土体有一定湿度,施工中逐步压实固结,可以采用固结快剪试验。

2 直剪仪分为应变控制式和应力控制式两种。应变控制式的优点是能较准确地测定剪应力和剪切位移曲线上的峰值和最后值,且操作方便,故本规程以此仪器为准。

3 对于每个土样切取多少个试样的问题,一般是按照垂直压力的分级来确定。对于正常固结黏土,一般在 100～400kPa 荷载的作用下,可以认为符合库仑方程的直线关系,所以切取 4 个土样,以便逐渐施加四级垂直压力。根据我们多年对黄土的试验,每一级压力宜小一些,可以取垂直压力分别为 50kPa、100kPa、200kPa、300kPa、400kPa 五级,需切取五个试样。

4 剪切速率规定为 0.8mm/min,要求在 3～5min 内剪损,为的是在剪切过程中尽量避免试样有排水现象。

T 0142—1993 黏质土的快剪试验

1 目的和适用范围

本试验适用于渗透系数小于 10^{-6}cm/s 的黏质土。

2 仪器设备

2.1 应变控制式直剪仪:由剪切盒、垂直加荷设备、剪切传动装置、测力计和位移量测系统组成,如图 T 0142-1 所示。

2.2 环刀:内径 61.8mm,高 20mm。

2.3 位移量测设备:百分表或传感器,百分表量程为 10mm,分度值为 0.01mm,传感器的精度应为零级。

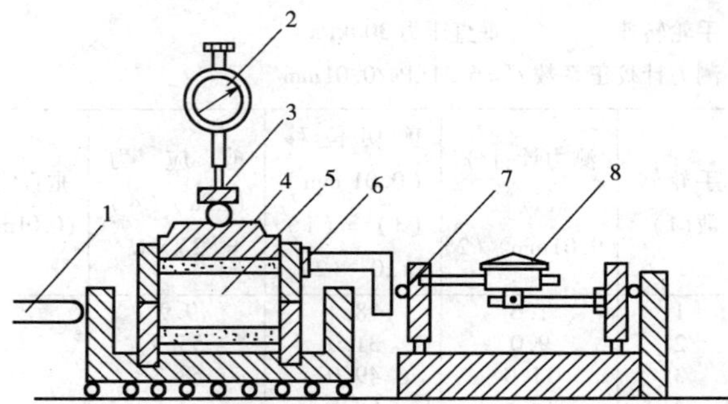

图 T 0142-1 应变控制式直剪仪示意图

1-推动座;2-垂直位移百分表;3-垂直加荷框架;4-活塞;5-试样;6-剪切盒;7-测力计;8-测力百分表

3 试样

3.1 原状土试样制备

3.1.1 每组试样制备不得少于 4 个。

3.1.2 按土样上下层次小心开启原状土包装皮,将土样取出放正,整平两端。在环刀内壁涂一薄层凡士林,刀口向下,放在土样上。无特殊要求时,切土方向应与天然土层层面垂直。

3.1.3 将试验用的切土环刀内壁涂一薄层凡士林,刀口向下,放在试件上,用切土刀将试件削成略大于环刀直径的土柱。然后将环刀垂直向下压,边压边削,至土样伸出环刀上部为止,削平环刀两端,擦净环刀外壁,称环土合质量,准确至 0.1g,并测定环刀两端所削下土样的含水率。试件与环刀要密合,否则应重取。

切削过程中，应细心观察并记录试件的层次、气味、颜色，有无杂质，土质是否均匀，有无裂缝等。

如连续切取数个试件，应使含水率不发生变化。

视试件本身及工程要求，决定试件是否进行饱和。如不立即进行试验或饱和时，则将试件暂存于保湿器内。

切取试件后，剩余的原状土样用蜡纸包好置于保湿器内，以备补做试验之用。切削的余土做物理性试验。平行试验或同一组试件密度差值不大于 $\pm0.1g/cm^3$，含水率差值不大于 2%。

3.2 细粒土扰动土样的制备程序

3.2.1 将扰动土样进行土样描述，如颜色、土类、气味及夹杂物等。如有需要，将扰动土样充分拌匀，取代表性土样进行含水率测定。

3.2.2 将块状扰动土放在橡皮板上用木碾或粉碎机碾散，但切勿压碎颗粒。如含水率较大不能碾散时，应风干至可碾散时为止。

3.2.3 根据试验所需土样数量，将碾散后的土样过筛。物理性试验如液限、塑限、缩限等试验，需过 0.5mm 筛；常规水理及力学试验土样，需过 2mm 筛；击实试验土样的最大粒径必须满足击实试验采用不同击实筒试验时的土样中最大颗粒粒径的要求。按规定过标准筛后，取出足够数量的代表性试样，然后分别装入容器内，标以标签。标签上应注明工程名称、土样编号、过筛孔径、用途、制备日期和人员等，以备各项试验之用。若系含有多量粗砂及少量细粒土（泥砂或黏土）的松散土样，应加水润湿松散后，用四分法取出代表性试样。若系净砂，则可用匀土器取代表性试样。

3.2.4 为配制一定含水率的试样，取过 2mm 筛的足够试验用的风干土 1~5kg。按下式计算制备土样所需加水量：

$$m_w = \frac{m}{1+0.01w_h} \times 0.01(w - w_h) \quad \text{(T 0142-1)}$$

式中：m_w——土样所需加水量（g）；

m——风干含水率时的土样质量（g）；

w_h——风干含水率（%）；

w——土样所要求的含水率（%）。

将所取土样平铺于不吸水的盘内，用喷雾设备喷洒预计的加水量，并充分拌和；然后装入容器内盖紧，润湿一昼夜备用（砂类土浸润时间可酌量缩短）。

3.2.5 测定湿润土样不同位置的含水率（至少两个以上），要求差值满足含水率测定的允许平行差值。

3.2.6 对不同土层的土样制备混合试样时，应根据各土层厚度，按比例计算相应质量配合，然后按本方法 3.2.1~3.2.4 步骤进行扰动土的制备工序。

3.3 试件饱和

土的孔隙逐渐被水填充的过程称为饱和。孔隙被水充满时的土，称为饱和土。

根据土的性质，决定饱和方法：

砂类土：可直接在仪器内浸水饱和。

较易透水的黏性土：即渗透系数大于 10^{-4}cm/s 时，采用毛细管饱和法较为方便，或采用浸水饱和法。

不易透水的黏性土：即渗透系数小于 10^{-4}cm/s 时，采用真空饱和法。如土的结构性较弱，抽气可能发生扰动，不宜采用。

4 试验步骤

4.1 对准剪切容器上下盒，插入固定销，在下盒内放透水石和滤纸，将带有试样的环刀刃向上，对准剪盒口，在试样上放滤纸和透水石，将试样小心地推入剪切盒内。

4.2 移动传动装置，使上盒前端钢珠刚好与测力计接触，依次加上传压板、加压框架，安装垂直位移量测装置，测记初始读数。

4.3 根据工程实际和土的软硬程度施加各级垂直压力，然后向盒内注水；当试样为非饱和试样时，应在加压板周围包以湿棉花。

4.4 施加垂直压力,拔出固定销立即开动秒表,以0.8mm/min的剪切速度进行。

4.5 当测力计百分表读数不变或后退时,继续剪切至剪切位移为4mm时停止,记下破坏值。当剪切过程中测力计百分表无峰值时,剪切至剪切位移达6mm时停止。

4.6 剪切结束,吸去盒内积水,退掉剪切力和垂直压力,移动压力框架,取出试样,测定其含水率。

5 结果整理

5.1 剪切位移按下式计算:

$$\Delta l = 20n - R \tag{T 0142-2}$$

式中:Δl——剪切位移(0.01mm),计算至0.1;

n——手轮转数;

R——百分表读数。

5.2 剪应力按下式计算:

$$\tau = CR \tag{T 0142-3}$$

式中:τ——剪应力(kPa),计算至0.1;

C——测力计校正系数(kPa/0.01mm)。

5.3 以剪应力τ为纵坐标,剪切位移Δl为横坐标,绘制τ—Δl的关系曲线,如图T 0142-2。

5.4 以垂直压力p为横坐标,抗剪强度S为纵坐标,将每一试样的抗剪强度点绘在坐标纸上,并连成一直线。此直线的倾角为摩擦角φ,纵坐标上的截距为凝聚力c,如图T 0142-3所示。

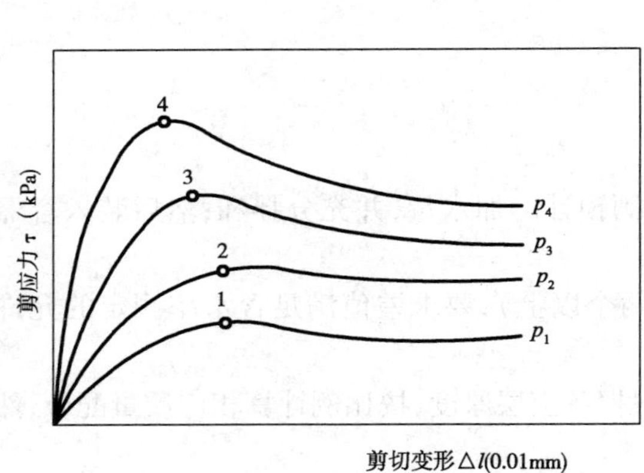

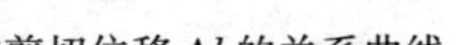
图T 0142-2 剪应力τ与剪切位移Δl的关系曲线

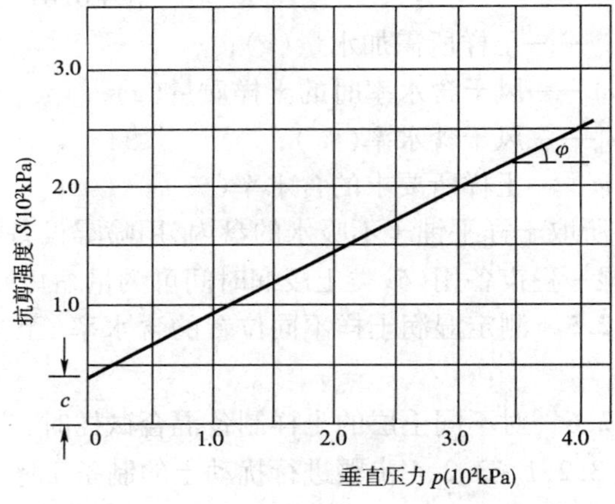

图T 0142-3 抗剪强度与垂直压力的关系曲线

5.5 本试验记录格式见表T 0142-1和表T 0142-2。

表T 0142-1 直接剪切试验记录(一)

工程名称__________ 试 验 者__________

土样编号__________ 校 核 者__________

土粒比重 $G_s = 2.70$ 试验日期__________

试样编号			1			2			3			4			5		
			起始	饱和后	剪后	起始	饱和后	剪后	起始	饱和后	剪后	起始	饱和后	剪后	起始	饱和后	剪后
湿密度ρ (g/cm³)	(1)	(1)	1.76	1.93	1.94	1.75	1.93	1.94	1.75	1.94	1.94	1.74	1.94	1.95	1.75	1.94	1.95

续上表

试样编号			1			2			3			4			5		
			起始	饱和后	剪后	起始	饱和后	剪后	起始	饱和后	剪后	起始	饱和后	剪后	起始	饱和后	剪后
含水率 w（%）	(2)	(2)	16.4	27.7	28.8	16.4	27.8	28.8	16.4	27.7	28.8	16.4	27.7	28.7	16.4	27.7	28.8
干密度 ρ_d（g/cm³）	(3)	$\frac{(1)}{1+\frac{(2)}{100}}$	1.51	1.51	1.51	1.50	1.51	1.51	1.50	1.52	1.51	1.49	1.52	1.52	1.50	1.52	1.52
孔隙比 e	(4)	$\frac{10G_s}{(3)}-1$	0.79	0.79	0.79	0.80	0.79	0.79	0.80	0.78	0.79	0.81	0.78	0.78	0.80	0.78	0.78
饱和度 S_r（%）	(5)	$\frac{G_s(2)}{(4)}$	56.0	94.7	98.4	55.4	95.0	98.4	55.3	95.8	98.4	54.6	95.8	99.3	55.3	95.8	99.6
试样描述 本试样系用过2mm筛土制备的			注：①试样系用抽气饱和； ②饱和后的饱和度：$S_r=\frac{(\rho-\rho_d)}{\rho_d e}G_s$														

表 T 0142-2　直接剪切试验记录(二)

工程名称________　　试 验 者________

土样编号________　　校 核 者________

试验方法　固结快剪　　试验日期________

试样编号　　仪器编号
手轮转速　　垂直压力 300kPa
测力计校正系数 $C=6.21$kPa/0.01mm

剪切前固结时间 23h　　剪切历时
剪切前压缩量 0.853mm　　抗剪强度 152kPa

手轮转数 (1)	测力计百分表读数 (0.01mm) (2)	剪切位移 (0.01mm) (3)=(1)×20−(2)	剪应力 (kPa) (4)=(2)×C	垂直位移 (0.01mm)	手轮转数 (1)	测力计百分表读数 (0.01mm) (2)	剪切位移 (0.01mm) (3)=(1)×20−(2)	剪应力 (kPa) (4)=(2)×C	垂直位移 (0.01mm)
1	1.6	18.4	9.9		16	21.2	298.8	131.7	
2	9.0	31.0	55.9		17	21.8	318.2	135.4	
3	11.0	49.0	68.3		18	21.8	338.2	135.4	
4	12.5	67.5	77.6		19	22.2	357.8	137.9	
5	14.0	86.0	86.9		20	22.8	377.2	141.6	
6	14.5	105.5	90.0		21	23.0	397.0	142.8	
7	15.3	124.7	95.0		22	23.3	416.7	144.7	
8	16.6	143.4	103.1		23	23.6	436.4	146.6	
9	17.0	163.0	105.6		24	24.0	456.0	149.0	
10	17.6	182.4	109.3		25	24.5	475.5	152.1	
11	18.3	201.7	114.6		26	24.5	495.5	152.1	
12	19.0	221.0	118.0		27	24.5	515.5	152.1	
13	19.7	240.3	122.3		28	24.8	535.2	154.0	
14	20.0	260.0	124.2		29	24.8	555.2	154.0	
15	20.8	279.2	129.2						

6 报告

6.1 土的鉴别分类和代号。

6.2 土的抗剪强度指标 c、φ 值。

条文说明

1 快剪试验是在试样上施加垂直压力后，立即施加水平剪切力进行剪切。快剪试验用于在土体上施加荷载和剪切过程中均不发生固结和排水作用的情况。如公路挖方边坡，一般比较干燥，施工期边坡不发生排水固结作用，可以采用快剪试验。

本试验适用于渗透系数小于 10^{-6}cm/s 的土类。

4 快剪试验的剪切速率也规定为 0.8mm/min，要求在 3 ~ 5min 内剪损。对于渗透系数大于 10^{-6} cm/s 的土类，应在三轴仪中进行。

T 0143—1993 砂类土的直剪试验

1 目的和适用范围

本试验适用于砂类土。

2 仪器设备

2.1 应变控制式直剪仪：由剪切盒、垂直加荷设备、剪切传动装置、测力计和位移量测系统组成，如图 T 0143-1 所示。

2.2 环刀：内径 61.8mm，高 20mm。

2.3 位移量测设备：百分表或传感器。百分表量程为 10mm，分度值为 0.01mm；传感器的精度应为零级。

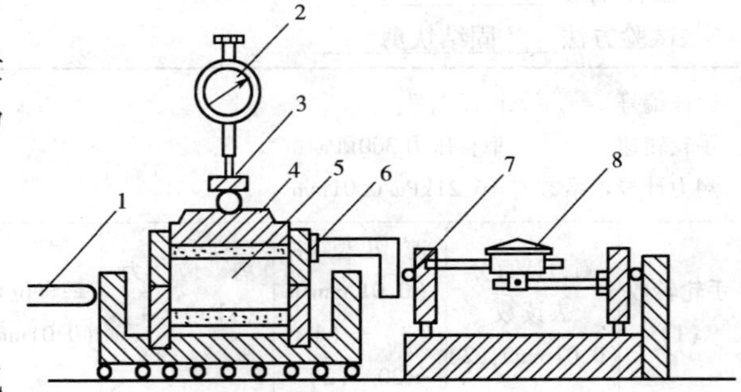

图 T 0143-1 应变控制式直剪仪示意图

1-推动座；2-垂直位移百分表；3-垂直加荷框架；4-活塞；5-试样；6-剪切盒；7-测力计；8-测力百分表

3 试样

3.1 取过 2mm 筛的风干砂 1 200g。

3.2 将扰动土样进行土样描述，如颜色、土类、气味及夹杂物等。如有需要，将扰动土样充分拌匀，取代表性土样进行含水率测定。

3.3 将块状扰动土放在橡皮板上用木碾或粉碎机碾散，但切勿压碎颗粒。如含水率较大不能碾散时，应风干至可碾散时为止。

3.4 根据试验所需土样数量，将碾散后的土样过筛。物理性试验如液限、塑限、缩限等试验，需过 0.5mm筛；常规水理及力学试验土样，需过 2mm 筛；击实试验土样的最大粒径必须满足击实试验采用不同击实筒试验时的土样中最大颗粒粒径的要求。按规定过标准筛后，取出足够数量的代表性试样，然后分别装入容器内，标以标签。标签上应注明工程名称、土样编号、过筛孔径、用途、制备日期和人员等，以备各项试验之用。若含有多量粗砂及少量细粒土（泥砂或黏土）的松散土样，应加水润湿松散后，用四分法取出代表性试样。若系净砂，则可用匀土器取代表性试样。

3.5 为配制一定含水率的试样，取过 2mm 筛的足够试验用的风干土 1 ~ 5kg，按本规程 T 0102—2007 中第 2 条步骤计算所需的加水量，然后将所取土样平铺于不吸水的盘内，用喷雾设备喷洒预计的加水量，并充分拌和，然后装入容器内盖紧，润湿一昼夜备用（砂类土浸润时间可酌量缩短）。

3.6 测定湿润土样不同位置的含水率(至少两个以上),要求差值满足含水率测定的允许平行差值。

3.7 对不同土层的土样制备混合试样时,应根据各土层厚度,按比例计算相应质量配合,然后按本规程 T 0102—2007 中第1条步骤进行扰动土的制备工序。

3.8 根据预定的试样干密度称取每个试样的风干砂质量,准确至0.1g。每个试样的质量按下式计算:

$$m = V\rho_d \quad \text{(T 0143-1)}$$

式中:V——试样体积(cm^3);

ρ_d——规定的干密度(g/cm^3);

m——每一试件所需风干砂的质量(g)。

4 试验步骤

4.1 对准剪切容器上下盒,插入固定销,放入透水石。

4.2 将试样倒入剪切容器内,放上硬木块,用手轻轻敲打,使试样达到预定干密度,取出硬木块,拂平砂面。

4.3 拔去固定销,进行剪切试验。剪切速度为0.8mm/min,在3~5min内剪损。并每隔一定时间测记测力计百分表读数,直至剪损。

4.4 试样剪损时间可按下式估算:

$$t_f = 50t_{50} \quad \text{(T 0143-2)}$$

式中:t_f——达到剪损所经历的时间(min);

t_{50}——固结度达到50%所需的时间(min)。

4.5 当测力计百分表读数不变或后退时,继续剪切至剪切位移为4mm时停止,记下破坏值。当剪切过程中测力计百分表无峰值时,剪切至剪切位移达6mm时停止。

4.6 剪切结束,吸去盒内积水,退掉剪切力和垂直压力,移动压力框架,取出试样,测定其含水率。

4.7 试验结束后,顺次卸除垂直压力,加压框架、钢珠、传压板。清除试样,并擦洗干净,以备下次应用。

5 结果整理

5.1 剪切位移按下式计算:

$$\Delta l = 20n - R \quad \text{(T 0143-3)}$$

式中:Δl——剪切位移(0.01mm),计算至0.1;

n——手轮转数;

R——百分表读数。

5.2 剪应力按下式计算:

$$\tau = CR \quad \text{(T 0143-4)}$$

式中:τ——剪应力(kPa),计算至0.1;

C——测力计校正系数(kPa/0.01mm)。

5.3 如欲求砂类土在每一干密度下的抗剪强度,则以抗剪强度为纵坐标,垂直压力为横坐标,绘制在一定干密度下的抗剪强度与垂直压力的关系曲线,如图 T 0143-2。

5.4 如欲求砂类土在某一垂直压力下的抗剪强度,则以干密度为横坐标,抗剪强度为纵坐标,绘制一定垂直压力下的抗剪强度与干密度的关系曲线,如图 T 0143-3。

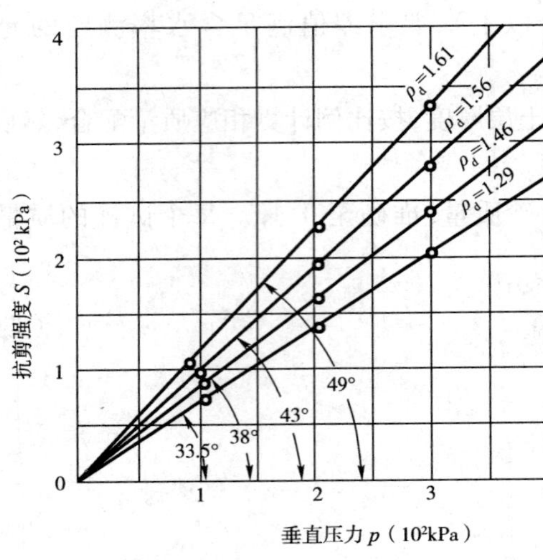

图 T 0143-2　抗剪强度与垂直压力的关系曲线

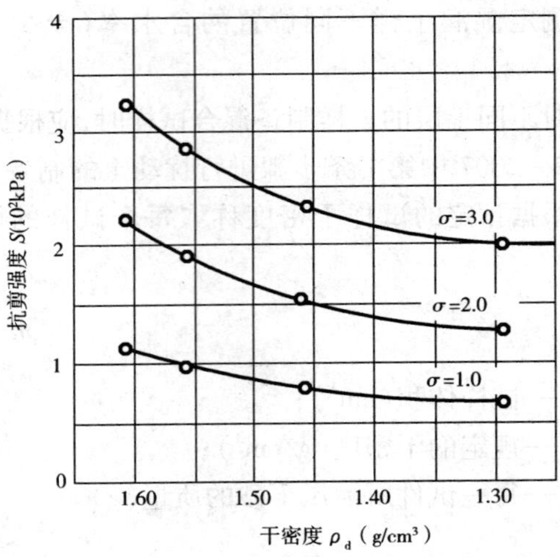

图 T 0143-3　抗剪强度与干密度的关系曲线

5.5　本试验记录格式见表 T 0143-1 和表 T 0143-2。

表 T 0143-1　直接剪切试验记录(一)

工程名称＿＿＿＿＿＿　　　　试 验 者＿＿＿＿＿＿

土样编号＿＿＿＿＿＿　　　　校 核 者＿＿＿＿＿＿

土粒比重　G_s = 2.70　　　　试验日期＿＿＿＿＿＿

试样编号			1			2			3			4			5		
			起始	饱和后	剪后	起始	饱和后	剪后	起始	饱和后	剪后	起始	饱和后	剪后	起始	饱和后	剪后
湿密度 ρ（g/cm³）	(1)	(1)	1.76	1.93	1.94	1.75	1.93	1.94	1.75	1.94	1.94	1.74	1.94	1.95	1.75	1.94	1.95
含水率 w（%）	(2)	(2)	16.4	27.7	28.8	16.4	27.8	28.8	16.4	27.7	28.8	16.4	27.7	28.7	16.4	27.7	28.8
干密度 ρ_d（g/cm³）	(3)	$\frac{(1)}{1+\frac{(2)}{100}}$	1.51	1.51	1.51	1.50	1.51	1.51	1.50	1.52	1.51	1.49	1.52	1.52	1.50	1.52	1.52
孔隙比 e	(4)	$\frac{10G}{(3)}-1$	0.79	0.79	0.79	0.80	0.79	0.79	0.80	0.78	0.79	0.81	0.78	0.78	0.80	0.78	0.78
饱和度 S_r（%）	(5)	$\frac{G(2)}{(4)}$	56.0	94.7	98.4	55.4	95.0	98.4	55.3	95.8	98.4	54.6	95.8	99.3	55.3	95.8	99.6
试样描述 本试样系用过 2mm 筛土制备的			注：①试样系用抽气饱和； ②饱和后的饱和度：$S_r=\frac{(\rho-\rho_d)}{\rho_d e}G_s$														

表 T 0143-2　直接剪切试验记录(二)

工程名称＿＿＿＿＿＿＿＿　　　　　　　　　　试 验 者＿＿＿＿＿＿＿＿

土样编号＿＿＿＿＿＿＿＿　　　　　　　　　　校 核 者＿＿＿＿＿＿＿＿

试验方法＿＿固结快剪＿＿　　　　　　　　　　试验日期＿＿＿＿＿＿＿＿

试样编号　仪器编号 手轮转速　垂直压力 300kPa 测力计校正系数 C = 6.21kPa/0.01mm					剪切前固结时间 23h　剪切历时 剪切前压缩量 0.853mm　抗剪强度 152kPa				
手轮转数(1)	测力计百分表读数(0.01mm)(2)	剪切位移(0.01mm)(3)=(1)×20-(2)	剪应力(kPa)(4)=(2)×C	垂直位移(0.01mm)	手轮转数(1)	测力计百分表读数(0.01mm)(2)	剪切位移(0.01mm)(3)=(1)×20-(2)	剪应力(kPa)(4)=(2)×C	垂直位移(0.01mm)
1	1.6	18.4	9.9		16	21.2	298.8	131.7	
2	9.0	31.0	55.9		17	21.8	318.2	135.4	
3	11.0	49.0	68.3		18	21.8	338.2	135.4	
4	12.5	67.5	77.6		19	22.2	357.8	137.9	
5	14.0	86.0	86.9		20	22.8	377.2	141.6	
6	14.5	105.5	90.0		21	23.0	397.0	142.8	
7	15.3	124.7	95.0		22	23.3	416.7	144.7	
8	16.6	143.4	103.1		23	23.6	436.4	146.6	
9	17.0	163.0	105.6		24	24.0	456.0	149.0	
10	17.6	182.4	109.3		25	24.5	475.5	152.1	
11	18.3	201.7	114.6		26	24.5	495.5	152.1	
12	19.0	221.0	118.0		27	24.5	515.5	152.1	
13	19.7	240.3	122.3		28	24.8	535.2	154.0	
14	20.0	260.0	124.2		29	24.8	555.2	154.0	
15	20.8	279.2	129.2						

6　报告

6.1　土的鉴别分类和代号。

6.2　土的抗剪强度指标 c、φ 值。

条文说明

1　本试验用于测定砂类土在不同干密度下的抗剪强度指标。

3　本试验取过 2mm 筛的风干砂类土，并按预定的试样干密度，用公式计算每个试样需称取的砂质量。

4　砂类土的渗透系数很大，潮湿状态与干燥状态的强度变化不大，剪切速度对强度几乎无影响，因此，可采用较快的剪切速率。

5　试验结果表明，砂类土的内摩擦角随试样干密度的增加而增大。

T 0176—2007　排水反复直接剪切试验

1　目的和适用范围

1.1　反复直接剪切试验是用应变控制式直剪仪在慢速(排水)条件下，对试样反复剪切至剪应力达到稳定值，以测求土的残余抗剪强度指标 c'_r 和 φ'_r。

1.2　本试验方法适用于超固结黏性土及软弱岩石夹层的黏性土。

2　仪器设备

2.1　应变控制式反复直剪仪：包括变速设备、可逆电动机和反推夹具，见图 T 0176-1。

2.2 位移计(百分表):量程5~10mm,分度值0.01mm。

2.3 天平:称量500g,分度值0.1g。

2.4 环刀:内径6.18cm,高2cm。

2.5 其他:饱和器、削土刀、秒表、滤纸等。

3 试验步骤

3.1 试样制备

3.1.1 对有软弱面的原状土样,先要分清软弱面的天然滑动方向,整平土样两端,使土样顶面平行于软弱面。在环刀内涂一薄层凡士林。切土时,使软弱面位于环刀高度一半处,然后在试样面上标出软弱面的天然滑动方向。

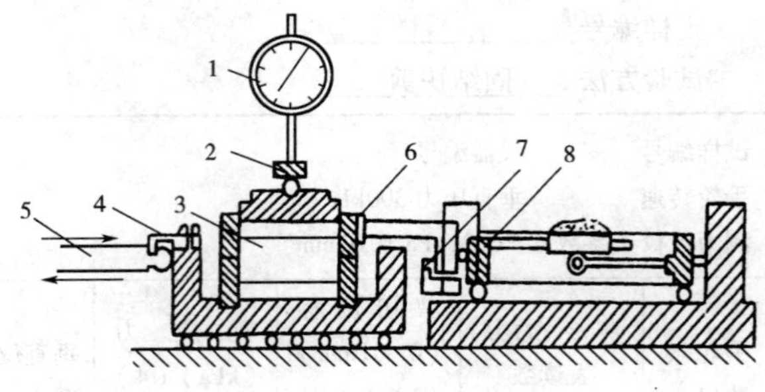

图T 0176-1 反复直剪仪示意图

1-垂直变形百分表;2-加压框架;3-试样;4-连接杆;5-推动轴;6-剪切盒;7-限制连接杆;8-测力计

3.1.2 对无软弱面的完整原状黏土或原状的超固结黏土,可用环刀按(T 0102—2007)原状试样的制备方法切成试样,然后将试样放入剪切盒内。先在小于50kPa的垂直压力下,以较快的剪切速率进行预剪,使形成破裂面。如试样坚硬,也可用刀、锯等工具先切割成一个剪切面,然后加垂直荷载,待固结稳定后进行剪切。

3.1.3 对泥化带较厚的软弱夹层、滑坡层面,取靠近滑裂面1~2mm的土;对泥化带软薄的滑动面,取泥化的土;对无泥化带的裂隙面,取靠裂隙面两边的土。将所刮取的土样用纯水浸泡24h后调制均匀,制备成液限状态的土膏,将其填入环刀内。装填时,先沿环刀四周填入,然后填中部。应排除试样内的气体。

3.1.4 原状试样应取破裂面上的土测求含水率;对于扰动土试样可取切下的余土测求含水率。

3.1.5 试样应达到饱和。饱和方法一般用抽气饱和法。

3.1.6 每组试验应制备4个试样,同组试样的密度差值不大于0.03g/cm^3。

3.2 试样剪切

3.2.1 先对仪器进行检查。然后将上、下剪切盒对准,插入固定销,顺次放入饱和透水板、滤纸,将试样推入剪切盒内。再放上滤纸、透水板及加压盖板、钢珠、加压框架等,并安装垂直百分表(位移计)。在活塞周围包以湿棉花,防止水分蒸发。然后测记测力计和垂直位移计的初始读数。

3.2.2 每组试验应取4个试样,在4种不同垂直压力下进行剪切试验。一个垂直压力相当于现场预期的最大压力,一个垂直压力要大于现场预期的最大垂直压力,其他垂直压力均小于现场预期的最大垂直压力。但垂直压力的各级差值要大致相等。也可以取垂直压力分别为100kPa、200kPa、300kPa、400kPa,各个垂直压力一次轻轻施加,若土质松软也可分级施加以防试样挤出。

在试样上施加规定的垂直压力后,测记垂直变形读数。如每小时垂直变形读数变化不超过0.005mm,认为已达到固结稳定。试样也可在其他仪器上固结,然后移至剪切盒内,继续固结至稳定,再进行剪切。

3.2.3 除含水率相当于液限试样的剪切外,一般原状土、硬黏土的试验,在剪切时,剪切盒应开缝,缝宽保持在0.3~1.0mm。

3.2.4 转动手轮,使剪切盒前端的钢珠与测力计刚好接触,再调整测力计读数至零位。

3.2.5 拔出固定销,调节变速箱。对一般粉质土、粉质黏土及低塑性黏土的剪切速度不宜超0.06mm/min;对高塑性黏土的剪切速度,不宜超过0.02mm/min。开动电机,测读垂直位移计和水平位移计读数。在第1次剪切过程中,达到峰值剪应力之前,一般水平位移每隔0.2~0.4mm测记1次;过峰值剪应力后,每隔0.5mm测记1次。每次剪切时,试验不能中断,直至最大剪切位移(每次正向剪切位移8~10mm)停止剪切。

3.2.6 倒转手轮,用反推设备缓慢地(剪切速度不大于0.6mm/min)将下剪盒反向推至与上剪切盒重合位置,插入固定销。按本试验3.2.5的规定进行第2次剪切。如此,继续反复进行剪切至剪应力达到稳定值为止。

3.2.7 剪切结束，测记垂直位移计读数，吸去剪切盒中积水，尽快卸除位移计、垂直压力、加压框架、加压盖板及剪切盒等，并描述剪切面的破坏情况。取剪切面附近的土样测定剪后含水率。

4 结果整理

4.1 按下式计算残余抗剪强度 S_r：

$$S_r = \frac{CR}{A_0} \times 10 \qquad (T\ 0176\text{-}1)$$

式中：C——测力计率定系数（N/0.01mm）；

R——测力计读数（0.01mm）；

A_0——试样面积（cm^2）；

10——单位换算系数。

4.2 绘制剪应力与剪切位移关系曲线，见图 T 0176-2。取每个试验曲线上第 1 次剪切时峰值作为破坏强度 S；取曲线上最后稳定值作为残余强度 S_r，并绘制抗剪强度（峰值强度与残余强度）与垂直压力关系曲线，见图 T 0176-3。

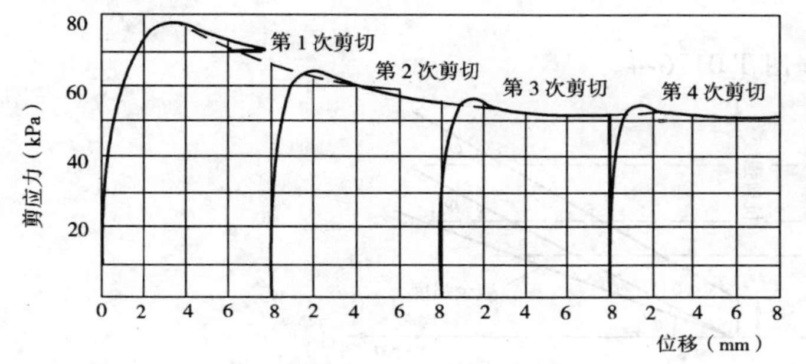

图 T 0176-2 剪应力与剪切位移曲线

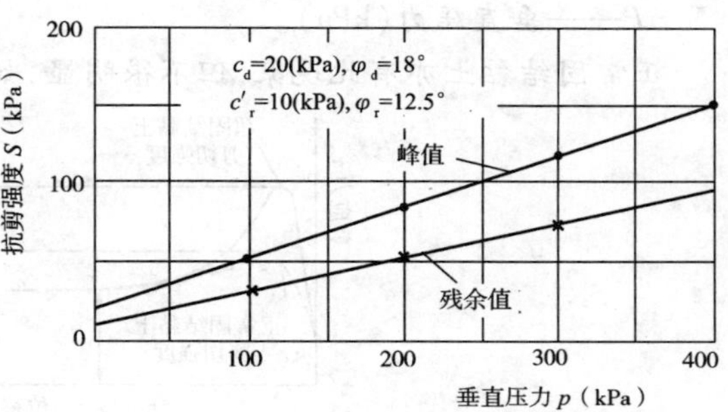

图 T 0176-3 抗剪强度与垂直压力关系曲线

4.3 本试验记录格式如表 T 0176-1。

表 T 0176-1 排水反复直接剪切试验

工程名称________ 试验者________ 校 核 者________

土样编号________ 计算者________ 试验日期________

仪器编号： 剪前固结时间： min

测力计率定系数： N/0.01mm 剪前固结沉降量： min

剪切速率： mm/min 剪切次数：

垂直压力： kPa 抗剪强度： kPa

剪切位移 （0.01mm）	垂直位移计读数 （0.01mm）	测力计读数 （0.01mm）	剪应力 （kPa）
30			
60			
100			
130			
160			
200			
230			
260			
300			
350			
400			
⋮			
800			

注："+"为剪胀，"-"为剪缩。

5 报告

5.1 土的鉴别分类和代号。

5.2 土的抗剪强度指标 c、φ 值。

条文说明

1.1 超固结黏土试样在某一有效压力作用下进行剪切试验时，当剪应力达到峰值以后，若继续剪切，则剪应力随剪切位移增加而显著降低，最后达到一个稳定值。该稳定值称土的残余抗剪强度或残余强度，以下式表达：

$$S_r = c'_r + P\tan\varphi'_r \tag{T 0176-2}$$

式中：S_r——土的残余强度(kPa)；

c'_r——残余黏聚力（一般 $c'\approx 0$）(kPa)；

φ'_r——残余内摩擦角(°)；

P——垂直压力(kPa)。

正常固结黏土亦有此现象，但不很明显，如图 T 0176-4。

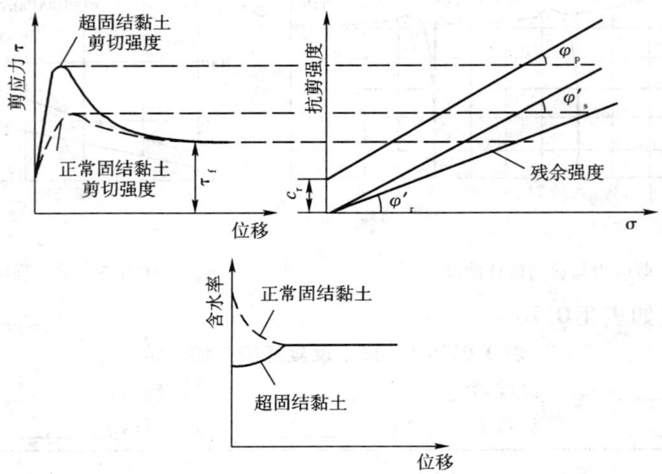

图 T 0176-4 剪应力与剪切位移关系曲线

2.1 室内测定残余强度的仪器和方法，目前主要有三轴压缩试验、环剪仪做环形剪切试验和用直剪仪做排水反复直接剪切试验（以下简称反复剪）三种方法。反复剪试验，存在一定的缺点，例如，每次反复后，有一小峰值出现，剪切面可能呈泥浆状。但它简单易行，对多数土均能测得较好的成果，因此，国内外应用较广，本规程也推荐采用直剪仪做反复排水剪试验。

本规程规定在进行第二次、第三次……剪切时，不卸除垂直荷载，将剪切盒下盒拉回原位置。因此，必须将原仪器的推力设备进行改装，使其能推进又能拉回；或另制造一反推设备，待一次剪切完成后，用反推设备将剪切盒下盒推回至原位置。

3.1.3 研究表明：扰动试样的残余强度通常与原状试样的残余强度相接近。对同一种土，不管是正常固结或超固结的，只要是在同一有效压力作用下，其残余强度相同，φ'_r 为一常数。它只与土的性质有关，而与应力历史无关。因此，当选取原状土样有困难的，可取扰动土进行试验。

但软弱夹层的滑裂面或滑坡层面是构成剪切破坏的产物，它曾经受过较大的剪切位移，加之在漫长的地质历史时期中地下水的长期作用，使滑裂面或滑坡面上土的颗粒组成以及矿物、化学成分都有别于滑面上下土层，故选取扰动土样时，应取滑裂面或滑坡层面上 1 ~2mm 的土进行残余强度试验。否则扰动土的残余强度指标可能大于滑裂面或滑坡层面实际强度值。

经过对土（岩）地基软弱夹层或滑坡带土体的调查了解，夹层和滑动层面上土的含水率往往比夹层上下层的含水率高 10% 左右。当确定制备含水率时，应注意这个实际情况。本规程建议扰动土的制备含水率采用该土(泥化夹层和滑动层面)的液限为宜。

3.2.5 剪切速率对测定土的残余强度具有明显的影响。土达到残余强度时,其剪切面上的孔隙压力已充分消散,土颗粒已完全定向排列,故测定残余强度的方法只能是最大剪切位移下的慢剪试验。

关于剪切速率对土的残余强度的影响问题,根据对黏土、高塑性黏土、粉质黏土及粉质土的液限试样和粉质黏土的原状样进行不同剪切速度的对比试验,其成果见图 T 0176-5。从图中可以看出:粉质土、粉质黏土、黏土及高塑性黏土的剪切速度的临界值分别为 1.0mm/min、0.06mm/min 和 0.02mm/min。

当剪切速度采用 0.02mm/min 时,对于每一剪切行程的位移量为 8~10mm 的试验,约需 8~10h 左右。为了试验室工作的方便,可间隔一定时间进行下一次剪切(即可使试验在白天进行)。

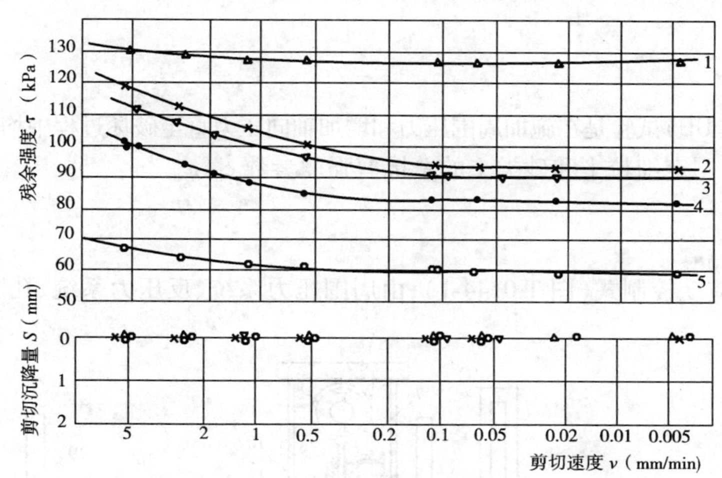

图 T 0176-5 剪切速度与残余强度和剪切沉降量关系曲线

1-江苏粉质土;2-广西 8301-7 粉质黏土;3-葛洲坝夹层土(原状土);4-华东黏土;5-东北黏土

注:试样的垂直压力均为 200kPa。

3.2.6 关于试验的总剪切位移多大才能测到稳定的强度值的问题,一些专家进行了研究。斯肯普顿(Skempton)认为在室内试验时,过峰值强度后继续剪切到位移达 25~50mm,强度可降低到稳定残余值。诺布尔(H. L. Noble)用内径 4.8cm 的试样在直接剪切仪上以 0.004mm/min 的速率进行试验,每次剪切位移 2.5mm,再推回,如此反复剪 10~15 次,总位移约为 50~75mm,也可达到残余值。

近年来,长江科学院在对软弱夹层的试验中,使用直径为 6.4cm 的试样,在直接剪切仪上以0.0224 mm/min 的剪切速率做反复直接剪切试验。试验成果表明:不同颗粒组成的试样,所需要的总剪切位移量是不一样的,一般来讲黏粒含量大的试样,需要的总剪切位移量小,反之亦然,如粉质土、粉质黏土一般需要 40~48mm,黏土一般需要 24~32mm。一般反向剪切的剪应力大于正向剪切的剪应力,见图 T 0176-6。其原因在于反向剪切破坏了已定向排列的土颗粒,使得土的强度增高。因此,不能将反向剪切的位移量计入达到残余强度时所需要的总剪切位移量中。

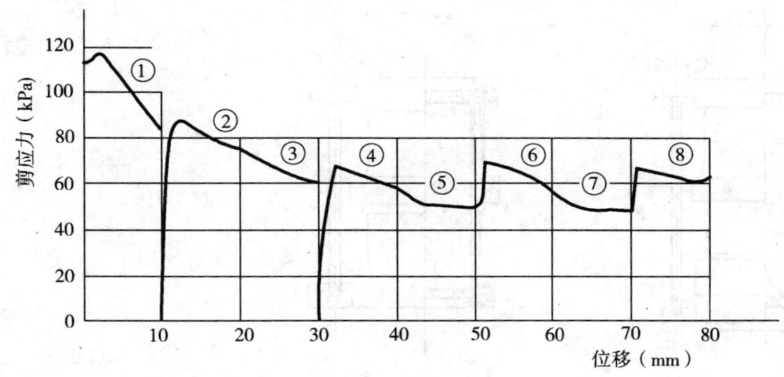

图 T 0176-6 反复剪切试验的应力和位移曲线

①、③、⑤、⑦-正向剪切;②④⑥⑧-反向剪切

23　土的三轴压缩试验

T 0144—1993　不固结不排水试验

1　目的和适用范围

1.1　不固结不排水(UU)试验是在施加周围压力和增加轴向压力直至破坏过程中均不允许试样排水。

1.2　本试验适用于测定细粒土和砂类土的总抗剪强度参数 c_u、φ_u。

2　仪器设备

2.1　三轴压缩仪:应变控制式(图 T 0144-1),由周围压力系统、反压力系统、孔隙水压力量测系统和主机组成。

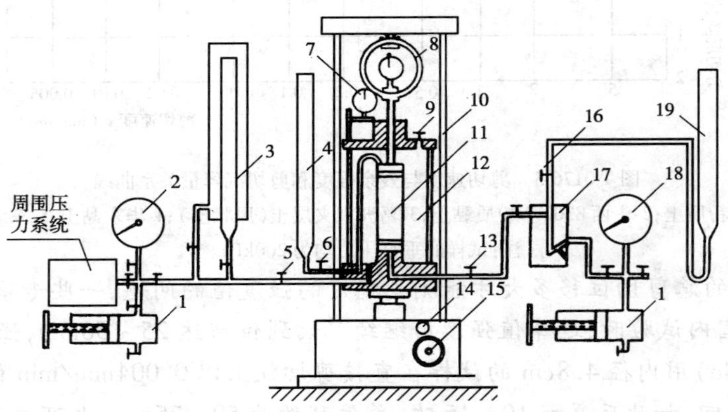

图 T 0144-1　应变控制式三轴压缩仪示意图

1-调压筒;2-周围压力表;3-体变管;4-排水管;5-周围压力阀;6-排水阀;7-变形量表;8-量力环;9-排气孔;10-轴向加压设备;11-试样;12-压力室;13-孔隙压力阀;14-离合器;15-手轮;16-量管阀;17-零位指示器;18-孔隙压力表;19-量管

2.2　附属设备:包括击实器、饱和器、切土器、分样器、切土盘、承膜筒和对开圆模,应符合下列各图要求:

2.2.1　击实器(图 T 0144-2)和饱和器(图 T 0144-3)。

2.2.2　切土盘(图 T 0144-4)、切土器(图 T 0144-5)和原状土分样器(图 T 0144-6)。

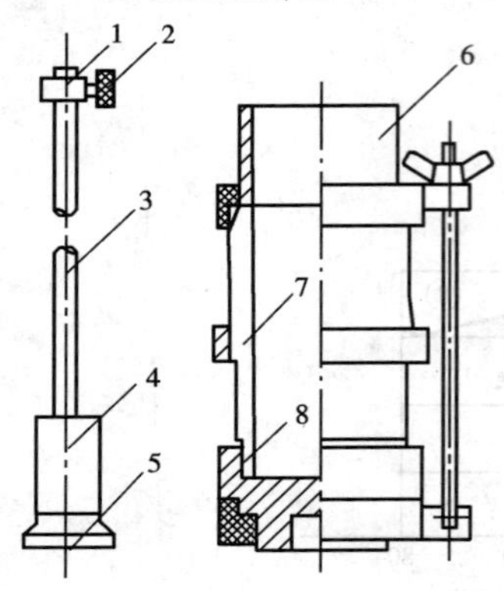

图 T 0144-2　击实器

1-套环;2-定位螺丝;3-导杆;4-击锤;5-底板;6-套筒;7-饱和器;8-底板

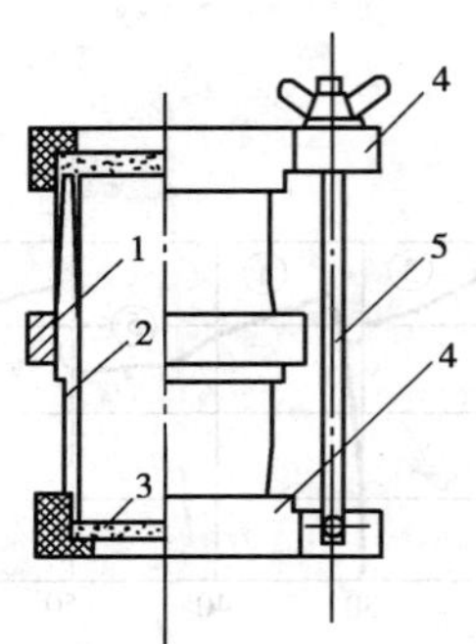

图 T 0144-3　饱和器

1-紧箍;2-土样筒;3-透水石;4-夹板;5-拉杆

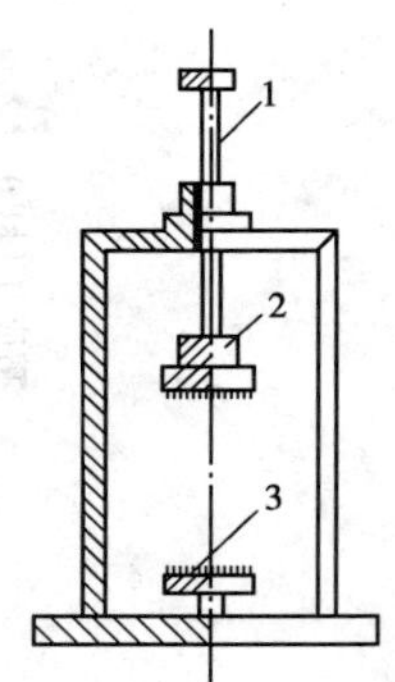

图 T 0144-4　切土盘

1-转轴;2-上盘;3-下盘

2.2.3 承膜筒(图 T 0144-7)及对开圆模(图 T 0144-8)。

2.3 百分表:量程 3cm 或 1cm,分度值 0.01mm。

2.4 天平:称量 200g,感量 0.01g;称量 1 000g,感量 0.1g。

2.5 橡皮膜:应具有弹性,厚度应小于橡皮膜直径的 1/100,不得有漏气孔。

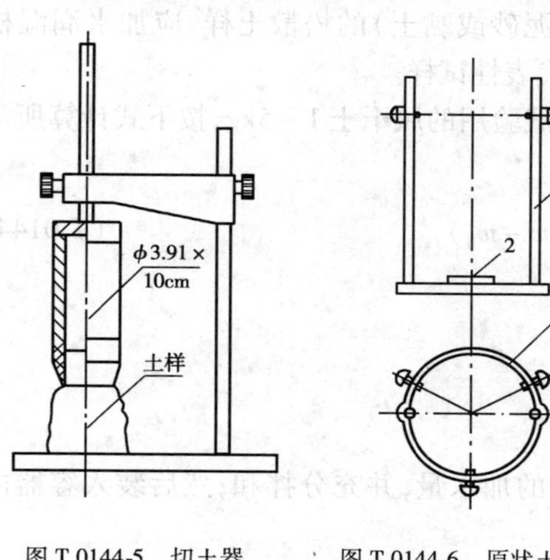

图 T 0144-5 切土器

图 T 0144-6 原状土分样器
(适用于软黏土)
1-滑杆;2-底座;3-钢丝架

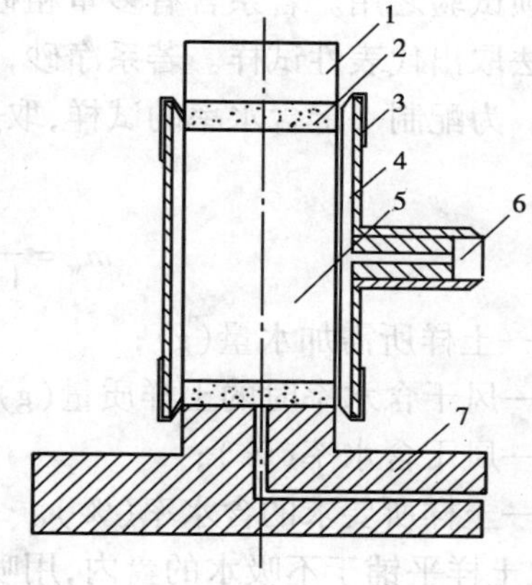

图 T 0144-7 承膜筒
(橡皮膜借膜筒套在试样外)
1-上帽;2-透水石;3-橡皮膜;4-承膜筒身;5-试样;6-吸气孔;7-三轴仪底座

3 仪器检查

3.1 周围压力的测量精度为全量程的 1%,测读分值为 5kPa。

3.2 孔隙水压力系统内的气泡应完全排除。系统内的气泡可用纯水施加压力使气泡上升至试样顶部沿底座溢出,测量系统的体积因数应小于 $1.5\times10^{-5}cm^3/kPa$。

3.3 管路应畅通,活塞应能滑动,各连接处应无漏气。

3.4 橡胶膜在使用前应仔细检查,方法是在膜内充气,扎紧两端,然后在水下检查有无漏气。

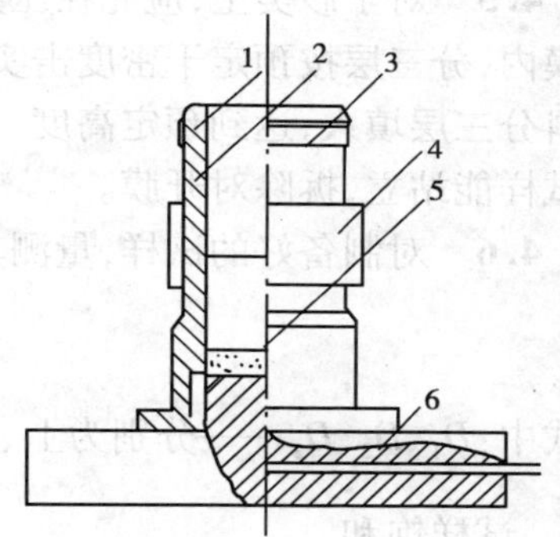

图 T 0144-8 对开圆膜
(制备饱和的砂样)
1-橡皮膜;2-制样圆模(两片组成);3-橡皮圈;4-圆箍;5-透水石;6-仪器底座

4 试样制备

4.1 本试验需 3 ~4 个试样,分别在不同周围压力下进行试验。

4.2 试样尺寸:最小直径为 35mm,最大直径为 101mm,试样高度宜为试样直径的 2 ~2.5 倍,试样的最大粒径应符合表 T 0144-1 规定。对于有裂缝、软弱面和构造面的试样,试样直径宜大于 60mm。

表 T 0144-1 试样的土粒最大粒径

试样直径 φ(mm)	允许最大粒径(mm)
φ<100	试样直径的 1/10
φ≥100	试样直径的 1/5

4.3 原状土试样的制备:根据土样的软硬程度,分别用切土盘和切土器按本试验 4.2 规定切成圆柱形试样,试样两端应平整,并垂直于试样轴。当试样侧面或端部有小石子或凹坑时,允许用削下的余土修整。试样切削时应避免扰动,并取余土测定试样的含水率。

4.4 扰动土试样制备:根据预定的干密度和含水率,按下述方法备样后,在击实器内分层击实,粉质土宜为 3 ~5 层,黏质土宜为 5 ~8 层,各层土样数量相等,各层接触面应刨毛。

4.4.1 将扰动土样进行土样描述,如颜色、土类、气味及夹杂物等。如有需要,将扰动土样充分拌匀,取代表性土样进行含水率测定。

4.4.2 将块状扰动土放在橡皮板上用木碾或粉碎机碾散,但切勿压碎颗粒。如含水率较大不能碾散时,应风干至可碾散时为止。

4.4.3 根据试验所需土样数量，将碾散后的土样过筛。物理性试验如液限、塑限、缩限等试验，需过0.5mm筛；常规水理及力学试验土样，需过2mm筛；击实试验土样的最大粒径必须满足击实试验采用不同击实筒试验时的土样中最大颗粒粒径的要求。按规定过标准筛后，取出足够数量的代表性试样，然后分别装入容器内，标以标签。标签上应注明工程名称、土样编号、过筛孔径、用途、制备日期和人员等，以备各项试验之用。若系含有多量粗砂及少量细粒土（泥砂或黏土）的松散土样，应加水润湿松散后，用四分法取出代表性试样。若系净砂，则可用匀土器取代表性试样。

4.4.4 为配制一定含水率的试样，取过2mm筛的足够试验用的风干土1～5kg，按下式计算所需的加水量：

$$m_w = \frac{m}{1+0.01w_h} \times 0.01(w - w_h) \tag{T 0144-1}$$

式中：m_w——土样所需加水量(g)；

m——风干含水率时的土样质量(g)；

w_h——风干含水率(%)；

w——土样所要求的含水率(%)。

将所取土样平铺于不吸水的盘内，用喷雾设备喷洒预计的加水量，并充分拌和；然后装入容器内盖紧，润湿一昼夜备用（砂类土浸润时间可酌量缩短）。

4.4.5 测定湿润土样不同位置的含水率（至少两个以上），要求差值满足含水率测定的允许平行差值。

4.4.6 对不同土层的土样制备混合试样时，应根据各土层厚度，按比例计算相应质量配合，然后按本方法4.4.1～4.4.4步骤进行扰动土的制备工序。

4.5 对于砂类土，应先在压力室底座上依次放上不透水板、橡皮膜和对开圆膜。将砂料填入对开圆膜内，分三层按预定干密度击实。当制备饱和试样时，在对开圆膜内注入纯水至1/3高度，将煮沸的砂料分三层填入，达到预定高度。放上不透水板、试样帽、扎紧橡皮膜。对试样内部施加5kPa负压力，使试样能站立，拆除对开膜。

4.6 对制备好的试样，量测其直径和高度。试样的平均直径 D_0 按下式计算：

$$D_0 = \frac{D_1 + 2D_2 + D_3}{4} \tag{T 0144-2}$$

式中：D_1、D_2、D_3——分别为上、中、下部位的直径。

5 试样饱和

5.1 抽气饱和

5.1.1 仪器设备

(1)真空饱和法整体装置如图T 0144-9所示。

(2)饱和器：尺寸形式见图T 0144-10～图T 0144-12。

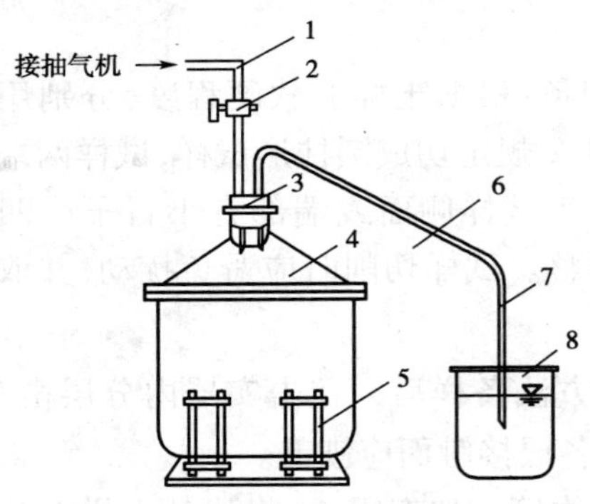

图T 0144-9 真空饱和法装置

1-排气管；2-二通阀；3-橡皮塞；4-真空缸；5-饱和器；6-管夹；7-引水管；8-水缸

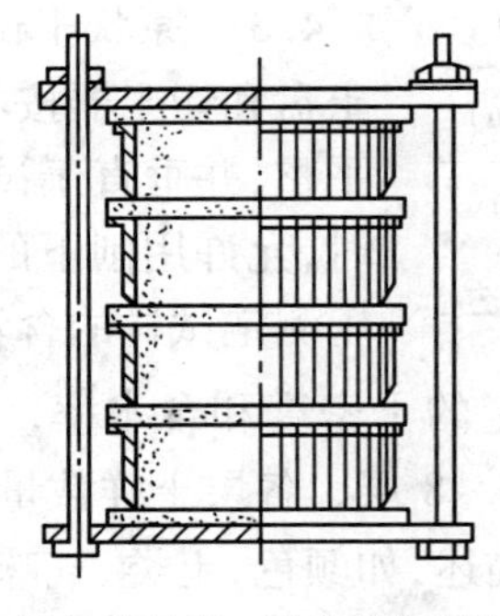

图T 0144-10 重叠式饱和器

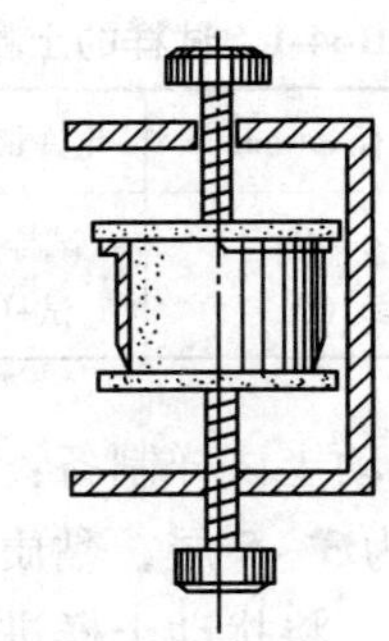

图T 0144-11 框架式饱和器

(3)真空缸:金属或玻璃制。

(4)抽气机。

(5)真空测压表。

(6)其他:天平、硬橡皮管、橡皮塞、管夹、二路活塞、水缸、凡士林等。

5.1.2 操作步骤

(1)将试件削入环刀,而后装入饱和器。

(2)将装好试件的饱和器放入真空缸内,盖口涂一薄层凡士林,以防漏气。

(3)关管夹,开阀门(见图 T 0144-9),开动抽气机,抽除缸内及土中气体。当真空压力表达到 -101.325kPa(一个负大气压力值)后,稍微开启管夹,使清水从引水管徐徐注入真空缸内。在注水过程中,应调节管夹,使真空压力表上的数值基本上保持不变。

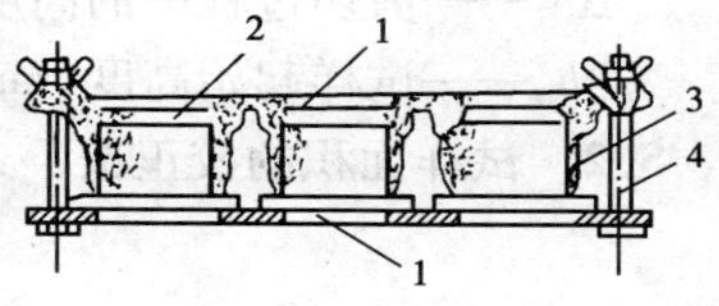

图 T 0144-12 平列式饱和器

1-夹板;2-透水石;3-环刀;4-拉杆

(4)待饱和器完全淹没水中后,即停止抽气,将引水管自水缸中提出,令空气进入真空缸内,静待一定时间,借大气压力,使试件饱和。

(5)取出试件称质量,准确至 0.1g,计算饱和度。

5.2 水头饱和

将试样装于压力室内,施加 20kPa 周围压力。水头高出试样顶部 1m,使纯水从底部进入试样,从试样顶部溢出,直至流入水量和溢出水量相等为止。当需要提高试样的饱和度时,宜在水头饱和前,从底部将二氧化碳气体通入试样,置换孔隙中的空气,再进行水头饱和。

5.3 反压力饱和

试样要求完全饱和时,应对试样施加反压力。反压力系统与周围压力相同,但应用双层体变管代替排水量管。试样装好后,调节孔隙水压力等于 101.325kPa(大气压力),关闭孔隙水压力阀、反压力阀、体变管阀,测记体变管读数。开周围压力阀,对试样施加 10~20kPa 的周围压力,开孔隙压力阀,待孔隙压力变化稳定,测记读数。关孔隙压力阀。开体变管阀和反压力阀,同时施加周围压力和反压力,每级增量 30kPa,缓慢打开孔隙压力阀,检查孔隙水压力增量,待孔隙水压力稳定后测记孔隙水压力和体变管读数,再施加下一级周围压力和反压力。每施加一级压力都测定孔隙水压力。当孔隙水压力增量与周围压力增量之比 $\Delta u/\Delta\sigma_3>0.98$ 时,认为试样达到饱和。

6 试验步骤

6.1 在压力室底座上依次放上不透水板、试样及试样帽,将橡皮膜套在试样外,并将橡皮膜两端与底座入试样帽分别扎紧。

6.2 装上压力室罩,向压力室内注满纯水,关排气阀,压力室内不应有残留气泡。并将活塞对准测力计和试样顶部。

6.3 关排水阀,开周围压力阀,施加周围压力,周围压力值应与工程实际荷载相适应,最大一级周围压力应与最大实际荷载大致相等。

6.4 转动手轮,使试样帽与活塞及测力计接触,装上变形百分表,将测力计和变形百分表读数调至零位。

7 试样剪切

7.1 剪切应变速率宜为每分钟 0.5%~1%。

7.2 开动马达,接上离合器,开始剪切。试样每产生 0.3%~0.4% 的轴向应变,测记一次测力计读数和轴向应变。当轴向应变大于 3% 时,每隔 0.7%~0.8% 的应变值测记一次读数。

7.3 当测力计读数出现峰值时,剪切应继续进行至超过 5% 的轴向应变为止。当测力计读数无峰值时,剪切应进行到轴向应变为 15%~20%。

7.4 试验结束后,先关闭周围压力阀,关闭马达,拨开离合器。倒转手轮,然后打开排气孔,排除受压室内的水,拆除试样,描述试样破坏形状,称试样质量,并测定含水率。

8 结果整理

8.1 轴向应变按下式计算：

$$\varepsilon_1 = \frac{\Delta h_i}{h_0} \tag{T 0144-3}$$

式中：ε_1——轴向应变值(%)；

Δh_i——剪切过程中的高度变化(mm)；

h_0——试样起始高度(mm)。

8.2 试样面积的校正按下式计算：

$$A_a = \frac{A_0}{1-\varepsilon_1} \tag{T 0144-4}$$

式中：A_a——试样的校正断面积(cm^2)；

A_0——试样的初始断面积(cm^2)。

8.3 主应力差按下式计算：

$$\sigma_1 - \sigma_3 = \frac{CR}{A_a} \times 10 \tag{T 0144-5}$$

式中：σ_1——大主应力(kPa)；

σ_3——小主应力(kPa)；

C——测力计校正系数(N/0.01mm)；

R——测力计读数(0.01mm)。

8.4 轴向应变与主应力差的关系曲线应在直角坐标纸上绘制。

以($\sigma_1-\sigma_3$)的峰值为破坏点，无峰值时，取15%轴向应变时的主应力差值作为破坏点。以法向应力为横坐标，剪应力为纵坐标，在横坐标上以$\frac{\sigma_{1f}+\sigma_{3f}}{2}$为圆心，$\frac{\sigma_{1f}-\sigma_{3f}}{2}$为半径，($f$注脚表示破坏)，在$\tau$—$\sigma$应力平面图上绘制破损应力图，并绘制不同周围压力下破损应力圆的包线。求出不排水强度参数(图 T 0144-13)。

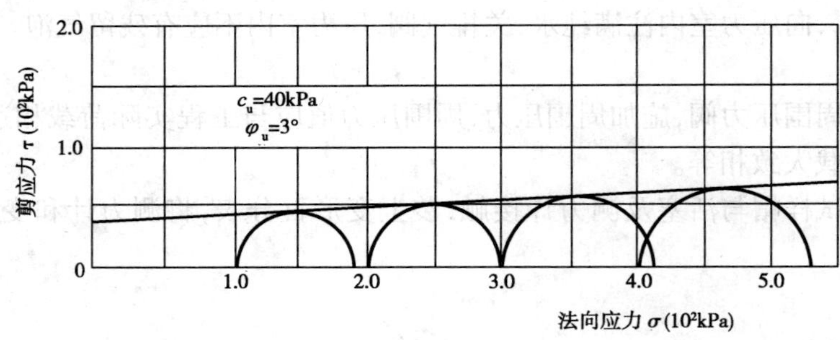

图 T 0144-13 不固结不排水剪强度包线

8.5 本试验记录格式如表 T 0144-2、表 T 0144-3 和表 T 0144-4。

9 报告

9.1 土类(细粒土或砂类土)。

9.2 总抗剪强度参数：凝聚力 c_u(kPa)、内摩擦角 φ_u(°)。

表 T 0144-2　三轴压缩试验记录(一)

工程名称____________　土样编号____________　土样说明____________

试验方法　UU　　试 验 者____________　试验日期____________

试样状态记录			
	起始的	固结后	剪切后
直径 D(cm)	3.91		
高度 h_L(cm)	8.00	7.96	6.80
面积 A(cm^2)	12.00	11.76	6.9
体积 V(cm^3)	96.00	93.60	
质量 m(g)	188.54	192.50	193.21
密度(g/cm^3)	1.96	2.06	
干密度 ρ_d(g/cm^3)	1.60		
试样含水率记录			
	起始的		剪切后
盒号			
盒质量(g)	10	10	
盒+湿土质量(g)	21.86	22.43	
湿土质量(g)	11.86	12.43	193.21
盒+干土质量(g)	19.63	20.12	
干土质量(g)	9.63	10.12	153.90
水质量(g)	2.23	2.31	39.31
饱和度 S_r	86.3		

周围压力(kPa)	350
反压力 u_0(kPa)	
周围压力下的孔隙水压力	
孔隙水压力系数 $\bar{B}=\frac{\mu}{\sigma_3}$	
破坏应变 ε_f(%)	6.9
破坏主应力差 $(\sigma_1-\sigma_3)$ (kPa)	101
破坏大主应力 σ_{1f}	201
破坏孔隙水压力系数 $\bar{B}_f=\frac{\mu_f}{\sigma_{1f}}$	0.53
相应的有效大主应力 σ'_1(kPa)	148
相应的有效小主应力 σ'_3(kPa)	47
最大有效主应力比 $\left[\frac{\sigma'_1}{\sigma'_3}\right]_{max}$	3.15
破坏点选值准则 $\left[\frac{\sigma'_1}{\sigma'_3}\right]_{max}$	
孔隙水压力系数 $A_f=\frac{\mu_f}{B(\sigma_1-\sigma_3)_f}$	
试样破坏情况描述	呈鼓状破坏

表 T 0144-3　三轴压缩试验记录(二)(反压力和固结过程)

土样编号____________　试验者____________　校 核 者____________

固结周围压力　100kPa　计算者____________　试验日期____________

加反压力过程							说明	固结过程						
时间 (min)	周围压力 σ_3 (kPa)	反压力 u_0 (ka)	孔隙水压力 u (kPa)	孔隙水压力增量 Δu (kPa)	试验体积变化 读数 (cm^3)	试验体积变化 体变量 (cm^3)		时间 (min)	排水量管 读数	排水量管 排水量	孔隙水压力 读数 (kPa)	孔隙水压力 压力值 (kPa)	体积变化管 读数 (cm^3)	体积变化管 体变量 (cm^3)
20:30	30	10	17	17	25.8	0.2		0.1			328	78	27.7	0
20:55	60	40	38	21	26.0	0		0.5			328	78	27.2	0.5
21:20	90	70	67	29	26.9	+0.9		1			328	78	27.05	0.65
7:38	120	100	93	26	27.0	+1.0		5			325	75	26.8	0.9
8:08	150	130	122	29	27.2	+1.2	检查未达饱和	9			322	72	26.7	1.0
8:58	180	160	152	30	27.3	+1.3		16			317	67	26.6	1.1
9:58	210	160						25			311	61	26.5	1.2
10:08			181	29				36			306	56	26.4	1.3
10:08	210	190	185		27.4	+1.4		64			299	49	26.2	1.5
12:08	240	220	215	30	27.5	+1.5		105			289	39	26.0	1.7
14:08	270	220						144			280	30	25.9	1.8
14:18			244	29				220			272	22	25.7	2.0
15:08	270	250	250		27.7	+1.7		300			263	13	25.55	2.15
17:30	300	250						420			256	6	25.4	2.30
								490			255	5	25.35	2.35

注:①体变量(-)号表示排水,(+)号表示吸水。

②本试验因加反压力,故固结时不用排水量管。

表 T 0144-4 三轴压缩试验记录(三)

土样编号________ 试验方法 UU 周围压力 100kPa 试 验 者________

计 算 者________ 校 核 者________ 试验日期________ 固结下沉量$h=0.04$cm

测力计校正系数$C=7.455$N/0.01mm 剪切速率0.08mm/min

固结后高度$h_c=7.96$cm 固结后面积$A_c=11.76\text{cm}^2$

轴向变形读数	轴向应变 $\varepsilon_1=\frac{\Delta h_i}{h_c}$	试样校正后面积 $A_a=\frac{A_c}{1-\varepsilon_1}$	测力计百分表读数 R	主应力差 $(\sigma_1-\sigma_3)$ $=\frac{RC}{A_c}\times 100$	大主应力 $\sigma_1=(\sigma_1-\sigma_3)+\sigma_3$	孔隙水压力		有效大主应力 σ'_1	有效小主应力 σ'_3	有效主应力比 $\frac{\sigma'_1}{\sigma'_3}$
						读数	压力值			
(0.01mm)	(%)	(cm^2)	(0.01mm)	(kPa)	(kPa)	(kPa)	(kPa)	(kPa)	(kPa)	
0	0	11.76	0	0		255	5			
20	0.25	11.79	0.9	6	106	256	6	100	94	1.06
60	0.75	11.85	8.0	50	150	286	36	114	64	1.78
100	1.25	11.91	11.6	72	172	297	37	125	53	2.36
170	2.14	12.02	13.2	82	182	303	53	129	47	2.75
210	2.64	12.08	13.8	85	185	306	56	129	44	2.94
300	3.77	12.22	14.9	90	190	307	57	133	45	3.09
350	4.40	12.30	15.3	92	192	307	57	135	43	3.14
420	5.27	12.41	15.9	95	195	308	58	137	42	3.26
500	6.28	12.55	16.5	98	198	308	58	138	42	3.28
550	6.91	12.63	17.1	101	201	308	58	143	42	3.40
600	7.55	12.72	17.9	105	205	306	56	149	44	3.39
700	8.80	12.89	18.4	106	206	305	55	151	45	3.36
850	10.65	13.16	19.9	112	212	301	51	161	49	3.28
1 000	12.57	13.45	21.3	118	218	298	48	170	52	3.26
1 160	14.59	13.77	22.2	120	220	296	46	174	54	3.22
1 250	15.70	13.95	23.0	123	223	294	44	179	56	3.20

条文说明

1 不固结不排水(UU)试验通常用3~4个圆柱形试样,分别在不同恒定周围压力(即小主应力σ_3)下,施加轴向压力[即主应力差$(\sigma_1-\sigma_3)$]进行剪切,直至破坏,在整个过程中,不允许试样排水。

本试验适用于测定黏质土和砂类土的总抗剪强度参数c_u、φ_u。

2 三轴仪由压力室、周围压力系统、轴向加压系统、孔隙水压力量测系统以及试样体积变化量测设备等组成。

按轴向加压的不同,三轴仪分为应变控制式和应力控制式两种。前者操作方便,应用广泛,故本规程规定采用此种仪器。

3 试验前要求对仪器进行检查,以保证施加的周围压力能保持恒压。孔隙水压力量测系统应无气泡。仪器管路应畅通,无漏水现象。

4 试样的允许尺寸及最大粒径是根据国内现有的三轴仪压力室确定的。国产三轴仪试样尺寸为ϕ39.1mm、ϕ61.8mm、ϕ101mm,但从国外引进的三轴仪试样尺寸最小为35mm,故本规程规定试样直径为35~101mm。试样的最大允许粒径参照国内外标准,规定为试样直径的1/10及1/5,以便扩大适用范围。

原状土试样制备用切土器切取即可。对扰动试样,可采用压样法和击样法。压样法制备的试样均匀,但时间较长,故通常采用击样法制样,击锤的面积宜小于试样面积。在击实分层方面,为使试样均匀,层数多,效果好,故本规程规定黏质土为5~8层,粉质土为3~5层。

砂类土的试样制备通常有干样制备和煮沸制备两种。前者可测定干燥状态砂类土的强度。也可以在试样成型后注水饱和,以测定饱和状态下砂类土的强度。

5 饱和的方法有抽气饱和、浸水饱和、水头饱和及反压饱和,应根据不同土类和要求饱和度而选用不同的方法。通常对黏性土采用抽气饱和,粉土采用浸水饱和,砂性土采用水头饱和,渗透系数小于 10^{-7}的老黏土采用反压饱和等。

6 对试样施加的周围压力应尽可能与土体现场的压力一致。对于高路堤或其他荷载较大的工程,由于仪器性能的限制,不能对试样施加较大的周围压力,故规程也允许用较小的周围压力进行试验。

7 就不固结不排水试验而言,如不测孔隙水压力,在通常的速率范围内对强度影响不大,故可根据试验方便的原则来选择剪切速率,本试验建议应变速率为每分钟0.5% ~1.0%。

8 由于不同土类的破坏特性不同,不能用一种标准来选择破坏标准。试验中规定采用最大主应力差、最大主应力比和有效应力路径的方法来确定强度的破坏值。当试验中无明显破坏值时,为了简单,可采用应变为15%时的主应力差作为破坏值。当出现峰值后,再进行5%后停止试验;若测力计读数无明显减少,则垂直应变应进行到20%。

T 0145—1993 固结不排水试验

1 目的和适用范围

1.1 固结不排水(CU 或 $\overline{\mathrm{CU}}$)试验是使试样先在某一周围压力作用下排水固结,然后在保持不排水的情况下,增加轴向压力直至破坏。

1.2 本试验适用于测定黏质土和砂类土的总抗剪强度参数 c_{cu}、φ_{cu}或有效抗剪强度参数 c'、φ'和孔隙压力系数。

2 仪器设备

2.1 三轴压缩仪:应变控制式(图 T 0145-1),由周围压力系统、反压力系统、孔隙水压力量测系统和主机组成。

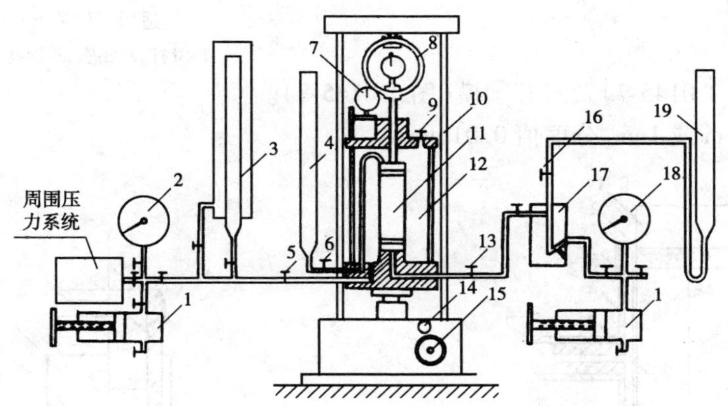

图 T 0145-1 应变控制式三轴压缩仪示意图

1-调压筒;2-周围压力表;3-体变管;4-排水管;5-周围压力阀;6-排水阀;7-变形量表;8-量力环;9-排气孔;10-轴向加压设备;11-试样;12-压力室;13-孔隙压力阀;14-离合器;15-手轮;16-量管阀;17-零位指示器;18-孔隙压力表;19-量管

2.2 附属设备:包括击实器、饱和器、切土器、分样器、切土盘、承膜筒和对开圆模,应符合下列各图要求:

2.2.1 击实器(图 T 0145-2)和饱和器(图 T 0145-3)。

2.2.2 切土盘(图 T 0145-4)、切土器(图 T 0145-5)和原状土分样器(图 T 0145-6)。

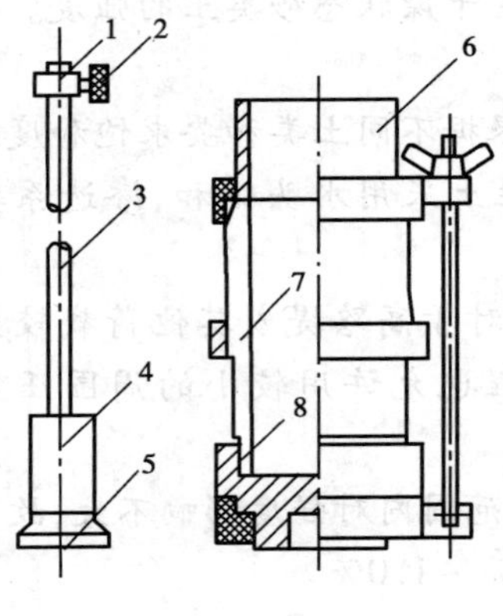

图 T 0145-2　击实器

1-套环；2-定位螺丝；3-导杆；4-击锤；5-底板；6-套筒；7-饱和器；8-底板

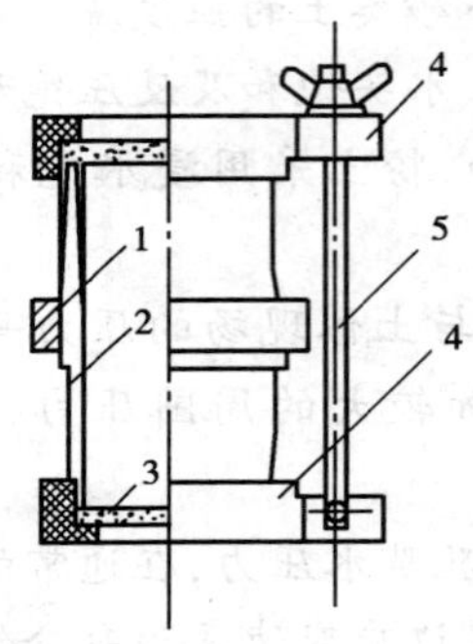

图 T 0145-3　饱和器

1-紧箍；2-土样筒；3-透水石；4-夹板；5-拉杆

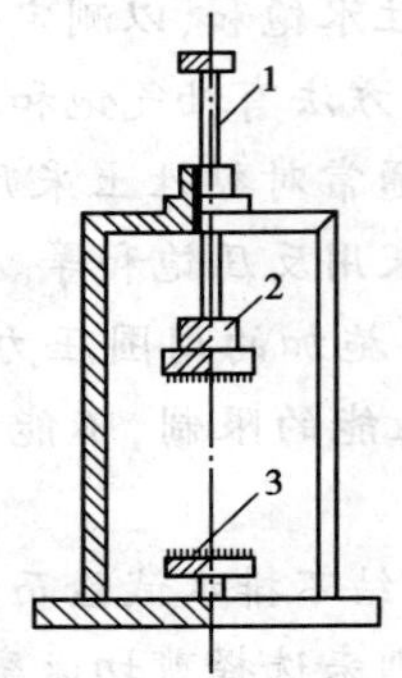

图 T 0145-4　切土盘

1-转轴；2-上盘；3-下盘

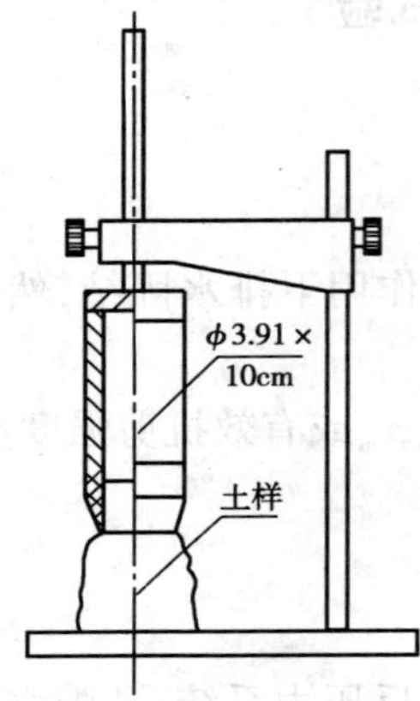

图 T 0145-5　切土器

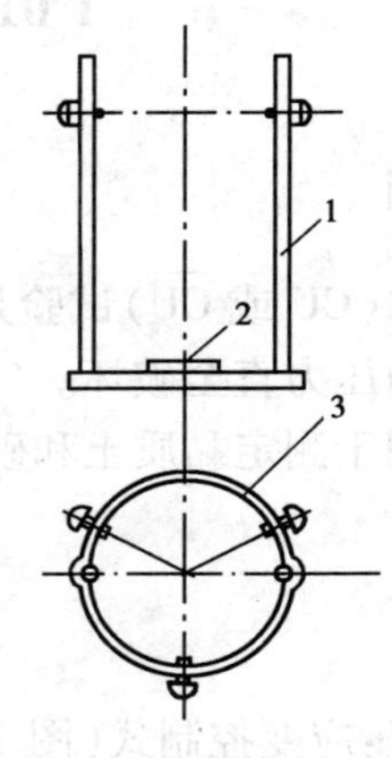

图 T 0145-6　原状土分样器

（适用于软黏土）

1-滑杆；2-底座；3-钢丝架

2.2.3　承膜筒(图 T 0145-7)及对开圆模(图 T 0145-8)。

2.3　百分表：量程 3cm 或 1cm，分度值 0.01mm。

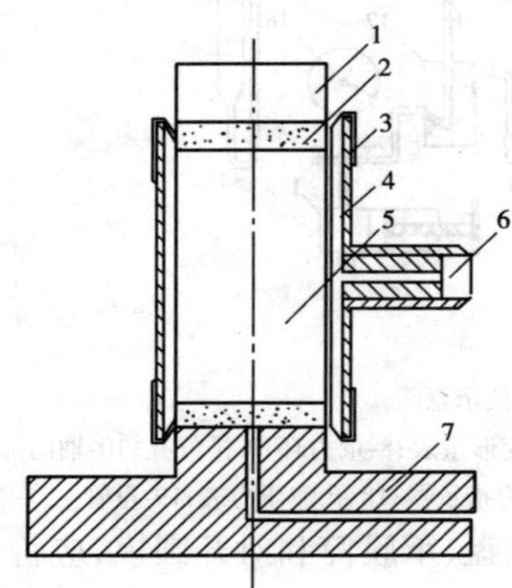

图 T 0145-7　承膜筒

（橡皮膜借承膜筒套在试样外）

1-上帽；2-透水石；3-橡皮膜；4-承膜筒身；5-试样；6-吸气孔；7-三轴仪底座

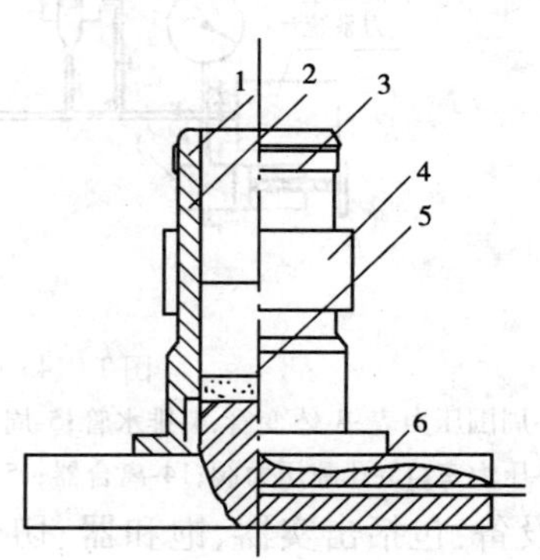

图 T 0145-8　对开圆模

（制备饱和的砂样）

1-橡皮膜；2-制样圆模（两片组成）；3-橡皮圈；4-圆箍；5-透水石；6-仪器底座

2.4 天平:称量 200g,感量 0.01g;称量 1 000g,感量 0.1g。

2.5 橡皮膜:应具有弹性,厚度应小于橡皮膜直径的 1/100,不得有漏气孔。

3 仪器检查

3.1 周围压力的测量精度为全量程的 1%,测读分值为 5kPa。

3.2 孔隙水压力系统内的气泡应完全排除。系统内的气泡可用纯水施加压力使气泡上升至试样顶部沿底座溢出,测量系统的体积因数应小于 $1.5 \times 10^{-5} cm^3/kPa$。

3.3 管路应畅通,活塞应能滑动,各连接处应无漏气。

3.4 橡胶膜在使用前应仔细检查,方法是在膜内充气,扎紧两端,然后在水下检查有无漏气。

4 试样制备

4.1 本试验需 3 ~4 个试样,分别在不同周围压力下进行试验。

4.2 试样尺寸:最小直径为 35mm,最大直径为 101mm,试样高度宜为试样直径的 2 ~2.5 倍,试样的最大粒径应符合表 T 0145-1 规定。对于有裂缝、软弱面和构造面的试样,试样直径宜大于 60mm。

表 T 0145-1　试样的土粒最大粒径

试样直径 ϕ(mm)	允许最大粒径(mm)
$\phi < 100$	试样直径的 1/10
$\phi \geqslant 100$	试样直径的 1/5

4.3 原状土试样的制备:根据土样的软硬程度,分别用切土盘和切土器按本试验 4.2 规定切成圆柱形试样,试样两端应平整,并垂直于试样轴。当试样侧面或端部有小石子或凹坑时,允许用削下的余土修整。试样切削时应避免扰动,并取余土测定试样的含水率。

4.4 扰动土试样制备:根据预定的干密度和含水率,按下述方法备样后,在击实器内分层击实,粉质土宜为 3 ~5 层,黏质土宜为 5 ~8 层,各层土样数量相等,各层接触面应刨毛。

4.4.1 将扰动土样进行土样描述,如颜色、土类、气味及夹杂物等。如有需要,将扰动土样充分拌匀,取代表性土样进行含水率测定。

4.4.2 将块状扰动土放在橡皮板上用木碾或粉碎机碾散,但切勿压碎颗粒。如含水率较大不能碾散时,应风干至可碾散时为止。

4.4.3 根据试验所需土样数量,将碾散后的土样过筛。物理性试验如液限、塑限、缩限等试验,需过 0.5mm 筛;常规水理及力学试验土样,需过 2mm 筛;击实试验土样的最大粒径必须满足击实试验采用不同击实筒试验时的土样中最大颗粒粒径的要求。按规定过标准筛后,取出足够数量的代表性试样,然后分别装入容器内,标以标签。标签上应注明工程名称、土样编号、过筛孔径、用途、制备日期和人员等,以备各项试验之用。若系含有多量粗砂及少量细粒土(泥砂或黏土)的松散土样,应加水润湿松散后,用四分法取出代表性试样。若系净砂,则可用匀土器取代表性试样。

4.4.4 为配制一定含水率的试样,取过 2mm 筛的足够试验用的风干土 1 ~5kg,按下式计算所需的加水量:

$$m_w = \frac{m}{1 + 0.01 w_h} \times 0.01 (w - w_h) \qquad \text{(T 0145-1)}$$

式中:m_w——土样所需加水量(g);

m——风干含水率时的土样质量(g);

w_h——风干含水率(%);

w——土样所要求的含水率(%)。

将所取土样平铺于不吸水的盘内,用喷雾设备喷洒预计的加水量,并充分拌和;然后装入容器内盖紧,润湿一昼夜备用(砂类土浸润时间可酌量缩短)。

4.4.5 测定湿润土样不同位置的含水率(至少两个以上),要求差值满足含水率测定的允许平行差值。

4.4.6 对不同土层的土样制备混合试样时，应根据各土层厚度，按比例计算相应质量配合，然后按本方法4.4.1～4.4.4步骤进行扰动土的制备工序。

4.5 对于砂类土，应先在压力室底座上依次放上不透水板、橡皮膜和对开圆膜。将砂料填入对开圆膜内，分三层按预定干密度击实。当制备饱和试样时，在对开圆膜内注入纯水至1/3高度，将煮沸的砂料分三层填入，达到预定高度。放上不透水板、试样帽、扎紧橡皮膜。对试样内部施加5kPa负压力，使试样能站立，拆除对开膜。

4.6 对制备好的试样，量测其直径和高度。试样的平均直径 D_0 按下式计算：

$$D_0 = \frac{D_1 + 2D_2 + D_3}{4} \tag{T 0145-2}$$

式中：D_1、D_2、D_3——分别为上、中、下部位的直径。

5 试样饱和

5.1 抽气饱和

5.1.1 仪器设备

(1)真空饱和法整体装置如图T 0145-9所示。

(2)饱和器：尺寸形式见图T 0145-10～图T 0145-12。

(3)真空缸：金属或玻璃制。

(4)抽气机。

(5)真空测压表。

(6)其他：天平、硬橡皮管、橡皮塞、管夹、二路活塞、水缸、凡士林等。

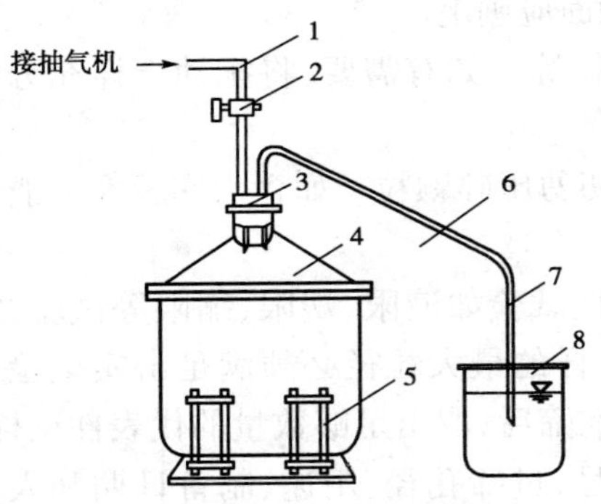

图T 0145-9 真空饱和法装置

1-排气管；2-二通阀；3-橡皮塞；4-真空缸；5-饱和器；6-管夹；7-引水管；8-水缸

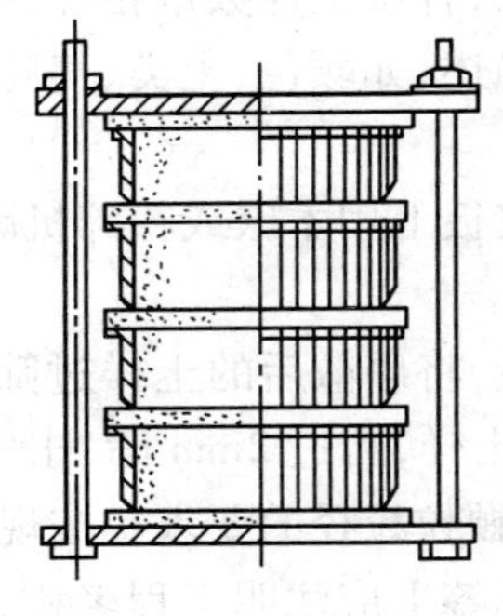

图T 0145-10 重叠式饱和器

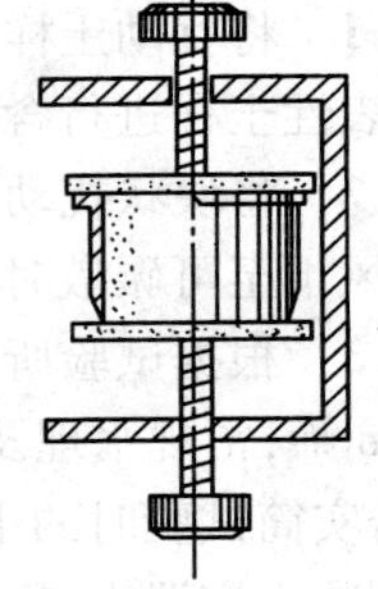

图T 0145-11 框架式饱和器

5.1.2 操作步骤

(1)将试件削入环刀，而后装入饱和器。

(2)将装好试件的饱和器放入真空缸内，盖口涂一薄层凡士林，以防漏气。

(3)关管夹，开阀门(见图T 0145-9)，开动抽气机，抽除缸内及土中气体。当真空压力表达到－101.325kPa(一个负大气压力值)后，稍微开启管夹，使清水从引水管徐徐注入真空缸内。在注水过程中，应调节管夹，使真空压力表上的数值基本上保持不变。

(4)待饱和器完全淹没水中后，即停止抽气，将引水管自水缸中提出，令空气进入真空缸内，静待一定时间，借大气压力，使试件饱和。

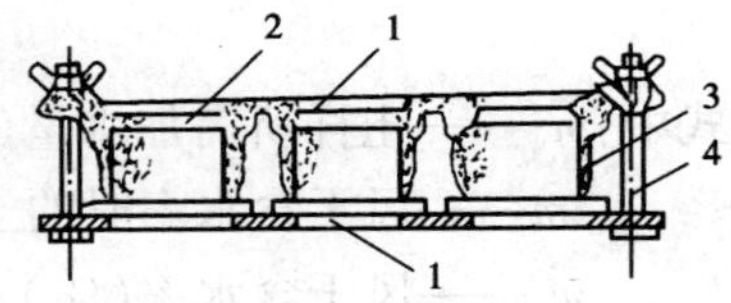

图T 0145-12 平列式饱和器

1-夹板；2-透水石；3-环刀；4-拉杆

(5)取出试件称质量，准确至0.1g，计算饱和度。

5.2 水头饱和

将试样装于压力室内，施加20kPa周围压力。水头高出试样顶部1m，使纯水从底部进入试样，从试样顶部溢出,直至流入水量和溢出水量相等为止。当需要提高试样的饱和度时,宜在水头饱和前,从底部将二氧化碳气体通入试样,置换孔隙中的空气,再进行水头饱和。

5.3 反压力饱和

试样要求完全饱和时,应对试样施加反压力。反压力系统与周围压力相同,但应用双层体变管代替排水量管。试样装好后,调节孔隙水压力等于101.325kPa(大气压力),关闭孔隙水压力阀、反压力阀、体变管阀,测记体变管读数。开周围压力阀,对试样施加10~20kPa的周围压力,开孔隙压力阀,待孔隙压力变化稳定,测记读数。关孔隙压力阀。开体变管阀和反压力阀,同时施加周围压力和反压力,每级增量30kPa,缓慢打开孔隙压力阀,检查孔隙水压力增量,待孔隙水压力稳定后测记孔隙水压力和体变管读数,再施加下一级周围压力和反压力。每施加一级压力都测定孔隙水压力。当孔隙水压力增量与周围压力增量之比 $\Delta u/\Delta\sigma_3>0.98$ 时,认为试样达到饱和。

6 试验步骤

6.1 试样安装

6.1.1 开孔隙水压力阀和排水阀,对孔隙水压力系统及压力室底座充水排气后,关孔隙水压力阀和排水阀。压力室底座上依次放上透水板、滤纸、试样及试样帽。试样周围贴浸湿的滤纸条,套上橡皮膜,将橡皮膜下端与底座扎紧。从试样底部充水,排除试样与橡皮膜之间的气泡,并将橡皮膜上部与试样帽扎紧。降低排水管,使管内水面位于试样中心以下20~40cm,吸除余水,关排水阀。需要测定应力应变时,应在试样与透水板之间放置中间夹有硅脂的两层圆形橡皮膜,膜中间应留直径为1cm的圆孔排水。

6.1.2 安装压力室罩,充水,关排气阀,压力室内不应有残留气泡。并将活塞对准测力计和试样顶部。提高排水管,使管内水面与试样高度的中心齐平,测记排水面读数。

6.1.3 开孔隙水压力阀,使孔隙水压力值等于大气压力,关闭孔隙水压力阀。

6.1.4 在压力室底座上依次放上不透水板、试样及试样帽,将橡皮膜套在试样外,并将橡皮膜两端与底座入试样帽分别扎紧。

6.1.5 装上压力室罩,向压力室内注满纯水,关排气阀,压力室内不应有残留气泡。并将活塞对准测力计和试样顶部。

6.1.6 关排水阀,开周围压力阀,施加周围压力,周围压力值应与工程实际荷载相适应,最大一级周围压力应与最大实际荷载大致相等。

6.1.7 转动手轮,使试样帽与活塞及测力计接触,装上变形百分表,将测力计和变形百分表读数调至零位。

6.1.8 调整轴向压力、轴向应变和孔隙水压力为零点,并记下体积变化量管的读数。当需施加反压力时,按本试验5.3条步骤施加。

6.2 试样排水固结

6.2.1 开孔隙水压力阀,测定孔隙水压力。开排水阀。当需要测定排水过程时,按0s、15s、1min、2min、4min、6min、9min、12min、16min、20min、25min、35min、45min、60min、90min、2h、4h、10h、23h、24h,测记排水管水面及孔隙水压力值,直至孔隙水压力消散95%以上。固结稳定的标准是最后1h变形量不超过0.01mm。固结完成后,关排水阀,测记排水管读数和孔隙水压力读数。

6.2.2 微调压力机升降台,使活塞与试样接触,此时轴向变形百分表的变化值为试样固结时高度变化。

6.3 试样剪切

6.3.1 将轴向测力计、轴向变形百分表和孔隙水压力读数均调整至零。

6.3.2 选择剪切应变速率,进行剪切。黏质土每分钟应变为0.05%~0.1%;粉质土每分钟应变为0.1%~0.5%。

6.3.3 轴向压力、孔隙水压力和轴向变形,按下述测记。

(1)开动马达,接上离合器,开始剪切。试样每产生0.3%~0.4%的轴向应变,测记一次测力计读数和轴向应变。当轴向应变大于3%时,每隔0.7%~0.8%的应变值测记一次读数。

(2)当测力计读数出现峰值时,剪切应继续进行至超过5%的轴向应变为止。当测力计读数无峰值时,剪切应进行到轴向应变为15%~20%。

6.3.4 试验结束,关电动机和各阀门,开排气阀,排除压力室内的水,拆除试样,描述试样破坏形状。称试样质量,并测定含水率。

7 结果整理

7.1 试样固结的高度计算:

按实测固结下沉计算试样的固结后高度

$$h_c = h_0 - \Delta h_c \quad (T\ 0145\text{-}3)$$

按等应变简化式计算试样的固结后高度

$$h_c = h_0\left(1 - \frac{\Delta V}{V_0}\right)^{\frac{1}{3}} \quad (T\ 0145\text{-}4)$$

式中:h_c——试样固结后的高度(cm);

ΔV——试样固结后与固结前的体积变化(cm^3)。

7.2 试样固结后的面积按下式计算:

按实测固结下沉计算试样的固结后面积

$$A_c = \frac{V_0 - \Delta V}{h_c} \quad (T\ 0145\text{-}5)$$

按等应变简化式计算试样的固结后面积

$$A_c = A_0\left(1 - \frac{\Delta V}{V_0}\right)^{\frac{2}{3}} \quad (T\ 0145\text{-}6)$$

式中:A_c——试样固结后的断面积(cm^2)。

7.3 剪切时试样的校正面积按下式计算:

$$A_a = \frac{A_c}{1 - \varepsilon_1} \quad (T\ 0145\text{-}7)$$

7.4 主应力差按下式计算:

$$\sigma_1 - \sigma_3 = \frac{CR}{A_a} \times 10 \quad (T\ 0145\text{-}8)$$

式中:σ_1——大主应力(kPa);

σ_3——小主应力(kPa);

C——测力计校正系数(N/0.01mm);

R——测力计读数(0.01mm)。

7.5 有效主应力比按下列公式计算:

7.5.1 有效大主应力:

$$\sigma'_1 = \sigma_1 - u \quad (T\ 0145\text{-}9)$$

式中:σ'_1——有效大主应力(kPa);

u——孔隙水压力(kPa)。

7.5.2 有效小主应力:

$$\sigma'_3 = \sigma_3 - u \quad (T\ 0145\text{-}10)$$

7.5.3 有效主应力比:

$$\frac{\sigma'_1}{\sigma'_3} = 1 + \frac{\sigma'_1 - \sigma'_3}{\sigma'_3} \quad (T\ 0145\text{-}11)$$

7.6 孔隙水压力系数按下列公式计算:

7.6.1 初始孔隙水压力系数:

$$B = \frac{u_0}{\sigma_3} \tag{T 0145-12}$$

式中：B——初始孔隙水压力系数；

u_0——初始周围压力产生的孔隙水压力(kPa)。

7.6.2 破坏时孔隙水压力系数：

$$A_f = \frac{u_f}{B(\sigma_1 - \sigma_3)_f} \tag{T 0145-13}$$

式中：A_f——破坏时的孔隙水压力系数；

u_f——试样破坏时，主应力差产生的孔隙水压力(kPa)。

7.7 轴向应变与主应力差的关系曲线按图 T 0145-13 绘制。

7.8 轴向应变与有效主应力比的关系曲线按图 T 0145-14 绘制。

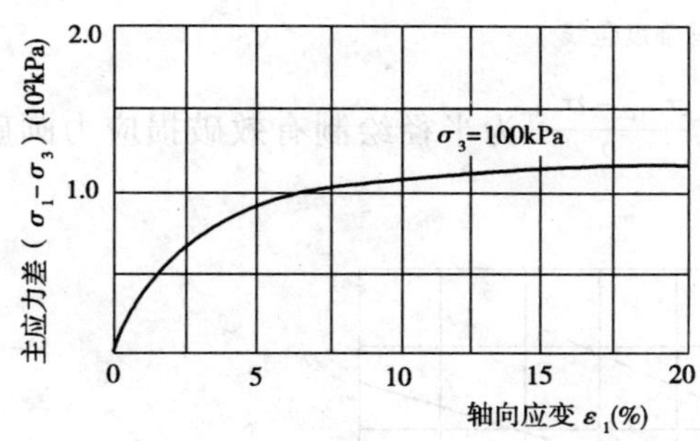

图 T 0145-13 主应力差与轴向应变的关系曲线

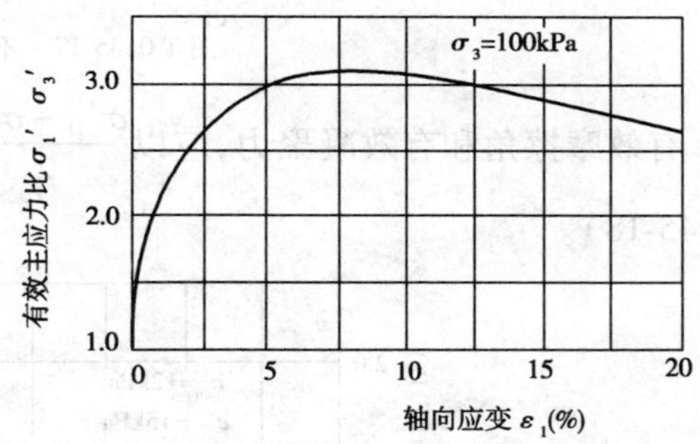

图 T 0145-14 有效主应力比与轴向应变的关系曲线

7.9 轴向应变与孔隙水压力的关系曲线按图 T 0145-15 绘制。

7.10 有效应力路径曲线按图 T 0145-16 绘制，并计算有效摩擦角和有效凝聚力。

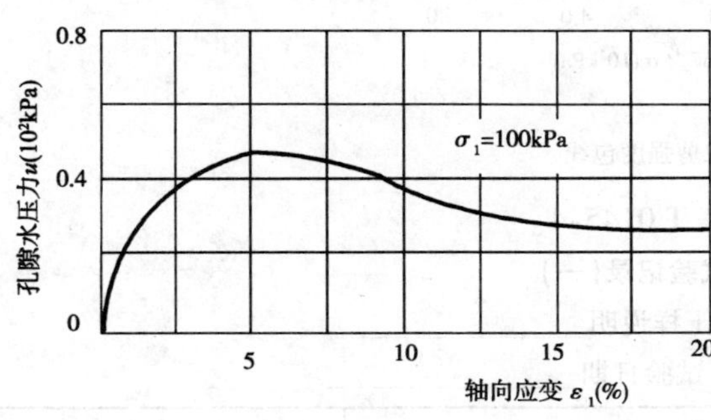

图 T 0145-15 孔隙水压力与轴向应变的关系曲线

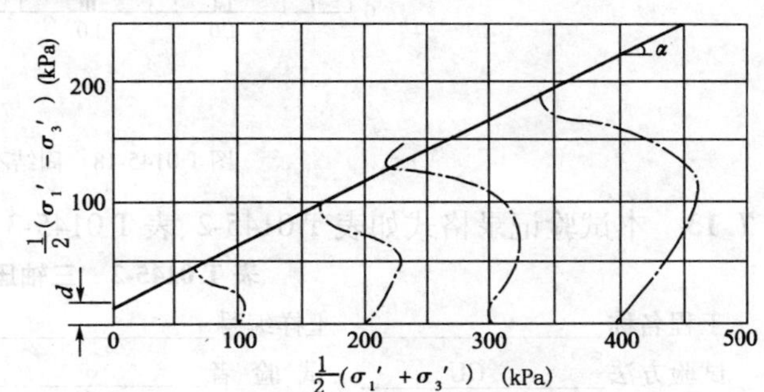

图 T 0145-16 有效应力路径曲线

有效摩擦角按下式计算：

$$\varphi' = \sin^{-1}\tan\alpha \tag{T 0145-14}$$

式中：φ'——有效摩擦角；

α——应力路径图上破坏点连线的倾角。

有效凝聚力按下式计算：

$$c' = \frac{d}{\cos\varphi'} \tag{T 0145-15}$$

式中：c'——有效凝聚力(kPa)；

d——应力路径图上破坏点连续在纵坐标轴上的截距(kPa)。

7.11 破坏应力圆、摩擦角和凝聚力的确定，根据轴向应变与主应力差的关系曲线在直角坐标纸上绘制。

以$(\sigma_1-\sigma_3)$的峰值为破坏点，无峰值时，取15%轴向应变时的主应力差值作为破坏点。以法向应力为横坐标，剪应力为纵坐标，在横坐标上以$\frac{\sigma_{1f}+\sigma_{3f}}{2}$为圆心，$\frac{\sigma_{1f}-\sigma_{3f}}{2}$为半径，($f$注脚表示破坏)，在$\tau$—$\sigma$应力平面图上绘制破损应力图，并绘制不同周围压力下破损应力圆的包线。求出不排水强度参数(图T 0145-17)。

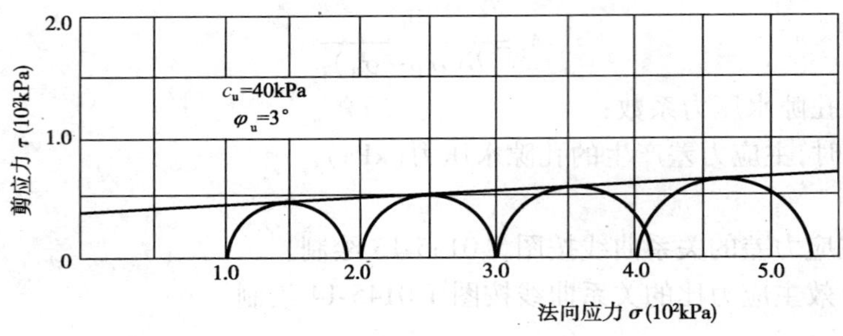

图T 0145-17　不固结不排水剪强度包线

7.12　有效摩擦角和有效凝聚力，应以$\frac{\sigma'_{1f}+\sigma'_{3f}}{2}$为圆心，$\frac{\sigma'_{1f}-\sigma'_{3f}}{2}$为半径绘制有效破损应力圆确定(图T 0145-18)。

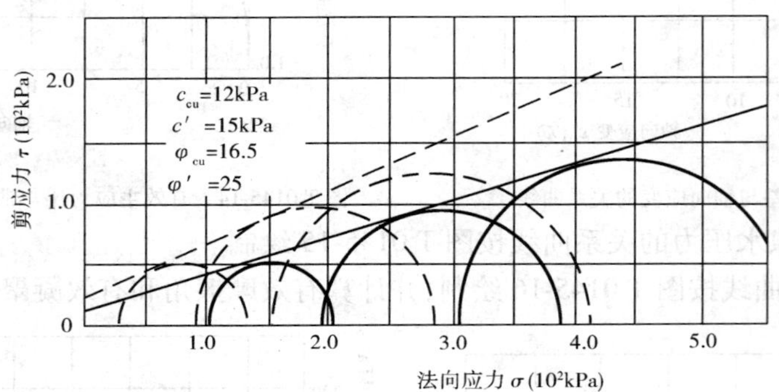

图T 0145-18　固结不排水剪强度包线

7.13　本试验记录格式如表T 0145-2、表T 0145-3和表T 0145-4。

表T 0145-2　三轴压缩试验记录(一)

工程名称＿＿＿＿＿＿　土样编号＿＿＿＿＿＿　土样说明＿＿＿＿＿＿

试验方法＿＿CU＿＿　试 验 者＿＿＿＿＿＿　试验日期＿＿＿＿＿＿

试样状态记录				周围压力(kPa)	350
	起始的	固结后	剪切后	反压力 u_0(kPa)	
直径 D(cm)	3.91			周围压力下的孔隙水压力	
高度 h_L(cm)	8.00	7.96	6.80	孔隙水压力系数 $B=\frac{\mu}{\sigma_3}$	
面积 A(cm²)	12.00	11.76	6.9		
体积 V(cm³)	96.00	93.60		破坏应变 ε_f(%)	6.9
质量 m(g)	188.54	192.50	193.21	破坏主应力差 $(\sigma_1-\sigma_3)$(kPa)	101
密度(g/cm³)	1.96	2.06		破坏大主应力 σ_{1f}	201
干密度 ρ_d(g/cm³)	1.60			破坏孔隙水压力系数 $\overline{B_f}=\frac{\mu_f}{\sigma_{1f}}$	0.53
试样含水率记录					

续上表

	起始的		剪切后		
盒号				相应的有效大主应力 σ'_1(kPa)	148
				相应的有效小主应力 σ'_3(kPa)	47
盒质量(g)	10	10		最大有效主应力比 $\left[\frac{\sigma'_1}{\sigma'_3}\right]_{max}$	3.15
盒+湿土质量(g)	21.86	22.43		破坏点选值准则 $\left[\frac{\sigma'_1}{\sigma'_3}\right]_{max}$	
湿土质量(g)	11.86	12.43	193.21		
盒+干土质量(g)	19.63	20.12			
干土质量(g)	9.63	10.12	153.90	孔隙水压力系数 $A_f=\frac{\mu_f}{B(\sigma_1-\sigma_3)_f}$	
水质量(g)	2.23	2.31	39.31		
饱和度 S_r	86.3			试样破坏情况描述　呈鼓状破坏	

表 T 0145-3　三轴压缩试验记录(二)(反压力和固结过程)

土 样 编 号________　试验者________　校 核 者________

固结周围压力__100kPa__　计算者________　试验日期________

加反压力过程							说明	固结过程						
时间	周围压力 σ_3	反压力 u_0	孔隙水压力 u	孔隙水压力增量 Δu	试验体积变化			时间	排水量管		孔隙水压力		体积变化管	
					读数	体变量			读数	排水量	读数	压力值	读数	体变量
(min)	(kPa)	(ka)	(kPa)	(kPa)	(cm^3)	(cm^3)		(min)			(kPa)	(kPa)	(cm^3)	(cm^3)
20:30	30	10	17	17	25.8	0.2	检查未达饱和	0.1			328	78	27.7	0
20:55	60	40	38	21	26.0	0		0.5			328	78	27.2	0.5
21:20	90	70	67	29	26.9	+0.9		1			328	78	27.05	0.65
7:38	120	100	93	26	27.0	+1.0		5			325	75	26.8	0.9
8:08	150	130	122	29	27.2	+1.2		9			322	72	26.7	1.0
8:58	180	160	152	30	27.3	+1.3		16			317	67	26.6	1.1
9:58	210	160						25			311	61	26.5	1.2
10:08			181	29				36			306	56	26.4	1.3
10:08	210	190	185		27.4	+1.4		64			299	49	26.2	1.5
12:08	240	220	215	30	27.5	+1.5		105			289	39	26.0	1.7
14:08	270	220						144			280	30	25.9	1.8
14:18			244	29				220			272	22	25.7	2.0
15:08	270	250	250		27.7	+1.7		300			263	13	25.55	2.15
17:30	300	250						420			256	6	25.4	2.30
								490			255	5	25.35	2.35

注:①体变量(-)号表示排水,(+)号表示吸水。

②本试验因加反压力,故固结时不用排水量管。

表 T 0145-4　三轴压缩试验记录(三)

土样编号＿＿＿＿＿　试验方法＿CU＿　周围压力＿100kPa＿　试　验　者＿＿＿＿＿

计 算 者＿＿＿＿＿　校 核 者＿＿＿＿＿　试验日期＿＿＿＿＿　固结下沉量＿$h=0.04\text{cm}$＿

测力计校正系数$C=7.455\text{N}/0.01\text{mm}$　剪切速率＿0.08mm/min＿

固结后高度＿$h_c=7.96\text{cm}$＿　固结后面积＿$A_c=11.76\text{cm}^2$＿

轴向变形读数	轴向应变 $\varepsilon_1=\frac{\Delta h_i}{h_c}$	试样校正后面积 $A_a=\frac{A_c}{1-\varepsilon_1}$	测力计百分表读数 R	主应力差 $(\sigma_1-\sigma_3)=\frac{RC}{A_a}\times100$	大主应力 $\sigma_1=(\sigma_1-\sigma_3)+\sigma_3$	孔隙水压力		有效大主应力 σ'_1	有效小主应力 σ'_3	有效主应力比 $\frac{\sigma'_1}{\sigma'_3}$
						读数	压力值			
(0.01mm)	(%)	(cm^2)	(0.01mm)	(kPa)	(kPa)	(kPa)	(kPa)	(kPa)	(kPa)	
0	0	11.76	0	0		255	5			
20	0.25	11.79	0.9	6	106	256	6	100	94	1.06
60	0.75	11.85	8.0	50	150	286	36	114	64	1.78
100	1.25	11.91	11.6	72	172	297	37	125	53	2.36
170	2.14	12.02	13.2	82	182	303	53	129	47	2.75
210	2.64	12.08	13.8	85	185	306	56	129	44	2.94
300	3.77	12.22	14.9	90	190	307	57	133	45	3.09
350	4.40	12.30	15.3	92	192	307	57	135	43	3.14
420	5.27	12.41	15.9	95	195	308	58	137	42	3.26
500	6.28	12.55	16.5	98	198	308	58	138	42	3.28
550	6.91	12.63	17.1	101	201	308	58	143	42	3.40
600	7.55	12.72	17.9	105	205	306	56	149	44	3.39
700	8.80	12.89	18.4	106	206	305	55	151	45	3.36
850	10.65	13.16	19.9	112	212	301	51	161	49	3.28
1 000	12.57	13.45	21.3	118	218	298	48	170	52	3.26
1 160	14.59	13.77	22.2	120	220	296	46	174	54	3.22
1 250	15.70	13.95	23.0	123	223	294	44	179	56	3.20

8　报告

8.1　土类(黏质土、砂类土)。

8.2　总抗剪强度参数c_{cu}、φ_{cu}。

8.3　有效抗剪强度参数c'、φ'。

8.4　孔隙水压力系数A_f。

条文说明

1　固结不排水试验中测定孔隙水压力可求得土的有效强度指标,以便进行土体稳定的有效应力分析。试验中同时能测得总应力强度指标。

2　三轴仪由压力室、周围压力系统、轴向加压系统、孔隙水压力量测系统以及试样体积变化量测设备等组成。

按轴向加压的不同,三轴仪分为应变控制式和应力控制式两种。前者操作方便,应用广泛,故本规程规定采用此种仪器。

3　试验前要求对仪器进行检查,以保证施加的周围压力能保持恒压。孔隙水压力量测系统应无气泡。仪器管路应畅通,无漏水现象。

4　在试样两端涂硅脂,可以减少端部摩擦,有利于试样内应力分布均匀,孔隙水压力传递快。

橡皮膜对试验结果的影响有两方面:一方面是它的约束作用使试样强度增大;另一方面是膜的渗漏改变试样的含水率。是否对橡皮膜进行校正,可根据试验的精度要求及橡皮膜影响大小而定,规程未作明确规定。对于常规的、不大的周围压力下进行短期试验(如一日内完成),可不考虑橡皮膜的渗漏影响。

6.2 关于固结标准,可采用两种方法:一种是以固结排水量达到稳定作为固结标准;另一种是以孔隙水压力完全消散作为固结标准。一般试验中,都以孔隙水压力消散度来检验固结完成情况,故本规程规定以孔隙水压力消散95%作为判别固结的标准。

6.3 对于不同土类应选择不同的剪切速率,目的是使剪切过程中形成的孔隙水压力均匀增长,能测得比较符合实际的孔隙水压力。三轴压缩试验中,黏质土和粉质土剪切速率相差较大,故分别规定。砂类土的剪切速率以试验方便为原则,每分钟应变可在0.5%~1.0%左右。

7 试验固结后的高度及面积可按实际的垂直变形量和排水量两种方法计算。鉴于试验过程中,装样时有剩余水分存在,而且垂直变形也不易测准确,因此,本规程建议采用两种方法。后一种方法是根据等应变条件推导而得,并认为饱和试样固结前后质量之差即为体积之差。剪切过程中的校正面积按平均断面计算剪损面积。

T 0146—1993 固结排水试验

1 目的和适用范围

1.1 固结排水试验(CD)是使试样先在某一周围压力作用下排水固结,然后在允许试样充分排水的情况下增加轴向压力直至破坏。

1.2 本试验适用于测定黏质土和砂类土的抗剪强度参数 c_d、φ_d。

2 仪器设备

2.1 三轴压缩仪:应变控制式(图 T 0146-1),由周围压力系统、反压力系统、孔隙水压力量测系统和主机组成。

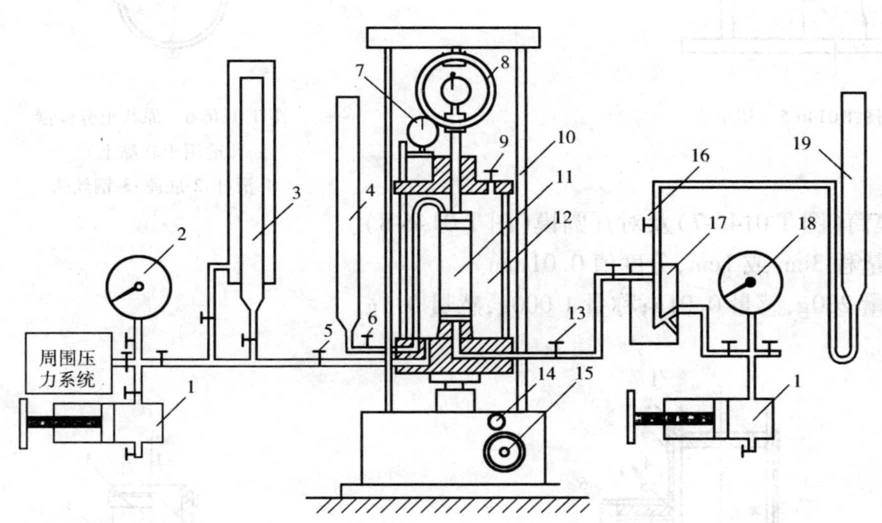

图 T 0146-1 应变控制式三轴压缩仪示意图

1-调压筒;2-周围压力表;3-体变管;4-排水管;5-周围压力阀;6-排水阀;7-变形量表;8-量力环;9-排气孔;10-轴向加压设备;11-试样;12-压力室;13-孔隙压力阀;14-离合器;15-手轮;16-量管阀;17-零位指示器;18-孔隙压力表;19-量管

2.2 附属设备:包括击实器、饱和器、切土器、分样器、切土盘、承膜筒和对开圆模,应符合下列各图要求:

2.2.1 击实器(图 T 0146-2)和饱和器(图 T 0146-3)。

2.2.2 切土盘(图 T 0146-4)、切土器(图 T 0146-5)和原状土分样器(图 T 0146-6)。

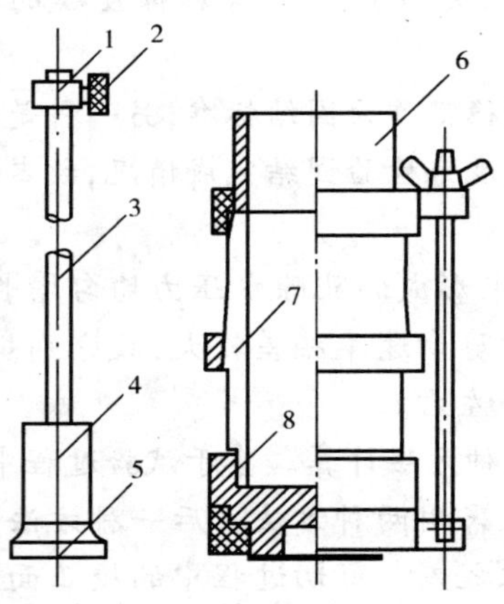

图 T 0146-2　击实器

1-套环;2-定位螺丝;3-导杆;4-击锤;5-底板;6-套筒;7-饱和器;8-底板

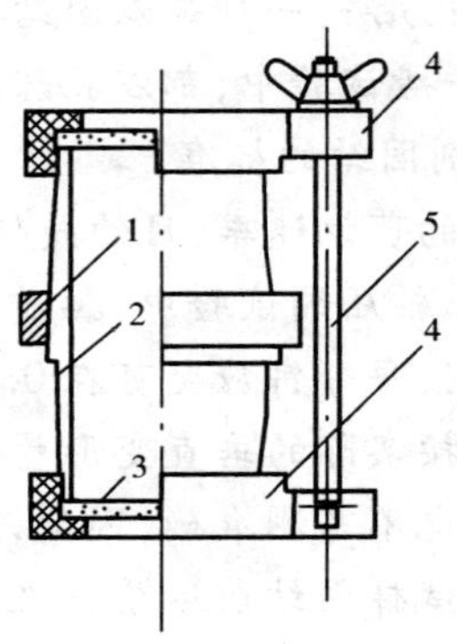

图 T 0146-3　饱和器

1-紧箍;2-土样筒;3-透水石;4-夹板;5-拉杆

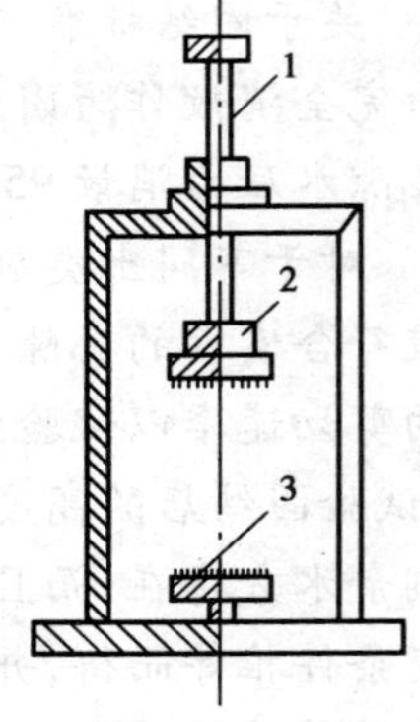

图 T 0146-4　切土盘

1-转轴;2-上盘;3-下盘

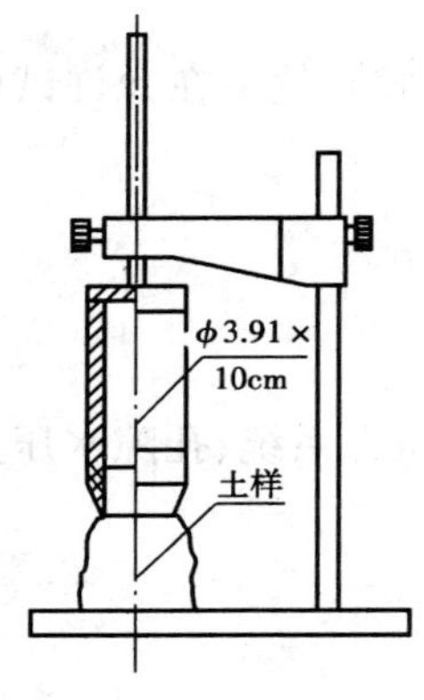

图 T 0146-5　切土器

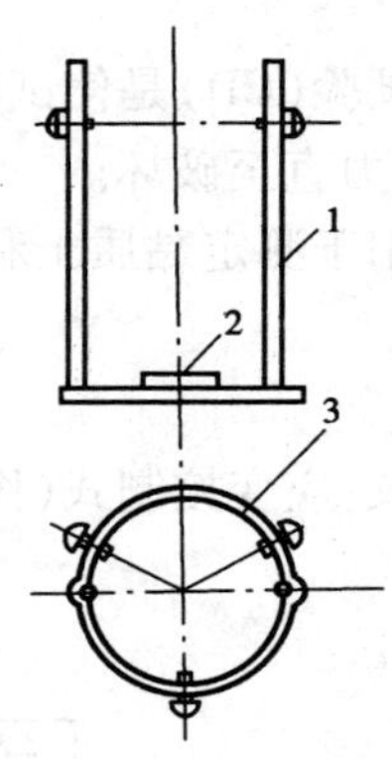

图 T 0146-6　原状土分样器

(适用于软黏土)

1-滑杆;2-底座;3-钢丝架

2.2.3　承膜筒(图 T 0146-7)及对开圆模(图 T 0146-8)。

2.3　百分表:量程 3cm 或 1cm,分度值 0.01mm。

2.4　天平:称量 200g,感量 0.01g;称量 1 000g,感量 0.1g。

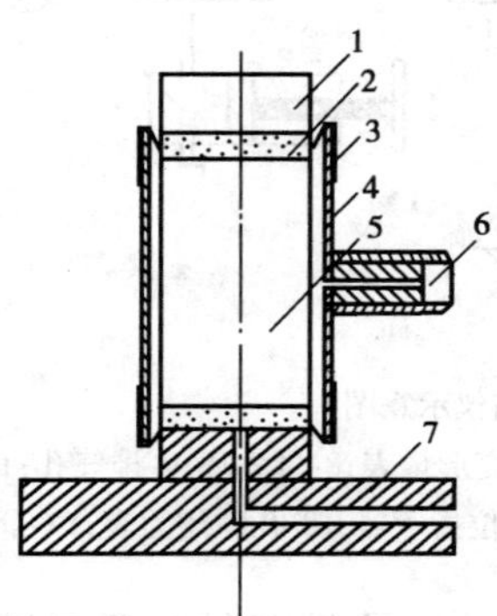

图 T 0146-7　承膜筒(橡皮膜借承膜筒套在试样外)

1-上帽;2-透水石;3-橡皮膜;4-承膜筒身;5-试样;6-吸气孔;7-三轴仪底座

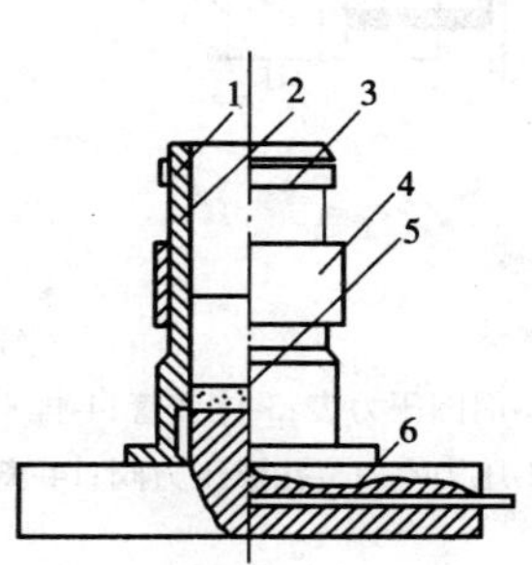

图 T 0146-8　对开圆模(制备饱和的砂样)

1-橡皮膜;2-制样圆模(两片组成);3-橡皮圈;4-圆箍;5-透水石;6-仪器底座

2.5 橡皮膜：应具有弹性，厚度应小于橡皮膜直径的1/100，不得有漏气孔。

3 仪器检查

3.1 周围压力的测量精度为全量程的1%，测读分值为5kPa。

3.2 孔隙水压力系统内的气泡应完全排除。系统内的气泡可用纯水施加压力使气泡上升至试样顶部沿底座溢出，测量系统的体积因数应小于$1.5 \times 10^{-5} cm^3/kPa$。

3.3 管路应畅通，活塞应能滑动，各连接处应无漏气。

3.4 橡胶膜在使用前应仔细检查，方法是在膜内充气，扎紧两端，然后在水下检查有无漏气。

4 试样制备

4.1 本试验需3～4个试样，分别在不同周围压力下进行试验。

4.2 试样尺寸：最小直径为35mm，最大直径为101mm，试样高度宜为试样直径的2～2.5倍，试样的最大粒径应符合表T 0146-1规定。对于有裂缝、软弱面和构造面的试样，试样直径宜大于60mm。

表 T 0146-1 试样的土粒最大粒径

试样直径 ϕ(mm)	允许最大粒径(mm)
$\phi<100$	试样直径的1/10
$\phi\geqslant100$	试样直径的1/5

4.3 原状土试样的制备：根据土样的软硬程度，分别用切土盘和切土器按本试验4.2规定切成圆柱形试样，试样两端应平整，并垂直于试样轴。当试样侧面或端部有小石子或凹坑时，允许用削下的余土修整。试样切削时应避免扰动，并取余土测定试样的含水率。

4.4 扰动土试样制备：根据预定的干密度和含水率，按下述方法备样后，在击实器内分层击实。粉质土宜为3～5层，黏质土宜为5～8层。各层土样数量相等，各层接触面应刨毛。

4.4.1 将扰动土样进行土样描述，如颜色、土类、气味及夹杂物等。如有需要，将扰动土样充分拌匀，取代表性土样进行含水率测定。

4.4.2 将块状扰动土放在橡皮板上用木碾或粉碎机碾散，但切勿压碎颗粒。如含水率较大不能碾散时，应风干至可碾散时为止。

4.4.3 根据试验所需土样数量，将碾散后的土样过筛。物理性试验如液限、塑限、缩限等试验，需过0.5mm筛；常规水理及力学试验土样，需过2mm筛；击实试验土样的最大粒径必须满足击实试验采用不同击实筒试验时的土样中最大颗粒粒径的要求。按规定过标准筛后，取出足够数量的代表性试样，然后分别装入容器内，标以标签。标签上应注明工程名称、土样编号、过筛孔径、用途、制备日期和人员等，以备各项试验之用。若系含有多量粗砂及少量细粒土（泥砂或黏土）的松散土样，应加水润湿松散后，用四分法取出代表性试样。若系净砂，则可用匀土器取代表性试样。

4.4.4 为配制一定含水率的试样，取过2mm筛的足够试验用的风干土1～5kg，按下述计算所需的加水量：

$$m_w = \frac{m}{1 + 0.01 w_h} \times 0.01(w - w_h) \quad \text{(T 0146-1)}$$

式中：m_w——土样所需加水量(g)；

m——风干含水率时的土样质量(g)；

w_h——风干含水率(%)；

w——土样所要求的含水率(%)。

将所取土样平铺于不吸水的盘内，用喷雾设备喷洒预计的加水量，并充分拌和；然后装入容器内盖紧，润湿一昼夜备用（砂类土浸润时间可酌量缩短）。

4.4.5 测定湿润土样不同位置的含水率（至少两个以上），要求差值满足含水率测定的允许平行差值。

4.4.6 对不同土层的土样制备混合试样时，应根据各土层厚度，按比例计算相应质量配合，然后按本方法4.4.1～4.4.4步骤进行扰动土的制备工序。

4.5 对于砂类土,应先在压力室底座上依次放上不透水板、橡皮膜和对开圆膜。将砂料填入对开圆膜内,分三层按预定干密度击实。当制备饱和试样时,在对开圆膜内注入纯水至1/3高度,将煮沸的砂料分三层填入,达到预定高度。放上不透水板、试样帽、扎紧橡皮膜。对试样内部施加5kPa负压力,使试样能站立,拆除对开膜。

4.6 对制备好的试样,量测其直径和高度。试样的平均直径D_0按下式计算:

$$D_0 = \frac{D_1 + 2D_2 + D_3}{4} \qquad (T\ 0146\text{-}2)$$

式中:D_1、D_2、D_3——分别为上、中、下部位的直径。

5 试样饱和

5.1 抽气饱和

5.1.1 仪器设备

(1)真空饱和法整体装置如图T 0146-9所示。

(2)饱和器:尺寸形式见图T 0146-10~图T 0146-12。

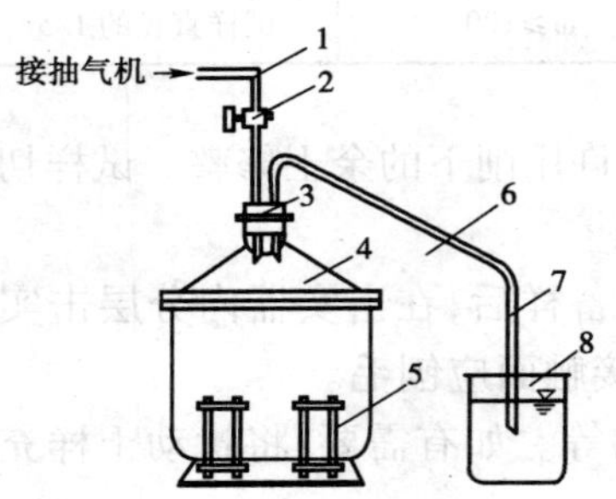

图T 0146-9 真空饱和法装置

1-排气管;2-二通阀;3-橡皮塞;4-真空缸;5-饱和器;6-管夹;7-引水管;8-水缸

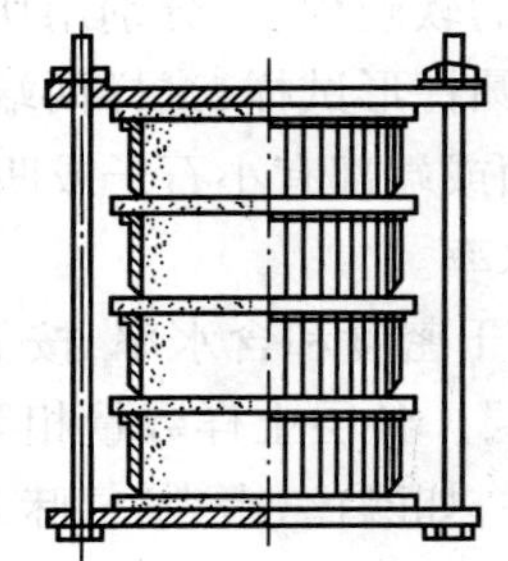

图T 0146-10 重叠式饱和器

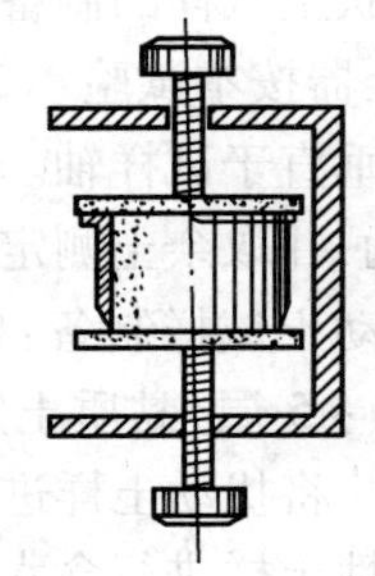

图T 0146-11 框架式饱和器

(3)真空缸:金属或玻璃制。

(4)抽气机。

(5)真空测压表。

(6)其他:天平、硬橡皮管、橡皮塞、管夹、二路活塞、水缸、凡士林等。

5.1.2 操作步骤

(1)将试件装入饱和器。

(2)将装好试件的饱和器放入真空缸内,盖口涂一薄层凡士林,以防漏气。

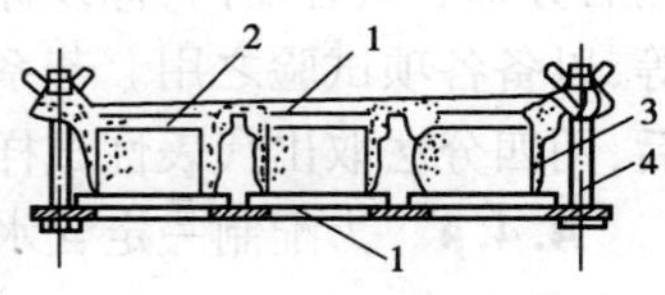

图T 0146-12 平列式饱和器

1-夹板;2-透水石;3-环刀;4-拉杆

(3)关管夹,开阀门(见图T 0146-9),开动抽气机,抽除缸内及土中气体。当真空压力表达到-101.325kPa(一个负大气压力值)后,稍微开启管夹,使清水从引水管徐徐注入真空缸内。在注水过程中,应调节管夹,使真空压力表上的数值基本上保持不变。

(4)待饱和器完全淹没水中后,即停止抽气,将引水管自水缸中提出,令空气进入真空缸内,静待一定时间,借大气压力,使试件饱和。

(5)取出试件称质量,准确至0.1g,计算饱和度。

5.2 水头饱和

将试样装于压力室内,施加20kPa周围压力。水头高出试样顶部1m,使纯水从底部进入试样,从试样顶部溢出,直至流入水量和溢出水量相等为止。当需要提高试样的饱和度时,宜在水头饱和前,从底部将二氧化碳气体通入试样,置换孔隙中的空气,再进行水头饱和。

5.3 反压力饱和

试样要求完全饱和时，应对试样施加反压力。反压力系统与周围压力相同，但应用双层体变管代替排水量管。试样装好后，调节孔隙水压力等于101.325kPa(大气压力)，关闭孔隙水压力阀、反压力阀、体变管阀，测记体变管读数。开周围压力阀，对试样施加10～20kPa的周围压力，开孔隙压力阀，待孔隙压力变化稳定，测记读数。关空隙压力阀。开体变管阀和反压力阀，同时施加周围压力和反压力，每级增量30kPa，缓慢打开空隙压力阀，检查孔隙水压力增量，待孔隙水压力稳定后测记空隙水压力和体变管读数，再施加下一级周围压力和反压力。每施加一级压力都测定孔隙水压力。当孔隙水压力增量与周围压力增量之比 $\Delta u/\Delta\sigma_3>0.98$ 时，认为试样达到饱和。

6 试验步骤

6.1 试样安装

6.1.1 开孔隙水压力阀和排水阀，对孔隙水压力系统及压力室底座充水排气后，关孔隙水压力阀和排水阀。压力室底座上依次放上透水板、滤纸、试样及试样帽。试样周围贴浸湿的滤纸条，套上橡皮膜，将橡皮膜下端与底座扎紧。从试样底部充水，排除试样与橡皮膜之间的气泡，并将橡皮膜上部与试样帽扎紧。降低排水管，使管内水面位于试样中心以下20～40cm，吸除余水，关排水阀。需要测定应力应变时，应在试样与透水板之间放置中间夹有硅脂的两层圆形橡皮膜，膜中间应留直径为1cm的圆孔排水。

6.1.2 安装压力室罩，充水，关排气阀，压力室内不应有残留气泡。并将活塞对准测力计和试样顶部。提高排水管，使管内水面与试样高度的中心齐平，测记排水面读数。

6.1.3 开孔隙水压力阀，使孔隙水压力值等于大气压力，关闭孔隙水压力阀。

6.1.4 关排水阀，开周围压力阀，施加周围压力，周围压力值应与工程实际荷载相适应，最大一级周围压力应与最大实际荷载大致相等。

6.1.5 转动手轮，使试样帽与活塞及测力计接触，装上变形百分表，将测力计和变形百分表读数调至零位。

6.1.6 调整轴向压力、轴向应变和孔隙水压力为零点，并记下体积变化量管的读数。当需施加反压力时，按本试验5.3条步骤施加。

6.2 试样排水固结

6.2.1 开孔隙水压力阀，测定孔隙水压力。开排水阀。当需要测定排水过程时，测记排水管水面及孔隙水压力值，直至孔隙水压力消散95%以上。固结完成后，关排水阀，测记排水管读数和孔隙水压力读数。

6.2.2 微调压力机升降台，使活塞与试样接触，此时轴向变形百分表的变化值为试样固结时高度变化。

6.3 试样剪切

6.3.1 将轴向测力计、轴向变形百分表和孔隙水压力读数均调整至零。打开排水阀。

6.3.2 选择剪切应变速率，进行剪切。剪切速率采用每分钟应变0.003%～0.012%。

6.3.3 轴向压力和轴向变形，按下述测记。

(1)开动马达，接上离合器，开始剪切。试样每产生0.3%～0.4%的轴向应变，测记一次测力计读数和轴向应变。当轴向应变大于3%时，每隔0.7%～0.8%的应变值测记一次读数。

(2)当测力计读数出现峰值时，剪切应继续进行至超过5%的轴向应变为止。当测力计读数无峰值时，剪切应进行到轴向应变为15%～20%。

(3)在剪切过程中试样始终排水，孔隙水压力为零。

6.3.4 试验结束，关电动机和各阀门，开排气阀，排除压力室内的水，拆除试样，描述试样破坏形状。称试样质量，并测定含水率。

7 结果整理

7.1 试样固结的高度计算：

按实测固结下沉计算试样的固结后高度

$$h_c = h_0 - \Delta h_c \tag{T 0146-3}$$

按等应变简化式计算试样的固结后高度

$$h_c = h_0\left(1 - \frac{\Delta V}{V_0}\right)^{\frac{1}{3}} \tag{T 0146-4}$$

式中：h_c——试样固结后的高度(cm)；

ΔV——试样固结后与固结前的体积变化(cm^3)。

7.2　试样固结后的面积按下式计算：

按实测固结下沉计算试样的固结后面积

$$A_c = \frac{V_0 - \Delta V}{h_c} \tag{T 0146-5}$$

按等应变简化式计算试样的固结后面积

$$A_c = A_0\left(1 - \frac{\Delta V}{V_0}\right)^{\frac{2}{3}} \tag{T 0146-6}$$

式中：A_c——试样固结后的断面积(cm^2)。

7.3　剪切时试样的校正面积按下式计算：

$$A_a = \frac{V_c - \Delta V_i}{h_c - \Delta h_i} \tag{T 0146-7}$$

式中：ΔV_i——剪切过程中试样的体积变化(cm^3)；

Δh_i——剪切过程中试样的高度变化(cm)。

7.3.1　轴向应变按下式计算：

$$\varepsilon_1 = \frac{\Delta h_i}{h_0} \tag{T 0146-8}$$

式中：ε_1——轴向应变值(%)；

Δh_i——剪切过程中的高度变化(mm)；

h_0——试样起始高度(mm)。

7.3.2　试样面积的校正按下式计算：

$$A_a = \frac{A_0}{1 - \varepsilon_1} \tag{T 0146-9}$$

式中：A_a——试样的校正断面积(cm^2)；

A_0——试样的初始断面积(cm^2)。

7.3.3　主应力差按下式计算：

$$\sigma_1 - \sigma_3 = \frac{CR}{A_a} \times 10 \tag{T 0146-10}$$

式中：σ_1——大主应力(kPa)；

σ_3——小主应力(kPa)；

C——测力计校正系数(N/0.01mm)；

R——测力计读数(0.01mm)。

7.4　有效主应力比和孔隙水压力系数的计算。

7.4.1　有效主应力比按下列公式计算：

(1)有效大主应力：

$$\sigma'_1 = \sigma_1 - u \tag{T 0146-11}$$

式中：σ'_1——有效大主应力(kPa)；

u——孔隙水压力(kPa)。

(2)有效小主应力：

$$\sigma'_3 = \sigma_3 - u \tag{T 0146-12}$$

(3)有效主应力比：

$$\frac{\sigma'_1}{\sigma'_3} = 1 + \frac{\sigma'_1 - \sigma'_3}{\sigma'_3} \tag{T 0146-13}$$

7.4.2 孔隙水压力系数按下列公式计算：

(1)初始孔隙水压力系数：

$$B = \frac{u_0}{\sigma_3} \tag{T 0146-14}$$

式中：B——初始孔隙水压力系数；

u_0——初始周围压力产生的孔隙水压力(kPa)。

(2)破坏时孔隙水压力系数：

$$A_f = \frac{u_f}{B(\sigma_1 - \sigma_3)_f} \tag{T 0146-15}$$

式中：A_f——破坏时的孔隙水压力系数；

u_f——试样破坏时，主应力差产生的孔隙水压力(kPa)。

7.5 绘制轴向应力 σ_1 与主应力差$(\sigma_1 - \sigma_3)$的关系曲线。

7.6 绘制轴向应变 ε_1 与主应力比$\frac{\sigma_1}{\sigma_3}$的关系曲线。

7.7 破损应力圆、摩擦角和凝聚力的确定(图 T 0146-13)。

以$(\sigma_1 - \sigma_3)$的峰值为破坏点，无峰值时，取 15% 轴向应变时的主应力差值作为破坏点。以法向应力为横坐标，剪应力为纵坐标，在横坐标上以$\frac{\sigma_{1f} + \sigma_{3f}}{2}$为圆心，$\frac{\sigma_{1f} - \sigma_{3f}}{2}$为半径，($f$ 注脚表示破坏)，在 τ—σ 应力平面图上绘制破损应力图，并绘制不同周围压力下破损应力圆的包线。求出不排水强度参数。

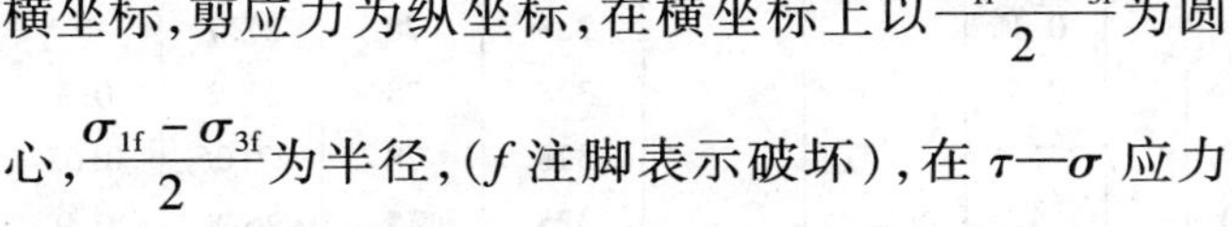

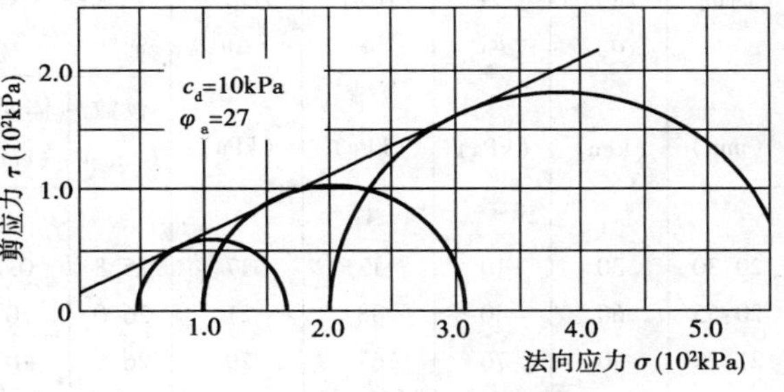

图 T 0146-13　固结水排强度包线

7.8 本试验记录格式如表 T 0146-2、表 T 0146-3 和表 T 0146-4。

表 T 0146-2　三轴压缩试验记录(一)

工程名称＿＿＿＿＿＿　土样编号＿＿＿＿＿＿　土样说明＿＿＿＿＿＿

试验方法＿＿CD＿＿　试 验 者＿＿＿＿＿＿　试验日期＿＿＿＿＿＿

试样状态记录				周围压力(kPa)	350
	起始的	固结后	剪切后	反压力 u_0(kPa)	
直径 D(cm)	3.91			周围压力下的孔隙水压力	
高度 h_L(cm)	8.00	7.96	6.80	孔隙水压力系数 $B=\frac{\mu}{\sigma_3}$	
面积 A(cm²)	12.00	11.76	6.9		
体积 V(cm³)	96.00	93.60		破坏应变 ε_f(%)	6.9
质量 m(g)	188.54	192.50	193.21	破坏主应力差 $(\sigma_1 - \sigma_3)$ (kPa)	101
密度(g/cm³)	1.96	2.06		破坏大主应力 σ_{1f}	201
干密度 ρ_d(g/cm³)	1.60			破坏孔隙水压力系数 $\overline{B}_f=\frac{\mu_f}{\sigma_{1f}}$	0.53
试样含水率记录					
	起始的		剪切后	相应的有效大主应力 σ'_1(kPa)	148
盒号				相应的有效小主应力 σ'_3(kPa)	47

续上表

试样状态记录				周围压力(kPa)	350
盒质量(g)	10	10		最大有效主应力比 $\left[\frac{\sigma'_1}{\sigma'_3}\right]_{max}$ 破坏点选值准则 $\left[\frac{\sigma'_1}{\sigma'_3}\right]_{max}$	3.15
盒+湿土质量(g)	21.86	22.43			
湿土质量(g)	11.86	12.43	193.21		
盒+干土质量(g)	19.63	20.12			
干土质量(g)	9.63	10.12	153.90	孔隙水压力系数 $A_f = \frac{\mu_f}{B(\sigma_1 - \sigma_3)_f}$	
水质量(g)	2.23	2.31	39.31		
饱和度 S_r	86.3			试样破坏情况描述　呈鼓状破坏	

表 T 0146-3　三轴压缩试验记录(二)(反压力和固结过程)

土 样 编 号________ 试验者________ 校 核 者________

固结周围压力　100kPa　计算者________ 试验日期________

加反压力过程							说明	固结过程						
时间	周围压力 σ_3	反压力 u_0	孔隙水压力 u	孔隙水压力增量 Δu	试验体积变化			时间	排水量管		孔隙水压力		体积变化管	
					读数	体变量			读数	排水量	读数	压力值	读数	体变量
(min)	(kPa)	(kPa)	(kPa)	(kPa)	(cm^3)	(cm^3)		(min)			(kPa)	(kPa)	(cm^3)	(cm^3)
20:30	30	10	17	17	25.8	0.2		0.1			328	78	27.7	0
20:55	60	40	38	21	26.0	0		0.5			328	78	27.2	0.5
21:20	90	70	67	29	26.9	+0.9		1			328	78	27.05	0.65
7:38	120	100	93	26	27.0	+1.0		5			325	75	26.8	0.9
8:08	150	130	122	29	27.2	+1.2		9			322	72	26.7	1.0
8:58	180	160	152	30	27.3	+1.3	检	16			317	67	26.6	1.1
9:58	210	160					查	25			311	61	26.5	1.2
10:08			181	29			未	36			306	56	26.4	1.3
10:08	210	190	185		27.4	+1.4	达	64			299	49	26.2	1.5
12:08	240	220	215	30	27.5	+1.5	饱	105			289	39	26.0	1.7
14:08	270	220					和	144			280	30	25.9	1.8
14:18			244	29				220			272	22	25.7	2.0
15:08	270	250	250		27.7	+1.7		300			263	13	25.55	2.15
17:30	300	250						420			256	6	25.4	2.30
								490			255	5	25.35	2.35

注:①体变量(-)号表示排水,(+)号表示吸水。

②本试验因加反压力,故固结时不用排水量管。

8　报告

8.1　土类(黏质土、砂类土)。

8.2　抗剪强度参数 c_d、φ_d。

表 T 0146-4　三轴压缩试验记录(三)

土样编号________　试验方法　CD　　周围压力　100kPa　　试　验　者________

计　算　者________　校　核　者________　试验日期________　固结下沉量 $h=0.04\text{cm}$

测力计校正系数 $C=7.455\text{N}/0.01\text{mm}$　剪切速率 0.08mm/min

固结后高度 $h_c=7.96\text{cm}$　固结后面积 $A_c=11.76\text{cm}^2$

轴向变形读数	轴向应变 $\varepsilon_1=\frac{\Delta h_i}{h_c}$	试样校正后面积 $A_a=\frac{A_c}{1-\varepsilon_1}$	测力计百分表读数 R	主应力差 $(\sigma_1-\sigma_3)=\frac{RC}{A_c}\times100$	大主应力 $\sigma_1=(\sigma_1-\sigma_3)+\sigma_3$	孔隙水压力		有效大主应力 σ'_1	有效小主应力 σ'_3	有效主应力比 $\frac{\sigma'_1}{\sigma'_3}$
						读数	压力值			
(0.01mm)	(%)	(cm^2)	(0.01mm)	(kPa)	(kPa)	(kPa)	(kPa)	(kPa)	(kPa)	
0	0	11.76	0	0		255	5			
20	0.25	11.79	0.9	6	106	256	6	100	94	1.06
60	0.75	11.85	8.0	50	150	286	36	114	64	1.78
100	1.25	11.91	11.6	72	172	297	37	125	53	2.36
170	2.14	12.02	13.2	82	182	303	53	129	47	2.75
210	2.64	12.08	13.8	85	185	306	56	129	44	2.94
300	3.77	12.22	14.9	90	190	307	57	133	45	3.09
350	4.40	12.30	15.3	92	192	307	57	135	43	3.14
420	5.27	12.41	15.9	95	195	308	58	137	42	3.26
500	6.28	12.55	16.5	98	198	308	58	138	42	3.28
550	6.91	12.63	17.1	101	201	308	58	143	42	3.40
600	7.55	12.72	17.9	105	205	306	56	149	44	3.39
700	8.80	12.89	18.4	106	206	305	55	151	45	3.36
850	10.65	13.16	19.9	112	212	301	51	161	49	3.28
1 000	12.57	13.45	21.3	118	218	298	48	170	52	3.26
1 160	14.59	13.77	22.2	120	220	296	46	174	54	3.22
1 250	15.70	13.95	23.0	123	223	294	44	179	56	3.20

条文说明

1　固结排水试验的目的是测定土的应力应变关系，求得土的有效强度指标，从而研究各种土类的变形特性。

2　三轴仪由压力室、周围压力系统、轴向加压系统、孔隙水压力量测系统以及试样体积变化量测设备等组成。

按轴向加压的不同，三轴仪分为应变控制式和应力控制式两种。前者操作方便，应用广泛，故本规程规定采用此种仪器。

3　试验前要求对仪器进行检查，以保证施加的周围压力能保持恒压。孔隙水压力量测系统应无气泡。仪器管路应畅通，无漏水现象。

4　固结排水试验的剪切速率对试验结果的影响，主要是由于在剪切过程中存在孔隙水压力造成的。如剪切速度快，孔隙水压力不完全消散，就不能得到真实的有效强度指标。比较试验表明，对黏质土，剪切应变速率选用每分钟0.012%~0.003%，虽仍有微量的孔隙水压力产生，但对强度影响不大，故本规程采用该速率进行试验。

T 0177—2007　一个试样多级加荷试验

1　目的和适用范围

1.1　本试验采用一个试样多级施加周围压力和轴向压力进行剪切，以测定土的总强度参数 c、φ 和有效强度参数 c'、φ'。

1.2　本规程适用于无法取得多个试样（3 ~ 4 个）进行三轴试验的原状硬土、扰动土或有不规则裂隙的裂土。

2　仪器设备

2.1　三轴压缩仪。

2.2　附属设备。

2.3　其他：击实器、切土器、承膜筒等。

3　试样制备

3.1　本试验需 3 ~ 4 个试样，分别在不同周围压力下进行试验。

3.2　试样尺寸：最小直径为 35mm，最大直径为 101mm，试样高度宜为试样直径的 2 ~ 2.5 倍，试样的最大粒径应符合表 T 0144-1 规定。对于有裂缝、软弱面和构造面的试样，试样直径宜大于 60mm。

3.3　原状土试样的制备：根据土样的软硬程度，分别用切土盘和切土器按 3.2 规定切成圆柱形试样，试样两端应平整，并垂直于试样轴。当试样侧面或端部有小石子或凹坑时，允许用削下的余土修整。试样切削时应避免扰动，并取余土测定试样的含水率。

3.4　扰动土试样制备：根据预定的干密度和含水率，按下述备样。

3.4.1　将扰动土样进行土样描述，如颜色、土类、气味及夹杂物等。如有需要，将扰动土样充分拌匀，取代表性土样进行含水率测定。

3.4.2　将块状扰动土放在橡皮板上用木碾或粉碎机碾散，但切勿压碎颗粒。如含水率较大不能碾散时，应风干至可碾散时为止。

3.4.3　根据试验所需土样数量，将碾散后的土样过筛。物理性试验如液限、塑限、缩限等试验，需过 0.5mm 筛；常规水理及力学试验土样，需过 2mm 筛；击实试验土样的最大粒径必须满足击实试验采用不同击实筒试验时的土样中最大颗粒粒径的要求。按规定过标准筛后，取出足够数量的代表性试样，然后分别装入容器内，标以标签。标签上应注明工程名称、土样编号、过筛孔径、用途、制备日期和人员等，以备各项试验之用。若系含有多量粗砂及少量细粒土（泥砂或黏土）的松散土样，应加水润湿松散后，用四分法取出代表性试样。若系净砂，则可用匀土器取代表性试样。

3.4.4　为配制一定含水率的试样，取过 2mm 筛的足够试验用的风干土 1 ~ 5kg，按本规程 T 0102—2007 2.2 步骤计算所需的加水量，然后将所取土样平铺于不吸水的盘内，用喷雾设备喷洒预计的加水量，并充分拌和，然后装入容器内盖紧，润湿一昼夜备用（砂类土浸润时间可酌量缩短）。

3.4.5　测定湿润土样不同位置的含水率（至少两个以上），要求差值满足含水率测定的允许平行差值。

3.4.6　对不同土层的土样制备混合试样时，应根据各土层厚度，按比例计算相应质量配合，然后按本方法 3.4.1 ~ 3.4.4 步骤进行扰动土的制备工序。

3.4.7　而后在击实器内分层击实，粉质土宜为 3 ~ 5 层，黏质土宜为 5 ~ 8 层，各层土样数量相等，各层接触面应刨毛。

3.5　对于砂类土，应先在压力室底座上依次放上不透水板、橡皮膜和对开圆膜。将砂料填入对开圆膜内，分三层按预定干密度击实。当制备饱和试样时，在对开圆膜内注入纯水至 1/3 高度，将煮沸的砂料分三层填入，达到预定高度。放上不透水板、试样帽、扎紧橡皮膜。对试样内部施加 5kPa 负压力，使试样能站立，拆除对开膜。

3.6 对制备好的试样，量测其直径和高度。试样的平均直径 D_0 按下式计算：

$$D_0 = \frac{D_1 + 2D_2 + D_3}{4} \tag{T 0177-1}$$

式中：D_1、D_2、D_3——分别为上、中、下部位的直径。

4 试样饱和

4.1 真空饱和

4.1.1 仪器设备

(1)真空饱和法整体装置如图 T 0177-1 所示。

(2)饱和器：尺寸形式见图 T 0177-2～图 T 0177-4。

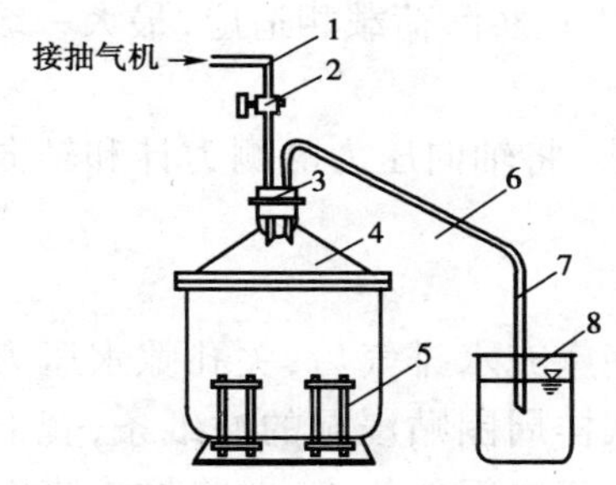

图 T 0177-1 真空饱和法装置

1-排气管；2-二通阀；3-橡皮塞；4-真空缸；5-饱和器；6-管夹；7-引水管；8-水缸

图 T 0177-2 重叠式饱和器

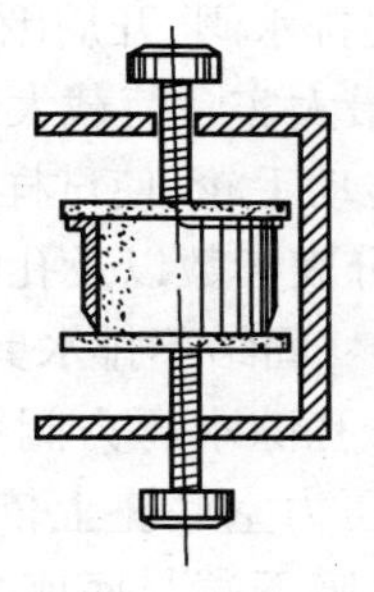

图 T 0177-3 框架式饱和器

(3)真空缸：金属或玻璃制。

(4)抽气机。

(5)真空测压表。

(6)其他：天平、硬橡皮管、橡皮塞、管夹、二路活塞、水缸、凡士林等。

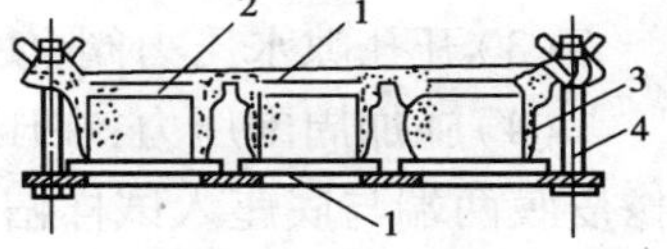

图 T 0177-4 平列式饱和器

1-夹板；2-透水石；3-环刀；4-拉杆

4.1.2 操作步骤

(1)将试件装入饱和器。

(2)将装好试件的饱和器放入真空缸内，盖口涂一薄层凡士林，以防漏气。

(3)关管夹，开阀门(见图 T 0177-1)，开动抽气机，抽除缸内及土中气体。当真空压力表达到 -101.325kPa(一个负大气压力值)后，稍微开启管夹，使清水从引水管徐徐注入真空缸内。在注水过程中，应调节管夹，使真空压力表上的数值基本上保持不变。

(4)待饱和器完全淹没水中后，即停止抽气，将引水管自水缸中提出，令空气进入真空缸内，静待一定时间，借大气压力，使试件饱和。

(5)取出试件称质量，准确至 0.1g，计算饱和度。

4.2 水头饱和

将试样装于压力室内，施加 20kPa 周围压力。水头高出试样顶部 1m，使纯水从底部进入试样，从试样顶部溢出，直至流入水量和溢出水量相等为止。当需要提高试样的饱和度时，宜在水头饱和前，从底部将二氧化碳气体通入试样，置换孔隙中的空气，再进行水头饱和。

4.3 反压力饱和

试样要求完全饱和时，应对试样施加反压力。反压力系统与周围压力相同，但应用双层体变管代替排水量管。试样装好后，调节孔隙水压力等于 101.325kPa(大气压力)，关闭孔隙水压力阀、反压力阀、体变管阀，测记体变管读数。开周围压力阀，对试样施加 10～20kPa 的周围压力，开孔隙压力阀，待孔隙压力变化稳定，测记读数。关空隙压力阀。开体变管阀和反压力阀，同时施加周围压力和反压力，每级增量30kPa，缓慢打开空隙压力阀，检查孔隙水压力增量，待孔隙水压力稳定后测记空隙水压力和体变管读数，再施加下一级周围压力和反压力。每施加一级压力都测定孔隙水压力。当孔隙水压力增量与周围压力增量之比 $\Delta u/\Delta\sigma_3>0.98$ 时，认为试样达到饱和。

5 试验步骤

5.1 试样安装

5.1.1 不固结不排水剪切试验（UU 试验）。

（1）在压力室底座上依次放上不透水板、试样及试样帽，将橡皮膜套在试样外，并将橡皮膜两端与底座入试样帽分别扎紧。

（2）装上压力室罩，向压力室内注满纯水，关排气阀，压力室内不应有残留气泡。并将活塞对准测力计和试样顶部。

（3）关排水阀，开周围压力阀，施加周围压力，周围压力值应与工程实际荷载相适应，最大一级周围压力应与最大实际荷载大致相等。

（4）转动手轮，使试样帽与活塞及测力计接触，装上变形百分表，将轴向压力的测力计和轴向应变的变形百分表读数以及孔隙水压力调至零位。

5.1.2 固结不排水剪试验（CU 试验）

（1）开孔隙水压力阀和排水阀，对孔隙水压力系统及压力室底座充水排气后，关孔隙水压力阀和排水阀。压力室底座上依次放上透水板、滤纸、试样及试样帽。试样周围贴浸湿的滤纸条，套上橡皮膜，将橡皮膜下端与底座扎紧。从试样底部充水，排除试样与橡皮膜之间的气泡，并将橡皮膜上部与试样帽扎紧。降低排水管，使管内水面位于试样中心以下20～40cm，吸除余水，关排水阀。需要测定应力应变时，应在试样与透水板之间放置中间夹有硅脂的两层圆形橡皮膜，膜中间应留直径为1cm的圆孔排水。

（2）安装压力室罩，充水。提高排水管，使管内水面与试样高度的中心齐平，测记排水面读数。

（3）开孔隙水压力阀，使孔隙水压力值等于大气压力，关闭孔隙水压力阀。

（4）施加周围压力：在压力室底座上依次放上不透水板、试样及试样帽，将橡皮膜套在试样外，并将橡皮膜两端与底座入试样帽分别扎紧。装上压力室罩，向压力室内注满纯水，关排气阀，压力室内不应有残留气泡。并将活塞对准测力计和试样顶部。关排水阀，开周围压力阀，施加周围压力，周围压力值应与工程实际荷载相适应，最大一级周围压力应与最大实际荷载大致相等。转动手轮，使试样帽与活塞及测力计接触，装上变形百分表，将轴向压力的测力计和轴向应变的变形百分表读数以及孔隙水压力调至零位。并记下体积变化量管的读数。

当需施加反压力饱和时：试样要求完全饱和时，应对试样施加反压力。反压力系统与周围压力相同，但应用双层体变管代替排水量管。试样装好后，调节孔隙水压力等于101.325kPa（大气压力），关闭孔隙水压力阀、反压力阀、体变管阀，测记体变管读数。开周围压力阀，对试样施加10～20kPa的周围压力，开孔隙压力阀，待孔隙压力变化稳定，测记读数。关空隙压力阀。开体变管阀和反压力阀，同时施加周围压力和反压力每级增量30kPa，缓慢打开空隙压力阀，检查孔隙水压力增量，待孔隙水压力稳定后测记空隙水压力和体变管读数，再施加下一级周围压力和反压力。每施加一级压力都测定孔隙水压力。当孔隙水压力增量与周围压力增量之比 $\Delta u/\Delta\sigma_3>0.98$ 时，认为试样达到饱和。

（5）试样剪切前关闭孔隙压力阀及量管阀。

5.2 试样剪切

5.2.1 不固结不排水剪试验（UU 试验）。

（1）按本试验5.1.1的规定安装试样后，施加第一级周围压力（周围压力分2～3级施加）。

（2）剪切应变速率取每分钟为0.5%～1.0%，然后开始剪切。开始阶段，以试样应变每隔0.3%～0.4%测记测力计和轴向位移计读数；当应变达3%以后，每隔0.7%～0.8%测记一次。

（3）当测力计读数稳定或接近稳定时，记录轴向位移计读数和测力计读数，关闭电机停止剪切，将轴向压力退至零。

(4)施加第二级周围压力。此时测力计读数因施加周围压力而增加,应重新调至原来读数值,然后转动手轮。当测力计读数微动时,表示试样帽与测力计重新接触,再按原剪切速率剪切,直至测力计读数稳定或接近稳定为止。

(5)按本试验 5.2.1 中(4)进行其余各级周围压力的试验。最后一级周围压力下的剪切累积应不超过 20%。

(6)试验结束后,关周围压力阀,尽快拆除压力室罩,取下试样称量,并测定剪切后的含水率。

5.2.2 固结不排水剪试验(CU 试验)。

(1)按本试验 5.1.2 条规定安装试样后施加第一级周围压力,并按如下规定进行试样固结。

①开孔隙水压力阀和排水阀,对孔隙水压力系统及压力室底座充水排气后,关孔隙水压力阀和排水阀。压力室底座上依次放上透水板、滤纸、试样及试样帽。试样周围贴浸湿的滤纸条,套上橡皮膜,将橡皮膜下端与底座扎紧。从试样底部充水,排除试样与橡皮膜之间的气泡,并将橡皮膜上部与试样帽扎紧。降低排水管,使管内水面位于试样中心以下 20 ~ 40cm,吸除余水,关排水阀。需要测定应力应变时,应在试样与透水板之间放置中间夹有硅脂的两层圆形橡皮膜,膜中间应留直径为 1cm 的圆孔排水。

②安装压力室罩,充水。提高排水管,使管内水面与试样高度的中心齐平,测记排水面读数。

③开孔隙水压力阀,使孔隙水压力值等于 101.325kPa(大气压力),关闭孔隙水压力阀。

施加周围压力:在压力室底座上依次放上不透水板、试样及试样帽,将橡皮膜套在试样外,并将橡皮膜两端与底座入试样帽分别扎紧。装上压力室罩,向压力室内注满纯水,关排气阀,压力室内不应有残留气泡。并将活塞对准测力计和试样顶部。关排水阀,开周围压力阀,施加周围压力,周围压力值应与工程实际荷载相适应,最大一级周围压力应与最大实际荷载大致相等。转动手轮,使试样帽与活塞及测力计接触,装上变形百分表,将测力计和变形百分表读数调至零位。

调整轴向压力、轴向应变和孔隙水压力为零点,并记下体积变化量管的读数。

当需施加反压力饱和时:试样要求完全饱和时,应对试样施加反压力。反压力系统与周围压力相同,但应用双层体变管代替排水量管。试样装好后,调节孔隙水压力等于 101.325kPa(大气压力),关闭孔隙水压力阀、反压力阀、体变管阀,测记体变管读数。开周围压力阀,对试样施加 10 ~ 20kPa 的周围压力,开孔隙压力阀,待孔隙压力变化稳定,测记读数。关空隙压力阀。开体变管阀和反压力阀,同时施加周围压力和反压力每级增量 30kPa,缓慢打开空隙压力阀,检查孔隙水压力增量,待孔隙水压力稳定后测记空隙水压力和体变管读数,再施加下一级周围压力和反压力。每施加一级压力都测定孔隙水压力。当孔隙水压力增量与周围压力增量之比 $\Delta u/\Delta\sigma_3 > 0.98$ 时,认为试样达到饱和。

④待固结稳定后,关体变管阀或排水管阀。

(2)按本试验 5.2.1 中(2)及(3)的规定进行第一级试样剪切。

(3)第一级剪切完成后,轴向压力退至为零。待孔隙压力稳定后再施加第二级周围压力,并按本规程 5.2.2 中(1)的规定进行排水固结。

(4)试样固结稳定后,关体变管阀或排水管阀,正转手轮,使活塞与试样帽接触为止,记录轴向位移计读数 Δh_2(此时试样高度 $h_2 = h_0 - \Delta h_2$)。

(5)按本试验 5.2.1 中(2)及(3)的规定进行剪切。

(6)按本试验 5.2.2 中(3)的规定进行下一级周围压力下的试验,最后一级周围压力下的剪切累积应变量应不超过 20%。

(7)按本试验 5.2.1 中(6)的规定拆除试样,称试样质量,并测定试验后试样的含水率。

6 结果整理

6.1 按下列两式计算不固结不排水试验施加第一级周围压力剪切时试样的轴向应变和面积:

$$\varepsilon_1 = \frac{\Delta h}{h_0} \times 100 \qquad (\text{T 0177-2})$$

$$A_a = \frac{A_0}{1 - 0.01\varepsilon_1} \quad (\text{T 0177-3})$$

以上两式中：h_0——试样起始高度(cm)；

Δh——试样在剪切时的轴向变形(cm)；

ε_1——轴向应变(%)；

A_0——试样起始面积(cm^2)；

A_a——试样剪切时的面积(cm^2)。

6.2 按下列公式计算固结不排水剪切施加第一级周围压力后的试样高度和面积。

6.2.1 固结后试样的高度和面积：

$$h_c = h_0 - \Delta h_c$$

或

$$h_c = h_0\left(1 - \frac{\Delta V}{V_0}\right)^{1/3} \quad (\text{T 0177-4})$$

$$A_c = \frac{V_0 - \Delta V}{h_0}$$

或

$$A_c = A_0\left(1 - \frac{\Delta V}{V_0}\right)^{2/3} \quad (\text{T 0177-5})$$

6.2.2 剪切时试样的轴向应变及面积：

$$\varepsilon_1 = \frac{\Delta h_c}{h_c} \times 100 \quad (\text{T 0177-6})$$

$$A_a = \frac{A_0}{1 - 0.01\varepsilon_1} \quad (\text{T 0177-7})$$

以上四式中：h_c——固结后试样的高度(cm)；

Δh_c——固结变形量(轴向)(cm)；

V_0——试样起始体积(cm^3)；

ΔV——固结排水量(cm^3)。

6.2.3 施加第一级周围压力后，剪切终了时的高度和面积作为第二级周围压力下的起始高度和起始面积。

6.2.4 施加第二级周围压力后，剪切终了时的高度和面积作为第三级周围压力下的起始高度和起始面积。

6.3 计算主应力差、主应力比和孔隙压力系数。

6.3.1 按下式计算主应力差：

$$\sigma_1 - \sigma_3 = \frac{CR}{A_a} \times 10 \quad (\text{T 0177-8})$$

式中：σ_1——大主应力(kPa)；

σ_3——小主应力(kPa)；

C——测力计校正系数(N/0.01mm)；

R——测力计读数(0.01mm)。

6.3.2 按下式计算主应力比：

(1)有效大主应力：

$$\sigma'_1 = \sigma_1 - u \quad (\text{T 0177-9})$$

式中：σ'_1——有效大主应力(kPa)；

u——孔隙水压力(kPa)。

(2)有效小主应力：

$$\sigma'_3 = \sigma_3 - u \tag{T 0177-10}$$

(3)有效主应力比：

$$\frac{\sigma'_1}{\sigma'_3} = 1 + \frac{\sigma'_1 - \sigma'_3}{\sigma'_3} \tag{T 0177-11}$$

(4)总主应力比：

$$\frac{\sigma_1}{\sigma_3} = 1 + \frac{\sigma_1 - \sigma_3}{\sigma_3} \tag{T 0177-12}$$

6.3.3 按下式计算孔隙压力系数：

(1)初始孔隙水压力系数：

$$B = \frac{u_0}{\sigma_3} \tag{T 0177-13}$$

式中：B——初始孔隙水压力系数；

u_0——初始周围压力产生的孔隙水压力(kPa)。

(2)破坏时孔隙水压力系数：

$$A_f = \frac{u_f}{B(\sigma_1 - \sigma_3)_f} \tag{T 0177-14}$$

式中：A_f——破坏时的孔隙水压力系数；

u_f——试样破坏时，主应力差产生的孔隙水压力(kPa)。

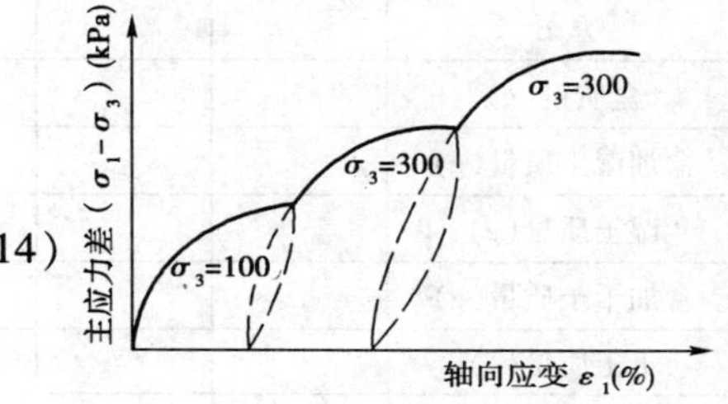

图 T 0177-5 不固结不排水剪的应力与应变关系曲线

6.4 制图

6.4.1 绘制不固结不排水剪应力应变关系曲线，见图 T 0177-5。

6.4.2 绘制固结不排水剪应力与应变曲线，见图T 0177-6。

6.4.3 绘制固结不排水剪的法向力与剪应力曲线，见图 T 0177-7。

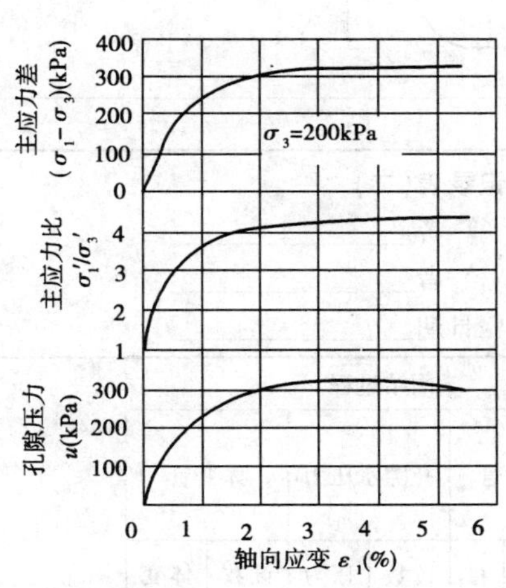

图 T 0177-6 固结不排水剪应力与应变曲线

图 T 0177-7 一个试样固结不排水剪强度包线

6.5 本试验的记录格式如表 T 0177-1、表 T 0177-2 和表 T 0177-3。

表 T 0177-1　三轴压缩试验记录表(一)

工程名称＿＿＿＿＿＿＿＿　　试 验 者＿＿＿＿＿＿＿＿

土样编号＿＿＿＿＿＿＿＿　　计 算 者＿＿＿＿＿＿＿＿

土样说明＿＿＿＿＿＿＿＿　　校 核 者＿＿＿＿＿＿＿＿

试验方法＿＿＿＿＿＿＿＿　　试验日期＿＿＿＿＿＿＿＿

试样状态			
	起始值	固结后	剪切后
直径 D(cm)			
高度 h(cm)			
面积 A(cm^2)			
体积 V(cm^3)			
质量 m(g)			
密度(g/cm^3)			
干密度 ρ_d(g/cm^3)			
试样含水率			
	起始值		剪切后
盒号			
盒质量(g)			
盒加湿土质量(g)			
湿土质量(g)			
盒加干土质量(g)			
干土质量(g)			
水质量(g)			
含水率 w(%)			
饱和度 S_r			

项目	
周围压力 σ_3(kPa)	
反压力 u_0(kPa)	
周围压力下的孔隙水压力 μ(kPa)	
孔隙水压力系数　$B=\frac{\mu}{\sigma_3}$	
破坏应变 ε_f(%)	
破坏主应力差 $(\sigma_1-\sigma_3)_f$(kPa)	
破坏大主应力 σ_{1f}	
破坏孔隙水压力系数　$\bar{B}_f=\frac{\mu_f}{\sigma_{1f}}$	
相应的有效大主应力 σ'_1(kPa)	
相应的有效小主应力 σ'_3(kPa)	
最大有效主应力比 $\left[\frac{\sigma'_1}{\sigma'_3}\right]_{max}$	
孔隙水压力系数　$A_f=\frac{\mu_f}{B(\sigma_1-\sigma_3)_f}$	

试样破坏情况的描述	呈鼓状破坏　6.8cm
备注	

表 T 0177-2　三轴压缩试验记录表(二)

土 样 编 号＿＿＿＿＿＿＿＿　　计 算 者＿＿＿＿＿＿＿＿

固结周围压力＿＿＿＿＿＿＿＿　　校 核 者＿＿＿＿＿＿＿＿

试　验　者＿＿＿＿＿＿＿＿　　试验日期＿＿＿＿＿＿＿＿

加反压力过程								固结过程							说明
时间	周围压力 σ_3	反压力 u_0	孔隙压力 u	孔隙压力增量 Δu	试样体积变化		说明(检验结果)	时间	量管		孔隙水压力		体变管		
					读数	体变量			读数	排水量	读数	压力值	读数	体变值	
(min)	(kPa)	(kPa)	(kPa)	(kPa)	(cm^3)	(cm^3)		(min)			(kPa)	(kPa)	(cm^3)	(cm^3)	

表 T 0177-3　三轴压缩试验记录表(三)

土样编号________________　　试验者________________

试验方法________________　　计算者________________

试验日期________________　　校核者________________

周围压力:	kPa	固结下沉量:Δh =	cm
剪切应变速率:	mm/min	固结后高度:h_c =	cm
测力计率定系数:	N/0.01mm	固结后面积:A_c =	cm^2

轴向变形读数(0.01mm)	轴向应变 $\varepsilon_1=\frac{\Delta h_1}{h_c}$ (%)	试样校正后面积 $A_a=\frac{A_c}{1-\varepsilon_1}$ (cm^2)	测力计表读数 R (0.01mm)	主应力差 $(\sigma_1-\sigma_3)=\frac{RC}{A_a}\times100$ (kPa)	大主应力 $\sigma_1=(\sigma_1-\sigma_3)+\sigma_3$ (kPa)	孔隙水压力		试样体积变化				有效大主应力 σ'_1 (kPa)	有效小主应力 σ'_3 (kPa)	有效主应力比 $\frac{\sigma'_1}{\sigma'_3}$	$\frac{\sigma_1-\sigma_3}{2}$ (kPa)	$\frac{\sigma_1+\sigma_3}{2}$ (kPa)	$\frac{\sigma'_1+\sigma'_3}{2}$ (kPa)
								排水管		体积变化							
						读数	压力值(kPa)	读数	排出水量(cm^3)	读数	体变量(cm^3)						

7　报告

7.1　土类(黏质土、砂类土)。

7.2　总应力抗剪强度参数 c、φ。

7.3　有效应力抗剪强度参数 c'、φ'。

条文说明

1.1　在三轴压缩试验中,用一个试样多级加荷测定土的强度参数 c 和 φ 值,是根据库仑定律,假定 c、φ 值不因应力状态的变化而改变,破裂角 $\alpha=\left(45°+\frac{\varphi}{2}\right)$ 在第一级荷载下出现后,在以后各级荷载下,均保持不变。第一级荷载以后所施加的荷载只是增加摩擦强度,因而可以测定强度包线。

1.2　一个试样多级加荷三轴压缩试验原则上适用于黏质土、砂质土。由于是只采用一个试样确定强度包线,避免了多个试样的不均匀而造成的应力圆分散,各应力圆均能很好切于强度包线。但一个试样的代表性低于多个试样的代表性,故本规程只限于无法取得多个试样,或多个试样彼此性质不均匀的情况下采用此法,并不建议替代作为常规方法采用。

5.2.1　对于第一级围压作用下试样剪切完成后,须退除轴向压力(即测力计为零),使试样回复到等向受力状态,再施加下一级周围压力,这样可以消除固结时偏应力的影响,不致产生轴向蠕变变形,以保持试样在等向压力下固结,故规程作了退除轴向压力的规定。

一个试样多级加荷三轴试验的各级剪切变形随土的种类不同相差很大,故不能作统一规定。基本原则是第一级剪切变形应与多个试样试验的控制变形一致,最后一级达到的累积变形以不超过20%为准,中间剪切的轴向变形无法作出统一规定。各级剪切中,可以同时计算有效主应力比或绘制有效应力路径来控制。

破坏点的确定应与多个试样破坏标准的确定相一致。不另作规定。

对于软黏土及塑性大的土,因破坏点不显明,难以根据峰值或稳定值的近似点确定施加下一级周围压力的标准，因此可以按预先设定的轴向应变，施加各级周围压力。一般可以按以下标准进行，见图T 0177-8。

第一级　轴向应变至16%；

第二级　轴向应变至18%；

第三级　轴向应变至20%。

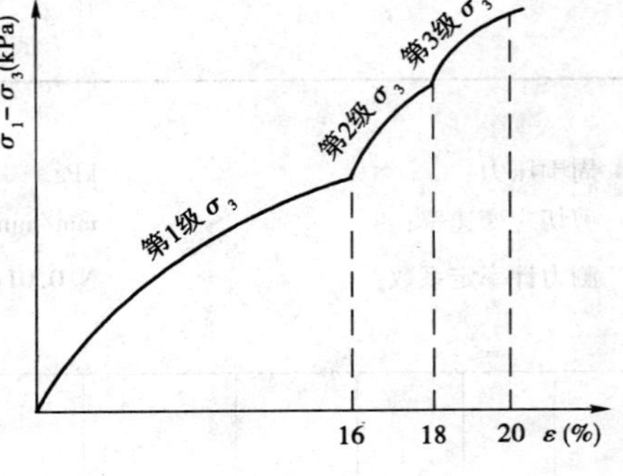

图 T 0177-8　按轴向应变加荷

6.2　采用该法进行试验，不固结不排水试验的试样面积修正与多个试样的试验相同。对于固结不排水试验，因为每一级周围压力下试样体积产生变化，所以试样面积修正还应考虑体积变化问题。目前仍按分级计算方法进行，即第一级周围压力下试样剪切终了时的状态作为下一级周围压力下试样的起始状态。面积修正计算仍按式 $A_a=\dfrac{A_c}{1-\varepsilon_i}$ 进行。式中：A_c 为试样在本级周围压力下固结后试样的实际面积；ε_i 为试样在本级周围压力下的剪切应变（不累计）。上述计算方法存在一定误差，有待今后继续完善。

24 土的无侧限抗压强度试验

T 0148—1993 细粒土无侧限抗压强度试验

1 目的和适用范围

1.1 无侧限抗压强度是试件在无侧向压力的条件下,抵抗轴向压力的极限强度。

1.2 本试验适用于测定饱和软黏土的无侧限抗压强度及灵敏度。

2 仪器设备

2.1 应变控制式无侧限抗压强度仪:如图T 0148-1,包括测力计、加压框架及升降螺杆。根据土的软硬程度,选用不同量程的测力计。

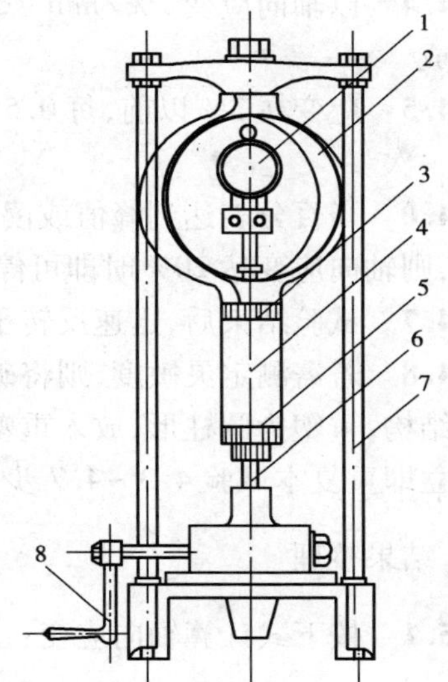

图 T 0148-1 应变控制式无侧限抗压强度仪

1-百分表;2-测力计;3-上加压杆;4-试样;5-下加压板;6-升降螺杆;7-加压框架;8-手轮

2.2 切土盘:见图 T 0148-2。

2.3 重塑筒:筒身可拆为两半,内径 40mm,高 100mm,如图T 0148-3。

2.4 百分表:量程 10mm,分度值 0.01mm。

2.5 其他:天平(感量 0.1g)、秒表、卡尺、直尺、削土刀、钢丝锯、塑料布、金属垫板、凡士林等。

3 试样

3.1 将原状土样按天然层次方向放在桌上,用削土刀或钢丝锯削成稍大于试件直径的土柱,放入切土盘的上下盘之间,再用削土刀或钢丝锯沿侧面自上而下细心切削。同时边转动圆盘,直至达到要求的直径为止。取出试件,按要求的高度削平两端。端面要平整,且与侧面垂直,上下均匀。如试件表面因有砾石或其他杂物而成空洞时,允许用土填补。

3.2 试件直径和高度应与重塑筒直径和高度相同,一般直径为 40 ~ 50mm,高为 100 ~ 120mm。试件高度与直径之比应大于 2,按软土的软硬程度采用 2.0 ~ 2.5。

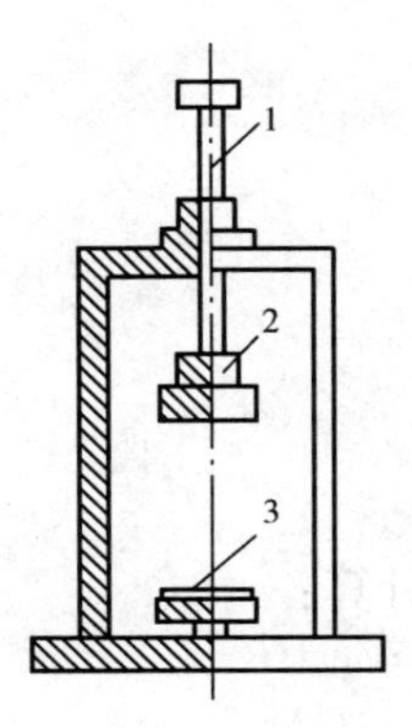

图 T 0148-2 切土盘

1-转轴;2-上盘;3-下盘

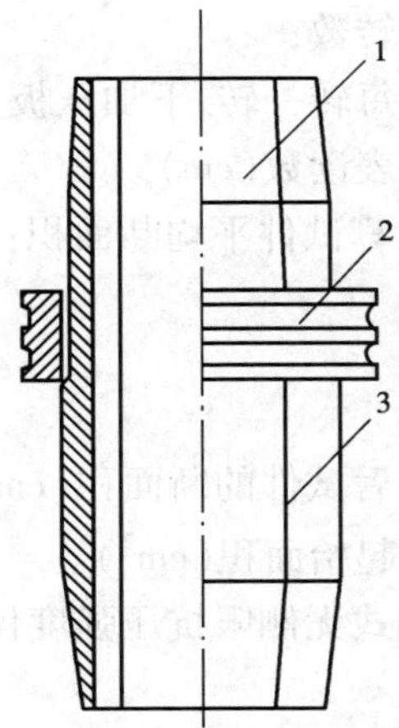

图 T 0148-3 重塑筒

1-重塑筒筒身(可以拆成两半);2-钢箍;3-接缝

4 试验步骤

4.1 将切削好的试件立即称量，准确至0.1g。同时取切削下的余土测定含水率。用卡尺测量其高度及上、中、下各部位直径，按下式计算其平均直径 D_0：

$$D_0 = \frac{D_1 + 2D_2 + D_3}{4} \tag{T 0148-1}$$

式中：D_0——试件平均直径(cm)；

D_1、D_2、D_3——试件上、中、下各部位的直径(cm)。

4.2 在试件两端抹一薄层凡士林；如为防止水分蒸发，试件侧面也可抹一层薄凡士林。

4.3 将制备好的试件放在应变控制式无侧限抗压强度仪下加压板上，转动手轮，使其与上加压板刚好接触，调测力计百分表读数为零点。

4.4 以轴向应变1%/min~3%/min的速度转动手轮(0.06~0.12mm/min)，使试验在8~20min内完成。

4.5 应变在3%以前，每0.5%应变记读百分表读数一次；应变达3%以后，每1%应变记读百分表读数一次。

4.6 当百分表达到峰值或读数达到稳定，再继续剪3%~5%应变值即可停止试验。如读数无稳定值，则轴向应变达20%时即可停止试验。

4.7 试验结束后，迅速反转手轮，取下试件，描述破坏情况。

4.8 若需测定灵敏度，则将破坏后的试件去掉表面凡士林，再加少许土，包以塑料布，用手捏搓，破坏其结构，重塑为圆柱形，放入重塑筒内，用金属垫板挤成与筒体积相等的试件，即与重塑前尺寸相等，然后立即重复本试验4.3~4.7步骤进行试验。

5 结果整理

5.1 按下式计算轴向应变：

$$\varepsilon_1 = \frac{\Delta h}{h_0} \tag{T 0148-2}$$

$$\Delta h = n\Delta L - R \tag{T 0148-3}$$

式中：ε_1——轴向应变(%)；

h_0——试件起始高度(cm)；

Δh——轴向变形(cm)；

n——手轮转数；

ΔL——手轮每转一转，下加压板上升高度(cm)；

R——百分表读数(cm)。

5.2 按下式计算试件平均断面积：

$$A_a = \frac{A_0}{1 - \varepsilon_1} \tag{T 0148-4}$$

式中：A_a——校正后试件的断面积(cm^2)；

A_0——试件起始面积(cm^2)。

5.3 应变控制式无侧限抗压强度仪上试件所受轴向应力按下式计算：

$$\sigma = \frac{10CR}{A_a} \tag{T 0148-5}$$

式中：σ——轴向压力(kPa)；

C——测力计校正系数(N/0.01mm);

R——百分表读数(0.01mm);

A_a——校正后试件的断面积(cm^2)。

5.4 以轴向应力为纵坐标,轴向应变为横坐标,绘制应力—应变曲线(图 T 0148-4)。以最大轴向应力作为无侧限抗压强度。若最大轴向应力不明显,取轴向应变15%处的应力作为该试件的无侧限抗压强度 q_u。

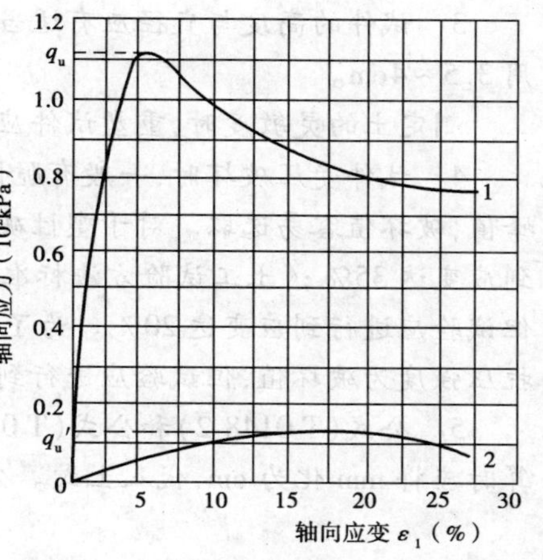

图 T 0148-4 轴向应力与应变的关系曲线

1-原状试样;2-重塑试样

5.5 按下式计算灵敏度 S_t:

$$S_t = \frac{q_u}{q'_u} \quad (T\ 0148\text{-}6)$$

式中:q_u——原状试件的无侧限抗压强度(kPa);

q'_u——重塑试件的无侧限抗压强度(kPa)。

5.6 本试验记录格式如表 T 0148-1。

表 T 0148-1 无侧限抗压强度试验记录

工程名称________	试 验 者________
土样编号________	计 算 者________
取土深度________	校 核 者________
土样说明________	试验日期________

试验前试件高度 h_0 = cm	试验前试件直径 D_0 = cm	无侧限抗压强度 q_u = kPa
试验试件面积 A_0 = cm^2	试件质量 m = g	灵敏度 S_t = q'_u = kPa
试件密度 ρ = g/cm^3	测力计校正系数 C = N/0.01mm	试件破坏时情况:

测力计百分表读数 R (0.01mm)	下压板上升高度 ΔL (cm)	轴向变形 Δh (cm)	轴向应变 ε_1 (%)	校正后面积 A_a (cm^2)	轴向荷载 P (N)	轴向应力 σ (kPa)	备 注
(1)	(2)	(3)	(4)	(5)	(6)	(7)	
		(2)-(1)	$\frac{(3)}{h}$	$\frac{A_0}{1-(4)}$	(1)×C	$\frac{(6)}{(5)}$	

6 报告

6.1 土的鉴别分类和代号。

6.2 土的无侧限抗压强度 q_u(kPa)。

6.3 土的灵敏度 S_t。

条文说明

1 无侧限抗压强度是试件在侧面不受任何限制的条件下所承受的最大轴向应力。关于试验的适用范围,国内外的规定基本一致。在国内,以往规定为能切成圆柱状,且在自重作用下不发生变形的饱和软黏土。美国 ASTM 标准规定适用于具有足够黏性,而允许在无 侧限状态下进行试验的饱和黏质土。英国 BS 1377—75 标准规定适用于饱和的无裂隙的黏质土。为此,本规程的适用范围为饱和黏质土,但需具有两个条件,一个是试件在自重下能自立不变形;另一个是在不排水条件下,要求试验时有一定的应变速率,在较短时间内完成试验。

2 目前采用的无侧限抗压强度仪器,一般有应变控制式和应力控制式两种。应变控制式仪器操作简单,精度高,质量轻,故应用广泛。本规程只采用应变式。

3　试件的高度与直径应有适当的比值，本规程建议该比值为2～2.5。关于试件直径大小，建议采用3.5～4cm。

测定土的灵敏度时，重塑试件应保持同原状试件相同的密度和湿度。

4　试件受压破坏时，一般有脆性破坏和塑性破坏两种。脆性破坏有明显的破坏面，轴向压力具有峰值，破坏值容易选取。对于塑性破坏的试件，规定选取应变20%的抗压强度为破坏值，但试验应进行到应变达35%；《土工试验方法标准》(GB/T 50123—1999)规定选取应变为15%的抗压强度为破坏值，但试验应进行到应变达20%。为了与国标和三轴压缩试验取得一致，这次修订时改为选取应变15%的抗压强度为破坏值，但试验应进行到应变达20%。

5　公式(T 0148-2)和公式(T 0148-3)中Δh和h_0的单位为cm，而ΔL和R的单位则为0.01mm，计算时应将mm化为cm，代入上式。公式(T 0148-5)中的10为单位换算系数。

25　粗粒土和巨粒土的最大干密度试验

T 0133—1993　表面振动压实仪法

1　目的和适用范围

1.1　本方法是测定粗粒土和巨粒土最大干密度的试验方法。

1.2　本试验规定采用表面振动压实仪法测定无黏性自由排水粗粒土和巨粒土(包括堆石料)的最大干密度。

1.3　本试验方法适用于通过0.075mm标准筛的土颗粒质量百分数不大于15%的无黏性自由排水粗粒土和巨粒土。

1.4　对于最大颗粒尺寸大于60mm的巨粒土,因受试筒允许最大粒径的限制,宜按本试验3.3规定处理。

2　仪器设备

2.1　振动器:见图T 0133-1,功率0.75~2.2kW,振动频率30~50Hz,激振力10~80kN。钢制夯:可牢固于振动电机上,且有一厚15~40mm夯板。夯板直径应略小于试筒内径2~5mm。夯与振动电机总重在试样表面产生18kPa以上的静压力。

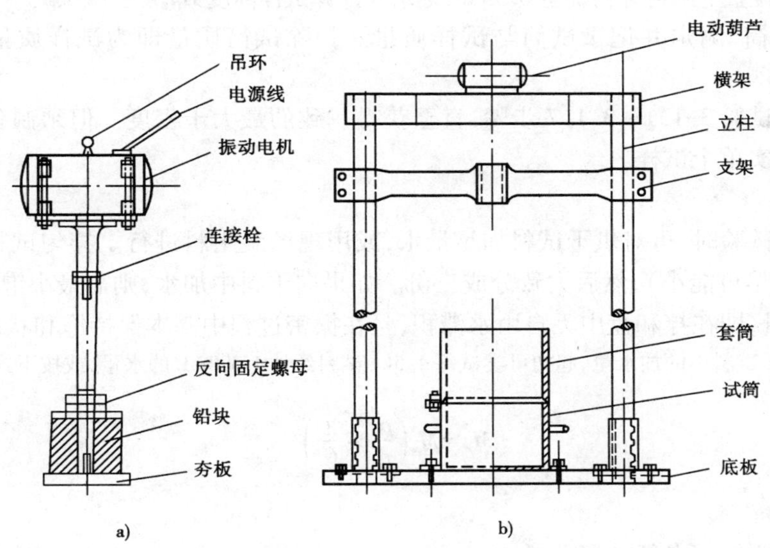

图T 0133-1　表面振动压实仪试验装置

2.2　试筒:见表T 0133-1或根据土体颗粒级配选用较大试筒。但固定试筒的底板须固定于混凝土基础上或至少质量为450kg混凝土块上。试筒容积宜用灌水法每年标定一次。

2.3　套筒:内径应与试筒配套,高度为170~250mm;与试筒固定后内壁须成直线连接。

2.4　台秤、电动葫芦、标准筛(圆孔筛:60mm、40mm、20mm、10mm、5mm、2mm、0.075mm)。

2.5　直钢条:宜用尺寸为350mm×25mm×3mm(长×宽×厚)。

2.6　深度仪或钢尺:量测精度要求至0.5mm。

2.7　大铁盘:其尺寸宜用600mm×500mm×80mm(长×宽×高)。

表 T 0133-1　试样质量及仪器尺寸

土粒最大尺寸	试样质量	试筒尺寸		套筒高度	装料工具
		容积	内径		
(mm)	(kg)	(cm^3)	(mm)	(mm)	
60	34	14 200	280	250	小铲或大勺
40	34	14 200	280	250	小铲或大勺
20	11	2 830	152	305	小铲或大勺
10	11	2 830	152	305	ϕ25mm 漏斗
5 或 <5	11	2 830	152	305	ϕ3mm 漏斗

2.8　其他:烘箱、小铲、大勺及漏斗、橡皮锤、秒表、试筒布套等。

3　试验步骤

3.1　干土法

3.1.1　充分拌匀烘干试样,即使其颗粒分离程度尽可能小;然后大致分成三份。测定并记录空试筒质量。

3.1.2　用小铲或漏斗将任一份试样徐徐装填入试筒,并注意使颗粒分离程度最小(装填量宜使振毕密实后的试样等于或略低于筒高的 1/3);抹平试样表面。然后可用橡皮锤或类似物敲击几次试筒壁,使试料下沉。

3.1.3　将试筒固定于底板上,装上套筒,并与试筒紧密固定。

3.1.4　放下振动器,振动 6min。吊起振动器。

3.1.5　按本试验 3.1.2 ~ 3.1.4 进行第二层、第三层试样振动压实。

3.1.6　卸去套筒。将直钢条放于试筒直径位置上,测定振毕试样高度。读数宜从四个均布于试样表面至少距筒壁 15mm 的位置上测得并精确至 0.5mm,记录并计算试样高度 H_0。

3.1.7　卸下试筒,测定并记录试筒与试样质量。扣除试筒质量即为试样质量。计算最大干密度 ρ_{dmax}。

3.1.8　重复本试验 3.1.1 ~ 3.1.7 步骤,直至获得一致的最大干密度。但须制备足够的代表性试料,不得重复振动压实单个试样。

3.2　湿土法

3.2.1　按湿法试验时,可对烘干试料加足量水,或用现场湿土料进行。拌匀试料颗粒级配及含水率(使颗粒分离程度尽可能小),然后大致分成三份。如果向干料中加水,则需最小饱和时间约 1/2h;加水量宜加到足够分量,即在拌和盘中无自由水滞积,且在振密过程中基本保持饱和状态。

注:对于估算向烘干试料中的加水量,起初可尝试每 4.5kg 试料约加 1 000mL 的水量,或按下式估算:

$$M_w = M_s\left(\frac{\rho_w}{\rho_d} - \frac{1}{G_s}\right) \tag{T 0133-1}$$

式中:M_w——加水量(g);

ρ_d——由起初振密结果所估算的干密度(g/cm^3);

M_s——试样质量(g);

ρ_w——水的密度(g/cm^3);

G_s——土粒比重。

3.2.2　将试筒固定于底板上。用小铲或大勺将任一份湿料徐徐填入试筒(装填量宜使振毕试样等于或略低于筒高的 1/3)。

3.2.3　放下振动器,振动 6min。吊起振动器,吸去试样表面自由水。

3.2.4　按本试验 3.2.2、3.2.3 进行第二层、第三层试样振动压实。

3.2.5　卸下试筒。吸去加重底板上及边缘的所有自由水。将百分表架支杆插入每个试筒导向瓦套孔中；刷净试筒顶沿面上及加重底板上位于试筒导向瓦两侧测量位置所积落的细粒土，并尽量避免将这些细粒土刷进试筒内。然后分别测读并记录试筒导向瓦每侧试筒顶沿面（中心线处）各三个百分表读数，共 12 个读数（其平均值即为百分表初始读数 R_i）；再从加重底板上测读并记录出相应读数（其平均值即为终了百分表读数 R_f）。

3.2.6 测定振毕试样含水率后。计算最大干密度 ρ_{dmax}。

3.2.7 同本试验 3.1.8。

3.3 对于粒径大于 60mm 的巨粒土，因受试筒允许最大粒径的限制，应按相似级配法制备缩小粒径的系列模型试料。相似级配法粒径及级配按以下公式及图T 0133-2 计算。

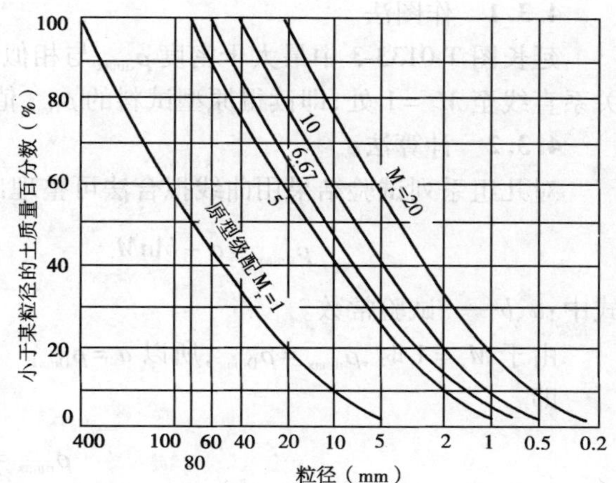

图 T 0133-2 原型料与模型料级配关系

相似级配模型试料粒径：

$$d = \frac{D}{M_r} \qquad (T\ 0133\text{-}2)$$

式中：D——原型试料级配某粒径（mm）；

d——原型试料级配某粒径缩小后的粒径，即模型试料相应粒径（mm）；

M_r——粒径缩小倍数，通常称为相似级配模比；

$$M_r = \frac{D_{max}}{d_{max}} \qquad (T\ 0133\text{-}3)$$

式中：D_{max}——原型试料级配最大粒径（mm）；

d_{max}——试样允许或设定的最大粒径，即 60mm、40mm、20mm、10mm 等。

相似级配模型试料级配组成与原型级配组成相同，即：

$$P_{M_r} = P_p \qquad (T\ 0133\text{-}4)$$

式中：P_{M_r}——原型试料粒径缩小 M_r倍后（即为模型试料）相应的小于某粒径 d 含量百分数（%）；

P_p——原型试料级配小于某粒径 D 的含量百分数（%）。

4 结果整理

4.1 对于干土法，最大干密度 ρ_{dmax}（g/cm³）按下式计算：

$$\rho_{dmax} = \frac{M_d}{V} \qquad (T\ 0133\text{-}5)$$

$$V = A_c H$$

式中：ρ_{dmax}——最大干密度（g/cm³），计算至 0.001；

M_d——干试样质量（g）；

V——振毕密实试样体积（cm³）；

A_c——标定的试筒横断面积（cm²）；

H——振毕密实试样高度（cm）。

4.2 对于湿土法，最大干密度按下式计算：

$$\rho_{dmax} = \frac{M_m}{V(1+0.01w)} \qquad (T\ 0133\text{-}6)$$

式中：ρ_{dmax}——最大干密度（g/cm³），计算至 0.001；

V——振毕密实试样体积(cm^3);

M_m——振毕密实湿试样质量(g);

w——振毕密实湿试样含水率(%)。

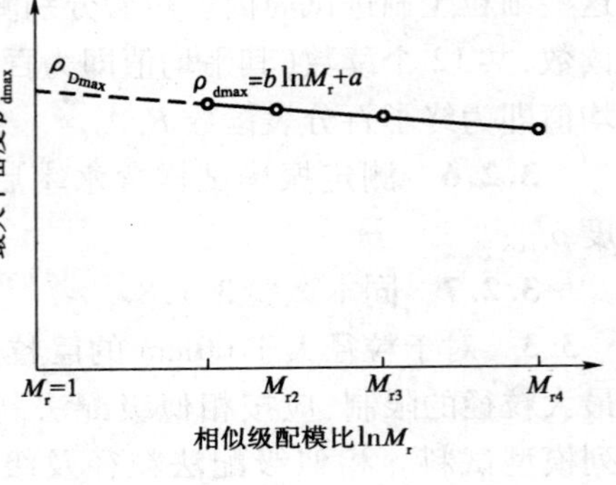

图 T 0133-3 模型料 ρ_{dmax}-M_r 关系

4.3 巨粒土原型料最大干密度应按以下方法确定:

4.3.1 作图法

延长图 T 0133-3 中最大干密度 ρ_{dmax} 与相似级配模比 M_r 的关系直线至 $M_r=1$ 处,即读得原型试料的 ρ_{Dmax} 值。

4.3.2 计算法

对几组系列试验结果用曲线拟合法可整理出下式:

$$\rho_{dmax}=a+b\ln M_r \quad (T\ 0133\text{-}7)$$

式中:a、b——试验常数。

由于 $M_r=1$ 时,$\rho_{dmax}=\rho_{Dmax}$,所以 $a=\rho_{Dmax}$

即

$$\rho_{dmax}=\rho_{Dmax}+b\ln M_r \quad (T\ 0133\text{-}8)$$

令 $M_r=1$ 时,即得原型试料 ρ_{Dmax} 的值。

4.4 计算干土法所测定的最大干密度试验结果的平均值作为试验报告的最大干密度值,当湿土法结果比干土法高时,采用湿土法试验结果的平均值。

4.5 压实指标计算。

如果已测定最小干密度 ρ_{dmax}[采用测定 ρ_{dmax} 的试筒及装料工具以干土样松填法试验测定,或采用(T 0123—1993)的方法],且已知土料的沉积或填筑干密度 ρ_d,则相对密度 D_r 可按下式计算:

$$D_r=\frac{e_{max}-e_0}{e_{max}-e_{min}} \quad (T\ 0133\text{-}9)$$

或

$$D_r=\frac{(\rho_d-\rho_{dmin})\rho_{dmax}}{(\rho_{dmax}-\rho_{dmin})\rho_d} \quad (T\ 0133\text{-}10)$$

式中:D_r——相对密度,计算至 0.01;

ρ_{dmin}——最小干密度(g/cm^3);

ρ_{dmax}——最大干密度(g/cm^3);

e_0——天然孔隙比或填土的相应孔隙比;

e_{max}——最大孔隙比;

e_{min}——最小孔隙比;

ρ_d——天然干密度或填土的相应干密度(g/cm^3)。

如果粒径大于 60mm 的巨粒土难以测定其最小干密度,但当已知土料的沉积或填筑干密度 ρ_D 时,则压实度 K 可按下式计算 :

$$K=\frac{\rho_D}{\rho_{Dmax}}\times 100 \quad (T\ 0133\text{-}11)$$

4.6 本试验记录格式如表 T 0133-2。

4.7 精密度及允许差。

最大干密度试验结果精度要求如表 T 0133-3 所列。最大干密度 ρ_{dmax}(g/cm^3),取三位有效数字。

表 T 0133-2　最大干密度试验记录

试料编号　CR21　　试料来源　XBKD　　试料最大料径　60mm

相似级配模比　1.33　　振动频率　50Hz　　全振幅　0.5mm

振动历时　3×10min　　试验日期

试验方法			干土法	
平行测定次数		(kg)	1	2
试样 + 试筒质量		(kg)	42.700	42.850
试筒质量		(kg)	12.800	12.800
试样质量	干土法 M_d	(kg)	29.900	30.051
	湿土法 M_m	(kg)		
试筒容积 V_c		(kg)	14 200	14 200
试筒横断面积 A_c		(cm^2)	615.75	615.75
百分表初读数 R_i		(mm)	42.275	46.350
百分表终读数 R_f		(mm)	33.250	36.405
试样表面至试筒顶面距离 $\Delta H = \lvert R_i - R_f \rvert + T_p^*$		(mm)	21.025	21.945
试样体积 $V = [V_c - A_c(\Delta H/10)] \times 10^{-6}$		(m^3)	0.012 905 4	0.012 848 8
试样干密度	干土法 M_d/V	(g/cm^3)	2.316 9	2.338 7
	湿土法 $M_m/[V(1+0.01w^{**})]$	(g/cm^3)		
最大干密度(即平均值)ρ_{dmax}		(g/cm^3)	2.327 8	
任意两个试验值的偏差范围(以平均值百分数表示)		(%)	0.94	
标准差 S		(g/cm^3)	0.011 4	

* T_p = 加重底板厚度,12mm;

** w = 振毕湿试样含水率(%)

试验异常情况:

试验者＿＿＿＿＿　　计算者＿＿＿＿＿　　校核者＿＿＿＿＿

表 T 0133-3　最大干密度试验结果精度

试料粒径 (mm)	标准差 S (g/cm^3)	两个试验结果的允许范围 (以平均值百分数表示) (%)
<5	±0.013	2.7
5~60	±0.022	4.1

5　报告

5.1　试料来源,外观描述。

5.2　试筒尺寸及方法。

5.3　任何反常现象,如试料损失、分离,加重底板过分倾斜等。

条文说明

1　本试验规定采用表面振动压实仪法测定无黏聚性自由排水粗粒土和巨粒土(小于0.075mm的干颗粒质量百分数不大于15%)的最大干密度。定性地说,本法可适用于颗粒土,特别是击实试验无法或难以确定最大干密度及最佳含水率的高透水性土,此时本法也可测定得出最佳含水率,如果将试料按击实试验那样制备不同含水率(最好相差1%~2%,并要充分拌和均匀才行)的话。

英国、瑞典等国家标准采用表面振动压实仪法。本规程系根据冯冠庆、杨荫华的研究结果制定的。

2　表面振动压实仪法,目前多采用H形支架,以扶持振动器作垂直振动。试验配置两种尺寸的试筒及相应附加荷重(但在试样表面产生的静压力仍为18kPa),从而适用于不同粒径的土样(表

T 0133-1)。

试验表明，对于不同级配特征的土料，当表面静压力（即振动器总重量作用在试验样表面上的静压力）从7kPa增至200kPa时，压实干密度随之先增大而后降低。因此，试验应根据土料的级配特征确定试验表面静压力。按目前国内试验设备的现状宜取18kPa以上。对粗粒土的系统试验表明，不同级配特征的粗、巨粒土，其振动压实的最佳振动频率、激振力和振动时间不同。当土料全为粗、巨粒土时，根据土料级配特征的不同，最佳振动频率范围为30～50Hz，最佳激振力为50～80kN，最佳振动时间为3～4min。

3 试验表明，压实干密度随振动历时的增长而增大，当振至6min左右时，干密度变化甚微，基本稳定。本规程规定振动6min。通常振动时间为3～4min压实效率较高。

由于振动器的激振力（F）为4.2kN，当表面静压力$p_s=14$kPa时，振动器总重（Q）为0.84kN，因此，相应振动器加速度（幅值）$a_p=FQ=5g$。$a_p=5g$时，相应振幅0.55mm即为最优振幅。

表面振动器法也是分三层压实时，干密度值较大。

4.7 本法在测定试样体积时暂要求其试验测定精度与振动台法（T 0132—1993）相同。

《93规程》中密度采用的计量单位为kg/m³，本次修订改为法定计量单位g/cm³。

T 0132—1993 振动台法

1 目的和适用范围

1.1 本方法是测定粗粒土和巨粒土最大干密度的比选试验方法。

1.2 本试验规定采用振动台法测定无黏性自由排水粗粒土和巨粒土（包括堆石料）的最大干密度。

1.3 本试验方法适用于通过0.075mm标准筛的干颗粒质量百分数不大于15%的无黏性自由排水粗粒土和巨粒土。

1.4 对于最大颗粒尺寸大于60mm的巨粒土，因受试筒允许最大粒径的限制，宜按3.3规定处理。

2 仪器设备

2.1 振动台（图T 0132-1）：固定于混凝土基础上；振动台面尺寸至少550mm×550mm，且具有足够刚度。振动台最大负荷应满足试筒、套筒、试样、加重底板及加重块等质量的要求，不宜小于200kg；其频率20～60Hz可调，双振幅0～2mm可调。

2.2 试筒：圆柱形金属筒，按表T 0132-1规定选用。试筒容积宜用灌水法每年标定一次。

2.3 套筒：内径宜与试筒配套一致，见表T 0132-1，且与试筒紧密固定后内壁成直线连接。

2.4 加重底板：底板为12mm厚的钢板，其直径略小于相应试筒内径，中心应有15mm未穿通的提吊螺孔。

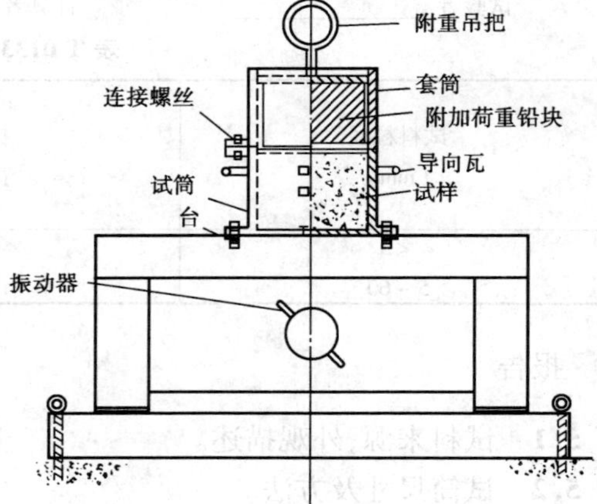

图 T 0132-1 振动台法试验装置

表 T 0132-1 试样质量及仪器尺寸

土粒最大尺寸 (mm)	试样质量 (kg)	试筒尺寸 容积 (cm³)	试筒尺寸 内径 (mm)	套筒高度 (mm)	装料工具
60	34	14 200	280	250	小铲或大勺
40	34	14 200	280	250	小铲或大勺
20	11	2 830	152	305	小铲或大勺
10	11	2 830	152	305	ϕ25mm 漏斗
5 或 <5	11	2 830	152	305	ϕ3mm 漏斗

2.5 加重块:对于相应采用的试筒,加重块及其加重底板在试样表面产生的静压力应根据碾压设备确定,一般应大于 18kPa。

2.6 百分表及表架:百分表量程至少 50mm 以上,分度值为 0.025mm。表架支杆应能插入试筒导向瓦套孔中,并使百分表表头杆中心线与试筒中心线或内壁面平行。

2.7 台秤:应具有足够测定试筒及试样总质量的量程,且达到所测定土质量 0.1% 的精度。所用台秤,对于 ϕ280mm 试筒,量程至少 50kg,感量 6g;对于 ϕ152mm 试筒,量程至少 30kg,感量 2g。

2.8 起吊机:起重量至少 180kg。

2.9 标准筛(圆孔筛):60mm、40mm、20mm、10mm、5mm、2mm、0.075mm。

2.10 其他工具:如加重底板提手、烘箱、金属盘、小铲、大勺及漏斗、橡皮锤、秒表、直钢尺、试筒布套等。

3 试样

3.1 采集代表性试料,妥善贮存备用。

3.2 采用标准筛分法(T 0115—2007)测定各粒组的颗粒百分数。

3.3 对于粒径大于 60mm 的巨粒土,因受试筒允许最大粒径的限制,应按相似级配法制备缩小粒径的系列模型试料。相似级配法粒径及级配按以下公式及图 T 0132-2计算。

相似级配模型试料粒径:

$$d = \frac{D}{M_r} \quad \text{(T 0132-1)}$$

式中:D——原型试料级配某粒径(mm);

d——原型试料级配某粒径缩小后的粒径,即模型试料相应粒径(mm);

M_r——粒径缩小倍数,通常称为相似级配模比:

$$M_r = \frac{D_{max}}{d_{max}} \quad \text{(T 0132-2)}$$

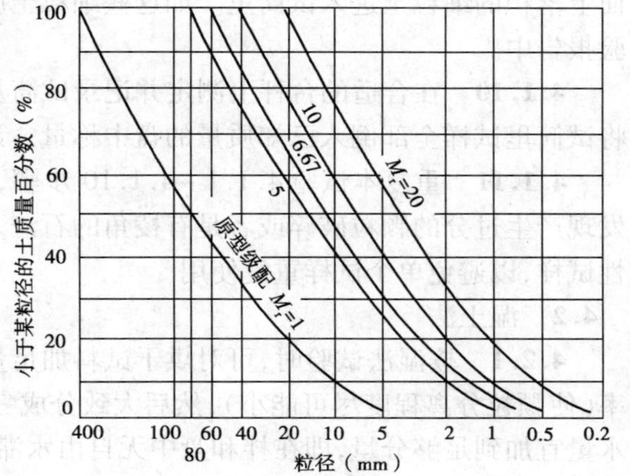

图 T 0132-2 原型料与模型料级配关系

D_{max}——原型试料级配最大粒径(mm);

d_{max}——试样允许或设定的最大粒径,即 60mm、40mm、20mm、10mm 等。

相似级配模型试料级配组成与原型级配组成相同,即:

$$P_{M_r} = P_p \quad \text{(T 0132-3)}$$

式中:P_{M_r}——原型试料粒径缩小 M_r 倍后(即为模型试料)相应的小于某粒径 d 含量百分数(%);

P_p——原型试料级配小于某粒径 D 的含量百分数(%)。

3.4 如果采用干土法进行试验,则需将试样在烘箱内烘至恒量,并用烘干法测定现场试料含水率。烘干后,应完全剥去弱胶结物,以免增大颗粒的自然尺寸。

4 试验步骤

4.1 干土法

4.1.1 充分拌匀烘干试样,即使其颗粒分离程度尽可能小;然后大致分成三份。测定并记录空试筒质量。

4.1.2 用小铲或漏斗将任一份试样徐徐装填入试筒,并注意使颗粒分离程度最小(装填量宜使振毕密实后的试样等于或略低于筒高的 1/3);抹平试样表面。然后可用橡皮锤或类似物敲击几次试筒壁,使试料下沉。

4.1.3 放置合适的加重底板于试料表面上,轻轻转动几下,使加重底板与试样表面密合一致。卸下加重底板把手。

4.1.4 将试筒固定于振动台面上，装上套筒，并与试筒紧密固定。将合适的加重块置于加重底板上，其上部尽量不与套筒内壁接触。

4.1.5 设定振动台在振动频率 50Hz 下的垂直振动双振幅为 0.5mm；或在振动频率 60Hz 下的垂直振动双振幅为 0.35mm。振动试筒及试样等，在 50Hz 下振动 10min；在 60Hz 下振动 8min。振毕卸去加重块及加重底板。

4.1.6 按本试验 4.1.2 ~4.1.5 步骤进行第二层、第三层试料振动压实。但第三层振毕加重底板不再立即卸去。

4.1.7 卸去套筒，然后检查加重底板是否与试样表面密合一致，即按压加重底板边缘，看其是否翘起，若翘起则宜在试验报告中注明。

4.1.8 将百分表架支杆插入每个试筒导向瓦套孔中；刷净试筒顶沿面上及加重底板上位于试筒导向瓦两侧测量位置所积落的细粒土，并尽量避免将这些细粒土刷进试筒内。然后分别测读并记录试筒导向瓦每侧试筒顶沿面（中心线处）各三个百分表读数，共 12 个读数（其平均值即为百分表初始读数 R_i）；再从加重底板上测读并记录出相应读数（其平均值即为终了百分表读数 R_f）。

4.1.9 卸去加重底板，并从振动台面上卸下试筒。在此过程中，尽可能避免加重底板上及试筒沿面上落积的细粒土进入试筒里。如这些细粒土质量超过试样总质量的0.2%，应测定其质量并注明于试验报告中。

4.1.10 在合适的台秤上测定并记录试筒及试样总质量，扣除空试筒质量即为试样质量，或仔细地将试筒里试样全部倒入已知质量的盘中称量。计算最大干密度 ρ_{dmax}。

4.1.11 重复本试验 4.1.1 ~4.1.10 步骤，直至获得一致的最大干密度值（最好在 2% 内）。如果发现产生过分的颗粒破碎或者是有棱角的石渣、堆石料或风化软弱岩试料，则宜尽量制备足够数量代表性试样，以避免单个试样重复使用。

4.2 湿土法

4.2.1 按湿法试验时，可对烘干试料加足量水，或用现场湿土料进行。拌匀试料颗粒级配及含水率（使颗粒分离程度尽可能小），然后大致分成三份。如果向干料中加水，则需最小饱和时间约 1/2h；加水量宜加到足够分量，即在拌和盘中无自由水滞积，且在振密过程中基本保持饱和状态。

注：对于估算向烘干试料中的加水量，起初可尝试每 4.5kg 试料约加 1 000mL 的水量，或按下式估算：

$$M_w = M_s\left(\frac{\rho_w}{\rho_d} - \frac{1}{G_s}\right) \quad \text{(T 0132-4)}$$

式中：M_w——加水量（g）；

ρ_d——由起初振密结果所估算的干密度（g/cm³）；

M_s——试样质量（g）；

ρ_w——水的密度（g/cm³）；

G_s——土粒比重。

4.2.2 装试筒于振动台上。启动振动台，用小铲或勺将任一份湿料徐徐装填入试筒（装填料宜使振毕试样等于或略低于筒高的 1/3）。每次添加试料后，宜察看试样表面是否滞积有少量自由水。若无，可用海绵蘸水挤入、小器皿注入或其他工具加入足量水。在此过程中，振动台的振幅或振动频率或这两者须随时调节，以阻止试样颗粒过分沸动或松散。大致振动 2 ~3min 后，宜用尽可能不带走土粒的办法吸去试样表面的所有自由水。

4.2.3 按本试验 4.1.3、4.1.4 步骤装上加重底板、套筒及加重块。

4.2.4 振动试筒及试样等，按本试验 4.1.5 步骤进行振动。振毕，卸去加重块及加重底板。吸去试样表面所有自由水。

4.2.5 按本试验 4.1.3 ~4.1.5 步骤进行第二层、第三层试料的振动压实。但第三层振毕加重底板不再立即卸去。

4.2.6 卸下套筒。吸去加重底板上及边缘的所有自由水。按本试验 4.1.8 步骤测读并记录百分表读数。

4.2.7 按本试验4.1.9步骤卸下加重底板及试筒，然后测定并记录试筒与试样的总质量。为测定试样的含水率，仔细地将试筒中全部湿试样倒入已知质量的盘中，并将黏附于试筒内壁及筒的所有颗粒冲洗于盘中；然后在烘箱中将试样烘至恒量，测定并记录其烘干质量。

5 结果整理

5.1 对于干土法，最大干密度按下式计算：

$$\rho_{dmax} = \frac{M_d}{V} \tag{T 0132-5}$$

式中：ρ_{dmax}——最大干密度（g/cm³），计算至0.001；

M_d——干试样质量（kg）；

V——振毕密实试样体积（m³）；

$$V = \left[V_c - A_c\left(\frac{\Delta H}{10}\right)\right] \times 10^{-6}$$

V_c——标定的试筒体积（cm³）；

A_c——标定的试筒横断面积（cm²）；

$$\Delta H = (R_i - R_f) + T_p \quad（顺时针读数百分表）$$

$$= (R_f - R_i) + T_p \quad（逆时针读数百分表）$$

R_i——初始百分表读数（0.01mm）；

R_f——振毕后加重底板上相对位置百分表终读数的均值（0.01mm）；

T_p——加重底板厚度（mm）。

5.2 对于湿土法，最大干密度按下式计算：

$$\rho_{dmax} = \frac{M_m}{V(1 + 0.01w)} \tag{T 0132-6}$$

式中：M_m——振毕密实湿试样质量（kg）；

w——振毕密实试样含水率（%）。

5.3 巨粒土原型料最大干密度应按以下方法确定：

5.3.1 作图法

延长图T 0132-3中最大干密度ρ_{dmax}与相似级配模比M_r的关系直线至$M_r = 1$处，即读得原型试料的ρ_{Dmax}值。

5.3.2 计算法

对几组系列试验结果用曲线拟合法可整理出下式：

$$\rho_{dmax} = a + b\ln M_r \tag{T 0132-7}$$

式中：a、b——试验常数。

由于$M_r = 1$时，$\rho_{dmax} = \rho_{Dmax}$，所以$a = \rho_{Dmax}$

即

$$\rho_{dmax} = \rho_{Dmax} + b\ln M_r \tag{T 0132-8}$$

令$M_r = 1$时，即得原型试料ρ_{Dmax}的值。

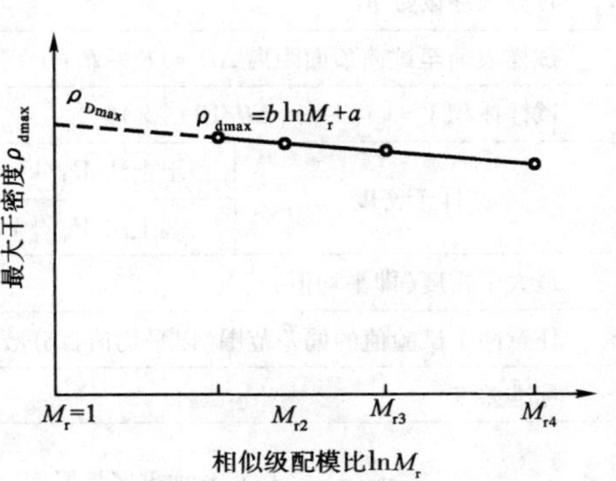

图T 0132-3 模型料ρ_{dmax}—M_r关系

5.4 计算干土法所测定的最大干密度试验结果的平均值作为试验报告的最大干密度值。当湿土法结果比干土法高时，采用湿土法试验结果的平均值。

5.5 压实指标计算。

如果已测定最小干密度ρ_{dmax}［采用测定ρ_{dmax}的试筒及装料工具以干土样松填法试验测定，或采用（T 0123—1993）的方法］，且已知土料的沉积或填筑干密度ρ_d，则相对密度D_r可按下式计算：

$$D_r=\frac{e_{max}-e_0}{e_{max}-e_{min}} \tag{T 0132-9}$$

或

$$D_r=\frac{(\rho_d-\rho_{dmin})\rho_{dmax}}{(\rho_{dmax}-\rho_{dmin})\rho_d} \tag{T 0132-10}$$

式中：D_r——相对密度，计算至0.01；

ρ_{dmin}——最小干密度(g/cm^3)；

ρ_{dmax}——最大干密度(g/cm^3)；

e_0——天然孔隙比或填土的相应孔隙比；

e_{max}——最大孔隙比；

e_{min}——最小孔隙比；

ρ_d——天然干密度或填土的相应干密度(g/cm^3)。

如果粒径大于60mm的巨粒土难以测定其最小干密度，但当已知土料的沉积或填筑干密度ρ_D时，则压实度K可按下式计算：

$$K=\frac{\rho_D}{\rho_{Dmax}}\times 100 \tag{T 0132-11}$$

5.6 本试验记录格式如表T 0132-2。

表T 0132-2 最大干密度试验记录

试料编号 CR21　试料来源 XBKD　试料最大料径 60mm

相似级配模比 1.33　振动频率 50Hz　全振幅 0.5mm

振动历时 3×10min　试验日期 ______

试验方法			干土法	
平行测定次数		(kg)	1	2
试样+试筒质量		(kg)	42.700	42.850
试筒质量		(kg)	12.800	12.800
试样质量	干土法 M_d	(kg)	29.900	30.051
	湿土法 M_m	(kg)		
试筒容积 V_c		(kg)	14 200	14 200
试筒横断面积 A_c		(cm^2)	615.75	615.75
百分表初读数 R_i		(mm)	42.275	46.350
百分表终读数 R_f		(mm)	33.250	36.405
试样表面至试筒顶面距离 $\Delta H=\lvert R_i-R_f\rvert+T_p^*$		(mm)	21.025	21.945
试样体积 $V=[V_c-A_c(\Delta H/10)]\times10^{-6}$		(m^3)	0.012 905 4	0.012 848 8
试样干密度	干土法 M_d/V	(g/cm^3)	2.316 9	2.338 7
	湿土法 $M_m/[V(1+0.01w^{**})]$	(g/cm^3)		
最大干密度(即平均值)ρ_{dmax}		(g/cm^3)	2.327 8	
任意两个试验值的偏差范围(以平均值百分数表示)		(%)	0.94	
标准差 S		(g/cm^3)	0.011 4	
* T_p=加重底板厚度，12mm； ** w=振毕湿试样含水率(%)			试验异常情况：	

试验者 ______　计算者 ______　校核者 ______

5.7 精密度及允许差。

最大干密度试验结果精度要求如表T 0132-3所列。最大干密度ρ_{dmax}(g/cm^3)，取三位有效数字。

表 T 0132-3　最大干密度试验结果精度

试料粒径 (mm)	标准差 S (g/cm^3)	两个试验结果的允许范围 (以平均值百分数表示) (%)
<5	±0.013	2.7
5~60	±0.022	4.1

6　报告

6.1　试料来源,外观描述。

6.2　试筒尺寸及方法。

6.3　任何反常现象,如试料损失、分离,加重底板过分倾斜等。

条文说明

1　本试验规定采用振动台法测定无黏性自由排水粗粒土和巨粒土(小于0.075mm的干颗粒质量百分数不大于15%)的最大干密度。

振动台法与表面振动压实仪法均是采用振动方法测定土的最大干密度。前者是整个土样同时受到垂直方向的振动作用,而后者是振动作用自土体表面垂直向下传递的。研究成果表明,这两种方法对无黏聚性自由排水土最大干密度试验的测定结果基本一致,但前者试验设备及操作较复杂;后者相对较简易,且更接近于现场振动碾压的实际状况。各单位可根据试验设备情况选择试验方法,但推荐优先考虑采用表面振动压实仪法。

顺便指出的是,已有的国内外研究结果表明,对于像砂卵漂石及堆石料(Rockfill materials)这样的无黏聚性自由排水土而言,普氏击实法不是最合适的测定最大干密度的方法,国内外一致公认采用振动方法,而不采用普氏击实法。因此,本规程建议对于粗、巨粒土应采用本次增列的振动方法测定无黏聚性自由排水土的最大干密度。

2　为满足试筒、套筒、试样、加重底板及加重块等质量的要求,振动台最大负荷不宜小于200kg。试筒容积随土粒最大尺寸而异,对于60mm允许最大料径,试筒容积达14 200cm^3。试样允许最大粒径应与试筒尺寸相对应,见表T 0132-1。为便于操作,须配备一台起吊机。

加重块的质量对振动台法振动压实粗、巨粒土的压实效果影响较大,它与土的级配特征关系密切。

3　对于大于60mm的巨粒土,因受试筒允许最大粒径的限制,宜采用按相似级配法缩小粒径的系列模型试料。目前有多种处理办法,如剔除超径颗粒、等量代替法、相似级配法及渐近线辅助法等,各法均有优缺点。但相似级配法外插得到的巨粒土及堆石料的最大干密度因得到现场振动碾压及原位实测资料的印证,因此使该法具有实用意义。从而本规程推荐用该法。

满足本试验精度要求的最少试样个数即是测定一个最大干密度值所需制备的最少土样数,这些土样应同时制备。一般制备2~4个试样即可。对于巨粒土,则是预定的模型试料个数的2~4倍。

4　试验方法分干土法和湿土法两种。干土法采用烘干试样;湿土法则对烘干试样加足量的水,或用现场的土料进行试验。

试验表明,无论是分层装填试料,还是施加不同的附加荷重,振动干密度均随振动历时的延长而增大;且当历时达8min以后,振动压实干密度基本上趋于稳定,即使分三层振动时,从8min至10min时的干密度增大也不显著。本规程规定,在50Hz下振动10min;在60Hz时,参照ASTM等规定振动8min。

试验表明,试样分层装填振压可以显著提高干密度。分三层装填振动压实干密度最大。本规程规定分三层装填试样。

试验还发现,当振动频率为25~30Hz时,有一个最优振幅0.50mm,相应的振动加速度为1.81g;当频率为 47.5 ~ 50Hz 时，有一个最优振幅 0.30mm，相应的加速度为 2.73g。由图 T 0132-4 可见，为得到较大的干密度值，应采用振动频率 47.5 ~ 50Hz，最优振幅 0.25mm，相应的最优加速度为 2.5g。

当振动加速度超过一定值（如 3.63g）时，试样颗粒会产生分离现象，这表明加速度不可太大。

5　根据原型土样最大粒径分别选取至少 4 个适当的相似模比值 M_{r1}、M_{r2}、M_{r3}、M_{r4}，并分别制备相应的土样。测定出对应于每一个 M 值的土样的最大干密度值 ρ_{dmax} 后，以 ρ_{dmax} 为纵坐标，M_r 为横坐标，将这些相应的 M_r 与 ρ_{dmax} 点在半对数坐标纸上。

试验表明，巨粒土相似级配模型料最大干密度与相似模比之间存在着半对数线性关系，如图 T 0132-5所示。若视原型料为相似模比 $M_r = 1$ 时的模型料，则其最大密度点也必落在图中半对数直线上，即将图中 ρ_{dmax} 与 $\ln M_r$ 直线延长至 $M_r = 1$ 处，便得到原型料最大干密度 $\rho_{dmax} = 2.34\text{g/cm}^3$。若用曲线拟合法，可得：

$$\rho_{dmax} = -0.06\ln M_r + 2.34$$

显然，当 $M_r = 1$ 时，有 $\rho_{dmax} = 2.34\text{g/cm}^3$，与作图法一致。

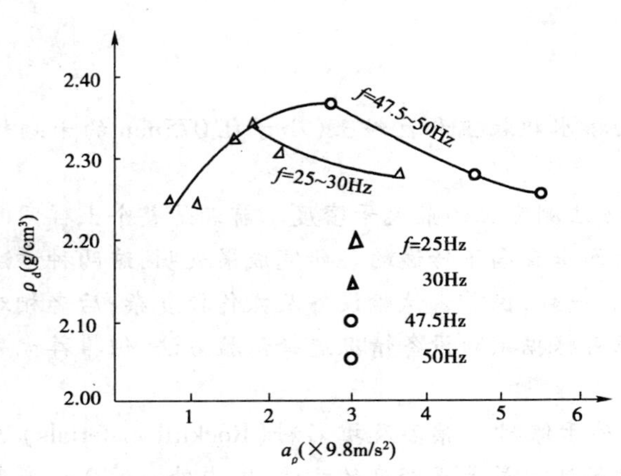

图 T 0132-4　振动加速度对干密度的影响

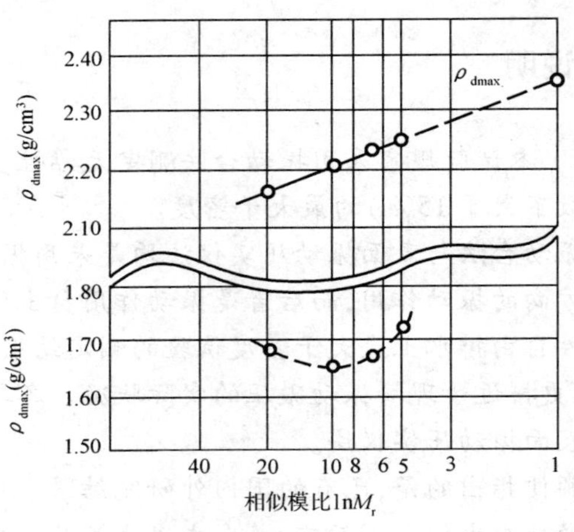

图 T 0132-5　模型干密度与模型比的关系

从表 T 0132-4 可见，按现行规程振动台法所测定的最大干密度均低于现场碾压试验干密度中值。而推荐方法所测定的最大密度则接近或超过现场碾压干密度中值。这表明，推荐方法与现场碾压试验结果基本一致。

表 T 0132-4　现场试验结果

<table>
<tr><th rowspan="3">对比
试验
料别</th><th colspan="5">现场 TZP—12t 牵引式振动碾碾压试验</th><th colspan="3">室内试验，最大干密度（g/cm³）</th><th rowspan="3">备　注</th></tr>
<tr><th rowspan="2">最大粒径 d_{max}（mm）</th><th rowspan="2">层厚 Δh（cm）</th><th rowspan="2">碾压遍数</th><th rowspan="2">碾压干密度 ρ_d 及 $\bar{\rho}_d$（g/cm³）</th><th rowspan="2">设计干密度 ρ_d（g/cm³）</th><th colspan="2">推荐方法</th><th rowspan="2">原水电部《土工试验规程》振动台法</th></tr>
<tr><th>振动台法</th><th>表面振动压实仪法</th></tr>
<tr><td rowspan="2">主堆石料</td><td>400</td><td rowspan="2">80</td><td>6</td><td>2.12 ~ 2.23
平均 2.17</td><td rowspan="2">2.10</td><td>2.34</td><td></td><td></td><td></td></tr>
<tr><td>600</td><td>8</td><td>2.08 ~ 2.30
平均 2.19</td><td></td><td></td><td>2.15</td><td></td></tr>
<tr><td>垫层</td><td>80</td><td>40</td><td>6</td><td>2.37 ~ 2.40
平均 2.39</td><td>2.30</td><td>2.37</td><td>2.35</td><td>2.17</td><td></td></tr>
</table>

按推荐方法试验结果，易知某工程主堆石填方为：主堆石 $K = 92.7\%$，垫层料 $K = 100.8\%$。因此，推荐的室内试验方法有可能确定巨粒土及堆石料的现场填筑标准。

6　从表 T 0132-4 可见，两个试验结果的范围为 0.94，小于允许值 4.1，表明最大密度试验结果满足精度要求。

《93 规程》中密度采用的计量单位为 kg/m³，本次修改为法定计量单位 g/cm³。

26 粗粒土的直接剪切试验

T 0178—2007 粗粒土直接剪切试验

1 目的和适用范围

1.1 本试验采用应力控制式或应变控制式大型直接剪切仪测定粗、巨粒土的抗剪强度参数。试验描述以应力控制式大型直接剪切试验为例。

1.2 本试验方法适用于最大粒径为60mm的粗颗粒土。

2 仪器设备

2.1 应力控制式大型直剪仪：由上剪切盒、下剪切盒、传压板、滚珠排、垂直加压框架和水平加压支座等组成，如图T 0178-1。

2.1.1 剪切盒：形状宜采用圆形，尺寸：D/d_{max}为8～12，H/d_{max}为4～8。

2.1.2 加荷设备双向油压千斤顶2台和稳压装置。

2.2 百分表：量程30mm，分度值0.01mm。

2.3 其他设备：真空泵（附真空测压表）、饱和器（附金属真空缸）、粗筛一套（筛孔孔径分别60mm、40mm、20mm、10mm、5mm、2mm）、磅秤（分度值250g）、台秤、托盘天平、水平尺、拌和工具、恒湿设备与击实锤。

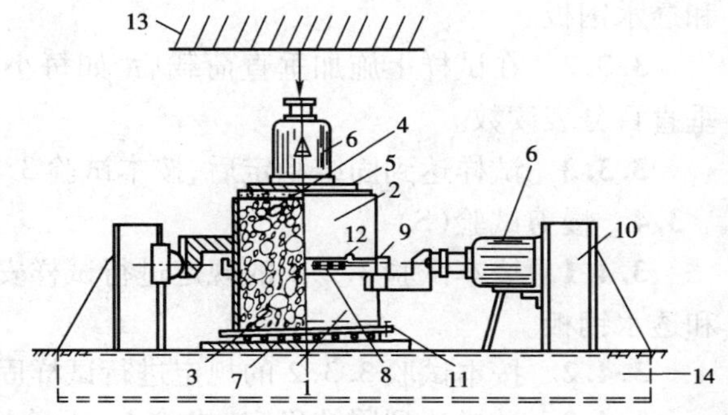

图 T 0178-1 大型直剪仪示意图

1-下剪切盒；2-上剪切盒；3-透水板；4-试样；5-传压板；6-千斤顶；7-滚轴排；8-开缝装置；9-水槽；10-水平加荷支座；11-进水孔；12-固定销；13-上反力横梁；14-下反力横梁

3 试验步骤

3.1 制备和安装

3.1.1 试样按（T 0102—2007）的规定进行备料。根据试验要求的干密度、含水率和试样尺寸，计算并称取试验所需的土样数量。对无黏性粗颗粒土，为防止颗粒分离，也可根据装填层数，分层称取试验所需的土样。

3.1.2 将下吊放在滚轴排上，并在下剪切盒上安放开缝环及钢珠[控制剪切开缝尺寸为$(1/3\sim1/4)d_{max}$]，然后将上剪切盒放上，务使上、下盒同心，并用固定插销定位。

3.1.3 将称好的试样拌匀后分层装入剪切盒内（层次可根据高度与层缝错开的原则而定，一般为3或5层）。每一层应击实至要求的高度。对黏质粗颗粒土，每层表面刨毛后，再填第二层。重复上述步骤至最后一层，整平表面。

3.1.4 试样如需饱和，对无黏性粗颗粒土，宜用水头饱法；对黏质粗颗粒土宜用真空饱和法。

3.1.5 在试样面上依次放上透水板、传压板、垂直千斤顶和传压板等，并与液压稳定器管路连接。要求安装对中，传压板应用水平尺校平。上、下反力钢梁应水平。然后安装2～4个垂直百分表，徐徐开动垂直千斤顶，使各部接触。记录变形起始读数。

3.1.6 安装水平千斤顶和水平百分表，务使水平千斤顶的着力线通过剪切面的中心。徐徐开动水平千斤顶，使其与下剪切盒的着力点接触（即水平百分表开始微动）即停止。

3.1.7 每组试验应制备4或5个试样，其密度差值不得大于$0.03g/cm^3$，含水率差值不得大于

1%。在不同压力下进行试验,各级垂直压力级差大致相同。

3.2 快剪试验(Q)

3.2.1 按本试验3.1.5的规定安装试样和定位,但在试样上、下面接触处,安放与透水板厚度相等的不透水钢板。在试样上一次施加额定的垂直荷载,使其在整个试验过程中保持恒定。

3.2.2 拔除上、下剪切盒的固定销并取掉开缝环。记录垂直、水平千斤顶、百分表等的读数。随即开动水平千斤顶,施加水平荷载,每30s加一级,并测读一次水平百分表和垂直百分表的读数。起始水平荷载按垂直荷载的7%~10%施加。当某级水平荷载下的剪切位移超过前一级剪切位移的1.5~2.0倍时,改为按5%施加。每施加一级水平荷载,测读垂直和水平百分表各一次。

当水平荷载读数不再增加或剪切变形急骤增长时,即认为已剪损。若无上述两种情况出现,应控制剪切变形达试样直径的1/15~1/10,方可停止试验。应控制试样在5~10min内达到剪切破坏。

3.2.3 试验结束后,尽快卸去百分表、水平荷载、垂直荷载和加荷设备。视需要对剪切面作简要描述。取剪切面附近的试样,测定其剪切后含水率与颗粒级配。

3.3 固结快剪试验(R)

3.3.1 按本试验3.2.1的规定进行试样安装和定位。但试样上、下两面的不透水板换放细铜丝布和透水钢板。

3.3.2 在试样上施加垂直荷载后,如每小时垂直变形小于0.03mm,则认为变形稳定。测记此时垂直百分表读数。

3.3.3 试样达到固结稳定后,按本试验3.2.2和3.2.3的规定进行剪切。

3.4 慢剪试验(S)

3.4.1 按本试验3.2.1的规定进行试样安装和定位。但试样上、下两面的不透水板改放细铜丝布和透水钢板。

3.4.2 按本试验3.3.2的规定进行试样固结。

3.4.3 试样达到固结稳定,拔除上、下剪切盒固定销并取掉开缝环。检查垂直千斤顶、水平千斤顶、百分表等,记录其读数。开动水平千斤顶,施加水平荷载,每隔1min测记一次水平百分表读数和垂直百分表读数。若1min内剪切变形不超过0.01mm,则施加下一级水平荷载。起始水平荷载每级按垂直荷载的7%~10%施加,当某级水平荷载下的剪切位移超过前一级剪切位移的1.5~2.0倍时,改为按5%施加。

当水平荷载读数不再增加或剪切变形急骤增长,即认为已剪损。若无上述两种情况出现,应控制剪切变形达试样直径的1/5~1/10,方可停止试验。

3.4.4 试验结束后,按本试验3.2.3的规定拆除试样,并测定其剪切后含水率与颗粒级配。

4 结果整理

4.1 按下列公式计算垂直压力和剪应力:

$$P=\frac{P_v+\Delta P}{A} \quad \text{(T 0178-1)}$$

$$\tau=\frac{P_h-F}{A} \quad \text{(T 0178-2)}$$

$$P_v=C_vR_v \quad \text{(T 0178-3)}$$

$$P_h=C_hR_h \quad \text{(T 0178-4)}$$

式中:P、τ——分别为垂直压力和剪应力(kPa);

P_v、P_h——分别为垂直荷载和水平荷载(kN);

C_v、C_h——分别为垂直千斤顶和水平千斤顶上压力表的率定系数(kN/kPa);

R_v、R_h——分别为垂直和水平千斤顶压力表读数(kPa);

F——某垂直压力下仪器摩擦力(kN);

ΔP——附加垂直荷载，包括透水板、传压板和千斤顶的重力，千斤顶以上的设备重力不计在内(kN)；

A——试样面积(m^2)。

4.2 以剪应力和垂直变形为纵坐标，水平位移为横坐标，分别绘制某级垂直压力下剪应力 τ 与水平位移 ΔL 关系曲线和垂直变形 Δs 与水平位移 ΔL 关系曲线，见图 T 0178-2 和图 T 0178-3。

4.3 取剪应力 τ 与水平位移 ΔL 关系曲线上峰值或稳定值作为抗剪强度。如无明显峰值，则取水平位移达到试样直径 1/15 ~ 1/10 处的剪应力作为抗剪强度 S。

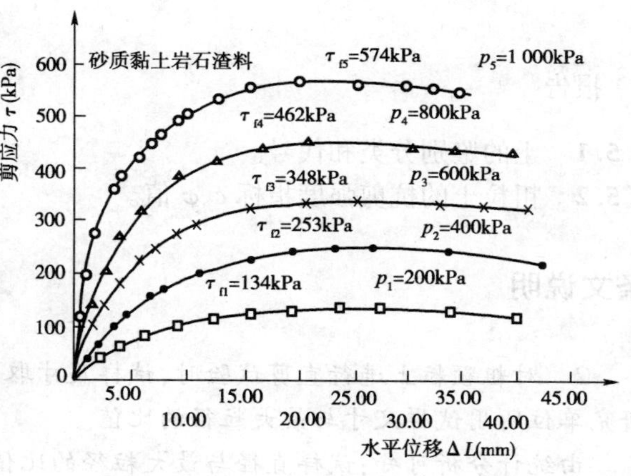

图 T 0178-2 剪应力与水平位移关系曲线

4.4 以抗剪强度 S 为纵坐标，垂直压力 P 为横坐标，绘制抗剪强度 S 与垂直压力 P 的关系曲线，如图 T 0178-4 所示。直线的倾角为粗颗粒土的内摩擦角 φ，直线在纵坐标轴上的截距为粗颗粒土的黏聚力 c。

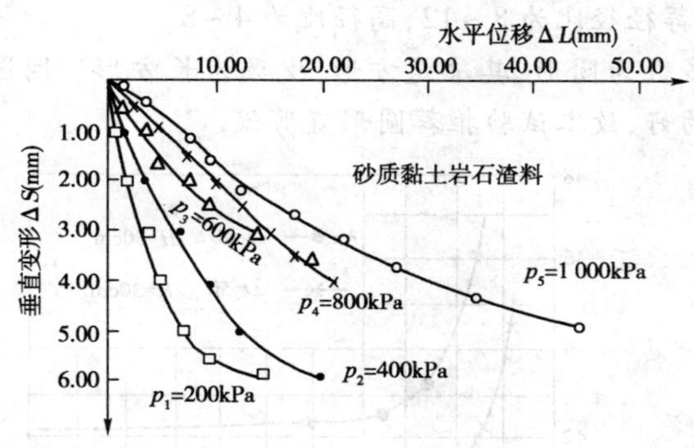

图 T 0178-3 水平位移与垂直变形关系曲线

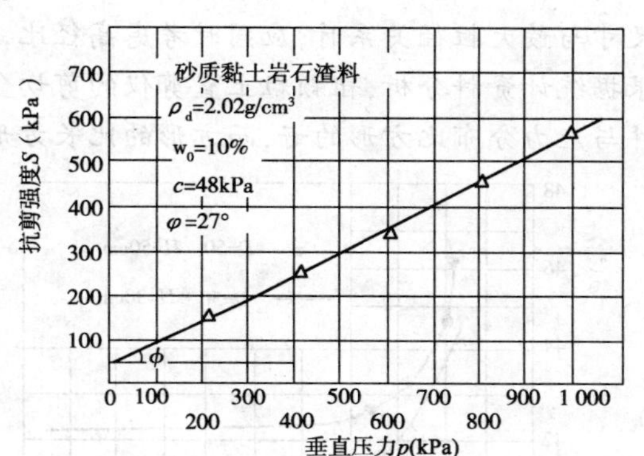

图 T 0178-4 抗剪强度与垂直压力关系曲线

4.5 本试验的记录格式如表 T 0178-1，试验结果见图 T 0178-4。

表 T 0178-1 粗颗粒土直接剪切试验记录表

工程名称＿＿＿＿＿＿ 钻孔编号＿＿＿＿＿＿ 试验者＿＿＿＿＿＿

制样日期＿＿＿＿＿＿ 计算者＿＿＿＿＿＿ 校核者＿＿＿＿＿＿

试样方法 快剪(Q) 固结快剪(R) 慢剪(S)

垂直压力 p = kPa		试样面积 A = m^2	
固结时间 t = h		开缝尺寸 t_1	mm
剪切速率 S = mm/min		摩擦力 F =	kN
起始干密度 ρ_d = g/cm^3		千斤顶率定系数：	
风干含水率 w = %		C_v =	kN/kPa
破坏剪应力 τ = kPa		C_h =	kN/kPa

水平压力表读数(kPa)	剪应力 τ(kPa)	垂直压力表读数(kPa)	水平位移(0.01mm) 百分表读数 ΔL				垂直变形(0.01mm) 百分表读数 ΔL			
			1	2	平均	累计增量 $\Sigma\Delta L$	1	2	平均	累计增量 $\Sigma\Delta L$
备注										

5 报告

5.1 土的鉴别分类和代号。

5.2 粗粒土的抗剪强度指标 c、φ 值。

条文说明

2 对粗颗粒土进行直剪试验时，试样尺寸取决于最大粒径。根据国内外现有资料，统计了各试验研究单位所用试样尺寸与最大粒径的比值。

由统计分析可知：试样直径与最大粒径的比值（D/d_{max}）变化范围较大，为 4～12.5。其中径径比为 7.5～10 的统计数为 64%，径径比小于 7.5 的占 25%，径径比大于 10 的占 11%；高径比的变化为 1.5～10，其中高径比为 4～8 的占 53%，高径比大于 8 的占 17%，高径比小于 4 的占 30%。以上各单位采用的比值较集中为：径径比为 7.5～10，高径比为 4～8。

不同的径径比和不同的高径比，对粗颗粒土的摩擦角的影响如图 T 0178-5、图 T 0178-6。为此确定试样尺寸与最大粒径关系时，应同时考虑高径比，推荐径径比为 8～12，高径比为 4～8。

根据统计资料分析，粗颗粒土直剪仪的剪切盒多数为圆形，其次是方形，少数为长方形。因圆形受力条件与应力分布比方形的好，而方形的比长方形的好，故本试验推荐圆形直剪仪。

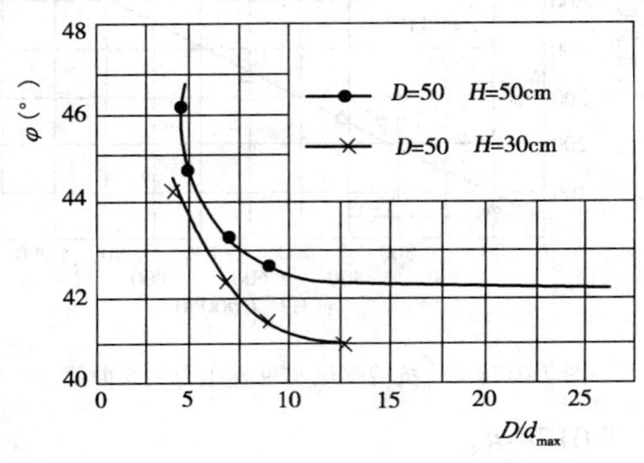

图 T 0178-5 φ—D/d_{max} 关系曲线

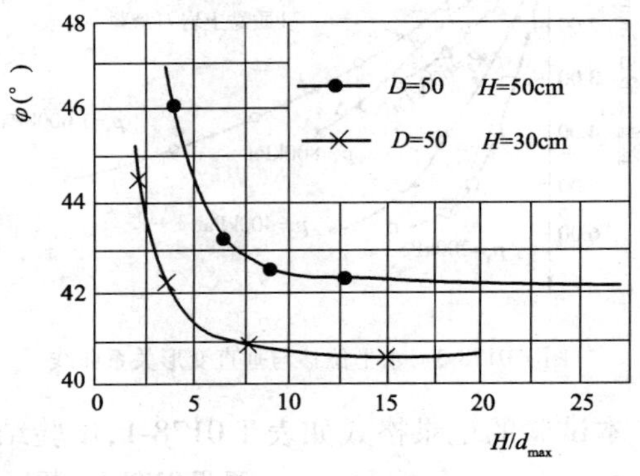

图 T 0178-6 φ—H/d_{max} 关系曲线

3.1.2 粗颗粒土在剪切过程中，颗粒的位置不断调整，在剪切区产生错动、翻滚和剪损现象。在直剪仪中，试样受剪力盒约束及剪切面固定，因此，剪切时粗粒要发生翻滚和错动较困难，导致颗粒剪破，剪切过程中伴随着明显的剪胀，使测得的强度偏高。为此，应在上、下剪切盒之间开一定的缝隙。开缝的目的在于避免颗粒剪破，使试样沿弱面剪切。但开缝过大，也不恰当，因剪切区侧限作用过小，试样易从剪切缝挤出；开缝过小，不能消除约束的影响。根据国内资料综合分析，粗颗粒土直剪试验的开缝尺寸推荐（1/3～1/4）d_{max} 作为其使用标准。

3.1.3 试样制备选用以下方法：

（1）击实法。采用与室内击实试验相同的功能分 3～5 层及层缝交错法将试料击实至控制密度。

（2）振捣法。对砂砾石等无黏性粗颗粒土采用机械振捣到控制密度。

（3）静压法。用千斤顶施加静压力，分层将试料压实到控制密度。

试样制备方法应尽可能与现场施工情况一致。对于土坝及土石坝工程或回填基础的含黏质土粗颗粒土，一般可采用击实法制备试样。击锤底面积应比试样面积小，便于击实时排气，塑流揉搓，以与实际压实结构相似。对于无黏性粗颗粒土，采用振捣法制备，接近振动碾施工情况。静压法不便排气，静压时粗粒受压不均匀，在重要工程中也无使用经验，故不拟推荐。

3.1.4 试样饱和常用的方法有真空抽气饱和法、毛细管饱和法和浸水饱和法。根据实践，真空抽气饱和法的饱和度最高，效果最好，适用于含黏质土的粗颗粒土；毛细管饱和法次之，可用于无黏性粗颗粒土;浸水饱和法易使气体封闭在土内,并造成细粒在水的作用下,向下移动,淤填孔隙,使试样密度不均匀,饱和效果最差,一般不宜使用。

3.2.1　粗颗粒土在高压情况下,抗剪强度与垂直压力呈非线性关系,不符合库仑方程的直线关系。因此,在设备出力允许条件下,采用的最大垂直压力应符合建筑物或地基中的受力情况;如限于仪器设备能力达不到要求的出力时,应在提交试验资料时予以说明。

3.2.2~3.2.4　水平剪切力施加方法。根据国内的情况,水平剪切力的施加方法有以下三种。

(1)应变控制法。按水平位移计读数的等速递增作为标准。

(2)时间控制法。采用液压稳压器均匀推动水平千斤顶施加水平剪切力,控制试样在3~5min(有的单位控制在5~10min)内剪损。

(3)应力控制法。按水平压力计读数递增水平剪切力。本规程推荐应力控制法。

剪切速率的大小直接关系到试样排水,是影响抗剪强度的主要因素之一。对应力控制法来说,剪切速率指水平荷载分级大小和加荷快慢这两个问题。

①水平荷载分级大小。分级施加水平荷载主要在于求得较规律的 $\tau—\Delta L$ 关系曲线。目前国内外采用的分级方法有以下两种:其一是按估计的最大剪切力的百分数分级。大多数单位采用 $0.1P_{hmax}$ 和 $0.05P_{hmax}$ 两级(P_{hmax} 为最大剪应力)。美国ASTMD3080—72在固结排水条件下土的直剪试验标准方法中,规定应力控制法的水平剪应力的增量约等于0.1估计最大剪应力,当达到估算破坏力的50%~70%时,减少增量至 $0.05P_{hmax}$。其二是按施加的垂直压力的百分数分级,国内大多数单位采用 $0.1P_v$ 或 $0.05P_v$ 两级 P_v(为垂直压力)。不论采用哪种分级方法,水平剪切力施加不得少于10级,开始可按 $0.1P_v$ 施加,加至破坏力的50%~70%后可减至 $0.05P_v$。

②水平荷载施加速率。快剪试验(包括固结快剪试验)主要是求剪切过程中含水率保持不变时的抗剪强度,要求在较短时间内剪损。大部分单位采用快剪剪损历时控制在5~10min内,每30s施加一级,但剪损总历时不应超过10 min,使试样含水率变化最小,以符合快剪要求。

慢剪试验要求在剪切过程中试样的孔隙压力完全消散,因此,试验要有充分的排水时间。关于施加水平剪切力的时间间隔,目前无统一规定。美国水道试验站规定,每加一级水平剪切力,固结度至少要达到95%。法国中央土木试验室试验法则只有原则规定,即用最慢的剪切速率进行剪切,施加水平荷载,原则上要求在每级荷载下变形达稳定为止。但为了操作方便,本规程规定,每1min内位移小于0.01mm时再施加下一级荷载。

3.3.2　目前对试样在垂直荷载作用下达到稳定的控制标准,大多数单位用每小时变形不大于0.01~0.05mm。本规程规定在垂直荷载作用下,每小时垂直变形不大于0.03mm为变形稳定标准,这与原大型固结试验的变形稳定标准一致。

4.3　粗颗粒土直剪试验中现行破坏标准有以下两种,即:极限强度标准和剪切位移标准。

据调查统计,国内许多单位采用极限强度标准作为破坏标准,即以 $\tau—\Delta L$ 关系曲线上的峰值或稳定值作为破坏值。该值的概念与极限平衡理论相符,本规程推荐采用极限强度标准。

但粗颗粒土剪切试验中,有时没有明显的峰值,国内外资料建议采用相应于下列变形时的剪应力作为破坏值。

(1)塑性材料　　$\Delta L_{max}>(1/15)D$

(2)半脆性材料　　$\Delta L_{max}=(1/15)D$

(3)脆性材料　　$\Delta L_{max}=(1/15)-(1/20)D$

本规程建议在剪切试验过程中无峰值或稳定值时,可用 ΔL_{max} 值为 $\left(\frac{1}{15}\sim\frac{1}{10}\right)D$ 作为确定破坏值的标准。

27 粗粒土的三轴压缩试验

T 0147—1993 粗粒土三轴压缩试验

1 目的和适用范围

1.1 本试验方法适用于测定最大粒径为60mm粗粒土的抗剪强度指标参数。

1.2 根据路面基层的受力状态和使用条件,本试验方法采用应变控制式试验,试样在不饱水、不固结和不排水情况下测定抗剪强度参数。

1.3 试件尺寸为ϕ30cm×60cm和ϕ30cm×75cm两种规格。

2 仪器设备

2.1 粗粒土三轴压缩试验仪(见图T 0147-1)包括:

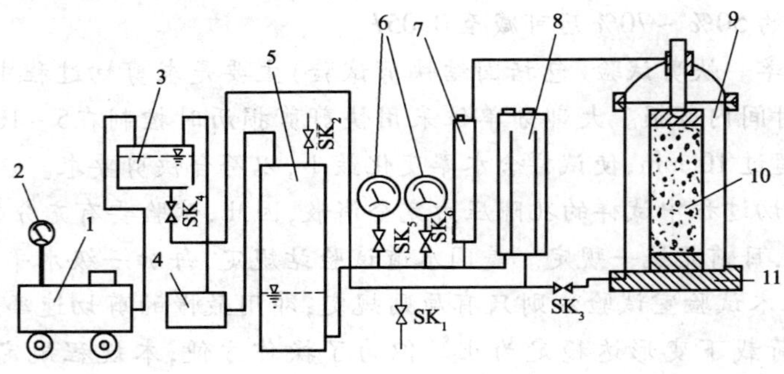

图T 0147-1 三轴压缩仪控制系统

1-空压机;2-电接点压力表;3-水罐;4-定值器;5-蓄能器;6-标准压力表;7-油封管;8-体变管;9-压力室;10-试件;11-放水口

2.1.1 试验主机:由主机架、油缸、压力室和压力移动滑车组成。仪器轴向最大允许使用荷载为500kN。

2.1.2 操作控制屏:由侧压力(或称周围压力)恒定系统、体变量测装置、电器控制组件等组成。

2.1.3 液压站:由液压油箱、液压泵和无级调速系统组成。

2.1.4 空气压缩机(简称:空压机)。

2.2 附属设备包括:

2.2.1 压力室起吊装置(电动葫芦)。

2.2.2 标准测力计(量程为10t、30t各一套)。

2.2.3 轴向应变测量装置(表架和量程为5cm的百分表)。

2.2.4 对开成型筒(图T 0147-2)及承膜筒。

2.2.5 击实设备。

2.2.6 磅秤:称量100kg,感量50g。

2.2.7 托盘秤:称量5kg,感量1.0g。

2.2.8 托盘天平:称量100g,感量0.1g。

2.2.9 烘箱、瓷盘(盆)、铝盒各若干。

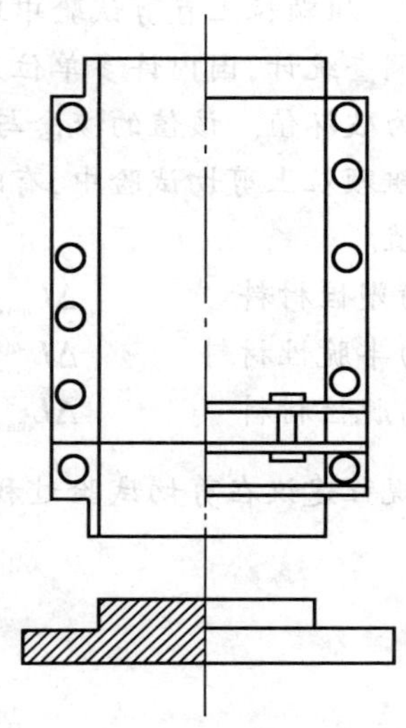

图T 0147-2 对开成型筒

2.2.10 橡皮膜若干。

2.2.11 扭力扳手和活动扳手等工具。

2.2.12 圆孔筛(孔径按试验要求确定)。

3 仪器检查

3.1 检查轴向加压系统及侧压力恒压系统等运行是否正常。

3.2 检查体变测量系统运行是否正常。

3.3 检查压力室的密封性、传压活塞在轴套内滑动是否正常,管路、接头、阀门等是否畅通、不漏气。

3.4 检查橡皮膜是否完好。

3.5 标定无级调速阀上的刻度与油缸上升速度的关系。

3.6 检查蓄能器水位标高,其标高不应高于蓄能器高度的1/3,亦不得低于水面指示管。水罐内水位应高于罐高的3/4。

3.7 测力计使用超过半年或温差过大时,应重新标定。

3.8 安装测力计时,应根据试件最大破坏荷载,选用适当量程。

4 试样

4.1 试样准备

4.1.1 取样进行筛分。筛的孔径按试验材料类型不同分别选用。经筛分的试料分组称量,堆放备用;并计算通过各级筛孔的质量百分数。如果需要准确控制试样的级配组成时,对含黏土的粒料材料,黏着的细粒土不易分散,可将粗料中的各级粒料用水洗过筛烘干备用。对不含黏土的粒料材料,则将全部试料依次过筛备用。

4.1.2 根据工程需要,从粗料(粒径大于5mm)和细料(粒径小于0.5mm)中分别取代表性试样进行石料磨耗和液限、塑限等物理性质试验。

4.1.3 测定颗粒粒径小于0.5mm细料和粒径大于0.5mm各级粒料材料的天然含水率。

4.1.4 对超过仪器允许粒径的颗粒含量的处理,可采用下述方法:

若超过粒径颗粒含量小于5%时,可采用剔除法,即把超径颗粒剔除。

若超过粒径颗粒含量大于5%时,则采用等质量代换法处理,方法是按仪器允许的全部粗料(从粒径为5mm至最大粒径之间的粗料)按比例等质量代换超径颗粒含量。新的级配组成可按下式计算:

$$p_i = \frac{100 - p_m}{p_m - p_5}(p_{0i} - p_5) + p_{0i} \tag{T 0147-1}$$

式中:p_i——代换后某粒径的粒料通过百分数(%);

p_5——原级配中粒径为5mm的粒料通过百分数(%);

p_m——原级配中粒径为60mm的粒料通过百分数(%);

p_{0i}——原级配中某粒径粒料的通过百分数(%)。

4.1.5 分级确定粒径为0.5~60mm的某级粒料的饱和吸水率(w_a),即将粒径为0.5~60mm的风干后的某级粒径(质量为m_s)浸泡至吸水饱和,再把表面揩干,然后称湿质量(m)。某级粒料的饱和吸水率为:

$$w_a(\%) = \frac{m - m_s}{m_s} \times 100 \tag{T 0147-2}$$

4.2 试件制备

4.2.1 试件尺寸:试件直径为30cm,高度60cm;若试件压缩量较大时,试件高度可采用75cm。

4.2.2 根据试件体积和密度要求,计算每个试件需要材料的干质量。为防止试样粗细颗粒分离,要求试件密实度均匀一致,试样应分层装填(一般分6层)。按材料组成要求分层计算所需的试料,分层配料。粒径小于0.5mm的细粒另置,大于0.5mm的各级粒料可放一堆。

4.2.3 计算试件每层装填试料的需要加水量:

$$m_w=(w_d-w_l)m_s+\sum_{i=1}^{n}(w_{id}-w_{il})m_i \qquad (T\ 0147\text{-}3)$$

式中：m_w——试件需要的加水量(kg)；

w_d——细料的设计含水率(%)；

w_l——细料的天然含水率(%)；

w_{id}、w_{il}——0.5～60mm 粒料中某级粒料的设计含水率和天然含水率(%)；

m_s——细料的干质量(kg)；

m_i——0.5～60mm 粒料中某级粒料的干质量(kg)；

n——0.5～60mm 粒料按相邻筛孔孔径划分的级数。

4.2.4 把水加到粒径大于 0.5mm 的粒料中，充分拌和，然后掺入细粒继续拌和，直至拌匀为止。

4.2.5 将拌好的试料放入盘(盆)内，用塑料薄膜盖严，待用。为避免差错，应任意抽查复称其中一份，每份试料质量应为试件总湿质量的 1/6。

4.2.6 在压力室试样底座上加盖板，扎好橡皮膜，安装成型筒。将橡皮膜外翻套在成型筒上，让橡皮膜顺直，使之与成型筒壁紧贴。

4.2.7 逐层装入试料，每装一层，先用细钢钎捣实，再用击实法使试料达到要求的密实度(用高度控制其密实度)。然后将表面刨松，再装第二层。依此类推，直至最后一层。

4.2.8 整平试件顶面，加上盖板和试件帽，卸除对开成型筒，脱去橡皮膜，用钢尺量测试件的实际高度。测量误差不得大于 ±2mm。再套上完好的橡皮膜，并将两头扎紧。

4.2.9 制件结束后，扫清底盘。

4.2.10 安装压力室，用扭力扳手旋紧和底盘连接的螺栓，然后往压力室内加满水，旋紧加水孔螺帽，置压力室于剪切试验仪机座上，静置 24h，使试件内水分充分渗润。

5 试验步骤

5.1 合上电源开关，接通电源。总电源指示灯亮，指示电源接通。

5.2 将钮子开关扳向油缸上升位置。按油缸起动按钮，逆时针旋转无级调速阀，压力室在油缸推动下快速上升。当与测力计下端接近时，顺时针旋动调速阀，使油缸缓慢上升，直到测力计百分表指针微动即关机。调整测力计百分表指针为零。

5.3 将电接点压力表调至高于所需周围压力 200kPa 左右，定值器旋至截止位置(反时针)，其余阀门处于关闭状态。按空压机按钮，压力上升到调定压力后，自动停止。此时打开标准侧压力表开关 SK_5，缓缓调整定值器至所需侧压力为止(侧压力分别采用 100kPa、150kPa、200kPa、250kPa)。稳定后，记录体变管读数。

5.4 逆时针旋开加压截止阀 SK_3，压力便自动加入压力室，可见体变管内油液面下降(表示试件压缩)。与此同时，逆时针旋开油封开关。

5.5 待侧压力稳定后(即体变管液面不动)，此时记录测力计百分表读数，重新调整测力计百分表为零，并记录体变管读数。

5.6 按下油缸起动按钮，然后旋动(逆时针方向)无级调速阀到规定位置，使剪切速率为 1.5mm/min。此时试件开始剪切。

5.7 剪切开始阶段，试件每产生 1.0mm 的垂直变形，测记轴向压力和垂直变形、体变各一次。当应力—应变曲线接近峰值时，应适当加密读数。一般应按每产生 0.5mm 的垂直变形记录一次读数。当轴向测力计百分表数读不再上升或有明显减小时，表明已出现峰值，继续测读 1～2 次读数，即可停机。若没有出现峰值，则当相邻两级的应力差小于 5kPa 时，即可关机。

5.8 当采用一个试件做四级侧压力的剪切试验时，侧压力由小到大，分级进行。在第一级侧压力作用下，施加轴向压力进行剪切，当轴向测力计百分表不再上升或相邻两级应力差小于 5kPa 时关机。立刻施加第二级侧压力。稳定 10min 后，再施加轴向压力进行剪切，当轴向测力计百分表不再上升或相邻两级应力差小于 5kPa 时关机。如此继续进行第三、第四级侧压力作用下的剪切试验，直至试件剪损为止。

5.9 试验进行中,若因试件剪胀,体变管内油液面向上推至顶点时,应将内管水排除,才能继续剪切。排除内管水时,首先关闭 SK_3,后再开 SK_1,让内管水经 SK_1 阀排出。当内管水面达到所需的位置,再关阀 SK_1。待压力稳定后,再旋开 SK_3,继续剪切。(注意:排水时,应停止剪切,并使试件悬停于原处。)

5.10 试验进行中,若体积压缩很大,致使体变管内管油液面下降至底部,此时应先关闭 SK_3,后旋开 SK_4。水罐内压力大于周围压力,罐内水自动加入体变管内,将外管之水压回蓄能器。此时恒压系统压力升高,然后将放水阀 SK_2 适当旋开放气,补水到所需位置。先关闭 SK_4,后关闭 SK_2,待恒压系统压力平衡稳定后,再旋开 SK_3,继续剪切。(注意:在补水时,应停止剪切,并使试件悬停于原处)。

5.11 剪切试验结束后,关闭侧压力阀 SK_3 及油封阀。把钮子开关扳向油缸下降位置,按下油缸起动按钮,使油缸迅速下降。打开排气阀放气。打开压力室加水孔和排水孔螺帽,排除压力室内的水。卸除压力室与底座的连接螺栓。吊起压力室,揩干试件周围的余水。脱去橡皮膜,描述试件的破坏情况。卸下试件,从中部取样,测定含水率。必要时,结合含水率试验,取烘干后试样进行颗粒分析,以了解颗粒的剪损情况。

6 结果整理

6.1 计算试件的最大主应力 σ_1 和应变 ε_1

6.1.1 计算轴向荷载 P:

$$P = CR \qquad (\text{T 0147-4})$$

式中:P——轴向荷载(N);

C——测力计校正系数(10N/0.01mm);

R——测力计百分表读数(0.01mm)。

6.1.2 计算轴向应变 ε_1:

$$\varepsilon_1 = \frac{\Delta h}{h_0} \qquad (\text{T 0147-5})$$

式中:Δh——试件的轴向变形(cm);

h_0——试件的初始高度(cm)。

6.1.3 计算试件剪切过程中的体积变化 ΔV:

$$\Delta V = \Delta V_1 + \Delta V_2 \qquad (\text{T 0147-6})$$

式中:ΔV_1——从体变管测读的体积变化量(压缩为负,膨胀为正)(cm^3);

ΔV_2——柱塞在剪切过程中伸入压力室而引起的体积变化量(为负值)(cm^3),

$\Delta V_2 = \frac{\pi d^2}{4} \cdot \Delta h = 44.2\Delta h$(其中柱塞直径 $d = 7.5$cm)。

6.1.4 校正后的试件截面积 A_a:

$$A_a = \frac{V_0 + \Delta V}{h_0 - \Delta h} \qquad (\text{T 0147-7})$$

式中:V_0——试件的初始体积(cm^3)。

6.1.5 应力差:

$$\sigma_1 - \sigma_3 = \frac{P}{A_a} \qquad (\text{T 0147-8})$$

式中:σ_3——侧压力(kPa)。

6.1.6 最大主应力 σ_1:

$$\sigma_1 = \frac{P}{A_a} + \sigma_3 \qquad (\text{T 0147-9})$$

6.2 计算抗剪强度指标 c、φ 值

6.2.1 确定试件剪切破坏极限值 σ_{1max}。

6.2.2 c、φ 可分别采用作图法或计算法求解。

(1)作图法。

以主应力为纵坐标，剪应力 τ 为纵坐标。在横坐标上，以 $\frac{\sigma_{1\max}+\sigma_3}{2}$ 点为圆心，以 $\frac{\sigma_{1\max}-\sigma_3}{2}$ 为半径，画莫尔圆。再作这几个莫尔圆的包线。包线的倾角即为摩擦角 φ，包线与纵坐标的截距即为凝聚力 c，如图 T 0147-3 所示。

(2)计算法。

$$\varphi=\arcsin\frac{m-1}{m+1} \tag{T 0147-10}$$

$$c=\frac{b}{2\sqrt{m}}$$

注：相关系数要求达到 0.99 以上。

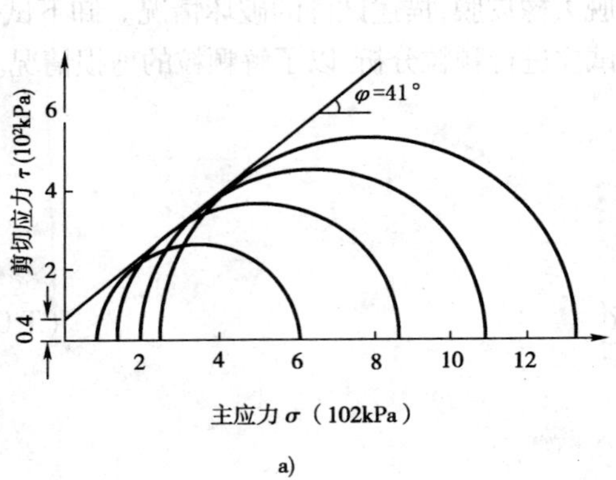

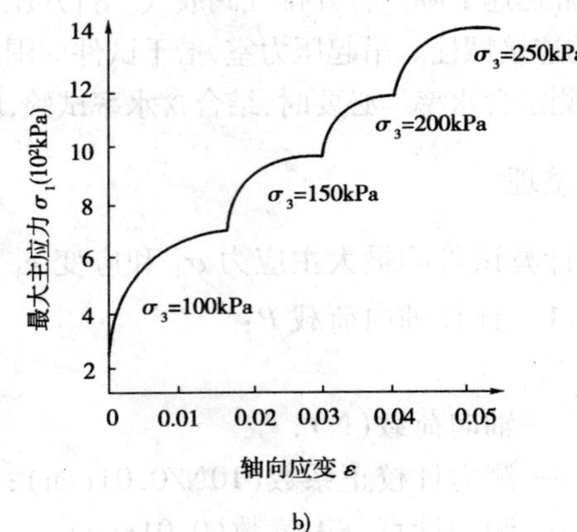

图 T 0147-3　应力应变曲线的莫尔包线

a)莫尔包线；b)应力应变曲线

$$m=\frac{\sum(\sigma_3\sigma_{1\max})-\frac{1}{n}(\sum\sigma_3)(\sum\sigma_{1\max})}{\sum\sigma_3^2-\frac{1}{n}(\sum\sigma_3)^2}$$

式中：n——试件的个数或侧压力的级数；

$$b=\sigma_{1\max}-m\sigma_3$$

$\sigma_{1\max}$——各级侧压力作用时，最大主应力极限值的平均值；

σ_3——四级侧压力的平均值。

6.3　本试验记录格式如表 T 0147-1 和表 T 0147-2。

表 T 0147-1　粗粒土大三轴试验记录(一)

工程名称________________　　试验者________________

土样编号________________　　计算者________________

土样说明________________　　校核者________________

试验日期________________

试 件 编 号		试验时试件状态		
材 料 配 比	粗料 70% 细料 20%	质量	(kg)	93.3
成型条件	分层击实	高度 h_0	(cm)	59.9
细粒设计相对含水率(w/w_L)	0.5	直径 d	(cm)	30
加荷速度(mm/min)	1.5	面积 A_0	(cm^2)	706.86
侧压力 σ_3(kPa)	50→100→150→200	体积 V_0	(cm^3)	42 340.82
测力计标定系数 C(10N/0.01mm)	11.904 8	干密度 ρ_d	(g/cm^3)	2.2

表 T 0147-2　粗粒土大三轴试验记录(二)

轴向荷载		轴向应变		试件体积变化						
测力计百分表读数(0.01mm)	轴向荷载 10N	百分表读数(0.01mm)	应变 ε	体变管读数(cm^3)	体变管读数差(cm^3)	柱塞进入压力室体积(cm^3)	体变(cm^3)	校正后面积(cm^2)	应力差(10^2kPa)	主应力(10^2kPa)
R	$P=CR$	Δh	$\frac{\Delta h}{h_0}$	ΔV	$\Delta V_1=\Delta V_1-\Delta V_{10}$	$\Delta V_2=44.2\times\Delta h$	ΔV	$A_Q=\frac{V_0+\Delta V}{h_0-\Delta h}$	$\sigma_1-\sigma_2=\frac{P}{A_a}$	σ_1
0		0		−300						
$\sigma_3=100$kPa		−4 = 0		−660						
106	1 261.91	100	0.001 7	−690	−390	−4.42	−394.42	701.44	1.80	2.80
168	2 000.00	200	0.003 3	−680	−380	−8.84	−388.84	702.71	2.85	3.85
211	2 511.91	300	0.005 0	−650	−350	−13.26	−363.26	704.32	3.57	4.57
239	2 845.26	400	0.006 7	−605	−305	−17.68	−322.68	706.19	4.03	5.03
259	3 083.34	500	0.008 3	−560	−260	−22.10	−282.10	708.06	4.35	5.35
274	3 261.92	600	0.010 0	−515	−215	−26.52	−241.52	709.94	4.59	5.59
285	3 392.87	700	0.011 7	−460	−160	−30.94	−190.94	711.99	4.77	5.77
294	3 500.01	800	0.0134	−410	−110	−35.36	−145.36	713.97	4.90	5.90
301	3 583.35	900	0.015 0	−360	−60	−39.78	−99.78	715.95	5.01	6.01
304	3 619.06	1 000	0.016 7	−310	−10	−44.20	−54.20	717.94	5.04	6.04
$\sigma_3=150$kPa										
304	3 619.06	1 015	0.0169	−555	−255	−44.86	−399.86	713.95	5.07	6.57

7　报告

7.1　土的鉴别分类和代号。

7.2　土的抗剪强度指标 c、φ 值。

条文说明

1　在现行柔性路面的设计和计算方法中,路面各结构层材料的弹性模量是沿深度方向逐层减小的。然而,对于冰冻地区化冻初期土基、石方土基、桥涵顶面和旧路补强中出现的软夹层等类型的路面各结构层,其弹性模量却是沿深度方向按强弱强的形式变化的,这种结构型称为具有刚性下卧层的柔性路面结构。根据力学计算的分析,对具有刚性下卧层的路面结构,除在面层表面轮隙中心处产生比较大的弯拉应力外,同时在粒料基层中还产生比较大的剪应力。因此,对具有刚性下卧层的路面结构,设计时需要验算基层材料的抗剪强度。西安公路研究所利用四川简阳水电设备厂制造的 SZ30—2A 型大三轴仪,对级配砾石、泥结碎石和级配砾石掺灰三种基层材料抗剪强度指标的测定方法和影响抗剪强度的因素进行了系统的试验研究,取得了一定经验,提出了这方面的研究报告和试验方法。本规程列入了粗粒土大三轴压缩试验,以测定粒料材料的抗剪强度参数(c,φ),为柔性路面设计提供参数。

若土粒最大粒径大于 60mm,要求试样直径尺寸不小于最大粒径的 5 倍,试样高度为直径的 2 倍以上。

2　仪器轴向最大允许使用荷载为 500kN,试样的最大使用侧压力为 $\sigma_3=1\ 500$ kPa,分别采用液压和气压作为轴向和侧向压力源。试件尺寸有两种规格,即 ϕ30cm×60cm 和 ϕ30cm×75cm,一般多用前者,后者仅在试件压缩较大时采用,通常试件高度为直径的 2~2.5 倍即可。由于压力室较重,操作时需用起吊装置,例如电动葫芦。测定粗粒土的抗剪强度参数时,所加荷载要比普通三轴仪大得多,因此标准测力计的量程一般为 100~300kN。测量轴向变形时,需用大量程(达 5cm)百分表。

3　试验前应对仪器的加压系统、体变量测系统、压力室、传压活塞、橡皮膜和蓄能器水位标高等进行检查，标定无级调速阀上的刻度与油缸上升速度的关系。

4　试验用材料的最大粒径过大或过小，都不能真实反映粒料材料试验结果的可靠性。根据国内外经验，试件的最大允许粒径以不超过试件直径的1/5为宜。

修筑路面基层实际使用的材料，其粒径有的超过仪器允许粒径的规定。对超径材料的处理，一般有三种方法：

(1)简单剔除法：剔除超径颗粒，把余下部分按100%计。但这样做的结果，改变了原样品的级配组成，细粒含量相对增加，从而改变了原样品的性质。因此，这种方法只适用于超径颗粒含量很少(小于5%)的情况。

(2)几何相似法：按几何相似条件等比例将原级配缩小。这样做，虽然保持了级配的均匀系数不变，但却改变了粗细颗粒的级配组成，与原级配相比，细粒含量增加，不能模拟原样品的性质。因此，本规程未采用这种方法。

(3)等质量代换法：按仪器允许的全部粗料(从粒径为5mm至最大粒径之间的粗料)按比例等质量代换超径颗粒含量。这样，既保持了粗料的骨架作用和粗细料的含量不变，又有保持粗粒级配的连续性和近似性。因此，本试验采用这种方法处理超径颗粒。

大量路况调查结果表明，路面基层实测的密度都比较高，干密度一般均在$2.2g/cm^3$以上，故制备试件时的设计干密度确定为$2.2g/cm^3$。

按试件尺寸和设计干密度，计算试件需要的材料总质量。为使试样沿试件高度方向分布均匀和便于击实，制备试件时试样采用分层装填击实法。为防止试件在装填时发生粗细颗粒分离，各层所需的试样用量应分层备料。比较试验表明，试件成型方式不同，骨料的破碎程度亦不同，静压法的碎石破碎率要比击实法大一倍左右。因此，本试验的成型方法采用击实法。

试验证明，试料的含水率是影响试验结果的重要因素，必须严格准确地加以控制。当试料的总含水率增加1%～2%时，φ将降低8%～28%，c值将降低68%～97%。总含水率增加，导致细料含水率的明显改变，细料可由硬塑状态改变成软塑状态。因而如何控制试料的含水率就成为试验的主要问题。根据细料的物理特性，用相对含水率能较正确地反映细料的性质。同时还应考虑粒料材料的饱和吸水量。对粒径小于0.5mm的土，应测定其液限和塑限。粒径大于0.5mm的粒料，还应分别测定各级粒组材料的饱和吸水量。然后按试验设计含水率计算整个试件中粒料材料和土的加水量。

5　作用在路面上的车轮荷载，其主要特征是瞬时多次重复作用。为使剪切试验的状态接近于路面基层的实际工作状态，试件宜采用不饱水、不固结排水的快剪试验方法。本试验剪切速率为1.5mm/min。剪切开始阶段，试件每产生1mm的垂直变形，测记轴向压力、垂直变形和体变各一次。当应力应变曲线接近峰值时，应适当加密读数。

车轮荷载作用下的路面力学计算结果表明，路面基层以内产生的侧压力均小于200kPa。因此，本试验的侧压力分别采用50kPa、100kPa、150kPa和200kPa四级，以便绘制四个莫尔圆，确定抗剪强度参数。

6　求解c、φ值时，作图法和计算法均可采用，一般宜用前者，或两者并列，以便相互校核。本试验示例结果为：作图法，$c=40$ kPa，$\varphi=40°$；计算法，$c=33$ kPa，$\varphi=40.53°$，$r=0.999\,5$。可见，作图法和计算法所得c、φ值接近。

28 土的膨胀性试验

T 0124—1993 自由膨胀率试验

1 目的和适用范围

1.1 自由膨胀率为松散的烘干土粒在水中和空气中分别自由堆积的体积之差与在空气中自由堆积的体积之比，以百分数表示，用以判定无结构力的松散土粒在水中的膨胀特性。

1.2 本试验方法适宜用于膨胀土。

2 仪器设备

2.1 玻璃量筒：容积 50mL，最小刻度 1mL。

2.2 量土杯：容积 10mL，内径 20mm，高度 32.8mm。

2.3 无颈漏斗：上口直径 50～60mm，下口直径 4～5mm。

2.4 搅拌器：由直杆和带孔圆盘构成（图 T 0124-1）。

2.5 天平：称量 200g，感量 0.01g。

2.6 其他：烘箱、平口刀、支架、干燥器、0.5mm 筛等。

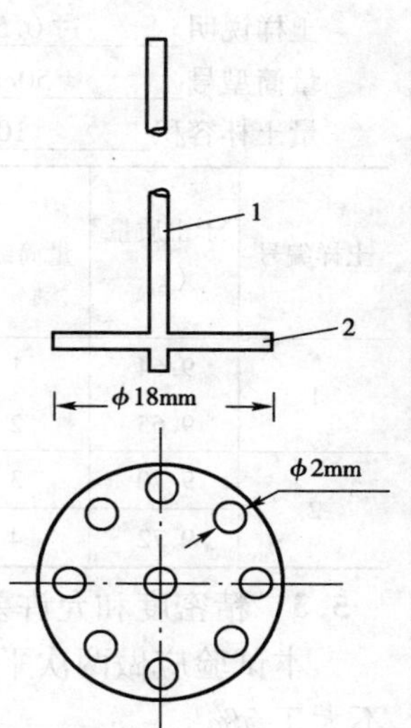

图 T 0124-1 搅拌器示意图

1-直杆；2-圆盘

3 试剂

5% 纯氯化钠溶液。

4 试验步骤

4.1 取代表性风干土样碾碎，使其全部通过 0.5mm 筛。混合均匀后，取约 50g 放入盛土盒内，移入烘箱，在 105～110℃温度下烘至恒量，取出，放在干燥器内冷却至室温。

4.2 将无颈漏斗装在支架上，漏斗下口对正量土杯中心，并保持距杯口 10mm 距离，如图 T 0124-2 所示。

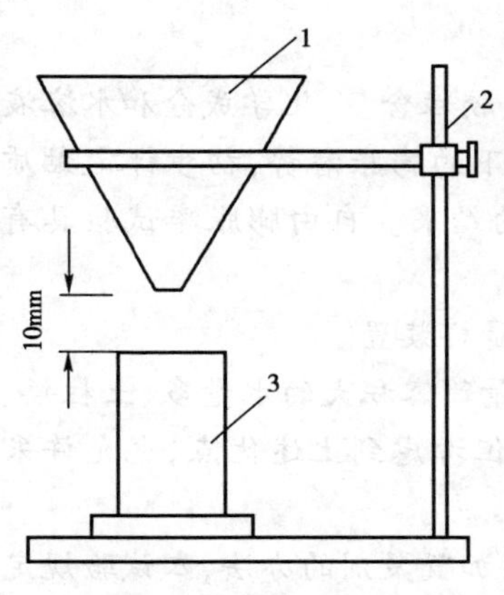

图 T 0124-2 量样装置

1-漏斗；2-支架；3-量土杯

4.3 从干燥器内取出土样，用匙将土样倒入量土杯中，盛满后沿杯口刮平土面，再将量土杯中土样倒入匙中，将量土杯按图 T 0124-2 所示仍放在漏斗下口正中处。将匙中土样一次倒入漏斗，用细玻璃棒或铁丝轻轻搅动漏斗中土样，使其全部漏下，然后移开漏斗，用平口刀垂直于杯口轻轻刮去多余土样（严防振动），称记杯中土质量。

4.4 按本试验 4.3 规定，称取第二个试样，进行平行测定，两次质量差值不得大于 0.1g。

4.5 将量筒置于试验台上，注入蒸馏水 30mL，并加入 5mL 5% 的分析纯氯化钠溶液，然后将量土杯中的土样倒入量筒内。

4.6 用搅拌器搅拌量筒内悬液，搅拌器应上至液面下至底，搅拌 10 次（时间约 10s）取出搅拌器，将搅拌器上附着的土粒冲洗入量筒，并冲洗量筒内壁，使量筒内液面约至 50mL 刻度处。

4.7 量筒中土样沉积后约每隔 5h，记录一次试样体积，体积估读至

0.1mL。读数时要求视线与土面在同一平面上,如土面倾斜,取高低面读数的平均值。当两次读数差值不大于0.2mL时,即认为膨胀稳定。用此稳定读数计算自由膨胀率。

5 结果整理

5.1 按下式计算土样的自由膨胀率:

$$\delta_{ef} = \frac{V - V_0}{V_0} \times 100 \quad (T\ 0124\text{-}1)$$

式中:δ_{ef}——自由膨胀率(%),计算至1%;

V——土样在量筒中膨胀稳定后的体积(mL);

V_0——量土杯容积(mL),即干土自由堆积体积。

5.2 本试验记录格式如表T 0124-1。

表 T 0124-1 自由膨胀率试验记录

工程名称＿＿＿＿＿＿ 试 验 者＿＿＿＿＿＿

土样说明 过0.5mm筛 计 算 者＿＿＿＿＿＿

量筒型号 $50cm^3$ 校 核 者＿＿＿＿＿＿

量土杯容积 $10\ cm^3$ 试验日期＿＿＿＿＿＿

土样编号	干土质量(g)	量筒编号	不同时间(h)体积读数(cm^3)					自由膨胀率	
			2	4	6	8	10	δ_{ef}(%)	平均值(%)
1	9.64	1	16.2	16.5	16.7	16.8	16.8	68	69
	9.65	2	16.4	16.6	16.8	16.9	16.9	69	
2	9.70	3	18.0	18.3	18.5	18.7	18.7	87	88
	9.72	4	18.2	18.4	18.6	18.8	18.8	88	

5.3 精密度和允许差。

本试验应做两次平行测定,取其算术平均值,其平行差值应为:$\delta_{ef} \geq 60\%$时不大于8%;$\delta_{ef} < 60\%$时不大于5%。

6 报告

6.1 土的鉴别分类和代号。

6.2 土的自由膨胀率δ_{ef}值(%)。

条文说明

1 自由膨胀率是反映土膨胀性的指标之一,它与土的黏土矿物成分、胶粒含量、化学成分和水溶液性质等有着密切的关系。本试验的目的在于测定黏质土在无结构力影响下的膨胀潜势,初步评定黏质土的胀缩性。自由膨胀率与液限试验相配合,对判别膨胀土可得到满意的结果。自由膨胀率试验具有方法简单易行、便于室内大量试验、出成果较快等优点。

2 无颈漏斗是自由膨胀率试验中的主要设备,与支架和量土杯配成量样装置。

比较试验表明,用100mL比用50mL测得的结果系统性地偏大,说明量筒容积大的水量多、土柱矮、压力小,土粒浸水膨胀的效果好。本试验从精度着眼规定用50mL量筒,但考虑到上述优点,也允许采用100mL量筒。

3 黏土颗粒在悬液中有时有长期混浊的现象,为了加速试验,可采用加凝聚剂的办法,本试验规定加入5%氯化钠溶液5mL。

4 土样制备是至关重要的。首先是土样过筛的孔径大小问题。用不同孔径过筛的试样进行比较试验，其结果是过筛孔径越小，10mL 容积的土越轻，自由膨胀率越小。本规程规定过 0.5mm 筛孔作为标准。各种分散程度也会引起黏粒含量的很大差异。因此，为了取得相对稳定的试验条件，规定采用过筛、四分法取样，并要求充分分散。规程规定用标准烘干法（105～110℃）制备土样。

因试样是用体积法量取，紧密或松散会影响自由膨胀率的大小。为消除这个影响因素，规定采用漏斗和支架、固定落距、一次倒入的方法，并将量土杯内径统一规定为 20mm，高度略大于内径，使在装土、刮平时避免或减轻自重和振动的影响。

搅拌的目的是使悬液中土粒分散，充分吸水膨胀。搅拌的方法有量筒反复倒转和上下来回搅拌两种。前者操作困难，工作强度大；后者有随搅拌次数的增加，读数有增大的趋势。本试验规定试样在水中浸泡 24h 后再开始测试。

5.3 本规程按自由膨胀率大小规定了不同的精度要求。自由膨胀率大者，平行差值取高限；自由膨胀率小者，平行差值取低限。

T 0125—1993 无荷载膨胀率试验

1 目的和适用范围

1.1 本试验用于测定试样在无荷载有侧限条件下，浸水后在高度方向上的单向膨胀与原高度的比值，这一比值称膨胀率，以百分数表示。

1.2 本试验方法适用于测定原状土和击实土样的无荷载膨胀率，供评价黏质土膨胀势能时参考。

2 仪器设备

2.1 膨胀仪：见图 T 0125-1，其环刀内径 58mm，高 35mm，顶土块高 15mm。

2.2 固结仪。

2.3 百分表：量程 10mm，分度值 0.01mm。

2.4 天平：称量 200g，感量 0.01g。

2.5 其他：烘箱、干燥器、磁钵（附橡皮研杵）、修土刀、秒表、表面皿等。

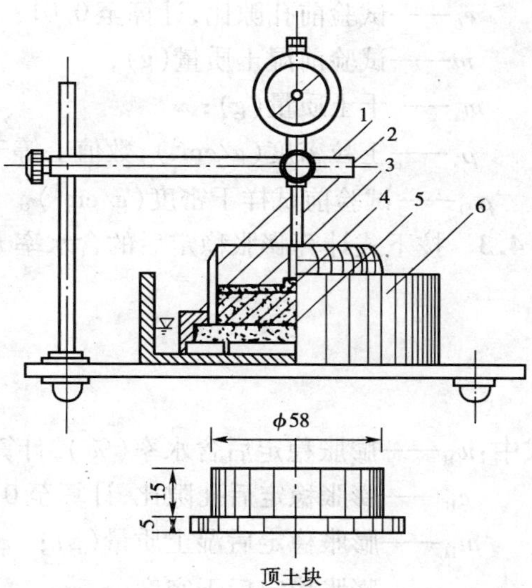

图 T 0125-1 膨胀仪（单位：mm）

1-环刀；2-底座；3-有孔活塞板；4-土样；5-透水石；6-水盆

3 试验步骤

3.1 按工程需要取原状土或制备成所需状态的扰动土样，整平其两端；在环刀内壁涂一薄层凡士林，刃口向下，放在土样上。用修土刀将土样修成略大于环刀直径的土柱，将环刀垂直下压，边压边修，直至土样进入环刀内的厚度超过 1cm 时为止。

3.2 齐环刀刃口将土样修平，用顶土块从刃口端顶入，齐环刀钝口将顶出的余土修去，制成厚度宜为 20mm 的试样，取出顶土块，擦净环刀外壁，称环、土总质量，准确至 0.01g。

3.3 在底座中置湿润的透水石 1 块，将环刀钝口端旋在底座上，使试样底面与透水石顶面接触，然后一并放到水盆中。

3.4 将有孔活塞板放在试样顶面上，对准活塞中心，将百分表装好，并记录百分表读数。

3.5 注纯水入盆，盆内水面须经常保持约与试样底面高度齐平。

3.6 记下开始注水时间，按 5min、10min、20min、30min、1h、2h、3h、24h 及以后第隔 24h 测记百分表读数，直至试样不再膨胀为止。

3.7 移去百分表，将试样从环刀内推出，放入表面皿中，称皿土合质量，准确至 0.01g。

3.8 将试样入烘箱，烘至恒量。取出，放在干燥器内，等冷却后称量，准确至0.01g。

4 结果整理

4.1 按下式计算任一时间的无荷载膨胀率：

$$\delta_e = \frac{\Delta H}{H_0} \times 100 \quad (T\ 0125\text{-}1)$$

$$\Delta H = R_t - R_0 \quad (T\ 0125\text{-}2)$$

式中：δ_e——时间 t 时土的无荷载膨胀率(%)，计算至0.1；

ΔH——时间 t 时试样膨胀的增量(mm)；

H_0——试样起始高度(mm)；

R_t——时间 t 时百分表读数(mm)；

R_0——试验开始时百分表读数(mm)。

4.2 按下式计算试验前的含水率 w_i 及孔隙比 e_0：

$$w_i = \frac{m - m_s}{m_s} \times 100 \quad (T\ 0125\text{-}3)$$

$$e_0 = \frac{\rho_s}{\rho_{d0}} - 1 \quad (T\ 0125\text{-}4)$$

式中：w_i——试验前含水率(%)，计算至0.1；

e_0——试验前孔隙比，计算至0.01；

m——试验前湿土质量(g)；

m_s——干土质量(g)；

ρ_s——土粒密度(g/cm^3)，数值上等于土粒比重；

ρ_{d0}——试验前试样干密度(g/cm^3)。

4.3 按下式计算膨胀稳定后的含水率 w_H 及孔隙比 e_H：

$$w_H = \frac{m_H - m_s}{m_s} \times 100 \quad (T\ 0125\text{-}5)$$

$$e_H = \frac{\rho_s}{\rho_{dH}} - 1 \quad (T\ 0125\text{-}6)$$

式中：w_H——膨胀稳定后含水率(%)，计算至0.1；

e_H——膨胀稳定后孔隙比，计算至0.01；

m_H——膨胀稳定后湿土质量(g)；

ρ_{dH}——膨胀稳定后干密度(g/cm^3)。

4.4 如有需要，可以时间为横坐标，膨胀率为纵坐标，绘制膨胀率与经过时间的关系曲线。

4.5 本试验记录格式如表T 0125-1。

表T 0125-1 无荷载膨胀试验记录

工程编号______________ 试 验 者______________

土样编号______________ 计 算 者______________

土样说明______________ 校 核 者______________

土样体积 $V_1 = 53cm^3$ 试验日期______________

膨胀含水率测定

环刀编号			10
环刀+湿土质量(g)	(1)		181.4
环刀+干土质量(g)	(2)		161.2
环刀质量(g)	(3)		56.3
湿土质量(g)	(4)	(1)-(3)	125.1
干土质量(g)	(5)	(2)-(3)	104.9

膨胀含水率测定			续上表
环刀编号			10
水的质量(g)	(6)		20.2
含水率(%)	(7)	$\frac{(6)}{(5)}\times 100$	19.3
土体积(cm^3)	(8)	$V_1(1+V_H)$	60
密度(g/cm^3)	(9)	$\frac{(4)}{(8)}$	2.09
干密度(g/cm^3)	(10)	$\frac{(5)}{(8)}$	1.75
土粒比重	(11)		
孔隙比	(12)	$\frac{(11)}{(10)}-1$	0.55

无荷载膨胀率测定

测定时间			经过时间			百分表读数 R (mm)	膨胀率 δ_e (%)
d	h	min	d	h	min		$\frac{R_t-R_0}{H_0}\times 100$
15	8	30				0	
	9				30	0.10	0.5
	10			1	30	0.40	2.0
	12			3	30	0.50	2.5
	18			9	30	1.00	5.0
16	8			23	30	1.60	8.0
18	15		3	6	30	1.90	9.5
19	8		3	23	30	2.2	11.0
	18		4	9	30	2.4	12.0
20	8		4	23	30	2.5	12.5
22	8		6	23	30	2.6	13.0
23	8		7	23	30	2.6	13.0

4.6 精密度和允许差。

本试验应做两次平行测定,取其算术平均值,其平行差值应为:$\delta_e \geqslant 10\%$ 时不大于1%;$\delta_e < 10\%$ 时不大于0.5%。

5 报告

5.1 土的鉴别分类和代号。

5.2 土的无荷载膨胀率 δ_e 值(%)。

条文说明

1 无荷载膨胀率试验是测定试样在无荷载有侧限条件下浸水后的单向膨胀率,适用于原状土和击实土试样。

2 试样尺寸对膨胀率是有影响的。在统一的膨胀稳定标准下,膨胀率随试样高度的增加而减小,随直径的增大而增大。为了在无荷载条件下试验时间不致拖得太长，选用试样高20mm，直径58mm；即环刀内径58mm，高35mm，扣去顶土块高15mm，得净高为20mm。

3 膨胀率与土的自然状态关系非常密切。起始含水率、干密度都直接影响试验结果。为了防止透水石的水分影响初始读数，要求透水石先烘干，再埋置在切削试样剩余的碎土中1h，使大致具备与试样相同的湿度。

有些规程规定不放滤纸，以排除滤纸变形对试验结果的影响。但有时透水石会粘带试样表层土，使试验后物理指标的测定受到影响。国内有单位采用薄型滤纸（打字机中的垫纸），在不同压力下量测浸水前后的滤纸变形量相差很小，可以忽略对试验结果的影响。

试验用水的成分、离子浓度（pH值）和水温对膨胀率都有一定的影响。水溶液成分不同，交换离子越高的土，其膨胀率也越大。而当水溶液成分相同时，膨胀性随溶液浓度的增长而减弱。天然水的pH值对膨胀率的影响不大，远比溶液的成分和离子浓度的影响小。规程中规定采用纯水（蒸馏水）或天然水。

比较试验表明，6h内变形不超过0.01mm时，计算的膨胀率仅相差0.1%。因此，选用6h内变形不超过0.01mm作为无荷载膨胀率试验的稳定标准。

4 膨胀率与经过时间的关系曲线有需要时才绘制。

T 0126—1993 有荷载膨胀率试验

1 目的和适用范围

1.1 为了模拟覆盖压力或某一特定荷载条件，可按实际荷载大小做有荷载有侧限的膨胀率试验，或做不同荷载下的膨胀率试验。

1.2 本试验方法适用于测定原状土或击实黏质土在特定荷载下的膨胀率，或测定荷载与膨胀的关系曲线。

2 仪器设备

2.1 主要仪器为固结仪。

2.1.1 膨胀仪：见图T 0126-1，其环刀内径58mm，高35mm，顶土块高15mm。

2.1.2 固结仪：备一个等直径的环刀接环，接高10mm。

2.1.3 百分表：量程10mm，分度值0.01mm。

2.1.4 天平：称量200g，感量0.01g。

2.1.5 其他：烘箱、干燥器、磁钵（附橡皮研杵）、修土刀、秒表、表面皿等。

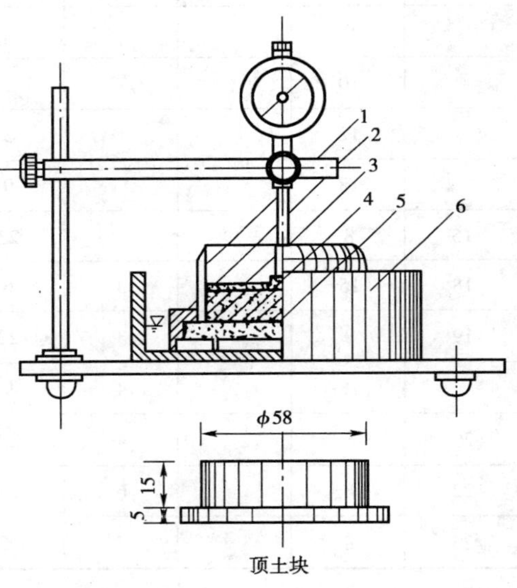

图T 0126-1 膨胀仪（单位：mm）

1-环刀；2-底座；3-有孔活塞板；4-土样；5-透水石；6-水盆

2.2 试验前，固结仪应在不同压力下进行变形校正。以膨胀仪容器代替压缩容器时，也应事先做好联合变形校正，并检查仪器的平衡状况和注水通路。

3 试验步骤

3.1 按工程需要取原状土或制备成所需状态的扰动土样，整平其两端；在环刀内壁涂一薄层凡士林，刃口向下，放在土样上。用修土刀将土样修成略大于环刀直径的土柱，将环刀垂直下压，边压边修，直至土样进入环刀内的厚度超过1cm时为止。

3.2 齐环刀刃口将土样修平，用顶土块从刃口端顶入，齐环刀钝口将顶出的余土修去，制成厚度宜为20mm的试样，取出顶土块，擦净环刀外壁，称环、土总质量，准确至0.01g。

3.3 试样放入容器后，放上透水石和盖板，安装百分表，施加1kPa的压力，使仪器各部分接触。百分表短针对准整数 3 或 4，长针对零，记下初读数。

3.4 一次或分级连续施加所要求的荷载。待每小时变形不超过 0.01mm 时，即认为变形稳定，随后向容器注入蒸馏水，并始终保持水面超过土顶面约 5mm，使试样自下而上浸水。

3.5 浸水后每隔 2h 测记百分表读数一次，至两次差值不超过 0.01mm 时为止。

3.6 放水，解除荷载，取出试样，擦干环壁及其他表面水，称量，烘干，计算膨胀后含水率和孔隙比。

3.7 需要时，可在膨胀稳定后，按砝码的具体情况，分 3～4 个等级，逐次退荷到零，并测定各级荷载下的膨胀稳定值。

4 结果整理

4.1 按下式计算有荷载膨胀率：

$$\delta_{ep}=\frac{R_t+R_p-R_0}{H_0}\times 100 \qquad (\text{T 0126-1})$$

式中：δ_{ep}——荷载 P(kPa)作用下的膨胀率(%)，计算至 0.1；

H_0——试样的初始高度(mm)；

R_t——荷载 P 作用下膨胀稳定后的百分表读数(mm)；

R_p——荷载 P 作用下仪器的压缩变形量(mm)；

R_0——试样加荷前百分表读数(mm)。

4.2 本试验记录格式如表 T 0126-1。

表 T 0126-1 有荷载膨胀试验记录

工程编号______________ 试 验 者______________

土样编号______________ 计 算 者______________

土样说明______________ 校 核 者______________

土样体积 $V_1=53\text{cm}^3$ 试验日期______________

膨胀含水率测定

环刀编号			10
环刀＋湿土质量(g)	(1)		181.4
环刀＋干土质量(g)	(2)		161.2
环刀质量(g)	(3)		56.3
湿土质量(g)	(4)	(1)－(3)	125.1
干土质量(g)	(5)	(2)－(3)	104.9
水的质量(g)	(6)		20.2
含水率(%)	(7)	$\frac{(6)}{(5)}\times 100$	19.3
土体积(cm^3)	(8)	$V_1(1+V_H)$	60
密度(g/cm^3)	(9)	$\frac{(4)}{(8)}$	2.09
干密度(g/cm^3)	(10)	$\frac{(5)}{(8)}$	1.75
土粒比重	(11)		
孔隙比	(12)	$\frac{(11)}{(10)}-1$	0.55

公路土工试验规程

有荷载膨胀率测定 续上表

测定时间			经过时间			百分表读数	膨胀率
d	h	min	d	h	min	R(mm)	δep(%)
							$\frac{R_t+R_p-R_0}{H_0}\times100$
15	8	30				0	
	9				30	0.10	0.5
	10			1	30	0.40	2.0
	12			3	30	0.50	2.5
	18			9	30	1.00	5.0
16	8			23	30	1.60	8.0
18	15		3	6	30	1.90	9.5
19	8		3	23	30	2.2	11.0
	18		4	9	30	2.4	12.0
20	8		4	23	30	2.5	12.5
22	8		6	23	30	2.6	13.0
23	8		7	23	30	2.6	13.0

4.3 精密度和允许差。

本试验应做两次平行测定，取其算术平均值，其平行差值应为：$\delta_{ep}\geqslant10\%$ 时不大于1%；$\delta_{ep}<10\%$ 时不大于0.5%。

5 报告

5.1 土的鉴别分类和代号。

5.2 土的有荷载膨胀率 δ_{ep} 值(%)。

条文说明

1 有荷载膨胀率试验是在有侧限条件下，按实际荷载大小测定原状土或击实黏质土的膨胀率。

2 本试验涉及加荷问题，所以瓦氏膨胀仪已完全不适用。目前应用比较普遍的仍是固结仪。仪器在压力下的变形会影响试验结果，应予校正。

3 为了保持试样始终浸在水中，要求注入至土样顶面以上5mm。为了方便排气，采取逐步加水。装百分表时，要考虑试验时可能发生沉降和胀升两种情况。

一次连续加荷是指将总荷载分成几级，一次连续加完。具体做法是如总荷载大于150kPa时，每级可定为5kPa；小于150kPa时，每级可定为2.5～4kPa。

同一种试样，荷载越大，稳定越快；无荷载时，膨胀稳定最慢。对不同试样，则反映出膨胀率越大，稳定越慢，历时越长。因此，本试验规定2h的读数差不超过0.01mm，作为稳定标准是可行的，但要防止因试样含水率较高或荷载过大产生的假稳定。因此，规程规定应测定试样试验前、试验后的含水率，计算孔隙比，根据计算的饱和度，推断试样是否已充分吸水膨胀。

T 0127—1993 膨胀力试验

1 目的和适用范围

1.1 膨胀力是土体在吸水膨胀时所产生的内应力。本试验用于测定试样在体积不变时由于膨胀所产生的最大内应力。

1.2 本试验方法适用于原状土和击实土试样，采用加荷平衡法。

2 仪器设备

2.1 单轴固结仪：见图 T 0127-1，试样面积 $30cm^2$ 和 $50cm^2$，高 2cm。附杠杆式加压设备。为了加荷方便准确，宜用铁砂和盛砂桶代替砝码和吊盘。

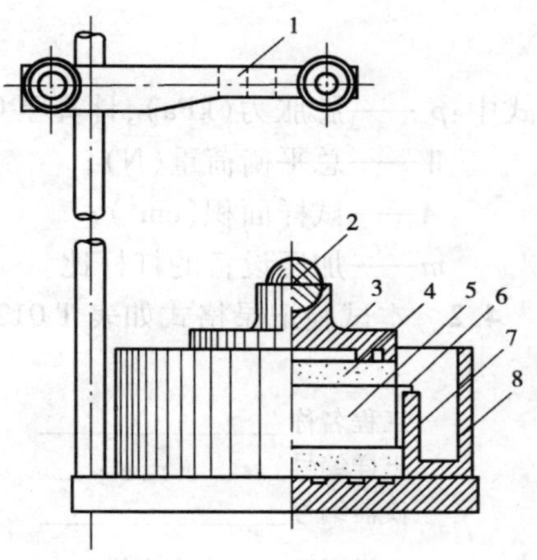

图 T 0127-1　固结仪

1-量表架；2-钢珠；3-加压上盖；4-透水石；5-试样；6-环刀；7-护环；8-水槽

2.2 环刀：直径为 61.8mm 和 79.8mm，高度为 20mm。环刀应具有一定的刚度，内壁应保持较高的光洁度，宜涂一薄层硅脂或聚四氟乙烯。

2.3 透水石：由氧化铝或不受土腐蚀的金属材料组成，其透水系数应大于试样的渗透系数。用固定式容器时，顶部透水石直径小于环刀内径 0.2～0.5mm；当用浮环式容器时，上下部透水石直径相等。

2.4 变形量测设备：量程 10mm，最小分度为 0.01mm 的百分表或零级位移传感器。

2.5 其他：天平、秒表、烘箱、钢丝锯、刮土刀、铝盒等。

3 试验步骤

3.1 制样和装样

3.1.1 制样

(1) 根据工程需要切取原状土样或制备所需湿度密度的扰动土样。切取原状土样时，应使试样在试验时的受压情况与天然土层受荷方向一致。

(2) 用钢丝锯将土样修成略大于环刀直径的土柱。然后用手轻轻将环刀垂直下压，边压边修，直至环刀装满土样为止。再用刮刀修平两端，同时注意刮平试样时，不得用刮刀往复涂抹土面。在切削过程中，应细心观察试样并记录其层次、颜色和有无杂质等。

(3) 擦净环刀外壁，称环刀与土总质量，准确至 0.1，并取环刀两面修下的土样测定含水率。试样需要饱和时，应进行抽气饱和。

3.1.2 装样

(1) 在切好土样的环刀外壁涂一薄层凡士林然后将刀口向下放入护环内。

(2) 将底板放入容器内，底板上放透水石、滤纸，借助提环螺丝将土样环刀及护环放入容器中，土样上面覆滤纸、透水石，然后放下加压导环和传压活塞，使各部密切接触，调整杠杆平衡系统，使之水平，保持平稳。

3.2 施加 1kPa 的预压力，使试样与仪器各部接触。安好百分表，调节指针位置，记下初读数。随后自下而上地向容器注入蒸馏水，并始终保持水面足够低，而不致使试样受到太大的上浮力。

3.3 当百分表指针顺时针转动时，说明土体开始膨胀，立即往盛砂桶加适量铁砂，使百分表指针仍回到初读数。加铁砂要避免冲击力。

3.4 及时称余砂重（铁砂总重 - 余砂重 = 平衡荷重）。当平衡荷重足以产生仪器变形时，在加下一级平衡荷重时，百分表指针应反方向转动以扣除与该级平衡荷重相应的仪器变形量。

3.5 当测试时间过长需要中断试验时，可用杠杆上下的固定螺旋或磅秤上的制动栓，在维持百分表指针不变的条件下，将其固定，以保证中断期间试样不发生膨胀变形。

3.6 维持某级平衡荷重达 2h 或更长而得到恒定试样高度时，则试样在该级平衡荷重下达到稳定。

3.7 试验结束后，吸去容器内水，卸除荷重，取出试样，称试样质量，并测定含水率。

4 结果整理

4.1 膨胀力按下式计算：

$$p_e = \frac{W \times m}{A} \qquad (\mathrm{T\ 0127\text{-}1})$$

式中：p_e——膨胀力(kPa)，计算至 0.1；

W——总平衡荷重(N)；

A——试样面积(cm^2)；

m——加压设备的杠杆比。

4.2 本试验记录格式如表 T 0127-1。

表 T 0127-1 膨胀力试验记录

工程名称__________ 试 验 者__________

土样编号__________ 计 算 者__________

仪器编号__________ 校 核 者__________

土样说明 击实土样 试验日期__________

日期(d h min)	荷重(铁砂总重 50N)			仪器变形量(mm)	试验前后状态
	余砂量(N)	平衡荷重(N)	压力(kPa)		
					试样面积 = $30cm^3$
4 8(浸水)					环 + 湿土质量 = 172g
10	48.2	1.8	7	0.01	环 + 试验后湿土质量 = 175.8g
16	46.0	4.0	16	0.03	环 + 干土质量 = 159g
26	40.5	9.5	38	0.04	环的质量 = 57g
50	35.7	14.7	57	0.06	起始含水率 = 12.8%
10 14	33.1	16.9	68	0.07	试验后含水率 = 16.2%
58	31.1	18.9	76	0.08	干密度 = $1.7g/cm^3$
11 44	30.2	19.8	80	0.09	比重 = 2.72
12 36	29.7	20.3	82	0.09	孔隙比 = 0.6
14 42	29.5	20.5	82	0.09	
16 42	29.5	20.5	82	0.09	
膨胀力(kPa)			82		杠杆比 1:12

4.3 精密度和允许差。

本试验应做两次平行测定，取其算术平均值，其平行差值应为：$p_e \geq 30$kPa 时不大于 5kPa；$p_e <$ 30kPa 时不大于 2kPa。

5 报告

5.1 土的鉴别分类和代号。

5.2 土的膨胀力 p_e 值(kPa)。

条文说明

1 膨胀力是黏质土遇水而产生的内应力。伴随此力的解除，土体发生膨胀，从而使土基上建筑物或路面等受到破坏。根据实测，当不允许土体发生膨胀时，有些黏质土的膨胀力可达 1 600kPa，所以对膨胀力的测定是有现实意义的。室内测定膨胀力的方法和仪器有多种，国内外采用最多的是以外力平衡内力的方法，即平衡法。实际应用时，应尽量接近现场原位情况。

2　为了加荷方便准确，常规固结仪应配以铁砂和盛砂筒，以代替砝码和吊盘。

3　在平衡法试验中，平衡不及时或施加过量的压力都会影响到潜能势的发挥。表 T 0127-2 的试验资料说明，膨胀力随允许变形值的增大而增加。当允许变形值由 0.01mm 增至 0.1mm 时，膨胀力将提高 50% 左右。为了提高试验质量，允许变形量应限制到 0.005mm。但由于仪器本身的变形和量测精度不够，由此而引起操作上的困难，所以本试验规定允许变形值为 0.01mm。要求对变形较大的仪器（如固结仪），在施加平衡荷载时，注意使百分表指针不要退回到初读数，而是指向与压力相对应的仪器变形位置。还规定在加荷平衡时，指针应指向小于平衡位置 0.01mm 范围内，目的是为等待压缩稳定和为累积仪器变形值留有余地。

表 T 0127-2　试样允许变形与膨胀力的关系

允许变形值(mm)	密度(g/cm^3)	孔隙比	试验前含水率(%)	试验后含水率(%)	膨胀力(kPa)
0.01	2.0	0.61	16.9	22.3	119
0.05	2.0	0.61	16.9	22.3	140
0.10	2.0	0.61	16.8	22.1	182
0.20	2.0	0.61	16.6	21.9	208

在稳定时间问题上，试验资料表明，达到最大膨胀力的时间并不长，浸水后 3 ~ 5h 内变化较大，以后则趋于平缓。因此，规定以加荷平衡后 2h 不再膨胀作为稳定标准是可行的。

29　冻土试验

T 0179—2007　冻土密度浮称法试验

1　目的和适用范围

1.1　冻土密度是冻土单位体积的质量，它是冻土的基本物理特性指标之一。冻土密度试验应根据冻土的特点和试验条件选用不同的试验方法。本试验方法适用于原状冻土和人工冻土。

1.2　浮称法适用于表面无显著孔隙的冻土。

2　仪器设备

2.1　天平(图 T 0179-1)：称量 1 000g，分度值 0.1g。

2.2　液体密度计：分度值为 0.001g/cm^3。

2.3　温度计：测量范围为 -30～+20℃，分度值为 0.1 ℃。

2.4　量筒：容积为 1 000mL。

2.5　盛液筒：容积为 1 000～2 000mL。

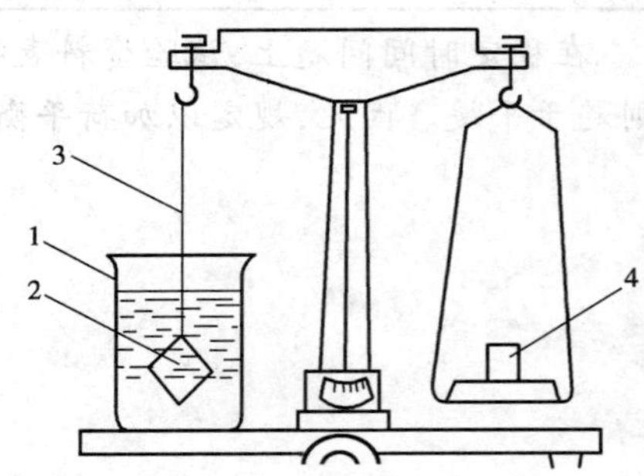

图 T 0179-1　浮重天平

1-盛液筒；2-试样；3-细线；4-砝码

3　试验步骤

3.1　调整天平，将盛液筒置于天平一端。

3.2　切取质量为 300～1 000g 的冻土试样，用细线捆紧，放入盛液筒中并悬吊在天平挂钩上称量，准确至 0.1g。

3.3　将事先预冷接近冻土试样温度的煤油缓慢注入盛液筒，液面宜超过试样顶面 2cm，并用温度计量测煤油温度，准确至 0.1℃。

3.4　称取试样在煤油中的质量，准确至 0.1g。

3.5　从煤油中取出冻土试样，削去表层带煤油的部分，然后按规定取样测定冻土的含水率。

3.6　采用 0℃水时，应快速测定，试样表面不得发生融化。

4　结果整理

4.1　按下列两式计算冻土密度 ρ_f：

$$\rho_f = \frac{m_1}{V} \tag{T 0179-1}$$

$$V = \frac{m_1 - m_2}{\rho_m} \tag{T 0179-2}$$

式中：ρ_f——冻土密度(g/cm^3)，计算至 0.01；

V——冻土试样体积(cm^3)；

m_1——冻土试样质量(g)；

m_2——冻土试样在煤油中的质量(g)；

ρ_m——试验温度下煤油的密度(g/m^3)，可由煤油密度与温度关系曲线查得。

4.2　按下式计算冻土干密度：

$$\rho_{fd} = \frac{\rho_f}{1 + 0.01w} \quad (T\ 0179\text{-}3)$$

式中：ρ_{fd}——冻土干密度（g/cm^3），计算至0.01；

w——冻土的含水率（%）。

4.3 本试验记录格式如表T 0179-1。

表T 0179-1 冻土密度试验记录表（浮称法）

工程名称________ 试验者________

钻孔编号________ 计算者________

试验日期________ 校核者________

试样编号	土样描述	煤油温度（℃）	煤油密度（g/cm^3）	试样质量（g）	试样在油中质量（g）	试样体积（cm^3）	密度（g/cm^3）	平均值（g/cm^3）
		(1)	(2)	(3)	(4)	(5)	(6)	(7)
						$\frac{(3)-(4)}{(2)}$	$\frac{(3)}{(5)}$	

4.4 试验应进行不少于两组平行试验。对于整体状构造的冻土，两次测定的差值不应大于0.03g/cm^3，并取其算术平均值；对于层状和网状构造和其他富冰冻土，宜提供两次测定值。

5 报告

5.1 冻土的鉴别分类和代号。

5.2 冻土的密度ρ_f值。

5.3 冻土的干密度ρ_{fd}值。

条文说明

冻土密度试验宜在负温环境下进行。无负温环境时，应采取保温措施和快速测定。在试验过程中，冻土表面不得发生融化。

1 冻土密度是冻土的基本物理指标之一。它是冻土地区工程建设中计算土的冻结或融化深度、冻胀或融沉、冻土热学和力学指标、验算冻土地基强度等所需的重要指标。测定冻土的密度，关键是准确测定试样的体积。

3 考虑到国内不少单位没有低温试验室，故规定无负温环境时应保持试验过程中试样表面不得发生融化，以免改变冻土的体积。

T 0180—2007 冻土密度浮力法试验

1 目的和适用范围

浮力法适用于表面无显著孔隙的冻土。本试验方法适用于原状冻土和人工冻土。

2 仪器设备

2.1 浮力仪(含电子天平)(图 T 0180-1):称量大于 1 000g 以上,感量 0.001g。

2.2 液体密度计:分度值为 0.001g/cm^3。

2.3 温度计:测量范围为 -30 ~ +20℃,分度值为0.1 ℃。

2.4 量筒:容积为 1 000mL。

2.5 盛液筒:容积为 1 000 ~2 000mL。

3 试验步骤

3.1 调整天平,将盛液筒置于天平上。

3.2 切取质量为 300 ~1 000g 的冻土试样,称重量 m_1,准确至 0.1g。用细线捆紧,放入盛液筒中并悬吊在挂钩上。

3.3 将事先预冷接近冻土试样温度的煤油缓慢注入盛液筒,液面宜超过试样顶面 2cm,并用温度计量测煤油温度,准确至 0.1 ℃。

3.4 称烧杯、杯中煤油和悬没煤油中的试样的总质量 m_2,准确至 0.1g。

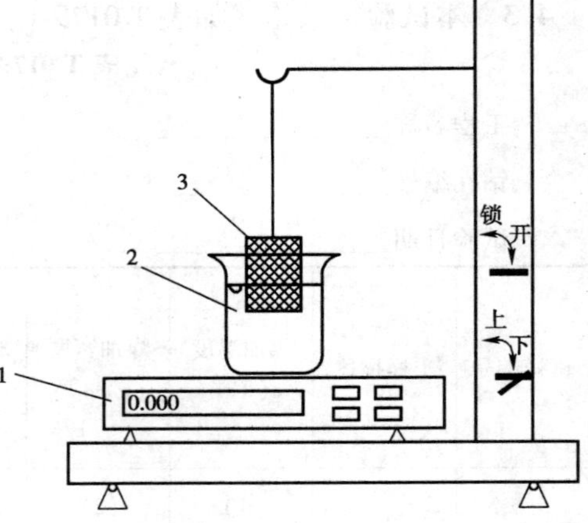

图 T 0180-1 浮力仪

1-电子天平;2-盛液筒;3-盛粗粒土的铁丝筐

3.5 从煤油中取出冻土试样,削去表层带煤油的部分,然后按规定取样测定冻土的含水率 w。

4 结果整理

4.1 按下式计算冻土密度:

$$\rho_f = \frac{m_1}{V} \tag{T 0180-1}$$

$$V = \frac{m_2 - m_3}{\rho_m} \tag{T 0180-2}$$

式中:ρ_f——冻土密度(g/cm^3),计算至 0.001;

V——冻土试样体积(cm^3);

m_1——冻土试样质量(g);

m_2——烧杯、杯中煤油和悬没煤油中的冻土试样的总质量(g);

m_3——烧杯、杯中煤油的质量(g);

ρ_m——试验温度下煤油的密度(g/m^3),可由煤油密度与温度关系曲线查得。

4.2 按下式计算冻土干密度:

$$\rho_{fd} = \frac{\rho_f}{1 + 0.01w} \tag{T 0180-3}$$

式中 ρ_{fd}——冻土干密度(g/cm^3),计算至 0.001;

ρ_f——冻土密度(g/cm^3);

w——冻土含水率(%)。

4.3 本试验记录格式如表 T 0180-1。

4.4 试验应进行不少于两组平行试验。对于整体状构造的冻土,两次测定的差值不应大于 0.03g/cm^3,并取其算术平均值;对于层状和网状构造和其他富冰冻土,宜提供两次测定值。

5 报告

5.1 冻土的鉴别分类和代号。

5.2 冻土的密度 ρ_f 值。

5.3 冻土的干密度 ρ_{fd}值。

表 T 0180-1　冻土密度试验记录表(浮力法)

工程名称＿＿＿＿＿＿＿＿　　　试验日期＿＿＿＿＿＿＿＿

试 验 者＿＿＿　计算者＿＿＿　　校 核 者＿＿＿＿＿＿＿＿

野外编号	室内编号	温度 T (℃)	某一温度下煤油的相对密度	冻土质量 m_1 (g)	烧杯、杯中水和悬没煤油中的冻土试样的浮力 m_2(g)	烧杯和杯中水的质量 m_3 (g)	冻土密度 ρ_f (g/cm³)	冻土密度平均值 $\bar{\rho}_f$ (g/cm³)
		(1)	(2)	(3)	(4)	(5)	(6)	(7)
	1							
	2							

条文说明

本试验与(T 0179—2007)具有相同的物理试验原理。前者是测量物体放入液体后液体质量的增加量(即:物体所受到的浮力),而后者是测量物体受到液体浮力作用后的质量。

冻土密度试验宜在负温环境下进行。无负温环境时,应采取保温措施和快速测定。在试验过程中,冻土表面不得发生融化。

1　冻土密度是冻土的基本物理指标之一。它是冻土地区工程建设中计算土的冻结或融化深度、冻胀或融沉、冻土热学和力学指标、验算冻土地基强度等所需的重要指标。测定冻土的密度,关键是准确测定试样的体积。

3　考虑到国内不少单位没有低温试验室,故规定无负温环境时应保持试验过程中试样表面不得发生融化,以免改变冻土的体积。

T 0181—2007　冻土密度联合测定法试验

1　目的和适用范围

联合测定法适用于砂质土和层状、网状结构的黏质冻土。本试验方法适用于原状冻土和人工冻土。

2　仪器设备

2.1　排液筒:见图 T 0181-1。

2.2　台秤:称量:5kg,分度值 1g。

2.3　量筒:容量 1 000mL,分度值 10mL。

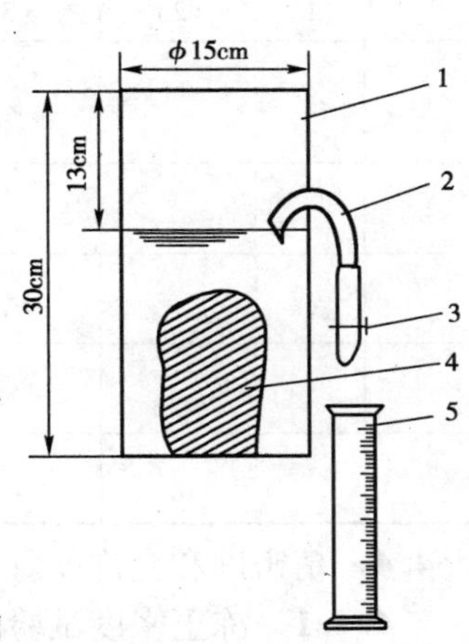

图 T 0181-1　排液管装置示意图
1-排液筒;2-虹吸管;3-止水夹;4-冻土试样;5-量筒

3　试验步骤

3.1　将排液筒置于台秤上,拧紧虹吸管止水夹。排液筒在台秤上的位置,在试验过程中不得移动。

3.2　取约为 1 000 ~ 1 500g 的冻土试样,并称质量。

3.3　将接近 0℃的清水缓慢倒入排液筒,使水面超过虹吸管顶。

3.4　松开虹吸管的止水夹,使排液筒中的水面徐徐下降,待水面稳定和虹吸管不再出水时,拧紧止水夹,称排液筒和水的质量。

3.5　将冻土试样轻轻放入排液筒中,随即松开止水夹,使排液筒中的水流入量筒内。

3.6 水流停止后，拧紧止水夹，立即称排液筒、水和试样质量。同时测读量筒中水的体积，用以校核冻土试样的体积。

3.7 使冻土试样在排液筒内充分融化成松散状态，澄清。补加清水使水面超过虹吸管顶。

3.8 松开止水夹，排水。当水流停止后，拧紧止水夹，并称排液筒、水和土颗粒质量。

3.9 在试验过程中应保持水面平稳，在排水和放入冻土试样时排液筒不得发生上下剧烈晃动。

4 结果整理

4.1 按下式计算冻土密度：

$$\rho_{\mathrm{f}} = \frac{m}{m + m_1 - m_2}\rho_{\mathrm{w}} \qquad (\mathrm{T\ 0181\text{-}1})$$

式中：ρ_{f}——冻土密度(g/cm^3)，计算至0.01；

m——冻土试样质量(g)；

m_1——筒加水的质量(g)；

m_2——筒、水和试样的质量(g)；

ρ_{w}——水的密度(g/cm^3)。

4.2 按下式计算冻土含水率：

$$w = \left[\frac{m(G_{\mathrm{s}} - 1)}{(m_3 - m_1)G_{\mathrm{s}}} - 1\right] \times 100 \qquad (\mathrm{T\ 0181\text{-}2})$$

式中：w——冻土含水率(%)，计算至0.1；

m——冻土试样质量(g)；

m_1——筒加水的质量(g)；

m_3——筒、水和土颗粒的质量(g)；

G_{s}——土颗粒的比重，可实测也可采用经验值。

4.3 本试验记录格式如表 T 0181-1。

表 T 0181-1 冻土密度和含水率试验记录表(联合测定法)

工程名称＿＿＿＿＿＿＿＿ 试验者＿＿＿＿＿＿＿＿
钻孔编号＿＿＿＿＿＿＿＿ 计算者＿＿＿＿＿＿＿＿
试验日期＿＿＿＿＿＿＿＿ 校核者＿＿＿＿＿＿＿＿

试样编号	试样质量 m(g)	筒加水质量 m_1 (g)	筒加水加土样质量 m_2(g)	筒加水加土颗粒质量 m_3 (g)	土粒比重 G_{s}	土样体积 V (cm^3)	密度 ρ_{f} (g/cm^3)	含水率 w (%)
	(1)	(2)	(3)	(4)	(5)	(6)	(7)	(8)
						$\frac{(1)+(2)+(3)}{\rho_{\mathrm{w}}}$	$\frac{(1)}{(6)}$	$\frac{(1)\times[(5)-1]}{[(4)-(2)]\times(5)}-1$

4.4 精密度和允许差。

4.4.1 冻土密度试验应进行不少于两组平行试验。对于整体状构造的冻土，两次测定的差值不应大于0.03g/cm^3，并取其算术平均值；对于层状和网状构造和其他富冰冻土，宜提供两次测定值。

4.4.2 冻土含水率试验须进行二次平行测定，取其算术平均值。允许平行差值应符合表 T 0181-2 规定。

表 T 0181-2　冻土含水率测定的允许平行差值

含水率(%)	允许平行差值(%)	含水率(%)	允许平行差值(%)
5 以下	0.3	40 以上	≤2
40 以下	≤1		

5　报告

5.1　冻土的鉴别分类和代号。

5.2　冻土的密度 ρ_f 值。

5.3　冻土的含水率 w 值。

条文说明

联合测定法是采用一个试样,同时测定密度和含水率两个指标。这种方法对冻土更为适用。由于冻土的结构极不均匀,用一般方法分别取试样测定冻土的含水率和密度,往往使这些指标间彼此不协调。用联合测定法同时测定含水率和密度,这样就能克服分别测定时存在的缺点,使试验资料彼此协调。

联合测定法是通过量测已知质量的试样所排开水的体积来求得容重(或密度),并利用颗粒比重来计算含水率。在计算中取水的密度为 $1g/cm^3$,温度对水的密度的影响可以忽略不计。

联合测定法只适用于易分散的层状和网状结构的黏质土和砂质土。

冻土密度试验宜在负温环境下进行。无负温环境时,应采取保温措施和快速测定。在试验过程中,冻土表面不得发生融化。

冻土密度是冻土的基本物理指标之一。它是冻土地区工程建设中计算土的冻结或融化深度、冻胀或融沉、冻土热学和力学指标、验算冻土地基强度等所需的重要指标。测定冻土的密度,关键是准确测定试样的体积。

考虑到国内不少单位没有低温试验室,故规定无负温环境时应保持试验过程中试样表面不得发生融化,以免改变冻土的体积。

冻土的基本构造有整体状、层状和网状,不同构造的冻土的均匀性差别较大。因此,冻土密度平行试验的差值较之融土密度平行试验的差值要大。整体状的冻土的结构一般比较均匀,故要求平行试验差值为 $0.03g/cm^3$,与融土试验的规定一致;而层状和网状构造冻土的结构均匀性差,平行试验的差值往往大于 $0.03g/cm^3$,此时,可以提供试验值的范围。冻土含水率二次平行试验的允许差与融土试验的规定一致。

T 0182—2007　冻土密度环刀法试验

1　目的和适用范围

环刀法适用于温度高于 -3℃的黏质和砂质冻土。本试验方法适用于原状冻土和人工冻土。

2　仪器设备

2.1　环刀:容积应大于或等于 $500cm^3$。

2.2　天平:称量 2 000g,分度值 0.2g。

2.3　其他:切土器、钢丝锯等。

3　试验步骤

3.1　本试验宜在负温环境中进行。无负温环境时,必须快速进行。切样和试验过程中的试样表面不得发生融化。

3.2 取原状土样，整平其两端，将环刀刃口向下放在土样上。

3.3 用切土刀(或钢丝锯)将土样削成略大于环刀直径的土柱，然后将环刀垂直下压，边压边削，至土样伸出环刀为止。将两端余土削去修平，取剩余的代表性土样测定含水率。

3.4 擦净环刀外壁称量环刀加湿土质量 m_1 和环刀质量 m_2，计算出湿土质量 m，准确至0.2g。

4 结果整理

4.1 按下列两式计算冻土密度和干密度：

$$\rho_f = \frac{m}{V} \tag{T 0182-1}$$

$$\rho_{fd} = \frac{\rho_f}{1 + 0.01w} \tag{T 0182-2}$$

$$m = m_1 - m_2$$

式中：ρ_f——密度(g/cm^3)，计算至0.01；

ρ_{fd}——干密度(g/cm^3)，计算至0.01；

V——湿土体积(cm^3)；

m_1——环刀加湿土质量(g)，准确至0.2；

m_2——环刀质量(g)，准确至0.2；

m——湿土质量(g)；

w——含水率(%)。

4.2 本试验记录格式如表T 0182-1。

表T 0182-1 冻土密度试验记录表(环刀法)

工程名称________ 试验者________

钻孔编号________ 计算者________

试验日期________ 校核者________

试样编号	土样描述	试样体积(cm^3)	湿土质量(g)	湿密度(g/cm^3)	含水率(%)	干密度(g/cm^3)	平均干密度(g/cm^3)
		(1)	(2)	$(3)=\frac{(2)}{(1)}$	(4)	$(5)=\frac{(3)}{1+0.01\times(4)}$	(6)

4.3 精密度和允许差。

本试验应进行两次平行试验。其平行差值不应大于0.03g/cm^3。取其算术平均值。

5 报告

5.1 冻土的鉴别分类和代号。

5.2 冻土的密度 ρ_f 值。

5.3 冻土的干密度 ρ_{fd} 值。

条文说明

冻土密度试验宜在负温环境下进行。无负温环境时,应采取保温措施和快速测定。在试验过程中,冻土表面不得发生融化。

冻土密度是冻土的基本物理指标之一。它是冻土地区工程建设中计算土的冻结或融化深度、冻胀或融沉、冻土热学和力学指标、验算冻土地基强度等所需的重要指标。测定冻土的密度,关键是准确测定试样的体积。

考虑到国内不少单位没有低温试验室,故规定无负温环境时应保持试验过程中试样表面不得发生融化,以免改变冻土的体积。

T 0183—2007　冻土密度充砂法试验

1　目的和适用范围

充砂法用于表面有明显孔隙的冻土。本试验方法适用于原状冻土和人工冻土。

2　仪器设备

2.1　金属测筒:内径宜用 15cm,高度宜用 13cm。

2.2　量砂:粒径 0.25 ~ 0.5mm 的干净标准砂。

2.3　漏斗:上口直径可为 15cm,下口直径为 1.5cm,高度为 10cm。

2.4　天平:称量 5 000g,分度值 1g。

3　试验步骤

3.1　切取冻土试样。试样宜取直径为 8 ~ 10cm 的圆形或 $l \times b \times h$[(8 ~ 10 cm) × (8 ~ 10 cm) × (8 ~ 10 cm)]的方体。试样底面必须削平。称试样质量。

3.2　将试样平面朝下放入测筒内。试样底面与测筒底面必须接触紧密。

3.3　用标准砂充填冻土试样与筒壁之间的空隙和试样顶面。

3.3.1　取一定量的清洗干净校准后的干燥标准砂。标准砂的温度应接近冻土试样的温度。

3.3.2　用漏斗架将漏斗置于测筒上方。漏斗下口与测筒上口应保持 5 ~ 10cm 的距离。

3.3.3　用薄板挡住漏斗下口,并将标准砂充满漏斗后移开挡板,使砂充入测筒。与此同时,不断向漏斗补充标准砂,使砂面始终保持与漏斗上口齐平。在充砂过程中不得敲击或振动漏斗和测筒。

3.3.4　当测筒充满标准砂后,移开漏斗,轻轻刮平砂面,使之与测筒上口齐平。在刮砂过程中不应将砂压密。

3.4　称测筒、试样和充砂的总质量。

4　结果整理

4.1　按下列三式计算冻土密度:

$$\rho_f = \frac{m}{V} \tag{T 0183-1}$$

$$V = V_0 - \left(\frac{m_3 - m_1 - m}{\rho_s}\right) \tag{T 0183-2}$$

$$\rho_s = \frac{m_2 - m_1}{V_0} \tag{T 0183-3}$$

式中:ρ_f——冻土密度(g/cm^3),计算至 0.01;

m——冻土试样质量(g)；

V——试样体积(cm^3)；

V_0——测筒容积(cm^3)；

m_1——测筒质量(g)；

m_2——筒、砂总质量(g)；

m_3——测筒、试样和量砂的总质量(g)；

ρ_s——量砂的密度(g/cm^3)。

4.2 本试验记录格式如表 T 0183-1。

表 T 0183-1 冻土密度试验记录表(充砂法)

工程名称____________ 试验者____________

钻孔编号____________ 计算者____________

试验日期____________ 校核者____________

试样编号	测筒质量(g)	试样质量(g)	测筒、试样加量砂质量(g)	量砂质量(g)	量砂密度(g/cm^3)	测筒容积(cm^3)	试样体积(cm^3)	冻土密度(g/cm^3)	平均密度(g/cm^3)
	(1)	(2)	(3)	(4)	(5)	(6)	(7)	(8)	(9)
				(3)-(1)-(2)			$(6)-\frac{(4)}{(5)}$	$\frac{(2)}{(7)}$	

4.3 精密度和允许差。

本试验需进行两次平行测定,其平行差值不大于0.03g/cm^3,取算术平均值。

5 报告

5.1 冻土的鉴别分类和代号。

5.2 冻土的密度ρ_f值。

条文说明

为了适应冻土结构的不均匀性,所用环刀容积要大一些,但太大会增加取样的困难。环刀尺寸国外有的采用直径为100~120mm,高度为80~100mm。本规程规定不宜小于500cm^3。

冻土密度试验宜在负温环境下进行。无负温环境时,应采取保温措施和快速测定。在试验过程中,冻土表面不得发生融化。

冻土密度是冻土的基本物理指标之一。它是冻土地区工程建设中计算土的冻结或融化深度、冻胀或融沉、冻土热学和力学指标、验算冻土地基强度等所需的重要指标。测定冻土的密度,关键是准确测定试样的体积。

考虑到国内不少单位没有低温试验室,故规定无负温环境时应保持试验过程中试样表面不得发生融化,以免改变冻土的体积。

T 0184—2007 冻结温度试验

1 目的和适用范围

本试验的目的是用量热法测定土体的冻结温度。本试验方法适用于原状和扰动的黏质土和砂质土。

2 仪器设备

2.1 仪器设备包括零温瓶、低温瓶、测温设备及试样杯等，如图 T 0184-1 所示。

2.1.1 零温瓶：容积为 3.57L，内盛冰水混合物（其温度应为 0℃ ±0.1 ℃）。

2.1.2 低温瓶：容积为 3.57L，内盛低融冰晶混合物，其温度宜为 -7.6 ℃。

2.1.3 测温设备：由热电偶和数字电压表组成。热电偶宜用 0.2mm 的铜和康铜线材制成。数字电压表：量程 2mV，分度值为 1μV。

2.1.4 试样杯：用黄铜制成，直径 3.5cm，高 5cm，带有杯盖。

2.2 其他：用于配制低融冰晶混合物的氯化钠、氯化钙，硬质聚氯乙烯管（直径 5cm，长 25cm），切土刀等。

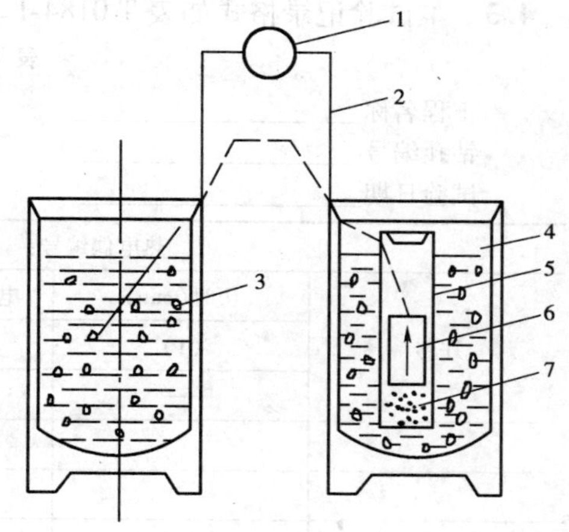

图 T 0184-1 冻结温度试验装置示意图

1-数字电压表；2-热电偶；3-零温瓶；4-低温瓶；5-塑料管；6-试样杯；7-干砂

3 试验步骤

3.1 原状土试验

3.1.1 土样应按自然沉积方向放置。剥去蜡封和胶带，开启土样筒取出土样。

3.1.2 试样杯内壁涂一薄层凡士林，杯口向下放在土样上。将试样杯垂直下压，并用切土刀沿杯外壁切削土样。边压边削至土样达到试样杯高度，用钢丝锯整平杯口，擦净外壁，盖上杯盖，并取余土测定含水率。

3.1.3 将热电偶的测温端插入试样中心，杯盖周侧用硝基漆密封。

3.1.4 零温瓶内装入用纯水制成的冰块，冰块直径应小于 2cm，再倒入纯水，使水面与冰块面相平，然后插入热电偶零温端。

3.1.5 低温瓶内装入用浓度 2mol/L 氯化钠等溶液制成的盐冰块，其直径应小于 2cm，再倒入相同浓度的氯化物溶液，使之与冰块面相平。

3.1.6 将封好底且内装 5cm 高干砂的塑料管插入低温瓶内，再把试样杯放入塑料管内。然后，塑料管口和低温瓶口分别用橡皮塞和瓶盖密封。

3.1.7 将热电偶测定端与数字电压表相连，每分钟测量一次热电势，当电势值突然减少并连续 3 次稳定在某一数值（相应的温度即为冻结温度），试验结束。

3.2 扰动冻土试验

3.2.1 称取风干土样，平铺于搪瓷盘内，按所需的加水量将纯水均匀喷洒在土样上，充分拌匀后装入盛土器内盖紧，润湿 24h（砂质土的润湿时间可酌减）。

3.2.2 将制配好的土样装入试样杯中，以装实装满为止。杯口加盖。将热电偶测温端插入试样中心。杯盖周侧用硝基漆密封。

3.2.3 按本试验 3.1.4 ~ 3.1.7 的规定进行试验。

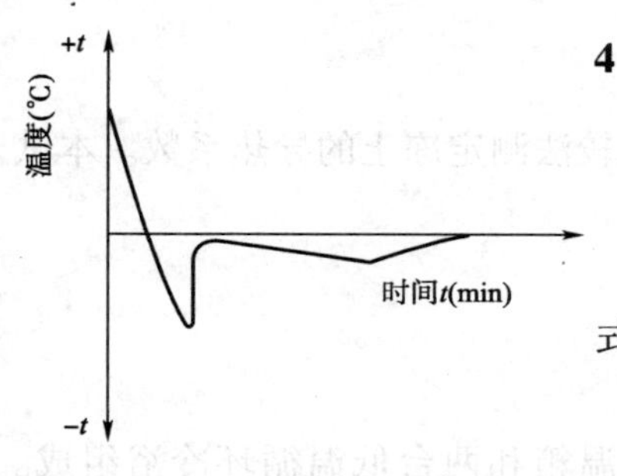

图 T 0184-2 土的冻结过程曲线

4 结果整理

4.1 按下式计算冻结温度：

$$t = \frac{V}{K} \qquad (\text{T 0184-1})$$

式中：t——冻结温度（℃），计算至 0.1；

V——热电势跳跃后的电压稳定值（μV）；

K——热电偶的标定系数（℃/μV）。

4.2 绘制温度和时间过程曲线，如图 T 0184-2。

4.3 本试验记录格式如表 T 0184-1。

表 T 0184-1 冻结温度试验记录表

工程名称________________　　试验者________________

钻孔编号________________　　计算者________________

试验日期________________　　校核者________________

热电偶编号：	热电偶系数 K	(℃/μV)		
序号	历时(min)	电压表示值(μV)	实际温度(℃)	备 注
	(1)	(2)	(3)	
	—	—	(2)/K	

5 报告

5.1 冻土的鉴别分类和代号。

5.2 冻土的冻结温度 t 值。

条文说明

1 土的冻结是以土中孔隙水结晶为表征。冰结温度是判别土是否处于冻结状态的指标。纯水的结冰温度为 0 ℃,土中水分由于受到土颗粒表面能的束缚且含有化学物质,其冻结温度均低于 0 ℃。土的冻结温度主要取决于土颗粒的分散度、土中水的化学成分和外加载荷。

2 本试验采用热电偶测温法,因此需要零温瓶和低温瓶。若采用贝克曼温度计(分辨度为 0.05℃、量程为 -10 ~ +20℃)测温,则可省略温瓶、数字表和热电偶。

3.1.7 土中的液态水变成固态的冰这一结晶过程大致要经历三个阶段:先形成很小的分子集团,称为结晶中心或称生长点(germs);再由这种分子集团生长变成稍大一些团粒,称为晶核(nuclei);最后由这些小团粒结合或生长,产生冰晶(icecrystal)。从冻结过程的温度曲线上,可以看出:第一阶段,土体开始冷却和过冷,此时土中尚未冻结成冰,其持续时间取决于土中的水量和冷却速度;第二阶段,土中冰晶已形成,由于水结晶而放出大量的潜热,使土体温度剧烈上升;第三阶段,孔隙水结冰阶段,这阶段中土体的稳定温度就是土中水的冻结温度。所以,土中水冻结的时间过程一般须经历过冷、跳跃、恒定及降低阶段,见本试验图 T 0184-2。当出现跳跃时,热电势会突然减小,接着稳定在某一数值,此即为开始冻结。因而规程中规定:"当电热值突然减小并连续 3 次稳定在某一数值(该稳定温度即为冻结温度),试验结束"。

T 0185—2007 冻土导热系数试验

1 目的和适用范围

导热系数是表示土体导热能力的指标。本试验的目的是用稳态比较法测定冻土的导热系数。本试验方法适用于扰动的黏质土和砂质土。

2 仪器设备

试验装置由恒热系统、测温系统和试样盒组成,见图 T 0185-1。

2.1 恒温系统:由两个尺寸为 $l \times b \times h$(50cm × 20cm × 50cm)的恒温箱和两台低温循环冷浴组成。恒温箱与试样盒接触面应采用 5mm 厚的平整铜板。两个恒温箱分别提供两个不同的负温环境(-10℃

和 -25℃)。恒温准确度应为 +0.1℃。

2.2 测温系统:由热电偶、零温瓶和量程为 2mV、分度值 1μV 的数字电压表组成。

2.3 试样盒:两只,其外形尺寸均为 $l \times b \times h$(25cm × 25cm × 25cm),盒的两侧为厚 5mm 的平整铜板。试样盒的另两侧、底面和上端盒盖应采用尺寸为 25cm × 25cm、厚 3mm 的胶木板。

3 试验步骤

3.1 将风干试样平铺在搪瓷盘内,按所需的含水率和土样制备要求制备土样。

3.2 将制备好的土样按要求的密度装入一个试样盒,装实装满后加盒盖。装土时,将两支热电偶的测温端放置在试样两侧铜板内壁的中心位置。

3.3 另一个试样盒装入石蜡,作为标准试样。装石蜡时,按要求安放两支热电偶。

3.4 将分别装好石蜡和试样的两个试样盒按图 T 0185-1 的方式安装好,驱动夹紧螺杆使试样盒和恒温箱的各铜板面紧密接触。

3.5 接通测温系统。

3.6 开动两个低温循环冷浴,分别设定冷浴循环液温度为 -10℃和 -25 ℃。

3.7 冷浴循环液达到要求温度后再运行 8h,开始测温。每隔 10min 测定一次标准试样和冻土试样两侧壁面的温度,并记录。当各点的温度连续 3 次测得的差值小于0.1℃时,试验结束。

3.8 取出冻土试样,测定其含水率和密度。

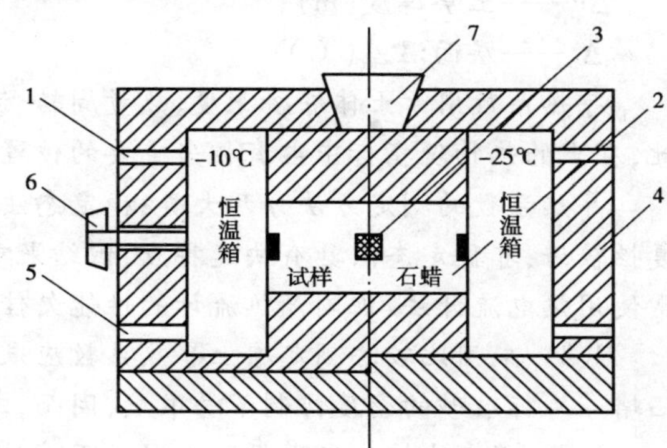

图 T 0185-1 导热系数试验装置示意图

1-冷浴循环液出口;2-试样盒;3-热电偶;4-保温材料;5-冷浴循环液进口;6-夹紧螺杆;7-保温盖

4 结果整理

4.1 按下式计算导热系数:

$$\lambda = \frac{\lambda_0 \Delta\theta_0}{\Delta\theta} \qquad \text{(T 0185-1)}$$

式中:λ——冻土导热系数[W/(m·K)],计算至 0.001;

λ_0——石蜡的导热系数,0.279W/(m·K);

$\Delta\theta_0$——石蜡样品盒内两壁面温差(℃);

$\Delta\theta$——待测试样盒两壁面温差(℃)。

4.2 本试验的记录表格式如表 T 0185-1 。

表 T 0185-1 冻土导热系数试验记录表

工程名称________ 试验者________ 校 核 者________

钻孔编号________ 计算者________ 试验日期________

试样含水率 w _____ % 石蜡导热系数 λ_0 0.279 W/(m·K) 试样密度 ρ _____ g/cm³

序号	时间(min)	石蜡样温差(℃)	试样温差(℃)	导热系数[W/(m·K)]	备 注
	(1)	(2)	(3)	(4)	
				λ_0(2)/(3)	

5 报告

5.1 冻土的鉴别分类和代号。

5.2 冻土的导热系数 λ 值。

条文说明

1 冻土导热系数是在单位厚土层,其层面温度相差1 ℃时,单位时间内在单位面积上通过的热量,它表示土体导热能力的指标。其表达式为:

$$\lambda = q\frac{\Delta h}{\Delta t}$$

式中:λ——冻土导热系数[W/(m·K)];

q——单位时间通过单位面积的热量[J/(m²·s)];

Δh——土层厚度(m);

Δt——层面温差(℃)。

导热系数用于土体冻融深度、热量周转、温度场计算以及冻土地区建筑工程有关的热工计算中。因此,在土的热物理指标中占有相当重要的位置。

导热系数的测定方法分两大类:稳定态法和非稳定态法。稳定态法测定时间较长,但试验结果的重复性较好;非稳定态法具有快速特点,但结果重复性较差。因此,本试验采用稳定态法。稳定态法中,通常使用热电流计法,但国产热流计的性能欠佳,故采用比较法,采用导热系数稳定的物质作为标准试样。

3.3 采用比较法测定冻土导热系数应采用导热系数稳定的物质作为标准试样。一般常用标准砂、石蜡等。标准砂的密度控制不易准确,因而,本规程采用石蜡作为标准试样。

3.7 稳态比较法应遵循测点温度不随时间而变化的原则,但实际上很难做到测点温度绝对不变。因此规定连续3次同一测点温差值小于0.1 ℃则认为已满足方法原理。

T 0186—2007 未冻含水率试验

1 目的和适用范围

未冻含水率是冻土物理力学性质变化的主导因子之一。本试验的目的是测定试样在不同初始含水率状态时的冻结温度,推算未冻含水率。本试验方法适用于黏质土和砂质土。

2 仪器设备

2.1 仪器设备包括零温瓶、低温瓶、测温设备及试样杯等,如图T 0186-1所示。

2.1.1 零温瓶:容积为3.57L,内盛冰水混合物(其温度应为0℃ ±0.1℃)。

2.1.2 低温瓶:容积为3.57L,内盛低融冰晶混合物,其温度宜为-7.6℃。

2.1.3 测温设备:由热电偶和数字电压表组成。热电偶宜用0.2mm的铜和康铜线材制成。数字电压表:量程2mV,分度值为1μV。

2.1.4 试样杯:用黄铜制成,直径3.5cm,高5cm,带有杯盖。

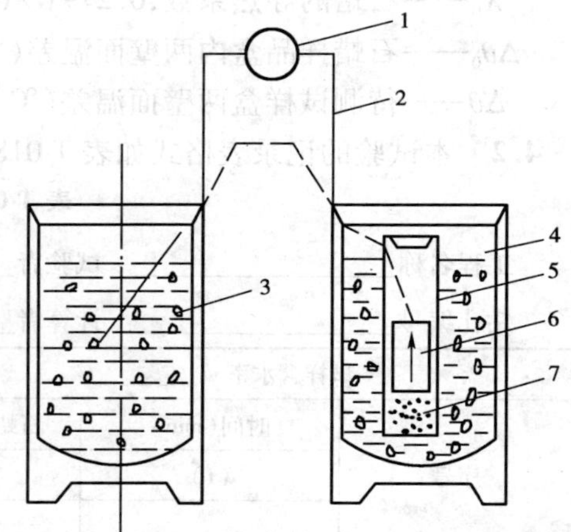

图T 0186-1 冻结温度试验装置示意图
1-数字电压表;2-热电偶;3-零温瓶;4-低温瓶;5-塑料管;6-试样杯;7-干砂

2.2 其他:用于配制低融冰晶混合物的氯化钠、氯化钙,硬质聚氯乙烯管(直径5cm,长25cm),切土刀等。

3 试验步骤

3.1 称取风干土样,平铺于搪瓷盘内,按所需的加水量将纯水均匀喷洒在土样上,充分拌匀后装入盛土器内盖紧，润湿 24h（砂质土的润湿时间可酌减）。按上述方法制备 3 个试样。其中 1 个试样按所需的加水量加纯水制备；另两个试样的加水量宜使试样处于液限和塑限状态作为初始含水率。

3.2 将制配好的土样装入试样杯中，以装实装满为止。杯口加盖。将热电偶测温端插入试样中心。杯盖周侧用硝基漆密封。

3.3 零温瓶内装入用纯水制成的冰块，冰块直径应小于 2cm，再倒入纯水，使水面与冰块面相平，然后插入热电偶零温端。

3.4 低温瓶内装入用浓度 2mol/L 氯化钠等溶液制成的盐冰块，其直径应小于 2cm，再倒入相同浓度的氯化物溶液，使之与冰块面相平。

3.5 将封好底且内装 5cm 高干砂的塑料管插入低温瓶内，再把试样杯放入塑料管内。然后，塑料管口和低温瓶口分别用橡皮塞和瓶盖密封。

3.6 将热电偶测定端与数字电压表相连，每分钟测量一次热电势，当电势值突然减少并连续 3 次稳定在某一数值（相应的温度即为冻结温度），试验结束。

4 结果整理

4.1 按下列三式计算未冻含水率：

$$w_n = A t_f^{-B} \qquad (T\ 0186\text{-}1)$$

$$A = w_L t_L^{B} \qquad (T\ 0186\text{-}2)$$

$$B = \frac{\ln w_L - \ln w_P}{\ln t_P - \ln t_L} \qquad (T\ 0186\text{-}3)$$

式中：w_n——未冻含水率（%），计算至 0.1；

w_L——液限（%）；

w_P——塑限（%）；

A、B——与土的性质有关的常数；

t_f——冻结温度（冰点）绝对值（℃）；

t_L——液限试样的冻结温度绝对值（℃）；

t_P——塑限试样的冻结温度绝对值（℃）。

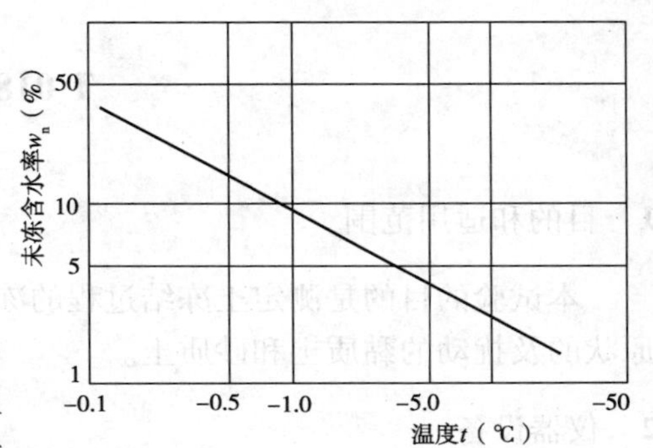

图 T 0186-2 未冻含水率与温度的关系

4.2 以含水率（w_L、w_P）为纵坐标，冻结温度为横坐标，在双对数纸上绘制关系曲线，如图 T 0186-2。从曲线上查得需测试样的冻结温度 T_f 相对应的含水率，即为未冻含水率。

4.3 本试验记录格式如表 T 0186-1。

表 T 0186-1 未冻含水率试验记录表

工程名称＿＿＿＿＿＿＿＿＿＿ 试验者＿＿＿＿＿＿＿＿＿＿

钻孔编号＿＿＿＿＿＿＿＿＿＿ 计算者＿＿＿＿＿＿＿＿＿＿

试验日期＿＿＿＿＿＿＿＿＿＿ 校核者＿＿＿＿＿＿＿＿＿＿

项 目	历时 (min)	电压表示值 (μV)	实际温度 (℃)	B	A	未冻含水率 w_n（%）
	(1)	(2)	(3)	(4)	(5)	(6)
			(2)/K			
冻结温度（冰点）绝对值 t_f（℃）						
液限试样的冻结温度绝对值 t_L（℃）						
塑限试样的冻结温度绝对值 t_P（℃）						

4.4 精密度和允许差

未冻含水率两次平行试验的差值，在 0 ～ −3℃ 范围内不超过 2%；低于 −3℃ 不超过 1%。

5 报告

5.1 冻土的鉴别分类和代号。

5.2 冻土的未冻含水率 w_n 值。

条文说明

1 在《土工试验规程》(SL 237—1999)中,将相对含冰量和未冻含水率两个指标进行联合测定,从总的含水率中减去测定的含冰量,即可得到未冻含水率。

测定的方法有许多种,诸如量热法、微波法、核磁共振法等。它们分别以热量平衡、微波吸收和核磁共振等原理为依据。量热法是一种经典的方法,其试验原理明确,具有一定的准确度,但操作及计算较繁;其他方法大都需要复杂而昂贵的仪器,一般单位难以采用。

本规程采用的方法是依据未冻含水率与负温为指数函数的规律,通过测定不同初始含水率的冻结温度(冰点),利用双对数关系计算出未冻含水率的两点法。该法能满足试验准确度的要求,同时,与冻结温度试验方法相同。

3.1 未冻含水率随初始含水率的变化略有变化。初始含水率过小,会因冰点测定不准而带来较大的误差。因此,不同初始含水率宜在液限和塑限之间。

3.2 可以将制备好的三个不同初始含水率的试样,同时放入装试样杯的聚氯乙烯管内,一起进行试验。

T 0187—2007 冻胀率试验

1 目的和适用范围

本试验的目的是测定土冻结过程的冻胀率,从而计算表征土冻胀性的冻胀率。本试验方法适用于原状的及扰动的黏质土和砂质土。

2 仪器设备

试验装置由试样盒、恒温箱和温控系统、温度监测系统、变形量测系统、补水系统及加压系统组成。

2.1 试样盒:由外径 120mm、壁厚为 10mm、高为 100mm 的有机玻璃筒作为侧壁,沿高度每隔 10mm 设热敏电阻温度计插入孔,底板和顶盖结构能提供恒温液循环和外界水源补充通道,如图 T 0187-1。

2.2 恒温箱:容积不小于 0.8m^3,内设冷液循环管路和加热器(功率为 500W),通过热敏电阻温度计与温度控制仪相连,使试验期间箱温保持在 1℃ ±0.5 ℃。

2.3 温度控制系统:由低温循环浴和温度控制仪组成,提供试验所需的顶、底板温度。

2.4 温度监测系统:由热敏电阻温度计、数字电压表组成,监测试验过程中土样、顶、底板温度和箱温变化。

2.5 补水系统:由恒定水位装置(图 T 0187-1)通过塑料管与顶板相连,水位应低于顶板与土样接触面 10mm。

2.6 变形监测系统:百分表或位移传感器(量程 30mm、分度值 0.01mm)。

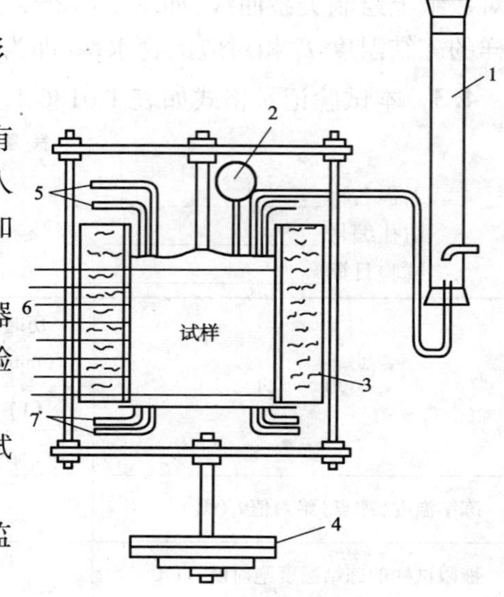

图 T 0187-1 试样盒结构示意图

1-供水装置;2-百分表;3-保温材料;4-加压装置;5-正温循环液进出口;6-热敏电阻测温点;7-负温循环液进出口

2.7 加压系统：由加压框架和砝码组成。

3 试验步骤

3.1 原状土

3.1.1 土样应按自然沉积方向放置，剥去蜡封和胶带，开启土样筒取出土样。

3.1.2 用切土器将原状土样削成直径为100mm、高为50mm的试样，称量确定密度并取余土测定初始含水率。

3.1.3 在有机玻璃试样盒内壁涂上一薄层凡士林，放在底板上并放一张滤纸，然后将试样从顶装入盒内，让其自由滑落在底板上。

3.1.4 在试样顶面上放一张滤纸，然后放上顶板，并稍稍加力，以使土柱与顶、底板接触紧密。

3.1.5 将盛有试样的试样盒放入恒温箱内，试样周侧、顶、底板内插入热敏电阻温度计。试样周侧包裹50mm厚的泡沫塑料保温。连接顶、底板冷液循环管路及底板补水管路，供水并排除底板内气泡，调节供水装置水位（若考虑无水源补充状态，可切断供水）。安装百分表或位移传感器。

3.1.6 若需模拟原状土天然受力状态，可施加相应的荷载。

3.1.7 开启恒温箱、试样顶、底板冷浴，设定恒温箱冷浴温度为－15℃，箱内温度为1℃；顶、底板冷浴，设定冷浴温度为1℃。

3.1.8 试样恒温6h，并监测温度和变形。待试样初始温度均匀达到1℃以后，开始试验。

3.1.9 底板温度调节到－15℃并持续0.5h，让试样迅速从底面冻结，然后将底板温度调节到－2℃。黏质土以0.3℃/h，砂质土以0.2℃/h速度下降。保持箱温和顶板温度均匀为1℃，记录初始水位。每隔1h记录水位、温度和变形量各1次。试验持续72h。

3.1.10 试验结束后，迅速从试样盒中取出试样，量测试样高度并测定冻结深度。

3.2 扰动土

3.2.1 称取风干土样约700g，加纯水拌和呈稀泥浆，装入内径为100mm的有机玻璃筒内，加压固结，直至达到所需初始含水率要求后，将土样从有机玻璃筒中推出，并将土样高度切削到50mm。

3.2.2 在有机玻璃试样盒内壁涂上一薄层凡士林，放在底板上并放一张滤纸，然后将试样从顶装入盒内，让其自由滑落在底板上。

3.2.3 在试样顶面上放一张滤纸，然后放上顶板，并稍稍加力，以使土柱与顶、底板接触紧密。

3.2.4 将盛有试样的试样盒放入恒温箱内，试样周侧、顶、底板内插入热敏电阻温度计。试样周侧包裹50mm厚的泡沫塑料保温。连接顶、底板冷液循环管路及底板补水管路，供水并排除底板内气泡，调节供水装置水位（若考虑无水源补充状态，可切断供水）。安装百分表或位移传感器。

3.2.5 若需模拟原状土天然受力状态，可施加相应的荷载。

3.2.6 开启恒温箱、试样顶、底板冷浴，设定恒温箱冷浴温度为－15℃，箱内温度为1℃；顶、底板冷浴，设定冷浴温度为1℃。

3.2.7 试样恒温6h，并监测温度和变形。待试样初始温度均匀达到1℃以后，开始试验。

3.2.8 底板温度调节到－15℃并持续0.5h，让试样迅速从底面冻结，然后将底板温度调节到－2℃。黏质土以0.3℃/h，砂质土以0.2℃/h速度下降。保持箱温和顶板温度均匀为1℃，记录初始水位。每隔1h记录水位、温度和变形量各1次。试验持续72h。

3.2.9 试验结束后，迅速从试样盒中取出试样，量测试样高度并测定冻结深度。

4 结果整理

4.1 按下式计算冻胀率：

$$\eta_f = \frac{\Delta h}{H_f} \times 100 \qquad (T\ 0187\text{-}1)$$

式中：η_f——冻胀率（%），计算至0.01；

Δh——试样总冻胀率（mm）；

H_f——冻结深度(不包括冻胀量)(mm)。

4.2 本试验记录格式如表 T 0187-1。

表 T 0187-1 冻胀率试验记录表

工程名称＿＿＿＿＿＿＿＿ 试验者＿＿＿＿＿＿＿＿

土样编号＿＿＿＿＿＿＿＿ 计算者＿＿＿＿＿＿＿＿

试验日期＿＿＿＿＿＿＿＿ 校核者＿＿＿＿＿＿＿＿

试样含水率 w ＿＿＿＿% 土样结构＿＿＿＿ 试样密度 ρ ＿＿＿＿ g/cm³

序号	时间(h)	测温数字电压表读数(mV)					变形量(mm)	备注
		1	2	3	4	5		

5 报告

5.1 土的鉴别分类和代号。

5.2 土的冻胀率 η_f 值(%)。

条文说明

1 土体不均匀冻胀变形是寒区工程大量破坏的重要因素之一。因此,各项工程开展之前,必须对工程所在地区的土体作出冻胀性评价,以便采取相应措施,确保工程构筑物的安全可靠。土体冻胀变形的基本特征值是冻胀率。但由于各地冻结深度等条件不同,其冻胀率值相差很大。为了便于比较冻胀变形的强弱,因此,采用冻胀率与该冻结土层厚度之比,即冻胀率(用百分数计)作为土体冻胀性的特征值。

在特定条件下,土的冻胀性是确定的。但在土的冻胀性的评价方法和等级划分标准上,目前国内外不尽一致。我国《冻土地区建筑地基基础设计规范》(JGJ 118—98)采用冻胀率来分级,如表T 0187-2。

表 T 0187-2 冻胀性分级表

冻胀率(%)	$\eta_f \leq 1$	$1 < \eta_f \leq 3.5$	$3.5 < \eta_f \leq 6$	$6 < \eta_f \leq 12$	$\eta_f > 12$
冻胀等级	不冻胀	弱冻胀	冻胀	强冻胀	特强冻胀

我国《水工建筑物抗冰冻设计规范》(SL 211—98)则按冻胀量进行划分,如表 T 0187-3。

表 T 0187-3 冻胀性分级表

冻胀量 Δh(mm)	$\Delta h \leq 20$	$20 < \Delta h \leq 50$	$50 < \Delta h \leq 120$	$120 < \Delta h \leq 220$	$\Delta h > 220$
冻胀性级别	I	II	III	IV	V

在《建筑地基基础设计规范》(GB 50007—2002)中,按地基土含水状态、地下水补给条件和冻胀性关系,分为不冻胀、弱冻胀、冻胀、强冻胀及特强冻胀性五类。

美国用冻胀速度分级,俄罗斯(rOCT 28622—90)按冻胀率划分,其标准与我国接近。

土的冻胀性,可通过现场直接观测和室内试验来测定。室内试验不受季节和时间限制,能控制冻结过程上有关条件,便于标准化。但影响土冻胀的因素如土的结构状态、现场冻融情况、地下水变化等条件的模拟和控制比较复杂。

3 原状冻土和扰动冻土的结构差异较大,为对冻胀性作出正确评价,试验一般应采用原状土进行。

若条件不允许，非采用扰动土不可时，应在试验报告中予以说明。本试验方法与目前美国、俄罗斯等国所用方法基本一致。所得数据用于评价该种土的冻胀性略偏大，在工程设计上偏安全。

试样尺寸以往多采用直径和高度均为15～24cm。国外各国的试样尺寸也不尽相同。本规程考虑到原状土取土设备的尺寸及土体的均匀程度，试样尺寸建议采用直径10cm，高5cm。

在水源的补给上，根据不同条件分封闭和敞开系统的两种方法。衔接的多年冻土地区及地下水位较深的季节冻土地区，无外界水源（大气降雨、人工给排水）补给条件的地区，可视为封闭系统；而有水源补给条件的地区，可视为敞开系统，本规程所列方法为敞开系统。若进行封闭系统的试验，可将供水装置关闭。

土体冻胀率是土质、温度和外载条件的函数。当土质已定且不考虑外载时，温度条件就至关重要。其中起主导作用的因素是降温速度。冻胀率与降温速度大致呈抛物线型关系。考虑到自然界地表温度是逐渐下降的，在本规程规定底板温度的调节使黏质土以0.3℃/h，砂质土以0.2℃/h的速度下降，是使试验所得冻胀率较大的情况。

另外，也可采用一定冻结速度的冻结方法，即零度等温线下移速度的控制方法。这种方法在室内试验较难控制。

T 0188—2007　冻土融化压缩试验

1　目的和适用范围

本试验的目的是测定冻土的融沉系数和融化压缩系数，供冻土地基的融化和压缩沉降计算用。本试验方法适用于冻结黏质土和粒径小于2mm的冻结砂质土。

2　仪器设备

2.1　融化压缩仪（图T 0188-1）：加热传压板应采用导热性能好的金属材料制成。试样环应采用有机玻璃或其他导热性低的非金属材料制成，其尺寸宜为：内径79.8mm，高40.0mm。保温外套可用聚苯乙烯或聚氨酯泡沫塑料。

2.2　加荷设备：可采用量程为2 000kPa的杠杆式、磅秤式和其他相同量程的加荷设备。杠杆平衡后，灵敏度为其最大输出力值的0.02%。当杠杆输出力为最大值的2.5%时，相对误差不超过1%，在2.5%以下时，不考虑。

2.3　变形测量设备：量程为10mm，分度值为0.01mm的百分表或位移传感器。

2.4　恒温供水设备。

2.5　原状冻土取样器：钻具开口内径为79.8mm。

图T 0188-1　融化压缩仪示意图

1-加热传压板；2-热循环水进出口；3-透水板；4-上下排水口；5-试样环；6-试样；7-透水板；8-滤纸；9-导环；10-保温外套

3　试验步骤

3.1　试验宜在负温环境下进行。在切样和装样过程中不得使试样表面发生融化。

3.2　用冻土取样器钻取冻土试样，其高度应大于试样环高度。将钻样剩余的冻土取样测定含水率。钻样时必须保持试样的层面与原状土一致，且不得上、下倒置。

3.3　将冻土样装入试样环，使之与环壁紧密接触。刮平上、下面，但不得造成试样表面发生融化。测定冻土试样的密度。

3.4　在融化压缩容器内先放透水板，其上放一张润湿滤纸。将装有试样的试样环放在滤纸上，套上护环。在试样上放滤纸和透水板，再放上加热传压板。然后装上保温外套。放置融化压缩容器位于加压框架正中。安装百分表或位移传感器。

3.5 施加 1kPa 的压力，调平加压杠杆。调整百分表或位移传感器到零位。

3.6 用胶管连接加热传压板的热循环水进出口与事先装有温度为 40 ~ 50 ℃水的恒温水槽，并打开开关和开动恒温器，以保持水温。

3.7 试样开始融沉时即开动秒表，分别记录 1min、2min、5min、10min、30min、60min 时的变形量。以后每 2h 观测记录一次，直至变形量在两小时内小于 0.05mm 时为止，并测记最后一次变形量。

3.8 融沉稳定后，停止热水循环，并开始加荷进行压缩试验。加荷等级视实际工程需要确定，宜取 50kPa、100kPa、200kPa、400kPa、800kPa，最后一级荷载应比土层的计算压力大 100 ~ 200kPa。

3.9 施加每级荷载后 24h 为稳定标准，并测记相应的压缩量。直至施加最后一级荷载压缩稳定为止。

3.10 试验结束后，迅速拆卸仪器各部件，取出试样，测定含水率。

4 结果整理

4.1 按下式计算冻土融沉系数：

$$a_0 = \frac{\Delta h_0}{h_0} \times 100 \quad (\text{T 0188-1})$$

式中：a_0——冻土融沉系数(%)，计算至 0.01；

Δh_0——冻土融化下沉量(cm)；

h_0——冻土试样初始高度(cm)。

4.2 按下式计算冻土试样初始孔隙比：

$$e_0 = \frac{\rho_w G_s (1 + 0.01w)}{\rho_0} - 1 \quad (\text{T 0188-2})$$

式中：e_0——冻土试样初始孔隙比，计算至 0.01；

ρ_w——水的密度(g/cm^3)；

ρ_0——试样初始密度(g/cm^3)；

G_s——土粒比重；

w——试样含水率(%)。

4.3 按下列两式计算融沉稳定后和各级压力下压缩稳定后的孔隙比：

$$e = e_0 - (h - \Delta h_0)\frac{1 + e_0}{h_0} \quad (\text{T 0188-3})$$

$$e_i = e - (h - \Delta h)\frac{1 + e}{h} \quad (\text{T 0188-4})$$

式中：e、e_i——分别为融沉稳定后和压力作用下压缩稳定后的孔隙比，计算至 0.01；

e_0——冻土试样初始孔隙比；

h、h_0——分别为融沉稳定后和初始试样高度(cm)；

Δh、Δh_0——分别为压力作用下稳定后的下沉量和融沉下沉量(cm)。

4.4 按下式计算某一压力范围内的冻土融化压缩系数：

$$a = \frac{e_i - e_{i+1}}{p_{i+1} - p_i} \quad (\text{T 0188-5})$$

式中：a——某一压力范围内的融化压缩系数(MPa^{-1})，计算至 0.01；

p_{i+1}、p_i——分级压力值(kPa)；

e_{i+1}、e_i——与分级压力相应的孔隙比。

4.5 绘制孔隙比与压力关系曲线，如图 T 0188-2。

4.6 本试验记录格式如表 T 0188-1。

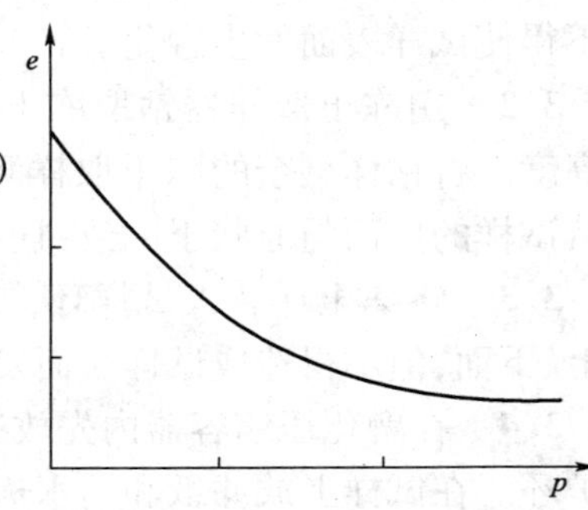

图 T 0188-2 孔隙比与压力关系曲线

表 T 0188-1 冻土融化压缩试验记录表

工程名称________________ 试验者________________
钻孔编号________________ 计算者________________
试验日期________________ 校核者________________

融沉后试样高度 h: cm			融沉后试样孔隙比 e:		
加压历时 t (h,min)	压力 p (kPa)	试样总变形量 $\Sigma\Delta h_i$ (mm)	压缩后试样高度 $h=h-\Sigma\Delta h_i$ (mm)	孔隙比 $e_i=\frac{\Sigma\Delta h_i(1+e)}{h}$	融化压缩系数 a (MPa^{-1})

5 报告

5.1 冻土的鉴别分类和代号。

5.2 冻土融沉系数 a_0 值(%)。

5.3 某一压力范围内的冻土融化压缩系数 a 值(%)。

条文说明

融沉系数是冻土融化过程中在自重作用下的相对下沉量。融化压缩系数是冻土融化后,在外荷作用下,所产生的压缩变形称融化压缩。融化压缩系数是单位荷载下的孔隙比变化量。

1 冻土融化时在荷载作用下将同时发生融化下沉和压密。在单向融化条件下,这种沉降符合一维沉降。融化下沉是在土体自重作用下发生的,而压缩沉降则与外部压力有关。目前国内外在进行冻土融化压缩试验时首先是在微小压力下测出冻土融化后的沉降量,计算冻土的融沉系数,然后分级施加荷载测定各级荷载下的压缩沉降,并取某压力范围计算融化压缩系数。由此可以计算冻土融化压缩的总沉降量。

冻土的融沉和压缩的试验方法,有室内试验和原位试验两种。室内试验方法国内外进行的时间久,也比较成熟。

2 冻土融化压缩试验的试样尺寸,国外取高度(h)与直径(d)之比为 $h/d\geq1/2$,最小直径取5cm,对于不均匀的层状和网状构造的黏质土,则根据其构造情况加大直径并使 $h/d=1/3\sim1/5$。国内曾采用的试样环面积为45cm²、78cm² 两种,试样高度有2.5cm、4cm。考虑到便于利用固结仪改装融化压缩仪,故规定可取试样环直径与固结仪大环刀直径(7.98cm)一致,高度则考虑冻土构造的不均匀性,取4cm,这样高度与直径之比基本为1:2。

为了模拟天然地层的融化过程,在试验中必须保持试样自上而下的单向融化,因此,除单向加热使试样自上而下融化外,还必须避免侧向热传导而造成试样的侧向融化,这样,以防止侧向传热。

3.1 试验时在负温环境下或较低室外温下进行。土温太低,切样时往往造成脆性破碎;太高时,切样时表面要发生局部融化。温度一般控制在 -0.5~1.0 ℃为宜。

3.2 室内试验采用的冻土试样有原状冻土和用扰动融土制备的冻土试样。一般应采用原状土。

根据原状冻土相同的土质、含水率的扰动土制成的冻土试样进行的对比试验表明:扰动冻土试样的融沉系数小于原状冻土的融沉系数,其差值一般均小于5%。因此,在没有条件采取原状冻土时,可用扰动融土根据冻土天然构造及物理指标(含水率、密度)进行制样。必要时,对融沉系数作适当的修正。

3.5 测定融沉系数 a_0 值时,本规程规定施加1kPa的压力。这主要是考虑克服试样与环壁之间的摩擦力。而且,冻土在融化过程中单靠自重下沉的过程往往很长,所以,施加这一小量压力可以加快下沉速度,又不致对融化土骨架产生过大的压缩,对 a_0 的影响甚微。

3.6 试验中当融化速度超过天然条件下的排水速度时，融化土层不能及时排水，使融化下沉发生滞后现象。当遇到试样含冰(水)量较大时，若融化速度过快，土体常发生崩解现象，使土颗粒与水分一起挤出，导致试验失败或 a_0 值偏大。因此，循环热水的温度应加以控制。根据已有试验，本规程规定水温控制在40～50℃。加热循环水应畅通，水温要逐渐升高。当试样含冰(水)量大或试验环境温度较高时，可适当降低水温，以控制4cm高度的试样在2h内融化完为宜。

30 土中化学成分试验

T 0149—1993 酸碱度试验

1 目的和适用范围

本方法适用于各类土。

2 仪器设备

2.1 酸度计:应附玻璃电极、甘汞电极或复合电极,以及电磁搅拌器等。

2.2 电动振荡器。

2.3 天平:称量100g,感量0.01g。

3 试剂

3.1 pH4.01标准缓冲溶液:称10.21g经105~110℃烘干的苯二甲酸氢钾($KHC_8H_4O_4$分析纯)溶于水后定容至1L。

3.2 pH6.87标准缓冲溶液:称3.53g经105~110℃烘干的Na_2HPO_4(分析纯)和3.39g KH_2PO_4(分析纯)溶于水中,定容至1L。

3.3 pH9.18标准缓冲溶液3.8g硼砂($Na_2B_4O_7 \cdot 10H_2O$分析纯)溶于无CO_2的冷水中,定容至1L。此溶液的pH值易于变化,所以应贮存于密闭的塑料瓶中(宜保存使用两个月)。

3.4 饱和氯化钾(KCl)溶液:向少量纯水中加入KCl,边加入边搅拌,直至不继续溶解为止。

4 试验步骤

4.1 酸度计的校正:在测定土样前应按照所用仪器的使用说明书校正酸度计。

4.2 土悬液的制备:称取通过1mm筛的风干土样10g,放入具塞的广口瓶中,加水50mL(土水比为1:5)。在振荡器上振荡3min。静置30min。

4.3 土悬液pH值的测定:将25~30mL的土悬液盛于50mL烧杯中,将该烧杯移至电磁搅拌器上。再向该烧杯中加一只搅拌子。然后将已校正完毕的玻璃电极、甘汞电极(或复合电极)插入杯中,开动电磁搅拌器搅拌2min,从酸度计的表盘(或数字显示器)上直接测定出pH值,准确至0.01。测记土悬液温度。进行温度补偿操作。

4.4 测定完毕,应关闭酸度计和电磁搅拌器的电源,用水冲洗电极,并用滤纸吸干电极上沾附的水。若一批试验测完后第二天仍继续测定的话,可将玻璃电极部分浸泡在纯水中。

5 精密度和允许差

酸碱度试验pH值的测定结果要求两次称样平行测定结果允许偏差为0.1。

6 报告

6.1 土的鉴别分类和代号。

6.2 土的pH值。

条文说明

2 甘汞电极是目前常用的参比电极。甘汞电极是由含有饱和甘汞的氯化钾溶液与金属汞相接触的电极体系以及盐桥两部分组成，两部分分别套以玻璃管。盐桥下端底部焊上石棉丝与外部测定液相通。盐桥用溶液为饱和氯化钾溶液。在使用前应将电极侧管的小橡皮塞取下，以使管内氯化钾溶液借重力维持一定的流速。

3 土悬液的制备：浸提液有水和氯化钾盐溶液等，本规程按国标选用水为浸提液。水土比可采用1:1、2.5:1和5:1等。本规程选用5:1的水土比。用时规定振荡3min，静止30min测定。

T 0150—1993 烧失量试验

1 目的和适用范围

本方法适用于各类土。

2 仪器设备

2.1 高温炉：自动控制温度达1 300℃。

2.2 分析天平：称量100g，感量0.000 1g。

2.3 瓷坩埚、干燥器、坩埚钳等。

3 试验步骤

3.1 先将空坩埚放入已升温至950℃的高温炉中灼烧0.5h，取出稍冷（0.5~1min），放入干燥器中冷却0.5h，称量。

3.2 称取通过1mm筛孔的烘干土（在100~105℃烘干8h）1~2g（称准到0.000 1g），放入已灼烧至恒量的坩埚中，把坩埚放入未升温的高温炉内，斜盖上坩埚盖。徐徐升温至950℃，并保持恒温0.5h，取出稍冷，盖上坩埚盖。放入干燥器内，冷却0.5h后称量。重复灼烧称量，至前后两次质量相差小于0.5mg，即为恒量。至少做一次平行试验。

4 结果整理

4.1 烧失量（计算至0.001）按下式计算：

$$烧失量(\%) = \frac{m - (m_2 - m_1)}{m} \times 100 \qquad (T\ 0150\text{-}1)$$

式中：m——烘干土样质量（g）；

m_1——空坩埚质量（g）；

m_2——灼烧后土样+坩埚质量（g）。

4.2 烧失量试验记录格式如表T 0150-1。

4.3 精密度和允许差。

烧失量试验结果精度应符合表T 0150-2的规定。

5 报告

5.1 土的鉴别分类和代号。

5.2 土的烧失量（%）。

表 T 0150-1　烧失量试验记录

工程编号________________　　　　试验计算者________________

土样编号________________　　　　校　核　者________________

土样说明________________　　　　试 验 日 期________________

灼烧温度	(℃)	950	
试验次数		1	2
土样质量	m (g)	1.790	2.103
灼烧残渣 + 坩埚质量	m_2 (g)	21.602	20.395
空坩埚质量	m_1 (g)	19.876	18.366
烧失量	(%)	3.575	3.519
平均烧失量	(%)	3.547	

表 T 0150-2　矿质全量分析及烧失量测定结果允许偏差

测定值(%)	绝对偏差(%)	相对偏差(%)
>50	<0.9	1.0~1.5
50~30	<0.7	1.5~2.0
30~10	<0.5	2.0~3.0
10~5	<0.3	3.0~4.0
5~1	<0.2	4.0~5.0
1~0.1	<0.05	5.0~6.0
0.1~0.05	<0.006	6.0~8.0
0.05~0.01	<0.004	8.0~10.0
0.01~0.005	<0.001	10.0~12.0
0.005~0.001	<0.000 6	12~15.0
<0.001	<0.000 15	15.0~20.0

条文说明

3　烧失量是全量分析的一个组成部分。它不包括吸湿水，仅包括有机质和结合水，石灰性土中还包括二氧化碳（由碳酸盐所产生）。因此，必须用烘干土做烧失量测定。

关于烧失量的灼烧温度，有文献采用550℃或700℃，同时也有采用950℃的，本规程统一采用950℃。但确系中性和酸性土时，亦可采用700℃。

坩埚放入干燥器中的平衡时间，要尽量一致，称量应越快越好，以免样品吸湿。称量时切不可用手直接拿取坩埚，可戴上干净的汗布手套拿取，也可用坩埚夹取。

若遇到有机质含量高的样品时，可预先放在四孔小电炉上碳化后，再放入高温炉中灼烧。

T 0151—1993　有机质含量试验

1　目的和适用范围

本试验的目的在于了解土中有机质的含量。本试验方法适用于有机质含量不超过15%的土。测定方法采用重铬酸钾容量法——油浴加热法。

2 仪器设备

2.1 分析天平:称量200g,感量0.000 1g。

2.2 电炉:附自动控温调节器。

2.3 油浴锅:应带铁丝笼。

2.4 温度计:0～250℃,精度1℃。

3 试剂

3.1 0.075 0mol/L $\frac{1}{6}K_2Cr_2O_2$—H_2SO_4 溶液:用分析天平称取经105～110℃烘干并研细的重铬酸钾44.123 1g,溶于800mL蒸馏水中(必要时可加热),缓缓加入浓硫酸1 000mL,边加入边搅拌,冷却至室温后用水定容至2L。

3.2 0.2mol/L硫酸亚铁(或硫酸亚铁铵)溶液:称取硫酸亚铁($FeSO_4 \cdot 7H_2O$ 分析纯)56g或硫酸亚铁铵[$(NH_4)_2SO_4FeSO_4 \cdot 6H_2O$]80g,溶于蒸馏水中,加15mL浓硫酸(密度1.84g/mL化学纯)。然后加蒸馏水稀释至1L,密封贮于棕色瓶中。

3.3 邻菲咯啉指示剂:称取邻菲咯啉($C_{12}N_8N_2 \cdot H_2O$)1.485g,硫酸亚铁($FeSO_4 \cdot 7H_2O$)0.695g,溶于100mL蒸馏水中,此时试剂与 Fe^{2+} 形成红棕色络合物,即[$Fe(C_{12}H_8N_2)_3$]$^{2+}$。贮于棕色滴瓶中。

3.4 石蜡(固体)或植物油2kg。

3.5 浓硫酸(H_2SO_4)(密度1.84g/mL化学纯)。

3.6 灼烧过的浮石粉或土样:取浮石或矿质土约200g,磨细并通过0.25mm筛,分散装入数个瓷蒸发皿中,在700～800℃的高温炉内灼烧1～2h,把有机质完全烧尽后备用。

4 硫酸亚铁(或硫酸亚铁铵)溶液的标定

准确吸取 $K_2Cr_2O_7$ 标准溶液3份,每份20mL分别注入150mL锥形瓶中,用蒸馏水稀释至60mL左右,满入邻菲咯啉指示剂3～5滴,用硫酸亚铁(或硫酸亚铁铵)溶液进行滴定,使锥形瓶中的溶液由橙黄经蓝绿色突变至橙红色为止。按用量计算硫酸亚铁(或硫酸亚铁铵)溶液的浓度,准确至0.000 1mol/L,取3份计算结果的算术平均值即为硫酸亚铁(或硫酸亚铁铵)溶液的标准浓度。

5 试验步骤

5.1 用分析天平准确称取通过100目筛的风干土样0.100 0～0.500 0g,放入一干燥的硬质试管中,用滴定管准确加入0.075 0mol/L $\frac{1}{6}K_2Cr_2O_7$—H_2SO_4 标准溶液10mL(在加入3mL时摇动试管使土样分散),并在试管口插入一小玻璃漏斗,以冷凝蒸出之水汽。

5.2 将8～10个已装入土样和标准溶液的试管插入铁丝笼中(每笼中均有1～2个空白试管),然后将铁丝笼放入温度为185～190℃的石蜡油浴锅中,试管内的液面应低于油面。要求放入后油浴锅内油温下降至170～180℃,以后应注意控制电炉,使油温维持在170～180℃,待试管内试液沸腾时开始计时,煮沸5min,取出试管稍冷,并擦净试管外部油液。

5.3 将试管内试样倾入250mL锥形瓶中,用水洗净试管内部及小玻璃漏斗,使锥形瓶中的溶液总体积达60～70mL,然后加入邻菲咯琳指示剂3～5滴,摇匀,用硫酸亚铁(或硫酸亚铁铵)标准溶液滴定,溶液由橙黄色经蓝绿色突变为橙红色时即为终点,记下硫酸亚铁(或硫酸亚铁铵)标准溶液的用量,精确至0.01mL。

5.4 空白标定:即用灼烧土代替土样,取2个试样,其他操作均与土样试验相同,记录硫酸亚铁用量。

6 结果整理

6.1 有机质含量(计算至0.001)按下式计算:

$$有机质(\%)=\frac{C_{FeSO_4}(V'_{FeSO_4}-V_{FeSO_4})\times 0.003\times 1.724\times 1.1}{m_s} \quad (T\ 0151\text{-}1)$$

式中:C_{FeSO_4}——硫酸亚铁标准溶液的浓度(mol/L);

V'_{FeSO_4}——空白标定时用去的硫酸亚铁 标准溶液的量(mL);

V_{FeSO_4}——测定土样时所用去的硫酸亚铁 标准溶液的量(mL);

m_s——土样质量(将风干土换算为烘干土)(g);

0.003——$\frac{1}{4}$碳原子的摩尔质量(g/mmol);

1.724——有机碳换算成有机质的系数;

1.1——氧化校正系数。

6.2 本试验记录格式如表T 0151-1。

表 T 0151-1 有机质含量试验记录

工程编号＿＿＿＿＿＿＿＿ 试验计算者＿＿＿＿＿＿＿＿

土样编号＿＿＿＿＿＿＿＿ 校 核 者＿＿＿＿＿＿＿＿

土样说明＿＿＿＿＿＿＿＿ 试 验 日 期

硫酸亚铁标准液浓度:0.143 4mol/L

试验次数				1	2
土样质量	m_s	(g)		0.399 2	0.401 6
空白标定消耗硫酸亚铁标准液的量	V'_{FeSO_4}	(mL)	滴定前读数	0.00	0.00
			滴定后读数	24.87	24.87
			滴定消耗	24.87	24.87
滴定土样消耗标准液的量	V_{FeSO_4}	(mL)	滴定前读数	0.00	0.00
			滴定后读数	19.20	19.20
			滴定消耗	19.20	19.20
有机质(%)				1.16	1.15
平均有机质(%)				1.15	

注:①如滴定消耗硫酸亚铁铵标准液小于10mL,应适当减少土样量,重做。

②如用邻苯氨基苯甲酸为指示剂滴定时,瓶内溶液不宜超过60~70mL,滴定前溶液呈棕红色,终点为暗绿色(或灰蓝绿色)。

③本法氧化有机质程度平均约90%,故应乘以1.1才为土的有机质含量。

6.3 精密度和允许差。

有机质含量试验结果精度应符合表T 0151-2的规定。

表 T 0151-2 有机质测定的允许偏差

测定值(%)	绝对偏差(%)	相对偏差(%)
10~5	<0.3	3~4
5~1	<0.2	4~5
1~0.1	<0.05	5~6
0.1~0.05	<0.004	6~7
0.05~0.01	<0.006	7~9
<0.01	<0.008	9~15

7 报告

7.1 有机质土代号。

7.2 土的有机质含量(%)。

条文说明

1 测定有机质的方法很多,有容量法、质量法、比色法等。但应用普遍的为容量法。在容量分析法中最普遍的则是 $K_2G_2O_2$ 法。故本规程选用了重铬酸钾容量法。因该法的氧化能力有一定限度,有机质含量大于15%的土样不宜直接采用该法测定。若要测定时,可称磨细土样1份(准确到1mg)与经过高温灼烧并磨细的矿质土9份(准确到1mg)充分混匀;再从中称样分析,其结果以称样量的1/10计算。

若土样中含有 Cl^-、Fe^{2+}、Mn^{2+} 等还原性物质,则须去除或经校正,否则本法不适用。

5 有机质是指土中碳、氮、氢、氧为主,还有少量硫、磷和金属元素组成的有机化合物。本试验仅测定土中的有机碳,再乘以1.724的经验系数和1.1的氧化校正系数后换算为有机质,以烘干土的质量百分比表示。

T 0152—1993 易溶盐试验待测液的制备

1 目的和适用范围

本方法适用于各类土。

2 仪器设备

2.1 过滤设备:包括真空泵、平底瓷漏斗、抽滤瓶。

2.2 离心机:转速为4 000r/min。

2.3 天平:称量200g,感量0.01g。

2.4 广口塑料瓶:1 000mL。

2.5 往复式电动振荡机。

3 制备步骤

3.1 称取通过1mm筛孔的烘干土样50~100g(视土中含盐量和分析项目而定),精确至0.01g,放入干燥的1 000mL广口塑料瓶中(或1 000mL三角瓶内)。按土水比例1:5加入不含二氧化碳的蒸馏水(即把蒸馏水煮沸10min,迅速冷却),盖好瓶塞,在振荡机上振荡(或用手剧烈振荡)3min,立即进行过滤。

3.2 采用抽气过滤时,滤前须将滤纸剪成与平底瓷漏底部同样大小,并平放在漏斗底上,先加少量蒸馏水抽滤,使滤纸与漏斗底密接。然后换上另一个干洁的抽滤瓶进行抽滤。抽滤时要将土悬浊液摇匀后倾入漏斗,使土粒在漏斗底上铺成薄层,填塞滤纸孔隙,以阻止细土粒通过,在往漏斗内倾入土悬浊液前须先行打开抽气设备,轻微抽气,可避免滤纸浮起,以致滤液浑浊。漏斗上要盖一表皿,以防水汽蒸发。如发现滤液浑浊,须反复过滤至澄清为止。

3.3 当发现抽滤方式不能达到滤液澄清时,应用离心机分离。所得的透明滤液,即为水溶性盐的浸出液。

3.4 水溶性盐的浸出液,不能久放。pH、CO_3^{2-}离子、HCO_3^-离子等项测定,应立即进行,其他离子的测定最好都能在当天做完。

条文说明

3 用水浸提水溶性盐时采用的水土比有多种，如1∶1、2∶1、5∶1、10∶1和饱和土浆浸出液等。水土比不同将影响测定结果。在选择水土比和浸提时间时，应力求将易溶性盐完全溶解出来，而尽可能不使中溶盐和难溶盐溶解。同时要防止浸出液中的离子与土粒上吸附的离子发生交换性置换作用。

水土比例、振荡时间和提取方式对盐分的溶出量都有一定的影响。试验证明，像 $Ca(HCO_3)_2$ 和 $CaSO_4$ 这样的中溶性和难溶性盐，随着水土比例的增大和浸泡时间的延长，其溶出量逐渐增大，致使水溶性盐的分析结果产生误差。为了便于资料交流，本规程采用国内普遍采用的水土比(5∶1)和浸提时间(3min)。

水浸提液的过滤问题是该项试验成败的关键。目前采用抽滤方法效果较好，且操作简便。如抽滤方式不能达到滤液澄清时，可采用离心机分离。

因碳酸根与碳酸氢根容易互相转化，故待测液制备后应立即进行此项分析。否则，某些土类待测液的 pH 和滴定时消耗的酸量，常因二氧化碳的逸出或吸收等原因而发生变化。

T 0153—1993 易溶盐总量的测定——质量法

1 目的和适用范围

本试验法适用于各类土。

2 仪器设备

2.1 分析天平：称量200g，感量0.000 1g；

2.2 水浴锅、瓷蒸发皿、干燥器。

3 试剂

3.1 15%的 H_2O_2。

3.2 2%的 Na_2CO_3 溶液：2.0g 无水 Na_2CO_3 溶于少量水中，稀释至100mL。

4 试验步骤

4.1 用移液管吸取浸出液50mL或100mL(视易溶盐含量多少而定)，注入已经在105～110℃烘至恒量(前后两次质量之差不大于1mg)的瓷蒸发皿中，盖上表皿，架空放在沸腾水浴上蒸干(若吸取溶液太多时，可分次蒸干)。蒸干后残渣如呈现黄褐色时(有机质所致)，应加入15% H_2O_2 1～3mL，继续在水浴锅上蒸干，反复处理至黄褐色消失。

4.2 将蒸发皿放入105～110℃的烘箱中烘干4～8h，取出后放入干燥器中冷却0.5h，称量。再重复烘干2～4h，冷却0.5h，用分析天平称量、反复进行至前后两次质量差值不大于0.000 1g。

5 结果整理

5.1 易溶盐总量按下式计算：

$$易溶盐总量(\%)=\frac{m_2-m_1}{m_s}\times 100 \qquad (T\ 0153\text{-}1)$$

式中：m_2——蒸发皿加蒸干残渣质量(g)，计算至0.001；

m_1——蒸发皿质量(g)；

m_s——相当于50mL或100mL浸出液的干土样质量(g)。

5.2 易溶盐总量试验记录格式如表 T 0153-1。

表 T 0153-1　易溶盐总量试验记录表

工程编号__________　　试验计算者__________
土样编号__________　　校　核　者__________
土样说明__________　　试 验 日 期__________

吸取浸出液体积 V　(mL)	50	
试验次数	1	2
残渣 + 蒸发皿的质量　(g)	57.397 4	57.482 8
蒸发皿的质量　(g)	57.385 0	57.470 0
残渣的质量　(g)	0.012 4	0.012 8
全盐量　(%)	0.124	0.128
全盐量平均值　(%)	0.126	

注：①残渣中如果 $CaSO_4 \cdot 2H_2O$ 或 $MgSO_4 \cdot 7H_2O$ 的含量较高时，105 ~ 110℃不能除尽这些水合物中所含的结晶水，在称量时较难达到"恒量"，遇此情况应在 180℃烘干。但潮湿盐土含 $CaCl_2 \cdot 6H_2O$ 和 $MgCl_2 \cdot 6H_2O$ 的量较高，这类化合物极易吸湿、水解，即使在 180℃干燥，也不能得到满意结果。遇到这样土样，可在浸出液中先加入 10mL 2% Na_2CO_3 溶液，蒸干时即生成 NaCl、Na_2SO_4、$CaCO_3$、$MgCO_3$ 等沉淀，再在 180℃烘干 2h，即可达到"恒量"，加入的 Na_2CO_3 量应从盐分总量中减去。

②由于盐分(特别是镁盐)在空气中容易吸水，故在相同的时间和条件下冷却称量。

5.3　精密度和允许差。

易溶盐总量试验结果精度应符合表 T 0153-2 的规定。

表 T 0153-2　易溶盐总量(质量法)两次测定的允许偏差

全盐量范围(%)	允许相对偏差(%)	全盐量范围(%)	允许相对偏差(%)
<0.05	15 ~ 20	0.2 ~ 0.4	5 ~ 10
0.05 ~ 0.2	10 ~ 15	>0.5	<5

6　报告

6.1　土的鉴别分类和代号。

6.2　土的全盐量(%)。

条文说明

1　测定易溶盐总量的方法有质量法、电导法等。本规程采用质量法。该法不需要特殊的仪器设备，且比较精确，故在室内分析中应用广泛。电导法虽然简单、快速，但受各种因素如颗粒成分、盐分组成、温度等影响，故本规程未采用。

3　土中易溶盐包括所有氯化物盐类、易溶的硫酸盐类和碳酸盐类，还包括水溶性有机质等。在采用质量法测定水溶性盐总量时，应用 H_2O_2 除去烘干残渣中的有机质后，即为水溶性盐总量。

T 0154—1993　易溶盐碳酸根及碳酸氢根的测定

1　目的和适用范围

本方法适用于各类土。

2　仪器设备

2.1　酸式滴定管：刻度 0.1mL。

2.2　移液管(大肚型)：25mL。

2.3　三角瓶：150mL 或 200mL。

2.4　分析天平：称量 200g，感量 0.0001g。

2.5 量筒、容量瓶、电热干燥箱等。

3 试剂

3.1 0.1mol/L $\frac{1}{2}H_2SO_4$ 标准溶液。

量取浓硫酸(密度 1.848g/mL)3mL,加入到 1 000mL 去除 CO_2 的蒸馏水中,然后稀释定容至 5 000mL,按本规程第 4 条标定。

3.2 0.1% 甲基橙指示剂。

0.1g 甲基橙溶于 100mL 蒸馏水中。

3.3 0.5% 酚酞指示剂。

0.5g 酚酞溶于 50mL 95% 酒精中,再加 50mL 蒸馏水。

4 硫酸标准溶液的标定

称取在 160 ~ 108℃下烘 2 ~ 4h 的无水 $Na_2CO_3$3 份。每份约 0.1g,精确至 0.000 1g,分别放入 3 个三角瓶中,注入 25mL 煮沸逐出 CO_2 的蒸馏水使其溶解。加入甲基橙指示剂 2 滴,用配制好的硫酸标准溶液滴定至溶液由黄色突变为橙色为止,记下硫酸标准的用量(mL)。硫酸标准溶液的准确浓度应按照式(T 0154-1)计算,精确至 0.000 1mol/L。取三个计算结果的算术平均值作为硫酸标准溶液的确切浓度。

$$C = \frac{m}{V \times 0.053} \tag{T 0154-1}$$

式中:C——$\frac{1}{2}H_2SO_4$ 溶液的浓度(mol/L);

m——无水碳酸钠的质量(g);

V——$\frac{1}{2}H_2SO_4$ 溶液的用量(mL);

0.053——$\frac{1}{2}Na_2CO_3$ 的摩尔质量(g/mmol)。

5 试验步骤

5.1 用移液管吸取浸出液 25mL,注入三角瓶中,滴加 0.5% 酚酞指示剂 2 ~ 3 滴,如试液不显红色,表示无 $CO_3{}^{2-}$ 存在。如试液显红色时,则表示有 $CO_3{}^{2-}$ 存在,即以 H_2SO_4 标准溶液滴定,随滴随摇,至红色刚一消失即为终点,记录消耗 H_2SO_4 标准溶液的体积,精确至 0.01mL(V_1)。

5.2 在上述试液中再加入 0.1% 甲基橙指示剂 1 ~ 2 滴,继续用 H_2SO_4 标准溶液滴定至试液由黄色突变为橙红色为止,读取第二次滴定消耗的 H_2SO_4 标准溶液的体积。精确至 0.01mL(V_2)。

5.3 滴定后的试液,可供测定 Cl^- 用。

6 结果整理

6.1 碳酸根和碳酸氢根含量按下列各式计算:

$$CO_3^{2-}\left(\text{mmol}\ \frac{1}{2}CO_3^{2-}/\text{kg}\right) = \frac{2V_1 \times c}{m} \times 1\ 000 \tag{T 0154-2}$$

$$CO_3^{2-}(\%) = CO_3^{2-}\left(\text{mmol}\ \frac{1}{2}CO_3^{2-}/\text{kg}\right) \times 0.030\ 0 \times 10^{-1} \tag{T 0154-3}$$

$$HCO_3^-(\text{mmol}\ HCO_3^-/\text{kg}) = \frac{(V_2 - V_1) \times c}{m} \times 1\ 000 \tag{T 0154-4}$$

$$HCO_3^-(\%) = HCO_3^-(\text{mmol}\ HCO_3^-/\text{kg}) \times 0.061\ 0 \times 10^{-1} \tag{T 0154-5}$$

式中:V_1——滴定 $CO_3{}^{2-}$ 时消耗 H_2SO_4 标准液体积(mL);

V_2—— 滴定 HCO_3^- 时消耗 H_2SO_4 标准体积(mL)；

c——$\frac{1}{2}$ H_2SO_4 标准溶液的浓度(mol/L)；

m——相当于分析时所取浸出液体积的干土质量(g)；

0.030 0——$\frac{1}{2}CO_3^{2-}$ 摩尔质量(g/mmol)；

0.061 0——HCO_3^- 的摩尔质量(g/mmol)。

6.2 碳酸根与碳酸氢根试验记录格式如表 T 0154-1。

表 T 0154-1 碳酸根与碳酸氢根试验记录

工程编号________ 试验计算者________

土样编号________ 校 核 者________

土样说明________ 试 验 日 期________

项目	单位		
吸取浸出液的体积	(mL)	25	
吸取浸出液体积相当的干土质量	(g)		
H_2SO_4 标准液的浓度	(mol/L)	0.010 24	
试验次数		1	2
滴定 CO_3^{2-} 时消耗 H_2SO_4 标准液体积	(mL)	0.74	0.72
滴定 HCO_3^- 时消耗 H_2SO_4 标准液体积	(mL)	8.12	8.10
CO_3^{2-}	(%)	0.018	0.174
CO_3^{2-} 平均值	(%)	0.017 7	
HCO_3^-	(%)	0.166	0.166
HCO_3^- 平均值	(%)	0.166	

6.3 精密度和允许差。

碳酸根及碳酸氢根测定结果的精度应符合表 T 0154-2 的规定。

表 T 0154-2 易溶盐各离子的允许偏差

各离子含量的范围 m(mol/kg)								相对偏差 (%)
CO_3^{2-}	HCO_3^-	SO_4^{2-}	Cl^-	Ca^{2+}	Mg^{2+}	Na^+	K^+	
<2.5	<5.0	<2.5	<5.0	<2.5	<2.5	<5.0	<5.0	10~15
2.5~5.0	5.0~10	2.5~5.0	5.0~10	2.5~5.0	2.5~5.0	5.0~10	5.0~10	5~10
5.0~25	10~50	5.0~25	10~50	5.0~25	5.0~25	10~50	10~50	3~10
>25	>50	>25	>50	>25	>25	>50	>50	<3

7 报告

7.1 土的鉴别分类和代号。

7.2 土的碳酸根含量(%)。

7.3 土的碳酸氢根含量(%)。

条文说明

5 碳酸根与碳酸氢根用双指示剂中和滴定时，终点不易掌握好，特别是在滴定碳酸根时等当点应当是 pH 为 8.3，此时酚酞应呈微红色。如果滴定到无色，pH 已小于 7.7，故滴定时可以用近似浓度的纯

$NaHCO_3$;溶液如同量的酚酞指示剂作终点对照。滴定HCO_3^-到等当点的pH为3.8,其终点应该是明显的橙红色,但常因溶液中剩下的CO_2过多,使终点变化不明显;可同时用一份水,加同量的甲基橙指示剂作对照。为了使终点变化明显,也可以改用溴甲酚绿-甲基橙混合指示剂,但终点由蓝绿色变为橙色。

T 0155—1993 易溶盐氯根的测定——硝酸银滴定法

1 目的和适用范围

本方法适用于各类土。

2 仪器设备

酸式滴定管(25mL)。

3 试剂

3.1 5%铬酸钾指示剂。

称取铬酸钾(K_2CrO_4)5g溶于少量蒸馏水中,逐滴加如入1mol/L硝酸银$AgNO_3$溶液至砖红色沉淀不消失为止,放置一夜后过滤,滤液稀释至100mL。贮在棕色瓶中备用。

3.2 0.02mol/L硝酸银标准溶液。

准确称取经105~110℃烘干30min的分析纯$AgNO_3$ 3.397g,用蒸馏水溶解,倒入1L容量瓶中,用蒸馏水定容。贮于棕色细口瓶中。

3.3 0.02mol/L碳酸氢钠($NaHCO_3$)溶液。

称取1.7g $NaHCO_3$,溶于纯水中,稀释至1L。

4 试验步骤

4.1 在滴定碳酸根和碳酸氢根以后的溶液中继续滴定Cl^-。首先在此溶液中滴入0.02mol/L $NaHCO_3$溶液几滴,使溶液恢复黄色(pH为7),然后再加入5%铬酸钾指示剂0.5mL,用硝酸银标准溶液滴定至浑浊液由黄绿色突变成砖红色,即为滴定终点。(可用标定硝酸银溶液浓度时的终点颜色作为标准进行比较)。记录所用硝酸银的毫升数(V)。

4.2 如果不利用测定CO_3^{2-}、HCO_3^-的溶液时,可用移液管另取两份新的土样浸出液,每份25mL,放入三角瓶中。加入甲基橙指示剂,逐滴加入0.02mol/L碳酸氢钠($NaHCO_3$)溶液至试液变为纯黄色,控制pH为7,再加入5% K_2CrO_4指示剂5~6滴,用硝酸银标准溶液滴定,直至生成砖红色沉淀,记录$AgNO_3$标准溶液用量。若浸出液中Cl^-含量很高,可减少浸出液用量,另取1份进行测定。

5 结果整理

5.1 氯根含量按下式计算:

$$Cl^-(mmol/kg)=\frac{V\times c}{m}\times 1\,000 \qquad (T\ 0155\text{-}1)$$

$$Cl^-(\%)=Cl^-(mmol/kg)\times 0.035\,5\times 10^{-1} \qquad (T\ 0155\text{-}2)$$

式中:c——硝酸银标准溶液的浓度(mol/L);

V——滴定用硝酸银溶液体积(mL);

m——相当于分析时所取浸出液体积的干土质量(g);

0.035 5——氯根的摩尔质量(g/mmol)。

5.2 氯根试验记录格式如表T 0155-1。

表 T 0155-1 氯根试验记录

工程编号________ 试验计算者________

土样编号________ 校 核 者________

土样说明________ 试 验 日 期________

吸取浸出液的体积 V	(mL)	25	
与吸取浸出液相当的土样质量	(g)		
$AgNO_3$ 标准液的浓度	(mol/L)	0.018 04	
试验次数		1	2
滴定试样消耗 $AgNO_3$ 标准液的量	(mL)	0.88	0.90
Cl^-	(%)	0.011	0.012
Cl^- 平均值	(%)	0.012	

注:①K_2CrO_4 指示剂的浓度对滴定结果有影响,溶液中 $CrO_4{}^{2-}$ 离子浓度过大,会使终点提前出现,使滴定结果偏低;反之,$CrO_4{}^{2-}$ 浓度太低,则终点推迟出现而使结果偏高。一般应每 5mL 溶液加 K_2CrO_4 指示剂 1 滴。

②滴定过程中生成的 AgCl 沉淀容易吸附 Cl^-,使溶液中的 Cl^- 浓度降低,以致未到等当点时即过早产生砖红色 Ag_2CrO_4 沉淀。故滴定时须不断剧烈摇动,使被吸附的 Cl^- 释放出来。

5.3 精密度和允许差。

氯根测定结果的精度应符合表 T 0155-2 的规定。

表 T 0155-2 易溶盐各离子的允许偏差

各离子含量的范围 m(mol/kg)								相对偏差 (%)
$CO_3{}^{2-}$	$HCO_3{}^-$	$SO_4{}^{2-}$	Cl^-	Ca^{2+}	Mg^{2+}	Na^+	K^+	
<2.5	<5.0	<2.5	<5.0	<2.5	<2.5	<5.0	<5.0	10~15
2.5~5.0	5.0~10	2.5~5.0	5.0~10	2.5~5.0	2.5~5.0	5.0~10	5.0~10	5~10
5.0~25	10~50	5.0~25	10~50	5.0~25	5.0~25	10~50	10~50	3~10
>25	>50	>25	>50	>25	>25	>50	>50	<3

6 报告

6.1 试验方法。

6.2 土的鉴别分类和代号。

6.3 土的氯根含量(%)。

条文说明

4 当水提取液呈黄色时,会影响判定终点,可在滴定前加入 30% H_2O_2 1~2mL,煮沸使黄色消失,冷却后测定。

T 0156—1993 易溶盐氯根的测定——硝酸汞滴定法

1 目的和适用范围

本方法适用于各类土。

2 仪器设备

2.1 酸式滴定管(50mL)、三角瓶(150mL)、试剂瓶、量筒。

2.2 移液管(大肚型)25mL、容量瓶 1L。

2.3 天平:称量 200g,感量 0.000 1g。

3 试剂

3.1 混合指示剂：0.5g 二苯偶氮碳酰肼与 0.05g 溴酚蓝及 0.12g 二甲苯蓝 FF 混合，溶于 100mL 95%的酒精中，保存于棕色试制瓶中。

3.2 0.025mol/L 硝酸汞标准溶液：称取 8.34g 分析纯硝酸汞[$Hg(NO_3)_2 \cdot 1/2H_2O$]，溶于 100mL 加有 1～1.5mL 浓硝酸的蒸馏水中，最后加水定容至 1 000mL，充分摇匀。其标准浓度用 0.025mol/L 氯化钠标准溶液标定（标定方法与滴定待测液相同）。

3.3 0.05mol/L 硝酸溶液：量取 3.2mL 浓硝酸（比重 1.42），稀释至 1 000mL，摇匀，备用。

4 试验步骤

4.1 吸取待测定液 25mL 于 150mL 三角瓶中。

4.2 加混合指示剂 10 滴，并用 0.05mol/L HNO_3 溶液调至溶液呈蓝绿色。即用 $Hg(NO_3)_2$ 标准溶液滴定至突变为紫色即为终点，记下消耗之体积（mL）。

5 结果整理

5.1 氯根含量按下式计算：

$$Cl^-(\text{mmol/kg}) = \frac{V \times c}{m} \times 1\,000 \tag{T 0156-1}$$

$$Cl^-(\%) = Cl^-(\text{mmol/kg}) \times 0.035\,5 \times 10^{-1} \tag{T 0156-2}$$

式中：c——$\frac{1}{2}Hg(NO_3)_2$ 溶液的浓度（mol/L）；

V——滴定用硝酸汞溶液体积（mL）；

m——相当于分析时所取浸出液体积的干土质量（g）；

0.035 5——Cl^- 的摩尔质量（g/mmol）。

5.2 氯根试验记录格式如表 T 0156-1。

表 T 0156-1 氯根试验记录

工程编号＿＿＿＿＿＿ 试验计算者＿＿＿＿＿＿

土样编号＿＿＿＿＿＿ 校 核 者＿＿＿＿＿＿

土样说明＿＿＿＿＿＿ 试 验 日 期＿＿＿＿＿＿

项目	单位		
吸取浸出液的体积 V	(mL)		
与吸取浸出液相当的土样质量	(g)		
$\frac{1}{2}Hg(NO_3)_2$ 溶液的浓度	(mol/L)		
试验次数		1	2
滴定试样消耗$\frac{1}{2}Hg(NO_3)_2$ 溶液的量	(mL)		
Cl^-	(%)		
Cl^- 平均值	(%)		

注：①在滴定过程中，必须控制溶液的 pH 在 3.0～3.5 范围内，pH 高于此范围有负误差，pH 低于此范围有正误差。

②如果待测液有颜色，则对终点有干扰，可用稀硝酸酸化后的活性炭吸附脱色，过滤后滴定；也可直接用硝酸酸化待测液后，再加微热，使有机质絮固脱色，过滤后滴定；或者蒸干待测液，用过氧化氢去除有机质，再溶解后进行滴定。

③加入指示剂过量时也会使结果偏低。

5.3 精密度和允许差。

氯根测定结果的精度应符合表 T 0156-2 的规定。

表 T 0156-2　易溶盐各离子的允许偏差

各离子含量的范围 m(mol/kg)								相对偏差(%)
CO_3^{2-}	HCO_3^-	SO_4^{2-}	Cl^-	Ca^{2+}	Mg^{2+}	Na^+	K^+	
<2.5	<5.0	<2.5	<5.0	<2.5	<2.5	<5.0	<5.0	10~15
2.5~5.0	5.0~10	2.5~5.0	5.0~10	2.5~5.0	2.5~5.0	5.0~10	5.0~10	5~10
5.0~25	10~50	5.0~25	10~50	5.0~25	5.0~25	10~50	10~50	3~10
>25	>50	>25	>50	>25	>25	>50	>50	<3

6　报告

6.1　试验方法。

6.2　土的鉴别分类和代号。

6.3　土的氯根含量(%)。

条文说明

4　在试验过程中应熟悉注意事项。特别是滴定近终点时，一定放慢滴定速度，每滴一滴应充分摇匀，否则会超过终点，造成误差。

T 0157—1993　易溶盐钙和镁离子的测定——EDTA 配位滴定法

1　目的和适用范围

本方法适用于各类土。

2　仪器设备

2.1　移液管：(大肚型)25mL。

2.2　三角瓶：150mL。

2.3　滴定管：(酸式)25mL，或 50mL，准确至 0.1mL。

2.4　试剂瓶。

3　试剂

3.1　0.01mol/L EDTA 标准溶液。

3.1.1　0.01mol/L EDTA 标准溶液：先将乙二胺四乙酸二钠(Na_2EDTA，$Na_2H_2C_{10}H_{12}O_8N_2\cdot 2H_2O$，相对分子质量 372.1，分析纯)在 80℃干燥约 2h，保存于干燥器中。将3.72g Na_2EDTA，溶于1L 水中，充分摇动，贮于塑料试制瓶中。EDTA 二钠盐在水中溶解缓慢，在配制溶液时须常摇动促溶，最好放置过夜后备用。

3.1.2　EDTA 溶液的标定。

(1)用分析天平称取经 110℃干燥的 $CaCO_3$(优级纯或一级)约 0.40g，称准至 0.000 1g，放在 400mL 烧杯内，用少量蒸馏水润湿，慢慢加入 1∶1的盐酸约 10mL，盖上表皿，小心地加热促溶，并驱尽 CO_2，冷却后定量地转移入 500mL 容量瓶中用蒸馏水定容。

(2)用移液管吸取本方法 3.1.2(1)的溶液 25.00mL 于 250mL 三角瓶中，加 20mL pH10 的氨缓冲溶液和少许 K—B 指示剂(或铬黑 T 指示剂)，用配好的 EDTA 溶液滴定至溶液由酒红色变为蓝绿色为终点。同时做空白试验。按下式计算 EDTA 溶液的浓度(mol/L)取三次标定结果的平均值。

$$C_{EDTA}=\frac{m}{0.100\,1\times(V-V_0)} \tag{T 0157-1}$$

式中：0.100 1——$CaCO_3$ 的摩尔质量(g/mmol)；

m——每份滴定所用 $CaCO_3$ 的质量(g)；

V——标定时所用 EDTA 溶液的体积(mL)；

V_0——空白标定所用 EDTA 溶液的体积(mL)。

3.2 pH10 的氨缓冲液：67.5g NH_4Cl(化学纯)溶于无 CO_2 水中，加入新开瓶的浓氨水(化学纯，比重 0.9，含 NH_3 25%)570mL，用水稀释至 1L，贮于塑料瓶中，并注意防止吸收空气中的 CO_2。

3.3 K—B 指示剂：0.5g 酸性铬蓝 K 和 0.1g 萘酚绿 B，与 100g、105℃烘过的 NaCl 一同研细磨匀，越细越好，贮于棕色瓶中。

3.4 铬黑 T 指示剂：0.5g 铬黑 T 与 100g 烘干的 NaCl(三级)共研至极细，贮于棕色瓶中。

3.5 钙指示剂：0.5g 钙指示剂[2—羟基(2—羟基—4 磺酸—1—萘偶氮基)—3—萘甲酸，$C_{21}H_{14}O_7N_2S$]与 50g NaCl(需经烘焙)研细混匀，贮于棕色瓶中，放在干燥器中保存。

3.6 2mol/L NaOH 溶液：8.0g NaOH 溶于 100mL 无 CO_2 水中。

4 试验步骤

4.1 $Ca^{2+}+Mg^{2+}$ 含量的测定：用移液管吸取土样浸出液 25.00mL 于 150mL 三角瓶中，加 pH10 缓冲溶液 2mL，摇匀后加 K—B 指示剂约 0.1g。用 EDTA 标准溶液滴定至溶液由酒红色突变为纯蓝色为终点。记录 EDTA 溶液的用量(V_2)(mL)，精确至 0.01mL。

4.2 Ca^{2+} 的测定：用 25mL 移液管另吸取土样浸出液 25mL 于三角瓶中，加 1∶1 HCl 1 滴，充分摇动，煮沸 1min 排出 CO_2，冷却后，加 2mol/L NaOH 2mL，摇匀，放置 1～2min，使溶液 pH 值达 12.0 以上、加入钙指示剂约 0.1g，即以 EDTA 标准溶液滴定，接近终点时须逐滴加入，充分摇动，直至溶液由红色突变为纯蓝色。记录 EDTA 溶液的用量 V_1(mL)，精确至 0.01mL。

5 结果整理

5.1 钙和镁离子含量按下列各式计算：

$$Ca^{2+}\left(\text{mmol}\ \frac{1}{2}Ca^{2+}/\text{kg}\right)=\frac{c\times V_1\times 2}{m}\times 1\,000 \tag{T 0157-2}$$

$$Ca^{2+}(\%)=Ca^{2+}\left(\text{mmol}\ \frac{1}{2}Ca^{2+}/\text{kg}\right)\times 0.020\,0\times 10^{-1} \tag{T 0157-3}$$

$$Mg^{2+}\left(\text{mmol}\ \frac{1}{2}Mg^{2+}/\text{kg}\right)=\frac{c\times(V_2-V_1)\times 2}{m}\times 1000 \tag{T 0157-4}$$

$$Mg^{2+}(\%)=Mg^{2+}\left(\text{mmol}\ \frac{1}{2}Mg^{2+}/\text{kg}\right)\times 0.012\,2\times 10^{-1} \tag{T 0157-5}$$

式中：c——EDTA 标准溶液的浓度(mol/L)；

m——相当于分析时所取浸出液体积的干土质量(g)；

0.020 0——$\frac{1}{2}$钙离子的摩尔质量(g/mmol)；

0.012 2——$\frac{1}{2}$镁离子的摩尔质量(g/mmol)。

注：①土的水提取液中，如含有 Fe^{3+}、Al^{3+}、Mn^{2+}、Ti^{4+} 及其他重金属离子时，会影响滴定终点，可在酸性溶液中加 1∶2的三乙醇胺 2mL。以消除其影响。

②测定 Ca^{2+} 或 $Ca^{2+}+Mg^{2+}$ 时，都必须严格控制溶液的 pH，所以在加入 NaOH 或 pH10 缓冲溶液后，应再用精密 pH 试纸检验，确认 pH 合格后再加入指示剂进行滴定，否则终点会不明显。

5.2 钙、镁离子试验记录格式如表 T 0157-1。

表 T 0157-1　钙、镁离子试验记录

工程编号________　　试　验　者________

土样编号________　　校　核　者________

土样说明________　　试 验 日 期________

吸取提取液的体积	V	(mL)	25	
EDTA		(mol/L)	0.010 20	
试验次数			1	2
滴定 Ca^{2+} 时所用 EDTA 的量	V_1	(mL)	4.18	4.20
滴定 $Ca^{2+}+Mg^{2+}$ 时所用 EDTA 的量	V_2	(mL)	5.40	5.42
Ca^{2+}		(mmol $\frac{1}{2}Ca^{2+}$/kg)	0.085 3	0.085 7
Ca^{2+} 平均值		(mmol $\frac{1}{2}Ca^{2+}$/kg)	0.085 5	
Ca^{2+}		(%)	0.034 2	0.034 2
Ca^{2+} 的平均值		(%)	0.034 2	
Mg^{2+}		(mmol $\frac{1}{2}Mg^{2+}$/kg)	0.249	0.249
Mg^{2+} 平均值		(mmol $\frac{1}{2}Mg^{2+}$/kg)	0.249	
Mg^{2+}		(%)	0.006 1	0.006 1
Mg^{2+} 的平均值		(%)	0.006 1	

5.3　精密度和允许差

钙离子和镁离子测定结果的精度应符合表 T 0157-2 的规定。

表 T 0157-2　易溶盐各离子的允许偏差

各离子含量的范围 m(mol/kg)								相 对 偏 差 (%)
CO_3^{2-}	HCO_3^-	SO_4^{2-}	Cl^-	Ca^{2+}	Mg^{2+}	Na^+	K^+	
<2.5	<5.0	<2.5	<5.0	<2.5	<2.5	<5.0	<5.0	10 ~ 15
2.5 ~ 5.0	5.0 ~ 10	2.5 ~ 5.0	5.0 ~ 10	2.5 ~ 5.0	2.5 ~ 5.0	5.0 ~ 10	5.0 ~ 10	5 ~ 10
5.0 ~ 25	10 ~ 50	5.0 ~ 25	10 ~ 50	5.0 ~ 25	5.0 ~ 25	10 ~ 50	10 ~ 50	3 ~ 10
>25	>50	>25	>50	>25	>25	>50	>50	<3

6　报告

6.1　土的鉴别分类和代号。

6.2　土的钙离子含量(%)。

6.3　土的镁离子含量(%)。

条文说明

4　采用 EDTA 配位滴定法试验时，一定要注意控制溶液的 pH 值。测定钙时，必须调整 pH 值在 12 以上(可用 pH 广泛试纸试验)，且调好后应及时滴定，以防溶液吸收空气中的 CO_2，而生成 $CaCO_3$ 沉淀，使滴定终点延长。

T 0158—1993　易溶盐硫酸根的测定——质量法

1　目的和适用范围

本方法适用于各类土。

2　仪器设备

2.1　高温电炉：温度可自控，最高炉温 1 100℃。

2.2　瓷坩埚：30mL。

2.3　坩埚钳：长柄的。

2.4　水浴埚、烧杯、紧密滤纸、漏斗。

2.5　移液管（大肚型）、量筒、试剂瓶等。

2.6　漏斗架。

2.7　表面皿、玻璃支架、玻璃棒。

3　试剂

3.1　1∶3盐酸：1 份浓盐酸加 3 份蒸馏水混合。

3.2　10% 氯化钡水溶液：称取由 $BaCl_2 \cdot 2H_2O$ 10g 溶于水后，再加水稀释至 100mL。

3.3　1% 硝酸银溶液：1g $AgNO_3$ 溶于 100mL 蒸馏水中。如有杂质应过滤，滤液要透明。

4　试验步骤

4.1　吸取 50～100mL 水浸提液于 150mL 烧杯中，在水浴上蒸干。用 1∶3盐酸溶液 5mL 处理残渣，再蒸干，并在 100～105℃ 烘干 1h。

4.2　用 2mL 1∶3盐酸和 10～30mL 热蒸馏水洗涤，用致密滤纸过滤，除去二氧化硅，再用热水洗至无氯离子反应（用硝酸银检验无浑浊）为止。

4.3　滤出液在烧杯中蒸发至 30～40mL，在不断搅动中途趁热滴加 10% 氯化钡至沉淀完全。在上部清液再滴加几滴氯化钡，直至无更多沉淀生成时，再多加 2～4mL 氯化钡。在水浴上继续加热 15～30min，取下烧杯静置 2h。

4.4　用紧密无灰滤纸过滤，烧杯中的沉淀用热水洗 2～3 次后转入滤纸，再洗至无氯离子反应为止，但沉淀也不宜过多洗涤。

4.5　将滤纸包移入已灼烧称恒量的坩埚中，小心烤干，灰化至呈灰白色。

4.6　在 600℃ 高温电炉中灼烧 15～20min，然后在干燥器中冷却 30min 后称量。再将坩埚灼烧 15～20min，称至恒量（两次称量之差小于 0.000 5g）。

4.7　用相同试剂和滤纸同样处理，做空白试验，测得空白质量。

5　结果整理

5.1　硫酸根含量按下式计算：

$$SO_4^{2-}(\%) = \frac{(m_1 - m_2) \times 0.411\,6}{m} \times 100 \tag{T 0158-1}$$

$$SO_4^{2-}\left(\text{mmol}\ \frac{1}{2}SO_4^{2-}/\text{kg}\right) = \frac{SO_4^{2-}(\%)}{0.048\,0} \times 10 \tag{T 0158-2}$$

式中：m_1——硫酸钡的质量（g）；

m_2——空白标定的质量（g）；

m——相当于分析时所取浸出液体积的干土质量（g）；

0.411 6——硫酸钡换算为硫酸根(SO_4^{2-})的系数;

0.048 0——$\frac{1}{2}$硫酸钡的摩尔质量(g/mmol)。

5.2 硫酸根试验记录格式如表 T 0158-1。

表 T 0158-1 硫酸根试验记录(质量法)

工程编号__________ 试验计算者__________

土样编号__________ 校 核 者__________

土样说明__________ 试 验 日 期__________

吸取提取液的体积(mL)		50	
试验次数		1	2
(坩埚+沉淀)质量	(g)	18.353 5	19.004 6
空坩埚质量	(g)	18.351 2	19.002 2
沉淀质量	(g)	0.002 3	0.002 4
空白试验结果	(g)	0.000 4	0.000 4
SO_4^{2-}	(%)	0.007 8	0.008 2
SO_4^{2-}平均值	(%)	0.008 0	
SO_4^{2-}	(mmol $\frac{1}{2}SO_4^{2-}$/kg)	0.081	0.085
SO_4^{2-}平均值	(mmol $\frac{1}{2}SO_4^{2-}$/kg)	0.083	

注:①本方法适用于含硫酸根量较高的土样,含量低者应采用其他方法。

②硫酸钡沉淀应在微酸性溶液中进行,一方面可以防止某些阴离子如碳酸根、碳酸氢根、磷酸根和氢氧根等与钡离子发生共沉淀现象,另一方面硫酸钡沉淀在微酸性溶液中能使结晶颗粒增大,更便于过滤和洗涤。沉淀溶液的酸度不能太高,因硫酸钡沉淀的溶解度随酸度的增大而增大,最好控制在0.05mol/L左右。

③硫酸钡沉淀同滤纸灰化时,应保证空气的充分供应,否则沉淀易被滤纸烧成的炭所还原 $BaSO_4 + 4C \rightarrow BaS + 4CO$。当发生这种现象时,沉淀呈灰色或黑色,这可在冷却后的沉淀中加入2~3滴浓硫酸,然后小心加热至二氧化硫白烟不再发生为止,再在600℃的温度下灼烧至恒量。炉温不能过高,否则硫酸钡开始分解。

5.3 精密度和允许差。

硫酸根测定结果的精度应符合表 T 0158-2 的规定。

表 T 0158-2 易溶盐各离子的允许偏差

各离子含量的范围 m(mol/kg)								相对偏差(%)
CO_3^{2-}	HCO_3^-	SO_4^{2-}	Cl^-	Ca^{2+}	Mg^{2+}	Na^+	K^+	
<2.5	<5.0	<2.5	<5.0	<2.5	<2.5	<5.0	<5.0	10~15
2.5~5.0	5.0~10	2.5~5.0	5.0~10	2.5~5.0	2.5~5.0	5.0~10	5.0~10	5~10
5.0~25	10~50	5.0~25	10~50	5.0~25	5.0~25	10~50	10~50	3~10
>25	>50	>25	>50	>25	>25	>50	>50	<3

6 报告

6.1 试验方法。

6.2 土的鉴别分类和代号。

6.3 土的硫酸根含量(%)。

条文说明

质量法测定硫酸根,适用于硫酸根含量高的试样。该法是测硫酸根的标准方法。质量法精确度高,但操作冗长,所需待测液较多,且待测液须特别清亮。

T 0159—1993　易溶盐硫酸根的测定——EDTA 间接配位滴定法

1　目的和适用范围

本方法适用于各类土。

2　仪器设备

2.1　分析天平:称量 200g,感量 0.000 1g。

2.2　酸式滴定管:50mL,准确至 0.1mL。

2.3　三角瓶:150mL 或 200mL。

2.4　移液管:(大肚型)25mL,50mL。

3　试剂

3.1　钡镁混合剂:2.44g $BaCl_2 \cdot 2H_2O$(化学纯)和 2.04g $MgCl_2 \cdot 6H_2O$(化学纯)溶于水,稀释至 1L,此溶液中 Ba^{2+} 和 Mg^{2+} 的浓度各为 0.01mol/L,每毫升约可沉淀 SO_4^{2-} 1mg。

3.2　pH10 的氨缓冲液:67.5g NH_4Cl(化学纯)溶于无 CO_2 水中,加入新开瓶的浓氨水(化学纯,比重 0.9,含 NH_3 25%)570mL,用水稀释至 1L,贮于塑料瓶中,并注意防止吸收空气中的 CO_2。

3.3　1:4 HCl 溶液:1 份浓 HCl(化学纯)与 4 份水混合。

3.4　K—B 指示剂:0.5g 酸性铬蓝 K 和 0.1g 萘酚绿 B,与 100g、105℃烘过的 NaCl 一同研细磨匀,越细越好,贮于棕色瓶中。

3.5　铬黑 T 指示剂:0.5g 铬黑 T 与 100g 烘干的 NaCl(三级)共研至极细,贮于棕色瓶中。

3.6　0.01mol/L EDTA 标准溶液:先将乙二胺四乙酸二钠(Na_2EDTA, $Na_2H_2C_{10}H_{12}O_8N_2 \cdot 2H_2O$,相对分子质量 372.1,分析纯)在 80℃干燥约 2h,保存于干燥器中。将 3.72g Na_2EDTA,溶于 1L 水中,充分摇动,贮于塑料试制瓶中。EDTA 二钠盐在水中溶解缓慢,在配制溶液时须常摇动促溶,最好放置过夜后备用。

4　EDTA 溶液的标定按下述方法进行。

4.1　用分析天平称取经 110℃干燥的 $CaCO_3$(优级纯或一级)约 0.40g,称准至 0.000 1g,放在 400mL 烧杯内,用少量蒸馏水润湿,慢慢加入 1:1的盐酸约 10mL,盖上表皿,小心地加热促溶,并驱尽 CO_2,冷却后定量地转移入 500mL 容量瓶中用蒸馏水定容。

4.2　用移液管吸取本试验 4.1 的溶液 25.00mL 于 250mL 三角瓶中,加 20mL pH10 的氨缓冲溶液和少许 K—B 指示剂(或铬黑 T 指示剂),用配好的 EDTA 溶液滴定至溶液由酒红色变为蓝绿色为终点。同时做空白试验。按下式计算 EDTA 溶液的浓度(mol/L)取三次标定结果的平均值。

$$C_{EDTA} = \frac{m}{0.1001 \times (V - V_0)} \quad \text{(T 0159-1)}$$

式中:0.100 1——$CaCO_3$ 的摩尔质量(g/mmol);

m——每份滴定所用 $CaCO_3$ 的质量(g);

V——标定时所用 EDTA 溶液的体积(mL);

V_0——空白标定所用 EDTA 溶液的体积(mL)。

5　试验步骤

5.1　用移液管吸取 25.00mL 土水比 1:5的土样浸出液于 150mL 三角瓶中,加 1:4 HCl 5 滴,加热至沸,趁热用移液管缓缓地准确加入过量 25% ~100% 的钡镁混合液(约 5 ~10mL)。

注:继续微沸 5min,然后放置 2h 以上。

5.2 加pH10缓冲液5mL，加铬黑T指示剂少许或K—B指示剂约0.1g，摇匀。用EDTA标准溶液滴定由酒红色变为纯蓝色。如终点前颜色太浅，可补加一些指示剂。记录EDTA标准溶液的消耗体积V_1（mL）。

5.3 空白标定：取25mL水，加入1:4 HCl 5滴，钡镁混合液5mL或10mL（注意，其用量应与上述待测液相同），pH10缓冲液5mL和铬黑T指示剂少许或K—B指示剂约0.1g，摇匀后用EDTA标准溶液滴定由酒红色变为纯蓝色，记录EDTA溶液的用量V_2（mL）。

5.4 土样浸出液中钙镁总量的测定（如Ca^{2+}、Mg^{2+}已知，可免去此步）：吸取与5.1相同体积的土样浸出液（25mL），放在150mL三角瓶中，加1:1 HCl两滴，摇匀，加热至沸1min，除去CO_2冷却。加pH10缓冲溶液3.5mL，加K—B指示剂约0.1g，用EDTA标准溶液滴定，溶液由紫红色变成蓝绿色即为终点，记录消耗EDTA溶液的体积V_3（mL）。

6 结果整理

6.1 硫酸根含量按下式计算：

$$SO_4^{2-}\left(\text{mmol}\ \frac{1}{2}SO_4^{2-}/\text{kg}\right)=\frac{2c(V_2+V_3-V_1)}{m}\times 1\,000 \quad (\text{T 0159-2})$$

$$SO_4^{2-}(\%)=SO_4^{2-}\left(\text{mmol}\ \frac{1}{2}SO_4^{2-}/\text{kg}\right)\times 0.048\,0\times 10^{-1} \quad (\text{T 0159-3})$$

式中：c——EDTA标准液的浓度（mol/L）；

m——相当于分析时所取浸出液体积的干土质量（g）；

0.048 0——$\frac{1}{2}$硫酸根的摩尔质量（g/mmol）。

注：由于土中SO_4^{2-}含量变化比较大，有些土中SO_4^{2-}含量很高，可用下式判断所加沉淀剂$BaCl_2$是否足量，$V_2+V_3-V_1=0$，表明土中无SO_4^{2-}。$V_2+V_3-V_1<0$，则表明操作有误，如果$V_2+V_3-V_1=A$mL，A mL$+A\times25\%\leq$所加$BaCl_2$的体积数，表明加入的沉淀剂足量；若A mL$+A\times25\%>$所加$BaCl_2$体积数，表示所加沉淀剂不够，应重新少取待测液，或多加沉淀剂重新测SO_4^{2-}。

6.2 硫酸根试验记录格式如表T 0159-1。

表T 0159-1 硫酸根试验记录（EDTA间接配位滴定法）

工程编号＿＿＿＿＿＿ 试验计算者＿＿＿＿＿＿

土样编号＿＿＿＿＿＿ 校　核　者＿＿＿＿＿＿

土样说明＿＿＿＿＿＿ 试 验 日 期＿＿＿＿＿＿

吸取浸出液的体积V（mL）	25	
EDTA二钠盐溶液的浓度（mol/L）	0.010 20	
试验次数	1	2
待测液经沉淀后剩余钡镁合剂所消耗EDTA的量V_1（mL）	6.70	6.72
钡镁合剂（空白标定）所消耗EDTA液的量V_2（mL）	5.20	5.20
同体积待测液中原有Ca^{2+}、Mg^{2+}所消耗EDTA液的量V_3（mL）	5.50	5.50
SO_4^{2-}（mmol $\frac{1}{2}SO_4^{2-}$/kg）	0.816	0.812
SO_4^{2-}（mmol $\frac{1}{2}SO_4^{2-}$/kg）平均值	0.814	
SO_4^{2-}（%）	0.078	0.078
SO_4^{2-}（%）的平均值	0.078	

6.3 精密度和允许差。

硫酸根测定结果的精度应符合表 T 0159-2 的规定。

表 T 0159-2　易溶盐各离子的允许偏差

各离子含量的范围 m(mol/kg)								相对偏差(%)
CO_3^{2-}	HCO_3^-	SO_4^{2-}	Cl^-	Ca^{2+}	Mg^{2+}	Na^+	K^+	
<2.5	<5.0	<2.5	<5.0	<2.5	<2.5	<5.0	<5.0	10~15
2.5~5.0	5.0~10	2.5~5.0	5.0~10	2.5~5.0	2.5~5.0	5.0~10	5.0~10	5~10
5.0~25	10~50	5.0~25	10~50	5.0~25	5.0~25	10~50	10~50	3~10
>25	>50	>25	>50	>25	>25	>50	>50	<3

7　报告

7.1　试验方法。

7.2　土的鉴别分类和代号。

7.3　土的硫酸根含量(%)。

条文说明

6　由于土中 SO_4^{2-} 含量变化较大,为了掌握加沉淀剂 $BaCl_2$ 是否足量,必须经初步试验,具体试验应按注解进行。

T 0160—1993　易溶盐钠和钾离子的测定——火焰光度法

1　目的和适用范围

本方法适用于各类土。

2　仪器设备

2.1　火焰光度计。

2.2　分析天平:称量 200g,感量 0.000 1g。

2.3　容量瓶、试剂瓶、移液管。

3　试剂

3.1　0.1mol/L 硫酸铝溶液:称取 34.2g $Al_2(SO_4)_3$ 溶于水中,稀释至 1 000mL。

3.2　钾(K^+)标准溶液:精确称取经 105~110℃烘干的分析纯 KCl 0.190 7g,在少量纯水中溶解,转入 1 000mL 容量瓶中定容,贮于塑料瓶中。此溶液含 K^+0.1mg/mL,以此为母液可稀释配制所需浓度的标准系列。

3.3　钠(Na^+)标准溶液:精确称取 550℃灼烧过的 NaCl 0.2542g,在少量纯水中溶解,转入 1000mL 容量瓶中定容,贮于塑料瓶中,此溶液含 Na^+0.1mg/mL,以此为母液可稀释配制成所需浓度的标准系列。

4　仪器分析法标准曲线的测绘

分别取浓度适宜的钠、钾溶液标准系列。按测定试样相同条件,在火焰光度计上测出各浓度的读数,宜测 5~7 点,以读数为纵坐标,钠、钾浓度为横坐标,在直角坐标上绘制关系曲线,并注明试验条件。

5　试验步骤

用移液管吸取一定量的土浸出液,放在火焰光度计上,按仪器说明书的要求进行操作。当 Na^+、K^+

含量超过仪器容许范围时,宜稀释后再操作。测 Na^+ 时用钠滤光片,测 K^+ 时用钾滤光片。记下仪器读数,注明试验条件,分别查钠、钾标准曲线,分别计算含量。

6 结果整理

6.1 钠、钾离子含量按下列各式计算:

$$Na^+(mmolNa^+/kg)=\frac{C_{Na}\times\frac{25}{V}}{m}\times\frac{1.0}{23} \quad (T\ 0160\text{-}1)$$

$$Na^+(\%)=Na^+(mmolNa^+/kg)\times0.023\times10^{-1} \quad (T\ 0160\text{-}2)$$

$$K^+(mmolK^+/kg)=\frac{C_K\times\frac{25}{V}}{m}\times\frac{1.0}{39.1} \quad (T\ 0160\text{-}3)$$

$$K^+(\%)=K^+(mmolK^+/kg)\times0.0391\times10^{-1} \quad (T\ 0160\text{-}4)$$

式中:C_{Na}——待测液中钠离子浓度(10^{-6});

C_K——待测液中钾离子浓度(10^{-6});

V——吸取土样浸出液的体积(mL);

m——相当于分析时所取浸出液体积的干土质量(g);

1.0——由 10^{-6} 换算成千克的系数;

23——钠离子的摩尔质量(g/mol);

39.1——钾离子的摩尔质量(g/mol)。

6.2 钠、钾离子试验记录格式如表 T 0160-1。

表 T 0160-1 钠、钾离子试验记录(火焰光度法)

工程编号________ 试验计算者________

土样编号________ 校 核 者________

土样说明________ 试 验 日 期________

项目	单位		
吸取滤液体积 V	(mL)		
试验序号		1	2
由标准曲线查出 Na^+ 量	(10^{-6})		
Na^+	(%)		
Na% 的平均值	(%)		
Na^+	(mmol Na^+%/kg)		
平均值	(mmol Na^+%/kg)		
由标准曲线查出 K^+ 量	(10^{-6})		
K^+	(%)		
K^+ 的平均值	(%)		
K^+	(mmol K^+/kg)		
平均值	(mmol K^+/kg)		

6.3 精密度和允许差。

钠和钾离子测定结果的精度应符合表 T 0160-2 的规定。

表 T 0160-2　易溶盐各离子的允许偏差

各离子含量的范围 m(mol/kg)								相对偏差(%)
CO_3^{2-}	HCO_3^-	SO_4^{2-}	Cl^-	Ca^{2+}	Mg^{2+}	Na^+	K^+	
<2.5	<5.0	<2.5	<5.0	<2.5	<2.5	<5.0	<5.0	10~15
2.5~5.0	5.0~10	2.5~5.0	5.0~10	2.5~5.0	2.5~5.0	5.0~10	5.0~10	5~10
5.0~25	10~50	5.0~25	10~50	5.0~25	5.0~25	10~50	10~50	3~10
>25	>50	>25	>50	>25	>25	>50	>50	<3

7　报告

7.1　土的鉴别分类和代号。

7.2　土的钠离子含量(%)。

7.3　土的钾离子含量(%)。

条文说明

1　火焰光度法是发散光谱分析中比较简单的一种方法。它是利用火焰激发使原子的电子跃迁而释放能量产生特征谱线。由于激发的能量较低,仅有碱金属和碱土金属能用此方法激发,所产生的发射光谱经滤光片后用光电池和检流计来测其发射强度。这种方法简便、迅速、灵敏度较高,常用来测定钠、钾的含量。尤其是当它们含量较低时,用火焰光度法优于其他方法,故本规程选用该法。

5　用火焰光度法测定 Na^+、K^+,激发状况的变化是导致误差的重要原因,因此,在试验过程中必须使激发状况稳定。试液中其他成分的干扰也是误差的原因。为此,绘制标准曲线时,配制标准溶液所用的盐类,应与土样中的主要盐类一致。

T 0161—1993　中溶盐石膏测定——盐酸浸提硫酸钡质量法

1　目的和适用范围

本方法适用于含石膏较多(>1%)的土类。

2　仪器设备

2.1　分析天平:称量 200g,感量 0.000 1g。

2.2　离心机(4 000r/min);80mL 离心管。

2.3　高温电炉、瓷坩埚。

2.4　移液管、容量瓶、烧杯。

3　试剂

3.1　70% 乙醇:700mL 无水乙醇用水稀释至 1 000mL。

3.2　1mol/L HCl:83.3mL 浓 HCl 用水稀释至 1L。

3.3　10% $BaCl_2$ 溶液(W/V):称取 10g $BaCl_2 \cdot 2H_2O$ 用水溶成 100mL。

3.4　1:1 氨(NH_3)水:1 份浓氨(NH_3)水 +1 份水。

3.5　1:1 HCl:1 份浓 HCl +1 份水。

3.6　1%(W/V)甲基橙指示剂:1g 甲基橙指示剂溶于 100mL 水中。

4　试验步骤

4.1　洗去盐分:在 1% 感量天平上称取通过 0.25mm 的风干土样 1~10g(约含石膏 0.1~0.8g)于离心管中,加

50mL 70%乙醇,在2 500~3 000r/min离心机中,倾去洗液,反复洗涤直到SO_4^{2-}反应为止。

4.2 用1mol/L HCl浸提:给脱盐后的土样中加1mol/L HCl约30mL搅动、离心、将清液倾入100mL容量瓶中,反复三次,最后用水定容。

4.3 沉淀$BaSO_4$:吸取清液30mL,于250mL烧杯中,加甲基橙指示剂2~3滴,用1∶1氨水中和至黄色,然后加1mL 1∶1 HCl加热至沸。再按下述进行。

4.3.1 吸取50~100mL水浸提液于150mL烧杯中,在水浴上蒸干。用1∶3盐酸溶液5mL处理残渣,再蒸干,并在100~105℃烘干1h。

4.3.2 用2mL 1∶3盐酸和10~30mL热蒸馏水洗涤,用致密滤纸过滤,除去二氧化硅,再用热水洗至无氯离子反应(用硝酸银检验无浑浊)为止。

4.3.3 滤出液在烧杯中蒸发至30~40mL,在不断搅动中途趁热滴加10%氯化钡至沉淀完全。在上部清液再滴加几滴氯化钡,直至无更多沉淀生成时,再多加2~4mL氯化钡。在水浴上继续加热15~30min,取下烧杯静置2h。

4.3.4 用紧密无灰滤纸过滤,烧杯中的沉淀用热水洗2~3次后转入滤纸,再洗至无氯离子反应为止,但沉淀也不宜过多洗涤。

4.3.5 将滤纸包移入已灼烧称恒量的坩埚中,小心烤干,灰化至呈灰白色。

4.3.6 在600℃高温电炉中灼烧15~20min,然后在干燥器中冷却30min后称量。再将坩埚灼烧15~20min,称至恒量(两次称量之差小于0.000 5g)。

4.3.7 用相同试剂和滤纸同样处理,做空白试验,测得空白质量。

5 结果整理

5.1 石膏含量按下式计算:

$$CaSO_4 \cdot 2H_2O(\%) = \frac{(m_1 - m_0) \times 0.738 \times 2}{m_s} \times 100(1+H) \qquad (T\ 0161\text{-}1)$$

式中: m_0——空坩埚质量(g);

m_1——坩埚+$BaSO_4$质量(g);

0.738——将$BaSO_4$换算成$CaSO_4 \cdot 2H_2O$的系数($CaSO_4 \cdot 2H_2O/BaSO_4$);

2——分取系数(100mL/50mL);

H——以烘干基的土样吸湿水分数。

5.2 本试验记录格式如表T 0161-1。

表T 0161-1 中溶盐试验记录(质量法)

工程名称________ 试验计算者________

土样编号________ 校 核 者________

土样说明________ 试 验 日 期________

风干土样量		(g)		
土样吸湿水分数		(H)		
吸取待测液的体积		(mL)		
试验次数			1	2
空坩埚的质量	m_0	(g)		
(空坩埚+$BaSO_4$)的质量	m_1	(g)		
$CaSO_4 \cdot 2H_2O$		(%)		
$CaSO_4 \cdot 2H_2O$平均值		(%)		

5.3 精密度和允许差。

中溶盐石膏($CaSO_4 \cdot 2H_2O$)试验结果精度要求质量法允许绝对误差为0.2%;容量法允许绝对误

差为 0.05%。

6 报告

6.1 土的鉴别分类和代号。

6.2 土中石膏含量(%)。

条文说明

石膏在水中的溶解度仅约 2g/L。土中的石膏含量小于1%时,尚易用水浸提法将其全部浸出。但含量大于1%时,水浸提法很难浸提完全,而且由于石膏与土溶液中的 Na_2CO_3 作用时,在石膏颗粒表面常形成一层难溶的 $CaCO_3$ 胶膜,因而更难用水把石膏浸提出来,在此情况下,应选用 1mol/L 的 HCl 浸提法。

为了加快土中石膏的溶解,土样的颗粒应小于 0.25mm。沉淀灰化时,不应出现明火燃烧,以免沉淀飞出损失。同时灰化要充分,以免残留的碳素使硫酸钡还原为硫化钡。为避免发生这种反应,高温炉灼烧时的温度以不超过 600℃为宜。

T 0162—1993 难溶盐碳酸钙测定——气量法

1 目的适用范围

本方法适用于各类土。

2 仪器设备

2.1 气量法测量装置(二氧化碳约测计示意图见图 T 0162-1)。

2.2 天平:称量 200g,感量 0.01g。

2.3 气压计。

2.4 温度计。

3 试剂

3.1 1∶3 HCl:1 份 HCl 和 3 份水混合。

3.2 0.1%甲基红指示剂。

4 试验步骤

4.1 安装好二氧化碳约测计(如图 T 0162-1 所示),将加有微量盐酸和数滴甲基红指示剂的红色水溶液注入量管中。

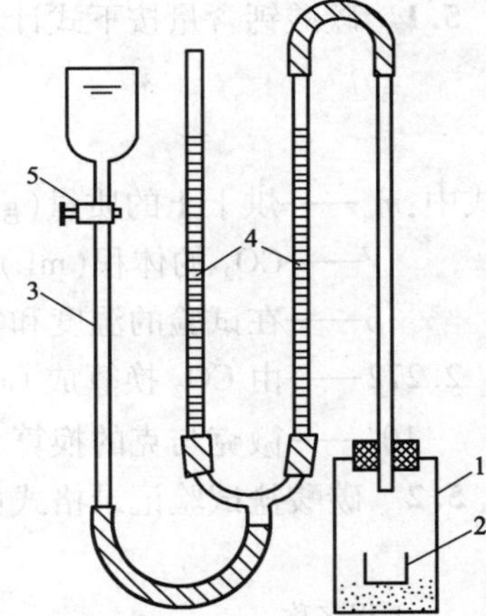

图 T 0162-1 二氧化碳约测计示意图
1-广口瓶;2-坩埚;3-移动管;4-量管;5-阀门

4.2 称取过 0.5mm 筛,经 105 ~ 110℃烘干的试样 1 ~ 5g,精确至 0.01g,放入广口瓶中。再将盛有 1∶3 HCl 溶液的瓷坩埚也放入广口瓶塞中,塞紧瓶塞。打开阀门上下移动管(3),使管(3)和(4)三个管的水面齐平。

4.3 将管(3)继续下移,当管(4)的右边管内水面下降很快时,表示接头处漏气,应仔细检查各接头并用石蜡溶液密封至不漏气。三管水面齐平后,关闭阀门,记下管(4)右边管内的起始水位读数。

4.4 手持长柄夹子夹住广口瓶,使坩埚中的盐酸倾出与瓶中的土样充分反应,当管(4)右边管内水面受到 CO_2 气体压力而下降时,打开阀门。静置 10min,当管(4)右边管内水面稳定时,再移动管(3),使三管水面齐平。记下管(4)右边管内水面最终的水位读数。最终读数与起始读数之差即为产生的 CO_2 体积,同时记录试验时的温度和气压。

4.5 重复下述操作,进行空白试验。并从试样产生的 CO_2 体积中减去空白试验值。

4.5.1 洗去盐分:在1%感量天平上称取通过0.25mm的风干土样1~10g(约含石膏0.1~0.8g)于离心管中,加50mL70%乙醇,在2 500~3 000r/min离心机中,倾去洗液,反复洗涤直到SO_4^{2-}反应为止。

4.5.2 用1mol/L HCl浸提:给脱盐后的土样中加1mol/L HCl约30mL搅动、离心、将清液倾入100mL容量瓶中,反复三次,最后用水定容。

4.5.3 沉淀$BaSO_4$:吸取清液30mL,于250mL烧杯中,加甲基橙指示剂2~3滴,用1:1氨水中和至黄色,然后加1mL 1:1 HCl加热至沸。

4.5.4 再按下述处理。

(1)吸取50~100mL水浸提液于150mL烧杯中,在水浴上蒸干。用1:3盐酸溶液5mL处理残渣,再蒸干,并在100~105℃烘干1h。

(2)用2mL1:3盐酸和10~30mL热蒸馏水洗涤,用致密滤纸过滤,除去二氧化硅,再用热水洗至无氯离子反应(用硝酸银检验无浑浊)为止。

(3)滤出液在烧杯中蒸发至30~40mL,在不断搅动中途趁热滴加10%氯化钡至沉淀完全。在上部清液再滴加几滴氯化钡,直至无更多沉淀生成时,再多加2~4mL氯化钡。在水浴上继续加热15~30min,取下烧杯静置2h。

(4)用紧密无灰滤纸过滤,烧杯中的沉淀用热水洗2~3次后转入滤纸,再洗至无氯离子反应为止,但沉淀也不宜过多洗涤。

(5)将滤纸包移入已灼烧称恒量的坩埚中,小心烤干,灰化至呈灰白色。

(6)在600℃高温电炉中灼烧15~20min,然后在干燥器中冷却30min后称量。再将坩埚灼烧15~20min,称至恒量(两次称量之差小于0.000 5g)。

(7)用相同试剂和滤纸同样处理,做空白试验,测得空白质量。

5 结果整理

5.1 碳酸钙含量按下式计算:

$$CaCO_3(\%)=\frac{V\times\rho\times2.272}{m_s\times10^6}\times100 \qquad (T\ 0162\text{-}1)$$

式中:m_s——烘干土的质量(g);

V——CO_2的体积(mL);

ρ——在试验的温度和气压下CO_2的密度(μg/mL),从附录B查出;

2.272——由CO_2换算成$CaCO_3$的系数;

10^6——微克与克的换算系数。

5.2 碳酸盐试验记录格式如表T 0162-1。

表 T 0162-1 碳酸盐试验记录(气量法)

工程名称________ 试验计算者________
土样编号________ 校 核 者________
土样说明________ 试 验 日 期________

试验时的大气压力	(Pa)		
试验时的温度	(℃)		
试验次数		1	2
土样质量	m_s(g)		
CO_2的体积	V(mL)		
$CaCO_3$	(%)		
$CaCO_3$平均值	(%)		

5.3 精密度和允许差。

碳酸钙试验结果精度应符合表 T 0162-2 的规定。

表 T 0162-2 碳酸钙测定允许偏差

碳酸钙(%)	绝对偏差(%)	相对偏差(%)
20~10	<1	5~7
10~5	<0.8	7~11
5~1	<0.6	11~17
<1	<0.2	17~25

6 报告

6.1 土的鉴别分类和代号。

6.2 土中碳酸钙含量(%)。

条文说明

4 为防止 CO_2 在水中的溶解,装入量管的水应呈酸性。为了便于观察,水中可加入一些指示剂。水中含一定量的酸时还可以减小集气管中水蒸气分压。故在计算 CO_2 压力时可减小误差。

气量法受温度影响,特别是广口瓶与量管(4)右肢尤甚。因此,需用长柄夹子夹住广口瓶,即使摇动时也不要用手接触量管(4)左肢,以免人体温度影响气体体积。

试验装置不漏气是做好该试验的前提。读数时保持三管水面齐平是为了使两个量管(4)所受压力均为一个大气压。

T 0163—1993 阳离子交换量试验——EDTA—铵盐快速法

1 目的和适用范围

EDTA—铵盐法既适用中性、酸性土,又适用于石灰性土样。

2 仪器设备

2.1 电动离心机(转速 3 000~4 000r/min)。

2.2 离心管:100mL。

2.3 带橡皮头玻璃棒。

2.4 天平:称量 200g,感量 0.001g。

2.5 凯氏蒸馏瓶。

2.6 滴定管、三角瓶等。

3 试剂

3.1 0.005mol/L EDTA(乙二胺四乙酸)与 1mol/L 醋酸铵(NH_4OAc)混合液:称取化学纯醋酸铵 77.09g及 EDTA 1.641g,加水溶解后一起洗入 1 000mL 容量瓶中,再加蒸馏水中至 900mL 左右,以 1∶1 的氢氧化铵或稀醋酸调至 pH7.0(适用于中性、酸性土)或 8.5(适用于石灰性土),然后用水定容。

3.2 95%酒精:工业用,应无铵离子反应。

3.3 2%硼酸溶液:称取 20g 硼酸用热蒸馏水(约 60℃)溶解,冷却后稀释至 1 000mL,最后用稀盐酸或稀氢氧化钠调节 pH 至 4.5(定氮混合指示剂显淡红色)。

3.4 氧化镁(固体):在高温电炉中经 500~600℃灼烧 0.5h,使氧化镁中可能存在的碳酸镁转化成氧化镁，提高其利用率，同时防止蒸馏时大量气泡发生。

3.5 0.1%溴百里酚蓝指示剂：称取0.1g溴百里酚蓝溶于100mL无水酒精中（pH6.2～7.6，颜色黄～蓝）。

3.6 0.05mol/L盐酸标准溶液：取浓盐酸4.17mL，用水稀释至1 000mL，用硼砂标准溶液标定（可参见T 0154—1993中第4条）。

3.7 K—B指示剂：称取0.5g酸性铬蓝K与1g萘酚绿B加50g分析纯硫酸钾，在玛瑙研钵中充分研磨混合，贮于棕色小瓶中防潮备用。

3.8 定氮混合指示剂：分别称取0.1g甲基红和0.5g溴甲酚绿指示剂，放入玛瑙研钵中，并用100mL 95%酒精研磨溶解。此溶液应用稀盐酸或稀氢氧化钠调节pH到4.5。

3.9 纳氏试剂（定性检查用）：称氢氧化钾134g，溶于460mL蒸馏水中，为第一溶液，称取碘化钾20g，溶于50mL蒸馏水中，加碘化汞使溶液至饱和状态（大约42g），为第二溶液。然后将两溶液混合而成。

3.10 pH10缓冲液：称氯化铵33.75g溶于水中，加比重0.90的氨水285mL，最后稀释至500mL。

3.11 液状石蜡或固体石蜡。

4 试验步骤

4.1 称取通过0.25mm的风干样品1.0g（精确到0.01g）。有机质少的土样可称2～5g，将其小心放入100mL离心管中。

4.2 沿管壁加入少量EDTA—醋酸铵混合液，用橡皮头玻璃棒充分搅拌，使样品与交换剂混合，直到整个样品呈均匀的泥浆状态，再加交换剂使总体积达80mL左右，再搅拌1～2min，然后洗净橡皮头玻璃棒。

4.3 将离心管在粗天平上成对平衡，对称放入离心机中离心3～5min，转速3 000r/min左右，弃去离心管中的清液。酸性及中性土测定盐基组成时，则将清液收集在100mL容量瓶中，用提取剂定容到刻度，作为交换性盐基待测液，具体测定方法详见有关资料。

4.4 将载土的离心管管口向下用自来水冲洗外部，然后再用不含铵离子的95%酒精如前搅拌样品，洗去过量的醋酸铵，洗至无铵离子反应为止。

附：检查铵离子方法——滴少量离心液于白瓷板上，加1滴纳氏试剂，无黄色产生即可，并用酒精作空白对照。

4.5 最后用自来水冲洗管外壁后，在管内放入少量自来水，以橡皮头玻璃棒搅成糊状，并洗入150mL凯氏瓶中，洗入体积控制在80～100mL左右，其中加2mL液状石蜡（或2g固体石蜡）、1g左右氧化镁，然后在定氮仪上进行蒸馏，蒸馏方法同土壤全氮的测定。

4.6 以装有2%硼酸溶液25mL和3滴混合指示剂的三角瓶来接收馏出液，若没有蒸气蒸馏设备，可改为直接加热凯氏瓶蒸馏，但在空白试验时，凯氏瓶内另加入玻璃珠30～50粒，加热时电炉上须加石棉网，以减少凯氏瓶内溶液的剧烈跳动。

4.7 接收液用0.05mol/L盐酸标准溶液滴定至微红色为终点，记录消耗盐酸标准溶液的体积（mL）。

4.8 与上述试验同步做空白试验，即取未经交换剂提取的土样。同样蒸馏滴定，记录滴定消耗盐酸标准溶液的体积（mL）。

5 结果整理

5.1 阳离子交换量按下式计算：

$$\text{阳离子交换量(mmol/kg)} = \frac{C \times (V - V_0)}{m} \times 1\,000 \qquad (\text{T 0163-1})$$

式中：C——盐酸标准溶液的浓度（mol/L）；

V——滴定待测液所消耗盐酸量（mL）；

V_0——空白试验时消耗盐酸量（mL）；

m——试验所用的土样质量(g)。

5.2 本试验记录格式如表 T 0163-1。

表 T 0163-1 阳离子交换量试验记录（EDTA—铵盐快速法）

工程名称＿＿＿＿＿＿＿＿ 试验计算者＿＿＿＿＿＿＿＿

土样编号＿＿＿＿＿＿＿＿ 校 核 者＿＿＿＿＿＿＿＿

土样说明＿＿＿＿＿＿＿＿ 试 验 日 期＿＿＿＿＿＿＿＿

项目		单位		
盐酸标准液的浓度		(mol/L)		
试验次数			1	2
试验土样的质量 m		(g)		
空白试验	滴定消耗 HCl 标准液的量	(mL)		
	平均值 V_0	(mL)		
土样试验时消耗 HCl 标准溶液的量 V		(mL)		
阳离子交换量		(mmol/kg)		
阳离子交换量平均值		(mmol/kg)		

5.3 精密度和允许差。

阳离子交换量试验结果的精度应符合表 T 0163-2 的规定。

表 T 0163-2 阳离子交换量测定结果允许偏差

测定值(mmol/kg)	绝对偏差(mmol/kg)	相对偏差(%)
300～200	<10	3～4
200～100	<8.0	4～5
100～50	<5.0	5～6
50～10	<3.0	6～9
<10	<1.0	9～15

6 报告

6.1 试验方法。

6.2 土的鉴别分类和代号。

6.3 土的阳离子交换量(mmol/kg)。

条文说明

碱化度较高的土，用该交换剂一次提取交换不完全，因为钠盐同 EDTA 易形成稳定常数极小的 EDTA 二钠盐，在这种情况下要提取 2～3 次。

T 0164—1993 阳离子交换量试验——草酸铵—氯化铵法

1 目的和适用范围

本试验法适用于有机质含量在5%以下的石灰性土及中度盐渍化的土(须预先用95%酒精洗去盐分)。

2 仪器设备

2.1 天平:感量0.000 1g。

2.2 滴定管、三角瓶、移液管、漏斗、吸耳球。

2.3 振荡器。

3 试剂

3.1 草酸铵—氯化铵交换剂:称取3.55g分析纯草酸铵及1.34g分析纯氯化铵,共溶于蒸馏水中,稀释至1 000mL,pH为7.0左右。

3.2 0.05mol/L NaOH标准溶液:称取2.0g固体NaOH(分析纯)溶于除去CO_2的冷水中,定溶至1 000mL,贮于塑料瓶中,精确浓度用基准草酸标定。

3.3 0.05mol/L HCl标准溶液:量取4.1ml浓HCl稀释至1 000mL。准确浓度以0.05mol/L标准NaOH溶液标定。

3.4 甲醛溶液:取市售甲醛溶液(37%)的上层澄清液,临用[①]前加入甲基红指示剂,用0.05mol/L NaOH调至橙黄色。

3.5 1%酚酞指示剂:1g酚酞溶于100mL 80%的酒精溶液中。

4 0.05mol/L NaOH溶液浓度的标定步骤

4.1 称取基准结晶草酸0.200 0g左右$m_{H_2C_2O_4 \cdot 2H_2O}$,共称取三份。

4.2 将每份草酸溶于50mL热水中,冷却后滴入1%酚酞指示剂1~2滴。

4.3 以待标定浓度的NaOH溶液滴定至粉红色,记录所消耗NaOH溶液的体积(mL)。

4.4 浓度计算按下式进行。取三次结果的算术平均值。

$$C_{NaOH}=\frac{m_{H_2C_2O_4 \cdot 2H_2O}}{\frac{126.07}{2\ 000}\times V_{NaOH}} \tag{T 0164-1}$$

式中:$m_{H_2C_2O_4 \cdot 2H_2O}$——称取草酸的质量(g);

V_{NaOH}——滴定所消耗NaOH溶液的体积(mL);

$\frac{126.07}{2\ 000}$——$\frac{1}{2}H_2C_2O_4 \cdot 2H_2O$的摩尔质量(kg/mol)。

5 试验步骤[②]

5.1 称取通过孔径为0.5mm筛的烘干土样2.0g,放入200mL三角瓶中。用移液管加入草酸铵—氯化铵交换剂25.0mL,振荡2min,放置10min,再振荡2min(或在振荡器上连续振荡10min)。用干滤纸过滤[③],在振荡及过滤的过程中,三角瓶和漏斗均须加盖,以防氨的逸出而影响测定结果。

注①:甲醛溶液与空气接触时,易被氧化成甲酸。因此,宜在临用时中和较为可靠。甲醛有毒,切勿用嘴直接吸取。

注②:操作要严格,因为本法是根据交换剂的铵浓度与浸提液的铵浓度之差来计算土的交换量,由两大值之差所得的小值,其误差容易变大,同时土浸出液的pH值常在8.0以上,容易导致氨的损失。但实验证明,只要严格按照操作规程进行,完全能够获得满意的结果。

注③:土样浸提液经过滤后,如果不清,必须再行过滤。

5.2 吸取10mL滤液,用0.05mol/L(或0.1mol/L)盐酸中和滤液至甲基红变红时,再加过量的酸(0.05mol/L HCl 10mL左右),煮沸1~2min,除尽CO_2冷却后用0.05mol/L NaOH溶液中和过量的酸,至溶液成橙黄色为止。

5.3 然后加入中和好的37%甲醛溶液3.0mL及1%酚酞指示剂2滴,用0.05mL/L NaOH标准溶液滴定至明显的酚酞红色后,继续多加1~2mL,即用0.05mol/L盐酸标准溶液回滴至黄色后,再用NaOH标准溶液继续滴定至微红色为终点。记录消耗的NaOH标准溶液和盐酸标准溶液的体积(mL),精确至

0.01mL。

5.4 另用原交换剂 10.0mL，按上述方法经过驱除 CO_2、中和、滴定等手续，标定铵离子的含量。由标定和测定两者净消耗 NaOH 的体积之差，计算土的阳离子交换量。

6 结果整理

6.1 阳离子交换量按下式计算：

$$\text{阳离子交换量(mmol/kg)} = \frac{(V_0 - V) \times C}{m_s} \tag{T 0164-2}$$

式中：V_0——标定时净用 NaOH 标准液的量（mL）；

V——测定土样时净用 NaOH 标准液的量（mL）；

C——NaOH 标准液的浓度（mol/L）；

m_s——与吸取滤液相应的干土重（g）。

6.2 本试验记录格式如表 T 0164-1。

表 T 0164-1 阳离子交换量试验记录（草酸铵—氯化铵法）

工程名称________ 试验计算者________

土样编号________ 校 核 者________

土样说明________ 试 验 日 期________

	项目		单位		
盐酸标准液的浓度		C_{HCl}	(mol/L)		
氢氧化钠标准液的浓度		C_{NaOH}	(mol/L)		
试验次数				1	2
土样质量			(g)		
空白标定试验	C_{HCl}的用量		(mL)		
	C_{NaOH}的用量		(mL)		
	C_{NaOH}的净用量		(mL)		
	平均消耗 C_{NaOH} 的用量		(mL)		
土样	C_{HCl}的用量		(mL)		
	C_{NaOH}的用量		(mL)		
	C_{NaOH}的净用量		(mL)		
校正空白标定后 C_{NaOH} 的净用量			(mL)		
阳离子交换量			(mmol/kg)		
阳离子交换量平均值			(mmol/kg)		

6.3 精密度和允许差。

阳离子交换量试验结果的精度应符合表 T 0164-2 的规定。

表 T 0164-2 阳离子交换量测定结果允许偏差

测定值(mmol/kg)	绝对偏差(mmol/kg)	相对偏差(%)
300 ~ 200	<10	3 ~ 4
200 ~ 100	<8.0	4 ~ 5
100 ~ 50	<5.0	5 ~ 6
50 ~ 10	<3.0	6 ~ 9
<10	<1.0	9 ~ 15

7 报告

7.1 试验方法。

7.2 土的鉴别分类和代号。

7.3 土的阳离子交换量(mmol/kg)。

条文说明

对于石灰土的阳离子交换量的测定,目前尚未有十分理想的方法。本法是测定一定量铵盐交换剂与土交换后所剩余的铵盐量。铵盐能与中性甲醛溶液很快化合为六次甲基四胺,同时放出一定量的酸,然后用标准碱液滴定放出的酸,即可求出铵盐量。可由此间接测定阳离子交换总量。

经采用三种不同试验方法对36个黄土样品的比较试验表明,该法所测定的结果稳定,平行试验误差小,操作也较简便,故本规程采用此法。

31　土中矿物成分试验

T 0165—1993　硅的测定

1　目的和适用范围

本试验适用各类土。如遇盐渍土时，在进行矿物成分测定前，应先用酒精将盐分淋洗除去后，再烘干测定。

2　仪器设备

2.1　高温电炉（或称马福炉）。

2.2　铂坩埚、瓷坩埚（100mL）。

2.3　附有铂头的长柄坩埚钳。

2.4　分析天平：感量0.000 1g。

2.5　烧杯、表皿、容量瓶等玻璃仪器。

2.6　水浴锅。

2.7　滤纸（快速、无灰）。

3　试剂

3.1　无水碳 酸钠：分析纯试剂须在120℃烘干并磨细。

3.2　1%动物胶溶液：0.5g动物胶溶于50mL沸水，加热并搅动至全部溶解。

3.3　1：5盐酸溶液：1份浓盐酸用5份水稀释。

3.4　浓盐酸：分析纯，比重1.19。

3.5　1%的硝酸银溶液：1g硝酸银溶于100mL蒸馏水，贮于棕色瓶中。

4　试验步骤

4.1　于铂坩埚内预先加大约2.5g的无水碳酸钠，用分析天平精确称入通过0.1mm筛孔的烘干土样0.500 0g。用细的圆头玻璃棒仔细搅拌均匀，在试验台面上轻轻敲击，使坩埚中物质紧实后，再往坩埚内铺上一层碳酸钠（约0.5g）。加上铂坩埚盖。

4.2　置此铂坩埚于底部已铺有石棉丝（已灼烧过）的大瓷坩埚内。然后用长柄坩埚钳夹住坩埚，送入已升温至950℃的高温炉门口，合上炉门，先热2min；打开炉门，将坩埚移入炉中央，继续灼烧6～8min取出坩埚，立即用附铂头钳子夹起铂坩埚，将其下部浸入冷水，上下移动几次，使熔融物急速凝固而脱离坩埚壁。

4.3　待完全冷却后，用少量沸水浸取熔块，倾入200mL烧杯内，继续以热水洗净坩埚，最后用1:5 HCl洗涤3次，每次用量不宜太多。溅到盖上的溶融物也须以热水及1:5 HCl洗入杯内。最好总的洗液体积不要超过25mL。

4.4　将杯子加盖表皿，从杯口逐滴滴入1:1 HCl，并连续摇动杯子，使其充分作用。待不再发生气泡后，停止加酸，并用蒸馏水吹洗杯壁及表面。移烧杯于电炉上，煮沸片刻（注意：勿使溅出），然后加入1倍其体积的浓盐酸（过量一点）搅拌均匀。

4.5　将杯移入70℃的热水浴内，温热几分钟。使杯内外温度一致后，用移液管缓缓滴入热的新配制的动物胶溶液10mL,随滴随加搅拌。加完动物胶须继续搅拌4min,并继续保温15min。

4.6 取出烧杯 ,稍冷,过滤于快速无灰滤纸上。先以1:5热盐酸洗涤3次,再以热水洗涤至无Cl^-反应为止(用硝酸银溶液检验),但洗涤次数不宜过多(一般6~8次)。接滤液及洗涤液于250mL容量瓶中,冷却后加水至刻度,此为A溶液,供下列各试验之用。

4.7 沉淀放入已经烧至恒量的瓷坩埚中,经烘干、灰化、灼烧(900~950℃,0.5h)称量,并重复灼烧至恒量为止(前后两次称量之差不超过0.3mg即可)。同时必须按本试验4.1~4.7步骤做空白试验,以减去空白质量,得二氧化硅实量。

5 结果整理

5.1 二氧化硅含量按下式计算:

$$SiO_2(\%)=\frac{m_2-m_1-m_0}{m}\times 100 \tag{T 0165-1}$$

式中:m_2——灼烧后坩埚加二氧化硅质量(g);

m_1——空坩埚质量(g);

m_0——空白质量(g);

m——烘干土样质量(g)。

5.2 本试验记录格式如表T 0165-1。

表T 0165-1 二氧化硅含量试验记录

工程名称______ 试验计算者______

土样编号______ 校 核 者______

土样说明______ 试验日期______

试验次数		1	2	3
烘干土样质量 m (g)				
坩埚+沉淀质量 m_2 (g)	第一次称量			
	第二次称量			
空坩埚质量 m_1 (g)				
沉淀质量 m_2-m_1 (g)				
空白试验SiO_2质量 m_0 (g)				
$SiO_2=\frac{m_2-m_1-m_0}{m}\times 100$ (%)				
SiO_2平均值 (%)				

6 报告

6.1 土的鉴别分类和代号。

6.2 土中二氧化硅含量(%)。

条文说明

3 1%动物胶溶液应在即将加入前配制。因动物胶在70℃时活力最强,高于80℃和低于60℃均会降低其活力。

4 铂坩埚是贵重仪器,试验者必须在使用前了解其使用规则。

沉淀在瓷坩埚中进行烘干、灰化时,不能启动抽风,避免碳粒的飞失,低温灰化时温度不能太高,以免滤纸着火,致使SiO_2被带出,造成损失。

沉淀经灼烧后,移入干燥器中平衡的时间要尽量保持一致,称量的速度应越快越好。因为 SiO_2 吸湿性很强,称量者不可用手直接放取坩埚,而应戴上洁净的汗布手套进行。

T 0166—1993　倍半氧化物(R_2O_3)总量的测定

1　目的和适用范围

本测定采用质量法,适用于各类土。

2　仪器设备

2.1　高温电炉。

2.2　分析天平:感量0.000 1。

2.3　铂坩埚及铂金包头的坩埚钳。

2.4　水浴锅及调压变压器。

2.5　普通电炉。

2.6　通风橱。

2.7　烧杯等玻璃仪器。

3　试剂

3.1　2%硝酸铵溶液:称固体硝酸铵(分析纯)20g溶于蒸馏水中,然后稀释至1 000mL,以硝酸和氢氧化铵调至pH7。

3.2　硝酸银溶液:称硝酸银(化学纯)1.7g溶于蒸馏水中,然后定容至100mL,贮于棕色瓶中。

3.3　1∶1氢氧化铵:1份浓氢氧化铵(分析纯)加1份蒸馏水。

3.4　1∶1 HCl溶液;浓硝酸;浓盐酸。

3.5　0.1%甲基红指示剂:溶解0.1g甲基红于100mL 99%酒精中。

4　试验步骤

4.1　吸取A溶液100mL,放入300mL烧杯内,加盖表皿后移往电炉上加热至沸。滴加浓硝酸3滴,继续煮沸10min。从电炉上取下烧杯,缓缓地逐滴加入氨水,边滴边搅拌,至有沉淀出现而搅动又溶解时,加入甲基红指示剂2滴,此时溶液呈红色。继续滴加氨水至有大量沉淀出现,并且溶液由红色变为黄色后,再多加2滴,重新煮沸0.5h,移至温处,静置片刻。

4.2　待溶液澄清,即趁热过滤于快速定量滤纸上。过滤时不使漏斗内溶液流尽,而必须连续倾入,直至杯内溶液全部倾完为止。以热至近沸的中性硝酸铵溶液洗涤烧杯及滤纸3次。

4.3　取下漏斗,斜放于原沉淀之烧杯内,用蒸馏水流将沉淀吹洗入烧杯内(注意:勿使损失)。加入浓HCl 5mL,加热沸腾,使沉淀溶解。再如前用氨水重新沉淀,过滤于原来的滤纸上,并以热的中性硝酸铵溶液洗涤6~8次。将前后两次滤液及洗液承接于500mL容量瓶中,加水定容后为B溶液,供钙镁测定之用。

4.4　沉淀及滤纸移入已经恒量的瓷坩埚中,烘干、灰化,并在950℃的高温炉中灼烧0.5h。在浓 H_2SO_4 干燥器中冷却,称量,并重复灼烧至前后两次质量之差不超过0.000 5g为止。

5　结果整理

5.1　倍半氧化物总量按下式计算:

$$R_2O_3(\%)=\frac{m_2-m_1}{m}\times t_s\times 100 \qquad (T\ 0166\text{-}1)$$

式中:m_2——瓷坩埚+ R_2O_3 的质量(g);

m_1——瓷坩埚的质量(g);

m——烘干土样的质量(g);

t_s——分取倍数(mL),t_s = 待测液(A)总体积(mL)/吸取待测液的体积(mL)。

5.2 本试验记录格式如表 T 0166-1。

表 T 0166-1 倍半氧化物总量试验记录

工程名称__________ 试验计算者__________

土样编号__________ 校 核 者__________

土样说明__________ 试 验 日 期__________

试验次数		1	2	3
烘干土样质量 m(g)				
坩埚+沉淀质量 m_2(g)	第一次称量			
	第二次称量			
空坩埚质量 m_1(g)				
沉淀质量 $m_2 - m_1$(g)				
$R_2O_3(\%) = \frac{m_2 - m_1}{m} \times t_s \times 100$				
R_2O_3 平均值(%)				

5.3 精密度和允许差。

倍半氧化物总量测定结果的精度应符合表 T 0166-2 的规定。

表 T 0166-2 矿质全量分析及烧失量测定结果允许偏差

测定值 (%)	绝对偏差 (%)	相对偏差 (%)
>50	<0.9	1.0~1.5
50~30	<0.7	1.5~2.0
30~10	<0.5	2.0~3.0
10~5	<0.3	3.0~4.0
5~1	<0.2	4.0~5.0
1~0.1	<0.05	5.0~6.0
0.1~0.05	<0.006	6.0~8.0
0.05~0.01	<0.004	8.0~10.0
0.01~0.005	<0.001	10.0~12.0
0.005~0.001	<0.000 6	12.0~15.0
<0.001	<0.000 15	15.0~20.0

6 报告

6.1 土的鉴别分类和代号。

6.2 土中倍半氧化物总量(%)。

条文说明

4 沉淀完成时,氨水必须慢慢滴入,以免过量氨水致使氢氧化铝溶解。沉淀完毕后煮沸时间不能太久,煮沸目的促使胶体凝聚,并驱逐出过量的氨水;如煮沸过久,反使凝聚的沉淀重新分散,以致过滤洗涤时发生困难。

煮沸后应趁热过滤,不宜放置过久,以防吸收空气中的 CO_2,使钙变为 $CaCO_3$ 而共沉,造成试验误差。但溶液是碱性,容易吸收空气中的 CO_2,所以必须重沉淀一次,所用氨水也应重新配制,并且整个沉淀与过滤、洗涤过程的时间要越短越好。

氧化铝具有强烈的吸水性,因此,必须在浓硫酸干燥器内冷却后,迅速称量。

T 0167—1993 铁和铝的测定

1 目的和适用范围

铁与铝的测定采用 EDTA 连续滴定法。它适用于各类土。

2 仪器设备

2.1 酸式滴定管:50mL,精确至 0.1mL。

2.2 移液管(大肚型)50mL。

2.3 烧杯,200mL。

2.4 调温电炉。

3 试剂

3.1 10% 磺基水杨酸钠溶液:称取 10g 固体磺基水杨酸钠先溶于 90mL 蒸馏水中,再加入 3mL 20% 氢氧化钠溶液。

3.2 二甲酚橙干燥指示剂:0.5g 固体二甲酚橙与 50g 干燥氯化钠研磨均匀,贮于试制瓶中。

3.3 醋酸铵—醋酸缓冲溶液:60g 结晶醋酸铵与 5mL 冰醋酸混合,以蒸馏水稀释至 100mL。

3.4 0.01mol/L 醋酸锌标准溶液:称取 2.2g 醋酸锌溶于 1L 蒸馏水中,如溶液水解变成胶状,可滴入几滴醋酸(30%)充分摇匀,直至清亮为止。

3.5 0.01mol/L EDTA 二钠盐标准溶液。

3.5.1 0.01mol/L EDTA 标准溶液:先将乙二胺四乙酸二钠(Na_2EDTA,$Na_2H_2C_{10}H_{12}O_8N_2 \cdot 2H_2O$,相对分子质量 372.1,分析纯)在 80℃ 干燥约 2h,保存于干燥器中。将 3.72 gNa_2EDTA,溶于 1L 水中,充分摇动,贮于塑料试制瓶中。EDTA 二钠盐在水中溶解缓慢,在配制溶液时须常摇动促溶,最好放置过夜后备用。

3.5.2 EDTA 溶液的标定。

(1)用分析天平称取经 110℃ 干燥的 $CaCO_3$(优级纯或一级)约 0.40g,称准至 0.000 1g,放在 400mL 烧杯内,用少量蒸馏水润湿,慢慢加入 1:1 的盐酸约 10mL,盖上表皿,小心地加热促溶,并驱尽 CO_2,冷却后定量地转移入 500mL 容量瓶中用蒸馏水定容。

(2)用移液管吸取本试验 3.5.2(1)的溶液 25.00mL 于 250mL 三角瓶中,加 20mL pH10 的氨缓冲溶液和少许 K—B 指示剂(或铬黑 T 指示剂),用配好的 EDTA 溶液滴定至溶液由酒红色变为蓝绿色为终点。同时做空白试验。按下式计算 EDTA 溶液的浓度(mol/L)取三次标定结果的平均值。

$$C_{EDTA} = \frac{m}{0.100\,1 \times (V - V_0)} \qquad (T\ 0167\text{-}1)$$

式中:0.100 1——$CaCO_3$ 的摩尔质量(g/mmol);

m——每份滴定所用 $CaCO_3$ 的质量(g);

V——标定时所用 EDTA 溶液的体积(mL);

V_0——空白标定所用 EDTA 溶液的体积(mL)。

4 试验步骤

4.1 用 50mL 移液管吸取 A 液 50.0mL,放入 200mL 烧杯中,加入浓硝酸 0.5mL 后加热并煮沸 5min,放冷后,加入磺基水杨酸钠溶液 2.0mL。慢慢滴入 20% 氢氧化钠溶液,边加边搅,至溶液呈现葡萄酒红色(如含铁量多,即成暗红色)。此时溶液的 pH 即为 2.5 左右,加热至 45 ~55℃,即用 EDTA 二钠盐标准溶液滴定至亮黄色。当滴定近终点时,一定要放慢滴定速度,每滴一滴后都要充分搅动,待溶液颜色稳定后,再滴加第二滴。

4.2 于滴定完毕的溶液中再继续放入 EDTA 二钠盐标准溶液 25.00mL,投入刚果红试纸一片,若变为蓝色或紫色，则须滴入 1∶1 氨水至试纸略显红色。然后加入醋酸铵—醋酸缓冲溶液 8mL，并煮沸 3min，放冷至 60℃。再加入二甲酚橙粉末指示剂少许，使溶液显橙黄色，即以醋酸锌标准溶液滴定至红色为终点。

4.3 同时，必须做空白标定试验。即从滴定管放出 25.00mL EDTA 二钠盐标准溶液于烧杯中，加入 25.00mL 蒸馏水，用 1∶1 氨水调 pH 为 4～5 之间，仍以刚果红试纸检验，再加入缓冲液、煮沸，冷至 60℃滴定。

5 结果整理

5.1 铁和铝氧化物含量按下式计算：

$$Fe_2O_3(\%)=\frac{c\times V\times 0.07985}{m\times\frac{50}{250}}\times 100 \quad (T\ 0167\text{-}2)$$

$$Al_2O_3(\%)=\frac{c(V_2-V_1)\frac{25}{V_2}\times 0.05098}{m\times\frac{50}{250}}\times 100 \quad (T\ 0167\text{-}3)$$

式中：c——EDTA 二钠盐标准溶液的浓度(mol/L)；

V——第一次滴定消耗 EDTA 二钠盐标准液的体积(mL)；

V_2——空白标定试验时滴定消耗醋酸锌标准液的体积(mL)；

V_1——第二次滴定消耗醋酸锌标准液的体积(mL)；

$\frac{25}{V_2}$——EDTA 二钠盐标准液对醋酸锌标准液的换算率；

m——烘干土样的质量(g)；

$\frac{50}{250}$——试验时分取 A 液的体积/A 液总体积；

0.07985——Fe_2O_3 的摩尔质量(g/mmol)；

0.05098——Al_2O_3 的摩尔质量(g/mmol)。

5.2 本试验记录格式如表 T 0167-1。

表 T 0167-1 铁、铝试验记录

工程名称________ 试验计算者________

土样编号________ 校 核 者________

土样说明________ 试 验 日 期________

EDTA 二钠盐标准溶液浓度(mol/L)			
试验次数	1	2	3
土样质量 m (g)			
滴定铁消耗 EDTA 二钠盐标准溶液的体积 V(mL)			
滴定铝消耗 $ZnAc_2$ 标准液的体积 V_1(mL)			
滴定 EDTA 二钠盐消耗 $ZnAc_2$ 标准液的体积 V_2(mL)			
$Fe_2O_3(\%)=\frac{c\times V\times 0.07985}{\frac{1}{5}m}\times 100$			
Fe_2O_3平均值(%)			
$Al_2O_3(\%)=\frac{e(V_2-V_1)\frac{25}{V_2}\times 0.05098}{\frac{1}{5}m}\times 100$			
Al_2O_3平均值(%)			

6 报告

6.1 土的鉴别分类和代号。

6.2 土中铁氧化物含量(%)。

6.3 土中铝氧化物含量(%)。

条文说明

1 铁、铝的测定,采用EDTA连续滴定法。该法比较简捷,铁、铝都能和EDTA结合生成稳定的配位物质,但它们的稳定常数不同,EDTA与铁离子的$\lg K_{稳}$为25.1,而与铝离子的$\lg K_{稳}$为16.13;它们配位时对pH的要求也不同,铁离子在pH值为2~3之间与EDTA配位,而铝离子在pH值为4~5时与EDTA配位。利用这些性能,便可对铁铝离子分步连续滴定。但在pH值为4~5时,开始生成氢氧化铝沉淀,使测定结果偏低,因此须先加入过量的EDTA,使之与铝离子充分配位后,多余的EDTA再用醋酸锌回滴,按净消耗的EDTA量分别计算出Fe_2O_3和Al_2O_3的百分含量。

T 0168—1993 钙和镁的测定

1 目的和适用范围

本试验方法适用各类土。

2 仪器设备

2.1 酸式滴定管,50mL,准确至0.01mL。

2.2 移液管(大肚型),50mL或100mL。

2.3 烧杯,150mL、200mL。

2.4 试剂瓶、量筒等。

3 试剂

3.1 20%氢氧化钠溶液。

3.2 20%三乙醇胺溶液:20mL三乙醇胺溶于80mL水中。

3.3 5%盐酸羟胺溶液;5g盐酸羟胺溶于100mL水中。

3.4 0.01mol/L EDTA二钠盐标准溶液。

3.4.1 0.01mol/L EDTA标准溶液:先将乙二胺四乙酸二钠(Na_2EDTA,$Na_2H_2C_{10}H_{12}O_8N_2 \cdot 2H_2O$,相对分子质量372.1,分析纯)在80℃干燥约2h,保存于干燥器中。将3.72gNa_2EDTA,溶于1L水中,充分摇动,贮于塑料试制瓶中。EDTA二钠盐在水中溶解缓慢,在配制溶液时须常摇动促溶,最好放置过夜后备用。

3.4.2 EDTA溶液的标定

(1)用分析天平称取经110℃干燥的$CaCO_3$(优级纯或一级)约0.40g,称准至0.000 1g,放在400mL烧杯内,用少量蒸馏水润湿,慢慢加入1:1的盐酸约10mL,盖上表皿,小心地加热促溶,并驱尽CO_2,冷却后定量地转移入500mL容量瓶中用蒸馏水定容。

(2)用移液管吸取本试验3.4.2(1)的溶液25.00mL于250mL三角瓶中,加20mL pH10的氨缓冲溶液和少许K—B指示剂(或铬黑T指示剂),用配好的EDTA溶液滴定至溶液由酒红色变为蓝绿色为终点。同时做空白试验。按下式计算EDTA溶液的浓度(mol/L)取三次标定结果的平均值。

$$C_{\mathrm{EDTA}} = \frac{m}{0.100\,1 \times (V - V_0)} \qquad (\text{T 0168-1})$$

式中：0.100 1——$CaCO_3$ 的摩尔质量(g/mmol)；

m——每份滴定所用 $CaCO_3$ 的质量(g)；

V——标定时所用 EDTA 溶液的体积(mL)；

V_0——空白标定所用 EDTA 溶液的体积(mL)。

3.5 钙红指示剂：0.5g 钙指示剂[2—羟基(2—羟基—4 磺酸—1—萘偶氮基)—3—萘甲酸，$C_{21}H_{14}O_7N_2S$]与 50g NaCl(需经烘焙)研细混匀，贮于棕色瓶中，放在干燥器中保存。

3.6 K—B 指示剂：0.5g 酸性铬蓝 K 和 0.1g 萘酚绿 B，与 100g、105℃烘过的 NaCl 一同研细磨匀，越细越好，贮于棕色瓶中。

3.7 pH 试纸：1～14。

4 试验步骤

4.1 用移液管数吸取 B 溶液 100mL 两份，分别放入 150mL 烧杯中，加入三乙醇胺溶液及盐酸羟胺溶液各 1mL，充分搅匀，放置数分钟。

4.2 取其一份测定钙。用 20% NaOH 溶液调节待测溶液的 pH 至 13～13.5(约 6～8mL，用 pH 试验检验)。加入钙红指示剂少许(约 0.1g)。若 pH 及指示剂均合乎要求，此时溶液呈红色。立即用 0.01mol/L EDTA 二钠盐标准溶液滴定，当溶液由红色突变为纯蓝色时，即为滴定终点。

4.3 另取 1 份测定钙、镁总量。加入浓氨水调节待测液的 pH 为 10(用 pH 试纸检验)，加入 K—B 混合指示剂约 0.2g，即以 0.01mol/L EDTA 二钠盐标准溶液滴定，当溶液由玫瑰红色突变为纯蓝色时即为滴定终点。

5 结果整理

5.1 氧化钙和氧化镁含量按下式计算：

$$CaO(\%)=\frac{c\times V_1\times 0.0561}{m\times\frac{100}{250}\times\frac{100}{500}}100 \qquad (T\ 0168\text{-}2)$$

$$MgO(\%)=\frac{c(V_2-V_1)\times 0.0403}{m\times\frac{100}{250}\times\frac{100}{500}}\times 100 \qquad (T\ 0168\text{-}3)$$

式中：c——EDTA 二钠盐标准溶液的浓度(mol/L)；

V_1——滴定钙时消耗 EDTA 的体积(mL)；

V_2——滴定钙、镁总量时消耗 EDTA 的体积(mL)；

m——烘干土样的质量(g)；

$\frac{100}{250}$——测钙时分取 A 液的体积/A 液总体积；

$\frac{100}{500}$——测钙、镁时分取 B 液的体积/B 液总体积；

0.056 1——CaO 的摩尔质量(g/mmol)；

0.040 3——MgO 的摩尔质量(g/mmol)。

5.2 本试验记录格式如表 T 0168-1。

6 报告

6.1 土样的鉴别分类和代号。

6.2 土中氧化钙含量(%)。

6.3 土中氧化镁含量(%)。

表 T 0168-1　钙、镁试验记录

工程名称＿＿＿＿＿＿＿＿＿＿　　试验计算者＿＿＿＿＿＿＿＿＿＿

土样编号＿＿＿＿＿＿＿＿＿＿　　校　核　者＿＿＿＿＿＿＿＿＿＿

土样说明＿＿＿＿＿＿＿＿＿＿　　试 验 日 期＿＿＿＿＿＿＿＿＿＿

EDTA 二钠盐标准溶液浓度(mol/L)			
试验次数	1	2	3
土样质量 m(g)			
滴定钙、镁总量消耗 EDTA 二钠盐标准溶液体积 V_2(mL)			
滴定钙消耗 EDTA 二钠盐标准溶液体积 V_1(mL)			
$CaO(\%)=\frac{c\times V_1\times 0.0561}{m\times\frac{2}{5}\times\frac{1}{5}}\times 100$			
CaO(%)平均值			
$MgO(\%)=\frac{c(V_2-V_1)\times 0.0403}{m\times\frac{2}{5}\times\frac{1}{5}}\times 100$			
MgO(%)平均值			

条文说明

4　加入三乙醇胺及盐酸羟胺可以消除锰等元素存在时的干扰。

用本法测定钙时省去了蒸干、分解铵盐的步骤，缩短了测定时间。但有大量铵盐存在时，致使终点不甚明显，此时只要加入足量的氢氧化钠溶液，使溶液的 pH 达 13 以上，就能容易识别滴定终点。如仍不易辨别终点时，可以采用加水稀释，并改用 0.02mol/L 的 EDTA 二钠盐标准溶液进行滴定，即可提高终点的灵敏度。必要时还可加氢氧化钠溶液煮沸至没有氨味，冷却后调 pH 至 13.5 后，便能容易判定滴定终点，顺利完成滴定。

附录A　试验成果的分析整理方法

在进行试验成果的分析整理时,必须坚持理论与实际统一的原则,以现场和工程的具体条件为依据,以测试所得的实际成果为基础,以数理统计分析为手段,以土力学的基本理论为指导,区别不同条件,针对不同要求,采取不同方法。

土工试验测得的土性指标,可按其在工程设计中的实际作用区分为一般特性指标和主要计算指标。前者如土的天然密度、天然含水率、颗粒比重、颗粒组成、液限、塑限、有机质、水溶盐等,系指作为对土分类定名和阐明其物理化学特性的土性指标;后者如土的凝聚力、内摩擦角、压缩系数、回弹模量或承载比、渗透系数等,系指在设计计算中直接用以确定土体对于强度、变形和强度稳定性的土性指标。

对于一般特性指标的成果整理,通常可采用多次测定值 x_i 的算术平均值 $\bar{x}$,并计算相应的标准差 S 与变异系数 C_v,或绝对误差 m_x 与精度指标 P_x,以反映实际测定值对于算术平均值的变化程度,从而判别其采用算术平均值时的可靠性。算术平均值、变异系数、绝对误差和精度指标按下列各式确定:

$$\bar{x}=\frac{\sum_{i=1}^{N}x_i}{N} \tag{A1}$$

$$S=\pm\sqrt{\frac{\sum_{i=1}^{N}(x_i-\bar{x})^2}{N-1}} \tag{A2}$$

$$C_v=\pm\frac{S}{\bar{x}}\times100\% \tag{A3}$$

$$m_x=\pm\frac{S}{\sqrt{N}} \tag{A4}$$

$$P_x=\pm\frac{m_x}{\bar{x}}\times100\% \tag{A5}$$

式中:$\sum_{i=1}^{N}x_i$——指标各测定值的总和;

N——指标测定的总次数。

对于试验成果中那些明显不合理的数据,应通过仔细的调查研究,分析原因,或有条件时,进行一定的补充试验,以便决定对可疑数据的取舍或改正。当最后舍弃试验数据时,应根据误差分析的概念,按3倍标准差(即 $\pm3S$)作为舍弃标准,即在资料分析中,应该舍弃那些在 $x\pm3S$ 范围以外的测定值,然后再重新计算整理。

对于主要计算指标,在进行成果整理时,如果测定的组数较多,此时指标的最佳值接近于诸测值的算术平均值,仍可按上述对于一般特性指标的方法确定其设计计算值,即采用算术平均值。但通常由于试验的数据较少,考虑到测定误差的影响、土体本身不均匀的影响、施工质量的影响以及构造物的规模和设计阶段,为安全计,除对于初步设计和次要的构造物仍可采用算术平均值作为计算指标外,一般均应区别不同指标在设计计算中的不利影响,采用一个略高于(或略低于)算术平均值的数值,作为计算指标。其高于(或低于)算术平均值的幅度,应视测定次数的多少、土体的不均匀性和构造物的重要程度等,或采用标准差平均值,即对算术平均值加(或减)一个标准差的绝对值,如 $\bar{x}\pm|S|$;或采用保证率平均值,即对算术平均值加(或减)一个按要求的保证率 α 所确定的保证值,如 $\bar{x}\pm t_a\cdot S\sqrt{N}$,式中,$S$ 为标准差;N 为测定次数;t_α 可按要求的保证率 α 和自由度($N-1$)由 t 分布表查得,$t/\sqrt{N}$值见表A-1。在

上述取值法中,建议优先考虑保证率平均值。大平均值(或小平均值)和标准差平均值,因其较为方便,可直接使用于一般构造物的初步设计。例如,抗剪强度取小值平均值,压缩变形取大值平均值,渗透系数在计算渗量时取大值平均值,计算渗透变形时取小值平均值等。

表 A-1 $t_\alpha/\sqrt{N}$

N \ α	0.10	0.05	0.025
2	2.177	4.465	8.986
3	1.089	1.686	2.484
4	0.819	1.177	1.591
5	0.688	0.953	1.242
6	0.603	0.823	1.050
7	0.544	0.743	0.925
8	0.500	0.670	0.836
9	0.466	0.620	0.769
10	0.437	0.580	0.715
11	0.414	0.546	0.672
12	0.393	0.518	0.635
13	0.376	0.494	0.604
14	0.361	0.473	0.577
15	0.347	0.455	0.554
16	0.355	0.438	0.533
17	0.324	0.423	0.514
18	0.314	0.410	0.497
19	0.310	0.398	0.482
20	0.297	0.387	0.468
21	0.289	0.376	0.455
22	0.282	0.367	0.443
23	0.275	0.358	0.432
24	0.269	0.350	0.422
25	0.264	0.342	0.413
26	0.258	0.335	0.404
27	0.253	0.328	0.396
28	0.248	0.322	0.388
29	0.244	0.316	0.380
30	0.239	0.310	0.373

土工试验中,有些计算指标(如内摩擦角 φ、凝聚力 c 和压缩系数 α 等)需要由不同垂直压力下测得的某种指标(如抗剪强度和孔隙比等)经过综合整理求取。在有些情况下,尚需求出不同土体单元综合使用时的计算指标。这种综合性的土性指标,一般可按图解法或最小二乘分析法确定。

G_s 或 G、ρ 和 w 为基本指标,由这 3 个指标可求出任一其他指标。根据 2 ~ 3 个指标,可求算另一指标。土工常用指标的换算见表 A-2,计算公式中的含水率 w 值均以小数计。

根据送样者提出的要求,说明采用的试验方法和仪器,通过数据分析,提出推荐的数据。对于试验成果中土的基本物理、力学、化学性质指标可根据需要汇列总表,以便了解各个试样之间的差别和分析各项指标之间的相互联系。提出使用的试验报告,必须经过审核手续,建立必要的责任制度。

表 A-2　土的常用物理性质指标换算公式表

含水率 w(%)	$\left[\frac{\rho(1+e)}{G\rho_w}-1\right]100$	$\left(\frac{\rho}{\rho_d}-1\right)100$	$\left[\frac{S_r(G\rho_w-\rho_d)}{G\rho_d}\right]100$	$\left(\frac{eS_r}{G}\right)100$	$\left(\frac{nS_r\rho_w}{\rho-nS_r\rho_w}\right)100$	$\left[\frac{eS_r\rho_w}{(1+e)\rho_d}\right]100$	$\left(\frac{w_{max}\rho}{n\rho_w}-1\right)100$	$\left[\frac{\rho}{\rho'+(1-n)\rho_w}-1\right]100$
$\frac{(1+e)\rho}{\rho_w(1+w)}$	土粒比重 G	$\frac{S_r\rho}{S_r\rho_w(1+w)-w\rho}$	$\frac{S_r\rho_d}{S_r\rho_w-w\rho}$	$\frac{(1+e)\rho_d}{\rho_w}$	$\frac{\rho-nS_r\rho_w}{(1-n)\rho_w}$	$\frac{eS_r}{w}$	$\frac{e}{w_{max}}$	$1+\frac{\rho'(1+e)}{\rho_w}$
$\frac{G\rho_w(1+w)}{1+e}$	$\frac{S_rG\rho_w(1+w)}{wG+S_r}$	密度 ρ(g/cm^3)	$\rho_d(1+w)$	$\frac{G+eS_r}{1+e}\rho_w$	$\rho_d+nS_r\rho_w$	$\frac{eS_r(1+w)\rho_w}{(1+e)w}$	$\frac{G(1+w)}{1+Gw_{max}}\rho_w$	$\frac{G\rho'(1+w)}{G-1}$
$\frac{\rho}{1+0.01w}$	$\frac{G\rho_w}{1+e}$	$\frac{G(\rho-S_r\rho_w)}{G-S_r}$	干密度 ρ_d (g/cm^3)	$\frac{eS_r\rho_w}{(1+e)w}$	$\rho-nS_r\rho_w$	$\frac{S_rG\rho_w}{wG+S_r}$	$\frac{e\rho_w}{(1+e)w_{max}}$	$\frac{G\rho'}{G-1}$
$\frac{G\rho_w(1+w)}{\rho}-1$	$\frac{wG}{S_r}$	$\frac{w\rho}{S_r\rho_w(1+w)-w\rho}$	$\frac{\rho-\rho_d}{S_r\rho_w-(\rho-\rho_d)}$	孔隙比 e	$\frac{n}{1-n}$	$\frac{G\rho_w-\rho}{\rho-S_r\rho_w}$	$w_{max}G$	$\frac{\rho_w(G-1)}{\rho'}-1$
$\left[1-\frac{\rho}{G\rho_w(1+w)}\right]100$	$\left(\frac{wG}{S_r+wG}\right)100$	$\left(\frac{\rho-\rho_d}{S_r\rho_d}\right)100$	$\left(\frac{w\rho_d}{S_r\rho_w}\right)100$	$\frac{e}{(1+e)}100$	孔隙率 n(%)	$\left[\frac{G\rho_w-\rho}{(G-S_r)\rho_w}\right]100$	$\left(\frac{w_{max}G}{1+Gw_{max}}\right)100$	$\left(1+\frac{\rho_d-\rho'}{\rho_w}\right)100$
$\left[\frac{wG\rho}{G\rho_w(1+w)-\rho}\right]100$	$\left(\frac{wG}{e}\right)100$	$\left[\frac{(\rho-\rho_d)G}{G\rho_w-\rho_d}\right]100$	$\left[\frac{w(1-e)\rho_d}{e\rho_w}\right]100$	$\left[\frac{\rho(1+e)-G\rho_w}{e\rho_w}\right]100$	$\left[\frac{w\rho}{n(1+w)\rho_w}\right]100$	饱和度 S_r(%)	$\left(\frac{w}{w_{max}}\right)100$	$\left[\frac{(\rho'+\rho_w)w}{n\rho_w}-w\right]100$
$\left[\frac{G\rho_w(1+w)-\rho}{G\rho}\right]100$	$\left(\frac{e}{G}\right)100$	$\left[\frac{\rho_w(1+w)n}{\rho}\right]100$	$\left(\frac{\rho-\rho_d}{S_r\rho_d}\right)100$	$\left[\frac{\rho_w e}{\rho_d(1+e)}\right]100$	$\left(\frac{n\rho_w}{\rho-nS_r\rho_w}\right)100$	$\left(\frac{w}{S_r}\right)100$	饱和含水率 w_{max}(%)	$\left[\frac{(G-1)n\rho_w}{G\rho'}\right]100$
$\frac{\rho(G-1)}{G(1+w)}$	$\frac{\rho_w(G-1)}{1+e}$	$\frac{\rho}{1+0.01w}-\frac{\rho_w}{1+e}$	$\rho_d-(1-n)\rho_w$	$\frac{eS_r-w}{(1+e)w}\rho_w$	$\rho-[1-n(1-S_r)]\rho_w$	$\frac{\rho_d(S_r+w)}{S_r}-\rho_w$	$\frac{(G-1)n\rho_w}{Gw_{max}}$	水下密度 ρ' (g/cm^3)

注:①表中方框内为欲求指标,同一横行内的式子,为其计算式。

②ρ_w——水的密度(g/m^3)。

附录 B　二氧化碳密度表

表 B　二氧化碳密度表(μg/mL)

温度(℃) \ 气压(mmHg)	742	744.5	747	749	751	753.5	756	758	760	762.5	765	767	769	711	774
28	1 778	1 784	1 791	1 797	1 804	1 810	1 817	1 820	1 829	1 833	1 837	1 842	1 847	1 852	1 856
27	1 784	1 790	1 797	1 803	1 810	1 816	1 823	1 823	1 834	1 839	1 843	1 848	1 853	1 858	1 863
26	1991	1 797	1 803	1 809	1 816	1 822	1 829	1 835	1 840	1 845	1 840	1 845	1 859	1 864	1 869
25	1 797	1 803	1 810	1 816	1 823	1 829	1 836	1 842	1 847	1 852	1 856	1 861	1 866	1 871	1 876
24	1 803	1 809	1 816	1 822	1 829	1 837	1 842	1 848	1 853	1 858	1 862	1 867	1 872	1 877	1 882
23	1 809	1 815	1 822	1 828	1 835	1 841	1 848	1 854	1 859	1 864	1 868	1 873	1 878	1 883	1 888
22	1 815	1 821	1 828	1 834	1 841	1 847	1 854	1 860	1 865	1 870	1 875	1 880	1 885	1 890	1 895
21	1 822	1 828	1 835	1 841	1 848	1 854	1 861	1 867	1 872	1 877	1 882	1 887	1 892	1 897	1 902
20	1 828	1 834	1 841	1 847	1 854	1 860	1 867	1 873	1 878	1 883	1 888	1 893	1 898	1 903	1 908
19	1 834	1 840	1 847	1 853	1 860	1 866	1 873	1 879	1 884	1 889	1 894	1 899	1 904	1 909	1 914
18	1 840	1 846	1 853	1 859	1 866	1 872	1 879	1 885	1 890	1 895	1 900	1 905	1 910	1 915	1 920
17	1 846	1 853	1 860	1 866	1 873	1 879	1 886	1 892	1 897	1 902	1 907	1 912	1 917	1 922	1 927
16	1 853	1 860	1 866	1 873	1 879	1 886	1 892	1 898	1 903	1 908	1 913	1 918	1 923	1 928	1 933
15	1 869	1 866	1 872	1 879	1 886	1 892	1 899	1 905	1 910	1 915	1 920	1 925	1 930	1 935	1 940
14	1 855	1 872	1 878	1 885	1 892	1 899	1 906	1 912	1 917	1 922	1 927	1 932	1 937	1 942	1 947
13	1 872	1 878	1 885	1 892	1 899	1 906	1 913	1 919	1 924	1 929	1 934	1 939	1 944	1 949	1 954
12	1 878	1 885	1 892	1 899	1 906	1 912	1 919	1 925	1 930	1 935	1 940	1 945	1 950	1 955	1 960
11	1 885	1 892	1 899	1 906	1 913	1 919	1 926	1 932	1 937	1 942	1 947	1 952	1 957	1 962	1 967
10	1 892	1 899	1 906	1 913	1 920	1 926	1 933	1 939	1 944	1 949	1 954	1 959	1 964	1 969	1 974

注:1mmHg = 133.322Pa。

JTG

中华人民共和国行业标准　　JTG E41—2005

公路工程岩石试验规程

Test Methods of Rock for Highway Engineering

3

2005-03-03 发布　　2005-08-01 实施

中华人民共和国交通部发布

中华人民共和国交通部公告

第3号

关于发布《公路工程水泥及水泥混凝土试验规程》（JTG E30—2005）、《公路工程岩石试验规程》（JTG E41—2005）、《公路工程集料试验规程》（JTG E42—2005）的公告

现发布《公路工程水泥及水泥混凝土试验规程》（JTG E30—2005）、《公路工程岩石试验规程》（JTG E41—2005）和《公路工程集料试验规程》（JTG E42—2005），自2005年8月1日起施行。原《公路工程水泥混凝土试验规程》（JTJ 053—94）、《公路工程石料试验规程》（JTJ 054—94）和《公路工程集料试验规程》（JTJ 058—2000）同时废止。

《公路工程水泥及水泥混凝土试验规程》（JTG E30—2005）与《公路工程集料试验规程》（JTG E42—2005）由交通部公路科学研究所主编，《公路工程岩石试验规程》（JTG E41—2005）由中交第二公路勘察设计研究院主编。规程的管理权和解释权归交通部，日常的具体解释和管理工作由主编单位负责。

请各有关单位在实践中注意积累资料，总结经验，及时将发现的问题和修改意见函告规程主编单位（交通部公路科学研究所，北京市海淀区西土城路8号，邮政编码：100088；中交第二公路勘察设计研究院，武汉市汉阳区鹦鹉大道498号，邮政编码：430052），以便修订时参考。

特此公告。

中华人民共和国交通部

二〇〇五年三月三日

前　　言

《公路工程石料试验规程》(JTJ 054—94)(以下简称原《规程》)自1994年实施以来,在我国公路建设中得到了广泛的应用,并发挥了积极的作用。近几年来,公路基础设施建设规模越来越大,公路工程遇到的地质问题越来越复杂,迫切要求我们进一步完善和发展岩土工程的测试技术。通过科学地试验鉴定岩石的质量和各项技术指标,达到合理地选择与使用岩石,以及更加深入地认识岩体介质在复杂环境中的力学特性,以保证工程的安全、经济、合理。

公路工程与岩土工程关系密切,不是修建在岩土上,就是修建在岩土之中,或是以土或者岩石作为建筑材料。从这方面讲,原《规程》主要是考虑将岩石用于建筑材料,而作为建筑材料的石料,它的技术性质大都可通过《公路工程集料试验规程》获得。因此测试岩石固有的物理、力学性质应是本规程的定位方向,故将原《规程》改名为《公路工程岩石试验规程》,以适应公路建设发展的需要。 3

《公路工程岩石试验规程》主要有两个方面的目的,一是要为勘测设计阶段的工程地质评价和各类工程的地基基础设计提供参数和资料,二是要为施工阶段的实体工程选用符合质量要求的石料提供依据。故本次修订将通过测试岩石的物理、力学性质来判断岩体的工程性质,待条件成熟后,增加岩体的现场测试。

本次修订的主要内容有:

——在毛体积密度试验中,增加量积法和孔隙率的指标计算,删除了原《规程》中单列的孔隙率试验这项内容。

——在吸水率试验中,将吸水率试验和饱和吸水率试验合在一起,强调吸水的条件不同。

——在单轴抗压强度试验中增加高径比为2的圆柱体试件、70mm×70mm×70mm立方体试件的力学性能试验以及软化系数的试验及指标计算。

——简化岩石“抗压静弹性模量试验”的三种方法。

——岩石抗剪强度试验方法由变角板剪切修订为直剪法。

——增加岩石的膨胀性试验和耐崩解性试验。

——删除了与《公路工程集料试验规程》中重复的磨耗试验。

——删除了公路工程石料技术标准。

本规程由中交第二公路勘察设计研究院负责解释。希望各单位在使用中注意总结经验,在执行中有何意见和建议,请及时函告中交第二公路勘察设计研究院,地址:武汉市鹦鹉大道498号,邮政编码:430052,电话、传真:(027)84513267,电子邮件:xsongl@163.com。

主 编 单 位:中交第二公路勘察设计研究院

参 编 单 位:武汉理工大学

主要起草人:谢松林　陈友治　汪继泉

目　　录

1　总则 ……………………………………………………………………………… 1
2　术语、符号 ……………………………………………………………………… 2
　2.1　术语 ………………………………………………………………………… 2
　2.2　符号 ………………………………………………………………………… 3
3　物理性质试验 …………………………………………………………………… 4
　T 0201—1994　岩石学简易鉴定 ……………………………………………… 4
　T 0202—2005　含水率试验 …………………………………………………… 7
　T 0203—2005　密度试验 ……………………………………………………… 8
　T 0204—2005　毛体积密度试验 ……………………………………………… 10
　T 0205—2005　吸水性试验 …………………………………………………… 14
　T 0206—2005　膨胀性试验 …………………………………………………… 15
　T 0207—2005　耐崩解性试验 ………………………………………………… 18
4　力学性质试验 …………………………………………………………………… 21
　T 0221—2005　单轴抗压强度试验 …………………………………………… 21
　T 0222—2005　单轴压缩变形试验 …………………………………………… 23
　T 0223—1994　劈裂强度试验 ………………………………………………… 26
　T 0224—2005　抗剪强度(直剪)试验 ………………………………………… 27
　T 0225—1994　点荷载强度试验 ……………………………………………… 30
　T 0226—1994　抗折强度试验 ………………………………………………… 35
5　耐久性试验 ……………………………………………………………………… 37
　T 0241—1994　抗冻性试验 …………………………………………………… 37
　T 0242—1994　坚固性试验 …………………………………………………… 38
附录　洁净水的密度 ……………………………………………………………… 41

1 总 则

1.0.1 为统一公路工程岩石试验方法,制订本规程。

1.0.2 本标准适用于公路工程中的路基、路面、桥涵及隧道等工程的岩石试验。

1.0.3 用于本规程试验的仪器应经国家有关检测机构认定合格并符合本规程要求。

1.0.4 岩石试验对象应具有地质代表性,岩石试验内容、试验方法、技术条件等应符合公路工程勘测、设计、施工的基本要求和特性。对岩体应力、变形等特性的试验应按国家现行的有关标准的规定进行。

2 术语、符号

2.1 术语

2.1.1 岩石 rock

在各种地质作用下，按一定方式结合而成的矿物集合体，它是构成地壳及地幔的主要物质。

2.1.2 含水率 water content

岩石试样在105～110℃温度下烘至恒量时所失去的水的质量与试件干质量的比值，以百分数表示。

2.1.3 密度 density

在规定条件下，烘干岩石矿质单位体积（不包括开口与闭口孔隙体积）的质量。

2.1.4 毛体积密度 gross volume density

在规定条件下，烘干岩石包括孔隙在内的单位体积固体材料的质量。

2.1.5 孔隙率 percentage of porosity

岩石孔隙体积占岩石总体积（包括孔隙体积在内）的百分率。

2.1.6 吸水率 water absorption

在规定条件下，岩石试样最大的吸水质量与烘干岩石试件质量之比，以百分率表示。

2.1.7 饱和吸水率 water absorption under saturated

在强制条件下，岩石试样最大的吸水质量与烘干岩石试件质量之比，以百分率表示。

2.1.8 软化系数 softening coefficient

岩石试件在饱和状态下单轴抗压强度与其干燥状态下单轴抗压强度的比值。

2.1.9 单轴抗压强度 uniaxial compressive strength

岩石试件抵抗单轴压力时保持自身不被破坏的极限应力。

2.1.10 弹性模量 modulus of elasticity

岩石试件在弹性极限内应力与应变的比值。

2.1.11 泊松比 poisson's ratio

岩石试件轴向受力时，横向应变与纵向应变之比。

2.1.12 劈裂强度 splitting strength

岩石试件在直径方向上对称且均匀施加沿纵轴向的压力时，能承受的最大压应力。

2.1.13 抗剪强度 shearing strength

岩石试件在剪切面上所能承受的极限剪应力。

2.1.14 点荷载强度指数 point load strength index

点荷载试验岩石试件压裂时所施加的荷载除以两锥头间距的平方。

2.1.15 抗折强度 folding strength

岩石试件在荷载作用下受弯至折断所产生的极限弯曲应力。

2.1.16 抗冻性 frost resistance

岩石试样在饱和状态下，抵抗反复冻结和融化的性能。

2.2 符　　号

<table>
<tr><th>符号</th><th colspan="2">意　　义</th><th>符号</th><th>意　　义</th></tr>
<tr><td>w</td><td colspan="2">含水率</td><td>n</td><td>孔隙率</td></tr>
<tr><td>m</td><td colspan="2">试件(或试样)质量</td><td>w_a</td><td>吸水率</td></tr>
<tr><td>V</td><td colspan="2">试件体积</td><td>w_{sa}</td><td>饱和吸水率</td></tr>
<tr><td>A</td><td colspan="2">试件面积</td><td>K_w</td><td>饱水系数</td></tr>
<tr><td>$H(h)$</td><td colspan="2">试件高(厚)度</td><td>V_H</td><td>轴向自由膨胀率</td></tr>
<tr><td>ρ_t</td><td colspan="2">密度(颗粒密度)</td><td>V_D</td><td>径向自由膨胀率</td></tr>
<tr><td>ρ_0</td><td rowspan="3">毛体积(块体)密度</td><td>天然密度</td><td>V_{HP}</td><td>侧向约束膨胀率</td></tr>
<tr><td>ρ_s</td><td>饱和密度</td><td>P_s</td><td>膨胀压力</td></tr>
<tr><td>ρ_d</td><td>干密度</td><td>I_d</td><td>耐崩解指数</td></tr>
<tr><td>R</td><td colspan="2">单轴抗压强度</td><td>φ</td><td>摩擦角</td></tr>
<tr><td>K_p</td><td colspan="2">软化系数</td><td>I_s</td><td>未修正的点荷载强度指数</td></tr>
<tr><td>E</td><td colspan="2">弹性模量</td><td>$I_{s(50)}$</td><td>修正后的点荷载强度指数</td></tr>
<tr><td>μ</td><td colspan="2">泊松比</td><td>$I_{\alpha(50)}$</td><td>点荷载强度各向异性指数</td></tr>
<tr><td>σ_t</td><td colspan="2">劈裂强度</td><td>R_b</td><td>抗折强度</td></tr>
<tr><td>τ</td><td colspan="2">剪应力</td><td>L</td><td>冻融质量损失率</td></tr>
<tr><td>σ</td><td colspan="2">法向应力</td><td>K_f</td><td>冻融系数</td></tr>
<tr><td>ε</td><td colspan="2">应变</td><td>Q</td><td>硫酸钠浸泡质量损失率</td></tr>
<tr><td>c</td><td colspan="2">凝聚力</td><td></td><td></td></tr>
</table>

3 物理性质试验

T 0201—1994 岩石学简易鉴定

1 目的和适用范围

本方法适用于借助常规工具和试剂做简单试验，通过肉眼观察，鉴定公路工程岩样的岩石特征，其目的在于确定岩石的名称或类别。

2 仪器设备

(1)铁锤。
(2)硬度计或其他检验硬度用的工具(如手指甲、铁刀刃、钢刀刃、玻璃片等)。
(3)放大镜或显微镜。

3 试剂

稀盐酸:浓度 10%。

4 试样

为了获得有代表性的岩石样品，野外工作期间要选择的标本数不少于 3 个。对于不规则试样，样品规格为体积不小于 $100cm^3$ 的近似立方体，并应除掉松动部分和表面附着物。

5 试验步骤

5.1 用铁锤敲击岩石试样，使之出现新鲜断面。

5.2 通过肉眼，同时借助放大镜或显微镜仔细观察新鲜断面的岩石结构和构造，注重观察其节理、裂隙、结晶程度、矿粒大小、胶结物等特征结构，并作描述。

5.3 用硬度计或其他检验硬度用的工具在新鲜断面上进行划痕试验，以确定岩石的硬度。

硬度对比的标准从软到硬依次由下列 10 种矿物组成:①滑石;②石膏;③方解石;④萤石;⑤磷灰石;⑥正长石;⑦石英;⑧黄玉;⑨刚玉;⑩金刚石。

5.4 在新鲜断面上滴几滴稀盐酸，观察滴酸的岩石部位表面变化，如有无泡沫产生等。

5.5 分析岩石的矿物组成和结构，确定岩石名称或类别。

6 结果整理

按下列岩石学鉴定记录(表 T 0201-1)所列项目进行岩相描述，并根据岩相特征确定岩石名称或类别。

表 T 0201-1 岩石学鉴定记录

工 程 项 目			
岩石产地			
岩石用途			
试样编号			

续上表

岩相描述	颜色				
	构造				
	结构	结晶程度			
		矿粒大小			
		胶结物			
		特征结构			
岩相描述	矿物成分	重要的			
		次要的			
		次生的			
	风化情况	矿物光泽			
		矿物变化			
		风化程度			
结论					

试验：　　年　月　日　　　　　　　　　　　　　　　　　　　　　　　　复核：　　年　月　日

条文说明

岩石学鉴定是岩石实验室试验内容之一。岩石的物理、力学性质,很大程度上决定于岩石的矿物组成、岩石结构和构造;而岩石的物理、力学性质又直接影响岩体的工程性质。在公路工程中,岩石通过岩石学鉴定,能获得与岩石物理力学性质有关而用宏观鉴定又无法获得的岩石矿物组成、粒度和结构等参数,因而能较好地补充描述岩石物理与力学性质指标或参数,更加全面地判断该岩石的适用性。事实上经验丰富的工程技术人员具有很好的综合、判断能力,能运用自己积累的知识、经验进行综合分析与工程决策。正因为如此,目前的许多岩体工程,即使是在做了大量的计算和分析之后,仍然要靠工程经验进行决策。很多工程设计是靠这些专家经验的类比作出的。

公路工程岩石学鉴定的主要内容包括:岩石的颜色、岩石学构造（矿物空间排列及空间充填关系)、结构（矿物的结晶程度、大小形态及相互关系)、矿物组成（主要和次要的造岩矿物）等。同时，还应描述岩石风化情况（矿物光泽、矿物变化及风化程度)。岩石的分类正是依据上述鉴定结果来决定的。

矿物的硬度是指矿物抵抗刻划、压入或研磨能力的大小。它是矿物物理性质中比较固定的性质之一,因而也是矿物的一个重要鉴定特征。在矿物的肉眼鉴定工作中,通常用刻划的方法来测定被鉴定矿物的硬度。度量时，用由下列 10 种矿物(表 T 0201-2)的硬度构成的摩氏硬度计作为硬度等

表 T 0201-2　摩 氏 硬 度 计

矿物名称	滑石	石膏	方解石	萤石	磷灰石	正长石	石英	黄玉	刚玉	金刚石
摩氏硬度	1	2	3	4	5	6	7	8	9	10

级的标准。其他矿物的硬度是与摩氏硬度计中的标准矿物互相刻划,相比较来确定的。例如,黄铁矿能轻微刻伤正长石,但不能刻伤石英,而本身却能被石英所刻伤,因此,黄铁矿的摩氏硬度为 6 ~ 6.5。矿

物学中一般所列的硬度都是摩氏硬度。在野外工作中,用摩氏硬度计中的矿物作为比较标准有时不够方便,因此,常借用指甲(硬度大于2)、铜具(硬度3)、小刀(硬度5~5.5)、瓷器碎片(硬度6~6.5)等代替标准硬度的矿物来帮助测定被鉴定矿物的硬度。在测矿物硬度时,必须在纯净、新鲜的单个矿物晶体(晶粒)上进行。刻划时,用力要缓而均匀,力戒刻掘,如有打滑感,表明被刻矿物的硬度大;若有阻涩感,表明被刻矿物的硬度小。

常用的岩石学鉴定方法就是根据岩石的外观特征,借助简单工具和试剂(如放大镜、显微镜、硬度计、铁刀刃、钢刀刃、玻璃片、稀盐酸等),凭肉眼观察研究岩石的岩相结构与性质,从而有效地鉴定岩石的矿物组成、结构和构造,进而确定岩石名称或类别的一种简单鉴定方法。

第一,可根据岩石的产状,特殊的结构、构造,主要的或特殊的物质成分来区分岩浆岩、沉积岩和变质岩三大类岩石。

第二,如果确定了是岩浆岩,则可根据颜色(矿物成分)和结构、构造决定岩石名称。因为在岩浆岩中,深色岩石含铁镁矿物多,多属基性或超基性岩类;如果颜色浅,则主要是硅铝矿物,一般为中性岩类或酸性岩类。然后,根据结构、构造,可确定其生成环境,这样就可以把岩浆岩类岩石区分开了。

第三,如果确定了是沉积岩,则先根据胶结物的有无,把碎屑岩和化学岩、生物化学岩区分开。如果是碎屑岩,则应根据碎屑的大小分出砾岩(角砾岩)、砂岩或黏土岩;而如果是化学岩或生物化学岩,则可用稀盐酸鉴别:岩石起泡者为石灰岩,粉末起泡者为白云岩,起泡后留下土状斑点者为泥灰岩。

第四,如果确定是变质岩,则应根据构造进一步划分,在定向构造岩石中,具片理状构造的为片岩或千枚岩,具片麻状构造的为片麻岩,而如果是厚板状的,则为板岩。在块状构造的岩石中,滴稀盐酸起泡者为大理岩,不起泡者为石英岩。

岩石通过岩石学鉴定,进行岩相描述,不但能正确地确定岩石名称,还有助于分析和掌握使用各项试验数据,三大类岩石的主要区别见表T 0201-3。表T 0201-4列出了几种典型岩石的鉴定描述示例,供试验人员参考。

表T 0201-3 三大类岩石的主要区别

特征	岩浆岩	沉积岩	变质岩
矿物成分及其特征	组成岩浆岩的矿物以硅酸盐矿物为主,其中最多的是长石、石英、黑云母、角闪石、辉石、橄榄石等,其中颜色较浅的,称浅色矿物,因以二氧化硅和钾、钠的铝硅酸盐类为主,又称硅铝矿物,如石英、长石等;其中颜色较深的,称暗色矿物,因以含铁、镁的硅酸盐类为主,又称铁镁矿物,如黑云母、角闪石、辉石、橄榄石等	组成沉积岩的矿物成分约有160余种,但比较重要的仅有20余种,如石英、长石、云母、黏土矿物、碳酸盐矿物、卤化物及含水氧化铁、锰、铝矿物等。在一般沉积岩中矿物成分不过1~3种,很少超过5~6种	组成变质岩的矿物成分,按其成因可分为: ①新生矿物(变晶矿物):在变质作用过程中新生成的矿物。如黏土岩经过变质后生成的红柱石。 ②原生矿物:在变质作用过程中保留下来的原岩中的稳定矿物。如云英岩中的一部分石英就是花岗岩在云英岩化过程中保留下来的原生矿物。 ③残余矿物:在变质作用过程中残留下来的原岩中的不稳定矿物,如花岗岩在云英岩化过程中残留有不稳定的长石
结构和构造	①具粒状、玻璃、斑状结构,气孔、杏仁、块状等构造; ②除喷出岩外,没有层状、片状等构造	①结构复杂,因形成环境而异; ②具层理,在层面上有波痕	①具有片理; ②板状、片状、片麻状构造,结晶质结构; ③砾石及晶体因受力可能变形

表 T 0201-4　岩石特征描述示例

岩相描述		颜色	浅红色	深灰色	冰黄色	浅灰色	灰黑色
		构造	块状	层状	块状	气孔状	气孔状
	结构	结晶程度	全晶质	—	完全	隐晶质	
		矿粒大小	0.2~2.0mm	—	2.0~5.0mm	<1.0mm	<1.0mm
		胶结物	—	碳质	硅质	—	—
		特征结构	花岗状	密致状	—	斑状	密致状
	矿物成分	重要的	正长石、黑云母	方解石	石英	斜长石、角闪石	斜长石、辉石
		次要的	—	—	—	—	—
		次生的	—	—	—	—	—
	风化情况	矿物光泽	光彩		玻璃光泽	玻璃光泽	玻璃光泽(黯淡)
		矿物变化	无显著变化	无变化	—	—	—
		风化程度	新鲜	略经风化	轻度风化	轻度风化	略经风化
结论			细粒花岗岩	微晶石灰岩	中粒石英砂岩	安山岩	玄武岩

T 0202—2005　含水率试验

1　目的和适用范围

岩石含水率试验用于测定岩石在天然状态下的含水率。岩石的含水率可间接地反映岩石中空隙的多少、岩石的致密程度等特性。

本试验采用烘干法。对于不含结晶水矿物的岩石烘干温度为 105~110℃;对于含结晶水矿物的岩石温度宜控制在 60℃ ±5℃下进行测定。

2　仪器设备

(1)烘箱:能使温度控制在 105~110℃范围,最低控温能满足 60℃ ±5℃。

(2)干燥器:内装氯化钙或硅胶等干燥剂。

(3)天平:感量 0.01g。

(4)称量盒。

3　试样制备

3.1　保持天然含水率的试样应在现场采取,严禁用爆破或湿钻法。试样在采取、运输、储存和制备过程中,含水率变化不应超过 1%。

3.2　试件尺寸应大于组成岩石最大颗粒的 10 倍,每个试件质量一般不小于 40g,不大于 200g。每组试样的数量不宜少于 5 个。

3.3　应记录描述岩石名称、颜色、矿物成分、结构、构造、风化程度、胶结物性质及为保持试样含水状态所采取的措施等。

4　试验步骤

4.1　将制备好的试样放入已烘干至恒量的称量盒内,称烘干前的试样和称量盒的合质量(m_1)。本试验所有称量精确至 0.01g。

4.2　将称量盒连同试样置于烘箱内。对于不含结晶水的岩石,应在 105~110℃恒温下烘至恒量,烘干时间一般为 12~24h。对于含结晶水的岩石,应在 60℃ ±5℃恒温下烘至恒量,烘干时间一般为24~48h。

4.3 将称量盒从烘箱中取出，放入干燥器内冷却至室温，称烘干后的试样和称量盒的合质量（m_2）。

5 结果整理

5.1 按式（T 0202-1）计算岩石含水率：

$$w = \frac{m_1 - m_2}{m_2 - m_0} \times 100 \tag{T 0202-1}$$

式中：w——岩石含水率（%）；

m_0——称量盒的干燥质量（g）；

m_1——试样烘干前的质量与干燥称量盒的质量之和（g）；

m_2——试样烘干后的质量与干燥称量盒的质量之和（g）。

5.2 以5个试样的算术平均值作为试验结果，计算精确至0.1%。

5.3 试验记录

含水率试验记录应包括岩石名称、试验编号、试样编号、试样描述、烘干前的试样和称量盒的合质量、烘干后的试样和称量盒的合质量、称量盒的干燥质量。

条文说明

由于岩石的特殊情况，除软岩以外，岩石的含水率一般都不是很大，且不同的含水率对其力学特性影响也不是很大。而对于软岩，由于岩石中含有的矿物成分中大部分都是黏土矿物，因此，含水率对其力学特性有很大的影响。

1. 试样天然状态：含水率的测试方法简便，但不易获得准确结果。其原因主要是难于保持其天然含水率。要测得准确的岩石含水率，就要注意采样方法，并在试样取好后，立刻包装封蜡密封好，尽快送实验室测试。

2. 试样尺寸：为了测准岩石含水率，必须选取一定块度的有代表性的试样。本规程规定每个试件质量不小于40g，每组试件的数量不宜少于5个，与国家标准一致，这是起码的要求。一般选用大块的为宜，若岩块太小，则难以测准岩石含水率。

3. 烘干试样标准：目前各规程中有时间控制和质量控制两种规定。用时间控制时，有的规程规定在105～110℃下烘12h，有的规定在上述温度下烘24h。用质量控制时，规定在上述温度下烘至恒量。对于恒量，又有两种解释：一种认为两次称量之差不超过0.05g，即达到恒量；另一种规定相邻24h两次称量之差不超过后一次称量的0.1%。后者考虑了试样质量与时间的因素，因此后一种规定比较合理。为了研究试样烘干与时间的关系，不少单位进行了比较试验，试样在20h以内，已全部达到恒量。为逐步求得统一，本规程规定在105～110℃下烘12～24h作为试样烘干的标准。除岩石（颗粒）密度试验外，本规程其他物理力学性质试验均可将上述规定，作为烘干标准。

4. 结晶水：岩石中的结晶水以H_2O分子形式并按一定比例和其他成分组成矿物晶格，如石膏（$CaSO_4 \cdot 2H_2O$）含2个结晶水。结晶水在一定热力条件下可以脱水，脱水后矿物晶格结构也破坏了，随之矿物的物理性质也改变了。如石膏加热至100～120℃水分开始逸出，变为性质不同的熟石膏。不同的含结晶水矿物，其失水温度是一定的，一般为100～200℃。

T 0203—2005 密度试验

1 目的和适用范围

岩石的密度（颗粒密度）是选择建筑材料、研究岩石风化、评价地基基础工程岩体稳定性及确定围岩压力等必需的计算指标。

本法用洁净水做试液时适用于不含水溶性矿物成分的岩石的密度测定，对含水溶性矿物成分的岩石应使用中性液体如煤油做试液。

2 仪器设备

(1)密度瓶:短颈量瓶,容积100mL。

(2)天平:感量0.001g。

(3)轧石机、球磨机、瓷研钵、玛瑙研钵、磁铁块和孔径为0.315mm(0.3mm)的筛子。

(4)砂浴、恒温水槽(灵敏度±1℃)及真空抽气设备。

(5)烘箱:能使温度控制在105~110℃。

(6)干燥器:内装氯化钙或硅胶等干燥剂。

(7)锥形玻璃漏斗和瓷皿、滴管、中骨匙和温度计等。

3 试样制备

取代表性岩石试样在小型轧石机上初碎(或手工用钢锤捣碎),再置于球磨机中进一步磨碎,然后用研钵研细,使之全部粉碎成能通过0.315mm筛孔的岩粉。

4 试验步骤

4.1 将制备好的岩粉放在瓷皿中,置于温度为105~110℃的烘箱中烘至恒量,烘干时间一般为6~12h,然后再置于干燥器中冷却至室温(20℃±2℃)备用。

4.2 用四分法取两份岩粉,每份试样从中称取15g(m_1),精确至0.001g(本试验称量精度皆同),用漏斗灌入洗净烘干的密度瓶中,并注入试液至瓶的一半处,摇动密度瓶使岩粉分散。

4.3 当使用洁净水作试液时,可采用沸煮法或真空抽气法排除气体。当使用煤油作试液时,应采用真空抽气法排除气体。采用沸煮法排除气体时,沸煮时间自悬液沸腾时算起不得少于1h;采用真空抽气法排除气体时,真空压力表读数宜为100kPa,抽气时间维持1~2h,直至无气泡逸出为止。

4.4 将经过排除气体的密度瓶取出擦干,冷却至室温,再向密度瓶中注入排除气体且同温条件的试液,使接近满瓶,然后置于恒温水槽(20℃±2℃)内。待密度瓶内温度稳定,上部悬液澄清后,塞好瓶塞,使多余试液溢出。从恒温水槽内取出密度瓶,擦干瓶外水分,立即称其质量(m_3)。

4.5 倾出悬液,洗净密度瓶,注入经排除气体并与试验同温度的试液至密度瓶,再置于恒温水槽内。待瓶内试液的温度稳定后,塞好瓶塞,将溢出瓶外试液擦干,立即称其质量(m_2)。

5 结果整理

5.1 按式(T 0203-1)计算岩石密度值(精确至0.01g/cm³):

$$\rho_t = \frac{m_1}{m_1 + m_2 - m_3} \times \rho_{wt} \qquad \text{(T 0203-1)}$$

式中:ρ_t——岩石的密度(g/cm³);

m_1——岩粉的质量(g);

m_2——密度瓶与试液的合质量(g);

m_3——密度瓶、试液与岩粉的总质量(g);

ρ_{wt}——与试验同温度试液的密度(g/cm³),洁净水的密度由附录查得,煤油的密度按式(T 0203-2)计算:

$$\rho_{wt} = \frac{m_5 - m_4}{m_6 - m_4} \times \rho_w \qquad \text{(T 0203-2)}$$

m_4——密度瓶的质量(g);

m_5——瓶与煤油的合质量(g);

m_6——密度瓶与经排除气体的洁净水的合质量(g);

ρ_w——经排除气体的洁净水的密度(由附录查得)(g/cm³)。

5.2 以两次试验结果的算术平均值作为测定值,如两次试验结果之差大于0.02g/cm³ 时,应重新取样进行试验。

5.3 试验记录

密度试验记录应包括岩石名称、试验编号、试样编号、试液温度、试液密度、烘干岩粉试样质量、瓶和试液合质量以及瓶、试液和岩粉试样总质量、密度瓶质量。

条文说明

1. 岩石的物理常数是岩石矿物组成结构状态的反映,它与岩石的技术性质有着密切的联系。岩石可由各种矿物形成不同排列的各种结构,但是从质量和体积的物理观点出发,岩石的内部组成结构主要是由矿物实体和孔隙(包括与外界连通的开口孔隙和不与外界连通的闭口孔隙)所组成。在成岩过程中,由于地质环境使岩石所受动力地质作用的程度不同,致使岩石含有不同的矿物成分以及不同风化程度的矿物。这些不同的矿物所组成的岩石,将影响其密度值的大小。含密度较大的矿物,岩石的密度也就相应比较大。例如,基性岩和超基性岩,比较突出的是辉绿岩,其密度要比一般岩石的密度大。而酸性岩石,例如花岗岩,其密度较小。

2. 由于已废除比重一词,因此本试验方法把比重瓶一词统一改称为密度瓶。

3. 试验方法的选择。岩石颗粒密度的测定,常采用水中称量法和密度瓶法。水中称量法可用不规则试件,操作简便,但由于水不可能完全充满岩石中的闭合裂隙,致使水中称量法测定的颗粒密度略偏小。本规程选用密度瓶法,与原规程相比:一是取消了50mL短颈量瓶,并且用100mL短颈量瓶替代李氏量瓶进行含水溶性矿物成分的岩石的密度试验;二是使用煤油作试液时,规定采用真空抽气法排除气体,严禁用煮沸法,以防因热挥发燃烧,污染环境,也达不到排气的目的。

4. 试样的恒温条件应与测试条件相一致。密度瓶呈现极强的热胀冷缩性能,对温度的反应比较灵敏,密度瓶的校正逐渐被有些单位放弃使用,通常的做法是同时测试密度瓶+试样+试液的质量和以及密度瓶+试液的质量和,这就要求两次测量时温度保持一致,以减少测试环境温度的变化对测试值的影响。

5. 室温:对于需要计量认证的标准实验室,温度范围应该限定,特别是T 0203、T 0204中对密度的测定,宜确定实验室温度控制在20℃ ±2℃范围。

6. 洁净水:一般指不含杂质的纯净水,有条件的实验室建议使用蒸馏水。

T 0204—2005 毛体积密度试验

1 目的和适用范围

岩石的毛体积密度(块体密度)是一个间接反映岩石致密程度、孔隙发育程度的参数,也是评价工程岩体稳定性及确定围岩压力等必需的计算指标。根据岩石含水状态,毛体积密度可分为干密度、饱和密度和天然密度。

岩石毛体积密度试验可分为量积法、水中称量法和蜡封法。

量积法适用于能制备成规则试件的各类岩石;水中称量法适用于除遇水崩解、溶解和干缩湿胀外的其他各类岩石;蜡封法适用于不能用量积法或直接在水中称量进行试验的岩石。

2 仪器设备

(1)切石机、钻石机、磨石机等岩石试件加工设备。

(2)天平:感量0.01g,称量大于500g。

(3)烘箱:能使温度控制在105~110℃。

(4)石蜡及熔蜡设备。

(5)水中称量装置。

(6)游标卡尺。

3 试件制备

3.1 量积法试件制备,试件尺寸应符合本规程 T 0221 中 3.1 的规定。

3.2 水中称量法试件制备,试件尺寸应符合下列规定:试件可采用规则或不规则形状,试件尺寸应大于组成岩石最大颗粒粒径的 10 倍,每个试件质量不宜小于 150g。

3.3 蜡封法试件制备,试件尺寸应符合下列规定:将岩样制成边长约 40 ~ 60mm 的立方体试件,并将尖锐棱角用砂轮打磨光滑;或采用直径为 48 ~ 52mm 圆柱体试件。测定天然密度的试件,应在岩样拆封后,在设法保持天然湿度的条件下,迅速制样、称量和密封。

3.4 试件数量,同一含水状态,每组不得少于 3 个。

4 量积法试验步骤

4.1 量测试件的直径或边长:用游标卡尺量测试件两端和中间三个断面上互相垂直的两个方向的直径或边长,按截面积计算平均值。

4.2 量测试件的高度:用游标卡尺量测试件断面周边对称的四个点(圆柱体试件为互相垂直的直径与圆周交点处;立方体试件为边长的中点)和中心点的五个高度,计算平均值。

4.3 测定天然密度:应在岩样开封后,在保持天然湿度的条件下,立即加工试件和称量。测定后的试件,可作为天然状态的单轴抗压强度试验用的试件。

4.4 测定饱和密度:试件的饱和过程和称量,应符合本规程 T 0205 相关条款的规定。测定后的试件,可作为饱和状态单轴抗压强度试验用的试件。

4.5 测定干密度:将试件放入烘箱内,控制在 105 ~ 110℃温度下烘 12 ~ 24h,取出放入干燥器内冷却至室温,称干试件质量。测定后的试件,可作为干燥状态单轴抗压强度试验用的试件。

4.6 本试验称量精确至 0.01g;量测精确至 0.01mm。

5 水中称量法试验步骤

5.1 测天然密度时,应取有代表性的岩石制备试件并称量;测干密度时,将试件放入烘箱,在 105 ~ 110℃下烘至恒量,烘干时间一般为 12 ~ 24h。取出试件置于干燥器内冷却至室温后,称干试件质量。

5.2 将干试件浸入水中进行饱和,饱和方法可依岩石性质选用煮沸法或真空抽气法。试件的饱和过程和称量,应符合本规程 T 0205 相关条款的规定。

5.3 取出饱和浸水试件,用湿纱布擦去试件表面水分,立即称其质量。

5.4 将试样放在水中称量装置的丝网上,称取试样在水中的质量(丝网在水中质量可事先用砝码平衡)。在称量过程中,称量装置的液面应始终保持同一高度,并记下水温。

5.5 本试验称量精确至 0.01g。

6 蜡封法试验步骤

6.1 测天然密度时,应取有代表性的岩石制备试件并称量;测干密度时,将试件放入烘箱,在 105 ~ 110℃下烘至恒量,烘干时间一般为 12 ~ 24h,取出试件置于干燥器内冷却至室温。

6.2 从干燥器内取出试件,放在天平上称量,精确至 0.01g(本试验称量精度皆同此)。

6.3 把石蜡装在干净铁盆中加热熔化,至稍高于熔点(一般石蜡熔点在 55 ~ 58℃)。岩石试件可通过滚涂或刷涂的方法使其表面涂上一层厚度 1mm 左右的石蜡层,冷却后准确称出蜡封试件的质量。

6.4 将涂有石蜡的试件系于天平上,称出其在洁净水中的质量。

6.5 擦干试件表面的水分,在空气中重新称取蜡封试件的质量,检查此时蜡封试件的质量是否大于浸水前的质量。如超过 0.05g,说明试件蜡封不好,洁净水已浸入试件,应取试件重新测定。

7 结果整理

7.1 量积法岩石毛体积密度按下列公式计算：

$$\rho_0 = \frac{m_0}{V} \quad \text{(T 0204-1)}$$

$$\rho_s = \frac{m_s}{V} \quad \text{(T 0204-2)}$$

$$\rho_d = \frac{m_d}{V} \quad \text{(T 0204-3)}$$

式中：ρ_0——天然密度（g/cm^3）；

ρ_s——饱和密度（g/cm^3）；

ρ_d——干密度（g/cm^3）；

m_0——试件烘干前的质量（g）；

m_s——试件强制饱和后的质量（g）；

m_d——试件烘干后的质量（g）；

V——岩石的体积（cm^3）。

7.2 水中称量法岩石毛体积密度按下列公式计算：

$$\rho_0 = \frac{m_0}{m_s - m_w} \times \rho_w \quad \text{(T 0204-4)}$$

$$\rho_s = \frac{m_s}{m_s - m_w} \times \rho_w \quad \text{(T 0204-5)}$$

$$\rho_d = \frac{m_d}{m_s - m_w} \times \rho_w \quad \text{(T 0204-6)}$$

式中：m_w——试件强制饱和后在洁净水中的质量（g）；

ρ_w——洁净水的密度（g/cm^3），由附录查得。

7.3 蜡封法岩石毛体积密度按下列公式计算：

$$\rho_0 = \frac{m_0}{\dfrac{m_1 - m_2}{\rho_w} - \dfrac{m_1 - m_d}{\rho_N}} \quad \text{(T 0204-7)}$$

$$\rho_d = \frac{m_d}{\dfrac{m_1 - m_2}{\rho_w} - \dfrac{m_1 - m_d}{\rho_N}} \quad \text{(T 0204-8)}$$

式中：m_1——蜡封试件质量（g）；

m_2——蜡封试件在洁净水中的质量（g）；

ρ_N——石蜡的密度（g/cm^3）。

7.4 毛体积密度试验结果精确至0.01g/cm^3，3个试件平行试验。组织均匀的岩石，毛体积密度应为3个试件测得结果之平均值；组织不均匀的岩石，毛体积密度应列出每个试件的试验结果。

7.5 孔隙率计算

求得岩石的毛体积密度及密度后，用公式（T 0204-9）计算总孔隙率n，试验结果精确至0.1%：

$$n = \left(1 - \frac{\rho_d}{\rho_t}\right) \times 100 \quad \text{(T 0204-9)}$$

式中：n——岩石总孔隙率，%；

ρ_t——岩石的密度（g/cm^3）。

7.6 试验记录

毛体积密度试验记录应包括岩石名称、试验编号、试件编号、试件描述、试验方法、试件在各种含水状态下的质量、试件水中称量、试件尺寸、洁净水的密度和石蜡的密度等。

条文说明

岩石的物理常数(颗粒密度、毛体积密度和孔隙率)不仅反映岩石的内部组成结构状态,而且能间接地反映岩石的力学性质(例如相同矿物组成的岩石,孔隙率愈低,其强度愈高)。尤其是岩石的孔结构,会影响其所轧制成的集料在水泥(或沥青)混凝土中对水泥浆(或沥青)的吸收、吸附等化学交互作用的程度。相对而言,块体密度较大的岩石比较致密,且岩石中所含的孔隙较少;反之,则表示岩石中所含的孔隙较多,岩石相对比较疏松。

在公路系统中,岩石毛体积(块体)密度试验,绝大多数单位采用水中称量法,少数用量积法,而蜡封法只在特殊情况下采用。上述三种方法各有明显的优点,水中称量法可以连续测定多种指标,但某些岩石受到限制;蜡封法适用于各种岩石和不规则试样,但测试技术较烦;量积法测试技术简易,但必须制备具有一定精度的规则试样。三种方法的测试成果,从理论上讲差别不大,在试样制备方法及精度要求得到全面解决以后,建议推广量积法。

岩石毛体积密度试验,目前还没有一种较理想的方法适用于所有的岩石试样,修订规程中仍保留了原规程方法,但应遵守本规程规定的适用范围和限制条件。

1. 水中称量法。在试样制备精度没有得到全面解决之前,水中称量法已得到较为普遍的采用。它的优点是可同时测定毛体积(块体)密度、吸水率、饱和吸水率等物理指标,试验后(标准件)还可以作为饱水抗压强度试验的试样,但适应范围受到岩石类型的限制。同时,试验环境如温度和空气中湿度的变化,也会对测试成果产生一些影响。

为了求得某些黏土质岩石的水理性指标,需要利用水中称量法时,可以采用先浸水饱和后烘干的办法。但在计算密度时要注意岩样的颗粒脱落现象,水中的干燥残留物应作为试样的干质量参加计算。试样的形态,一般规定可用规则试样,也可用不规则试样。但美国、日本的规程只允许采用规则试样,而且对试样的尺寸以及体积与表面积之比提出了要求。一般来说规则试样测定的密度略大于不规则试样。据此,在修订规程中,虽允许采用不规则试样,但倾向于采用规则试样。当不可能制备规则试样时,也应当用体积不小于100cm^3的近似块体。绝不允许采用试样的边角废料来测定毛体积密度。

2. 蜡封法。在岩石试验中,用蜡封法测定毛体积密度是一种辅助性的方法,只有在不能用静水称量法和量积法时才采用它。原规程只采用刷子涂蜡,对规则试件而言实际操作中效果并不好,本次修订采用滚涂法或刷涂法。

虽然蜡封法可以采用不规则试样,但仍要求取成块状,其边缘凸出或松动部分需要在蜡封之前进行处理。检查蜡封的质量是很重要的,检查的方法是将蜡封试样置于水中称量,然后取出擦干表面水分,在空气中称量。如蜡封试样浸水后的质量大于浸水前的质量,说明试样内有水浸入,试样不能用。

3. 量积法。用量积法测定岩石毛体积密度,可适用于能制成规则试样的各种岩石,方法简易。计算结果准确,而且不受试验环境的影响。但是采用量积法时,应保证试样制备具有足够的精度。过去量积法之所以没有得到普遍推广,主要原因是试样制备方法没有得到解决,从目前科技发展情况来看,提高试样制备精度是完全可能的。本试验用的试件精度要求,完全与单轴抗压强度试验用的试件精度一致;另外量积法测密度又属非破坏性试验,所以两项试验试件的加工可用同一组试件,试验时,先测其毛体积密度,再做单轴抗压强度试验。

4. 孔隙率。岩石的空隙性系岩石孔隙性和裂隙性的统称,用孔隙率表示。孔隙率是反映岩石裂隙发育程度的参数,分为开口孔隙率和封闭孔隙率,两者之和称总孔隙率。岩石试样中与大气相通的孔隙体积占岩石试样总体积的百分比,称开口孔隙率;岩石试样中不与大气相通的孔隙体积占岩石试样总体积的百分比,称封闭孔隙率;开口孔隙与封闭孔隙的体积之和占岩石试样总体积的百分比,称为总孔隙率。开口孔隙又有大小之分,常压下,岩石吸水时,水只能进入大开口孔隙,只有在高压或真空条件下,水方能进入闭孔隙和小开口孔隙。

岩石的空隙性指标一般不能实测,根据干密度和颗粒密度可计算总孔隙率,其他孔隙率常需通过干密度和吸水性指标换算求得。

一般提到的岩石孔隙率系指岩石总孔隙率。岩石因形成条件及其后期经受的变化和埋藏深度不同,孔隙率变化范围很大,可自小于百分之一至百分之几十,新鲜的结晶岩类的孔隙率一般小于3%,而沉积岩则较高,为1% ~10%,但有些胶结不良的砂砾岩,孔隙率可达10% ~20%,甚至更大。

T 0205—2005　吸水性试验

1　目的和适用范围

岩石的吸水性用吸水率和饱和吸水率表示。岩石的吸水率和饱和吸水率能有效地反映岩石微裂隙的发育程度,可用来判断岩石的抗冻和抗风化等性能。

岩石吸水率采用自由吸水法测定,饱和吸水率采用煮沸法或真空抽气法测定。

本试验适用于遇水不崩解、不溶解或不干缩湿胀的岩石。

2　仪器设备

(1)切石机、钻石机、磨石机等岩石试件加工设备。

(2)天平:感量0.01g,称量大于500g。

(3)烘箱:能使温度控制在105 ~110℃。

(4)抽气设备:抽气机、水银压力计、真空干燥器、净气瓶。

(5)煮沸水槽。

3　试件制备

3.1　规则试样:试件尺寸应符合本规程T 0221中3.1的规定。

3.2　不规则试件宜采用边长或直径为40 ~50mm的浑圆形岩块。

3.3　每组试件至少3个;岩石组织不均匀者,每组试件不少于5个。

4　试验步骤

4.1　将试件放入温度为105 ~110℃的烘箱内烘至恒量,烘干时间一般为12 ~24h,取出置于干燥器内冷却至室温(20℃ ±2℃),称其质量,精确至0.01g(后同)。

4.2　将称量后的试件置于盛水容器内,先注水至试件高度的1/4处,以后每隔2h分别注水至试件高度的1/2和3/4处,6h后将水加至高出试件顶面20mm,以利试件内空气逸出。试件全部被水淹没后再自由吸水48h。

4.3　取出浸水试件,用湿纱布擦去试件表面水分,立即称其质量。

4.4　试件强制饱和,任选如下一种方法:

用煮沸法饱和试件:将称量后的试件放入水槽,注水至试件高度的一半,静置2h。再加水使试件浸没,煮沸6h以上,并保持水的深度不变。煮沸停止后静置水槽,待其冷却,取出试件,用湿纱布擦去表面水分,立即称其质量。

用真空抽气法饱和试件:将称量后的试件置于真空干燥器中,注入洁净水,水面高出试件顶面20mm,开动抽气机,抽气时真空压力需达100kPa,保持此真空状态直至无气泡发生时为止(不少于4h)。经真空抽气的试件应放置在原容器中,在大气压力下静置4h,取出试件,用湿纱布擦去表面水分,立即称其质量。

5　结果整理

5.1　用式(T 0205-1)、式(T 0205-2)分别计算吸水率、饱和吸水率,试验结果精确至0.01%。

$$w_a = \frac{m_1 - m}{m} \times 100 \qquad (T\ 0205\text{-}1)$$

$$w_{sa} = \frac{m_2 - m}{m} \times 100 \qquad (T\ 0205\text{-}2)$$

式中：w_a——岩石吸水率(%)；

w_{sa}——岩石饱和吸水率(%)；

m——烘至恒量时的试件质量(g)；

m_1——吸水至恒量时的试件质量(g)；

m_2——试件经强制饱和后的质量(g)。

5.2 用式(T 0205-3)计算饱水系数，试验结果精确至0.01。

$$K_w = \frac{w_a}{w_{sa}} \qquad (T\ 0205\text{-}3)$$

式中：K_w——饱水系数，其他符号含意同前。

5.3 组织均匀的试件，取3个试件试验结果的平均值作为测定值；组织不均匀的，则取5个试件试验结果的平均值作为测定值。并同时列出每个试件的试验结果。

5.4 试验记录

吸水率试验记录应包括岩石名称、试验编号、试件编号、试件描述、试验方法、干试件质量、试件浸水后质量、试件强制饱和后的质量。

条文说明

1. 试样的形状：一般都没有严格的规定。本规程允许采用不规则试样，但必须指出，采用规则试样测定吸水率和饱和吸水率，不仅操作方便，提高效率，而且也有利于建立各指标之间的相互关系，故应尽可能采用规则试样。当只能用不规则试样试验时，试样形态应近似立方体，绝不允许用边角废料进行试验。

2. 烘干试样的标准：本试验采用称量控制，将试样反复烘干至称量达到恒量为止。参见T 0202含水率试验条文说明。

3. 吸水稳定标准：试验资料证明，浸水24h平均可以达到绝对吸水率的85%，48h可达到94%，继续浸水的吸水量很小，因此，在大气压力下吸水的稳定标准规定采用48h，完全能够反映岩石试样的吸水特征。

4. 煮沸和抽气时间：国外规程规定的煮沸和抽气时间均比较长，一般认为适当延长煮沸和抽气时间是必要的。参考水电规程、国标，在修订规程中，只提出煮沸和抽气时间的下限：即煮沸6h以上(原规程3h以上)，抽气4h以上。

5. 岩石的吸水率与饱和吸水率之比，定义为饱水系数，它是评价岩石抗冻性的一种指标。一般来说，岩石的饱水系数为0.5~0.8。饱水系数愈大，说明常压下吸水后留余的空间有限，岩石愈容易被冻胀破坏，因而岩石的抗冻性就差。

T 0206—2005 膨胀性试验

1 目的和适用范围

对具有黏土矿物的岩层，必须了解岩石的膨胀特性，以便控制开挖过程中地下水对岩层、岩体的影响。岩石膨胀性试验包括岩石自由膨胀率试验、岩石侧向约束膨胀率试验和岩石膨胀压力试验。

岩石自由膨胀率试验适用于遇水不易崩解的岩石，岩石侧向约束膨胀率试验和岩石膨胀压力试验适用于各类岩石。

2 仪器设备

(1)钻石机、切石机、磨石机、车床。

(2)测量平台。

(3)自由膨胀率试验仪,图 T 0206-1。

(4)侧向约束膨胀率试验仪,图 T 0206-2。

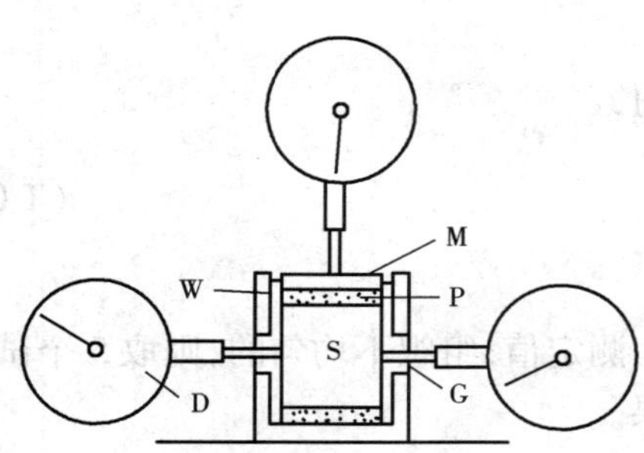

图 T 0206-1 自由膨胀率试验仪

M-金属板;P-透水板;S-岩石试件;G-橡胶板;W-水;D-指示表

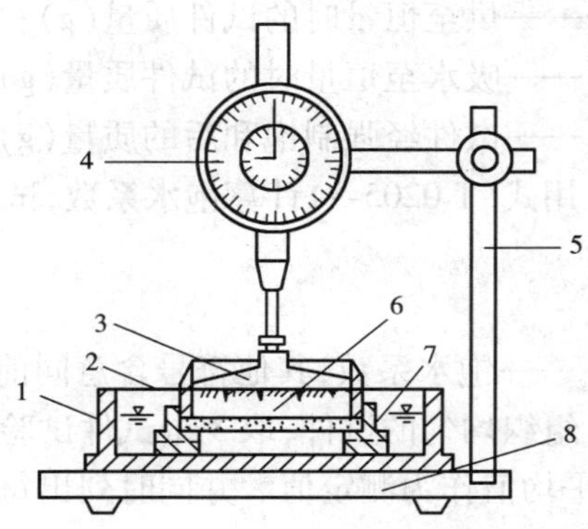

图 T 0206-2 侧向约束膨胀率试验仪

1-盛水器;2-环刀;3-传递活塞;4-测微表;5-表架;6-试样;7-底座;8-底盘

(5)膨胀压力试验仪,图 T 0206-3。

(6)干湿温度计。

3 试件制备

3.1 岩石试件应在现场采取,并保持天然含水状态,不得采用爆破或湿钻法取样,而且试件应符合下列要求:

(1)自由膨胀率试验的试件:圆柱形试件的直径宜为 50 ~ 60mm,试件高度宜等于直径,两端面应平行;立方形试件的边长宜为 50 ~ 60mm,各相对面应平行。试件端面的平面度公差应小于0.05mm,端面对于试件轴线垂直度偏差不应超过0.25°。

(2)侧向约束膨胀率试验的试件应为圆柱体,试件直径宜为50mm,尺寸偏差为0 ~ 0.1mm,高度应大于 20 mm,且应大于岩石矿物最大颗粒的10 倍。两端面平面度公差应小于 0.05mm,端面对于试件轴线垂直度偏差不应超过0.25°。

(3)膨胀压力试验的试件规格和精度应符合本条(2)款的规定。

3.2 每组试件数量不得少于 3 个。

3.3 岩石试件应采用干法加工,天然含水率的变化不应超过1%。

3.4 进行岩石试件加工时,应注意描述下列内容:

(1)岩石类别、颜色、矿物成分、结构、风化程度、胶结物性质等。

(2)膨胀变形的加载方向分别与层理、片理、节理、裂隙之间的关系。

(3)试件加工方法。

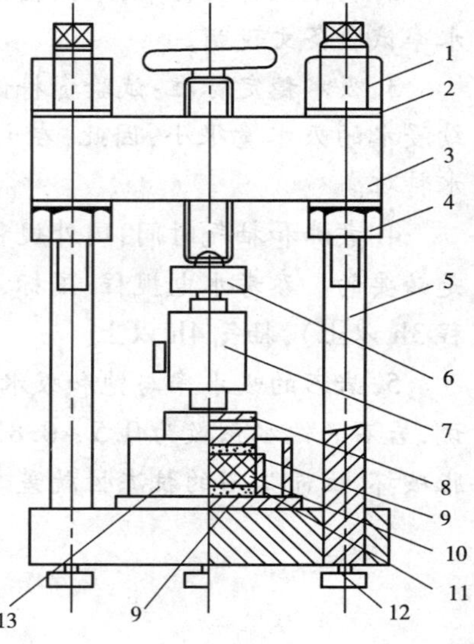

图 T 0206-3 岩石膨胀压力试验仪

1-螺母;2-平垫圈;3-横梁;4-螺母;5-摆柱;6-接头;7-压力传感器;8-上压板;9-金属透水板;10-试件;11-套环;12-调整件;13-容器

4 试验步骤

4.1 自由膨胀率试验应按下列步骤进行:

(1)将试件放入自由膨胀率试验仪内,在试件上下分别放置透水板,顶部放置一块金属板。

(2)在试件上部和四侧对称的中心部位分别安装千分表。四侧千分表与试件接触处，宜放置一块薄铜片。

(3)读记千分表读数，每隔10min读记1次，直至3次读数不变。

(4)缓慢地向盛水容器内注入洁净水，直至淹没上部透水板。

(5)在第1小时内，每隔10min测读变形1次，以后每隔1h测读变形1次，直至3次读数差不大于0.001mm为止。浸水后试验时间不得小于48h。

(6)试验过程中，应保持水位不变，水温变化不得大于2℃。

(7)试验过程中及试验结束后，应详细描述试件的崩解、掉块、表面泥化或软化等现象。

4.2 侧向约束膨胀率试验按下列步骤进行：

(1)将试件放入内壁涂有凡士林的金属套环内，在试件上下分别放置薄型滤纸和透水板。

(2)顶部放上固定金属荷载块并安装垂直千分表。金属荷载块的质量应能对试件产生5kPa的持续压力。

(3)试验及稳定标准应符合本试验方法第4.1条中的(3)~(6)。

(4)试验结束后，应描述试件表面的泥化和软化现象。

4.3 侧向膨胀压力试验按下列步骤进行：

(1)将试件放入内壁涂有凡士林的金属套环内，在试件上下分别放置薄型滤纸和金属透水板。

(2)安装加压系统及量测试件变形的测表。

(3)应使仪器各部位和试件在同一轴线上，不得出现偏心荷载。

(4)对试件施加产生0.01MPa压力的荷载，测读试件变形测表读数，每隔10min读数1次，直至3次读数不变。

(5)缓慢地向盛水容器内注入洁净水，直至淹没上部透水板。观测变形测表的变化，当变形量大于0.001mm时，调节所施加的荷载，应保持试件高度在整个试验过程始终不变。

(6)开始时每隔10min读数1次，连续3次读数差小于0.001mm时，改为每1h读数1次；当每1h读数连续3次读数差小于0.001mm时，可认为稳定并记录试验荷载。浸水后总试验时间不得少于48h。

(7)试验过程中，应保持水位不变。水温变化不得大于2℃。

(8)试验结束后，应描述试件表面的泥化和软化现象。

5 结果整理

5.1 按下列公式分别计算岩石自由膨胀率、侧向约束膨胀率、膨胀压力：

$$V_{H}=\frac{\Delta H}{H}\times 100 \quad (T\ 0206\text{-}1)$$

$$V_{D}=\frac{\Delta D}{D}\times 100 \quad (T\ 0206\text{-}2)$$

$$V_{HP}=\frac{\Delta H_{1}}{H}\times 100 \quad (T\ 0206\text{-}3)$$

$$P_{S}=\frac{F}{A} \quad (T\ 0206\text{-}4)$$

式中：V_{H}——岩石轴向自由膨胀率(%)；

V_{D}——岩石径向自由膨胀率(%)；

V_{HP}——岩石侧向约束膨胀率(%)；

P_{S}——岩石膨胀压力(MPa)；

ΔH——试件轴向变形值(mm);

H——试件高度(mm);

ΔD——试件径向平均变形值(mm);

D——试件直径或边长(mm);

ΔH_1—有侧向约束试件的轴向变形值(mm);

F——轴向荷载(N);

A——试件截面积(mm^2)。

5.2 岩石轴向自由膨胀率、径向自由膨胀率、侧向约束膨胀率试验结果精确至0.1%,岩石膨胀压力试验结果精确至0.001MPa。3个试件平行试验,分别列出每个试件的试验结果,并计算3个试件测试结果的平均值。

5.3 试验记录

膨胀性试验记录应包括岩石名称、试验编号、试件编号、试件描述、试件尺寸、温度、试验时间、轴向变形、径向变形和轴向荷载。

条文说明

1.岩石膨胀性试验适用于测定天然状态下含易吸水膨胀矿物岩石的膨胀性质,如黏土岩类岩石,其他种类岩石也可采用本试验。膨胀性试验主要包括下列内容:

(1)岩石自由膨胀率是岩石试件在浸水后产生的径向和轴向变形分别与试件直径和高度之比,以百分数表示。

(2)岩石侧向约束膨胀率是岩石试件在有侧限条件下,轴向受有限荷载时,浸水后产生的轴向变形与试件原高度之比,以百分数表示。

(3)岩石膨胀压力是岩石试件浸水后保持原形或体积不变所需的压力。

2.试验过程中应注意,侧向约束膨胀率试验仪中的金属套环高度不应小于试件高度与两块透水板厚度之和。不得由于金属套环高度不够,引起试件浸水饱和后出现三向变形。岩石膨胀压力试验中为使试件变形始终不变,应随时调节所加的荷载:采用杠杆式加压系统,应随时调整砝码重量;采用螺杆式加压系统,应随时调整测力钢环或压力传感器的读数。膨胀压力试验仪必须进行各级压力下仪器自身变形的测定,并在加压时扣除仪器变形,使试件变形始终为零。

3.岩石结构对于测定其膨胀性质有着重要影响,因而要尽可能地使用原状岩石样品来做试验。如样品松散或太破碎不能得到原状样品时,如常见的满布节理情况,可参照公路工程土工试验规程测试其膨胀性。当报告试验成果时,应描述所遵循的试验步骤。

4.鉴于岩石属于不均质体,并受节理、层面、裂隙等结构面的影响,不可能使同组岩石试件的每个试验结果都一致。在试验结果中,应列出每一试件的试验值,同时求出平均值。

T 0207—2005 耐崩解性试验

1 目的和适用范围

耐崩解性试验的目的是确定岩石试样在一定条件下的崩解量、崩解指数、崩解时间和崩解状况。崩解指数主要是用于岩石分类。

本试验主要适用于质地疏松岩石、风化岩石、黏土岩类岩石等。

2 仪器设备

(1)天平:感量0.1g,称量大于5 000g。

(2)烘箱:能使温度控制在105~110℃。

(3)耐崩解性试验仪：由动力装置、圆柱形筛筒和水槽组成，其中圆柱形筛筒长100mm、直径140mm、筛孔直径2mm(见图T 0207-1)。

(4)温度计、干燥器。

3 试样制备

3.1 耐崩解性岩石试样应符合下列要求：

(1)在现场采取保持天然含水率的试样并密封。

(2)试样选取每块质量为40～60g的浑圆块状试件，每组试验试件的数量不应少于10个。

3.2 试样描述应包括岩石类别、颜色、矿物成分、结构、风化程度、胶结物性质等。

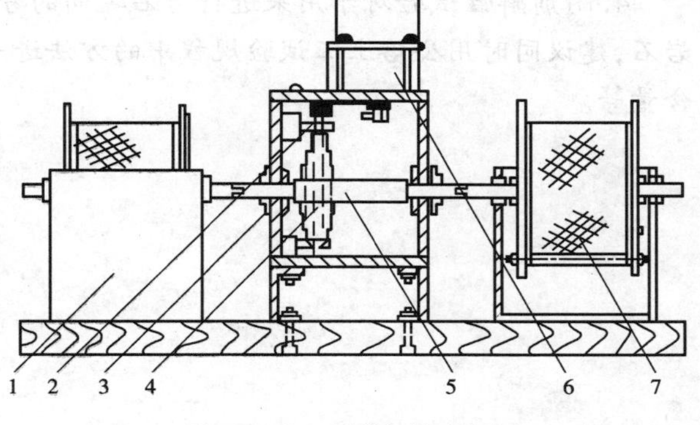

图T 0207-1 耐崩解性试验仪

1-水槽；2-蜗杆；3-轴承；4-蜗轮；5-大轴；6-马达；7-筛筒

4 试验步骤

4.1 将试样装入耐崩解试验仪的圆柱形筛筒内，在105～110℃的温度下烘干至恒量后，在干燥器内冷却至室温称量。

4.2 将装有试样的圆柱形筛筒放在水槽内，向水槽内注入洁净水，使水位在转动轴下约20mm。圆柱形筛筒以20r/min的转速转动10min后，将圆柱形筛筒和残留试样在105～110℃的温度下烘干至恒量后，在干燥器内冷却至室温称量。

4.3 重复本条4.2项的程序，求得第二次循环后的圆柱形筛筒和残留试件质量。根据需要可进行5次甚至更多次循环试验。

4.4 试验过程中，水温应保持在20℃±2℃范围内。

4.5 试验结束后，应对残留试样、水的颜色和水中沉积物进行描述。根据需要，可对水中的沉积物进行颗粒分析、界限含水率测定和黏土矿物分析。

4.6 称量精确至0.1g。

5 结果整理

5.1 按式(T 0207-1)计算岩石耐崩解性指数：

$$I_{d2}=\frac{m_{r2}-m_0}{m_s-m_0}\times 100 \qquad (T\ 0207\text{-}1)$$

式中：I_{d2}——岩石(二次循环)耐崩解性指数(%)；

m_0——圆柱筛筒烘干质量(g)；

m_s——圆柱筛筒质量与原试样烘干质量的和(g)；

m_{r2}——圆柱筛筒质量与第二次循环后残留试样烘干质量的和(g)。

5.2 每组试验3个试样平行试验，试验结果应为3个试样测得结果之平均值，并同时列出每个试样的试验结果。试验结果精确至0.1%。

5.3 试验记录

耐崩解性试验记录应包括岩石名称、试验编号、试样编号、试样描述及试样在试验前后的烘干质量。

条文说明

1. 岩石的耐崩解性试验是用来评价岩石在经过两次干燥和湿润标准循环之后，抵抗软化及崩解的能力。耐崩解性指数为试件干湿循环后残留的质量与原质量之比，以百分数表示。

2. 质地疏松、风化、含有亲水性黏土矿物的岩石，在水中容易发生崩解剥落现象。对于坚硬完整岩石一般不需进行此项试验。如有需要，对于较坚硬岩石(耐崩解指数高的岩石)，可以用多次，如5次、

10 次等循环次数的耐崩解指数用于考察该岩石的耐崩解性。

3. 岩石的耐崩解指数大小与所用水解液性质有关。试验所用的水解液如果不是20℃ ±2℃的洁净水，而是自来水、天然地下水、海水、稀释酸或分散剂等，则需要在试验报告中加以说明。

4. 耐崩解性试验对于用来进行岩石之间的分类和对比非常合适。对于在本试验中容易进行崩解的岩石，建议同时用公路土工试验规程中的方法进一步鉴定，例如测定液限、塑限、颗粒分析、矿物成分及含量等。

4　力学性质试验

T 0221—2005　单轴抗压强度试验

1　目的和适用范围

单轴抗压强度试验是测定规则形状岩石试件单轴抗压强度的方法，主要用于岩石的强度分级和岩性描述。

本法采用饱和状态下的岩石立方体（或圆柱体）试件的抗压强度来评定岩石强度（包括碎石或卵石的原始岩石强度）。

在某些情况下，试件含水状态还可根据需要选择天然状态、烘干状态或冻融循环后状态。试件的含水状态要在试验报告中注明。

2　仪器设备

（1）压力试验机或万能试验机。

（2）钻石机、切石机、磨石机等岩石试件加工设备。

（3）烘箱、干燥器、游标卡尺、角尺及水池等。

3　试件制备

3.1　建筑地基的岩石试验，采用圆柱体作为标准试件，直径为50mm ± 2mm、高径比为2∶1。每组试件共6个。

3.2　桥梁工程用的石料试验，采用立方体试件，边长为70mm ± 2mm。每组试件共6个。

3.3　路面工程用的石料试验，采用圆柱体或立方体试件，其直径或边长和高均为50mm ± 2mm。每组试件共6个。

有显著层理的岩石，分别沿平行和垂直层理方向各取试件6个。试件上、下端面应平行和磨平，试件端面的平面度公差应小于0.05mm，端面对于试件轴线垂直度偏差不应超过0.25°。对于非标准圆柱体试件，试验后抗压强度试验值按本章条文说明中公式（T 0221-3）进行换算。

4　试验步骤

4.1　用游标卡尺量取试件尺寸（精确至0.1mm），对立方体试件在顶面和底面上各量取其边长，以各个面上相互平行的两个边长的算术平均值计算其承压面积；对于圆柱体试件在顶面和底面分别测量两个相互正交的直径，并以其各自的算术平均值分别计算底面和顶面的面积，取其顶面和底面面积的算术平均值作为计算抗压强度所用的截面积。

4.2　试件的含水状态可根据需要选择烘干状态、天然状态、饱和状态、冻融循环后状态。试件烘干和饱和状态应符合本规程T 0205中相关条款的规定，试件冻融循环后状态应符合本规程T 0241中相关条款的规定。

4.3　按岩石强度性质，选定合适的压力机。将试件置于压力机的承压板中央，对正上、下承压板，不得偏心。

4.4　以0.5 ~ 1.0MPa/s的速率进行加荷直至破坏，记录破坏荷载及加载过程中出现的现象。抗压试件试验的最大荷载记录以N为单位，精度1%。

5　结果整理

5.1　岩石的抗压强度和软化系数分别按式(T 0221-1)、式(T 0221-2)计算。

$$R=\frac{P}{A} \tag{T 0221-1}$$

式中：R——岩石的抗压强度(MPa)；

P——试件破坏时的荷载(N)；

A——试件的截面积(mm^2)。

$$K_P=\frac{R_w}{R_d} \tag{T 0221-2}$$

式中：K_P——软化系数；

R_w——岩石饱和状态下的单轴抗压强度(MPa)；

R_d——岩石烘干状态下的单轴抗压强度(MPa)。

5.2　单轴抗压强度试验结果应同时列出每个试件的试验值及同组岩石单轴抗压强度的平均值；有显著层理的岩石，分别报告垂直与平行层理方向的试件强度的平均值。计算值精确至0.1MPa。

软化系数计算值精确至0.01，3个试件平行测定，取算术平均值；3个值中最大与最小之差不应超过平均值的20%，否则，应另取第4个试件，并在4个试件中取最接近的3个值的平均值作为试验结果，同时在报告中将4个值全部给出。

5.3　试验记录

单轴抗压强度试验记录应包括岩石名称、试验编号、试件编号、试件描述、试件尺寸、破坏荷载、破坏形态。

条文说明

岩石的抗压强度是反映岩石力学性质的主要指标之一，它在岩体工程分类、建筑材料选择及工程岩体稳定性评价计算中都是必不可少的指标。试验研究表明，岩石的抗压强度受一系列因素的影响与控制。这些因素包括两个方面：一方面是岩石本身方面的因素，如矿物组成、结构构造及含水状态等；另一方面是试验条件，试件形状、大小、高径比及加工精度、加荷速率等。

1. 岩石的矿物组成及结构

岩石的矿物组成是影响其抗压强度的重要因素之一。一般来说，含强度高的矿物如石英、长石、角闪石、辉石及橄榄石等较多时，岩石强度就高；相反，含软弱矿物如云母、黏土矿物、滑石及绿泥石等较多时，强度就低。如石英岩、花岗岩、闪长岩等岩石的抗压强度一般为100～300MPa，最高可达350MPa，而页岩、黏土岩和千枚岩等的抗压强度最高不超过100MPa。

岩石结构、构造对强度的影响，主要表现在矿物颗粒间的联结、颗粒大小与形状、空隙性等。一般来说，具结晶联结的岩石强度比非结晶联结的高，细粒结构的岩石强度比粗粒结构的高，这是因为细结晶的岩石颗粒间接触面积大，联结力增强的缘故。由粒柱状矿物组成的岩石，强度高且一般不具各向异性；而片状、鳞片状矿物组成的岩石，不仅强度低，而且往往具较强的各向异性。对于胶结联结的岩石，其强度主要取决于胶结物成分。硅质胶结的强度最高，铁钙质胶结的次之，泥质胶结的最低。岩石空隙性常反映它的密实程度，空隙度愈大，强度愈低。强度随其密度减小而降低的现象，就是空隙性对岩石强度影响的具体表现。此外如果空隙(指各种微结构面)是定向排列的则岩石强度表现出明显的各向异性特征。

2. 试验含水率

含水状态对岩石强度具有显著的影响，一般随含水率增大岩石强度降低，但岩性不同降低的程度也不同，这主要取决于岩石中亲水性和可溶性矿物的含量及空隙性等。亲水性和可溶性矿物含量愈多，开空隙愈发育岩石强度降低愈明显。如页岩、黏土岩饱水后强度可降低40%～60%。

试验的含水状态主要依据工程的需要而定，比如在《公路桥涵地基与基础设计规范》中，在确定单桩轴向受压容许承载力和桩嵌入基岩中的深度时，常用到天然湿度的岩石单轴极限抗压强度，主要因为在填充混凝土以后，岩石不再与水接触了。

含水状态对岩石强度的影响称软化性，用软化系数表示。

3. 试验条件

试验条件对岩石强度也有一定的影响，一般来说，圆柱体试件的强度大于棱柱体试件，是因为后者棱角部分应力集中之故。另外，随试件尺寸和高径比的增大岩石强度也降低，其原因是试件岩石内包含的裂隙、孔隙等缺陷增多及应力分布不均造成的。试件加工精度的影响主要表现在试件端面的平整度和平行度，因此，试验时对试件加工精度要求较高。此外，加荷速率增加，岩石强度也增大。

4. 试件尺寸

公路系统中，岩石的单轴抗压强度依据岩石的使用情况，试件尺寸的标准是不一样的。桥梁工程中，所提到石料的标号，对应的是尺寸为 20cm × 20cm × 20cm 立方体试件饱和极限抗压强度（现已改为 7cm × 7cm × 7cm 立方体试件）。道路建筑材料中，天然石料的等级，对应的是尺寸为 5cm × 5cm × 5cm 立方体试件饱和极限抗压强度。而作为地基基础的岩石试验，一般采用圆柱体作为标准试件，其直径为 50mm ± 2mm，高径比为 1 ~ 3，比如《公路工程水文勘测设计规范》（JTG C30—2002）规定，岩石样品的尺寸是根据岩石试验需求提出的，一般最小直径大于 5cm，试件高度为直径的 1 ~ 3 倍；《公路桥涵地基与基础设计规范》规定岩石的单轴抗压强度的试件尺寸，直径为 7 ~ 10cm，高度与试件直径相同；隧道围岩分类中饱和抗压极限强度并没有提到试件尺寸，但从软、硬岩石的划分标准 30MPa 来看，试件尺寸应为直径 50mm ± 2mm，高径比为 2。

鉴于圆形试件具有轴对称特性，应力分布均匀，而且试件可直接取自钻孔岩芯，在室内加工程序简单，所以本规程规定：作为地基基础的岩石试验，岩石的单轴抗压强度推荐直径为 50mm ± 2mm，高度与直径之比值为 2.0 圆柱体试件作为标准试件；作为砌体工程的石料试验，桥梁工程岩石的单轴抗压强度推荐边长为 70mm ± 2mm 的立方体试件作为标准试件；路面工程岩石的单轴抗压强度推荐边长为 50mm ± 2mm 的立方体试件或者直径和高均为 50mm ± 2mm 的圆柱体试件作为标准试件。

为便于对单轴抗压强度的试验结果作统计分析，应将任意高径比的抗压强度值 R 按下式换算成高径比为 2∶1的标准抗压强度值 R_e。

$$R_e = \frac{8R}{7 + 2D/H} \tag{T 0221-3}$$

5. 压力试验机应符合《液压式压力试验机》（GB/T 3722）及《试验机通用技术要求》（GB/T 2611）中的要求，其测量精度为 ±1%，试件破坏荷载应大于压力试验机全程的 20% 且小于压力试验机全程的 80%，同时应具有加荷速度指示装置或加荷速度控制装置。可以均匀地连续加荷卸荷，保持固定荷载，开机停机均灵活自如。试件两端的承压板为洛氏硬度不低于 $HRC58$ 的圆盘钢板，承压板的直径应不小于试件的直径，也不宜大于试件直径的两倍。当压力试验机承压板直径大于试件直径的两倍以上时，必须在试件的上下两端加辅助承压板，其刚度和不平度均应满足压力试验机承压板的要求。两压板之一应是球面座，球面座应放在试件的上端面，并用矿物油稍加润滑，以使在滑块自重作用下仍能闭锁。试件、压板和球面座要精确地彼此对中，并与加载机器设备对中，球面座的曲率中心应与试件端面的中心相重合。

T 0222—2005　单轴压缩变形试验

1　目的和适用范围

岩石单轴压缩变形试验用于测定岩石试件在单轴压缩应力条件下的轴向及径向应变值，据此算出岩石的弹性模量和泊松比。

弹性模量是轴向应力与轴向应变之比；泊松比是在弹性模量相对应条件下的径向应变与轴向应变

之比。

本试验可分为电阻应变仪法和千分表法，适用于能制成规则试件的各类岩石。坚硬和较坚硬的岩石应采用电阻应变仪法，较软岩石应采用千分表法。

2 仪器设备

(1)钻石机、锯石机、磨石机等岩石试件加工设备。

(2)惠斯顿电桥、万用表、兆欧表、千分表。

(3)电阻应变仪。

(4)电阻应变片(丝栅长度大于15mm)及粘贴电阻应变片用的各种工具及黏结剂等。

(5)压力试验机或万能试验机。

(6)其他设备:金属屏蔽线、恒温烘箱及其他试件加工设备。

3 试件制备

3.1 从岩石试样中制取直径为50mm ±2mm、高径比为2:1的圆柱体试件。

3.2 试件含水状态可根据需要选择天然含水状态、烘干状态和饱和状态。试件烘干和饱和状态应符合本规程T 0205—2005 中4.2、4.4 条款的规定。

3.3 同一含水状态下每组试件数量不应少于6个。

3.4 试件上、下端面应平行和磨平。试件端面的平面度公差应小于0.05mm，端面对于试件轴线垂直度偏差不应超过0.25°。

4 试验步骤

4.1 其中3个试件测定单轴抗压强度，试验步骤同本规程 T 0221—2005 第4条。

4.2 电阻应变仪法

4.2.1 选择电阻应变片:应变片栅长应大于岩石矿物最大颗粒粒径的10倍，小于试件半径。同一组试件的工作片与温度补偿片的规格和灵敏度系数应相同，电阻值允许偏差为 ±0.1Ω。

4.2.2 贴电阻应变片:试件以相对面为一组，分别贴纵向和横向应变片(如只求弹性模量而不求泊松比，则仅需贴纵向的一对即可)，数量均不应少于两片，且贴片位置应尽量避开裂隙或斑晶。贴片前先将试件的贴片部位用0号砂纸斜向擦毛，用丙酮擦洗，均匀地涂一层防潮胶液，厚度不应大于0.1mm，面积约为20mm ×30mm，再使应变片牢固地贴在试件上。

4.2.3 焊接导线:将各应变片的线头分别焊接导线，并用白胶布贴在导线上，标明编号。焊接时注意:焊接宜用液态松香和金属屏蔽线，以免产生磁场互相干扰;电阻应变仪应与压力试验机靠近些，减少导线长度;导线焊好后要固定，以免拉脱。系统绝缘电阻值应大于200MΩ。

4.2.4 按所用的电阻应变仪的使用说明书进行操作，接电源并检查电压，调整灵敏系数;将试件测量导线接好，放在压力试验机球座上;接温度补偿电阻应变片，贴温度补偿电阻应变片的试件应是试验试件的同组试件，并放在试验试件的附近;粘贴温度补偿应变片的操作程序要求尽量与工作应变片相同。

4.2.5 将试件反复预压2 ~3次，加荷压力约为岩石极限强度的15%。

4.2.6 按规定的加载方式和载荷分级，加荷速度应为0.5 ~1.0MPa/s，逐级测读载荷与应变值，直至试件破坏。读数不应少于10组测值。

4.2.7 记录加载过程及破坏时出现的现象，对破坏后的试件进行描述。

4.3 千分表法

4.3.1 采用千分表法测量岩石试件变形时，对于较硬岩，可将测量表架直接安装在试件上测量试件的纵、横向变形。对于变形较大、强度较低的软岩和极软岩，可将测表安装在磁性表架上，磁性表架安装在试验机的下承压板上，纵向测表表头与上承压板边缘接触，横向测表表头直接与试件接触，测读初始读数。两对相互垂直的纵向测表和横向测表应分别安装在试件直径的对称位置上。

4.3.2 其他步骤应符合本试验4.2.5～4.2.7条款的规定。

5 结果整理

5.1 按式(T 0222-1)计算各级应力:

$$\sigma = \frac{P}{A} \tag{T 0222-1}$$

式中:σ——应力(MPa);

P——与所测各组应变值相应的荷载(N);

A——试件的截面积(mm^2)。

5.2 绘制应力与纵向应变及横向应变关系曲线,在应力与纵向应变关系曲线上找出加载最大值的0.8倍和0.2倍的点,并作割线,以该割线的斜率表示该试件的弹性模量,按式(T 0222-2)计算,试验结果精确至100MPa。

$$E = \frac{\sigma_{0.8} - \sigma_{0.2}}{\varepsilon_{L0.8} - \varepsilon_{L0.2}} \tag{T 0222-2}$$

式中: E——弹性模量(MPa);

$\sigma_{0.8}$、$\sigma_{0.2}$——加载最大值的0.8倍和0.2倍时的试件应力(MPa);

$\varepsilon_{L0.8}$、$\varepsilon_{L0.2}$——应力为$\sigma_{0.8}$、$\sigma_{0.2}$时的纵向应变值。

5.3 以同一应力下的纵向、横向应变,按式(T 0222-3)计算弹性泊松比μ,试验结果精确至0.01。

$$\mu = \frac{\varepsilon_{H0.8} - \varepsilon_{H0.2}}{\varepsilon_{L0.8} - \varepsilon_{L0.2}} \tag{T 0222-3}$$

式中: μ——弹性泊松比;

$\varepsilon_{H0.8}$、$\varepsilon_{H0.2}$——应力为$\sigma_{0.8}$、$\sigma_{0.2}$时的横向应变值。

5.4 分别按式(T 0222-4)、式(T 0222-5)计算割线模量和相应的泊松比μ:

$$E_{50} = \frac{\sigma_{50}}{\varepsilon_{L50}} \tag{T 0222-4}$$

$$\mu_{50} = \frac{\varepsilon_{H50}}{\varepsilon_{L50}} \tag{T 0222-5}$$

式中:E_{50}——岩石的变形模量,即割线模量(MPa);

μ_{50}——岩石泊松比;

σ_{50}——加载最大值的0.5倍时的试件应力(MPa);

ε_{H50}——应力为σ_{50}时的横向应变值;

ε_{L50}——应力为σ_{50}时的纵向应变值。

5.5 每组试验3个试件平行试验,试验结果应为3个试件测得结果之平均值,并同时列出每个试件的试验结果。

5.6 试验记录

单轴压缩变形试验记录应包括岩石名称、试验编号、试件编号、试件描述、试件尺寸、各级荷载下的应力及纵向和横向应变值、弹性模量和泊松比。

条文说明

1.岩石单轴压缩变形试验是为了测定试件在单轴压缩应力条件下的纵向应变值及横向应变值,据此计算岩石的弹性模量和泊松比。岩石由单轴压缩变形试验求得的弹性模量和泊松比是岩石变形特性的最基本参数。在进行各种计算时,这两个参数必不可少。尤其是在采用各种数值计算方法评价岩体的稳定性和分析岩体内的应力分布时,显得更为重要。岩石的弹性模量和泊松比与岩石的单轴抗压强度一样,也将受到许多试验条件、试验环境和不同岩性的影响。但是,弹性模量和泊松比并不像岩石单轴抗压强度对这些因素那么敏感,且并不具有很明显的规律性。在实际的工程中,岩石的平均弹性模量和岩石的割线模量(亦称变形模量,是应力应变曲线原点与岩石单轴抗压强度值的50%时的点连线的斜率)以及与其各自相对应的泊松比应用最多。在某些特殊的条件下,也可按不同的应力水平确定其弹性模量和泊松比。

2. 试样的形状和尺寸:原规程试件尺寸,用圆柱体时采用直径50mm,高150mm;用棱柱体时采用50mm×50mm×150mm。根据国标和其他行业标准的规定,本次统一为采用直径50mm,高100mm的圆柱体试件,即同单轴抗压强度试件一致。

3. 试验方法:通常情况下,坚硬和较坚硬的岩石宜采用电阻应变仪法,较软岩宜采用千分表法,对于变形较大的软岩和极软岩也可采用百分表测量变形。电阻应变仪法从全面讲是目前变形测试中应用最广泛的一种方法,它具有较高的精度,适合于大多数情况下的变形试验。但是,电阻应变仪法对电阻应变片粘贴技术要求高,特别是使用小标距电阻应变片时,因测量标距较短,不能完全反映整个试样的状态,建议采用4cm的电阻应变片。

4. 加荷速度:在岩石变形试验中,加荷速度主要采用时间控制和荷载控制。用时间控制的,如美国和日本的规程所作规定与单轴抗压强度的加荷速度一致。国内有关规程均采用荷载控制,参照当前国内外规程的规定和研究资料,使岩石变形试验和单轴抗压强度试验的加荷速度取得一致是合理的。

5. 加荷方式:原规程加荷方式为分级加荷,加荷至试件极限强度的1/5为止。为了测定岩石变形特征的各项指标,本规程规定采用一次连续加荷的方式,直至试件破坏。如果没有连续记录装置,亦可在选定加荷区间内取等间隔荷载,记录相应的应变量或变形量。并规定,至少应记取10个读数,以便绘制纵向和横向的应力—应变曲线。

T 0223—1994 劈裂强度试验

1 目的和适用范围

在工程实践中,通常不允许出现拉应力,但拉断破坏仍是工程岩体主要的破坏方式之一,而且岩石抵抗拉应力的能力最低。

测定岩石抗拉强度的方法,有直接拉伸法和间接拉伸法两种。由于直接法的试件制备困难和试验技术的复杂性,目前多采用间接法(即劈裂法),所得到的强度称为劈裂强度。

本试验适用于能制成规则试件的各类岩石。

2 仪器设备

(1)切石机、钻石机、磨石机等岩石试件加工设备。

(2)压力试验机或万能试验机。

(3)游标卡尺。

3 试件制备

3.1 试件应采用圆柱体,直径为50mm±2mm、高径比为0.5~1.0,试件高度应大于岩石最大颗粒粒径的10倍。

3.2 试件上、下端面应平行和磨平。试件端面的平面度公差应小于0.05mm,端面对于试件轴线垂直度偏差不应超过0.25°。

3.3 试件的含水状态可根据需要选择,其天然状态、烘干状态和饱和状态应符合本规程相应的规定。

4 试验步骤

4.1 通过试件直径的两端,沿轴线方向划两条相互平行的加载基线,将两根垫条沿加载基线固定在试件两端。对于坚硬和较坚硬岩石应选用直径为1mm钢丝为垫条，对于软弱和较软弱岩石应选用宽度与试件直径之比为0.08～0.1的胶木板为垫条。

4.2 将试件置于试验机承压板中心，调整球座，使试件均匀受荷，并使垫条与试件在同一加荷轴线上。

4.3 以0.3～0.5MPa/s的速度连续而均匀地加荷，直至试件破坏为止。试件最终破坏应通过两垫条决定的平面，否则应视为无效试验。

4.4 记录破坏荷载，并对破坏后的试件进行描述。

5 结果整理

5.1 按式（T 0223-1）计算劈裂强度（间接抗拉强度）：

$$\sigma_t = \frac{2P}{\pi DH} \qquad (T\ 0223\text{-}1)$$

式中：σ_t——岩石的劈裂强度（MPa）；

P——破坏时的极限荷载（N）；

D——圆柱体试件的直径（mm）；

H——圆柱体试件的高度（mm）。

5.2 岩石的劈裂强度试验结果应同时列出每个试件的试验值和同组3个（视所要求的受力方向或含水状态而定，每种情况下须制备3个）试件试验结果的平均值，试验结果精确至0.1MPa。

5.3 试验记录

劈裂强度试验记录应包括岩石名称、试验编号、试件编号、试件描述、试件尺寸、破坏荷载。

条文说明

1. 岩石的抗拉强度，国内外现行的有两类试验方法，即直接拉伸法和间接拉伸法，各有其优缺点。前者采用单轴拉伸测定岩石抗拉强度，适用于各类性质的岩石，但操作较复杂，试验技术难于解决，本规程暂未列入此法。后者因为是由一位巴西工程技术人员提出，故也称为巴西法（即劈裂法）。劈裂法的理论依据是，弹性力学中，半无限体上作用着一集中荷载的布辛奈斯克解，对坚硬脆性岩石较适用；同时，用劈裂法测定岩石的抗拉强度，比用其他方法简便，测定结果也较稳定。目前，我国大多数试验规程均采用此法测定岩石的抗拉强度（劈裂强度）。

2. 用劈裂法测定的岩石抗拉强度值取决于试样形状和加荷条件的某种函数特征值，许多资料表明，用这种方法测定岩石的抗拉强度，其结果随垫条材料尺寸的不同而有所差异。不同规程对垫条材料、尺寸有不同的规定，原规程使用直径2mm的钢丝，国标采用直径为4mm左右的钢丝或胶木棍。参考水电规程，本规程对于坚硬和较坚硬岩石应选用直径为1mm钢丝为垫条，对于软弱和较软弱岩石应选用宽度与试件直径之比为0.08～0.1的胶木板为垫条。垫条的硬度应与试件硬度相匹配，垫条硬度过大，易对试件发生贯入现象；垫条硬度过低，垫条本身将严重变形，两者都影响试验成果。凡试件最终破坏未贯穿整个试件截面，而是局部脱落，应视为无效试件。

3. 关于试样形状和尺寸，国内其他规程普遍采用圆柱体试件，直径为50mm±0.5mm、高径比为0.5～1.0。因此，本次规程修订取消立方体试件。

T 0224—2005 抗剪强度（直剪）试验

1 目的和适用范围

本试验的目的是为了求出试件沿滑动面的正应力与剪应力的关系，提供岩石基础计算之依据。

岩石直剪试验是将同一类型的一组岩石试件在不同的法向荷载下进行水平剪切，根据库仑定律表达式确定岩石的抗剪强度参数。本试验适用于岩石结构面（如节理面、层理面、片理面、劈理面等位置）、岩石本身及混凝土或砂浆与岩石胶结面的直剪试验。

2 仪器设备

(1)钻石机、切石机、磨石机等岩石试件加工设备。

(2)配制混凝土及砂浆设备、养护槽等。

(3)饱和样品设备:水槽、真空抽气设备等。

(4)量测法向和剪切向位移的量表,精度0.01mm。

(5)游标卡尺。

(6)包括法向和剪切向加压设备的直剪仪,如图T 0224-1。

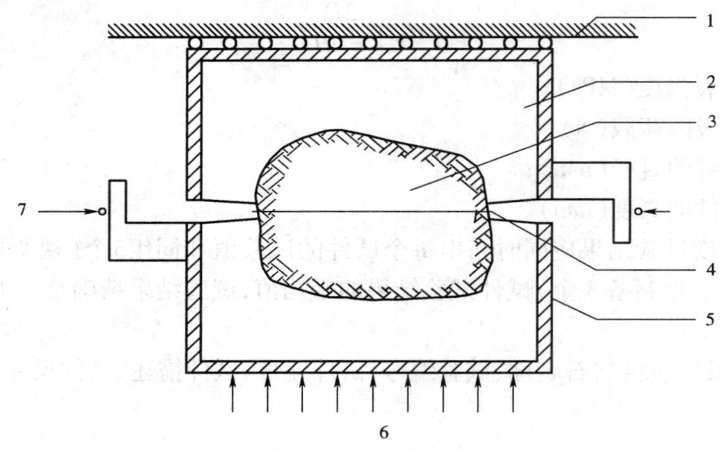

图T 0224-1 实验室直剪试验布置图

1-低摩擦系统;2-包封材料;3-试件;4-试验层位;5-试件模盒;6-法向荷载系统;7-剪切荷载系统

3 试件制备

3.1 混凝土或砂浆与岩石胶结面试件:

(1)混凝土或砂浆与岩石胶结面试件规格应为正方体,其边长不小于150mm,混凝土或砂浆与岩石的接触面应位于试件中部。

(2)拟浇注混凝土或砂浆的岩面起伏差,应控制在边长或直径的1% ~2%以内。

(3)在浇注混凝土或砂浆的同时,须制备3~6块混凝土或砂浆标号试件,用于检查抗压强度。

(4)制备好的混凝土或砂浆与岩石胶结面直剪试件和混凝土或砂浆抗压试件应置于养护室内进行养护,达到规定龄期后进行试验,同组试验宜在同一龄期下进行。

3.2 具有结构面试件:

(1)试件应尽量保持原状结构,防止结构面被扰动。

(2)岩石结构面直剪试验试件的直径或边长不小于150mm,试件高度应与直径或边长相等,结构面应位于试件中部。

(3)对于加工困难的岩样允许采用不规则试件,试件须用高强度的混凝土包裹。在试件与外框之间必须填充密实,剪切缝宜控制在10mm左右。

3.3 岩石试件:

(1)试件尺寸的确定应考虑仪器的设备能力和岩石本身强度。岩石直剪试验试件的直径或边长不得小于50mm,试件高度应与直径或边长相等。也可采用不规则试件。

(2)试件须用高强度的钢筋混凝土或钢制外框包裹。在试件与外框之间必须填充密实,剪切缝宜控制在10mm左右。

3.4 根据需要,试件可采用天然、饱和以及干燥状态。

3.5 试件数量每组不得少于5个。

4 试验步骤

4.1 试件安装

(1)将试件置于直剪仪上,试件的受剪方向应与构造物的受力方向大致相同。经论证后,确认剪切参数不受施力方向影响时,可不受此限制。试件与剪切盒内壁之间的间隙以填料填实,使试件与剪切盒成为一个整体。预定剪切面应位于剪切缝中部。

(2)法向载荷和剪切载荷的作用方向应通过预定剪切面的几何中心。法向位移量表和水平位移量表应对称布置,各方向至少有一个量表。

4.2 施加法向荷载

(1)法向荷载最大值宜为工程压力的1.2倍。对于结构面中含有软弱充填物的试件,最大法向荷载应以不挤出充填物为限。法向荷载宜按等差级数分级,分级数不应少于5级。

(2)对于不需要固结的试件,法向荷载可一次施加完毕,立即测读法向位移,5min后再测读一次,即可施加剪切荷载。对于需要固结的试件,在法向荷载施加完毕后的第一个小时内,每隔15min读数一次,然后每半小时读数一次。当每小时法向位移不超过0.05mm时,可施加剪切荷载。试验过程中法向荷载应始终保持常数。

4.3 施加剪切荷载

(1)按预估最大剪切荷载分10~12级,每级荷载施加后,立即测读剪切位移和法向位移,5min后再测读一次,即可施加下一级剪切荷载,当剪切位移明显增大时,可适当减小级差。峰值前施加剪切荷载不宜少于10级。

(2)将剪切荷载退至零。根据需要,待试件充分回弹后,调整量表,按以上步骤,进行摩擦试验。

4.4 试验结束后的剪切面描述

(1)准确量测剪切面面积。

(2)详细描述剪切面的破坏情况,擦痕的分布、方向和长度。

(3)测量剪切面的起伏差,绘制沿剪切方向断面高度的变化曲线。

(4)当结构面内有充填物时,应准确判断剪切面的位置,并记述其组成成分、性质、厚度、构造。根据需要测定充填物的物理性质。

5 试验成果整理应符合下列规定:

5.1 法向应力和剪应力分别按式(T 0224-1)、式(T 0224-2)计算,试验结果精确至0.01MPa:

$$\sigma = \frac{P}{A} \tag{T 0224-1}$$

$$\tau = \frac{Q}{A} \tag{T 0224-2}$$

式中:σ——法向应力(MPa);

τ——剪应力(MPa);

P——法向载荷(N);

Q——剪切载荷(N);

A——有效剪切面积(mm^2)。

本试验至少用3个以上的试件作平行测定。

5.2 绘制各法向应力下的剪应力τ与剪切位移v_s及法向位移v_n的关系曲线,其中法向位移和剪切位移均取所有量测仪表的平均值,确定各剪切阶段特征点的剪应力值。

5.3 根据各剪切阶段特征点的剪应力和法向应力值,采用图解法或最小二乘法绘制剪应力τ与法向应力σ关系曲线,并确定相应的抗剪强度参数。

按库仑表达式[式(T 0224-3)、式(T 0224-4)]计算摩擦系数$\tan\varphi$和凝聚力c。

$$\tan\varphi = \frac{\tau_n - \tau_1}{\sigma_n - \sigma_1} \tag{T 0224-3}$$

$$c = \tau_n - \sigma_n \tan\varphi \quad (T\ 0224\text{-}4)$$

式中：$\tan\varphi$——摩擦系数；

c——凝聚力（MPa）；

τ_n——σ_n 时的极限剪应力（MPa）；

τ_1——σ_1 时的极限剪应力（MPa）；

σ_n——大于 σ_1 时的法向应力（MPa）；

σ_1——法向应力（MPa）。

5.4 试验记录

直剪试验记录应包括岩石名称、试验编号、试件编号、试件描述、剪切面积、法向荷载下各级剪切荷载时的法向位移及剪切位移。

条文说明

1. 岩石受剪力作用时抵抗剪切破坏的最大剪应力，称为剪切强度。岩石的剪切强度与土一样，也是由凝聚力（c）和内摩擦阻力（$\sigma\tan\varphi$）两部分组成的，只是它们都比土大些，这与岩石具有牢固的联结有关。按试验方法的不同，所测定的剪切强度的含义也不同，通常分为以下3种剪切强度。

（a）抗剪断强度：指在一定的法向应力作用下，沿预定剪切面剪断时的最大剪应力。它反映了岩石的凝聚力和内摩擦阻力。

（b）抗剪（摩擦）强度：指在一定的法向应力作用下，沿已有破裂面再次剪坏时的最大剪应力。它反映了岩石中微结构面（裂隙、层理等）或人工破裂面上的摩擦阻力。

（c）抗切强度：指法向应力为零时，沿预定剪切面剪断时的最大剪应力。它反映了岩石的凝聚力。

室内剪切试验测定的通常是岩石的抗剪断强度。常用的方法有：直剪法、变角板剪切及三轴试验等。原规程采用变角板剪切，参考国家标准和水利水电标准，本试验规程推荐直剪法。各类岩石的内摩擦角多为30°～60°，凝聚力多变化在1～50MPa之间。

2. 仪器设备

法向荷载系统——根据GrcenG. E. 的介绍资料，在试验全过程中必须保持法向荷载稳定，其变动范围应在规定荷重值的2%以内。一般采用液压加荷，均匀分布在试件表面上，其合力应垂直作用于剪切面，并通过试件的中心位置。

包封材料——最好用高强度等级水泥、熟石膏或树脂等材料，其强度应超过试件的最大强度。

量测系统——施加法向力和剪切力的独立量测设备，其精度应高于试验中可达到的最大作用力的2%。

剪切缝宽度——对于粗糙结构面，剪切缝可控制在10～20mm之间。

剪切位移时的阻力——使用液压千斤顶施加水平剪切时，设备包括滚轴、钢索或类似的低摩擦装置；必须保证设备对剪切位移的阻力低于试验时施加的 τ_{max} 的1%。

3. 预定应力或预定压力，一般是指工程设计应力或工程设计压力。在确定试验应力或试验压力时，还应考虑岩石或岩体的强度、岩体的应力状态以及设备的精度或出力。

4. 当剪切位移量不大时，有效剪切面积可直接采用试件剪切面积。当剪断后位移量过大时，应采用剪断时试件上下相互重叠的面积作为有效剪切面积。

T 0225—1994 点荷载强度试验

1 目的和适用范围

点荷载强度可为岩石分级及按经验公式计算岩石的抗压强度参数提供依据。

本试验适用于除极软岩以外的各类岩石。

2 仪器设备

(1)点荷载试验仪:如图 T 0225-1 所示,它包括:

①加载系统:主要包括油压机、承压框架、球端圆锥状压头。油压机出力为 50kN,加载框架应有足够的刚度,要保证在最大破坏荷载的反复作用下不产生永久性扭曲;球端圆锥状压板的球端曲率半径为 5mm,圆锥体的顶角为 60°(如图 T 0225-1b)所示),采用坚硬材料制成,如碳化钨等。在试验过程中,上下压板必须保持在同一轴线上,偏差不得超过 ±0.2mm。

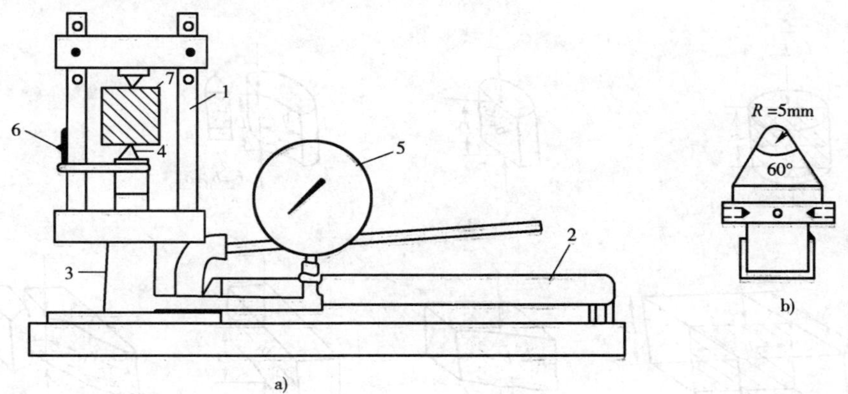

图 T 0225-1　点荷载试验仪

a)携带式点荷载仪示意图;b)球端圆锥状压头示意图

1-框架;2-手摇卧式油泵;3-千斤顶;4-球端圆锥状压头(简称加荷锥);5-油压表;6-游标标尺;7-试样

②荷载测量系统:油压表两个,最大量程分别为 10MPa、60MPa,其测量精度应保证达到破坏荷载读数 P 的 2%。整个荷载测量系统应能抵抗液压冲击和振动,不受反复加载的影响。

③标距测量部分:采用 0.2mm 刻度钢尺或位移传感器,应保证试样加荷点间距的测量精度达到 ±0.2mm。

(2)卡尺或钢卷尺,精度为 ±0.2mm。

(3)地质锤。

3 试件制备

3.1 试样可用钻孔岩芯,或从岩石露头、勘探坑槽、平洞、巷道中采取的岩块。试样在采取和制备过程中,应避免产生人为裂隙。

3.2 试样尺寸

(1)岩芯试样

①径向试验:直径 30 ~ 100mm,长度与直径之比应大于 1。

②轴向试验:直径与加荷点间距为 30 ~ 100mm,加荷点间距与直径之比为 0.3 ~ 1。

(2)方块体或不规则块体试样

①加荷两点间距为 30 ~ 50mm。

②加荷处平均宽度与加荷两点间距之比为 0.3 ~ 1。

③试样长应不小于加荷两点间距。岩块试样的长(L)、宽(b)、高(h)应尽可能满足 $L \geqslant b \geqslant h$(如图 T 0225-2所示)。试样高度一般控制在 25 ~ 100mm,使之能满足试验仪加载系统对试样尺寸的要求。试样加荷点附近的岩面不宜过于凸凹不平或倾斜,否则,应加以修整。

(3)试样含水状态可根据需要选择天然含水状态、烘干状态、饱和状态或其他含水状态。试样烘干和饱和方法应符合本规程 T 0205—2005 中相关条款的规定。

(4)试样数量应视试验性质、含水状态、岩石均质程度而定:

①岩芯试样每组 5 ~ 10 个。

②方块体或不规则块体试样每组 15 ~ 20 个。

③如果岩石是各向异性的(如层理、片理明显的沉积岩和变质岩),还应再分为平行和垂直层理加荷的两个亚组,每组试样不少于 15 个。

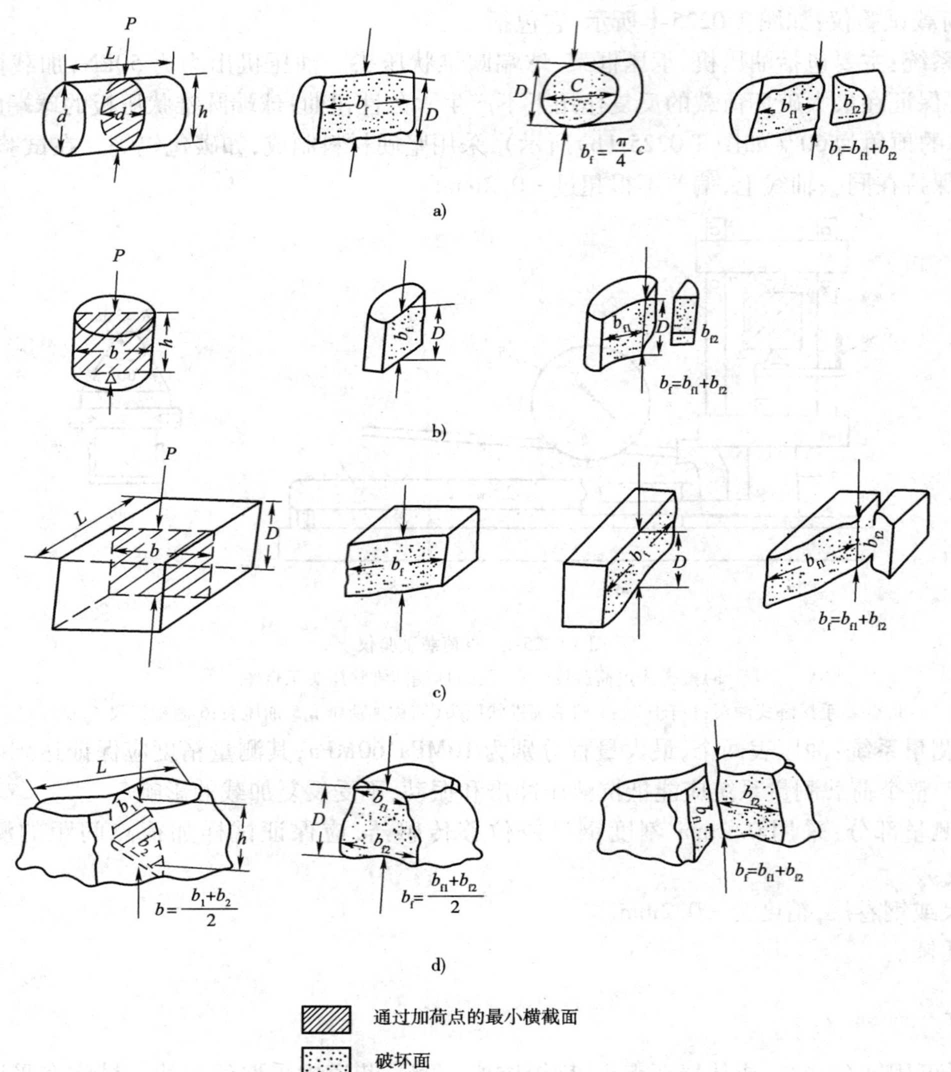

图 T 0225-2 不同形状试样的 L、b、D、b_f 的确定方法及典型的破坏面

a)岩芯径向试验;b)岩芯轴向试验;c)方块体试验;d)不规则块体试验

P-施加于试样上的荷载;*L*-试样的长度;b_1-加荷点通过试样最小横断面上端宽度;b_2-加荷点通过试样最小横断面下端宽度;*b*-加荷点通过试样最小横断面平均宽度;*h*-试样的高度;b_{f1}-试样破坏面最小宽度;b_{f2}-试样破坏面最大宽度;b_f-试样破坏面的近似宽度,视试样破坏面的形状而定,可分别为:$b_f = b_{f1} + b_{f2}$,或 $b_f = (b_{f1} + b_{f2})/2$,或 $b_f = \pi c/4$;*c*-试样圆或椭圆破坏面的长轴,其与加荷轴线垂直;*d*-圆柱试样直径;*D*-试样破坏面上荷载之间的距离($D = h$)

4 试验步骤

4.1 检查试验仪上、下两个加荷锥头是否准确对中,并利用框架立柱上的标尺读出两锥头间的零位移值。

4.2 测量试样的长(L)、宽(b)、高(h)尺寸。对不规则试样,应通过试样的中点测量上述尺寸。

4.3 描述试样的结构、构造、裂隙及风化程度等特征。

4.4 试样安装

(1)径向试验:将岩芯试样放入球端圆锥之间,使上、下锥端与试样直径两端紧密接触,量测加荷点间距。接触点距试样自由端的最小距离应不小于加荷两点间距的 2/5。

(2)轴向试验:将岩芯试样放入球端圆锥之间,使上、下锥端位于岩芯试样的圆心处并与试样紧密接触。量测加荷点间距及垂直于加荷方向的试样宽度。

(3)方块体与不规则块体试验:选择试样最小尺寸方向为加荷方向。将试样放入球端圆锥之间,使上、下锥端位于试样中心处并与试样紧密接触。量测加荷点间距及通过两加荷点最小截面的宽度(或平均宽度)。接触点距试样自由端的距离应不小于加荷点间距的1/2。若测定软弱面强度,则应保证加荷点的连线在同一软弱面中,如图T 0225-3所示。

4.5 以在10 ~60s 内能使试样破坏的加荷速度匀速加荷,直至试样破坏,记录破坏荷载。如果破坏面只通过一个加荷点(如图 T 0225-4 所示)便产生局部破坏,则该次试验无效。

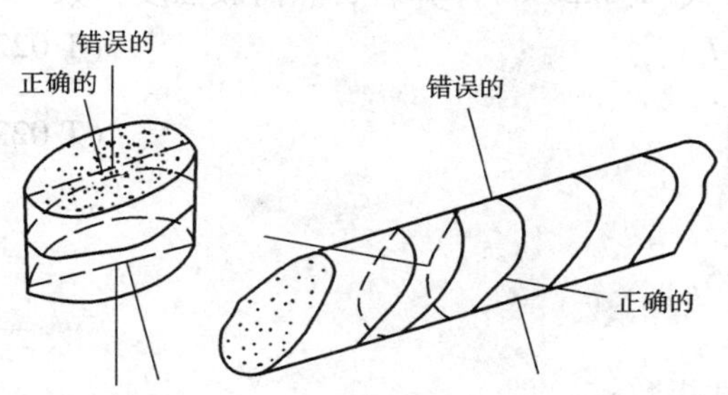

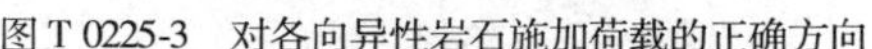

图 T 0225-3 对各向异性岩石施加荷载的正确方向

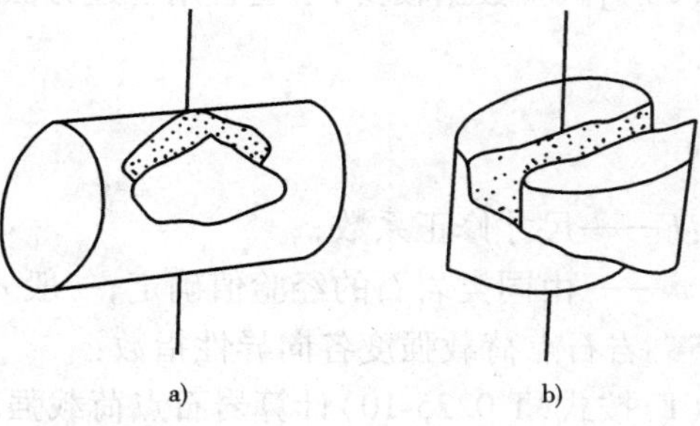

图 T 0225-4 不正确试验的破坏模式

a)不正确的径向试验;b)不正确的轴向试验

4.6 试验结束后,应描述试样的破坏形态(破坏面是平直的或弯曲的等)。凡破坏面贯穿整个试样并通过两加荷点的均为有效试样。

5 结果整理

5.1 按式(T 0225-1)计算破坏荷载:

$$P = CR' \tag{T 0225-1}$$

式中:P——试样破坏时的总荷载(N);

C——仪器标定系数,为千斤顶的活塞面积(mm^2);

R'——油压表读数(MPa)。

5.2 按式(T 0225-2)计算岩石点荷载强度指数:

$$I_s = \frac{P}{D_e^2} \tag{T 0225-2}$$

式中:I_s——未经修正的岩石点荷载强度指数(MPa);

P——破坏荷载(N);

D_e——等效岩芯直径(mm)。

5.3 按式(T 0225-3)或式(T 0225-4)计算等效岩芯直径 D_e:

(1)径向试验的 D_e:

$$D_e^2 = D^2 \tag{T 0225-3}$$

或

$$D_e^2 = DD' \tag{T 0225-4}$$

式中:D——加荷点间距(mm);

D'——上下锥端发生贯入后,试样破坏瞬间的加荷点间距(mm)。

(2)轴向、方块体或不规则块体试验的 D_e 按式(T 0225-5)或式(T 0225-6)计算:

$$D_e^2 = \frac{4bD}{\pi} \tag{T 0225-5}$$

或

$$D_e^2 = \frac{4bD'}{\pi} \tag{T 0225-6}$$

式中:b——通过两加荷点最小截面的宽度(或平均宽度)(mm)。

5.4 当加荷点间距 D 不为50mm 时,应对计算值进行修正,以求得岩石点荷载强度指数 $I_{s(50)}$。

(1)当试验数据较多,且同一组试样中 D_e 具有多种尺寸而不等于 50mm 时,根据试验结果,绘制 D_e^2-P 的关系曲线。根据曲线可查找 $D_e^2 = 2\,500\text{mm}^2$ 时对应的 P_{50} 值,按式(T 0225-7)计算岩石点荷载强度指数:

$$I_{s(50)} = \frac{P_{50}}{2\,500} \tag{T 0225-7}$$

式中:$I_{s(50)}$——经尺寸修正后的岩石点荷载强度指数(MPa)。

(2)当试验数据较少,不适宜用上述方法修正时,按式(T 0225-8)计算岩石点荷载强度指数:

$$I_{s(50)} = F\ I_s \tag{T 0225-8}$$

$$F = \left(\frac{D_e}{50}\right)^m \tag{T 0225-9}$$

式中:F——尺寸修正系数;

m——由同类岩石的经验值确定,一般 m 可取 0.45。

5.5 岩石点荷载强度各向异性指数:

(1)按式(T 0225-10)计算岩石点荷载强度各向异性指数:

$$I_{\alpha(50)} = \frac{I'_{s(50)}}{I''_{s(50)}} \tag{T 0225-10}$$

式中:$I_{\alpha(50)}$——岩石点荷载强度各向异性指数;

$I'_{s(50)}$——垂直于软弱面的岩石点荷载强度指数(MPa);

$I''_{s(50)}$——平行于软弱面的岩石点荷载强度指数(MPa)。

(2)按式(T 0225-7)、式(T 0225-8)方法计算的垂直和平行软弱面岩石点荷载强度指数应取平均值。平均值计算方法是:从一组有效的试验数据中,舍去最高值和最低值,再计算其余数的平均值;当一组有效数据超过 10 个时,可舍去两个高值和两个低值,再计算其余数的平均值。岩石的点荷载强度指数和点荷载强度各向异性指数试验结果分别精确至 0.01MPa 和 0.01。

5.6 试验记录

点荷载试验记录应包括岩石名称、试验编号、试件编号、试件描述、试验类型、破坏荷载、破坏特征。

条文说明

1.根据国内外一些学者对在点荷载作用下弹性球体的应力状态的数学分析、有限单元分析及材料在点荷载作用下破坏机制的研究,得到基本一致的结果是:试样在一对点荷载作用下破坏,主要是由于加荷轴上的切向拉应力引起的,试样的破坏性质是属于拉裂。因此有可能直接用点荷载强度计算抗拉强度。

通过三维光弹试验证明,不同形状的试样在点荷载的作用下,其加荷轴附近的应力状态基本相同。这就为采用不同形状及不规则试样进行点荷载试验提供了依据。

2.将岩石试样置于上下两个球端圆台状加荷器之间,对试样施加集中荷载,直至试样破坏,通过计算求得试样的点荷载强度,这就是点荷载试验。无论是岩芯样(径向或轴向)、切割成的方块体样或未加切割的不规则样,均可进行点荷载试验。使用携带式点荷载仪,或实验室的试验机(配备点荷载加荷装置)都可完成这种试验,故在现场和室内均可进行。

用点荷载强度预估单轴抗压强度和抗拉强度,已由大量对比试验证实是可行的。有资料表明,通常单轴抗压强度是点荷载强度的 20~25 倍,抗拉强度是点荷载强度的 1.5~3 倍。这虽然只是一种近似关系,但对于规划选点及可行性研究是能满足要求的。

因为大多数岩石具有各向异性的特点,所以测量其强度各向异性具有普遍意义。用点荷载试验测定岩石强度各向异性,比其他常规试验优越。只要分别对垂直和平行岩石的层理或各种软弱面进行试验,就可以得到岩石的最大和最小强度。岩石的各向异性程度可以用各向异性指标 $I_{\alpha(50)}$ 来表征。$I_{\alpha(50)}$ 等于最强与最弱方向的点荷载强度之比,即 $I_{\alpha(50)} = I'_{s(50)}/I''_{s(50)}$。$I_{\alpha(50)}$ 值越大,岩石的各向异性愈明显。

大量试验表明,点荷载强度指数对存在于岩石中的结构面很敏感,主要表现为,在点荷载试验中,试件极易沿结构面发生破坏,哪怕加载点并未与结构面接触。因此,通过点荷载试验,可判别该岩石的强度是受岩石控制,还是受结构面控制。

3. 像所有的岩石强度那样,岩石点荷载强度也因试样的含水率不同而有变化。因此,同一组试样应保持相同的含水状态,并注明试样的储存情况,特别是试样存放的时间等。本试验要求岩芯试样每组5~10个;方块体或不规则体试样每组15~20个,如果岩石是明显各向异性的,还应再分为平行与垂直层理加荷的两个亚组,每组试样不少于15个,这主要是为了保证测试精度。

4. 在试验中,应注意观察和描述试样的破坏特征,例如:试样破裂面全部是新鲜平直的;全部是沿原有裂面破裂的;部分是新鲜断面,部分是原有裂面,呈拐弯状破坏等。对此,应分别进行强度统计,这有利于分析结果的代表性。

两加载点的距离的大小是影响点荷载指数的重要因素。因此,为提高各不同场合下试件结果的可比性,建议采用以直径为50mm的岩芯作为标准试件,从而提高点荷载强度指数的实用价值。

荷载强度试验段距离D'应是在破坏瞬间测量的。在对软岩进行试验时,加荷锥头常有一定的嵌入度。破坏瞬间的D'值,可以在试样破坏时由试验框架立柱上的标尺得到,也可以用卡尺或钢卷尺对准试样破坏面上加荷留下来的两个凹痕直接测量得到。

T 0226—1994　抗折强度试验

1　目的和适用范围

抗折强度是评价岩石板材、条石基础、条石路面等建筑材料的主要力学指标。

本试验适用于各类岩石。

2　仪器设备

(1)切石机、磨石机等岩石试件加工设备。

(2)压力试验机或万能试验机。

(3)游标卡尺、角尺等。

(4)烘箱:能使温度控制在105~110℃范围内。

3　试件制备

用切石机、磨石机将岩石试样制成50mm×50mm×250mm、表面平整、各边互相垂直的试件。石质均匀(无层理或纹理)者,制备6个试件,3个在温度为105~110℃的烘箱内烘至恒量,冷却后进行试验;3个按本规程T 0205进行自由饱水处理后试验。若岩石有显著纹理,则须制备与纹理垂直及平行的试件各6个,施力方向在与纹理成垂直及平行的情况下,以3个为一组,分别在干燥状态下与饱和状态下进行试验。

4　试验步骤

4.1　描述试件并编号。

4.2　测量试件中央断面的尺寸,精确至0.1mm。

4.3　将试件放在试验机的抗折支架上,如图T 0226-1,跨径为200mm,采用跨中单点加荷,然后开动试验机,以15~20MPa/min的应力速度连续均匀地增加荷载,直至试件折断为止,记录破坏荷载并测量其断面尺寸。

5　结果整理

5.1　按式(T 0226-1)计算抗折强度,试验结果精确至0.1MPa:

$$R_b = \frac{3PL}{2bh^2} \quad \text{(T 0226-1)}$$

式中：R_b——抗折强度（MPa）；

P——破坏荷载（N）；

L——支点跨距，采用200mm；

b——试件断面宽（mm）；

h——试件断面高（mm）。

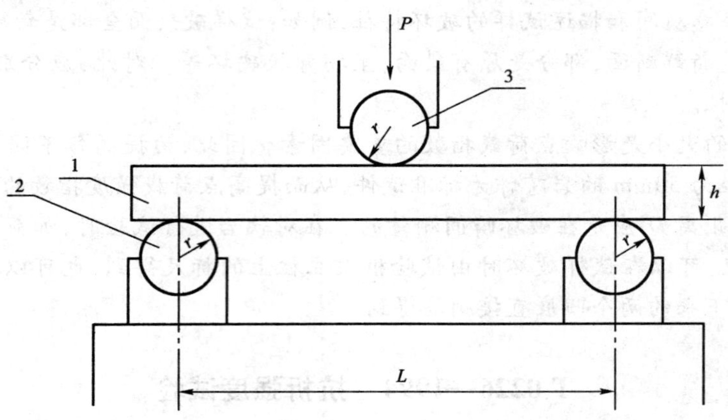

图 T 0226-1 抗折装置示意图

L-试样跨度；h-试样高度；P-集中荷载；1-试样；2-下支点；3-上支点；r-支点曲率半径

5.2 以3个试件的算术平均值作为试验结果，如单个值与平均值之差大于25%时，应予剔除，再计算平均值。

5.3 试验记录

抗折试验记录应包括岩石名称、试验编号、试件编号、试件描述、破坏荷载、抗折强度。

条文说明

岩石抗折强度根据工程实际需要，可选择不同形状和不同尺寸的试样进行试验，但必须根据断面形状选用相应的计算公式。国标天然饰面石材弯曲试验试件规格为长160mm，宽40mm，高20mm，跨距140mm；原地质矿产部抗折强度试件规格为长120mm，宽40mm，高20mm，跨距100mm。本试验规定试件为截面边长不小于50mm、高度与截面边长之比不小于4∶1的柱体，跨距200mm。

5 耐久性试验

T 0241—1994 抗冻性试验

1 目的和适用范围

岩石的抗冻性是用来评估岩石在饱和状态下经受规定次数的冻融循环后抵抗破坏的能力，岩石抗冻性对于不同的工程环境气候有不同的要求。冻融次数规定：在严寒地区（最冷月的月平均气温低于 −15℃）为 25 次；在寒冷地区（最冷月的月平均气温 −15 ~ −5℃）为 15 次。

寒冷地区，均应采用本法进行岩石的抗冻性试验。

2 仪器设备

（1）切石机、钻石机及磨石机等岩石试件加工设备。

（2）冰箱：温度能控制在 −15 ~ −20℃。

（3）天平：感量 0.01g，称量大于 500g。

（4）放大镜。

（5）烘箱：能使温度控制在 105 ~ 110℃。

3 试件制备

3.1 试件应符合本规程 T 0221 中 3.1 的规定。

3.2 每组试件不应少于 3 个，此外再制备同样试件 3 个，用于做冻融系数试验。

4 试验步骤

4.1 将试件编号，用放大镜详细检查，并作外观描述。然后量出每个试件的尺寸，计算受压面积。将试件放入烘箱，在 105 ~ 110℃ 下烘至恒量，烘干时间一般为 12 ~ 24h，待在干燥器内冷却至室温后取出，立即称其质量 m_s，精确至 0.01g（以下皆同此）。

4.2 按吸水率试验方法，让试件自由吸水饱和，然后取出擦去表面水分，放在铁盘中，试件与试件之间应留有一定间距。

4.3 待冰箱温度下降到 −15℃ 以下时，将铁盘连同试件一起放入冰箱，并立即开始记时。冻结 4h 后取出试件，放入 20℃ ±5℃ 的水中融解 4h，如此反复冻融至规定次数为止。

4.4 每隔一定的冻融循环次数（如 10 次、15 次、25 次等）详细检查各试件有无剥落、裂缝、分层及掉角等现象，并记录检查情况。

4.5 称量冻融试验后的试件饱水质量 m'_f，再将其烘干至恒量，称其质量 m_f。并按本规程抗压强度试验方法测定冻融试验后的试件饱水抗压强度，另取 3 个未经冻融试验的试件测定其饱水抗压强度。

5 结果整理

5.1 按式（T 0241-1）计算岩石冻融后的质量损失率，试验结果精确至 0.1%。

$$L = \frac{m_s - m_f}{m_s} \times 100 \qquad (\text{T 0241-1})$$

式中：L——冻融后的质量损失率（%）；

m_s——试验前烘干试件的质量(g);

m_f——试验后烘干试件的质量(g)。

5.2 冻融后的质量损失率取3个试件试验结果的算术平均值。

5.3 按式(T 0241-2)计算岩石冻融后的吸水率,试验结果精确至0.1%。

$$w'_{sa} = \frac{m'_f - m_f}{m_f} \times 100 \quad (T\ 0241\text{-}2)$$

式中:w'_{sa}——岩石冻融后的吸水率(%);

m'_f——冻融试验后的试件饱水质量(g)。

其他符号同前。

5.4 按式(T 0241-3)计算岩石的冻融系数,试验结果精确至0.01。

$$K_f = \frac{R_f}{R_s} \quad (T\ 0241\text{-}3)$$

式中:K_f——冻融系数;

R_f——经若干次冻融试验后的试件饱水抗压强度(MPa);

R_s——未经冻融试验的试件饱水抗压强度(MPa)。

5.5 试验记录

抗冻性记录应包括岩石名称、试验编号、试件编号、试件描述、冻融循环次数、冻融试验前后的烘干质量、冻融试验后的试件饱水抗压强度、未经冻融试验的试件饱水抗压强度。

条文说明

1.岩石的抗冻性试验是指试件在浸水条件下,经多次冻结与融化交替作用后测定试件的质量损失率以及单轴饱水抗压强度的变化。岩石的抗冻性用两个直接指标表示,一个为冻融系数,另一个为质量损失率。冻融系数是冻融试验后的试件饱水抗压强度与冻融试验前的试件饱水抗压强度的比值;质量损失率是冻融试验前后的干试件质量差与冻融试验前干试件质量的比值,用百分数表示。

2.岩石的抗冻性与其矿物成分、结构特征有关,而同岩石的吸水率指标关系更加密切。岩石的抗冻性主要取决于岩石中大开口孔隙的发育情况、亲水性和可溶性矿物的含量及矿物颗粒间的连接力。大开口孔隙越多,亲水性和可溶性矿物含量越高时,岩石的抗冻性越低;反之,越高。

3.判断岩石抗冻性能好坏有三个指标,即(1)冻融后强度变化;(2)质量损失;(3)外形变化。一般认为,抗冻系数大于75%,质量损失率小于2%时,为抗冻性好的岩石;吸水率小于0.5%,软化系数大于0.75以及饱水系数小于0.8的岩石,具有足够的抗冻能力。对于一般公路工程,往往根据上述标准来确定是否需要进行岩石的抗冻性试验。

4.应在每次冻融后观察和描述有无破坏现象,最后一次总检查,应着重描述剥落、裂缝和边角损坏等情况。

T 0242—1994 坚固性试验

1 目的和适用范围

坚固性试验是确定岩石试样经饱和硫酸钠溶液多次浸泡与烘干循环后而不发生显著破坏或强度降低的性能,是测定岩石抗冻性的一种简易方法。一般适用于质地坚硬的岩石。有条件者均应采用直接冻融法进行岩石的抗冻性试验。

2 仪器设备

(1)切石机、钻石机及磨石机等岩石试件加工设备。

(2)天平:感量0.01g,称量大于500g。

(3)烘箱:能使温度控制在105～110℃。

(4)瓷、玻璃或釉盛器:容积不小于5L。

(5)温度计。

(6)密度计。

(7)放大镜、钢针等。

3 试验材料或试剂

3.1 饱和硫酸钠溶液:取约400g的无水硫酸钠(或800g的结晶硫酸钠)溶解于温度为30～50℃的1 000mL纯净水中配制而成(溶液总需要量约等于试件体积的5倍)。其配制方法是:边加热洁净水(水温为30～50℃)边慢慢加入硫酸钠,并用玻璃棒不断搅拌,待硫酸钠全部溶解直至饱和并有部分结晶析出为止。让溶液冷至室温(20～25℃)并静置48h后待用。使用时需将溶液充分搅拌,试验过程中应保持溶液密度在1 150～1 175kg/m^{3}范围内。

3.2 10%氯化钡溶液。

4 试件制备

同T 0221—2005中试件制备。

5 试验步骤

5.1 将试件放入烘箱,在105～110℃下烘至恒量,烘干时间一般为12～24h,取出置于干燥器内,冷却至室温,称其质量(精确至0.01g,以下皆同此)。

5.2 把烘干试件浸入装有硫酸钠溶液的盛器中,溶液应高出试件顶面2cm以上,用盖将盛器盖好,浸置20h。然后将试件取出,再用瓷皿衬住置于105～110℃的烘箱中烘4h。4h后取出试件,将其冷却至室温,再重新浸入硫酸钠溶液中,至硫酸钠结晶溶解后取出试件,用放大镜及钢针仔细观察岩石试件有无破坏现象,并详细描述记录。

5.3 按上述方法反复浸烘5次,最后一次循环后,用热洁净水煮洗几遍,直至将试件中硫酸钠溶液全部洗净为止。是否洗净可用10%氯化钡溶液进行检验,具体操作为:取洗试件的水若干毫升,滴入少量氯化钡溶液,如无白色沉淀,则说明硫酸钠已被洗净。将洗净的试件烘至恒量,准确称出其质量。

6 结果整理

6.1 按式(T 0242-1)计算岩石的坚固性试验质量损失率,试验结果精确至0.1%。

$$Q=\frac{m_1-m_2}{m_1}\times 100 \qquad (\text{T 0242-1})$$

式中:Q——硫酸钠浸泡质量损失率(%);

m_1——试验前烘干试件的质量(g);

m_2——试验后烘干试件的质量(g)。

6.2 取3个试件试验结果的算术平均值作为测定值。

6.3 试验记录

坚固性试验记录应包括岩石名称、试验编号、试件编号、试件描述、浸烘试验次数、试验前后的干试件质量。

条文说明

1.坚固性试验是通过浸烘循环试验后用来评估岩石抗冻性的一种简易快速测定方法。有条件者均应采用直接冻融法进行岩石的抗冻性试验。

2. 硫酸钠溶解度较小，当用热水溶解再冷却后，容易发生再结晶现象，对于饱和硫酸钠溶液更是如此，因而试验过程中注意，使用硫酸钠溶液时需重新充分搅拌。规定保持硫酸钠溶液密度在1 150~1 175kg/m^{3}范围内，即是要保持硫酸钠溶液是饱和状态，可用密度计来校定。

3. 根据要求，可进行更多次的浸烘循环试验，试验记录时应清楚注明浸烘循环次数。

附录　洁净水的密度

单位:g/cm³

温度(℃)	0.0	0.1	0.2	0.3	0.4	0.5	0.6	0.7	0.8	0.9
5	0.999 991 9	0.999 990 2	0.999 988 3	0.999 986 4	0.999 984 2	0.999 981 9	0.999 979 5	0.999 976 9	0.999 974 1	0.999 971 2
6	9 681	9 649	9 616	9 581	9 544	9 506	9 467	9 426	9 384	9 340
7	9 295	9 248	9 200	9 150	9 099	9 046	8 992	8 936	8 879	8 821
8	8 762	8 701	8 638	8 574	8 509	8 442	8 374	8 305	8 234	8 162
9	8 088	8 013	7 936	7 859	7 780	7 699	7 617	7 534	7 450	7 364
10	7 277	7 189	7 099	7 008	6 915	6 820	6 724	6 627	6 529	6 428
11	6 328	6 225	6 121	6 017	5 911	5 803	5 694	5 585	5 473	5 361
12	5 247	5 132	5 016	4 898	4 780	4 660	4 538	4 415	4 291	4 166
13	4 040	3 913	3 784	3 655	3 524	3 391	6 258	3 123	2 987	2 850
14	2 712	2 572	2 432	2 290	2 147	2 003	1 858	1 711	1 564	1 415
15	1 265	1 113	0 961	0 608	0 653	0 497	0 340	0 182	0 023	0.998 986 2
16	0.998 970 1	0.998 953 8	0.998 937 4	0.998 920 9	0.998 904 3	0.998 887 6	0.998 870 7	0.998 853 8	0.998 836 7	8 195
17	8 022	7 849	7 673	7 497	7 319	7 141	6 961	6 781	6 599	6 416
18	6 232	6 046	5 861	5 673	5 485	5 295	5 105	4 913	4 720	4 326
19	4 331	4 136	3 938	3 740	3 541	3 341	3 140	2 937	2 733	2 529
20	2 323	2 117	1 909	1 701	1 490	1 280	1 068	0 695	0 641	0 426
21	0 210	0.997 999 3	0.997 977 5	0.997 955 6	0.997 904 3	0.997 911 4	0.997 889 2	0.997 866 9	0.997 844 4	0.997 821 9
22	0.997 799 3	7 765	7 537	7 308	7 077	6 846	6 613	6 380	6 145	5 918
23	5 674	5 437	5 198	4 959	4 718	4 477	4 435	3 991	3 717	3 502
24	3 256	3 009	2 760	2 511	2 261	2 010	1 758	1 505	1 250	0 995
25	0 739	0 432	0 225	0.996 996 6	0.996 970 6	0.996 944 5	0.996 918 4	0.996 892 1	0.996 865 7	0.996 839 3
26	0.996 812 8	0.996 786 1	0.996 759 4	7 326	7 057	6 736	6 515	6 243	5 970	5 696
27	5 241	5 146	4 869	4 591	4 313	4 033	3 753	3 472	3 190	2 907
28	2 623	2 338	2 052	1 766	1 478	1 190	0 901	0 610	0 319	0 027
29	0.995 973 5	0.995 944 0	0.995 914 6	0.995 885 0	0.995 855 4	0.995 825 7	0.995 795 8	0.995 765 9	0.995 735 9	0.995 705 9
30	6 756	6 454	6 151	5 846	5 541	5 235	4 928	4 620	4 312	4 002
31	3 692	3 380	3 068	2 755	2 442	2 127	1 812	1 495	1 178	0 861
32	0 542	0 222	0.994 990 1	0.994 958 0	0.994 925 8	0.99 893 5	0.994 861 2	0.994 828 6	0.994 796 1	0.994 763 5
33	0.994 730 8	0.994 698 0	6 651	6 321	5 991	5 660	5 328	4 995	4 661	4 327
34	3 991	3 655	3 319	2 981	2 643	2 303	1 963	1 622	1 280	0 938
35	0 594	0 251	9 906	9 560	9 214	8 867	8 518	8 170	7 820	7 470

注:数值不全者,小数点后三位数值与上一行相同。

JTG

中华人民共和国行业标准　　JTG E42—2005

公路工程集料试验规程

Test Methods of Aggregate for Highway Engineering

4

2005-03-03 发布　　2005-08-01 实施

中华人民共和国交通部发布

中华人民共和国交通部公告

第3号

关于发布《公路工程水泥及水泥混凝土试验规程》（JTG E30—2005）、《公路工程岩石试验规程》（JTG E41—2005）、《公路工程集料试验规程》（JTG E42—2005）的公告

现发布《公路工程水泥及水泥混凝土试验规程》（JTG E30—2005）、《公路工程岩石试验规程》（JTG E41—2005）和《公路工程集料试验规程》（JTG E42—2005），自2005年8月1日起施行。原《公路工程水泥混凝土试验规程》（JTJ 053—94）、《公路工程石料试验规程》（JTJ 054—94）和《公路工程集料试验规程》（JTJ 058—2000）同时废止。

《公路工程水泥及水泥混凝土试验规程》（JTG E30—2005）与《公路工程集料试验规程》（JTG E42—2005）由交通部公路科学研究所主编，《公路工程岩石试验规程》（JTG E41—2005）由中交第二公路勘察设计研究院主编。规程的管理权和解释权归交通部，日常的具体解释和管理工作由主编单位负责。

请各有关单位在实践中注意积累资料，总结经验，及时将发现的问题和修改意见函告规程主编单位（交通部公路科学研究所，北京市海淀区西土城路8号，邮政编码：100088；中交第二公路勘察设计研究院，武汉市汉阳区鹦鹉大道498号，邮政编码：430052），以便修订时参考。

特此公告。

中华人民共和国交通部

二○○五年三月三日

前　言

原《公路工程集料试验规程》(JTJ 058—2000)(以下称原规程),由交通部公路科学研究所主编,是在1994年版的基础上修订而成的。1994年版编制的内容大部分引自原《水泥混凝土试验规程》、《公路工程沥青及沥青混合料试验规程》和《公路路面基层试验规程》中的相关试验方法。经2000年版修订后,原规程于2000年2月22日发布,7月1日起在全国实施。修订后的规程,在我国得到了广泛的应用,对加强公路工程集料的生产与管理、质量检验起到了重要的作用。

沥青路面集料粒径改为以方孔筛为准,是原规程的重大修改。但是鉴于当时水泥混凝土路面的集料使用圆孔筛,所以原规程仍保留了圆孔筛和方孔筛两种筛孔。规程颁布后,使用单位反映强烈,认为两套筛孔易使试验人员在操作上引起混乱。另外,由建材部门主编的国家标准《建筑用卵石、碎石》(GB/T 14685—2001)及《建筑用砂》(GB/T 14684—2001),也统一改为了方孔筛,其筛孔系列与原规程完全一致,并于2002年2月1日起实施。有鉴于此,原规程在2000年修订后有再次修订的必要。

本次修订的重点是针对原规程中水泥混凝土与沥青混合料对集料的测试方法和要求不同这一点,本着尽可能统一的原则进行的。共修订试验方法19项、增补试验方法3项及1个附录,删除了5项试验方法及原来的圆孔筛附录。修订的主要内容有:

1. 对所有试验规程中的集料全部统一为方孔筛规格。

2. 修改完善了集料试样的取样方法,使其更具有代表性。

3. 对粗集料的水筛试验方法进行了修订,增加了集料混合料筛分试验方法。

4. 统一了粗集料石料压碎值试验方法。

5. 统一了粗集料的洛杉矶磨耗试验方法。

6. 修订了粗集料磨光值试验方法。

7. 修订了细集料各种相对密度的试验方法,使适用范围扩大为石屑、机制砂、天然砂。删除了表面吸水率部分的内容。

8. 统一了天然砂筛分后细度模数的计算方法。

9. 修订了细集料砂当量试验方法。

10. 增补了细集料的亚甲蓝试验方法。

11. 增补了矿渣活性及膨胀性试验方法。

12. 增补了细集料压碎指标试验方法。

13. 删去原T 0315"水泥混凝土用粗集料压碎值试验"、T 0318"砾石磨耗试验(狄法尔法)"、T 0319"碎石磨耗试验(狄法尔法)"、T 0329"细集料表观密度试验(李氏比重瓶法)"、T 0342"细集料含水率快速试验(碳化钙气压法)"等基本上不再使用的方法。

14. 对本次修订未作实质性修改的1994年、2000年编写和修订的试验方法进行了局部文字性修改和有效性确认。

本规程由交通部公路科学研究所负责解释。希望各单位在使用中注意总结经验,在执行中有何意见和建议,请及时函告交通部公路科学研究所,地址:北京市海淀区西土城路8号,邮政编码:100088,电话:(010)62025078、62079576,电子邮件:ja. shen@ rioh. cn 或 fp. li@ rioh. cn。

本规程主编单位:交通部公路科学研究所

本规程主要起草人:沈金安　李福普　牛开民　夏玲玲　刘清泉　陈　景

目　录

1　总则 ………………………………………………………………………………… 1
2　术语、符号 ………………………………………………………………………… 2
2.1　术语 …………………………………………………………………………… 2
2.2　符号 …………………………………………………………………………… 4
3　粗集料试验 ………………………………………………………………………… 5
T 0301—2005　粗集料取样法 ……………………………………………………… 5
T 0302—2005　粗集料及集料混合料的筛分试验 ………………………………… 7
T 0303—2005　含土粗集料筛分试验 ……………………………………………… 13
T 0304—2005　粗集料密度及吸水率试验(网篮法) ……………………………… 14
T 0305—1994　粗集料含水率试验 ………………………………………………… 19
T 0306—1994　粗集料含水率快速试验(酒精燃烧法) …………………………… 19
T 0307—2005　粗集料吸水率试验 ………………………………………………… 20
T 0308—2005　粗集料密度及吸水率试验(容量瓶法) …………………………… 21
T 0309—2005　粗集料堆积密度及空隙率试验 …………………………………… 23
T 0310—2005　粗集料含泥量及泥块含量试验 …………………………………… 25
T 0311—2005　水泥混凝土用粗集料针片状颗粒含量试验(规准仪法) ………… 27
T 0312—2005　粗集料针片状颗粒含量试验(游标卡尺法) ……………………… 28
T 0313—1994　粗集料有机物含量试验 …………………………………………… 32
T 0314—2000　粗集料坚固性试验 ………………………………………………… 33
T 0316—2005　粗集料压碎值试验 ………………………………………………… 34
T 0317—2005　粗集料磨耗试验(洛杉矶法) ……………………………………… 38
T 0320—2000　粗集料软弱颗粒试验 ……………………………………………… 42
T 0321—2005　粗集料磨光值试验 ………………………………………………… 42
T 0322—2000　粗集料冲击值试验 ………………………………………………… 47
T 0323—2000　粗集料磨耗试验(道瑞试验) ……………………………………… 48
T 0324—1994　集料碱活性检验(岩相法) ………………………………………… 50
T 0325—1994　集料碱活性检验(砂浆长度法) …………………………………… 53
T 0326—1994　抑制集料碱活性效能试验 ………………………………………… 54
T 0346—2000　破碎砾石含量试验 ………………………………………………… 56
T 0347—2000　集料碱值试验 ……………………………………………………… 58
T 0348—2005　钢渣活性及膨胀性试验 …………………………………………… 59
4　细集料试验 ………………………………………………………………………… 62
T 0327—2005　细集料筛分试验 …………………………………………………… 62
T 0328—2005　细集料表观密度试验(容量瓶法) ………………………………… 65
T 0330—2005　细集料密度及吸水率试验 ………………………………………… 67
T 0331—1994　细集料堆积密度及紧装密度试验 ………………………………… 72
T 0332—2005　细集料含水率试验 ………………………………………………… 73

T 0333—2000　细集料含泥量试验(筛洗法) …… 74
T 0334—2005　细集料砂当量试验 …… 75
T 0335—1994　细集料泥块含量试验 …… 79
T 0336—1994　细集料有机质含量试验 …… 80
T 0337—1994　细集料云母含量试验 …… 81
T 0338—1994　细集料轻物质含量试验 …… 81
T 0339—1994　细集料膨胀率试验 …… 82
T 0340—2005　细集料坚固性试验 …… 83
T 0341—1994　细集料三氧化硫含量试验 …… 84
T 0343—1994　细集料含水率快速试验(酒精燃烧法) …… 85
T 0344—2000　细集料棱角性试验(间隙率法) …… 86
T 0345—2005　细集料棱角性试验(流动时间法) …… 88
T 0349—2005　细集料亚甲蓝试验 …… 90
T 0350—2005　细集料压碎指标试验 …… 93
5　矿粉试验 …… 96
T 0351—2000　矿粉筛分试验(水洗法) …… 96
T 0352—2000　矿粉密度试验 …… 97
T 0353—2000　矿粉亲水系数试验 …… 98
T 0354—2000　矿粉塑性指数试验 …… 99
T 0355—2000　矿粉加热安定性试验 …… 100
附录 A　公路工程方孔筛集料标准筛 …… 101
附录 B　不同温度水的密度修正方法 …… 104

1 总 则

1.0.1 为适应我国公路建设的需要,保证公路工程对集料质量的要求,特制定本规程。

1.0.2 本规程规定了新建和改建各级公路工程中水泥混凝土、沥青混合料和路面基层所用集料的试验方法。

1.0.3 各种集料的技术要求应符合现行有关技术规范的规定。

1.0.4 用于本规程试验的仪器应经国家有关检测机构认定合格并符合本规程要求。

1.0.5 试验人员在试验中应遵守安全操作、防火、防毒及环境保护的规定。

1.0.6 送试集料样品应标明产地、规格、数量、送试单位、试验项目、送试日期等,并采用能防止污染和不易损坏的包装。

2 术语、符号

2.1 术 语

2.1.1 集料(骨料) aggregate

在混合料中起骨架和填充作用的粒料,包括碎石、砾石、机制砂、石屑、砂等。

2.1.2 粗集料 coarse aggregate

在沥青混合料中,粗集料是指粒径大于2.36mm的碎石、破碎砾石、筛选砾石和矿渣等;在水泥混凝土中,粗集料是指粒径大于4.75mm的碎石、砾石和破碎砾石。

2.1.3 细集料 fine aggregate

在沥青混合料中,细集料是指粒径小于2.36mm的天然砂、人工砂(包括机制砂)及石屑;在水泥混凝土中,细集料是指粒径小于4.75mm的天然砂、人工砂。

2.1.4 天然砂 natural sand

由自然风化、水流冲刷、堆积形成的、粒径小于4.75mm的岩石颗粒,按生存环境分河砂、海砂、山砂等。

2.1.5 人工砂 manufactured sand, synthetic sand

经人为加工处理得到的符合规格要求的细集料,通常指石料加工过程中采取真空抽吸等方法除去大部分土和细粉,或将石屑水洗得到的洁净的细集料。从广义上分类,机制砂、矿渣砂和煅烧砂都属于人工砂。

2.1.6 机制砂 crushed sand

由碎石及砾石经制砂机反复破碎加工至粒径小于2.36mm的人工砂,亦称破碎砂。

2.1.7 石屑 crushed stone dust, screenings, chips

采石场加工碎石时通过最小筛孔(通常为2.36mm或4.75mm)的筛下部分,也称筛屑。

2.1.8 混合砂 blend sand

由天然砂、人工砂、机制砂或石屑等按一定比例混合形成的细集料的统称。

2.1.9 填料 filler

在沥青混合料中起填充作用的粒径小于0.075mm的矿物质粉末。通常是石灰岩等碱性石料加工磨细得到的矿粉,水泥、消石灰、粉煤灰等矿物质有时也可作为填料使用。

2.1.10 矿粉 mineral filler

由石灰岩等碱性石料经磨细加工得到的,在沥青混合料中起填料作用的以碳酸钙为主要成分的矿物质粉末。

2.1.11 堆积密度 accumulated density

单位体积(含物质颗粒固体及其闭口、开口孔隙体积及颗粒间空隙体积)物质颗粒的质量。有干堆积密度及湿堆积密度之分。

2.1.12 表观密度(视密度) apparent density

单位体积(含材料的实体矿物成分及闭口孔隙体积)物质颗粒的干质量。

2.1.13 表观相对密度(视比重) apparent specific gravity

表观密度与同温度水的密度之比值。

2.1.14 表干密度(饱和面干毛体积密度) saturated surface-dry density

单位体积(含材料的实体矿物成分及其闭口孔隙、开口孔隙等颗粒表面轮廓线所包围的全部毛体积)物质颗粒的饱和面干质量。

2.1.15 表干相对密度(饱和面干毛体积相对密度) saturated surface-dry bulk specific gravity

表干密度与同温度水的密度之比值。

2.1.16 毛体积密度 bulk density

单位体积(含材料的实体矿物成分及其闭口孔隙、开口孔隙等颗粒表面轮廓线所包围的毛体积)物质颗粒的干质量。

2.1.17 毛体积相对密度 bulk specific gravity

毛体积密度与同温度水的密度之比值。

2.1.18 石料磨光值 polished stone value

按规定试验方法测得的石料抵抗轮胎磨光作用的能力,即石料被磨光后用摆式仪测得的摩擦系数。

2.1.19 石料冲击值 aggregate impact value

按规定方法测得的石料抵抗冲击荷载的能力,冲击试验后,小于规定粒径的石料的质量百分率。

2.1.20 石料磨耗值 weared stone value

按规定方法测得的石料抵抗磨耗作用的能力,其测定方法分别有洛杉矶法、道瑞法和狄法尔法。

2.1.21 石料压碎值 crushed stone value

按规定方法测得的石料抵抗压碎的能力,以压碎试验后小于规定粒径的石料质量百分率表示。

2.1.22 集料空隙率(间隙率) percentage of voids in aggregate

集料的颗粒之间空隙体积占集料总体积的百分比。

2.1.23 碱集料反应 alkali-aggregate reaction

水泥混凝土中因水泥和外加剂中超量的碱与某些活性集料发生不良反应而损坏水泥混凝土的现象。

2.1.24 砂率 sand percentage

水泥混凝土混合料中砂的质量与砂、石总质量之比,以百分率表示。

2.1.25 针片状颗粒 flat and elongated particle in coarse aggregate

指粗集料中细长的针状颗粒与扁平的片状颗粒。当颗粒形状的诸方向中的最小厚度(或直径)与最大长度(或宽度)的尺寸之比小于规定比例时,属于针片状颗粒。

2.1.26 标准筛 standard test sieves

对颗粒性材料进行筛分试验用的符合标准形状和尺寸规格要求的系列样品筛。标准筛筛孔为正方形(方孔筛),筛孔尺寸依次为75mm、63mm、53mm、37.5mm、31.5mm、26.5mm、19mm、16mm、13.2mm、9.5mm、4.75mm、2.36mm、1.18mm、0.6mm、0.3mm、0.15mm、0.075mm。各类标准筛的尺寸及技术要求应符合本规程附录A的要求。

2.1.27 集料最大粒径 maximum size of aggregate

指集料的100%都要求通过的最小的标准筛筛孔尺寸。

2.1.28 集料的公称最大粒径 nominal maximum size of aggregate

指集料可能全部通过或允许有少量不通过(一般容许筛余不超过10%)的最小标准筛筛孔尺寸。通常比集料最大粒径小一个粒级。

2.1.29 细度模数 fineness modulus

表征天然砂粒径的粗细程度及类别的指标。

条文说明

2.1.3 关于细集料的定义,国内外对水泥混凝土等建筑行业均以4.75mm为粗细集料的分界,而对沥青路面和基层均以2.36mm为分界。但是有时在沥青混合料中也常以起骨架作用的集料粒径作为粗集料看待,如SMA等嵌挤型混合料,SMA—10以2.36mm以上为粗集料,SMA—13以上的混合料以4.75mm以上的颗粒作为粗集料。

2.1.5　我国对各种细集料的定义一向比较混淆，对人工砂、机制砂、石屑的名词使用混乱，有的将石屑经加工处理得到的人工砂也称为机制砂，将石屑称为人工砂等等，本规程对其进行了明确定义。

2.1.27　在国外的规范中，对集料最大粒径有两个定义：集料最大粒径（Maximum size）是指100%通过的最小的标准筛筛孔尺寸；而集料的公称最大粒径（Nominal maximum size）是指保留在最大尺寸的标准筛上的颗粒含量不超过10%的标准筛尺寸。

例如，某种集料，100%通过26.5mm筛，在19mm筛上的筛余小于10%，则此集料的最大粒径为26.5mm，而公称最大粒径为19mm。在ASTM D 448—86《公路和桥梁构造物的集料规格》、ASTM D 692—94a《沥青路面粗集料》、ASTM 1073—94《沥青路面细集料》以及ASTM D 3515《热拌热铺沥青混合料》等标准规范中，实际上使用的级配名称都是采用的公称最大粒径。例如常用的D—4号粗集料是指3/4 in～3/8 in，要求通过1 in的为100%，而通过3/4 in的百分率为90%～100%。同样对通常称最大粒径为3/4 in的D—5号沥青混合料，要求通过3/4 in的为100%，通过1/2 in的为90%～100%。这些做法和名称叫法与我国的习惯是一致的。不过我国往往将公称最大粒径直接简称为最大粒径，没有严格的区分。今后使用这些术语时应注意区分。

2.2　符　　号

符号及意义见表1。

表1　符号及意义

符　号	意　　义	符　号	意　　义
γ_b	集料的毛体积相对密度	γ_s	集料的表干相对密度
ρ_b	集料的毛体积密度	ρ	集料的堆积密度
ρ_a	集料表观密度	w	集料的含水率
γ_a	集料的表观相对密度（视比重）	w_x	集料的吸水率
ρ_s	集料的表干密度	w_s	集料的表面含水率
α_T	水温对水相对密度影响的修正系数	*WSV*	粗集料磨耗值，weared stone value之略语
n	集料的空隙率	*AAV*	粗集料磨耗值（道瑞法），aggregate abrasion value之略语
Q_e	粗集料的针片状颗粒含量		
Q_n	集料的含泥量	*AIV*	粗集料冲击值，aggregate impact value之略语
Q_k	集料的泥块含量		
Q_a	粗集料的压碎值	*SE*	砂当量，sand equivalent value之略语
PSV	粗集料的磨光值，polished stone value之略语	*MBV*	亚甲蓝值，methylene blue value之略语
		M_X	砂的细度模数

3　粗集料试验

T 0301—2005　粗集料取样法

1　适用范围

本方法适用于对粗集料的取样，也适用于含粗集料的集料混合料如级配碎石、天然砂砾等的取样方法。

2　取样方法和试样份数

2.1　通过皮带运输机的材料如采石场的生产线、沥青拌和楼的冷料输送带、无机结合料稳定集料、级配碎石混合料等，应从皮带运输机上采集样品。取样时，可在皮带运输机骤停的状态下取其中一截的全部材料(图 T 0301-1)，或在皮带运输机的端部连续接一定时间的料得到，将间隔 3 次以上所取的试样组成一组试样，作为代表性试样。

图 T 0301-1　在皮带运输机上取样方法

2.2　在材料场同批来料的料堆上取样时，应先铲除堆脚等处无代表性的部分，再在料堆的顶部、中部和底部，各由均匀分布的几个不同部位，取得大致相等的若干份组成一组试样，务必使所取试样能代表本批来料的情况和品质。

2.3　从火车、汽车、货船上取样时，应从各不同部位和深度处，抽取大致相等的试样若干份，组成一组试样。抽取的具体份数，应视能够组成本批来料代表样的需要而定。

注：①如经观察，认为各节车皮、汽车或货船的碎石或砾石的品质差异不大时，允许只抽取一节车皮、一部汽车、一艘货船的试样(即一组试样)，作为该批集料的代表样品。

②如经观察，认为该批碎石或砾石的品质相差甚远时，则应对品质有怀疑的该批集料，分别取样和验收。

2.4　从沥青拌和楼的热料仓取样时，应在放料口的全断面上取样。通常宜将一开始按正式生产的配比投料拌和的几锅(至少 5 锅以上)废弃，然后分别将每个热料仓放出至装载机上，倒在水泥地上，适当拌和，从 3 处以上的位置取样，拌和均匀，取要求数量的试样。

3　取样数量

对每一单项试验，每组试样的取样数量宜不少于表 T 0301-1 所规定的最少取样量。需做几项试验时，如确能保证试样经一项试验后不致影响另一项试验的结果时，可用同一组试样进行几项不同的试验。

表 T 0301-1　各试验项目所需粗集料的最小取样质量

试验项目	相对于下列公称最大粒径(mm)的最小取样量(kg)										
	4.75	9.5	13.2	16	19	26.5	31.5	37.5	53	63	75
筛分	8	10	12.5	15	20	20	30	40	50	60	80
表观密度	6	8	8	8	8	8	12	16	20	24	24
含水率	2	2	2	2	2	2	3	3	4	4	6
吸水率	2	2	2	2	4	4	4	6	6	6	8

续上表

试验项目	相对于下列公称最大粒径(mm)的最小取样量(kg)										
	4.75	9.5	13.2	16	19	26.5	31.5	37.5	53	63	75
堆积密度	40	40	40	40	40	40	80	80	100	120	120
含泥量	8	8	8	8	24	24	40	40	60	80	80
泥块含量	8	8	8	8	24	24	40	40	60	80	80
针片状含量	0.6	1.2	2.5	4	8	8	20	40	—	—	—
硫化物、硫酸盐	1.0										

注:①有机物含量、坚固性及压碎指标值试验,应按规定粒级要求取样,其试验所需试样数量,按本规程有关规定施行。

②采用广口瓶法测定表观密度时,集料最大粒径不大于40mm者,其最少取样数量为8kg。

4 试样的缩分

4.1 分料器法:将试样拌匀后如图 T 0301-2 所示,通过分料器分为大致相等的两份,再取其中的一份分成两份,缩分至需要的数量为止。

4.2 四分法:如图 T 0301-3 所示。将所取试样置于平板上,在自然状态下拌和均匀,大致摊平,然后沿互相垂直的两个方向,把试样由中向边摊开,分成大致相等的四份,取其对角的两份重新拌匀,重复上述过程,直至缩分后的材料量略多于进行试验所必需的量。

4.3 缩分后的试样数量应符合各项试验规定数量的要求。

图 T 0301-2 分料器

1-分料漏斗;2-接料斗

5 试样的包装

每组试样应采用能避免细料散失及防止污染的容器包装,并附卡片标明试样编号、取样时间、产地、规格、试样代表数量、试样品质、要求检验项目及取样方法等。

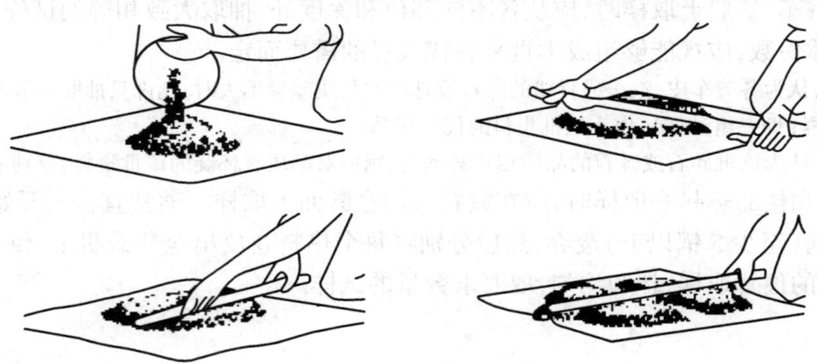

图 T 0301-3 四分法示意图

条文说明

材料取样的代表性非常重要,因为在不同的条件下,集料都有可能离析,它对沥青混合料的矿料级配影响很大。据美国的研究,施工质量管理的变异性是各种变异性的总和,可以下式表示:

$$S_{QC/QA}^2 = S_S^2 + S_t^2 + S_{mat./con.}^2$$

式中:$S_{QC/QA}$——检测指标的总的变异性;

S_S——取样代表性不足造成的变异性,约占23%;

S_t——试验方法精度方面造成的变异性,约占43%;

$S_{mat./con.}$——材料及施工过程本身的变异性,约占34%。

因而取样和试验方法是施工检测指标变异性的主要原因。所以我们为了了解和减小施工质量检验指标的变异性,首先需要认真取样,认真按试验规程试验。

本方法尽可能考虑到各种场合粗细集料离析的可能性,对取样的部位、点数作出了规定,然后均匀取样、混合使用。尤其是对公路工程广泛遇到的皮带运输机取样作了新的规定。如图T 0301-4所示,在采石场的皮带运输机端部掉下的材料往往是中间细,粗的滚向外侧。如果在料堆上取样,真正要想得到均匀的有代表性的试样是很困难的,所以本方法规定在皮带运输机上取样。在拌和楼的热料仓,断面上的粒径分布也不一样。因此严格均匀取样对于试验结果,尤其是筛分结果的影响是非常大的。

本规程原来所指的粗集料都是从水泥混凝土材料的规定引用过来的,所以一般都规定4.75mm以上的集料,或者用4.75mm过筛。但是国内外的沥青混合料矿料都把2.36mm作为粗细集料的分界,所以对水泥混凝土和沥青路面、基层的粗细集料的分界尺寸是有区别的。

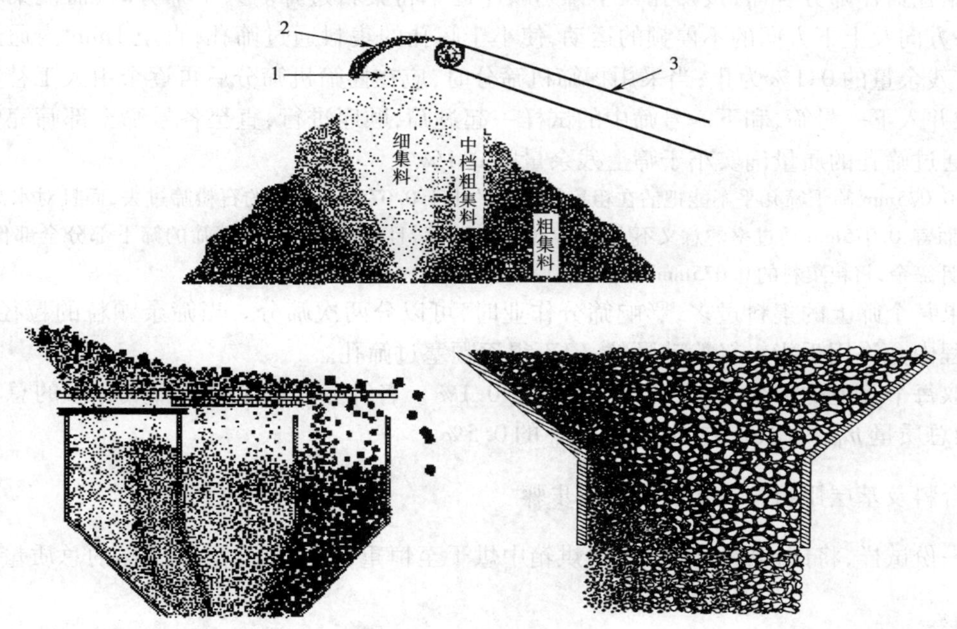

图T 0301-4 集料离析情况

1-细集料;2-粗集料;3-传送带

T 0302—2005 粗集料及集料混合料的筛分试验

1 目的与适用范围

1.1 测定粗集料(碎石、砾石、矿渣等)的颗粒组成。对水泥混凝土用粗集料可采用干筛法筛分,对沥青混合料及基层用粗集料必须采用水洗法试验。

1.2 本方法也适用于同时含有粗集料、细集料、矿粉的集料混合料筛分试验,如未筛碎石、级配碎石、天然砂砾、级配砂砾、无机结合料稳定基层材料、沥青拌和楼的冷料混合料、热料仓材料、沥青混合料经溶剂抽提后的矿料等。

2 仪具与材料

(1)试验筛:根据需要选用规定的标准筛。

(2)摇筛机。

(3)天平或台秤:感量不大于试样质量的0.1%。

(4)其他:盘子、铲子、毛刷等。

3　试验准备

按规定将来料用分料器或四分法缩分至表 T 0302-1 要求的试样所需量，风干后备用。根据需要可按要求的集料最大粒径的筛孔尺寸过筛，除去超粒径部分颗粒后，再进行筛分。

表 T 0302-1　筛分用的试样质量

公称最大粒径(mm)	75	63	37.5	31.5	26.5	19	16	9.5	4.75
试样质量不少于(kg)	10	8	5	4	2.5	2	1	1	0.5

4　水泥混凝土用粗集料干筛法试验步骤

4.1　取试样一份置105℃ ±5℃烘箱中烘干至恒重，称取干燥集料试样的总质量(m_0)，准确至0.1%。

4.2　用搪瓷盘作筛分容器，按筛孔大小排列顺序逐个将集料过筛。人工筛分时，需使集料在筛面上同时有水平方向及上下方向的不停顿的运动，使小于筛孔的集料通过筛孔，直至1min内通过筛孔的质量小于筛上残余量的0.1%为止；当采用摇筛机筛分时，应在摇筛机筛分后再逐个由人工补筛。将筛出通过的颗粒并入下一号筛，和下一号筛中的试样一起过筛，顺序进行，直至各号筛全部筛完为止。应确认1min内通过筛孔的质量确实小于筛上残余量的0.1%。

注：由于0.075mm筛干筛几乎不能把沾在粗集料表面的小于0.075mm部分的石粉筛过去，而且对水泥混凝土用粗集料而言，0.075mm通过率的意义不大，所以也可以不筛，且把通过0.15mm筛的筛下部分全部作为0.075mm的分计筛余，将粗集料的0.075mm通过率假设为0。

4.3　如果某个筛上的集料过多，影响筛分作业时，可以分两次筛分。当筛余颗粒的粒径大于19mm时，筛分过程中允许用手指轻轻拨动颗粒，但不得逐颗塞过筛孔。

4.4　称取每个筛上的筛余量，准确至总质量的0.1%。各筛分计筛余量及筛底存量的总和与筛分前试样的干燥总质量 m_0 相比，相差不得超过 m_0 的0.5%。

5　沥青混合料及基层用粗集料水洗法试验步骤

5.1　取一份试样，将试样置105℃ ±5℃烘箱中烘干至恒重，称取干燥集料试样的总质量(m_3)，准确至0.1%。

注：恒重系指相邻两次称量间隔时间大于3h(通常不少于6h)的情况下，前后两次称量之差小于该项试验所要求的称量精密度。下同。

5.2　将试样置一洁净容器中，加入足够数量的洁净水，将集料全部淹没，但不得使用任何洗涤剂、分散剂或表面活性剂。

5.3　用搅棒充分搅动集料，使集料表面洗涤干净，使细粉悬浮在水中，但不得破碎集料或有集料从水中溅出。

5.4　根据集料粒径大小选择组成一组套筛，其底部为0.075mm标准筛，上部为2.36mm或4.75mm筛。仔细将容器中混有细粉的悬浮液倒出，经过套筛流入另一容器中，尽量不将粗集料倒出，以免损坏标准筛筛面。

注：无需将容器中的全部集料都倒出，只倒出悬浮液。且不可直接倒至0.075mm筛上，以免集料掉出损坏筛面。

5.5　重复5.2～5.4步骤，直至倒出的水洁净为止，必要时可采用水流缓慢冲洗。

5.6　将套筛每个筛子上的集料及容器中的集料全部回收在一个搪瓷盘中，容器上不得有沾附的集料颗粒。

注：沾在0.075mm筛面上的细粉很难回收扣入搪瓷盘中，此时需将筛子倒扣在搪瓷盘上用少量的水并助以毛刷将细粉刷落入搪瓷盘中，并注意不要散失。

5.7　在确保细粉不散失的前提下，小心泌去搪瓷盘中的积水，将搪瓷盘连同集料一起置105℃ ±5℃烘箱中烘干至恒重，称取干燥集料试样的总质量(m_4)，准确至0.1%。以 m_3 与 m_4 之差作为0.075mm的筛下部分。

5.8　将回收的干燥集料按干筛方法筛分出0.075mm筛以上各筛的筛余量，此时0.075mm筛下部分应为0,如果尚能筛出,则应将其并入水洗得到的0.075mm的筛下部分,且表示水洗得不干净。

6 计算

6.1 干筛法筛分结果的计算

6.1.1 计算各筛分计筛余量及筛底存量的总和与筛分前试样的干燥总质量 m_0 之差,作为筛分时的损耗,并计算损耗率,记入表T 0302-2之第(1)栏,若损耗率大于0.3%,应重新进行试验。

$$m_5 = m_0 - (\sum m_i + m_{底}) \qquad (T\ 0302\text{-}1)$$

式中:m_5——由于筛分造成的损耗(g);

m_0——用于干筛的干燥集料总质量(g);

m_i——各号筛上的分计筛余(g);

i——依次为0.075mm、0.15mm……至集料最大粒径的排序;

$m_{底}$——筛底(0.075mm以下部分)集料总质量(g)。

6.1.2 干筛分计筛余百分率

干筛后各号筛上的分计筛余百分率按式(T 0302-2)计算,记入表T 0302-2之第(2)栏,精确至0.1%。

$$p'_i = \frac{m_i}{m_0 - m_5} \times 100 \qquad (T\ 0302\text{-}2)$$

式中:p'_i——各号筛上的分计筛余百分率(%);

m_5——由于筛分造成的损耗(g);

m_0——用于干筛的干燥集料总质量(g);

m_i——各号筛上的分计筛余(g);

i——依次为0.075mm、0.15mm……至集料最大粒径的排序。

6.1.3 干筛累计筛余百分率

各号筛的累计筛余百分率为该号筛以上各号筛的分计筛余百分率之和,记入表T 0302-2之第(3)栏,精确至0.1%。

6.1.4 干筛各号筛的质量通过百分率

各号筛的质量通过百分率 P_i 等于100减去该号筛累计筛余百分率,记入表T 0302-2之第(4)栏,精确至0.1%。

6.1.5 由筛底存量除以扣除损耗后的干燥集料总质量计算0.075mm筛的通过率。

6.1.6 试验结果以两次试验的平均值表示,记入表T 0302-2之第(5)栏,精确至0.1%。当两次试验结果 $P_{0.075}$ 的差值超过1%时,试验应重新进行。

表T 0302-2 粗集料干筛法筛分记录

干燥试样总量 m_0(g)	第1组				第2组				平均
	3 000				3 000				
筛孔尺寸(mm)	筛上重 m_i(g)	分计筛余(%)	累计筛余(%)	通过百分率(%)	筛上重 m_i(g)	分计筛余(%)	累计筛余(%)	通过百分率(%)	通过百分率(%)
	(1)	(2)	(3)	(4)	(1)	(2)	(3)	(4)	(5)
19	0	0	0	100	0	0	0	100	100
16	696.3	23.2	23.2	76.8	699.4	23.3	23.3	76.7	76.7
13.2	431.9	14.4	37.6	62.4	434.6	14.5	37.8	62.2	62.3
9.5	801.0	26.7	64.4	35.6	802.3	26.8	64.6	35.4	35.5
4.75	989.8	33.0	97.4	2.6	985.3	32.9	97.4	2.6	2.6
2.36	70.1	2.3	99.7	0.3	68.5	2.3	99.7	0.3	0.3
1.18	8.2	0.3	100.0	0.0	7.9	0.3	100.0	0.0	0.0
0.6	0.5	0.0	100.0	0.0	0.2	0.0	100.0	0.0	0.0

续上表

干燥试样总量 m_0(g)	第1组				第2组				平　均
	3 000				3 000				
筛孔尺寸(mm)	筛上重 m_i(g)	分计筛余(%)	累计筛余(%)	通过百分率(%)	筛上重 m_i(g)	分计筛余(%)	累计筛余(%)	通过百分率(%)	通过百分率(%)
	(1)	(2)	(3)	(4)	(1)	(2)	(3)	(4)	(5)
0.3	0.0	0.0	100.0	0.0	0.0	0.0	100.0	0.0	0.0
0.15	0.0	0.0	100.0	0.0	0.0	0.0	100.0	0.0	0.0
0.075	0.0	0.0	100.0	0.0	0.0	0.0	100.0	0.0	0.0
筛底 $m_{底}$	0.0	0.0	100.0	0.0	0.0	0.0	100.0	0.0	
筛分后总量 $\sum m_i$(g)	2 997.8	100.0			2 998.2	100.0			
损耗 m_5(g)	2.2				1.8				
损耗率(%)	0.07				0.06				

6.2　水筛法筛分结果的计算

6.2.1　按式(T 0302-3)、式(T 0302-4)计算粗集料中0.075mm筛下部分质量 $m_{0.075}$ 和含量 $P_{0.075}$，记入表T 0302-3中，精确至0.1%。当两次试验结果 $P_{0.075}$ 的差值超过1%时，试验应重新进行。

$$m_{0.075}=m_3-m_4 \qquad (T\ 0302\text{-}3)$$

$$P_{0.075}=\frac{m_{0.075}}{m_3}=\frac{m_3-m_4}{m_3}\times 100 \qquad (T\ 0302\text{-}4)$$

式中：$P_{0.075}$——粗集料中小于0.075mm的含量(通过率)(%)；

$m_{0.075}$——粗集料中水洗得到的小于0.075mm部分的质量(g)；

m_3——用于水洗的干燥粗集料总质量(g)；

m_4——水洗后的干燥粗集料总质量(g)。

6.2.2　计算各筛分计筛余量及筛底存量的总和与筛分前试样的干燥总质量 m_4 之差，作为筛分时的损耗，并计算损耗率记入表T 0302-3之第(1)栏，若损耗率大于0.3%，应重新进行试验。

$$m_5=m_3-(\sum m_i+m_{0.075}) \qquad (T\ 0302\text{-}5)$$

式中：m_5——由于筛分造成的损耗(g)；

m_3——用于水筛筛分的干燥集料总质量(g)；

m_i——各号筛上的分计筛余(g)；

i——依次为0.075mm、0.15mm……至集料最大粒径的排序；

$m_{0.075}$——水洗后得到的0.075mm以下部分质量(g)，即(m_3-m_4)。

6.2.3　计算其他各筛的分计筛余百分率、累计筛余百分率、质量通过百分率，计算方法与6.1干筛法相同。当干筛时筛分有损耗时，应按6.1的方法从总质量中扣除损耗部分(见报告示例)，将计算结果分别记入表T 0302-3之第(2)、(3)、(4)栏。

6.2.4　试验结果以两次试验的平均值表示，记入表T 0302-3之第(5)栏。

表 T 0302-3 粗集料水筛法筛分记录

干燥试样总量 m_3(g)		第1组				第2组				平均
		3 000				3 000				
水洗后筛上总量 m_4(g)		2 879				2 868				
水洗后 0.075mm 筛下量 $m_{0.075}$(g)		121				132				
0.075mm 通过率 $P_{0.075}$(%)		4.0				4.4				4.2
筛孔尺寸(mm)		筛上重 m_i(g)	分计筛余(%)	累计筛余(%)	通过百分率(%)	筛上重 m_i(g)	分计筛余(%)	累计筛余(%)	通过百分率(%)	通过百分率(%)
		(1)	(2)	(3)	(4)	(1)	(2)	(3)	(4)	(5)
水洗后干筛法筛分	19	5.0	0.2	0.2	99.8	0.0	0.0	0.0	100.0	99.9
	16	696.3	23.2	23.4	76.6	680.3	22.7	22.7	77.3	76.9
	13.2	882.3	29.4	52.8	47.2	839.2	28.0	50.7	49.3	48.2
	9.5	713.2	23.8	76.6	23.4	778.5	26.0	76.7	23.3	23.4
	4.75	343.4	11.5	88.1	11.9	348.7	11.6	88.3	11.7	11.8
	2.36	70.1	2.3	90.4	9.6	68.3	2.3	90.6	9.4	9.5
	1.18	87.5	2.9	93.3	6.7	79.1	2.6	93.2	6.8	6.7
	0.6	67.8	2.3	95.6	4.4	59.3	2.0	95.2	4.8	4.6
	0.3	4.6	0.2	95.7	4.3	4.3	0.1	95.3	4.7	4.5
	0.15	5.6	0.2	95.9	4.1	3.8	0.1	95.5	4.5	4.3
	0.075	2.3	0.1	96.0	4.0	4	0.1	95.6	4.4	4.2
	筛底 $m_{底}$[注]	0				0				
	干筛后总量 $\sum m_i$(g)	2 878.1	96.0			2 865.5	95.6			
损耗 m_5(g)		0.9				2.5				
损耗率(%)		0.03				0.09				
扣除损耗后总量(g)		2 999.1				2 997.5				

注:如筛底 $m_{底}$ 的值不是0,应将其并入 $m_{0.075}$ 中重新计算 $P_{0.075}$。

7 报告

7.1 筛分结果以各筛孔的质量通过百分率表示,宜记录为表 T 0302-2 或表 T 0302-3 的格式。

7.2 对用于沥青混合料、基层材料配合比设计用的集料,宜绘制集料筛分曲线,其横坐标为筛孔尺寸的 0.45 次方(见表 T 0302-4),纵坐标为普通坐标,如图 T 0302-1 所示。

表 T 0302-4 级配曲线的横坐标(按 $x = d_i^{0.45}$ 计算)

筛孔 d_i(mm)	0.075	0.15	0.3	0.6	1.18	2.36	4.75
横坐标 x	0.312	0.426	0.582	0.795	1.077	1.472	2.016
筛孔 d_i(mm)	9.5	13.2	16	19	26.5	31.5	37.5
横坐标 x	2.745	3.193	3.482	3.762	4.370	4.723	5.109

7.3 同一种集料至少取两个试样平行试验两次,取平均值作为每号筛上筛余量的试验结果,报告集料级配组成通过百分率及级配曲线。

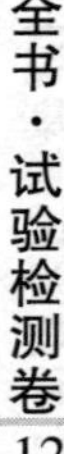

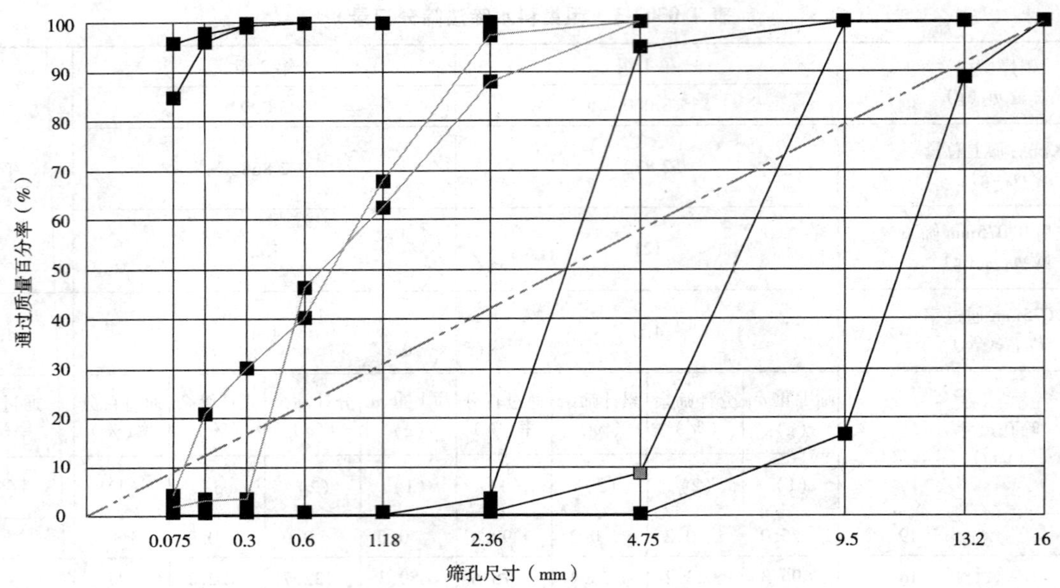

图 T 0302-1　集料筛分曲线与矿料级配设计曲线

条文说明

在国外的集料筛分试验中，用于公路工程的粗集料、细集料，一般都有水洗法和干筛法两个试验方法，代表性的是美国 ASTM C 136 或 AASHTO T 27 适用于干筛，ASTM C 117 或 AASHTO T 11 适用于水筛。然而在我国历来不管水泥混凝土集料或沥青路面集料，都直接采用干筛方法，0.075mm 筛通过量不经水洗确定，所以是不准确的。它对水泥混凝土材料来说也许问题不大，但对沥青混合料来说，集料表面沾附的矿粉筛不下来，配合比设计时不算进去，对配合比结果有一定的影响，直接影响添加矿粉的数量。所以仅仅对矿粉用水洗法还不够，对其他粗集料、细集料也必须由水洗法测定小于 0.075mm 的含量。另外，在施工现场用溶剂抽提法测定油石比及矿料级配时，颗粒上的粉料都经过溶剂冲洗，计入矿粉中，如果材料筛分是不计沾附的粉料含量时，两次筛分就不一致，必然造成误差。所以本次修订时，沥青路面集料的筛分试验无论对粗集料、细集料的原材料筛分进行目标配合比设计，或者在沥青厂从拌和机二次筛分后热料仓取样筛分进行生产配合比设计时，都要求分别进行水洗法，以准确确定0.075mm 通过率。干筛法仅适用于水泥混凝土用集料，试验时请务必注意。

筛分时，对 1min 内通过筛孔的质量小于筛上残余量的数值要求，国内外的试验方法并不统一，例如美国要求到 0.1% 为止，日本要求到 1% 为止，也有要求 0.5% 的（如我国台湾），实际上也不过是一种经验性的观察，不可能真正去称量，本次统一为 0.1%。

在国外的水筛试验方法中，也常用一种快速试验方法。试验时用两份试样，一份集料水洗专门测定 0.075mm 通过率；另一份集料直接进行干筛，或用火炒烘干后干筛，确定各个粒级的含量或通过百分率，这样可以节省试验时间。考虑到小于 0.075mm 部分的含量与粗集料总量相比是很少的，在计算粗集料筛余量时就忽略掉黏附在集料上用干筛法筛不下去的小于 0.075mm 的部分。这对于规格化的粗集料往往是可以的，2000 年版的方法就是按照这个思路编写的。但是在实践中经常会遇到集料中的细粉量较多，例如集料混合料的情况就是这样，计算时不把这部分考虑进去会有大的误差。也有不少试验人员对此计算方法提出意见。本次修订时，为避免这种混乱，不再采用两份试样分别干筛和水筛，也不允许炒干，要求直接用水筛后的筛上部分烘干再干筛，然后一起计算，就不会产生混乱了。这样，本方法不仅适用于粗集料，实际上也适用于集料混合料，如基层集料混合料、沥青拌和楼二次筛分的集料混合料（生产配合比设计）等。集料混合料中不仅含有粗集料，也有细集料、矿粉，甚至还有土。

T 0303—2005 含土粗集料筛分试验

1 目的与适用范围

本方法适用于测定含黏性土的粗集料的颗粒组成。

注：如天然的砂砾土、碎石土以及中低级路面的材料，黏性土颗粒包覆在砾石（碎石）和砂颗粒上。T 0302 的方法不适用于这类材料。

2 仪具与材料

(1)试验筛：根据需要选用规定的标准筛。

(2)天平或台秤：感量不大于试样质量的 0.1%。

(3)烘箱：能保持温度 105℃ ±5℃。

(4)容器：能在此容器内剧烈搅动试样而不会使试样或水损失。

(5)其他：盘子、铲子、毛刷等。

3 试验准备

将来料用分料器或四分法缩分至表 T 0303-1 要求的试样所需量，烘干或风干后备用。

表 T 0303-1 筛分用的试样质量

公称最大粒径(mm)	75	63	37.5	31.5	26.5	19	16	9.5	4.75
试样质量不少于(kg)	10	8	5	4	2.5	2	1	1	0.5

4 含土粗集料筛分试验步骤

4.1 将试样放在浅盘内，并一起放到温度保持在 105℃ ±5℃ 的烘箱内烘干 24h ±1h。

4.2 从烘箱中取出试样，冷却后称重，准确至样品质量的 0.1%，用 m_1(g)表示。

4.3 将试样放到容器内，向容器内注水，淹没试样。

4.4 剧烈搅动容器内的试样和水，使粘在粗颗粒上的小于 0.075mm 的颗粒完全分离下来，并悬浮在水中。

4.5 在需要试验细土的液限和塑性指数时，将容器内的悬浮液倒在 0.6mm 筛孔的筛上，筛下放一接受悬浮液的容器。

4.6 将筛上剩余料回收到清洗容器内。

4.7 重复上述步骤至清洗容器内的水清洁。

4.8 将洗净的集料放在浅盘内，并一起放于温度为 105℃ ±5℃ 的烘箱内烘干 8h ~12h。

4.9 从烘箱中取出试样，冷却后称其质量，准确至原样品质量的 0.1%，用 m_2(g)表示。按 T 0302 的方法对试样进行筛分（干筛）。

4.10 将容器内的悬浮液澄清，使细土沉淀。在沉淀过程中分数次将上层的清水细心倒出，注意勿倒出沉淀物。

4.11 待容器底部的细土风干后，取出粉碎并拌匀。从中取出一部分做液限和塑性试验。

4.12 取部分风干细土放在 105℃ ±5℃ 的烘箱内烘干 24h ±1h，冷却后，称量 100g，用 m_3(g)表示。

4.13 将烘干细土放到一容器内，向容器内注水，并剧烈搅动容器内的水和土，使小于 0.075mm 的颗粒与 0.075 ~0.6mm 的颗粒分离。

4.14 将悬浮液倾倒在 0.075mm 筛孔的筛上，继续清洗筛上的剩余料，直到筛下的洗液清洁为止。

4.15 将筛反扣过来用水仔细冲洗入浅盘中，放在 105℃ ±5℃ 的烘箱内烘干 8 ~12h，冷却并称其质量，用 m_4(g)表示。

4.16 在不需要试验细土的液限和塑性指数时，可直接将悬浮液倾倒在 0.075mm 筛孔的筛上，反复清洗容器内的集料，直到容器内的水洁净。

4.17 按4.15的方法将筛上的清洁料收回，与容器内的清洁料一起烘干，冷却，并称其质量，用 m_5(g)表示。

4.18 按T 0302的方法将烘干的集料进行筛分。

5 集料混合料筛分试验步骤

按T 0302水洗法测定0.075mm筛下部分的含量(通过率)。

6 计算

6.1 按式(T 0303-1)计算小于0.6mm的颗粒含量。

$$C = \frac{m_1 - m_2}{m_1} \times 100 \tag{T 0303-1}$$

式中：C——小于0.6mm的颗粒含量(%)；

m_1——烘干试样的质量(g)；

m_2——0.6mm筛孔筛上集料的烘干质量(g)。

6.2 按式(T 0303-2)计算细土中小于0.075mm的颗粒含量。

$$F' = \frac{m_3 - m_4}{m_3} \times 100 \tag{T 0303-2}$$

式中：F'——细土中小于0.075mm的颗粒含量(%)；

m_3——细土的烘干质量(g)；

m_4——0.075～0.6mm颗粒的烘干质量(g)。

6.3 按式(T 0303-3)计算整个集料中小于0.075mm的颗粒含量。

$$F = C \times F' \tag{T 0303-3}$$

式中：F——整个集料中小于0.075mm的颗粒含量(%)。

6.4 按式(T 0303-4)计算集料中小于0.075mm的颗粒含量。

$$G = \frac{m_1 - m_5}{m_1} \times 100 \tag{T 0303-4}$$

式中：G——集料中小于0.075mm的颗粒含量(%)；

m_5——0.075mm筛上全部集料的烘干质量(g)。

条文说明

必须注意，采用本方法淘洗掉的部分实际上不完全是“泥”，也包括能够悬浮且能够通过0.075mm筛的极细砂和石粉。

T 0304—2005 粗集料密度及吸水率试验(网篮法)

1 目的与适用范围

本方法适用于测定各种粗集料的表观相对密度、表干相对密度、毛体积相对密度、表观密度、表干密度、毛体积密度，以及粗集料的吸水率。

2 仪具与材料

（1）天平或浸水天平：可悬挂吊篮测定集料的水中质量，称量应满足试样数量称量要求，感量不大于最大称量的0.05%。

（2）吊篮：耐锈蚀材料制成，直径和高度为150mm左右，四周及底部用1～2mm的筛网编制或具有密集的孔眼。

（3）溢流水槽：在称量水中质量时能保持水面高度一定。

（4）烘箱：能控温在105℃±5℃。

（5）毛巾：纯棉制，洁净，也可用纯棉的汗衫布代替。

（6）温度计。

（7）标准筛。

（8）盛水容器（如搪瓷盘）。

（9）其他：刷子等。

3 试验准备

3.1 将试样用标准筛过筛除去其中的细集料，对较粗的粗集料可用4.75mm筛过筛，对2.36mm～4.75mm集料，或者混在4.75mm以下石屑中的粗集料，则用2.36mm标准筛过筛，用四分法或分料器法缩分至要求的质量，分两份备用。对沥青路面用粗集料，应对不同规格的集料分别测定，不得混杂，所取的每一份集料试样应基本上保持原有的级配。在测定2.36～4.75mm的粗集料时，试验过程中应特别小心，不得丢失集料。

3.2 经缩分后供测定密度和吸水率的粗集料质量应符合表T 0304-1的规定。

表T 0304-1 测定密度所需要的试样最小质量

公称最大粒径（mm）	4.75	9.5	16	19	26.5	31.5	37.5	63	75
每一份试样的最小质量（kg）	0.8	1	1	1	1.5	1.5	2	3	3

3.3 将每一份集料试样浸泡在水中，并适当搅动，仔细洗去附在集料表面的尘土和石粉，经多次漂洗干净至水完全清澈为止。清洗过程中不得散失集料颗粒。

4 试验步骤

4.1 取试样一份装入干净的搪瓷盘中，注入洁净的水，水面至少应高出试样20mm，轻轻搅动石料，使附着在石料上的气泡完全逸出。在室温下保持浸水24h。

4.2 将吊篮挂在天平的吊钩上，浸入溢流水槽中，向溢流水槽中注水，水面高度至水槽的溢流孔，将天平调零。吊篮的筛网应保证集料不会通过筛孔流失，对2.36～4.75mm粗集料应更换小孔筛网，或在网篮中加放入一个浅盘。

4.3 调节水温在15～25℃范围内。将试样移入吊篮中。溢流水槽中的水面高度由水槽的溢流孔控制，维持不变。称取集料的水中质量（m_w）。

4.4 提起吊篮，稍稍滴水后，较粗的粗集料可以直接倒在拧干的湿毛巾上。将较细的粗集料（2.36～4.75mm）连同浅盘一起取出，稍稍倾斜搪瓷盘，仔细倒出余水，将粗集料倒在拧干的湿毛巾上，用毛巾吸走从集料中漏出的自由水。此步骤需特别注意不得有颗粒丢失，或有小颗粒附在吊篮上。再用拧干的湿毛巾轻轻擦干集料颗粒的表面水，至表面看不到发亮的水迹，即为饱和面干状态。当粗集料尺寸较大时，宜逐颗擦干。注意对较粗的粗集料，拧湿毛巾时不要太用劲，防止拧得太干，对较细的含水较多的粗集料，毛巾可拧得稍干些。擦颗粒的表面水时，既要将表面水擦掉，又千万不能将颗粒内部的水吸出。整个过程中不得有集料丢失，且已擦干的集料不得继续在空气中放置，以防止集料干燥。

注：对2.36～4.75mm集料，用毛巾擦拭时容易沾附细颗粒集料从而造成集料损失，此时宜改用洁净的纯棉汗衫布擦拭至表干状态。

4.5 立即在保持表干状态下，称取集料的表干质量(m_f)。

4.6 将集料置于浅盘中，放入105℃ ±5℃的烘箱中烘干至恒重。取出浅盘，放在带盖的容器中冷却至室温，称取集料的烘干质量(m_a)。

注：恒重是指相邻两次称量间隔时间大于3h的情况下，其前后两次称量之差小于该项试验要求的精密度，即0.1%。一般在烘箱中烘烤的时间不得少于4～6h。

4.7 对同一规格的集料应平行试验两次，取平均值作为试验结果。

5 计算

5.1 表观相对密度 γ_a、表干相对密度 γ_s、毛体积相对密度 γ_b 按式(T 0304-1)、式(T 0304-2)、式(T 0304-3)计算至小数点后3位。

$$\gamma_a = \frac{m_a}{m_a - m_w} \tag{T 0304-1}$$

$$\gamma_s = \frac{m_f}{m_f - m_w} \tag{T 0304-2}$$

$$\gamma_b = \frac{m_a}{m_f - m_w} \tag{T 0304-3}$$

式中：γ_a——集料的表观相对密度，无量纲；

γ_s——集料的表干相对密度，无量纲；

γ_b——集料的毛体积相对密度，无量纲；

m_a——集料的烘干质量(g)；

m_f——集料的表干质量(g)；

m_w——集料的水中质量(g)。

5.2 集料的吸水率以烘干试样为基准，按式(T 0304-4)计算，精确至0.01%。

$$w_x = \frac{m_f - m_a}{m_a} \times 100 \tag{T 0304-4}$$

式中：w_x——粗集料的吸水率(%)。

5.3 粗集料的表观密度(视密度)ρ_a、表干密度 ρ_s、毛体积密度 ρ_b，按式(T 0304-5)、式(T 0304-6)、式(T 0304-7)计算，准确至小数点后3位。不同水温条件下测量的粗集料表观密度需进行水温修正，不同试验温度下水的密度 ρ_T 及水的温度修正系数 α_T 按附录B选用。

$$\rho_a = \gamma_a \times \rho_T \quad \text{或} \quad \rho_a = (\gamma_a - \alpha_T) \times \rho_w \tag{T 0304-5}$$

$$\rho_s = \gamma_s \times \rho_T \quad \text{或} \quad \rho_s = (\gamma_s - \alpha_T) \times \rho_w \tag{T 0304-6}$$

$$\rho_b = \gamma_b \times \rho_T \quad \text{或} \quad \rho_b = (\gamma_b - \alpha_T) \times \rho_w \tag{T 0304-7}$$

式中：ρ_a——粗集料的表观密度(g/cm^3)；

ρ_s——粗集料的表干密度(g/cm^3)；

ρ_b——粗集料的毛体积密度(g/cm^3)；

ρ_T——试验温度 T 时水的密度(g/cm^3)，按附录B表B-1取用；

α_T——试验温度 T 时的水温修正系数；

ρ_w——水在4℃时的密度($1.000g/cm^3$)。

6 精密度或允许差

重复试验的精密度，对表观相对密度、表干相对密度、毛体积相对密度，两次结果相差不得超过

0.02,对吸水率不得超过0.2%。

条文说明

现在对粗集料的密度、相对密度的定义、测定、使用方法比较混乱,常常出现错误的理解。首先应特别注意各种相对密度和密度的不同用途,工程上常用相对密度而少用密度。例如在沥青混合料的配合比设计时,常用表观相对密度、毛体积相对密度,有时(如日本)也用表干相对密度,而对水泥混凝土材料则常用表干相对密度。

本规程在测定集料密度时考虑了测定时不同温度的水的密度的影响,计算试验温度下的密度。可是实际上沥青混合料配合比设计或施工质量检验计算最大理论相对密度时,使用的是室温条件下粗集料与水的相对密度(水在不同温度时的密度见附录B表B-1),此温度差对混合料的空隙率有影响。规程是先测定粗集料相对密度,在需要时再计算密度。美国AASHTO T 85(ASTM C 127)特别强调了三种密度与相对密度的不同,相对密度以23℃/23℃为准,与4℃密度相差0.997 5倍,所以使用时绝对不能混淆。

必须注意,在沥青混合料配合比设计时,仅需要测定集料的相对密度,而不是经过温度换算后的密度。由于集料相对密度的测定值很大程度上影响沥青混合料的理论最大相对密度和空隙率等一系列体积指标的准确性,所以准确测定集料的相对密度至关重要。许多工程混合料的空隙率不准都是因为相对密度测定不准确造成的。

密度是在一定条件下测量的单位体积的质量,单位为t/m^3或g/cm^3,通常以ρ表示。对材料内部没有孔隙的匀质材料,测定的密度只有一种。但对于工程上用的粗细集料,由于材料状态及测定条件的不同,便衍生出各种各样的“密度”来。计算密度用的质量有干燥质量与潮湿质量的不同,计算用的体积也因所包含集料内部的孔隙情况不同,因而计算结果就不一样,由此得出不同的密度定义。

①真实密度:矿粉的密度接近于真实密度,它是规定条件下,材料单位体积(全部为矿质材料的体积,不计任何内部孔隙)的质量,也叫真密度。

②毛体积密度:其计算单位体积为表面轮廓线范围内的全部毛体积,包含了材料实体、开口及闭口孔隙。当质量以干质量(烘干)为准时,称绝干毛体积密度,即通常所称的毛体积密度。

③表干密度:其计算单位体积与毛体积密度相同,但计算质量以表干质量(饱和面干状态,包括了吸入开口孔隙中的水)为准时,称表干毛体积密度,即通常所称的表干密度。

④表观密度:材料单位体积中包含了材料实体及不吸水的闭口孔隙,但不包括能吸水的开口孔隙,也称视密度。

本规程T 0304及T 0308规定了粗集料的各种密度和各种相对密度的测定方法。测定时,集料的烘干质量(绝干状态)为m_a,即矿质实体的质量。当用网篮或广口瓶测定集料的水中质量时,由浮力测定的集料排开水的体积即为矿质实体包括内部闭口孔隙在内的体积,即烘干质量m_a与水中质量m_w之差。并由此计算得表观相对密度(Apparent Specific Gravity)。

当集料成为表干状态(即饱和面干状态)时,集料仅擦干了表面水,开口孔隙中仍充满了水,集料的表干质量m_f与水中质量m_w之差相当于除了浮力以外又加上了开口孔隙的体积,即为集料的毛体积。由此求得的绝干毛体积相对密度,即通常所称的毛体积相对密度(Bulk Specific Gravity,简称B-S-G)。

粗集料的表干状态不易掌握好,用拧干的湿毛巾轻轻擦去表面水渍,但切不可过分,不得将内部的毛细水吸出。

表干相对密度(Saturated Surface-Dry Bulk Specific Gravity)是在计算时使用已被水浸满开口孔隙的毛体积质量(饱和面干质量)作为集料质量。

在测得三种相对密度后便可以利用附录B水的温度与密度的关系,换算得到表观密度(Apparent Density)、毛体积密度(Bulk Density)及表干密度(Saturated Surface-Dry Bulk Density)。

集料的吸水率 w_x 即吸入集料开口孔隙中的水的质量与集料固体部分质量之比。

本规程以 γ_a 代表表观相对密度，γ_s 代表表干相对密度，γ_b 代表毛体积相对密度，w_x 代表吸水率，这几个测定值之间可互相换算：

$$\gamma_s = \left(1 + \frac{w_x}{100}\right) \times \gamma_b$$

$$\gamma_a = \frac{1}{\dfrac{1}{\gamma_b} - \dfrac{w_x}{100}}$$

$$\gamma_a = \frac{1}{\dfrac{1 + w_x/100}{\gamma_s} - \dfrac{w_x}{100}}$$

$$w_x = \left(\frac{1}{\gamma_b} - \frac{1}{\gamma_a}\right) \times 100$$

关于密度与相对密度的试验精密度要求，美国 ASTM C 127 的规定如表 T 0304-2，可参考使用。但是在试验时必须努力减小误差，因为真正按照下面的误差，在使用于沥青混合料的最大相对密度和空隙率计算时，造成的差异就太大了。

表 T 0304-2　ASTM C 127 对密度试验的精密度要求

项　　目	标　准　差	两次结果的允许差
重　现　性		
表观相对密度	0.007	0.020
表干相对密度	0.007	0.020
毛体积相对密度	0.009	0.025
吸水率	0.088	0.25
再　现　性		
表观相对密度	0.011	0.032
表干相对密度	0.011	0.032
毛体积相对密度	0.013	0.038
吸水率	0.145	0.41

原规程的本方法要求集料都用 4.75mm 过筛后测定，即它只适用于 4.75mm 以上粗集料。但是为沥青混合料测定 2.36～4.75mm 粗集料各种密度的需要，本规程修订时将其扩大至 2.36mm 以上。但是对 2.36～4.75mm 这一档料，毕竟比较困难，因其容易散失，或者黏附在网篮、毛巾上。为此本规程容许在网篮中放一个浅盘，取出浅盘时其中肯定有水，在倒水时千万要注意不能将集料一起倒出。集料中的水倒得不干净，将会使毛巾太湿，所以毛巾可以拧得干一些，甚至换一块毛巾擦拭。如果用毛巾容易沾附细颗粒，也可以采用纯棉的汗衫布擦。总之，按此法试验时，不致集料散失和擦干到饱和面干状态要恰到好处是控制试验精度的关键。

集料的密度对沥青混合料的配合比设计特别重要，但往往试验误差也比较大，所以必须仔细按照试验规程的方法执行，千万不可各行其是。

为了考察集料在沥青中吸附沥青的情况，日本有一种集料在沥青中的浸渍密度的试验方法，在研究集料吸收沥青的程度或有效沥青含量时常采用此方法，试验时不用水作为介质，而采用热沥青。由于该方法使用较少，本规程未列入，有兴趣者可以参照日本道路公团试验方法进行。

T 0305—1994　粗集料含水率试验

1　目的与适用范围

测定碎石或砾石等各种粗集料的含水率。

2　仪具与材料

(1)烘箱:能使温度控制在105℃ ±5℃。
(2)天平:称量5kg,感量不大于5g。
(3)容器:如浅盘等。

3　试验步骤

3.1　根据最大粒径,按T 0301的方法取代表性试样,分成两份备用。

3.2　将试样置于干净的容器中,称量试样和容器的总质量(m_1),并在105℃ ±5℃的烘箱中烘干至恒重。

3.3　取出试样,冷却后称取试样与容器的总质量(m_2)。

4　计算

含水率按式(T 0305-1)计算,精确至0.1%。

$$w = \frac{m_1 - m_2}{m_2 - m_3} \times 100 \qquad (\text{T 0305-1})$$

式中:w——粗集料的含水率(%);
m_1——烘干前试样与容器总质量(g);
m_2——烘干后试样与容器总质量(g);
m_3——容器质量(g)。

5　报告

以两次平行试验结果的算术平均值作为测定值。

T 0306—1994　粗集料含水率快速试验(酒精燃烧法)

1　目的与适用范围

快速测定碎石或砾石的含水率。

2　仪具与材料

(1)天平:称量1 000g,感量不大于1.0g。
(2)容器:铁或铝制浅盘。
(3)大于50mL的量筒或量杯。
(4)酒精:普通工业酒精。

3　试验步骤

3.1　取洁净容器,称其质量(m_0)。

3.2 向干净的容器中加入约500g试样，称取试样与容器合质量(m_1)。

3.3 向容器中的试样加入酒精约50mL，拌和均匀点火燃烧，并不断翻拌试样，待火焰熄灭后，过1min再加入酒精约50mL，仍按上述步骤进行。

3.4 待第二次火焰熄灭后，称取干试样与容器总质量(m_2)。

注：试样经两次燃烧，表面应呈干燥色，否则须再加酒精燃烧一次。

4 计算

粗集料含水率按式(T 0306-1)计算，精确至0.1%。

$$w = \frac{m_1 - m_2}{m_2 - m_0} \times 100 \qquad (\text{T 0306-1})$$

式中：w——粗集料含水率(%)；

m_0——容器质量(g)；

m_1——烧干前试样与容器总质量(g)；

m_2——烘干后试样与容器总质量(g)。

5 报告

以两次平行试验结果的算术平均值作为测定值。

T 0307—2005 粗集料吸水率试验

1 目的与适用范围

测定碎石或砾石的吸水率，即测定以烘干质量为基准的饱和面干状态含水率。

2 仪具与材料

(1)烘箱：能使温度控制在105℃±5℃。

(2)天平：称量5kg，感量不大于5g。

(3)标准筛：孔径为4.75mm、2.36mm。

(4)其他：容器、浅盘、金属丝刷和毛巾等。

3 试验准备

将取来样过筛，对水泥混凝土的集料采用4.75mm筛，沥青混合料的集料用2.36mm筛，分别筛去筛孔以下的颗粒。然后按T 0301的方法制备试样，分成两份，用金属丝刷子刷净后备用。

4 试验步骤

4.1 取试样1份置于盛水的容器中，使水面高出试样表面5mm左右，24h后从水中取出试样，并用拧干的湿毛巾将颗粒表面的水分轻轻拭干，即成饱和面干试样。立即将试样放在浅盘中称量(m_2)。在整个试验过程中，水温须保持在20℃±5℃。

4.2 将饱和面干试样连同浅盘置于105℃±5℃的烘箱中烘干至恒重，然后取出，放入带盖的容器中冷却1h以上，称取烘干试样与浅盘的总质量(m_1)。

5 计算

吸水率按式(T 0307-1)计算，精确至0.01%。

$$w_x = \frac{m_2 - m_1}{m_1 - m_3} \times 100 \qquad (\text{T 0307-1})$$

式中：w_x——集料的吸水率(%)；

m_1——烘干试样与浅盘总质量(g)；

m_2——烘干前饱和面干试样与浅盘总质量(g)；

m_3——浅盘的质量(g)。

6 报告

以两次平行试验结果的算术平均值作为测定值。

T 0308—2005 粗集料密度及吸水率试验(容量瓶法)

1 目的与适用范围

1.1 本方法适用于测定碎石、砾石等各种粗集料的表观相对密度、表干相对密度、毛体积相对密度、表观密度、表干密度、毛体积密度，以及粗集料的吸水率。

1.2 本方法测定的结果不适用于仲裁及沥青混合料配合比设计计算理论密度时使用。

2 仪具与材料

(1)天平或浸水天平：可悬挂吊篮测定集料的水中质量，称量应满足试样数量称量要求，感量不大于最大称量的0.05%。

(2)容量瓶：1 000mL，也可用磨口的广口玻璃瓶代替，并带玻璃片。

(3)烘箱：能控温在105℃ ±5℃。

(4)标准筛：4.75mm、2.36mm。

(5)其他：刷子、毛巾等。

3 试验准备

3.1 将取来样过筛，对水泥混凝土的集料采用4.75mm 筛，沥青混合料的集料用2.36mm筛，分别筛去筛孔以下的颗粒。然后用四分法或分料器法缩分至表 T 0308-1 要求的质量，分两份备用。

表 T 0308-1 测定密度所需要的试样最小质量

公称最大粒径(mm)	4.75	9.5	16	19	26.5	31.5	37.5	63	75
每一份试样的最小质量(kg)	0.8	1	1	1	1.5	1.5	2	3	3

3.2 将每一份集料试样浸泡在水中，仔细洗去附在集料表面的尘土和石粉，经多次漂洗干净至水清澈为止。清洗过程中不得散失集料颗粒。

4 试验步骤

4.1 取试样一份装入容量瓶(广口瓶)中，注入洁净的水(可滴入数滴洗涤灵)，水面高出试样，轻轻摇动容量瓶，使附着在石料上的气泡逸出。盖上玻璃片，在室温下浸水24h。

注：水温应在15 ~25℃范围内，浸水最后2h 内的水温相差不得超过2℃。

4.2 向瓶中加水至水面凸出瓶口，然后盖上容量瓶塞，或用玻璃片沿广口瓶瓶口迅速滑行，使其紧贴瓶口水面。玻璃片与水面之间不得有空隙。

4.3 确认瓶中没有气泡，擦干瓶外的水分后，称取集料试样、水、瓶及玻璃片的总质量(m_2)。

4.4 将试样倒入浅搪瓷盘中，稍稍倾斜搪瓷盘，倒掉流动的水，再用毛巾吸干漏出的自由水。需要时可称取带表面水的试样质量(m_4)。

4.5 用拧干的湿毛巾轻轻擦干颗粒的表面水，至表面看不到发亮的水迹，即为饱和面干状态。当粗集料尺寸较大时，可逐颗擦干。注意拧湿毛巾时不要太用劲，防止拧得太干。擦颗粒的表面水时，既要将表面水擦掉，又不能将颗粒内部的水吸出。整个过程中不得有集料丢失。

4.6 立即称取饱和面干集料的表干质量(m_3)。

4.7 将集料置于浅盘中，放入105℃ ±5℃的烘箱中烘干至恒重。取出浅盘，放在带盖的容器中冷却至室温，称取集料的烘干质量(m_0)。

注：恒重是指相邻两次称量间隔时间大于3h的情况下，其前后两次称量之差小于该项试验所要求的精密度，即0.1%。一般在烘箱中烘烤的时间不得少于4~6h。

4.8 将瓶洗净，重新装入洁净水，盖上容量瓶塞，或用玻璃片紧贴广口瓶瓶口水面。玻璃片与水面之间不得有空隙。确认瓶中没有气泡，擦干瓶外水分后称取水、瓶及玻璃片的总质量(m_1)。

5 计算

5.1 表观相对密度γ_a、表干相对密度γ_s、毛体积相对密度γ_b按式(T 0308-1)、式(T 0308-2)、式(T 0308-3)计算至小数点后3位。

$$\gamma_a = \frac{m_0}{m_0 + m_1 - m_2} \tag{T 0308-1}$$

$$\gamma_s = \frac{m_3}{m_3 + m_1 - m_2} \tag{T 0308-2}$$

$$\gamma_b = \frac{m_0}{m_3 + m_1 - m_2} \tag{T 0308-3}$$

式中：γ_a——集料的表观相对密度，无量纲；

γ_s——集料的表干相对密度，无量纲；

γ_b——集料的毛体积相对密度，无量纲；

m_0——集料的烘干质量(g)；

m_1——水、瓶及玻璃片的总质量(g)；

m_2——集料试样、水、瓶及玻璃片的总质量(g)；

m_3——集料的表干质量(g)。

5.2 集料的吸水率w_x、含水率w以烘干试样为基准，按式(T 0308-4)、式(T 0308-5)计算，精确至0.1%。

$$w_x = \frac{m_3 - m_0}{m_0} \times 100 \tag{T 0308-4}$$

$$w = \frac{m_4 - m_0}{m_0} \times 100 \tag{T 0308-5}$$

式中：m_4——集料饱和状态下含表面水的湿质量(g)；

w_x——集料的吸水率(%)；

w——集料的含水率(%)。

5.3 当水泥混凝土集料需要以饱和面干试样作为基准求取集料的吸水率w_x时，按式(T 0308-6)计算，精确至0.1%，但需在报告中予以说明。

$$w_x = \frac{m_3 - m_0}{m_3} \times 100 \tag{T 0308-6}$$

式中：w_x——集料的吸水率(%)。

5.4 粗集料的表观密度ρ_a、表干密度ρ_s、毛体积密度ρ_b按式(T 0308-7)、式(T 0308-8)、式(T 0308-9)计算至小数点后3位。

$$\rho_a = \gamma_a \times \rho_T \quad 或 \quad \rho_a = (\gamma_a - \alpha_T) \times \rho_w \tag{T 0308-7}$$

$$\rho_s = \gamma_s \times \rho_T \quad 或 \quad \rho_s = (\gamma_s - \alpha_T) \times \rho_w \tag{T 0308-8}$$

$$\rho_b = \gamma_b \times \rho_T \quad 或 \quad \rho_b = (\gamma_b - \alpha_T) \times \rho_w \tag{T 0308-9}$$

式中：ρ_a——集料的表观密度(g/cm³)；

ρ_s——集料的表干密度(g/cm³)；

ρ_b——集料的毛体积密度(g/cm³)；

ρ_T——试验温度 T 时水的密度(g/cm³)，按附录 B 表 B-1 取用；

α_T——试验温度 T 时的水温修正系数，按附录 B 表 B-1 取用；

ρ_w——水在4℃时的密度(1.000g/cm³)。

6 精密度或允许差

重复试验的精密度，两次结果之差对相对密度不得超过0.02，对吸水率不得超过0.2%。

条文说明

对粗集料，通常要求按 T 0304 用网篮法测定其密度及吸水率，当集料颗粒较小时(如对 3～5mm 集料)，也可借用细集料的方法 T 0330 用容量瓶测定。在工地上快速测定时，可用广口瓶代替容量瓶测定粗集料相对密度，由于瓶外的水的影响及玻璃盖不易盖好等原因，试验精密度有影响，所以原规程称为简易法。此方法中的含水率与饱水率有所不同，饱水率需要真空排除气泡，吸水量要大一些，含水率相当于天然下雨水分达到饱和的情况。原规程关于表面含水率的概念不甚清楚，实践中也无使用价值，故予以删除。

T 0309—2005 粗集料堆积密度及空隙率试验

1 目的与适用范围

测定粗集料的堆积密度，包括自然堆积状态、振实状态、捣实状态下的堆积密度，以及堆积状态下的间隙率。

2 仪具与材料

(1)天平或台秤：感量不大于称量的 0.1%。

(2)容量筒：适用于粗集料堆积密度测定的容量筒应符合表T 0309-1的要求。

(3)平头铁锹。

表 T 0309-1 容量筒的规格要求

粗集料公称最大粒径(mm)	容量筒容积(L)	容量筒规格(mm)			筒壁厚度(mm)
		内径	净高	底厚	
≤4.75	3	155±2	160±2	5.0	2.5
9.5～26.5	10	205±2	305±2	5.0	2.5
31.5～37.5	15	255±5	295±5	5.0	3.0
≥53	30	355±5	305±5	5.0	3.0

(4)烘箱：能控温 105℃±5℃。

(5)振动台：频率为 3 000 次/min±200 次/min，负荷下的振幅为 0.35mm，空载时的振幅为 0.5mm。

(6)捣棒：直径 16mm、长 600mm、一端为圆头的钢棒。

3　试验准备

按 T 0301 的方法取样、缩分，质量应满足试验要求，在 105℃ ±5℃的烘箱中烘干，也可以摊在清洁的地面上风干，拌匀后分成两份备用。

4　试验步骤

4.1　自然堆积密度

取试样 1 份，置于平整干净的水泥地（或铁板）上，用平头铁锹铲起试样，使石子自由落入容量筒内。此时，从铁锹的齐口至容量筒上口的距离应保持为 50mm 左右，装满容量筒并除去凸出筒口表面的颗粒，并以合适的颗粒填入凹陷空隙，使表面稍凸起部分和凹陷部分的体积大致相等，称取试样和容量筒总质量（m_2）。

4.2　振实密度

按堆积密度试验步骤，将装满试样的容量筒放在振动台上，振动 3min，或者将试样分三层装入容量筒：装完一层后，在筒底垫放一根直径为 25mm 的圆钢筋，将筒按住，左右交替颠击地面各 25 下；然后装入第二层，用同样的方法颠实（但筒底所垫钢筋的方向应与第一层放置方向垂直）；然后再装入第三层，如法颠实。待三层试样装填完毕后，加料填到试样超出容量筒口，用钢筋沿筒口边缘滚转，刮下高出筒口的颗粒，用合适的颗粒填平凹处，使表面稍凸起部分和凹陷部分的体积大致相等，称取试样和容量筒总质量（m_2）。

4.3　捣实密度

根据沥青混合料的类型和公称最大粒径，确定起骨架作用的关键性筛孔（通常为4.75mm或2.36mm等）。将矿料混合料中此筛孔以上颗粒筛出，作为试样装入符合要求规格的容器中达 1/3 的高度，由边至中用捣棒均匀捣实 25 次。再向容器中装入 1/3 高度的试样，用捣棒均匀地捣实 25 次，捣实深度约至下层的表面。然后重复上一步骤，加最后一层，捣实 25 次，使集料与容器口齐平。用合适的集料填充表面的大空隙，用直尺大体刮平，目测估计表面凸起部分与凹陷部分的容积大致相等，称取容量筒与试样的总质量（m_2）。

4.4　容量筒容积的标定

用水装满容量筒，测量水温，擦干筒外壁的水分，称取容量筒与水的总质量（m_w），并按水的密度对容量筒的容积作校正。

5　计算

5.1　容量筒的容积按式（T 0309-1）计算。

$$V = \frac{m_w - m_1}{\rho_T} \quad \text{(T 0309-1)}$$

式中：V——容量筒的容积（L）；

m_1——容量筒的质量（kg）；

m_w——容量筒与水的总质量（kg）；

ρ_T——试验温度 T 时水的密度（g/cm^3），按附录 B 表 B-1 选用。

5.2　堆积密度（包括自然堆积状态、振实状态、捣实状态下的堆积密度）按式（T 0309-2）计算至小数点后 2 位。

$$\rho = \frac{m_2 - m_1}{V} \quad \text{(T 0309-2)}$$

式中：ρ——与各种状态相对应的堆积密度（t/m^3）；

m_1——容量筒的质量（kg）；

m_2——容量筒与试样的总质量（kg）；

V——容量筒的容积(L)。

5.3 水泥混凝土用粗集料振实状态下的空隙率按式(T 0309-3)计算。

$$V_c = \left(1 - \frac{\rho}{\rho_a}\right) \times 100 \quad (T\ 0309\text{-}3)$$

式中:V_c——水泥混凝土用粗集料的空隙率(%);

ρ_a——粗集料的表观密度(t/m³);

ρ——按振实法测定的粗集料的堆积密度(t/m³)。

5.4 沥青混合料用粗集料骨架捣实状态下的间隙率按式(T 0309-4)计算。

$$VCA_{DRC} = \left(1 - \frac{\rho}{\rho_b}\right) \times 100 \quad (T\ 0309\text{-}4)$$

式中:VCA_{DRC}——捣实状态下粗集料骨架间隙率(%);

ρ_b——按 T 0304 确定的粗集料的毛体积密度(t/m³);

ρ——按捣实法测定的粗集料的自然堆积密度(t/m³)。

6 报告

以两次平行试验结果的平均值作为测定值。

条文说明

在 2000 年版规程中,对水泥混凝土集料及沥青路面集料规定有两套不同系列的容量筒,实际上相差很小,根本没有必要,为此本次修改时将其统一为相同的一套,使与国外规定一致。

在美国对沥青玛蹄脂碎石混合料(SMA)进行配合比设计时,规定粗集料的松容重和单纯粗集料的集料间隙率 VCA_{DRC} 按照 AASHTO T 19 方法或 ASTM C 29 方法(Unit Weight and Voids in Aggregate)测定。但此时关于粗集料的定义需改为,起粗集料骨架作用的关键性筛孔通常是 4.75mm 或 2.36mm,将沥青混合料按配比组成的集料混合料中此筛孔以上的粗集料筛出作为试验用的试样。具体方法是:将粗集料分 3 次装入容器中,每次用一根直径 16mm、长 600mm、一端为圆头的钢棒,均匀地捣实集料 25 次,计算粗集料的堆积容重。

T 0310—2005 粗集料含泥量及泥块含量试验

1 目的与适用范围

测定碎石或砾石中小于 0.075mm 的尘屑、淤泥和黏土的总含量及 4.75mm 以上泥块颗粒含量。

2 仪具与材料

(1)台秤:感量不大于称量的 0.1%。

(2)烘箱:能控温 105℃ ±5℃。

(3)标准筛:测含泥量时用孔径为 1.18mm、0.075mm 的方孔筛各 1 只;测泥块含量时,则用 2.36mm 及 4.75mm 的方孔筛各 1 只。

(4)容器:容积约 10L 的桶或搪瓷盘。

(5)浅盘、毛刷等。

3 试验准备

按 T 0301 方法取样,将来样用四分法或分料器法缩分至表 T 0310-1 所规定的量(注意防止细粉丢失并防止所含黏土块被压碎)，置于温度为105℃ ±5℃的烘箱内烘干至恒重，冷却至室温后分成两份备用。

表 T 0310-1　含泥量及泥块含量试验所需试样最小质量

公称最大粒径(mm)	4.75	9.5	16	19	26.5	31.5	37.5	63	75
试样最小质量(kg)	1.5	2	2	6	6	10	10	20	20

4　试验步骤

4.1　含泥量试验步骤

4.1.1　称取试样1份(m_0)装入容器内，加水，浸泡24h，用手在水中淘洗颗粒(或用毛刷洗刷)，使尘屑、黏土与较粗颗粒分开，并使之悬浮于水中；缓缓地将浑浊液倒入1.18mm及0.075mm的套筛上，滤去小于0.075mm的颗粒。试验前筛子的两面应先用水湿润，在整个试验过程中，应注意避免大于0.075mm的颗粒丢失。

4.1.2　再次加水于容器中，重复上述步骤，直到洗出的水清澈为止。

4.1.3　用水冲洗余留在筛上的细粒，并将0.075mm筛放在水中(使水面略高于筛内颗粒)来回摇动，以充分洗除小于0.075mm的颗粒，而后将两只筛上余留的颗粒和容器中已经洗净的试样一并装入浅盘，置于温度为105℃ ±5℃的烘箱中烘干至恒重，取出冷却至室温后，称取试样的质量(m_1)。

4.2　泥块含量试验步骤

4.2.1　取试样1份。

4.2.2　用4.75mm筛将试样过筛，称出筛去4.75mm以下颗粒后的试样质量(m_2)。

4.2.3　将试样在容器中摊平，加水使水面高出试样表面，24h后将水放掉，用手捻压泥块，然后将试样放在2.36mm筛上用水冲洗，直至洗出的水清澈为止。

4.2.4　小心地取出2.36mm筛上试样，置于温度为105℃ ±5℃的烘箱中烘干至恒重，取出冷却至室温后称量(m_3)。

5　计算

5.1　碎石或砾石的含泥量按式(T 0310-1)计算，精确至0.1%。

$$Q_n = \frac{m_0 - m_1}{m_0} \times 100 \qquad (T\ 0310\text{-}1)$$

式中：Q_n——碎石或砾石的含泥量(%)；

m_0——试验前烘干试样质量(g)；

m_1——试验后烘干试样质量(g)。

以两次试验的算术平均值作为测定值，两次结果的差值超过0.2%时，应重新取样进行试验。对沥青路面用集料，此含泥量记为小于0.075mm颗粒含量。

5.2　碎石或砾石中黏土泥块含量按式(T 0310-2)计算，精确至0.1%。

$$Q_k = \frac{m_2 - m_3}{m_2} \times 100 \qquad (T\ 0310\text{-}2)$$

式中：Q_k——碎石或砾石中黏土泥块含量(%)；

m_2——4.75mm筛筛余量(g)；

m_3——试验后烘干试样质量(g)。

以两个试样两次试验结果的算术平均值为测定值，两次结果的差值超过0.1%时，应重新取样进行试验。

T 0311—2005 水泥混凝土用粗集料针片状颗粒含量试验(规准仪法)

1 目的与适用范围

1.1 本方法适用于测定水泥混凝土使用的4.75mm以上的粗集料的针状及片状颗粒含量,以百分率计。

1.2 本方法测定的针片状颗粒,是指使用专用规准仪测定的粗集料颗粒的最小厚度(或直径)方向与最大长度(或宽度)方向的尺寸之比小于一定比例的颗粒。

1.3 本方法测定的粗集料中针片状颗粒的含量,可用于评价集料的形状及其在工程中的适用性。

2 仪具与材料

(1)水泥混凝土集料针状规准仪和片状规准仪见图T 0311-1和图T 0311-2,片状规准仪的钢板基板厚度3mm,尺寸应符合表T 0311-1的要求。

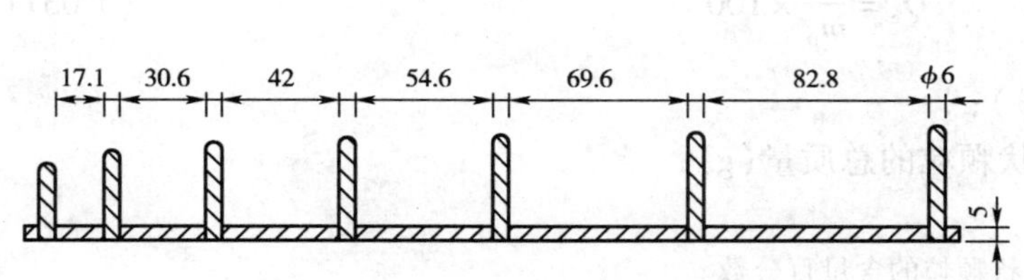

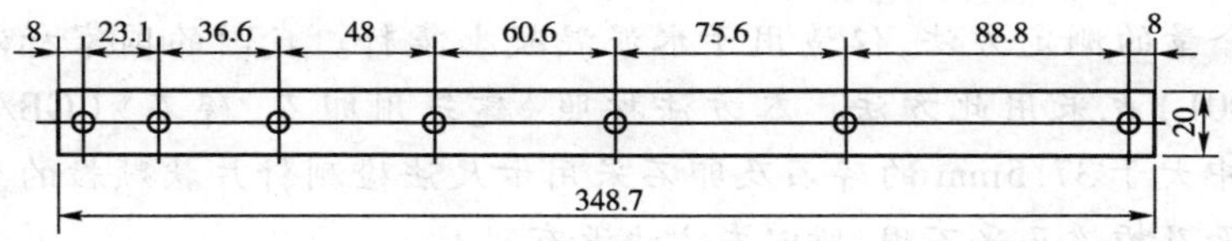

图T 0311-1 针状规准仪(尺寸单位:mm)

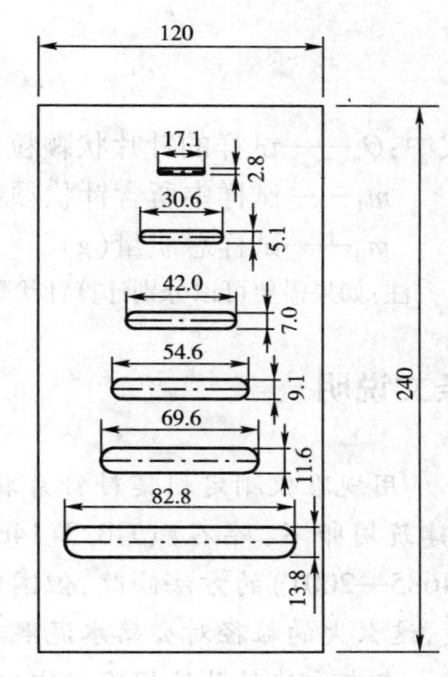

图T 0311-2 片状规准仪(尺寸单位:mm)

表T 0311-1 水泥混凝土集料针片状颗粒试验的粒级划分及其相应的规准仪孔宽或间距

粒级(方孔筛)(mm)	4.75~9.5	9.5~16	16~19	19~26.5	26.5~31.5	31.5~37.5
针状规准仪上相对应的立柱之间的间距宽(mm)	17.1 (B_1)	30.6 (B_2)	42.0 (B_3)	54.6 (B_4)	69.6 (B_5)	82.8 (B_6)
片状规准仪上相对应的孔宽(mm)	2.8 (A_1)	5.1 (A_2)	7.0 (A_3)	9.1 (A_4)	11.6 (A_5)	13.8 (A_6)

(2)天平或台秤:感量不大于称量值的0.1%。

(3)标准筛:孔径分别为4.75mm、9.5mm、16mm、19mm、26.5mm、31.5mm、37.5mm,试验时根据需要选用。

3 试验准备

将来样在室内风干至表面干燥,并用四分法或分料器法缩分至满足表T 0311-2规定的质量,称量(m_0),然后筛分成表T 0311-2所规定的粒级备用。

表 T 0311-2　针片状颗粒试验所需的试样最小质量

公称最大粒径(mm)	9.5	16	19	26.5	31.5	37.5
试样最小质量(kg)	0.3	1	2	3	5	10

4　试验步骤

4.1　目测挑出接近立方体形状的规则颗粒，将目测有可能属于针片状颗粒的集料按表 T 0311-2 所规定的粒级用规准仪逐粒对试样进行针状颗粒鉴定，挑出颗粒长度大于针状规准仪上相应间距而不能通过者，为针状颗粒。

4.2　将通过针状规准仪上相应间距的非针状颗粒逐粒对试样进行片状颗粒鉴定，挑出厚度小于片状规准仪上相应孔宽能通过者，为片状颗粒。

4.3　称量由各粒级挑出的针状颗粒和片状颗粒的质量，其总质量为 m_1。

5　计算

碎石或砾石中针片状颗粒含量按式(T 0311-1)计算，精确至 0.1%。

$$Q_e = \frac{m_1}{m_0} \times 100 \qquad (T\ 0311\text{-}1)$$

式中：Q_e——试样的针片状颗粒含量(%)；

m_1——试样中所含针状颗粒与片状颗粒的总质量(g)；

m_0——试样总质量(g)。

注：如果需要可以分别计算针状颗粒和片状颗粒的含量百分数。

条文说明

用规准仪测定粗集料针片状颗粒含量的测定方法，仅适用于水泥混凝土集料。我国的国家标准《建筑用卵石、碎石》(GB/T 14685—2001)也采用此方法。本方法按照《建筑用卵石、碎石》(GB/T 14685—2001)的方法修改，但国家标准中大于 37.5mm 的碎石及卵石采用卡尺法检测针片状颗粒的含量，这么大的粒径对公路水泥混凝土路面及桥梁几乎不用，所以本方法没有列入。

在本方法的片状规准仪中，针状颗粒及片状颗粒的定义并没有一定的比例。片状规准仪的开口尺寸比例为 1:6，但是实际上通过该孔的集料的比例也不一定是小于 1:6的。以 4.75～9.5mm 集料为例，用间距 17.1mm 鉴定，凡是颗粒长度大于 17.1mm 者为针状颗粒，则比例为不小于 1.8～3.6 倍；将通过 17.1mm 的颗粒用 2.8mm 宽的片状规准仪鉴定，凡是厚度小于 2.8mm 的为片状颗粒，则比例为不小于 1.7～3.4 倍。如果某颗粒长度恰好为 17.1mm，而宽度小于 2.8mm，则其倍数大于 6.1 倍。也就是说通不过针状颗粒规准仪及通过片状颗粒规准仪的颗粒的最大长度与最小厚度的比例可能为 1.7 倍～6.1倍，所以用规准仪法测定的针片状颗粒含量也要比 T 0312 用卡尺法测定的 1:3要少得多。这一点务必注意，两个方法千万不能混用。

T 0312—2005　粗集料针片状颗粒含量试验(游标卡尺法)

1　目的与适用范围

1.1　本方法适用于测定粗集料的针状及片状颗粒含量，以百分率计。

1.2　本方法测定的针片状颗粒，是指用游标卡尺测定的粗集料颗粒的最大长度(或宽度)方向与最小厚度(或直径)方向的尺寸之比大于 3 倍的颗粒。有特殊要求采用其他比例时，应在试验报告中注明。

1.3 本方法测定的粗集料中针片状颗粒的含量,可用于评价集料的形状和抗压碎能力,以评定石料生产厂的生产水平及该材料在工程中的适用性。

2 仪具与材料

(1)标准筛:方孔筛4.75mm。

(2)游标卡尺:精密度为0.1mm。

(3)天平:感量不大于1g。

3 试验步骤

3.1 按本规程 T 0301 方法,采集粗集料试样。

3.2 按分料器法或四分法选取1kg左右的试样。对每一种规格的粗集料,应按照不同的公称粒径,分别取样检验。

3.3 用4.75mm 标准筛将试样过筛,取筛上部分供试验用,称取试样的总质量 m_0,准确至1g,试样数量应不少于800g,并不少于100颗。

注:对2.36~4.75mm级粗集料,由于卡尺量取有困难,故一般不作测定。

3.4 将试样平摊于桌面上,首先用目测挑出接近立方体的颗粒,剩下可能属于针状(细长)和片状(扁平)的颗粒。

3.5 按图 T 0312-1 所示的方法将欲测量的颗粒放在桌面上成一稳定的状态,图中颗粒平面方向的最大长度为 L,侧面厚度的最大尺寸为 t,颗粒最大宽度为 $w(t<w<L)$,用卡尺逐颗测量石料的 L 及 t,将 $L/t \geqslant 3$ 的颗粒(即最大长度方向与最大厚度方向的尺寸之比大于3的颗粒)分别挑出作为针片状颗粒。称取针片状颗粒的质量 m_1,准确至1g。

注:稳定状态是指平放的状态,不是直立状态,侧面厚度的最大尺寸 t 为图中状态的颗粒顶部至平台的厚度,是在最薄的一个面上测量的,但并非颗粒中最薄部位的厚度。

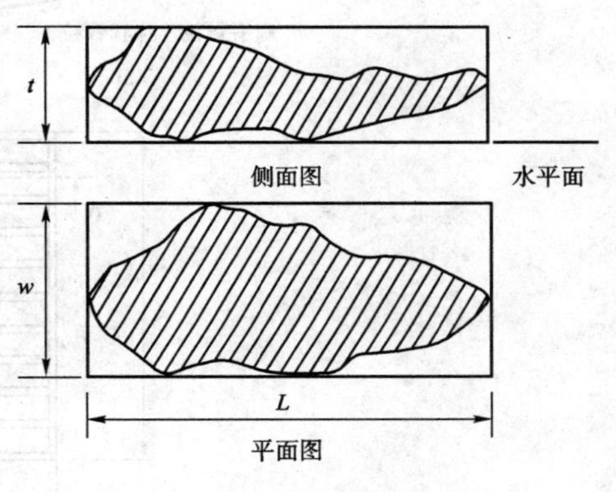

图 T 0312-1 针片状颗粒稳定状态

4 计算

按公式(T 0312-1)计算针片状颗粒含量。

$$Q_e = \frac{m_1}{m_0} \times 100 \tag{T 0312-1}$$

式中:Q_e——针片状颗粒含量(%);

m_0——试验用的集料总质量(g);

m_1——针片状颗粒的质量(g)。

5 报告

5.1 试验要平行测定两次,计算两次结果的平均值。如两次结果之差小于平均值的20%,取平均值为试验值;如大于或等于20%,应追加测定一次,取三次结果的平均值为测定值。

5.2 试验报告应报告集料的种类、产地、岩石名称、用途。

条文说明

本方法参照美国、欧洲及日本的标准试验方法编写。粗集料的针片状颗粒含量测定适用于4.75mm以上的颗粒,对4.75mm以下的3~5mm石屑一般不作测定。日本和欧洲都明确针片状颗粒的定义是最长端与最薄部分的比例 L/b 为3:1,而美国 ASTM D 4791—95 规定了测定 L/b 为2:1、3:1

和 5:1不同标准针片状颗粒含量的试验方法，并采用专用的测定机具如图 T 0312-2 所示。SHRP 的 SUPERPAVE 仅规定 5:1一个标准，并提出要求在设计交通量大于 100 万辆的路段都不得超过 10%。NCAT 认为按 5:1的规定检测结果几乎都接近于0，没有实际意义，建议用 3:1。在 NCAT 和 FHWA 的 SMA 设计规范中规定了 3:1和 5:1不同标准针片状颗粒含量要求，分别要求小于 20%和小于 5%。我国通常采用 3:1是合理的。从 ASTM 的图(图 T 0312-2a))中可以看出，它的针片状颗粒的含意与本规程用卡尺测量完全相同。这与欧洲共同体标准 EN 933-4 中规定的比例 3:1相同，EN 933-4 采用的专用卡尺如图T 0312-2b)。本规程没有明确采用何种卡尺，使用者可参考图 T 0312-2 中的式样自行加工专用的卡尺。

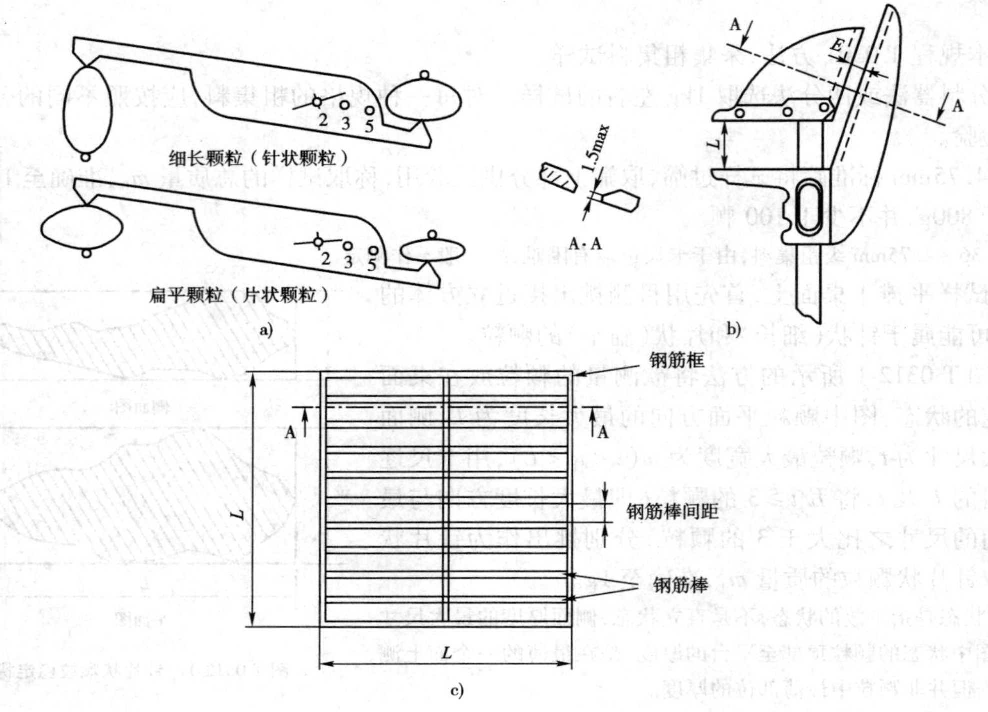

图 T 0312-2 国外粗集料针片状颗粒含量测定仪示意图

a) ASTM D 4791 的卡尺；b) EN 933-4 的卡尺；c) EN 933-3 的钢筋筛

本规程中还有另一个专门为水泥混凝土集料用的方法，即 T 0311。它是参照早期英国 BS 812—1967 原来的方法编写的，由片状规准仪测定的称为"薄片指数(Flakiness Index)"，由针状规准仪测定的称为"狭长指数(Elongation Index)"，在我国已经通行很多年。我国台湾也采用这个方法，日本试验规程条文说明时对卡尺法作了介绍，但未列为标准试验方法，美国和欧洲 CEN 都无此方法，其他国家也未见使用。据查，英国 BS 标准现在也已经没有此方法了。在 BS EN 933-3 及 933-4 中列入了另外两种方法："薄片指数 *FI*(Flakiness Index)"和"形状指数 *SI*(Shape Index)"。

对本试验规程同时列入 T 0311 及 T 0312 两个针片状颗粒含量的试验方法，分别适用于沥青路面和水泥混凝土，工程单位有很多反映。为此本规程修订时作了专题研究。

首先如上所述，我们查阅了大量的国外规范标准。据查美国 ASTM 及 AASHTO 标准、欧洲 EN 标准、英国 BS 812 标准、日本 JIS 及道路协会标准，均未发现有与我国水泥混凝土集料针片状颗粒含量试验方法相同的规准仪方法。只有英国 BSI 标准，除了 BS EN 933-4 规定卡尺法之外，在 BS EN 933-3 中，同时还有一个钢筋棒筛分试验，即按不同的粗集料规格要求有不同间距的钢筋棒筛分，得出通过百分数，计算属于扁平颗粒的含量。它与卡尺量取的是两个指标，如图 T 0312-2 所示。EN 933-4 要求将集料筛分成每一档分别用卡尺逐颗测定形状指数(Shape Index，*SI*)，以大于 3:1的颗粒质量 m_2 与总质量 m_1 之比表示。然后以各档集料所有大于 3:1的颗粒质量之和 $\sum m_{2i}$ 与总质量 $\sum m_{1i}$ 之比 $SI = \sum m_{2i}/\sum m_{1i} \times 100$ 作为形状指数，对混合料采用质量配比加权平均方法计算总的形状指数 *SI*，以评价集料混合料是否合格。

BS EN 933-3 用钢筋棒筛分得到的指标称为集料的薄片指数(Flakiness Index),与 T 0311 我国水泥混凝土集料测定的针状规准仪相像,它用不同间距的钢筋筛过筛,以各档集料中能通过一定间距的钢筋筛孔的质量比例表示。各档集料的钢筋间距如表 T 0312-1(集料尺寸小于 4mm 或大于 80mm 的不试验)。能通过者称为薄片,计算每档集料的薄片指数及总的薄片指数,即通过钢筋筛的质量$\sum m_{2i}$与全部总质量$\sum m_{1i}$之比 $F_I = \sum m_{2i} / \sum m_{1i} \times 100$。此试验的 FI 在 8～20 之间时的再现性与重复性是 2.8 和 5。很明显,我国规准仪的间距与欧洲的不同。尤其是测定方法不同,BS EN 933-3 不是一颗一颗集料试验,而是进行筛分试验,所以量可以多得多。

表 T 0312-1　BS EN 933-3 钢筋筛间距

集料颗粒尺寸(d_i/D_i)(mm)	钢筋筛的间距(mm)	集料颗粒尺寸(d_i/D_i)(mm)	钢筋筛的间距(mm)
63/80	40 ±0.3	12.5/16	8 ±0.1
50/63	31.5 ±0.3	10/12.5	6.3 ±0.1
40/50	25 ±0.2	8/10	5 ±0.1
31.5/40	20 ±0.2	6.3/8	4 ±0.1
25/31.5	16 ±0.2	5/6.3	3.15 ±0.1
20/25	12.5 ±0.2	4/5	2.5 ±0.1
16/20	10 ±0.1		

本规程修订过程中对 T 0311 及 T 0312 两种方法进行了详细比较,对 13 个石料品种两个规格的集料样品的试验结果汇总如下。由表 T 0312-2 和图 T 0312-3 可见,尽管这两种测定方法不同,但二者之间仍然有一定的相关关系(图 T 0312-3),集料尺寸大的,相关性好一些,分别为 0.718(5～10mm 集料)及 0.953(10～20mm 集料)。由于其意义完全不同,测定结果有显著差别,绝对不能混用。由于水泥混凝土对集料的要求没有沥青混合料严格,水泥混凝土集料的针片状颗粒只在拌和和成型过程中有影响,混凝土结硬以后影响就小了,但沥青混合料在施工及使用的全过程中都有重要影响,所以此指标显得重要得多。因此沥青混合料集料的要求要严格得多。

表 T 0312-2　不同试验方法测定的集料中针片状颗粒含量　　单位(%)

试样号	品种及产地	5～10mm 规格		10～20mm 规格	
		T 0311 方法	T 0312 卡尺法	T 0311 方法	T 0312 卡尺法
1	石灰岩　北京昌平	20.1	26.7	9.9	15.9
2	玄武岩　北京密云	15.1	19.6	4.0	10.0
3	玄武岩　河北兴隆	5.3	13.1	3.1	7.7
4	石灰岩　内蒙古赤峰	4.9	20.0	3.4	10.9
5	凝灰岩　内蒙古赤峰	11.9	19.2	1.9	9.6
6	细晶白　云岩广西	9.0	12.3	5.7	14.4
7	辉绿岩　北京怀柔	8.8	26.5	3.7	9.4
8	花岗岩　内蒙古乌海	2.4	10.8	3.4	6.9
9	玄武岩　河北承德	4.3	16.4	2.9	9.3
10	砂砾岩　陕西	9.0	25.6	6.2	14.8
11	花岗岩　新疆	1.0	5.4	0.3	4.6
12	闪长岩　新疆	6.5	21.0	3.9	13.4
13	砂岩　新疆	15.6	33.0	19.6	27.7

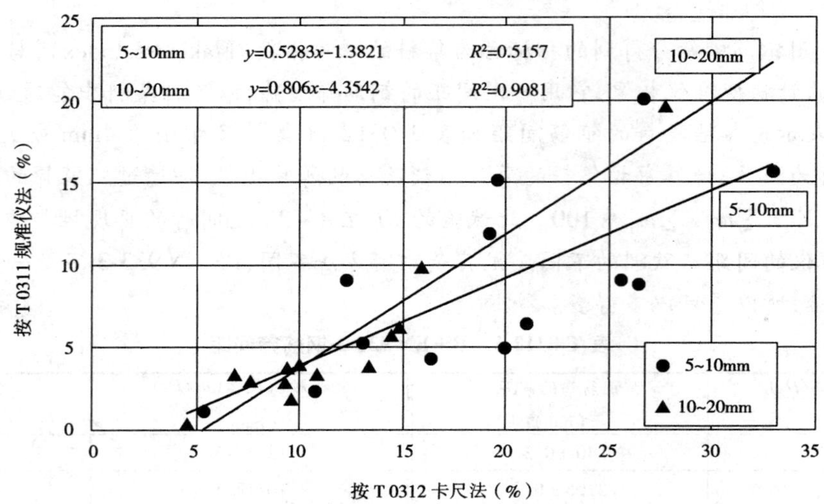

图 T 0312-3 原规程两种不同针片状颗粒含量试验方法结果的比较

T 0313—1994 粗集料有机物含量试验

1 目的与适用范围

用比色法测定砾石中的有机物含量。

2 仪具与材料

（1）天平：感量不大于称量的 0.1%。

（2）量筒：100mL、250mL、1 000mL 各一个。

（3）氢氧化钠溶液：氢氧化钠与蒸馏水之质量比为 3∶97。

（4）其他：鞣酸、酒精、烧杯、玻璃棒和 19mm 标准筛等。

3 试验准备

3.1 试样制备：筛去试样中 19mm 以上的颗粒，剩余的用四分法或分料器法缩分约 1kg，风干后备用。

3.2 标准溶液的配制方法：取 2g 鞣酸粉溶解于 98mL10% 酒精溶液中，即得所需的鞣酸溶液。然后取该溶液 2.5mL 注入 97.5mL 浓度为 3% 的氢氧化钠溶液中，加塞后剧烈摇动，静置 24h 即得标准溶液。

4 试验步骤

4.1 向 1 000mL 量筒中倒入干试样至 600mL 刻度处，再注入浓度为 3% 的氢氧化钠溶液至 800mL 刻度处，剧烈搅动后静置 24h。

4.2 比较试样上部溶液和新配制标准溶液的颜色，盛装标准溶液与盛装试样的量筒规格应一致。

5 结果评定

若试样上部的溶液颜色浅于标准溶液的颜色，则试样的有机质含量鉴定合格；如两种溶液的颜色接近，则应将该试样（包括上部溶液）倒入烧杯中放在温度为 60 ~ 70℃ 的水槽中加热 2 ~ 3h，然后再与标准溶液比色，如溶液的颜色深于标准色，则应配制成混凝土做进一步试验。

T 0314—2000　粗集料坚固性试验

1　目的与适用范围

本方法是确定碎石或砾石经饱和硫酸钠溶液多次浸泡与烘干循环，承受硫酸钠结晶压而不发生显著破坏或强度降低的性能，是测定石料坚固性能（也称安定性）的方法。

2　仪具与材料

（1）烘箱：能使温度控制在105℃±5℃。

（2）天平：称量5kg，感量不大于1g。

（3）标准筛：根据试样的粒级，按表T 0314-1选用。

表 T 0314-1　坚固性试验所需的各粒级试样质量

公称粒级（mm）	2.36~4.75	4.75~9.5	9.5~19	19~37.5	37.5~63	63~75
试样质量（g）	500	500	1 000	1 500	3 000	5 000

注：①粒级为9.5~19mm的试样中，应含有9.5~16mm粒级颗粒40%，16~19mm粒级颗粒60%。

②粒级为19~37.5mm的试样中，应含有19~31.5mm粒级颗粒40%，31.5~37.5mm粒级颗粒60%。

（4）容器：搪瓷盆或瓷缸，容积不小于50L。

（5）三脚网篮：网篮的外径为100mm，高为150mm，采用孔径不大于2.36mm的铜网或不锈钢丝制成；检验37.5~75mm的颗粒时，应采用外径和高均为250mm的网篮。

（6）试剂：无水硫酸钠和10水结晶硫酸钠（工业用）。

3　试验准备

3.1　硫酸钠溶液的配制

取一定数量的蒸馏水（多少取决于试样及容器大小），加温至30~50℃，每1 000mL蒸馏水加入无水硫酸钠（Na_2SO_4）300~350g或10水硫酸钠（$Na_2SO_4 \cdot 10H_2O$）700g~1 000g，用玻璃棒搅拌，使其溶解并饱和，然后冷却至20~25℃；在此温度下静置48h，其相对密度应保持在1.151~1.174（波美度为18.9~21.4）范围内。试验时容器底部应无结晶存在。

3.2　试样的制备

将试样按表T 0314-1的规定分级，洗净，放入105℃±5℃的烘箱内烘干4h，取出并冷却至室温，然后按表T 0314-1规定的质量称取各粒级试样质量m_i。

4　试验步骤

4.1　将所称取的不同粒级的试样分别装入三脚网篮并浸入盛有硫酸钠溶液的容器中，溶液体积应不小于试样总体积的5倍，温度应保持在20~25℃的范围内，三脚网篮浸入溶液时应先上下升降25次以排除试样中的气泡，然后静置于该容器中；此时，网篮底面应距容器底面约30mm（由网篮脚高控制），网篮之间的间距应不小于30mm，试样表面至少应在液面以下30mm。

4.2　浸泡20h后，从溶液中提出网篮，放在105℃±5℃的烘箱中烘烤4h，至此，完成了第一个试验循环。待试样冷却至20~25℃后，即开始第二次循环。从第二次循环起，浸泡及烘烤时间均可为4h。

4.3　完成五次循环后，将试样置于25~30℃的清水中洗净硫酸钠，再放入105℃±5℃的烘箱中烘干至恒重，待冷却至室温后，用试样粒级下限筛孔过筛，并称量各粒级试样试验后的筛余量m'_i。

注：试样中硫酸钠是否洗净，可按下法检验：取洗试样的水数毫升，滴入少量氯化钡（$BaCl_2$）溶液，如无白色沉淀，即说明硫酸钠已被洗净。

4.4　对粒径大于19mm的试样部分，应在试验前后分别记录其颗粒数量，并作外观检查，描述颗粒的裂缝、剥落、掉边和掉角等情况及其所占的颗粒数量，以作为分析其坚固性时的补充依据。

5 计算

5.1 试样中各粒级颗粒的分计质量损失百分率按式(T 0314-1)计算。

$$Q_i = \frac{m_i - m'_i}{m_i} \times 100 \quad (T\ 0314\text{-}1)$$

式中：Q_i——各粒级颗粒的分计质量损失百分率(%)；

m_i——各粒级试样试验前的烘干质量(g)；

m'_i——经硫酸钠溶液法试验后各粒级筛余颗粒的烘干质量(g)。

5.2 试样总质量损失百分率按式(T 0314-2)计算，精确至1%。

$$Q = \frac{\sum m_i Q_i}{\sum m_i} \quad (T\ 0314\text{-}2)$$

式中：Q——试样总质量损失百分率(%)；

m_i——试样中各粒级的分计质量，g；

Q_i——各粒级的分计质量损失百分率(%)。

T 0316—2005 粗集料压碎值试验

1 目的与适用范围

集料压碎值用于衡量石料在逐渐增加的荷载下抵抗压碎的能力，是衡量石料力学性质的指标，以评定其在公路工程中的适用性。

2 仪具与材料

(1)石料压碎值试验仪：由内径150mm、两端开口的钢制圆形试筒、压柱和底板组成，其形状和尺寸见图T 0316-1和表T 0316-1。试筒内壁、压柱的底面及底板的上表面等与石料接触的表面都应进行热处理，使表面硬化，达到维氏硬度65°并保持光滑状态。

(2)金属棒：直径10mm，长450～600mm，一端加工成半球形。

(3)天平：称量2～3kg，感量不大于1g。

(4)标准筛：筛孔尺寸13.2mm、9.5mm、2.36mm方孔筛各一个。

(5)压力机：500kN，应能在10min内达到400kN。

(6)金属筒：圆柱形，内径112.0mm，高179.4mm，容积1 767mL。

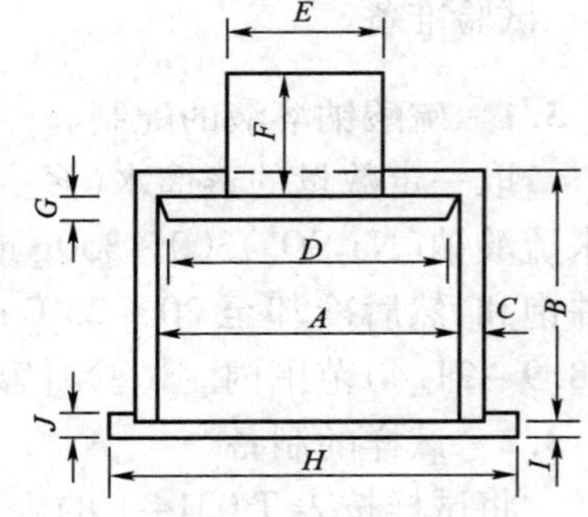

图T 0316-1 压碎指标值测定仪

表T 0316-1 试筒、压柱和底板尺寸

部 位	符 号	名 称	尺寸(mm)
试筒	A	内径	150±0.3
	B	高度	125～128
	C	壁厚	≥12
压柱	D	压头直径	149±0.2
	E	压杆直径	100～149
	F	压柱总长	100～110
	G	压头厚度	≥25
底板	H	直径	200～220
	I	厚度(中间部分)	6.4±0.2
	J	边缘厚度	10±0.2

3 试验准备

3.1 采用风干石料用13.2mm和9.5mm标准筛过筛，取9.5～13.2mm的试样3组各3 000g，供试验用。如过于潮湿需加热烘干时，烘箱温度不得超过100℃，烘干时间不超过4h。试验前，石料应冷却至室温。

3.2 每次试验的石料数量应满足按下述方法夯击后石料在试筒内的深度为100mm。

在金属筒中确定石料数量的方法如下：

将试样分3次(每次数量大体相同)均匀装入试模中，每次均将试样表面整平，用金属棒的半球面端从石料表面上均匀捣实25次。最后用金属棒作为直刮刀将表面仔细整平。称取量筒中试样质量(m_0)。以相同质量的试样进行压碎值的平行试验。

4 试验步骤

4.1 将试筒安放在底板上。

4.2 将要求质量的试样分3次(每次数量大体相同)均匀装入试模中，每次均将试样表面整平，用金属棒的半球面端从石料表面上均匀捣实25次。最后用金属棒作为直刮刀将表面仔细整平。

4.3 将装有试样的试模放到压力机上，同时加压头放入试筒内石料面上，注意使压头摆平，勿楔挤试模侧壁。

4.4 开动压力机，均匀地施加荷载，在10min左右的时间内达到总荷载400kN，然后卸荷。

4.5 将试模从压力机上取下，取出试样。

4.6 用2.36mm标准筛筛分经压碎的全部试样，可分几次筛分，均需筛到在1min内无明显的筛出物为止。

4.7 称取通过2.36mm筛孔的全部细料质量(m_1)，准确至1g。

5 计算

石料压碎值按式(T 0316-1)计算，精确至0.1%。

$$Q'_a = \frac{m_1}{m_0} \times 100 \qquad \text{(T 0316-1)}$$

式中：Q'_a——石料压碎值(%)；

m_0——试验前试样质量(g)；

m_1——试验后通过2.36mm筛孔的细料质量(g)。

6 报告

以3个试样平行试验结果的算术平均值作为压碎值的测定值。

条文说明

粗集料的抗破碎能力是石料力学性质的一项指标，由于习惯的原因，尤其在我国特别重视。但是据查几乎所有的国家都采用洛杉矶磨耗值表示粗集料的抗破碎能力。压碎值指标源自1967年英国BS-812的材料试验规程，原英联邦国家多采用压碎值和道瑞磨耗值评价粗集料性质，美国、日本及欧洲其他国家大部分不用压碎值。在最近查到的欧洲共同体及英国标准BS EN 1097-2:1998石料的抗破碎指标(Resistance to Fragmentation)中，已经没有了压碎值指标，但增加了洛杉矶磨耗试验及冲击值试验，冲击值试验方法与以前的方法也有了不少改变。这是一个重要的变化。

奇怪的是，在1967年BS 812压碎值试验方法中，压力机加荷是要求10min加到40.64t，然后不稳压立即卸载，再用2.5mm筛求取压碎值指标，即原规程的T 0316方法，它基本上是照搬英国BS-812的方法,仅仅对筛孔按我国的标准筛筛孔作了修改。英国采用13mm及10mm标准筛(方孔筛),取13~10mm的集料,压碎后用2.5mm筛过筛;原规程T 0316考虑我国集料较粗,采用了13.2~16mm集料。但近年来使用公称最大粒径13.2mm的沥青混合料越来越多,故本规程改用9.5mm~13.2mm的集料,以适应沥青路面的情况。

原规程还有一个压碎指标试验方法T 0315,是专门为水泥混凝土集料使用的,这个试验方法与BS-812方法又有所不同,它的试样一律采用10~20mm(圆孔筛)颗粒,加压方式要求以1kN/s的速率均匀地施加荷载,达到200kN后稳压5s,然后卸荷,用2.5mm筛过筛作为被压碎的颗粒,计算压碎值。但这些加压方式是如何演变过来的,作者始终未查到出处。现在国家标准《建筑用卵石、碎石》(GB/T 14685—2001)已经出版,作为水泥混凝土用的压碎值试验方法仍然保留,不过筛孔改为方孔筛,基本上与原规程T 0315相同。

对原规程T 0316及T 0315因为使用于沥青路面和水泥混凝土的不同,而采取两种试验设备及不同方法的问题,各地有很多反映,一直呼吁统一起来。为此本规程修订时作了专题研究,鉴于美国ASTM及AASHTO标准、日本JIS及道路协会标准、欧洲共同体EN标准、现在的英国BS-812标准,均无压碎值试验方法,所以很难借鉴国外方法。老的英国BS-812压碎值试验方法即T 0316方法,现在查到的正在执行中的唯有澳大利亚的规范中有压碎值指标,日本在介绍洛杉矶磨耗方法的说明中介绍过压碎值试验方法,方法都与我国T 0316相同。据说T 0315方法有可能是搬用前苏联的规程,但没有现在俄罗斯的试验规程所以未查到根据。

为此,在本规程修改过程中对两个压碎值试验方法进行了试验研究。

对比原规程T 0315(新的国标GB/T 14685)及T 0316,其不同点可汇总于表T 0316-2。

表T 0316-2 原T 0315及T 0316试验方法的不同

项　目	T 0316(沥青路面及基层用)	T 0315(水泥混凝土用)	对T 0315的分析
试模尺寸	内径150mm、压头149mm	内径152mm、压头150mm	几乎相同
试样数量	3 000g,先在内径112mm、高179.4mm、容积1 767mL的圆筒中装料,要求试样深度100mm,以试样毛体积控制	3 000g,距上口10mm,无试模深度,以试验总量控制	方法不同
试样处理	原样不处理	筛分后要去除针片状颗粒	去除针片状颗粒试验不合理且工作量很大
试样尺寸	13.2~16mm(这次改为9.5~13.2mm)	9.5~19mm。原规程要求对20mm以上及以下的材料分别检验后合成计算	不如单一粒径的压碎严重,便于考验不利情况的抗压碎能力
试样击实	分3次装料,每次用金属棒在50mm高处自由下落25次	分2层装料,每次按住试样筒左右交替颠击地面各25次	颠击方法因人而异,不合理
加载方式	在10min内达到总荷载400kN,立即卸荷	按1kN/s的速率均匀地施加荷载,达到200kN后稳压5s,然后卸荷	保持1kN/s加载速率许多压力机有困难。荷载小使压碎值的差值小
压碎颗粒	2.36mm标准筛过筛	2.5mm标准筛过筛	基本相同

我们对两种方法进行了详细的试验比较,15种不同品种的石料分别按原T 0315(不是新的国标GB/T 14685)及原T 0316方法试验的结果如下。由表T 0316-3和图T 0316-2可见,两种方法的结果有明显差别,其主要原因可能是压碎值试验的吨位不同,由T 0315方法的20t增加到T 0316方法的40t,压碎值有明显增加。表中除2号样品的结果明显不合理外,二者之间有非常好的相关性,相关系数达0.9912;这说明将两种方法合并为一种方法是可行的。从数值上看,T 0316的数据要大得多,石料的压碎值可以拉得更开,有明显的优点。

表 T 0316-3　不同试验方法压碎值的对比

试样号	品种及产地	按原 T 0315 方法(水泥混凝土)		按原 T 0316 方法(沥青路面及基层)	
		测定值	平均值	测定值	平均值
1	石灰岩北京昌平	6.6、6.5	6.6	14.6、13.5	14.1
2	玄武岩北京密云	7.4、7.6	7.5	9.0、8.6	8.8
3	玄武岩河北兴隆	3.2、2.8	3.0	9.5、9.2	9.3
4	石灰岩内蒙古赤峰	9.7、10.0	9.8	19.0、18.0	18.5
5	凝灰岩内蒙古赤峰	7.3、7.2	7.2	15.0、15.7	15.4
6	细晶白云岩广西	9.1、9.7	9.4	17.1、19.3	18.2
7	辉绿岩北京怀柔	6.7、7.1	6.9	15.6、14.7	15.2
8	花岗岩内蒙古乌海	8.1、8.4	8.3	16.3、16.6	16.5
9	玄武岩河北承德	4.6、4.5	4.6	9.7、10.1	9.9
10	砂砾岩陕西	17.1	17.1	27.2	27.2
11	花岗岩新疆	23.0	23.0	32.8	32.8
12	闪长岩新疆	11.3	11.3	20.8	20.8
13	砂岩新疆	14.0	14.0	22.7	22.7
14	闪长岩青海	11.9	11.9	22.0	22.0
15	片麻岩青海	5.2	5.2	12.6	12.6

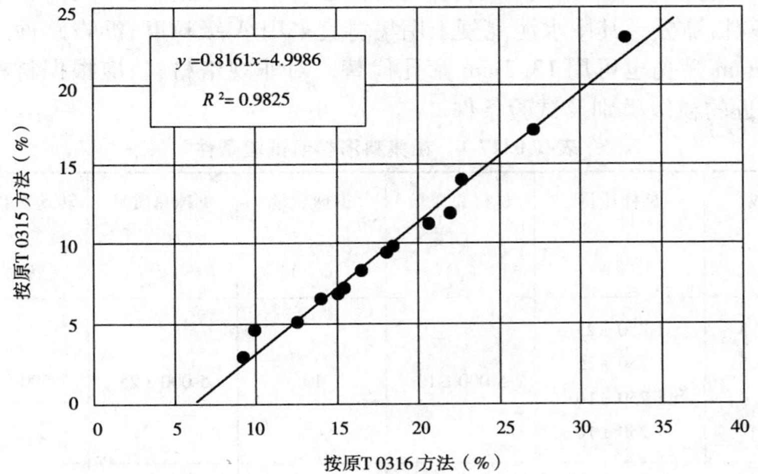

图 T 0316-2　原规程两种不同试验方法压碎值结果的比较

根据以上比较,专家审查会一致同意将两种试验方法统一起来,以原 T 0316 为基础废除原 T 0315 方法。T 0316 的优点是压碎值拉得开,便于区分石料的抗压碎性能;试验操作比较简单。另外压碎值指标对沥青路面及基层的重要性远大于水泥混凝土胶凝材料,所以应该更多地照顾沥青路面的习惯,且便于与国际上统一。

T 0316 关于集料颗粒问题,参照了澳大利亚的方法,照顾沥青路面表面层多用最大粒径 13.2mm 的粗集料,所以改为取 9.5 ~ 13.2mm 单一粒径集料,压碎后用 2.36mm 筛过筛。我国沥青路面表面层以前以公称最大粒径 16mm 的居多,所以试验用的粗集料以取 13.2 ~ 16mm 的单一粒径集料;近年来,逐渐改为 13.2mm,所以采用 9.5 ~ 13.2mm 单一粒径集料是合理的。

但是,2003 年颁布的《公路水泥混凝土路面施工技术规范》(JTG F30—2003)中粗集料的压碎指标是以原 T 0315 为基准的，在该规范下次修订以前，可采用本方法 T 0316 试验后，利用图 T 0316-2 的近似相关关系式 $y=0.816x-5$ 换算得到。

T 0317—2005 粗集料磨耗试验(洛杉矶法)

1 目的与适用范围

1.1 测定标准条件下粗集料抵抗摩擦、撞击的能力，以磨耗损失(%)表示。

1.2 本方法适用于各种等级规格集料的磨耗试验。

2 仪具与材料

(1)洛杉矶磨耗试验机：圆筒内径 710mm ±5mm，内侧长 510mm ±5mm，两端封闭，投料口的钢盖通过紧固螺栓和橡胶垫与钢筒紧闭密封。钢筒的回转速率为 30 ~33r/min。

(2)钢球：直径约 46.8mm，质量为 390 ~445g，大小稍有不同，以便按要求组合成符合要求的总质量。

(3)台秤：感量 5g。

(4)标准筛：符合要求的标准筛系列，以及筛孔为 1.7mm 的方孔筛一个。

(5)烘箱：能使温度控制在 105℃ ±5℃范围内。

(6)容器：搪瓷盘等。

3 试验步骤

3.1 将不同规格的集料用水冲洗干净，置烘箱中烘干至恒重。

3.2 对所使用的集料，根据实际情况按表 T 0317-1 选择最接近的粒级类别，确定相应的试验条件，按规定的粒级组成备料、筛分。其中水泥混凝土用集料宜采用 A 级粒度；沥青路面及各种基层、底基层的粗集料，表中的 16mm 筛孔也可用 13.2mm 筛孔代替。对非规格材料，应根据材料的实际粒度，从表 T 0317-1 中选择最接近的粒级类别及试验条件。

表 T 0317-1 粗集料洛杉矶试验条件

粒度类别	粒级组成(mm)	试样质量(g)	试样总质量(g)	钢球数量(个)	钢球总质量(g)	转动次数(转)	适用的粗集料	
							规格	公称粒径(mm)
A	26.5 ~37.5 19.0 ~26.5 16.0 ~19.0 9.5 ~16.0	1 250 ±25 1 250 ±25 1 250 ±10 1 250 ±10	5 000 ±10	12	5 000 ±25	500		
B	19.0 ~26.5 16.0 ~19.0	2 500 ±10 2 500 ±10	5 000 ±10	11	4 850 ±25	500	S6 S7 S8	15 ~30 10 ~30 10 ~25
C	9.5 ~16.0 4.75 ~9.5	2 500 ±10 2 500 ±10	5 000 ±10	8	3 330 ±20	500	S9 S10 S11 S12	10 ~20 10 ~15 5 ~15 5 ~10
D	2.36 ~4.75	5 000 ±10	5 000 ±10	6	2 500 ±15	500	S13 S14	3 ~10 3 ~5

续上表

粒度类别	粒级组成（mm）	试样质量（g）	试样总质量（g）	钢球数量（个）	钢球总质量（g）	转动次数（转）	适用的粗集料	
							规格	公称粒径（mm）
E	63 ~ 75 53 ~ 63 37.5 ~ 53	2 500 ± 50 2 500 ± 50 5 000 ± 50	10 000 ± 100	12	5 000 ± 25	1 000	S1 S2	40 ~ 75 40 ~ 60
F	37.5 ~ 53 26.5 ~ 37.5	5 000 ± 50 5 000 ± 25	10 000 ± 75	12	5 000 ± 25	1 000	S3 S4	30 ~ 60 25 ~ 50
G	26.5 ~ 37.5 19 ~ 26.5	5 000 ± 25 5 000 ± 25	10 000 ± 50	12	5 000 ± 25	1 000	S5	20 ~ 40

注：①表中 16mm 也可用 13.2mm 代替。

②A 级适用于未筛碎石混合料及水泥混凝土用集料。

③C 级中 S12 可全部采用 4.75 ~ 9.5mm 颗粒 5 000g；S9 及 S10 可全部采用 9.5 ~ 16mm 颗粒 5 000g。

④E 级中 S2 中缺 63 ~ 75mm 颗粒可用 53mm ~ 63mm 颗粒代替。

3.3 分级称量（准确至 5g），称取总质量（m_1），装入磨耗机圆筒中。

3.4 选择钢球，使钢球的数量及总质量符合表 T 0317-1 中规定。将钢球加入钢筒中，盖好筒盖，紧固密封。

3.5 将计数器调整到零位，设定要求的回转次数，对水泥混凝土集料，回转次数为 500 转，对沥青混合料集料，回转次数应符合表 T 0317-1 的要求。开动磨耗机，以 30 ~ 33r/min 转速转动至要求的回转次数为止。

3.6 取出钢球，将经过磨耗后的试样从投料口倒入接受容器（搪瓷盘）中。

3.7 将试样用 1.7mm 的方孔筛过筛，筛去试样中被撞击磨碎的细屑。

3.8 用水冲干净留在筛上的碎石，置 105℃ ± 5℃ 烘箱中烘干至恒重（通常不少于 4h），准确称量（m_2）。

4 计算

按式（T 0317-1）计算粗集料洛杉矶磨耗损失，精确至 0.1%。

$$Q = \frac{m_1 - m_2}{m_1} \times 100 \qquad (\text{T 0317-1})$$

式中：Q——洛杉矶磨耗损失（%）；

m_1——装入圆筒中试样质量（g）；

m_2——试验后在 1.7mm 筛上洗净烘干的试样质量（g）。

5 报告

5.1 试验报告应记录所使用的粒级类别和试验条件。

5.2 粗集料的磨耗损失取两次平行试验结果的算术平均值为测定值，两次试验的差值应不大于 2%，否则须重做试验。

条文说明

粗集料的洛杉矶磨耗损失是集料使用性能的重要指标，尤其是沥青混合料和基层集料，它与沥青路面的抗车辙能力、耐磨性、耐久性密切相关，一般磨耗损失小的集料，集料坚硬，耐磨，耐久性好。软弱颗粒含量多、风化严重的石料经过磨耗试验，粉碎严重，这个指标很难通过。所以世界各国的沥青路面规范都对粗集料的洛杉矶磨耗损失提出了要求。对要求粗集料嵌挤能力强的SMA等,磨耗损失的要求更有所提高。洛杉矶磨耗试验也是优选石料的一个重要手段。

洛杉矶磨耗试验方法,欧美各国基本上都是一致的,但具体细节有所不同。大部分国家采用美国ASTM的标准方法。

由于洛杉矶磨耗损失与集料粒径尺寸大小有很大关系,统一粒级十分重要。在ASTM或AASHTO标准中有两个规程,ASTM C 535适合于特粗集料。根据集料粒径的不同,使用12个钢球,总质量5 000g±25g,转动1000转后测定磨耗损失,试验条件如表T 0317-2。

表T 0317-2 ASTM C 535洛杉矶磨耗试验条件

粒度大小	粒级	试样质量(g)	试样总质量(g)	钢球数量	钢球质量(g)
1	63~75 53~63 37.5~53	2 500±50 2 500±50 5 000±50	10 000±100	12	5 000±25
2	37.5~53 25~37.5	5 000±25 5 000±25	10 000±75	12	5 000±25
3	25~37.5 19~25.0	5 000±25 5 000±25	10 000±50	12	5 000±25

ASTM C 131及AASHTO T 96适用于一般集料,钢球数有所不同,集料粒级根据实际情况规定了4种,试验时,转动500转后测定磨耗损失,试验条件如表T 0317-3。

表T 0317-3 ASTM C 131洛杉矶磨耗试验条件

粒度大小	粒级	试样质量(g)	试样总质量(g)	钢球数量(个)	钢球质量(g)
A	25.0~37.5 19.0~25.0 12.5~19.0 9.5~12.5	1 250±25 1 250±25 1 250±10 1 250±10	5 000±10	12	5 000±25
B	12.5~19.0 9.5~12.5	2 500±10 2 500±10	5 000±10	11	4 854±25
C	6.3~9.5 4.75~6.3	2 500±10 2 500±10	5 000±10	8	3 334±20
D	2.36~4.75	5 000±10	5 000±10	6	2 500±15

日本道路协会《铺装试验法便览》3-4-5根据日本工业标准JIS A 1121,规定的试验条件如表T 0317-4。表中A~D相当于ASTM C 131,圆筒旋转500转,而E、F、G相当于ASTM C 535的1、2、3级,钢筒旋转1 000转。在日本,沥青路面表面层基本上都是最大粒径13.2mm的沥青混料,故日本道路协会还规定了对道路基层和面层材料采用4.75~13.2mm碎石进行洛杉矶试验,钢筒旋转500转。

表T 0317-4 日本道路协会洛杉矶磨耗试验条件

粒度大小	粒级	试样质量(g)	试样总质量(g)	钢球数量(个)	钢球质量(g)
A	26.5~37.5 19.0~26.5 16.0~19.0 9.5~16.0	1 250±25 1 250±25 1 250±10 1 250±10	5 000±10	12	5 000±25
B	19.0~26.5 16.0~19.0	2 500±10 2 500±10	5 000±10	11	4 850±25
C	4.75~9.5 9.5~16.0	2 500±10 5 000±10	2 500±10	8	3 330±20

续上表

粒度大小	粒级	试样质量(g)	试样总质量(g)	钢球数量(个)	钢球质量(g)
D	2.36 ~ 4.75	5 000 ± 10	5 000 ± 10	6	2 500 ± 15
E	63 ~ 75 53 ~ 60 37.5 ~ 53	2 500 ± 50 2 500 ± 50 5 000 ± 50	10 000 ± 100	12	5 000 ± 25
F	37.5 ~ 53 26.5 ~ 37.5	5 000 ± 50 5 000 ± 25	10 000 ± 75	12	5 000 ± 25
G	26.5 ~ 37.5 19 ~ 26.5	5 000 ± 25 5 000 ± 25	10 000 ± 50	12	5 000 ± 25
道路用碎石	4.75 ~ 13.2	5 000 ± 10	5 000 ± 10	8	3 300 ± 20

澳大利亚沥青路面集料洛杉矶试验方法采用B档材料和K档材料,B档材料为13.2 ~ 19mm及9.5 ~ 13.2mm组成,K档为4.75 ~ 9.5mm。

欧洲共同体标准EN 1097-2:1998在实施时按照实际情况选用的标准筛尺寸稍有不同,英国BS EN 1097-2:1998规定的尺寸只有一种,均采用10 ~ 14mm颗粒,要求其中12.5mm通过率为60% ~ 70%,11.2mm通过率为30% ~ 40%,于是将10 ~ 14mm集料用11.2mm或12.5mm筛筛分后按实际级配要求合成进行试验,试样总量5 000g,钢球11个总重4 690 ~ 4 860g,以31 ~ 33r/min速度转动500转,但最后筛分的筛孔是1.6mm。据符合ISO标准的28个实验室对磨耗损失在8% ~ 37%的统计,洛杉矶磨耗损失的重复性是试验结果的6%,再现性是试验结果的17%。此外,EN 1097-2还允许采用其他的可选择条件,如表T 0317-5所示。

表T 0317-5　EN 1097-2洛杉矶磨耗试验条件

粒级范围(mm)	钢球数(个)	钢球总质量(g)
4 ~ 8	8	3 410 ~ 3 540
6.3 ~ 10	9	3 840 ~ 3 980
8 ~ 11.2	10	4 260 ~ 4 420
11.2 ~ 16	12	5 120 ~ 5 300

我国原规程T 0317—2000对粗集料洛杉矶试验条件的规定与原《公路工程石料试验规程》(JTJ 054—94)中T 0221—94是一致的,所规定的水泥混凝土集料的试验条件只有一种,接近于ASTM C 131之A类的集料试验条件,但分级稍有不同。试验法与国外通用规程不一致,影响了与国际上并轨和统一。尤其是对沥青混合料集料,洛杉矶磨耗损失特别重要,集料的试验条件不一致,势必导致试验结果的不一样。我国原规程只规定一种集料尺寸,与我国沥青面层、基层实际使用的材料差别太大,不符合实际情况。为此修订成与国外通用方法一致,另外规定适用于方孔筛的试验条件。为了解决沥青混合料最大粒径为13.2mm的情况,规定表T 0317-1中16mm也可以用13.2mm替代,这就和日本规定路面材料用4.75mm ~ 13.2mm材料试验一致。同时为指导工程单位在试验时选用粒径类别,在表T 0317-1中还规定了工程上实际材料的对应规格,由于有些材料与规定的粒径类别很难对应,在备注中规定了一些可以替代的条件。在2000年版中,由于筛孔的原因,仍然保留了水泥混凝土用集料的材料级配,现在已经统一为方孔筛,故将原表取消,统一为本规程表T 0317-1中的A级。

另外,我国的规程规定在洛杉矶磨耗试验结束后用1.6mm筛进行筛分,2000年版原规程规定对沥青路面是1.7mm方孔筛,而对水泥混凝土用集料采用2mm圆孔筛,此次统一为1.7mm方孔筛。国外美国和日本、澳大利亚等大部分国家是1.7mm筛,欧洲英国等是1.6mm筛。

沥青混合料通常要采用几种集料配合组成。同一个采石场生产的同一类集料,可以在一起筛分进行洛杉矶试验。当集料规格较多时,也可分别进行洛杉矶试验。不同采石场生产的集料,必须分别进行试验。

T 0320—2000　粗集料软弱颗粒试验

1　目的与适用范围

测定碎石、砾石及破碎砾石中软弱颗粒含量。

2　仪具与材料

(1)天平或台秤:称量5kg,感量不大于5g。

(2)标准筛:孔径为4.75mm、9.5mm、16mm方孔筛。

(3)压力机。

(4)其他:浅盘、毛刷等。

3　试验步骤

称风干试样2kg(m_1),如颗粒粒径大于31.5mm,则称4kg,过筛分成4.75~9.5mm、9.5~16mm、16mm以上各1份;将每份中每一个颗粒大面朝下稳定平放在压力机平台中心,按颗粒大小分别加以0.15kN、0.25kN、0.34kN荷载,破裂之颗粒即属于软弱颗粒,将其弃去,称出未破裂颗粒的质量(m_2)。

4　计算

按式(T 0320-1)计算软弱颗粒含量,精确至0.1%。

$$P=\frac{m_1-m_2}{m_1}\times 100 \qquad (\text{T 0320-1})$$

式中:P——粗集料的软弱颗粒含量(%);

m_1——各粒级颗粒总质量(g);

m_2——试验后各粒级完好颗粒总质量(g)。

条文说明

美国ASTM C 235及日本道路协会规定的软石含量测定是用硬度65~75、直径1.6mm的黄铜棒,施加9.81N的力在碎石上逐个划痕,留下划痕的即为软石。

T 0321—2005　粗集料磨光值试验

1　目的与适用范围

1.1　集料磨光值是利用加速磨光机磨光集料,用摆式摩擦系数测定仪测定的集料经磨光后的摩擦系数值,以*PSV*表示。

1.2　本方法适用于各种粗集料的磨光值测定。

2　仪具与材料

(1)加速磨光试验机,如图T 0321-1,应符合相关仪器设备的标准,由下列部分组成。

①传动机构:包括电机、同步齿轮等。

②道路轮:外径406mm,用于安装14块试件,能在周边夹紧,以形成连续的石料颗粒表面,转速320 r/min±5r/min。

③橡胶轮:直径200mm,宽44mm,用于磨粗金刚砂的橡胶轮(标记C)、用于磨细金刚砂的橡胶轮(标记

X)，轮胎初期硬度 69IRHD ± 3IRHD。

注：橡胶轮过度磨损时（一般 20 轮次后）必须更换。

④磨料供给系统：用于存贮磨料和控制溜砂量。

⑤供水系统。

⑥配重：包括调整臂、橡胶轮和配重锤。

⑦试模：8 副。

⑧荷载调整机构：包括手轮、凸轮，能支撑配重，调节橡胶轮对道路轮的压力为 725N ± 10N 并保持使用过程中恒定。

⑨控制面板。

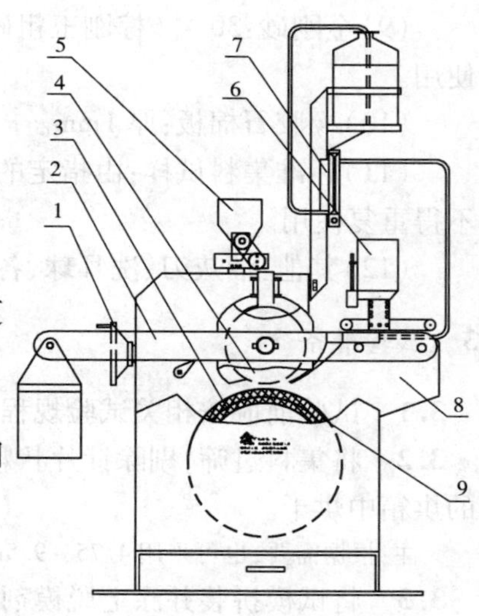

图 T 0321-1　加速磨光试验机

1-荷载调整系统；2-调整臂（配重）；3-道路轮；4-橡胶轮；5-细料贮砂斗；6-粗料贮砂斗；7-供水系统；8-机体；9-试件（14 块）

（2）摆式摩擦系数测定仪，简称摆式仪，见图 T 0321-2，应符合相关仪器设备的标准，由下列部分组成。

①底座：由 T 形腿、调平螺丝和水准泡组成。

②立柱：由立柱、导向杆和升降机构组成。

③悬臂和释放开关：能挂住摆杆使之处于水平位置，并能释放摆杆使摆落下摆动。

④摆动轴心：连接和固定摆的位置，保证摆在摆动平面内能自由摆动。由摆动轴、轴承和紧固螺母组成。

⑤示数系统：指示摆值。

⑥摆头及橡胶片：它对摆动中心有规定力矩，对路面有规定压力，本身有前与后、左与右的力矩平衡，橡胶片尺寸为 31.75mm × 25.4mm × 6.35mm。

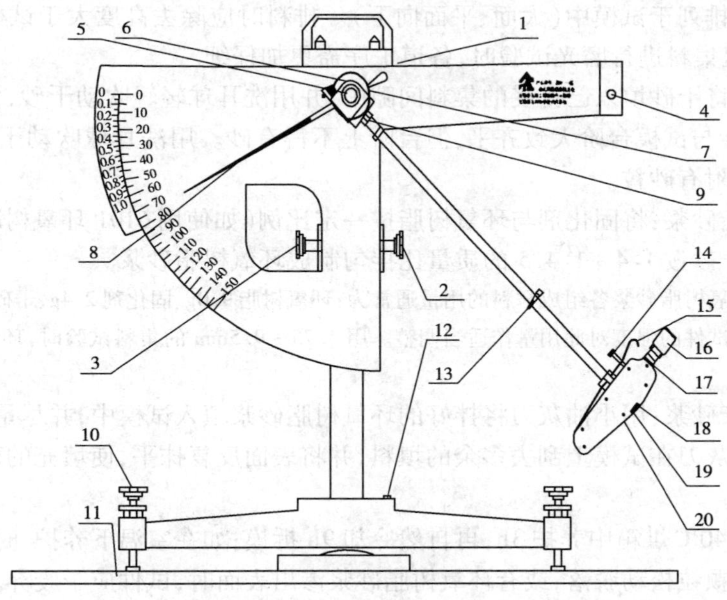

图 T 0321-2　摆式摩擦系数测定仪

1-紧固把手；2、3-升降把手；4-释放开关；5-转向节螺盖；6-调节螺母；7-针簧片或毡垫；8-指针；9-连接螺母；10-调平螺栓；11-底座；12-水准泡；13-卡环；14-定位螺丝；15-举升柄；16-平衡锤；17-并紧螺母；18-滑溜块；19-橡胶片；20-止滑螺丝

（3）磨光试件测试平台：供固定试件及摆式摩擦系数测定仪用。

（4）天平：感量不大于 0.1g。

（5）烘箱：装有温度控制器。

（6）黏结剂：能使集料与砂、试模牢固黏结，确保在试验过程中不致发生试件摇动或脱落，常用环氧树脂 6101（E—44）及固化剂等。

（7）丙酮。

（8）砂：<0.3mm，洁净、干燥。

(9)金刚砂:30 号(棕刚玉粗砂),280 号(绿碳化硅细砂),用作磨料,只允许一次性使用,不得重复使用。

(10)橡胶石棉板:厚 1mm。

(11)标准集料试样:由指定的集料产地生产的符合规格要求的集料,每轮两块,只允许使用一次,不得重复使用。

(12)其他:油灰刀、洗耳球、各种工具等。

3 试验准备

3.1 试验前应按相关试验规程对摆式仪进行检查或标定。

3.2 将集料过筛,剔除针片状颗粒,取 9.5 ~ 13.2mm 的集料颗粒用水洗净后置于温度为 105℃ ±5℃ 的烘箱中烘干。

注:根据需要,也可采用 4.75 ~ 9.5mm 的粗集料进行磨光值试验。

3.3 将试模拼装并涂上脱模剂(或肥皂水)后烘干。安装试模端板时要注意使端板与模体齐平(使弧线平滑)。

3.4 用清水淘洗小于 0.3mm 的砂,置 105℃ ±5℃ 的烘箱中烘干成为干砂。

3.5 预磨新橡胶轮:新橡胶轮正式使用前要在安装好试件的道路轮上进行预磨,C 轮用粗金刚砂预磨 6h,X 轮用细金刚砂预磨 6h,然后方能投入正常试验。

4 试件制备

4.1 排料:每种集料宜制备 6 ~ 10 块试件,从中挑选 4 块试件供两次平行试验用。将 9.5 ~ 13.2mm 集料颗粒尽量紧密地排列于试模中(大面、平面向下)。排料时应除去高度大于试模的不合格颗粒。采用 4.75 ~ 9.5mm 的粗集料进行磨光试验时,各道工序需更加仔细。

4.2 吹砂:用小勺将干砂填入已排妥的集料间隙中,并用洗耳球轻轻吹动干砂,使之填充密实。然后再吹去多余的砂,使砂与试模台阶大致齐平,但台阶上不得有砂。用洗耳球吹动干砂时不得碰动集料,且不使集料试样表面附有砂粒。

4.3 配制环氧树脂砂浆:将固化剂与环氧树脂按一定比例(如使用 6101 环氧树脂时为 1∶4)配料、拌匀制成黏结剂,再与干砂按 1∶4 ~ 1∶4.5 的质量比拌匀制成环氧树脂砂浆。

注:一块试模中的环氧树脂砂浆各组成材料的用量通常为:环氧树脂 9.0g、固化剂 2.4g、干砂 48g。允许根据所选用的黏结剂品种及试件的强度对此用量作适当调整。用 4.75 ~ 9.5mm 的集料试验时,环氧树脂砂浆用量应酌情增加。

4.4 填充环氧树脂砂浆:用小油灰刀将拌好的环氧树脂砂浆填入试模中,并尽量填充密实,但不得碰动集料。然后用热油灰刀在试模上刮去多余的填料,并将表面反复抹平,使填充的环氧树脂砂浆与试模顶部齐平。

4.5 养护:通常在 40℃ 烘箱中养护 3h,再自然冷却 9h 拆模;如在室温下养护,时间应更长,使试件达到足够强度。有集料颗粒松动脱落,或有环氧树脂砂浆渗出表面时,试件应予废弃。

5 磨光试验

5.1 试件分组:每轮 1 次磨 14 块试件,每种集料为 2 块试件,包括 6 种试验用集料和 1 种标准集料。

5.2 试件编号:在试件的环氧树脂砂浆衬背和弧形侧边上用记号笔对 6 种集料编号为 1 ~ 12,1 种集料赋以相邻两个编号,标准试件为 13、14 号。

5.3 试件安装:按表 T 0321-1 的序号将试件排列在道路轮上,其中 1 号位和 8 号位为标准试件。试件应将有标记的一侧统一朝外(靠活动盖板一侧),每两块试件间加垫一片或数片 1mm 厚的橡胶石棉板垫片,垫片与试件端部断面相仿,但略低于试件高度 2 ~ 3mm。然后盖上道路轮外侧板,边拧螺钉边用橡胶锤敲打外侧板,确保试件与道路轮紧密配合,以避免磨光过程中试件断裂或松动。随后将道路轮安装到轮轴上。

表 T 0321-1 试件在道路轮上的排列次序

位置号	1	2	3	4	5	6	7	8	9	10	11	12	13	14
试件号	13	9	3	7	5	1	11	14	10	4	8	6	2	12

5.4 磨光过程操作

5.4.1 试件的加速磨光应在室温 20℃ ±5℃的房间内进行。

5.4.2 粗砂磨光

5.4.2.1 把标记 C 的橡胶轮安装在调整臂上，盖上道路轮罩，下面置一积砂盘，给贮水支架上的贮水罐加满水，调节流量阀，使水流暂时中断。

5.4.2.2 准备好 30 号金刚砂粗砂，装入专用贮砂斗，将贮砂斗安装在橡胶轮侧上方的位置上并接上微型电机电源。转动荷载调整手轮，使凸轮转动放下橡胶轮，将橡胶轮的轮辐完全压着道路轮上的集料试件表面。

5.4.2.3 调节溜砂量：用专用接料斗在出料口接住溜出的金刚砂，同时开始计时，1min 后移出料斗，用天平称出溜砂量，使流量为 27g/min ±7g/min，如不满足要求，应用调速按钮或调节贮料斗控制闸板的方法调整。

5.4.2.4 在控制面板上设定转数为 57 600 转，按下电源开关启动磨光机开始运转，同时按动粗砂调速按钮，打开贮砂斗控制闸板，使金刚砂溜砂量控制为 27g/min ±7g/min。此时立即调节流量计，使水的流量达 60mL/min。

5.4.2.5 在试验进行 1h 和 2h 时磨光机自动停机（注意不要按下面板上复零按钮和电源开关），用毛刷和小铲清除箱体上和沉在机器底部积砂盘中的金刚砂，检查并拧紧道路轮上有可能松动的螺母，再启动磨光机，至转数显示屏上显示 57 600 转时磨光机自动停止，所需的磨光时间约为 3h。

5.4.2.6 转动荷载调整手轮使凸轮托起调整臂，清洗道路轮和试件，除去所有残留的金刚砂。

5.4.3 细砂磨光

5.4.3.1 卸下 C 标记橡胶轮，更换为 X 标记橡胶轮按 5.4.2.1 的方法安装。

5.4.3.2 准备好 280 号金刚砂细砂，按 5.4.2.2 方法装入专用贮砂斗。

5.4.3.3 重复 5.4.2.3 步骤，调节溜砂量使流量为 3g/min ±1g/min。

5.4.3.4 按 5.4.2.4 的步骤设定转数为 57 600 转，开始磨光操作，控制金刚砂溜砂量为 3g/min ±1g/min，水的流量达 60mL/min。

5.4.3.5 将试件磨 2h 后停机作适当清洁，按 5.4.2.5 方法检查并拧紧道路轮螺母，然后再起动磨光机至 57 600 转时自动停机。

5.4.3.6 按 5.4.2.6 方法清理试件及磨光机。

5.5 磨光值测定

5.5.1 在试验前 2h 和试验过程中应控制室温为 20℃ ±2℃。

5.5.2 将试件从道路轮上卸下并清洗试件，用毛刷清洗集料颗粒的间隙，去除所有残留的金刚砂。

5.5.3 将试件表面向下放在 18 ~20℃的水中 2h，然后取出试件，按下列步骤用摆式摩擦系数测定仪测定磨光值。

5.5.3.1 调零：将摆式仪固定在测试平台上，松开固定把手，转动升降把手使摆升高并能自由摆动，然后锁紧固定把手，转动调平旋钮，使水准泡居中，当摆从右边水平位置落下并拨动指针后，指针应指零。若指针不指零，应拧紧或放松指针调节螺母，直至空摆时指针指零。

5.5.3.2 固定试件：将试件放在测试平台的固定槽内，使摆可在其上面摆过，并使滑溜块居于试件轮迹中心。应使摆式仪摆头滑溜块在试件上的滑动方向与试件在磨光机上橡胶轮的运行方向一致，即测试时试件上作标记的弧形边背向测试者。

5.5.3.3 测试：调节摆的高度，使滑溜块在试件上的滑动长度为 76mm，用喷水壶喷洒清水润湿试件表面（注意，在试验中的任何时刻，试件都应保持湿润）。将摆向右提起挂在悬臂上，同时用左手拨动指针使之与摆杆轴线平行。按下释放开关使摆回落向左运动，当摆达到最高位置后下落时，用左手将摆杆接住，读取指针所指（小度盘）位置上的值，记录测试结果，准确到0.1。

注：摆式仪在使用新橡胶片时应该预磨使之达到稳定状态，预磨的方法是用新橡胶片在干燥的试块上（不用磨光后的试件）摆动10次，然后在湿润的试块上摆动20次。另外，橡胶片不得被油类污染。

5.5.3.4 一块试件重复测试5次，5次读数的最大值和最小值之差不得大于3。取5次读数的平均值作为该试件的磨光值读数（PSV_r）。标准试件的磨光值读数用PSV_{br}表示。

5.6 1种集料重复测试2次，每次都需同时对标准集料试件进行测试。

6 计算

6.1 按式（T 0321-1）计算两次平行试验4块试件（每轮2块）的算术平均值PSV_{ra}，精确到0.1。但4块试件的磨光值读数PSV_r的最大值与最小值之差不得大于4.7，否则试验作废，应重新试验。

$$PSV_{ra} = \sum PSV_{ri}/4 \qquad (T\ 0321\text{-}1)$$

式中：$i=1\sim4$，PSV_{ri}为4块试件的磨光值读数。

6.2 按式（T 0321-2）计算两次平行试验4块标准试件（每轮2块）的算术平均值PSV_{bra}，准确到0.1。但4块标准试件的磨光值读数的平均值PSV_{bra}必须在46～52范围内，否则试验作废，应重新试验。

$$PSV_{bra} = \sum PSV_{bri}/4 \qquad (T\ 0321\text{-}2)$$

式中：$i=1\sim4$，PSV_{bri}为4块标准试件的磨光值读数。

6.3 按式（T 0321-3）计算集料的PSV值，取整数。

$$PSV = PSV_{ra} + 49 - PSV_{bra} \qquad (T\ 0321\text{-}3)$$

7 报告

试验报告应报告集料的磨光值PSV、两次平行试验的试样磨光值读数平均值PSV_{ra}和标准试件磨光值读数平均值PSV_{bra}。

条文说明

1 集料磨光值是关系到一种集料能否用于沥青路面抗滑磨耗层的重要决定性指标，所以在工程上选取集料品种时应对此特别重视。为此，交通部又列了专题“高速公路沥青路面抗滑技术标准”，对原磨光值试验方法及摆式摩擦系数试验仪使用中反映的一些问题进行了深入的研究。新修订的试验规程更加注重与国际标准的可比性和试验结果的准确性。本次修改较多，主要有以下几个方面：

将磨光时间的人为控制改成了道路轮转数的仪表自动控制。原规程中磨光过程是用人工计时的方法控制的，即6h的磨光时间以及中间1h、2h、3h、5h的停机、清洗时间都用人工计时，误差较大，不能保证准确的磨光次数。改用转数控制之后机器转动一定转数后自动停下来，以便进行必要的清洗或其他操作，既方便、又能准确地控制转数。

改变了橡胶轮胎硬度。原磨光机橡胶轮胎硬度为55IRHD±5IRHD，为提高抗金刚砂嵌入能力，保证和维持一定的磨光水平，新磨光机将橡胶轮胎的硬度提高到了69IRHD±3IRHD。

提高了橡胶轮胎对道路轮的压力。原磨光机橡胶轮胎对道路轮压力为390N±5N，新磨光机将这一压力提高到了725N±10N，同时改进了荷载调节系统，用手轮升降配重，便于操作。

用两个橡胶轮胎分别用于粗砂磨光和细砂磨光，改变了以前粗、细砂两阶段磨光只用一个轮胎的做法。这样做避免了嵌在橡胶轮胎上的粗砂对细砂磨光的影响，使磨光更加精细、最终的磨光结果更加稳定可靠。

改变了溜砂机构。将粗、细金刚砂分别存放于不同的贮砂斗中，避免掺混。粗、细金刚砂均通过调速电机控制的微型同步带向溜砂槽输送，改变了以前依靠机器振动溜砂的做法，使溜砂量均匀、稳定，并能够精确控制。另外，细金刚砂贮斗中还增设了一个起松散和推进作用的拨料器，使细金刚砂溜放过程中不会阻塞，能连续不断地均匀向前输送。

改变了供水系统。通过流量计准确控制溜水量,改变了以前凭经验调节水量大小、不能量化控制的做法。

改变以前用轻的橡胶轮带动质量大、转动惯量大的道路轮转动的方法,将道路轮变为主动轮,使转动平稳,使磨光机运行噪声大为减少。新机型的机前噪声为 74 ~78dB,比老机型减少了 2 ~6dB。

用 2 轮平行试验代替了原规程中的 1 次试验,使结果更加可靠。

用与国际标准一致的新型摆式摩擦系数测定仪代替了老式摆式仪。

5　磨光机试验过程中必须特别注意安全,试验全过程都必须盖上机盖,以免万一掉粒伤人。在停机检查或维修时均应先切断电源。

T 0322—2000　粗集料冲击值试验

1　目的与适用范围

粗集料冲击值试验用以测定路面用粗集料抗冲击的性能,以击碎后小于 2.36mm 部分的质量百分率表示。

2　仪具与材料

(1)冲击试验仪:形状及尺寸如图 T 0322-1,冲击锤的质量为 13.75kg ±0.05kg。

(2)量筒:内径 76mm,内高 51mm,壁厚 3mm。

(3)冲击杯:内径 102mm、内高 50mm 的圆形网筒,内侧表面经钢化处理。

(4)捣棒:钢棒,直径 10mm,长 230mm,一端为半球面。

(5)标准筛:2.36mm、9.5mm、13.2mm 的方孔筛。

(6)天平:称量 1kg,感量不大于 0.1g。

(7)其他:小铲、浅盘、恒温箱、钢板、橡胶锤、毛刷等。

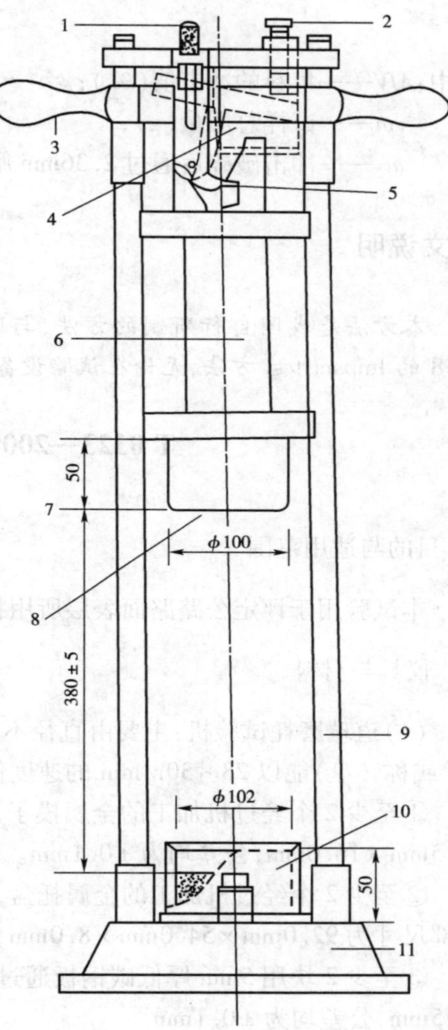

图 T 0322-1　冲击试验仪(尺寸单位:mm)

1-卸机销钉;2-可调的卸机制动螺栓;3-手提把;4-冲击计数器;5-卸机钩;6-冲击锤;7-削角;8-钢化表面;9-冲击锤导杆;10-圆形钢筒内侧钢化表面;11-圆形基座

3　试验准备

3.1　将集料通过 13.2mm 及 9.5mm 的筛,取粒径为 9.5mm ~13.2mm 的部分作为试样。

3.2　将试样在空气中风干或在温度为 105℃ ±5℃的烘箱中烘干后冷却至室温,试样应不少于 1kg。

4　试验步骤

4.1　用铲将集料的 1/3 从量筒上方不超过 50mm 处装入量筒,用捣棒半球形端将集料捣实 25 次,每次捣实应从量筒上方不超过 50mm 处自由落下,落点应在集料表面均匀分布。用同样方法,再装入1/3集料并捣实,然后再装入另 1/3 集料并捣实。3 次盛料完成后,用捣棒在容器顶滚动,除去多余的集料,对阻碍棒滚动的集料用手除去,并外加集料填满空隙。

4.2　将量筒中盛满的集料倒于天平中,称取集料质量(m)(准确至 0.1g),以此进行试验。

4.3　将冲击试验仪置于实验室坚硬地面上并在仪器底座下放置铸铁垫块。

4.4　将称好的集料倒入仪器底座上的金属冲击杯中,并用捣杆单独捣实 25 次,以便压实。

4.5　调整锤击高度,使冲击锤在集料表面以上 380mm ±5mm。

4.6 使锤自由落下连续锤击集料 15 次,每次锤击间隔不少于 1s。第一次锤击后,对落高不再调整。

4.7 筛分和称量

将杯中击碎的集料倒至清洁的浅盘上,并用橡胶锤锤击金属杯外面,用硬毛刷刷内表面,直至集料细颗粒全部落在浅盘上为止。

将冲击试验后的集料用 2.36mm 筛筛分,分别称取保留在 2.36mm 筛上及筛下的石屑质量(m_1、m_2),准确至 0.1g。如 m_1+m_2 与 m 之差超过 1g,试验无效。

4.8 用相同质量(m)的试样,进行第二次平行试验。

5 计算

集料的冲击值按式(T 0322-1)计算。

$$AIV=\frac{m_2}{m}\times 100 \quad (\text{T 0322-1})$$

式中:AIV——集料的冲击值(%);

m——试样总质量(g);

m_2——冲击破碎后通过 2.36mm 筛的试样质量(g)。

条文说明

本方法是我国自行研制的方法,与欧洲共同体标准 EN 1097-2:1998 及英国标准 BS EN 1097-2:1998 的 Impact test 方法,无论在试验设备和试验参数上都完全不同,使用时必须注意。

T 0323—2000 粗集料磨耗试验(道瑞试验)

1 目的与适用范围

本试验用于评定公路路面表层所用粗集料抵抗车轮撞击及磨耗的能力。

2 仪具与材料

(1)道瑞磨耗试验机:主要由直径不小于 600mm 的经过加工的圆形铸铁或钢研磨平板组成,圆平板(或称转盘)能以 28~30r/min 的速度作水平旋转。试验机装有转数记数器并配有下列附件:

①至少 2 个经过机加工的金属模子,用于制备试件。试模的端板可拆卸,其内部尺寸为 91.5mm×53.5mm×16.0mm,公差均为 ±0.1mm。

②至少 2 个经过机加工的金属托盘,用于固定制备好的试件。盘子用 5mm 厚的低碳钢板制成,其内部尺寸为 92.0mm×54.0mm×8.0mm,公差均为 ±0.1mm。

③至少 2 块用 5mm 厚低碳钢板通过机加工制成的平板(垫板),用于制备试件。其尺寸为 115mm×75mm,公差均为 ±0.1mm。

④托盘固定装置:两个托盘支架径向相对且长边转盘转动的方向一致。托盘在支架中应能纵向自由活动而在水平面内不能移动。

⑤两只配重:圆底,用于保证试件对转盘表面的压力。可调整自重以使试件、托盘和配重的总质量满足 2kg±10g。

⑥溜砂装置和砂的清除及收集装置:这些装置能以 700~900g/min 的速率将砂连续不断地撒布在试件前面的转盘上,在通过试件之后再将砂清除并重新收集起来。

(2)标准筛:方孔筛 13.2mm、9.5mm、1.18mm、0.9mm、0.6mm、0.45mm、0.3mm。

(3)烘箱:要求能控温 105℃±5℃。

(4)天平:感量不大于0.1g。

(5)磨料:石英砂,粒径0.3~0.9mm,其中0.45~0.6 mm的含量不少于75%;应干燥而且未使用过。每块试件约需用石英砂3kg。

(6)胶结料:环氧树脂(6010)和固化剂(793)。在保证同等黏结性能的条件下可用其他型号代替。

(7)作为脱模剂的肥皂水和作为清洁剂的丙酮。

(8)细砂:0.1~0.3mm、0.1~0.45mm。

(9)其他:医用洗耳球、调剂匙、镊子、油灰刀、小毛刷、量筒20mL、烧杯100mL、电炉、小号医用托盘或其他容器。

3 试验准备

3.1 试样准备

3.1.1 按T 0301的方法取样。

3.1.2 将试样筛分,取9.5~13.2mm的部分用于制作试件。

3.1.3 试样在使用前应清洗除尘,并保持表面干燥状态。加热干燥时,加热时间不得超过4h,加热温度不得超过110℃,且必须在做试件前将其冷却至室温。

3.2 试件制作

3.2.1 试模准备。清洁试模,然后拧紧端板螺钉;在试模内表面用细毛刷涂刷少量肥皂水,将试模放在烘箱内烘干。

3.2.2 排料。用镊子夹起集料,单层排放在试模内,且较平的面放在模底;试模中应排放尽可能多的粒料,在任何情况下集料颗粒都不得少于24粒;集料颗粒须具有代表性。

3.2.3 吹砂。集料颗粒之间的空隙要用细砂(0.1~0.3mm)充填,充填高度约为集料颗粒高度的3/4。充填时先用调剂匙均匀撒布,然后再用洗耳球吹实找平,并吹去多余的砂。

3.2.4 拌制环氧树脂砂浆。先将环氧树脂和固化剂搅匀,然后加入0.1~0.45mm干砂拌和均匀。砂浆按环氧树脂:固化剂:细砂=1g:0.25mL:3.8g的比例配制。2块试件约需环氧树脂30g,固化剂7.5mL,干细砂114g。

3.2.5 填模成型。将拌制好的环氧树脂砂浆填入试模,尽量填充密实,但注意不可碰动排好的集料,然后用烧热的油灰刀在试模表面来回刮抹,使砂浆表面平整。

3.2.6 养生。在垫板的一面涂上肥皂水,然后将填好砂浆的模子倒放在垫板上(以防砂浆渗到集料表面)。常温下的养生时间一般为24h。

3.2.7 拆模。拧松端板螺钉,卸下2个端板,用橡皮锤轻敲将试件取出。用刮刀或砂纸去除多余的砂浆,用细毛刷清除松散的砂。

4 试验步骤

4.1 分别称出2块试件的质量(m_1),准确至0.1g。在操作之前应使机器在溜砂状态下空转一圈,以便在转盘上留有一层砂。

4.2 将2块试件分别放入2个托盘内,注意确保试件与托盘之间紧密配合。称出试件、托盘和配重的质量并将合计质量调整到2kg±10g。

4.3 将试件连同托盘放入磨耗机内,使其径向相对,试件中心到研磨转盘中心的距离为260mm,集料裸露面朝向转盘;然后将相应的配重放在试件上。

4.4 以28~30r/min的转速转动转盘100圈,同时将符合如上要求的研磨石英砂装入料斗,使其连续不断地溜在试件前面的转盘上。溜砂宽度要能覆盖整个试件的宽度,溜砂速率为700~900g/min(料斗溜砂缝隙约为1.3mm)。

用橡胶刮片将砂清除出转盘,刮片的安装要使得橡胶边轻轻地立在转盘上,刮片宽度应与研磨转盘的外缘环部宽度相等。

4.5 将集料斗中回收的砂过1.18mm的筛,重复使用数次,直至整个试验完成时废弃。

4.6 取出试件,检查有无异常情况。

4.7 重复上述步骤,再磨400圈。可分4个100圈重复4次磨完,也可连续1次磨完。在作连续磨时必须经常掀起磨耗机的盖子观察溜砂情况是否正常。

4.8 转完500转后从磨耗机内取出试件,拿开托盘,用毛刷清除残留的砂,称出试件的质量(m_2),准确至0.1g。

如果由于集料易磨耗而磨到砂浆衬时要中断试验,记录转数。相反,有些非常硬的集料可能会划伤研磨盘,在这种情况下应对研磨转盘进行刨削处理。

5 计算

每块试件的集料磨耗值按式(T 0323-1)计算。

$$AAV = \frac{3(m_1 - m_2)}{\rho_s} \quad \text{(T 0323-1)}$$

式中:AAV——集料的道瑞磨耗值;

m_1——磨耗前试件的质量(g);

m_2——磨耗后试件的质量(g);

ρ_s——集料的表干密度(g/cm^3)。

6 报告

用两块试件的试验平均值作为集料磨耗值,如果单块试件磨耗值与平均值之差大于后者的10%,则试验重做,并以4块试件的平均值作为集料磨耗值的试验结果。

T 0324—1994 集料碱活性检验(岩相法)

1 目的与适用范围

鉴定所用集料(包括砂、石)的种类和成分,从而确定碱活性集料的种类和数量。

2 仪具与材料

(1)套筛:孔径为0.15mm、0.3mm、0.6mm、1.18mm方孔筛。

(2)磅秤:称量100kg,感量100g。

(3)天平:称量1kg,感量不大于0.5g。

(4)切片机、磨光机、镶嵌机。

(5)实体显微镜、偏光显微镜。

(6)试剂:盐酸、茜素红、折光率浸油以及酒精等。

(7)其他:金刚砂、树胶(如冷杉胶)、载玻片、地质锤、砧板、酒精灯等。

3 取样

3.1 用四分法或分料器法选取集料,风干后进行筛分,按表T 0324-1所规定的数量称取试样。

表 T 0324-1 石料试样质量

集料粒径(mm)	37.5~19	19~4.75
试样质量(kg)	50	10

3.2 将砂样用四分法或分料器法缩减至5kg,取约2kg砂样冲洗干净,在105℃±5℃烘箱中烘干,冷却后按T 0327的方法进行筛分,然后按表T 0324-2规定的数量称取砂样。

4 集料的鉴定

4.1 将试样逐粒进行肉眼鉴定。需要时可将颗粒放在砧板上用地质锤击碎(注意应使岩石片损失最小),观察颗粒新鲜断口。

4.2 集料鉴定按下列准则分类(表 T 0324-2):

表 T 0324-2 砂 样 质 量

砂样粒径(mm)	砂样质量(g)	砂样粒径(mm)	砂样质量(g)
4.75~2.36	100	0.6~0.3	10
2.36~1.18	50	0.3~0.15	10
1.18~0.6	25	小于 0.15	

4.2.1 岩石名称及物理性质。包括主要的矿物成分、风化程度、有无裂缝、坚硬性、有无包裹体和断口形状等。

4.2.2 化学性质。分为在混凝土中可能或不能产生碱集料反应两种。

4.2.3 对初步确定为碱活性集料的岩石颗粒,应制成薄片,在显微镜下鉴定矿物组成、结构等,应特别测定其隐晶质、玻璃质成分的含量。

注:集料鉴定可参考表 T 0324-3。

表 T 0324-3 碱活性集料分类参考

岩石结构	火成岩		沉积岩			变质岩
胶凝结构			蛋白质			
玻璃质结构	松脂岩 珍珠岩 墨曜岩					
显微粒状结构 隐晶质结构			玉髓、鳞石英、方英石、燧石、碧玉、玛瑙	硅镁石灰岩及某些含泥质、白云质灰岩		
斑状结构 基质隐晶质结构或玻璃质结构		安山岩、英安岩、流纹岩、粗面岩				
碎屑结构 角砾结构					凝灰岩火同角砾石	
鳞片状结构 鳞片变晶结构						某些千枚岩、硅质板岩,硬绿泥石片岩
主要矿物成分	酸性火山玻璃	酸性到中性斜长石、钾长石,石英火山玻璃等	蛋白石、玉髓、鳞石英、方英石、石英	方解石、白云石、玉髓、石英	根据岩石屑、晶屑角砾的成分而定	石英、绢云母、玉髓、硬绿泥石

5 砂料鉴定

将砂样放在实体显微镜下挑选,鉴别出碱活性集料的种类及含量。小粒径砂在实体显微镜下挑选有困难时,需在镶嵌机上压型(用树胶或环氧树脂胶结)制成薄片,在偏光显微镜下鉴定。

6 试验结果处理

6.1 集料如进行全分析,按表 T 0324-4 列出各种岩石的成分及其含量;如只分析碱活性集料,按表 T 0324-5列出集料中碱活性集料的种类和含量;按表 T 0324-6 列出砂料中碱活性集料的种类和含量。

表 T 0324-4　集料岩相鉴定

项目 / 岩石名称	质量百分数(%)		岩相描述(颜色、硬度、风化程度等)	物理性质(以优、良、劣评定)	化学性质(注明有害或无害)
	31.5 ~16mm	16 ~4.75mm			

表 T 0324-5　集料中碱活性集料含量

碱活性集料名称	粒　径(mm)	
	31.5 ~ 19	19 ~ 4.75

表 T 0324-6　砂料中碱活性集料含量

样 品 组 成		碱活性集料含量(%)		
粒径(mm)	筛余量(%)	占本级样品量	占总样品量	合 计

6.2　根据鉴定结果,集料被评定为非碱活性时即作为最后结论,如评定为碱活性集料或可疑时,应进行砂浆长度法等检验。

条文说明

路面混凝土通常采用硅酸盐水泥或普通硅酸盐水泥,此类水泥含碱量一般较高;路面混凝土的水泥用量较多,一般都在300kg/m^3 以上;此种混凝土位于地面,通常处于潮湿环境,同一般混凝土工程相比,发生碱集料反应破坏的可能性较大。例如,北京市某立交桥和山东某机场混凝土均发现碱集料反应问题。公路工程混凝土试验目前亟须此类试验方法。

国外以美国 ASTM 有关碱集料试验方法具有权威性。我国水电部《水工混凝土试验规程》(SD 105—82)曾参考美国 ASTM 有关方法和标准制定“岩相法”、“化学法”、“砂浆长度法”、“碳酸盐骨料碱活性检验”和“抑制骨料碱活性效能试验”五个试验方法。本规程参考编制了其中三个方法。

岩相法的优点在于能确知被检验的集料属于什么岩石,其中含有什么矿物,哪些矿物是活性的,是判定集料有无活性的最基本方法。但仅凭岩相法确认的岩石和矿物是否具有碱活性和碱活性的大小程度还很难确定,因此,单靠岩相检验是不够的。

砂浆长度法是将集料破碎成一定粒径,按一定比例与水泥制成砂浆长条,定期测长,当膨胀率半年不超过 0.1% 或 3 个月不超过 0.05%,即可评为非活性集料。它的优点是直观、指标比较明确,比较接近混凝土实际,缺点是需时较长。

抑制集料碱活性效能试验是以高活性的硬质玻璃砂和高碱硅酸盐水泥制成的试件为标准评定或优选水泥品种、混合材及外加剂的抑制效能。检定砂浆膨胀率 14d 不超过 0.02%,56d 不超过0.06% 即可认为合乎安全要求。此类指标明确,国内外均有较成熟的经验。

化学法和碳酸盐集料碱活性检验暂未编入本规程。

(1) 化学法的优点是比较快速,但评定指标带有经验性,许多试验表明化学法可能得出不恰当的结论,且该法试验设备比较复杂,公路工程难以广泛采用,故本规程尚未编入;

(2) 碳酸盐集料碱活性检验与碱硅反应相比,应用尚不多见,经验较少,故本规程暂未编入这一方法。

T 0325—1994 集料碱活性检验(砂浆长度法)

1 目的与适用范围

1.1 测定水泥砂浆试件的长度变化,以鉴定水泥中的碱与活性集料间的反应所引起的膨胀是否具有潜在危害。

1.2 用岩相法 T 0324 试验评定集料为碱活性或可疑时宜采用本方法,但不适用于碱碳酸盐反应。

2 仪具与材料

(1)标准筛:按细集料(砂)筛分试验规定选用。

(2)拌和锅、铲、量筒、秒表、跳桌等。

(3)镘刀及截面为 14mm×13mm、长 120~150mm 的硬木捣棒。

(4)试模和测头(埋钉):金属试模,规格为 25.4mm×25.4mm×285mm。

试模两端正中有小孔,测头以不锈金属制成。

(5)养护筒:用耐腐材料(塑料)制成,应不漏水,不透气,加盖后放在养护室中能确保筒内空气相对湿度为95%以上。筒内设有试件架,架下盛有水,试件垂直立于架上并不与水接触。

(6)测长仪:测量范围 275~300mm,精密度 0.01mm

(7)贮存室(箱)的温度为 38℃ ±2℃。

3 试验准备

3.1 试样制备

3.1.1 水泥:检定一般集料活性时,应使用含碱量高于 0.8% 的硅酸盐水泥。对于具体工程,如使用几种水泥,含碱量大于 0.6% 的水泥均应进行试验。

注:水泥含碱量以氧化钠(Na_2O)计,氧化钾(K_2O)换算为氧化钠时乘以换算系数 0.658。

3.1.2 集料:对于砂料使用工程实际采用的或拟用的砂;对于集料应把活性、非活性集料分别破碎成表 T 0325-1 所示的级配,并根据岩相检验的结果将活性与非活性集料按比例组合成试验用砂。

表 T 0325-1 砂料级配表

筛孔尺寸(mm)	4.75~2.36	2.36~1.18	1.18~0.6	0.60~0.3	0.3~0.15
分级质量比(%)	10	25	25	25	15

3.1.3 砂浆配合比:水泥与砂的质量比为 1:2.25。一组 3 个试件共需水泥 400g,砂 900g。砂浆用水量按《水泥胶砂流动度测定方法》(GB/T 2419)选定,但跳桌跳动次数改为 10 次/6s,以流动度在 105~120mm 为准。

3.2 试件制作

3.2.1 成型前 24h,将试验所用材料(水泥、砂、拌和用水等)放入 20℃ ±2℃的恒温室中。

3.2.2 砂浆制备:将水倒入拌和锅内,加入水泥拌和 30s,再加入砂料的一半拌和 30s,最后加入剩余的砂料拌和 90s。

3.2.3 砂浆分两层装入试模内,每层捣实 20 次;浇第一层后安放测头再浇第二层(注意测头周围砂浆应填实),浇捣完毕后用镘刀刮除多余砂浆,抹平表面并编号。

4 试验步骤

4.1 试件成型完毕后,带模放入标准养护室,养护 24h±4h 后脱模。脱模后立即测量试件的长度,此长度为试件的基准长度。测长应在 20℃ ±2℃的恒温室中进行。每个试件至少重复测试两次,取差值在仪器精密度范围内的 2 个读数的平均值作为长度测定值。待测的试件须用湿布覆盖,以防止水分蒸发。

4.2 测长后将试件放入养护筒中,筒壁衬以吸水纸使筒内空气为水饱和蒸汽,盖严筒盖放入38℃ ±2℃养护室(箱)里养护(一个筒内的试件品种应相同)。

4.3 测长龄期自测基长后算起分14d、1、2、3、6、9、12个月几个龄期,如有必要还可适当延长。在测长的前一天,应把养护筒从38℃ ±2℃的养护室(箱)中取出,放入20℃ ±2℃的恒温室。试件的测长方法与测基长时相同,每个龄期测长完毕后,应将试件放入养护筒中,盖好筒盖,放回38℃ ±2℃的养护室(箱)中继续养护到下一个测试龄期。

4.4 测长时应观察试件的变形、裂缝、渗出物,特别要注意有无胶体物质出现,并作详细记录。

5 计算

5.1 试件的膨胀率按式(T 0325-1)计算。

$$\Sigma_T = \frac{L_T - L_0}{L_0 - 2\Delta} \times 100 \qquad (T\ 0325\text{-}1)$$

式中:Σ_T——试件在龄期 T 内的膨胀率(%);

L_T——试件在龄期 T 的长度(mm);

L_0——试件的基准长度(mm);

Δ——测头(即埋钉)的长度(mm)。

以3个试件测值的平均值作为某一龄期膨胀率的测定值。

注:一组3个试件测值的离散程度应符合下述要求,膨胀率小于0.02%时,单个测值与平均值的差值不得大于0.003%;膨胀率大于0.02%时,单个测值与平均值的差值不得大于平均值的15%。超过以上规定时需查明原因,取其余2个测值的平均值作为该龄期膨胀率的测定值。当一组试件的测值少于2个时,该龄期的膨胀率通过补充试验确定。

5.2 评定标准

对于砂料,当砂浆半年膨胀率超过0.1%或3个月的膨胀率超过0.05%时(只在缺少半年膨胀率时才有效),即评为具有危害性的活性集料。反之,如低于上述数值时,则评为非活性集料。

对于集料,当砂浆半年膨胀率低于0.1%或3个月的膨胀率低于0.05%时(只在缺少半年膨胀率时才有效),即评为非活性集料。如超过上述数值时,尚不能作最后结论,应根据混凝土的试验结果作出最后的评定。

T 0326—1994 抑制集料碱活性效能试验

1 目的与适用范围

1.1 评定矿物混合材对高碱硅酸盐水泥与高活性集料(硬质玻璃)反应引起过量膨胀的抑制效能。以高活性的硬质玻璃砂与高碱硅酸盐水泥制成的砂浆标准试件,与掺有抑制材料的砂浆对比试件进行同一龄期膨胀率的比较,衡量材料的抑制效能。

1.2 当有的活性集料危害性不能及时作出定论时,也可用这种方法检定水泥砂浆试件的膨胀率,判别集料是否合乎安全的要求,用以选择合适的水泥品种、混合材及外加剂。

2 仪具与材料

(1)标准筛:按细集料筛分试验规定选用。

(2)拌和锅、铲、量筒、秒表、跳桌等。

(3)镘刀及截面为14mm×13mm、长120~150mm的硬木捣棒。

(4)试模和测头(埋钉):金属试模,规格为25.4mm×25.4mm×285mm。试模两端正中有小孔,测头以不锈金属制成。

(5)养护筒:用耐腐材料(塑料)制成,应不漏水,不透气,加盖后放在养护室中能确保筒内空气相对湿度为95%以上。筒内设有试件架,架下盛有水,试件垂直立于架上并不与水接触。

(6)测长仪:测量范围275~300mm,精密度0.01mm。

(7)贮存室(箱)的温度为28℃±2℃。

3 试验步骤

3.1 水泥

标准试件。衡量材料抑制效能试验用高碱硅酸盐水泥,含碱量约为1.0%(以氧化钠计),或14d膨胀率不低于0.1%的其他硅酸盐水泥;膨胀率判别试验用低碱硅酸盐水泥,含碱量小于0.6%(以氧化钠计)或选用14d膨胀率不超过0.02%的其他硅酸盐水泥。

对比试件。为了衡量混合材的抑制效能,对比试件用的水泥与标准试件用的高碱水泥相同。混合材的掺量按绝对体积计为25%,其余75%为高碱水泥;为了判别外加剂的抑制效能,可用与标准试件相同的高碱水泥。对于具体工程,可用工程所用水泥进行膨胀率判定试验。

3.2 集料

硬质玻璃砂。用耐热玻璃破碎而成,级配如表T 0326-1。

注:经破碎分级后的硬质玻璃砂需冲洗干净,存放于干燥器中备用。

表T 0326-1 玻璃砂级配

筛孔尺寸(mm)	4.75~2.36	2.36~1.18	1.18~0.6	0.6~0.3	0.3~0.15
分级质量(%)	20	20	20	20	20

3.3 砂浆配合比。水泥与砂的质量比为1∶2.5,每组3个试件需水泥400g,玻璃砂900g。对比试件掺混合材时,则水泥为300g,混合材掺量为100g水泥用体积的质量。如为具体工程试验,混合材掺量应与工程推荐的掺量相同。

砂浆用水量按《水泥胶砂流动度测定方法》(GB/T 2419)选定,但跳桌跳动次数改为10次/6s,以流动度在105~120mm为准。掺混合材的试件,成型前应将混合材与水泥先拌和均匀,外加剂要预先配成溶液随拌和水加入。

3.4 按T 0325的方法制备试件,养护并测长。测长龄期为14d、56d。

4 试验结果处理

4.1 试件的膨胀率按式(T 0326-1)计算。

$$\Sigma_T = \frac{L_T - L_0}{L_0 - 2\Delta} \times 100 \tag{T 0326-1}$$

式中:Σ_T——试件在龄期T内的膨胀率(%);

L_T——试件在龄期T的长度(mm);

L_0——试件的基准长度(mm);

Δ——测头(即埋钉)的长度(mm)。

以3个试件测值的平均值作为某一龄期膨胀率的测定值。

注:一组3个试件测值的离散程度应符合下述要求,膨胀率小于0.02%时,单个测值与平均值的差值不得大于0.003%;膨胀率大于0.02%时,单个测值与平均值的差值不得大于平均值的15%。超过以上规定时需查明原因,取其余2个测值的平均值作为该龄期膨胀率的测定值。当一组试件的测值少于2个时,该龄期的膨胀率通过补充试验确定。

4.2 结果评定

4.2.1 碱集料反应的抑制效能掺混合材或外加剂的对比试件14d龄期砂浆膨胀率降低值应符合式(T 0326-2)的要求。

$$R_e = \frac{E_s - E_T}{E_s} \times 100 \geqslant 75 \tag{T 0326-2}$$

式中：R_e——膨胀率降低值(%)；

E_s——高碱水泥标准试件 14d 龄期膨胀率(%)；

E_T——对比试件 14d 龄期膨胀率(%)。

对比试件 56d 龄期的膨胀率小于 0.05%，则认为所试验的材料及相应的掺量具有碱集料反应的抑制效能。

4.2.2 膨胀率的判别试验

对比试件 14d 和 56d 龄期的膨胀率不超过同条件下低碱硅酸盐水泥标准试件的膨胀率；或者 14d 龄期膨胀率不超过 0.02%，56d 龄期膨胀率不超过 0.05%，则认为所试验的水泥不会产生有害的碱集料膨胀。

T 0346—2000 破碎砾石含量试验

1 目的与适用范围

测定砾石经破碎机破碎后，具有要求数量（一个或两个）破碎面的粗集料占粗集料总量的比例，以百分率表示。本方法规定被机械破碎的砾石破碎面大于或等于该颗粒最大横截面积的 1/4 者为破碎面（图 T 0346-1），具有符合要求破碎面的集料称为破碎砾石。

2 仪具与材料

(1)天平：感量不大于 1g。

(2)标准筛。

(3)刮刀。

3 试验准备

将已干燥的试样用 4.75mm 标准筛过筛，利用四分法或分料器法分样。取大于4.75mm的粗集料供试验用。试样质量应符合表 T 0346-1 的要求。当最大粒径大于或等于 19.0mm时，再用 9.5mm 筛筛分成两部分，每一部分的试样均不得少于 200g，两部分试样分别测试后取平均值。

图 T 0346-1 破碎面的定义

4 试验步骤

4.1 将两部分的试样置 4.75mm 或 9.5mm 筛上，用水冲洗，至干净为止，用烘箱烘干至恒重，冷却，准确称重至 1g。

4.2 将试样摊开在面积足够大的平面上，以符合 $A_f > 0.25X_{max}$ 要求的面作为破碎面，如图 T 0346-1 所示，逐颗目测判断挑出具有一个以上破碎面的破碎砾石，以及肯定不满足一个破碎面的砾石分别堆放成两堆，将难以判断是否满足一个破碎面定义的砾石另堆成一堆。

表 T 0346-1 试样质量要求

公称最大粒径(mm)	最少试样质量(g)	公称最大粒径(mm)	最少试样质量(g)
9.5	200	26.5	3 000
13.2	500	31.5	5 000
16.0	1 000	37.5	7 500
19.0	1 500	50	15 000

4.3 分别对 3 堆集料称重，计算难以判断是否满足一个破碎面定义的砾石试样占集料总量的百分率，若其大于 15%，则应从中再次仔细挑拣，直至此部分比例小于 15% 为止。重新称量，计算各部分的百分率。

4.4 重复4.2及4.3的步骤,从具有一个以上破碎面的破碎砾石中挑出两个以上破碎面的破碎砾石以及只有一个破碎面的砾石分别堆放成两堆,将难以判断是否满足两个破碎面定义的砾石堆成第3堆。计算第3堆集料占集料总量的百分率,复挑至此百分率小于15%为止。对各部分称量,计算各部分的百分率。

4.5 每种试样需平行试验不少于两次。

5 计算

破碎砾石占集料总量的百分率按式(T 0346-1)计算。

$$P = \frac{F + Q/2}{F + Q + N} \times 100 \tag{T 0346-1}$$

式中:P——具有一个以上或两个以上破碎面砾石占集料总量的百分率(%);

F——满足一个或两个破碎面要求的集料的质量(g);

N——不满足一个或两个破碎面要求的集料的质量(g);

Q——难以判断是否满足具有一个或两个破碎面要求的集料的质量(g)。

条文说明

我国规范一直对破碎砾石的破碎面有要求,但缺乏相应的试验方法。本方法参照美国 ASTMD 5821—95 编写。SUPERPAVE 关于粗集料的棱角性,就是通过破碎砾石破碎面积的比例表示的,并提出了标准要求。

在欧洲除了测定破碎面积外,更习惯采用另一个试验方法作为专门的棱角性试验。因此在 EN 933-6中包括了粗集料和细集料两个试验方法,即法国的 NF 18-563(粗集料用)及 NF 18-564(细集料用)。NF 18-564 即本规程 T 0345"细集料粗糙度试验方法"。NF 18-563 的测试原理与此相近,是放在一个频率 50Hz、振幅 0.5mm 的振动台上,不过粗集料难以漏下。粗集料的试验数量为 10kg 左右,由公式 $10 \times \gamma_T/2.70$ 计算得到。将一定体积的各种规格的粗集料放入漏斗中,在打开开关的同时开始计时,在振动条件下由斜槽全部漏出粗集料的秒数作为该粗集料的粗糙度指标。但是我们注意到,在欧洲 CEN 13043"沥青路面用集料标准"中虽同样规定了破碎面积的比例要求,却没有此方法的技术要求。再加上此试验方法在我国基本上尚未做过,所以这一次暂不列入本规程作为标准试验方法。有兴趣的单位可以按此方法进行测试。该方法的仪器设备如图 T 0346-2 所示。

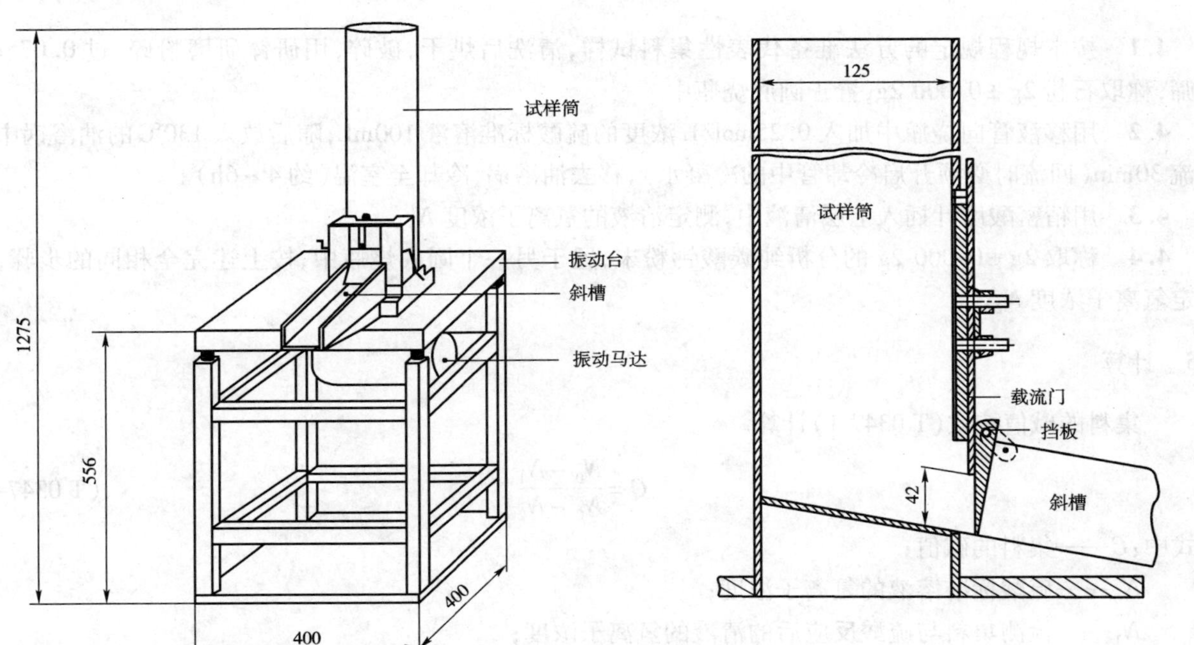

图 T 0346-2 欧洲的粗集料棱角性测试仪(左为仪器全图,右为斜槽漏斗部分大样图,尺寸单位:mm)

T 0347—2000 集料碱值试验

1 目的与适用范围

本方法适用于评价集料与沥青的黏附性。

2 仪具与材料

(1)精密酸度计。

(2)硫酸:分析纯。

(3)碳酸钙:分析纯,粒径小于0.075mm。

(4)移液管:100mL。

(5)圆底烧瓶:250mL,带标准磨口。

(6)球形回流冷凝器:60cm,具有与烧瓶相配合的标准磨口。

(7)控温油浴锅。

(8)烘箱。

(9)标准筛:0.075mm。

(10)精密天平:感量不大于0.000 1g。

(11)粉碎集料用的锤、研钵。

(12)其他:蒸馏水、烧杯、1L容量瓶。

3 试验准备

3.1 硫酸标准溶液的配制

取分析纯硫酸13.6mL慢慢地贴壁加入盛有500mL蒸馏水的1L容量瓶中,然后用蒸馏水稀释至1L刻度,即得到浓度约为0.25mol/L的硫酸标准溶液。

3.2 用精密酸度计测定硫酸标准溶液的氢离子浓度N_0。

4 试验步骤

4.1 按本规程规定的方法准备代表性集料试样,清洗后烘干,破碎,用研钵研磨粉碎,过0.075mm筛,称取石粉2g±0.000 2g,置于圆底烧瓶中。

4.2 用移液管向烧瓶中加入0.25mol/L浓度的硫酸标准溶液100mL,随后放入130℃的油浴锅中回流30min(回流时必须开启冷却管中的冷凝水),移去油浴锅,冷却至室温(约4~6h)。

4.3 用精密酸度计插入上层清液中,测定清液的氢离子浓度N_1。

4.4 称取2g±0.000 2g的分析纯碳酸钙粉末,置于另一个圆底烧瓶中,按上述完全相同的步骤,测定氢离子浓度N_2。

5 计算

集料的碱值按式(T 0347-1)计算。

$$C = \frac{N_0 - N_1}{N_0 - N_2} \tag{T 0347-1}$$

式中:C——集料的碱值;

N_0——硫酸标准溶液的氢离子浓度;

N_1——检测集料与硫酸反应后的清液的氢离子浓度;

N_2——纯碳酸钙与硫酸反应后的清液的氢离子浓度。

条文说明

本方法的基本原理是,不同集料的碱性不同,接受质子的能力不同,消耗掉的氢离子浓度也是不相同的,并以分析纯碳酸钙作为基准,测定集料与基准状态下消耗的氢离子浓度的比值,作为集料的碱值。本方法在“八五”国家科技攻关“道路沥青及沥青混合料路用性能的研究”专题中,用以评价不同集料与沥青的黏附性,取得了良好的效果。

T 0348—2005 钢渣活性及膨胀性试验

1 目的与适用范围

本方法适用于评价钢渣用作基层和沥青层材料使用时的活性及膨胀性。

注:对钢渣性能评定时宜附加测定游离氧化钙或氧化镁的含量。

2 仪具与材料

(1)台秤、磅秤及天平:秤的称量20kg,感量10g;天平称量2kg,感量1g。

(2)容量瓶:2 000mL,带圆形玻璃皿盖。

(3)加热装置:煤气炉、电炉等。

(4)漏斗:直径50mm的玻璃漏斗。

(5)烘箱:能控温在105℃ ±5℃。

(6)标准筛:根据需要选用。

(7)土工击实试验设备一套。包括内径152mm、高170mm的金属圆筒,套环高50mm,直径151mm和高50mm的筒内垫块,底座,击实仪等。击实锤的底面直径50mm,总质量4.5kg。击锤在导管内的总行程为450mm。

(8)多孔板:直径148mm,布满2mm圆孔,黄铜制,用于上方的多孔板中间有百分表触点,供安装百分表测定变形用,也可用多孔吸水板代替。

(9)恒温水浴:能同时放置150mm试件3个,持续保持水温80℃ ±3℃6h以上。

(10)水:蒸馏水、纯净水。

(11)比色管:工业用水标准比色管。

(12)其他:滤纸(化学分析用)、铲子、刷子、毛巾等。

3 试验步骤

3.1 试样准备

在钢渣的陈放地从料堆内部1m处取足够数量的钢渣样品,从3处以上取样混合后按分料器法或四分法处理,供试验使用。

注:钢渣试验结果与取样关系很大。如果钢渣已经破碎且在空气中经较长时间陈放,通常可基本上完成膨胀,试验结果不能反映实际集料中存在的未膨胀颗粒的情况。因此取样必须力求代表钢渣的实际破碎和陈放情况。由于钢渣有多孔与致密之分,需注意其比例接近实际情况。

3.2 钢渣遇水后的比色试验按以下步骤进行:

3.2.1 配制标准液:将重铬酸钾按0.006g/mL的浓度加入蒸馏水中配制标准比色液,装入100mL比色管中。

3.2.2 称取天然状态的钢渣500g,放在烧杯中,加入约1 500mL纯净水,至烧杯的标线处,盖上玻璃皿盖。

3.2.3 将烧杯放在热源上加热,调整火力,使其约在15min内沸腾,然后调为微火沸腾状态

45min,合计为1h。

3.2.4 加热结束后,立即移下烧杯,补充加水至烧杯的标线处,适当搅拌。

3.2.5 用漏斗及滤纸过滤,将开始阶段的20mL过滤液废弃,再继续过滤得到300mL过滤液,作为比色液。

3.2.6 将比色液100mL装入比色管中,在背后放一张白纸,与标准比色液比较,评定有无颜色异常。此步骤必须在加热结束后20min以内完成。

3.3 钢渣膨胀性检测按下列步骤进行:

3.3.1 利用工程的实际沥青混合料级配,按照基层材料击实试验方法进行重型击实试验,击实锤重4.5kg,落高45cm,分3层装料,每次击实98次,确定最佳含水率和最大干密度。

3.3.2 将自然干燥的钢渣筛分成各个粒级,按工程的实际级配配制不少于3个直径150mm的重型击实试验用试件的混合料,每个试件约7kg。按最佳含水率±1%加水充分拌和均匀,在密闭的容器内保存24h闷料。

3.3.3 在试模内装入压头,铺滤纸,进行击实成型,击实完成后取下套筒,用直尺刮刀整平试件表面,被刮出的粗集料及所有的细空隙都用细料补齐找平,盖上平板。将试模连同盖板一起仔细倒转,取走底板及压头垫块。再次垫上滤纸,装上多孔底板,将试模倒置,上面加盖中央有触点的多孔板,擦净试模外部及上下顶面。

3.3.4 将试模放进恒温水浴中,试模应全部浸没水中。

3.3.5 在多孔板上压4块半圆形的荷载板,每个1.25kg,共重5kg。其上装置试件膨胀量测定用的百分表架及百分表,百分表应准确对准中央触点并保持竖直状态。

3.3.6 立即读取百分表的初读数 d_0。

3.3.7 开始加温至80℃±3℃,自达到要求温度后起算连续6h,停止加热,自然冷却,第2天开始加热前读取百分表读数 d_i。如此每日在相同时间加温及放冷一次,持续进行10日。

3.3.8 结束后的第2天读取百分表终读数 d_{10}。结束试验,拆除测定装置。

注:试验时3个试件宜在一个水浴中同时进行。

3.4 钢渣沥青混凝土的膨胀量按以下方法进行测定:

3.4.1 按使用钢渣的沥青混合料的实际配合比制作标准的马歇尔试件,数量不少于3个,用卡尺在直径方向仔细测定3个断面,在高度方向测定4处,计算试件体积 V_1。

3.4.2 将试件在60℃±1℃的恒温水浴中浸泡养生72h。

3.4.3 取出试件冷却至室温,观察有无裂缝或鼓包,立即按相同方法测量试件体积 V_2。

4 计算

4.1 钢渣膨胀量按式(T 0348-1)计算。

$$C_1 = \frac{d_{10} - d_0}{125} \times 100 \qquad \text{(T 0348-1)}$$

式中:C_1——钢渣膨胀量(%);

d_0——百分表的初读数(0.01mm);

d_{10}——结束后的第2天读取的百分表终读数(0.01mm)。

4.2 钢渣沥青混凝土膨胀量按式(T 0348-2)计算

$$C_2 = \frac{V_2 - V_1}{V_1} \times 100 \qquad \text{(T 0348-2)}$$

式中:C_2——钢渣沥青混凝土膨胀量(%);

V_1——浸泡养生前试件体积(cm^3);

V_2——浸泡养生后试件体积(cm^3)。

5 报告

5.1 钢渣遇水后的比色试验应记录比色变化情况。

5.2 钢渣膨胀量平行试验3个试件,取其平均值作为试验结果。

5.3 钢渣沥青混凝土膨胀量取3个试件的平均值,作为试验结果。报告应说明钢渣沥青混凝土试件有无裂缝及鼓包等情况。

条文说明

较长时期以来,钢渣作为拌制沥青混合料的集料一直没有得到认知和使用。究其原因,主要是因为炼钢过程中需要使用部分生石灰,这部分生石灰在未能充分钢渣化的情况下将成为游离生石灰。这样的钢渣如果大块堆放,没有事先破碎让其在空气中有相当长时间的存放和吸水熟化,活性氧化钙遇水后反应生成氢氧化钙:$CaO + H_2O \rightarrow Ca(OH)_2$,体积膨胀约2倍,在沥青路面将产生很大的膨胀力,导致路面发生鼓包损坏。一般情况下,转炉钢渣的游离氧化钙含量可能达到3%,而电炉钢渣的游离氧化钙只有0.3%,要小得多。但是在欧洲共同体标准EN 1744-1:1998中,没有要求测定游离氧化钙的含量,却要求测定氧化镁的含量,这一点是值得注意的。各单位在使用钢渣时,需对氧化钙和氧化镁的含量进行测定(方法可参照有关试验规程),以积累资料,进行研究。其实钢渣在许多国家是作为优质集料来使用的,它的抗破碎能力(如压碎值、洛杉矶磨耗值)都很高。近年来我国有些钢厂已经开始重视钢渣的合理应用,以有效利用废物,减轻公害。检验钢渣能否使用,国外一般是通过检测钢渣中的氧化钙或氧化镁含量或者其膨胀量,也有的直接测定沥青混凝土的膨胀性。我国《公路沥青路面施工技术规范》的配合比设计检验中一直要求对钢渣沥青混凝土进行活性检验,其膨胀量不得大于1%。EN 1744-1:1998要求膨胀量不大于3.5%,但要求按EN 196-2:1994测定氧化镁含量,168h时氧化镁含量大于5%时,改用试验时间24h,要求小于或等于5%。

另外,炼钢用的石灰等原料中经常含有微量的硫黄,它极易与钙结合成硫化钙CaS,含量在1%左右。硫化钙在遇水后能生成高价硫离子,成为与温泉水相似的黄色不稳定物质,只有在空气中逐渐氧化才会变成中性,所以利用钢渣遇水时的颜色可以概略地判断其新鲜程度。

最终评价钢渣能否在沥青混合料中使用还要看是否满足水稳定性检验的要求,达不到这些要求的钢渣不得使用。

在日本《铺装试验法便览》中有几个与钢渣有关的试验方法,一个是钢渣遇水的判色检验方法(2-3-2),一个是钢渣的单轴抗压强度试验(2-3-3),还有两个分别用于基层及沥青混合料的钢渣膨胀量试验方法(2-3-4及3-4-17)、钢渣沥青混凝土浸水膨胀性试验(3-7-8)。同时规定了钢渣的使用标准,要求破碎后陈放期不小于6个月,膨胀量不大于1.5%。本方法参照日本的方法编写。

关于钢渣的使用性能,一些国家和学者也提出了不少其他的试验方法。例如我国《武汉理工大学学报》2001年第6期"钢渣作沥青混凝土集料的研究"一文提出了钢渣粉化率的试验方法。一种方法是常压煮沸检验钢渣的稳定性方法,试验时取粒径5~20mm的烘干钢渣置于100℃水中煮沸3h,然后将试样取出烘干筛分,计算钢渣由于崩裂粉化产生的粒径小于1mm以下的颗粒含量。另一种方法是压蒸法检验钢渣的稳定性方法,试验时用5~20mm的烘干钢渣在100℃、2MPa条件下压蒸3h,然后将试样烘干筛分,计算出钢渣由于崩裂粉化产生的粒径在1mm以下的颗粒含量。

4　细集料试验

T 0327—2005　细集料筛分试验

1　目的与适用范围

测定细集料(天然砂、人工砂、石屑)的颗粒级配及粗细程度。对水泥混凝土用细集料可采用干筛法,如果需要也可采用水洗法筛分;对沥青混合料及基层用细集料必须用水洗法筛分。

注:当细集料中含有粗集料时,可参照此方法用水洗法筛分,但需特别注意保护标准筛筛面不遭损坏。

2　仪具与材料

(1)标准筛。

(2)天平:称量1 000g,感量不大于0.5g。

(3)摇筛机。

(4)烘箱:能控温在105℃ ±5℃。

(5)其他:浅盘和硬、软毛刷等。

3　试验准备

根据样品中最大粒径的大小,选用适宜的标准筛,通常用9.5mm筛(水泥混凝土用天然砂)或4.75mm筛(沥青路面及基层用天然砂、石屑、机制砂等)筛除其中的超粒径材料。然后将样品在潮湿状态下充分拌匀,用分料器法或四分法缩分至每份不少于550g的试样两份,在105℃ ±5℃的烘箱中烘干至恒重,冷却至室温后备用。

注:恒重系指相邻两次称量间隔时间大于3h(通常不少于6h)的情况下,前后两次称量之差小于该项试验所要求的称量精密度,下同。

4　试验步骤

4.1　干筛法试验步骤

4.1.1　准确称取烘干试样约500g(m_1),准确至0.5g,置于套筛的最上面一只,即4.75mm筛上,将套筛装入摇筛机,摇筛约10min,然后取出套筛,再按筛孔大小顺序,从最大的筛号开始,在清洁的浅盘上逐个进行手筛,直到每分钟的筛出量不超过筛上剩余量的0.1%时为止,将筛出通过的颗粒并入下一号筛,和下一号筛中的试样一起过筛,以此顺序进行至各号筛全部筛完为止。

注:①试样如为特细砂时,试样质量可减少到100g。

②如试样含泥量超过5%,不宜采用干筛法。

③无摇筛机时,可直接用手筛。

4.1.2　称量各筛筛余试样的质量,精确至0.5g。所有各筛的分计筛余量和底盘中剩余量的总量与筛分前的试样总量,相差不得超过后者的1%。

4.2　水洗法试验步骤

4.2.1　准确称取烘干试样约500g(m_1),准确至0.5g。

4.2.2　将试样置一洁净容器中,加入足够数量的洁净水,将集料全部淹没。

4.2.3　用搅棒充分搅动集料,将集料表面洗涤干净,使细粉悬浮在水中,但不得有集料从水中溅出。

4.2.4 用1.18mm筛及0.075mm筛组成套筛。仔细将容器中混有细粉的悬浮液徐徐倒出，经过套筛流入另一容器中，但不得将集料倒出。

注：不可直接倒至0.075mm筛上，以免集料掉出损坏筛面。

4.2.5 重复4.2.2～4.2.4步骤，直至倒出的水洁净且小于0.075mm的颗粒全部倒出。

4.2.6 将容器中的集料倒入搪瓷盘中，用少量水冲洗，使容器上黏附的集料颗粒全部进入搪瓷盘中。将筛子反扣过来，用少量的水将筛上的集料冲入搪瓷盘中。操作过程中不得有集料散失。

4.2.7 将搪瓷盘连同集料一起置105℃±5℃烘箱中烘干至恒重，称取干燥集料试样的总质量（m_2），准确至0.1%。m_1与m_2之差即为通过0.075mm筛部分。

4.2.8 将全部要求筛孔组成套筛（但不需0.075mm筛），将已经洗去小于0.075mm部分的干燥集料置于套筛上（通常为4.75mm筛），将套筛装入摇筛机，摇筛约10min，然后取出套筛，再按筛孔大小顺序，从最大的筛号开始，在清洁的浅盘上逐个进行手筛，直至每分钟的筛出量不超过筛上剩余量的0.1%时为止，将筛出通过的颗粒并入下一号筛，和下一号筛中的试样一起过筛，这样顺序进行，直至各号筛全部筛完为止。

注：如为含有粗集料的集料混合料，套筛筛孔根据需要选择。

4.2.9 称量各筛筛余试样的质量，准确至0.5g。所有各筛的分计筛余量和底盘中剩余量的总质量与筛分前后试样总量m_2的差值不得超过后者的1%。

5 计算

5.1 计算分计筛余百分率

各号筛的分计筛余百分率为各号筛上的筛余量除以试样总量（m_1）的百分率，精确至0.1%。对沥青路面细集料而言，0.15mm筛下部分即为0.075mm的分计筛余，由4.2.7测得的m_1与m_2之差即为小于0.075mm的筛底部分。

5.2 计算累计筛余百分率

各号筛的累计筛余百分率为该号筛及大于该号筛的各号筛的分计筛余百分率之和，准确至0.1%。

5.3 计算质量通过百分率

各号筛的质量通过百分率等于100减去该号筛的累计筛余百分率，精确至0.1%。

5.4 根据各筛的累计筛余百分率或通过百分率，绘制级配曲线。

5.5 天然砂的细度模数按式（T 0327-1）计算，精确至0.01。

$$M_x = \frac{(A_{0.15} + A_{0.3} + A_{0.6} + A_{1.18} + A_{2.36}) - 5A_{4.75}}{100 - A_{4.75}} \tag{T 0327-1}$$

式中：M_x——砂的细度模数；

$A_{0.15}$、$A_{0.3}$、…、$A_{4.75}$——分别为0.15mm、0.3mm、…、4.75mm各筛上的累计筛余百分率（%）。

5.6 应进行两次平行试验，以试验结果的算术平均值作为测定值。如两次试验所得的细度模数之差大于0.2，应重新进行试验。

条文说明

各国细集料的筛分方法并没有什么不同，不同的是标准筛的规格。原规程对水泥混凝土集料2.5mm以上用圆孔筛，沥青路面都用方孔筛，现在已统一为方孔筛，因此本试验方法据此进行了修订。

对沥青路面来说，矿料级配中0.075mm通过率至关重要，所以国外在对细集料筛分时要求进行水筛，以准确测定0.075mm以下部分的含量，这对于石屑等粉尘含量大的材料影响更大。所以此次修订时参考AASHTO T 11、ASTM C 117，日本道路协会试验法3-4-3，对沥青路面用细集料规定了水洗法筛分方法，而对水泥混凝土用砂，因考虑到级配的影响不大，故仍保留原来的干筛方法。

在本规程T 0333中规定了含泥量测定方法，同样是采用水洗法测定，但结果是作为"泥"看待的，这在条文说明中已经说到，这样做其实是不对的，所以沥青路面的细集料要求用砂当量测定。不过，从另一个角度看，水洗法实际上也将所含的土作为矿粉洗出去了，将尺寸小于0.075mm的部分石粉和土都作为矿粉参加沥青混合料的配合比设计，尤其对含泥量大的砂，肯定会对沥青混合料的质量产生影响。可施工时又确实跟着一起都加到沥青混合料中了，这个问题只能从材料质量上解决，从中扣除土的含量也是很难算清楚的。所以要求必须符合砂当量的要求，这是个先决条件。

因此在沥青路面施工时，无论是进行原材料的筛分供沥青混合料目标配合比设计，还是从拌和机二次筛分后的热料仓取样筛分进行生产配合比设计，都必须先进行水洗法确定0.075mm通过率，使之符合实际情况。应该注意的是，其余筛孔在水中是筛不过去的，所以还必须烘干后再进行筛分。

关于细度模数的计算方法，2000年版对沥青混合料和水泥混凝土用的天然砂规定了两种计算公式。

对水泥混凝土用的天然砂，按式(T 0327-1)计算，对沥青路面及各种路面的基层、底基层用的天然砂，按式(T 0327-2)计算：

$$M_x = \frac{(A_{0.15} + A_{0.3} + A_{0.6} + A_{1.18} + A_{2.36}) - 5A_{4.75}}{100 - A_{4.75}}$$

$$M_x = \frac{A_{0.15} + A_{0.3} + A_{0.6} + A_{1.18} + A_{2.36} + A_{4.75}}{100} \qquad (T\ 0327\text{-}2)$$

式中：M_x——砂的细度模数；

$A_{0.15}$、$A_{0.3}$、…、$A_{4.75}$——分别为0.15mm、0.3mm、…、4.75mm各筛上的累计筛余百分率(%)。

这两种方法，对砂中含有4.75mm以上颗粒时，计算的结果会有明显不同，原规程的条文说明也已经作了说明。但工程上还是经常有混淆，这也是很自然的。因为天然砂中经常会有4.75mm以上颗粒的情况。

美国ASTM C 136方法关于天然砂细度模数的计算方法与本规程的有所不同。它规定细度模数(fineness modulus of fine aggregates)是各号筛的累计筛余之和除以100之商。根本没有4.75mm颗粒的限制。其通用计算方法如下：

$$M_x = \frac{A_{0.15} + A_{0.3} + A_{0.6} + A_{1.18} + A_{2.36} + A_{4.75} + A_{9.5} + A_{19.0} + A_{37.5}}{100}$$

但是如果砂中明明有4.75mm以上部分，却又不计算$A_{4.75}$、$A_{9.5}$等等，即上面的公式(T 0327-2)，显然就会得到不同的结果。所以正确的方法要么按ASTM方法全部计算进去，要么将4.75mm以上部分全部筛除后计算。

兹举例说明不同计算方法的差异，某工程用砂筛分结果如表T 0327-1。按ASTM的方法计算细度模数将是2.783，按上式(T 0327-2)即表中方法2计算的细度模数为275.6/100 = 2.756，而按式(T 0327-1)即方法3将4.75mm筛上剔除后计算的细度模数$M_x = (259.3 - 5 \times 16.3)/(100 - 16.3) =$ 2.124，属于细砂，它与方法4即利用换算为除去4.75mm后的筛分结果(各筛余除以83.7%得到)，再按ASTM的方法计算的结果相同。之所以不同方法的计算结果有如此大的差别，是因为砂中尚有16.3%的大于4.75mm部分，它对细度模数的计算影响甚大。

表T 0327-1 不同方法计算的细度模数

筛孔(mm)	原样筛分结果				筛除4.75mm以上后的样品		备注
	通过(%)	累计筛余(%)			通过(%)	累计筛余(%)	
		方法1	方法2	方法3		方法4	
13.2	100						$A_{13.2}$
9.5	97.3	2.7					$A_{9.5}$
4.75	83.7	16.3	16.3		100		$A_{4.75}$
2.36	75.4	24.6	24.6	24.6	90.1	9.9	$A_{2.36}$

续上表

筛孔(mm)	原样筛分结果				筛除4.75mm以上后的样品		备注
	通过(%)	累计筛余(%)			通过(%)	累计筛余(%)	
		方法1	方法2	方法3		方法4	
1.18	69.4	30.6	30.6	30.6	82.9	17.1	$A_{1.18}$
0.6	67.6	32.4	32.4	32.4	80.8	19.2	$A_{0.6}$
0.3	22.8	77.2	77.2	77.2	27.2	72.8	$A_{0.3}$
0.15	5.5	94.5	94.5	94.5	6.6	93.4	$A_{0.15}$
0.075	1.4	—	—	—	1.7	—	
和		278.3	275.6	259.3		212.4	
M_x		2.783	2.756	2.124		2.124	

这说明,2000年版的两个计算公式,当天然砂中没有4.75mm以上部分时,两个公式是一致的,即均适用于将4.75mm以上部分全部筛除的情况,计算结果不影响砂的粗细评价。所以原规程式(T 0327-2)即方法2是建立在沥青混合料用砂没有4.75mm以上颗粒的前提下的。可是实际上砂中不见得完全没有4.75mm以上部分,而且拌制沥青混合料通常需将4.75mm以上砾石筛除后使用。尤其是在我国的沥青路面相关规范中,历来都没有细度模数这个指标,但细度模数是水泥混凝土用砂的重要分类依据。为此本次修改将本规程的计算方法统一为原规程的式(T 0327-1),主要是为水泥混凝土使用。这样的计算结果在砂中包含大于4.75mm部分时与ASTM方法的计算结果不一样,这一点必须注意。在大多数情况下,没有4.75mm以上部分或者将4.75mm以上过筛后再使用,则计算结果相同。

在美国ASTM D 1073"沥青路面混合料用细集料"中对砂的级配规定如表T 0327-2,供参考。

表 T 0327-2 沥青路面混合料用砂规格(ASTM D 1073—88)

筛孔(mm)	1号级配	2号级配	3号级配	4号级配
9.5	100	—	—	100
4.75	95~100	100	100	80~100
2.36	70~100	75~100	95~100	65~80
1.18	40~80	50~74	85~100	40~80
0.6	20~65	28~52	65~90	20~65
0.3	7~40	8~30	30~60	7~40
0.15	2~20	0~12	5~25	2~20
0.075	1~10	0~5	0~5	1~10

T 0328—2005 细集料表观密度试验(容量瓶法)

1 目的与适用范围

用容量瓶法测定细集料(天然砂、石屑、机制砂)在23℃时对水的表观相对密度和表观密度。本方法适用于含有少量大于2.36mm部分的细集料。

2 仪具与材料

(1)天平:称量1kg,感量不大于1g。

(2)容量瓶:500mL。

(3)烘箱:能控温在105℃±5℃。

(4)烧杯:500mL。

(5)洁净水。

(6)其他:干燥器、浅盘、铝制料勺、温度计等。

3 试验准备

将缩分至650g左右的试样在温度为105℃ ±5℃的烘箱中烘干至恒重,并在干燥器内冷却至室温,分成两份备用。

4 试验步骤

4.1 称取烘干的试样约300g(m_0),装入盛有半瓶洁净水的容量瓶中。

4.2 摇转容量瓶,使试样在已保温至23℃ ±1.7℃的水中充分搅动以排除气泡,塞紧瓶塞,在恒温条件下静置24h左右,然后用滴管添水,使水面与瓶颈刻度线平齐,再塞紧瓶塞,擦干瓶外水分,称其总质量(m_2)。

4.3 倒出瓶中的水和试样,将瓶的内外表面洗净,再向瓶内注入同样温度的洁净水(温差不超过2℃)至瓶颈刻度线,塞紧瓶塞,擦干瓶外水分,称其总质量(m_1)。

注:在砂的表观密度试验过程中应测量并控制水的温度,试验期间的温差不得超过1℃。

5 计算

5.1 细集料的表观相对密度按式(T 0328-1)计算至小数点后3位。

$$\gamma_a = \frac{m_0}{m_0 + m_1 - m_2} \quad \text{(T 0328-1)}$$

式中:γ_a——细集料的表观相对密度,无量纲;

m_0——试样的烘干质量(g);

m_1——水及容量瓶总质量(g);

m_2——试样、水及容量瓶总质量(g)。

5.2 表观密度ρ_a按式(T 0328-2)计算,精确至小数点后3位。

$$\rho_a = \gamma_a \times \rho_T \quad \text{或} \quad \rho_a = (\gamma_a - \alpha_T) \times \rho_w \quad \text{(T 0328-2)}$$

式中:ρ_a——细集料的表观密度(g/cm^3);

ρ_w——水在4℃时的密度(g/cm^3);

α_T——试验时水温对水密度影响的修正系数,按附录B表B-1取用;

ρ_T——试验温度T时水的密度(g/cm^3),按附录B表B-1取用。

6 报告

以两次平行试验结果的算术平均值作为测定值,如两次结果之差值大于0.01g/cm^3时,应重新取样进行试验。

条文说明

T 0328、T 0329、T 0330都是用来测定细集料的各种相对密度及密度、吸水率的试验方法。不同的是采用的方法不同,T 0328是容量瓶,T 0329是比重瓶,而T 0330是在采用坍落筒的同时得出饱和面干状态,再用T 0328或T 0329方法测定毛体积相对密度。

原规程这几个方法规定均适用于天然砂,但是对沥青混合料使用的细集料如机制砂、石屑则缺乏这一类标准试验方法。本次修改后不仅适用于天然砂,也适用于细集料。试验时要求使用的洁净水可以用蒸馏水,也可以用纯净水。

原规程测定细集料密度的试验方法中,还有一个利用李氏比重瓶测定的方法(T 0329),它利用设置细集料前后的比重瓶刻度读数之差 $V_2 - V_1$ 作为试样的绝对体积(不考虑吸水),并由此计算得到该温度时的细集料表观密度值,再通过温度换算计算细集料的相对密度。此方法与矿粉密度的方法(T 0352)相同,由此计算表观相对密度时应除以试验温度时水的密度。而本方法(T 0328)是通过称重计算的,不是由刻度线体积计算的,材料的体积是排开水的体积,计算得到的是该温度下细集料对水的相对密度,然后进行温度换算计算得到表观密度。所以测定途径是不一样的。实践表明,对细集料,采用李氏比重瓶测定时很难去除细集料附着的气泡,所以很难测定准确。而且采用李氏比重瓶法试验时,应在试验前对比重瓶的体积予以校正,这也容易造成误差。因此实践中一般都不采用此方法,而采用本方法利用容量瓶测定,为此本次修订将 T 0329 删除,只保留 T 0328 的容量瓶法。

T 0330—2005 细集料密度及吸水率试验

1 目的与适用范围

1.1 用坍落筒法测定细集料(天然砂、机制砂、石屑)在 23℃时对水的毛体积相对密度、表观相对密度、表干相对密度(饱和面干相对密度)。

1.2 用坍落筒法测定细集料(天然砂、机制砂、石屑)处于饱和面干状态时的吸水率。

1.3 用坍落筒法测定细集料(天然砂、机制砂、石屑)的毛体积密度、表观密度、表干密度(饱和面干密度)。

1.4 本方法适用于小于 2.36mm 的细集料。当含有大于 2.36mm 的成分时,如0～4.75mm石屑,宜采用2.36mm 的标准筛进行筛分,其中大于 2.36mm 的部分采用 T 0308“粗集料密度与吸水率测定方法”测定,小于 2.36mm 的部分用本方法测定。

2 仪具与材料

(1)天平:称量 1kg,感量不大于 0.1g。

(2)饱和面干试模:上口径 40mm ± 3mm,下口径 90mm ± 3mm,高 75mm ± 3mm 的坍落筒(见图T 0330-1)。

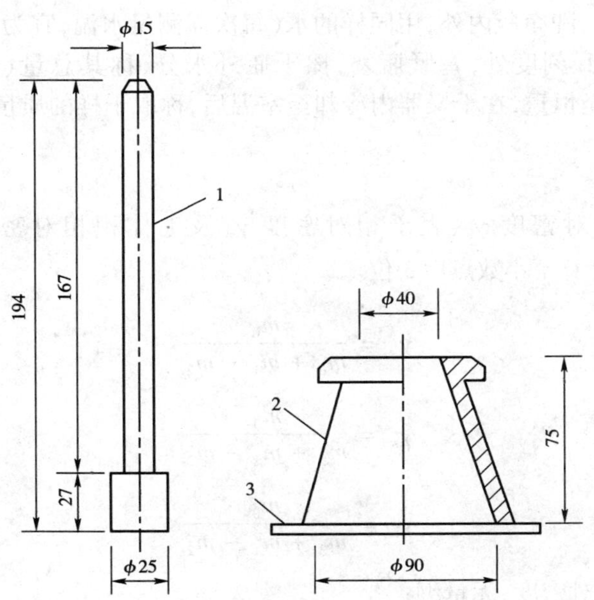

图 T 0330-1 饱和面干试模及其捣棒(尺寸单位:mm)

1-捣棒;2-试模;3-玻璃板

(3)捣棒:金属棒,直径 25mm ± 3mm,质量 340g ± 15g(图 T 0330-1)。

(4)烧杯:500mL。

(5)容量瓶:500mL。

(6)烘箱:能控温在105℃ ±5℃。

(7)洁净水,温度为23℃ ±1.7℃。

(8)其他:干燥器、吹风机(手提式)、浅盘、铝制料勺、玻璃棒、温度计等。

3 试验准备

3.1 将来样用2.36mm标准筛过筛,除去大于2.36mm的部分。在潮湿状态下用分料器法或四分法缩分细集料至每份约1000g,拌匀后分成两份,分别装入浅盘或其他合适的容器中。

3.2 注入洁净水,使水面高出试样表面20mm左右(测量水温并控制在23℃ ±1.7℃),用玻璃棒连续搅拌5min,以排除气泡,静置24h。

3.3 细心地倒去试样上部的水,但不得将细粉部分倒走,并用吸管吸去余水。

3.4 将试样在盘中摊开,用手提吹风机缓缓吹入暖风,并不断翻拌试样,使集料表面的水在各部位均匀蒸发,达到估计的饱和面干状态。注意吹风过程中不得使细粉损失。

3.5 然后将试样松散地一次装入饱和面干试模中,用捣棒轻捣25次,捣棒端面距试样表面距离不超过10mm,使之自由落下,捣完后刮平模口,如留有空隙亦不必再装满。

3.6 从垂直方向徐徐提起试模,如试样保留锥形没有坍落,则说明集料中尚含有表面水,应继续按上述方法用暖风干燥、试验,直至试模提起后试样开始出现坍落为止。如试模提起后试样坍落过多,则说明试样已干燥过分,此时应将试样均匀洒水约5mL,经充分拌匀,并静置于加盖容器中30min后,再按上述方法进行试验,至达到饱和面干状态为止。判断饱和面干状态的标准,对天然砂,宜以"在试样中心部分上部成为2/3左右的圆锥体,即大致坍塌1/3左右"作为标准状态;对机制砂和石屑,宜以"当移去坍落筒第一次出现坍落时的含水率即最大含水率作为试样的饱和面干状态"。

4 试验步骤

4.1 立即称取饱和面干试样约300g(m_3)。

4.2 将试样迅速放入容量瓶中,勿使水分蒸发和集料粒散失,而后加洁净水至约450mL刻度处,转动容量瓶排除气泡后,再仔细加水至500mL刻度处,塞紧瓶塞,擦干瓶外水分,称其总量(m_2)。

4.3 全部倒出集料试样,洗净瓶内外,用同样的水(每次需测量水温,宜为23℃ ±1.7℃,两次水温相差不大于2℃),加至500mL刻度处,塞紧瓶塞,擦干瓶外水分,称其总量(m_1)。将倒出的集料样置105℃ ±5℃的烘箱中烘干至恒重,在干燥器内冷却至室温后,称取干样的质量(m_0)。

5 计算

5.1 细集料的表观相对密度γ_a、表干相对密度γ_s及毛体积相对密度γ_b按式(T 0330-1)、式(T 0330-2)、式(T 0330-3)计算至小数点后3位。

$$\gamma_a = \frac{m_0}{m_0 + m_1 - m_2} \quad \text{(T 0330-1)}$$

$$\gamma_s = \frac{m_3}{m_3 + m_1 - m_2} \quad \text{(T 0330-2)}$$

$$\gamma_b = \frac{m_0}{m_3 + m_1 - m_2} \quad \text{(T 0330-3)}$$

式中:γ_a——集料的表观相对密度,无量纲;

γ_s——集料的表干相对密度,无量纲;

γ_b——集料的毛体积相对密度,无量纲;

m_0——试样烘干后质量(g);

m_1——水、瓶总质量(g);

m_2——饱和面干试样、水、瓶总质量(g);

m_3——饱和面干试样质量(g)。

5.2 细集料的表观密度 ρ_a、表干密度 ρ_s 及毛体积密度 ρ_b 按式(T 0330-4)、式(T 0330-5)、式(T 0330-6)计算至小数点后3位。

$$\rho_a = (\gamma_a - \alpha_T) \times \rho_w \quad \text{(T 0330-4)}$$

$$\rho_s = (\gamma_s - \alpha_T) \times \rho_w \quad \text{(T 0330-5)}$$

$$\rho_b = (\gamma_b - \alpha_T) \times \rho_w \quad \text{(T 0330-6)}$$

式中:ρ_a——集料的表观密度(g/cm^3);

ρ_s——集料的表干密度(g/cm^3);

ρ_b——集料的毛体积密度(g/cm^3);

ρ_w——水在4℃时的密度(g/cm^3);

α_T——试验时水温对水密度影响的修正系数,按附录B表B-1取用。

5.3 细集料的吸水率按式(T 0330-7)计算,精确至0.01%。

$$w_x = \frac{m_3 - m_0}{m_0} \times 100 \quad \text{(T 0330-7)}$$

式中:w_x——集料的吸水率(%);

m_3——饱和面干试样质量(g);

m_0——烘干试样质量(g)。

5.4 如因特殊需要,需以饱和面干状态的试样为基准求取细集料的吸水率时,细集料的饱和面干吸水率按式(T 0330-8)计算,精确至0.01%,但需在报告中注明。

$$w'_x = \frac{m_3 - m_0}{m_3} \times 100 \quad \text{(T 0330-8)}$$

式中:w'_x——集料的饱和面干吸水率(%);

m_3——饱和面干试样质量(g);

m_0——烘干试样质量(g)。

6 精度与允许差

6.1 毛体积密度及饱和面干密度以两次平行试验结果的算术平均值为测定值,如两次结果与平均值之差大于0.01g/cm^3时,应重新取样进行试验。

6.2 吸水率以两次平行试验结果的算术平均值作为测定值,如两次结果与平均值之差大于0.02%,应重新取样进行试验。

条文说明

1 本试验方法原来规定的适用范围是天然砂,这次修改为适用于天然砂、机制砂、石屑,是为适应沥青混合料计算体积指标时需要各种细集料的毛体积相对密度,参照美国AASHTO T 84修改的,但是在1993年版ASTM中,此法明确是适用于天然砂,1993年公布SUPERPAVE需要测定机制砂和石屑的毛体积相对密度后,AASHTO T 84才开始将适用范围扩大到所有细集料。我国直至2000年版以前一直规定只适用于天然砂。以天然砂的坍落筒方法测定机制砂和石屑毛体积相对密度是否适宜,国内外都有不同的看法。普遍认为其重现性和再现性很差,人为影响较大,所以美国也在加紧研究新的细集料毛体积相对密度的测定方法。不过美国近年来的ASTM及AASHTO试验规程中都说明此法也适用于其他沥青混凝土路面的细集料,在欧洲共同体的CEN标准EN 933-6及英国BS 812中,对毛体积相对密度的测定方法,显然包括了石屑和机制砂。在日本道路协会的《铺装试验法便览》3-4-2中也已规定用于细集料,并未限于天然砂。在目前尚无更合适的测定机制砂和石屑毛体积相对密度试验方法的情况下,本规程也将适用范围扩大到天然砂、机制砂、石屑,试验时要求使用的洁净水可以用蒸馏水,也可以用纯净水。

这里特别需要注意的是,试验得出的两个指标毛体积相对密度和饱和面干毛体积相对密度是两个性质不同的指标,千万别搞混淆了。毛体积相对密度是以烘干状态(绝干)为基准与试样毛体积的比值,它常用于热拌沥青混合料体积指标的计算;而饱和面干毛体积相对密度是以表干状态为基准与试样毛体积的比值,它常用于水泥混凝土用量的计算。

2 试验用的坍落筒原规程的尺寸是按照日本试验方法规定的,与美国和欧洲的不同,据查美国AASHTO T 84、欧洲EN 933-6、英国BS 812标准上口及下口的尺寸均分别为40mm ± 3mm、90mm ± 3mm,高75mm ± 3mm,捣棒的尺寸及质量相同,为此本规程作了修改。

3.6 如何判断细集料的表干(饱和面干)状态,是本方法最大的困难。对天然砂一般并无大的争议,但对机制砂和石屑是否也按照相同的模式判断就不好说了。我国以前的试验规程附有根据试样坍陷情况判断饱和面干状态的图,使用中常有疑问或争论,这次将其删除。在AASHTO T 84以及在《热拌沥青混合料材料、配合比设计与施工》一书中定义**"当移去坍落筒第一次出现坍落时的含水率即为试样的饱和面干状态"**,同时说明此试验必须重复进行数次,以求取测定细集料出现坍落的**"最大含水率状态"**为饱和面干状态。至于坍落多少算坍塌,就没有规定了。日本的规程中也将**"最初的坍落状态"**定义为饱和面干状态,而**"最初坍落"**又是指**"在试样中心部分上部成为2/3左右的圆锥体"**,此标准似乎与美国SUPERPAVE资料中的一张标准照片(见图T 0330-2)一样,不过这显然只适合于天然砂。对机制砂或石屑,显然与**"最大含水率状态"**或**"最初的坍落状态"**的标准是不一致的。因为试验表明,对石屑和机制砂,如果也要求如天然砂一样坍塌剩下2/3,细集料表面看起来已经非常干燥,远非饱和面干状态了。但是奇怪的是此时石屑的含水率却并不会太小,有时甚至在5%以上。所以这个状态又显然是针对机制砂和石屑讲的。因为对天然砂,在刚开始坍塌的情况下明显还有较多的表面水。所以同样都属于细集料,对天然砂和机制砂、石屑在试验时掌握坍塌的尺度上应该有所不同。本规范就是根据这些具体情况提出了不同的判断标准。

图T 0330-2 美国SUPERPAVE资料中砂的饱和面干状态照片

在欧洲共同体CEN标准化委员会的标准EN 933-6及BS 812中附有饱和面干状态的相同的几张图,如图T 0330-3所示,原文说明其中状态a基本上仍然是坍落筒的形状,说明过于潮湿;状态b可感知部分坍落筒的形状,也略显潮湿,但已经接近饱和面干;状态c是符合要求的饱和面干状态,其特点是已经坍落,但有明显的尖顶及坡脚;状态d则完全坍塌,表示过分干燥。不过如果按照这些照片和图片,石屑试验要达到图中c这个状态,表面确实是很干燥了。我国的实践表明,此判断方法对天然砂是适用的,即以图c作为饱和面干的标准状态。而对机制砂和石屑,按照"出现坍落的最大含水状态作为饱和面干状态的说法",它更应该是介于状态a与状态b之间。试验时可以参考此图掌握。

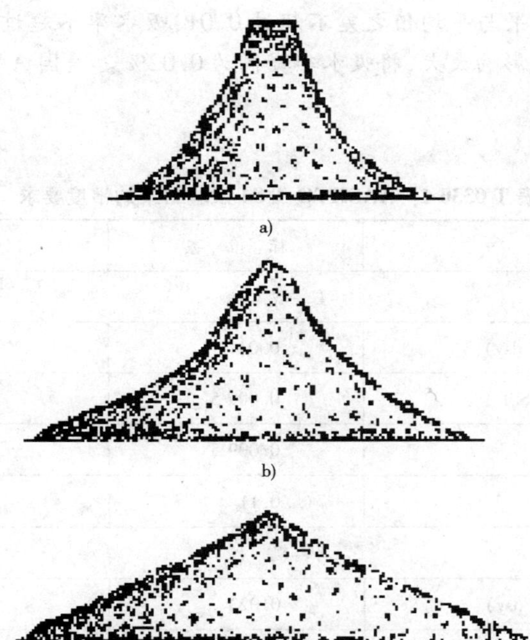

a)

b)

c)

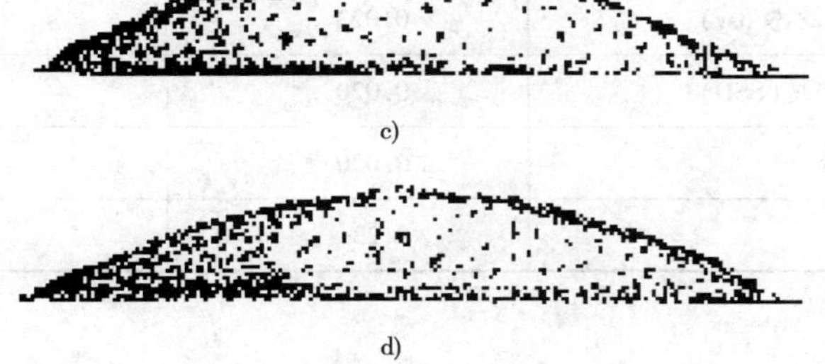

d)

图 T 0330-3　欧洲 CEN 标准 EN 933-6 及英国 BS 812 标准中的状态照片

a)含水率过大,过于潮湿;b)含水率适中;c)可以接受;d)含水率太小,过于干燥

需要注意的是,在我国国家标准 GB/T 14684—2001 试验方法中也有 3 张标准图片,显然是不可取的,是不能作为判断饱和面干状态的依据的。

5　本规程的计算方法实际上与 T 0308 是一样的,为了校验试验数据的准确性,集料的几种相对密度及吸水率之间可以按下式互相验算:

当测定结果为表观相对密度 γ_a、毛体积相对密度(绝干状态 dsy) γ_b、饱和面干毛体积相对密度(SSD) γ_s 时,则以下等式成立:

$$w_x = \left(\frac{1}{\gamma_b} - \frac{1}{\gamma_a}\right) \times 100$$

$$\gamma_a = \frac{1}{\dfrac{1 + w_x/100}{\gamma_s} - \dfrac{w_x}{100}} = \frac{\gamma_s}{1 - \dfrac{w_x}{100}(\gamma_s - 1)}$$

$$\gamma_a = \frac{1}{\dfrac{1}{\gamma_s} - \dfrac{w_x}{100}} = \frac{\gamma_b}{1 - \dfrac{w_x \times \gamma_b}{100}}$$

$$\gamma_s = \left(1 + \frac{w_x}{100}\right) \times \gamma_b$$

$$w_x = \left[\frac{\gamma_s}{\gamma_b} - 1\right] \times 100 = \left[\frac{\gamma_a - \gamma_s}{\gamma_a(\gamma_s - 1)}\right] \times 100$$

6　本试验的精度一般不可能太高,这从各国的精度和允许差规定可以看出来,日本的试验规程规定对两次相对密度平行试验结果与平均值之差不超过0.01，吸水率不超过0.03%；本规程考虑误差过大对沥青混合料体积指标计算影响太大，将吸水率提高为0.02%。美国AASHTO T 84对试验结果的精度要求如表T 0330-1。

表 T 0330-1　AASHTO T 84 试验结果的精度要求

项　目	标　准　差	两次试验的允许差
重　现　性		
毛体积相对密度(绝干状态 dsy)	0.011	0.032
饱和面干毛体积相对密度(SSD)	0.009 5	0.027
表观相对密度	0.009 5	0.027
吸水率(%)	0.11	0.31
再　现　性		
毛体积相对密度(绝干状态 dsy)	0.023	0.066
饱和面干毛体积相对密度(SSD)	0.020	0.056
表观相对密度	0.020	0.056
吸水率(%)	0.23	0.66

T 0331—1994　细集料堆积密度及紧装密度试验

1　目的与适用范围

测定砂自然状态下堆积密度、紧装密度及空隙率。

2　仪具与材料

(1)台秤：称量5kg，感量5g。

(2)容量筒：金属制，圆筒形，内径108mm，净高109mm，筒壁厚2mm，筒底厚5mm，容积约为1L。

(3)标准漏斗(见图T 0331-1)。

(4)烘箱：能控温在105℃±5℃。

(5)其他：小勺、直尺、浅盘等。

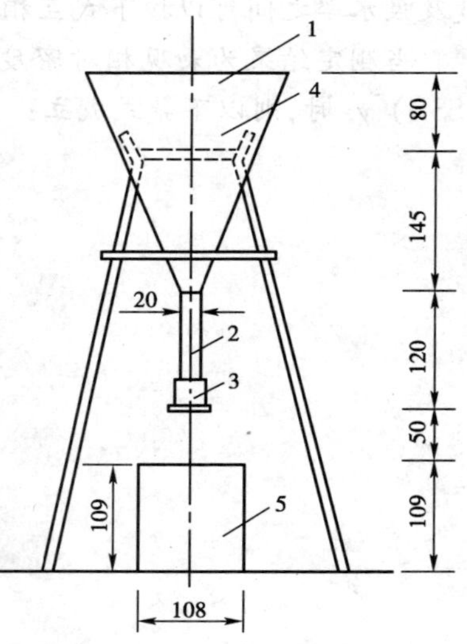

图T 0331-1　标准漏斗(尺寸单位：mm)
1-漏斗；2-ϕ20mm管子；3-活动门；4-筛；5-金属容量筒

3　试验准备

3.1　试样制备：用浅盘装来样约5kg，在温度为105℃±5℃的烘箱中烘干至恒重，取出并冷却至室温，分成大致相等的两份备用。

注：试样烘干后如有结块，应在试验前先予捏碎。

3.2　容量筒容积的校正方法：以温度为20℃±5℃的洁净水装满容量筒，用玻璃板沿筒口滑移，使其紧贴水面，玻璃板与水面之间不得有空隙。擦干筒外壁水分，然后称量，用式(T 0331-1)计算筒的容积V。

$$V = m'_2 - m'_1 \qquad (T\ 0331\text{-}1)$$

式中：V——容量筒的容积(mL)；

m'_1——容量筒和玻璃板总质量(g)；

m'_2——容量筒、玻璃板和水总质量(g)。

4 试验步骤

4.1 堆积密度：将试样装入漏斗中，打开底部的活动门，使砂流入容量筒中，也可直接用小勺向容量筒中装试样，但漏斗出料口或料勺距容量筒筒口均应为50mm左右，试样装满并超出容量筒筒口后，用直尺将多余的试样沿筒口中心线向两个相反方向刮平，称取质量(m_1)。

4.2 紧装密度：取试样1份，分两层装入容量筒。装完一层后，在筒底垫放一根直径为10mm的钢筋，将筒按住，左右交替颠击地面各25下，然后再装入第二层。

第二层装满后用同样方法颠实(但筒底所垫钢筋的方向应与第一层放置方向垂直)。两层装完并颠实后，添加试样超出容量筒筒口，然后用直尺将多余的试样沿筒口中心线向两个相反方向刮平，称其质量(m_2)。

5 计算

5.1 堆积密度及紧装密度分别按式(T 0331-2)和式(T 0331-3)计算至小数点后3位。

$$\rho = \frac{m_1 - m_0}{V} \tag{T 0331-2}$$

$$\rho' = \frac{m_2 - m_0}{V} \tag{T 0331-3}$$

式中：ρ——砂的堆积密度(g/cm³)；

ρ'——砂的紧装密度(g/cm³)；

m_0——容量筒的质量(g)；

m_1——容量筒和堆积砂的总质量(g)；

m_2——容量筒和紧装砂的总质量(g)；

V——容量筒容积(mL)。

5.2 砂的空隙率按式(T 0331-4)计算，精确至0.1%。

$$n = \left(1 - \frac{\rho}{\rho_a}\right) \times 100 \tag{T 0331-4}$$

式中：n——砂的空隙率(%)；

ρ——砂的堆积或紧装密度(g/cm³)；

ρ_a——砂的表观密度(g/cm³)。

6 报告

以两次试验结果的算术平均值作为测定值。

T 0332—2005 细集料含水率试验

1 目的与适用范围

测定细集料的含水率。

2 仪具与材料

(1)烘箱：能控温在105℃±5℃。

(2)天平:称量2kg,感量不大于2g。

(3)容器:浅盘等。

3 试验步骤

由来样中取各约500g的代表性试样两份,分别放入已知质量(m_1)的干燥容器中称量,记下每盘试样与容器的总质量(m_2),将容器连同试样放入温度为105℃ ±5℃的烘箱中烘干至恒重,称烘干后的试样与容器的总质量(m_3)。

4 计算

按式(T 0332-1)计算细集料的含水率,精确至0.1%。

$$w = \frac{m_2 - m_3}{m_3 - m_1} \times 100 \quad \text{(T 0332-1)}$$

式中:w——细集料的含水率(%);

m_1——容器质量(g);

m_2——未烘干的试样与容器总质量(g);

m_3——烘干后的试样与容器总质量(g)。

5 报告

以两次试验结果的算术平均值作为测定值。

T 0333—2000 细集料含泥量试验(筛洗法)

1 目的与适用范围

1.1 本方法仅用于测定天然砂中粒径小于0.075mm的尘屑、淤泥和黏土的含量。

1.2 本方法不适用于人工砂、石屑等矿粉成分较多的细集料。

2 仪具与材料

(1)天平:称量1kg,感量不大于1g。

(2)烘箱:能控温在105℃ ±5℃。

(3)标准筛:孔径0.075mm及1.18mm的方孔筛。

(4)其他:筒、浅盘等。

3 试验准备

将来样用四分法缩分至每份约1 000g,置于温度为105℃ ±5℃的烘箱中烘干至恒重,冷却至室温后,称取约400g(m_0)的试样两份备用。

4 试验步骤

4.1 取烘干的试样一份置于筒中,并注入洁净的水,使水面高出砂面约200mm,充分拌和均匀后,浸泡24h,然后用手在水中淘洗试样,使尘屑、淤泥和黏土与砂粒分离,并使之悬浮水中,缓缓地将浑浊液倒入1.18mm至0.075mm的套筛上,滤去小于0.075mm的颗粒。试验前筛子的两面应先用水湿润,在整个试验过程中应注意避免砂粒丢失。

注:不得直接将试样放在0.075mm筛上用水冲洗,或者将试样放在0.075mm筛上后在水中淘洗,以避免误将小于0.075mm的砂颗粒当作泥冲走。

4.2 再次加水于筒中,重复上述过程,直至筒内砂样洗出的水清澈为止。

4.3 用水冲洗剩留在筛上的细粒,并将0.075mm筛放在水中(使水面略高出筛中砂粒的上表面)来回摇动,以充分洗除小于0.075mm的颗粒;然后将两筛上筛余的颗粒和筒中已经洗净的试样一并装入浅盘,置于温度为105℃±5℃的烘箱中烘干至恒重,冷却至室温,称取试样的质量(m_1)。

5 计算

砂的含泥量按式(T 0333-1)计算,精确至0.1%。

$$Q_n = \frac{m_0 - m_1}{m_0} \times 100 \tag{T 0333-1}$$

式中:Q_n——砂的含泥量(%);

m_0——试验前的烘干试样质量(g);

m_1——试验后的烘干试样质量(g)。

以两个试样试验结果的算术平均值作为测定值。两次结果的差值超过0.5%时,应重新取样进行试验。

条文说明

本方法含泥量应该是指天然砂中的含泥量,是将天然砂放在水中淘洗,让砂沉淀,悬浮液倒走,并用0.075mm过滤的方法区别砂与土,所以试验时务必不使砂(有不少细砂颗粒会小于0.075mm)随水一起冲走,否则就不一定是含"泥"量了。但淘洗后,小于0.075mm部分的细砂粒沉淀很慢,是很容易随土一起倾走的。有的实验室在试验时直接用0.075mm筛在水中淘洗或者直接将砂放在0.075mm筛上用水冲洗,将通过0.075mm部分都当作"泥"看待,这种做法是不对的。因此严格来说,本方法是测不准真正的含泥量的,应该尽可能采用T 0334的砂当量试验。对机制砂、石屑等细粉成分较多的细集料,不适用于本方法。对这些材料的洁净程度在《公路沥青路面施工技术规范》(JTG F40—2004)中是这样规定的,细集料的洁净程度,天然砂以小于0.075mm含量的百分数表示,石屑和机制砂以砂当量(适用于0~4.75mm)或亚甲蓝值(适用于0~2.36mm或0~0.15mm)表示。

T 0334—2005 细集料砂当量试验

1 目的与适用范围

1.1 本方法适用于测定天然砂、人工砂、石屑等各种细集料中所含的黏性土或杂质的含量,以评定集料的洁净程度。砂当量用*SE*表示。

1.2 本方法适用于公称最大粒径不超过4.75mm的集料。

2 仪具与材料

(1)仪具:

①透明圆柱形试筒:如图T 0334-1,透明塑料制,外径40mm±0.5mm,内径32mm±0.25mm,高度420mm±0.25mm。在距试筒底部100mm、380mm处刻划刻度线,试筒口配有橡胶瓶口塞。

②冲洗管:如图T 0334-2,由一根弯曲的硬管组成,不锈钢或冷锻钢制,其外径为6mm±0.5mm,内径为4mm±0.2mm。管的上部有一个开关,下部有一个不锈钢两侧带孔尖头,孔径为1mm±0.1mm。

③透明玻璃或塑料桶:容积5L,有一根虹吸管放置桶中,桶底面高出工作台约1m。

④橡胶管(或塑料管):长约1.5m,内径约5mm,同冲洗管联在一起吸液用,配有金属夹,以控制冲洗液流量。

⑤配重活塞：如图 T 0334-3，由长 440mm ±0.25mm 的杆、直径 25mm ±0.1mm的底座（下面平坦、光滑，垂直杆轴）、套筒和配重组成。且在活塞上有 3 个横向螺丝可保持活塞在试筒中间，并使活塞与试筒之间有一条小缝隙。

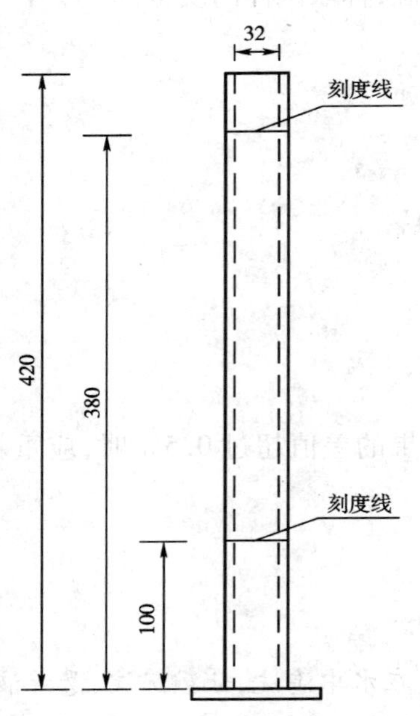

图 T 0334-1　透明圆柱试筒
（尺寸单位：mm）

图 T 0334-2　冲洗管（尺寸单位：mm）

套筒为黄铜或不锈钢制，厚 10mm ±0.1mm，大小适合试筒并且引导活塞杆，能标记筒中活塞下沉的位置。套筒上有一个螺钉用以固定活塞杆。配重为 1kg ±5g。

⑥机械振荡器：可以使试筒产生横向的直线运动振荡，振幅 203mm ±1.0mm，频率 180 次/min ±2 次/min。

⑦天平：称量 1kg，感量不大于 0.1g。

⑧烘箱：能使温度控制在 105℃ ±5℃。

⑨秒表。

⑩标准筛：筛孔为 4.75mm。

⑪温度计。

⑫广口漏斗：玻璃或塑料制，口的直径 100mm 左右。

⑬钢板尺：长 50cm，刻度 1mm。

⑭其他：量筒（500mL）、烧杯（1L）、塑料桶（5L）、烧杯、刷子、盘子、刮刀、勺子等。

（2）试剂：

①无水氯化钙（$CaCl_2$）：分析纯，含量 96% 以上，分子量 110.99，纯品为无色立方体结晶，在水中溶解度大，溶解时放出大量热，它的水溶液呈微酸性，具有一定的腐蚀性。

②丙三醇（$C_3H_8O_3$）：又称甘油，分析纯，含量 98% 以上，分子量 92.09。

③甲醛（HCHO）：分析纯，含量 36% 以上，分子量 30.03。

④洁净水或纯净水。

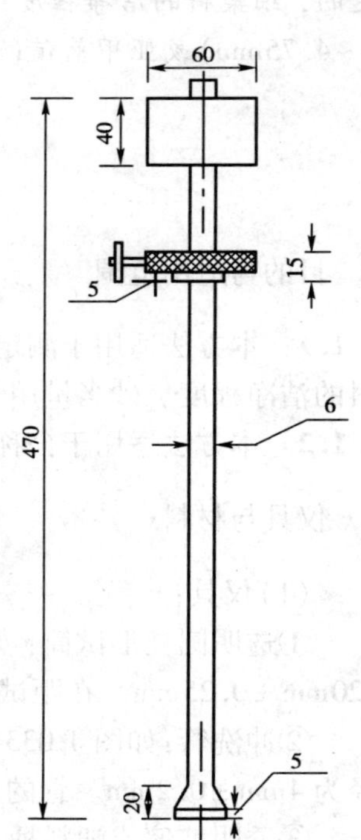

图 T 0334-3　配重活塞
（尺寸单位：mm）

3　试验准备

3.1　试样制备

3.1.1　将样品通过孔径 4.75mm 筛，去掉筛上的粗颗粒部分，试样数量不少于1 000g。如样品过分干燥,可在筛分之前加少量水分润湿(含水率约为3%),用包橡胶的小锤打碎土块,然后再过筛,以防止将土块作为粗颗粒筛除。当粗颗粒部分被在筛分时不能分离的杂质裹覆时,应将筛上部分的粗集料进行清洗,并回收其中的细粒放入试样中。

注:在配制稀浆封层及微表处混合料时,4.75mm部分经常是由两种以上的集料混合而成,如由3~5mm和3mm以下石屑混合,或由石屑与天然砂混合组成时,可分别对每种集料按本方法测定其砂当量,然后按组成比例计算合成的砂当量。为减少工作量,通常做法是将样品按配比混合组成后用4.75mm过筛,测定集料混合料的砂当量,以鉴定材料是否合格。

3.1.2 按T 0332的方法测定试样含水率。试验用的样品,在测定含水率和取样试验期间不要丢失水分。

由于试样是加水湿润过的,对试样含水率应按现行含水率测定方法进行,含水率以两次测定的平均值计,精确至0.1%。经过含水率测定的试样不得用于试验。

3.1.3 称取试样的湿质量

根据测定的含水率按式(T 0334-1)计算相当于120g干燥试样的样品湿质量,精确至0.1g。

$$m_1 = \frac{120 \times (100 + w)}{100} \qquad (\text{T 0334-1})$$

式中:w——集料试样的含水率(%);

m_1——相当于干燥试样120g时的潮湿试样的质量(g)。

3.2 配制冲洗液

3.2.1 根据需要确定冲洗液的数量,通常一次配制5L,约可进行10次试验。如试验次数较少,可以按比例减少,但不宜少于2L,以减小试验误差。冲洗液的浓度以每升冲洗液中的氯化钙、甘油、甲醛含量分别为2.79g、12.12g、0.34g控制。称取配制5L冲洗液的各种试剂的用量:氯化钙14.0g;甘油60.6g;甲醛1.7g。

3.2.2 称取无水氯化钙14.0g放入烧杯中,加洁净水30mL充分溶解,此时溶液温度会升高,待溶液冷却至室温,观察是否有不溶的杂质,若有杂质必须用滤纸将溶液过滤,以除去不溶的杂质。

3.2.3 然后倒入适量洁净水稀释,加入甘油60.6g,用玻璃棒搅拌均匀后再加入甲醛1.7g,用玻璃棒搅拌均匀后全部倒入1L量筒中,并用少量洁净水分别对盛过3种试剂的器皿洗涤3次,每次洗涤的水均放入量筒中,最后加入洁净水至1L刻度线。

3.2.4 将配制的1L溶液倒入塑料桶或其他容器中,再加入4L洁净水或纯净水稀释至5L±0.005L。该冲洗液的使用期限不得超过2周,超过2周后必须废弃,其工作温度为22℃±3℃。

注:有条件时,可向专门机构购买高浓度的冲洗液,按照要求稀释后使用。

4 试验步骤

4.1 用冲洗管将冲洗液加入试筒,直到最下面的100mm刻度处(约需80mL试验用冲洗液)。

4.2 把相当于120g±1g干料质量的湿样用漏斗仔细地倒入竖立的试筒中。

4.3 用手掌反复敲打试筒下部,以除去气泡,并使试样尽快润湿,然后放置10min。

4.4 在试样静止10min±1min后,在试筒上塞上橡胶塞堵住试筒,用手将试筒横向水平放置,或将试筒水平固定在振荡机上。

4.5 开动机械振荡器,在30s±1s的时间内振荡90次。用手振荡时,仅需手腕振荡,不必晃动手臂,以维持振幅230mm±25mm,振荡时间和次数与机械振荡器同。然后将试筒取下竖直放回试验台上,拧下橡胶塞。

4.6 将冲洗管插入试筒中,用冲洗液冲洗附在试筒壁上的集料,然后迅速将冲洗管插到试筒底部,不断转动冲洗管,使附着在集料表面的土粒杂质浮上来。

4.7 缓慢匀速向上拔出冲洗管,当冲洗管抽出液面,且保持液面位于380mm刻度线时,切断冲洗管的液流，使液面保持在380mm刻度线处，然后开动秒表在没有扰动的情况下静置20min±15s。

4.8 如图T 0334-4所示，在静置20min后，用尺量测从试筒底部到絮状凝结物上液面的高度(h_1)。

4.9 将配重活塞徐徐插入试筒里，直至碰到沉淀物时，立即拧紧套筒上的固定螺丝。将活塞取出，用直尺插入套筒开口中，量取套筒顶面至活塞底面的高度 h_2，准确至1mm。同时记录试筒内的温度，准确至1℃。

4.10 按上述步骤进行2个试样的平行试验。

注：①为了不影响沉淀的过程，试验必须在无振动的水平台上进行。随时检查试验的冲洗管口，防止堵塞。

②由于塑料在太阳光下容易变成不透明，应尽量避免将塑料试筒等直接暴露在太阳光下。盛试验溶液的塑料桶用毕要清洗干净。

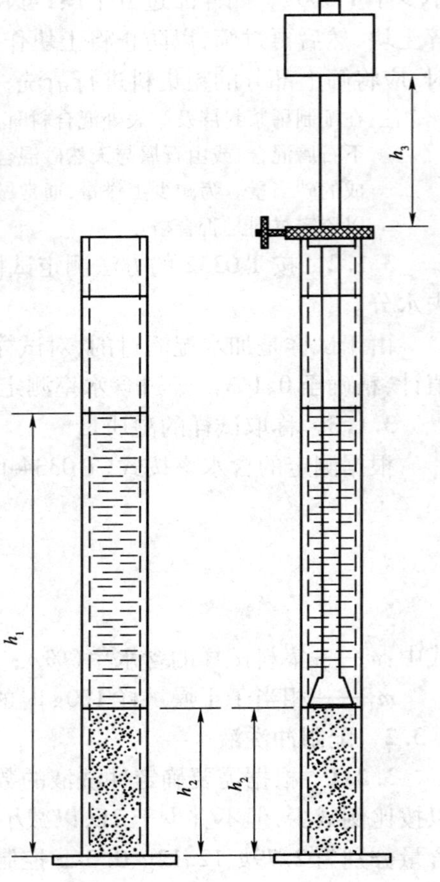

图T 0334-4 读数示意图

5 计算

5.1 试样的砂当量值按式(T 0334-2)计算。

$$SE = \frac{h_2}{h_1} \times 100 \qquad (\text{T 0334-2})$$

式中：SE——试样的砂当量(%)；

h_2——试筒中用活塞测定的集料沉淀物的高度(mm)；

h_1——试筒中絮凝物和沉淀物的总高度(mm)。

5.2 一种集料应平行测定两次，取两个试样的平均值，并以活塞测得砂当量为准，并以整数表示。

条文说明

细集料中的泥土杂物对细集料的使用性能有很大的影响，尤其是对沥青混合料，当水分进入混合料内部时遇水即会软化，以前我国通行水洗法测定小于0.075mm含量，将其作为含泥量，即T 0333的方法。但是将小于0.075mm含量都看成土是不正确的。在天然砂的规格中，通常允许0.075mm通过率为0~5%(以前甚至为10%)，而含泥量一般不超过3%。其实不管天然砂、石屑、机制砂，各种细集料中小于0.075mm的部分不一定是土，大部分可能是石粉或超细砂粒。为了将小于0.075mm的矿粉、细砂与含泥量加以区分，国外通常采用砂当量试验。

下表是在玄武岩石屑中添加不同的泥土测定的砂当量的结果。试验表明，如果控制砂当量不小于60%，将能控制含土量不超过6%左右。

含土量(%)	0	4.91	9.74	12.99
砂当量(%)	80	68	53	40

不过，砂当量测定值不仅仅取决于含土量，细集料中石粉也会影响砂当量的大小。在洗净的玄武岩中按SMA常用比例加通过0.075mm的细粉10%，变化细粉中土和石灰岩石粉的比例，其砂当量试验结果如图T 0334-5。

在图T 0334-5中，如果0.075mm以下全部为矿粉，砂当量为82.1%，而0.075mm以下全部为土时的砂当量为26.1%。0.075mm以下含土量增加到20%，砂当量从82.1%下降到了60.4%，说明砂当量受含土量的影响十分显著。

因此，国际上还通行一种称为亚甲蓝的试验方法。在欧洲共同体的CEN标准中，已经将亚甲蓝试验方法定为标准方法，而原来像法国等许多国家也使用的砂当量试验却没有了。关于这个问题，我国尚未研究，目前仍然采用砂当量试验作为标准试验方法。

本方法中工作液的配制是参照国外ASTM等方法的规定，先配制成高浓度氯化钙溶液及高浓度的甘油甲醛混合液，再稀释为试验用的冲洗液。如按试验方法的量配制，约可供100多次试验使用。而且按ASTM的规定，配制的溶液存放时间不得超过2周。考虑到实际上试验次数经常比较少，本次修改规定直接配制冲洗液，一次配制5L工作液，足够一周的试验使用。

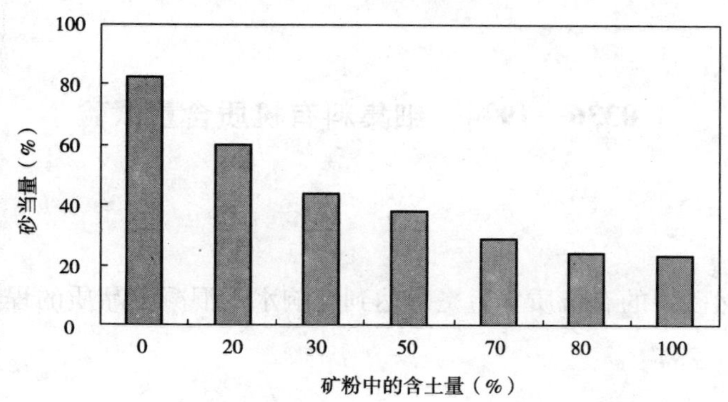

图 T 0334-5　矿粉中土的含量对砂当量的影响

T 0335—1994　细集料泥块含量试验

1　目的与适用范围

测定水泥混凝土用砂中颗粒大于1.18mm的泥块的含量。

2　仪具与材料

(1)天平：称量2kg，感量不大于2g。

(2)烘箱：能控温在105℃±5℃。

(3)标准筛：孔径0.6mm及1.18 mm。

(4)其他：洗砂用的筒及烘干用的浅盘等。

3　试验准备

将来样用分料器法或四分法缩分至每份约2 500g，置于温度为105℃±5℃的烘箱中烘干至恒重，冷却至室温后，用1.18mm筛筛分，取筛上的砂约400g分为两份备用。

4　试验步骤

4.1　取试样1份200g(m_1)置于容器中，并注入洁净的水，使水面至少超出砂面约200mm，充分拌混均匀后，静置24h，然后用手在水中捻碎泥块，再把试样放在0.6mm筛上，用水淘洗至水清澈为止。

4.2　筛余下来的试样应小心地从筛里取出，并在105℃±5℃的烘箱中烘干至恒重，冷却至室温后称量(m_2)。

5　计算

砂中泥块含量按式(T 0335-1)计算，精确至0.1%。

$$Q_k = \frac{m_1 - m_2}{m_1} \times 100 \tag{T 0335-1}$$

式中：Q_k——砂中大于1.18mm的泥块含量(%)；

m_1——试验前存留于1.18mm筛上的烘干试样质量(g)；

m_2——试验后的烘干试样质量(g)。

6 报告

取两次平行试验结果的算术平均值作为测定值，两次结果的差值如超过0.4%，应重新取样进行试验。

T 0336—1994 细集料有机质含量试验

1 目的与适用范围

本方法用于评定天然砂中的有机质含量是否达到影响水泥混凝土品质的程度。

2 仪具与材料

(1)天平：感量不大于称量的0.01%。

(2)量筒：250mL、100mL和10mL。

(3)氢氧化钠溶液：氢氧化钠与洁净水的质量比为3∶97。

(4)鞣酸、酒精等。

(5)其他：烧杯、玻璃棒和孔径为4.75mm的方孔筛。

3 试验准备

3.1 试样制备：筛去试样中4.75mm以上的颗粒，用分料器法或四分法缩分至约500g，风干备用。

3.2 标准溶液的配制方法：取2g鞣酸粉溶解于98mL10%酒精溶液中，即得所需的鞣酸溶液。然后取该溶液2.5mL注入97.5mL浓度为3%的氢氧化钠溶液中，加塞后剧烈摇动，静置24h即得标准溶液。

4 试验步骤

4.1 向250mL量筒中倒入试样至103mL刻度处，再注入浓度为3%的氢氧化钠溶液至200mL刻度处，剧烈摇动后静置24h。

4.2 比较试样上部溶液和新配制标准溶液的颜色。盛装标准溶液与盛装试样的量筒规格应一致。

5 结果

若试样上部的溶液颜色浅于标准溶液的颜色，则试样的有机质含量鉴定合格；如两种溶液的颜色接近，则应将该试样(包括上部溶液)倒入烧杯中，再将烧杯放在温度为60～70℃的水槽中加热2～3h，然后再与标准溶液比色。

如溶液的颜色深于标准色，则应按下法做进一步试验：

取试样1份，用3%氢氧化钠溶液洗除有机杂质，再用洁净水淘洗干净，至试样用比色法试验时溶液的颜色浅于标准色，然后用经洗除有机质和未洗除有机质的试样以相同的配合比分别配成流动性基本相同的两种水泥砂浆，测定其7d和28d的抗压强度，如未经洗除砂的砂浆强度不低于经洗除有机质后的砂的砂浆强度的95%时，则此砂可以采用。

T 0337—1994 细集料云母含量试验

1 目的与适用范围

测定砂中云母的近似含量。

2 仪具与材料

(1)放大镜(5倍左右)。

(2)钢针。

(3)天平:称量100g,感量不大于0.01g。

3 试验步骤

称取经缩分的试样50g,在温度为105℃±5℃的烘箱中烘干至恒重,冷却至室温后,先筛去大于4.75mm和小于0.3mm的颗粒,然后根据砂的粗细不同称取试样10~20g(m_0),放在放大镜下观察,用钢针将砂中所有云母全部挑出,称量所挑出的云母质量(m_1)。

4 计算

砂中云母含量按式(T 0337-1)计算,精确至0.1%。

$$Q_e = \frac{m_1}{m_0} \times 100 \quad \text{(T 0337-1)}$$

式中:Q_e——砂中云母含量(%);

m_0——烘干试样质量(g);

m_1——挑出的云母质量(g)。

T 0338—1994 细集料轻物质含量试验

1 目的与适用范围

测定砂中轻物质近似含量。

2 仪具与材料

(1)烘箱:能控温在105℃±5℃。

(2)天平:称量1 000g,感量不大于0.1g。

(3)玻璃仪器:量杯(1 000mL)、量筒(250mL)、烧杯(150mL)。

(4)比重计:测定范围1.0~2.0。

(5)网篮:内径和高度均约为70mm,网孔孔径不大于0.3mm(可用坚固性试验用的网篮,也可用孔径0.3mm的筛)。

(6)氯化锌:化学纯。

3 试验准备

3.1 称取经缩分的试样约800g,在105℃±5℃的烘箱中烘干至恒重,冷却后将大于4.75mm和小于0.3mm的颗粒筛去,然后称取每份约重200g的试样两份备用。

3.2 配制相对密度为1.95~2.0的重液:向1 000mL的量杯中加水至600mL刻度处,再加入1 500g氯化锌,用玻璃棒搅拌使氯化锌全部溶解,待冷却至室温后(氯化锌在溶解过程中放出大量热量),将部分溶液倒入250mL量筒中测其相对密度。如溶液相对密度小于要求值，则将它倒回量杯，再加入氯化锌，溶解并冷却后测其相对密度，直至溶液相对密度达到要求数值为止。

4 试验步骤

4.1 将上述试样1份(m_0)倒入盛有重液(约500mL)的量杯中，用玻璃棒充分搅拌，使试样中的轻物质与砂分离，静置5min后，将浮起的轻物质连同部分重液倒入网篮中。轻物质留在网篮上，而重液则通过网篮流入另一容器。倾倒重液时应避免带出砂粒，一般当重液表面与砂表面相距约20～30mm时即停止倾倒。流出的重液倒回盛试样的量杯中，重复上述过程，直至无轻物质浮起为止。

4.2 用清水洗净留存于网篮中的轻物质，然后将它倒入烧杯，在105℃±5℃的烘箱中烘干至恒重，用感量为0.01g的天平称量轻物质与烧杯总质量(m_1)。

5 计算

砂中轻物质的含量按式(T 0338-1)计算，精确至0.1%。

$$Q_g = \frac{m_1 - m_2}{m_0} \times 100 \qquad (T\ 0338\text{-}1)$$

式中：Q_g——砂中轻物质的含量(%)；

m_1——烘干的轻物质与烧杯的总质量(g)；

m_2——烧杯的质量(g)；

m_0——试验前烘干的试样质量(g)。

6 报告

以两份试样试验结果的算术平均值作为测定值。

T 0339—1994 细集料膨胀率试验

1 目的与适用范围

测定砂的膨胀率。

2 仪具与材料

同砂的含水率试验和砂的堆积密度试验。

3 试验步骤

3.1 测定烘干砂的堆积密度(或紧装密度)。

3.2 测定试样砂的堆积密度(或紧装密度)。

3.3 测定相应状态砂的含水率。

4 计算

砂的膨胀率按式(T 0339-1)计算，精确至1%。

$$P = \frac{\rho_d(100 + w)}{\rho_w} - 100 \qquad (T\ 0339\text{-}1)$$

式中：P——砂的膨胀率(%)；

ρ_d——干砂堆积密度(kg/m^3)；

ρ_w——试样砂堆积密度(kg/m^3)；

w——试样砂含水率(%)。

5 报告

以两次试验结果的算术平均值作为测定值。

条文说明

本试验所说的膨胀率,是指一定质量的砂代表样,当其含水率由烘干状态升高到试验时某一含水率后的体积增加数,以烘干状态的体积百分数表示,以了解砂含水率在一定变化范围内(一般 $w=0\sim10\%$)的体积变化情况。

T 0340—2005 细集料坚固性试验

1 目的与适用范围

本方法用以确定砂试样经饱和硫酸钠溶液多次浸泡与烘干循环,承受硫酸钠结晶压而不发生显著破坏或强度降低的性能,以评定砂的坚固性能(也称安定性)。

2 仪具与材料

(1)烘箱:能控温在105℃±5℃。

(2)天平:称量200g,感量不大于0.2g。

(3)标准筛:孔径为0.3mm、0.6mm、1.18mm、2.36mm、4.75mm。

(4)容器:搪瓷盆或瓷缸,容量不小于10L。

(5)三脚网篮:内径及高均为70mm,由铜丝或镀锌铁丝制成,网孔的孔径不应大于所盛试样粒级下限尺寸的一半。

(6)试剂:无水硫酸钠或10水结晶硫酸钠(工业用)。

(7)波美比重计。

3 试验准备

取一定数量的洁净水(多少取决于试样及容器大小),加温至30~50℃,每1000mL洁净水加入无水硫酸钠(Na_2SO_4)300~350g或10水硫酸钠($Na_2SO_4\cdot10H_2O$)700~1 000g,用玻璃棒搅拌,使其溶解并饱和,然后冷却至20~25℃,在此温度下静置48h,其相对密度应保持在1.151~1.174(波美度为18.9~21.4)范围内。试验时容器底部应无结晶存在。

4 试验步骤

4.1 将试样烘干,称取粒级分别为0.3~0.6mm、0.6~1.18mm、1.18~2.36mm和2.36~4.75mm的试样各约100g(m_i),分别装入网篮并浸入盛有硫酸钠溶液的容器中。溶液体积应不小于试样总体积的5倍,其温度应保持在20~50℃范围内。三脚网篮浸入溶液时应先上下升降25次以排除试样中的气泡,然后静置于该容器中。此时网篮底面应距容器底面约30mm(由网篮脚高控制),网篮之间的间距应不小于30mm。试样表面至少应在液面以下30mm。

4.2 浸泡20h后,从溶液中提出网篮,放在105℃±5℃的烘箱中烘烤4h,至此完成了第一个试验循环。待试样冷却至20~25℃后,即开始第二次循环。

从第二次循环开始,浸泡及烘烤时间均为4h。共循环5次。

4.3 最后一次循环完毕后,将试样置于25~30℃的清水中洗净硫酸钠,再在105℃±5℃的烘箱中烘干至恒重,取出冷却至室温后,用筛孔孔径为试样粒级下限的筛,过筛并称量各粒级试样试验后的筛余

量 m'_i。

注:试样中硫酸钠是否干净,可按下法检验:

取洗试样的水数毫升,滴入少量氯化钡($BaCl_2$)溶液,如无白色沉淀,即说明硫酸钠已被洗净。

5 计算

5.1 试样中各粒级颗粒的分计损失百分率按式(T 0340-1)计算。

$$Q_i = \frac{m_i - m'_i}{m_i} \times 100 \quad (T\ 0340\text{-}1)$$

式中:Q_i——试样中各粒级颗粒的分计损失百分率(%);

m_i——每一粒级试样试验前烘干质量(g);

m'_i——经硫酸钠溶液试验后,每一粒级筛余颗粒的烘干质量(g)。

5.2 试样的坚固性损失总百分率按式(T 0340-2)计算,精确至1%。

$$Q = \frac{\sum m_i Q_i}{\sum m_i} \quad (T\ 0340\text{-}2)$$

式中:Q——试样的坚固性损失(%);

m_i——不同粒级的颗粒在原试样总量中的分计质量(g);

Q_i——不同粒级的分计质量损失百分率(%)。

T 0341—1994 细集料三氧化硫含量试验

1 目的与适用范围

测定砂中是否含有有害的硫酸盐、硫化物,按 SO_3 计,并测定其含量。

2 仪具与材料

(1)定性试验需用仪具与材料:

①天平:称量1kg,感量不大于1g;称量100g,感量不大于0.001g。

②筛:筛孔0.075mm。

③烧杯:容量500mL。

④其他:纯盐酸、10%氯化钡($BaCl_2$)溶液、滤纸、玻璃棒及研钵等。

(2)定量试验需用仪具与材料:

①分析天平:感量不大于0.000 1g。

②摇瓶:1 000mL。

③无灰滤纸:要求经灼烧后无质量。

④混合指示剂:1份甲基红和3份溴甲酚绿的0.1%酒精溶液。

⑤纯盐酸。

⑥10%氯化钡($BaCl_2$)溶液。

⑦其他:普通电炉、高温电炉、振荡器、搅拌器、抽气瓶、烧杯、坩埚及平底瓷漏斗等。

3 试验步骤

3.1 定性试验

3.1.1 用分料器法或四分法取代表样约1 000g,烘干至恒重,称取烘干样约200g,在研钵中研成粉末,通过0.075mm筛,仔细拌匀粉末并称取100g,放在500mL的烧杯中,注入250mL洁净水,搅拌1~2min(数次),经一昼夜后用滤纸过滤,然后向滤液中加2~3滴纯盐酸,注入5mL左右10%氯化钡溶液,加热至50℃,再静置一昼夜。

3.1.2 如有白色沉淀物产生,即表示砂中有 SO_3,须进行定量试验测定其含量。

3.2 定量试验

3.2.1 称取通过 0.075mm 筛孔的烘干试样 200g,装入注有 500mL 洁净水的烧瓶中,加塞蜡封,经常摇动,经一昼夜后,再把溶液摇浑,用抽气法过滤。

3.2.2 将 100mL 的过滤溶液放在 250mL 的烧杯中,加入 4~5 滴混合指示剂,使溶液变色,接着加入纯盐酸至溶液呈红色,再加 4~5 滴混合指示剂,煮沸后加入 10% 氯化钡溶液约 15mL,然后搅拌均匀。为了得到较大的硫酸钡($BaSO_4$)结晶,可将溶液在 60~70℃ 的温度内加热 2h,然后静置数小时。

3.2.3 用紧密滤纸将此溶液过滤,过滤前将滤纸微湿,过滤完后,把原装滤液的烧杯用洁净水洗几次至洁净,再将洗烧杯的水也加以过滤,最后把留在滤纸上的物质洗几遍(以 1% 硝酸银溶液检验 Cl^-)。

3.2.4 把过滤后留在滤纸上的物质连同滤纸一起放入已知质量的干坩埚中,将坩埚放在普通电炉上使滤纸碳化,然后再放在 700~800℃ 高温电炉上灼烧 15~20min,待灰化后取出,放在干燥器内冷却至室温,用分析天平称其总量(m_1)。

4 计算

4.1 按式(T 0341-1)计算 SO_3 含量,精确至 0.01%。

$$P = \frac{(m_1 - m_0) \times 0.343}{40} \times 100 \tag{T 0341-1}$$

式中:P——SO_3 含量(%);

m_0——坩埚质量(g);

m_1——坩埚和灰化物总质量(g);

0.343——硫酸钡($BaSO_4$)换算为 SO_3 的系数;

40——做定量试验的试样质量(g)。

4.2 取两次试验结果的算术平均值作为测定值,若两次试验结果之差大于 0.15% 时,应重新取样进行试验。

T 0343—1994 细集料含水率快速试验(酒精燃烧法)

1 目的与适用范围

快速测定细集料(砂)的含水率。

2 仪具与材料

(1)天平:称量 200g,感量不大于 0.2g。

(2)容器:铁或铝制浅盘。

(3)50mL 的量筒或量杯。

(4)酒精:普通工业酒精。

(5)其他:毛刷、玻璃棒等。

3 试验步骤

3.1 取干净容器,称取其质量(m_1)。

3.2 将约 100g 试样置于容器中,称取试样和容器的总质量(m_2)。

3.3 向容器中的试样加入约 20mL 酒精,拌和均匀后点火燃烧并不断翻拌试样,待火焰熄灭后,过 1min 再加入约 20mL 酒精,仍按上述步骤进行。

3.4 待第二次火焰熄灭后,称取干样与容器总质量(m_3)。

注：试样经两次燃烧后，表面应呈干燥颜色，否则须再加酒精燃烧一次。

4 计算

4.1 细集料（砂）的含水率按式（T 0343-1）计算，精确至0.1%。

$$w = \frac{(m_2 - m_3)}{(m_3 - m_1)} \times 100 \qquad (T\ 0343\text{-}1)$$

式中：w——砂的含水率（%）；

m_1——容器质量（g）；

m_2——燃烧前试样与容器总质量（g）；

m_3——燃烧后干试样与容器总质量（g）。

4.2 以两次平行试验结果的算术平均值作为测定值。

T 0344—2000 细集料棱角性试验（间隙率法）

1 目的与适用范围

1.1 本方法测定一定量的细集料通过标准漏斗，装入标准容器中的间隙率，称为细集料的棱角性，以百分率表示。

1.2 本方法适用于测定天然砂、人工砂、石屑等用于路面的细集料的棱角性，以预测细集料对沥青混合料的内摩擦角和抗流动变形性能的影响。

2 仪具与材料

（1）细集料棱角性测定仪：如图T 0344-1所示，上部为一个金属或塑料制的圆筒形容量瓶，容积不少于250mL，下面接一个高38mm的金属制倒圆锥筒漏斗，角度为60°±4°，漏斗内部光滑，流出孔开口直径12.7mm±0.6mm。测定仪下方放置一个100mL的铜制接受容器，容器内径39mm，高86mm。此容器镶嵌在一块厚6mm的金属板上，容器与底板之间用环氧树脂填充固结。金属底板底部的正中央有一个凹坑，用以与底座位置对中。

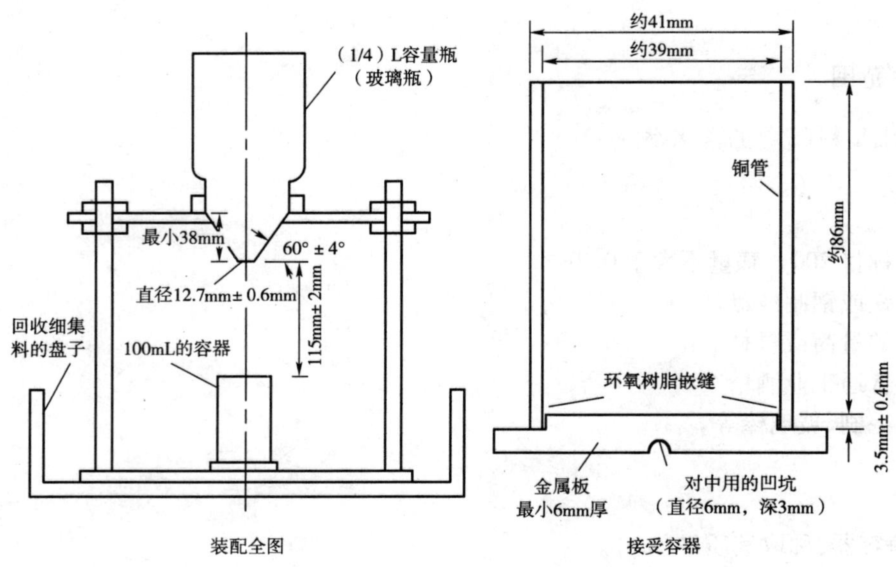

图T 0344-1 细集料棱角性测定装置

（2）标准筛：孔径为4.75mm、2.36mm的方孔筛。

（3）天平：感量不大于0.1g。

（4）烘箱：能控温在105℃±5℃。

(5)玻璃板:60mm×60mm,厚4mm。

(6)刮尺:带刃直尺,长100mm,宽20mm。

(7)其他:搪瓷盘、毛刷等。

3　试验步骤

3.1　称取细集料接受容器的干质量 m_0。

3.2　在容器中加满水,称取圆筒加水的质量 m_1,标定容器的容积 $V = m_1 - m_0$,此时可忽略温度对水密度的影响。

3.3　将从现场取来的细集料试样,按照最大粒径的不同选择2.36mm或4.75mm的标准筛过筛,除去大于最大粒径的部分。通常对天然砂或0~3mm规格的机制砂、石屑采用2.36mm筛,对0~5mm机制砂、石屑可采用4.75mm筛。

3.4　取约2kg试样放在搪瓷盘中,加水浸泡24h,仔细淘洗,使泥土和粉尘悬浮在水中。分数次缓缓地将悬浊液通过1.18mm、0.075mm套筛倒去悬浮的混水,并用洁净的水冲洗集料,仔细冲走小于0.075mm部分。将1.18mm及0.075mm筛上部分均倒回搪瓷盘中,放入105℃±5℃烘箱中烘干至恒重,冷却后适当拌和均匀,按分料器法或四分法称取190g±1g的试样不少于3份。

3.5　将漏斗与圆筒接好,成一整体。在漏斗下方置接受容器。用一块小玻璃板堵住开口处。

3.6　将试样从圆筒中央上方(高度与筒顶齐平)徐徐倒入漏斗,表面尽量倒平。

3.7　取走堵住漏斗开启门的小玻璃板。漏斗中的细集料随即通过漏斗开口处流出,进入接受容器中。

3.8　用带刃的直尺轻轻刮平容器的表面,不加任何振动。

3.9　称取容器与细集料的总质量 m_2,准确至0.1g。

3.10　按本规程T 0330的方法测定细集料的毛体积相对密度 γ_b。

3.11　平行试验3次,以平均值作为细集料棱角性的试验结果。

4　计算

按式(T 0344-1)、式(T 0344-2)计算容器中细集料的松装相对密度和间隙率,精确至小数点后1位,间隙率即为细集料的棱角性。

$$\gamma_{fa} = \frac{m_2 - m_0}{m_1 - m_0} \qquad \text{(T 0344-1)}$$

$$U = \left(1 - \frac{\gamma_{fa}}{\gamma_b}\right) \times 100 \qquad \text{(T 0344-2)}$$

式中:γ_{fa}——细集料的松装相对密度;

m_0——容器空质量(g);

m_1——容器与水的总质量(g);

m_2——容器与细集料的总质量(g);

U——细集料的间隙率,即棱角性(%);

γ_b——细集料的毛体积相对密度。

条文说明

天然砂与人工砂、石屑在用于沥青混合料时,使用性能有很大的差别。由于天然砂经过亿万年的风化、搬运,一般比较坚硬,尤其是海砂,大部分是石英颗粒,所以天然砂作为细集料,往往有较好的耐久性。但是天然砂与沥青的黏附性往往较差,而且砂的形状基本上是球形颗粒,所以对高温抗车辙能力极为不利。相反,石屑由于是破碎石料时的下脚料,基本上是石料中较为薄弱的部分首先变成石屑剥落下来,所以石屑中扁平颗粒含量较大,而且强度较差,所以规范对石屑的使用有一定的限制。但是,正因为石屑是破碎得到的,使用表面特别粗糙,对提高马歇尔稳定度及车辙试验的动稳定度效果非常明显,而且扁平颗粒可以通过改善破碎方式得以减少,人工砂有时是在加工过程中将石屑中的粉料用吸尘设备吸走后得到的。

如何评价细集料的表面粗糙程度、棱角性,历来没有标准方法。美国在战略性公路研究计划(SHRP)研究过程中特别强调测定砂的棱角性指标(*FAA*)的重要性,提出了标准试验方法 AASHTO 33"细集料未压实空隙率试验方法(受颗粒形状、表面结构和级配的影响)",提出了非常简单的测定棱角性的设备装置。该方法是将干燥细集料试样通过一个标准漏斗,漏入一个经标定的圆筒,由细集料的空隙率作为棱角性指标。空隙率越大,意味着有较大的内摩擦角,球状颗粒少,细集料的表面构造粗糙,所以是描述细集料性能的重要指标。

但在 AASHTO 33 方法中,有三种试样,一种是标准试样(A 组),由下列样品组成:

2.36 ~ 1.18mm　　44g

1.18 ~ 0.60mm　　57g

0.60 ~ 0.30mm　　72g

0.30 ~ 0.15mm　　17g

A 组试样一组合计 190g。混合在一起进行空隙率测定。

B 组试样是用 2.36 ~ 1.18mm、1.18 ~ 0.60mm、0.60 ~ 0.30mm 三组试样分别取 190g 进行试验,棱角性由三个空隙率的平均值表示。A、B 试样都是用水清洗干净后试验的。

C 组试样即本规程规定的由 4.75mm 筛过筛的试样,但规程中未要求清洗,考虑到 C 组试样更符合我国目前还做不到的将细集料筛分后再配合使用的工程实际情况,所以本规程仅列入了 C 组一种试样的试验方法。

SHRP 的 SUPERPAVE 配合比设计方法对细集料的棱角性(*FAA*)作出了规定,如表 T 0344-1 所示。

表 T 0344-1　SUPERPAVE 对细集料的棱角性要求

道路交通量 (百万辆 ESALs)	距路表下深度(mm)	
	< 100	> 100
0.3	—	—
< 1	40%	—
< 3	40%	40%
< 10	45%	40%
< 30	45%	40%
< 100	45%	45%
≤100	45%	45%

美国对 SMA 路面要求细集料的棱角性 *FAA* 不得小于 45%。细集料的棱角性对 SMA 集料的嵌挤作用非常重要,通过细集料的棱角性试验方法,可以评定天然砂、人工砂、石屑等细集料颗粒对沥青混合料的内摩擦角和抗流动变形性能的影响。

T 0345—2005　细集料棱角性试验(流动时间法)

1　目的与适用范围

1.1　本方法测定一定体积的细集料(机制砂、石屑、天然砂)全部通过标准漏斗所需要的流动时间,称为细集料的棱角性,以 s 表示。

1.2　本方法测定的细集料棱角性,适用于评定细集料颗粒的表面构造和粗糙度,预测细集料对沥青混合料的内摩擦角和抗流动变形性能的影响。

1.3 当工程上同时使用不同品种的细集料，如将天然砂和机制砂、石屑混用时，应以实际配合比例组成的细集料混合料进行试验，并满足相应规范的要求。

2 仪具与材料

(1)细集料流动时间测定仪：如图 T 0345-1 所示，上部为直径 90mm，高 125mm 的金属圆筒，下部为可更换的开口 60°的金属或硬质塑料漏斗，漏斗内部应光滑，其流出孔直径有两种可更换的规格 12mm 或 16mm，上部由螺纹与圆筒连接成一整体。漏斗下方有一个可以左右转动的开启挡板。测定仪下方放置一个足以存下 3kg 细集料的容器，如铝盆、搪瓷盆等。

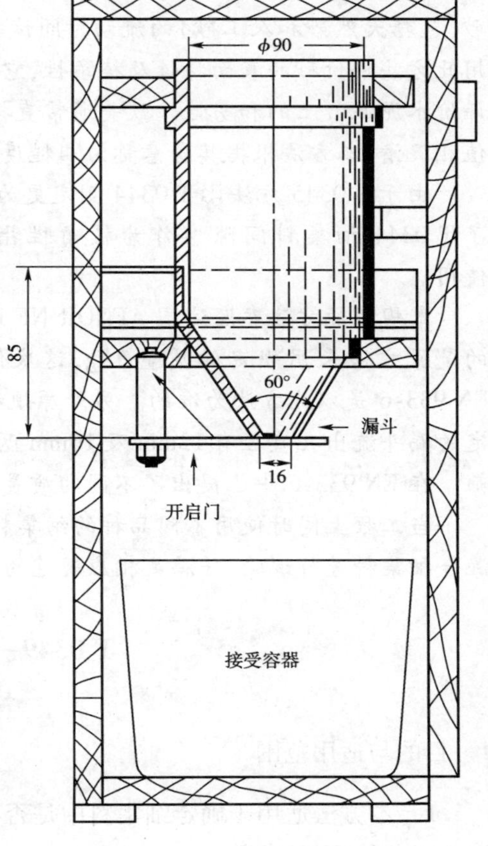

图 T 0345-1 细集料流动时间测定仪
(流出孔径可更换，尺寸单位：mm)

(2)标准筛：孔径为 4.75mm、2.36mm、0.075mm 的方孔筛。

(3)天平：感量不大于 0.1g。

(4)烘箱：能控温在 105℃ ±5℃。

(5)秒表：准确至 0.1s。

(6)其他：搪瓷盘、毛刷等。

3 试验步骤

3.1 将从现场取来的细集料试样，按照最大粒径的不同选择 2.36mm 或 4.75mm 的标准筛过筛，除去大于最大粒径的部分。但当工程上同时使用不同品种的细集料，如将天然砂和机制砂、石屑混用时，应分别进行单一细集料品种的棱角性质量评定，同时以实际配合比例组成的细集料混合料进行试验，以评定其使用性能。

3.2 按 T 0327 方法以水洗法除去小于 0.075mm 的粉尘部分，取 0.075 ~2.36mm 或 0.075 ~4.75mm 的试样约 6kg 放入 105℃ ±5℃烘箱中烘干至恒重，在室温下冷却。

3.3 按本规程 T 0328 的方法测定试样的表观相对密度 γ_a，用分料器法或四分法将试样分成不少于 5 份，按式(T 0345-1)计算每份试样所需的质量，称量准确至 0.1g。

$$m = 1.0 \times \gamma_a / 2.70 \tag{T 0345-1}$$

式中：m——每份试样的质量(kg)；

γ_a——该试样的表观相对密度，无量纲。

3.4 根据试验的细集料规格选择漏斗，对规格 0.075 ~2.36mm 的细集料选用漏出孔径为 12mm 的漏斗，对规格 0.075 ~4.75mm 的细集料选用孔径为 16mm 的漏斗，将漏斗与圆筒连接安装成一整体。关闭漏斗下方的开启门，在漏斗下方置接受容器。

3.5 将试样从圆筒中央开口处(高度与筒顶齐平)徐徐倒入漏斗，表面尽量倒平，但倒完后不得以任何工具扰动或刮平试样。

3.6 在打开漏斗开启门的同时开动秒表。漏斗中的细集料随即从漏斗开口处流出，进入接受容器中。在细集料全部流完的同时停止秒表，读取细集料流出的时间，准确至 0.1s，即为该细集料试样的流动时间。

3.7 一种试样需平行试验 5 次，以流动时间的平均值作为细集料棱角性的试验结果。

条文说明

如何评价细集料的棱角性,以前没有标准方法。最早是法国标准 AFNOR NF P 18-564/1981 规定了砂(包括天然砂和人工砂)的流动时间试验方法,在第 17 届国际道路会议上得到了肯定,并建议各国采用此方法评价砂的表面特性及棱角性,它对沥青混合料的稳定性、塑性变形有重大影响,同时也可用来评价水泥混凝土的和易性。欧美通常直接称为砂的流值(sand flow),因与沥青混合料马歇尔试验的流值相混淆,本方法根据其含意称为粗糙度。

由于 T 0345 方法比 T 0344 测定更为简单,包括美国在内的更多国家在使用,故本规程同时也列入了 T 0344 细集料间隙率作为棱角性指标,但推荐 T 0345 作为我国测定棱角性的标准试验方法使用。

本规程原方法参照法国 AFNOR NF P 18-564/1981 编写,本次按 P 18-564/1990 方法修改。所不同的是原方法采用规定的质量 1kg,这次修改为规定的体积,所以都除以 2.70 进行换算。欧洲标准 EN 933-6 是以此方法为准的。另外原规程没有明确区分不同的细集料采用不同的漏出孔径,本方法规定的漏斗流出孔直径有 12mm 及 16mm 两种,按照最大粒径的不同选择 2.36mm 或 4.75mm 的标准筛过筛。在 EN 933-6 中已提出了不同的质量标准。

当工程上同时使用不同品种的细集料,如将天然砂和机制砂或石屑混用,应以实际配合比例组成的混合细集料进行试验,并满足相应规范的要求。

T 0349—2005　细集料亚甲蓝试验

1　目的与适用范围

1.1　本方法适用于确定细集料中是否存在膨胀性黏土矿物,并测定其含量,以评定集料的洁净程度,以亚甲蓝值 *MBV* 表示。

1.2　本方法适用于小于 2.36mm 或小于 0.15mm 的细集料,也可用于矿粉的质量检验。

1.3　当细集料中的 0.075mm 通过率小于 3% 时,可不进行此项试验即作为合格看待。

2　试剂、材料与仪器设备

(1)亚甲蓝($C_{16}H_{18}ClN_3S \cdot 3H_2O$):纯度不小于 98.5%。

(2)移液管:5mL、2mL 移液管各一个。

(3)叶轮搅拌机:转速可调,并能满足 600 转/min ±60 转/min 的转速要求,叶轮个数 3 或 4 个,叶轮直径 75mm ±10mm。

注:其他类型的搅拌器也可使用,但试验结果必须与使用上述搅拌器时基本一致。

(4)鼓风烘箱:能使温度控制在 105℃ ±5℃。

(5)天平:称量 1 000g、感量 0.1g 及称量 100g、感量 0.01g 各一台。

(6)标准筛:孔径为 0.075mm、0.15mm、2.36mm 的方孔筛各一只。

(7)容器:深度大于 250mm,要求淘洗试样时,保持试样不溅出。

(8)玻璃容量瓶:1L。

(9)定时装置:精度 1s。

(10)玻璃棒:直径 8mm,长 300mm,2 支。

(11)温度计:精度 1℃。

(12)烧杯:1 000mL。

(13)其他:定量滤纸、搪瓷盘、毛刷、洁净水等。

3 试验步骤

3.1 标准亚甲蓝溶液(10.0g/L ±0.1g/L 标准浓度)配制

3.1.1 测定亚甲蓝中的水分含量 w。称取5g左右的亚甲蓝粉末,记录质量 m_h,准确至0.01g。在100℃ ±5℃的温度下烘干至恒重(若烘干温度超过105℃,亚甲蓝粉末会变质),在干燥器中冷却,然后称重,记录质量 m_g,准确至0.01g。按式(T 0349-1)计算亚甲蓝的含水率 w:

$$w = (m_h - m_g)/m_g \times 100 \tag{T 0349-1}$$

式中:m_h——亚甲蓝粉末的质量(g);

m_g——干燥后亚甲蓝的质量(g)。

注:每次配制亚甲蓝溶液前,都必须首先确定亚甲蓝的含水率。

3.1.2 取亚甲蓝粉末(100 + w)(10g ±0.01g)/100(即亚甲蓝干粉末质量10g),精确至0.01g。

3.1.3 加热盛有约600mL洁净水的烧杯,水温不超过40℃。

3.1.4 边搅动边加入亚甲蓝粉末,持续搅动45min,直至亚甲蓝粉末全部溶解为止,然后冷却至20℃。

3.1.5 将溶液倒入1L容量瓶中,用洁净水淋洗烧杯等,使所有亚甲蓝溶液全部移入容量瓶,容量瓶和溶液的温度应保持在20℃ ±1℃,加洁净水至容量瓶1L刻度。

3.1.6 摇晃容量瓶以保证亚甲蓝粉末完全溶解。将标准液移入深色储藏瓶中,亚甲蓝标准溶液保质期应不超过28d。配制好的溶液应标明制备日期、失效日期,并避光保存。

3.2 制备细集料悬浊液

3.2.1 取代表性试样,缩分至约400g,置烘箱中在105℃ ±5℃条件下烘干至恒重,待冷却至室温后,筛除大于2.36mm颗粒,分两份备用。

3.2.2 称取试样200g,精确至0.1g。将试样倒入盛有500mL ±5mL洁净水的烧杯中,将搅拌器速度调整到600r/min,搅拌器叶轮离烧杯底部约10mm。搅拌5min,形成悬浊液,用移液管准确加入5mL亚甲蓝溶液,然后保持400r/min ±40r/min转速不断搅拌,直到试验结束。

3.3 亚甲蓝吸附量的测定

3.3.1 将滤纸架空放置在敞口烧杯的顶部,使其不与任何其他物品接触。

3.3.2 细集料悬浊液在加入亚甲蓝溶液并经400r/min ±40r/min转速搅拌1min起,在滤纸上进行第一次色晕检验。即用玻璃棒蘸取一滴悬浊液滴于滤纸上,液滴在滤纸上形成环状,中间是集料沉淀物,液滴的数量应使沉淀物直径在8~12mm之间。外围环绕一圈无色的水环。当在沉淀物周围边缘放射出一个宽度约1mm左右的浅蓝色色晕时(如图T 0349-1),试验结果称为阳性。

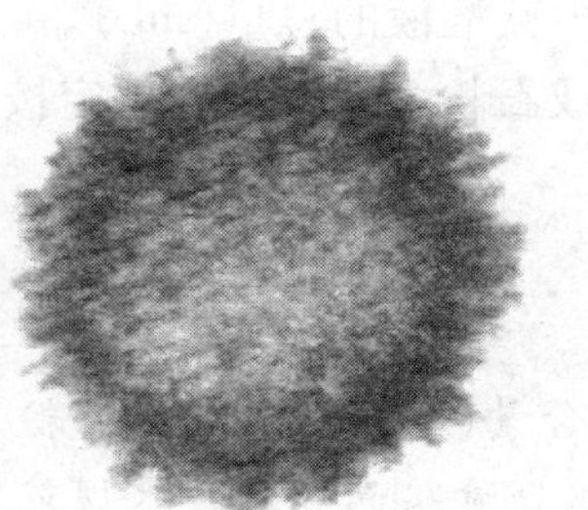

图T 0349-1 亚甲蓝试验得到的色晕图像
(左图符合要求,右图不符合要求)

注:由于集料吸附亚甲蓝需要一定的时间才能完成,在色晕试验过程中,色晕可能在出现后又消失了。为此,需每隔1min进行一次色晕检验,连续5次出现色晕方为有效。

3.3.3 如果第一次的5mL亚甲蓝没有使沉淀物周围出现色晕,再向悬浊液中加入5mL亚甲蓝溶液,继续搅拌1min,再用玻璃棒蘸取一滴悬浊液,滴于滤纸上,进行第二次色晕试验,若沉淀物周围仍未出现色晕,重复上述步骤,直到沉淀物周围放射出约1mm的稳定浅蓝色色晕。

3.3.4 停止滴加亚甲蓝溶液,但继续搅拌悬浊液,每1min进行一次色晕试验。若色晕在最初的4min内消失,再加入5mL亚甲蓝溶液;若色晕在第5min消失,再加入2mL亚甲蓝溶液。两种情况下,均应继续搅拌并进行色晕试验,直至色晕可持续5min为止。

3.3.5 记录色晕持续5min时所加入的亚甲蓝溶液总体积,精确至1mL。

注:试验结束后应立即用水彻底清洗试验用容器。清洗后的容器不得含有清洁剂成分,建议将这些容器作为亚甲蓝

试验的专门容器。

3.4 亚甲蓝的快速评价试验

3.4.1 按3.2.1及3.2.2要求制样及搅拌。

3.4.2 一次性向烧杯中加入30mL亚甲蓝溶液，以400r/min ±40r/min转速持续搅拌8min，然后用玻璃棒蘸取一滴悬浊液，滴于滤纸上，观察沉淀物周围是否出现明显色晕。

3.5 小于0.15mm粒径部分的亚甲蓝值 MBV_F 的测定

按3.1~3.3的规定准备试样，进行亚甲蓝试验测试，但试样为0~0.15mm部分，取30g ±0.1g。

3.6 按T 0333的筛洗法测定细集料中含泥量或石粉含量。

4 计算

4.1 细集料亚甲蓝值 *MBV* 按式(T 0349-2)计算，精确至0.1。

$$MBV = \frac{V}{m} \times 10 \qquad (\text{T 0349-2})$$

式中：*MBV*——亚甲蓝值(g/kg)，表示每千克0~2.36mm粒级试样所消耗的亚甲蓝克数；

m——试样质量(g)；

V——所加入的亚甲蓝溶液的总量(mL)。

注：公式中的系数10用于将每千克试样消耗的亚甲蓝溶液体积换算成亚甲蓝质量。

4.2 亚甲蓝快速试验结果评定

若沉淀物周围出现明显色晕，则判定亚甲蓝快速试验为合格；若沉淀物周围未出现明显色晕，则判定亚甲蓝快速试验为不合格。

4.3 小于0.15mm部分或矿粉的亚甲蓝值 MBV_F 按式(T 0349-3)计算，精确至0.1。

$$MBV_F = \frac{V_1}{m_1} \times 10 \qquad (\text{T 0349-3})$$

式中：MBV_F——亚甲蓝值(g/kg)，表示每千克0~0.15mm粒级或矿粉试样所消耗的亚甲蓝克数；

m_1——试样质量(g)；

V_1——加入的亚甲蓝溶液的总量(mL)。

4.4 细集料中含泥量或石粉含量计算和评定按T 0333的方法进行。

条文说明

评价细集料中的细粉含量(包括含泥量和石粉)，除了T 0333的方法外，国外通常采用砂当量试验及亚甲蓝试验。我国《公路沥青路面施工技术规范》(JTG F40—2004)中细集料的质量指标中目前只列入了砂当量值的要求。在美国和日本，规范规定进行砂当量试验，但不少地方也进行亚甲蓝试验。欧洲国家中原来有的用砂当量，有的用亚甲蓝试验。最新的欧洲共同体CEN的标准(EN 933-9:1999)中，已经没有了砂当量试验，只保留了亚甲蓝试验，但实际上法国等一些国家，两种试验方法都做。在美国ASTN有砂当量试验，但稀浆封层协会也推荐亚甲蓝试验。在我国的国家标准《建筑用砂》(GB/T 14684—2001)中，也没有砂当量，但有亚甲蓝试验。这两种试验方法各有什么优缺点，我国还缺乏研究。为试验工作需要，本规程按照国家标准《建筑用砂》(GB/T 14684—2001)的方法，增补了亚甲蓝试验方法。

对砂当量试验和亚甲蓝试验究竟哪个更好的问题，各有各的看法，一般认为，对较粗的细集料，适宜于采用砂当量试验，在试验时它采用的是小于4.75mm以下部分。而亚甲蓝试验更适合于较细的细集料试验，甚至于小于0.15mm的粉料试验，不适宜于有大于4.75mm以上的集料。对此两种试验方法，我国都比较陌生，需要多加实践，积累经验，以得到更好的应用。

亚甲蓝试验的目的是确定细集料、细粉、矿粉中是否存在膨胀性黏土矿物并确定其含量的整体指标。它的试验原理是向集料与水搅拌制成的悬浊液中不断加入亚甲蓝溶液，每加入一定量的亚甲蓝溶液后，亚甲蓝为细集料中的粉料所吸附，用玻璃棒蘸取少许悬浊液滴到滤纸上观察是否有游离的亚甲蓝放射出的浅蓝色色晕，判断集料对染料溶液的吸附情况。通过色晕试验，确定添加亚甲蓝染料的终点，直到该集料停止表面吸附。当出现游离的亚甲蓝（以浅蓝色色晕宽度1mm左右作为标准）时，计算亚甲蓝值 *MBV*，计算结果表示为每1 000g试样吸收的亚甲蓝的克数。

亚甲蓝试验时，由于膨胀性黏土矿物具有极大的比表面，很容易吸附亚甲蓝染料，亚甲蓝值表示用染料的单分子层覆盖其试样黏土部分的总表面积所需的染料量。亚甲蓝值与黏土含量乘以黏土比表面的乘积成正比。每种黏土的比表面表示黏土的固有特性，如下表所示。

黏土及矿物类型	蒙脱土	蛭　石	伊利石	纯高岭石	非黏土矿物质微粒
比表面（m^2/g）	800	200	40～60	5～20	1～3

因为细集料中的非黏土性矿物质颗粒的比表面相对要小得多（1～3m^2/g），且并不吸收任何可见数量的染料。因此，以亚甲蓝值表示黏土部分的特性时，没有必要从集料的残余部分中分离出这些非黏土颗粒，所以通常试验直接采用2.36mm以下部分细集料。当需要进一步检验0.15mm以下颗粒中黏土部分的含量时，可采用0.15mm以下集料进行试验。

我国国家标准GB/T 14684—2001的方法与EN 933-9:1999方法的试验步骤基本相同，但也有一些区别。在制备亚甲蓝标准液时国标要求水温加热至35～45℃，而EN标准规定不超过40℃；国标是将亚甲蓝粉末烘干后试验，取10g干试样配制标准液。而EN标准要求先测含水率，配制时考虑含水率称取试样，防止亚甲蓝在烘干时变质。我们认为这样更为合理，故按EN方法进行了修改。

在EN标准中，还有一项规定：如果试样中细粉含量不足，数次试验无法出现色晕，可再加入高岭石和一定量的亚甲蓝溶液后进行试验。高岭石和亚甲蓝的量按照以下方法确定：

向烧杯中加入30g±0.1g高岭石，在110℃±5℃的温度下烘干至恒重，加入 V'（mL）的亚甲蓝溶液，$V'=30MBV_K$ 是指30g高岭石吸附的亚甲蓝的量。高岭石亚甲蓝值（MBV_K）的确定方法如下：

（1）将高岭石在110℃±5℃温度下烘干至恒重，称取30.0g±0.1g干燥的高岭石，将其倒入烧杯中，倒入500mL洁净水。

（2）以上述相同方法搅拌成悬浊液，加入5mL标准亚甲蓝溶液，搅拌1min后进行色晕试验。重复色晕检验，若第5次时色晕消失了，以后每次添加2mL亚甲蓝溶液，仍继续每隔1min进行一次色晕检验，直至色晕试验连续5min为阳性，停止试验。

（3）记录吸附的亚甲蓝溶液体积 V'。按公式 $MBV_K=V'/30$ 计算高岭石的亚甲蓝值。但是即使已知每种高岭石的亚甲蓝值 MBV_K，也应隔一段时间重新检测一次，以验证结果的稳定性。该方法也可用来检验新的亚甲蓝溶液是否合格。

考虑到细粉含量不足时，无法出现色晕，应该就可以说明该种细集料中膨胀性黏土成分非常少，试验已经没有实用价值，所以本规程与国标一样，没有列入测试高岭石亚甲蓝值 MBV_K 的内容。

在2002年5月欧洲标准CEN 13043“沥青路面用集料标准”规定当细集料或者集料混合料（公称最大粒径小于8mm）中的细粉含量（0.063mm部分）小于3%时，可以不作进一步要求；当细集料或者集料混合料中的细粉含量为3%～10%时，需按EN 933-9通过亚甲蓝试验确定0～0.125mm中的有害物含量，通常要求 MBV_F 值不大于10%；当细集料或者集料混合料中的细粉含量（0.063mm部分）大于10%时，需要检验0.063mm以下部分是否满足矿粉的各项技术要求。

T 0350—2005　细集料压碎指标试验

1　目的与适用范围

细集料压碎指标用于衡量细集料在逐渐增加的荷载下抵抗压碎的能力，以评定其在公路工程中的适用性。

2　仪具与材料

(1)压力机:量程 50 ~ 1 000kN,示值相当误差 2%,应能保持 1kN/s 的加荷速率。

(2)天平:感量不大于 1g。

(3)标准筛。

(4)细集料压碎指标试模:由两端开口的钢制圆形试筒、加压块和底板组成,其形状和尺寸见图 T 0350-1,压头直径 75mm,金属筒试模内径 77mm,试模深 70mm。试筒内壁、加压头的底面及底板的上表面等与石料接触的表面都应进行热处理硬化,并保持光滑状态。

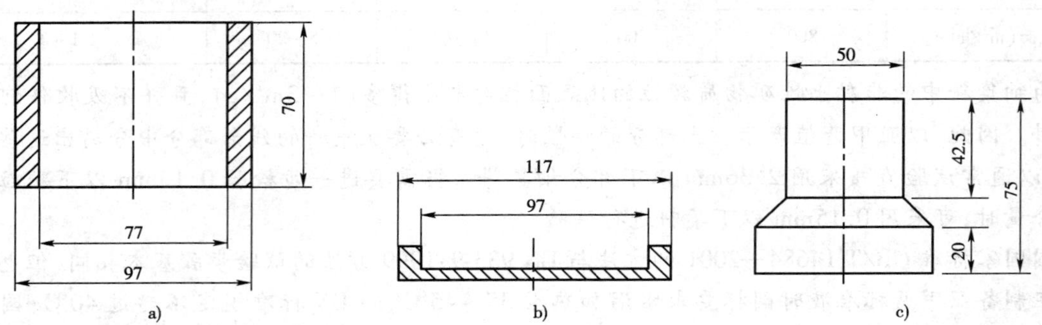

图 T 0350-1　细集料压碎指标试模(尺寸单位:mm)

a)圆筒;b)底盘;c)加压头

(5)金属捣棒:直径 10mm,长 500mm,一端加工成半球形。

3　试验准备

3.1　采用风干的细集料样品,置烘箱中于 105℃ ±5℃条件下烘干至恒重,通常不超过 4h,取出冷却至室温。后用 4.75mm、2.36mm 至 0.3mm 各档标准筛过筛,去除大于 4.75mm 部分,分成 4.75 ~ 2.36mm、2.36 ~ 1.18mm、1.18 ~ 0.6mm、0.6 ~ 0.3mm 4 组试样,各组取 1 000g 备用。

3.2　称取单粒级试样 330g,准确至 1g。将试样倒入已组装成的试样钢模中,使试样距底盘面的高度约为 50mm。整平钢模内试样表面,将加压头放入钢模内,转动 1 周,使其与试样均匀接触。

4　试验步骤

4.1　将装有试样的试模放到压力机上,注意使压头摆平,对中压板中心。

4.2　开动压力机,均匀地施加荷载,以 500N/s 的速率,加压至 25kN,稳压 5s,以同样的速率卸荷。

4.3　将试模从压力机上取下,取出试样,以该粒组的下限筛孔过筛(如对 4.75 ~ 2.36mm 以 2.36mm 标准筛过筛)。称取试样的筛余量(m_1)和通过量(m_2),准确至 1g。

5　计算

按式(T 0350-1)计算各组粒级细集料的压碎指标,精确至 1%。

$$Y_i = \frac{m_2}{m_1 + m_2} \times 100 \qquad (T\ 0350\text{-}1)$$

式中:Y_i——第 i 粒级细集料的压碎指标值(%);

m_1——试样的筛余量(g);

m_2——试样的通过量(g)。

6　报告

6.1　每组粒级的压碎指标值以 3 次试验结果的平均值表示,精确至 1%。

6.2　取最大单粒级压碎指标值作为该细集料的压碎指标值。

条文说明

在我国《水泥混凝土路面施工技术规范》中，对细集料有机制砂单粒级最大压碎指标的要求，是我国的独特指标，其方法来源于国家标准《建筑用砂》(GB/T 14684—2001)，国标方法中试验得到的是砂的压碎指标。

5 矿 粉 试 验

T 0351—2000 矿粉筛分试验(水洗法)

1 目的与适用范围

测定矿粉的颗粒级配。同时适用于测定供拌制沥青混合料用的其他填料如水泥、石灰、粉煤灰的颗粒级配。

2 仪具与材料

(1)标准筛:孔径为0.6mm、0.3mm、0.15mm、0.075mm。
(2)天平:感量不大于0.1g。
(3)烘箱:能控温在105℃ ±5℃。
(4)搪瓷盘。
(5)橡皮头研杵。

3 试验步骤

3.1 将矿粉试样放入105℃ ±5℃烘箱中烘干至恒重,冷却,称取100g,准确至0.1g。如有矿粉团粒存在,可用橡皮头研杵轻轻研磨粉碎。

3.2 将0.075mm筛装在筛底上,仔细倒入矿粉,盖上筛盖。手工轻轻筛分,至大体上筛不下去为止。存留在筛底上的小于0.075mm部分可弃去。

3.3 除去筛盖和筛底,按筛孔大小顺序套成套筛。将存留在0.075mm筛上的矿粉倒回0.6mm筛上,在自来水龙头下方接一胶管,打开自来水,用胶管的水轻轻冲洗矿粉过筛,0.075mm筛下部分任其流失,直至流出的水色清澈为止。水洗过程中,可以适当用手扰动试样,加速矿粉过筛,待上层筛冲干净后,取去0.6mm筛,接着从0.3mm筛或0.15mm筛上冲洗,但不得直接冲洗0.075mm筛。

注:①自来水的水量不可太大太急,防止损坏筛面或将矿粉冲出,水不得从两层筛之间流出,自来水宜装有防溅水龙头。当现场缺乏自来水时,也可由人工浇水冲洗。

②如直接在0.075mm筛上冲洗,将可能使筛面变形,筛孔堵塞,或者造成矿粉与筛面发生共振,不能通过筛孔。

3.4 分别将各筛上的筛余反过来用小水流仔细冲洗入各个搪瓷盘中,待筛余沉淀后,稍稍倾斜搪瓷盘,仔细除去清水,放入105℃烘箱中烘干至恒重。称取各号筛上的筛余量,准确至0.1g。

4 计算

各号筛上的筛余量除以试样总量的百分率,即为各号筛的分计筛余百分率,精确至0.1%。用100减去0.6mm、0.3mm、0.15mm、0.075mm各筛的分计筛余百分率,即为通过0.075mm筛的通过百分率,加上0.075mm筛的分计筛余百分率即为0.15mm筛的通过百分率,依次类推,计算出各号筛的通过百分率,精确至0.1%。

5 精密度或允许差

以两次平行试验结果的平均值作为试验结果。各号筛的通过率相差不得大于2%。

条文说明

本方法参照我国历来试验方法及《道路与路面用矿粉填料筛分试验方法》(ASTM D 546—94)、《用水洗法测定矿料中小于0.075mm细颗粒含量的试验方法》(ASTM C 117)及AASHTO T 37编写。矿粉筛分如果不采用水洗法,不仅散失较多,而且不可能得到正确的结果,因此统一采用水洗法。但沥青混合料抽提沥青后矿料级配筛分时,一般采用干筛,这样0.075mm通过率会偏少,试验时应对此做一些对比试验,以便对干筛结果与水洗法结果作适当的修正。

关于矿粉的性能和质量技术要求,我国研究得很少,规范规定很简单。本试验规程也仅限于《公路沥青路面施工技术规范》(JTG F40—2004)已经规定的项目,对相应的试验方法作了规定。其实,矿粉在沥青混合料中的作用很大,国外规范的技术指标要多得多。例如,2002年5月发布的欧洲共同体标准《沥青路面用集料标准》(CEN 13043)中,矿粉的技术要求除级配、含水率、密度等以外,还有很多重要的性质。例如要求按EN 933-9进行亚甲蓝试验并符合一定的要求(通常MBV_F不大于10%),还要求对矿粉使沥青混合料变硬的性质(stiffening)通过干矿粉压实孔隙率(EN 1097-4)及使沥青环球法软化点升高的差值$\Delta R\&B$进行试验(EN 13179-1)。对矿粉还要求进行水溶性(EN 1744-1:1998)、水敏感性(prEN 1744-4:2001)、碳酸钙含量(EN 196-21)、氢氧化钙含量(EN 459-2)检验,通常要求碳酸钙含量不小于90%,氢氧化钙含量不小于25%。对矿粉与沥青的黏附性,是用矿粉的"沥青数(Bitumen number)"(EN 13179-2)表示的。对矿粉还要求测定在煤油中的密度(EN 1097-3:1998),测定比表面(EN 196-6)等等,要求矿粉的比表面不大于140m^2/kg,似乎说明矿粉也未必越细越好。由于粉煤灰在许多场合可以作为矿粉使用,还要求粉煤灰测定烧失量(EN 1744-01:1998)。

对本规程未规定的试验方法,各单位使用中如有需要,可参照国外相关规程进行试验。

T 0352—2000 矿粉密度试验

1 目的与适用范围

用于检验矿粉的质量,供沥青混合料配合比设计计算使用,同时适用于测定供拌制沥青混合料用的其他填料如水泥、石灰、粉煤灰的相对密度。

2 仪具与材料

(1)李氏比重瓶:容量为250mL或300mL,如图T 0352-1所示。

(2)天平:感量不大于0.01g。

(3)烘箱:能控温在105℃±5℃。

(4)恒温水槽:能控温在20℃±0.5℃。

(5)其他:瓷皿、小牛角匙、干燥器、漏斗等。

3 试验步骤

3.1 将代表性矿粉试样置瓷皿中,在105℃烘箱中烘干至恒重(一般不少于6h),放入干燥器中冷却后,连同小牛角匙、漏斗一起准确称量(m_1),准确至0.01g,矿粉质量应不少于200g。

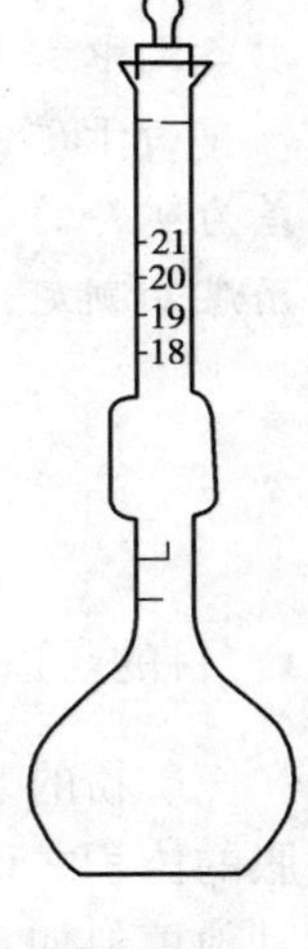

图T 0352-1 李氏比重瓶

3.2 向比重瓶中注入蒸馏水,至刻度0~1mL之间,将比重瓶放入20℃的恒温水槽中,静放至比重瓶中的水温不再变化为止(一般不少于2h),读取比重瓶中水面的刻度(V_1),准确至0.02mL。

3.3 用小牛角匙将矿粉试样通过漏斗徐徐加入比重瓶中,待比重瓶中水的液面上升至接近比重瓶的最大读数时为止,轻轻摇晃比重瓶,使瓶中的空气充分逸出。再次将比重瓶放入恒温水槽中,待温度不再变化时，读取比重瓶的读数（V_2），准确至0.02mL。整个试验过程中，比重瓶中的水温变化不得超过1℃。

3.4 准确称取牛角匙、瓷皿、漏斗及剩余矿粉的质量（m_2），准确至0.01g。

注：对亲水性矿粉应采用煤油作介质测定，方法相同。

4 计算

按式（T 0352-1）及式（T 0352-2）计算矿粉的密度和相对密度，精确至小数点后3位。

$$\rho_f = \frac{m_1 - m_2}{V_2 - V_1} \quad (T\ 0352\text{-}1)$$

$$\gamma_f = \frac{\rho_f}{\rho'_w} \quad (T\ 0352\text{-}2)$$

式中：ρ_f——矿粉的密度（g/cm^3）；

γ_f——矿粉对水的相对密度，无量纲；

m_1——牛角匙、瓷皿、漏斗及试验前瓷器中矿粉的干燥质量（g）；

m_2——牛角匙、瓷皿、漏斗及试验后瓷器中矿粉的干燥质量（g）；

V_1——加矿粉以前比重瓶的初读数（mL）；

V_2——加矿粉以后比重瓶的终读数（mL）；

ρ'_w——试验温度时水的密度，按附录B表B-1取用。

5 精密度或允许差

同一试样应平行试验两次，取平均值作为试验结果。两次试验结果的差值不得大于0.01g/cm^3。

条文说明

原《公路工程石料试验规程》（JTJ 054—94）中有两个试验方法测定密度，T 0203用比重瓶，介质用蒸馏水（与国标同）；T 0204用李氏比重瓶，介质用煤油。原条文说明中解释T 0204用煤油的原因是，石料中含有水溶性物质时用蒸馏水作介质有局限性。考虑到沥青混合料的矿粉一般为石灰石粉，日本试验方法也规定用蒸馏水，为简便起见，本方法规定统一采用蒸馏水。当然也可用煤油，方法是一样的，所以条文中加了一条注，规定对亲水性矿粉应用煤油作介质测定。

由于矿粉容易黏在瓷皿、牛角匙、漏斗等器件上，所以测定时应采用减量称重法。比重瓶中体积的差为矿粉的实际体积，故用计算得到的密度计算对水的相对密度时应除以试验温度时水的密度，即使采用煤油测定，也是除以同温度时水的密度而不是煤油的密度，请使用时注意。

T 0353—2000 矿粉亲水系数试验

1 目的与适用范围

矿粉的亲水系数即矿粉试样在水（极性介质）中膨胀的体积与同一试样在煤油（非极性介质）中膨胀的体积之比，用于评价矿粉与沥青结合料的黏附性能。本方法也适用于测定供拌制沥青混合料用的其他填料如水泥、石灰、粉煤灰的亲水系数。

2 仪具与材料

（1）量筒：50mL两个，刻度至0.5mL。

（2）研钵及有橡皮头的研杵。

(3)天平,感量不大于0.01g。

(4)煤油:在温度270℃分馏得到的煤油,并经杂黏土过滤而得到者(过滤用杂黏土应先经加热至250℃ 3h,俟其冷却后使用)。

(5)烘箱。

3 试验步骤

3.1 称取烘干至恒重的矿粉5g(准确至0.01g),将其放在研钵中,加入15~30mL蒸馏水,用橡皮研杵仔细磨5min,然后用洗瓶把研钵中的悬浮液洗入量筒中,使量筒中的液面恰为50mL。然后用玻璃棒搅和悬浮液。

3.2 同上法将另一份同样重量的矿粉,用煤油仔细研磨后将悬浮液冲洗移入另一量筒中,液面亦为50mL。

3.3 将上两量筒静置,使量筒内液体中的颗粒沉淀。

3.4 每天两次记录沉淀物的体积,直至体积不变为止。

4 计算

4.1 亲水系数按式(T 0353-1)计算。

$$\eta = \frac{V_B}{V_H} \tag{T 0353-1}$$

式中:η——亲水系数,无量纲;

V_B——水中沉淀物体积(mL);

V_H——煤油中沉淀物体积(mL)。

4.2 平行测定两次,以两次测定值的平均值作为试验结果。

条文说明

矿粉的亲水系数即矿粉试样在水(极性介质)中膨胀的体积与同一试样在煤油(非极性介质)中膨胀的体积之比。亲水系数大于1的矿粉,表示矿粉对水的亲和力大于对沥青的亲和力,亲水系数小于1的矿粉,则表示对沥青有大于水的亲和力。

T 0354—2000　矿粉塑性指数试验

1 目的与适用范围

1.1 矿粉的塑性指数是矿粉液限含水率与塑限含水率之差,以百分率表示。

1.2 矿粉的塑性指数用于评价矿粉中黏性土成分的含量。

1.3 本方法也适用于检验作为沥青混合料填料使用的粉煤灰、拌和机回收粉尘的塑性指数。

2 试验步骤

2.1 将矿粉等填料用0.6mm筛过筛,去除筛上部分。

2.2 按《公路土工试验规程》(JTJ 051)规定的方法测定塑性指数。

条文说明

热拌沥青混合料的填料大部分是通过0.075mm筛的非塑性矿物质粉末,规范要求使用石灰石粉;

为了增强沥青与酸性石料的黏结力,可以掺加一部分消石灰粉、水泥。如果矿粉中混入黏土成分,或者采用火成岩石料的磨细矿粉时,塑性指数将明显增加。塑性指数高的石粉,吸水性和吸油性较大,并由此发生膨润,将使沥青混合料的强度降低,或者在水的作用下发生剥离,导致沥青路面的损坏。因此在某些情况下,例如对回收粉尘要求进行塑性指数的检验,并要求不得大于4%。另外,粉煤灰的质量符合一定要求,也可作为填料使用,其中最基本的要求是塑性指数必须小于4%。

《公路土工试验规程》(JTJ 051)有两个试验用于测定塑性指数,一个是T 0118"液限塑限联合测定法",另一个是按T 0119用搓条法测定塑限,用T 0120干燥收缩法测定液限,计算塑性指数。工程上可根据习惯和条件采用任何一个方法进行测定。

T 0355—2000 矿粉加热安定性试验

1 目的与适用范围

1.1 矿粉的加热安定性是矿粉在热拌过程中受热而不产生变质的性能。

1.2 矿粉的加热安定性用于评价矿粉(除石灰石粉、磨细生石灰粉、水泥外)易受热变质的成分的含量。

2 仪具与材料

(1)蒸发皿或坩埚:可存放100g矿粉。

(2)加热装置:煤气炉或电炉。

(3)温度计:最小刻度为1℃。

3 试验步骤

3.1 称取矿粉100g,装入蒸发皿或坩埚中,摊开。

3.2 将盛有矿粉的蒸发皿或坩埚置于煤气炉或电炉火源上加热,将温度计插入矿粉中,一边搅拌石粉,一边测量温度,加热到200℃,关闭火源。

3.3 将矿粉在室温中放置冷却,观察石粉颜色的变化。

4 报告

报告石粉在受热后的颜色变化,判断石粉的变质情况。

条文说明

有些石粉在受热后会发生变质,从而影响矿粉的质量。尤其是火成岩石粉,在拌和过程中会发生较严重的变质,可采用此方法进行检验。

附录 A　公路工程方孔筛集料标准筛

1　目的与适用范围

规定适用于公路工程的方孔筛集料标准筛的结构形式与规格。

2　结构形式

2.1　标准筛由一系列具有规定筛孔的标准筛及筛盖和筛底组成，套筛使用时，通过橡胶圈连接密封和减振。

2.2　标准筛的结构由筛框及底板筛网或筛孔板组成，材料宜采用不锈钢，表面不得喷漆。

2.2.1　标准筛的筛框：支撑筛网的框架，尺寸如图 A-1 所示，尺寸公差应符合表 A-1 要求。

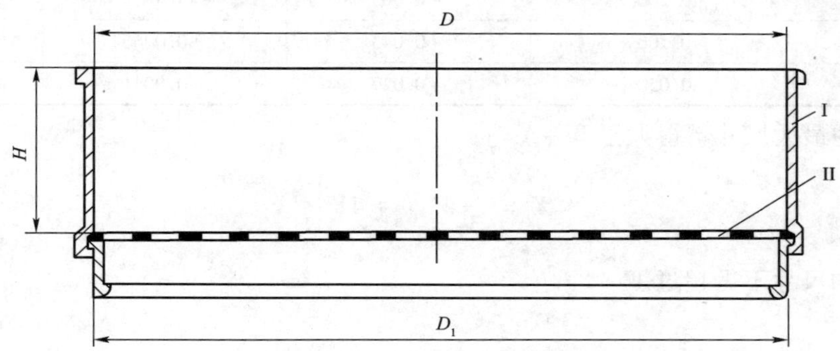

图 A-1　标准筛的筛框（I-筛框；II-筛面）

表 A-1　标准筛筛框的公差要求

直径 D 或 d（mm）			高度 H（mm）	
公称尺寸	D 的公差	d 的公差	公称尺寸	公差
200	$^{+0.8}_{-0}$	$^{-0.01}_{-0.4}$	62	±1.5

2.2.2　标准筛的底板可以为金属丝编织网或金属穿孔板，筛孔形状为正方形，筛孔位置必须按规定要求排列。

（1）筛孔 16mm 以下的标准筛可以采用金属丝编织网筛面，编织形式为平纹编织，钢丝的编织方式应该先弯曲后互相横向穿过，如图 A-2 所示。用于编织金属丝编织网的材料，可以为不锈钢（适用于所

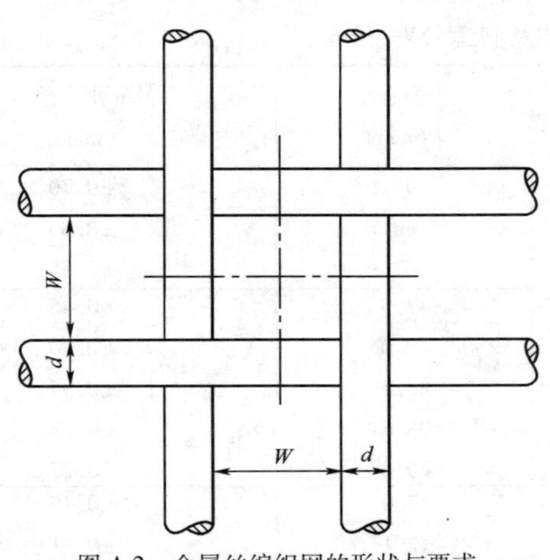

图 A-2　金属丝编织网的形状与要求

W-筛孔基本尺寸；d-金属丝直径

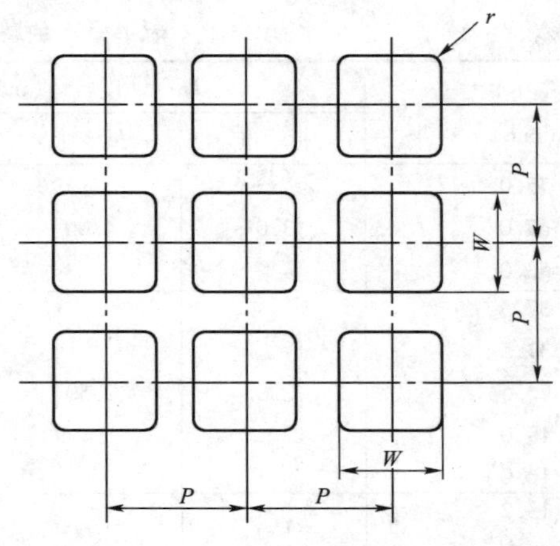

图 A-3　方孔筛金属穿孔板的式样

W-筛孔基本尺寸；P-孔中心距；r-圆角半径

有尺寸的筛网)、磷青铜(适用于0.25mm以下的筛网)、黄铜(适用于0.25~16mm筛网)。标准筛金属丝编织网的基本尺寸(孔径)为W,筛孔尺寸的极限偏差为X,平均尺寸偏差为Y,中间偏差为Z,由式(A-1)、式(A-2)、式(A-3)规定,式中W、X、Y、Z的单位均以μm计,并应符合表A-2的要求。

表A-2 金属丝编织网的尺寸及制造公差

标准筛筛孔W(mm)	金属丝直径d(mm)	公 差 (mm)		
		极限偏差X	平均尺寸偏差Y	中间偏差Z
16.0	3.15	+0.99	±0.49	+0.74
13.2	2.80	+0.86	±0.41	+0.64
9.50	2.24	+0.68	±0.30	+0.49
4.75	1.60	+0.41	±0.15	+0.28
2.36	1.00	+0.25	±0.08	+0.17
1.70	0.80	+0.20	±0.06	+0.13
1.18	0.63	+0.16	±0.04	+0.10
0.60	0.400	+0.101	±0.021	+0.061
0.30	0.200	+0.065	±0.012	+0.038
0.15	0.100	+0.043	±0.0066	+0.025
0.075	0.050	+0.029	±0.0041	+0.017

a. 任一筛孔的最大尺寸不得大于$W+X$。

$$X=\frac{2}{3}W^{0.75}+4W^{0.25} \tag{A-1}$$

b. 筛孔的平均尺寸不得超过$W+Y$。

$$Y=\frac{1}{27}W^{0.98}+1.6 \tag{A-2}$$

c. 筛孔尺寸在($W+X$)及($W+Z$)之间的筛孔数不得超过筛孔总数的6%。

$$Z=\frac{X+Y}{2} \tag{A-3}$$

当一个筛子的筛孔数少于50个时,筛孔尺寸在($W+X$)及($W+Z$)之间的筛孔数不得超过3个。

(2)筛孔4.75mm以上的标准筛可以采用金属穿孔板筛面,金属穿孔板的排列式样如图A-3所示。标准筛穿孔板的筛孔尺寸(孔径)W、板厚、孔中心距、桥宽、筛孔尺寸偏差应符合表A-3的要求。方孔圆角半径r_{max}不得超过$0.05W+0.30$mm,W是筛孔尺寸,用mm表示。

表A-3 金属穿孔板的尺寸及制造公差

孔径W(mm)	厚 度 (mm)			孔中心距P(mm)	单孔公差(mm)
	标 准	最 大	最 小		
75.0	3.0	4.00	2.50	95	±0.70
63.0				80	±0.60
53.0				67	±0.55
37.5	2.0	2.50	1.50	47.5	±0.45
31.5				40.0	±0.40
26.5				33.5	±0.35
19.0				23.6	±0.29
16.0				20.0	±0.27
13.2	1.0	2.00	1.00	17.0	±0.25
9.5				12.1	±0.21
4.75	1.00	1.25	0.8	6.6	0.14

3 标准筛的检验方法及技术要求应符合国家标准 GB 6003—85 的要求。任何不符合要求的标准筛不得使用。

4 标准筛必须附有出厂标志,注明标准规格、材质、出厂日期、制造商及商标。

条文说明

我国的标准筛历来很混乱,中华人民共和国国家标准《试验筛》(GB 6003—85)是由湖南省常德市仪器厂起草,湘西科学仪器研究所归口,中华人民共和国机械部提出,国家标准局批准于 1985 年 5 月 22 日发布,1986 年 2 月 1 日起实施的。该标准参照了 ISO 3310—1982 的金属丝编织网试验筛及金属穿孔板试验筛部分。本规程选用的方孔筛系列在 GB 6003—85 中均属 R 40/3 系列,表 A-2 及表 A-3 的尺寸也与国家标准完全相同。

由于我国方孔筛的标准施行时间较短,GB 6003—85 国家标准中的筛孔很多,为防止误用,特将其中有关筛孔的尺寸及规定列出,供方孔筛标准筛的制作和使用单位使用。关于标准筛质量检验的方法请查阅国家标准执行。

各个国家的标准筛并不统一,本标准等效于国际标准化组织 ISO/TC 24、ISO 565 通用标准及中国国家标准 GB 6003—85。2002 年 5 月欧洲共同体《沥青路面用集料标准 》(CEN 13043)规定的集料标准筛系列与我国有很大差别,如表 A-4 所示。

表 A-4 CEN 13043《沥青路面用集料标准》规定的集料标准筛系列

标准筛系列(mm)	标准筛系列附加系列 1(mm)	标准筛系列附加系列 2(mm)
0	0	0
1	1	1
2	2	2
4	4	—
—	5.6(5)	6.3(6)
8	—	8
—	8	10
—	11.2(11)	—
—	—	11.2(11)
—	—	14
16	16	16
—	—	20
—	22.4(22)	—
31.5(32)	31.5(32)	31.5(32)
—	—	40
—	45	—
63	63	63

注:在系列 2 中表面层也可采用 2.8mm。

附录 B　不同温度水的密度修正方法

1　目的与适用范围

本方法适用于测定各种集料、矿粉时对所测定的各种密度需要按水的温度计算试验时的非标准温度时的密度修正使用。试验温度的适用范围为 15 ~25℃。

2　修正方法

不同水温时水的密度 ρ_T 及水温修正系数 α_T 按表 B-1 取用。

表 B-1　不同水温时水的密度 ρ_T 及水温修正系数 α_T

水温(℃)	15	16	17	18	19	20
水的密度 ρ_T(g/cm^3)	0.999 13	0.998 97	0.998 80	0.998 62	0.998 43	0.998 22
水温修正系数 α_T	0.002	0.003	0.003	0.004	0.004	0.005
水温(℃)	21	22	23	24	25	—
水的密度 ρ_T(g/cm^3)	0.998 02	0.997 79	0.997 56	0.997 33	0.997 02	—
水温修正系数 α_T	0.005	0.006	0.006	0.007	0.007	—

条文说明

原规程中此表在许多试验方法中列出,为避免重复,现集中在本附录中,以方便使用。由于集料密度通常是在常温下先测定相对密度,根据定义,集料的密度等于相对密度乘以同温度下水的密度,或近似地减去水温修正系数得到。例如对表观密度 $\alpha_T = \gamma_a(1 - \rho_T/\rho_w)$。说明 α_T 不仅与水在不同温度下的密度 ρ_T 有关,还与集料本身的密度有关。由于不同集料的 γ_a 或 γ_s、γ_b 是不同的,所以附录 B 表 B-1 中的 α_T 只是个近似值。

JTG

中华人民共和国行业标准　　JTG E50—2006

公路工程土工合成材料试验规程

Test Methods of Geosynthetics for Highway Engineering

5

2006-06-30 发布　　2006-10-01 实施

中华人民共和国交通部发布

中华人民共和国交通部公告

2006 年第 13 号

关于公布《公路工程土工合成材料试验规程》(JTG E50—2006)的公告

现公布《公路工程土工合成材料试验规程》(JTG E50—2006),自 2006 年 10 月 1 日起施行,原《公路土工合成材料试验规程》(JTJ/T 060—98)同时废止。

该规程的管理权和解释权归交通部,日常解释和管理工作由主编单位交通部公路科学研究院负责。请各有关单位在实践中注意积累资料,总结经验,及时将发现的问题和修改意见函告交通部公路科学研究院(北京海淀区西土城路 8 号,邮政编码:100088,联系电话:010—62079598),以便修订时参考。

特此公告。

中华人民共和国交通部

二〇〇六年六月十三日

前　言

作为推荐性行业标准,《公路土工合成材料试验规程》(JTJ/T 060—98)于 1998 年 12 月 30 日发布,1999 年 2 月 1 日起实施。规程的颁布实施,对统一公路工程土工合成材料试验方法,指导和规范土工合成材料试验,起到了重要作用。

近几年来,土工合成材料发展很快,其应用领域不断扩展,应用技术不断完善,新材料不断推出,1999 年后国家技术监督局先后批准发布了 14 项土工合成材料产品和试验方法的系列国家标准。为了同国际标准、国家标准接轨,满足公路工程对土工合成材料试验的新需要,对原规程进行修订是非常必要的。2001 年底,交通部发布交公路发〔2001〕620 号文将修订《公路土工合成材料试验规程》(JTJ/T 060—98)的任务下达交通部公路科学研究院。

本次规程修订遵循了以下几个原则:

(1)在现有公路工程行业标准体系的基础上,结合相关标准的修订情况和行业的特殊要求进行修订。试验方法的选取,尽量兼顾不同材料,涵盖主要种类,避免过于繁杂。

(2)尽可能地采用先进标准,在考虑我国国情、行业特点的前提下,最大限度地实现与国际标准接轨,在基础试验方法上和国家标准保持一致。

(3)为了便于对试验方法的理解和参数指标的应用,适当增加条文说明的信息量。

本次《公路土工合成材料试验规程》修订的主要内容有:

(1)术语、符号部分:在原有功能术语的基础上,补充了产品名称术语。

(2)试件制备和数据处理部分:将原有"试件制备及数据整理"分为两节,一节为取样与试样准备,一节为试验数据整理与计算。

(3)物理性能试验部分:修改了厚度测定方法,新增了幅宽测定方法。

(4)力学性能试验部分:修改了条带拉伸试验、拉伸蠕变与拉伸蠕变断裂性能试验、直剪摩擦特性试验、梯形撕破强力试验、CBR 顶破强力试验、刺破强力试验和落锥穿透试验;新增了宽条拉伸试验、接头/接缝宽条拉伸试验和粘焊点极限剥离力试验。

(5)水力性能试验部分:修改了有效孔径试验(干筛法)、垂直渗透性能试验;新增了耐静水压试验、塑料排水带芯带压屈强度与通水量试验。

(6)耐久性能试验部分:新增了抗氧化性能试验、抗酸碱液性能试验、抗紫外线性能试验(氙灯法和荧光紫外灯法)和炭黑含量试验。

本规程由交通部公路科学研究院负责解释。希望各单位在使用中注意总结经验,及时将意见和建议函告以下单位:交通部公路科学研究院(地址:北京市海淀区西土城路 8 号,邮政编码:100088,电话:010—62079598,传真:010—62079556)或中国工程建设标准化协会公路工程委员会秘书处(地址:北京市海淀区西土城路 8 号,邮政编码:100088,电话:010—62079195,传真:010—62079195)。

修 订 单 位:交通部公路科学研究院

主要起草人:夏玲玲　牛开民　田　波　刘　英

5

目　录

1　总则 …… 1
2　术语、符号 …… 2
2.1　术语 …… 2
2.2　符号 …… 3
3　试样制备与数据处理 …… 5
T 1101—2006　取样与试样准备 …… 5
T 1102—2006　试验数据整理与计算 …… 6
4　物理性能试验 …… 8
T 1111—2006　单位面积质量测定 …… 8
T 1112—2006　厚度测定 …… 9
T 1113—2006　幅宽测定 …… 12
T 1114—2006　土工格栅、土工网网孔尺寸测定 …… 13
5　力学性能试验 …… 16
T 1121—2006　宽条拉伸试验 …… 16
T 1122—2006　接头/接缝宽条拉伸试验 …… 20
T 1123—2006　条带拉伸试验 …… 24
T 1124—2006　粘焊点极限剥离力试验 …… 27
T 1125—2006　梯形撕破强力试验 …… 28
T 1126—2006　CBR 顶破强力试验 …… 30
T 1127—2006　刺破强力试验 …… 33
T 1128—2006　落锥穿透试验 …… 34
T 1129—2006　直剪摩擦特性试验 …… 36
T 1130—2006　拉拔摩擦特性试验 …… 40
T 1131—2006　拉伸蠕变与拉伸蠕变断裂性能试验 …… 44
6　水力性能试验 …… 49
T 1141—2006　垂直渗透性能试验(恒水头法) …… 49
T 1142—2006　耐静水压试验 …… 52
T 1143—2006　塑料排水带芯带压屈强度与通水量试验 …… 54
T 1144—2006　有效孔径试验(干筛法) …… 57
T 1145—2006　淤堵试验 …… 59
7　耐久性能试验 …… 63
T 1161—2006　抗氧化性能试验 …… 63
T 1162—2006　抗酸、碱液性能试验 …… 65
T 1163—2006　抗紫外线性能试验(氙弧灯法) …… 68
T 1164—2006　抗紫外线性能试验(荧光紫外灯法) …… 72
T 1165—2006　炭黑含量试验(热失重法) …… 75

1 总 则

1.0.1 为推动土工合成材料在公路工程中的应用，规范、统一材料的试验方法，制定本规程。

1.0.2 本规程适用于公路工程所应用的各类土工合成材料的性能试验。

1.0.3 本规程使用的仪器设备，应经相应的计量部门或检测机构检定合格，并需在使用中定期校正。

1.0.4 计量单位采用国家法定的计量单位。

1.0.5 规程引用标准所包含的条文，通过在规程中引用而构成规程的条文。凡是注明日期的引用标准，其随后所有的修改单(不包括勘误的内容)或修订版均不适用于本规程；凡是不注日期的引用标准，其最新版本适用于本规程。

1.0.6 公路工程土工合成材料的性能试验，除应符合本规程外，尚应符合国家现行有关标准的规定；对本规程未作规定的试验项目，可参照国内外有关标准规定的试验方法进行，但应在试验报告中注明。

2 术语、符号

2.1 术 语

2.1.1 土工合成材料 geosynthetics

岩土工程和土木工程中应用的土工织物、土工膜、土工复合材料、土工特种材料的总称。

2.1.2 土工织物 geotextile

用于岩土工程和土木工程的机织、针织或非织造的可渗透的聚合物材料。

2.1.3 土工格栅 geogrid

由有规则的网状抗拉条带形成的用于加筋的土工合成材料。其开孔可容周围土、石或其他土工材料穿入。

2.1.4 土工网 geonet

由平行肋条经以不同角度与其上相同肋条粘结为一体的用于平面排液、排气的土工合成材料。

2.1.5 土工膜 geomembrane

由聚合物或沥青制成的一种相对不透水的薄膜。

2.1.6 土工复合材料 geocomposite

由两种或两种以上材料复合成的土工合成材料。

2.1.7 拉伸强度 tensile strength

试验中试样被拉伸直至断裂时每单位宽度的最大拉力。

2.1.8 伸长率 elongation

对应于最大拉力时的应变量,以百分率表示。

2.1.9 梯形撕破强力 tearing strength

在两夹持器内的试样呈梯形,撕破梯形试样所需的最大力。

2.1.10 刺破强力 puncturing strength

直径 8mm 的刚性顶杆以规定的速率垂直顶刺试样,直至破裂过程中测得的最大力。

2.1.11 CBR 顶破强力 CBR burst strength

圆柱形顶压杆垂直顶压试样,直至破裂过程中测得的最大顶压力。

2.1.12 压屈强度 compressive strength

塑料排水带的芯带在外力作用下抵抗压裂、倾倒破坏的能力。

2.1.13 当量孔径 equivalent opening size

用于表示网格型(如土工网、土工格栅)土工合成材料孔隙大小的指标,是将某种形状的网孔换算为等面积圆的直径。

2.1.14 穿透孔径 amount of cone penetration

规定尺寸的落锥在土工合成材料上方 500mm 高度处自由落下时,穿透土工合成材料的孔洞直径。

2.1.15 有效孔径(O_e) apparent opening size

能有效通过土工织物的近似最大颗粒直径,例如 O_{90} 表示土工织物中 90% 的孔径低于该值。

2.1.16 垂直渗透系数 coefficient of vertical permeability

水流垂直于土工织物平面,水力梯度等于 1 时的渗透流速。

2.1.17 透水率 permittivity

水位差等于 1 时垂直于土工织物平面方向的渗透流速。

2.1.18 流速指数 velocity index

试样两侧 50mm 水头差下的流速。

2.1.19 梯度比 gradient ratio

淤堵试验中，土工织物试样及其上方 25mm 土样的水力梯度与织物上方从 25mm 至 75mm 之间土样的水力梯度的比值。

2.1.20 排水带通水量 the discharge capacity of prefabricated band-shaped drains

排水带的芯带与滤膜复合体在侧压力作用下，沿排水带截面的纵向通水能力。

2.2 符 号

α_f——拉伸强度；

ε——伸长率；

S_f——接头/接缝强度；

E——接头/接缝效率；

G——单位面积质量；

δ——厚度；

w——幅宽；

D_e——当量孔径；

$f_{g(\delta)}$——摩擦比；

f——摩擦系数；

τ——剪应力；

k——垂直渗透系数；

v——流速；

θ——透水率；

Q——通水量；

O_e——有效孔径（当 e 为 90% 时，以 O_{90} 表示）；

GR——梯度比；

$\overline{X}$——平均值；

σ——标准差；

C_v——变异系数。

条文说明

术语、符号是土工合成材料的通用性标准，在文献检索、情报传递、行业间沟通中起着重要的作用，是制定其他方法标准和产品标准的依据和基础，具有普遍的指导意义。

本次修订，符号原则上与国标相应标准保持一致，并考虑了与其他行业相关标准的一致性；术语标准，修订中考虑到行业的实际需求，在原有功能术语的基础上增加了产品的名称术语。产品名称术语非等效采用了《土工布　词汇》（ISO 10318:1990）和《土工布　术语》（GB/T 13750—1992）、《土工合成材料应用技术规范》（GB 50290—98）的有关定义；同时根据新增项的内容，在功能术语中增加了压屈强度、排水带通水量和流速指数的术语定义。

土工合成材料是用于岩土工程和土木工程建设的聚合物材料的总称，对于其分类国内外尚未统一规定，国内一般分为四类，如下所示：

- 土工合成材料
  - 土工织物
    - 织造
      - 机织
      - 针织
    - 非织造
      - 针刺
      - 热粘结
      - 化学粘结
  - 土工膜
    - 聚乙烯(PE)土工膜
    - 聚氯乙烯(PVC)土工膜
    - 氯化聚乙烯(CPE)土工膜
  - 土工复合材料
    - 复合土工膜
    - 复合土工织物
    - 复合排水材料:排水带、排水管、排水防水材料等
  - 土工特种材料
    - 土工格栅、土工带、土工格室、土工网、土工模袋、土工网垫、土工织物膨润土垫(GCL)、聚苯乙烯板块(EPS)等

3 试样制备与数据处理

T 1101—2006 取样与试样准备

1 适用范围

1.1 本方法规定了卷装土工合成材料的取样方法与试样准备方法,其他类型的土工合成材料可参照执行。

1.2 本方法的基本内容为后面各项试验均应遵守的共同规定。

2 引用标准

GB 6529 纺织品的调湿和试验用标准大气

GB/T 2918 塑料试样状态调节和试验的标准环境

3 取样程序

3.1 取卷装样品

3.1.1 取样的卷装数按相关文件规定。

3.1.2 所选卷装材料应无破损,卷装呈原封不动状。

3.2 裁取样品

3.2.1 全部试验的试样应在同一样品中裁取。

3.2.2 卷装材料的头两层不应取作样品。

3.2.3 取样时应尽量避免污渍、折痕、孔洞或其他损伤部分,否则要加放足够数量。

3.3 样品的标记

3.3.1 样品上应标明下列内容:

(1)商标、生产商、供应商;

(2)型号;

(3)取样日期;

(4)要加标记表示样品的卷装长度方向。

3.3.2 当样品两面有显著差异时,在样品上加注标记,标明卷装材料的正面或反面。

3.3.3 如果暂不制备试样,应将样品保存在洁净、干燥、阴凉避光处,并且避开化学物品侵蚀和机械损伤。样品可以卷起,但不能折叠。

4 试样准备

4.1 用于每次试验的试样,应从样品长度和宽度方向上均匀地裁取,但距样品幅边至少10cm。

4.2 试样不应包含影响试验结果的任何缺陷。

4.3 对同一项试验,应避免两个以上的试样处在相同的纵向或横向位置上。

4.4 试样应沿着卷装长度和宽度方向切割,需要时标出卷装的长度方向。除试验有其他要求,样品上的标志必须标到试样上。

4.5 样品经调湿后,再制成规定尺寸的试样。

4.6 在切割结构型土工合成材料时可制定相应的切割方案。

4.7 如果制样造成材料破碎,发生损伤,可能影响试验结果,则将所有脱落的碎片和试样放到一起,用于备查。

5 调湿和状态调节

5.1 土工织物

试样应在标准大气条件下调湿 24h, 标准大气按 GB 6529 规定的三级标准:温度 20℃ ±2℃、相对湿度 65% ±5%。

5.2 塑料土工合成材料

按 GB/T 2918 标准中第 6 条规定,在温度 23℃ ±2℃的环境下, 进行状态调节,时间不少于 4h。

5.3 如果确认试样不受环境影响,则可省去调湿和状态调节的处理程序,但应在记录中注明试验时的温度和湿度。

6 试验报告

试验报告应包括以下内容:

(1)试样的制取与准备方法;

(2)试样选择、制取、准备过程中观察到的详细情况,和做同一试验时在纵向和横向位置上的取样情况;

(3)任何与取样程序规定不符的详情;

(4)制样的日期,所选卷的来源;

(5)样品的名称、规格、供应商、生产商和型号。

条文说明

取样与试样准备的不同,直接影响检测的最终结果。统一取样和试样准备的方法,是各项试验应共同遵守的基本原则,也是减少争议的必要手段,所以新增了"取样与试样准备"方法。

制定时非等效采用了《土工布的取样和试样制备》(ISO 9862:1990),并参考了国标《土工布的取样和试样准备》(GB/T 13760—1992)的有关规定。本方法中的取样方法与试样准备方法适用于所有类型的卷装土工合成材料。

T 1102—2006 试验数据整理与计算

1 适用范围

1.1 本方法规定了土工合成材料试验数据的整理和计算。

1.2 规定了算术平均值$\overline{X}$、标准差 σ 和变异系数 C_v 的计算方法。

1.3 给出了异常试验数据的取舍原则。

1.4 本方法内容适用于所有土工合成材料试验,是后面各项试验均应遵守的共同规定。

2 算术平均值

算术平均值$\overline{X}$按下式计算:

$$\overline{X} = \frac{\sum_{i=1}^{n} X_i}{n} \tag{T 1102-1}$$

式中:n——试样个数;

X_i——第 i 块试样的试验值;

$\overline{X}$——n 块试样值的算术平均值。

3 标准差

标准差 σ 按下式计算：

$$\sigma = \sqrt{\sum_{i=1}^{n}(X_i - \overline{X})^2/(n-1)} \qquad (T\ 1102\text{-}2)$$

式中符号意义同式(T 1102-1)。

4 变异系数

变异系数 C_v 按下式计算：

$$C_v = \frac{\sigma}{\overline{X}} \times 100\% \qquad (T\ 1102\text{-}3)$$

式中符号意义同式(T 1102-1)、式(T 1102-2)。

5 试验数据的取舍

试验异常数据的取舍，应按各章节的具体规定进行。如没有明确规定，可按 K 倍标准差作为取舍标准，即舍去那些在 $\overline{X} \pm K\sigma$ 范围以外的测定值。试件数量不同，K 值不同。K 值按表 T 1102-1 选用。

表 T 1102-1 统计量的临界值

试件数量	3	4	5	6	7	8	9	10	11	12	13	14
K	1.15	1.46	1.67	1.82	1.94	2.03	2.11	2.18	2.23	2.28	2.33	2.37

条文说明

本方法未做修订，只是在条文的编排和文字内容上进行了编辑性修改，是后面各项试验均应遵守的共同规定。

4 物理性能试验

T 1111—2006 单位面积质量测定

1 适用范围

1.1 本方法规定了土工合成材料单位面积质量的测定方法。

1.2 本方法适用于土工织物、土工格栅，其他类型的土工合成材料可参照执行。

2 引用标准

GB 8170 数值修约规则

3 定义

单位面积质量：单位面积的试样，在标准大气条件下的质量。

4 仪器设备及材料

4.1 剪刀或切刀。

4.2 称量天平（感量为 0.01g）。

4.3 钢尺（刻度至毫米，精度为 0.5mm）。

5 试验步骤

5.1 取样：按本规程 T 1101—2006 的有关规定取样。

5.2 试样调湿和状态调节：按本规程 T 1101—2006 中的第 5 条规定进行。

5.3 试样制备

5.3.1 土工织物：除符合本规程 T 1101—2006 的有关规定外，用切刀或剪刀裁取面积为 10 000mm^2 的试样 10 块，剪裁和测量精度为 1mm。

5.3.2 对于土工格栅、土工网这类孔径较大的材料，除符合本规程 T 1101—2006 的有关规定外，试样尺寸应能代表该种材料的全部结构。可放大试样尺寸，剪裁时应从肋间对称剪取，剪裁后应测量试样的实际面积。

5.4 称量

将裁剪好的试样按编号顺序逐一在天平上称量，读数精确到 0.01g。

6 结果计算

6.1 按下式计算每块试样的单位面积质量，按 GB 8170 修约，保留小数一位：

$$G = \frac{m \times 10^6}{A} \qquad (T\ 1111\text{-}1)$$

式中：G——试样单位面积质量（g/m^2）；

m——试样质量（g）；

A——试样面积（mm^2）。

6.2 计算10块试样单位面积质量的平均值$\overline{G}$,精确到0.1g/m^2;同时计算出标准差σ和变异系数C_v。

平均值$\overline{G}$、标准差σ和变异系数C_v按本规程T 1102—2006的规定计算。

7 试验报告

试验报告应包括以下内容:

(1)试样名称、规格;

(2)试验结果;

(3)试验用大气条件;

(4)试验日期;

(5)试验中规定应注明的情况;

(6)任何偏离规定程序的详细说明。

条文说明

单位面积质量是土工合成材料物理性能指标之一,反映产品的原材料用量,以及生产的均匀性和质量的稳定性,与产品性能密切相关。目前国内外测定单位面积质量的标准有:《土工布　单位面积质量的测定》(ISO 9864:1990)、欧洲标准《土工布及其有关产品　单位面积质量的测定》(EN 965)、法国标准《土工布试验　单位面积质量的测定》(NF G38-013—1989)、《土工布单位面积质量的测定方法》(GB/T 13762—1992)。这些标准均采用称重法,主要参数见表T 1111-1。本方法参数与上述标准基本一致。

表T 1111-1　参数对照表

标准编号	试样面积(mm^2)	试样数量
ISO 9864:1990	10 000 (100×100)	10
EN 965	10 000 (100×100)	10
NF G38-013—1989	10 000	10
GB/T 13762—1992	10 000	10

考虑到土工格栅、土工网这类孔径较大的土工合成材料,定死的面积不一定能代表材料的全部结构,所以特别规定对该类材料允许放大试样尺寸,以能代表材料结构为准;剪裁时应从肋间对称剪取并计算试样的实际面积。

T 1112—2006　厚度测定

一、土工织物厚度测定

1 适用范围

1.1 本方法规定了在一定压力下测定土工织物和相关产品厚度的试验方法。

1.2 本方法适用于土工织物及复合土工织物。

2 引用标准

GB 8170　数值修约规则

3 定义

3.1 厚度:土工织物在承受规定的压力下,正反两面之间的距离。

3.2 常规厚度:在2kPa压力下测得的试样厚度。

4 仪器设备及材料

4.1 基准板:面积应大于2倍的压块面积。

4.2 压块:圆形,表面光滑,面积为25cm^2,重为5N、50N、500N不等;其中常规厚度的压块为5N,对试样施加2kPa±0.01kPa的压力。

4.3 百分表:最小分度值0.01mm。

4.4 秒表:最小分度值0.1s。

5 试验步骤

5.1 取样:按本规程T 1101—2006的有关规定取样。

5.2 试样调湿和状态调节:按本规程T 1101—2006中的第5条规定进行。

5.3 试样制备:除符合本规程T 1101—2006的有关规定外,裁取有代表性的试样10块,试样尺寸应不小于基准板的面积。

5.4 测定2kPa压力下的常规厚度。

5.4.1 擦净基准板和5N的压块,压块放在基准板上,调整百分表零点。

5.4.2 提起5N的压块,将试样自然平放在基准板与压块之间,轻轻放下压块,使试样受到的压力为2kPa±0.01kPa,放下测量装置的百分表触头,接触后开始记时,30s时读数,精确至0.01mm。

5.4.3 重复上述步骤,完成10块试样的测试。

5.5 根据需要选用不同的压块,使压力为20kPa±0.1kPa,重复5.4规定的程序,测定20kPa±0.1kPa压力下的试样厚度。

5.6 根据需要选用不同的压块,使压力为200kPa±1kPa,重复5.4规定的程序,测定200kPa±1kPa压力下的试样厚度。

6 试验结果

6.1 计算在同一压力下所测定的10块试样厚度的算术平均值$\bar{\delta}$,以毫米为单位,计算到小数点后三位,按GB 8170修约到小数点后两位。

6.2 如果需要,同时计算出标准差σ和变异系数C_v。标准差σ和变异系数C_v按本规程T 1102—2006的规定计算。

7 试验报告

试验报告应包括以下内容:

(1)试样名称、规格;

(2)本次试验所采用的压力、压脚尺寸;

(3)试验结果;

(4)试验用大气条件;

(5)试验日期、试验人员;

(6)试验中规定应说明的情况;

(7)任何偏离规定程序的详细说明。

二、土工膜厚度测定

1 适用范围

1.1 本方法规定了用机械测量法测定土工薄膜、薄片厚度的试验方法。

1.2 本方法适用于没有压花和波纹的土工薄膜、薄片。

2 引用标准

GB 8170 数值修约规则

3 仪器设备及材料

3.1 基准板:表面应平整光滑,并有足够的面积。

3.2 千分表:最小分度值0.001mm。

4 试验步骤

4.1 取样:除符合本规程T 1101—2006的有关规定外,沿样品的纵向距端部大约1m的位置横向截取试样,试样条宽100mm,无折痕和其他缺陷。

4.2 试样调湿和状态调节:按本规程T 1101—2006中的第5条规定进行。

4.3 基准板、试样和千分表表头应无灰尘、油污。

4.4 测量前将千分表放置在基准板上校准表读值基准点,测量后重新检查基准点是否变动。

4.5 测量厚度时,要轻轻放下表测头,待指针稳定后读值。

4.6 当土工膜(片)宽大于2 000mm时,每200mm测量一点;膜(片)宽在300~2 000mm时,以大致相等间距测量10点;膜(片)宽在100~300mm时,每50mm测量一点;膜(片)宽小于100mm时,至少测量3点。对于未裁毛边的样品,应在离边缘50mm以外进行测量。

5 试验结果

5.1 试验结果以试样的平均厚度和厚度的最大值、最小值表示,计算到小数点后4位,按GB 8170修约到小数点后3位,准确至0.001mm。

5.2 如果需要,按本规程T 1102—2006的规定计算平均厚度的标准偏差σ和变异系数C_v。

6 试验报告

试验报告应包括以下内容:

(1)试样名称、规格;

(2)样条的数量;

(3)试验结果;

(4)试验用大气条件;

(5)试验日期、试验人员;

(6)任何偏离规定程序的详细说明。

条文说明

(1)土工织物厚度是指土工织物在承受一定压力时,正反两面之间的距离。产品的厚度对其力学性能和水力性能都有很大影响。目前国内外测定土工织物及其有关产品厚度的标准有:《土工布 在固定压力下厚度的测定方法》(ISO 9863:1990)、法国标准《土工布试验 厚度的测定》(NF G38-012—1989)、《土工布厚度的测定方法》(GB/T 13761—1992),标准的参数基本一致,见表T 1112-1。本次修订参照GB /T 13761—1992进行。

表T 1112-1 参数对照表

标准编号	压脚面积(mm^2)	压力(kPa)	加压时间(s)	试件数量
ISO 9863:1990	≥2 500	2/20/200	30	10
NF G38-012—1989	2 500	2/20/200	60	10
GB /T 13761—1992	2 500	2/20/200	30	10

本方法适用于测定土工织物的厚度和复合土工织物的总厚度。对于复合产品中各层厚度的测定应

按照《土工布　多层产品中单层厚度的测定方法》(GB /T 17598—1998)中的规定进行。

(2)土工膜厚度的测定是采用机械测量方法测定土工薄膜和薄片厚度,方法参照国际标准《塑料—薄膜和薄片—用机械法测定厚度》(ISO 4593:1993)和国标《塑料薄膜和薄片厚度的测定　机械测量法》(GB 6672—86)的有关技术内容。考虑到机械测厚方法,使用千分表简便易行且测值准确,所以不再将光学法和电子法纳入本规程。

T 1113—2006　幅宽测定

1　适用范围

1.1　本方法规定了土工合成材料幅宽的测定方法。

1.2　本方法适用于土工织物,其他类型的土工合成材料可参照执行。

2　引用标准

GB 8170　数值修约规则

3　定义

幅宽:整幅样品经调湿,除去张力后,与长度方向垂直的整幅宽度为幅宽。

4　仪器设备及材料

4.1　钢尺:分度值为 1mm,长度大于试样的宽度。

4.2　测定桌。

5　试验步骤

5.1　取样及试样准备:按本规程 T 1101—2006 的规定取样。

5.2　长度超过 5m 的样品

5.2.1　消除张力和临时标记

先将样品端头 1 ~ 2m 在测定桌上放平,除去张力,在离端头约 1m 处作第一对临时标记;然后轻拉样品至中段在测定桌上放平,除去张力,作第二对临时标记;再拉样品到最后的 1 ~ 2m,在测定桌上放平,除去张力,作第三对临时标记。

5.2.2　调湿

样品除去张力后,将其充分暴露在标准大气中调湿。调湿,按本规程 T 1101—2006 中的第 5 条规定进行,时间至少 24h,直到连续测量 3 对临时标记处幅宽的差异小于每个标记处幅宽的 0.25% 为止。

5.2.3　测量

将样品的临时标记抹去,放在测定桌上,以大致相等的间距(不超过 10m)测量样品的幅宽至少 5 处,测点离样品头尾端至少 1m,测量精确到 1mm。

5.3　长度小于 5m 的样品

将样品平放在测定桌上,除去张力,以大致相等的间距标出至少 4 个标记,但第一个和最后一个标记不应标在距样品两端小于样品长度五分之一处。测量每一标记处的幅宽,测量精确到 1mm。

6　试验结果

6.1　对长度超过 5m 的样品,用 5.2 测得的幅宽值计算算术平均值$\overline{w}$。

6.2　对长度小于 5m 的样品,用 5.3 测得的幅宽值计算算术平均值$\overline{w}$。

6.3　计算精确度

计算精确到 1mm。按表 T 1113-1 所列,分档按 GB 8170 规定进行修约。

表 T 1113-1　修　约　表

幅宽(mm)	100 ~ 500	500 ~ 1 000	1 000 以上
精确度(mm)	1	5	10

6.4　如需要，按本规程 T 1102—2006 的规定计算标准差 σ 和变异系数 C_v。

7　试验报告

试验报告应包括以下内容：

(1)样品名称、规格；

(2)试验日期；

(3)样品幅宽；

(4)样品最大和最小幅宽；

(5)测定的方法；

(6)任何偏离规定程序的详细说明。

条文说明

幅宽是土工合成材料规格中重要的指标之一，直接影响到产品的有效使用面积，为本次修订的新增项。目前土工合成材料尚没有统一专用的幅宽测定方法，土工织物幅宽的测定通常采用纺织品幅宽的测试方法《机织物幅宽的测定》(GB /T 4667—1995)，土工塑料膜材和片材则采用《塑料薄膜与薄片长度和宽度的测定》(GB /T 6673—2001)的方法。本方法是参照《机织物幅宽的测定》(GB /T 4667—1995)制定的，适用于大多数土工合成材料。

T 1114—2006　土工格栅、土工网网孔尺寸测定

1　适用范围

1.1　本方法规定了土工格栅、土工网网孔尺寸的测定方法。

1.2　本方法适用于各类孔径较大的土工格栅、土工网，其他相同类型的土工合成材料可参照执行。

2　引用标准

GB 8170　数值修约规则

3　定义

当量孔径：土工格栅、土工网等大孔径的土工合成材料，其网孔尺寸是通过换算折合成与其面积相当的圆形孔的孔径来表示的，称为当量孔径。

4　仪器设备及材料

4.1　游标卡尺：量程 200mm，精度 0.02mm。

4.2　其他：坐标纸、铅笔、求积仪。

5　试验步骤

5.1　取样：按本规程 T 1101—2006 的规定取样。

5.2　试样调湿和状态调节：按本规程 T 1101—2006 中的第 5 条规定进行。

5.3　试样制备：除符合本规程 T 1101—2006 的规定外，每块试样应至少包括 10 个完整的有代表性的网孔。

5.4 测试方法

5.4.1 对较规则网孔的试样(图 T 1114-1),当网孔为矩形或偶数多边形时,测量相互平行的两边之间的距离;当网孔为三角形或奇数多边形时,测量顶点与对边的垂直距离。同一测点平行测定两次,两次测定误差应小于5%,取均值;每个网孔至少测3个测点,读数精确到0.1mm,取均值。

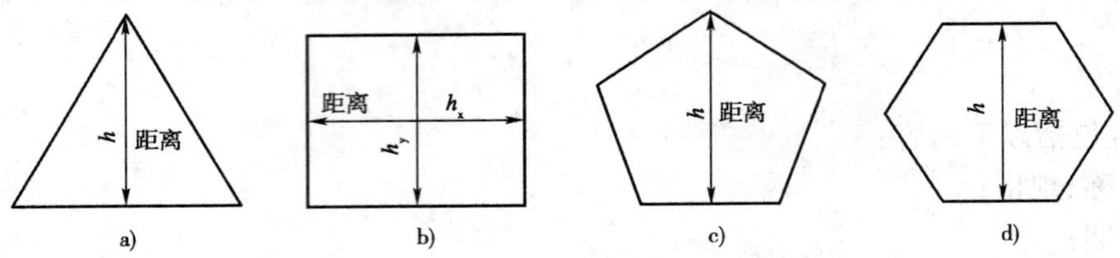

图 T 1114-1 土工格栅、土工网网孔尺寸测试示意图

5.4.2 对于孔边呈弧线或不规则网孔的试样,检测时应将试样平整地放在坐标纸上固定好,用削尖的铅笔紧贴网孔内壁将网孔完整地描画在坐标纸上,用同一坐标纸一次描出所有的应测孔,每个网孔测描两次。

6 结果计算

6.1 计算网孔面积。

6.1.1 对较规则网孔,按下列公式计算网孔面积:

三角形网孔 $A=0.5774h^2$

矩形网孔 $A=h_x h_y$

五边形网孔 $A=0.7265h^2$

六边形网孔 $A=0.8860h^2$

以上式中:A——网孔面积(mm^2);

h——网孔高度(mm)。

6.1.2 对不规则网孔,用求积仪测出坐标纸上每个网孔两次测描的面积,两次测量值误差应小于3%,取均值。

6.2 按下式计算网孔的当量孔径,计算精确到0.1mm:

$$D_e=2\times\sqrt{A/\pi} \quad (T\ 1114\text{-}1)$$

按本规程 T 1102—2006 的规定计算 10 个网孔当量孔径的平均值$\overline{D}_e$,按 GB 8170 规定修约,精确到1mm。

标准差σ和变异系数C_v按本规程 T 1102—2006 的规定计算。

7 试验报告

试验报告应包括以下内容:

(1)试样名称、规格;

(2)本次试验所采用的试验方法;

(3)试验结果;

(4)试验用大气条件;

(5)试验日期;

(6)试验中规定应说明的情况;

(7)任何偏离规定程序的详细说明。

条文说明

本方法未做修订,只是在条文的编排上有所变动。在一些工程中,有时需要确定土工格栅、土工网等大孔径网材的平均孔径，由于这些材料孔径较大而且往往不规则，无法用常规的筛分法或显微镜测量，本方法是针对这类材料制定的。

用卡尺测量时，应注意卡角紧贴孔边但不能使孔边受力变形；用铅笔描画时，也要求如此。在测量和描画时，可从上到下或从左到右依次测量，以免重复。当土工网材网孔形状不在规程所列范围内时，可自己推导面积公式或用求积仪直接测量面积。

5 力学性能试验

T 1121—2006 宽条拉伸试验

1 适用范围

1.1 本方法规定了用宽条试样测定土工织物及其有关产品拉伸性能的试验方法。

1.2 本方法适用于大多数土工合成材料,包括土工织物及复合土工织物,也适用于土工格栅。

1.3 本方法包括测定调湿和浸湿两种试样拉伸性能的程序,包括单位宽度的最大负荷和最大负荷下的伸长率以及特定伸长率下的拉伸力的测定。

2 引用标准

GB/T 6682 分析实验室用水规格和试验方法

3 定义

3.1 名义夹持长度

3.1.1 用伸长计测量时,名义夹持长度:在试样的受力方向上,标记的两个参考点间的初始距离,一般为60mm(两边距试样对称中心为30mm),记为L_0。

3.1.2 用夹具的位移测量时,名义夹持长度:初始夹具间距,一般为100mm,记为L_0。

3.2 隔距长度:试验机上下两夹持器之间的距离,当用夹具的位移测量时,隔距长度即为名义夹持长度。

3.3 预负荷伸长:在相当于最大负荷1%的外加负荷下,所测的夹持长度的增加值,以mm表示(见图T 1121-1中的L'_0)。

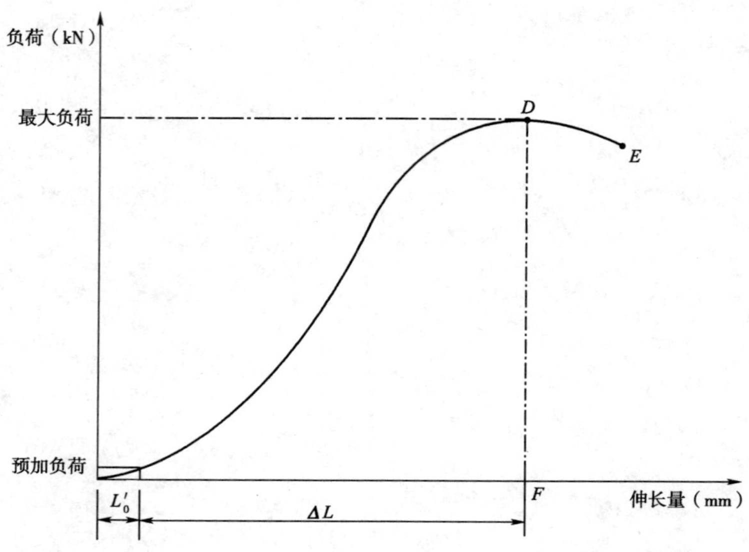

图T 1121-1 松式夹持试样的负荷-伸长曲线图

3.4 实际夹持长度:名义夹持长度加上预负荷伸长(预加张力夹持时)。

3.5 最大负荷:试验中所得到的最大拉伸力,以 kN 表示(见图 T 1121-1 中的 D 点)。

3.6 伸长率:试验中试样实际夹持长度的增加与实际夹持长度的比值,以% 表示。

3.7 最大负荷下伸长率:在最大负荷下试样所显示的伸长率,以% 表示。

3.8 特定伸长率下的拉伸力:试样被拉伸至某一特定伸长率时每单位宽度的拉伸力,以 kN/m 表示。

3.9 拉伸强度:试验中试样拉伸直至断裂时每单位宽度的最大拉力,以 kN/m 表示。

4 仪器设备及材料

4.1 拉伸试验机:具有等速拉伸功能,拉伸速率可以设定,并能测读拉伸过程中试样的拉力和伸长量,记录拉力-伸长曲线。

4.2 夹具:钳口表面应有足够宽度,至少应与试样 200mm 同宽,以保证能够夹持试样的全宽,并采用适当措施避免试样滑移和损伤。

注:对大多数材料宜使用压缩式夹具,但对那些使用压缩式夹具出现过多钳口断裂或滑移的材料,可采用绞盘式夹具。

4.3 伸长计:能够测量试样上两个标记点之间的距离,对试样无任何损伤和滑移,能反映标记点的真实动程。伸长计包括力学、光学或电子形式的。伸长计的精度应不超过 ±1mm。

4.4 蒸馏水:仅用于浸湿试样,见 GB/T 6682。

4.5 非离子润湿剂:仅用于浸湿试样。

5 试样制备

5.1 取样:按本规程 T 1101—2006 的规定取样。

5.2 试样数量:纵向和横向各剪取至少 5 块试样。

5.3 试样尺寸

5.3.1 无纺类土工织物试样宽为 200mm ±1mm(不包括边缘),并有足够的长度以保证夹具间距 100mm;为控制滑移,可沿试样的整个宽度与试样长度方向垂直地画两条间隔 100mm 的标记线(不包含绞盘夹具)。

5.3.2 对于机织类土工织物,将试样剪切约 220mm 宽,然后从试样的两边拆去数目大致相等的边线以得到 200mm ±1mm 的名义试样宽度,这有助于保持试验中试样的完整性。

注:当试样的完整性不受影响时,则可直接剪切至最终宽度。

5.3.3 对于土工格栅,每个试样至少为 200mm 宽,并具有足够长度。试样的夹持线在节点处,除被夹钳夹持住的节点或交叉组织外,还应包含至少 1 排节点或交叉组织;对于横向节距大于或等于 75mm 的产品,其宽度方向上应包含至少两个完整的抗拉单元。

如使用伸长计,标记点应标在试样的中排抗拉肋条的中心线上,两个标记点之间应至少间隔 60mm,并至少含有 1 个节点或 1 个交叉组织。

5.3.4 对于针织、复合土工织物或其他织物,用刀或剪子切取试样可能会影响织物结构,此时允许采用热切,但应在试验报告中说明。

5.3.5 当需要测定湿态最大负荷和干态最大负荷时,剪取试样长度至少为通常要求的两倍。将每个试样编号后对折剪切成两块,一块用于测定干态最大负荷,另一块用于测定湿态最大负荷,这样使得每一对拉伸试验是在含有同样纱线的试样上进行的。

5.4 试样调湿和状态调节

5.4.1 土工织物

干态试验所用试样的调湿,按本规程 T 1101—2006 中的第 5.1 条规定进行。

湿态试验所用试样应浸入温度为 20℃ ±2℃ 的蒸馏水中,浸润时间应足以使试样完全润湿或者至少 24h。为使试样完全湿润,也可以在水中加入不超过 0.05% 的非离子型润湿剂。

5.4.2 塑料土工格栅

塑料土工格栅试样状态调节按本规程 T 1101—2006 中的第 5.2 条规定进行。

5.4.3 如确认试样不受环境影响,则可不进行调湿和状态调节,但应在报告中注明试验时的温度和湿度。

6 试验步骤

6.1 拉伸试验机的设定

土工织物,试验前将两夹具间的隔距调至100mm±3mm;土工格栅按本方法5.3.3规定进行。选择试验机的负荷量程,使断裂强力在满量程负荷的30%~90%之间。设定试验机的拉伸速度,使试样的拉伸速率为名义夹持长度的(20%±1%)/min。

如使用绞盘夹具,在试验前应使绞盘中心间距保持最小,并且在试验报告中注明使用了绞盘夹具。

6.2 夹持试样

将试样在夹具中对中夹持,注意纵向和横向的试样长度应与拉伸力的方向平行。合适的方法是将预先画好的横贯试件宽度的两条标记线尽可能地与上下钳口的边缘重合。对湿态试样,从水中取出后3min内进行试验。

6.3 试样预张

对已夹持好的试件进行预张,预张力相当于最大负荷的1%,记录因预张试样产生的夹持长度的增加值L'_0。

6.4 使用伸长计时

在试样上相距60mm处分别设定标记点(分别距试样中心30mm),并安装伸长计,注意不能对试样有任何损伤,并确保试验中标记点无滑移。

6.5 测定拉伸性能

开动试验机连续加荷直至试样断裂,停机并恢复至初始标距位置。记录最大负荷,精确至满量程的0.2%;记录最大负荷下的伸长量ΔL,精确到小数点后一位。

如试样在距钳口5mm范围内断裂,结果应予剔除;纵横向每个方向至少试验5块有效试样。如试样在夹具中滑移,或者多于1/4的试样在钳口附近5mm范围内断裂,可采取下列措施:

(1)夹具内加衬垫;

(2)对夹在钳口内的试样加以涂层;

(3)改进夹具钳口表面。

无论采用了何种措施,都应在试验报告中注明。

6.6 测定特定伸长率下的拉伸力

使用合适的记录测量装置测定在任一特定伸长率下的拉伸力,精确至满量程的0.2%。

7 结果计算

7.1 拉伸强度

使用公式(T 1121-1)计算每个试样的拉伸强度:

$$\alpha_f = F_f C \qquad (T\ 1121\text{-}1)$$

式中:α_f——拉伸强度(kN/m);

F_f——最大负荷(kN);

C——由式(T 1121-2)或式(T 1121-3)求出;

对于非织造品、高密织物或其他类似材料:

$$C = 1/B \qquad (T\ 1121\text{-}2)$$

B——试样的名义宽度(m);

对于稀松机织土工织物、土工网、土工格栅或其他类似的松散结构材料:

$$C = N_m/N_s \qquad (T\ 1121\text{-}3)$$

N_m——试样1m宽度内的拉伸单元数;

N_s——试样内的拉伸单元数。

7.2 最大负荷下的伸长率(见图 T 1121-1)

使用公式(T 1121-4)计算每个试样的伸长率:

$$\varepsilon = \frac{\Delta L}{L_0 + L'_0} \times 100 \quad \text{(T 1121-4)}$$

式中:ε——伸长率(%);

L_0——名义夹持长度(使用夹具时为 100mm,使用伸长计时为 60mm);

L'_0——预负荷伸长量(mm);

ΔL——最大负荷下的伸长量(mm)。

7.3 特定伸长率下的拉伸力

计算每个试样在特定伸长率下的拉伸力,用公式(T 1121-5)计算,用 kN/m 表示。

例如,伸长率 2% 时的拉伸力:

$$F_{2\%} = f_{2\%} C \quad \text{(T 1121-5)}$$

式中:$F_{2\%}$——对应 2% 伸长率时每延米拉伸力(kN/m);

$f_{2\%}$——对应 2% 伸长率时试样的测定负荷(kN);

C——由式(T 1121-2)或式(T 1121-3)中求出。

7.4 平均值和变异系数

7.4.1 按本规程 T 1102—2006 的规定分别对纵向和横向两组试样的拉伸强度、最大负荷下伸长率及特定伸长率下的拉伸力计算平均值和变异系数,拉伸强度和特定伸长率下的拉伸力精确至 3 位有效数字,最大负荷下伸长率精确至 0.1%,变异系数精确至0.1%。

7.4.2 每组有效试样为 5 块。

8 试验报告

试验报告应包括以下内容:

(1)试样名称、规格;

(2)试样状态,湿样或干样;

(3)每个方向的试样数量;

(4)纵向和横向的拉伸强度;

(5)纵向和横向最大负荷下的伸长率;

(6)如果需要,分别计算出与 2%、5% 和 10% 的伸长率相对应的拉伸力;

(7)测定值的标准偏差或变异系数;

(8)试验机的型号;

(9)夹具型式,包括夹具尺寸、钳口表面型式、变形测量系统和初始夹具隔距;

(10)如果需要,给出典型的负荷-伸长曲线;

(11)任何偏离规定程序的详细说明。

条文说明

土工合成材料的拉伸强度和最大负荷下伸长率是各项工程设计中最基本的技术指标,拉伸性能的好坏,可以通过拉伸试验进行测试。

测定土工织物拉伸性能的试验方法有宽条法和窄条法。由于窄条试样在拉伸的过程中会产生明显的横向收缩(颈缩),使测得的拉伸强度和伸长率不能真实反映样品的实际情况;而采用宽条试样和较慢的拉伸速率,可以有效地降低横向收缩,使试验结果更加符合实际情况,所以国际标准和国外先进国家的相关标准以及国标土工织物拉伸均采用宽条法(见表 T 1121-1)。大量试验数据表明,50mm 窄条样法和200mm宽条样法试验结果没有可比性,不存在相关关系,所以不能用折算的方法将窄条试验的结果折算为宽条试验的结果。

测定土工格栅拉伸性能的试验方法,目前国内标准有《土工合成材料　塑料土工格栅》(GB/T 17689—1999)和《玻璃纤维土工格栅》(JC 839.1—1998),这两种方法都是采用单筋拉伸;而国际标准《土工布　宽条拉伸试验》(ISO 10319:1996)和新修订的国标《土工布及其有关产品　宽条拉伸试验》(GB/T 15788)包括土工格栅,采用的是宽条法。

本次修订,新增的宽条拉伸试验方法,非等效采用了ISO 10319:1996(宽条样法),对于土工织物不再保留窄条法,对土工格栅增加了宽条法。与国标GB /T 15788—1995相比,主要不同点是:

(1)明确了"宽条拉伸试验方法"适用于土工织物、土工格栅拉伸性能试验,但不适用于土工膜,土工膜应采用《塑料拉伸性能试验方法》(GB /T 1040—1992)。

表T 1121-1　土工合成材料宽条拉伸试验国内外标准及主要参数

标准编号	试样宽度(宽条)(mm)	隔距长度(mm)	拉伸速率(mm/min)
国际标准 ISO 10319:1996	200	100 ±3	(20% ±5%)/min
美国　ASTM D4595—1986	200	100 ±3	10 ±3
英国　BS 6906.1—1987	200	100 ±3	10 ±3
法国　NF G38-012—1989	≥500	≥100	50 ±5
国标　GB/T 15788—1995	200	100 ±3	20 ±5

(2)给出了伸长率的定义及计算公式,增加了名义夹持长度、实际夹持长度、预负荷伸长和隔距长度的术语定义。

(3)操作步骤中,明确规定了对夹持样品的预张,预张力为最大负荷的1%;拉伸速率由20mm/min改为名义夹持长度的(20% ±1%)/min。

(4)结果计算不再涉及割线模量,但给出了特定伸长率下拉伸力的计算公式。

(5)在实际操作中,如施加预张力夹持试样较为烦琐,而拉伸试验机又具有绘制应力-应变曲线的功能,也可采用松式法夹持试样,但在计算伸长率时要把预负荷伸长考虑进去。

T 1122—2006　接头/接缝宽条拉伸试验

1　适用范围

1.1　本方法规定了用宽条样测定土工合成材料接头和接缝拉伸性能的试验方法。方法包括测定调湿和浸湿两种试样拉伸性能的程序。

1.2　本方法适用于大多数土工合成材料,包括土工织物、土工复合材料,也适用于土工格栅,但试样尺寸要作适当改变。

2　引用标准

GB/T 6682　分析实验室用水规格和试验方法

3　定义

3.1　接缝

两块或多块土工合成材料缝合起来的连续缝迹。

3.2　接头

两块或多块分开的土工合成材料,由除缝合外的其他方法接合起来的联结处。

3.3　接头/接缝强度

由缝合或接合两块或多块土工合成材料所形成的联结处的最大抗拉力,以 kN/m 为单位。

3.4　接头/接缝效率

接头/接缝强度与在同方向上所测定的土工合成材料的强度之比,以%表示。

4　仪器设备及材料

4.1　拉伸试验机:具有等速拉伸功能,拉伸速率可以设定,并能测读拉伸过程中试样的拉力和伸长量,记录拉力-伸长曲线。

4.2　夹具:钳口应有足够宽度,至少应与试样同宽(200mm),以保证能够夹持试样的全宽,并采用适当措施避免试样滑移和损伤。

4.3　蒸馏水:符合 GB/T 6682 的要求。

4.4　非离子润湿剂。

5　试样制备

5.1　取样:按本规程 T 1101—2006 的规定取样。

5.2　试样数量:剪取含接头/接缝试样至少 5 块,每块试样应含有一个接缝或接头,如需要湿态试验,另增加 5 块试样。

5.3　制样:如样品无接缝或接头,需要制备接缝或接头时,应根据施工实际中接头/接缝的形式和有关方面的协议制备试样。剪取试样单元至少 10 个(每两个为一组),每个单元尺寸应满足制备后的试样尺寸符合测定的要求。

注:试样制备时,两个接合或缝合在一起的单元应是同一方向(纵向或横向),而且接头/接缝应垂直于受力方向。为控制滑移,可沿试样的整个宽度与试样长度方向垂直地画两条间隔 100mm 的标记线。

5.4　试样尺寸

5.4.1　从接合或缝合的样品中剪取试样,每块试样的长度不少于 200mm,接头/接缝应在试样的中间部位,并垂直于受力方向,每块试样最终宽度为 200mm,按图 T 1122-1 所示剪取试样,A 角为 90°。

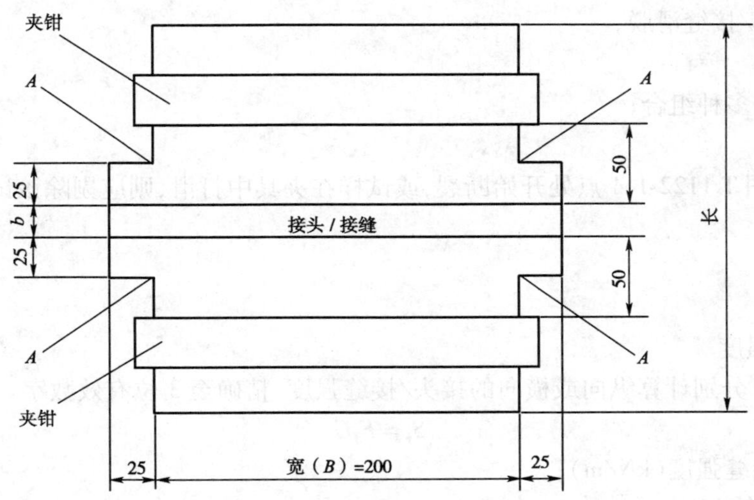

图 T 1122-1　土工织物试样尺寸图(尺寸单位:mm)

5.4.2　对于机织土工织物,在距试样中心线 25mm + $b/2$ 的距离处剪 25mm 长的切口,以便拆去边纱得到 200mm 的名义宽度(见图T 1122-1)。

5.4.3　对于土工格栅和土工网,试样宽度至少为 200mm,包含不少于 5 个拉伸单元,长度应大于 100mm 加接头宽度,接头两侧应含有至少一排节点或交叉组织,这些节点或交叉组织不应包括被夹钳

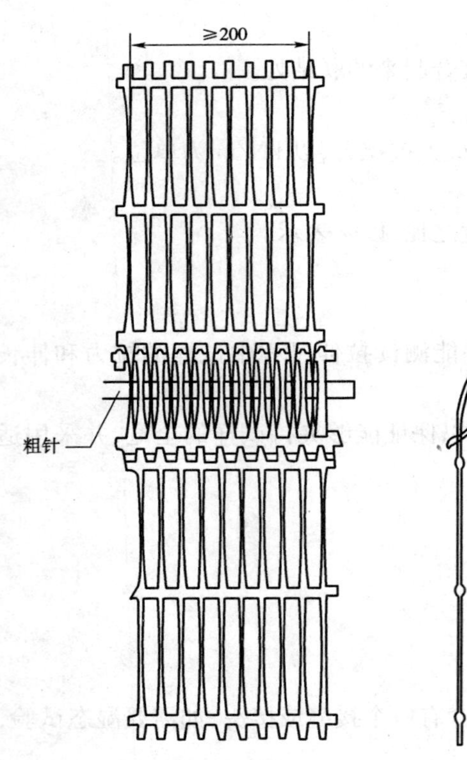

图 T 1122-2　土工格栅试样图(尺寸单位:mm)

夹持住的及形成接头的节点或交叉组织,剪去离开该排节点10mm处的肋条或交叉组织(见图T 1122-2)。试样的交叉组织至少应比被测试的拉伸单元宽1个节距,以利形成接头。

5.4.4　对于针织土工织物、复合土工织物或其他土工织物,用刀剪切试样可能会影响其结构,此时可采用热切,但应避免损伤图 T 1122-1 中 *A* 的部位。

5.5　试样调湿和状态调节:按本规程 T 1121—2006 中的5.4条规定进行。

6　试验步骤

6.1　拉伸试验机的设定

调整两夹具间的隔距为100mm ± 3mm 再加上接缝或接头宽度,土工格栅、土工网除外。选择试验机的负荷量程,使断裂强力在满量程负荷的30% ~90%之间。设定试验机的拉伸速度,使试样的拉伸速率为名义夹持长度的(20% ±1%)/min。

6.2　夹持试样

将试样放入夹钳中心位置,长度方向与受力方向平行,保证标记线与钳口吻合,以便观察试验过程中试样是否出现打滑。

对于湿态试样,从水中取出后3min内进行试验。

6.3　测定接头/接缝拉伸强度

开启拉伸试验机,直至接头/接缝或材料本身断裂,记录最大负荷,精确至满量程的2%,观察和记录断裂原因:

(1)试样断裂;

(2)缝线断裂;

(3)试样与接头/接缝滑脱;

(4)接缝开裂;

(5)上述两种或多种组合;

(6)其他。

如果试样是从图 T 1122-1 *A* 点处开始断裂,或试样在夹具中打滑,则应剔除该试验结果并另取一试样进行测试。

7　结果计算

7.1　接头/接缝强度

按式(T 1122-1)分别计算纵向或横向的接头/接缝强度,精确至3位有效数字。

$$S_f = F_f C \qquad (T\ 1122\text{-}1)$$

式中:S_f——接头/接缝强度(kN/m);

F_f——最大负荷(kN);

C——计算系数,由式(T 1122-2)或式(T 1122-3)求得。

对于土工织物或类似小孔结构材料:

$$C = 1/B \qquad (T\ 1122\text{-}2)$$

对于土工网、土工格栅或类似材料:

$$C = N_m/N_s \qquad (T\ 1122\text{-}3)$$

B——试样宽度(m);

N_m——样品1m宽内的拉伸单元数;

N_s——试样内的拉伸单元数。

7.2 按本规程T 1102—2006的规定计算5块试样的接头/接缝强度的平均值$\overline{S}_f$、接头/接缝强度的变异系数C_v。

7.3 接头/接缝效率

如果需要计算接头/接缝效率,按本规程T 1121—2006(宽条拉伸试验方法)测定5块无接头/接缝试样的平均拉伸强度$\overline{\alpha}_f$,其拉伸方向应与接头/接缝试样相同。

按式(T 1122-4)计算接头/接缝效率,计算至小数点后1位。

$$E = (\overline{S}_f / \overline{\alpha}_f) \times 100 \qquad (T\ 1122\text{-}4)$$

式中:E——接头/接缝效率(%);

$\overline{S}_f$——平均接头/接缝强度(kN/m);

$\overline{\alpha}_f$——无接头/接缝材料的平均拉伸强度(kN/m)。

8 试验报告

试验报告应包括以下内容:

(1)样品名称、规格、产品的接合方法及方向、试样是否采用热切;

(2)试样的状态,即干态或湿态;

(3)拉伸试验机的类型及夹具型式;

(4)接头/接缝强度的单个值、平均值和变异系数;

(5)每一试样的断裂类型;

(6)如果需要的话,给出接头/接缝效率;

(7)任何偏离规定程序的详细说明。

条文说明

施工中土工合成材料的接头/接缝是不可避免的,而接头和接缝处往往是整个结构中的薄弱点,从某种意义上讲接头/接缝的强度就是整个产品的强度,直接影响工程的质量和寿命,所以新增了"接头/接缝宽条拉伸试验"方法。方法非等效采用了《土工布—接头/接缝宽条拉伸试验》(ISO 10321:1996),目的是通过测试产品的接头/接缝拉伸强度,来了解该产品实际可达到的强度,也可以与无接头/接缝的同一产品的拉伸强度进行比较,确定该产品的接头/接缝效率。目前国内外关于土工合成材料接头/接缝强度的标准见表T 1122-1。

接头/接缝宽条拉伸试验方法适用于含有接头/接缝的土工织物和土工格栅,是对现成的接缝样品进行测试,对于无接头或接缝的样品不适用。这是因为试验方法中没有规定接头/接缝形式,但如果有协议,或委托方提供具体的接头/接缝方法,则可按协议或提供的方法制备试样。另外,试验不计算伸长率。

表T 1122-1 土工织物及其产品接缝强度标准及主要参数

标准编号	试样宽度(mm)	标距长度(mm)	拉伸速率(mm/min)
ISO 10321:1996	200	100+接缝宽度±3	(20%±5%)/min
ASTM 4884—1996	200	100	10±3
AS 3706.6—1990	200	100+接缝宽度	20
GB/T 16989—1997	200	100+接缝宽度±3	20

T 1123—2006　条带拉伸试验

1　适用范围

1.1　本方法规定了单筋、单条试样测定土工合成材料拉伸性能的试验方法。

1.2　本方法适用于各类土工格栅、土工加筋带。

2　引用标准

GB 8170　数值修约规则

3　定义

3.1　名义夹持长度

3.1.1　用伸长计测量时，名义夹持长度：在试样的受力方向上，标记的两个参考点间的初始距离，一般为60mm（两边距试样对称中心为30mm），记为 L_0。

3.1.2　用夹具的位移测量时，名义夹持长度：初始夹具的间距，一般为100mm，记为 L_0。

3.2　预负荷伸长

在相当于最大负荷1%的外加负荷下，所测的夹持长度的增加值，以mm表示（见图T 1123-1中的 L'_0）。

3.3　隔距长度

试验机上下两夹持器之间的距离。当用夹具的位移测量时，隔距长度即为名义夹持长度。

3.4　实际夹持长度

名义夹持长度加预负荷伸长（预加张力夹持时）。

3.5　最大负荷

试验中所得到的最大拉伸力，以kN表示（见图T 1123-1中的 D 点）。

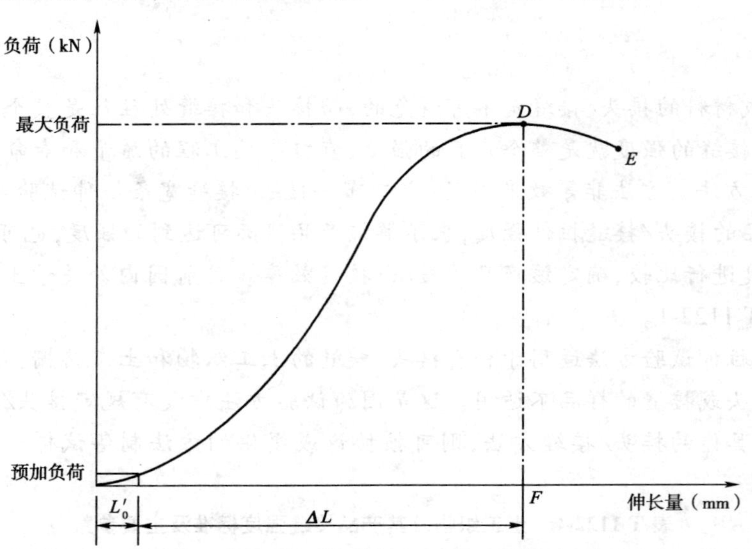

图 T 1123-1　松式夹持试样的负荷-伸长曲线图

3.6　伸长率

试验中试样实际夹持长度内变形的增加量与实际夹持长度的比值，以%表示。

3.7　最大负荷下伸长率

在最大负荷下试样所显示的伸长率，以%表示。

3.8　拉伸强度

土工格栅试样被拉伸直至断裂时每单位宽度的最大拉伸力，以 kN/m 表示。

3.9 断裂拉力

土工加筋带单条试样被拉伸直至断裂过程中所能承受的最大拉力，以 kN 表示。

4 仪器设备及材料

4.1 拉伸试验机：具有等速拉伸功能，拉伸速率可以设定，并能测读拉伸过程中试样的拉力和伸长量，记录拉力-伸长曲线。

4.2 夹具：钳口应有足够的约束力，允许采用适当措施避免试样滑移和损伤。

注：对大多数材料宜使用压缩式夹具，但对那些使用压缩式夹具出现过多钳口断裂或滑移的材料，可采用绞盘式夹具。

4.3 伸长计：能够测量试样上两个标记点之间的距离，对试样无任何损伤和滑移，能反映标记点的真实动程。伸长计包括力学、光学或电子形式的，精度应不超过 ±1mm。

5 试样制备

5.1 取样：按本规程 T 1101—2006 的规定取样。

5.2 试样数量：土工格栅纵向和横向各裁取至少 5 根单筋试样；土工加筋带裁取至少 5 条试样。

5.3 试样尺寸

5.3.1 对于土工格栅，单筋试样应有足够的长度，试样的夹持线在节点处，除被夹钳夹持住的节点或交叉组织外，还应包含至少 1 个节点或交叉组织。

如使用伸长计，标记点应标在筋条试样的中心上，两个标记点之间应至少间隔 60mm，并至少含有 1 个节点或 1 个交叉组织，夹持长度应为数个完整节距。

5.3.2 对于土工加筋带，试样应有足够的长度以保证夹具间距 100mm。为控制滑移，可沿试样的整个宽度与试样长度方向垂直地画两条间隔 100mm 的标记线（不包含绞盘夹具）。

5.4 试样调湿和状态调节：按本规程 T 1101 中的第 5 条规定进行。

6 试验步骤

6.1 拉伸试验机的设定

选择试验机的负荷量程，使断裂强力在满量程负荷的 30% ~90% 之间。设定试验机的拉伸速度，使试样的拉伸速率为名义夹持长度的（20% ±1%）/min。如使用绞盘夹具，在试验前应使绞盘中心间距保持最小，并且在试验报告中注明使用了绞盘夹具。

6.2 试样的夹持和预张

将试样在夹具中对中夹持，对已夹持好的试件进行预张，预张力相当于最大负荷的 1%，记录因预张试样产生的夹持长度的增加值 L'_0（见图 T 1123-1）。

6.3 使用伸长计时

在分别距试样中心 30mm 的两个标记点处安装伸长计，不能对试样有任何损伤，并确保试验中标记点无滑移。

6.4 测定拉伸性能

开动试验机连续加荷直至试样断裂，停机并恢复至初始标距位置，记录最大负荷，精确至满量程的 0.2%；记录最大负荷下的伸长量，精确到小数点后 1 位。

如试样在距钳口 5mm 范围内断裂，结果应予剔除。如试样在夹具中滑移，或者多于 1/4 的试样在钳口附近 5mm 范围内断裂，可采取下列措施：

（1）夹具内加衬垫；

（2）对夹在钳口内的试样加以涂层；

（3）改进夹具钳口表面。

无论采用了何种措施，都应在试验报告中注明。

6.5 测定特定伸长率下的拉伸力

使用合适的记录测量装置测定在任一特定伸长率下的拉伸力，精确至满量程的0.2%。

7 结果计算

7.1 拉伸强度

7.1.1 土工格栅试样拉伸强度按式(T 1123-1)计算：

$$\alpha_f = fn/L \quad \text{(T 1123-1)}$$

式中：α_f——拉伸强度(kN/m)；

f——试件的最大拉伸力(kN)；

n——样品宽度上的筋数；

L——样品宽度(m)。

7.1.2 土工加筋带试样断裂拉力，以试件最大拉伸力表示，单位为 kN。

7.2 试样最大负荷下的伸长率按式(T 1123-2)计算(见图 T 1123-1)：

$$\varepsilon = \frac{\Delta L}{L_0 + L_0'} \times 100 \quad \text{(T 1123-2)}$$

式中：ε——最大负荷下的伸长率(%)；

L_0——名义夹持长度(使用夹具时为 100mm，使用伸长计时为 60mm)；

L'_0——预负荷伸长量(mm)；

ΔL——最大负荷下的伸长量(mm)。

7.3 特定伸长率下的拉伸力

7.3.1 土工格栅试样特定伸长率下的拉伸力按式(T 1123-3)计算。

例如，伸长率为 2% 时的拉伸力：

$$F_{2\%} = f_{2\%} n/L \quad \text{(T 1123-3)}$$

式中：$F_{2\%}$——对应 2% 伸长率时每延米拉伸力(kN/m)；

$f_{2\%}$——对应 2% 伸长率时试件的拉伸力(kN)；

n——样品宽度上的筋数；

L——样品宽度(m)。

7.3.2 土工加筋带试样特定伸长率下的拉伸力以试件特定伸长率下的拉力表示，单位为 kN。

7.4 平均值和变异系数

7.4.1 按本规程 T 1102—2006 的规定对土工格栅的拉伸强度、最大负荷下伸长率和特定伸长率下的拉伸力计算平均值和变异系数。

7.4.2 按本规程 T 1102—2006 的规定对土工加筋带的断裂拉力、最大负荷下伸长率和特定伸长率下的拉伸力计算平均值和变异系数。

7.4.3 拉伸强度、断裂拉力和特定伸长率下的拉伸力精确至 3 位有效数字，最大负荷下伸长率计算到小数点后 1 位，按 GB 8170 修约到整数，变异系数精确至 0.1%。

7.4.4 每组有效试样为 5 个。

8 试验报告

试验报告应包括以下内容：

(1)试样名称、规格型号；

(2)试样状态；

(3)每个方向的试样数量；

(4)纵向和横向的平均拉伸强度；

(5)纵向和横向最大负荷下的伸长率；

(6)如果需要,计算特定伸长率下的拉伸力;

(7)标准偏差或变异系数;

(8)试验机的型号;

(9)夹具型式,包括夹具尺寸、钳口表面型式、变形测量系统和初始夹具隔距;

(10)任何偏离规定程序的详细说明。

条文说明

土工合成材料的拉伸性能试验方法主要有两种:一种是宽条样法,用于土工织物、复合土工织物,也包括土工格栅,其代表性试验方法是国标《土工布　拉伸试验方法　宽条样法》(GB/T 15788—1995);另一种是单筋、单条拉伸试验,用于各类土工格栅和土工加筋带,其代表性试验方法是《土工合成材料　塑料土工格栅》(GB/T 17689—1999)、《玻璃纤维土工格栅》(JC 839.1—1998)和《土工加筋带》(JT/T 517—2004)。

本次规程修订参照了上述标准,与1998年版条带拉伸试验相比,主要修改点有:

(1)明确了条带拉伸试验为单筋、单条拉伸试验,适用于各类土工格栅和土工加筋带。

(2)增加了术语定义,给出了名义夹持长度、隔距长度、预负荷伸长、实际夹持长度、最大负荷、伸长率、拉伸强度和断裂拉力的定义。

(3)操作步骤中,明确规定了对夹持样品的预张,预张力为最大负荷的1%;拉伸速率由50mm/min改为名义夹持长度的(20% ±1%)/min。

(4)如实际操作中,施加预张力夹持试样较为烦琐,而拉伸试验机又具有绘制应力-应变曲线的功能,也可采用松式法夹持试样,但在计算伸长率时要把预负荷伸长考虑进去。

T 1124—2006　粘焊点极限剥离力试验

1　适用范围

1.1　本方法规定了测定粘焊土工格栅粘焊点极限剥离力的试验方法。

1.2　本方法适用于测定各类粘焊土工格栅粘焊点的极限剥离力,其他土工合成材料粘焊点极限剥离力的测定可参照执行。

2　引用标准

GB 8170　数值修约规则

3　仪器设备及材料

3.1　拉伸试验机:应具有等速拉伸功能,拉伸速率可以设定和控制。

3.2　剥离试验专用夹具:应有足够宽度,以能够夹持不同宽度试样,并能保持剥离时试样不滑移和损伤。

4　试样制备

4.1　取样:按本规程T 1101—2006的规定取样。

4.2　制样:单向格栅横向截取5个剥离试样,双向格栅纵横向各截取5个剥离试样,每个剥离试样都含一个粘焊点,试件见图T 1124-1。

4.3　试样调湿和状态调节:按本规程T 1101—2006中的第5条规定进行。

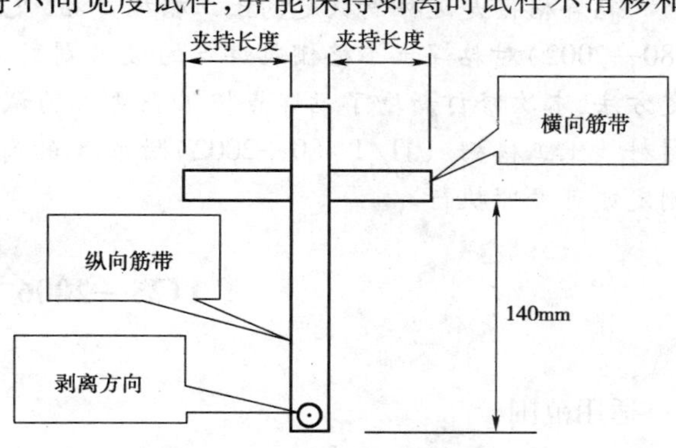

图T 1124-1　剥离试样示意图

5 试验步骤

5.1 拉伸试验机试验条件的设定

选择量程范围,使剥离最大负荷在满量程负荷的 30% ~90% 范围之间,并设定拉伸速率为 50mm/min ±5mm/min。

5.2 夹持试样

安装剥离拉伸试验专用夹具,将试样横向筋带夹持在夹具中,调整夹持器的间距,使夹具水平夹住试样粘焊点横向筋带的两端(靠近纵向筋带处),夹持长度为横向筋带宽度的两倍并且不小于 50mm,使两夹持面和剥离轴线处在同一平面上,以保证剥离时试样不发生扭曲,并使剥开面向着操作者(见图T 1124-1)。

5.3 启动试验机

启动拉伸试验机进行试样粘焊点的剥离试验,直到粘焊点完全剥离方可停机,记录剥离时的最大剥离力,以 N 为单位。

6 试验结果

6.1 粘焊点极限剥离力

单向格栅粘焊点极限剥离力,以横向 5 个试样最大剥离力的算术平均值表示。

双向格栅粘焊点极限剥离力,分别以横向 5 个、纵向 5 个试样的最大剥离力的算术平均值表示。

计算到小数点后 1 位,以 N 为单位,按 GB 8170 修约到整数。

6.2 如果需要,按本规程 T 1102—2006 的规定计算格栅粘焊点极限剥离力的变异系数 C_v,变异系数精确至 0.1%。

7 试验报告

试验报告应包括以下内容:

(1)样品名称、规格型号和状态描述;
(2)试验结果;
(3)试验日期;
(4)试验用的仪器类型;
(5)试验用的大气条件;
(6)试验中规定应注明的情况;
(7)任何偏离规定程序的详细说明。

条文说明

粘焊格栅是近年新兴起的土工格栅产品,交通部标准《交通工程土工合成材料　土工格栅》(JT/T 480—2002)对粘焊土工格栅粘焊点的极限剥离力提出了要求。为规范和统一粘焊点极限剥离力的测定方法,本次修订新增了粘焊点极限剥离力的试验方法。本方法参照交通部标准《交通工程土工合成材料　土工格栅》(JT/T 480—2002)附录 A 的有关技术要求,其他土工合成材料粘焊点极限剥离力的测定亦可参照执行。

T 1125—2006　梯形撕破强力试验

1 适用范围

1.1 本方法规定了用梯形试样测定土工织物撕破强力的方法。

1.2 本方法适用于测定土工织物的梯形撕破强力。

2 引用标准

GB 8170 数值修约规则

3 仪器设备及材料

3.1 拉伸试验机:应具有等速拉伸功能,拉伸速率可以设定,并能测读拉伸过程中的应力、应变量,记录应力-应变曲线。

3.2 夹具:钳口表面应有足够宽度,以保证能够夹持试样的全宽,并采用适当措施避免试样滑移和损伤。

4 试样制备

4.1 取样:按本规程 T 1101—2006 的规定取样。

4.2 制样:纵向和横向各取 10 块试样,试件尺寸见图 T 1125-1。试样上不得有影响试验结果的可见疵点。在每块试样的梯形短边正中处剪一条垂直于短边的 15mm 长的切口,并画上夹持线。

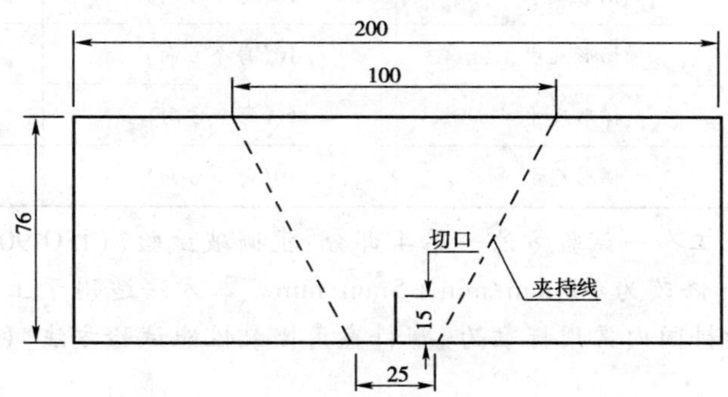

图 T 1125-1 梯形试样平面图(尺寸单位:mm)

4.3 试样调湿和状态调节:按本规程 T 1101—2006 中的第 5 条规定进行。

5 试验步骤

5.1 调整拉伸试验机卡具的初始距离为 25mm,设定满量程范围,使试样最大撕破负荷在满量程负荷的 30% ~90% 范围内,设定拉伸速率为 100mm/min ±5mm/min。

5.2 将试样放入卡具内,使夹持线与夹钳钳口线相平齐,然后旋紧上、下夹钳螺栓,同时要注意试样在上、下夹钳中间的对称位置,使梯形试样的短边保持垂直状态。

5.3 开动拉伸试验机,直至试样完全撕破断开,记录最大撕破强力值,以 N 为单位。

5.4 如试样从夹钳中滑出或不在切口延长线处撕破断裂,则应剔除此次试验数值,并在原样品上再裁取试样,补足试验次数。

6 试验结果

6.1 按本规程 T 1102—2006 的规定分别计算纵、横向撕破强力的平均值和变异系数。

6.2 纵、横向撕破强力以各自 10 次试验的算术平均值表示,以 N 为单位,计算到小数点后 1 位,按 GB 8170 修约到整数;变异系数精确至 0.1%。

7 试验报告

试验报告应包括以下内容:

(1)样品名称、规格型号和状态描述;

(2)试验结果;

(3)试验日期；

(4)试验用的仪器类型；

(5)试验用的大气条件；

(6)试验中规定应注明的情况；

(7)任何偏离规定程序的详细说明。

条文说明

目前，国内外关于土工织物梯形撕破强力试验方法的标准有《土工布—试验方法—第4部分：抗撕破试验》(ISO 9073.4:1997)、美国《土工布梯形撕破强力测定》(ASTM D4533—1991)、澳大利亚《土工布试验方法—方法3：测定撕破强力—梯形法》(AS 3706.3—1990)和《土工布梯形法撕破强力试验方法》(GB/T 13763—1992)，其主要参数见表T 1125-1。

表 T 1125-1　土工织物梯形撕破强力试验方法标准及主要参数

标准编号	试样尺寸	试样数量(块)	拉伸速率(mm/min)
ISO 9073.4:1997	梯形尺寸	10(每个方向)	100
ASTM D4533—1991	梯形尺寸	10(每个方向)	300
AS 3706.3—1990	梯形尺寸	5(每个方向)	300
GB/T 13763—1992	梯形尺寸	10(每个方向)	50±5

本方法非等效采用《土工布—试验方法—第4部分：抗撕破试验》(ISO 9073.4)，较原规程，拉伸速率由50mm/min±5mm/min修改为100mm/min±5mm/min。本方法适用于土工织物，不适用于塑料薄膜类土工合成材料，该类材料国内常用标准为《塑料直角撕裂性能试验方法》(QB/T 1130—1991)。

T 1126—2006　CBR顶破强力试验

1　适用范围

1.1　本方法规定了测定土工织物顶破强力、顶破位移和变形率的试验方法。

1.2　本方法适用于土工织物、土工膜及其复合产品。

2　引用标准

GB 8170　数值修约规则

3　定义

3.1　顶破强力

顶压杆顶压试样直至破裂过程中测得的最大顶压力。

3.2　顶破位移

从顶压杆顶端开始与试样表面接触时起，直至达到顶破强力时，顶压杆顶进的距离。

3.3　变形率

环形夹具内侧至顶压杆边缘之间试样的长度变化百分率。

4　仪器设备及材料

4.1　试验机：应具有等速加荷功能，加荷速率可以设定，并能测读加荷过程中的应力、应变量，记录应力-应变曲线。

4.2　顶破夹具：夹具夹持环底座高度须大于100mm，环形夹具内径为150mm（见图T 1126-1），其中心必须在顶压杆的轴线上。

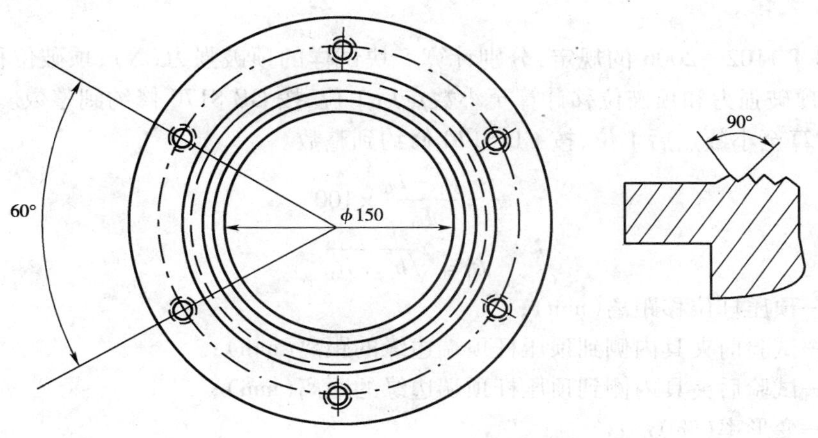

图T 1126-1　夹持设备（尺寸单位：mm）

4.3　顶压杆：直径为50mm、高度为100mm的圆柱体，顶端边缘倒成2.5mm半径的圆弧（见图T 1126-2）。

5　试样制备

5.1　取样：按本规程T 1101—2006的规定取样。

5.2　制样：裁取φ300mm的圆形试样5块，试样上不得有影响试验结果的可见疵点，在每块试样离外圈50mm处均等开6条8mm宽的槽（见图T 1126-3）。

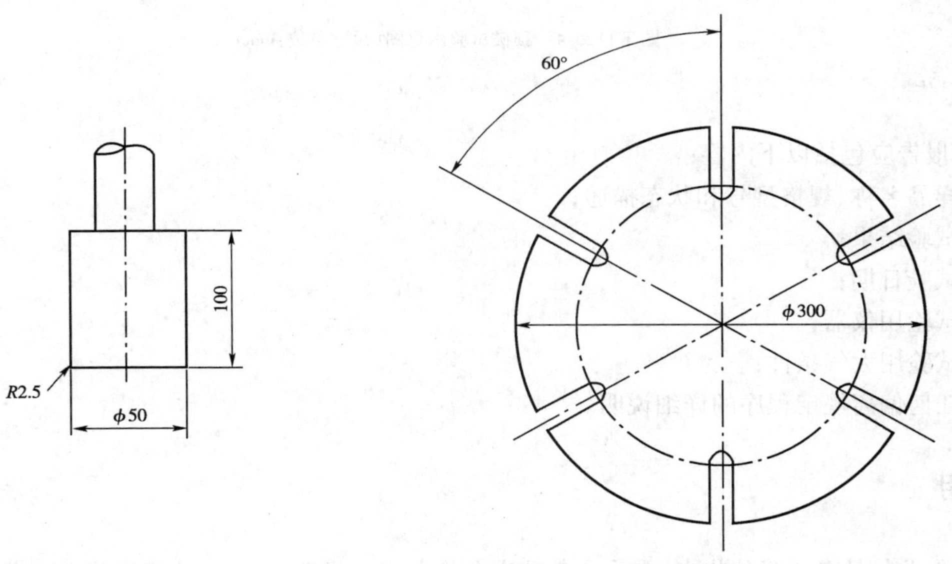

图T 1126-2　顶压杆（尺寸单位：mm）　　图T 1126-3　试样（尺寸单位：mm）

5.3　试样调湿和状态调节：按本规程T 1101—2006中的第5条规定进行。

6　试验步骤

6.1　试样夹持：将试样放入环形夹具内，使试样在自然状态下拧紧夹具，以避免试样在顶压过程中滑动或破损。

6.2　将夹持好试样的环形夹具对中放于试验机上，设定试验机满量程范围，使试样最大顶破强力在满量程负荷的30%～90%范围内，设定顶压杆的下降速度为60mm/min±5mm/min。

6.3　启动试验机，直到试样完全顶破为止，观察和记录顶破情况，记录顶破强力（N）和顶破位移值

(mm)。如土工织物在夹具中有明显滑动,则应剔除此次试验数据,并补做试验至 5 块。

7 结果计算

7.1 按本规程 T 1102—2006 的规定,分别计算 5 块试样的顶破强力(N)、顶破位移(mm)的平均值和变异系数 C_v。顶破强力和顶破位移计算至小数点后 1 位,按 GB 8170 修约到整数。

7.2 变形率计算至小数点后 1 位,按 GB 8170 修约到整数。

$$\varepsilon = \frac{L_1 - L_0}{L_0} \times 100 \quad \text{(T 1126-1)}$$

$$L_1 = \sqrt{h^2 + L_0^2} \quad \text{(T 1126-2)}$$

以上两式中:h——顶压杆位移距离(mm);

L_0——试验前夹具内侧到顶压杆顶端边缘的距离(mm);

L_1——试验后夹具内侧到顶压杆顶端边缘的距离(mm);

ε——变形率(%)。

h、L_0、L_1 见图 T 1126-4。

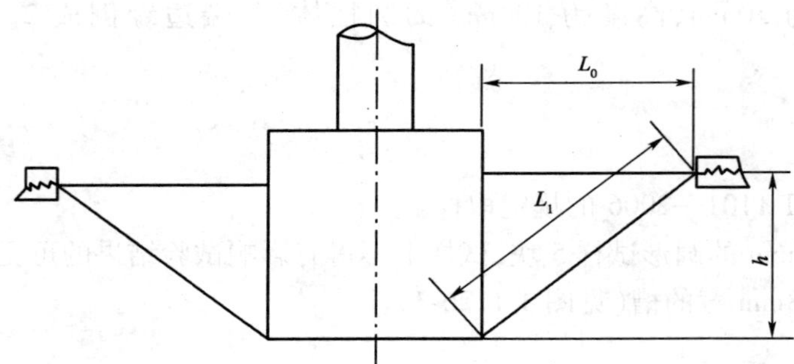

图 T 1126-4 顶破试验示意图(尺寸单位:mm)

8 试验报告

试验报告应包括以下内容:

(1)样品名称、规格型号和状态描述;

(2)试验结果;

(3)试验日期;

(4)试验用仪器;

(5)试验用大气条件;

(6)任何偏离规定程序的详细说明。

条文说明

土工合成材料在工程结构中,要承受各种法向静态力的作用,所以顶破强力是土工合成材料力学性能的重要指标之一。评价顶破强力的方法不少,其中专用于土工织物、土工膜及其有关产品的方法有 CBR 顶破(圆柱形顶杆)和圆球顶破,而 CBR 顶破强力被广泛地用于土工织物产品标准的技术要求中。国内外有关 CBR 顶破强力的方法标准和主要参数见表 T 1126-1。

表 T 1126-1 CBR 顶破强力的方法标准及主要参数

标准编号	顶压杆直径(mm)	夹具内径(mm)	顶压速率(mm/min)	试样数量(块)
ISO 12236—1996	50 ±0.5	150 ±0.5	50 ±10	5
DIN 54307	50	150	60 ±10	10
GB/T 14800—1993	50	150	60 ±5	5

本次主要修订点是：增加了试件调湿和试验用标准大气条件，结果计算增加了顶破位移和变形率，试样量由10块改为5块。顶压速率仍保持为60mm/min±5mm/min，与国家标准《土工布顶破强力试验方法》(GB/T 14800—1993)一致。

本方法详细地给出了试样制备和夹具的要求，但有时设备条件不同，允许在保证夹持环内径为150mm、有效高度空间大于100mm、能够夹紧试件的前提下采用气压或液压夹具，其试样按相关要求制备。

特别要指出的是，本方法只适用于各种土工织物、复合土工织物、土工膜、复合土工膜及其相关的复合产品，对一些稀松或孔径较大的土工合成材料不适用，土工网和土工格栅不进行该项试验。

T 1127—2006 刺破强力试验

1 适用范围

1.1 本方法规定了测定土工织物刺破强力的试验方法。

1.2 本方法适用于土工织物、土工膜，及其复合产品。

2 引用标准

GB 8170 数值修约规则

3 仪器设备及材料

3.1 试验机：应具有等速加荷功能，加载速率可以设定，能测读加载过程中的应力、应变，记录应力-应变曲线，要求行程大于100mm，加载速率能达到300mm/min±10mm/min。

3.2 环形夹具：内径45mm±0.025mm，底座高度大于顶杆长度，有较高的支撑力和稳定性。

3.3 平头顶杆：钢质实心杆，直径8mm±0.01mm，顶端边缘倒角0.5mm×45°。

4 试样制备

4.1 取样：按本规程T 1101—2006的规定取样。

4.2 制样：裁取圆形试样10块，直径不小于100mm，试样上不得有影响试验结果的可见疵点，根据夹具的具体结构在对应螺栓的位置处开孔。

4.3 试样调湿和状态调节：按本规程T 1101—2006中的第5条规定进行。

5 试验步骤

5.1 试样夹持，将试样放入环形夹具内，使试样在自然状态下拧紧夹具(见图T 1127-1)。

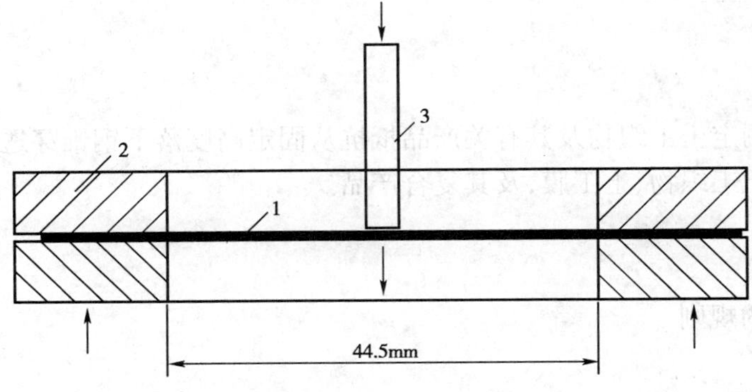

图 T 1127-1 刺破试验示意图

1-试样；2-环形夹具；3-ϕ8mm 平头顶杆

5.2 将装好试样的环形夹具对中放于试验机上，夹具中心应在顶杆的轴心线上。

5.3 设定试验机的满量程范围，使试样最大刺破力在满量程负荷的30%～90%范围内，设定加载速率为300mm/min±10mm/min。

5.4 对于湿态试样，从水中取出后3min内进行试验。

5.5 开机，记录顶杆顶压试样时的最大压力值即为刺破强力。如土工织物在夹具中有明显滑移则应剔除此次试验数据。

5.6 按照上述步骤，测定其余试样，直至得到10个测定值。

6 结果计算

按本规程T 1102—2006的规定计算10块试样刺破强力的平均值(N)，按GB 8170修约到3位有效数字。如果需要，按本规程T 1102—2006的规定计算刺破强力的变异系数C_v，精确至0.1%。

7 试验报告

试验报告应包括以下内容：

(1)样品名称、规格型号和状态描述；

(2)试验日期；

(3)试验用仪器；

(4)试验用大气条件；

(5)试样刺破强力的平均值；

(6)如果需要，给出刺破强力的变异系数；

(7)任何偏离规定程序的详细说明。

条文说明

刺破强力的原理方法与CBR顶破强力类似，但在顶杆直径、试样面积和顶压速率上有所不同。刺破强力反映的是土工合成材料抵抗小面积集中负荷的能力，适用于各种机织土工织物、针织土工织物、非织造土工织物、土工膜和复合土工织物等产品。但对一些较稀松或孔径较大的机织物不适用，土工网和土工格栅一般不进行该项试验。

美国FHWA土工织物手册和美国材料试验协会标准ASTM D4833等通用标准中，刺破速率通常采用300mm/min±10mm/min，修订时参照了上述标准。主要修改点是：刺破速率由100mm/min改为300mm/min±10mm/min；增加了试样调湿和状态调节。

T 1128—2006 落锥穿透试验

1 适用范围

1.1 本方法规定了测定土工织物及其有关产品抵抗从固定高度落下钢锥穿透能力的方法。

1.2 本方法适用于土工织物、土工膜，及其复合产品。

2 引用标准

GB 8170 数值修约规则

3 仪器设备及材料

3.1 环形夹具：夹具的内径为150mm±0.5mm。

3.2 落锥架：支撑环形夹具的框架和从500mm±2mm的高度处(锥尖至试样的距离)释放落锥至试

样中心的装置(见图 T 1128-1)。

注:可采用不限制落锥下落速率的导杆或借助于机械释放系统,以保证落锥锥尖朝下自由下落。

3.3 不锈钢落锥:锥角 45°,最大直径为 50mm,表面抛光,总质量为 1 000g ± 5g。

3.4 量锥:顶角比落锥小,最大直径为 50mm,质量为 600g ± 5g,标有刻度(见图 T 1128-2)。

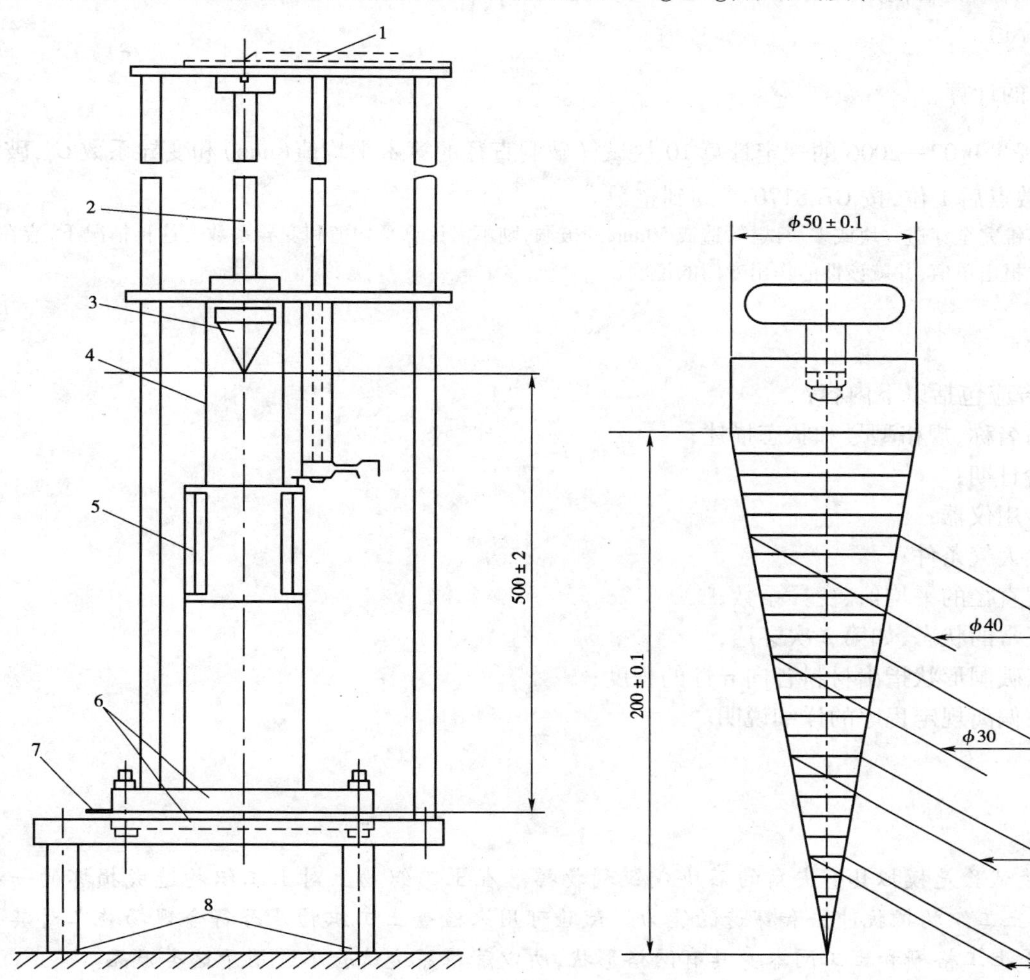

图 T 1128-1 落锥架示意图(尺寸单位:mm)

1-释放系统;2-导杆;3-落锥;4-金属屏蔽;5-屏蔽;6-夹持环;7-试样;8-水平调节螺丝

图 T 1128-2 量锥示意图(尺寸单位:mm)

4 试样制备

4.1 取样:按本规程 T 1101—2006 的规定取样。

4.2 制样:裁取圆形试样 10 块,大小应与所用试验装置相适应,试样上不得有影响试验结果的可见疵点。如果已知被测试样品两面的特性不同,应对两面分别试验 10 块试样,并在试验报告中说明,给出每面的试验结果。

4.3 试样调湿和状态调节:按本规程 T 1101—2006 中的第 5 条规定进行。

5 试验步骤

5.1 将试样无褶皱地在环形夹具中夹紧,避免对试样施加预张力,并防止试验过程中试样的滑移。

5.2 将装有试样的环形夹具放置在框架上(见图 T 1128-1),采用适当的方法,保证夹具在框架中对中水平放置。

5.3 释放落锥,从锥尖离试样 500mm ± 2mm 的高度自由跌落在试样上,记录任何不正常的现象。如落锤在试样上跳动,第 2 次落下形成又一个破洞,在这种情况下,测量较大的破洞。

5.4 立即从破洞中取出落锤,将量锥在自重的作用下放入破洞,10s 后测读该洞的直径,读数精确至毫米。测量值应当是在量锥处于垂直位置时的最大可见直径。如果材料的各向异性明显,即纵向和横向的性能不同,除测量较大的破洞外,有必要对其他破洞孔径进行说明。如完全穿透试样,则不需测量,记录为完全穿透。

6 试验结果的计算

按本规程 T 1102—2006 的规定计算 10 块试样破洞直径的算术平均值(mm)和变异系数 C_v,破洞直径计算至小数点后 1 位,按 GB 8170 修约到整数。

注:如果落锤完全穿透一块或多块试样,造成 50mm 的破洞,则不需计算平均值和变异系数。这种情况下,应在试验报告中报出单值,并就该性能作出专门的说明。

7 试验报告

试验报告应包括以下内容:

(1)样品名称、规格型号和状态描述;

(2)试验日期;

(3)试验用仪器;

(4)试验大气条件;

(5)破洞直径的平均值、变异系数;

(6)不正常的状态,如第 2 次穿透;

(7)根据破洞形状指出材料各向异性的程度;

(8)任何偏离规定程序的详细说明。

条文说明

落锤穿透试验是模拟具有尖角的石块或锐利物掉落在土工织物上对土工织物造成损坏的一种试验,用于评价土工织物抵抗冲击和穿透的能力。试验可用来检查土工织物是否符合现场施工对其性能的要求。由于土工格栅和土工网本身具有网格形状,所以落锤穿透试验不适用于这类产品。

国际标准草案阶段的《土工布及有关产品　动态穿孔试验(落锥法)》(ISO/DIS 13433)是国际标准化组织和欧洲共同体标准技术委员会共同制定的,与各国标准也基本一致。本次修订参照国际标准 ISO/DIS 13433 增加了试样调湿和试验用标准大气条件,以及规定了使用专用量锥进行测量。

在试验过程中,由于落锥穿透破洞的大小是评定试验结果的最终指标,所以破洞的测量精度很重要,必须使用专用量锥进行测量而不能用长度测量工具例如卡尺代替,二者的测量结果一般是不一致的。同时还应注意,在放置量锥时,不要转,不要压,使其在自重的作用下自然垂直地进入破洞。

T 1129—2006　直剪摩擦特性试验

1 适用范围

1.1 本方法规定了使用直剪仪和标准砂土测定土工合成材料摩擦特性的试验方法。

1.2 本方法适用于所有土工合成材料,当使用刚性基座试验土工格栅时,摩擦结果应进行校正。

2 定义

2.1 相对位移(ΔL)

剪切试验中试样与砂土之间的位移(mm)。

2.2 法向力(P)

对试样施加的恒定垂直力(kN)。

2.3 剪切力(T)

恒速位移条件下剪切试验中测得的水平力(kN)。

2.4 法向应力(σ)

单位面积的法向力(kPa)。

2.5 剪应力(τ)

砂土/土工织物摩擦试验中单位面积的剪切力(kPa)。

2.6 最大剪应力(τ_{max})

位移量在剪切面长度的0~16.5%范围内,沿砂土/土工织物界面产生的最大剪切力(kPa)。

2.7 摩擦角(φ_{sg})

土工织物和土之间的摩擦角,为最大剪应力对法向应力关系图中各点的“最佳拟合直线”的斜率(°)。

2.8 表观黏聚力 (C_{sg})

土工织物与土之间的抱合力,为最佳拟合直线上法向应力等于0时的剪应力(kPa)。

2.9 砂土最大剪应力($\tau_{s,max}$)

砂土(在一定法向压力下)的最大剪应力(kPa)。

2.10 砂土/基座最大剪应力($\tau_{sup,max}$)

砂土/试样基座剪切试验中的最大剪应力(kPa)。

2.11 摩擦比($f_{g(\delta)}$)

在相同的法向应力下,砂土/土工织物间最大剪应力 τ_{max} 与砂土最大剪应力 $\tau_{s,max}$ 之比。

3 仪器设备及材料

3.1 直剪仪

有接触面积不变和接触面积递减(标准土样直剪仪)两种直剪仪,分别见图T 1129-1 和图T 1129-2。

3.1.1 剪切盒

(1)接触面积不变的剪切盒:剪切盒应具有足够的刚性,在承受负荷时不发生变形,盒内部尺寸不小于300mm×300mm,盒厚至少应为盒长的50%,以便能容纳砂土层和加压系统。试验土工格栅时,剪切盒的最小尺寸还应该增加。

剪切盒下部为刚性滑板,滑板的长度至少为剪切盒长度加上试样尺寸的16.5%,以确保在相对剪切位移达16.5%时试样和砂土之间完全接触。

(2)接触面积递减的剪切盒:上下剪切盒大小相等,尺寸至少为300mm×300mm。

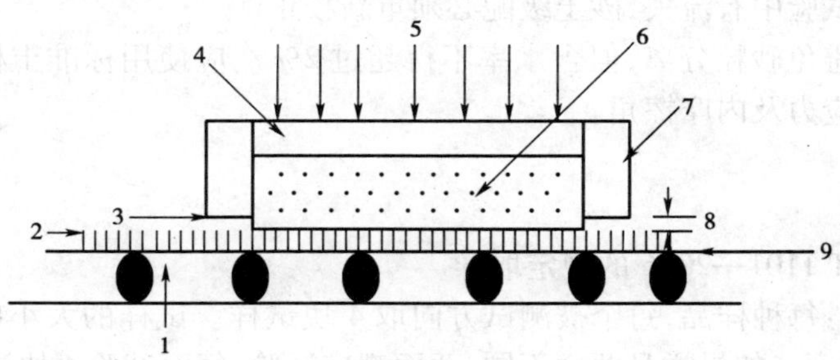

图T 1129-1 接触面积不变直剪仪示意图

1-刚性滑板;2-土工织物试样;3-水平反作用;4-法向力加载系统;5-法向力;6-标准砂土;7-刚性剪切盒;8-最大0.5mm隔距;9-水平力

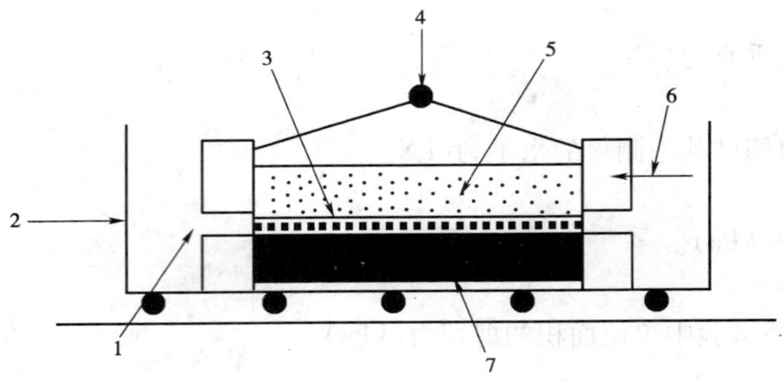

图 T 1129-2　接触面积递减直剪仪示意图

1-标准剪切盒;2-水平力;3-土工织物试样;4-法向力;5-标准砂土;6-水平反作用;7-试样刚性基座

3.1.2　刚性滑板

剪切盒应装在刚性滑板上,刚性滑板由低摩擦滚排或轴承支撑在机座上,滑板可在剪切方向上自由滑动。

3.1.3　水平力加载装置

用于推动下剪切盒在水平方向上恒速位移,位移速率为 1mm/min ±0.2mm/min。

3.1.4　施加法向力的装置

能均匀地对剪切面施加法向力,在下剪切盒恒速位移过程中法向力始终保持垂直,精度为 2%。

3.1.5　测定剪切力和相对位移的装置

剪切力测量装置的测量精度为 0.5%。

相对位移测量装置的测量精度为 0.02mm。

注:1. 仪器的设计应考虑砂土膨胀,确保剪切盒上下部分之间的间隙等于试样厚度加 0.5mm。

2. 填土及压密时上剪切盒与试样之间应装配密封条,以避免土粒堵塞上剪切盒和土工织物或土工格栅之间的间隙。

3.2　试样基座

用于放置试样,可为土质基座、硬木质基座、表面粒度为 P80 的氧化铝标准摩擦基座或其他刚性基座。

3.3　标准砂土

与试样接触的砂土应为标准细颗粒砂土。其粒径级配见表 T 1129-1。

表 T 1129-1　标准砂土规格

筛网孔径(mm)	筛余量(%)	筛网孔径(mm)	筛余量(%)
2.00	0	0.50	67 ±5
1.60	7 ±5	0.16	87 ±5
1.00	33 ±5	0.08	99 ±5

如果观察到细砂在试验中有流失,砂土级配必须重新校正。

可以对砂土加水以避免砂粒分离,但含水率不得超过 2%。应使用标准土样直剪仪测量砂土在不同法向压力下的最大剪应力及内摩擦角。

4　试样制备

4.1　取样:按本规程 T 1101—2006 的规定取样。

4.2　试样数量和尺寸:每种样品,每个被测试方向取 4 块试样。试样的大小应适合于试验仪器的尺寸,宽度略大于剪切面宽度。如果样品两面不同,两面都应试验,每面试验 4 块试样。

4.3　试样调湿和状态调节:按本规程 T 1101—2006 中的第 5 条规定进行。

5　试验步骤

5.1　将试样平铺在位于剪切盒下边部分内的刚性水平基座上,前端夹持在剪切区的前面。试样与基座之间用胶粘合(如使用 P80 氧化铝标准摩擦基座可不粘合)。粘合后试样应平整、没有折叠和褶皱。试验中试样和基座之间不允许产生相对滑移。

注:对于大孔径(大于 15mm)、高孔隙率(孔隙面积大于试样总面积的 50%)的土工格栅,也可选用砂土基座(将下剪切盒用标准砂土填充至规定密度)。当选用刚性板作为高孔隙率土工格栅(或土工织物)的基座时,必须进行砂土和基座之间的摩擦试验,求出与每个法向应力相对应的最大剪应力($\tau_{sup,max}$)。

5.2 安装上剪切盒:用预先称准质量的标准砂土填充上剪切盒,装填厚度 50mm。砂土厚度应均匀,压密后的干密度为 1 750kg/m³。

5.3 安装水平力加载仪、位移测量仪(传感器或刻度表),并对试样施加 50kPa 的法向压力。

5.4 施加水平荷载,使上下剪切盒之间作速率为 1mm/min ± 0.2mm/min 的相对位移。连续或间隔测量剪切力 T,同时记录对应的相对位移 ΔL,间隔时间为 12s,开始时也可视情况加密,直至达到剪切面长度的 16.5% 时结束试验。

5.5 卸下试样,仔细地除去被测试样上的标准砂土,检查和记录试样是否发生伸长、褶皱或损坏。

5.6 重复 5.1 ~5.5 步骤,在 100kPa、150kPa 和 200kPa 法向应力下再各试验一块试样。

5.7 如需要,试验样品的另一方向或另一面。

注:1. 应测定所用直剪仪的固有内阻。当固有内阻与剪切力相比不可忽略时,在进行数据处理时,应先从剪切力测量值中减去固有内阻对测量结果进行修正,再用修正后的结果进行计算。

2. 固有内阻测定方法:组装直剪仪,不放标准砂土,不加法向力,测定剪切盒以 1.0mm/min ± 0.2mm/min 速率移动 50mm 过程中的最大剪切力,即为直剪仪固有内阻。

6 结果计算

6.1 使用式(T 1129-1)计算每块试样的法向应力:

$$\sigma = P/A \tag{T 1129-1}$$

式中:σ——法向应力(kPa);

P——法向力(kN);

A——接触面积(m²)。

6.2 使用式(T 1129-2)计算每块试样剪应力:

$$\tau = T/A \tag{T 1129-2}$$

式中:τ——剪应力(kPa);

T——剪切力(kN);

A——试样接触面积(m²)。

如果使用接触面积递减的仪器,试样接触面积则为变值,每次计算均应使用与最大剪切力出现时相对应的实际接触面积值。

6.3 根据剪应力和对应的相对位移作图 T 1129-3,求取每块试样的最大剪应力。当剪应力与位移关系曲线出现峰值时,该峰值即为最大剪应力;当关系曲线不出现峰值时,取位移量为剪切面积长度的 10% 时的剪应力作为最大剪应力。

6.4 对于所有试样(4 个),根据最大剪应力和对应的法向应力作图 T 1129-4,通过各点作出最佳拟合直线,直线与法向压力轴之间的夹角即为土工织物和砂土的摩擦角 φ_{sg},最大剪应力轴上的截距为土工织物和砂土的表观黏聚力 C_{sg}。

6.5 使用式(T 1129-3)计算每块试样的摩擦比 $f_{g(\delta)}$:

$$f_{g(\delta)} = \frac{\tau_{max(\delta)}}{\tau_{s,max(\delta)}} \tag{T 1129-3}$$

式中:$f_{g(\delta)}$——摩擦比;

$\tau_{max(\delta)}$——在不同法向应力下的最大剪应力(kPa);

$\tau_{s,max(\delta)}$——在不同法向应力下标准砂土的最大剪应力(kPa)。

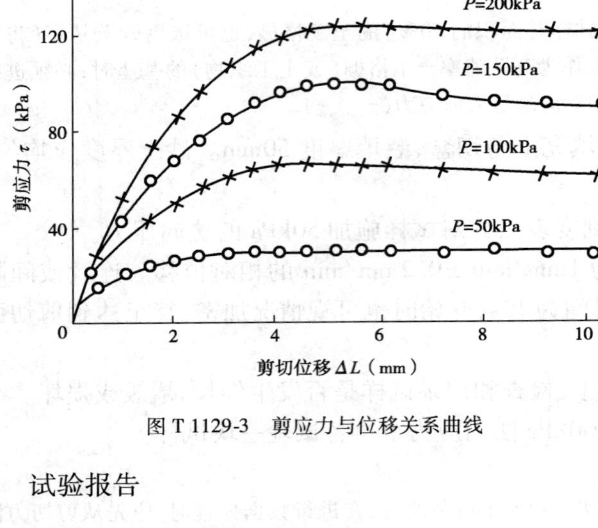

图 T 1129-3　剪应力与位移关系曲线

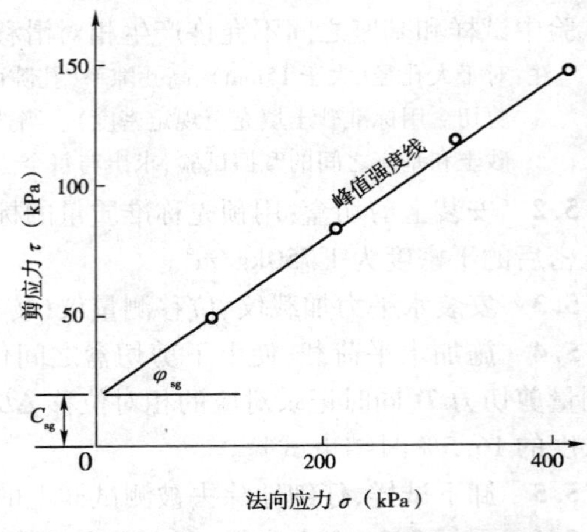

图 T 1129-4　最大剪应力与法向应力关系曲线

7　试验报告

试验报告应包括以下内容：

(1)样品名称、规格型号和状态描述；

(2)试验日期；

(3)试验用仪器；

(4)试验大气条件；

(5)试样的被测方向(纵向或横向)、正面或反面；

(6)剪应力与相对位移关系图,标示出计算中使用的最大剪应力；

(7)最大剪应力与法向应力的关系图；

(8)砂土直剪试验中剪应力与相对位移的关系图；

(9)砂土直剪试验中最大剪应力与法向应力的关系图；

(10)给出试样与标准砂土之间的黏聚力、摩擦角和摩擦比；

(11)试验中是否有破损或不正常现象的观察记录；

(12)任何偏离规定程序的详细说明。

条文说明

土工合成材料与土石料之间的摩擦特性是工程结构稳定性必须考虑的因素。摩擦特性中的直剪试验是使用直剪仪和标准砂土对土工合成材料进行直接剪切试验,以模拟它们之间的作用过程,评价土工合成材料的摩擦特性。

本次修订依据《土工布及其有关产品　摩擦特性的测定　第一部分:直接剪切试验》(GB/T 17635.1—1998)规定了直剪仪剪切盒的位移速率、法向荷载值以及标准砂土的规格和级配,试验结果反映的是土工合成材料本身的摩擦特性,不同土工合成材料之间的结果可以互相比较。剪切盒尺寸由150mm×150mm 改为300mm×300mm。

但当直剪试验用于工程设计时,需使用现场砂土,直剪仪剪切盒的位移速率、法向加荷值均应根据实际情况而定,在这种情况下的试验结果无可比性。

T 1130—2006　拉拔摩擦特性试验

1　适用范围

1.1　本方法规定了测定土内土工合成材料与周围土体拉拔摩擦阻力的试验方法。

1.2 本方法适用于所有的土工合成材料。

2 定义

2.1 拉拔位移(ΔL)

拉拔试验中试样与砂土之间的位移(mm)。

2.2 法向力(P)

对试样施加的恒定垂直力(kN)。

2.3 剪切力(T)

恒速位移条件下,试验中测得的水平力(kN)。

2.4 法向应力(σ)

单位面积的法向力(kPa)。

2.5 剪应力(τ)

土与土工合成材料拉拔试验中单位面积的剪切力(kPa)。

2.6 拉拔摩擦系数(f)

土与土工合成材料在拉拔试验中测得的剪应力与法向应力的比值。

2.7 摩擦角(φ)

土工织物和土之间的摩擦角,为最大剪应力对法向应力关系图中各点的“最佳拟合直线”的斜率(°)。

2.8 粘聚力(C_u)

土工织物与土之间的抱合力,为最佳拟合直线上法向应力等于0时的剪应力(kPa)。

3 仪器设备及材料

3.1 试验箱:为一矩形箱体,侧壁有足够的刚度,受力时不变形,箱体尺寸不宜小于25cm×20cm×20cm(长×宽×高)。箱一面侧壁的半高处开一贯穿全宽的窄缝,高约5mm,供试样引出箱体用。紧贴窄缝内壁,安置一可上下抽动的插板,用于调整窄缝的缝隙大小,防止土粒漏出(见图T 1130-1)。

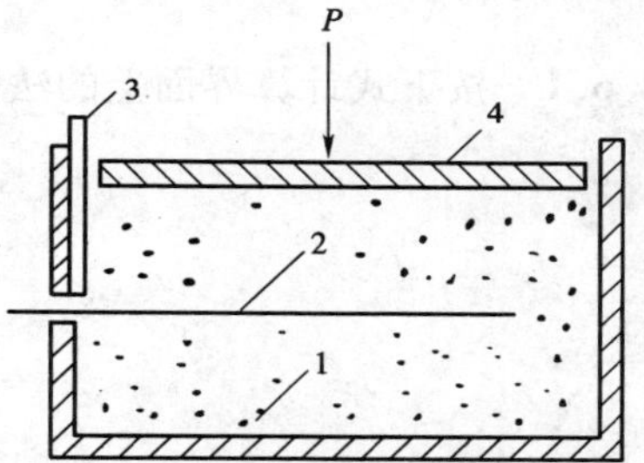

图T 1130-1 拉拔试验箱示意图

1-土;2-试样;3-插板;4-加压板

3.2 加荷系统

3.2.1 法向压力的加压装置应在试验过程中保持恒压,且均匀地作用在土面上。

3.2.2 水平加荷装置应能进行应变控制加荷。

3.3 测量系统

3.3.1 法向和水平向测力装置可用拉压力传感器或其他测力装置。

3.3.2 垂直和水平位移用百分表或位移传感器,测量精度为0.01mm。

4 试件制备

4.1 取样:按本规程T 1101—2006的规定取样。

4.2 试样数量和尺寸:试样数量不少于5块,其宽度应小于试验箱宽度,长度视夹具情况而定,至少为200mm,应保证有足够的长度固定试样。

4.3 试样端部加固:从试验箱引出的试样应进行端部加固,可采用粘胶加固(如环氧树脂),将试样牢固地粘贴在加固板上。

5 试验步骤

5.1 将土料填入试验箱,按要求的密度分层压实,压实后,土面水平面略高于试验箱一侧窄缝下缘。

5.2 将试样平放于土面上，要求平整无皱。在长度方向，试样埋入土中的长度为100～150mm，并居中放置。试样一端从窄缝引出箱外，注意两边对称，并和水平夹具连接。插入可调整窄缝高度的插板，使插板下缘正好在试样表面之上，将插板固定。

5.3 继续往箱内填土，分层压实直至到要求的密度，压实后土面平整，并略低于箱顶，放上加压板。

5.4 安装垂直和水平位移百分表。将垂直加荷千斤顶对中于试验箱，对加压板施加一微量的垂直荷载，使加压板与土面接触良好，将百分表读数调零。将夹有试样的夹具连接到水平加荷装置上。

5.5 施加要求的垂直荷载，使土料固结。固结时间视土性而定，对粒状土固结时间不少于15min；对粘性土，要求垂直变形增量每小时不大于0.000 25h（h为土样高度，mm），作为固结稳定标准，测量并记录相应的压缩量。施加一微量水平荷载，使水平加荷装置的各处受力绷紧，将百分表读数调整为零。

5.6 施加水平荷载，开始拉拔，测读并记录位移量和水平拉力。拉拔速率视土性而定，按应变控制加荷时，一般采用位移速率为0.2～3.0mm/min；对砂性土，可采用0.5mm/min。

5.7 试验进行到下列情况时方可结束：

5.7.1 如果水平荷载出现峰值，或试验进行至获得稳定值。

5.7.2 如果不出现峰值或试样被拉断，表明试样埋在土内的长度超过拔出长度，应缩短埋在土内的长度，并重新试验。

5.8 改变垂直荷载，重复5.1～5.7步骤，进行不同垂直荷载下相应的拉拔摩擦试验。为求得拉拔摩擦强度，要求在4级不同垂直荷载下进行试验，其中最大的一级荷载（压力）应不小于设计荷载。

6 结果计算

6.1 按下式计算界面上的法向应力σ和剪应力τ：

$$\sigma=\frac{P}{A} \tag{T 1130-1}$$

$$\tau=0.5\times\frac{T_d}{LB} \tag{T 1130-2}$$

以上两式中：P、T_d——分别为垂直荷载及水平荷载（kN）；

A——试验箱的水平面积（m^2）；

L、B——织物被埋在土内部分的长度和宽度（m）；

σ——法向应力（kPa）；

τ——剪应力（kPa）。

6.2 按下式计算界面上的拉拔摩擦系数f：

$$f=\frac{\tau}{\sigma} \tag{T 1130-3}$$

6.3 绘制各级垂直应力下剪应力与相应水平位移τ-ΔL的关系曲线（见图T 1130-2）。

6.4 绘制τ-σ曲线，求得界面的摩擦强度。

剪应力如有峰值时，绘制各级法向应力σ和剪应力峰值τ的关系曲线（见图T 1130-3）。图中φ为摩擦角，C_u为粘聚力。

7 试验报告

试验报告应包括以下内容：

(1)样品名称、规格型号和状态描述；

(2)试验日期；

(3)试验用仪器；

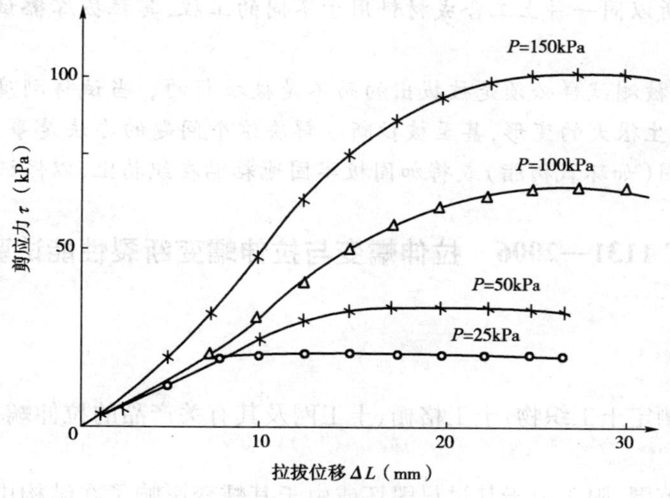

图 T 1130-2　τ-ΔL 曲线

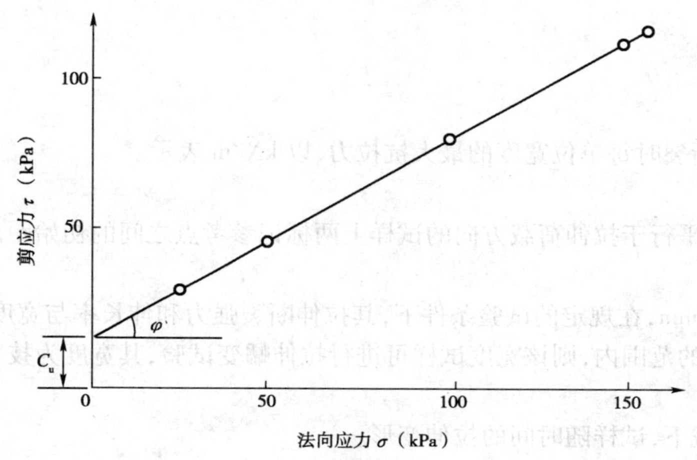

图 T 1130-3　τ-σ 曲线

（4）试样夹持方法；

（5）试样拔出长度；

（6）剪应力与法向应力的关系曲线图；

（7）剪应力与拉拔位移的关系曲线图；

（8）粘聚力、摩擦角和拉拔摩擦系数；

（9）任何偏离规定程序的详细说明。

条文说明

本方法是未修订章节，只是在条文的编排上有所变动。

拉拔摩擦与直剪摩擦的试验机理不同，结果通常存在差异。一般来讲，土工合成材料单面和土发生位移时，直剪摩擦试验较能反映实际情况；当双面均与土发生位移时，拉拔试验更为合适。直剪摩擦试验的目的是评价土工合成材料的摩擦特性，使用直剪仪和标准砂土进行试验，试样的制备、调湿也有一定的规定，试验结果有可比性。而拉拔摩擦试验的目的则是通过试验，取得土工合成材料与现场土石料的摩擦剪切强度，以保证在工程设计中土工合成材料与周围土石料之间的摩擦剪切强度大于土石料之间的摩擦剪切强度，这样才能保证工程结构的稳定性。

所以拉拔摩擦试验原则上应模拟现场条件，须使用现场土样进行试验，剪切速率可根据现场土料的土性和排水条件选用，一般范围在0.2～3.0mm/min之间。另外，当土样固结速率较快时，可采用较高的拉拔速率；对于固结速率较慢的土样，宜采用较慢的速度进行拉拔。施加的法向加荷值要求最大一级荷载应大于设计荷载，所以同一种土工合成材料用于不同的工程，其拉拔摩擦试验的试验条件不同，试验结果也不同。

在拉拔试验中要求被测试样必须是被拔出的而不是被拉断的。当试样刚度较低时，试样在箱外的部分在拉力作用下会发生很大的变形，甚至被拉断。解决这个问题的办法是事先将试样的引出部分进行加固，可采用粘胶加固（如环氧树脂）或将加固板牢固地粘贴在织物上，以保证拉拔过程中不脱开。

T 1131—2006　拉伸蠕变与拉伸蠕变断裂性能试验

1　适用范围

1.1　本方法规定了测定土工织物、土工格栅、土工网及其有关产品的拉伸蠕变和拉伸蠕变断裂性能的试验方法。

1.2　本方法的适用范围，限于由于其过早毁坏或由于其蠕变影响了在结构中的加强作用，而可能造成结构塌陷的产品。

2　定义

2.1　拉伸强度

试样被拉伸直至断裂时每单位宽度的最大抗拉力，以 kN/m 表示。

2.2　名义标记长度

未加预张力时，在平行于拉伸荷载方向的试样上两标记参考点之间的初始距离。

2.3　技术代表宽度

试样宽度小于200mm，在规定的试验条件下，其拉伸断裂强力和伸长率与宽度为200mm 试样相比，分别在 ±5% 和 ±20% 的范围内，则该宽度试样可进行拉伸蠕变试验，其宽度为技术代表宽度。

2.4　拉伸蠕变

在恒定的拉伸荷载下，试样随时间的拉伸变形。

2.5　拉伸蠕变断裂

在小于拉伸强度的恒定拉伸荷载下，试样的拉伸破坏。

2.6　拉伸蠕变荷载

施加在试样上每单位宽度的恒定的静荷载。

注：通常拉伸蠕变荷载以该样品的拉伸强度的百分比表示。拉伸蠕变荷载包括预荷载和加载装置所加的荷载。

2.7　加载时间

施加拉伸蠕变荷载至规定值所需的时间。

2.8　蠕变时间

从加载时间结束起到拉伸蠕变结束时所经历的时间。

2.9　蠕变断裂时间

从加载时间结束起直到试样发生拉伸蠕变断裂所经历的时间。

2.10　横向收缩

在拉伸试验过程中试样宽度的减小，以在预张力下标记长度中间的试样宽度的百分比表示。

3　仪器设备及材料

总体要求：仪器用具应包括夹持试样的装置、加载系统、变形测量系统和记时系统。

3.1　试样夹具

夹具应具有足够宽度以能够夹持试样的全宽，并能限制试样的滑移，而不损伤试样。

标记长度的标记点与两个夹持器的距离应不小于20mm。

3.2　加载系统

加载框架应有足够的刚度，能支撑荷载。加载框架应与外部振动隔离，不受该框架上或相邻框架上其他试样断裂的影响。

拉伸蠕变荷载应恒定，并精确至±1%。

可直接使用重锤或通过杠杆系统，或使用机械、液压或气压系统施加拉伸蠕变荷载。每次试验前应校验加载系统，以确认所需的荷载加到试样上。

注：需要特别注意，在使用除恒载外的加载系统时，应保证拉伸蠕变荷载是恒定的，并在要求的精度内。

加载系统应具有对试样施加预张力的能力。

加载系统应使加载方便，加载时间不超过60s。

3.3 变形测量系统

伸长计，能够测量试样上两参考点之间标记长度的变化，应能保证测量结果确实代表了参考点的真实动程。可使用任何仪器测量标记长度的变化，精度为标记长度的±0.1%。通常使用机械的、电子的或光学的伸长计测量仪器。

注：必须非常小心，保证读数的重现性和仪器的长期稳定性。仪器可连接到一个连续读数的系统上，或一个记录仪器上，也可按规定的时间间隔测量长度的变化。在试样上标记参考点时，应避免在试验过程中的位移或变形。

3.4 记时系统

记时系统的精度为1%，具有设定时间为零的能力，并能在发生蠕变断裂时记录即时时间。

4 试样制备

4.1 取样：按本规程T 1101—2006的规定取样。

4.2 试样数量

(1)用于拉伸蠕变性能的测定：4块试样；

(2)用于拉伸蠕变断裂的测定：12块试样；

(3)用于拉伸强度的测定：按本规程T 1121的规定。

注：如采用技术代表宽度的试样进行拉伸蠕变性能和拉伸蠕变断裂的测定，剪取试样时应考虑试样的数量。

4.3 试样尺寸

4.3.1 试样尺寸的确定

(1)与使用仪器的尺寸相适应；

(2)与使用的测量装置的精度相适应；

(3)根据技术代表宽度；

(4)保证使标记长度的两个标记参考点与夹持器的距离不小于20mm。

4.3.2 试样的最小标记长度

(1)不小于200mm；

(2)对土工格栅，不少于两个完整的网格；

(3)对所有样品，能保证标记长度的测量精度为±0.1%。

4.3.3 试样的宽度

(1)对按本规程T 1121的规定试验时表现出明显横向收缩(≥10%)的产品，样宽200mm；

(2)对土工格栅：不少于3个完整的单元；

(3)对其他所有的产品：一个技术代表宽度。

注：试样尺寸主要影响试验的可行性和精度，所需的荷载依赖于试样的宽度。

4.4 试样调湿和状态调节：按本规程T 1101—2006中的第5条规定进行。

5 试验步骤

5.1 拉伸蠕变性能的测定

在规定的温湿度环境条件下，将一恒定静荷载施加于试样上。荷载均匀分布于试样的整个宽度。连续记录或按规定的时间间隔记录试样的伸长，该荷载保持1 000h。如果不足1 000h试样发生断裂，则记录断裂时间。

5.1.1 按本规程 T 1121 的规定测定样品的宽条拉伸特性，包括试样的拉伸强度、断裂伸长率和横向收缩率。

5.1.2 按本规程 T 1121 的规定测定技术代表宽度试样的拉伸强度和断裂伸长率。如果需要，评价所使用的技术代表宽度试样的有效性，详见条文说明中的计算示例。

5.1.3 根据本方法 4.3.2 要求的标记长度在试样上标记参考点后，将试样安装在夹具上。

5.1.4 施加预张力，预张力值等于拉伸强度的 1%，以 kN/m 表示。

5.1.5 测定标记长度作为初始标记长度，精确至 ±0.1%。

5.1.6 如适用，安装和固定伸长计，并设置初始伸长值为 0。

5.1.7 从以下范围选择 4 档荷载进行试验：

拉伸强度的 10%、20%、30%、40%、50% 和 60%。

4 块试样分别施加 4 档不同的荷载，加载时间不超过 60s。

5.1.8 加载结束时即为试验的零点时间。按下列时间测量标记长度的变化，精确至 ±0.1%：

(1)1、2、4、8、15、30、60(min)；

(2)2、4、8、24(h)；

(3)3、7、14、21、42 (d)。

5.2 拉伸蠕变断裂的测定

在规定的温湿度环境下，将一恒定静荷载施加于试样上，荷载均匀地分布于试样整个宽度。该荷载保持到试样断裂，由试样断裂即停止记时的记时系统记录断裂时间。

5.2.1 按本规程 T 1121 的规定测定样品的宽条拉伸特性，包括试样的拉伸强度、断裂伸长率和横向收缩率。

5.2.2 按本规程 T 1121 的规定测定技术代表宽度试样的拉伸强度和断裂伸长率。如需要，评价所使用的技术代表宽度的试样的有效性。

5.2.3 将试样安装在夹具上。

5.2.4 从试样拉伸强度的 30% ~90% 范围内选择 4 档荷载进行试验。3 块试样施加一档荷载，即共计试验 12 块试样。加载结束时即为试验的零点时间。

注：选择 4 个等距对数时间，如 100h、500h、2 000h、10 000h。估计有可能导致进行的 3 个平行试验在 100h 时断裂的荷载水平。根据该结果，对有可能导致在 500h 断裂的荷载进行估计。然后是其他两个荷载水平。

5.2.5 记录发生蠕变断裂时的时间。

6 技术代表宽度试样的使用规定

当使用小于 200mm 技术代表宽度的试样时，确定试样宽度的方法很重要。

6.1 土工格栅、土工网技术代表宽度的试样应满足下列条件：

按本规程 T 1121 的规定测定宽条样的拉伸强度和伸长率；准备减宽试样，测量减宽试样的拉伸强度和伸长率。当减宽试样同时满足拉伸强度偏差不超出 ±5%、伸长率偏差不超出 ±20% 时，可以确定为技术代表宽度。

计算拉伸强度时，还需确定每米宽度的拉伸单元。尽可能地把整卷宽度的样品放在一个平面上，使用长度至少 1.5m 的尺子测量约 1m 内的拉伸单元所对应的宽度，以 mm 表示。根据该单元数计算每米宽度的拉伸单元个数，精确至 0.1 个单元。同时记录试样上的拉伸单元个数(详见条文说明中的示例 1)。

6.2 土工织物技术代表宽度的确定。

准备减宽试样，其宽度应小于 200mm、大于 50mm；按本规程 T 1121 的规定测定宽条样和减宽试样的拉伸强度和伸长率，分别计算两种宽度试样的拉伸强度和伸长率。减宽试样如同时满足拉伸强度偏差不超出 ±5%、伸长率偏差不超出 ±20% 时，可以确定为技术代表宽度(详见条文说明中的示例 2)。

7 试验报告

试验报告应包括以下内容：

(1)样品名称、规格型号和状态描述;
(2)试验开始和结束的日期;
(3)试验用仪器;
(4)试样调湿和试验用大气条件;
(5)宽条拉伸试验的平均拉伸强度、伸长率和试样的横向收缩;
(6)如果需要,提供判断使用技术代表宽度试样进行蠕变试验的详细资料;
(7)如果需要,按送样者的规定尺寸试样进行蠕变试验,计算平均拉伸强度和伸长率;
(8)加载方式的描述;
(9)拉伸蠕变荷载以第(5)项拉伸强度的百分比表示;
(10)测量的蠕变伸长和时间关系的结果表示;
(11)名义标记长度;
(12)每个试样在每一荷载下的变形-时间对数的关系曲线图,图中应包括所有的数据点;
(13)每个试样的拉伸蠕变断裂时间;
(14)任何偏离规定程序的详细说明。

条文说明

土工合成材料的一个重要特性是在恒定荷载下其变形是时间的函数,即表现出明显的蠕变特性。作为加强作用的土工合成材料应具有良好的抗蠕变性能,否则在长期荷载的作用下,材料如产生较大的变形将会使结构失去稳定。

关于蠕变特性的试验方法,国内外标准有:《土工布及其有关产品 拉伸蠕变和拉伸蠕变断裂性能的测定》(ISO/FDIS 13431:1998)、《土工合成材料无侧限条件下的拉伸蠕变特性试验》(ASTM D5262—95)、《土工布及其有关产品 拉伸蠕变和拉伸蠕变断裂性能的测定》(GB/T 17637—1998)。国标的技术内容非等效于 ISO/FDIS 13431:1998。

本方法修订参照 ISO/FDIS 13431:1998 和 GB/T 17637—1998 的技术内容,明确了蠕变试验主要测定两项指标,即拉伸蠕变性能(在静态小荷载下试样伸长与时间的关系)和拉伸蠕变断裂时间(在静态小荷载下试样直到断裂所需的时间)。规定了在满足要求的前提下为降低长期试验的时间及费用,允许采用小于本规程 T 1121 中测定拉伸断裂强力规定的 200mm 的宽度以技术代表宽度进行蠕变拉伸试验。如何确定能否采用技术代表宽度,见示例。

应当指出,土工合成材料蠕变性能的表征是有一定困难的,目前没有相关的国际标准和国家标准,国内外许多大企业、机构有自己的方法,用于评价土工合成材料的蠕变性能。例如:时间温度分级表示、外推演算等。这些方法各有利弊但都没有形成评价标准。

本方法规定的试验方法是测定土工合成材料在不受土壤约束条件下的拉伸蠕变性能,其结果不能真实代表土工合成材料在土壤中的蠕变特性,但可用于同一条件下不同产品的性能比较。

示例1:土工格栅

(1)土工格栅宽度 986mm 内有 43 个拉伸单元,每米宽度的拉伸单元数为 43.6。

(2)宽条拉伸试样有 8 个拉伸单元,其宽度为:$(8/43.6)\times 1\,000 \approx 183.5$mm。

测定的宽条试样的平均拉伸强度为 10.8kN,伸长率为 12.8%,横向收缩为 0。

每米宽度的拉伸强度为:$(1\,000/183.5)\times 10.8 \approx 58.9$kN/m。

(3)减宽试样有 3 个拉伸单元,其宽度为:$3\times 1\,000/43.6 \approx 68.8$mm。

测定 3 个拉伸单元宽试样的平均拉伸力为 4.086 kN,伸长率为 13.4%。

每米宽度的拉伸强度为:$(1\,000/68.8)\times 4.086 \approx 59.4$kN/m。

(4)结论:3 个拉伸单元宽试样的拉伸强度与宽条试样的拉伸强度偏差小于 5%,伸长率偏差小于 20%,所以允许用 3 个拉伸单元宽的试样为技术代表宽度试样进行拉伸蠕变试验。

示例2:土工织物

(1)测定的200mm宽度试样的平均拉伸强度为31.4kN/m,伸长率为10.7%。

(2)测定的60mm宽度试样的平均拉伸强度为30.2kN/m,伸长率为15.2%。

(3)结论:宽度为60mm试样与200mm试样的拉伸强度偏差在5%以内,伸长率偏差大于20%,所以不允许以宽度为60mm的试样作为技术代表宽度试样进行拉伸蠕变试验。

6　水力性能试验

T 1141—2006　垂直渗透性能试验(恒水头法)

1　适用范围

1.1　本方法规定了土工织物及复合土工织物在系列恒定水头下垂直渗透性能的试验方法。

1.2　本方法适用于土工织物和复合土工织物。

2　引用标准

GB/T 7489　水质　溶解氧的测定　碘量法

GB 8170　数值修约规则

3　定义

3.1　流速指数

试样两侧 50mm 水头差下的流速,精确到 1mm/s。

注:也可取 100mm、150mm 水头差下的流速,但应在报告中注明。

3.2　垂直渗透系数

在单位水力梯度下垂直于土工织物平面流动的水的流速(mm/s)。

3.3　透水率

垂直于土工织物平面流动的水,在水位差等于 1 时的渗透流速(1/s)。

4　仪器设备及材料

4.1　恒水头渗透仪(见图 T 1141-1)

4.1.1　渗透仪夹持器的最小直径 50mm,能使试样与夹持器周壁密封良好,没有渗漏。

4.1.2　仪器能设定的最大水头差应不小于 70mm,有溢流和水位调节装置,能够在试验期间保持试件两侧水头恒定,有达到 250mm 恒定水头的能力。

4.1.3　测量系统的管路应避免直径的变化,以减少水头损失。

4.1.4　有测量水头高度的装置,精确到 0.2mm。

4.2　供水系统

4.2.1　试验用水应按 GB/T 7489 对水质的要求采用蒸馏水或经过过滤的清水,试验前必须用抽气法或煮沸法脱气,水中的溶解氧含量不得超过 10mg/kg。

4.2.2　溶解氧含量的测定在水入口处进行,溶解氧的测定仪器或仪表应符合GB/T 7489的有关规定。

4.2.3　水温控制在 18℃ ~22℃。

注:由于温度校正(见表 T 1141-1)只同层流相关,流动状态应为层流;工作水温宜尽量接近 20℃,以减小因温度校正带来的不准确性。

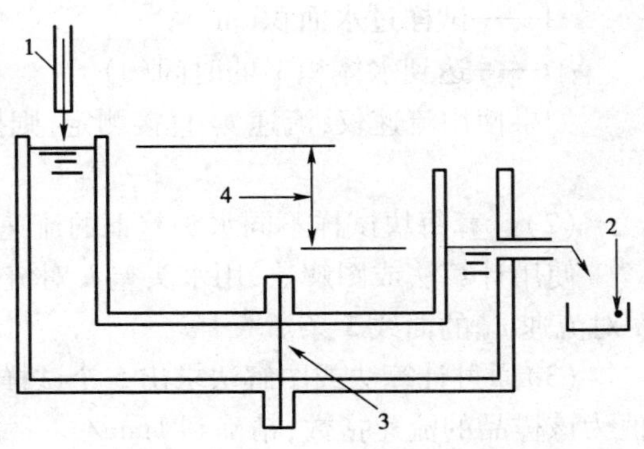

图 T 1141-1　水平式恒水头渗透仪示意图

1-进水系统;2-出水收集;3-试样;4-水头差

4.3　其他用具

4.3.1 秒表,精确到0.1s。

4.3.2 量筒,精确到10mL。

4.3.3 温度计,精确到0.2℃。

5 试样制备

5.1 取样:按本规程T 1101—2006的规定取样。

5.2 试样数量和尺寸:试样数量不小于5块,其尺寸应与试验仪器相适应。

5.3 试样要求:试样应清洁,表面无污物,无可见损坏或折痕,不得折叠,并应放置于平处,上面不得施加任何荷载。

6 试验步骤

6.1 将试样置于含湿润剂的水中,至少浸泡12h直至饱和并赶走气泡。湿润剂采用0.1% V/V的烷基苯磺酸钠。

6.2 将饱和试样装入渗透仪的夹持器内,安装过程应防止空气进入试样,有条件时宜在水下装样,并使所有的接触点不漏水。

6.3 向渗透仪注水,直到试样两侧达到50mm的水头差。关掉供水,如果试样两侧的水头在5min内不能平衡,查找是否有未排除干净的空气,重新排气,并在试验报告中注明。

6.4 调整水流,使水头差达到70mm±5mm,记录此值,精确到1mm。待水头稳定至少30s后,在规定的时间周期内,用量杯收集通过仪器的渗透水量,体积精确到10mL,时间精确到s。收集渗透水量至少1 000mL,时间至少30s。如果使用流量计,流量计至少应有能测出水头差70mm时的流速的能力,实际流速由最小时间间隔15s的3个连续读数的平均值得出。

6.5 分别对最大水头差0.8、0.6、0.4和0.2倍的水头差,重复6.4的程序,从最高流速开始,到最低流速结束,并记录下相应的渗透水量和时间。如果使用流量计,适用同样的原则。

注:如土工织物总体渗透性能已确定,为控制产品质量也可只测50mm水头差下的流速。

6.6 记录水温,精确到0.2℃。

6.7 对剩下的试样重复6.2~6.6的步骤。

7 结果计算

7.1 流速指数

(1)按下式计算20℃时的流速v_{20}(mm/s):

$$v_{20}=\frac{VR_T}{At} \tag{T 1141-1}$$

式中:V——渗透水的体积(m^3);

R_T——T℃水温时的水温修正系数(见表T 1141-1);

A——试样过水面积(m^2);

t——达到水体积V的时间(s)。

如果使用流速仪,流速v_T直接测定,则按公式(T 1141-2)计算20℃时的流速v_{20}(mm/s):

$$v_{20}=v_T R_T \tag{T 1141-2}$$

(2)计算每块试样不同水头差下的流速v_{20}。

使用计算法或图解法,用水头差h对流速v_{20}通过原点作曲线。在一张图上绘出5个试样的水头差h对流速v_{20}的曲线5条。

(3)通过计算法或图解法求出5个试样50mm水头差的流速值,给出平均值和最大、最小值。平均值为该样品的流速指数,精确到1mm/s。

7.2 垂直渗透系数

按公式(T 1141-3)计算实际水温下的垂直渗透系数k:

$$k = v/i = \frac{v\delta}{\Delta h} \quad (\text{T 1141-3})$$

式中：k——实际水温下的垂直渗透系数(mm/s)；

v——垂直土工织物平面水的流动速度(mm/s)；

i——土工织物上下两侧的水力梯度；

δ——土工织物试样厚度(mm)；

Δh——对土工织物试样施加的水头差(mm)。

按公式(T 1141-4)计算20℃水温下的垂直渗透系数k_{20}：

$$k_{20} = k\ R_T \quad (\text{T 1141-4})$$

式中：k_{20}——水温20℃时的垂直渗透系数(mm/s)；

k——实际水温下的垂直渗透系数(mm/s)；

R_T——T℃水温时的水温修正系数(见表T 1141-1)。

表 T 1141-1 水温修正系数

温度(℃)	R_T	温度(℃)	R_T
18.0	1.050	20.5	0.988
18.5	1.038	21.0	0.976
19.0	1.025	21.5	0.965
19.5	1.012	22.0	0.953
20.0	1.000		

注：水温修正系数R_T即为水的动力粘滞系数比η_t/η_{20}；η_t为试验水温t℃时水的动力粘滞系数，η_{20}为试验水温20℃时水的动力粘滞系数。

7.3 透水率

按公式(T 1141-5)计算水温20℃时的透水率θ_{20}：

$$\theta_{20} = k_{20}/\delta = v_{20}/\Delta h \quad (\text{T 1141-5})$$

式中：θ_{20}——水温20℃时的透水率(1/s)；

k_{20}——水温20℃时的渗透系数(mm/s)；

δ——土工织物厚度(mm)；

v_{20}——温度20℃时，垂直土工织物平面水的流动速度(mm/s)；

Δh——对土工织物试样施加的水头差(mm)。

8 试验报告

试验报告应包括以下内容：

(1)样品名称、规格型号和状态描述；

(2)样品状态的描述；

(3)试验日期；

(4)渗透仪规格型号、主要技术指标；

(5)试样有效过水面积；

(6)测定全部渗透性能时，每个试样的流速对水头损失曲线的集合；

(7)水头差50mm时的流速指数(VI_{50})，如需要，给出垂直渗透系数和透水率；

(8)水温范围；

(9)供水方式和溶解氧值；

(10)任何偏离规定程序的详细说明。

条文说明

土工织物用作反滤材料时，流水的方向垂直于土工织物的平面，此时要求土工织物既能阻止土颗粒随水流失，又要求它具有一定的透水性。垂直渗透性能主要用于反滤设计，以确定土工织物的渗透性能。

国内外有关土工织物垂直渗透性能的标准有：《土工布及其相关产品　无荷载下垂直向渗透性的测定》（ISO 11508:1999）、《水压渗透系数和单位宽度流速测定方法》（ASTM D4716—01）、《土工布　透水性测定方法》（GB/T 15789—1999）、交通部行业标准《公路土工合成材料试验规程》（JTJ/T 060—98）、水电部行业标准《土工合成材料测试规程》（SL/T 235—1999）。

国际标准 ISO 11508:1999 和美国标准 ASTM D4716—01 垂直向渗透性能的测定包括两种方法：一种是恒水头法；另一种是降水头法。恒水头法是测土工织物在系列恒定水头下的垂直渗透特性；降水头法是测土工织物在连续下降水头下的垂直渗透特性。国内所有的标准均采用恒水头法。

本次修订考虑到与国内相关标准的衔接，试验方法只包括恒水头法，评定指标参照采用了《土工布及其相关产品　无荷载下垂直向渗透性的测定》（ISO 11508:1999）的恒水头法，新增了"流速指数"，同时保留了渗透系数和透水率。国内外标准采用的评定指标和方法见表 T 1141-2。

表 T 1141-2　渗透性能评定指标

标准编号	测试方法	采用指标
ISO 11508:1999	恒水头法、降水头法	流速指数（VI_{50}）
ASTM D4716—01	恒水头法、降水头法	透水率（渗透系数）
GB/T 15789—1999	恒水头法	渗透率、压差指数、流速指数
JTJ/T 060—98	恒水头法	渗透系数、透水率
SL/T 235—1999	恒水头法	渗透系数、透水率

在测试过程中还应注意以下几点：

（1）试件放在渗透仪夹持器中，要注意旋紧夹持器压盖，以防止水从试样被压部分的内层渗漏；同时要保持夹持器的压盖与试样盒内壁密封，防止侧漏影响试验结果。

（2）试件必须进行浸泡处理，目的在于排尽试样内部的空气，必要时可在浸泡过程中进行人工挤压排气，以保证试验结果的准确。

（3）各种土工织物的渗透性能相差很大，统一规定只装一片饱和试样有的产品很难达到两侧 50mm 的水头差，可以考虑以满足试样两侧达到 50mm 的水头差为前提，确定采用单层还是多层试样进行试验。

T 1142—2006　耐静水压试验

1　适用范围

1.1　本方法规定了土工合成材料防渗性能——耐静水压性能的试验方法。

1.2　本方法适用于土工膜和复合土工膜。

2　引用标准

GB 8170　数值修约规则

3　仪器设备及材料

耐静水压的测定装置应包括进水调压装置、试样夹持及加压装置、压力测定装置等。其主要部件及要求如下（见图 T 1142-1）：

3.1　进水调压装置：包括水源、气源、调压阀等，调压范围至少 0～2.5MPa，应具有压力恒定功能，加压系统误差 ±2%。

3.2 试样夹持及加压装置：由集水器、支撑网和多孔板组成。集水器一般为圆筒状，内腔直径为200mm ±5mm；多孔板内均匀分布直径为3mm ±0.05mm 的小透孔，孔的中心间距离6mm；试样夹持后应保证无漏水。

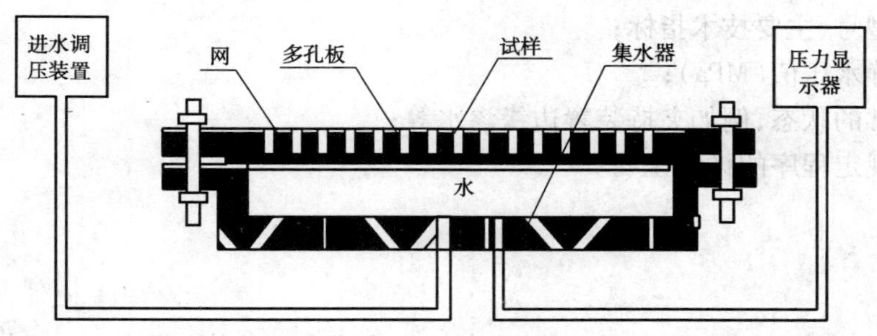

图 T 1142-1　耐静水压装置示意图

注：集水器内腔直径也可根据需要选用，但截面面积不小于 $200cm^2$。

3.3 压力测定装置：量程范围 0～2.5MPa，分辨率 0.05MPa。

3.4 具有相同效果的仪器装置均可使用，例如 T 1141—2006 中规定的装置。

4 试样制备

4.1 取样：按本规程 T 1101—2006 的规定取样。

4.2 试样数量和尺寸：从样品上剪取 3 块试样，其大小应适合使用的仪器。试样上不能有损伤和疵点。

5 试验步骤

5.1 开启进水加压装置，使水缓慢地进入并充满集水器，直至刚好要溢出。

5.2 将试样无褶皱地平放在集水器内的网上，溢出多余水以确保集水器内无气泡；将多孔板盖上，均匀地夹紧试样。

对于由纺织材料与膜材复合的试样，应使膜材一面对水面；对于两面是纺织材料而膜处于中间的复合材料，可将面对水面一侧的纺织材料边缘相应于将被夹持的环形部分小心地剥去，也可在被夹持的环形部分涂上玻璃胶等粘合剂，以确保试样被夹持的部分不漏水。

5.3 缓慢调节加压装置，使集水器内的水压上升至 0.1MPa；如能估计出样品耐静水压的大致范围，也可将水压直接加到该范围的下限，开始测试。

5.4 保持上述压力至少 1h，观察多孔板的孔内是否有水渗出。

5.5 如试样未渗水，以每 0.1MPa 的级差逐级加压，每级均保持至少 1h，直至有水渗出时，表明试样有渗水孔或已出现破裂，记录前一级压力即为该试样的耐静水压值，精确至 0.1MPa。

5.6 如只需判断试样是否达到某一规定的耐静水压值，则可直接加压到此压力值并保持至少 1h，如没有水渗出，则判定其符合要求。

注：多孔板的孔内出现水珠时，如将其擦去后不再有水渗出，则可判断这是由于试样边缘溢流造成的，可以继续试验；如果将其擦去后仍有水渗出，则可判断是由于试样渗水造成的，试验可以终止。

5.7 按照 5.1～5.6 步骤测定其余试样。

5.8 如果使用 T 1141—2006 中规定的装置，则以渗流量判断是否渗水。在一定水力压差下渗流量极小时（如小于 $0.1cm^3/h$）则可认为没有渗水；当渗流量急速增加时，表明试样已出现破坏，试验可以终止。

6 试验结果

以 3 个试样测得耐静水压值中的最低值作为该样品的耐静水压值，按 GB 8170 规定修约至 0.1MPa。

7 试验报告

试验报告应包括以下内容：

(1)样品名称、规格型号;

(2)样品状态的描述;

(3)试验日期;

(4)试验设备型号、主要技术指标;

(5)样品的耐静水压值(MPa);

(6)任何不正常的状态,例如夹持装置边缘渗水等;

(7)任何偏离规定程序的详细说明。

条文说明

土工合成材料中的土工膜和复合土工膜,防渗性能是其重要的特征指标之一,在工程实际应用中对工程寿命有重要的影响。防渗性能通常可用耐静水压指标表征,所以本次修订新增了"耐静水压试验"。该方法是在《土工合成材料　非织造复合土工膜》(GB/T 17642—1998)附录A-A2(耐静水压测定)的基础上制定的。

耐静水压试验方法的原理是:将样品置于规定的测试装置内,对其两侧施加一定水力压差并保持一定时间,逐级增加水力压差,直至样品出现渗水现象,记录其能承受的最大水头压差即为样品的耐静水压值;也可测定在要求的水力压差下样品是否有渗水现象,以判断其是否满足要求。

在操作过程中应注意:

(1)多孔板上的小孔直径和分布间距会对试验结果产生较大的影响。小孔直径和分布间距不同,试验结果不同,没有可比性,所以要严格按标准要求制作多孔板。

(2)支撑网和多孔板表面应光滑无锐角,以免划伤试件造成漏水。

(3)当对两布一膜试样进行耐静水压试验时,要特别注意密封问题,将面对水面一侧的纺织纤维小心剥掉,以确保被夹持部分不漏水。

(4)试验结果是以3个试样中最低值作为样品的检测结果。这主要是考虑到样品可能存在不均匀性,而一处渗水就可能酿成大的工程事故,所以采用最低值作为样品的检测结果。

T 1143—2006　塑料排水带芯带压屈强度与通水量试验

1　目的和适用范围

1.1　本方法规定了测定塑料排水带芯带压屈强度与复合体纵向通水量的试验方法。

1.2　本方法适用于各种类型的塑料排水带。

2　引用标准

GB 8170　数值修约规则

3　芯带压屈强度试验

3.1　仪器设备及材料

3.1.1　压力机:具有等速率加荷和恒压功能,能测读加压过程中的应力、应变量,绘制应力-应变曲线。

3.1.2　其他能满足要求的加压设备,如杠杆式加压仪。

3.1.3　百分表:量程为10mm,分度值为0.01mm。

3.2　试样制备

3.2.1　取样:按本规程T 1101—2006的规定取样。

3.2.2　制样:裁取圆形试样3块,试样面积为30cm^2(直径6.18cm)或50cm^2(直径7.98cm)。

3.2.3 试样调湿和状态调节:按本规程 T 1101—2006 中的第 5 条规定进行。

3.3 试验步骤

3.3.1 将试样放在压力机上,上下垫刚性垫板,施加 1kPa 预压力,将百分表调零。

3.3.2 对试样施加第一级压力(50kPa),随即记时,恒定压力,每 10min 从百分表上测读一次试样的压缩变形量。当相邻两次读数差小于试样厚的 1% 时,即以此读数作为该级压力下的压缩量。

3.3.3 重复本节 3.3.1 ~ 3.3.2 的步骤分别对试样施加 150kPa、250kPa、350kPa 及 450kPa 压力,测记各级压力下的压缩量,精确到 0.01mm。

3.3.4 重复本节 3.3.1 ~ 3.3.3 的步骤对其余两块试样进行试验。

3.4 结果计算

3.4.1 按下式计算试样在各级压力下的压缩应变 ε_i:

$$\varepsilon_i = \frac{\Delta h_i}{h_0} \times 100 \qquad (T\ 1143\text{-}1)$$

式中:ε_i——第 i 级压力下的压缩应变(%);

Δh_i——第 i 级压力下的压缩变形量(mm);

h_0——试样初始厚度(mm)。

3.4.2 绘制试样的应力-应变曲线,取初始线性段的最大压力值作为芯带的压屈强度。

3.4.3 计算 3 块试样压屈强度的平均值(kPa),按 GB 8170 修约到整数。

4 纵向通水量试验

4.1 仪器设备及用具

4.1.1 通水能力测定仪有立式和卧式两种(见图 T 1143-1、图 T 1143-2),应满足下列规定:

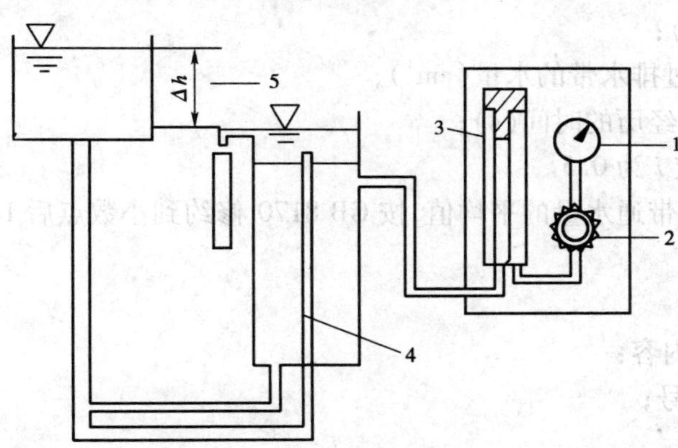

图 T 1143-1 立式通水能力测定仪

1-压力表;2-调压阀;3-体变管;4-排水带;5-水位差

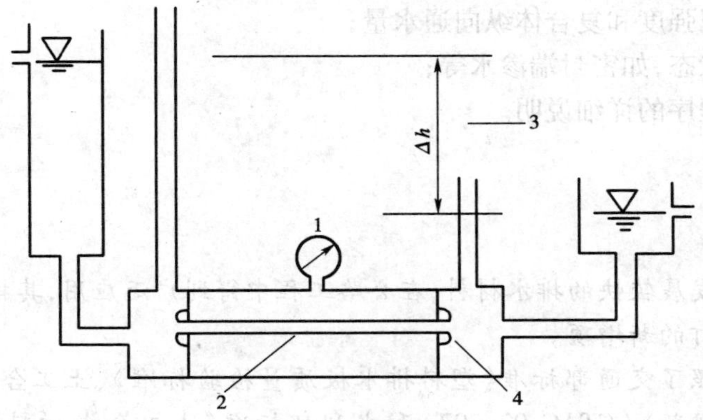

图 T 1143-2 卧式通水能力测定仪

1-压力表;2-排水带;3-水位差;4-端部密封

(1)在试样样长范围内受到均匀且恒定的侧压力;

(2)试样内部在常水头下进行渗流;

(3)试样两端连接处,必须密封良好,在侧压力作用下不漏水。

4.1.2 连接管路宜短而粗。

4.1.3 上下游水位容器应有溢水装置,保持常水头;水位容器应有较大容积,保证水流稳定。

4.1.4 包封排水带用的乳胶膜套,应弹性良好、不漏水,膜厚宜小于0.3mm。

4.1.5 其他,如量筒、秒表、温度计、水桶等。

4.2 试样制备

4.2.1 取样:按本规程T 1101—2006的规定取样。

4.2.2 制样:沿排水带长度方向随机裁取两块试样,试样长度与通水能力测定仪相匹配。

4.3 试验步骤

4.3.1 将包有乳胶膜的排水带装入通水仪内,密封好两端接头,安装好连接部分。

4.3.2 对压力室施加侧压力,通用的侧压力为350kPa,在整个试验过程中保持恒压。

4.3.3 调节上、下游水位,使排水带在水力梯度 $i=0.5$ 条件下进行渗流。

4.3.4 在恒压及恒定水力梯度下渗流半小时后测量渗水量,并记录测量时间,以后每隔2h测量一次,直到前后两次通水量差小于前次通水量的5%为止,以此作为排水带的通水量。

4.3.5 重复4.3.1~4.3.4步骤,测定另一块排水带的通水量。

4.4 结果计算

4.4.1 按下式计算排水带通水量 Q:

$$Q=\frac{W}{ti} \tag{T 1143-2}$$

式中:Q——通水量(cm^3/s);

W——在 t 时段内通过排水带的水量(cm^3);

t——通过水量 W 所经历的时间(s);

i——水力梯度,设定 i 为0.5。

4.4.2 计算两块排水带通水量的平均值,按GB 8170修约到小数点后1位。

5 试验报告

试验报告应包括以下内容:

(1)样品名称、规格型号;

(2)样品状态的描述;

(3)试验日期;

(4)试验设备型号、主要技术指标;

(5)样品的芯带压屈强度和复合体纵向通水量;

(6)任何不正常的状态,如密封端渗水等;

(7)任何偏离规定程序的详细说明。

条文说明

塑料排水带是近年发展较快的排水材料,在公路工程中得到广泛应用,其排水带通水量和芯带压屈强度试验方法是本次修订的新增项。

试验方法的制定参照了交通部标准《塑料排水板质量检验标准》、土工合成材料工程协会编制的《塑料排水带地基设计规范》(CTAG 02—97)和水利部标准《土工合成材料测试规程》(SL/T 235—1999)中"塑料排水带压屈强度与通水量试验"的有关内容。

由于土工合成材料工程协会编制的《塑料排水带地基设计规范》(CTAG 02—97)要求:排水带带长

小于15m,其压屈强度不小于250kPa;带长大于15m,压屈强度不小于350kPa。所以方法规定,加载等级分别为50kPa、150kPa、250kPa、350kPa、450kPa。另外,通水量计算公式中取消温度修正,因为试验温度已经规定为20℃ ±2℃,变化范围不大,可不作修正。

T 1144—2006　有效孔径试验(干筛法)

1　适用范围

1.1　本方法规定了用干筛法测定土工织物孔径的试验方法。

1.2　本方法适用于土工织物和复合土工织物。

2　引用标准

GB/T 6005—1997　试验筛、金属丝编织网、穿孔板和电成型薄板筛孔的基本尺寸
GB 8170　数值修约规则

3　定义

3.1　标准颗粒材料

洁净的玻璃珠或天然砂粒,其粒径应符合本方法中4.3的粒径分组要求。

3.2　孔径

以通过其标准颗粒材料的直径表征的土工织物的孔眼尺寸。

3.3　有效孔径(O_e)

能有效通过土工织物的近似最大颗粒直径,例如O_{90}表示土工织物中90%的孔径低于该值。

4　仪器设备及材料

4.1　筛子:直径200mm。

4.2　标准筛振筛机。

横向振动频率:220次/min ±10次/min;回转半径:12mm ±1mm。

垂直振动频率:150次/min ±10次/min;振幅:10mm ±2mm。

4.3　标准颗粒材料。

标准颗粒材料粒径分组如下:

0.045～0.063、0.063～0.071、0.071～0.090、0.090～0.125、0.125～0.180、0.180～0.250、0.250～0.280、0.280～0.355、0.355～0.500、0.500～0.710(mm)。

4.4　天平:称量200g,感量0.01g。

4.5　秒表、细软刷子、剪刀等。

5　试样制备

5.1　取样:按本规程T 1101—2006的规定取样。

5.2　试样数量及尺寸:剪取5×n块试样,n为选取粒径的组数;试样直径应大于筛子直径。

5.3　试样调湿:按本规程T 1101中的第5.1条规定进行。当试样在间隔至少2h的连续称重中质量变化不超过试样质量的0.25%时,可认为试样已经调湿。

6　试验步骤

6.1　试验前应将标准颗粒材料与试样同时放在标准大气条件下进行调湿平衡。

6.2　将同组5块试样平整、无褶皱地放入能支撑试样而不致下凹的支撑筛网上。从较细粒径规格的标准颗粒中称50g,均匀地撒在土工织物表面上。

6.3 将筛框、试样和接收盘夹紧在振筛机上，开动振筛机，摇筛试样 10min。

6.4 关机后，称量通过试样进入接收盘的标准颗粒材料质量，精确至 0.01g。

6.5 更换新的一组试样，用下一较粗规格粒径的标准颗粒材料重复 6.2～6.4 步骤，直至取得不少于三组连续分级标准颗粒材料的过筛率，并有一组的过筛率达到或低于 5%。

7 结果计算

7.1 按下式计算过筛率，结果按 GB 8170 修约到小数点后两位：

$$B=\frac{P}{T}\times 100 \qquad (T\ 1144\text{-}1)$$

式中：B——某组标准颗粒材料通过试样的过筛率(%)；

P——5 块试样同组粒径过筛量的平均值(g)；

T——每次试验用的标准颗粒材料量(g)。

7.2 以每组标准颗粒材料粒径的下限值作为横坐标(对数坐标)，相应的平均过筛率作为纵坐标，描点绘制过筛率与粒径的分布曲线。找出曲线上纵坐标 10% 所对应的横坐标值，即为 O_{90}；找出曲线上纵坐标 5% 所对应的横坐标值，即为 O_{95}，读取两位有效数字。

7.3 土工织物有效孔径分布曲线的绘制示例

7.3.1 曲线的绘制

以每组标准颗粒材料粒径的下限值为横坐标、过筛率的平均值为纵坐标绘制有效孔径分布曲线(图 T 1144-1)。

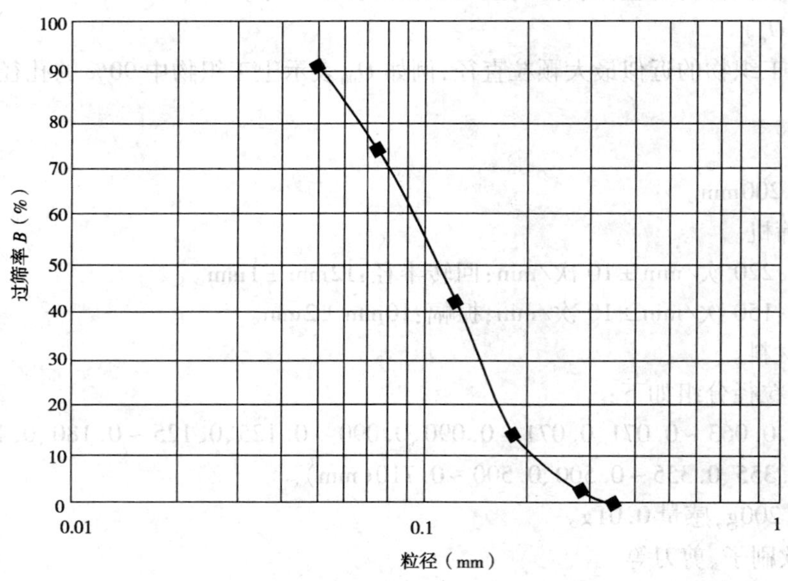

图 T 1144-1 有效孔径分布曲线

7.3.2 O_{90}、O_{95}值的确定

O_{90}表示 90% 的标准颗粒材料留在土工织物上，其过筛率 B 为 1－90%＝10%，曲线上纵坐标为 10% 点所对应的横坐标即定义为有效孔径 O_{90}，单位为 mm。

O_{95}表示 95% 的标准颗粒材料留在土工织物上，其过筛率 B 为 1－95%＝5%，曲线上纵坐标为 5% 点所对应的横坐标即定义为有效孔径 O_{95}，单位为 mm。

8 试验报告

试验报告应包括以下内容：

(1)样品名称、规格型号；

(2)样品状态的描述；

(3)试验日期;

(4)试验设备型号、主要技术指标;

(5)试验条件(标准颗粒材料的选用、摇筛时间等);

(6)试验结果(孔径分布曲线、有效孔径);

(7)任何偏离规定程序的详细说明。

条文说明

孔径是土工织物水力学特性中的一项重要指标,它反映土工织物的过滤性能,既可评价土工织物阻止土颗粒通过的能力,又反映土工织物的透水性。表征土工织物孔径特征的指标是有效孔径。

测试原理是:用土工织物试样作为筛布,将已知粒径的标准颗粒材料放在土工织物上面振筛,称量通过土工织物的标准颗粒材料质量,计算出过筛率,调换不同粒径的标准颗粒进行试验,由此绘出有效孔径分布曲线,并求出有效孔径值。

目前测量有效孔径的方法主要有干筛法和湿筛法,干筛法较为常用。国内外有关干筛法的标准主要有《土工布表观孔径的测定　干筛法》(BS 6906)、《土工布表观孔径的测定》(ASTM D4751—1999)、《土工布及其有关产品　有效孔径的测定　干筛法》(GB/T 14799—2005)。

本次修订主要参考了 BS 6906 和 ASTM D4751—1999 的技术内容和我国的实际情况。修订点是:

(1)增加了标准颗粒材料的定义,明确了标准颗粒材料不仅指玻璃微珠,还包括天然砂;同时修改了标准颗粒材料的粒径分档,从 8 档改成 10 档,标准颗粒的分档符合国家标准《试验筛　金属丝编织网、穿孔板和电成型薄板筛孔的基本尺寸》(GB/T 6005—1997)有关筛网尺寸的规定。

(2)增加了试验用标准大气条件,因为试验室的湿度对孔径试验(干筛法)影响很大,湿度过大会引起标准颗粒粘结,湿度过低会使静电增强。

(3)修改了标准颗粒材料的分档振筛程序,由从粗到细改为从细到粗进行试验;振筛时间由 20min 改为 10min;孔径分布曲线的横坐标从左到右的顺序进行了调整,由从大到小改为从小到大。

(4)明确了试验结束是以通过试样的标准颗粒材料质量达到或低于 5% 为准,而不是 10%。

T 1145—2006　淤堵试验

1　适用范围

1.1　本方法规定了采用梯度比方法测定一定水流条件下土与土工织物系统及其交界面上的渗透系数和渗透比,以及测定土工织物含泥量的试验方法。

1.2　本方法适用于土工织物及复合土工织物,以判断土工织物作为某种土的滤层时是否会产生不允许的淤堵。

2　定义

梯度比:淤堵试验中,土工织物试样至其上方 25mm 土样的水力梯度与织物上方从25 ~ 75mm 之间土样的水力梯度的比值。

3　仪器设备及材料

3.1　梯度比渗透仪:

3.1.1　渗透仪筒体为内径 100mm 的透明圆筒,有夹持单片或多片土工织物试样的装置,周边应密封良好,圆筒应有一定的高度,织物上方的土样高为 100mm,土样上方应有一定的空间使水流均匀稳定。

3.1.2　渗透仪圆筒侧壁的 6 根测压管,其内径不小于 3mm,接头处应设滤层,防止土样堵塞管口。

进水口、排水口、排气口及6根管的分布见图T 1145-1。

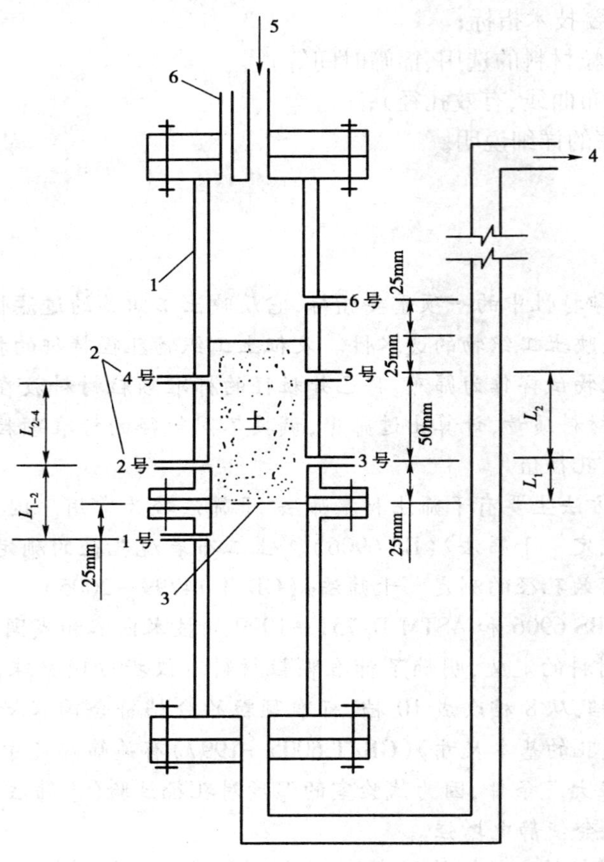

图T 1145-1　梯度比装置示意图

1-内径100mm透明圆筒;2-测压管;3-土工织物;4-排水口;5-连常水头水容器;6-排气口

3.1.3　土工织物底部应放置具有一定刚度和孔径(6mm)的筛网,以支承土工织物。筛网与织物一起在夹持装置内密封。

3.2　供水系统:进水和出水装置均应有溢水口,保证常水头。

3.3　测压板:测压管固定在板上,应装有刻度尺,最小分度值为1mm。

3.4　其他:真空泵、水加热器、秒表、量筒、温度计、水桶等。

4　试样制备

4.1　取样:按本规程T 1101—2006的规定取样。

4.2　试样数量及尺寸:试样尺寸应与渗透仪尺寸相适应;试样数量根据试验组合和设计滤层中织物的层数而定。

4.3　试验前称量土工织物试样的质量,精确至0.01g。

4.4　土料:将土料风干后进行筛分,剔除粒径大于5mm的颗粒。

4.5　试验用水:试验应用脱气水,水温宜比室温高3℃~4℃。

5　试验步骤

5.1　将织物试样和筛网一起放在夹持装置内,并密封好。

5.2　装入土样,土样高为100mm。对于松土样,可用漏斗将风干土倒入渗透仪内整平即可;对于密实土样,应分层击实至要求的密度。装样过程中应防止测压管的进口被堵塞。

5.3　饱和土样。由排水口管进水,使水由试样底部缓慢流入,可控制进水水头小于25mm,直至水位上升到土样顶面一定高度,始可从进水管注水,并使整个容器内充满水(为加速土样饱和,可采用真空

泵抽气法或用充 CO_2 的方法）。

5.4 调节水位，使水力梯度 i 达 1.0，观察测压管内的水位变化。

5.5 当全部测压管读数达到稳定后，将上游进水容器保持常水头，打开出水口阀门，水流通过试样进行渗流。

5.6 每小时测读一次测压管水位和渗水量，同时记录渗水时间和水温，连续测读 24h。如读数尚未完全稳定，可适当延长测读时间，直至稳定为止。

5.7 当 $i=1.0$ 时的试验结束后，调整水力梯度 i，分别对该试样进行 $i=2.5$、$i=4.0$ 及 $i=10.0$ 时的试验。当 i 每增加一级后，应等测压管读数稳定，并在该级梯度下渗流达1.5h以上。当 i 达 10.0 且测压管读数稳定后，重复 5.5～5.6 步骤。

5.8 试验结束，取出土工织物试样，轻轻清除表面浮土，烘干后称量土工织物及其内部含土的总质量，精确至 0.01g。

6 结果计算（见图 T 1145-1）

6.1 按下式计算梯度比 GR：

$$GR=\frac{H_{1-2}/L_1+\delta}{H_{2-4}/L_2} \tag{T 1145-1}$$

式中：GR——梯度比；

δ——土工织物厚度（mm）；

H_{1-2}——测压管 1 号与 2 号间的水位差（mm）；

H_{2-4}——测压管 2 号与 4 号间的水位差（mm）；

L_1、L_2——渗径长（mm）。

不计土工织物厚度时，GR 按下式计算：

$$GR=\frac{2H_{1-2}}{H_{2-4}} \tag{T 1145-2}$$

6.2 按下式计算土工织物单位体积试样中的含土量 μ：

$$\mu=\frac{m_1-m_0}{A\delta} \tag{T 1145-3}$$

式中：μ——织物单位体积试样中的含土量（g/cm^3）；

m_0——试验前织物试样的质量（g）；

m_1——试验后织物试样的烘干质量（g）；

A——织物试样面积（cm^2）；

δ——织物厚度（cm）。

7 试验报告

试验报告应包括以下内容：

（1）样品名称、规格型号；

（2）土样状态的描述；

（3）试验日期；

（4）试验时试样的层数；

（5）梯度比及梯度比随时间的变化过程曲线；

（6）试样单位体积的含土量；

（7）任何偏离规定程序的详细说明。

条文说明

判断淤堵通常是由通过织物水流量的减小，以及进入织物土颗粒的增多来评估的。流量的减小是用梯度比来定量表示的，进入织物的土颗粒量是用试验后土工织物单位体积的含土量来表示的。因为梯度比试验方法，试验历时较短，操作简单，相对比较成熟，所以在淤堵试验中得到普遍应用。本方法主要参考了美国 FHWA《土工织物工程手册》和水利部《土工合成材料测试规程》(SL/T 235)，并基本保持了原规程相关章节的内容。

淤堵试验目前尚没有确定判断淤堵程度的指标值，也没有把淤堵试验的结果与滤层设计联系起来的公式和具体方法。

7 耐久性能试验

T 1161—2006 抗氧化性能试验

1 适用范围

1.1 本方法规定了聚丙烯和聚乙烯类土工合成材料抗氧化性能的试验方法。

1.2 本方法适用于以聚丙烯和聚乙烯为原料的土工合成材料，但不适用于土工膜。

2 引用标准

GB/T 3923.1 纺织品 织物拉伸性能(条样法)

GB 8170 数值修约规则

3 仪器设备及用具

3.1 拉伸试验机:应具有等速拉伸功能,拉伸速率可以设定,并能测读拉伸过程中的应力、应变量。

3.2 恒温烘箱:烘箱有可调节的通风口,箱内有足够的空间供悬挂试样,并能保持设定的温度,温度精度为±1℃。

3.3 耐热的试样夹持夹具:悬挂于烘箱内,能保持试样间有至少10mm的间隔,离烘箱壁的距离至少100mm。

4 试样制备

4.1 取样:按本规程T 1101—2006取样与试样准备规定的方法抽取样品。

4.2 试样数量和尺寸:从样品上剪取两组试样,一组用作加热老化的老化样;一组用作对照样。每组纵、横向各取5块试样,土工织物每块试样的尺寸至少300mm×50mm,土工格栅试样在宽度方向上应保持完整的抗拉单元,在长度方向至少有三个连接点,试样的中间有一个连接点。

注:建议多老化几块试样,作为机械性能试验失败时的备用样。

4.3 试样调湿和状态调节:

4.3.1 试样在入烘箱内老化前不需进行调湿和状态调节。

4.3.2 进行拉伸性能试验前,对老化样和对照样进行调湿和状态调节,按本规程T 1101—2006中的第5条规定进行。

5 试验步骤

5.1 设定烘箱温度:聚丙烯材料试样烘箱温度设定为110℃±1℃;聚乙烯材料试样烘箱温度设定为100℃±1℃。

5.2 当烘箱温度稳定后,将试样夹持在夹具上,悬挂在烘箱内,试样间彼此不接触,试样的总体积不超过烘箱内空间体积的10%,试样距烘箱壁的距离至少100mm。

5.3 对于起加强作用的土工合成材料试样,或使用时需要长时间拉伸的试样,聚丙烯材料试样需在烘箱内老化28d;聚乙烯材料试样老化56d。对于用作其他方面的土工合成材料试样,聚丙烯材料试样需老化14d;聚乙烯材料试样老化28d。

5.4 由于耐热试验过程中试样可能产生收缩,所以拉伸试验前应将对照样在烘箱相同温度下放置

6h 后,再调湿进行拉伸试验。

5.5 拉伸性能测定:当试样在烘箱中达到规定的时间后,把试样取出,按本规程T 1101—2006 中的第5条规定进行调湿和状态调节。按《纺织品 织物拉伸性能(条样法)》(GB/T 3923.1)进行拉伸试验,拉伸速率为100mm/min。分别计算纵、横向断裂强力的平均值,对照样记为 F_c,老化样记为 F_e;分别计算纵、横向断裂伸长的平均值,对照样记为 ε_c,老化样记为 ε_e。如果其中一块试样的拉伸试验无效,则在相同方向上再取一块试样(经过相同处理)进行试验。

6 结果计算

6.1 按式(T 1161-1)计算断裂强力保持率,按 GB 8170 修约至1位小数:

$$R_F = \frac{F_e}{F_c} \times 100 \tag{T 1161-1}$$

式中:R_F——样品的断裂强力保持率(%);

F_e——老化样的平均断裂强力(N);

F_c——对照样的平均断裂强力(N)。

6.2 按式(T 1161-2)计算断裂伸长的保持率,按 GB 8170 修约至1位小数:

$$R_\varepsilon = \frac{\varepsilon_e}{\varepsilon_c} \times 100 \tag{T 1161-2}$$

式中:R_ε——样品的断裂伸长保持率(%);

ε_e——老化样的平均断裂伸长(mm);

ε_c——对照样的平均断裂伸长(mm)。

7 试验报告

试验报告应包括以下内容:

(1)样品名称、规格型号;

(2)样品状态的描述;

(3)试验日期;

(4)老化试验的时间;

(5)所用烘箱的型号;

(6)烘箱温度和最大偏差;

(7)温度对对照样的影响;

(8)断裂强力保持率 R_F;

(9)断裂伸长保持率 R_ε;

(10)任何偏离规定程序的详细说明。

条文说明

抗氧化性能是土工合成材料耐久性能的重要指标之一,其试验方法是本次修订的新增项。

目前国内外有关的试验方法有:《土工布及其有关产品 抗氧化性能的筛选试验方法》(ISO 13438:2004)、欧洲标准《土工布及其有关产品 评定耐久性的通用试验方法》(ENV 12226:1996)、《土工布及其有关产品 抗氧化性能的试验方法》(GB/T 17631—1998)。

本方法参照采用了 ISO 13438:2004 和 GB/T 17631—1998 的技术内容,目的在于提供一种方法,用于筛选抗氧化性能好的土工合成材料。由于没有与土工合成材料实际寿命之间的对比试验数据,本方法仅适用于材料的筛选,而不能获得材料的实际使用寿命。

试验过程中应注意:

(1)试验中,烘箱的温度是关键。烘箱在整个试验过程中应保持恒温,以使试样的温度保持在规定试验温度的±1℃的范围内。在14d、28d或更长时间的试验过程中,必须每天观察并记录试验温度,如发现温度达不到试验要求,应及时查找原因。

(2)聚丙烯或聚乙烯材料的试样在烘箱中长时间放置,可能会发生收缩,所以在剪取试样时可适当放大尺寸,但须使对照样和老化样这两组试样的尺寸完全一致,以保证试验结果有可比性。

(3)由于耐热试验过程中试样可能产生收缩,所以对照样必须在与老化样相同的烘箱中放置6h后,才能进行拉伸比对试验,而不能用原始样替代对照样直接进行试验。

T 1162—2006 抗酸、碱液性能试验

1 适用范围

1.1 本方法规定了土工合成材料抗酸、碱液性能的试验方法。

1.2 本方法适用于所有的土工合成材料。

注:本方法仅考虑试样全部浸渍于酸、碱液体中的情况。对于其他情况,可修改试验条件以符合特殊应用的要求。也可适用于某些方法预处理后的试样,例如经风化、水萃取处理或者安装时受损的试样。

2 引用标准

GB 8170 数值修约规则

GB/T 3923.1 纺织品 织物拉伸性能(条样法)

3 仪器设备及材料

3.1 拉伸试验机:应具有等速拉伸功能,拉伸速率可以设定,并能测读拉伸过程中的应力、应变。

3.2 试验容器应具有下列装置:

3.2.1 密封盖:以限制挥发性成分的蒸发,如果有必要的话,可使用回流冷凝器。

3.2.2 搅拌器(或等效装置):保持液体以及液体和试样间物质交换均匀。

3.2.3 试样架:确保试样位置适当,使试样间的距离至少为10mm。

3.2.4 在密封盖上至少有一个可关闭的小孔,以便注入液体,控制液体的浓度。

试验容器应有足够大的容积,并且能保持试液恒定的温度为60℃±1℃。容器和装置所用的材料应能抗试验用化学品的腐蚀,通常可用玻璃或不锈钢。

3.3 试液:

使用两种类型的液体:

(1)无机酸:0.025mol/L的硫酸。

(2)无机碱:氢氧化钙[$Ca(OH)_2$]饱和悬浮液,例如可用约2.5g/L的$Ca(OH)_2$。

应使用化学纯的试剂,试验用水为3级水。

注:在浸渍试验期间,应保持媒介的组成不变。在有效元素浓度降低,或者相态体系发生变化的情况下,按常规方法调节浓度或更换液体。

4 试样制备

4.1 取样:按本规程T 1101—2006取样与试样准备规定的方法抽取样品。

4.2 试样的数量和尺寸

从样品上剪取三组试样,一组用作耐酸液的浸渍样;一组用作耐碱液的浸渍样;一组用作对照样。单位面积质量的测定:每组5块试样,每块试样的尺寸至少100mm×100mm;尺寸变化和拉伸性能的测定:纵横向应分别测定,试样的尺寸至少300mm×50mm。土工格栅试样在宽度上应保持完整的抗拉单元,在长度方向应至少有三个连接点,试样的中间有一个连接点。

注:1. 建议多备出几块试样,作为拉伸试验失败时的备用样。

2. 如果产品上有涂层,并且该涂层在使用过程中能够被溶液渗透,那么应分别对涂层试样和去掉涂层后试样进行试验。如果未按上述要求试验,就应在试验报告中注明:试样的涂层破损后有可能改变其抗化学性。

3. 复合产品应分别评定各层的耐酸、碱液性能。但应注意,复合材料的性能可能由于分成单层而受到影响。

5 试验步骤

5.1 浸渍前的测定

浸渍前的测定,试样应进行调湿和状态调节,按本规程 T 1101—2006 中的第 5 条规定进行。

5.1.1 质量的测定

按本规程 T 1111—2006 单位面积质量规定的方法测定 5 块试样的单位面积质量,并计算其平均值 G_0。

5.1.2 尺寸的测定

分别在 5 块试样的中部沿长度方向画一条中心线,在垂直于长度方向上作两条标记线,标记线间的距离至少 250mm,沿中心线测量两个标记线之间的距离,并计算其平均值 d_0。

5.2 浸渍试验

5.2.1 试验用液体的量应是试样重量的 30 倍以上,并能使试样完全浸没。酸碱两种液体的温度均为 60℃ ±1℃。

5.2.2 将耐酸液的浸渍样和耐碱液的浸渍样,在不受任何机械应力的情况下,分别放在盛硫酸溶液和氢氧化钙溶液的容器中,试样之间、试样与容器壁之间以及试样与液体表面之间的距离至少为 10mm。不同材料的试样不应在同一个容器内试验。试样分别在两种液体中浸渍 3d。

氢氧化钙溶液应连续搅拌,硫酸溶液每天至少搅拌一次,测定并记录液体的初始 pH 值。如液体连续使用,至少每 7d 要添加或者更换一次,以保持初始时的 pH 值。液体和试样应避光放置。

5.2.3 浸渍样从酸、碱溶液中取出后,先在水中清洗,然后在 0.01mol/L 的碳酸钠溶液中清洗,最后再在水中清洗,要保证清洗充分。

如是涤纶土工织物,从氢氧化钙浸渍液中取出后,需去除附着的对苯二酸钙晶体,可采用以下方法:在一个不断搅拌的装置中,在 10%(按重量)的氮川三乙酸钠中清洗 5min,然后在 3%(按重量)的乙酸溶液中清洗,最后用水清洗。

5.2.4 将对照样在温度为 60℃ ±1℃ 的清水中浸渍 1h,试验用水为三级水。

5.2.5 浸渍样和对照样试样应在室温下干燥或在 60℃ 温度下干燥,在干燥过程中不要对试样施加过大的应力。

5.3 浸渍后的测定

5.3.1 表观检查

用肉眼检查酸、碱浸渍样与对照样的差异,例如变色等,并记录下来。

5.3.2 质量的测定

按本规程 T 1111—2006 单位面积质量的测定方法,分别测定浸渍样和对照样的单位面积质量,并计算各自的平均值 G_e 和 G_c。

5.3.3 尺寸的测定

将浸渍样和水浸渍后的对照样,调湿后,沿中心线测量两个平行线之间的距离,并计算其平均值 d_e 和 d_c。

5.3.4 拉伸性能

按 GB/T 3923.1 分别进行浸渍样和对照样的拉伸性能试验,拉伸速率为 100mm/min。分别计算纵、横向断裂强力的平均值,浸渍样记为 F_e,对照样记为 F_c;计算断裂伸长的平均值,浸渍样记为 ε_e,对照样记为 ε_c。

5.3.5 显微镜观察

用放大 250 倍的显微镜观察浸渍样和对照样之间的差异,并给出定性的结论。

注:该步骤用于评定有损伤试样的纱线破坏程度。

6 结果计算

分别计算试样在酸、碱液体浸渍后的性能变化。

6.1 质量的变化

按式(T 1162-1)计算质量变化率,按 GB 8170 修约到小数点后 1 位:

$$P_G = \frac{G_e - G_c}{G_0} \times 100 \quad \text{(T 1162-1)}$$

式中:P_G——样品的单位面积质量变化率(%);

G_e——浸渍样的平均单位面积质量(g/m^2);

G_c——对照样的平均单位面积质量(g/m^2);

G_0——浸渍前试样的平均单位面积质量(g/m^2)。

P_G为负时表示质量损失,为正时表示质量增加。

6.2 尺寸的变化

按式(T 1162-2)计算尺寸变化率,按 GB 8170 修约到小数点后 1 位:

$$P_d = \frac{d_e - d_c}{d_0} \times 100 \quad \text{(T 1162-2)}$$

式中:P_d——样品的尺寸变化率(%);

d_e——浸渍样的平均尺寸(mm);

d_c——对照样的平均尺寸(mm);

d_0——浸渍前试样的平均尺寸(mm)。

P_d为负时表示收缩,为正时表示伸长。

6.3 拉伸性能的变化

按式(T 1162-3)计算强力保持率,按 GB 8170 修约到小数点后 1 位:

$$R_F = \frac{F_e}{F_c} \times 100 \quad \text{(T 1162-3)}$$

式中:R_F——样品的强力保持率(%);

F_e——浸渍样的平均断裂强力(N);

F_c——对照样的平均断裂强力(N)。

按式(T 1162-4)计算断裂伸长的保持率,按 GB 8170 修约到小数点后 1 位:

$$R_\varepsilon = \frac{\varepsilon_e}{\varepsilon_c} \times 100 \quad \text{(T 1162-4)}$$

式中:R_ε——样品断裂伸长的保持率(%);

ε_e——浸渍样的平均断裂伸长(mm);

ε_c——对照样的平均断裂伸长(mm)。

7 试验报告

试验报告应包括以下内容:

(1)样品名称、规格型号;

(2)样品状态的描述;

(3)试验日期;

(4)视觉评定结果,如果使用显微镜观察,标明放大倍数;

(5)分别报出试样在酸、碱液中浸渍后的性能变化:质量变化率 P_G;尺寸变化率 P_d;强力保持率 R_F;断裂伸长保持率 R_ε;

(6)任何偏离规定程序的详细说明。

条文说明

土工合成材料在工程应用中,不可避免酸碱溶液的侵蚀,抗酸碱性能是土工合成材料耐久性能的重要指标之一,试验方法是本次修订的新增项。

目前国内外有关的试验方法有:《土工布及其有关产品 抗酸碱液性能的筛选试验方法》(ISO/DTR 12960:1998)、欧洲标准《土工布及其有关产品 评定耐久性的通用试验方法》(ENV 12226:1996)、澳大利亚标准《土工布 试验方法 方法 12:耐久性测定 抗碳氢化合物和化学试剂》(AS 3706.12—1990)、《土工布及其有关产品 抗酸碱液性能的试验方法》(GB/T 17632—1998)。

本方法参照采用了 ISO/DTR 12960:1998 和 GB/T 17632—1998 的技术内容,目的在于提供一种方法,筛选出抗酸碱的土工合成材料,而不是获得实际使用寿命。

试验中应注意:

(1)由于没有定型仪器,可根据标准要求自行配置。试验容器应用不锈钢制作 3 个:酸容器、碱容器和水容器。

(2)裁样时必须使 3 组试样的尺寸完全一致,只有这样才能保证试验结果的可比性。

(3)在测定质量变化时,应以浸渍前试样的面积为准,不用考虑浸渍后的尺寸变化。

(4)由于浸渍样在浸渍的过程中可能产生收缩,所以对照样必须在相同温度的水中浸泡 1h,而不能用原样直接作为对照样使用。

T 1163—2006 抗紫外线性能试验(氙弧灯法)

1 适用范围

1.1 本方法规定了土工合成材料抗紫外线性能的试验方法(氙弧灯法)。

1.2 本方法适用于所有的土工合成材料。

2 引用标准

GB/T 15596—1995 塑料暴露于玻璃下日光或自然气候或人工光后颜色和性能变化的测定

GB/T 16422.1—1996 塑料实验室光源暴露试验方法 第 1 部分:通则

3 仪器设备及材料

3.1 光源

3.1.1 石英套管氙弧灯的光谱范围包括波长大于 270nm 的紫外光、可见光和红外辐射。

为了模拟直接的自然暴露,辐射光源必须过滤,以便提供与地球上的日光相似的光谱能量分布(方法 A),见表 T 1163-1。

采用可减少波长 320nm 以下光谱辐照度的滤光器来模拟透过窗玻璃滤光后的日光(方法 B),见表 T 1163-2。

当加热试样对光化学反应速度有不利影响,或在自然暴露下并不会引起热老化时,可以使用附加的滤光器来减少非光化作用的红外能量。

氙弧灯和滤光器的特性在使用时会因老化而变化,因此应定时更换。此外,氙弧灯和滤光器积聚污垢时也会改变其特性,因此应定时清洗。氙弧灯和滤光器的更换和清洗应按制造厂家的说明进行。

3.1.2 经滤光的氙弧灯光源的紫外光辐射分布和允差列于表 T 1163-1 和表 T 1163-2。表

T 1163-1列出的适用于人工气候老化(方法 A),表 T 1163-2 列出的适用于透过窗玻璃日光的模拟暴露(方法 B)。

表 T 1163-1 人工气候老化的相对光谱辐照度(方法 A)

波长 λ(nm)	相对光谱辐照度①(%)
290 < λ ≤800	100
λ ≤290	0②
290 < λ ≤320	0.6 ±0.2
320 < λ ≤360	4.2 ±0.5
360 < λ ≤400	6.2 ±1.0

注:①290 ~ 800nm 间的光谱辐照度定为 100%。

②按方法 A 操作的氙弧灯光源发出少量低于 290nm 的辐射,在某些情况下这会引起试样在户外暴露时并不发生的降解反应。

表 T 1163-2 透过窗玻璃的日光的相对光谱辐照度(方法 B)

波长 λ(nm)	相对光谱辐照度*(%)
300 < λ ≤800	100
λ ≤300	0
300 < λ ≤320	<0.1
320 < λ ≤360	3.0 ±0.5
360 < λ ≤400	6.0 ±1.0

注:* 300 ~ 800nm 间的光谱辐照度定为 100%。

3.1.3 波长 290 ~ 800nm 之间的通带,选择 550W/m^2 的辐照度用作暴露试验时参考。这不一定是首选的辐照度。若经有关方面协商,也可以选择其他的辐照度,但应在试验报告中说明所选择的辐照度和通带。

3.1.4 在平行于灯轴的试样架平面上的试样,其表面上任意两点之间的辐照度差别不应大于 10%。如果不能达到这个要求,应定期变换试样的位置,以保证试样在任意部位上有相同的暴露量。

注:只要所用试验箱满足 3.2 的设计要求,光谱辐照度可以是对时间的平均值。

3.2 试验箱

试验箱内有一个框架,该框架能按需要带动试样架转动,使试样表面空气流通以便对温度进行控制。

应相对于试样来确定辐射光源的位置,使试样表面的辐照度符合 3.1.3 和 3.1.4 的规定。

如果氙弧灯在工作时产生臭氧,应把灯和试样与操作人员隔离。如果空气流中存在臭氧,应抽风把它直接排出户外。

为了减少灯的偏心影响,或者在同一个试验箱中为增加辐照度而使用多支灯时,为改进暴露的均匀性,可以让框架携带试样围绕光源转动。如有需要,可定期变换每件试样的位置。

可以让试样架也围绕其自身的轴心转动,以使试样架上本来并不直接暴露的面能够直接暴露在光源的辐射下。

可以设定程序利用熄灭光源而得到黑暗循环,以模拟无日光辐射时的受控暴露条件。

无论使用何种操作方式或设定程序,都应在报告中详细说明。

3.3 辐射仪

辐射仪应可任意设定测量试件表面辐照度或辐照量,它是用一个光电传感器来测量辐照度和辐照量的仪器。光电传感器的安装必须使它接受的辐射与试样表面接受的相同。如果光电传感器与试样表面不处于同一位置,就必须有一个足够大的观测范围,并校定它处于试样表面相同距离时的辐照度。

辐射仪必须在使用的光源辐射区域内校定,每年至少进行一次全面的校定。

当进行辐照度测量时,必须报告有关双方商定的波长范围。通常使用 300 ~ 400nm 或 300 ~ 800nm 范围内的辐照度。

3.4 黑标准温度计或黑板温度计

3.4.1 黑标准温度计

当黑标准温度计与试样在试样架同一位置受到辐射时,黑标准温度近似于导热性差的深色试样的温度。这种温度计是由长70mm、宽40mm、厚1mm的平面不锈钢制成。平板对光源的一面涂上一种耐老化的黑色平光涂层。涂覆后的黑板至少吸收2 500 nm以内总入射光通量的95%。用铂电阻传感器测量平板温度,传感器安装在背光源的一面,并与平板中心有良好的热接触。金属板的这一面用5mm厚的、有凹槽的聚偏二氟乙烯(PVDF)底座固定,使它仅在传感器范围形成空间。传感器与PVDF平板凹槽之间的距离约1mm。PVDF板的长度和宽度必须足够大,以确保在试验架上安装黑标准温度计时,金属板与试验架之间不存在金属接触。试验架上的金属支架与金属板的边缘至少相距4mm。

为了测定试样表面的温度范围及更好地控制设备的辐照度和试验条件,除使用黑标准温度计外,还增加使用白标准温度计。白标准温度计和黑标准温度计设计相同,它用耐老化的白色涂层代替黑色平光涂层。白色涂层比黑色平光涂层在300~1 000nm范围内的吸收至少降低90%,在1 000~2 500nm范围内至少降低60%。

3.4.2 黑板温度计

黑板温度计仍得到广泛应用,但各种型号的设备所使用的黑板温度计在设计上已有许多发展变化。黑板温度计是使用一种非绝热的黑色金属板底座。这就是黑板温度计与黑标准温度计的本质区别。在规定的操作条件下,黑板温度计的温度低于黑标准温度计所显示的温度。有一种黑板温度计是由一块长约150mm、宽70mm、厚1mm的平面不锈钢制成。平板对光源的一面涂上一层黑色平光涂层。涂覆后的黑板至少吸收2 500nm以内总入射光通量的90%。平板温度的测量是通过一个位于板的中心并与黑板的对光面牢固连接的、已涂黑的杆状双金属盘式传感器来进行的,或是通过测温电阻传感器来进行。对于尺寸不同、传感元件不同和传感元件固定方式不同的黑板温度计,应在报告中说明。黑板温度计在试样架上安装的形式也应说明。

3.5 控湿装置

试样表面流通空气的相对湿度应予以控制,并用适当的仪器进行测量。该仪器在箱内应不受灯辐射的影响。

3.6 喷水系统

在规定条件下,可用蒸馏水或软化水间歇地喷淋试样表面。喷水系统应由不污染用水的惰性材料制成。喷水不应在试样面上留下明显的污迹和沉淀物,水的固体含量小于1mg/L或水的电导率小于5μs/cm。使用蒸馏、去离子和反渗透方法能得到符合质量要求的水。在试验报告中要说明水的pH值。

3.7 试样架

试样架可以是有背板或无背板形式,应采用不影响试验结果的惰性材料(例如铝合金或不锈钢)制成。与试样接触的物件不应使用黄铜、钢或铜。使用有背板的暴露,可能会影响试验结果,特别是对透明试样,因此应由有关方面商定。

3.8 评定性能变化的设备

用于评定试样暴露后性能变化的设备应符合国家标准的规定,见GB/T 15596。

4 试样制备

见GB/T 16422.1。

5 试验条件

5.1 黑标准温度或黑板温度

选择以下两种黑标准温度用作暴露试验时的参考:65℃ ±3℃或100℃ ±3℃。

注:较高的温度是为特殊试验而设置的,它有可能使试样更加容易经受热降解而影响试验结果。

以上温度并不一定是首选的试验温度。当有关方面协商一致时,也可以选择其他温度,但应在试验报告中说明。

如果使用喷水系统,在无水周期内应保持温度恒定。如果温度计不能达到规定温度,应在试验报告中说明在无水期间所达到的最高温度。

暴露装置即使以交替方式工作,黑标准温度计也应以连续方式进行测量。

如果使用黑板温度计,应在试验报告中说明温度计的类型、安置方式和所选择的工作温度。

5.2 相对湿度

试验所用的相对湿度应由有关方面商定,但是最好选用以下任一种条件:50% ±5%或65% ±5%。

注:因为不同颜色和厚度的试样的温度不同,所以试验箱内测得的相对湿度不一定等于试样表面邻近空气的相对湿度。

5.3 喷水周期

试验所采用的喷水周期应由有关方面商定,但是最好选用以下的喷水周期:每次喷水时间18min ±0.5min;两次喷水之间的无水时间102min ±0.5min。

5.4 黑暗周期

5.1和5.3所规定的条件适用于连续光照的试验。黑暗周期可选用更复杂的循环周期,比如具有较高相对湿度的黑暗周期,在该周期内提高试验箱温度并形成凝露。

应在试验报告中说明黑暗周期循环试验的具体条件。

6 试验步骤

6.1 试样固定

将试样以不受任何外加应力的方式固定于试样架上,每件试样应作不易消除的标记,标记不应标在后续试验要用的部位上。为了检查方便,可以设计试样放置的布置图。

如果有必要,在试样被用于测定颜色和外观的变化试验时,在整个试验期间可用不透明物遮盖每个试样的一部分,以比较遮盖面与暴露面,这对于检查试样的暴露过程是有用的。但试验结果应以试样暴露面与保存在暗处的对照试样的比较为准。

6.2 暴露

在试样投入试验箱前,应保证设备是在所选定的试验条件下运转(见本方法5试验条件),在试验过程中应保持恒定。

试样暴露应达到规定的暴露期。如果需要,可将辐照度测定装置同时暴露。最好是经常变换试样的位置,以减少任何暴露的局部不均匀性。变换试样的位置时,应保持试样初始固定时的取向。

如果需要取出试样作定期检查,应注意不要触摸或破坏试样表面。检查后,试样应按原状放回各自的试样架或试验箱,保持试验表面的取向与检查前一致。

6.3 辐射暴露的测量

如果使用光剂量测量仪,它的安装应使辐射计能够显示试样暴露面上的辐照度。

对于所选择的通带,在暴露周期内的辐照度,用在暴露平面上单位面积的入射光谱辐射能量表示,单位是J/m^2。

6.4 试样暴露后性能变化的测定

按GB/T 15596的规定进行。

7 试验报告

试验报告应包括以下内容:

(1)样品名称、规格型号和状态描述;

(2)试验方法;

(3)试验箱型号、灯及滤光系统的详细说明,包括更换时间表和更换位置时间表、试样表面辐照度;

(4)黑标准温度计或黑板温度计型号及安装形式;

(5)黑标准温度或黑板温度及相对湿度的平均值和偏差、喷水和凝露周期;

(6)试样的背板、支撑架及附件的性质,试样转动条件;

(7)确定暴露阶段的方法,如果采用辐照量,说明其测量仪器;

(8)按 GB/T 15596 要求表示试验结果；

(9)如测定参照试样,应说明参照试样的变化情况；

(10)试验结果、试验人员、日期及其他。

条文说明

抗紫外线性能是土工合成材料耐久性能的重要指标之一,其试验方法——氙弧灯法是本次修订的新增项。

氙弧灯法测定材料抗紫外线性能,是用氙弧灯作为光源对试样进行暴晒,主要是模拟和强化自然气候中的光、热、湿气和雨水等老化因素,其光谱与自然光极为相似。目前国内外氙弧灯法的试验方法标准主要有:《塑料　实验室光源暴晒试验方法　第 2 部分:氙弧灯》(ISO 4892-2)、《土工布抗紫外光和雨水性能的试验方法》(ASTM D4355)、《塑料实验室光源暴露试验方法　第 2 部分:氙弧灯》(GB/T 16422.2)。其主要参数见表 T 1163-3。

表 T 1163-3　参数对照表

项　目	ISO 4892-2	ASTM D4355	GB/T 16422.2
黑板温度(℃)	65 ±3 或 100 ±3	65 ±5	65 ±3 或 100 ±3
相对湿度(%)	50 ±5 或 65 ±5	30 ±5	50 ±5 或 65 ±5
喷淋周期(min)	喷水 18 干燥 102	喷水 30 干燥 90	喷水 18 干燥 102
暴晒时间(h)	150/300/500	150/300/500	根据要求
辐射强度(W/m^2)	550		550 或根据要求

本方法非等效采用了 ISO 4892-2 和 GB/T 16422.2 的技术内容,即采用氙弧灯对试样进行耐候性试验。氙弧灯经过滤后的辐射与太阳光极相似,在暴晒过程中,按一定时间周期进行喷淋,模拟自然界的气候条件;在对试样进行长时间的暴晒后,进行拉伸试验,比较暴晒前后材料性能的变化,测定试样强力和伸长的保持率。由于人工气候毕竟与实际气候有一定的差异,所以试验结果多用于评价其老化趋势。

T 1164—2006　抗紫外线性能试验(荧光紫外灯法)

1　适用范围

1.1　本方法规定了土工合成材料抗紫外线性能的试验方法(荧光紫外灯法)。

1.2　本方法适用于所有的土工合成材料。

2　引用标准

GB/T 9344—88　　塑料氙灯光源暴露试验方法(neq ISO 4892-2:1994)

GB/T 15596—1995　　塑料暴露于玻璃下日光或自然气候或人工光后颜色和性能变化的测定

GB/T 16422.1—1996　　塑料实验室光源暴露试验方法　第 1 部分:通则

3　定义

3.1　荧光紫外灯:发射 100nm 以下紫外光的能量至少占总输出光能 80% 的荧光灯。

3.2　Ⅰ型荧光紫外灯:发射 300nm 以下的光能低于总输出光能 2% 的一种荧光紫外灯。通常称为 UV-A 灯。

3.3　Ⅱ型荧光紫外灯:发射 600nm 以下的光能大于总输出光能 10% 的一种荧光紫外灯。通常称为

UV-B 灯。

3.4 冷凝暴露:试样表面经规定的辐照时间转入模拟夜间的无辐照状态,此时试样表面仍受暴露室内热空气和水蒸气的饱和混合物加热作用,而试样背面继续受到周围空间的空气冷却,形成试样表面凝露的暴露状态。

4 仪器设备及材料

4.1 光源

4.1.1 Ⅰ型灯是适用的,但Ⅰ型灯有多种不同的辐射光谱分布可供选择,通常可区分为 UV-A340、UV-A351、UV-A355 和 UV-A365,名称中数字表示发射峰的特征波长(nm)。其中 UV-A340 更能模拟日光的 300~340nm 光谱分布。采用不同光谱的灯组合时,应有使试样表面辐射均匀的规定,例如使试样绕灯连续移位。

4.1.2 Ⅱ型灯发射光谱分布具有接近 313nm 汞线的峰值,在日光截止波长 300nm 以下有大量的辐射,可引起材料在户外不发生的老化。这种灯可在双方同意下采用,但协商的意见应在试验报告中详述。

4.1.3 多数荧光灯在使用过程中输出光能会逐渐衰减,应按照设备厂家关于使用方法要求的说明保持所需要的辐射。

4.2 暴露室

4.2.1 暴露室可有不同的形式,但应以惰性材料构成,并能提供符合 4.1 的均匀辐射以及控制温度的装置。需要时应能使试样表面凝露或提供喷水,或者能提供暴露室内控制湿度的方法。

4.2.2 试样的安装应使暴露面处于均匀的辐照面上。正对灯管端部 160mm 范围和灯管排列面边上 50mm 范围的试样架四周边缘区不宜投放试样。为使所有试样能有均匀的辐照和温度,可规定灯管换位和试样重排的方法。可按照制造厂家说明进行灯管换位。

4.3 辐射计

不强制要求使用辐射计监测辐照强度和试样表面辐照量。但如采用某一种辐射计,则应符合本系列标准 GB/T 16422.1—1996 的 5.2 要求。

4.4 黑标准温度计或黑板温度计

黑标准温度计或黑板温度计应符合 GB/T 16422.1—1996 中 5.1.5 的要求。

4.5 供湿装置

4.5.1 在设备中通过湿气冷凝机理使试样暴露面凝露润湿。水蒸气是由设置在试样架下方的容器内的水加热而产生的。

4.5.2 当设备不符合 4.5.1 时,可采取提供控制暴露室内相对湿度的方法,或者用纯水或模拟酸雨的水溶液喷淋试样的方法。用水参照 GB/T 9344。

4.6 试样架

试样架应以不影响试验结果的惰性材料制成。背板的存在及其所用材料会影响试样的老化结果,因此,背板的采用应由双方商定。

4.7 评价性能变化的设备

根据要求监测的性能项目,按照国家标准的规定选用仪器设备(见 GB/T 15596)。

5 试样制备

见 GB/T 16422.1 的规定。

6 暴露条件

6.1 暴露方式 1

试样经一段光暴露期后,继之为无辐照期(其时温度发生变化和在试样上形成凝露)的循环试验,试验期按有关标准规定。如未规定循环条件,推荐采用下述循环:在黑标准温度 60℃ ±3℃下辐照暴露

4h或8h;然后,在黑标准温度50℃ ±3℃下无辐照冷凝暴露4h。

注:有些聚合物(例如PVC)的老化降解对于温度很敏感。这种情况下建议采用低于60℃的辐照暴露温度(例如50℃),以模拟较冷的气候。

选用辐照暴露继之冷凝暴露的程序时,允许的辐照或冷凝暴露期最短为2h,以保证各暴露期条件达到平衡。

6.2 暴露方式2

试样连续进行辐照暴露且有定时喷水的循环试验,试验期按有关标准规定。如无规定,推荐如下的试验条件:在黑标准温度50℃ ±3℃、空气相对湿度10% ±5%条件下辐照暴露5h;然后,在黑标准温度20℃ ±3℃下继续辐照暴露并喷水1h。

7 试验步骤

7.1 安放试样架,使试样暴露面朝向光源。如需要,用黑色平板填补所有空处以保证均匀的暴露条件。

7.2 按选定的条件和程序以及要求的循环次数连续进行试验。维护设备和检查试样的间断时间应尽量缩短。

8 试验报告

试验报告应包括以下内容:

(1)样品名称、规格型号和状态描述;

(2)试验方法;

(3)试验箱型号、灯及滤光系统的详细说明,包括更换时间表和更换位置时间表、试样表面辐照度;

(4)黑标准温度计或黑板温度计型号及安装形式;

(5)黑标准温度或黑板温度及相对湿度的平均值和偏差、喷水和凝露周期;

(6)试样的背板、支撑架及附件的性质,试样转动条件;

(7)确定暴露阶段的方法,如果采用辐照量,说明其测量仪器;

(8)如测定参照试样,应说明参照试样的变化情况;

(9)试验结果、试验人员、日期及其他。

条文说明

抗紫外线性能是土工合成材料耐久性能的重要指标之一。其试验方法有多种,常见的方法有:氙弧灯法、荧光紫外灯法、开放式碳弧灯法。本次修订除新增了氙弧灯法外,还增加了荧光紫外灯法。

本方法是在控制环境的荧光紫外灯气候箱中进行试样的暴露试验。有几种不同型号的灯(见3.1~3.3),推荐采用UV-A灯或UV-A组合灯。如采用不同光谱组合灯时,应保证试样表面所受的光谱辐照均匀,即应使试样围绕灯列连续移位。荧光紫外灯使用一种低压汞弧激发荧光物质而发射出紫外光,它能在较窄的波长区间产生连续光谱,通常只有一个波峰。其光谱分布是由荧光物质的发射光谱和玻璃的紫外透过性决定的。这种灯一般是使试样在某一局限光谱范围内的紫外光辐照下进行试验的。试验程序可以包括辐照强度和试样表面辐照量的测定。建议采用一种已知性能的类似材料作为参考,和受试材料同时暴露。在不同型号的设备上所得的试验结果不能作比较,除非受试材料在不同设备中的重现性已被确定。

试样表面温度是一个重要的暴露参数。一般,温度高会使聚合物降解过程加快,允许的试验温度应根据受试材料和老化性能评价指标而定。荧光紫外灯发出的红外线比氙弧灯和碳弧灯少,试样表面的加热作用基本上是由热空气对流形成的,因此,黑板温度计、黑标准温度计、试样表面和暴露室空气之间的温差是很小的。推荐采用6.1、6.2两种暴露方式,暴露方式1和2分别相应于4.5.1和4.5.2所述的供湿装置。经协商也可采用其他方式,但应在试验报告中说明暴露条件。

本方法参照采用了《塑料实验室光源暴露试验方法 第3部分:荧光紫外灯》(GB/T 16422.3)的技术内容,该方法与《塑料—暴露于实验室光源的方法 第三部分:荧光紫外灯》(ISO 4892-3:1944)的技术内容是一致的。

由于目前国内外氙弧灯法和荧光紫外灯法的使用都比较普遍,考虑到与行业内外有关标准的衔接,本次修订将两种方法都纳入了规程。

T 1165—2006 炭黑含量试验(热失重法)

1 适用范围

1.1 本方法规定了聚烯烃材料(含聚丙烯、聚乙烯)炭黑含量的试验方法。

1.2 本方法适用于聚烯烃塑料土工合成材料炭黑含量的测定。

2 仪器设备及材料

2.1 高纯度氮气(氮气中氧含量小于20mg/kg),储存于配有减压阀和流量表的钢瓶中。

2.2 石英样品舟:长50~60mm。

2.3 管式电炉:温度可达600℃以上,用于裂解试样。

2.4 马福炉:温度可达1 000℃以上,用于煅烧试样。

2.5 玻璃干燥器:用于放置样品舟。

2.6 天平:感量0.000 1g。

3 试样制备

3.1 取样:按本规程T 1101—2006取样与试样准备的有关规定进行。

3.2 制样:从样品中取3份样,粉碎后称量,每份约1g,准确至0.000 1g。

3.3 称量环境:温度为23℃ ±2℃。

4 试验步骤

4.1 将管式电炉升温至550℃ ±50℃。打开氮气钢瓶,使高纯度氮气进入管式电炉。调节流量计,使氮气通入管式电炉的流速为200mL/min,大约5min。

4.2 将装有样品的样品舟推入管式电炉的中心,调节高纯度氮气流速为100mL/min,于550℃ ±50℃的温度下热解45min。

4.3 热解终了时,将样品舟移回至管式电炉的低温部分,继续保持通入高纯度氮气10min。

4.4 取出样品舟,置于干燥器中冷却,称量,准确至0.000 1g。

4.5 将样品舟置于马福炉中煅烧,温度为900℃ ±50℃,直至炭黑全部消失为止。再放入干燥器中冷却,称量,准确至0.000 1g。

5 结果计算

炭黑含量C(%)由式(T 1165-1)计算:

$$C = \frac{m_2 - m_3}{m_1} \times 100 \tag{T 1165-1}$$

式中:m_1——试样质量(g);

m_2——样品舟和试样在550℃热解后的质量(g);

m_3——样品舟和灰分在900℃煅烧后的质量(g)。

取三个试验结果的算术平均值,保留两位有效数字。

其中灰分含量 C_1（%）由式（T 1165-2）计算：

$$C_1 = \frac{m_3 - m}{m_1} \times 100 \qquad (T\ 1165\text{-}2)$$

式中：m——样品舟质量(g)；

m_1——试样质量(g)；

m_3——样品舟和灰分在900℃煅烧后的质量(g)。

取三个试验结果的算术平均值，保留两位有效数字。

6 试验报告

试验报告应包括以下内容：

(1)样品名称、规格型号；

(2)样品状态的描述；

(3)试验日期；

(4)炭黑含量的平均值，以质量百分比表示；

(5)如果灰分含量大于试样质量的1%，则要报出灰分含量，并注明测定的炭黑含量可能超过实际值；

(6)本方法尚未列入的操作细节及可能影响测定结果的任何意外情况。

条文说明

聚烯烃材料包括聚丙烯、聚乙烯等烃类材料。炭黑是聚烯烃塑料制品中的重要助剂，产品中添加一定量的炭黑，有屏蔽紫外线防止老化的作用。对于用聚烯烃为原材料的土工合成材料产品，炭黑的含量对其防老化性能起着关键性作用。由于抗紫外线性能的试验方法、试验条件要求高，试验周期长，所以常用“炭黑含量”来评价和控制其抗紫外线老化性能。聚丙烯、聚乙烯塑料土工格栅和聚乙烯土工膜等，其产品标准规定，炭黑含量不低于2%。

本次修订新增了炭黑含量的测定方法，方法非等效采用了《聚乙烯管材和管件炭黑含量的测定 热失重法》(GB 13021—1991)。用热失重法来测定炭黑含量，是通过热裂解使聚烯烃成为低分子物质由氮气气流带走，然后通过煅烧使炭黑转化为二氧化碳，用裂解后的质量与煅烧后的质量之差，就可以得到样品中的炭黑含量值。该方法简单易行，准确度高。

试验中应注意以下影响试验结果的因素：

(1)氮气中氧气含量的影响

普通氮气的纯度一般为99.9%，含有0.1%的氧气和其他成分。由于样品中的炭黑在裂解的过程中会与氮气中少量的氧气反应生成二氧化碳而逃逸，使得测试结果偏低。有试验数据表明，未经除氧的氮气所测得的炭黑含量只有实际含量的75%左右，而除氧的氮气，测试结果可达到实际含量的97%以上。所以规定氮气中氧含量应小于20mg/kg。

(2)灰分含量的影响

如试样的灰分含量偏高，由于不能知道残留灰分原来的化学成分，不能排除其中含有可分解、吸收的杂质，这将直接影响测试结果的准确性。因此规定，当试样灰分含量大于试样质量的1%时，应在报告中注明。

(3)可分解添加物的影响

试样中若含有在550℃热解时不能分解而在900℃煅烧时能分解的添加物如碳酸钙等，则煅烧时由于添加物的分解、逸出，使质量差 $m_2 - m_3$ 出现偏差，造成测试结果大于实际值。

JTG

中华人民共和国行业标准　　JTG E51—2009

公路工程无机结合料稳定材料试验规程

Test Methods of Materials Stabilized with Inorganic Binders for Highway Engineering

2009-10-15 发布　　2010-01-01 实施

中华人民共和国交通运输部发布

6

中华人民共和国交通运输部
公　　告

2009 年第 42 号

关于公布《公路工程无机结合料稳定材料试验规程》(JTG E51—2009)的公告

现公布《公路工程无机结合料稳定材料试验规程》(JTG E51—2009),作为公路工程行业标准,自 2010 年 1 月 1 日起施行,原《公路工程无机结合料稳定材料试验规程》(JTJ 057—94)同时废止。

该规程的管理权和解释权归交通运输部,日常解释和管理工作由主编单位交通部公路科学研究院负责。请各有关单位在实践中注意总结经验,及时将发现的问题和修改意见函告交通部公路科学研究院(地址:北京市海淀区西土城路 8 号,邮政编码:100088),以便修订时研用。

特此公告。

中华人民共和国交通运输部

二〇〇九年十月十五日

前　言

《公路工程无机结合料稳定材料试验规程》(JTJ 057—1994)(以下简称原规程)自发布实施以来,对指导我国公路路面基层材料的试验和施工现场基层质量检测,保证路面质量起到了很大的作用。但随着公路建设水平的进步,半刚性基层的原材料要求和施工工艺水平全面提高,相关试验方法随之改进,原规程需作进一步修订和完善。为此,交通部于2006年下达了原规程的修订任务,委托交通部公路科学研究院具体负责修订工作。

修订组开展了全面的调研和相关试验工作,在参考国内外相关标准、规范及其他技术资料并广泛征求有关单位意见的基础上,经过反复修改,完成了修订工作。

修订后的规程由5章(35个试验方法)、2个附录构成,主要修订内容有:

1. 本规程统一采用方孔筛;明确了无机结合料稳定材料粗、中、细粒土的分界。

2. 为保证试验结果的可靠性,提高了相关试验的精度要求。

3. 修订了含水量试验方法、水泥或石灰稳定材料中水泥或石灰剂量测定方法(EDTA滴定法)及石灰稳定材料中石灰剂量测定方法(直读式测钙仪法)3个试验方法。

4. 增加了石灰细度、石灰未消化残渣含量测定等22个试验方法。

本规程由交通部公路科学研究院负责日常解释,希望各单位在使用中注意总结经验,及时将意见和建议函告交通部公路科学研究院(地址:北京市海淀区西土城路8号,邮政编码:100088,E-mail:xd. wang@ rioh. cn),以便修订时研用。

主 编 单 位:交通部公路科学研究院

参 编 单 位:长安大学

主要起草人:王旭东　李美江　沙爱民　汪水银　周兴业　沈国辉　路凯冀

目 录

1 总则 …… 1
2 术语、符号 …… 2
2.1 术语 …… 2
2.2 符号 …… 3
3 原材料试验 …… 4
T 0801—2009 含水量试验方法(烘干法) …… 4
T 0802—1994 含水量试验方法(砂浴法) …… 6
T 0803—1994 含水量试验方法(酒精法) …… 8
T 0809—2009 水泥或石灰稳定材料中水泥或石灰剂量测定方法(EDTA 滴定法) …… 10
T 0810—2009 石灰稳定材料中石灰剂量测定方法(直读式测钙仪法) …… 14
T 0811—1994 石灰有效氧化钙测定方法 …… 18
T 0812—1994 石灰氧化镁测定方法 …… 21
T 0813—1994 石灰有效氧化钙和氧化镁简易测定方法 …… 24
T 0814—2009 石灰细度试验方法 …… 27
T 0815—2009 石灰未消化残渣含量测定方法 …… 28
T 0816—2009 粉煤灰二氧化硅、氧化铁和氧化铝含量测定方法 …… 30
T 0817—2009 粉煤灰烧失量测定方法 …… 35
T 0818—2009 粉煤灰细度试验方法 …… 37
T 0819—2009 石灰、粉煤灰密度测定方法 …… 39
T 0820—2009 粉煤灰比表面积测定方法(勃氏法) …… 40
4 无机结合料稳定材料的取样、成型和养生试验 …… 46
T 0841—2009 无机结合料稳定材料取样方法 …… 46
T 0804—1994 无机结合料稳定材料击实试验方法 …… 47
T 0842—2009 无机结合料稳定材料振动压实试验方法 …… 52
T 0843—2009 无机结合料稳定材料试件制作方法(圆柱形) …… 56
T 0844—2009 无机结合料稳定材料试件制作方法(梁式) …… 60
T 0845—2009 无机结合料稳定材料养生试验方法 …… 63
5 无机结合料稳定材料的物理、力学试验 …… 66
T 0805—1994 无机结合料稳定材料无侧限抗压强度试验方法 …… 66
T 0806—1994 无机结合料稳定材料间接抗拉强度试验方法(劈裂试验) …… 69
T 0851—2009 无机结合料稳定材料弯拉强度试验方法 …… 72
T 0808—1994 无机结合料稳定材料室内抗压回弹模量试验方法(顶面法) …… 75
T 0807—1994 无机结合料稳定材料室内抗压回弹模量试验方法(承载板法) …… 78
T 0852—2009 无机结合料稳定材料劈裂回弹模量试验方法 …… 81
T 0853—2009 无机结合料稳定材料弯拉回弹模量试验方法 …… 83
T 0854—2009 无机结合料稳定材料干缩试验方法 …… 86
T 0855—2009 无机结合料稳定材料温缩试验方法 …… 89

T 0856—2009　无机结合料稳定材料疲劳试验方法 …… 93
T 0857—2009　无机结合料稳定材料室内动态抗压回弹模量试验方法 …… 98
T 0858—2009　无机结合料稳定材料冻融试验方法 …… 101
T 0859—2009　无机结合料稳定材料渗水试验方法 …… 103
T 0860—2009　无机结合料稳定材料抗冲刷试验方法 …… 105
附录 A　正态样本异常值的判断及处理方法——狄克逊准则 …… 108
附录 B　一元线性回归分析 …… 110

1 总 则

1.0.1 为适应我国公路建设需要，保证公路工程无机结合料稳定材料质量，规范各类无机结合料稳定材料试验方法，特制定本规程。

1.0.2 本规程适用于水泥、石灰、粉煤灰等工业废渣及其综合稳定材料的物理、力学试验，以及石灰、水泥、粉煤灰等原材料的试验。

1.0.3 本规程使用的仪器设备，均应经相应的计量部门或检测机构定期检定合格，并满足相应的量程和精度要求。

1.0.4 本规程采用国家法定标准计量单位制。

1.0.5 公路工程无机结合料稳定材料试验除应符合本规程要求外，尚应符合国家和行业现行相关标准及规范的规定。

2 术语、符号

2.1 术 语

2.1.1 公称最大粒径 nominal maximus size

通过率为90% ~100%的最小标准筛孔尺寸。

2.1.2 细粒土 fine-grained soil

颗粒最大粒径不大于4.75mm,公称最大粒径不大于2.36mm的土,包括各种黏质土、粉质土、砂和石屑等。

2.1.3 中粒土 medium grained soil

颗粒最大粒径不大于26.5mm,公称最大粒径大于2.36mm且不大于19mm的土或集料,包括砂砾土、碎石土、级配砂砾、级配碎石等。

2.1.4 粗粒土 coarse-grained soil

颗粒最大粒径不大于53mm,公称最大粒径大于19mm且不大于37.5mm的土或集料,包括砂砾土、碎石土、级配砂砾、级配碎石等。

2.1.5 集料 aggregate

在混合料中起骨架和填充作用的粒料,包括碎石、砾石、机制砂、石屑、砂等。

2.1.6 无机结合料 inorganic binders

主要指水泥、石灰、粉煤灰及其他工业废渣。

2.1.7 水泥稳定材料 cement stabilized material

在经过粉碎的或原来松散的材料中,掺入足量的水泥和水,经拌和得到的混合料,在压实和养生后,当其抗压强度符合规定的要求时,称为水泥稳定材料。

2.1.8 石灰稳定材料 lime-stabilized material

在粉碎的或原来松散的材料(包括各种粗、中、细粒土)中,掺入足量的石灰和水,经拌和得到的混合料,在压实和养生后,当其抗压强度符合规定的要求时,称为石灰稳定材料。

2.1.9 综合稳定材料 composite stabilized material

两种或两种以上无机结合材料稳定的强度符合要求的混合料。例如石灰粉煤灰级配碎石和石灰粉煤灰级配砂砾,简称二灰碎石和二灰砂砾。

2.1.10 最佳含水量和最大干密度 the optimum water content and the maximum dry density

无机结合料稳定材料进行击实或振实试验时,在含水量—干密度坐标系上绘出各个对应点,连成圆滑的曲线,曲线的峰值点对应的含水量和干密度即为最佳含水量和最大干密度。表明在最佳含水量及最佳压实效果的状态下稳定材料所能达到的最大干密度。

2.1.11 动态抗压回弹模量 dynamic compression modulus of resilience

在圆柱形试件上,采用具有一定周期和波形的动态压力荷载,其应力的模(振幅)与材料响应的应变的模(振幅)的比值,称为该应力(荷载)条件下的动态抗压回弹模量。

2.1.12 抗压强度 compressive strength

试件单位面积上所能承受的最大压力。

2.1.13 弯拉强度 flexural-tensile strength

试件所能承受的抵抗弯拉的最大弯拉应力。

2.1.14 抗压回弹模量 compression modulus of resilience

试件轴向承受一定压力时产生单位变形所需的应力。

2.1.15 劈裂强度 splitting strength

通过加载条加静载于圆柱形试件的轴向,试件按一定的变形速率加载,通过施加的压荷载与垂直、水平向变形的测量,计算的试件中心点的最大拉应力即为劈裂强度,也称间接拉伸强度(indirect tension strength)。

2.1.16 劈裂回弹模量 splitting modulus of resilience

通过加载条加静载于圆柱形试件的轴向,试件按一定的变形速率加载,通过施加的压荷载与垂直、水平向变形的测量,计算的试件中心点的劲度模量即为劈裂回弹模量。

2.1.17 弯拉模量 flexural-tensile modulus

试件承受一定弯拉应力时产生单位变形所需的应力。

2.1.18 干缩性 drying shrinkage

在一定环境下,无机结合料稳定材料失水后尺寸的收缩性能。

2.1.19 温缩性 temperature shrinkage

在环境温度降低时,无机结合料稳定材料降温后尺寸收缩的性能。

2.1.20 重复性试验 repeatability test

指测量程序相同、观测者相同、在相同条件下使用相同的测量仪器、在相同地点、短时间内重复进行的试验。本规程中的平行试验推荐采用重复性试验。

2.2 符 号

名 称	符 号	单 位	名 称	符 号	单 位
抗压强度	R_c	MPa	含水量	w	%
劈裂强度(间接抗拉强度)	R_i	MPa	稳定材料的湿密度	ρ_w	g/cm^3
弯拉强度	R_s	MPa	稳定材料的干密度	ρ_d	g/cm^3
动态抗压回弹模量	E_{dc}	MPa	干缩系数	α_d	%
抗压回弹模量	E_c	MPa	温缩系数	α_t	%
劈裂回弹模量	E_i	MPa	抗冻强度损失	BDR	%
弯拉回弹模量	E_s	MPa	渗水系数	C_w	%
变异系数	C_v	%			

3 原材料试验

T 0801—2009 含水量试验方法(烘干法)

1 适用范围

本方法适用于测定水泥、石灰、粉煤灰及无机结合料稳定材料的含水量。

2 仪器设备

2.1 水泥、粉煤灰、生石灰粉、消石灰和消石灰粉、稳定细粒土

2.1.1 烘箱:量程不小于110℃,控温精度为±2℃。

2.1.2 铝盒:直径约50mm,高25~30mm。

2.1.3 电子天平:量程不小于150g,感量0.01g。

2.1.4 干燥器:直径200~250mm,并用硅胶做干燥剂①。

注①:用指示硅胶做干燥剂,而不用氯化钙。因为许多黏土烘干后能从氯化钙中吸收水分。

2.2 稳定中粒土

2.2.1 烘箱:同2.1.1。

2.2.2 铝盒:能放样品500g以上。

2.2.3 电子天平:量程不小于1 000g,感量0.1g。

2.2.4 干燥器:同2.1.4。

2.3 稳定粗粒土

2.3.1 烘箱:同2.1.1。

2.3.2 大铝盒:能放样品2 000g以上。

2.3.3 电子天平:量程不小于3 000g,感量0.1g。

2.3.4 干燥器:同2.1.4。

3 试验步骤

3.1 水泥、粉煤灰、生石灰粉、消石灰和消石灰粉、稳定细粒土

3.1.1 取清洁干燥的铝盒,称其质量m_1,并精确至0.01g;取约50g试样(对生石灰粉、消石灰和消石灰粉取100g),经手工木锤粉碎后松放在铝盒中,应尽快盖上盒盖,尽量避免水分散失,称其质量m_2,并精确至0.01g。

3.1.2 对于水泥稳定材料,将烘箱温度调到110℃;对于其他材料①,将烘箱调到105℃。待烘箱达到设定的温度后,取下盒盖,并将盛有试样的铝盒放在盒盖上,然后一起放入烘箱中进行烘干,需要的烘干时间随试样种类和试样数量而改变。当冷却试样连续两次称量的差(每次间隔4h)不超过原试样质量的0.1%②时,即认为样品已烘干。

3.1.3 烘干后,从烘箱中取出盛有试样的铝盒,并将盒盖盖紧。

3.1.4 将盛有烘干试样的铝盒放入干燥器内冷却③。然后称铝盒和烘干试样的质量m_3,并精确至0.01g。

注①:某些含有石膏的土在烘干时会损失其结晶水,用此方法测定对其含水量有影响。每1%石膏对含水量的影响约为0.2%。如果土中有石膏,则试样应该在不超过80℃的温度下烘干,并可能要烘更长的时间。

注②:对于大多数土,通常烘干 16 ~ 24h 就足够了。但是,某些土或试样数量过多或试样很潮湿,可能需要烘更长的时间。烘干的时间也与烘箱内试样的总质量、烘箱的尺寸及其通风系统的效率有关。

注③:如铝盒的盖密闭,而且试样在称量前放置时间较短,则可以不放在干燥器中冷却。

3.2 稳定中粒土

3.2.1 取清洁干燥的铝盒,称其质量 m_1,并精确至 0.1g。取 500g 试样(至少 300g)经粉碎后松放在铝盒中,盖上盒盖,称其质量 m_2,并精确至 0.1g。

3.2.2 对于水泥稳定材料,将烘箱温度调到 110℃;对于其他材料,将烘箱调到 105℃。待烘箱达到设定的温度后,取下盒盖,并将盛有试样的铝盒放在盒盖上,然后一起放入烘箱中进行烘干,需要的烘干时间随土类和试样数量而改变。当冷却试样连续两次称量的差(每次间隔 4h)不超过原试样质量的 0.1% 时,即认为样品已烘干。

3.2.3 烘干后,从烘箱中取出盛有试样的铝盒,并将盒盖盖紧,放置冷却。

3.2.4 称铝盒和烘干试样的质量 m_3,并精确至 0.1g。

3.3 稳定粗粒土

3.3.1 取清洁干燥的铝盒,称其质量 m_1,并精确至 0.1g。取 2 000g 试样经粉碎后松放在铝盒中,盖上盒盖,称其质量 m_2,并精确至 0.1g。

3.3.2 对于水泥稳定材料,将烘箱温度调到 110℃;对于其他材料,将烘箱调到 105℃。待烘箱达到设定的温度后,取下盒盖,并将盛有试样的铝盒放在盒盖上,然后一起放入烘箱中进行烘干,需要的烘干时间随土类和试样数量而改变。当冷却试样连续两次称量的差(每次间隔 4h)不超过原试样质量的 0.1% 时,即认为样品已烘干。

3.3.3 烘干后,从烘箱中取出盛有试样的铝盒,并将盒盖盖紧,放置冷却。

3.3.4 称铝盒和烘干试样的质量 m_3,并精确至 0.1g。

4 计算

用式(T 0801-1)计算无机结合料稳定材料的含水量。

$$w = \frac{m_2 - m_3}{m_3 - m_1} \times 100 \qquad \text{(T 0801-1)}$$

式中:w——无机结合料稳定材料的含水量(%);

m_1——铝盒的质量(g);

m_2——铝盒和湿稳定材料的合计质量(g);

m_3——铝盒和干稳定材料的合计质量(g)。

5 结果整理

本试验应进行两次平行测定,取算术平均值,保留至小数点后两位。允许重复性误差应符合表 T 0801-1的要求。

表 T 0801-1 含水量测定的允许重复性误差值

含水量(%)	允许误差(%)	含水量(%)	允许误差(%)
≤7	≤0.5	>40	≤2
>7,≤40	≤1		

6 记录

本试验的记录格式见表 T 0801-2。

表 T 0801-2 无机结合料稳定材料含水量测定记录表(烘干法)

工程名称________	试 验 者________
试样位置________	校 核 者________
试样编号________	试验日期________
试验方法________	

续上表

盒号		
盒的质量 m_1(g)		
盒+湿试样的质量 m_2(g)		
盒+干试样的质量 m_3(g)		
水的质量 m_2-m_3(g)		
干试样的质量 m_3-m_1(g)		
含水量(%)		

条文说明

本方法源自原规程 T 0801—1994。

水泥与水拌和就要发生水化作用,在较高温度下水化作用发生得较快。如先将混合料放入烘箱中,再启动烘箱升温,则在升温过程中水泥与水的水化作用发生得较快。而烘干法又不能除去已与水泥发生水化作用的水,这样得出的含水量往往偏小。所以应提前将烘箱升温到 110℃,使含水泥的混合料一开始就能在 110℃的环境下进行烘干。

由于稳定中粒土和稳定粗粒土中大部分是砂粒以上的颗粒,为提高测得含水量的准确度,所取样品数量较大,分别为 500g 和 2 000g。在没有大铝盒时,也可以将这些样品分成两盒进行烘干。试验结果应满足平行试验的误差要求,然后取其平均值。

由于当前在试验室中使用广泛的称量设备的精度较高,为了提高试验过程中的测试精度,此次修订将原规程中针对台秤的措施予以删除,对称量要求在 4 000g 以内的,统一采用感量为 0.01g 的电子天平;对称量要求在 4 000g 以上的,统一采用感量为 0.1g 的电子天平。考虑到当前大量试验室还沿用原规程的仪器,因此对用于中粒土和粗粒土测试的天平感量放宽到 0.1g,但鼓励相关单位采用相对高精度的天平测量,以减少试验误差。

对于有机质土,尽量采用烘干法,并酌情降低烘箱温度。

T 0802—1994 含水量试验方法(砂浴法)

1 适用范围

本方法适用于在工地快速测定无机结合料稳定材料的含水量。当土中含有大量石膏、碳酸钙或有机质时,不应使用本方法。

2 仪器设备

2.1 稳定细粒土

2.1.1 铝盒:直径约 50mm,高 25~30mm。

2.1.2 电子天平:量程不小于 150g,感量 0.01g。

2.1.3 砂浴:直径约 200mm、深至少 25mm 的砂浴 1 个,其中放有清洁的砂。也可以使用更大的砂浴,一次烘干几个试样。

2.1.4 加热砂浴的设备:1 套。

2.1.5 调土刀:刀片长 100mm,宽 20mm。

2.2 稳定中粒土

2.2.1 天平:量程不小于 1 000g,感量 0.1g。

2.2.2 方盘:边长约 200mm、深约 50mm 的白铁皮方盘。

2.2.3 砂浴:能放入方盘的砂浴 1 个,砂深至少 25mm。

2.2.4 加热砂浴的设备:1套。

2.2.5 调土刀:同2.1.5。

2.2.6 长方盘:长约200mm,宽约100mm。

2.3 稳定粗粒土

2.3.1 天平:量程不小于3 000g,感量0.1g。

2.3.2 方盘:边长约250mm,深50~70mm。

2.3.3 砂浴:能放入方盘的砂浴1个,砂深至少25mm。

2.3.4 加热砂浴的设备:1套。

2.3.5 调土刀:同2.1.5。

2.3.6 长方盘:长约200mm,宽约100mm。

3 试验步骤

3.1 稳定细粒土

3.1.1 取清洁干燥的铝盒,称其质量 m_1,并精确至0.01g。至少取30g试样,经粉碎后松放在铝盒中,盖上盒盖,称其质量 m_2,并精确至0.01g。

3.1.2 取下盒盖,将盛有试样的铝盒放在正在加热的砂浴内,但需注意勿使砂浴温度太高①。在加热过程中,应经常用调土刀搅拌试样,以促使水分蒸发。

3.1.3 当加热一段时间(通常1h足够②)使试样干燥后,从砂浴中取出铝盒,盖上盒盖,并放置冷却。

3.1.4 称铝盒和烘干试样质量 m_3,并精确至0.01g。

注①:避免稳定材料过分加热。将一小张白纸片放在土中拌和,如纸变成焦黄色,就表示加热过分。

注②:烘干时间随土类、试样的数量及野外条件而变。当对某种土要做大量含水量测定时,应使用不同的干燥时间,以确定烘干所需要的最短时间。如将试样再烘1min后,其质量损失不超过0.1g(对于细粒土)、0.5g(对于粗粒土)时,即认为土已被烘干。

3.2 稳定中粒土和粗粒土

3.2.1 取清洁干燥的方盘,称其质量 m_1,并精确至0.1g。稳定中粒土的试样至少要300g,稳定粗粒土的试样至少要2 000g。将试样弄碎并均匀地撒布在方盘内,称方盘和试样的合质量 m_2,并精确至0.1g。

3.2.2 将方盘放在正在加热的砂浴内,应注意砂浴温度不要过高。在加热过程中,应经常用调土刀搅拌试样,以促使水分蒸发。

3.2.3 当加热一段时间(通常1h足够)后,从砂浴中取出方盘,并让其冷却。

3.2.4 当方盘冷却后,立即称方盘和烘干试样的合质量 m_3,并精确至0.1g。

4 计算

用式(T 0802-1)计算无机结合料稳定材料的含水量。

$$w = \frac{m_2 - m_1}{m_3 - m_1} \times 100 \quad \text{(T 0802-1)}$$

式中:w——无机结合料稳定材料的含水量(%);

m_1——铝盒或方盘的质量(g);

m_2——铝盒或方盘与湿稳定材料的合质量(g);

m_3——铝盒或方盘与干稳定材料的合质量(g)。

5 结果整理

本试验应进行两次平行测定,取算术平均值,保留至小数点后两位。允许重复性误差应符合表T 0802-1的要求。

表 T 0802-1　含水量测定的允许重复性误差值

含水量(%)	允许误差(%)	含水量(%)	允许误差(%)
≤7	≤0.5	>40	≤2
>7,≤40	≤1		

6　记录

本试验的记录格式见表 T 0802-2。

表 T 0802-2　无机结合料稳定材料含水量测定记录表(砂浴法)

工程名称________________　　试 验 者________________

试样位置________________　　校 核 者________________

试样编号________________　　试验日期________________

试验方法________________

盒　　号		
盒的质量 m_1(g)		
盒＋湿试样的质量 m_2(g)		
盒＋干试样的质量 m_3(g)		
水的质量 m_2-m_3(g)		
干试样的质量 m_3-m_1(g)		
含水量(%)		

条文说明

砂浴法测定含水量的精度较差,为现场施工过程中快速测定提供参考数据,正式数据应以烘干法为准。

T 0803—1994　含水量试验方法(酒精法)

1　目的和适用范围

本方法适用于在工地快速测定无机结合料稳定材料的含水量。当土中含有大量黏土、石膏、石灰质或有机质时,不应使用本方法。

2　仪器设备

2.1　蒸发皿:硅石蒸发皿。对于细粒土,采用直径 100mm;对于中粒土,采用直径 150mm;对于粗粒土,可用方盘。

2.2　刮土刀:长 100mm,宽 20mm。

2.3　搅拌棒:长 200～250mm,直径约 3mm。

2.4　天平:量程不小于 150g,感量 0.01g。

2.5　天平:量程不小于 1 000g,感量 0.1g。

2.6　天平:量程不小于 3 000g,感量 0.1g。

2.7　酒精:乙醇体积分数大于或等于 95%。

3　试验步骤

3.1　将蒸发皿洗净、烘干,称其质量 m_1,并精确至 0.01g。

3.2 对于细粒土，取试样 30g 左右放在蒸发皿内；对于中粒土，取试样 300g 左右放在蒸发皿内；对粗粒土，取 2 000g 放在蒸发皿或方盘中。称蒸发皿和试样的合质量 m_2，对细粒土精确至 0.01g，对中粒土、粗粒土精确至 0.1g。

3.3 对于细粒土，取约 25mL 酒精；对于中粒土，取约 200mL 酒精；对于粗粒土，取约1 500mL酒精。将酒精倒在试样上，使其浸没试样。用刮土刀搅拌酒精和土样，并将大土块破碎。

3.4 将蒸发皿放在不怕热的表面上，点火燃烧。

3.5 在酒精燃烧过程中，用搅拌棒经常搅拌试样，但应注意勿使试样损失。对细粒土，至少燃烧 3 遍；对中、粗粒土，一般需烧 2 ~ 3 遍。

3.6 酒精燃烧完后，使蒸发皿冷却。当蒸发皿冷却至室温时，称蒸发皿和试样的合质量 m_3，细粒土精确至 0.01g，中、粗粒土精确至 0.1g。

4 计算

用式（T 0803-1）计算无机结合料稳定材料的含水量。

$$w = \frac{m_2 - m_3}{m_3 - m_1} \times 100 \qquad (T\ 0803\text{-}1)$$

式中：w——无机结合料稳定材料的含水量（%）；

m_1——蒸发皿的质量（g）；

m_2——蒸发皿和湿稳定材料的合质量（g）；

m_3——蒸发皿和干稳定材料的合质量（g）。

5 结果整理

本试验应进行两次平行测定，取算术平均值，保留至小数点后两位。允许重复性误差应符合表 T 0803-1的要求。

表 T 0803-1 含水量测定的允许重复性误差值

含水量（%）	允许误差（%）	含水量（%）	允许误差（%）
≤7	≤0.5	>40	≤2
>7，≤40	≤1		

6 记录

本试验的记录格式见表 T 0803-2。

表 T 0803-2 无机结合料稳定材料含水量测定记录表（酒精法）

工程名称＿＿＿＿＿＿＿＿ 试 验 者＿＿＿＿＿＿＿＿

试样位置＿＿＿＿＿＿＿＿ 校 核 者＿＿＿＿＿＿＿＿

试样编号＿＿＿＿＿＿＿＿ 试验日期＿＿＿＿＿＿＿＿

试验方法＿＿＿＿＿＿＿＿

盒 号		
盒的质量 m_1（g）		
盒 + 湿试样的质量 m_2（g）		
盒 + 干试样的质量 m_3（g）		
水的质量 $m_2 - m_3$（g）		
干试样的质量 $m_3 - m_1$（g）		
含水量（%）		

条文说明

酒精法测定含水量的精度较差。禁止使用固体酒精。酒精法适用于施工现场即时测定混合料的含水量,为施工质量控制提供参考数据。由于现在工地都有试验室,因此应尽量采用烘干法。当酒精法与烘干法有严重数字不符时,应重做试验,查明原因;若仍不符合,则以烘干法试验数据为准。

T 0809—2009 水泥或石灰稳定材料中水泥或石灰剂量测定方法（EDTA 滴定法）

1 适用范围

1.1 本方法适用于在工地快速测定水泥和石灰稳定材料中水泥和石灰的剂量,并可用于检查现场拌和和摊铺的均匀性。

1.2 本办法适用于在水泥终凝之前的水泥含量测定,现场土样的石灰剂量应在路拌后尽快测试,否则需要用相应龄期的 EDTA 二钠标准溶液消耗量的标准曲线确定。

1.3 本方法也可以用来测定水泥和石灰综合稳定材料中结合料的剂量。

2 仪器设备

2.1 滴定管(酸式):50mL,1 支。

2.2 滴定台:1 个。

2.3 滴定管夹:1 个。

2.4 大肚移液管:10mL、50mL,10 支。

2.5 锥形瓶(即三角瓶):200mL,20 个。

2.6 烧杯:2 000mL(或 1 000mL),1 只;300mL,10 只。

2.7 容量瓶:1 000mL,1 个。

2.8 搪瓷杯:容量大于 1 200mL,10 只。

2.9 不锈钢棒(或粗玻璃棒):10 根。

2.10 量筒:100mL 和 5mL,各 1 只;50mL,2 只。

2.11 棕色广口瓶:60mL,1 只(装钙红指示剂)。

2.12 电子天平:量程不小于 1 500g,感量 0.01g。

2.13 秒表:1 只。

2.14 表面皿:ϕ9cm,10 个。

2.15 研钵:ϕ12 ~ 13cm,1 个。

2.16 洗耳球:1 个。

2.17 精密试纸:pH12 ~ 14。

2.18 聚乙烯桶:20L(装蒸馏水和氯化铵及 EDTA 二钠标准溶液),3 个;5L(装氢氧化钠),1 个;5L(大口桶),10 个。

2.19 毛刷、去污粉、吸水管、塑料勺、特种铅笔、厘米纸。

2.20 洗瓶(塑料):500mL,1 只。

3 试剂

3.1 0.1mol/m^3 乙二胺四乙酸二钠(EDTA 二钠)标准溶液(简称 EDTA 二钠标准溶液):准确称取 EDTA 二钠(分析纯)37.23g,用 40 ~ 50℃的无二氧化碳蒸馏水溶解,待全部溶解并冷却至室温后,定容至 1 000mL。

3.2 10% 氯化铵(NH_4Cl)溶液:将 500g 氯化铵(分析纯或化学纯)放在 10L 的聚乙烯桶内,加蒸馏水 4 500mL,充分振荡,使氯化铵完全溶解。也可以分批在 1 000mL 的烧杯内配制,然后倒入塑料桶内摇匀。

3.3 1.8% 氢氧化钠(内含三乙醇胺)溶液:用电子天平称 18g 氢氧化钠(NaOH)(分析纯),放入洁净干燥的 1 000mL 烧杯中,加 1 000mL 蒸馏水使其全部溶解,待溶液冷却至室温后,加入 2mL 三乙醇胺(分析纯),搅拌均匀后储于塑料桶中。

3.4 钙红指示剂：将 0.2g 钙试剂羧酸钠（分子式 $C_{21}H_{13}N_2NaO_7S$，分子量 460.39）与 20g 预先在 105℃烘箱中烘 1h 的硫酸钾混合。一起放入研钵中，研成极细粉末，储于棕色广口瓶中，以防吸潮。

4 准备标准曲线

4.1 取样：取工地用石灰和土，风干后用烘干法测其含水量（如为水泥，可假定含水量为 0）。

4.2 混合料组成的计算：

4.2.1 公式：干料质量 = 湿料质量/（1 + 含水量）

4.2.2 计算步骤：

（1）干混合料质量 = 湿混合料质量/（1 + 最佳含水量）

（2）干土质量 = 干混合料质量/（1 + 石灰或水泥剂量）

（3）干石灰或水泥质量 = 干混合料质量 - 干土质量

（4）湿土质量 = 干土质量 ×（1 + 土的风干含水量）

（5）湿石灰质量 = 干石灰质量 ×（1 + 石灰的风干含水量）

（6）石灰土中应加入的水 = 湿混合料质量 - 湿土质量 - 湿石灰质量

4.3 准备 5 种试样，每种两个样品（以水泥稳定材料为例），如为水泥稳定中、粗粒土，每个样品取 1 000g左右（如为细粒土，则可称取 300g 左右）准备试验。为了减少中、粗粒土的离散，宜按设计级配单份掺配的方式备料。

5 种混合料的水泥剂量应为：水泥剂量为 0，最佳水泥剂量左右、最佳水泥剂量 ±2% 和 +4%[①]，每种剂量取两个（为湿质量）试样，共 10 个试样，并分别放在 10 个大口聚乙烯桶（如为稳定细粒土，可用搪瓷杯或 1 000mL 具塞三角瓶；如为粗粒土，可用 5L 的大口聚乙烯桶）内。土的含水量应等于工地预期达到的最佳含水量，土中所加的水应与工地所用的水相同。

注①：在此，准备标准曲线的水泥剂量可为 0、2%、4%、6%、8%。如水泥剂量较高或较低，应保证工地实际所用水泥或石灰的剂量位于标准曲线所用剂量的中间。

4.4 取一个盛有试样的盛样器，在盛样器内加入两倍试样质量（湿料质量）体积的 10% 氯化铵溶液（如湿料质量为 300g，则氯化铵溶液为 600mL；如湿料质量为 1 000g，则氯化铵溶液为 2 000mL）。料为 300g，则搅拌 3min（每分钟搅 110 ~ 120 次）；料为 1 000g，则搅拌 5min。如用 1 000mL 具塞三角瓶，则手握三角瓶（瓶口向上）用力振荡 3min（每分钟 120 次 ±5 次），以代替搅拌棒搅拌。放置沉淀 10min[②]，然后将上部清液转移到 300mL 烧杯内，搅匀，加盖表面皿待测。

注②：如 10min 后得到的是混浊悬浮液，则应增加放置沉淀时间，直到出现无明显悬浮颗粒的悬浮液为止，并记录所需的时间。以后所有该种水泥（或石灰）稳定材料的试验，均应以同一时间为准。

4.5 用移液管吸取上层（液面上 1 ~ 2cm）悬浮液 10.0mL 放入 200mL 的三角瓶内，用量管量取1.8% 氢氧化钠（内含三乙醇胺）溶液 50mL 倒入三角瓶中，此时溶液 pH 值为 12.5 ~ 13.0（可用 pH12 ~ 14 精密试纸检验），然后加入钙红指示剂（质量约为 0.2g），摇匀，溶液呈玫瑰红色。记录滴定管中 EDTA 二钠标准溶液的体积 V_1，然后用 EDTA 二钠标准溶液滴定，边滴定边摇匀，并仔细观察溶液的颜色；在溶液颜色变为紫色时，放慢滴定速度，并摇匀；直到纯蓝色为终点，记录滴定管中 EDTA 二钠标准溶液体积 V_2（以 mL 计，读至 0.1mL）。计算 $V_1 - V_2$，即为 EDTA 二钠标准溶液的消耗量。

4.6 对其他几个盛样器中的试样，用同样的方法进行试验，并记录各自的 EDTA 二钠标准溶液的消耗量。

4.7 以同一水泥或石灰剂量稳定材料 EDTA 二钠标准溶液消耗量（mL）的平均值为纵坐标，以水泥或石灰剂量（%）为横坐标制图。两者的关系应是一根顺滑的曲线，如图T 0809-1所示。如素土、水泥或石灰改变，必须重做标准曲线。

5 试验步骤

5.1 选取有代表性的无机结合料稳定材料，对稳定中、粗粒土取试样约 3 000g，对稳定细粒土取试样约 1 000g。

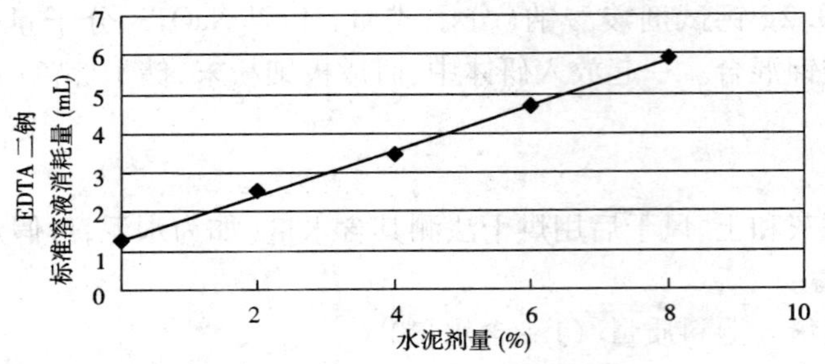

图 T 0809-1　EDTA 标准曲线

5.2　对水泥或石灰稳定细粒土，称 300g 放在搪瓷杯中，用搅拌棒将结块搅散，加 10% 氯化铵溶液 600mL；对水泥或石灰稳定中、粗粒土，可直接称取 1 000g 左右，放入 10% 氯化铵溶液 2 000mL，然后如前述步骤进行试验。

5.3　利用所绘制的标准曲线，根据 EDTA 二钠标准溶液消耗量，确定混合料中的水泥或石灰剂量。

6　结果整理

本试验应进行两次平行测定，取算术平均值，精确至 0.1mL。允许重复性误差不得大于均值的 5%，否则，重新进行试验。

7　报告

试验报告应包括以下内容：

(1) 无机结合料稳定材料名称；

(2) 试验方法名称；

(3) 试验数量 n；

(4) 试验结果极小值和极大值；

(5) 试验结果平均值 $\overline{X}$；

(6) 试验结果标准差 S；

(7) 试验结果变异系数 C_v。

8　记录

本试验的记录格式见表 T 0809-1。

表 T 0809-1　水泥或石灰剂量测定记录表

工 程 名 称＿＿＿＿＿＿＿＿　试验方法＿＿＿＿＿＿＿＿

结构层名称＿＿＿＿＿＿＿＿　试 验 者＿＿＿＿＿＿＿＿

稳定剂种类＿＿＿＿＿＿＿＿　校 核 者＿＿＿＿＿＿＿＿

试 样 编 号＿＿＿＿＿＿＿＿　试验日期＿＿＿＿＿＿＿＿

标准曲线制定

平行试样	1			2			平均 EDTA 二钠标准溶液消耗量（mL）
剂量	V_1（mL）	V_2（mL）	EDTA 二钠标准溶液消耗量（mL）	V_1（mL）	V_2（mL）	EDTA 二钠标准溶液消耗量（mL）	
标准曲线公式							

续上表

试样编号	V_1 (mL)	V_2 (mL)	EDTA 二钠标准溶液消耗量 (mL)	平均 EDTA 二钠标准溶液消耗量 (mL)	结合料剂量 (%)
1					
2					

条文说明

本方法来源于 T 0809—1994。

EDTA 滴定法的化学原理是：先用 10% 的 NH_4Cl 弱酸溶出水泥稳定材料中的 Ca^{2+}，然后用 EDTA 二钠标准溶液夺取 Ca^{2+}，EDTA 二钠标准溶液的消耗量与相应的水泥剂量（水泥剂量的大小正比于 Ca^{2+} 的数量）存在近似线性关系。

尽管氯化铵的标装为一瓶 500g，但在使用过程中氯化铵必须用电子秤称量，不可用一瓶就当 500g。瓶装蒸馏水标装一桶为 4 500mL，在使用过程中必须重新过量筒。

在试验操作过程中，每个样品搅拌的时间、速度和方式应力求相同，以减小试验误差。在做标准曲线时，如工地实际水泥剂量较大，则素集料和低剂量水泥的试样可以不做试验，而直接用较高的剂量试验，但应有两种剂量大于实际剂量和两种剂量小于实际剂量。配制的氯化铵溶液最好当天用完，不要放置过久，以免影响试验的精度。如素土、水泥或石灰较长时间没有改变，应在每天试验前，增加 1～2 点对标准曲线进行验证，以减少原材料可能的离散对试验结果的影响。

应控制好滴定的各环节。在 EDTA 滴定过程中，溶液的颜色有明显的变化过程，从玫瑰红色变为紫色，并最终变为蓝色。因此要把握好滴定的临界点，切不可直接将溶液滴到纯蓝色，因为在滴定过量时，溶液的颜色始终保持为纯蓝色，因此如果没有经过临界点，则可能已经过量很多。一般来说，在溶液颜色变为紫色后，如水泥剂量较低，1～2 滴就能彻底变蓝；如水泥剂量较高，可能需要再多些。因此，此时的滴定速度务必放慢，逐滴滴入，并保持摇匀，以免滴定过量。

原规程中规定钙红指示剂为黄豆粒大小，在试验过程中不好把握，因此此次修订给以定量表示。钙红指示剂的作用是用来调节溶液的颜色，如果用量太少，颜色的变化不显著，容易滴定过量；如果用量太多，就会使变蓝的溶液在搁置较长一段时间后又显现出紫色来。关于钙红指示剂的用量，有经验的工作者也可根据经验确定，关键是要把握滴定过程中溶液颜色变化的规律。

在原规程中，为了减少做标准曲线试验取样的离散，将原材料过 2～2.5mm 筛后，再进行配料，每份取 300g 湿混合料进行标准曲线试验；而在现场测试中，则直接选取有代表性的水泥土或石灰土混合料，称取 300g 进行滴定试验，导致室内的标准曲线试验和现场取样的滴定试验有明显的差别。为了消除现场取样试验和室内标准曲线取样的差别，本次修订要求将室内标准曲线制作的湿混合料采用单份掺配后进行试验，同时为了减少配料过程中的离散，对粗集料基层（最大粒径在 25mm 左右）必须有1 000g左右的总质量，放入体积（mL）是湿料质量（g）两倍的氯化铵溶液进行拌和，然后取样进行滴定。试验表明，采用该种试验方法制作标准曲线和现场取样差别最小，可最大限度减少室内试验取样的离散。但采用该方法以后氯化铵溶液的用量将显著增加，同时为了达到拌和的均匀性，搅拌时间和搅拌力度增大。

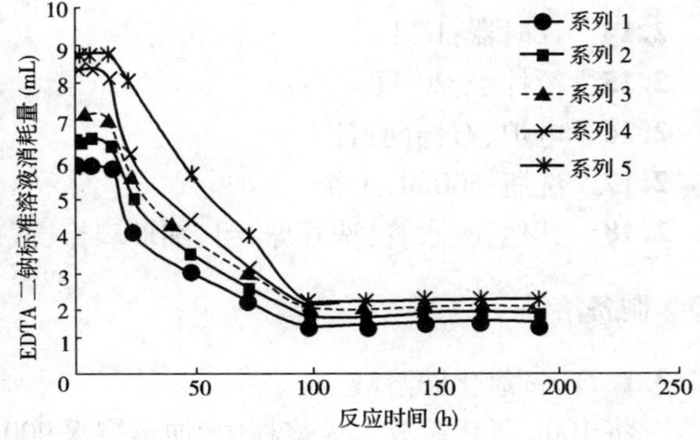

图 T 0809-2　反应龄期与 EDTA 二钠标准溶液耗量的关系

注：系列 1、系列 2、系列 3、系列 4、系列 5 分别为水泥剂量是 4.0%、4.5%、5.0%、5.5%、6.0% 时混合料拌和后水泥剂量随时间变化的曲线。

原规程中规定，EDTA 滴定法用于稳定材料龄期（7d 以内）的水泥和石灰含量测定。工程实践证明，对水泥和石灰土，在不同龄期测出的灰剂量都在下降。

图 T 0809-2 为一组水泥稳定材料的 EDTA 滴定量与龄期的关系图。随着龄期的增长，石灰稳定材料和水泥稳定材料中的一部分钙离子已经与土中的矿物发生反应，生成新的化合物，因此游离钙离子减少，用初始的 EDTA 二钠标准溶液消耗量的标准曲线确定的灰剂量必然下降。正确的做法是，在不同的龄期应该用不同的 EDTA 二钠标准溶液消耗量的标准曲线，只有这样才能在不同龄期都能测出实际的灰剂量。因此，现场土样灰剂量应在路拌后尽快测试，否则即使龄期不超过 7d 也需要用相应龄期的 EDTA 二钠标准溶液消耗量的标准曲线确定。对水泥稳定材料超出终凝时间（12h 以后）所测定的水泥剂量，需作出相应的龄期校正。

EDTA 滴定法的龄期效应曲线与素集料、水泥剂量、水泥品质、稳定层压实度、养护、温度等因素有关，应按工地具体使用的材料和配合比，通过试验，制备好龄期效应标准曲线，为实际检测工作提供依据。水泥稳定材料的龄期修正以小时计；石灰及二灰修正以天计。水泥剂量测定不宜超过终凝；石灰剂量测定不宜超过火山灰反应开始时间，一般为 7d。

T 0810—2009　石灰稳定材料中石灰剂量测定方法（直读式测钙仪法）

1　适用范围

本方法适用于测定新拌石灰土中石灰的剂量。

2　仪器设备

2.1　钙离子选择性电极（PVC 薄膜）：1 支。

2.2　饱和甘汞电极：232（或 330）型，1 支。

2.3　直读式测钙仪：1 台。

2.4　电子天平：量程不小于1 500g，感量 0.01g；分析天平：量程不小于 50g，感量0.000 1g，各 1 台。

2.5　量筒：1 000mL、200mL、50mL，各 1 只。

2.6　具塞三角瓶：1 000mL，10 个（或搪瓷杯 10 个）；500mL，4 个。

2.7　大口聚乙烯桶：5L，4 个。

2.8　烧杯：2 000mL，1 个；300mL，10 个；50mL，15 个。

2.9　容量瓶：1 000mL，1 个。

2.10　塑料瓶：10L，2 个；1 000mL，3 个；250mL，2 个。

2.11　大肚移液管：100mL，1 支。

2.12　干燥器：1 个。

2.13　表面皿：ϕ90mm，10 个；ϕ50mm，15 个。

2.14　计时器：1 只。

2.15　搅拌子：20 只。

2.16　电炉、石棉网：各 1 个。

2.17　洗瓶：500mL，1 个。

2.18　其他：吸水管，洗耳球，粗、细玻璃棒，试剂勺。

3　制备溶液

3.1　10% 氯化铵溶液

将 100g 氯化铵放入大烧杯中，加蒸馏水 900mL①，搅拌均匀后，存放于塑料桶内保存。

注①：配制体积，可根据待测样品数量确定。

注②：装有各种溶液的塑料瓶（桶）均应贴上标签，写明浓度、溶液名称和配制日期。

3.2　20% 氢氧化钠溶液

用感量 0.01g 的电子天平迅速称取 40g 分析纯氢氧化钠（NaOH）放入 300mL 烧杯中，加入 160mL

新煮沸并已冷却的蒸馏水。用玻璃棒充分搅匀后,转入塑料瓶中备用(若用玻璃瓶装,瓶塞应改用橡皮塞,避免因久放瓶塞打不开)。

3.3 $10^{-1}mol/m^3$ 氯化钙标准溶液

将分析纯碳酸钙($CaCO_3$)在180℃烘箱中烘2h后,取出放入干燥器内冷却45min。用分析天平准确称取碳酸钙10.009g放入300mL烧杯中。用少许蒸馏水润湿后,从杯口用吸水管沿杯壁逐滴滴入1:5稀盐酸(18mL盐酸加90mL蒸馏水)并轻摇杯子,使碳酸钙全部溶解。然后用洗瓶吹洗杯壁,移至电炉上加热至微沸,并保持微沸5min,以驱除二氧化碳。冷却后转移至1 000mL容量瓶中,用蒸馏水多次沿杯壁冲洗烧杯,将冲洗的水一并倒入容量瓶中。当蒸馏水加到约950mL左右时,再用20%氢氧化钠调至中性,使pH值为7。最后用蒸馏水稀释至刻度,反复摇匀,静置后倒入1 000mL塑料瓶②中备用。

3.4 $10^{-2}mol/m^3$ 氯化钙标准溶液

用大肚移液管吸取 $10^{-1}mol/m^3$ 氯化钙标准溶液100mL放入1 000mL容量瓶中,加蒸馏水稀释到刻度后,充分摇匀,转入1 000mL塑料瓶中备用。

3.5 $10^{-3}mol/m^3$ 氯化钙标准溶液

用大肚移液管吸取 $10^{-2}mol/m^3$ 氯化钙标准溶液100mL放入1 000mL容量瓶中,加蒸馏水稀释到刻度,充分摇匀,转入1 000mL塑料瓶中备用。

3.6 氯化钾饱和溶液

用感量0.01g的电子天平称分析纯氯化钾(KCl)70g,放入300mL烧杯中,用量筒取200mL蒸馏水倒入烧杯内,用玻璃棒充分搅动,溶液中应留有结晶(溶液呈过饱和状态),移入塑料瓶中备用。

4 准备仪器和电极

4.1 钙电极(图T 0810-1):在测定前一天,应将内参比电极从套管中取出,向管中滴入 $10^{-1}mol/m^3$ 氯化钙标准溶液15滴左右。再将内参比电极装回管内。在每天进行测定之前,将钙电极从套管中取出,将有薄膜的一端放在 $10^{-2}mol/m^3$ 氯化钙标准溶液中浸泡2h,使电极活化。使用前取出电极,用水冲洗并用软纸吸干电极上的水分。

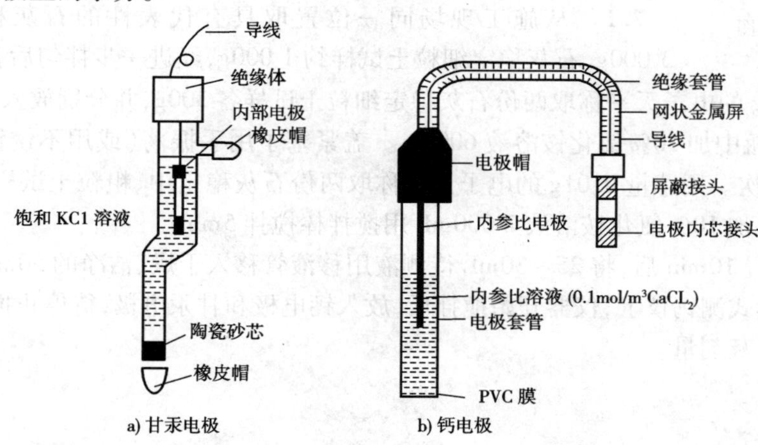

图T 0810-1 甘汞电极和钙电极

4.2 甘汞电极:检查内液面是否与上部加液口平,若内液面低时,拔去加液口橡皮帽并用滴管添加氯化钾饱和溶液。测定时拔去上端加液口橡皮帽和下端橡皮帽。用水冲洗并用软纸吸干水分。

4.3 仪器:在测定前接通测钙仪电源,使仪器预热20min。

5 准备石灰土标准剂量浸提液

5.1 测定土和石灰的风干含水量。

5.2 确定石灰土的最佳含水量。

5.3 计算6%、14%石灰土中石灰、土和水的质量。

5.4 石灰土标准剂量浸提液的制备:

用准备好的土和石灰配制6%、14%[①]的石灰土标准剂量浸提液供标定仪器用。用电子天平按本方法5.3中计算所得的量分别称取准备好的土样和石灰,制备以上两种剂量的石灰稳定材料。石灰稳定细粒土各制备300g湿混合料,分别放入1 000mL具塞三角瓶(或搪瓷杯)中,混匀。再用量筒加入10%氯化铵溶液600mL,盖紧塞子用手振荡(或用搅拌棒搅拌)3min,保持每分钟120次±5次。对石灰稳定中、粗粒土各制备1 000g湿混合料,分别放入5L聚乙烯桶中,混匀。再用量筒加入10%氯化铵溶液2 000mL,用搅拌棒搅拌5min。

以上溶液静置10min后,将上部清液用移液管转移到干燥、洁净的500mL具塞三角瓶中,摇匀,瓶外加贴标签,供以后标定仪器时用。

当石灰品种、土质和水质相同时,制备的6%、14%石灰土标准剂量浸提液可供连续标定10d之用。

注①:可以根据设计剂量选择石灰土标准浸提液剂量的上限,如果剂量高时,标定所用剂量的上限可以是16%或18%等。此时,标定仪器过程中调节旋钮Ⅱ应使之显示16.0或18.0等。

6 标定仪器

6.1 将上述制备好的标准液分别移出25~30mL至干燥、洁净的50mL烧杯中,各加入一只搅拌子。先将6%标准液放在直读式测钙仪上,待仪器开始搅拌后放入钙电极和甘汞电极(图T 0810-2),停止搅拌后,调整校正Ⅰ旋钮,使之显示6.0;采样读数结束。将电极提起,取下6%标准液。用水冲洗电极并用软纸吸干电极上的水。

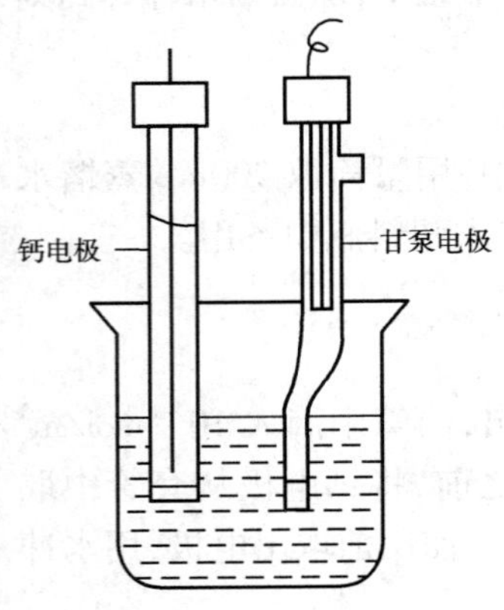

图T 0810-2 测试示意图

6.2 再将装有14%标准液的烧杯放在直读式测钙仪上,开始搅拌后,放入钙电极和甘汞电极。停止搅拌后,调整校正Ⅱ旋钮,使之显示14.0。

6.3 如此重复2~3次。每次用6%和14%标准液校正均能显示6.0和14.0时,仪器标定即完毕。

7 试验步骤

7.1 从施工现场同一位置取具有代表性的石灰稳定中、粗粒土约3 000g,石灰稳定细粒土试样约1 000g,经进一步拌匀后备用。

7.2 用感量0.01g的电子天平称取两份石灰稳定细粒土试样各300g,并分别放入两个1 000mL具塞三角瓶中,每个三角瓶中加10%氯化铵溶液600mL。盖紧塞子用手振荡(或用不锈钢棒搅拌)2min,保持每分钟120次±5次。用感量0.01g的电子天平称取两份石灰稳定中、粗粒土试样各1 000g,并分别放入5L聚乙烯桶中,加10%氯化铵溶液2 000mL用搅拌棒搅拌5min。

7.3 以上溶液静置10min后,将25~30mL待测液用移液管移入干燥、洁净的50mL烧杯中。加入一只搅拌子并放在直读式测钙仪上,仪器开始搅拌后,放入钙电极和甘汞电极,待停止搅拌后,仪器显示的数值即为该样品的石灰剂量。

8 结果整理

8.1 试验结果精确至0.1%。

8.2 本试验应进行两次平行测定,取两次测试结果的平均值。

9 报告

试验报告应包括以下内容:

(1)无机结合料稳定材料名称;

(2)试验方法名称;

(3)试验数量n;

(4)试验结果极小值和极大值;

(5)试验结果平均值$\overline{X}$;

(6)试验结果标准差 S；

(7)试验结果变异系数 C_v。

10 记录

本试验的记录格式见表 T 0810-1。

表 T 0810-1 水泥或石灰剂量测定记录表

工程名称______ 试验方法______

结构层名称______ 试验者______

稳定剂种类______ 校核者______

试样编号______ 试验日期______

试样编号		
结合料剂量(%)		

条文说明

本规程源自 T 08010—1994。为统一编号,本规程中改为 T 0810—1994。

本次修订将原规程中仪器标定和现场测量取样统一起来,以最大程度减少取样造成的试验误差。原规程中规定,将原材料过 2mm 或 2.5mm 筛后,再进行配料,每份取 300g 湿混合料制备溶液进行仪器标定,而在现场测试中则直接选取有代表性的水泥土或石灰土混合料,过 2mm 或 2.5mm 筛后进行试验。这就导致室内的仪器标定和现场取样的滴定试验有明显的差别。本次修订要求将仪器标定的湿混合料采用单份掺配后进行试验,同时为了减少配料过程中的离散,对粗集料基层(最大粒径在 25mm 左右)必须有 1 000g 左右的总质量,放入体积(mL)是湿料质量(g)两倍的氯化铵溶液进行拌和。修订后的室内标定和现场取样的方法与 T 0809—2009 一致。

在试验操作过程中应注意的事项有:在计算 6% 和 14% 混合料的组成时,应使混合料的最佳含水量与施工碾压时的最佳含水量相近。若土、石灰或水质有变化时,必须重新配制 6% 和 14%(或 16%、18%)石灰土标准剂量浸提液,并用它标定仪器。制备每个样品的浸提液时,搅拌的时间、速度和方式应力求相同。配制的氯化铵溶液当天用完,不宜放置过久。所用器具必须用水冲洗干净。每测完一个样品应用蒸馏水或自来水冲洗电极,并用软纸吸干后再测下一个样品。若进行全天测试,午间休息时可将钙电极薄膜端浸泡在 10^{-3}mol 氯化钙标准溶液中,下午测定前不必进行活化。下午测定结束后应用水冲洗电极,并用软纸吸干水,套上橡皮帽,然后挂起干放保存,次日用前再进行活化。在连续使用时,电极的内参比液应每周更换一次,以保证试验的稳定性。

试验规程 JTJ 057—1985 附录一为用钙电极测定灰土中石灰的剂量。它用电极电位仪测不同石灰剂量的石灰土浸提液的电位值。后来,又以 ST-C 土壤测钙仪(现名为交直流两用石灰剂量测试仪)替代电极电位仪测量石灰土浸提液的电位值。利用这些仪器测试前,需要备 5 种不同标准剂量石灰土浸提液并绘制石灰剂量与电位值的关系曲线,即常称的工作曲线。由于钙电极固有的漂移现象,致使用同样的标准剂量浸提液绘制的工作曲线即使上、下午也有平移或不规则的漂移现象。所以,上午用标准剂量石灰土浸提液绘制的工作曲线,到下午就不再能用。也就是说,不仅每天测量前要绘制工作曲线,即使同一天上、下午也要各绘制一次工作曲线,否则测试结果就不准确。因此,这些仪器使用起来很不方便,达不到快速测量的目的。对比试验表明,土壤测钙仪的测试精度也较差,其变异系数 $C_v = 5.63\%$。

本规程采用直读式测钙仪代替上述仪器。采用该仪器测量只需制备两种不同标准剂量(6% 和 14% 另一更高剂量)的石灰土浸提液,克服了用电极电位仪、土壤测钙仪和离子计等每天至少需用 5 种标准剂量石灰土浸提液绘制工作曲线的缺点。由于直读式测钙仪每次测量待测石灰土浸提液相应的石灰剂量前,都用两个标准剂量的浸提液对仪器进行快速标定,所以它不再受钙电极漂移的影响。测量任一浸提液时,直读式测钙仪显示屏上直接显示浸提液相应的石灰剂量,因此,它的使用很方便。它的测量精度高、测量结果准确。在室内对同样的浸提液用直读式测钙仪与 EDTA 滴定法的对比试验结果见表 T 0810-2。

表 T 0810-2　直读式测钙仪与 EDTA 滴定法的对比试验结果

设计剂量(%)	8		10		12		平均 C_v (%)
统计特性	均值$\overline{X}$ (%)	变异系数 C_v (%)	均值$\overline{X}$ (%)	变异系数 C_v (%)	均值$\overline{X}$ (%)	变异系数 C_v (%)	
直读式测钙仪	7.9	0.97	9.8	1.79	11.9	1.27	1.34
EDTA 滴定法	8.1	0.72	10.0	1.73	11.9	1.46	1.30

从表列结果可以看到,直读式测钙仪测量结果的准确性和精度都能达到标准方法 EDTA 滴定法的水平。

直读式测钙仪的测量过程与 EDTA 滴定法的测量过程相比,制备浸提液的过程是相同的。对浸提液进行剂量测定时,直读式测钙仪要简单得多,它免除了使用三乙醇胺、氢氧化钠、钙指示剂和 EDTA 二钠等化学试剂以及判断是否达到终点的困难。

现在市售的直读式测钙仪的适用范围已经拓宽,因此在具体使用过程中,应参考厂家的说明书,进行仪器自检和标定工作,以及相关操作。

T 0811—1994　石灰有效氧化钙测定方法

1　适用范围

本方法适用于测定各种石灰的有效氧化钙含量。

2　仪器设备

2.1　方孔筛:0.15mm,1 个。

2.2　烘箱:50～250℃,1 台。

2.3　干燥器:ϕ25cm,1 个。

2.4　称量瓶:ϕ30mm×50mm,10 个。

2.5　瓷研钵:ϕ12～13cm,1 个。

2.6　分析天平:量程不小于 50g,感量 0.000 1g,1 台。

2.7　电子天平:量程不小于 500g,感量 0.01g,1 台。

2.8　电炉:1 500W,1 个。

2.9　石棉网:20cm×20cm,1 块。

2.10　玻璃珠:ϕ3mm,1 袋(0.25kg)。

2.11　具塞三角瓶:250mL,20 个。

2.12　漏斗:短颈,3 个。

2.13　塑料洗瓶:1 个。

2.14　塑料桶:20L,1 个。

2.15　下口蒸馏水瓶:5 000mL,1 个。

2.16　三角瓶:300mL,10 个。

2.17　容量瓶:250mL、1 000mL,各 1 个。

2.18　量筒:200mL、100mL、50mL、5mL,各 1 个。

2.19　试剂瓶:250mL、1 000mL,各 5 个。

2.20　塑料试剂瓶:1L,1 个。

2.21　烧杯:50mL,5 个;250mL(或 300mL),10 个。

2.22　棕色广口瓶:60mL,4 个;250mL,5 个。

2.23 滴瓶:60mL,3 个。

2.24 酸滴定管:50mL,2 支。

2.25 滴定台及滴定管夹:各 1 套。

2.26 大肚移液管:25mL、50mL,各 1 支。

2.27 表面皿:7cm,10 块。

2.28 玻璃棒:8mm×250mm 及 4mm×180mm,各 10 支。

2.29 试剂勺:5 个。

2.30 吸水管:8mm×150mm,5 支。

2.31 洗耳球:大、小各 1 个。

3 试剂

3.1 蔗糖(分析纯)。

3.2 酚酞指示剂:称取 0.5g 酚酞溶于 50mL 95% 乙醇中。

3.3 0.1% 甲基橙水溶液:称取 0.05g 甲基橙溶于 50mL 蒸馏水(40~50℃)中。

3.4 盐酸标准溶液(相当于 0.5mol/L):将 42mL 浓盐酸(相对密度 1.19)稀释至 1L,按下述方法标定其摩尔浓度后备用。

称取 0.8~1.0g(精确至 0.000 1g)已在 180℃烘干 2h 的碳酸钠(优级纯或基准级)记录为 m,置于 250mL 三角瓶中,加 100mL 水使其完全溶解;然后加入 2~3 滴 0.1% 甲基橙指示剂,记录滴定管中待标定盐酸标准溶液的体积 V_1,用待标定的盐酸标准溶液滴定至碳酸钠溶液由黄色变为橙红色;将溶液加热至微沸,并保持微沸 3min,然后放在冷水中冷却至室温,如此时橙红色变为黄色,再用盐酸标准溶液滴定,至溶液出现稳定橙红色时为止,记录滴定管中盐酸标准溶液的体积 V_2。V_1、V_2 的差值即为盐酸标准溶液的消耗量 V。

盐酸标准溶液的摩尔浓度① 按式(T 0811-1)计算。

$$M = m/(V \times 0.053) \tag{T 0811-1}$$

式中:M——盐酸标准溶液的摩尔浓度(mol/L);

m——称取碳酸钠的质量(g);

V——滴定时盐酸标准溶液的消耗量(mL);

0.053——与 1.00mL 盐酸标准溶液[$C(HCl)=1.000$mol/L]相当的以克表示的无水碳酸钠的质量。

注①:该处盐酸标准溶液的浓度相当于 1mol/L 标准溶液浓度的一半左右。

4 准备试样

4.1 生石灰试样:将生石灰样品打碎,使颗粒不大于 1.18mm。拌和均匀后用四分法缩减至 200g 左右,放入瓷研钵中研细。再经四分法缩减至 20g 左右。研磨所得石灰样品,通过 0.15mm(方孔筛)的筛。从此细样中均匀挑取 10 余克,置于称量瓶中在 105℃烘箱内烘至恒量,储于干燥器中,供试验用。

4.2 消石灰试样:将消石灰样品用四分法缩减至 10 余克。如有大颗粒存在,须在瓷研钵中磨细至无不均匀颗粒存在为止。置于称量瓶中在 105℃烘箱内烘至恒量,储于干燥器中,供试验用。

5 试验步骤

5.1 称取约 0.5g(用减量法称量,精确至 0.000 1g)试样,记录为 m_1,放入干燥的 250mL 具塞三角瓶中,取 5g 蔗糖覆盖在试样表面,投入干玻璃珠 15 粒,迅速加入新煮沸并已冷却的蒸馏水 50mL,立即加塞振荡 15min(如有试样结块或粘于瓶壁现象,则应重新取样)。

5.2 打开瓶塞,用水冲洗瓶塞及瓶壁,加入 2~3 滴酚酞指示剂,记录滴定管中盐酸标准溶液体积 V_3,用已标定的约 0.5mol/L 盐酸标准溶液滴定(滴定速度以 2~3 滴/s 为宜),至溶液的粉红色显著消失并在 30s 内不再复现即为终点,记录滴定管中盐酸标准溶液的体积 V_4。V_3、V_4 的差值即为盐酸标准溶液的消耗量 V_5。

6 计算

按式(T 0811-2)计算有效氧化钙的含量。

$$X = \frac{V_5 \times M \times 0.028}{m_1} \times 100 \qquad (T\ 0811\text{-}2)$$

式中:X——有效氧化钙的含量(%);

V_5——滴定时消耗盐酸标准溶液的体积(mL);

0.028——氧化钙毫克当量;

m_1——试样质量(g);

M——盐酸标准溶液的摩尔浓度(mol/L)。

7 结果整理

对同一石灰样品至少应做两个试样和进行两次测定,并取两次结果的平均值代表最终结果。石灰中氧化钙和有效钙含量在30%以下的允许重复性误差为0.40,30%~50%的为0.50,大于50%的为0.60。

8 报告

试验报告应包括以下内容:

(1)石灰来源;

(2)试验方法名称;

(3)单个试验结果;

(4)试验结果平均值$\overline{X}$。

9 记录

本试验的记录格式见表T 0811-1。

表T 0811-1 石灰有效氧化钙测定记录表

工程名称________ 试验方法________

路段范围________ 试 验 者________

石灰来源________ 校 核 者________

试样编号________ 试验日期________

盐酸标准溶液的摩尔浓度滴定

碳酸钠质量(g)	滴定管中盐酸量		盐酸标准溶液消耗量 V(mL)	摩尔浓度 M(mol/L)	平均摩尔浓度 $\overline{M}$(mol/L)
	V_1(mL)	V_2(mL)			

石灰的有效氧化钙滴定

试验编号	石灰质量(g)	滴定管中盐酸量		盐酸标准溶液耗量 V_5(mL)	有效氧化钙含量 X(%)
		V_3(mL)	V_4(mL)		

条文说明

原规程中盐酸标准溶液采用当量浓度为单位,此次修订将当量浓度转换为摩尔浓度。当量浓度和摩尔浓度之间的换算关系如下:①对于酸碱滴定过程中的试剂浓度,主要看每个分子中氢离子或氢氧根离子的数量,1mol/L的盐酸就是1N的盐酸,1mol/L的硫酸就是2N的硫酸,同理1mol/L的氢氧化钠就是 1N;②对于氧化还原滴定过程中的试剂浓度,要看每个分子在氧化还原反应过程中具体得到或失去的电子个数来确定,例如 1mol/L 的重铬酸钾就是 6N(因为每个重铬酸钾分子中有两个铬离子,每个铬离子的价态由6+到3+得到3个电子);而硫酸亚铁铵作为还原剂,1mol/L 的就是 1N,因为一个硫酸亚铁铵分子被氧化后失去 1 个电子。总之,当量浓度的原则是,相同当量浓度的酸、碱试剂(或氧化剂、还原剂)发生反应时消耗的试剂体积相同。

原规程中称此处的盐酸标准溶液为 0.5N 盐酸标准溶液,其称呼是相对于 T 08013—1994 中的 1N 盐酸标准溶液的浓度而言的,而在式(T 0811-1)和式(T 0811-2)中依然用 N 表示该处盐酸溶液的浓度,很容易引起误解。为了和 T 08013—1994 中 1N 盐酸标准溶液区分开,将此处浓度相当于 0.5N 的盐酸标准溶液直接说为盐酸标准溶液,并将原式(T 0811-1)、式(T 0811-2)中的 N 改为 M。

本试验是根据石灰活性氧化钙与蔗糖 $C_{12}H_{22}O_{11}$ 化合而成水溶性的蔗糖钙 $CaO \cdot C_{12}H_{22}O_{11} \cdot 2H_2O$,而石灰中其他非活性的钙盐则不与蔗糖作用,氧化镁则与蔗糖反应缓慢的原理,应用此不同的反应条件,采用中和滴定法,用已知浓度的盐酸进行滴定(以酚酞为指示剂),达到滴定终点时,按盐酸消耗量计算出有效氧化钙的含量。

分析化学中,在配制和标定标准溶液时,注意尽量减少操作误差。使用足够量的基准物,以保证测量相对误差不超过许可限度。现在普通分析天平的精度能够达到 0.000 1g,滴定管的体积测量绝对误差为 ±0.02mL。所以基准物用量只有大于 0.2g 和 20.00mL,才能保证测量相对误差不大于 ±0.1%。0.4g 碳酸钠用 0.5mol/L 盐酸滴定约消耗 15mL 左右,故将碳酸钠用量改为 0.800 0~1.000 0g,滴定所需的 0.5mol/L 盐酸溶液约 30mL。

生石灰打碎,原规程是过 2mm 圆孔筛,现为统一采用标准方孔筛,筛孔为 1.18mm。

该试验的操作关键有以下几条:①取样时,若是消石灰,用四分法缩至 10g 左右研细取得,而不是通过 0.15mm 筛取得;②蔗糖要迅速覆盖试样,以防试样被碳化;③加热蒸馏水是为了排除二氧化碳,故冷却后马上进行下一步操作。另外,在试验检测中要注意石灰的有效钙含量随着其存放时间的增长在减少(尤其是野外露天存放)。

T 0812—1994 石灰氧化镁测定方法

1 适用范围

本方法适用于测定各种石灰的总氧化镁含量。

2 仪器设备

2.1 方孔筛:0.15mm,1 个。

2.2 烘箱:50~250℃,1 台。

2.3 干燥器:ϕ25cm,1 个。

2.4 称量瓶:ϕ30mm×50mm,10 个。

2.5 瓷研钵:ϕ12~13cm,1 个。

2.6 分析天平:量程不小于 50g,感量 0.000 1g,1 台。

2.7 电子天平:量程不小于 500g,感量 0.01g,1 台。

2.8 电炉:1 500W,1 个。

2.9 石棉网:20cm×20cm,1 块。

2.10 玻璃珠:ϕ3mm,1 袋(0.25kg)。

2.11 具塞三角瓶:250mL,20 个。

2.12 漏斗:短颈,3 个。

2.13 塑料洗瓶:1 个。

2.14 塑料桶:20L,1 个。

2.15 下口蒸馏水瓶:5 000mL,1 个。

2.16 三角瓶:300mL,10 个。

2.17 容量瓶:250mL、1 000mL,各 1 个。

2.18 量筒:200mL、100mL、50mL、5mL,各 1 个。

2.19 试剂瓶:250mL、1 000mL,各 5 个。

2.20 塑料试剂瓶:1L,1 个。

2.21 烧杯:50mL,5 个;250mL(或 300mL),10 个。

2.22 棕色广口瓶:60mL,4 个;250mL,5 个。

2.23 滴瓶:60mL,3 个。

2.24 酸滴定管:50mL,2 支。

2.25 滴定台及滴定管夹:各 1 套。

2.26 大肚移液管:25mL、50mL,各 1 支。

2.27 表面皿:7cm,10 块。

2.28 玻璃棒:8mm × 250mm 及 4mm × 180mm,各 10 支。

2.29 试剂勺:5 个。

2.30 吸水管:8mm × 150mm,5 支。

2.31 洗耳球:大、小各 1 个。

3 试剂

3.1 1:10 盐酸:将 1 体积盐酸(相对密度 1.19)以 10 体积蒸馏水稀释。

3.2 氢氧化铵—氯化铵缓冲溶液:将 67.5g 氯化铵溶于 300mL 无二氧化碳蒸馏水中,加浓氢氧化铵(氨水)(相对密度为 0.90)570mL,然后用水稀释至 1 000mL。

3.3 酸性铬兰 K—萘酚绿 B(1:2.5)混合指示剂:称取 0.3g 酸性铬兰 K 和 0.75g 萘酚绿 B 与 50g 已在 105℃烘干的硝酸钾混合研细,保存于棕色广口瓶中。

3.4 EDTA 二钠标准溶液:将 10g EDTA 二钠溶于 40 ~ 50℃蒸馏水中,待全部溶解并冷却至室温后,用水稀释至 1 000mL。

3.5 氧化钙标准溶液:精确称取 1.784 8g 在 105℃烘干(2h)的碳酸钙(优级纯),置于 250mL 烧杯中,盖上表面皿,从杯嘴缓慢滴加 1:10 盐酸 100mL,加热溶解,待溶液冷却后,移入 1 000mL 的容量瓶中,用新煮沸冷却后的蒸馏水稀释至刻度摇匀。此溶液每毫升的 Ca^{2+} 含量相当于 1mg 氧化钙的 Ca^{2+} 含量。

3.6 20% 的氢氧化钠溶液:将 20g 氢氧化钠溶于 80mL 蒸馏水中。

3.7 钙指示剂:将 0.2g 钙试剂羧酸钠和 20g 已在 105℃烘干的硫酸钾混合研细,保存于棕色广口瓶中。

3.8 10% 酒石酸钾钠溶液:将 10g 酒石酸钾钠溶于 90mL 蒸馏水中。

3.9 三乙醇胺(1:2)溶液:将 1 体积三乙醇胺以 2 体积蒸馏水稀释摇匀。

4 EDTA 二钠标准溶液与氧化钙和氧化镁关系的标定

4.1 精确吸取 V_1 = 50mL 氧化钙标准溶液放于 300mL 三角瓶中,用水稀释至 100mL 左右,然后加入钙指示剂约 0.2g,以 20% 氢氧化钠溶液调整溶液碱度到出现酒红色,再过量加 3 ~ 4mL,然后以 EDTA 二钠标准溶液滴定,至溶液由酒红色变成纯蓝色时为止,记录 EDTA 二钠标准溶液体积 V_2。

4.2 EDTA 二钠标准溶液对氧化钙的滴定度按式(T 0812-1)计算。

$$T_{CaO} = CV_1/V_2 \quad \text{(T 0812-1)}$$

式中:T_{CaO}——EDTA 二钠标准溶液对氧化钙的滴定度,即 1mL EDTA 二钠标准溶液相当于氧化钙的毫克数;

C——1mL 氧化钙标准溶液含有氧化钙的毫克数,等于 1;

V_1——吸取氧化钙标准溶液的体积(mL);

V_2——消耗 EDTA 二钠标准溶液的体积(mL)。

4.3 EDTA 二钠标准溶液对氧化镁的滴定度(T_{MgO}),即 1mL EDTA 二钠标准溶液相当于氧化镁的毫克数，按式（T 0812-2）计算。

$$T_{MgO} = T_{CaO} \times \frac{40.31}{56.08} = 0.72T_{CaO} \tag{T 0812-2}$$

5 准备试样

5.1 生石灰试样：将生石灰样品打碎，使颗粒不大于1.18mm。拌和均匀后用四分法缩减至200g左右，放入瓷研钵中研细。再经四分法缩减至20g左右。研磨所得石灰样品，通过0.15mm（方孔筛）的筛。从此细样中均匀挑取10余克，置于称量瓶中在105℃烘箱内烘至恒量，储于干燥器中，供试验用。

5.2 消石灰试样：将消石灰样品用四分法缩减至10余克。如有大颗粒存在，须在瓷研钵中磨细至无不均匀颗粒存在为止。置于称量瓶中在105℃烘箱内烘至恒量，储于干燥器中，供试验用。

6 试验步骤

6.1 称取约0.5g（精确至0.000 1g）石灰试样，并记录试样质量m，放入250mL烧杯中，用水湿润，加1:10盐酸30mL，用表面皿盖住烧杯，加热至微沸，并保持微沸8～10min。

6.2 用水把表面皿洗净，冷却后把烧杯内的沉淀及溶液移入250mL容量瓶中，加水至刻度摇匀。

6.3 待溶液沉淀后，用移液管吸取25mL溶液，放入250mL三角瓶中，加50mL水稀释后，加酒石酸钾钠溶液1mL、三乙醇胺溶液5mL，再加入铵—铵缓冲溶液10mL（此时待测溶液的pH=10）、酸性铬兰K—萘酚绿B指示剂约0.1g。记录滴定管中初始EDTA二钠标准溶液体积V_5，用EDTA二钠标准溶液滴定，至溶液由酒红色变为纯蓝色时即为终点，记录滴定管中EDTA二钠标准溶液的体积V_6。V_5、V_6的差值即为滴定钙镁含量的EDTA二钠标准溶液的消耗量V_3。

6.4 再从6.2的容量瓶中，用移液管吸取25mL溶液，置于300mL三角瓶中，加水150mL稀释后，加三乙醇胺溶液5mL及20%氢氧化钠溶液5mL（此时待测溶液的pH≥12），放入约0.2g钙指示剂。记录滴定管中初始EDTA二钠标准溶液体积V_7，用EDTA二钠标准溶液滴定，至溶液由酒红色变为蓝色即为终点，记录滴定管中EDTA二钠标准溶液的体积V_8。V_7、V_8的差值即为滴定钙离子的EDTA二钠标准溶液的消耗量V_4。

7 计算

氧化镁的含量按式（T 0812-3）计算。

$$X = \frac{T_{MgO}(V_3 - V_4) \times 10}{m \times 1\,000} \times 100 \tag{T 0812-3}$$

式中：X——氧化镁的含量（%）；

T_{MgO}——EDTA二钠标准溶液对氧化镁的滴定度；

V_3——滴定钙镁含量消耗EDTA二钠标准溶液的体积（mL）；

V_4——滴定钙消耗EDTA二钠标准溶液的体积（mL）；

10——总溶液对分取溶液的体积倍数；

m——试样质量（g）。

8 结果整理

对同一石灰样品至少应做两个试样和进行两次测定，读数精确至0.1mL。取两次测定结果平均值代表最终结果。

9 报告

试验报告应包括以下内容：

（1）石灰来源；

（2）试验方法名称；

(3)单个试验结果；

(4)试验结果平均值。

10 记录

本试验的记录格式见表 T 0812-1。

表 T 0812-1 石灰氧化镁测定记录表

工程名称__________ 试验方法__________

路段范围__________ 试 验 者__________

石灰来源__________ 校 核 者__________

试样编号__________ 试验日期__________

试样编号			
试样质量(g)			
氧化钙溶液的体积 V_1(mL)			
EDTA 二钠标准溶液消耗量 V_2(mL)			
EDTA 二钠标准溶液对 CaO 的滴定度 T_{CaO}			
EDTA 二钠标准溶液对 MgO 的滴定度 T_{MgO}			
石灰试样质量 m(g)			
EDTA 二钠标准溶液消耗量(mL)	滴定钙镁合量 V_3	V_5	V_6
	滴定钙 V_4	V_7	V_8
氧化镁含量 X(%)			

条文说明

在原规程(T 08012—1994)中，加入钙指示剂为 0.1g，用于调节溶液的颜色。试验表明，加入 0.1g 的钙指示剂后，溶液的颜色较浅，不够显著。为了提高滴定精度，此次修订将钙指示剂的用量调整为 0.2g。基于同样的原因，将试验步骤中的钙指示剂用量也调整为 0.2g。

该试验是利用 EDTA 在 pH = 10 左右的溶液中能与钙镁完全络合的原理，测出镁、钙总含量，再利用 EDTA 在 pH≥12 的溶液中只与钙离子络合的原理，测出钙含量，两者之差即为镁的含量。

一般来说，氧化镁的含量比氧化钙低，V_3、V_4 的差值(即滴定终点)很难控制，并且 V_3、V_4 的差值直接影响到氧化镁的含量，因此在试验中应严格做好各步操作。用万分之一天平称取石灰试样时宜用减量法。用 EDTA 二钠标准溶液滴定时，V_3 或 V_4 的滴定速度宜为 2～3 滴/s，不宜过快。滴定 V_3 或 V_4 时，有时溶液会由原来的酒红色变蓝色后又复现酒红色，因没有达到滴定终点，此时应继续滴定。其原因是溶液局部浓度过大，造成在滴定未到终点时，指示剂变蓝色，在不到 30s 内又恢复酒红色。此时应放慢速度，逐滴滴加，并不断摇动三角瓶，使反应充分，仔细观察由红变蓝的瞬间，使反应进行到底，蓝色稳定后再读取 V_3、V_4 的值。

T 0813—1994 石灰有效氧化钙和氧化镁简易测定方法

1 适用范围

本方法适用于氧化镁含量在 5% 以下的低镁石灰。

2 仪器设备

2.1 方孔筛：0.15mm，1 个。

2.2 烘箱:50 ~ 250℃,1 台。

2.3 干燥器:ϕ25cm,1 个。

2.4 称量瓶:ϕ30mm × 50mm,10 个。

2.5 瓷研钵:ϕ12 ~ 13cm,1 个。

2.6 分析天平:量程不小于 50g,感量 0.000 1g,1 台。

2.7 电子天平:量程不小于 500g,感量 0.01g,1 台。

2.8 电炉:1 500W,1 个。

2.9 石棉网:20cm × 20cm,1 块。

2.10 玻璃珠:ϕ3mm,1 袋(0.25kg)。

2.11 具塞三角瓶:250mL,20 个。

2.12 漏斗:短颈,3 个。

2.13 塑料洗瓶:1 个。

2.14 塑料桶:20L,1 个。

2.15 下口蒸馏水瓶:5 000mL,1 个。

2.16 三角瓶:300mL,10 个。

2.17 容量瓶:250mL、1 000mL,各 1 个。

2.18 量筒:200mL、100mL、50mL、5mL,各 1 个。

2.19 试剂瓶:250mL、1 000mL,各 5 个。

2.20 塑料试剂瓶:1L,1 个。

2.21 烧杯:50mL,5 个;250mL(或 300mL),10 个。

2.22 棕色广口瓶:60mL,4 个;250mL,5 个。

2.23 滴瓶:60mL,3 个。

2.24 酸滴定管:50mL,2 支。

2.25 滴定台及滴定管夹:各 1 套。

2.26 大肚移液管:25mL、50mL,各 1 支。

2.27 表面皿:7cm,10 块。

2.28 玻璃棒:8mm × 250mm 及 4mm × 180mm,各 10 支。

2.29 试剂勺:5 个。

2.30 吸水管:8mm × 150mm,5 支。

2.31 洗耳球:大、小各 1 个。

3 试剂

3.1 1mol/L 盐酸标准溶液:取 83mL(相对密度 1.19)浓盐酸以蒸馏水稀释至1 000mL,按下述方法标定其摩尔浓度后备用。

称取已在 180℃烘箱内烘干 2h 的碳酸钠(优级纯或基准级纯)1.5 ~ 2.0g(精确至0.000 1g),记录为 m_0,置于 250mL 三角瓶中,加 100mL 水使其完全溶解;然后加入 2 ~ 3 滴 0.1% 甲基橙指示剂,记录滴定管中待标定的盐酸标准溶液初始体积 V_1,用待标定的盐酸标准溶液滴定,至碳酸钠溶液由黄色变为橙红色;将溶液加热至微沸,并保持微沸 3min,然后放在冷水中冷却至室温,如此时橙红色变为黄色,再用盐酸标准溶液滴定,至溶液出现稳定橙红色时为止,记录滴定管中盐酸标准溶液体积 V_2。V_1、V_2 的差值即为盐酸标准溶液的消耗量 V。

盐酸标准溶液的摩尔浓度按式(T 0813-1)计算。

$$N = m_0/(V \times 0.053) \quad \text{(T 0813-1)}$$

式中:N——盐酸标准溶液的摩尔浓度(mol/L);

m_0——称取碳酸钠的质量(g);

V——滴定时消耗盐酸标准溶液的体积(mL);

0.053——与1.00mL盐酸标准溶液[$C(HCl)=1.000mol/L$]相当的以克表示的无水碳酸钠的质量。

3.2 1%酚酞指示剂。

4 准备试样

4.1 生石灰试样：将生石灰样品打碎，使颗粒不大于1.18mm。拌和均匀后用四分法缩减至200g左右，放入瓷研钵中研细。再经四分法缩减至20g左右。研磨所得石灰样品，应通过0.15mm（方孔筛）的筛。从此细样中均匀挑取10余克，置于称量瓶中在105℃烘箱烘至恒量，储于干燥器中，供试验用。

4.2 消石灰试样：将消石灰样品用四分法缩减至10余克左右。如有大颗粒存在，须在瓷研钵中磨细至无不均匀颗粒存在为止。置于称量瓶中在105℃烘箱烘至恒量，储于干燥器中，供试验用。

5 试验步骤

5.1 迅速称取石灰试样0.8～1.0g（精确至0.000 1g）放入300mL三角瓶中，记录试样质量m。加入150mL新煮沸并已冷却的蒸馏水和10颗玻璃珠。瓶口上插一短颈漏斗，使用带电阻的电炉加热5min（调到最高档），但勿使液体沸腾，放入冷水中迅速冷却。

5.2 向三角瓶中滴入酚酞指示剂2滴，记录滴定管中盐酸标准溶液体积V_3，在不断摇动下以盐酸标准溶液滴定，控制速度为2～3滴/s，至粉红色完全消失，稍停，又出现红色，继续滴入盐酸，如此重复几次，直至5min内不出现红色为止，记录滴定管中盐酸标准溶液体积V_4。V_3、V_4的差值即为盐酸标准溶液的消耗量V_5。如滴定过程持续半小时以上，则结果只能作参考。

6 计算

有效氧化钙和氧化镁含量按式（T 0813-2）计算。

$$X=\frac{V_5\times N\times 0.028}{m}\times 100 \qquad \text{(T 0813-2)}$$

式中：X——有效氧化钙和氧化镁的含量（%）；

V_5——滴定消耗盐酸标准溶液的体积（mL）；

N——盐酸标准溶液的摩尔浓度（mol/L）；

m——样品质量（g）；

0.028——氧化钙的毫克当量，因氧化镁含量甚少，并且两者之毫克当量相差不大，故有效氧化钙和氧化镁的毫克当量都以CaO的毫克当量计算。

7 结果整理

7.1 读数精确至0.1mL。

7.2 对同一石灰样品至少应做两个试样和进行两次测定，并取两次测定结果的平均值代表最终结果。

8 报告

试验报告应包括以下内容：

（1）石灰来源；

（2）试验方法名称；

（3）单个试验结果；

（4）试验结果平均值。

9 记录

本试验的记录格式见表T 0813-1。

表 T 0813-1　石灰有效氧化钙和氧化镁含量试验记录表

工程名称＿＿＿＿＿＿＿＿　试验方法＿＿＿＿＿＿＿＿

路段范围＿＿＿＿＿＿＿＿　试 验 者＿＿＿＿＿＿＿＿

石灰来源＿＿＿＿＿＿＿＿　校 核 者＿＿＿＿＿＿＿＿

试样编号＿＿＿＿＿＿＿＿　试验日期＿＿＿＿＿＿＿＿

盐酸标准溶液的摩尔浓度滴定

碳酸钠质量 (g)	滴定管中盐酸标准溶液体积		盐酸标准溶液消耗量 V (mL)	摩尔浓度 N (mol/L)	平均摩尔浓度 $\overline{N}$ (mol/L)
	V_1(mL)	V_2(mL)			

石灰的钙镁含量滴定

试 验 编 号	石灰质量 (g)	滴定管中盐酸标准溶液体积		盐酸标准溶液消耗量 V_5 (mL)	石灰钙镁含量 X (%)
		V_3(mL)	V_4(mL)		
1					
2					

条文说明

氧化镁分解缓慢，如果氧化镁含量高，则到达滴定终点的时间会很长，从而增加了与空气中二氧化碳的作用时间，影响测定结果，因此本方法适用于氧化镁含量在5%以下的低镁石灰。

T 0814—2009　石灰细度试验方法

1　适用范围

本方法适用于生石灰、生石灰粉和消石灰粉的细度试验。

2　仪器设备

2.1　试验筛：0.6mm、0.15mm，1 套。

2.2　羊毛刷：4 号。

2.3　天平：量程不小于 500g，感量 0.01g。

3　试样准备

取 300g 生石灰粉或消石灰粉试样，在 105℃烘箱中烘干备用。

4　试验步骤

称取试样 50g，记录为 m，倒入 0.6mm、0.15mm 方孔套筛内进行筛分。筛分时一只手握住试验筛，并用手轻轻敲打，在有规律的间隔中，水平旋转试验筛，并在固定的基座上轻敲试验筛，用羊毛刷轻轻地从筛上面刷，直至 2min 内通过量小于 0.1g 时为止。分别称量筛余物质量 m_1、m_2。

5　计算

筛余百分含量按式（T 0814-1）、式（T 0814-2）计算。

$$X_1 = \frac{m_1}{m} \times 100 \qquad (T\ 0814\text{-}1)$$

$$X_2 = \frac{m_1 + m_2}{m} \times 100 \quad (\text{T 0814-2})$$

式中：X_1——0.6mm方孔筛筛余百分含量(%)；

X_2——0.6mm、0.15mm方孔筛，两筛上的总筛余百分含量(%)；

m_1——0.6mm方孔筛筛余物质量(g)；

m_2——0.15mm方孔筛筛余物质量(g)；

m——试样质量(g)。

6 结果整理

6.1 计算结果保留小数点后两位。

6.2 取3个试样进行平行试验，然后取平均值作为X_1、X_2的值。3次试验的重复性误差均不得大于5%，否则应另取试样重新试验。

7 报告

试验报告应包括以下内容：

(1)石灰来源；

(2)试验方法名称；

(3)0.6mm方孔筛筛余百分含量；

(4)0.15mm方孔筛筛余百分含量。

8 记录

本试验的记录格式见表T 0814-1。

表T 0814-1 石灰细度试验记录表

工程名称＿＿＿＿＿＿＿＿ 试验方法＿＿＿＿＿＿＿＿

路段范围＿＿＿＿＿＿＿＿ 试 验 者＿＿＿＿＿＿＿＿

石灰来源＿＿＿＿＿＿＿＿ 校 核 者＿＿＿＿＿＿＿＿

试样编号＿＿＿＿＿＿＿＿ 试验日期＿＿＿＿＿＿＿＿

项 目	样品质量 m (g)	0.6mm筛余物质量 m_1 (g)	0.15mm筛余物质量 m_2 (g)	X_1 (%)	X_2 (%)
第一次					
第二次					
第三次					
平 均 值					

条文说明

本试验方法参照《建筑石灰试验方法 物理试验方法》(JC/T 478.1—1992)编制。《公路路面基层施工技术规范》(JTJ 034—2000)规定，石灰细度采用通过0.71mm方孔筛和0.125mm方孔筛的含量确定，而当前的标准筛的筛孔为0.6mm和0.15mm，为了和当前工程中应用的筛孔一致，本次修订将筛孔统一调整为0.6mm和0.15mm，并根据石灰在基层材料中的使用方法确定了平行试验次数。

T 0815—2009 石灰未消化残渣含量测定方法

1 适用范围

本方法适用于生石灰、生石灰粉和消石灰粉的未消化残渣含量的测定。

2 仪器设备

图 T 0815-1 生石灰浆渣测定仪

2.1 方孔筛:2.36mm、16mm。

2.2 生石灰浆渣测定仪(图 T 0815-1)。

2.3 量筒:500mL。

2.4 天平:量程不小于 1 500g,感量 0.01g。

2.5 搪瓷盘:200mm×300mm。

2.6 钢板尺:300mm。

2.7 烘箱:量程不小于 200℃。

2.8 保温套。

3 试验步骤

3.1 将 4 000g 试样破碎并全部通过 16mm 方孔筛,其中通过 2.36mm 方孔筛的试样量不大于 30%,混合均匀,备用。生石灰粉试样混合均匀即可。

3.2 称取已制备好的生石灰试样 1 000g 倒入装有 2 500mL(20℃ ±5℃)清水的筛筒(筛筒置于外筒内)。盖上盖,静置消化 20min,用圆木棒连续搅动 2min,再静置消化 40min,再搅动 2min。提起筛筒用清水冲洗筛筒内残渣,至水流不浑浊(冲洗用清水仍倒入筛筒内,水总体积控制在 3 000mL)。

3.3 将残渣移入搪瓷盘(或蒸发皿)内,在 105℃烘箱中烘干至恒量,冷却至室温后用 2.36mm 方孔筛筛分。称量筛余物 m_1,计算未消化残渣含量。

4 计算

未消化残渣含量按式(T 0815-1)计算。

$$X = \frac{m_1}{m} \times 100 \qquad (T\ 0815\text{-}1)$$

式中:X——未消化残渣含量(%);

m_1——2.36mm 筛余物质量(g);

m——试样质量(g)。

5 结果整理

5.1 试验结果保留小数点后两位。

5.2 取 3 次独立试样进行平行试验,然后取平均值作为试验结果。允许重复性误差应不大于 5%,否则应增加样本量重新试验。

6 报告

试验报告应包括以下内容:

(1)石灰来源;

(2)试验方法名称;

(3)单个试验结果;

(4)试验结果平均值。

7 记录

本试验的记录格式见表 T 0815-1。

表 T 0815-1　石灰未消化残渣含量试验记录表

工程名称________　试验方法________
路段范围________　试 验 者________
石灰来源________　校 核 者________
试样编号________　试验日期________

项　目	样品质量 m(g)	2.36mm 筛余物质量 m_1(g)	未消化残渣含量 X(%)
第一次			
第二次			
第三次			
平均值			

条文说明

本试验方法参照《建筑石灰试验方法　物理试验方法》(JC/T 478.1—1992)编制,并根据石灰在基层材料中的使用方法确定了平行试验次数。

T 0816—2009　粉煤灰二氧化硅、氧化铁和氧化铝含量测定方法

1　适用范围

本方法适用于测定粉煤灰中二氧化硅、氧化铝和氧化铁的含量。

2　仪器设备

2.1　分析天平:不应低于四级,量程不小于 100g,感量 0.000 1g。

2.2　氧化铝、铂、瓷坩埚:带盖,容量 15~30mL。

2.3　瓷蒸发皿:容量 50~100mL。

2.4　马福炉:隔焰加热炉,在炉膛外围进行电阻加热。应使用温度控制器,准确控制炉温,并定期进行校验。

2.5　玻璃容量器皿:滴定管、容量瓶、移液管。

2.6　玻璃棒。

2.7　沸水浴。

2.8　玻璃三角架。

2.9　干燥器。

2.10　分光光度计:可在 400~700nm 范围内测定溶液的吸光度,带有 10mm、20mm 比色皿。

2.11　研钵:玛瑙研钵。

2.12　精密 pH 试纸:酸性。

3　试样准备

分析过程中,只应用蒸馏水或同等纯度的水;所用试剂应为分析纯或优级纯试剂。用于标定与配制标准溶液的试剂,除另有说明外,均应为基准制剂。

除另有说明外,% 表示质量分数。本规程中使用的市售浓液体试剂具有下列密度 ρ(20℃,单位 g/cm^3 或%):

盐酸(HCl)　　1.18~1.19g/cm^3 或 36%~38%;
氢氟酸(HF)　　1.13g/cm^3 或 40%;
硝酸(HNO_3)　　1.39~1.41g/cm^3 或 65%~68%;

硫酸(H_2SO_4)　　　　1.84g/cm³ 或 95% ~98%;

氨水($NH_3 \cdot H_2O$)　　　0.90 ~0.91g/cm³ 或 25% ~28%。

在化学分析中,所用酸或氨水,凡未注浓度者均指市售的浓度或浓氨水。用体积比表示试剂稀释程度[①]。

注①:盐酸(1+2)表示1份体积的浓盐酸与2份体积的水相混合。

3.1 盐酸:(1+1);(1+2);(1+4);(1+11);(3+97)。

3.2 硝酸:(1+9)。

3.3 硫酸:(1+4);(1+1)。

3.4 氨水:(1+1);(1+2)。

3.5 硝酸银溶液(5g/L):将5g硝酸银($AgNO_3$)溶于水中,加10mL硝酸(HNO_3),用水稀释至1L。

3.6 氯化铵(NH_4Cl)。

3.7 无水乙醇(C_2H_5OH):体积分数不低于99.5%;乙醇,体积分数95%;乙醇(1+4)。

3.8 无水碳酸钠(Na_2CO_3):将无水碳酸钠用玛瑙研钵研细至粉末状保存。

3.9 1—(2—吡啶偶氮)—2—萘酚(PAN)指示剂溶液:将0.2g PAN溶于100mL体积分数为95%的乙醇中。

3.10 钼酸铵溶液(50g/L):将5g钼酸铵[$(NH_4)_6Mo_7O_{24} \cdot 4H_2O$]溶于水中,加水稀释至100mL,过滤后储存于塑料瓶中。此溶液可保存约一周。

3.11 抗坏血酸溶液(5g/L):将0.5g抗坏血酸(V.C)溶于100mL水中,过滤后使用,用时现配。

3.12 氢氧化钾溶液(200g/L):将200g氢氧化钾(KOH)溶于水中,加水稀释至1L,储存于塑料瓶中。

3.13 焦硫酸钾($K_2S_2O_7$):将市售焦硫酸钾在瓷蒸发皿中加热熔化,待气泡停止发生后,冷却、砸碎,储存于磨口瓶中。

3.14 钙黄绿素—甲基百里香酚蓝—酚酞混合指示剂溶液(简称CMP混合指示剂):称取1.000g钙黄绿素、1.000g甲基百里香酚蓝、0.200g酚酞与50g已在105℃烘干过的硝酸钾(KNO_3)混合研细,保存在磨口瓶中。

3.15 碳酸钙标准溶液[$C(CaCO_3)$ =0.024mol/L]:

称取0.6g(m_1)已于105~110℃烘过2h的碳酸钙($CaCO_3$),精确至0.000 1g,置于400mL烧杯中,加入约100mL水,盖上表面皿,沿杯口滴加盐酸(1+1)至碳酸钙全部溶解,加热煮沸数分钟;将溶液冷却至室温,移入250mL容量瓶中,用水稀释至标线,摇匀。

3.16 EDTA二钠标准溶液[C(EDTA) =0.015mol/L]:

3.16.1 标准滴定溶液的配制

称取EDTA二钠(乙二胺四乙酸二钠盐)约5.6g置于烧杯中,加约200mL水,加热溶解,过滤,用水稀释至1L。

3.16.2 EDTA二钠标准溶液浓度的标定

吸取25.00mL碳酸钙标准溶液(见3.15)置于400mL烧杯中,加水稀释至约200mL,加入适量的CMP混合指示剂(见3.14),在搅拌下加入氢氧化钾溶液至出现绿色荧光后再过量2~3mL,以EDTA二钠标准溶液滴定至绿色荧光消失并呈现红色。

EDTA二钠标准溶液的浓度按式(T 0816-1)计算。

$$C(\text{EDTA}) = \frac{m_1 \times 25 \times 1\,000}{250 \times V_4 \times 100.09} = \frac{m_1}{V_4} \times \frac{1}{1.000\,9} \tag{T 0816-1}$$

式中:C(EDTA)——EDTA二钠标准溶液的浓度(mol/L);

V_4——滴定时消耗EDTA二钠标准溶液的体积(mL);

m_1——按3.15配制碳酸钙标准溶液的碳酸钙的质量(g);

100.09——$CaCO_3$的摩尔质量(g/mol)。

3.16.3 EDTA二钠标准溶液对各氧化物滴定度的计算

EDAT二钠标准溶液对三氧化二铁、三氧化二铝、氧化钙、氧化镁的滴定度分别按式(T 0816-2)~

式(T 0816-5)计算。

$$T_{Fe_2O_3} = C(EDTA) \times 79.84 \qquad (T\ 0816\text{-}2)$$

$$T_{Al_2O_3} = C(EDTA) \times 50.98 \qquad (T\ 0816\text{-}3)$$

$$T_{CaO} = C(EDTA) \times 56.08 \qquad (T\ 0816\text{-}4)$$

$$T_{MgO} = C(EDTA) \times 40.31 \qquad (T\ 0816\text{-}5)$$

式中:$T_{Fe_2O_3}$——每毫升 EDTA 二钠标准溶液相当于三氧化二铁的毫克数(mg/mL);

$T_{Al_2O_3}$——每毫升 EDTA 二钠标准溶液相当于三氧化二铝的毫克数(mg/mL);

T_{CaO}——每毫升 EDTA 二钠标准溶液相当于氧化钙的毫克数(mg/mL);

T_{MgO}——每毫升 EDTA 二钠标准溶液相当于氧化镁的毫克数(mg/mL);

C(EDTA)——EDTA 二钠标准溶液的浓度(mol/L);

79.84——($1/2Fe_2O_3$)的摩尔质量(g/mol);

50.98——($1/2Al_2O_3$)的摩尔质量(g/mol);

56.08——CaO 的摩尔质量(g/mol);

40.31——MgO 的摩尔质量(g/mol)。

3.17 pH4.3 的缓冲溶液:将 42.3g 无水乙酸钠(CH_3COONa)溶于水中,加 80mL 冰乙酸(CH_3COOH),用水稀释至 1L,摇匀。

3.18 硫酸铜标准溶液[$C(CuSO_4) = 0.015$mol/L]:

3.18.1 标准溶液的配制

将 3.7g 硫酸铜($CuSO_4 \cdot 5H_2O$)溶于水中,加 4~5 滴硫酸(1+1),用水稀释至 1L,摇匀。

3.18.2 EDTA 二钠标准溶液与硫酸铜标准溶液体积比的标定

从滴定管缓慢放出[C(EDTA) = 0.015mol/L]EDTA 二钠标准溶液 10~15mL(见3.16)于 400mL 烧杯中,用水稀释至约 150mL,加 15mL pH4.3 的缓冲溶液(见 3.17),加热至沸,取下稍冷,加 5~6 滴 PAN 指示剂溶液(见 3.9),以硫酸铜标准溶液滴定至亮紫色。

EDTA 二钠标准溶液与硫酸铜标准溶液的体积比按式(T 0816-6)计算。

$$K_2 = \frac{V_5}{V_6} \qquad (T\ 0816\text{-}6)$$

式中:K_2——每毫升硫酸铜标准溶液相当于 EDTA 二钠标准溶液的毫升数;

V_5——EDTA 二钠标准溶液的体积(mL);

V_6——滴定时消耗硫酸铜标准溶液的体积(mL)。

3.19 EDTA—铜溶液:按[C(EDTA) = 0.015mol/L]EDTA 二钠标准溶液(见 3.16)与[$C(CuSO_4)$ = 0.015mol/L]硫酸铜标准溶液(见 3.18)的体积比,标准配置成等浓度的混合溶液。

3.20 溴酚蓝指示剂溶液:将 0.2g 溴酚蓝溶于 100mL 乙醇(1+4)中。

3.21 磺基水杨酸钠指示剂溶液:将 10g 磺基水杨酸钠溶于水中,加水稀释至 100mL。

3.22 pH_3 的缓冲溶液:将 3.2g 无水乙酸钠(CH_3COONa)溶于水中,加 120mL 冰乙酸(CH_3COOH),用水稀释至 1L,摇匀。

3.23 二氧化硅(SiO_2)标准溶液:

3.23.1 标准溶液的配制

称取 0.200 0g 经 1 000~1 100℃新灼烧过 30min 以上的二氧化硅(SiO_2),精确至0.000 1g,置于铂坩埚中,加入 2g 无水碳酸钠,搅拌均匀,在 1 000~1 100℃高温下熔融 15min。冷却,用热水将熔块浸出于盛有热水 300mL 的塑料杯中,待全部溶解后冷却至室温,移入 1 000mL 容量瓶中,用水稀释至标线,摇匀,移入塑料瓶中保存。此标准溶液每毫升含有 0.2mg 二氧化硅。

吸取 10.00mL 上述标准溶液于 100mL 容量瓶中,用水稀释至标线,摇匀,移入塑料瓶中保存。此标准溶液每毫升含有 0.02mg 二氧化硅。

3.23.2 工作曲线的绘制

吸取每毫升含有 0.02mg 二氧化硅的标准溶液 0mL、2.00mL、4.00mL、5.00mL、6.00mL、8.00mL、

10.00mL 分别放入 100mL 容量瓶中，加水稀释至约 40mL，依次加入 5mL 盐酸(1 +11)、8mL 体积分数为 95% 的乙醇、6mL 钼酸铵溶液。放置 30min 后，加入 20mL 盐酸(1 +1)、5mL 抗坏血酸溶液，用水稀释至标线，摇匀。放置 1h 后，使用分光光度计、10mm 比色皿，以水作参比，于 660nm 处测定溶液的吸光度。用测得的吸光度作为相对应的二氧化硅含量的函数，绘制工作曲线。

4 试验准备

4.1 灼烧

将滤纸和沉淀物放入已灼烧并恒量的坩埚中，烘干。在氧化性气氛中慢慢灰化，不使其产生火焰，灰化至无黑色炭颗粒后，放入马福炉中，在规定的温度 950 ~ 1 000℃下灼烧。在干燥器中冷却至室温，称量。

4.2 检查 Cl^- 离子(硝酸银检验)

按规定洗涤沉淀数次后，用数滴水淋洗漏斗的下端，用数毫升水洗涤滤纸和沉淀，将滤液收集在试管中，加几滴硝酸银溶液，观测试管中溶液是否浑浊，继续洗涤并定期检查，直至硝酸银检验不再浑浊为止。

4.3 恒量

经第一次灼烧、冷却、称量后，通过连续每次 15min 的灼烧，然后用冷却、称量的方法来检查质量是否恒定。当连续两次称量之差小于 0.000 5g 时，即达到恒量。

5 试验步骤

5.1 二氧化硅的测定(碳酸钠烧结，氯化铵质量法)

试验以无水碳酸钠烧结，盐酸溶解，加固体氯化铵于沸水浴上加热蒸发，使硅酸凝聚(经过滤灼烧后称量)。用氢氟酸处理后，失去的质量即为胶凝性二氧化硅的质量，加上从滤液中比色回收的可溶性二氧化硅质量即为二氧化硅的总质量。

5.1.1 胶凝性二氧化硅的测定

(1)称取约 0.5g 试样(m_1)，精确至 0.000 1g，置于铂坩埚中，将盖斜置于坩埚上，在 950 ~ 1 000℃下灼烧 5min，冷却。用玻璃棒仔细压碎块状物，加入 0.3g ± 0.01g 无水碳酸钠(见 3.8)混匀，再将坩埚置于 950 ~ 1 000℃下灼烧 10min，放冷。

(2)将烧结块移入瓷蒸发皿中，加少量水润湿，用平头玻璃棒压碎块状物，盖上表面皿，从皿口滴入 5mL 盐酸及 2 ~ 3 滴硝酸，待反应停止后取下表面皿，用平头玻璃棒压碎块状物使其分解完全，用热盐酸(1 +1)清洗坩埚数次，洗液合并于蒸发皿中。将蒸发皿置于沸水浴上，皿下放一玻璃三角架，再盖上表面皿。蒸发至糊状后，加入 1g 氯化铵，充分搅匀，在蒸汽水浴上蒸发至干后继续蒸发 10 ~ 15min，蒸发期间用平头玻璃棒仔细搅拌并压碎大颗粒。

(3)取下蒸发皿，加入 10 ~ 20mL 热盐酸(3 +97)，搅拌使可溶性盐类溶解。用中速滤纸过滤，用胶头擦棒擦洗玻璃棒及蒸发皿，用热盐酸(3 +97)洗涤沉淀 3 ~ 4 次，然后用热水充分洗涤沉淀，直至检验无氯离子为止(见 4.2)。滤液及洗液保存在 250mL 容量瓶中。

(4)将沉淀连同滤纸一并移入铂坩埚中，将盖斜置于坩埚上，在电炉上干燥灰化完全后放入 950 ~ 1 000℃的马福炉内灼烧(见 4.1)1h，取出坩埚置于干燥器中冷却至室温，称量。反复灼烧，直至恒量(m_2)。

(5)向坩埚中加数滴水润湿沉淀，加 3 滴硫酸(1 +4)和 10mL 氢氟酸，放入通风橱内电热板上缓慢蒸发至干，升高温度继续加热至三氧化硫白烟完全逸尽。将坩埚放入950 ~ 1 000℃的马福炉内灼烧 30min，取出坩埚置于干燥器中冷却至室温，称量。反复灼烧，直至恒量(m_3)。

5.1.2 经氢氟酸处理后的残渣的分解

向按方法 5.1.1 经过氢氟酸处理后得到的残渣中加入 0.5g 焦硫酸钾(见 3.13)熔融，熔块用热水和数滴盐酸(1 +1)溶解，溶液并入按方法 5.1.1 分离二氧化硅后得到的滤液和洗液中，用蒸馏水稀释至标线，摇匀。此溶液 A 供测定滤液中残留的可溶性二氧化硅(见 5.1.3)、三氧化二铁(见 5.2)、三氧化二铝(见5.3)用。

5.1.3 可溶性二氧化硅的测定(硅钼蓝光度法)

从溶液A中吸取25.00mL溶液放入100mL容量瓶中。用水稀释至40mL,依次加入5mL盐酸(1+11)、95%(V/V)乙醇8mL、6mL钼酸铵溶液,放置30min后加入20mL盐酸(1+1)、5mL抗坏血酸溶液,用水稀释至标线,摇匀。放置1h后,使用分光光度计、10mm比色皿,以水作参比,于660nm处测定溶液的吸光度。在工作曲线上(见3.23.2)查出二氧化硅的质量m_4。

5.1.4 计算

胶凝性二氧化硅的含量按式(T 0816-7)计算。

$$X_{胶凝性SiO_2} = \frac{m_2 - m_3}{m_1} \times 100 \qquad (T\ 0816\text{-}7)$$

式中:$X_{胶凝性SiO_2}$——胶凝性二氧化硅的含量(%);

m_2——灼烧后未经氢氟酸处理的沉淀及坩埚的质量(g);

m_3——用氢氟酸处理并经灼烧后的残渣及坩埚的质量(g);

m_1——试料的质量(g)。

可溶性二氧化硅的含量按式(T 0816-8)计算。

$$X_{可溶性SiO_2} = \frac{m_4 \times 250}{m_1 \times 25 \times 1\,000} \times 100 = \frac{m_4}{m_1} \qquad (T\ 0816\text{-}8)$$

式中:$X_{可溶性SiO_2}$——可溶性二氧化硅的含量(%);

m_4——按该法测定的100mL溶液中所含的二氧化硅的质量(mg);

m_1——本方法5.1.1中试料的质量(g)。

5.1.5 结果表示

SiO_2总含量按式(T 0816-9)计算。

$$X_{总SiO_2} = X_{胶凝性SiO_2} + X_{可溶性SiO_2} \qquad (T\ 0816\text{-}9)$$

5.1.6 结果整理

平行试验两次,允许重复性误差为0.15%。

5.2 三氧化二铁的测定(基准法)

5.2.1 目的和适用范围

在pH1.8~2.0、温度为60~70℃的溶液中,以磺基水杨酸钠为指示剂,用EDTA二钠标准溶液滴定。

5.2.2 操作流程

从溶液A(见5.1.2)中吸取25.00mL溶液放入300mL烧杯中,加水稀释至约100mL,用氨水(1+1)和盐酸(1+1)调节溶液pH值在1.8~2.0之间(用精密pH试纸检验)。将溶液加热至70℃,加10滴磺基水杨酸钠指示剂溶液,此时溶液为紫红色。用[C(EDTA)=0.015mol/L]EDTA二钠标准溶液缓慢地滴定至亮黄色(终点时溶液温度应不低于60℃,如终点前溶液温度降至近60℃时,应再加热至60~70℃)。保留此溶液供测定三氧化二铝用。

5.2.3 计算

按式(T 0816-10)计算三氧化二铁的含量。

$$X_{Fe_2O_3} = \frac{T_{Fe_2O_3} \times V_1 \times 10}{m_1 \times 1\,000} \times 100 = \frac{T_{Fe_2O_3} \times V_1}{m_1} \qquad (T\ 0816\text{-}10)$$

式中:$X_{Fe_2O_3}$——三氧化二铁的含量(%);

$T_{Fe_2O_3}$——每毫升EDTA二钠标准溶液相当于三氧化二铁的毫克数(mg/mL);

V_1——滴定时消耗EDTA二钠标准溶液的体积(mL);

m_1——本方法5.1.1中试料的质量(g)。

5.2.4 结果整理

平行试验两次,允许重复性误差为0.15%。

5.3 三氧化二铝的测定

5.3.1 目的和适用范围

将滴定三氧化二铁后的溶液 pH 值调整至 3，在煮沸状态下用 EDTA—铜和 PAN 为指示剂，用 EDTA 二钠标准溶液滴定。

5.3.2 操作流程

将 5.2 中测完三氧化二铁的溶液用水稀释至约 200mL，加 1 ~ 2 滴溴酚蓝指示剂溶液，滴加氨水（1 +1）至溶液出现蓝紫色，再滴加盐酸（1 +1）至黄色，加入 pH3 的缓冲溶液 15mL，加热至微沸并保持 1min，加入 10 滴 EDTA—铜溶液，及 2 ~ 3 滴 PAN 指示剂，用［C（EDTA）= 0.015mol/L］EDTA 二钠标准溶液滴定至红色消失，继续煮沸，滴定，直至溶液经煮沸后红色不再出现，呈稳定的亮黄色为止。记下 EDTA 二钠标准溶液消耗量 V_3。

5.3.3 计算

按式（T 0816-11）计算三氧化二铝的含量。

$$X_{Al_2O_3} = \frac{T_{Al_2O_3} \times V_3 \times 10}{m_1 \times 1\,000} \times 100 = \frac{T_{Al_2O_3} \times V_3}{m_1} \qquad (T\ 0816\text{-}11)$$

式中：$X_{Al_2O_3}$——三氧化二铝的含量（%）；

$T_{Al_2O_3}$——每毫升 EDTA 二钠标准溶液相当于三氧化二铝的毫克数（mg/mL）；

V_3——滴定时消耗 EDTA 二钠标准溶液的体积（mL）；

m_1——本方法 5.1.1 中试料的质量（g）。

5.3.4 结果整理

平行试验两次，允许重复性误差为 0.20%。

6 报告

试验报告应包括以下内容：

（1）粉煤灰来源；

（2）试验方法名称；

（3）二氧化硅的含量；

（4）三氧化二铁的含量；

（5）三氧化二铝的含量。

条文说明

本方法与现行《水泥化学分析方法》（GB/T 176）中水泥的二氧化硅（基准法）、三氧化二铁（基准法）、三氧化二铝（基准法）含量的试验方法等效。

T 0817—2009 粉煤灰烧失量测定方法

1 适用范围

本方法适用于粉煤灰烧失量的测定。本方法将试样在 950 ~ 1 000℃ 的马福炉中灼烧，驱除水分和二氧化碳，同时将存在的易氧化元素氧化。由硫化物的氧化引起的烧失量误差必须进行校正，其他元素存在引起的误差一般可忽略不计。

2 仪器设备

2.1 马福炉：隔焰加热炉，在炉膛外围进行电阻加热。应使用温度控制器，准确控制炉温，并定期进行校验。

2.2 瓷坩埚：带盖，容量 15 ~ 30mL。

2.3 分析天平：量程不小于 50g，感量 0.000 1g。

3 试验步骤

3.1 将粉煤灰样品用四分法缩减至 10 余克左右，如有大颗粒存在，须在研钵中磨细至无不均匀颗粒存在为止，置于小烧杯中在 105 ~ 110℃烘干至恒量，储于干燥器中，供试验用。

3.2 将瓷坩埚灼烧至恒量，供试验用。

3.3 称取约 1g 试样(m_0)，精确至 0.000 1g，置于已灼烧至恒量的瓷坩埚中，放在马福炉内从低温开始逐渐升高温度，在 950 ~ 1 000℃下灼烧 15 ~ 20min，取出坩埚置于干燥器中冷却至室温，称量。反复灼烧，直至连续两次称量之差小于 0.000 5g 时，即达到恒量。记录每次称量的质量。

4 计算

烧失量按式(T 0817-1)计算。

$$X = \frac{m_0 - m_n}{m_0} \times 100 \qquad (T\ 0817\text{-}1)$$

式中：X——烧失量(%)；

m_0——试料的质量(g)；

m_n——灼烧后试料的质量(g)。

5 结果整理

5.1 试验结果精确至 0.01%。

5.2 平行试验两次，允许重复性误差为 0.15%。

6 报告

试验报告应包括以下内容：

(1)粉煤灰来源；

(2)试验方法名称；

(3)粉煤灰的烧失量。

7 记录

本试验的记录格式见表 T 0817-1。

表 T 0817-1 粉煤灰烧失量试验记录表

工 程 名 称__________ 试验方法__________

路 段 范 围__________ 试 验 者__________

粉煤灰来源__________ 校 核 者__________

试 样 编 号__________ 试验日期__________

项 目	样品质量 m_0 (g)	第一次灼烧后质量 m_1 (g)	第二次灼烧后质量 m_2 (g)	第 n 次灼烧后样品质量 m_n (g)	烧失量 X (%)
第一次					
第二次					
平 均 值					

条文说明

本方法参照现行《水泥化学分析方法》(GB/T 176)中烧失量测定的基准法编制。

如果粉煤灰中含有硫化物,硫化物引起的误差必须通过公式进行校正。

0.8×(粉煤灰灼烧测得的SO_3含量-粉煤灰未经灼烧时的SO_3含量)

=0.8×(由于硫化物的氧化产生的SO_3含量)=吸收空气中氧的含量

校正后的烧失量(%)=测得的烧失量(%)+吸收空气中氧的含量

其中,SO_3的测定参照现行《水泥化学分析方法》(GB/T 176)的硫酸盐—三氧化硫的测定(基准法)进行。

T 0818—2009 粉煤灰细度试验方法

1 适用范围

本方法适用于粉煤灰细度的检验。本方法利用气流作为筛分的动力和介质,通过旋转的喷嘴喷出的气流作用使筛网里的待测粉状物料呈流态化,并在整个系统负压的作用下,将细颗粒通过筛网抽走,从而达到筛分的目的。

2 仪器设备

2.1 负压筛析仪:

负压筛析仪主要由0.075mm方孔筛、0.3mm方孔筛、筛座、真空源和收尘器等组成,其中0.075mm、0.3mm方孔筛内径为ϕ150mm,外框高度为25mm。0.075mm和0.3mm方孔筛及负压筛析仪筛座结构示意图如图T 0818-1、图T 0818-2所示。

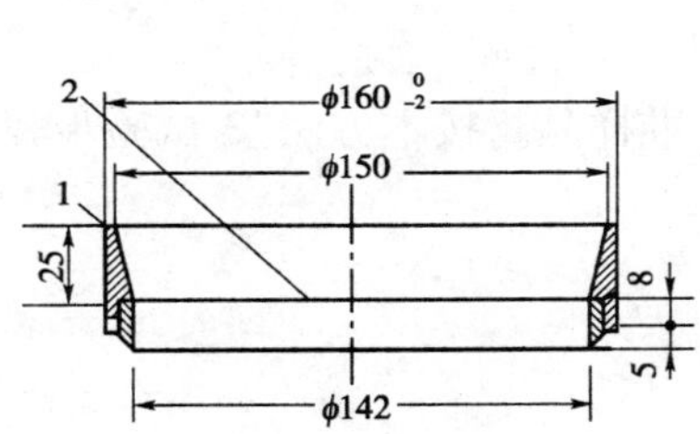

图T 0818-1 0.075mm方孔筛示意图(尺寸单位:mm)

1-筛框;2-筛网

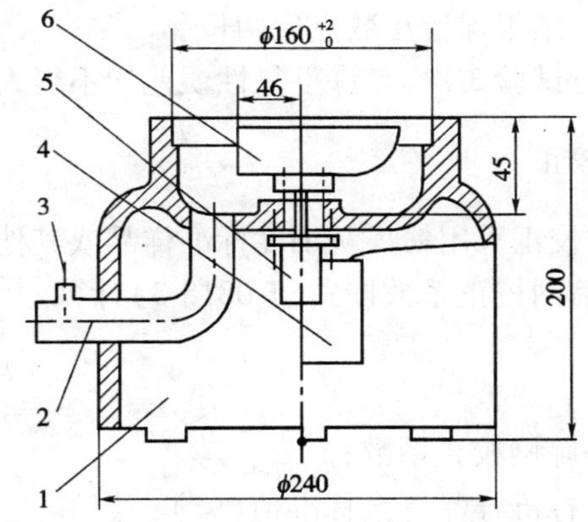

图T 0818-2 筛座示意图(尺寸单位:mm)

1-壳体;2-负压源及收尘器接口;3-负压表接口;4-控制板开口;5-微电机;6-喷气嘴

2.2 电子天平:量程不小于50g,感量0.01g。

3 试验步骤

3.1 将测试用粉煤灰样品置于温度为105~110℃烘箱内烘干至恒量,取出放在干燥器中冷却至室温。

3.2 称取试样约10g,精确至0.01g,记录试样质量m_2,倒在0.075mm方孔筛网上,将筛子置于筛座上,盖上筛盖。

3.3 接通电源,将定时开关固定在3min,开始筛析。

3.4 开始工作后,观察负压表,使负压稳定在4 000~6 000Pa。若负压小于4 000Pa,则应停机,清理收尘器中的积灰后再进行筛析。

3.5 在筛析过程中,可用轻质木棒或硬橡胶棒轻轻敲打筛盖,以防吸附。

3.6 3min后筛析自动停止,停机后观察筛余物,如出现颗粒成球、粘筛或有细颗粒沉积在筛框边缘,用毛刷将细颗粒轻轻刷开，将定时开关固定在手动位置，再筛析 1 ~ 3min 直至筛分彻底为止。将筛网内的筛余物收集并称量，精确至 0.01g，记录筛余物质量 m_1。

3.7 称取试样约 100g，准确至 0.01g，记录试样质量 m_3，倒入 0.3mm 方孔筛网上，使粉煤灰在筛面上同时有水平方向及上下方向的不停顿的运动，使小于筛孔的粉煤灰通过筛孔，直至 1min 内通过筛孔的质量小于筛上残余量的 0.1% 为止。记录筛子上面粉煤灰的质量为 m_4。

4 计算

粉煤灰通过百分含量按式（T 0818-1）、式（T 0818-2）计算。

$$X_1 = \frac{m_2 - m_1}{m_2} \times 100 \tag{T 0818-1}$$

$$X_2 = \frac{m_3 - m_4}{m_3} \times 100 \tag{T 0818-2}$$

式中：X_1——0.075mm 方孔筛通过百分含量（%）；

X_2——0.3mm 方孔筛通过百分含量（%）；

m_1——0.075mm 方孔筛筛余物质量（g）；

m_4——0.3mm 方孔筛筛余物质量（g）；

m_2——过 0.075mm 方孔筛的样品质量（g）；

m_3——过 0.3mm 方孔筛的样品质量（g）。

5 结果整理

5.1 计算结果保留小数点后两位。

5.2 平行试验 3 次，允许重复性误差均不得大于 5%。

6 筛网的校正

筛网的校正采用粉煤灰细度标准样品或其他同等级标准样品。按本方法“3 试验步骤”测定标准样品的细度，筛网校正系数按式（T 0818-3）计算。

$$K = \frac{m_0}{m} \tag{T 0818-3}$$

式中：K——筛网校正系数；

m_0——标准样品筛余标准值（%）；

m——标准样品筛余实测值（%）。

注：筛网校正系数范围为 0.8 ~ 1.2，筛析 150 个样品后进行筛网的校正。

7 记录

本试验的记录格式见表 T 0818-1。

表 T 0818-1 粉煤灰细度试验记录表

工程名称________ 试验方法________

路段范围________ 试 验 者________

粉煤灰来源________ 校 核 者________

试样编号________ 试验日期________

项 目	样品质量 m_2、m_3（g）	0.075mm 筛余物质量 m_1（g）	0.3mm 筛余物质量 m_4（g）	X_1（%）	X_2（%）
第一次					
第二次					
第三次					
		平均值			

条文说明

本试验方法参照《用于水泥和混凝土中的粉煤灰》(GB/T 1596—2005)编制,同时根据《公路路面基层施工技术规范》(JTJ 034—2000)中关于粉煤灰细度要求,确定采用0.3mm、0.075mm方孔筛测定粉煤灰的细度,并根据粉煤灰在基层材料中的使用方法确定了平行试验次数。

T 0819—2009 石灰、粉煤灰密度测定方法

1 适用范围

本方法适用于检测石灰、粉煤灰的密度,供石灰、粉煤灰稳定类材料配合比设计计算使用。同时适用于沥青混合料中石灰密度的测定。

2 仪器设备

2.1 李氏比重瓶:容量为250mL或300mL,如图T 0819-1所示。

2.2 天平:感量0.01g。

2.3 烘箱:能控温在105℃ ±2℃。

2.4 恒温水槽:能控温在20℃ ±0.5℃。

2.5 煤油:无水,使用前需过滤并抽去煤油中的空气。

2.6 其他:瓷皿、小牛角匙、干燥器、漏斗等。

3 试验步骤

3.1 将代表性的试样置于瓷皿中,在105℃烘箱中烘干至恒量(一般不少于6h),放入干燥器中冷却后,试样的质量不少于200g。

3.2 向比重瓶中注入煤油,至刻度0~1mL之间,将比重瓶放入20℃的恒温水槽中,静放至比重瓶中的油温不再变化为止(一般不少于2h),读取比重瓶中煤油液面的刻度(V_1),以弯液面的下部为准,精确至0.02mL。

3.3 将比重瓶取出擦干,用滤纸将李氏比重瓶内零点以上的没有煤油的部分仔细擦净。并将电子天平擦净,将比重瓶放在电子天平上清零。用小牛角匙将石灰(粉煤灰)通过漏斗徐徐加入比重瓶中,待比重瓶中煤油的液面上升至接近比重瓶的最大读数时为止。取下漏斗,擦净瓶壁和电子天平上可能洒落的石灰。然后将比重瓶放在电子天平上,读取电子天平的读数,即为加入石灰(粉煤灰)的质量m,一般在50g左右。石灰(粉煤灰)粉不得粘在比重瓶颈壁上。

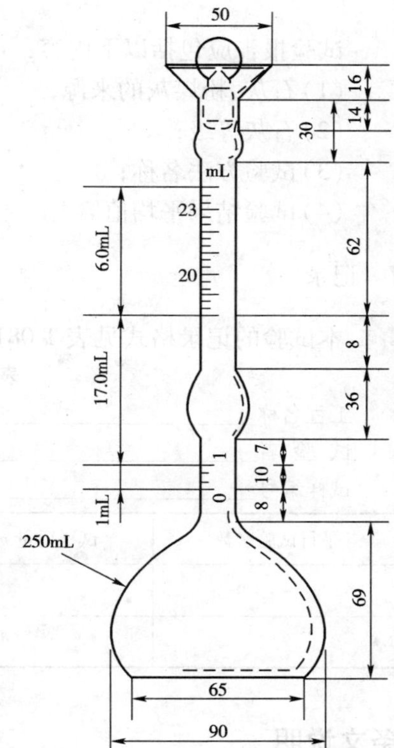

图 T 0819-1 李氏比重瓶(尺寸单位:mm)

3.4 盖上比重瓶的盖子,轻轻摇晃比重瓶,使瓶中的空气充分逸出,至液体不再产生气泡时为止。再次将比重瓶放入恒温水槽中,待温度不再变化时,读取比重瓶的读数V_2,以弯液面的下部为准。整个试验过程中,比重瓶中的温度变化不得超过1℃。

4 计算

按式(T 0819-1)计算石灰、粉煤灰的密度。

$$\rho_f = \frac{m}{V_2 - V_1} \tag{T 0819-1}$$

$$\gamma_f = \frac{\rho_f}{\rho_w} \quad (T\ 0819\text{-}2)$$

式中：ρ_f——试样的密度（g/cm³）；

γ_f——试样对于水的相对密度，无量纲；

m——试样的干燥质量（g）；

V_1——加试料前的比重瓶读数（mL）；

V_2——加试料后的比重瓶读数（mL）；

ρ_w——试验温度时水的密度（g/cm³）。

5 结果整理

5.1 试验结果精确至小数点后3位。

5.2 同一试样应平行试验两次，取平均值作为试验结果。重复性试验误差不得大于0.01g/cm³。

6 报告

试验报告应包括以下内容：

（1）石灰、粉煤灰的来源；

（2）石灰等级；

（3）试验方法名称；

（4）试验结果平均值。

7 记录

本试验的记录格式见表T 0819-1。

表 T 0819-1 石灰、粉煤灰的密度测定记录表

工程名称＿＿＿＿＿＿＿＿ 试验方法＿＿＿＿＿＿＿＿

试 验 者＿＿＿＿＿＿＿＿ 校 核 者＿＿＿＿＿＿＿＿

试样编号＿＿＿＿＿＿＿＿ 试验日期＿＿＿＿＿＿＿＿

平行试验次数	试样质量 m(g)	V_1(mL)	V_2(mL)	密度 ρ_f(g/cm³)

条文说明

由于石灰粉很细，石灰排除空气的难度较大，而气泡的排除影响到试验结果，因此需要多次晃动，且仔细观察气泡冒出情况。在连续晃动多次后，不见气泡冒出才可认为气泡已经排出。由于煤油易于挥发，因此不能静置太长时间，瓶口必须盖紧，最好盖上湿巾，阻止煤油的挥发。不同温度下水的密度修正参照《公路工程集料试验规程》（JTG E42—2005）附录B。

T 0820—2009 粉煤灰比表面积测定方法（勃氏法）

1 适用范围

本方法适用于用勃氏比表面积透气仪（简称勃氏仪）来测定粉煤灰的比表面积，也适用于比表面积在2 000～6 000cm²/g范围内的其他各种粉状物料，不适用于测定多孔材料及超细粉状物料。

2 仪器设备

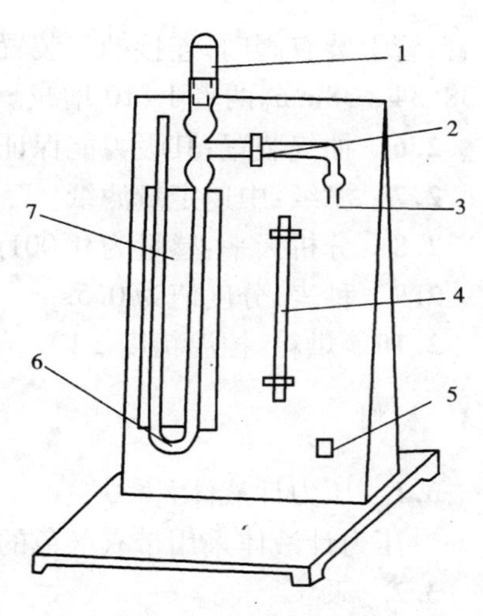

图 T 0820-1 勃氏仪示意图

1-透气圆筒;2-活塞;3-背面接微型电磁泵;4-温度计;5-开关;6-U 形压力计;7-平面镜

2.1 勃氏仪:应符合现行 JC/T 956 的要求,如图T 0820-1,由透气圆筒、穿孔板、捣器、U 形压力计、抽气装置等组成。透气圆筒阳锥与 U 形压力计的阴锥应能严密连接。U 形压力计上的阀门以及软管等接口处应能密封。在密封的情况下,压力计内的液面在 3min 内应不下降。

2.2 透气圆筒:内径为 12.70mm ±0.05mm,由不锈钢或铜质材料制成。透气圆筒内表面和阳锥外表面的粗糙度:≤Ra1.6。在透气圆筒内壁距离上口边 55mm ±10mm 处有一突出的、宽度为 0.5 ~1.0mm的边缘,以放置穿孔板。透气圆筒阳锥锥度:19/38。19:19mm ±1mm;38:34 ~38mm。两者 1:10 增减。

2.3 穿孔板:由不锈钢或铜质材料制成,厚度为1.0mm ±0.1mm。穿孔板直径为$12.70_{-0.05}^{0}$mm,穿孔板面上均匀地打有 35 个直径为 1.00mm ±0.05mm 的小孔。

2.4 捣器:用不锈钢或铜质材料制成。捣器与透气圆筒的间隙≤0.1mm;捣器底面应与主轴垂直,垂直度小于 6′。捣器侧面扁平槽宽度:3.0mm ±0.3mm。当捣器放入透气圆筒,捣器的支持环与圆筒上口边接触时,捣器底面与穿孔板间的距离:15.0mm ±0.5mm。

2.5 U 形压力计(图 T 0820-2):由玻璃制成,U 形压力计玻璃管外径:9.0mm ±0.5mm;U 形压力计 U 形的间距:25mm ±1mm;U 形压力计在连接透气圆筒的一臂上刻有环形线,U 形压力计底部到第 1 条刻度线的距离:130 ~140mm;U 形压力计上第 1 条刻度线与第 2 条刻度线的距离:15mm ±1mm;U 形压力计上第 1 条刻度线与第 3 条刻度线的距离:70mm ±1mm;U 形压力计底部往上 280 ~300mm 处有一出口

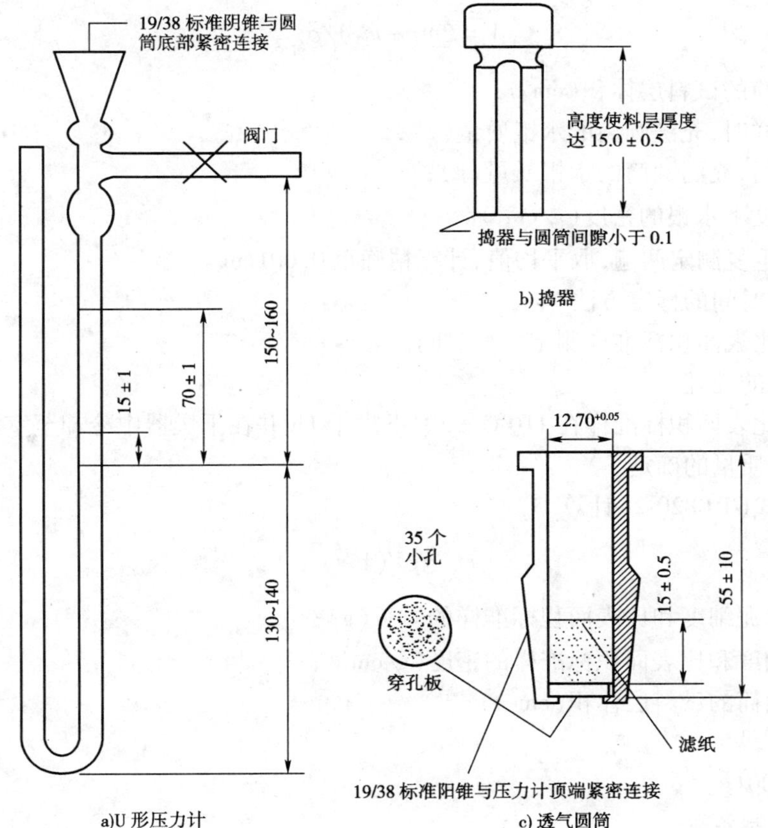

图 T 0820-2 U 形压力计、捣器和透气圆筒的结构及部分尺寸示意图(尺寸单位:mm)

管,管上装有阀门,连接抽气装置。U 形压力计与透气圆筒相连的阴锥锥度:19/38。19:19mm ± 1mm;38:34 ~ 38mm。两者 1:10 增减。

2.6 抽气装置:其吸力能保证水面超过第 3 条刻度线。

2.7 滤纸:中速定量滤纸。

2.8 分析天平:感量为 0.001g。

2.9 秒表:分度值为 0.5s。

2.10 烘箱:控温精度 ±1℃。

3 材料

3.1 压力计液体

压力计液体采用带有颜色的蒸馏水。

3.2 汞

分析纯汞。

3.3 基准材料

水泥细度和比表面积标准样(满足 GSB 14-1511 或相同等级的标准物质)。

4 勃氏仪的标定

4.1 勃氏仪圆筒试料层体积的标定方法

用水银排代法标定圆筒的试料层体积。将穿孔板平放入圆筒内,再放入两片滤纸。然后用水银注满圆筒,用玻璃片挤压圆筒上口多余的水银,使水银面与圆筒上口平齐,倒出水银称量(m_1),然后取出一片滤纸,在圆筒内加入适量的试样。再盖上一片滤纸后用捣器压实至试料层规定高度。取出捣器用水银注满圆筒,同样用玻璃片挤压平后,将水银倒出称量(m_2)。圆筒试料层体积按式(T 0820-1)计算。

$$V = (m_1 - m_2)/\rho_{水银} \qquad (T\ 0820\text{-}1)$$

式中:V——透气圆筒的试料层体积(cm^3);

m_1——未装试样时,充满圆筒的水银质量(g);

m_2——装试样后,充满圆筒的水银质量(g);

$\rho_{水银}$——试验温度下水银的密度(g/cm^3)。

试料层体积要重复测定两遍,取平均值,计算精确至 0.001cm^3。

4.2 勃氏仪标准时间的标定方法

用水泥细度和比表面积标准样测定标准时间。

4.2.1 标准样的处理

将水泥细度和比表面积标准样在 110℃ ±5℃下烘干 1h 并在干燥器中冷却至室温。

4.2.2 标准样质量的确定

标准样质量按式(T 0820-2)计算。

$$m_0 = \rho V(1 - \varepsilon) \qquad (T\ 0820\text{-}2)$$

式中:m_0——称取水泥细度和比表面积标准样的质量(g);

ρ——水泥细度和比表面积标准样的密度(g/cm^3);

V——透气圆筒的试料层体积(cm^3);

ε——取 0.5。

精确称取至 0.001g。

4.2.3 试料层制备

将穿孔板放入透气圆筒的突缘上,用捣棒把一片滤纸放到穿孔板上,边缘放平并压紧。将准确称取的按本方法 4.2.2 计算的水泥细度和比表面积标准样倒入圆筒,轻敲圆筒的边,使粉煤灰层表面平坦。

再放入一片滤纸，用捣器均匀压实标准样直至捣器的支持环紧紧接触圆筒顶边，旋转捣器1~2圈，慢慢取出捣器。

4.2.4 透气试验

将装好标准样的圆筒外锥面涂一薄层凡士林，把它连接到U形压力计上，打开阀门，缓慢地从压力计一臂中抽出空气，直到压力计内液面上升到超过第3条刻度线时关闭阀门。当压力计内液面的弯月面下降到第3条刻线时开始计时，当液面的弯月面下降到第2条刻线时停止计时。记录液面从第3条刻线到第2条刻线所需的时间 t_s，精确至0.1s。透气试验要重复称取两次标准样分别进行，当两次透气时间的差超过1.0s时，要测第3遍，取两次不超过1.0s的平均透气时间作为该仪器的标准时间。

5 试验步骤

5.1 粉煤灰样品取样后，应先通过0.9mm方孔筛，再在105℃的烘箱中烘干至恒量，并在干燥器中冷却至室温。

5.2 按T 0819—2009方法测定粉煤灰密度。

5.3 漏气检查

将透气圆筒上口用橡皮塞塞紧，接到压力计上。用抽气装置从压力计一臂中抽出部分气体，然后关闭阀门，观察是否漏气。如发现漏气，用活塞油脂加以密封。

5.4 空隙率(ε)的确定

对粉煤灰粉料的空隙率应予选用0.530±0.005。

当按该空隙率不能将试样压至本方法4.2.3规定的位置时，则允许改变空隙率。空隙率的调整以2 000g砝码(5等砝码)将试样压实至本方法4.2.3规定的位置为准。

5.5 确定试样量

试样量按式(T 0820-3)计算。

$$m=\rho V(1-\varepsilon) \tag{T 0820-3}$$

式中：m——需要的试样量(g)；

ρ——试样密度(g/cm^3)；

V——试料层体积(cm^3)，按本方法4.1测定；

ε——试料层空隙率。

5.6 试料层制备

5.6.1 将穿孔板放入透气圆筒的突缘上，用捣棒把一片滤纸放到穿孔板上，边缘放平并压紧。称取按本方法5.5确定的粉煤灰量，精确至0.001g，倒入圆筒。轻敲圆筒的边，使粉煤灰层表面平坦。再放入一片滤纸，用捣器均匀捣实试料直至捣器的支持环与圆筒顶边接触，并旋转1~2圈，慢慢取出捣器。

5.6.2 穿孔板上的滤纸为 ϕ12.7mm边缘光滑的圆形滤纸片，每次测定需用新的滤纸片。

5.7 透气试验

5.7.1 将装有试料层的透气圆筒下锥面涂一层活塞油脂，然后把它插入压力计顶端锥形磨口处，旋转1~2圈。要保证紧密连接不致漏气，并不振动所制备的试料层。

5.7.2 打开微型电磁泵慢慢从压力计一臂中抽出空气，直到压力计内液面上升到扩大部下端时关闭阀门。当压力计内液体的弯月面下降到第3条刻度线时开始计时(图T 0820-2)，当液体的弯月面下降到第2条刻度线时停止计时，记录液面从第3条刻度线下降到第2条刻度线所需的时间 t，以秒(s)为单位，并记下试验时的温度(℃)。每次透气试验，均应重新制备试料层。

6 计算

6.1 当被测试样的密度、试料层中空隙率与标准试样相同，试验时温度与校准温度之差≤3℃时，比表面积可按式(T 0820-4)计算。

$$S=\frac{S_s\sqrt{t}}{\sqrt{t_s}} \qquad (\text{T 0820-4})$$

如试验时温度与校准温度之差 >3℃时,比表面积则按式(T 0820-5)计算。

$$S=\frac{S_s\sqrt{t}\sqrt{\eta_s}}{\sqrt{t_s}\sqrt{\eta}} \qquad (\text{T 0820-5})$$

式中:S——被测试样的比表面积(cm^2/g);

S_s——标准试样的比表面积(cm^2/g);

t——被测试样试验时,压力计中液面降落测得的时间(s);

t_s——标准试样试验时,压力计中液面降落测得的时间(s);

η——被测试样试验温度下的空气黏度(μPa·s);

η_s——标准试样试验温度下的空气黏度(μPa·s)。

注:$\sqrt{t}$ 保留小数点后两位。

6.2 当被测试样的试料层中空隙率与标准试样试料层中空隙率不同,试验时的温度与校准温度之差 ≤3℃时,比表面积可按式(T 0820-6)计算。

$$S=\frac{S_s\sqrt{t}(1-\varepsilon_s)\sqrt{\varepsilon^3}}{\sqrt{t_s}(1-\varepsilon)\sqrt{\varepsilon_s^3}} \qquad (\text{T 0820-6})$$

如试验时温度与校准温度之差 >3℃时,比表面积则按式(T 0820-7)计算。

$$S=\frac{S_s\sqrt{t}(1-\varepsilon_s)\sqrt{\varepsilon^3}\sqrt{\eta_s}}{\sqrt{t_s}(1-\varepsilon)\sqrt{\varepsilon_s^3}\sqrt{\eta}} \qquad (\text{T 0820-7})$$

式中:ε——被测试样试料层中的空隙率;

ε_s——标准试样试料层中的空隙率。

6.3 当被测试样的密度和空隙率均与标准样品不同,试验时温度与校准温度之差 ≤3℃时,比表面积可按式(T 0820-8)计算。

$$S=\frac{S_s\sqrt{t}(1-\varepsilon_s)\sqrt{\varepsilon^3}\rho_s}{\rho\sqrt{t_s}(1-\varepsilon)\sqrt{\varepsilon_s^3}} \qquad (\text{T 0820-8})$$

如试验时温度与校准温度之差 ≥3℃时,比表面积则按式(T 0820-9)计算。

$$S=\frac{S_s\sqrt{T}(1-\varepsilon_s)\sqrt{\varepsilon^3}\rho_s\sqrt{\eta_s}}{\sqrt{T_s}(1-\varepsilon)\sqrt{\varepsilon_s^3}\rho\sqrt{\eta}} \qquad (\text{T 0820-9})$$

式中:ρ——被测试样的密度(g/cm^3);

ρ_s——标准试样的密度(g/cm^3)。

7 结果整理

粉煤灰比表面积应由两次透气试验结果的平均值确定,计算结果保留至 $10cm^2/g$。如两次试验结果相差 2% 以上,则应重新试验。

8 报告

试验报告应包括以下内容:

(1)原材料的品种、规格和产地;

(2)试验日期及时间;

(3)仪器设备的名称、型号及编号;

(4)环境温度和湿度;

(5)粉煤灰试样的比表面积;

(6)执行标准;

(7)需要说明的其他内容。

条文说明

本方法和 GB 8074—2008(neq ASTM C204:1981)等效。本方法中勃氏仪要求参照 JC/T 956—2005。粉煤灰比表面积是指单位质量的粉煤灰粉末所具有的总面积,以 cm^2/g 表示。其原理是根据一定量的空气通过具有一定空隙率和固定厚度的粉煤灰层时,所受阻力不同而引起流速的变化来测定粉煤灰的比表面积。在一定空隙率的粉煤灰层中,孔隙的大小和数量是颗粒尺寸的函数,同时也决定了通过料层的气流速度。

测定比表面积应注意以下几个方面:

(1)试样捣实:由于试料层内空隙分布均匀程度对比表面积结果有影响,因此捣实试样应按规定统一操作。

(2)空隙率大小:在测定需要相互比较的试料时,空隙率不宜改变太多。

(3)确保勃氏仪各部分接头应保持紧密。

勃氏仪分手动和自动两种。当同一粉煤灰用手动勃氏仪和自动勃氏仪测定的结果有争议时,以手动勃氏仪测定结果为准。

在不同温度下,水银密度、空气黏度 η 和 $\sqrt{\eta}$ 见表 T 0820-1。

表 T 0820-1 不同温度下水银密度、空气黏度 η 和 $\sqrt{\eta}$

温度(℃)	水银密度(g/cm^3)	空气黏度 η(Pa·s)	$\sqrt{\eta}$
8	13.58	0.000 174 9	0.013 22
10	13.57	0.000 175 9	0.013 26
12	13.57	0.000 176 8	0.013 30
14	13.56	0.000 177 8	0.013 33
16	13.56	0.000 178 8	0.013 37
18	13.55	0.000 179 8	0.013 41
20	13.55	0.000 180 8	0.013 45
22	13.54	0.000 181 8	0.013 48
24	13.54	0.000 182 8	0.013 52
26	13.53	0.000 183 7	0.013 55
28	13.53	0.000 184 7	0.013 59
30	13.52	0.000 185 7	0.013 63
32	13.52	0.000 186 7	0.013 66
34	13.51	0.000 187 6	0.013 70

4　无机结合料稳定材料的取样、成型和养生试验

T 0841—2009　无机结合料稳定材料取样方法

1　适用范围

本方法适用于无机结合料稳定材料室内试验、配合比设计以及施工过程中的质量抽检等。本方法规范了无机结合料及稳定材料的现场取样操作。

2　分料

可用下列方法之一将整个样品缩小到每个试验所需材料的合适质量。

2.1　四分法

2.1.1　需要时应加清水使主样品变湿。充分拌和主样品:在一块清洁、平整、坚硬的表面上将试料堆成一个圆锥体,用铲翻动此锥体并形成一个新锥体,这样重复进行3次。在形成每一个锥体堆时,铲中的料要放在锥顶,使滑到边部的那部分料尽可能分布均匀,使锥体的中心不移动。

2.1.2　将平头铲反复交错垂直插入最后一个锥体的顶部,使锥体顶变平,每次插入后提起铲时不要带有试料。沿两个垂直的直径,将已变成平顶的锥体料堆分成四部分,尽可能使这四部分料的质量相同。

2.1.3　将对角的一对料(如一、三象限为一对,二、四象限为另一对)铲到一边,将剩余的一对料铲到一块。重复上述拌和以及缩小的过程,直到达到要求的试样质量。

2.2　分料器法

如果集料中含有粒径2.36mm以下的细料,材料应该是表面干燥的。将材料充分拌和后通过分料器,保留一部分,将另一部分再次通过分料器。这样重复进行,直到将原样品缩小到需要的质量。

3　料堆取料

在料堆的上部、中部和下部各取一份试样,混合后按四分法分料取样。

4　试验室分料

4.1　目标配合比阶段各种石料应逐级筛分,然后按设定级配进行配料。

4.2　生产配合比阶段可采用四分法分料,且取料总质量应大于分料取样后每份质量的4~8倍。

5　施工过程中混合料取样

5.1　在进行混合料验证时,宜在摊铺机后取料,且取料应分别来源于3~4台不同的料车,然后混合到一起进行四分法取样,进行无侧限抗压强度成型及试验。

5.2　在评价施工离散性时,宜在施工现场取料。应在施工现场的不同位置按随机取样原则分别取样品,对于结合料剂量还需要在同一位置的上层和下层分别取样,试样应单独成型。

条文说明

取样分两种情况:一种情况是样品能代表一个大的总体的平均情况。此时,所取原材料应与施工现

场所用的材料相同,而且材料的特性和颗粒组成等也要能代表施工现场所用的材料。例如,施工前取样做混合料的组成设计、混合料的强度试验和回弹模量试验以及测定石灰的有效钙和氧化镁含量等。为此,需从料场或料堆的许多不同位置分别取部分样品,然后将这些小样品混合成一个样品。另一种情况是样品只代表材料总体的很小部分,通过一系列小样品来研究材料性质的变异性。例如,施工过程中取样做混合料的强度试验,测定混合料中水泥或石灰的剂量等。为此,对于后一目的,一般在施工现场摊铺机摊铺宽度范围内左、中、右三处取料,用做强度和回弹模量试验的混合料样品应在现场压实结束后整平时取。取回的样品应及时成型,在制作试件时应保持原有状态,不再进行任何加工。

T 0804—1994　无机结合料稳定材料击实试验方法

1　适用范围

1.1　本方法适用于在规定的试筒内,对水泥稳定材料(在水泥水化前)、石灰稳定材料及石灰(或水泥)粉煤灰稳定材料进行击实试验,以绘制稳定材料的含水量—干密度关系曲线,从而确定其最佳含水量和最大干密度。

1.2　试验集料的公称最大粒径宜控制在37.5mm以内(方孔筛)。

1.3　试验方法类别。本试验方法分三类,各类击实方法的主要参数列于表T 0804-1。

表 T 0804-1　试验方法类别表

类别	锤的质量(kg)	锤击面直径(cm)	落高(cm)	试筒尺寸			锤击层数	每层锤击次数	平均单位击实功(J)	容许最大公称粒径(mm)
				内径(cm)	高(cm)	容积(cm^3)				
甲	4.5	5.0	45	10.0	12.7	997	5	27	2.687	19.0
乙	4.5	5.0	45	15.2	12.0	2 177	5	59	2.687	19.0
丙	4.5	5.0	45	15.2	12.0	2 177	3	98	2.677	37.5

2　仪器设备

2.1　击实筒:小型,内径100mm、高127mm的金属圆筒,套环高50mm,底座;大型,内径152mm、高170mm的金属圆筒,套环高50mm,直径151mm和高50mm的筒内垫块,底座。

2.2　多功能自控电动击实仪:击锤的底面直径50mm,总质量4.5kg。击锤在导管内的总行程为450mm。可设置击实次数,并保证击锤自由垂直落下,落高应为450mm,锤迹均匀分布于试样面。

2.3　电子天平:量程4 000g,感量0.01g。

2.4　电子天平:量程15kg,感量0.1g。

2.5　方孔筛:孔径53mm、37.5mm、26.5mm、19mm、4.75mm、2.36mm的筛各1个。

2.6　量筒:50mL、100mL和500mL的量筒各1个。

2.7　直刮刀:长200~250mm、宽30mm和厚3mm,一侧开口的直刮刀,用以刮平和修饰粒料大试件的表面。

2.8　刮土刀:长150~200mm、宽约20mm的刮刀,用以刮平和修饰小试件的表面。

2.9　工字形刮平尺:30mm×50mm×310mm,上下两面和侧面均刨平。

2.10　拌和工具:约400mm×600mm×70mm的长方形金属盘、拌和用平头小铲等。

2.11　脱模器。

2.12　测定含水量用的铝盒、烘箱等其他用具。

2.13　游标卡尺。

3　试验准备

3.1　将具有代表性的风干试料(必要时,也可以在50℃烘箱内烘干)用木锤捣碎或用木碾碾碎。土团均应破碎到能通过4.75mm的筛孔。但应注意不使粒料的单个颗粒破碎或不使其破碎程度超过施工中拌和机械的破碎率。

3.2 如试料是细粒土,将已破碎的具有代表性的土过4.75mm筛备用(用甲法或乙法做试验)。

3.3 如试料中含有粒径大于4.75mm的颗粒,则先将试料过19mm筛;如存留在19mm筛上的颗粒的含量不超过10%,则过26.5mm筛,留作备用(用甲法或乙法做试验)。

3.4 如试料中粒径大于19mm的颗粒含量超过10%,则将试料过37.5mm筛;如果存留在37.5mm筛上的颗粒的含量不超过10%,则过53mm的筛备用(用丙法试验)。

3.5 每次筛分后,均应记录超尺寸颗粒的百分率P。

3.6 在预定做击实试验的前一天,取有代表性的试料测定其风干含水量。对于细粒土,试样应不少于100g;对于中粒土,试样应不少于1 000g;对于粗粒土的各种集料,试样应不少于2 000g。

3.7 在试验前用游标卡尺准确测量试模的内径、高和垫块的厚度,以计算试筒的容积。

4 试验步骤

4.1 准备工作

在试验前应将试验所需要的各种仪器设备准备齐全,测量设备应满足精度要求;调试击实仪器,检查其运转是否正常。

4.2 甲法

4.2.1 将已筛分的试样用四分法逐次分小,至最后取出约10~15kg试料。再用四分法将已取出的试料分成5~6份,每份试料的干质量为2.0kg(对于细粒土)或2.5kg(对于各种中粒土)。

4.2.2 预定5~6个不同含水量,依次相差0.5%~1.5%[①],且其中至少有两个大于和两个小于最佳含水量。

注①:对于中、粗粒土,在最佳含水量附近取0.5%,其余取1%。对于细粒土,取1%,但对于黏土,特别是重黏土,可能需要取2%。

4.2.3 按预定含水量制备试样。将1份试料平铺于金属盘内,将事先计算得的该份试料中应加的水量均匀地喷洒在试料上,用小铲将试料充分拌和到均匀状态(如为石灰稳定材料、石灰粉煤灰综合稳定材料、水泥粉煤灰综合稳定材料和水泥、石灰综合稳定材料,可将石灰、粉煤灰和试料一起拌匀),然后装入密闭容器或塑料口袋内浸润备用。

浸润时间要求:黏质土12~24h,粉质土6~8h,砂类土、砂砾土、红土砂砾、级配砂砾等可以缩短到4h左右,含土很少的未筛分碎石、砂砾和砂可缩短到2h。浸润时间一般不超过24h。

应加水量可按式(T 0804-1)计算。

$$m_w=\left(\frac{m_n}{1+0.01w_n}+\frac{m_c}{1+0.01w_c}\right)\times0.01w-\frac{m_n}{1+0.01w_n}\times0.01w_n-\frac{m_c}{1+0.01w_c}\times0.01w_c \quad (\text{T 0804-1})$$

式中:m_w——混合料中应加的水量(g);

m_n——混合料中素土(或集料)的质量(g),其原始含水量为w_n,即风干含水量(%);

m_c——混合料中水泥或石灰的质量(g),其原始含水量为w_c(%);

w——要求达到的混合料的含水量(%)。

4.2.4 将所需要的稳定剂水泥加到浸润后的试样中,并用小铲、泥刀或其他工具充分拌和到均匀状态。水泥应在土样击实前逐个加入。加有水泥的试样拌和后,应在1h内完成下述击实试验。拌和后超过1h的试样,应予作废(石灰稳定材料和石灰粉煤灰稳定材料除外)。

4.2.5 试筒套环与击实底板应紧密联结。将击实筒放在坚实地面上,用四分法取制备好的试样400~500g(其量应使击实后的试样等于或略高于筒高的1/5)倒入筒内,整平其表面并稍加压紧,然后将其安装到多功能自控电动击实仪上,设定所需锤击次数,进行第1层试样的击实。第1层击实完后,检查该层高度是否合适,以便调整以后几层的试样用量。用刮土刀或螺丝刀将已击实层的表面"拉毛”,然后重复上述做法,进行其余4层试样的击实。最后一层试样击实后,试样超出筒顶的高度不得大于6mm,超出高度过大的试件应该作废。

4.2.6 用刮土刀沿套环内壁削挖(使试样与套环脱离)后,扭动并取下套环。齐筒顶细心刮平试样,并拆除底板。如试样底面略突出筒外或有孔洞,则应细心刮平或修补。最后用工字形刮平尺齐筒顶和筒底将试样刮平。擦净试筒的外壁,称其质量 m_1。

4.2.7 用脱模器推出筒内试样。从试样内部从上至下取两个有代表性的样品(可将脱出试件用锤打碎后,用四分法采取),测定其含水量,计算至0.1%。两个试样的含水量的差值不得大于1%。所取样品的数量见表T 0804-2(如只取一个样品测定含水量,则样品的质量应为表列数值的两倍)。擦净试筒,称其质量 m_2。

表T 0804-2 测稳定材料含水量的样品质量

公称最大粒径(mm)	样品质量(g)	公称最大粒径(mm)	样品质量(g)
2.36	约50	37.5	约1 000
19	约300		

烘箱的温度应事先调整到110℃左右,以使放入的试样能立即在105~110℃的温度下烘干。

4.2.8 按本方法4.2.3~4.2.7的步骤进行其余含水量下稳定材料的击实和测定工作。凡已用过的试样,一律不再重复使用。

4.3 乙法

在缺乏内径10cm的试筒时,以及在需要与承载比等试验结合起来进行时,采用乙法进行击实试验。本法更适宜于公称最大粒径达19mm的集料。

4.3.1 将已过筛的试料用四分法逐次分小,至最后取出约30kg试料。再用四分法将所取的试料分成5~6份,每份试料的干质量约为4.4kg(细粒土)或5.5kg(中粒土)。

4.3.2 以下各步的做法与本方法4.2.2~4.2.8相同,但应该先将垫块放入筒内底板上,然后加料并击实。所不同的是,每层需取制备好的试样约900g(对于水泥或石灰稳定细粒土)或1 100g(对于稳定中粒土),每层的锤击次数为59次。

4.4 丙法

4.4.1 将已过筛的试料用四分法逐次分小,至最后取约33kg试料。再用四分法将所取的试料分成6份(至少要5份),每份质量约5.5kg(风干质量)。

4.4.2 预定5~6个不同含水量,依次相差0.5%~1.5%。在估计最佳含水量左右可只差0.5%~1%[①]。

注:①对于水泥稳定类材料,在最佳含水量附近取0.5%;对于石灰、二灰稳定类材料,根据具体情况在最佳含水量附近取1%。

4.4.3 同4.2.3。

4.4.4 同4.2.4。

4.4.5 将试筒、套环与夯击底板紧密地联结在一起,并将垫块放在筒内底板上。击实筒应放在坚实地面上,取制备好的试样1.8kg左右[其量应使击实后的试样略高于(高出1~2mm)筒高的1/3]倒入筒内,整平其表面,并稍加压紧。然后将其安装到多功能自控电动击实仪上,设定所需锤击次数,进行第1层试样的击实。第1层击实完后检查该层的高度是否合适,以便调整以后两层的试样用量。用刮土刀或螺丝刀将已击实的表面“拉毛”,然后重复上述做法,进行其余两试样的击实。最后一层试样击实后,试样超出试筒顶的高度不得大于6mm。超出高度过大的试件应该作废。

4.4.6 用刮土刀沿套环内壁削挖(使试样与套环脱离),扭动并取下套环。齐筒顶细心刮平试样,并拆除底板,取走垫块。擦净试筒的外壁,称其质量 m_1。

4.4.7 用脱模器推出筒内试样。从试样内部由上至下取两个有代表性的样品(可将脱出试件用锤打碎后,用四分法采取),测定其含水量,计算至0.1%。两个试样的含水量的差值不得大于1%。所取样品的数量应不少于700g,如只取一个样品测定含水量,则样品的数量应不少于1 400g。烘箱的温度应事先调整到110℃左右,以使放入的试样能立即在105~110℃的温度下烘干。擦净试筒,称其质

量 m_2。

4.4.8 按本方法4.4.3~4.4.7进行其余含水量下稳定材料的击实和测定。凡已用过的试料,一律不再重复使用。

5 计算

5.1 稳定材料湿密度计算

按式(T 0804-2)计算每次击实后稳定材料的湿密度。

$$\rho_w = \frac{m_1 - m_2}{V} \tag{T 0804-2}$$

式中:ρ_w——稳定材料的湿密度(g/cm^3);

m_1——试筒与湿试样的总质量(g);

m_2——试筒的质量(g);

V——试筒的容积(cm^3)。

5.2 稳定材料干密度计算

按式(T 0804-3)计算每次击实后稳定材料的干密度。

$$\rho_d = \frac{\rho_w}{1 + 0.01w} \tag{T 0804-3}$$

式中:ρ_d——试样的干密度(g/cm^3);

w——试样的含水量(%)。

5.3 制图

5.3.1 以干密度为纵坐标、含水量为横坐标,绘制含水量—干密度曲线。曲线必须为凸形的,如试验点不足以连成完整的凸形曲线,则应该进行补充试验。

5.3.2 将试验各点采用二次曲线方法拟合曲线,曲线的峰值点对应的含水量及干密度即为最佳含水量和最大干密度。

5.4 超尺寸颗粒的校正

当试样中大于规定最大粒径的超尺寸颗粒的含量为5%~30%时,按下列各式对试验所得最大干密度和最佳含水量进行校正(超尺寸颗粒的含量小于5%时,可以不进行校正)①。

(1)最大干密度按式(T 0804-4)校正。

$$\rho'_{dm} = \rho_{dm}(1 - 0.01p) + 0.9 \times 0.01pG'_a \tag{T 0804-4}$$

式中:ρ'_{dm}——校正后的最大干密度(g/cm^3);

ρ_{dm}——试验所得的最大干密度(g/cm^3);

p——试样中超尺寸颗粒的百分率(%);

G'_a——超尺寸颗粒的毛体积相对密度。

(2)最佳含水量按式(T 0804-5)校正。

$$w'_0 = w_0(1 - 0.1p) + 0.01pw_a \tag{T 0804-5}$$

式中:w'_0——校正后的最佳含水量(%);

w_0——试验所得的最佳含水量(%);

p——试样中超尺寸颗粒的百分率(%);

w_a——超尺寸颗粒的吸水量(%)。

注①:超尺寸颗粒的含量少于5%时,它对最大干密度的影响位于平行试验的误差范围内。

6 结果整理

6.1 应做两次平行试验,取两次试验的平均值作为最大干密度和最佳含水量。两次重复性试验最大干密度的差不应超过0.05g/cm^3(稳定细粒土)和0.08g/cm^3(稳定中粒土和粗粒土),最佳含水量的差不应超过0.5%(最佳含水量小于10%)和1.0%(最佳含水量大于10%)。超过上述规定值,应重做试验，直到满足精度要求。

6.2 混合料密度计算应保留小数点后3位有效数字，含水量应保留小数点后1位有效数字。

7 报告

试验报告应包括以下内容：

(1)试样的最大粒径、超尺寸颗粒的百分率；

(2)无机结合料类型及剂量；

(3)所用试验方法类别；

(4)最大干密度(g/cm^3)；

(5)最佳含水量(%)，并附击实曲线。

8 记录

本试验的记录格式见表T 0804-3。

表T 0804-3 稳定材料击实试验记录表

工程名称＿＿＿＿＿＿	结合料含水量(%)＿＿＿＿＿＿
试样编号＿＿＿＿＿＿	试验方法＿＿＿＿＿＿
混合料名称＿＿＿＿＿＿	试 验 者＿＿＿＿＿＿
结合料剂量(%)＿＿＿＿＿＿	校 核 者＿＿＿＿＿＿
集料含水量(%)＿＿＿＿＿＿	试验日期＿＿＿＿＿＿

试验序号		1		2		3		4		5		6	
干密度	加水量(g)												
	筒+湿试样的质量(g)												
	筒的质量(g)												
	湿试样质量(g)												
	湿密度(g/cm^3)												
	干密度(g/cm^3)												
含水量	盒号												
	盒+湿试样的质量(g)												
	盒+干试样的质量(g)												
	盒的质量(g)												
	水的质量(g)												
	干试样的质量(g)												
	含水量(%)												
	平均含水量(%)												

条文说明

预定含水量的确定，对于细粒土，可参照其塑限估计素土的最佳含水量。一般其最佳含水量较塑限约小3%～10%，对于砂类土较塑限值约小3%，对于黏质土较塑限值约小6%～10%。天然砂砾土、级配集料等的最佳含水量与集料中细土的含量和塑性指数有关，一般在5%～12%范围内。对于细土少的、塑性指数为0的未筛分碎石，其最佳含水量接近5%。对于细土偏多的、塑性指数较大的砂砾土，其最佳含水量在10%左右。水泥稳定材料的最佳含水量与素土接近，石灰、粉煤灰稳定材料的最佳含水量可能较素土大1%～3%。

水泥遇水就要开始水化作用。从加水拌和到进行击实试验间隔的时间愈长，水泥的水化作用和结硬程度就愈大。它会影响水泥混合料所能达到的密实度，间隔时间愈长，影响愈大。例如，一种水泥砂砾混合料加水拌和后立即进行击实试验，得其干密度为 2.37g/cm³；拌和后间隔 1h 进行同样的击实试验，得干密度为 2.30g/cm³；间隔 4h，所得干密度为 2.18g/cm³；间隔 8h，所得干密度只有 2.10g/cm³。间隔时间从 1～8h，所得干密度分别只有无间隔时间的 97%、92%、89%。因此，加有水泥的试样拌和后应在 1h 内完成击实试验。据施工经验，石灰土（特别是稳定黏土类土）击实最大干密度在 7d 以内其数值是逐渐减小的，因此应注意击实试验的时间。

不管是采用直径 10cm 还是直径 15cm 的试筒，击实所用的锤都是锤击面直径为 5cm。对于直径 10cm 的试筒，应在筒内沿筒壁转圈击实。对于直径 15cm 的试筒，在筒内沿壁锤击一圈（约 6 次）后应到筒中心锤击一次，然后再沿筒壁锤击一圈并在筒中心锤击一次，如此反复进行，直到要求的总次数。采用符合要求的电动击实仪，能严格保持上述条件。手工击实时，还应注意保持击锤自由垂直落下和每次落高均为 45cm。

对于含有砾石或碎石颗粒的中粒土特别是粗粒土，难于刮平。在整平过程中，可允许某些大颗粒露出表面，但同时要取出某些颗粒，使表面有空洞或凹陷，这些空洞或凹陷的体积尽可能与表面突出的大颗粒体积相等。根据同一种混合料多次击试验所得的 n 个最大干密度和最佳含水量各自的标准差 S，用 $2\sqrt{2}S$ 得出此允许误差。它表示两次击试验的结果之差只有 5% 的概率会大于规定的允许误差。

T 0842—2009　无机结合料稳定材料振动压实试验方法

1　适用范围

本方法适用于在室内对水泥、石灰、石灰粉煤灰稳定粒料土基层材料进行振动压实试验，以确定这些材料在振动压实条件下的含水量—干密度曲线，确定其最佳含水量和最大干密度。

2　仪器设备

2.1　钢模：内径 152mm、高 170mm、壁厚 10mm；钢模套环：内径 152mm、高 50mm、壁厚 10mm；筒内垫块：直径 151mm、厚 20mm；钢模底板：直径 300mm、厚 10mm。以上各部件如图 T 0842-1 所示，可用螺栓固定成一体。

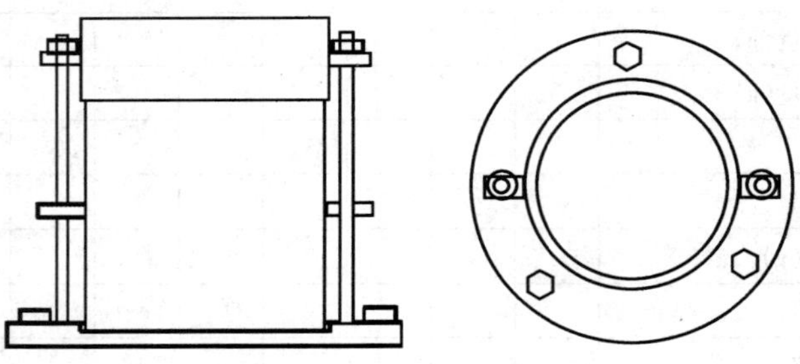

图 T 0842-1　钢模、钢模套环及钢模底板示意图

2.2　振动压实机：如图 T 0842-2 所示，配有 ϕ150mm 的压头，静压力、激振力和频率可调。

2.3　电子天平：量程 15kg，感量 0.1g；量程 4 000g，感量 0.01g。

2.4　方孔筛：孔径 37.5mm、31.5mm、26.5mm、19mm、9.5mm、4.75mm、2.36mm、0.6mm 以及 0.075mm的标准筛各 1 个。

2.5　量筒：50mL、100mL 和 500mL 的量筒各 1 个。

2.6　直刮刀：长 200～250mm、宽 30mm、厚 3mm，一侧开口的直刮刀，用以刮平和修饰粒料大试件的表面。

2.7　工字形刮平尺：30mm×50mm×310mm，上下两面和侧面均刨平。

2.8　拌和工具：约 400mm×600mm×70mm 的长方形金属盘、拌和用平头小铲等。

2.9　脱模器。

2.10 测定含水量用的铝盒、烘箱等其他用具。

2.11 用于固紧试模螺栓的扳手、钳子,用于调节偏心块夹角的小榔头等。

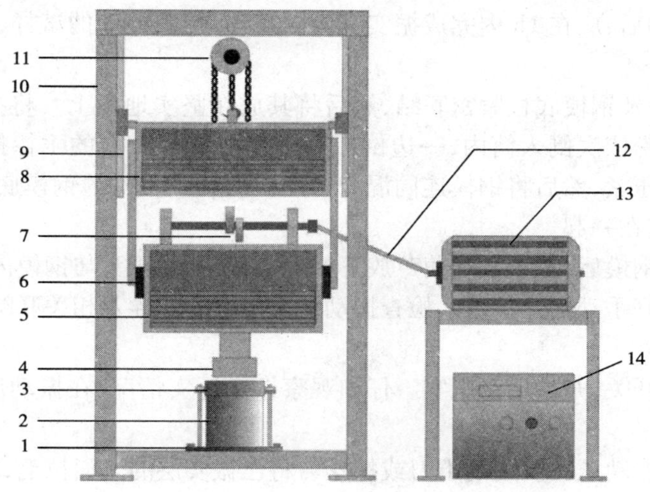

图 T 0842-2 振动压实机示意图

1-钢模底盘;2-钢模;3-钢模套环;4-压头;5-下车系统;6-减振块;7-偏心块;8-上车系统;9-导向柱;10-机架;11-手动葫芦;12-传动轴;13-电动机;14-变频器

3 试验准备

3.1 对集料进行筛分,按预定级配配好集料。如果集料的最大公称粒径不大于37.5mm,则直接备料;如果大于37.5mm的粒径含量超过10%,则过37.5mm筛备用,筛分后记录超尺寸颗粒的百分率。

3.2 在预定做击实试验的前一天,取有代表性的试料测定其风干含水量。对于细料,试样应不少于100g;对于中粒料,试样应不少于1 000g;对于粗粒料,试样应不少于2 000g。同时测定石灰和水泥的含水量。

4 试验步骤

4.1 调节振动压实机上下车的配重块数、偏心块夹角和变频器的频率。对无机结合料稳定粒料一般选用面压力约为0.1MPa①,激振力约6 800N②,振动频率为28~30Hz的振实条件。

注①:振动压实机依照振动压路机的压实原理设计,分为上车和下车系统,下车质量/整车质量应在0.6左右。一般选用上车配重为3块、下车配重为6块(上车配重块约4.5kg/个,下车配重块约5.5kg/个),也可以根据试验确定。

注②:该值为计算值,采用偏心块夹角为60°,振动频率为28~30Hz时计算获得,实测激振力与被压实材料有关,一般大于该值,也可以根据试验确定。

4.2 将准备好的各种粗、细集料按照预定的混合料级配配制5~6份,每份试料的干质量约为5.5~6.5kg。

4.3 预定5~6个不同含水量,依次相差1%~2%,且其中至少有两个大于和两个小于最佳含水量。

4.4 按预定含水量制备试样。

将1份试料平铺于金属盘内,将事先计算得到的该份试料中应加的水量均匀地喷洒在试料上,用小铲将试料充分拌和到均匀状态,然后装入密闭容器或塑料口袋内浸润备用。

应加水量可按式(T 0842-1)计算。

$$m_w = \left(\frac{m_n}{1+0.01w_n} + \frac{m_c}{1+0.01w_c}\right)\times 0.01w - \frac{m_n}{1+0.01w_n}\times 0.01w_n - \frac{m_c}{1+0.01w_c}\times 0.01w_c \tag{T 0842-1}$$

式中:m_w——混合料中应加的水量(g);

m_n——混合料中集料的质量(g),其原始含水量为w_n,即风干含水量(%);

m_c——混合料中水泥或石灰的质量(g),其原始含水量为w_c(%);

w——要求达到的混合料的含水量(%)。

4.5 将所需要的结合料,如水泥加到浸润后的试料中,并用小铲、泥刀或其他工具充分拌和到均匀状态。加有水泥的试料拌和后,应在1h内完成振实试验。拌和后超过1h的试样,应予作废(石灰稳定和石灰粉煤灰稳定除外)。

4.6 将钢模套环、钢模及钢模底板紧密联结,然后将其放在坚实地面上。将拌和好的混合料按四分法分成4份,将对角的两份依次倒入筒内,一边倒一边用直径2cm左右的木棒插捣。混合料应分两次装完,整平其表面并稍加压紧,然后将钢模连同混合料放在振动压实机的钢模底板上,用螺栓将钢模底板与振动压实机底板固定在一起。

4.7 将振动压头对准钢模后,拉动手动葫芦放下振动器,使振动压头与钢模内的混合料紧密接触,然后取下手动葫芦吊钩,放好手动葫芦拉链。检查振动压实机上的螺栓及相关联结处,确定没有任何物品放在振动压实机上。

4.8 启动振动压实机开关,开始振动压实。仔细观察振实压实情况,在振动压头回弹跳起时关闭机器,记下振动压实时间。

4.9 用手动葫芦拉起振动压头。用刮土刀或螺丝刀将已振实层的表面拉毛,然后将剩下的混合料加入试模中,一边倒一边用直径2cm左右的木棒插捣,整平其表面并稍加压紧,重复上述振动试验。

4.10 振动完毕后,用手动葫芦拉起振动压头。松开钢模底板的螺栓,将钢模连同经过振实的混合料一起卸下。用刮土刀沿套环内壁稍稍挖松振实后的混合料,以便使混合料与套环脱离,松开螺栓后小心扭动并取下钢模套环,然后检查钢模内振实后的材料高度是否合适。经过振实的混合料不能低于钢模的边缘,同时,振实后的混合料也不能高出钢模边缘10mm,否则作废。

4.11 齐钢模顶用刮土刀仔细刮平混合料,如混合料顶面略突出筒外或有孔洞,则应仔细刮平或修补。拆除底板,擦净钢模外壁,称取钢模与混合料的质量 m_1。

4.12 用脱模器推出钢模内混合料。用锤将经过振实的混合料打碎后,从其中心部分取2 000~2 500g的混合料,装入金属盆中。将金属盆连同混合料一起放入110℃的烘箱中烘干12h,测定其含水量,并计算相应的干密度。擦净试筒,称其质量 m_2。

5 计算

5.1 稳定材料湿密度计算

按式(T 0842-2)计算每次击实后稳定材料的湿密度。

$$\rho_w = \frac{m_1 - m_2}{V} \qquad \text{(T 0842-2)}$$

式中:ρ_w——稳定材料的湿密度(g/cm³);

m_1——试筒与湿试样的合质量(g);

m_2——试筒的质量(g);

V——试筒的容积(cm³)。

5.2 稳定材料干密度计算

按式(T 0842-3)计算每次击实后稳定材料的干密度。

$$\rho_d = \frac{\rho_w}{1 + 0.01w} \qquad \text{(T 0842-3)}$$

式中:ρ_d——稳定材料的干密度(g/cm³);

ρ_w——稳定材料的湿密度(g/cm³);

w——稳定材料的含水量(%)。

5.3 制图

5.3.1 以干密度为纵坐标、含水量为横坐标,在普通直角坐标纸上绘制干密度—含水量关系曲线。凸形曲线顶点的纵横坐标分别为稳定材料的最大干密度和最佳含水量。

5.3.2 如试验点不足以连成完整的驼峰形曲线,则应该进行补充试验。

5.3.3 按上述方法测定并计算不同含水量下的试件的干密度，绘制干密度—含水量关系曲线。确定最佳含水量、最大干密度和最佳压实状态下的振动压实时间。

6 结果整理

6.1 混合料密度计算应保留小数点后3位有效数字，含水量应保留小数点后1位有效数字。

6.2 应做两次平行试验，两次试验最大干密度的差不应超过0.05g/cm³（稳定细粒土）和0.08g/cm³（稳定中粒土和粗粒土），最佳含水量的差不应超过0.5%（最佳含水量小于10%）和1.0%（最佳含水量大于10%）。

7 报告

试验报告应包括以下内容：

(1)试样的最大粒径、超尺寸颗粒的百分率；

(2)水泥的种类和强度等级，或石灰中有效氧化钙和氧化镁的含量(%)；

(3)无机结合料类型及剂量；

(4)所用振动压实机的各参数；

(5)最大干密度(g/cm³)；

(6)最佳含水量(%)，并附振实曲线。

8 记录

本试验的记录格式见表T 0842-1。

表T 0842-1 稳定材料振动压实试验记录表

工程名称__________ 结合料含水量(%)__________

试样编号__________ 试验方法__________

混合料名称__________ 试验者__________

结合料剂量(%)__________ 校核者__________

集料含水量(%)__________ 试验日期__________

振动参数：频率______ 面压力______ 激振力______

试验序号		1	2	3	4	5	6
干密度	加水量(g)						
	筒+湿试样的质量(g)						
	筒的质量(g)						
	湿试样质量(g)						
	湿密度(g/cm³)						
	干密度(g/cm³)						
含水量	盒号						
	盒+湿试样的质量(g)						
	盒+干试样的质量(g)						
	盒的质量(g)						
	水的质量(g)						
	干试样的质量(g)						
	含水量(%)						
	平均含水量(%)						
备注(振动状态)							

条文说明

本方法适用于粗集料含量较大的稳定材料。一般来说，振动压实试验确定的最佳含水量小于击实试验确定的最佳含水量,最大干密度大于击实试验确定的最大干密度。由于还未建立起振动压实试验测试的干密度与击实试验和工程现场振动压实效果的相关关系,因此该试验方法主要用于室内研究。

对于水泥稳定类材料,从加水拌和到进行压实试验间隔的时间愈长,水泥的水化作用和结硬程度就愈大,因此要求以水泥为结合料的试验拌和后要在1h内完成试验。

由于振动容易对仪器造成损伤,在振动压实前需仔细检查仪器螺栓的紧固程度,操作时一定要遵守操作规程,不可疏忽大意。振动压实过程较短,应认真观察振动压实机压头是否达到跳起的状态,不要使振动压实机长时间在回弹跳起状态运行。

由于振动压实中水分的影响作用显著,高含水量下压头回弹跳起现象很难出现,振动时间太长会使试料大量挤出。因此,确定不同含水量下的压实效果时,中等或较低含水量下以压头回弹跳起为控制条件;高含水量下以试料挤出为停止振动压实的控制条件。

含有砾石或碎石颗粒的中粒料特别是粗粒料难于刮平。在整平过程中可允许某些大颗粒露出表面,但同时要取出某些颗粒使表面有些空洞,尽可能使突出的体积与空洞的体积相等。

T 0843—2009 无机结合料稳定材料试件制作方法(圆柱形)

1 适用范围

本方法适用于无机结合料稳定材料的无侧限抗压强度、间接抗拉强度、室内抗压回弹模量、动态模量、劈裂模量等试验的圆柱形试件。

2 仪器设备

2.1 方孔筛:孔径53mm、37.5mm、31.5mm、26.5mm、4.75mm和2.36mm的筛各1个。

2.2 试模:细粒土,试模的直径×高=ϕ50mm×50mm;中粒土,试模的直径×高=ϕ100mm×100mm;粗粒土,试模的直径×高=ϕ150mm×150mm。适用于下列不同土的试模尺寸如图T 0843-1所示。

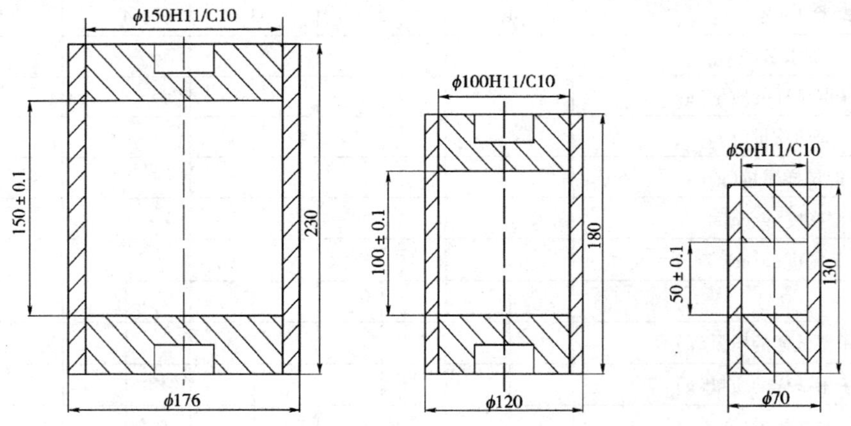

图T 0843-1 圆柱形试件和垫块设计尺寸(尺寸单位:mm)

注:H11/C10表示垫块和试模的配合精度。

2.3 电动脱模器。

2.4 反力架:反力为400kN以上。

2.5 液压千斤顶:200~1 000kN。

2.6 钢板尺:量程200mm或300mm,最小刻度1mm。

2.7 游标卡尺:量程200mm或300mm。

2.8 电子天平:量程15kg,感量0.1g;量程4 000g,感量0.01g。

2.9 压力试验机:可替代千斤顶和反力架,量程不小于2 000kN,行程、速度可调。

3 试验准备

3.1 试件的径高比一般为1∶1,根据需要也可成型1∶1.5或1∶2的试件。试件的成型根据需要的压实度水平,按照体积标准,采用静力压实法制备。

3.2 将具有代表性的风干试料(必要时,可以在50℃烘箱内烘干),用木锤捣碎或用木碾碾碎,但应避免破坏粒料的原粒径。按照公称最大粒径的大一级筛,将土过筛并进行分类。

3.3 在预定做试验的前一天,取有代表性的试料测定其风干含水量。对于细粒土,试样应不少于100g;对于中粒土,试样应不少于1 000g;对于粗粒土,试样应不少于2 000g。

3.4 按照本规程T 0804—1994确定无机结合料稳定材料的最佳含水量和最大干密度。

3.5 根据击实结果,称取一定质量的风干土,其质量随试件大小而变。对ϕ50mm×50mm的试件,1个试件约需干土180~210g;对于ϕ100mm×100mm的试件,1个试件约需干土1 700~1 900g;对于ϕ150mm×150mm的试件,1个试件约需干土5 700~6 000g。

对于细粒土,一次可称取6个试件的土;对于中粒土,一次宜称取一个试件的土;对于粗粒土,一次只称取一个试件的土。

3.6 将准备好的试料分别装入塑料袋中备用。

4 试验步骤

4.1 调试成型所需要的各种设备,检查是否运行正常;将成型用的模具擦拭干净,并涂抹机油。成型中、粗粒土时,试模筒的数量应与每组试件的个数相配套。上下垫块应与试模筒相配套,上下垫块能够刚好放入试筒内上下自由移动(一般来说,上下垫块直径比试筒内径小约0.2mm)且上下垫块完全放入试筒后,试筒内未被上下垫块占用的空间体积能满足径高比为1∶1的设计要求。

4.2 对于无机结合料稳定细粒土,至少应该制备6个试件;对于无机结合料稳定中粒土和粗粒土,至少应该分别制备9个和13个试件。

4.3 根据击实结果和无机结合料的配合比按式(T 0843-1)计算每份料的加水量、无机结合料的质量。

4.4 将称好的土放在长方盘(约400mm×600mm×70mm)内。向土中加水拌料、闷料。石灰稳定材料、水泥和石灰综合稳定材料、石灰粉煤灰综合稳定材料、水泥粉煤灰综合稳定材料,可将石灰或粉煤灰和土一起拌和,将拌和均匀后的试料放在密闭容器或塑料袋(封口)内浸润备用。

对于细粒土(特别是黏性土),浸润时的含水量应比最佳含水量小3%;对于中粒土和粗粒土,可按最佳含水量加水①;对于水泥稳定类材料,加水量应比最佳含水量小1%~2%。

注①:应加的水量可按式(T 0843-1)计算。

$$m_w=\left(\frac{m_n}{1+0.01w_n}+\frac{m_c}{1+0.01w_c}\right)\times0.01w-\frac{m_n}{1+0.01w_n}\times0.01w_n-\frac{m_c}{1+0.01w_c}\times0.01w_c \qquad (\text{T 0843-1})$$

式中:m_w——混合料中应加的水量(g);

m_n——混合料中素土(或集料)的质量(g),其含水量为w_n(风干含水量)(%);

m_c——混合料中水泥或石灰的质量(g),其原始含水量为w_c(%)(水泥的w_c通常很小,也可以忽略不计);

w——要求达到的混合料的含水量(%)。

浸润时间要求为:黏质土12~24h,粉质土6~8h,砂类土、砂砾土、红土砂砾、级配砂砾等可以缩短到4h左右,含土很少的未筛分碎石、砂砾及砂可以缩短到2h。浸润时间一般不超过24h。

4.5 在试件成型前1h内,加入预定数量的水泥并拌和均匀。在拌和过程中,应将预留的水(对于细粒土为3%,对于水泥稳定类为1%~2%)加入土中,使混合料达到最佳含水量。拌和均匀的加有水泥的混合料应在1h内按下述方法制成试件,超过1h的混合料应该作废。其他结合料稳定材料,混合料虽不受此限,但也应尽快制成试件。

4.6 用反力架和液压千斤顶,或采用压力试验机制件。

将试模配套的下垫块放入试模的下部,但外露2cm左右。将称量的规定数量m_2的稳定材料混合料分2~3次灌入试模中,每次灌入后用夯棒轻轻均匀插实。如制取ϕ50mm×50mm的小试件,则可以将混合料一次倒入试模中，然后将与试模配套的上垫块放入试模内，也应使其外露2cm左右（即上、下垫块露出试模外的部分应该相等）。

4.7 将整个试模（连同上、下垫块）放到反力架内的千斤顶上（千斤顶下应放一扁球座）或压力机上，以1mm/min的加载速率加压，直到上下压柱都压入试模为止。维持压力2min。

4.8 解除压力后，取下试模，并放到脱模器上将试件顶出。用水泥稳定有黏结性的材料（如黏质土）时，制件后可以立即脱模；用水泥稳定无黏结性细粒土时，最好过2~4h再脱模；对于中、粗粒土的无机结合料稳定材料，也最好过2~6h脱模。

4.9 在脱模器上取试件时，应用双手抱住试件侧面的中下部，然后沿水平方向轻轻旋转，待感觉到试件移动后，再将试件轻轻抱起，放置到试验台上。切勿直接将试件向上拔起。

4.10 称试件的质量 m_2，小试件精确至0.01g，中试件精确至0.01g，大试件精确至0.1g。然后用游标卡尺测量试件高度 h，精确至0.1mm。检查试件的高度和质量，不满足成型标准的试件作为废件。

4.11 试件称量后应立即放在塑料袋中封闭，并用潮湿的毛巾覆盖，移放至养生室。

5 计算

单个试件的标准质量：

$$m_0 = V \times \rho_{\max} \times (1 + w_{\mathrm{opt}}) \times \gamma \qquad (\text{T 0843-2})$$

考虑到试件成型过程中的质量损耗，实际操作过程中每个试件的质量可增加0~2%，即：

$$m_0' = m_0 \times (1 + \delta) \qquad (\text{T 0843-3})$$

每个试件的干料（包括干土和无机结合料）总质量：

$$m_1 = \frac{m_0'}{1 + w_{\mathrm{opt}}} \qquad (\text{T 0843-4})$$

每个试件中的无机结合料质量：

外掺法

$$m_2 = m_1 \times \frac{\alpha}{1 + \alpha} \qquad (\text{T 0843-5})$$

内掺法

$$m_2 = m_1 \times \alpha \qquad (\text{T 0843-6})$$

每个试件中的干土质量：

$$m_3 = m_1 - m_2 \qquad (\text{T 0843-7})$$

每个试件中的加水量：

$$m_{\mathrm{w}} = (m_2 + m_3) \times w_{\mathrm{opt}} \qquad (\text{T 0843-8})$$

验算：

$$m_0' = m_2 + m_3 + m_{\mathrm{w}} \qquad (\text{T 0843-9})$$

式中：V——试件体积（cm^3）；

w_{opt}——混合料最佳含水量（%）；

$\rho_{\max}$——混合料最大干密度（g/cm^3）；

γ——混合料压实度标准（%）；

m_0、m'_0——混合料质量（g）；

m_1——干混合料质量（g）；

m_2——无机结合料质量（g）；

m_3——干土质量（g）；

δ——计算混合料质量的冗余量（%）；

α——无机结合料的掺量（%）；

m_{w}——加水质量（g）。

6 结果整理

6.1 小试件的高度误差范围应为-0.1~0.1cm，中试件的高度误差范围应为-0.1~0.15cm，大试件的高度误差范围应为 -0.1~0.2cm。

6.2 质量损失:小试件应不超过标准质量5g,中试件应不超过25g,大试件应不超过50g。

7 记录

本试验的记录格式见表T 0843-1。

表T 0843-1 稳定材料圆柱形试件成型记录表

工程名称________________ 混合料名称________________

土质类型________________ 结合料类型及剂量(%)________________

最佳含水量(%)________________ 最大干密度(g/cm^3)________________

试件压实度(%)________________ 试件标准质量(g)________________

试验人员________________ 试验日期________________

编号	直径(mm)				高度(mm)				质量(g)	误差(g)
	1	2	3	平均	1	2	3	平均		
1										
2										
3										
4										
5										
6										

条文说明

实际使用的石灰有两种,一种是用块灰自行消解的消石灰粉(通常过2mm的筛),另一种是袋装生石灰粉。试验时采用的石灰应与施工现场所用石灰相同。在采用生石灰粉时,必须与土拌和后一起进行浸润,而且浸润时间不应少于3h,使生石灰粉能充分消解。否则,试件在养生过程中易由于生石灰粉膨胀而损坏。

400kN反力架和液压千斤顶适宜用于制备ϕ50mm×50mm的试件,也可用于制备ϕ100mm×100mm的试件。用于制备ϕ150mm×150mm的试件时,有时压力不够,宜采用1 000kN的压力机或反力架和千斤顶。制作试件时,要特别注意两端垫块是否均匀进入。如发现垫块的一侧已进入试模筒内并已与筒顶齐平,而另一侧尚未完全进入筒内,则应解除压力后旋转试模筒,然后再继续加压,直到压柱完全进入试模筒内。加压过程中应注意,否则压力过大易将试模筒压坏(中间鼓出)。

圆柱形试件是无机结合料稳定材料物理力学性能试验的基本形状之一,是强度试验、模量试验的标准试件。圆柱形试件尺寸一般分为三种规格,根据稳定材料粒径的大小而选择,稳定材料混合料的粒径越大,试件尺寸也越大。

为了便于试验操作,圆柱形试件的径高比一般为1:1,这也是目前我国相关试验的标准尺寸规格。尽管这种规格尺寸的试件在进行顶面压力试验时(如抗压强度试验或抗压回弹模量试验)存在顶面的应力紊乱现象,有些研究人员认为试验结果失真,但是通过我国"七五"期间相关的研究成果认为,这种试验结果与工程现场的结果基本吻合,且目前设计规范中的相关参数均采用这种方法测定的试验结果,因此,本规程仍采用这种规格试件作为标准试件。

在科学研究中,根据需要可采用径高比为1:1.5或1:2甚至1:2.5(或1:3)的试件。其成型方法同本规程,但需要注意,随着径高比的增加,不仅单个试件的质量显著增加,而且试件中部的压实、试件成型后的脱模等都将带来较大困难,这将对试验结果的稳定性产生影响。

成型试验根据试件尺寸的大小一般需要2~3d,大致分为三个步骤:成型前一天进行试料准备,包括闷料;然后第二天上午可进行压实成型;下午再进行脱模、称量。

试件是按一定标准密度或压实度成型的,因此需要对成型后试件的密度或压实度进行计算评价,以确保试件满足成型要求,即按照试件的实际几何尺寸计算试件的体积,然后根据试件实际质量计算出试件的密度,进而计算出试件压实度。一般要求成型后试件的压实度不超过标准压实度±1%。

在成型过程中,一般情况下会有少量水分挤出,在计算试件干密度时可忽略。如果挤出水过多或出现试件难以压实成标准尺寸,说明原击实结果有问题,或者成型的配料计算有误,需要认真检查、复核,找出原因,重新成型。

对于粗粒料稳定材料(特别是水泥稳定类材料),由于细集料较少,在成型过程中,内壁涂机油是必要的。同时为避免表面出现裂纹,应保持试模内壁光洁度,试模口无毛刺、变形,试筒垂度、试模直径公差满足要求。在脱模过程中为了减少对试件的损伤,延长脱模时间是必要的。用水泥稳定有黏结性的材料(如黏性土)时,制件后可以立即脱模;用水泥稳定无黏结性材料时,最好过2~4h再脱模;对于中、粗粒土的无机结合料稳定材料,也最好过2~6h脱模。此外,对于所有试件在脱模过程中应做到轻拿轻放,防止脱模搬运过程中对试件的损伤。

T 0844—2009　无机结合料稳定材料试件制作方法(梁式)

1　适用范围

本方法适用于无机结合料稳定材料的抗弯拉强度、干缩试验、温缩试验、疲劳试验、弯拉模量等试验的梁式试件的成型。

2　仪器设备

2.1　方孔筛:孔径53mm、37.5mm、31.5mm、26.5mm、4.75mm和2.36mm的筛各1个。

2.2　试模:内壁尺寸50mm×50mm×200mm、100mm×100mm×400mm(图T 0844-1)或150mm×150mm×550mm。铸铁制成;内表面磨光,拆装方便。内部尺寸允许偏差为:棱边长度不超过1mm,直角不超过0.5°。模板应有足够的刚度,在加压振动作用下,不易变形,带有与试件面积相同的上、下压块(图T 0844-2),厚约5cm。

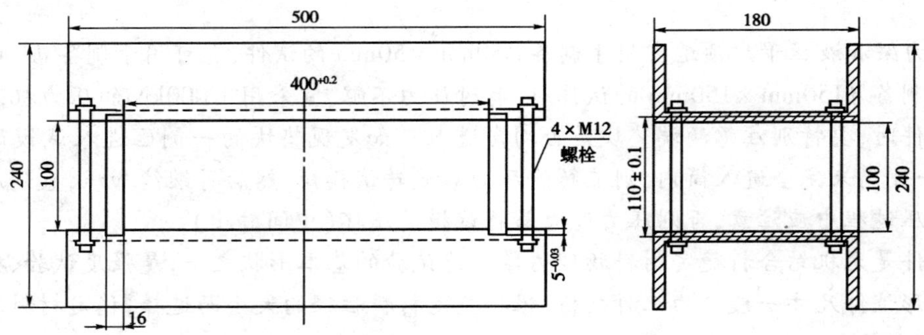

图T 0844-1　中梁试模的外模尺寸及要求(尺寸单位:mm)

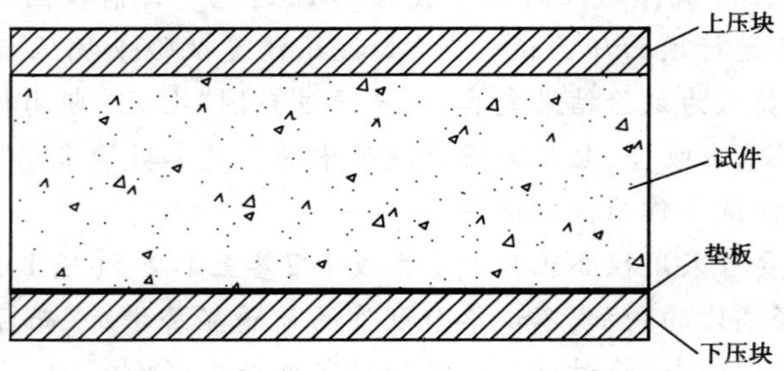

图T 0844-2　梁式试件成型示意图

2.3　压力试验机:可替代千斤顶和反力架,量程不小于2 000kN,行程速度可调。

2.4　钢板尺:量程应满足测量长度的要求,最小刻度1mm。

2.5　游标卡尺:量程200mm。

2.6 电子天平:量程 15kg,感量 0.1g;量程 4 000g,感量 0.01g。

2.7 台秤:量程 50kg,感量 5g。

2.8 垫板:小梁垫板厚度 1mm,中梁垫板厚度 1.5 ~2mm,大梁垫板厚度 4 ~5mm。

3 试验准备

3.1 根据材料粒径的大小,使用下列尺寸的试模:小梁,50mm×50mm×200mm,适用于细粒土;中梁,100mm×100mm×400mm,适用于中粒土①;大梁,150mm×150mm×550mm,适用于粗粒土。根据需要的压实度水平,按照体积标准,采用静力压实法制备。

注①:由于大梁试件的成型难度较大,在试验室不具备成型条件时,中梁试件的最大公称粒径可放宽到 26.5mm。

3.2 将具有代表性的风干试料(必要时,也可以在 50℃烘箱内烘干)用木锤捣碎或用木碾碾碎,但应避免破碎粒料的原粒径。按照公称最大粒径的大一级筛将土过筛并进行分类。

3.3 在预定做试验的前一天,取有代表性的试料测定其风干含水量。对于细粒土,试样应不少于 100g;对于中粒土,试样应不少于 1 000g;对于粗粒土,试样应不少于 2 000g。

3.4 按照本规程 T 0804—1994 确定无机结合料稳定材料的最佳含水量和最大干密度。

3.5 根据击实结果,称取一定质量风干土,其质量随试件大小而变。对于小梁试件,1 个试件约需干土 900 ~1 100g;对于中梁试件,1 个试件约需干土 8 500 ~10 000g;对于大梁试件,1 个试件约需干土 26 000 ~28 000g。

3.6 将准备好的试料分别装入塑料袋中备用。

4 试验步骤

4.1 调试成型所需要的各种设备,检查是否运行正常;将成型用的模具擦拭干净,并涂抹机油。

4.2 无机结合料稳定细粒土,应制备 6 个试件;无机结合料稳定中粒土和粗粒土,应分别制备 9 个和 13 个试件。

4.3 根据击实结果和无机结合料稳定材料的配合比,计算每份试料的加水量、无机结合料的质量。

4.4 将称好的土放在长方盘(约 400mm×600mm×70mm)内。向土中加水拌料、闷料。如为石灰稳定材料、水泥和石灰综合稳定材料、石灰粉煤灰综合稳定材料、水泥粉煤灰综合稳定材料,可将石灰或粉煤灰和土一起拌和,将拌和均匀后的试料放在密闭容器或塑料袋(封口)内浸润备用。

对于细粒土(特别是黏质土),浸润时的含水量应比最佳含水量小 3%;对于中粒土和粗粒土可按最佳含水量加水②;对于水泥稳定类材料,加水量应比最佳含水量小 1% ~2%。

注②:应加的水量可按式(T 0844-1)计算。

$$m_w=\left(\frac{m_n}{1+0.01w_n}+\frac{m_c}{1+0.01w_c}\right)\times 0.01w-\frac{m_n}{1+0.01w_n}\times 0.01w_n-\frac{m_c}{1+0.01w_c}\times 0.01w_c \qquad \text{(T 0844-1)}$$

式中:m_w——混合料中应加的水量(g);

m_n——混合料中素土(或集料)的质量(g),其含水量为 w_n(风干含水量)(%);

m_c——混合料中水泥或石灰的质量(g),其原始含水量为 w_c(%)(水泥的 w_c 通常很小,也可以忽略不计);

w——要求达到的混合料的含水量(%)。

浸润时间要求:黏质土 12 ~24h,粉质土 6 ~8h,砂类土、砂砾土、红土砂砾、级配砂砾等可以缩短到 4h 左右,含土很少的未筛分碎石、砂砾及砂可以缩短到 2h。浸润时间一般不超过 24h。

4.5 在试件成型前 1h 内,加入预定数量的水泥并拌和均匀。在拌和过程中,应将预留的水(对于细粒土为 3%,对于水泥稳定类为 1% ~2%)加入土中,使混合料达到最佳含水量。拌和均匀的加有水泥的混合料应在 1h 内按下述方法制成试件,超过 1h 的混合料应该作废。其他结合料稳定材料,混合料虽不受此限,但也应尽快制成试件。

4.6 采用压力机制备试件。

将试模的下压块放入试模的下部,外露 2cm 左右,然后将垫板两面刷油后放在下压块的上面③。当制作小梁时,宜再铺垫与垫板等尺寸的纸。将称量的规定数量 m_2 的稳定材料混合料分 2 ~3 次灌入试模中,每次灌入后用夯棒轻轻均匀插实。如制的是小梁试件,则可以将混合料一次倒入试模中。最后将上压块放入试模内，也应使其外露2cm左右（上、下压块露出试模外的部分应该相等）。

注③：为了在梁式试件脱模后能够承托试件的重量，减少试件在搬运过程中的损坏。

4.7 将整个试模（连同上下压块）放到压力机上，加压直到上下压块都压入试模为止。小梁维持压力2min，中梁维持压力5min，大梁维持压力至少10min。

4.8 解除压力后，取下试模，对于小梁可利用压力机顶推法脱模，对于中梁、大梁宜采用拆卸模具方法脱模。用水泥稳定有黏结性的细粒土时，制件后可以立即脱模；用水泥稳定无黏结性的细粒土时，宜过2～4h再脱模；对于中、粗粒土的无机结合料稳定材料，宜过2～6h脱模。

4.9 称试件的质量 m_2，小梁精确至0.01g，中梁精确至0.1g，大梁精确至1g。然后用游标卡尺测量试件的断面尺寸以及小梁的长度，精确至0.1mm。用钢板尺量取中梁、大梁试件的长度，精确至1mm。检查试件的断面尺寸和质量，不满足成型标准的作为废件。

5 计算

单个试件的标准质量：

$$m_0 = V \times \rho_{max} \times (1 + w_{opt}) \times \gamma \qquad (T\ 0844\text{-}2)$$

考虑到试件成型过程中的质量损耗，实际操作过程中每个试件的质量可增加0～2%，即：

$$m'_0 = m_0 \times (1 + \delta) \qquad (T\ 0844\text{-}3)$$

每个试件的干料（包括干土和无机结合料）总质量：

$$m_1 = \frac{m'_0}{1 + w_{opt}} \qquad (T\ 0844\text{-}4)$$

每个试件中的无机结合料质量：

外掺法

$$m_2 = m_1 \times \frac{\alpha}{1 + \alpha} \qquad (T\ 0844\text{-}5)$$

内掺法

$$m_2 = m_1 \times \alpha \qquad (T\ 0844\text{-}6)$$

每个试件中的干土质量：

$$m_3 = m_1 - m_2 \qquad (T\ 0844\text{-}7)$$

每个试件的加水量：

$$m_w = (m_2 + m_3) \times w_{opt} \qquad (T\ 0844\text{-}8)$$

验算：

$$m'_0 = m_2 + m_3 + m_w \qquad (T\ 0844\text{-}9)$$

式中：V——试件体积（cm^3）；

w_{opt}——混合料最佳含水量（%）；

ρ_{max}——混合料最大干密度（g/cm^3）；

γ——混合料压实度标准（%）；

m_0、m'_0——混合料质量（g）；

m_1——干混合料质量（g）；

m_2——无机结合料质量（g）；

m_3——干土质量（g）；

δ——计算混合料质量的冗余量（%）；

α——无机结合料的掺量（%）；

m_w——加水质量（g）。

6 结果整理

6.1 小梁试件的断面尺寸误差范围应为−0.1～0.1cm，中梁试件的断面尺寸误差范围应为−0.1～0.15cm，大梁试件的断面尺寸误差范围应为−0.1～0.2cm。

6.2 质量损失：小梁试件应不超过标准质量5g，中梁试件应不超过25g，大梁试件应不超过50g。

7 记录

本试验的记录格式见表T 0844-1。

表T 0844-1 稳定材料梁式试件成型记录表

工程名称＿＿＿＿＿＿ 混合料名称＿＿＿＿＿＿

土质类型＿＿＿＿＿＿ 结合料类型及剂量(%)＿＿＿＿＿＿

最佳含水量(%)＿＿＿＿＿＿ 最大干密度(g/cm^3)＿＿＿＿＿＿

试件压实度(%)＿＿＿＿＿＿ 试件标准质量(g)＿＿＿＿＿＿

试验人员＿＿＿＿＿＿ 试验日期＿＿＿＿＿＿

编号	断面尺寸(mm)						长度(mm)				质量(g)	误差(g)
	左端宽度	左端高度	右端宽度	右端高度	平均宽度	平均高度	1	2	3	平均		
1												
2												
3												
4												
5												
6												

条文说明

梁式试件是无机结合料稳定材料物理、力学试验另一种标准试件。根据稳定材料混合料粒径的不同,分别选择小、中、大型试件尺寸规格。由于我国半刚性基层材料的主要级配形式为公称最大粒径为26.5mm的粗粒料,如成型大梁进行试验,目前国内绝大多数试验室不具备相应的成型条件,而且以往我国相应粒径混合料是采用中梁试验,因此本规程中梁试件的公称最大粒径范围可放宽至26.5mm。

梁式试件成型步骤与圆柱形试件类似,大致分为3步:成型前一天备料、闷料;然后第二天上午可压实成型;下午或第三天(中梁、大梁)再进行脱模。由于梁式试件的体积比较大(1个中梁试件一般相当于大型圆柱形试件质量的1.5倍),脱模操作比较烦琐,所以操作人员一般为3~4人。

同圆柱形试件一样,梁式试件成型后需要检测试件的密度或压实度,以保证试件的质量。

T 0845—2009 无机结合料稳定材料养生试验方法

1 适用范围

1.1 本方法适用水泥稳定材料类和石灰、二灰稳定材料类的养生。

1.2 标准养生方法是指无机结合料稳定类材料在规定的标准温度和湿度环境下强度增长的过程。快速养生是为了提高试验效率,采用提高养生温度缩短养生时间的养生方法。

1.3 本方法规定了无机结合料稳定材料的标准养生和快速养生的试验方法和步骤。在采用快速养生时,应建立快速养生条件下与标准养生条件下,混合料的强度发展的关系曲线,并确定标准养生的长龄期强度对应的快速养生短龄期。

2 仪器设备

2.1 标准养护室:标准养护室温度20℃±2℃,相对湿度在95%以上。

2.2 高温养护室:能保持试件养生温度60℃±1℃,相对湿度95%以上。容积能满足试验要求。

3 试验步骤

3.1 标准养生方法

3.1.1 试件从试模内脱出并量高称质量后,中试件和大试件应装入塑料袋内。试件装入塑料袋后,将袋内的空气排除干净,扎紧袋口,将包好的试件放入养护室。

3.1.2 标准养生的温度为20℃ ±2℃,标准养生的湿度为≥95%。试件宜放在铁架或木架上,间距至少10 ~20mm。试件表面应保持一层水膜,并避免用水直接冲淋。

3.1.3 对无侧限抗压强度试验,标准养生龄期是7d,最后一天浸水。对弯拉强度、间接抗拉强度,水泥稳定材料类的标准养生龄期是90d,石灰稳定材料类的标准养生龄期是180d。

3.1.4 在养生期的最后一天,将试件取出,观察试件的边角有无磨损和缺块,并量高称质量,然后将试件浸泡于20℃ ±2℃水中,应使水面在试件顶上约2.5cm。

3.2 快速养生方法

3.2.1 快速养生龄期的确定

(1)将一组无机结合料稳定材料,在标准养生条件下(20℃ ±2℃,湿度≥95%)养生180d(石灰稳定类材料养生180d,水泥稳定类材料养生90d)测试抗压强度值。

(2)将同样的一组无机结合料稳定材料,在高温养生条件下(60℃ ±1℃,湿度≥95%)下养生7d、14d、21d、28d等,进行不同龄期的抗压强度试验,建立高温养生条件下强度—龄期的相关关系。

(3)在强度—龄期关系曲线上,找出标准养生长龄期强度对应的高温养生的短龄期。并以此作为快速养生的龄期。

3.2.2 快速养生试验步骤

(1)将高温养护室的温度调至规定的温度60℃ ±1℃,湿度也保持在95%以上,并能自动控温控湿。

(2)将制备的试件量高称质量后,小心装入塑料袋内。试件装入塑料袋后,将袋内的空气排除干净,并将袋口扎紧,将包好的试件放入养护箱中。

(3)养生期的最后一天,将试件从高温养护室内取出,晾至室温(约2h),再打开塑料袋取出试件,观察试件有无缺损,量高称质量后,浸入20℃ ±2℃恒温水槽中,水面高出试件顶2.5cm。浸水24h后,取出试件,用软布擦去可见自由水,称质量、量高后,立即进行相关的试验。

4 结果整理

4.1 如养生期间有明显的边角缺损,试件应该作废。

4.2 对养生7d的试件,在养生期间,试件质量损失应符合下列规定:小试件不超过1g;中试件不超过4g;大试件不超过10g。质量损失超过此规定的试件,应予作废。

4.3 对养生90d和180d的试件,在养生期间,试件质量的损失应符合下列规定:小试件不超过1g;中试件不超过10g;大试件不超过20g。质量损失超过此规定的试件,应予作废。

5 报告

试验报告应包括以下内容:

(1)材料的颗粒组成;

(2)水泥的种类和强度等级,或石灰的等级;

(3)重型击实的最佳含水量(%)和最大干密度(g/cm^3);

(4)无机结合料类型及剂量;

(5)试件干密度(保留小数点后3位,g/cm^3)或压实度;

(6)该材料在高温下龄期与强度的对应关系;

(7)与标准长龄期强度所对应的快速养生的龄期。

6 记录

本试验的记录格式根据所养生的试件类型,采取相应的梁式试件和圆柱形试件的记录表格。圆柱形试件养生记录见表T 0845-1。在记录内容里增加养生的起始日前和终止日期,养生的温度、湿度和养生结束后的试验内容。

表 T 0845-1　稳定材料圆柱形试件养生记录表

工程名称＿＿＿＿＿＿＿＿　混合料名称＿＿＿＿＿＿＿＿

土质类型＿＿＿＿＿＿＿＿　结合料类型及剂量（%）＿＿＿＿＿＿＿＿

最佳含水量（%）＿＿＿＿＿＿＿＿　最大干密度（g/cm³）＿＿＿＿＿＿＿＿

试件压实度（%）＿＿＿＿＿＿＿＿　试件标准质量（g）＿＿＿＿＿＿＿＿

养生开始日期＿＿＿＿＿＿＿＿　饱水日期＿＿＿＿＿＿＿＿

养生温度＿＿＿＿＿＿＿＿　养生湿度＿＿＿＿＿＿＿＿

试验人员＿＿＿＿＿＿＿＿　试验目的＿＿＿＿＿＿＿＿

编号	直径（mm）				高度（mm）				质量（g）	误差（%）
	1	2	3	平均	1	2	3	平均		
1										
2										
3										
4										
饱水前质量和尺寸										
1										
2										
3										
4										
饱水后质量和尺寸										
1										
2										
3										
4										

条文说明

试件的质量损失指含水量的减少，不包括由于各种不同原因从试件上掉下的混合料。

关于无机结合料稳定材料的养生温度，原规程中规定的是北方地区20℃±2℃，南方地区为25℃±2℃。这是为了方便南北方地区的室内养生条件的需要而制定的。目前，各试验室都应具备自动控温、控湿的条件。为了使南北方的室内试验结果具有可比性，同时也为了与水泥混凝土的养生方法一致，方便各试验室操作，本次修订将无机结合料稳定材料的养生温度统一为20℃±2℃。

由于此次标准养生温度的改变将影响到无机结合料稳定材料的设计强度的确定，编写组进行了相同无机结合料分别在20℃±2℃、25℃±2℃情况下养生试验，测试其抗压强度。试验结果为，同一组混合料在25℃±2℃、95%湿度下养生7d的抗压强度为6.4MPa，在20℃±2℃、95%湿度下养生7d的抗压强度为5.4MPa。也就是说，25℃±2℃下养生的强度是20℃±2℃下养生强度的1.18倍。

在快速养生过程中，确定标准养生的长龄期对应的快速养生的短龄期时，也可以采用测试抗压回弹模量和劈裂强度值来建立两者的关系。在实际试验中，根据具体试验目的选用。

5 无机结合料稳定材料的物理、力学试验

T 0805—1994 无机结合料稳定材料无侧限抗压强度试验方法

1 适用范围

本方法适用于测定无机结合料稳定材料(包括稳定细粒土、中粒土和粗粒土)试件的无侧限抗压强度。

2 仪器设备

2.1 标准养护室。

2.2 水槽:深度应大于试件高度50mm。

2.3 压力机或万能试验机(也可用路面强度试验仪和测力计):压力机应符合现行《液压式压力试验机》(GB/T 3722)及《试验机通用技术要求》(GB/T 2611)中的要求,其测量精度为±1%,同时应具有加载速率指示装置或加载速率控制装置。上下压板平整并有足够刚度,可以均匀地连续加载卸载,可以保持固定荷载。开机停机均灵活自如,能够满足试件吨位要求,且压力机加载速率可以有效控制在1mm/min。

2.4 电子天平:量程15kg,感量0.1g;量程4 000g,感量0.01g。

2.5 量筒、拌和工具、大小铝盒、烘箱等。

2.6 球形支座。

2.7 机油:若干。

3 试件制备和养护

3.1 细粒土,试模的直径×高=ϕ50mm×50mm;中粒土,试模的直径×高=ϕ100mm×100mm;粗粒土,试模的直径×高=ϕ150mm×150mm。

3.2 按照本规程T 0843—2009方法成型径高比为1:1的圆柱形试件。

3.3 按照本规程T 0845—2009的标准养生方法进行7d的标准养生。

3.4 将试件两顶面用刮刀刮平,必要时可用快凝水泥砂浆抹平试件顶面。

3.5 为保证试验结果的可靠性和准确性,每组试件的数目要求为:小试件不少于6个;中试件不少于9个;大试件不少于13个。

4 试验步骤

4.1 根据试验材料的类型和一般的工程经验,选择合适量程的测力计和压力机,试件破坏荷载应大于测力量程的20%且小于测力量程的80%。球形支座和上下顶板涂上机油,使球形支座能够灵活转动。

4.2 将已浸水一昼夜的试件从水中取出,用软布吸去试件表面的水分,并称试件的质量m_4。

4.3 用游标卡尺测量试件的高度h,精确至0.1mm。

4.4 将试件放在路面材料强度试验仪或压力机上,并在升降台上先放一扁球座,进行抗压试验。试验过程中,应保持加载速率为1mm/min。记录试件破坏时的最大压力P(N)。

4.5 从试件内部取有代表性的样品(经过打破),按照本规程 T 0801—2009 方法,测定其含水量 w。

5 计算

试件的无侧限抗压强度按式(T 0805-1)计算。

$$R_c = \frac{P}{A} \tag{T 0805-1}$$

式中:R_c——试件的无侧限抗压强度(MPa);

P——试件破坏时的最大压力(N);

A——试件的截面积(mm^2);

$$A = \frac{1}{4}\pi D^2$$

D——试件的直径(mm)。

6 结果整理

6.1 抗压强度保留两位小数。

6.2 同一组试件试验中,采用 3 倍均方差方法剔除异常值,小试件可以允许有 1 个异常值,中试件 1~2 个异常值,大试件 2~3 个异常值。异常值数量超过上述规定的试验重做。

6.3 同一组试验的变异系数 C_v(%)符合下列规定,方为有效试验:小试件 $C_v \leqslant 6\%$;中试件 $C_v \leqslant 10\%$;大试件 $C_v \leqslant 15\%$。如不能保证试验结果的变异系数小于规定的值,则应按允许误差 10% 和 90% 概率重新计算所需的试件数量,增加试件数量并另做新试验。新试验结果与老试验结果一并重新进行统计评定,直到变异系数满足上述规定。

7 报告

试验报告应包括以下内容:

(1)材料的颗粒组成;

(2)水泥的种类和强度等级,或石灰的等级;

(3)重型击实的最佳含水量(%)和最大干密度(g/cm^3);

(4)无机结合料类型及剂量;

(5)试件干密度(保留 3 位小数,g/cm^3)或压实度;

(6)吸水量以及测抗压强度时的含水量(%);

(7)抗压强度,保留两位小数;

(8)若干个试验结果的最小值和最大值、平均值$\overline{R}_c$、标准差 S、变异系数 C_v 和 95% 保证率的值 $R_{c0.95}$($R_{c0.95} = \overline{R}_c - 1.645S$)。

8 记录

本试验的记录格式见表 T 0805-1。

表 T 0805-1 无侧限抗压强度试验记录表

工程名称________________ 试件尺寸(cm)________________

路段范围________________ 养生龄期(d)________________

混合料名称________________ 加载速率(mm/min)________________

结合料剂量(%)________________ 试 验 者________________

最大干密度(g/cm^3)________________ 校 核 者________________

试件压实度(%)________________ 试验日期________________

试件号					
试件制备方法					

续上表

试件号					
制件日期					
养生前试件质量 m_2(g)					
浸水前试件质量 m_3(g)					
浸水后试件质量 m_4(g)					
养生期间的质量损失* m_2-m_3(g)					
吸水量 m_4-m_3(g)					
养生前试件的高度 h(cm)					
浸水后试件的高度 h(cm)					
试验的最大压力 P(N)					
无侧限抗压强度 R_c(MPa)					

平均值(MPa)		变异系数(%)		代表值(MPa)	

注:*指水分损失。如养生后试件掉粒或掉块,不作为水分损失。

条文说明

在进行强度试验时,试件需放置在竖向荷载的中心位置,如采用测力计,测力计中心、球形支座、上压板、试件及下压板(或半球形支座)应处在同一条直线上,避免偏载对试验结果的影响。

试验前,试件表面应用刮刀刮平,避免试件表面不均匀的突起物在试验过程中造成应力集中,导致试验数据失真。必要时,可用快凝的水泥砂浆抹面处理。如需要抹面,应在试件饱水前完成,然后进行饱水。

目前抗压强度标准试件规格的径高比为1:1。有研究表明,此规格试件容易产生顶端应力紊乱现象,因此有些科研单位采用径高比为1:1.5或1:2的试件。表T 0805-2为不同径高比试件无侧限抗压强度试验结果。由此看出,对于相同材料,试件径高比不同,其强度相差比较明显,这是值得注意的问题。

表 T 0805-2 不同方法得到试件强度比较

强度代表值	强度(MPa)	变异系数(%)	强度(MPa)	变异系数(%)	强度(MPa)	变异系数(%)	强度(MPa)	变异系数(%)
完整试件	ϕ10cm×10cm		ϕ10cm×15cm		ϕ10cm×20cm		ϕ10cm×30cm	
正常界面	4.35	13.07	3.55	7.57	3.08	8.05	2.55	18.93
10×30切割	ϕ10cm×10cm		ϕ10cm×15cm		ϕ10cm×20cm			
正常界面	3.98	10.69	2.73	6.80	2.94	11.56		

同时,进行强度试验时,尽管试件表面进行了处理等,但由于试件与上、下压块之间,在荷载施加过程中仍会产生较大的摩擦力,对试验结果仍会产生比较显著的影响。为此,应采用必要措施消除这种影响,即首先将甘油与滑石粉的混合物(质量比2:1)涂在试件的上、下顶面上,再用60℃左右的熔蜡将两端封闭,可封闭两次,蜡膜厚度1~2mm,然后进行强度测试。表T 0805-3为有关的试验结果。由表T 0805-3可以看出,两端进行处理后,基本消除了界面摩擦力,试件强度大幅度降低,尽管仍为1:1试件,但其强度水平基本上与1:2试件相当。

表 T 0805-3 试件端部状况对于强度的影响

级配	端部状况	平均值(MPa)	C_v(%)	代表值(MPa)
U	饱水后端部涂甘油	4.12	10.16	3.43
	饱水后两端蜡封	2.21	7.16	1.95
	饱水后单面蜡封	2.57	9.39	2.17
	饱水后正常界面	4.19	9.00	3.57

续上表

级配	端部状况	平均值(MPa)	C_v(%)	代表值(MPa)
W	饱水后端部涂甘油	5.35	1.63	5.20
	饱水后两端蜡封	2.59	6.67	2.31
	饱水后单面蜡封	2.75	6.46	2.46
	饱水后正常界面	5.79	5.89	5.22
Y	饱水后端部涂甘油	4.46	9.09	3.79
	饱水后两端蜡封	2.18	7.34	1.92
	饱水后单面蜡封	2.26	7.97	1.96
	饱水后正常界面	5.28	9.72	4.44

由于目前设计指标是采用以往的试验方法测试得的,如采用顶面处理方法测定强度,其强度标准将会大幅降低,工程技术人员还难以接受,工程操作存在一定困难。为此,本规程仍采用以往试验方法,但顶面处理方法暴露出的问题值得引起重视。

除特殊目的外,试件的干密度应与规定的施工过程中必须达到的干密度(压实度×最大干密度)相一致。

根据《公路路面基层施工技术规范》(JTJ 034—2000),在施工前和施工过程中对稳定材料混合料进行材料组成设计,只用7d龄期的抗压强度。如需要不同龄期混合料的强度,则按要求延长养生期。

允许的变异系数按式(T 0805-2)计算。

$$C_v = \frac{S}{\bar{x}} \tag{T 0805-2}$$

式中:C_v——允许的变异系数;

$\bar{x}$——算术平均值;

$$\bar{x} = \frac{1}{n}\sum_{i=1}^{n} x_i$$

S——标准差。

$$S = \sqrt{\frac{1}{n-1}\sum_{i=1}^{n}(x_i - \bar{x})^2}$$

允许的变异系数 C_v 是与规定的试验数量 n 相对应的。

n 用式(T 0805-3)求得。

$$n = [t_{1-a/2} C_v |e|]^2 \tag{T 0805-3}$$

式中:n——试验数量;

$t_{1-a/2}$——t 分布表中的分位值;

$|e|$——允许误差,在此取10%。

正态分布表中相同概率(或 a)的 $Z_{1-a/2}$ 的值,代入式中计算得 n 后,再加2或3即为所要的试验数量。在此用90%概率(即 $a=0.10$),$Z_{1-a/2}=1.645$。

如果试验结果的 C_v 超过本条的规定,则应按实际的 C_v 值用上式重新计算应做的试验数量,以保证试验结果的精度,并增补所缺的试件数。

T 0806—1994 无机结合料稳定材料间接抗拉强度试验方法(劈裂试验)

1 适用范围

本方法适用于测定无机结合料稳定材料(包括稳定细粒土、中粒土和粗粒土)试件的间接抗拉强度。

2 仪器设备

2.1 压力机或万能试验机(也可用路面强度试验仪和测力计):压力机应符合现行《液压式压力试验机》(GB/T 3722)及《试验机通用技术要求》(GB/T 2611)中的要求,其测量精度为±1%,同时应具有加载速率指示装置或加载速率控制装置。上下压板平整并有足够刚度,可以均匀地连续加载卸载,可以保持固定荷载。开机停机均灵活自如,能够满足试件吨位要求,且压力机加载速率可以有效控制在1mm/min。

2.2 劈裂夹具:同T 0852—2009。

2.3 压条:采用半径与试件半径相同的弧面压条,其长度应大于试件的高度。不同尺寸试件采用的压条宽度和弧面半径见表T 0806-1。

表 T 0806-1 不同试件对应的压条尺寸

试件尺寸(mm)	压条宽度(mm)	弧面半径(mm)
ϕ50×50	6.35	25
ϕ100×100	12.70	50
ϕ150×150	18.75	75

2.4 标准养护室。

2.5 水槽:深度应大于试件高度50mm。

2.6 电子天平:量程15kg,感量0.1g;量程4 000g,感量0.01g。

2.7 量筒、拌和工具、大小铝盒、烘箱等。

2.8 球形支座。

2.9 机油:若干。

3 试件的制备和养护

3.1 试件采用高径比为1∶1的圆柱体。细粒土试模的直径×高=ϕ50mm×50mm;中粒土试模的直径×高=ϕ100mm×100mm;粗粒土试模的直径×高=ϕ150mm×150mm。本试验应采用静力压实法制备等干密度的试件。

3.2 按照本规程T 0843—2009方法成型径高比为1∶1的圆柱形试件。

3.3 按照本规程T 0845—2009方法进行设计龄期的标准养生。

3.4 为保证试验结果的可靠性和准确性,每组试件的数目要求为:小试件不少于6个;中试件不少于9个;大试件不少于13个。

4 试验步骤

4.1 根据试验材料的类型和一般的工程经验,选择合适量程的测力计和试验机,试件破坏荷载应大于测力量程的20%且小于测力量程的80%。球形支座和上下压条涂上机油,使球形支座能够灵活转动。

4.2 将已浸水一昼夜的试件从水中取出,用软布吸去试件表面的可见自由水,并称试件的质量。

4.3 用游标卡尺测量试件的高度h,精确至0.1mm。

4.4 在压力机的升降台上置一压条,将试件横置在压条上,在试件的顶面也放一压条(上下压条与试件的接触线必须位于试件直径的两端,并与升降台垂直。)

4.5 在上压条上面放置球形支座,球形支座应位于试件的中部。

4.6 试验过程中应使试验的形变等速增加,保持加载速率为1mm/min。记录试件破坏时的最大压力P(N)。

4.7 从试件内部取有代表性的样品(经过打碎),按照本规程 T 0801—2008 方法,测定其含水量 w。

5 计算

试件的间接抗拉强度按式(T 0806-1)计算。

$$R_i = \frac{2P}{\pi dh}\left(\sin 2\alpha - \frac{a}{d}\right) \quad (\text{T 0806-1})$$

式中:R_i——试件的间接抗拉强度(MPa);

d——试件的直径(mm);

a——压条的宽度(mm);

α——半压条宽对应的圆心角(°);

P——试件破坏时的最大压力(N);

h——浸水后试件的高度(mm)。

对于小试件:

$$R_i = 0.012\,526\frac{P}{h}(\text{MPa}) \quad (\text{T 0806-2})$$

对于中试件:

$$R_i = 0.006\,263\frac{P}{h}(\text{MPa}) \quad (\text{T 0806-3})$$

对于大试件:

$$R_i = 0.004\,178\frac{P}{h}(\text{MPa}) \quad (\text{T 0806-4})$$

6 结果整理

6.1 间接抗拉强度保留两位小数。

6.2 同一组试件试验中,采用3倍均方差方法剔除异常值,小试件可以有1个异常值,中试件1~2个异常值,大试件2~3个异常值。异常值数量超过上述规定的试验重做。

6.3 同一组试验的变异系数 C_v(%)符合下列规定,方为有效试验:小试件 $C_v \leqslant 6\%$;中试件 $C_v \leqslant 10\%$;大试件 $C_v \leqslant 15\%$。如不能保证试验结果的变异系数小于规定的值,则应按允许误差10%和90%概率重新计算所需的试件数量,增加试件数量并另做新试验。新试验结果与老试验结果一并重新进行统计评定,直到变异系数满足上述规定。

7 报告

试验报告应包括以下内容:

(1)集料的颗粒组成;

(2)水泥的种类和强度等级,或石灰的有效钙和氧化镁含量(%);

(3)重型击实的最佳含水量(%)和最大干密度(g/cm^3);

(4)无机结合料类型及剂量;

(5)试件干密度(保留3位小数,g/cm^3)或压实度;

(6)吸水量以及测间接抗拉强度时的含水量(%);

(7)间接抗拉强度(MPa),用两位小数表示;

(8)若干个试验结果的最小值和最大值、平均值 $\overline{R}_i$、标准差 S、变异系数 C_v 和95%保证率的值 $R_{i0.95}$($R_{i0.95} = \overline{R}_i - 1.645S$)。

8 记录

本试验的记录格式见表 T 0806-2。

表 T 0806-2　间接抗拉强度试验记录表

工程名称________　试件尺寸(cm)________
路段范围________　养生龄期(d)________
混合料名称________　加载速率(mm/min)________
结合料剂量(%)________　试 验 者________
最大干密度(g/cm^3)________　校 核 者________
试件压实度(%)________　试验日期________

试件号					
试件制备方法					
制件日期					
养生前试件质量 m_2(g)					
浸水前试件质量 m_3(g)					
浸水后试件质量 m_4(g)					
养生期间的质量损失 * m_2-m_3(g)					
吸水量 m_4-m_3(g)					
养生前试件的高度 h_0(cm)					
浸水后试件的高度 h(cm)					
破坏载荷 P(N)					
间接抗拉强度 R_i(MPa)					
平均值(MPa)		变异系数(%)		代表值(MPa)	

注：* 指水分损失。如养生后试件掉粒或掉块，不作为水分损失。

条文说明

安置试件时，应选择平顺的侧面放在压条上，尽可能保证试件与压条完全接触，无漏空处。为了提高试验的准确性，本规程建议采用加压条进行试验。在无压条时，试件的间接抗拉强度按式(T 0806-5)计算。

$$R_i=\frac{2P}{\pi dh} \tag{T 0806-5}$$

式中：P——试件破坏时的最大压力(N)；

d——试件的直径(mm)；

h——浸水后试件的高度(mm)。

T 0851—2009　无机结合料稳定材料弯拉强度试验方法

1　适用范围

本方法适用于测定无机结合料稳定材料的弯拉强度，并为无机结合料稳定材料的弯拉疲劳试验、弯拉模量试验确定加荷标准提供基础参数。试验采用三分点加压的方法进行。

2　仪器设备

2.1　压力机或万能试验机(也可用路面强度试验仪和测力计)：压力机应符合现行《液压式压力试验机》(GB/T 3722)及《试验机通用技术要求》(GB/T 2611)中的要求，其测量精度为 ±1%，同时应具有加载速率指示装置或加载速率控制装置。上下压板平整并有足够刚度，可以均匀地连续加载卸载，可以保持固定荷载。开机停机均灵活自如，能够满足试件吨位要求，且压力机加载速率可以有效控制在 50mm/min。

2.2　加载模具：如图 T 0851-1 所示。

2.3　标准养护室。

2.4 球形支座。

2.5 电子天平:量程15kg,感量0.1g;量程4 000g,感量0.01g。

2.6 台秤:量程50kg,感量5g。

3 试件制备和养护

3.1 根据混合料粒径的大小,选择不同尺寸的试件尺寸:小梁,50mm×50mm×200mm,适用于细粒土;中梁,100mm×100mm×400mm,适用于中粒土[①],大梁,150mm×150mm×550mm,适用于粗粒土。

注①:由于大梁试件的成型难度较大,在试验室不具备成型条件时,中梁试件的最大公称粒径可放宽到26.5mm。

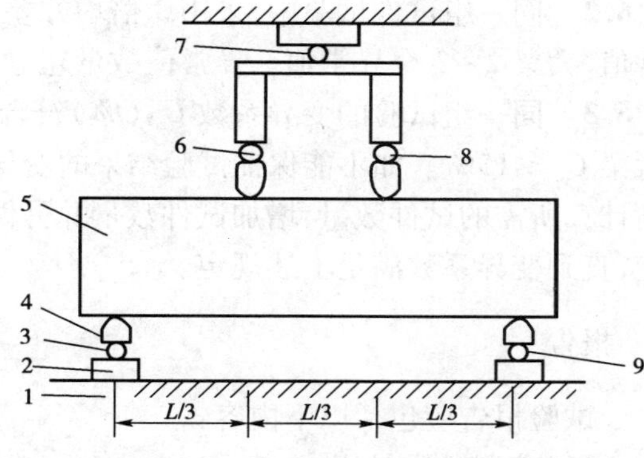

图T 0851-1 弯拉强度试验装置图(尺寸单位:mm)

1-机台;2-活动支座;3、8-两个钢球;4-活动船形垫块;5-试件;6、7、9-一个钢球

3.2 按照本规程T 0844—2009方法成型梁式试件。

3.3 养生时间视需要而定,水泥稳定材料、水泥粉煤灰稳定材料的养生龄期应是90d,石灰稳定材料和石灰粉煤灰稳定材料的养生龄期应是180d。按照本规程T 0845—2009标准养生方法进行养生。

3.4 为保证试验结果的可靠性和准确性,每组试件的试验数目要求为:小梁试件不少于6根;中梁不少于12根;大梁不少于15根。

4 试验步骤

4.1 根据试验材料的类型和一般的工程经验,选择合适量程的测力计和试验机,对被测试件施加的压力应在量程的20%~80%范围内。如采用压力机系统,需调试设备,设定好加载速率。

4.2 球形支座涂上机油,使球形支座能够灵活转动,并安放在上压块上。在上下压块的左右两个半圆形压头上涂上机油。

4.3 试件取出后,用湿毛巾覆盖并及时进行试验,保持试件干湿状态不变。

4.4 在试件中部量出其宽度和高度,精确至1mm。

4.5 在试件侧面(平行于试件成型时的压力方向)标出三分点位置。

4.6 将试件安放在试架上,荷载方向与试件成型时的压力方向一致,上下压块应位于试件三分点位置。

4.7 安放球形支座。

4.8 根据试验要求,在梁跨中安放位移传感器,测量破坏极限荷载时的跨中位移。

4.9 加载时,应保持均匀、连续,加载速率为50mm/min,直至试件破坏。

4.10 记录破坏极限荷载P(N)或测力计读数。

5 计算

按式(T 0851-1)计算弯拉强度。

$$R_s = \frac{PL}{b^2h} \tag{T 0851-1}$$

式中:R_s——弯拉强度(MPa);

P——破坏极限荷载(N);

L——跨距,也就是两支点间的距离(mm);

b——试件宽度(mm);

h——试件高度(mm)。

6 结果整理

6.1 弯拉强度保留两位小数。

6.2 同一组试件试验中，采用3倍均方差方法剔除异常值，小梁可以有1个异常值，中梁1～2个异常值，大梁2～3个异常值。异常值数量超过上述规定的试验重做。

6.3 同一组试验的变异系数 C_v(%)符合下列规定，方为有效试验：小梁 $C_v \leqslant 6\%$；中梁 $C_v \leqslant 10\%$；大梁 $C_v \leqslant 15\%$。如不能保证试验结果的变异系数小于上述规定，则应按允许误差10%和90%概率重新计算所需的试件数量，增加试件数量并另做新试验。新试验结果与老试验结果一并重新进行统计评定，直到变异系数满足上述规定。

7 报告

试验报告应包括以下内容：

(1)集料的颗粒组成；

(2)水泥的种类和强度等级，或石灰的有效钙和氧化镁含量(%)；

(3)重型击实的最佳含水量(%)和最大干密度(g/cm^3)；

(4)无机结合料类型及剂量；

(5)试件干密度(保留3位小数，g/cm^3)或压实度；

(6)吸水量以及测间接抗拉强度时的含水量(%)；

(7)弯拉强度(MPa)，用两位小数表示；

(8)若干个试验结果的最小值和最大值、平均值 $\overline{R}_s$、标准差 S、变异系数 C_v 和95%保证率的值 $R_{s0.95}$($R_{s0.95} = \overline{R}_s - 1.645S$)。

8 记录

本试验的记录格式见表T 0851-1。

表 T 0851-1 弯拉强度试验记录表

工程名称______________ 试件尺寸(cm)______________

路段范围______________ 养生龄期(d)______________

混合料名称______________ 加载速率(mm/min)______________

结合料剂量(%)______________ 试 验 者______________

最大干密度(g/cm^3)______________ 校 核 者______________

试件压实度(%)______________ 试验日期______________

试件号					
试件制备方法					
制件日期					
养生前试件质量 m_2(g)					
浸水前试件质量 m_3(g)					
浸水后试件质量 m_4(g)					
养生期间的质量损失* $m_2 - m_3$(g)					
吸水量 $m_4 - m_3$(g)					
养生前试件的高度 h_0(mm)					
破坏载荷 P(N)					
弯拉强度 R_s(MPa)					
平均值(MPa)		变异系数(%)		代表值(MPa)	

注：*指水分损失。如养生后试件掉粒或掉块，不作为水分损失。

条文说明

关于加载速率，《公路柔性路面设计规范》(1986年)曾规定弯拉强度的测定方法采用三分点加载，加载速率为1mm/min。研究表明:由于疲劳试验频率较高,这种方法测定的弯拉强度并不适应用于疲劳试验的要求。编写组按上述1mm/min的方法测定的某种水泥碎石的弯拉强度为1.13MPa,变异系数为13.3%,但在实际的疲劳试验过程中,当荷载达到1.13MPa后,作用几百万次仍不破坏。采用10Hz的加载频率和1mm/min的加载速率两种方法对水泥砂小梁进行平行试验发现:前者的平均弯拉强度比后者高出1.44倍,均方差为0.23。若用1.44乘上1.13就可近似得出水泥碎石中梁在10Hz动荷载下的平均弯拉强度1.63MPa,这说明快速加载的试验方法测得的弯拉强度大于慢速加载时测得的疲劳强度,也说明快速加载测得的弯拉强度更适合用于疲劳试验。《公路沥青路面设计规范》(JTG D50—2006)中规定沥青材料的弯拉强度按照《公路工程沥青及沥青混合料试验规程》(JTJ 052—2000)规定的加载速率50mm/min进行试验。

弯拉强度试验有三分点加载和中心点加载两种加载模式。鉴于目前梁式试件的疲劳试验基本采用三分点加载模式,为了使弯拉强度试验结果可用于疲劳试验,本规程采用三分点加载模式。同时,由于路面材料存在较明显的非线性,加载速率对强度试验结果影响较大,为了用于疲劳试验,弯拉强度试验的加载速率与抗压强度和劈裂强度试验的加载速率有明显差别,宜采用快速加载模式,加载速率为50mm/min,使其尽量与疲劳试验时动态荷载的加载速率相一致。

T 0808—1994　无机结合料稳定材料室内抗压回弹模量试验方法(顶面法)

1　适用范围

本方法适用于在室内对无机结合料稳定材料试件进行抗压回弹模量试验。

2　仪器设备

2.1　压力机或万能试验机(也可用路面强度试验仪和测力计):压力机应符合现行《液压式压力试验机》(GB/T 3722)及《试验机通用技术要求》(GB/T 2611)中的要求,其测量精度为±1%,同时应具有加载速率指示装置或加载速率控制装置。上下压板平整并有足够刚度,可以均匀地连续加载卸载,可以保持固定荷载。开机停机均灵活自如,能够满足试件吨位要求,且压力机加载速率可以有效控制在1mm/min。

2.2　测形变装置:圆形金属平面加载顶板和圆形金属平面加载底板,板的直径应大于试件的直径,底板直径线两侧有立柱,立柱上装有千分表夹,也可以直接利用直径152mm击实筒的底座。

2.3　千分表(1/1 000mm):2只(或相同精度的位移传感器,2个),也可采用数据采集系统,包括荷载传感器(1个)、位移传感器(2个)、荷载计数器以及数据采集仪。

2.4　标准养护室。

2.5　水槽:深度应大于试件高度50mm。

2.6　天平:量程4 000g,感量0.01g;量程15kg,感量0.1g。

2.7　机油:若干。

2.8　球形支座。

2.9　适合测试范围的测力计。

2.10　圆形钢板。

3　试件制备和养护

3.1　细粒式和中粒式混合料成型ϕ100mm×100mm试件,粗粒式混合料成型ϕ150mm×150mm试件。

3.2　按照本规程T 0804—1994确定无机结合料稳定材料的最佳含水量和最大干密度。

3.3　试件数量:对于无机结合料稳定细粒土,应制备不少于6个试件,并要求模量试验结果的变异系数不超过10%;对于无机结合料稳定中粒土,应制备不少于9个试件,并要求模量试验结果的变异系数不超过10%;对于无机结合料稳定粗粒土,应制备不少于15个试件,并要求模量试验结果的变异系数不超过15%。

3.4 按照本规程 T 0843—2009 方法制备试件。

3.5 按照本规程 T 0845—2009 标准养生方法进行养生,水泥稳定类土养生龄期为90d,石灰或粉煤灰稳定类土养生龄期 180d。

3.6 圆柱形试件的两个端面应用水泥净浆彻底抹平。将试件直立桌上,在上端面用早强高强水泥净浆薄涂一层后,在表面撒少量0.25~0.5mm的细砂,用直径大于试件的平面圆形钢板放在顶面,加压旋转圆钢板,使顶面齐平。边旋转边平移并迅速取下钢板。如有净浆被钢板粘去,则重新用净浆抹平,并重复上述步骤。一个端面整平后,放置4h以上,然后将另一端面同样整平。整平应该达到:加载板放在试件顶面后,在任一方向都不会翘动。试件整平后放置8h以上。

3.7 将端面已经处理平整的试件饱水24h,水面高于试件顶面约2.5cm。

4 试验步骤

4.1 根据试验材料的类型和一般的工程经验,选择合适量程的测力计和试验机,对被测试件施加的压力应在量程的20%~80%范围内。如采用压力机系统,需调试设备,设定好加载速率。

4.2 加载板上的计算单位压力的选定值:对于无机结合料稳定基层材料,用0.5~0.7MPa;对于无机结合料稳定底基层材料,用0.2~0.4MPa。实际加载的最大单位压力应略大于选定值。

4.3 将试件浸水24h后从水中取出,并用布擦干后放在加载底板上,在试件顶面撒少量0.25~0.5mm的细砂,并手压加载板在试件顶面边加压边旋转,使细砂填补表面微观的不平整处,并使多余的砂流出,以增加顶板与试件的接触面积。

4.4 安置千分表,使千分表的脚支在加载顶板直径线的两侧并离试件中心距离大致相等。

4.5 将带有试件的测变形装置放到路面材料强度试验仪的升降台上(也可以先将测变形装置放在升降台上再安置试件和千分表),调整升降台的高度,使测力环下端的压头中心与加载板的中心接触。

4.6 预压:先用拟施加的最大载荷的一半进行两次加载卸载预压试验,使加载顶板与试件表面紧密接触。每两次卸载后等待1min,然后将千分表的短指针调到中间位置,并将长指针调到0,记录千分表的原始读数。

4.7 回弹变形测量:将预定的单位压力分成5~6等份,作为每次施加的压力值。实际施加的荷载应较预定级数增加1级。施加第1级荷载(如为预定最大荷载的1/5),待荷载作用达1min时,记录千分表的读数,同时卸去荷载,让试件的弹性变形恢复。到0.5min时记录千分表的读数,施加第2级荷载(为预定最大荷载的2/5),同前,待荷载作用1min,记录千分表的读数,卸去荷载。卸载后达0.5min时,再记录千分表的读数,并施加第3级荷载。如此逐级进行,直至记录下最后一级荷载下的回弹变形。

5 计算

5.1 按式(T 0808-1)计算每级荷载下的回弹变形 l。

$$l = \text{加载时读数} - \text{卸载时读数} \tag{T 0808-1}$$

5.2 以单位压力 p 为横坐标(向右)、回弹变形 l 为纵坐标(向下),绘制 p 与 l 的关系曲线,修正曲线开始段的虚假变形。修正时,一般情况下将第1个和第2个试验点取成直线,并延长此直线与纵坐标轴相交,此交点即为新原点,如图 T 0808-1 所示。

5.3 用加载板上的计算单位压力 p 以及与相应的回弹变形 l 按式(T 0808-2)计算回弹模量。

$$E_c = \frac{ph}{l} \tag{T 0808-2}$$

式中:E_c——抗压回弹模量(MPa);

p——单位压力(MPa);

h——试件高度(mm);

l——试件回弹变形(mm)。

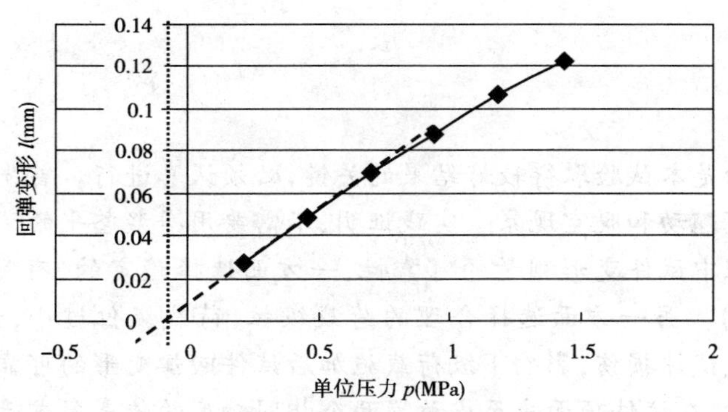

图 T 0808-1　单位压力与回弹变形关系曲线

6　结果整理

6.1　抗压回弹模量用整数表示。

6.2　同一组试件试验中，采用 3 倍均方差方法剔除异常值，大试件 2 ~ 3 个异常值。异常值数量超过上述规定的试验重做。

6.3　对于无机结合料稳定细粒土、中粒土，变异系数不超过 10%；粗粒土，变异系数不超过 15%。如不能保证变异系数小于上述规定，则还应按允许误差 10% 和 90% 概率重新计算增加试件数量，并另做新试验。新试验结果与老试验结果一并重新进行统计评定，直到变异系数满足上述规定。

7　报告

试验报告应包括以下内容：

(1)集料的颗粒组成；

(2)水泥的种类和强度等级，或石灰的有效钙和氧化镁含量(%)；

(3)重型击实的最佳含水量(%)和最大干密度(g/cm^3)；

(4)无机结合料类型及剂量；

(5)试件干密度或压实度；

(6)吸水量以及测抗压回弹模量时的含水量(%)；

(7)抗压回弹模量(MPa)，用整数表示；

(8)n 个试验结果的最小值和最大值、平均值 $\overline{E}_c$、标准差 S 和变异系数 C_v(%)。

8　记录

本试验的记录格式见表 T 0808-1。

表 T 0808-1　室内抗压回弹模量试验记录表

工程名称＿＿＿＿＿＿＿＿＿＿　试件尺寸＿＿＿＿＿＿＿＿＿＿

路段范围＿＿＿＿＿＿＿＿＿＿　试验方法＿＿＿＿＿＿＿＿＿＿

材料名称＿＿＿＿＿＿＿＿＿＿　试 验 者＿＿＿＿＿＿＿＿＿＿

试样编号＿＿＿＿＿＿＿＿＿＿　校 核 者＿＿＿＿＿＿＿＿＿＿

最大粒径＿＿＿＿＿＿＿＿＿＿　试验日期＿＿＿＿＿＿＿＿＿＿

荷载级数	单位压力 p (MPa)	千分表读数(1/1 000mm)						回弹变形 l (1/1 000mm)	抗压回弹模量 E_c (MPa)
		加　载			卸　载				
		左	右	平均	左	右	平均		
1									
2									
3									
4									
5									
6									

条文说明

整平试件的两个端面是本试验取得较好结果的关键,必须认真进行。首先,必须用平面加载刚性板放在试件顶面检查是否有翘动和脱空现象。实践证明,不需要用净浆整平的试件很少。

①为了保证试验过程中试件变形测量的可靠性,一方面选择稳定的、有足够精度的变形测量仪器(如千分表或位移传感器)。另一方面选择合理的荷载级位,荷载级位过小,试件变形量小,测量误差大;如荷载级位过大,造成试件损伤,影响下级荷载施加后试件回弹变形的可靠性。

②在测量回弹变形时,在试件顶面应至少放置两个相同精度的传感器或千分表,且二者应处在同一个直径的两端,距试件中心等距。在每级荷载作用下,两个传感器(或千分表)读数相差不宜超过50%,否则应重新试验。以两个传感器测量变形的平均值作为该级荷载作用下的变形值。由于路面材料的非线性,在荷载作用时会出现应力松弛或蠕变现象。为此,当出现应力松弛时,应及时补加荷载,最好采用应力控制模式的自动加载系统以维持试验过程中荷载的稳定;当出现蠕变现象时,为减小蠕变对变形测量的影响,应严格按照本规程要求的时间和荷载速率加载、卸载,并在荷载稳定时间的最后一刻读取传感器的变形读数。

③对于荷载施加的水平,宜不超过试件无侧限抗压强度的60%~70%,即施加的最大荷载为抗压强度的60%~70%,并以此为标准等间隔划分出5~6个荷载级位。因此,在进行模量试验时,应首先进行强度试验,根据强度试验结果确定模量试验的荷载级位。

T 0807—1994 无机结合料稳定材料室内抗压回弹模量试验方法(承载板法)

1 适用范围

本方法适用于在室内对无机结合料稳定细粒土试件进行抗压回弹模量试验。

2 仪器设备

2.1 杠杆式压力仪或其他合适的仪器:荷载量程大于1.5kN。

2.2 承载板:直径37.4mm,面积11cm^2。

2.3 千分表(1/1 000mm):两只。

2.4 标准养护室。

2.5 电子天平:量程15kg,感量0.1g;量程4 000g,感量0.01g。

2.6 量筒、拌和工具、大小铝盒、烘箱等。

2.7 机油:若干。

2.8 适合测试范围的测力计。

2.9 圆形钢板。

3 试件制备和养护

3.1 采用ϕ150mm×150mm试件进行试验。

3.2 将具有代表性的风干试料(必要时,也可以在50℃烘箱内烘干)用木锤捣碎或用木碾碾碎,但应避免破碎粒料的原粒径。将土过筛并进行分类,除去大于4.75mm的颗粒备用。

3.3 在预定做试验的前一天,取有代表性的试料测定其风干含水量。对于细粒土,试样应不少于100g。

3.4 按照本规程T 0804—1994确定无机结合料稳定材料的最佳含水量和最大干密度。

3.5 稳定细粒土应做13个试件，并使试验结果的变异系数不超过15%。

3.6 按照本规程T 0843—2009方法制备试件。

3.7 按照本规程T 0845—2009的养生条件进行养生。

4 试验步骤

4.1 承载板上单位压力的选定值：对于无机结合料稳定基层材料，用0.5～0.7MPa；对于无机结合料稳定底基层材料，用0.2～0.4MPa。实际加载的最大单位压力应略大于选定值。

4.2 将试件浸水24h后从水中取出，并用布擦干后放在杠杆式压力仪上，用小圆板将试件中心部分磨平（必要时用0.25～0.5mm的细砂填充表面细小孔隙）后，安置承载板。调平杠杆，使加砝码端略向下倾。安置千分表。

4.3 预压：先用拟施加的最大荷载的一半进行两次加载卸载预压试验，使承载板与试件顶面紧密接触。第2次卸载后等待1min，然后将千分表的短指针调到中间位置，长指针调到0。记录千分表的原始读数。

4.4 回弹变形测量：将预定的单位压力分成5～6等份，作为每次施加的压力值。实际施加的荷载应较预定级数增加1级。施加第1级荷载（如为预定最大荷载的1/6），待荷载作用达1min时，记录千分表的读数。同时卸去荷载①，让试件的弹性变形恢复，到0.5min时记录千分表的读数。施加第2级荷载（为预定最大荷载的2/6），同前，待荷载作用1min，记录千分表的读数，卸去荷载。卸载后达0.5min时，记录千分表的读数，并施加第3级荷载。如此逐级进行，直至记录下最后一级荷载下的回弹变形。

注①：卸除荷载时，一手扶住杠杆，轻轻取下砝码，不使杠杆弹起脱离承载板。

5 计算

5.1 按式（T 0807-1）计算每级荷载下的回弹变形l。

$$l = 加载时平均读数 - 卸载后平均读数 \quad (T\ 0807\text{-}1)$$

5.2 以单位压力p为横坐标（向右）、回弹变形l为纵坐标（向下），绘制p与l关系曲线。若曲线开始段出现下凹现象，需进行修正。修正时，一般情况下将第1个和第2个试验点取成直线，并延长此直线与纵坐标轴相交，此交点即为新原点。

5.3 按式（T 0807-2）计算抗压回弹模量。

$$E_c = \frac{\pi p d}{4l}(1 - \mu^2) \quad (T\ 0807\text{-}2)$$

式中：E_c——抗压回弹模量（MPa）；

p——单位压力（MPa）；

d——承载板直径（mm）；

l——相应单位压力p的回弹变形（mm）；

μ——泊松系数，可取0.25。

5.4 计算全部试件的算术平均值、标准差和变异系数。

6 结果整理

6.1 抗压回弹模量用整数表示。

6.2 同一组试件试验中，采用3倍均方差方法剔除异常值，大试件可以有2～3个异常值。异常值数量超过上述规定的试验重做。

6.3 对于无机结合料稳定细粒土，要求模量试验结果的变异系数不超过15%；如不能保证变异系数小于上述规定，则还应按允许误差10%和90%概率重新计算增加试件数量，并另做新试验。新试验结果与老试验结果一并重新进行统计评定，直到变异系数满足上述规定。

7 报告

试验报告应包括以下内容:

(1)集料的颗粒组成;

(2)水泥的种类和强度等级,或石灰的有效钙和氧化镁含量(%);

(3)重型击实的最佳含水量(%)和最大干密度(g/cm^3);

(4)无机结合料类型及剂量;

(5)试件干密度或压实度;

(6)吸水量以及测抗压回弹模量时的含水量(%);

(7)抗压回弹模量(MPa),用整数表示;

(8)n 个试验结果的最小值和最大值、平均值$\overline{E}_c$、标准差 S 和变异系数 C_v(%)。

8 记录

本试验的记录格式见表 T 0807-1。

表 T 0807-1 室内抗压回弹模量试验记录表

工程名称＿＿＿＿＿＿＿＿ 承载板直径＿＿＿＿＿＿＿＿

路段范围＿＿＿＿＿＿＿＿ 试 验 方 法＿＿＿＿＿＿＿＿

材料名称＿＿＿＿＿＿＿＿ 试 验 者＿＿＿＿＿＿＿＿

试样编号＿＿＿＿＿＿＿＿ 校 核 者＿＿＿＿＿＿＿＿

最大粒径＿＿＿＿＿＿＿＿ 试 验 日 期＿＿＿＿＿＿＿＿

荷载级数	单位压力 p (MPa)	千分表读数(1/1 000mm)						回弹变形 l (1/1 000mm)	抗压回弹模量 E_c (MPa)
		加载			卸载				
		左	右	平均	左	右	平均		
1									
2									
3									
4									
5									
6									

条文说明

抗压回弹模量试验结果的变异系数通常较大。如从备料、制件到抗压回弹模量试验都能仔细进行,则可将结果的偏差系数控制在15%(稳定细粒土)以内。试验数量的计算与 T 0805—1994 条文说明相同。如试验结果的变异系数大于规定的15%,则应按 T 0805—1994 条文说明中的公式计算所需的数量,然后增补所缺试件数。

车轮荷载作用在面层表面的单位压力为 0.7MPa。当基层上为薄沥青面层时,基层顶面所受的单位压力接近 0.7MPa。当沥青面层较厚时,基层顶面的单位压力不超过 0.5MPa。所以承载板上的计算单位压力(也就是计算抗压回弹模量时用的单位压力)取 0.5 ~ 0.7MPa。同理,确定底基层混合料的抗压回弹模量时,取计算单位压力 0.2(二级及二级以上公路) ~ 0.4MPa(三级及三级以下公路)。

T 0852—2009　无机结合料稳定材料劈裂回弹模量试验方法

1　适用范围

本方法通过向圆柱形试件施加轴向荷载，测定试件在荷载变化时的轴向弹性变形，从而计算材料的劈裂回弹模量。

2　仪器设备

2.1　压力机或万能试验机（也可用路面强度试验仪和测力计）：压力机应符合现行《液压式压力试验机》（GB/T 3722）及《试验机通用技术要求》（GB/T 2611）中的要求，其测量精度为 ±1%，同时应具有加载速率指示装置或加载速率控制装置。上下压板平整并有足够刚度，可以均匀地连续加载卸载，可以保持固定荷载。开机停机均灵活自如，能够满足试件吨位要求，且压力机加载速率可以有效控制在 1mm/min。

2.2　数据采集系统：包括荷载传感器（1 个）、位移传感器（或千分表）（4 个）、荷载计数器以及数据采集仪。

2.3　劈裂夹具：如图 T 0852-1 所示。

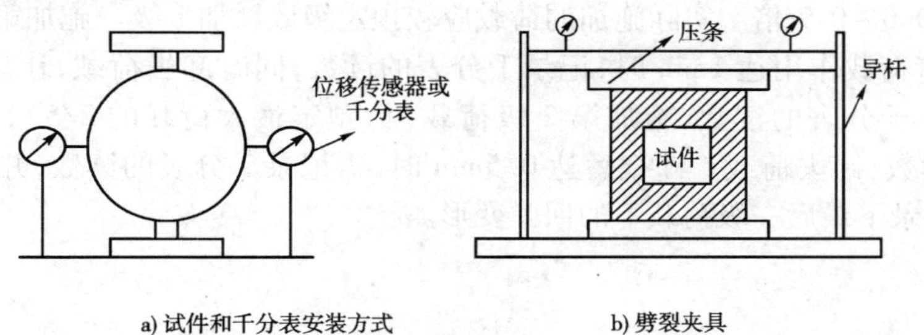

图 T 0852-1　劈裂回弹模量试验装置示意图

压条采用半径与试件半径相同的弧面压条，其长度应大于试件的高度。不同尺寸试件采用的压条宽度和弧面半径见表 T 0852-1。

表 T 0852-1　不同尺寸试件对应的压条尺寸

试件尺寸（mm）	压条宽度（mm）	弧面半径（mm）	试件尺寸（mm）	压条宽度（mm）	弧面半径（mm）
ϕ100 × 100	12.70	50	ϕ150 × 150	18.75	75

2.4　标准养护室。

2.5　水槽：深度应大于试件高度 50mm。

2.6　天平：量程 4 000g，感量 0.01g；量程 15kg，感量 0.1g。

2.7　球形支座。

2.8　机油：若干。

2.9　圆形钢板。

3　试件制备和养护

3.1　对于细粒式、中粒式混合料，采用 ϕ100mm × 100mm 的圆柱形试件；对于粗粒式混合料，采用 ϕ150mm × 150mm 的圆柱形试件。试验荷载为静态荷载。

3.2　按照本规程 T 0804—1994 确定无机结合料稳定材料的最佳含水量和最大干密度。

3.3　试件数量：无机结合料稳定细粒土，应制备不少于 9 个试件，并要求模量试验结果的变异系数不超过 10%；无机结合料稳定中粒土，应制备不少于 15 个试件，并要求模量试验结果的变异系数不超过 10%；无机结合料稳定粗粒土，应制备不少于 19 个试件，并要求模量试验结果的变异系数不超过 15%。

3.4　按照本规程 T 0843—2009 方法制备试件。

3.5 按照本规程 T 0845—2009 标准养生方法进行养生，水泥稳定类土养生龄期为 90d，石灰或粉煤灰稳定类土养生龄期 180d。

4 试验步骤

4.1 根据试验材料的类型和一般的工程经验，选择合适量程的测力计和试验机，施加的荷载应大于量程的 20% 且小于量程的 80%。球形支座和上下压条涂上机油，使球形支座能够灵活转动。

4.2 将已浸水一昼夜的试件从水中取出，用软布吸去试件表面的水分，并称试件的质量。

4.3 试件高度的测试：沿圆周四等分点用游标卡尺测量 4 点高度，精确至 0.1mm，以其平均值计，在试件两侧通过圆心画上十字标记。

4.4 将试件置于试验台夹具的上、下压条之间，安放好上压条与侧面的十字画线对准，上下压条应居中。

4.5 按照本规程 T 0806—1994 方法测定混合料的劈裂强度，作为劈裂回弹模量试验的破坏荷载 P。

4.6 在试件两边分别等距离各安放 1 个位移传感器或千分表。

4.7 预压：先用拟施加的最大载荷的一半进行两次加载卸载预压试验，使加载顶板与试件表面紧密接触。每次卸载后等待 1min。如采用千分表测量变形时，将千分表的短指针调到中间位置，并将长指针调到 0，记录千分表的原始读数。

4.8 回弹变形测量：将预定的单位压力分成 5 ~ 6 等份，作为每次施加的压力值。设定的最大压力值不宜超过破坏荷载的 0.6 ~ 0.7 倍。实际施加的荷载应较预定级数增加 1 级。施加第 1 级荷载（如为预定最大荷载的 1/5），待荷载作用达 1min 时，记录千分表的读数，同时卸去荷载，让试件的弹性变形恢复。到 0.5min 时记录千分表的读数，施加第 2 级荷载（为预定最大荷载的 2/5），同前，待荷载作用 1min，记录千分表的读数，卸去荷载。卸载后达 0.5min 时，再记录千分表的读数，并施加第 3 级荷载。如此逐级进行，直至记录下最后一级荷载下的回弹变形。

5 计算

5.1 按式（T 0852-1）计算每级荷载下的试件竖向回弹变形 l_Y。

$$l_Y = \text{加载时平均读数} - \text{卸载后平均读数} \quad (\text{T 0852-1})$$

5.2 以单位压力 $p - p_0$ 为横坐标（向右）、竖向回弹变形 l_Y 为纵坐标（向下）绘制 p 与 l_Y 关系曲线。若曲线开始段出现下凹现象，需进行修正。修正时，一般情况下将第 1 个和第 2 个试验点取成直线，并延长此直线与纵坐标轴相交，此交点即为新原点。

5.3 按式（T 0852-2）计算劈裂回弹模量。

$$E_i = \frac{p - p_0}{dl_X}(0.27 + 1.0\mu) \quad (\text{T 0852-2})$$

式中：E_i——劈裂回弹模量（MPa）；

p——各级荷载（N）；

p_0——初荷载（N）；

d——试件直径（mm）；

l_X——水平回弹变形（mm），在没有条件测水平变形时，可用式（T 0852-3）计算水平方向变形；

$$l_X = \frac{l_Y \times (0.135 + 0.5\mu)}{1.794 - 0.0314\mu} \quad (\text{T 0852-3})$$

l_Y——竖向回弹变形（mm）；

μ——泊松比，可取 0.25。

5.4 计算全部试件的算术平均值、标准差和变异系数。

6 结果整理

6.1 劈裂回弹模量用整数表示。

6.2 同一组试件试验中，采用3倍均方差方法剔除异常值，大试件2～3个异常值。异常值数量超过上述规定的试验重做。

6.3 无机结合料稳定细粒土、中粒土，试验结果的变异系数不超过10%；粗粒土，变异系数不超过15%。如不能保证试验结果的变异系数小于上述规定，则应按允许误差10%和90%概率重新计算所需的试件数量，增加试件数量并另做新试验。新试验结果与老试验结果一并重新进行统计评定，直到变异系数满足上述规定。

7 报告

试验报告应包括以下内容：

(1)集料的颗粒组成；

(2)水泥的种类和强度等级，或石灰的有效钙和氧化镁含量(%)；

(3)重型击实的最佳含水量(%)和最大干密度(g/cm³)；

(4)无机结合料类型及剂量；

(5)试件干密度或压实度；

(6)吸水量以及测回弹模量时的含水量(%)；

(7)劈裂回弹模量(MPa)，用整数表示；

(8)n个试验结果的最小值和最大值、平均值$\overline{E}_i$、标准差S和变异系数C_v(%)。

8 记录

本试验的记录格式见表T 0852-2。

表T 0852-2 室内劈裂回弹模量试验记录表

工程名称＿＿＿＿＿＿＿＿ 试件尺寸＿＿＿＿＿＿＿＿

路段范围＿＿＿＿＿＿＿＿ 试验方法＿＿＿＿＿＿＿＿

材料名称＿＿＿＿＿＿＿＿ 试 验 者＿＿＿＿＿＿＿＿

试样编号＿＿＿＿＿＿＿＿ 校 核 者＿＿＿＿＿＿＿＿

最大粒径＿＿＿＿＿＿＿＿ 试验日期＿＿＿＿＿＿＿＿

荷载级数	单位压力 p (MPa)	Y方向 千分表读数(1/1 000mm)						X方向 千分表读数(1/1 000mm)						回弹形变 l (1/1 000mm)		劈裂回弹模量 E_i (MPa)
		加载			卸载			加载			卸载					
		左	右	平均	左	右	平均	左	右	平均	左	右	平均	l_X	l_Y	
1																
2																
3																
4																
5																
6																

T 0853—2009 无机结合料稳定材料弯拉回弹模量试验方法

1 适用范围

本方法采用三分点加载的方法测定无机结合料稳定材料在静态荷载作用下的弯拉回弹模量。

2 仪器设备

2.1 压力机或万能试验机(也可用路面强度试验仪和测力计)：压力机应符合现行《液压式压力试验

机》(GB/T 3722)及《试验机通用技术要求》(GB/T 2611)中的要求,其测量精度为±1%,同时应具有加载速率指示装置或加载速率控制装置。上下压板平整并有足够刚度,可以均匀地连续加载卸载,可以保持固定荷载。开机停机均灵活自如,能够满足试件吨位要求,且压力机加载速率可以有效控制在1mm/min。

2.2 数据采集系统:包括荷载传感器、位移传感器、荷载计数器以及数据采集仪。位移传感器用于测量跨中竖向变形,安装于试件跨中的两侧。

2.3 加载模具:如图 T 0853-1 所示。

2.4 标准养护室。

2.5 电子天平:量程 15kg,感量 0.1g;量程 4 000g,感量 0.01g。

2.6 台秤:量程 50kg,感量 5g。

2.7 球形支座。

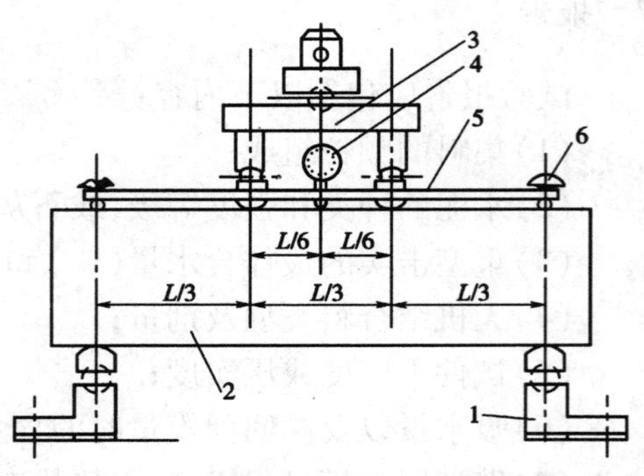

图 T 0853-1 弯拉回弹模量试验装置示意图(尺寸单位:mm)

1-可移动支座;2-试件;3-加载支座;4-千分表;5-千分表架;6-螺杆

3 试件制备和养护

3.1 根据混合料粒径的大小,选择不同尺寸的试件尺寸:中梁,100mm×100mm×400mm,适用于细粒土和中粒土[①];大梁,150mm×150mm×550mm,适用于粗粒土。

注①:由于大梁试件的成型难度较大,当试验室不具备成型条件时,中梁试件的最大公称粒径可放宽到 26.5mm。

3.2 按照本规程 T 0804—1994 确定无机结合料稳定材料的最佳含水量和最大干密度。

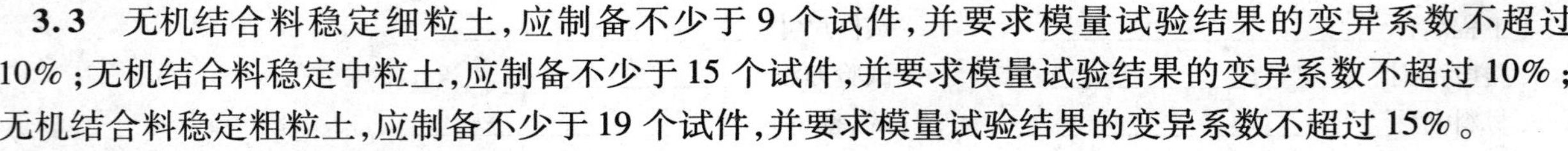

3.3 无机结合料稳定细粒土,应制备不少于 9 个试件,并要求模量试验结果的变异系数不超过 10%;无机结合料稳定中粒土,应制备不少于 15 个试件,并要求模量试验结果的变异系数不超过 10%;无机结合料稳定粗粒土,应制备不少于 19 个试件,并要求模量试验结果的变异系数不超过 15%。

3.4 按照本规程 T 0844—2009 方法制备试件。

3.5 按照本规程 T 0845—2009 标准养生方法进行养生,水泥稳定类土养生龄期为 90d,石灰或粉煤灰稳定类土养生龄期 180d。

4 试验准备

4.1 根据试验材料的类型和一般的工程经验,选择合适量程的测力计和试验机,对被测试件施加的压力应在设备量程的 20% ~80% 范围内。如采用压力机系统,需调试设备,设定好加载速率。

4.2 球形支座涂上机油,使球形支座能够灵活转动,并安放在上压头上。在上下压块的左右两个半圆形压条上涂上机油。

4.3 按照本规程 T 0851—2009 方法测定混合料的弯拉强度,作为弯拉回弹模量试验的破坏荷载 P。

4.4 将已浸水一昼夜的试件从水中取出,用软布吸去试件表面的水分,并称试件的质量。在试件中部量出其宽度和高度,精确至 1mm。

4.5 在试件侧面(平行于试件成型时的压力方向)标出三分点位置。

4.6 将试件安放在试架上,荷载方向与试件成型时的压力方向一致,上下压头应位于试件三分点位置。

4.7 在试件中部的顶面两侧分别安放 1 个千分表或位移传感器。

4.8 安放球形支座。

4.9 预压:先用拟施加的最大载荷的一半进行两次加载卸载预压试验(设定的最大压力值不宜超过破坏荷载的 0.6 ~0.7 倍),使加载顶板与试件表面紧密接触。每两次卸载后等待 1min。如采用千分表测量变形时,将千分表的短指针调到中间位置,并将长指针调到 0,记录千分表的原始读数。

4.10 回弹变形测量:将预定的单位压力分成 5 ~6 等份,作为每次施加的压力值。实际施加的荷载应较预定级数增加 1 级。施加第 1 级荷载(如为预定最大荷载的 1/5),待荷载作用达 1min 时,记录千分表的读数,同时卸去荷载,让试件的弹性变形恢复。到0.5min时记录千分表的读数,施加第 2 级荷载(为预定最大荷载的 2/5),同前,待荷载作用 1min,记录千分表的读数,卸去荷载。卸载后达 0.5min 时,再记录千分表的读数,并施加第 3 级荷载。如此逐级进行,直至记录下最后一级荷载下的回弹变形。

5 计算

5.1 按式(T 0853-1)计算每级荷载下的回弹变形 l。

$$l = \text{加载时平均读数} - \text{卸载后平均读数} \quad \text{(T 0853-1)}$$

5.2 以单位压力 $p-p_0$ 为横坐标(向右)、回弹变形 l 为纵坐标(向下)绘制 p 与 l 关系曲线。若曲线开始段出现下凹现象,需进行修正。修正时,一般情况下将第 1 个和第 2 个试验点取成直线,并延长此直线与纵坐标轴相交,此交点即为新原点。

5.3 按式(T 0853-2)计算弯拉回弹模量。

$$E_s = \frac{23L^3(p-p_0)}{108 \times b \times h^3 \times l} \quad \text{(T 0853-2)}$$

式中:E_s——弯拉回弹模量(MPa);

p——施加的各级荷载(N);

p_0——施加的最小荷载(N);

L——试件跨径(mm);

l——跨中回弹变形(mm);

b——跨中断面的宽度(mm);

h——跨中断面的高度(mm)。

6 结果整理

6.1 弯拉回弹模量用整数表示。

6.2 同一组试件试验中,采用 3 倍均方差方法剔除异常值。小梁可以有 1 个异常值,中梁 1~2 个异常值,大梁 2~3 个异常值。异常值数量超过上述规定的试验重做。

6.3 同一组试验的变异系数 C_v(%)符合下列规定,方为有效试验:细粒土、中粒土,中梁,$C_v \leqslant 10\%$;粗粒土,大梁,$C_v \leqslant 15\%$。如不能保证变异系数小于上述规定,则还应按允许误差 10% 和 90% 概率重新计算增加试件数量,并另做新试验。新试验结果与老试验结果一并重新进行统计评定,直到变异系数满足上述规定。

7 报告

试验报告应包括以下内容:

(1)集料的颗粒组成;

(2)水泥的种类和强度等级,或石灰的有效钙和氧化镁含量(%);

(3)重型击实的最佳含水量(%)和最大干密度(g/cm^3);

(4)无机结合料类型及剂量;

(5)试件干密度或压实度;

(6)吸水量以及测弯拉回弹模量时的含水量(%);

(7)弯拉回弹模量(MPa),用整数表示;

(8)n 个试验结果的最小值和最大值、平均值 $\overline{E}_s$、标准差 S 和变异系数 C_v(%)。

8 记录

本试验的记录格式见表 T 0853-1。

表 T 0853-1　室内弯拉回弹模量试验记录表

工程名称＿＿＿＿＿＿＿＿　试件尺寸＿＿＿＿＿＿＿＿
路段范围＿＿＿＿＿＿＿＿　试验方法＿＿＿＿＿＿＿＿
材料名称＿＿＿＿＿＿＿＿　试 验 者＿＿＿＿＿＿＿＿
试样编号＿＿＿＿＿＿＿＿　校 核 者＿＿＿＿＿＿＿＿
最大粒径＿＿＿＿＿＿＿＿　试验日期＿＿＿＿＿＿＿＿

荷载级数	单位压力 p（MPa）	千分表读数（1/1 000mm）						回弹变形 l（1/1 000mm）	弯拉回弹模量 E_s（MPa）
		加　载			卸　载				
		左	右	平均	左	右	平均		
1									
2									
3									
4									
5									
6									

条文说明

现在一些设备的加载系统（包括 MTS）具有能直接测定压头处变形的功能，为了简化试验步骤和方法，有些试验操作者直接取压头处的变形值作为弯拉变形值。由于试验机促动器的测变形装置精度不够，导致所测试的值偏小。因此对具有试验机促动器的压力设备，必须在保证测试精度足够的情况下，才可直接用来测试，否则必须单独安装千分表或传感器。

T 0854—2009　无机结合料稳定材料干缩试验方法

1　适用范围

本方法适用于测定无机结合料稳定材料失水收缩的程度和干缩系数计算。该方法是将室内成型的梁式试件放置在收缩仪上，在收缩仪的两端安置千分表，当试件失水后，试件的整体收缩会引起千分表触头移动，并使得千分表产生读数变化。通过千分表数值的变化测定试件的收缩变形值。

2　仪器设备

2.1　收缩仪（图 T 0854-1）：两端设计为装千分表或位移计，中间能放置不同尺寸的试件。

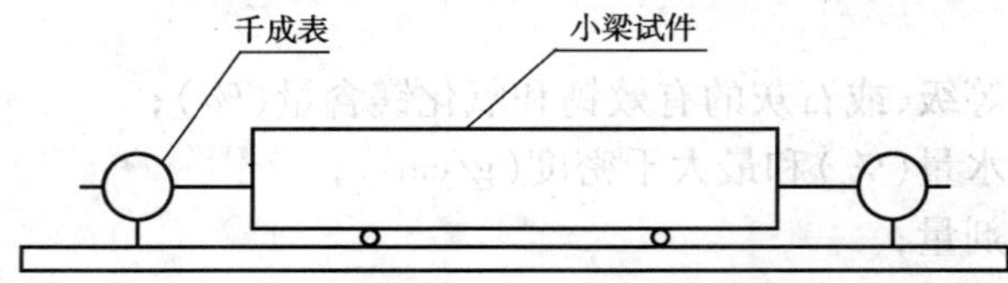

图 T 0854-1　干缩试验装置示意图

2.2　千分表或位移计：满足 0.001mm 的精度要求，且指针转动灵敏。

2.3　干缩室（箱）：室（箱）内控制温度为 20℃ ±1℃，相对湿度为 60% ±5%。室（箱）内配有温度、湿度自动记录仪，记录温度、湿度变化。置于恒温室中的干缩箱内须放入干燥剂用于除湿。

2.4　支脚：采用薄的玻璃片，如载玻片。

2.5　玻璃棒：若干，长度应大于试件宽度 1cm。

2.6 电子天平:量程 4 000g,感量 0.01g;量程 15kg,感量 0.1g。

2.7 游标卡尺:分度 0.01mm。

2.8 502 胶。

3 试件制备和养护

3.1 根据混合料粒径的大小,选择不同尺寸的试件:小梁,50mm×50mm×200mm,适用于细粒土;中梁,100mm×100mm×400mm,适用于中粒土①;大梁,150mm×150mm×550mm,适用于粗粒土。

注①:由于大梁试件的成型难度较大,当试验室不具备成型条件时,中梁试件的最大公称粒径可放宽到 26.5mm。

3.2 按照本规程 T 0804—1994 确定无机结合料稳定材料的最佳含水量和最大干密度。

3.3 试件数量:同一配比的混合料 6 个试件为一组,3 个试件用来测定材料的收缩变形,另外预留 3 个标准试件,用于测量材料的干缩失水率。

3.4 按照本规程 T 0844—2009 方法制备试件。

3.5 按照本规程 T 0845—2009 标准养生方法进行养生,一般龄期为 7d。

4 试验步骤

4.1 试件成型后在标准温度与湿度下养生 7d 后,将饱水后的试件表面水擦干。并采用游标卡尺测定初始长度,长度应重复测定 3 次,取算术平均值作为基准长度的测定值。至无明显水迹后称取试件初始质量 m_0。

4.2 取出试件,将试件长轴端磨平并在端面上使用 502 胶黏结有机玻璃片,待 502 胶凝结后将位移计(千分表)夹具固定在收缩仪上,在收缩仪上安放涂有润滑剂的玻璃棒,使试件在收缩时减少与收缩仪的摩擦。安装后效果如图 T 0854-2 所示。

图 T 0854-2 试验过程

4.3 收缩仪连同试件一起放入干缩室。将千分表头顶到有机玻璃片上,使表针走动到较大数值,一批试件都架好后使千分表指针归零。

4.4 从移入干缩室的时间起计算,在开始试验的一个星期内,每天读一次数,记下每个试件的每个表的读数 $X_{i,1}$、$X_{i,2}$、$X_{i,3}$、$X_{i,4}$(精确至 0.001mm),称量标准试件的质量 m_i,在 7d 以后每两天读一次数,到 1 个月后,于 60d、90d、120d、150d、180d 读取千分表的读数。并称取收缩仪和试件的总质量。

4.5 在干缩观测结束后,将标准试件放到烘箱内烘干至恒量 m_p。

5 计算

按式(T 0854-1)~式(T 0854-5)进行计算。

失水率:

$$w_i = (m_i - m_{i+1})/m_p \tag{T 0854-1}$$

干缩量:

$$\delta_i = (\sum_{j=1}^{4} X_{i,j} - \sum_{j=1}^{4} X_{i+1,j})/2 \tag{T 0854-2}$$

干缩应变:

$$\varepsilon_i = \delta_i / l \tag{T 0854-3}$$

干缩系数：

$$\alpha_{di} = \varepsilon_i / w_i \tag{T 0854-4}$$

总干缩系数：

$$\alpha_d = \frac{\sum \varepsilon_i}{\sum w_i} \tag{T 0854-5}$$

式中：w_i——第 i 次失水率(%)；

δ_i——第 i 次观测干缩量(mm)；

ε_i——第 i 次干缩应变(%)；

α_{di}——第 i 次干缩系数(%)；

m_i——第 i 次标准试件称量质量(g)；

$X_{i,j}$——第 i 次测试时第 j 个千分表的读数(mm)；

l——标准试件的长度(mm)；

m_p——标准试件烘干后恒量(g)。

6 数据整理

6.1 干缩系数保留 4 位有效数字。

6.2 每种混合料进行 3 个样本的平行试验。当 3 个试件的级差与 3 个试件的平均值不超过 30% 时，为有效试验，取平均值作为这种混合料的干缩系数；否则重新进行试验。

7 报告

试验报告应包括以下内容：

(1)集料的颗粒组成；

(2)水泥的种类和强度等级，或石灰的有效钙和氧化镁含量(%)；

(3)重型击实的最佳含水量(%)和最大干密度(g/cm^3)；

(4)无机结合料类型及剂量；

(5)试件干密度(g/cm^3)或压实度(%)；

(6)环境温度和湿度；

(7)不同时间段试件的平均干缩率；

(8)需要说明的其他内容。

8 记录

本试验的记录格式见表 T 0854-1。

表 T 0854-1 无机结合料干缩试验记录表

工程名称__________ 试件标准长度__________

路段范围__________ 试件标准质量__________

材料名称__________ 试 验 者__________

试样编号__________ 校 核 者__________

最大粒径__________ 试验日期__________

时间 (d)	试件质量 (g)	失水率 (%)	左表读数 (0.001mm)	右表读数 (0.001mm)	干缩量 (0.001mm)	干缩系数

条文说明

在试件制作过程中应注意插捣均匀，确保试件不出现明显离析，试件之间外观差别较小。测量含水量的标准试件应具有代表性，条件许可的情况下，可考虑增加标准试件的个数，以减少试验误差。在试验前，应确保玻璃棒在收缩仪垫面上滚动正常，仔细检查千分表灵敏性和指针走向。在粘贴载玻片前，对试件的端部进行适当的处理；对于端部空隙较大的试件，在养生前，应采用与制作试件相同配比的水泥胶砂将端部空隙处抹平后一块养生。粘贴载玻片时，应将502胶水均匀涂敷于载玻片，将载玻片黏附到千分表表头所对试件端部部分，并确保载玻片与试件端部完全接触，轻按数秒后，待载玻片与试件端部黏结牢固后进行后续工作。

将试件安放到收缩仪上，两端距离均匀。将千分表顶到试件端部载玻片上，使千分表走动某一较大数值，并注意表指针所走的方向和读数，试验时按照与安放时千分表指针所走相反方向读数。待千分表走动到某一较大数值后用螺丝刀固定千分表，并检查表针是否走动灵敏。待千分表安放完毕后，将试件上的所有千分表指针归零，注意在归零过程中的互相干扰，应反复调整。记录试件安放小环境下的温度和湿度。在试验开始阶段应增加读数次数，如每隔2~3h读一次数，待表走动较为缓慢后可延长读数间隔时间。试验结束后，将试件烘干至恒量，并量取试件的标准长度l。

T 0855—2009　无机结合料稳定材料温缩试验方法

1　目的和适用范围

本方法适用于测定无机结合料稳定材料在温度降低时的收缩系数。测定无机结合料稳定材料在含水量不变（干燥）情况下的温度收缩系数。如采用在非干燥条件下，测定温度和失水的共同收缩，测试方法同干燥情况，但同时需要增加试件测试试件的失水率，将失水收缩系数计入。

2　仪器设备

2.1　游标卡尺。

2.2　高低温交变试验箱：可以控制升降温速率和具有保温功能、保湿功能，具有可编程控制降温功能。

2.3　仪表法

2.3.1　千分表或位移计。

2.3.2　收缩仪：收缩仪必须为殷钢制，否则要安装标准块，标定收缩仪在温度收缩下的变形。

2.3.3　支脚：采用薄的有机玻璃片，如载玻片。

2.3.4　光滑玻璃棒。

2.4　应变片法

2.4.1　静态电阻应变仪：具有相对固定的灵敏系数；提供应变信号采集和记录。

2.4.2　应变片：阻值为120Ω、标距为80mm的箔式电阻应变片。

2.4.3　应变胶：502胶。

2.4.4　手持式电动砂轮磨光机，粗砂纸、细砂纸。

2.4.5　电烙铁、焊锡、连接导线、细塑料套管、胶布。

2.4.6　温度补偿标准件（温度补偿片）：采用陶瓷片。

3　试件制备和养护

3.1　根据混合料粒径的大小，选择不同尺寸的试件：小梁，50mm×50mm×200mm，适用于细粒土；中梁,100mm×100mm×400mm,适用于中粒土[①];大梁,150mm×150mm×550mm,适用于粗粒土。

注①:由于大梁试件的成型难度较大,当试验室不具备成型条件时,中梁试件的最大公称粒径可放宽到26.5mm。

3.2 按照本规程T 0804—1994确定无机结合料稳定材料的最佳含水量和最大干密度。

3.3 试件数量:同一配比的混合料3个试件为一组,测定材料的收缩变形。

3.4 按照本规程T 0844—2009方法制备试件。

3.5 按照本规程T 0845—2009标准养生方法进行养生,一般龄期为7d。养生龄期的最后1d,试件饱水24h。

3.6 温缩试验的温度确定需根据材料所在环境的温度要求和试验目的确定。可采用的温度范围是60~−25℃。

4 试验步骤

4.1 仪表法

4.1.1 养生结束后,将试件放入105℃的烘箱中烘10~12h至恒量,使试件中没有自由水存在。烘干后将试件放到干燥通风的地方至常温。

4.1.2 试验前用游标卡尺测量试件的初始长度,长度测量应在试件的两端和中间部位各测量1次,取3次测量的平均值。

4.1.3 在收缩仪的底面放上涂有润滑剂的玻璃棒。

4.1.4 对试件的端部进行打磨处理或直接在端部贴上支脚(薄的玻璃片)。

4.1.5 将试件的光面朝下,安放到收缩仪上,装置好千分表,千分表的表头应在贴好的玻璃片中间位置。

4.1.6 设定高低温交变试验箱的控温程序,包括温缩试验的温度以及降温速率(0.5℃/min)、保温时间(3h)。

4.1.7 将试件放入高低温交变试验箱中,将千分表顶到玻璃片上使表走动到较大的数值,待一批试件统一架好后归零。

4.1.8 试验从高温开始,逐级降温,并测定试件相应的收缩量。每个试件一般测定5~6个温度级别,每个级别的温度差一般为10℃。按照降温速率的要求,当温度降到设定的级位时,保温3h。在保温结束前的5min内读取千分表读数。两只千分表伸长的和为试件在降温过程中缩短的总长度。

4.2 应变片法

4.2.1 将达到龄期的试件放入温度为105℃的烘箱中烘10~12h至恒量。

4.2.2 试件表面处理:

(1)对于表面较平整且相对较致密的试件,可在试件两侧面表面中心位置比应变片面积稍大的范围内用砂纸磨平或用电动砂轮轻轻磨平,并用电吹风吹掉表面浮灰。

(2)对于表面粗糙的试件来说,在烘干前应在两个对应侧面上预定的贴片区用相应的结合料浆(水泥稳定类用水泥浆,二灰稳定类用二灰浆)涂抹一层,试件烘干后需要对涂层进行打磨。打磨的标准是:涂层能够填充试件表面的孔隙或坑槽,但不能独立成层。

4.2.3 粘贴应变片:

(1)用铅笔和直尺画出试件两侧的长和宽方向的中轴线,供贴应变片参照。取出两个电阻应变片,分别在底面涂上应变胶,并立即粘于试件两侧表面,压上塑料纸,并排去应变片与试件之间的气泡,应变片在长和宽两个方向上均应位于试件中轴线上。

(2)温度补偿片表面平整,不需要表面处理。应变片粘贴方法同上,一组待测试件共用一个温度补偿标准件。

4.2.4 电线连接:

应变片粘贴完毕且应变胶固化后可以连线。试件上的两个电阻应变片采用串联的方法(图T 0855-1)。为防止应变片相邻两引线接触短路,宜在引线端部套上细的塑料套管,并把端部引线用胶布固定在试件上。连线时各导线的端头用电烙铁焊接。温度补偿片上的两个应变片采用相同的连接方法。当所有试件和温度补偿片上的应变片连接完毕后,分别将各自的引线接入静态应变仪。电线和应变片的连接方式参考应变仪的说明书。

4.2.5 高低温交变试验箱温度变化的设定同千分表法。

4.2.6 将连接好的试件和温度补偿片一同放入最高温度已经设定好的高低温交变试验箱中,试件可以横向卧式放置,底面最好垫置可滚动的光圆钢筋。也可以将试件竖向放置,关好箱门。启动试验箱控温程序,平衡应变仪各测试通道,开始读数并记录应变值。

4.2.7 人工读数应该在恒温段的最后 5min 内完成。采用计算机控制自动读数时,应该与试验箱控温程序相协调。

被侧试件

电阻应变片

图 T 0855-1 应变片粘贴示意图

5 计算

5.1 仪表法

温缩变形的结果是两个千分表变形的和除以试件的长度,用百分率表示。

温缩应变:

$$\varepsilon_{\mathrm{i}} = \frac{l_{\mathrm{i}} - l_{\mathrm{i+1}}}{L_0} \qquad (\text{T 0855-1})$$

温缩系数:

$$\alpha_{\mathrm{t}} = \frac{\varepsilon_{\mathrm{i}}}{t_{\mathrm{i}} - t_{\mathrm{i+1}}} \qquad (\text{T 0855-2})$$

式中:l_{i}——第 i 个温度区间的千分表读数和的平均值(mm);

t_{i}——温度控制程序设定的第 i 个温度区间(℃);

L_0——试件的初始长度,由于相对于试件的长度而言,温缩变形很小,因此以试验前测定的试件长度 L_0 计(mm);

ε_{i}——第 i 个温度下的平均收缩应变(%);

α_{t}——温缩系数,指单位温度变化下材料的线收缩系数。

5.2 应变片法

温缩系数:

$$\alpha_{\mathrm{t}} = \frac{\varepsilon_{\mathrm{i}}}{t_{\mathrm{i}} - t_{\mathrm{i-1}}} + \beta_{\mathrm{s}} \qquad (\text{T 0855-3})$$

式中:β_{s}——温度补偿标准件的线膨胀系数。

6 结果整理

6.1 温缩系数保留 4 位有效数字。

6.2 每种混合料进行 3 个样本的平行试验。当 3 个试件的级差不超过 3 个试件平均值的 30% 时,为有效试验,取平均值作为这种混合料的温缩系数;否则重新进行试验。

7 报告

试验报告应包括以下内容:

(1)集料的颗粒组成;

(2)水泥的种类和强度等级,或石灰的有效钙和氧化镁含量(%);

(3)重型击实的最佳含水量(%)和最大干密度(g/cm^3);

(4)无机结合料类型及剂量;

(5)试件干密度或压实度;

(6)环境温度和湿度;

(7)试件平均温缩系数；

(8)需要说明的其他内容。

8 记录

本试验的记录格式见表 T 0855-1。

表 T 0855-1 无机结合料温缩试验记录表

工程名称________________ 试件标准长度________________

路段范围________________ 试件标准质量________________

材料名称________________ 试　验　者________________

试样编号________________ 校　核　者________________

最大粒径________________ 试 验 日 期________________

温度级别 (℃)	记录时间 (min)	左表读数 (0.001mm)	右表读数 (0.001mm)	温缩变形量 (0.001mm)	温缩系数

条文说明

仪表法是采用千分表测量试件的收缩变形,将室内成型的梁式试件放置在收缩仪上,在收缩仪的两端安置千分表;当温度变化时,试件的整体收缩会引起千分表触头移动,并使得千分表产生读数变化,通过千分表数值的变化测定试件的收缩变形值。应变片法是用电阻应变片测量试件的收缩变形。电阻应变片法的原理是将电阻应变片粘贴在被测试件的表面上,当试件受力变形时,金属电阻丝承受拉伸或压缩变形的同时,电阻也将发生变化。在一定的应变范围内,电阻丝的电阻改变率与应变成正比。在测试温度发生变化后,应变片电阻丝的电阻也随温度变化而改变。若不加处理,测得的应变将包含温度变化的影响,不能真实反映构件因受载荷引起的应变。

仪表法的金属基座应同试件一起放入高低温交变试验箱。金属基座必须采用温度收缩系数小的材料,需要用殷钢特制,或者采用预知变形的材料制作。如果材料的温缩应变不明确,就应采用温缩变形小的温度补偿片对收缩仪进行标定。应变片法温度补偿的目的是要测试应变片电阻因温度引起的误差。

温度补偿片一般采用陶瓷片,由于种类繁多,且对试验结果有重要影响,宜统一选用人工合成无机硅酸盐材料,其热膨胀系数比半刚性基层材料的收缩系数小一个数量级,可以满足要求。

一般来说仪表法精度不够高,但操作相对容易。

应变片法的操作相对比较复杂,对试验结果影响的因素较多。为了使各种影响最小化,需要对其使用的材料进行统一。电阻应变片统一采用箔式应变片,温度补偿片统一用人工合成的无机硅酸盐材料的补偿片,应变胶黏剂统一采用 502 胶,连接导线采用屏蔽线。

应变片法中,为了提高测试的精度,通常在补偿片和试件上分别用两个电阻应变片串联使用。

应变片法中,试件的表面处理过程中,最为理想的状况是水泥仅仅用来填充表面的凹陷,而不单独形成一层。因此处理过的表面也应打磨至能够看到露出的粗集料。

应变片的粘贴是应变测量中非常关键的步骤之一。这一工作的好坏,直接影响胶的黏结质量,乃至测量精度。如果贴片不严格,技术不熟练,即使使用最好的应变片也无济于事。应变片应沿长度方向粘贴在试件表面的正中部。粘贴过程中,在应变片粘贴范围内涂胶厚度越薄越好,注意不要让应变片的两个引线粘在一起,以免短路。应变片粘贴完成后,为防止试件搬动过程中由于电线的带动而扯断应变片的引线,需要用细绳或细铁丝将电线牢固地捆绑在试件表面。

应变片的引线产生的热输出是导致测量不稳定的重要原因,导线应力求在种类、规格、长度和引线路径上一致。因此应将相同引线拉齐绑扎成束，沿干燥、温度较恒定的路径引至恒温箱中，之后再用电烙铁连接。

另外为了保证测试精度，应变片法测试过程中还需注意以下几点：应保证所有连接引线牢固可靠，一般采用焊锡焊牢；为了提高测试精度，系统应预热30min；系统必须接地，如果系统接地不好，将会产生一定的漂移，稳定度也将受到影响；每通道各测点所有电阻应变片的对外接线均应尽量短，长度也应相等；应避免将仪器置于强电场中；静态应变仪必须放在合适的位置上使用，切勿将其倾斜或倒置使用；输入、输出双绞线应尽量避免靠近电力线、变压器及其他干扰源。

T 0856—2009 无机结合料稳定材料疲劳试验方法

1 适用范围

本方法适用于无机结合料稳定材料以及贫混凝土材料的疲劳试验。试验采用三分点施加 Havesine 波的动态周期性的压应力荷载模式进行疲劳试验。

2 仪器设备及相关参数

2.1 试验机：即应力控制系统，要求应能施加一定频率范围、荷载持续时间及不同大小的应力，可用能产生需要波形的电动液压试验机，要求精度达到5N。应保证试验机能够施加稳定动态荷载。施加的荷载波形如图T 0856-1所示。

2.2 数据采集系统：包括荷载传感器、位移传感器、荷载计数器以及数据采集仪。位移传感器用于测量跨中竖向变形，安装于试件跨中的两侧。

2.3 加载模具：如图 T 0851-1 所示。

2.4 标准养护室。

2.5 电子天平：量程 15kg，感量 0.1g；量程 4 000g，感量 0.01g。

2.6 台秤：量程 50kg，感量 5g。

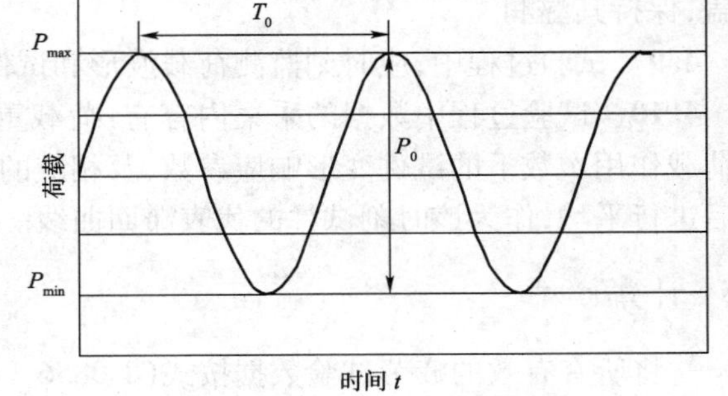

图 T 0856-1 疲劳试验荷载曲线示意图

P_{max}-最大荷载(N)；P_{min}-最小荷载(N)，$P_{min} = 0.02 \times P_{max}$；$P_0$-荷载振幅(N)，$P_0 = P_{max} - P_{min}$；$T_0$-荷载周期，$T_0 = \frac{1}{f}$，$f$为荷载频率，标准频率为 10Hz

3 试件制备和养护

3.1 试验采用梁式试件，根据土的粒径大小选择小梁、中梁或大梁试件。小梁适用于细粒土；中梁适用于中粒土①；大梁适用于粗粒土。

注①：由于大梁试件的成型难度较大，当试验室不具备成型条件时，中梁试件的最大公称粒径可放宽到 26.5mm。

3.2 由于混合料疲劳试验的变异性较大，为了得到比较可靠的试验结果，对于一种应力(应变)水平(或应力强度比水平)，平行试验的样本量不宜小于：小梁 6 根，中梁 9 根，大梁 13 根。为评价某种混合料的疲劳性能，得到相关的疲劳寿命曲线，应至少进行 4 个应力(应变)水平(或应力强度比水平)的试验。试验应准备足够的试件数目，并考虑一定量的备用件(不少于 10%)。按照本规程 T 0844—2009 方法制备试件。

3.3 对于水泥稳定类材料，一般进行 90d 龄期的疲劳试验；对于石灰或粉煤灰稳定类材料，一般进行 180d 龄期的疲劳试验。根据科研项目的需要，试验人员也可采用适当的龄期。由于疲劳试验的周期比较长，试件的成型准备应考虑疲劳试验时试件的实际龄期，同一组试验的龄期误差不宜超过 ±3d。

3.4 按照本规程 T 0845—2009 标准养生方法进行养生。养生龄期的最后 1d，试件饱水 24h。应该将试件浸泡在水中，水面高于试件顶面约 2.5cm。在浸泡于水中之前，应再次称试件的质量 m_3。

3.5 饱水后，将试件表面水擦干，重新测量试件的质量和几何尺寸；然后用油笔在试件的三分点位置作出标记，以便下步试验时准确放置夹具。

4 试验步骤

4.1 检查试验的机械设备是否正常。由于疲劳试验的周期比较长,应着重检查试验系统的电力供应是否正常。计算机等控制系统的电源应备有延时电源,以防突然断电造成试验数据的丢失和设备的损坏。选择合适的荷载传感器和位移(应变)传感器的量程,以确保测量结果精度的可靠性。

4.2 根据试验目的,编制有关的疲劳试验程序,并进行调试,可靠、稳定后方可进行正式试验。选择一个试件,检查荷载波形是否满足试验精度要求,位移(应变)信号接收是否正常。由于疲劳试验中试件的破坏存在偶然性,为了保护试验设备,疲劳程序中应设定相关的终止试验的保护程序。

4.3 首先进行梁式试件的弯拉强度测定,以便确定疲劳试验的荷载水平。

4.4 根据疲劳试验要求,取4~6($K = \sigma/S$)个应力比(对于无机结合料,推荐应力强度比范围在0.5~0.85内)。

4.5 将试件安放在疲劳试验的模具上。注意疲劳试验的荷载方向应与试件成型时的压力方向平行一致。

4.6 预压:在施加正式试验荷载前,应取0.2倍应力强度比水平的荷载进行预压2min,以减少接触不良造成的试验偏差。

4.7 施加荷载为连续的 Havesine 波,荷载标准频率为10Hz。

4.8 在疲劳试验过程中,有些试件的试验时间较长,试件产生风干。为此,需要用湿毛巾或塑料布覆盖,保持其湿润。

4.9 试验过程中,应时刻监测荷载波形和试件的响应变形波形。

4.10 试验过程中数据的采集内容有:荷载重复作用次数(即疲劳寿命),按对数级数规律采集一定荷载作用次数下的试件变形响应参数,及相应的滞回曲线。滞回曲线应连续采集10个周期的数据,然后进行平均,作为该时刻试件的代表滞回曲线。

5 计算

将所有有效的疲劳试验数据按式(T 0856-1)、式(T 0856-2)回归计算疲劳方程。

$$\lg N = a + b\sigma/S \quad \text{(T 0856-1)}$$

$$\lg N = a + b\lg\sigma \quad \text{(T 0856-2)}$$

式中:N——荷载作用次数(次);

σ——作用荷载(N);

σ/S——应力强度比;

S——梁式试件的弯拉强度(MPa);

a、b——回归系数。

6 结果整理

疲劳试验的疲劳方程的相关系数不宜小于50%。

7 报告

试验报告应包括以下内容:

(1)集料的颗粒组成;

(2)水泥的种类和强度等级,或石灰的有效钙和氧化镁含量(%);

(3)重型击实的最佳含水量(%)和最大干密度(g/cm^3);

(4)无机结合料类型及剂量;

(5)试件干密度或压实度;

(6)试验设备;

(7)荷载频率、荷载级位;

(8)疲劳方程及相关系数。

8 记录

本试验的记录格式见表 T 0856-1。

表 T 0856-1 无机结合料稳定材料疲劳试验记录表

工程名称＿＿＿＿＿＿＿＿＿＿ 试件尺寸＿＿＿＿＿＿＿＿＿＿

荷载频率＿＿＿＿＿＿＿＿＿＿ 材料名称＿＿＿＿＿＿＿＿＿＿

试 验 者＿＿＿＿＿＿＿＿＿＿ 试样编号＿＿＿＿＿＿＿＿＿＿

校 核 者＿＿＿＿＿＿＿＿＿＿ 试验日期＿＿＿＿＿＿＿＿＿＿

应力水平(MPa)	应力强度比	疲劳寿命(次)	平均寿命(次)

条文说明

无机结合料稳定材料疲劳试验的数据处理方法：

本规程中无机结合料稳定材料的弯曲疲劳试验结果采用单对数方程进行回归，应力强度比与疲劳寿命的对数值之间存在一元线性相关关系，疲劳方程的形式如式(T 0856-1)。

无机结合料稳定材料的弯曲疲劳试验数据采用附录 B 中介绍的一元线性回归分析的方法进行处理，由此可以得到50%保证率下的疲劳方程。统计分析中样本总体的构成有两种方法：一种是将所有试件的弯曲疲劳试验数据作为总体；另一种是将同一个应力强度比下所测试件的疲劳寿命取平均值后作为总体。下面通过具体的例子进行详细介绍。

【算例】

表 T 0856-2、表 T 0856-3 为某种无机结合料稳定材料的弯曲疲劳试验结果。要求计算其疲劳方程并进行显著性分析，同时计算保证率为 99%、95%、90% 下的疲劳方程。

表 T 0856-2 某无机结合料稳定材料弯曲疲劳试验原始数据

应力强度比 σ/S	荷载作用次数 N(次)												
0.74	3 710	21 600	70 070	73 790	155 070	249 370	552 700	647 770	2 032 000	2 161 999	1 968 248	2 772 000	5 518 409
0.79	1 000	1 370	1 570	2 310	23 690	150 290	346 114	338 160	450 910	522 000	878 225	2 736 388	6 000 000
0.83	80	200	900	9 890	12 750	16 000	30 660	32 570	37 000	767 694			
0.87	30	200	400	1 430	3 000	8 490	14 382	621 052					
0.92	40	80	110	4 920	6 770	9 870	21 710						

表 T 0856-3 某无机结合料稳定材料弯曲疲劳试验数据

应力强度比 σ/S	lg$N$												
0.74	3.57	4.33	4.85	4.87	5.19	5.40	5.74	5.81	6.31	6.33	6.29	6.44	6.74
0.79	3.00	3.14	3.20	3.36	4.37	5.18	5.54	5.53	5.65	5.72	5.94	6.44	6.78
0.83	1.90	2.30	2.95	4.00	4.11	4.20	4.49	4.51	4.57	5.89			
0.87	1.48	2.30	2.60	3.16	3.48	3.93	4.16	5.79					
0.92	1.60	1.90	2.04	3.69	3.83	3.99	4.34						

【方法一】

将所有试件的弯曲疲劳试验数据作为一个总体进行一元线性回归分析，见表 T 0856-4。将应力强度比(σ/S)作为自变量 x,荷载作用次数(疲劳寿命)的对数值($\lg N$)作为因变量 y,此时总体的样本量为 51,由表 T 0856-4 所列(x_i, y_i)数据进行回归分析。

表 T 0856-4　总体数据表(样本量 n = 51)

x_i	y_i	x_i	y_i	x_i	y_i	x_i	y_i	x_i	y_i
0.74	3.569 4	0.79	3.000 0	0.83	1.903 1	0.87	1.477 1	0.92	1.602 1
0.74	4.334 5	0.79	3.136 7	0.83	2.301 0	0.87	2.301 0	0.92	1.903 1
0.74	4.845 5	0.79	3.195 9	0.83	2.954 2	0.87	2.602 1	0.92	2.041 4
0.74	4.868 0	0.79	3.363 6	0.83	3.995 2	0.87	3.155 3	0.92	3.692 0
0.74	5.190 5	0.79	4.374 6	0.83	4.105 5	0.87	3.477 1	0.92	3.830 6
0.74	5.396 8	0.79	5.176 9	0.83	4.204 1	0.87	3.928 9	0.92	3.994 3
0.74	5.742 5	0.79	5.539 2	0.83	4.486 6	0.87	4.157 8	0.92	4.336 7
0.74	5.811 4	0.79	5.529 1	0.83	4.512 8	0.87	5.793 1		
0.74	6.307 9	0.79	5.654 1	0.83	4.568 2				
0.74	6.334 9	0.79	5.717 7	0.83	5.885 2				
0.74	6.294 1	0.79	5.943 6						
0.74	6.442 8	0.79	6.437 2						
0.74	6.741 8	0.79	6.778 2						

(1)回归疲劳方程

根据附录 B 计算一元线性回归分析中用到的相关统计参数($\bar{x}$、$\bar{y}$、l_{xx}、l_{xy}、l_{yy})和回归系数(a、b),列于表 T 0856-5 中。

表 T 0856-5　统计参数和回归系数计算表

$\bar{x}$	$\bar{y}$	l_{xx}	l_{xy}	l_{yy}	b	a
0.83	4.37	0.187 5	-2.786 6	108.563 1	-14.86	16.71

由表中数据可以得到 50% 保证率下的疲劳方程为:

$$\lg N = 16.71 - 14.86\sigma/S \tag{T 0856-3}$$

(2)线性回归效果检验

根据附录 B 检验线性回归的效果,各统计参数见表 T 0856-6。

表 T 0856-6　线性回归效果检验

偏离	平方和	自由度	标准偏差	统计量 F	置信限 $F_\alpha(1,49)$		
					α = 0.01	α = 0.05	α = 0.1
回归	41.414 8	1		30.221 5	7.206 5		
剩余	67.148 3	49	1.170 6				
总和	108.563 1	50			高度显著		

由表中可以看出此线性回归效果高度显著。

(3)计算不同保证率下的疲劳方程

根据附录 B 计算不同保证率下的疲劳方程。

对于 $n-2=49$,查 t 分布表可得:

保证率为 99% 时,$\lambda = 2.680$,$\Delta = 3.137\,2$;

保证率为 95% 时,$\lambda = 2.009$,$\Delta = 2.351\,7$;

保证率为 90% 时,$\lambda = 1.677$,$\Delta = 1.963\,1$。

对于疲劳试验而言,置信区间取下限时为不利情况,因此不同保证率下的疲劳方程为:

①99% 保证率下的疲劳方程

$$\lg N = 16.71 - 14.86\sigma/S - 3.137\,2 = 13.572\,8 - 14.86\sigma/S \tag{T 0856-4}$$

②95%保证率下的疲劳方程

$$\lg N = 16.71 - 14.86\sigma/S - 2.3517 = 14.3583 - 14.86\sigma/S \qquad (T\ 0856\text{-}5)$$

③90%保证率下的疲劳方程

$$\lg N = 16.71 - 14.86\sigma/S - 1.9631 = 14.7469 - 14.86\sigma/S \qquad (T\ 0856\text{-}6)$$

【方法二】

将同一个应力强度比下所测试件的疲劳寿命取平均值后作为一个总体进行一元线性回归分析，见表 T 0856-7。将应力强度比（σ/S）作为自变量 x，荷载作用次数（疲劳寿命）的对数值（$\lg N$）作为因变量 y，此时总体的样本量为 5，由表 T 0856-7 所列（x_i，y_i）数据进行回归分析。

表 T 0856-7　总体数据表（样本量 $n=5$）

x_i	y_i	x_i	y_i
0.74	5.53	0.87	3.36
0.79	4.91	0.92	3.06
0.83	3.89		

（1）回归疲劳方程

根据附录 B 计算一元线性回归分析中用到的相关统计参数（$\bar{x}$、$\bar{y}$、l_{xx}、l_{xy}、l_{yy}）和回归系数（a、b），列于表 T 0856-8 中。

表 T 0856-8　统计参数和回归系数计算表

$\bar{x}$	$\bar{y}$	l_{xx}	l_{xy}	l_{yy}	b	a
0.83	4.15	0.0194	4.3646	−0.2845	−14.66	16.32

由表 T 0856-8 中数据可以得到 50%保证率下的疲劳方程为：

$$\lg N = 16.32 - 14.66\sigma/S \qquad (T\ 0856\text{-}7)$$

（2）线性回归效果检验

根据附录 B 检验线性回归的效果，各统计参数见表 T 0856-9。

表 T 0856-9　线性回归效果检验

偏离	平方和	自由度	标准偏差	统计量 F	置信限 $F_\alpha(1,3)$		
					$\alpha=0.01$	$\alpha=0.05$	$\alpha=0.1$
回归	4.1715	1		64.8139	34.12		
剩余	0.1931	3	0.2537				
总和	4.3646	4			高度显著		

由表中可以看出此线性回归效果高度显著。

（3）计算不同保证率下的疲劳方程

根据附录 B 计算不同保证率下的疲劳方程。

对于 $n-2=3$，查 t 分布表可得：

保证率为 99%时，$\lambda=5.841$，$\Delta=1.4818$；

保证率为 95%时，$\lambda=3.182$，$\Delta=0.8073$；

保证率为 90%时，$\lambda=2.353$，$\Delta=0.5969$。

对于疲劳试验而言，置信区间取下限时为不利情况，因此不同保证率下的疲劳方程为：

①99%保证率下的疲劳方程

$$\lg N = 16.32 - 14.66\sigma/S - 1.4818 = 14.8382 - 14.66\sigma/S \qquad (T\ 0856\text{-}8)$$

②95%保证率下的疲劳方程

$$\lg N = 16.32 - 14.66\sigma/S - 0.8073 = 15.5127 - 14.66\sigma/S \qquad (T\ 0856\text{-}9)$$

③90%保证率下的疲劳方程

$$\lg N = 16.32 - 14.66\sigma/S - 0.5969 = 15.7231 - 14.66\sigma/S \qquad (T\ 0856\text{-}10)$$

【两种方法的比较】

(1)从样本量来看,方法一的样本量明显多于方法二,采用方法一回归应较为准确。

(2)在相同保证率下,采用方法一得到的回归方程在 y 轴上的截距较小,试验结果偏于安全。

综上,采用方法一得到的回归方程较好,推荐采用方法一。

T 0857—2009 无机结合料稳定材料室内动态抗压回弹模量试验方法

1 适用范围

本方法适用于测定无机结合料稳定材料的动态抗压回弹模量。动态抗压回弹模量可以作为路面设计和评价的参数。

2 仪器设备

2.1 试验机:即应力控制系统,要求应能施加一定频率范围、荷载持续时间及不同大小的应力,可用能产生需要波形的电动液压试验机,要求精度达到5N。

2.2 数据采集系统:包括荷载传感器、位移传感器、荷载计数器以及数据采集仪。

2.3 标准养护室。

2.4 电子天平:量程15kg,感量0.1g;量程4 000g,感量0.01g。

2.5 台秤:量程50kg,感量5g。

2.6 圆形钢板。

3 试件制备和养护

3.1 试验采用1∶1的圆柱形试件。细粒土和中粒土混合料成型 ϕ100mm×100mm 试件,粗粒土混合料成型 ϕ150mm×150mm 试件。

3.2 按照本规程 T 0804—1994 确定无机结合料稳定材料的最佳含水量和最大干密度。

3.3 无机结合料稳定细粒土,应制备不少于 6 个试件,并要求模量试验结果的变异系数不超过10%;无机结合料稳定中粒土,应制备不少于 9 个试件,并要求模量试验结果的变异系数不超过 10%;无机结合料稳定粗粒土,应制备不少于 15 个试件,并要求模量试验结果的变异系数不超过 15%。

3.4 按照本规程 T 0843—2009 方法制备试件。

3.5 按照本规程 T 0845—2009 的标准养生条件进行养生,水泥稳定类土养生龄期为 90d,石灰或粉煤灰类稳定材料的养生龄期 180d。

3.6 圆柱形试件的两个端面应用水泥净浆彻底抹平。将试件直立桌上,在上端面用早强高强水泥净浆薄涂一层后,在表面撒少许 0.25~0.5mm 的细砂,用直径大于试件的平面圆形钢板放在顶面,加压旋转圆钢板,使顶面齐平。边旋转边平移并迅速取下钢板。如有净浆被钢板粘去,则重新用净浆抹平,并重复上述步骤。一个端面整平后,放置4h 以上,然后将另一端面同样整平。整平应该达到:加载板放在试件顶面后,在任一方向都不会翘动。试件整平后放置 8h 以上。

3.7 将端面已经处理平整的试件饱水 24h。应将试件浸泡在水中,水面高于试件顶面约 2.5cm。

4 试验步骤

4.1 检查试验的机械设备是否正常,应着重检查试验系统的电力供应是否正常。计算机等控制系统的电源应备有延时电源,以防突然断电造成试验数据的丢失和设备的损坏。选择合适的荷载传感器和位移(应变)传感器的量程,以确保测量结果精度的可靠性。

4.2 根据试验目的,编制有关的试验程序,并进行调试,可靠、稳定后方可进行正式试验。选择 1 个试件,检查荷载波形是否满足试验精度要求,位移(应变)信号接收是否正常。

4.3 按 T 0805—1994 方法测定混合料的抗压强度,荷载速率为 1mm/min,作为动态模量试验的破坏

强度 P。

4.4 将试件放入加载设备中心，圆形钢板置于试件底部和顶端安放稳定。在上压板直径线两端安装位移传感器。

4.5 设定波形函数发生器，输入 Haversine 荷载波形，频率为 10Hz，无间歇时间，荷载级位一般设定为 5～6 级（一般为 $0.1P$、$0.2P$、$0.3P$、$0.4P$、$0.5P$、$0.6P$），每级荷载作用次数为 200 次。

4.6 将各传感器与数据采集仪相连接，校正并调零。

4.7 对试件施加 $0.3P$ 荷载，预压 30s。

4.8 荷载由低到高逐级加载，每级荷载的最后 1s，采集连续 10 个荷载波形的最大荷载和最小荷载，以及相应的最大变形和最小变形。

动态荷载 F_t 的波形为 Haversine 波（半正矢波），在一个加载周期内其函数式为：

$$F_t = \frac{[1 - \cos(\omega t)]F_0}{2} + F_c \tag{T 0857-1}$$

式中：F_0——荷载振幅（N）；

F_c——预压荷载（N）；

ω——圆频率（rad/s）；

t——时间（s）。

5 计算

5.1 量测最后 10 次加载循环的平均荷载和变形振幅。

$$F_0 = F_{max} - F_{min} \tag{T 0857-2}$$

$$l_0 = l_{max} - l_{min} \tag{T 0857-3}$$

式中：F_0——荷载振幅（N）；

l_0——变形振幅（mm）；

F_{max}——最大荷载（N）；

F_{min}——最小荷载（N）；

l_{max}——最大变形（mm）；

l_{min}——最小变形（mm）。

实测荷载振幅与设定荷载振幅的误差应不超过 ±5%。

5.2 采用二次曲线模型对荷载振幅与相应的变形振幅进行曲线拟合，如图 T 0857-1 所示。相关系数应在 0.95 以上，否则需要重新试验。

二次曲线形式：

$$l_0 = aF'_0 + bF_0 + c \tag{T 0857-4}$$

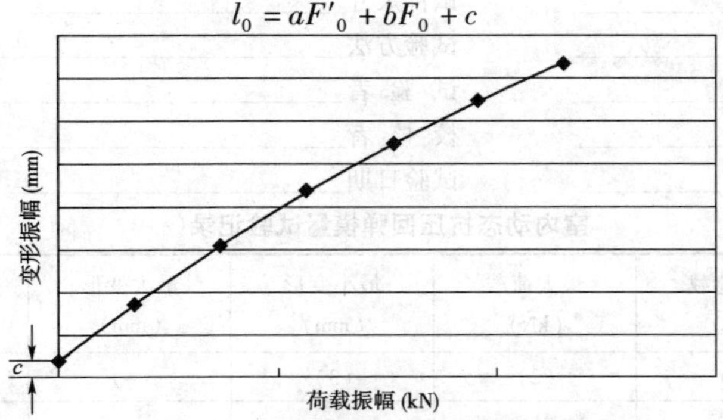

图 T 0857-1 荷载振幅与变形振幅的回归曲线

5.3 对曲线原点进行修正。从理论上讲，当荷载振幅为零时，变形振幅也应为零。因此，将测定的变形振幅减去回归曲线的常数 c，作为修正后的变形振幅。

5.4 按式（T 0857-5）计算不同荷载级位下的动态抗压回弹模量值。

$$E_{dc} = \frac{\sigma}{\varepsilon} = \frac{F_0 \times h}{(l_0 - c) \times A} \tag{T 0857-5}$$

式中：E_{dc}——动态抗压回弹模量值(MPa)；

F_0——荷载振幅(N)；

l_0——变形振幅(mm)；

c——变形振幅修正值；

h——试件高度(mm)；

A——试件截面积(mm^2)。

6 结果整理

6.1 动态抗压回弹模量用整数表示。

6.2 同一组试件试验中，采用3倍均方差方法剔除异常值，大试件可以有2~3个异常值。异常值数量超过上述规定的试验重做。

6.3 对于无机结合料稳定细粒土，模量试验结果的变异系数不超过10%；中粒土模量试验结果的变异系数不超过10%；粗粒土模量试验结果的变异系数不超过15%。如不能保证变异系数小于上述规定，则还应按允许误差10%和90%概率重新计算增加试件数量，并另做新试验。新试验结果与老试验结果一并重新进行统计评定，直到变异系数满足上述规定。

7 报告

试验报告应包括以下内容：

(1)集料的颗粒组成；

(2)水泥的种类和强度等级，或石灰的有效钙和氧化镁含量(%)；

(3)重型击实的最佳含水量(%)和最大干密度(g/cm^3)

(4)无机结合料类型及剂量；

(5)试件干密度或压实度；

(6)吸水量以及测动态抗压回弹模量时的含水量(%)；

(7)动态抗压回弹模量(MPa)，用整数表示；

(8)n个试验结果的最小值和最大值、平均值$\overline{E}_{dc}$、标准差S和变异系数C_v(%)。

8 记录

本试验的记录格式见表T 0857-1。

表T 0857-1 无机结合料稳定材料动态抗压回弹模量试验记录表

工程名称＿＿＿＿＿＿ 试件尺寸＿＿＿＿＿＿

路段范围＿＿＿＿＿＿ 试验方法＿＿＿＿＿＿

材料名称＿＿＿＿＿＿ 试 验 者＿＿＿＿＿＿

试样编号＿＿＿＿＿＿ 校 核 者＿＿＿＿＿＿

最大粒径＿＿＿＿＿＿ 试验日期＿＿＿＿＿＿

室内动态抗压回弹模量试验记录(一)

设定荷载振幅(kN)	周期	最小荷载(kN)	最大荷载(kN)	最小变形(mm)	最大变形(mm)	荷载振幅(kN)	变形振幅(mm)
		(1)	(2)	(3)	(4)	(5)=(2)-(1)	(6)=(4)-(3)
	1						
	2						
	3						
	4						
	5						
	6						

续上表

设定荷载振幅（kN）	周期	最小荷载（kN）	最大荷载（kN）	最小变形（mm）	最大变形（mm）	荷载振幅（kN）	变形振幅（mm）
		(1)	(2)	(3)	(4)	(5)=(2)-(1)	(6)=(4)-(3)
	7						
	8						
	9						
	10						
平均值							

室内动态抗压回弹模量试验记录(二)

设定荷载振幅（kN）	平均最小荷载（kN）	平均最大荷载（kN）	平均最小变形（mm）	平均最大变形（mm）	平均荷载振幅（kN）	平均变形振幅（mm）	动态抗压回弹模量 E_{dc}（MPa）
	(1)	(2)	(3)	(4)	(5)=(2)-(1)	(6)=(4)-(3)	
$l_0 = aF_0^2 + bF_0 + c$				相关系数			

T 0858—2009　无机结合料稳定材料冻融试验方法

1　适用范围

本方法适用于无机结合料稳定材料的抗冻性评价。半刚性基层材料的抗冻性以规定龄期(28d 或 180d)的半刚性基层材料在经过数个冻融循环后的饱水无侧限抗压强度与冻前饱水无侧限抗压强度之比来评价。

2　仪器设备

2.1　游标卡尺。

2.2　低温箱:控温 -18℃,控温精度 ±1℃。

2.3　控温水槽:控温 20℃,控温精度 ±1℃。

2.4　天平:感量 0.01g。

2.5　压力机或万能试验机(也可用路面强度试验仪和测力计):压力机应符合现行《液压式压力试验机》(GB/T 3722)及《试验机通用技术要求》(GB/T 2611)中的要求,其测量精度为 ±1%,同时应具有加载速率指示装置或加载速率控制装置。上下压板平整并有足够刚度,可以均匀地连续加载卸载,可以保持固定荷载。开机停机均灵活自如,能够满足试件吨位要求,且压力机加载速率可以有效控制在 1mm/min。

3 试件制备和养护

3.1 试件采用1∶1的圆柱形试件。无机结合料稳定细粒土、中粒土、粗粒土均采用 ϕ150mm × 150mm 的圆柱形试件。

3.2 按照本规程 T 0804—1994 确定无机结合料稳定材料的最佳含水量和最大干密度。

3.3 按照本规程 T 0843—2009 方法制备 18 个 ϕ150mm × 150mm 的标准试件，其中 9 个为冻融试件，9 个为不冻融对比试验。

3.4 按照本规程 T 0845—2009 的标准养生条件进行养生。冻融 5 次循环的试件，标准养生 28d；冻融 10 次循环的试件，标准养生 180d。

3.5 养生期的最后 1d，应该将试件浸泡在水中，水面高于试件顶面约 2.5cm。在浸泡于水中之前，应再次称试件的质量 m_3。

4 操作流程

4.1 浸水完毕后，取出试件，用湿布擦除表面的水分，称质量；用游标卡尺测量试件的高度，精确至 0.1mm。

4.2 取其中一组试件按本规程 T 0805—1994 方法测定非冻融条件下的无侧限抗压强度 R_c。

4.3 取其中冻融的一组试件，按编号置入低温箱开始冻融试验。低温箱的温度为 -18℃，冻结时间为 16h，保证试件周围至少留有 20mm 空隙，以利于冷空气流通。冻结试验结束后，取出试件，量高、称质量；然后立即放入 20℃的水槽中进行融化，融化时间为 8h。槽中水面应至少高出试件表面 20mm，融化完毕，取出试件擦干后量高、称质量，该次冻融循环即结束。然后放入低温箱进行第二次冻融循环。

4.4 如试件的平均损失率超过 5%，即可停止其冻融循环试验。

4.5 试件达到规定的冻融循环次数后，按照本规程 T 0805—1994 方法进行冻融后的抗压强度（R_{DC}）试验。抗压试验前应称试件质量并进行外观检查。详细记录试件表面破损、裂缝及边角缺损情况。

5 计算

半刚性材料的抗冻性指标按式（T 0858-1）、式（T 0858-2）计算。

$$\mathrm{BDR} = \frac{R_{DC}}{R_c} \times 100 \qquad (\mathrm{T\ 0858\text{-}1})$$

式中：BDR——经 n 次冻融循环后试件的抗压强度损失（%）；

R_{DC}——n 次冻融循环后试件的抗压强度（MPa）；

R_c——对比试件的抗压强度（MPa）。

$$W_n = \frac{m_0 - m_n}{m_0} \times 100 \qquad (\mathrm{T\ 0858\text{-}2})$$

式中：W_n——n 次冻融循环后的试件质量变化率（%）；

m_0——冻融循环前试件的质量（g）；

m_n——n 次冻融循环后试件的质量（g）。

6 报告

试验报告应包括以下内容：

（1）材料的颗粒组成；

（2）水泥的种类和强度等级，或石灰的等级；

（3）重型击实的最佳含水量（%）和最大干密度（g/cm^3）；

（4）无机结合料类型及剂量；

（5）试件干密度（保留 3 位小数，g/cm^3）或压实度；

（6）吸水量以及测抗压强度时的含水量（%）；

(7)非冻融条件下的抗压强度和冻融条件下的抗压强度，保留1位小数；

(8)若干个试验结果的最小值和最大值、平均值$\overline{R}_{DC}$、标准差S、变异系数C_v和95%概率的值$\overline{R}_{DC0.95}$($R_{DC0.95}=\overline{R}_{DC}-1.645S$)。

7 记录

本试验的记录格式见表T 0858-1。

表T 0858-1 无机结合料稳定材料的冻融试验记录表

工程名称＿＿＿＿＿＿＿＿ 试件尺寸(cm)＿＿＿＿＿＿＿＿

路段范围＿＿＿＿＿＿＿＿ 养生龄期(d)＿＿＿＿＿＿＿＿

混合料名称＿＿＿＿＿＿＿＿ 加载速率(mm/min)＿＿＿＿＿＿＿＿

结合料剂量(%)＿＿＿＿＿＿＿＿ 冻融试验周期(d)＿＿＿＿＿＿＿＿

最大干密度(g/cm^3)＿＿＿＿＿＿＿＿ 非冻融强度代表值(MPa)＿＿＿＿＿＿＿＿

试件压实度(%)＿＿＿＿＿＿＿＿ 试验日期＿＿＿＿＿＿＿＿

试 验 者＿＿＿＿＿＿＿＿ 校 核 者＿＿＿＿＿＿＿＿

试件编号	1	2	3	4	5	6	7	8	9
冻融前质量(g)									
第一次冻融后质量(g)									
第二次冻融后质量(g)									
第三次冻融后质量(g)									
第四次冻融后质量(g)									
第五次冻融后质量(g)									
无侧限抗压强度值(MPa)									

冻融后无侧限抗压强度代表值:R_{DC}=＿＿＿＿＿＿(MPa)

条文说明

本方法与《公路沥青路面设计规范》(JTG D50—2006)中的附录A.2半刚性基层材料抗冻性试验方法等效。

考虑到无机结合料稳定材料在道路基层中可能不会处在饱水状态，编写组采用养生结束后直接进入冻融循环和养生结束后饱水进入冻融循环的试验方法对水泥稳定材料和二灰稳定材料进行了冻融循环试验。试验结果见表T 0858-2。结果表明，湿冻对水泥稳定材料的影响较大，对二灰集料的影响相对较小。

表T 0858-2 无机结合料稳定材料的冻融试验结果

混合料类型	未冻	湿冻		干冻	
	强度(MPa)	强度(MPa)	BDR(%)	强度(MPa)	BDR(%)
水泥稳定材料	6.9	5.6	82.37	5.97	87.05
二灰稳定材料	5.7	4.8	84.59	4.39	76.93

T 0859—2009 无机结合料稳定材料渗水试验方法

1 适用范围

本方法适用于无机结合料稳定材料的抗渗性试验。半刚性基层材料的抗渗性测试分为两种：对孔隙较大的断级配粒料基层或排水基层，本试验用于测定其渗水系数；对孔隙较小的密实型无机结合料基层，本试验用于测定其在一定压力下的渗水性能。

2 仪器设备

2.1 渗水仪:渗水仪的底座直径 100mm(可在路面材料渗水仪基础上进行改造,底座的直径改为 100mm)。

2.2 水桶及大漏斗。

2.3 密封材料:如石蜡(内掺松香约 2%)。

2.4 接水容器。

2.5 渗透仪:应能使水压按规定的方法稳定地作用在试件上。

2.6 螺旋加压器、烘箱、电炉。

2.7 其他:水、红墨水、粉笔、扫帚等。

3 试件制备和养护

3.1 试件采用 1:1的圆柱形试件。无机结合料稳定细粒土、中粒土、粗粒土均采用 ϕ150mm × 150mm 的圆柱形试件。

3.2 按照本规程 T 0804—1994 确定无机结合料稳定材料的最佳含水量和最大干密度。

3.3 按照本规程 T 0843—2009 方法成型 ϕ150mm × 150mm 的标准试件,一组试验平行成型 6 个试件。

3.4 按照本规程 T 0845—2009 标准养生方法养生。标准养生龄期为 28d,也可以根据试验需要确定,但不能少于 7d。

3.5 用于测定渗水性能的试件,在养生结束的最后 1d 不要浸水。

4 试验步骤

4.1 透水性基层

4.1.1 在洁净的水桶内滴入几滴红墨水,使水变成淡红色。

4.1.2 试件到龄期后取出,擦干表面,用钢丝刷刷净两端面;待表面干燥后,在试件侧面滚涂一层熔化的密封材料;然后立即在螺旋加压器上压入经过烘箱或电炉预热过的试模中,使试件底面和试模底平齐。

4.1.3 在试件表面沿渗水仪底座圆圈位置抹一薄层密封材料,边涂边用手压紧,一直抹到试模壁。使密封材料嵌满试件表面混合料的缝隙,且牢固地黏结在试件上。密封料圈的内径与底座内径相同,约 100mm。

4.1.4 将渗水仪底座用力压在试件密封材料圈上,再加上铁圈压重压住仪器底座。

4.1.5 用适当的垫块放在试件下,将试件垫起,试件下方放置一个接水容器。关闭渗水仪细管下方的开关,向仪器的上方筒中注入淡红色的水至满刻度,总量为 600mL。

4.1.6 迅速将开关全部打开,水开始从细管下部流出;待水面下降至 100mL 时,立即开动秒表,每间隔 60s,读记仪器管的刻度一次;至水面下降 500mL 时为止,并记录所需时间。测试过程中,应观察渗水的情况,正常情况下,水应该通过混合料内部空隙从试件的反面及四周渗出。如水是从底座与密封材料间渗出,说明底座与试件密封不好,应另采用干燥试件重新操作。如水面下降速度很慢,从水面下降至 100mL 开始,测得 3min 的渗水量即可停止。

4.1.7 按以上步骤对用同一种材料制作的 6 个试件测定渗水系数,取其平均值,作为检测结果。

4.2 密实型半刚性基层材料

4.2.1 试件到龄期后取出,擦干表面,用钢丝刷刷净两端面;待表面干燥后,在试件侧面滚涂一层熔化的密封材料;然后立即在螺旋加压器上压入经过烘箱或电炉预热过的试模中,使试件底面和试模底平齐。待试模变冷后,即可解除压力,装在渗水仪上进行试验。

4.2.2 渗水仪的上面加上施压装置,在试件的下方放上接水容器,水压控制恒定为 0.8MPa ± 0.05MPa。

4.2.3 加上水压的同时开始记录时间(精确至1min),并观察水从试件下流出的时间。若试件透水,记录24h内流出水的量;若试件不透水,24h后停止试验,取出试件。

5 计算

透水性试验结果是以水面从100mL下降至500mL所需的时间为标准;若渗水时间过长,亦可采用3min通过的水量计算。

$$C_w = \frac{V_2 - V_1}{t_2 - t_1} \tag{T 0859-1}$$

式中:C_w——渗水系数(mL/min);

V_1——第一次读数时的水量(mL),通常为100mL;

V_2——第二次读数时的水量(mL),通常为500mL;

t_1——第一次读数的时间(s);

t_2——第二次读数的时间(s)。

6 报告

试验报告应包括以下内容:

(1)集料的颗粒组成;

(2)水泥的种类和强度等级,或石灰的有效钙和氧化镁含量(%);

(3)重型击实的最佳含水量(%)和最大干密度(g/cm^3);

(4)无机结合料类型及剂量;

(5)试件干密度或压实度、混合料级配类型;

(6)试验设备;

(7)材料的渗水系数。

条文说明

本规程中透水性基层的渗水试验方法来自于《公路工程沥青及沥青混合料试验规程》(JTJ 052—2000)的T 0730—2000"沥青混合料渗水试验",并根据半刚性基层材料的成型条件,对渗水仪的底径进行了调整。密实型半刚性基层材料的渗水试验方法参照《公路工程水泥和水泥混凝土试验规程》(JTG E30—2005)中T 0569—2005"水泥混凝土渗水高度试验方法",并根据半刚性基层材料的成型条件,对试件尺寸进行了调整。

T 0860—2009 无机结合料稳定材料抗冲刷试验方法

1 适用范围

本方法适用于水泥稳定类、石灰稳定类、二灰稳定类等基层材料进行抗冲刷试验。

2 仪器设备

2.1 MTS试验机或其他能够施加振动荷载的试验设备(如冲刷试验机)。

2.2 冲刷桶:装水桶,可固定在加载设备上且使固定试件不受磨损(图T 0860-1)。

2.3 橡皮垫:具有纵横和竖向连通孔隙,减少刚性压头对试件的冲击,同时模拟轮胎的泵吸作用。采用邵氏硬度80±2的橡胶垫,尺寸根据冲刷试件的大小,采用ϕ150mm×20mm和ϕ100mm×20mm,平面孔距为10mm,厚度方向的孔距为5mm,孔的直径为ϕ3mm。

2.4 电子天平:量程4 000g,感量0.01g;量程15kg,感量0.1g。

2.5 试模。

2.6 脱模器。

2.7 量筒、拌和工具等。

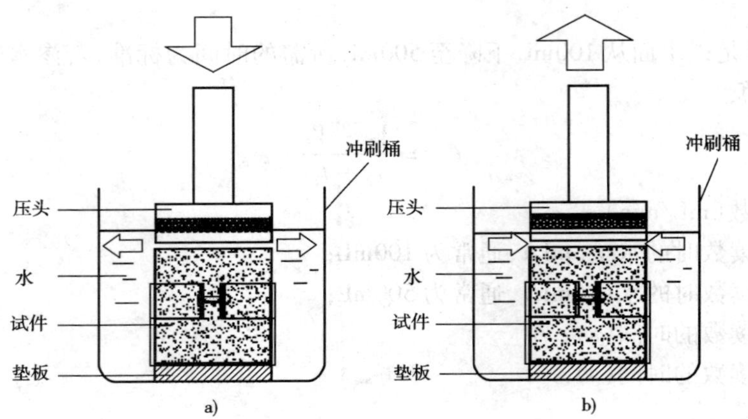

图 T 0860-1 试验中压头上下运动时水流的运动方向

3 试件准备

3.1 试件为圆柱形,径高比为 1:1。在冲刷试验中,无机结合料稳定细粒土、中粒土、粗粒土均采用 ϕ150mm×150mm 的圆柱形试件。按照室内击实试验所确定的最大干密度和最佳含水量及要求的压实度,采用静力压实或振动成型法制备试件。

3.2 按照本规程 T 0804—1994 确定无机结合料稳定材料的最佳含水量和最大干密度。

3.3 按照本规程 T 0843—2009 方法成型试件。

3.4 无机结合料稳定细粒土每种配比应平行成型 3 个试件,稳定中、粗粒土则应平行成型 6 个试件。

3.5 按照本规程 T 0845—2009 标准养生方法养生。

3.6 为避免冲刷试验中试件垮塌,试件需要达到一定的强度,具体的养生龄期见表T 0860-1。

表 T 0860-1 冲刷试验试件养生龄期

材料种类	养生龄期(d)	材料种类	养生龄期(d)
水泥稳定类	28	二灰稳定类	90

3.7 试件养生结束后,将试件浸水 24h 备用。

4 试验步骤

4.1 将饱水后的试件从水中取出,拭干表面的水分,称其质量 m_0 。

4.2 把准备好的试件放入冲刷桶内。用夹具将试件固定于冲刷桶的底面(为保护试件免受夹具的损伤,在试件与钢夹之间沿着径向垫上一层胶皮垫),然后将装有试件的冲刷桶牢固地安置在试验机上。

4.3 向冲刷桶中注入清水,水面应高于试件顶面 5mm。在试件上垫上有纵横竖向孔的橡皮垫。

4.4 调整好试验机的施力状态,冲击力峰值为 0.5MPa,冲刷频率为 10Hz。

4.5 冲刷时间为 30min。

4.6 冲刷完成后,将冲刷桶从试验机底板上卸下,把桶中混浊的水连同冲刷物小心地倒入金属盆中进行沉淀。

4.7 冲刷物沉淀 12h 后,将盆中上部的清水小心地倒出,剩下的沉淀物放入烘箱中烘干,然后称其质量,得到 30min 的累计冲刷量 m_f。

5 计算

按式(T 0860-1)计算试件的冲刷质量损失。

$$P = \frac{m_f}{m_0} \times 100 \qquad (T\ 0860\text{-}1)$$

式中：P——冲刷质量损失（%）；

m_f——冲刷物质量；

m_0——试件质量。

6 结果整理

6.1 同一组试验的变异系数 C_v（%）符合下列规定，方为有效试验：细粒土、中粒土 $C_v \leqslant 10\%$；粗粒土 $C_v \leqslant 15\%$。

6.2 当试验结果满足要求时，将几个平行试件的试验结果取平均值作为最终结果。

7 报告

试验报告应包括以下内容：

(1)集料的颗粒组成；

(2)水泥的种类和强度等级，或石灰的有效钙和氧化镁含量（%）；

(3)重型击实的最佳含水量（%）和最大干密度（g/cm^3）；

(4)无机结合料类型及剂量；

(5)试件干密度或压实度、混合料级配类型；

(6)试验设备；

(7)材料的冲刷质量损失。

条文说明

试件成型后的养生方法、养生龄期对半刚性基层材料抗冲刷性能影响很大。养生时间太短，试件强度不足就容易被冲散；养生时间太长，试件的强度太高，冲刷量很小，不同类型材料的试验结果的差别太小。

在成型试件的过程中，混合料是否拌均匀对试验的结果影响也很大。此外，在按规定的干密度用静力压实的方法制备试件时，应注意使试模两头的压柱同时等速地压入试模，因为这样所得的试件内部压实度最稳定，冲刷试验后所得的结果也最稳定；如果两头的压柱以不同的速度被压入试模，制成的试件内部压实度变化将无一定的规则，冲刷试验时所得结果的离散性会因此加大。试验结果表明，试件的压实度对冲刷量有很大的影响。

在冲刷量的计算方面应注意以下几点：①经过冲刷试验后的试件除了受到冲刷作用的顶面有损失以外，试件的其他部位不应有明显的破坏，否则该次试验无效；②冲刷试验结束后的收集物中，稳定细粒土正常情况下应为细泥浆，如其中含有较大的块状物应将其取出；对于稳定中、粗粒土，若冲刷物中含有较大的石块，不将其计入冲刷物中；③在试验中应始终保持冲刷桶及试件的稳定性；若试验过程中冲刷桶或试件出现松动，则应立即停止试验，加固后方可继续试验。

附录 A　正态样本异常值的判断及处理方法——狄克逊准则

在一组重复测量数据中，若个别数据与其他数据有明显差异，则该组数据很可能含有粗大误差，称其为可疑数据。这时，需要对这些异常值做出正确的判断和处理，通常采用统计的方法进行判别。统计方法处理的基本思想是：给定一个显著性水平，按一定分布确定一个临界值，凡超过这个界限的误差，则认为是异常值，应予以剔除。

本附录介绍一种常用的正态样本异常值的判断和处理方法——狄克逊准则。该方法仅限于对正态或近似正态的样本数据进行判别，适用于样本量为 3 ~ 30、总体中含有 1 个以上异常值的情况。

狄克逊准则，是狄克逊（Dixon）在 1950 年提出的一种不需要估算平均值 $\bar{x}$ 和标准差 S 便能判断总体中是否含有异常值的方法。它根据测量数据按大小排列后的顺序差来判别粗大误差，用狄克逊准则判断样本数据中混有 1 个以上异常值的情形效果较好。以下介绍常用的狄克逊双侧检验准则。

设正态测量总体的一组样本为 x_1、x_2、……、x_n，按大小顺序排列为：

$$x'_1 \leqslant x'_2 \leqslant \cdots \leqslant x'_n$$

构造检验高端异常值 x'_n 和低端异常值 x'_1 的统计量，分以下几种情形：

$$\begin{cases} r_{10} = \dfrac{x'_n - x'_{n-1}}{x'_n - x'_1}, r'_{10} = \dfrac{x'_2 - x'_1}{x'_n - x'_1} & （样本量\ n = 3 \sim 7） \\ r_{11} = \dfrac{x'_n - x'_{n-1}}{x'_n - x'_2}, r'_{11} = \dfrac{x'_2 - x'_1}{x'_{n-1} - x'_1} & （样本量\ n = 8 \sim 10） \\ r_{21} = \dfrac{x'_n - x'_{n-2}}{x'_n - x'_2}, r'_{21} = \dfrac{x'_3 - x'_1}{x'_{n-1} - x'_1} & （样本量\ n = 11 \sim 13） \\ r_{22} = \dfrac{x'_n - x'_{n-2}}{x'_n - x'_3}, r'_{22} = \dfrac{x'_3 - x'_1}{x'_{n-2} - x'_1} & （样本量\ n = 14 \sim 30） \end{cases}$$

以上的 r_{10}、r'_{10}、……、r_{22}、r'_{22} 简记为 r_{ij} 和 r'_{ij}。狄克逊认为对不同的测量次数，应选用不同的统计量 r_{ij}，才能达到良好的效果。狄克逊导出了它们的概率密度函数。在选定显著性水平 α 下，求得临界值 $D(\alpha, n)$，见表 A-1。

表 A-1　狄克逊双侧检验的临界值

n	统 计 量	$\alpha = 0.05$	$\alpha = 0.01$
3	r_{10} 和 r'_{10} 中较大者	0.970	0.994
4		0.829	0.926
5		0.710	0.821
6		0.628	0.740
7		0.569	0.680
8	r_{11} 和 r'_{11} 中较大者	0.608	0.717
9		0.564	0.672
10		0.530	0.635

续上表

n	统计量	$\alpha=0.05$	$\alpha=0.01$
11	r_{21}和r'_{21}中较大者	0.619	0.709
12		0.583	0.660
13		0.557	0.638
14	r_{22}和r'_{22}中较大者	0.586	0.670
15		0.565	0.647
16		0.546	0.627
17		0.529	0.610
18		0.514	0.594
19		0.501	0.580
20		0.489	0.567
21		0.478	0.555
22		0.468	0.544
23		0.459	0.535
24		0.451	0.526
25		0.443	0.517
26		0.436	0.510
27		0.429	0.502
28		0.423	0.495
29		0.417	0.489
30		0.412	0.483

若：

$$r_{ij} > r'_{ij}, r_{ij} > D(\alpha, n)$$

则判断 x'_n 为异常值，予以剔除；

若：

$$r_{ij} < r'_{ij}, r_{ij} > D(\alpha, n)$$

则判断 x'_1 为异常值，予以剔除；

否则，判断没有异常值。

重复上述步骤，便可以剔除 1 个以上的异常值。

附录 B　一元线性回归分析

1　一元线性回归方程

假设两个变量 x 与 y 之间线性相关，现由试验获得 x 和 y 的一组样本数据(x_i,y_i)，记它们之间的线性关系如下：

$$y_i = a + bx_i + \varepsilon_i \qquad (i = 1、2、\cdots、n, n > 2) \tag{B-1}$$

式中：a、b——待定的估计量；

ε_i——独立、等权的正态偶然误差 $N(0,\sigma^2)$；

x_i——普通自变量，如有随机性，则归入 ε_i 之中。

为求得 a 和 b，采用线性最小二乘法，即令

$$\sum_{i=1}^{n}\varepsilon_i^2 = \sum_{i=1}^{n}(y_i - a - bx_i)^2 = \text{Min} \tag{B-2}$$

其正则方程组为：

$$\begin{cases}\sum a + \sum x_i b = \sum y_i \\ \sum x_i a + \sum x_i^2 b = \sum x_i y_i\end{cases}$$

记：

$$\begin{cases}\bar{x} = \dfrac{1}{n}\sum x_i, \bar{y} = \dfrac{1}{n}\sum y_i \\ l_{xx} = \sum(x_i - \bar{x})^2 = n\,\overline{x^2} - n\,\bar{x}^2 \\ l_{xy} = \sum(x_i - \bar{x})(y_i - \bar{y}) = n\,\overline{xy} - n\,\bar{x}\cdot\bar{y} \\ l_{yy} = \sum(y_i - \bar{y})^2 = n\,\overline{y^2} - n\,\bar{y}^2\end{cases} \tag{B-3}$$

正则方程组可改写为：

$$\begin{cases}1\cdot a + \bar{x}\cdot b = \bar{y} \\ \bar{x}\cdot a + \overline{x^2}\cdot b = \overline{xy}\end{cases}$$

求得：

$$\begin{cases}b = \dfrac{n(\overline{xy} - \bar{x}\cdot\bar{y})}{n(\overline{x^2} - \bar{x}\cdot\bar{y})} = \dfrac{l_{xy}}{l_{xx}} \\ a = \bar{y} - b\,\bar{x}\end{cases} \tag{B-4}$$

由此获得方程：

$$\hat{y} = a + bx \tag{B-5}$$

称为上述样本(x_i,y_i)的一元线性回归方程，b 称为回归系数。在笛卡儿坐标系中，上式表示的是一条通过重心$(\bar{x},\bar{y})$的回归直线。$b>0$，表明 y 随 x 有线性增大的趋势；$b<0$，表明 y 随 x 有线性减小的趋势。

2　线性回归效果检验

对任意一组样本数据，形式上都可以按最小二乘法拟合出一条回归直线。显然，线性拟合的效果会有显著与不显著之分。下面用方差分析的方法来对其进行检验。

测量值 y_1、y_2''、……、y_n 之间的差异，是由两个方面的原因引起的：一是自变量 x 取值的不同；二是测量误差等其他因素的影响。为了对(x_i,y_i)线性回归的效果进行检验，必须将上述两原因造成的结果分解出来。如图 B-1 所示，将变量 y 的 n 个测值 y_i 与其平均值$\bar{y}$的偏离$(y_i - \bar{y})$分解为由变量 x 的不同

取值引起的回归偏离$(\hat{y}_i - \bar{y})$和由测量误差等其他因素造成的剩余偏离$(y_i - \hat{y})$。并进一步用 n 个取值的偏离平方和来描述它们，分别记为$\sum_{总}$、$\sum_{回}$、$\sum_{剩}$。

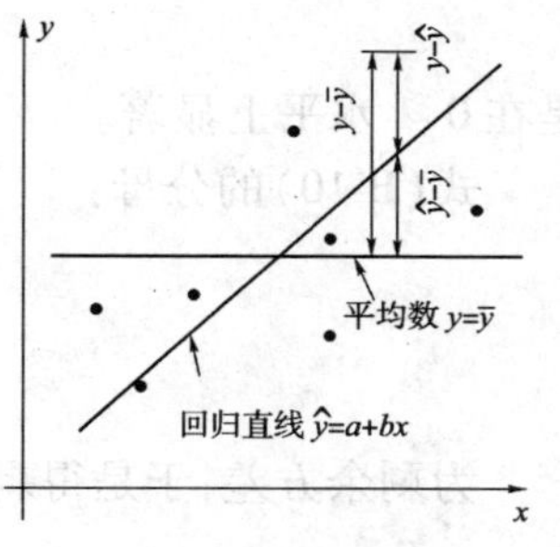

图 B-1 一元线性回归直线方差分析

$$\sum_{总} = \sum(y_i - \bar{y})^2 = l_{yy} \tag{B-6}$$

$\sum_{总}$称为总偏离平方和。因为：

$$\begin{aligned}\sum_{总} &= \sum(y_i - \bar{y})^2 = \sum[(y_i - \hat{y}_i) + (\hat{y}_i - \bar{y})]^2 \\ &= \sum(y_i - \hat{y}_i)^2 + \sum(\hat{y}_i - \bar{y})^2 + 2\sum(y_i - \hat{y}_i)(\hat{y}_i - \bar{y})\end{aligned}$$

可以证明，以上交叉项为零。

因此有：

$$\sum_{总} = \sum_{剩} + \sum_{回}$$

这样就把总偏离平方和$\sum_{总}$分解为回归平方和$\sum_{回}$及剩余平方和$\sum_{剩}$两部分。回归平方和$\sum_{回}$反映了在 y 总的偏离中因 x 和 y 的线性关系而引起 y 变化的大小；剩余平方和$\sum_{剩}$反映了在 y 总的偏离中除了 x 对 y 线性影响之外的其他因素而引起 y 变化的大小。这些其他因素包括测量误差 x 和 y 不能用直线关系描述的因素以及其他未加控制的因素等。由式(B-2)可知，回归分析的要求就是使剩余平方和最小。即$\sum_{剩}$愈小，回归效果愈好。

由式(B-4)与式(B-5)，可将$\sum_{回}$写成：

$$\sum_{回} = \sum(\hat{y}_i - \bar{y})^2 = \frac{l_{xy}^2}{l_{xx}} = b l_{xy} \tag{B-7}$$

而：

$$\sum_{剩} = \sum_{总} - \sum_{回} \tag{B-8}$$

由回归平方和及剩余平方和的意义可知，一个线性回归方程是否显著，取决于$\sum_{回}$及$\sum_{剩}$的大小。若$\sum_{回}$愈大而$\sum_{剩}$愈小，则说明 y 与 x 线性关系愈密切。回归方程显著的检验，通常采用 F 检验法。这里，需要构造统计量

$$F = \frac{\sum_{回}/\nu_{回}}{\sum_{剩}/\nu_{剩}} \tag{B-9}$$

式中：$\nu_{回}$——回归平方和的自由度；

$\nu_{剩}$——剩余平方和的自由度。

在假定剩余偏离 ε_i 服从独立、等权正态随机误差分布的前提下，F 是服从 $F(\nu_{回}, \nu_{剩})$ 分布的。

自由度是指独立观测值的个数。因$\sum_{总}$中 n 个观测值 y_i 受平均值$\bar{y}$的约束，这就等于有 1 个测值不是独立的，即失去 1 个自由度，余下自由度 $\nu_{总} = n - 1$。$\sum_{回}$中只有 b 是独立变化的，即自由度 $\nu_{回} = 1$。因此，自由度 $\nu_{剩} = \nu_{总} - \nu_{回} = n - 2$。

将自由度代回式(B-9)有：

$$F = \frac{\sum_{回}}{\sum_{剩}/(n-2)} \tag{B-10}$$

在给定显著性水平 α 下，查 F 分布的临界值 $F_{\alpha}(1, n-2)$。将计算值 F 与 $F_{\alpha}(1, n-2)$ 比较，若：

$$F > F_{\alpha}(1, n-2)$$

则认为该回归效果显著；反之，则不显著。

通常认为在 $\alpha = 0.01$ 水平上显著，即：

$$F > F_{0.01}(1, n-2)$$

是回归高度显著；

在 $\alpha = 0.05$ 水平上显著，即：

$$F_{0.05}(1, n-2) \leqslant F \leqslant F_{0.01}(1, n-2)$$

是回归显著；

在 $\alpha = 0.10$ 水平上显著，即：

$$F_{0.10}(1,n-2) \leqslant F \leqslant F_{0.05}(1,n-2)$$

是在0.1水平上显著。

式(B-10)的分母：

$$\frac{\sum_{剩}}{n-2} = \frac{1}{n-2}\sum(y_i - \hat{y}_i)^2$$

为剩余方差，于是得剩余标准差：

$$S = \sqrt{\frac{\sum_{剩}}{n-2}} \tag{B-11}$$

它的意义是表征除了 x 与 y 线性关系之外其他因素影响 y 值偏离的大小。

线性回归效果的检验，可归纳为如下方差分析表(表B-1)，根据该表按照如下步骤进行检验：

(1)依序计算统计量：

$$\sum_{总} = l_{yy}$$

$$\sum_{回} = bl_{xy}$$

$$\sum_{剩} = \sum_{总} - \sum_{回}$$

$$S^2 = \frac{\sum_{剩}}{n-2}$$

$$S = \sqrt{\frac{\sum_{剩}}{n-2}}$$

$$F = \frac{\sum_{回}}{S^2}$$

表B-1 方差分析表

偏离	平方和	自由度	标准偏差	统计量 F	置信限 $F_\alpha(1,n-2)$		
					$\alpha=0.01$	$\alpha=0.05$	$\alpha=0.1$
回归	$\sum_{回}=bl_{xy}$	1		$\frac{\sum_{回}}{S^2}$			
剩余	$\sum_{剩}=\sum_{总}-\sum_{回}$	$n-2$	$S=\sqrt{\frac{\sum_{剩}}{n-2}}$				
总和	$\sum_{总}=l_{yy}$	$n-1$			显著否	显著否	显著否

(2)按一定显著水平 α 和自由度 $n-2$ 查 F 分布表，得到 $F_\alpha(1,n-2)$ 的数值，比较统计量 F 与 $F_\alpha(1,n-2)$ 的大小，作出判断结论。

3 回归预测区间

在某个非试验点 $x=x_0$ 处，按回归方程 $y=a+bx$ 求得回归值 $\hat{y}_0$，需要预报 $\hat{y}_0$ 偏离实际值 y_0 有多大。这是要解决一个回归预测的精度问题。

这里，为讨论方便，仍假设测量值 y 及回归值 $\hat{y}$ 均服从正态分布。可以构造一个服从 t 分布的统计量：

$$\frac{y-\bar{y}}{\sqrt{1+\frac{1}{n}+\frac{(x-\bar{x})^2}{l_{xx}}}\cdot S} \sim t(n-2) \tag{B-12}$$

在给定的置信水平 p 下，有如下的预测区间：

$$p[\hat{y}-\Delta < y < \hat{y}+\Delta] = p \tag{B-13}$$

式中：

$$\Delta = \lambda S\sqrt{1+\frac{1}{n}+\frac{(x-\bar{x})^2}{l_{xx}}} \tag{B-14}$$

λ 可查 t 分布临界值获得。

式(B-13)与式(B-14)表明,用回归方程预测的偏差Δ除与p、n及S有关外,还与观测x有关。当x靠近$\bar{x}$时,Δ小;当x远离$\bar{x}$时,Δ就大。特别当x在$\bar{x}$附近,n又足够大时,可简化得y的预测区间:

$$p[\hat{y}-\lambda S<y<\hat{y}+\lambda S]=p \tag{B-15}$$

λ可查t分布临界值获得。

JTG

中华人民共和国行业标准 JTG E60—2008

公路路基路面现场测试规程

Field Test Methods of Subgrade and Pavement for Highway Engineering

7

2008-05-28 发布 2008-09-01 实施

中华人民共和国交通运输部发布

中华人民共和国交通运输部
公　　告

2008 年第 8 号

关于公布《公路路基路面现场测试规程》（JTG E60—2008）的公告

现公布《公路路基路面现场测试规程》（JTG E60—2008），作为公路工程行业标准，自 2008 年 9 月 1 日起施行，原《公路路基路面现场测试规程》（JTJ 059—95）同时废止。

该规程的管理权和解释权归交通运输部，日常解释和管理工作由主编单位交通部公路科学研究院负责。请各有关单位在实践中注意总结经验，若有修改意见请函告交通部公路科学研究院（地址：北京市海淀区西土城路 8 号，邮政编码：100088）。

特此公告。

中华人民共和国交通运输部

二〇〇八年五月二十八日

前　　言

《公路路基路面现场测试规程》(JTJ 059—95)(以下简称原规程)自发布实施以来,对公路工程的现场施工控制、施工质量验收和养护状况的调查与检测等工作起到了积极的规范和指导作用,为提高公路建设和使用质量作出了重要的贡献。但我国公路建设的快速发展对工程现场试验检测技术、设备性能和规范化操作提出了更高的要求,原规程需作进一步修订和完善。为此,交通部于 2004 年下达了原规程的修订任务,委托交通部公路科学研究院具体负责修订工作。

修订工作组总结了多年来工程实践经验和科研成果,参阅了大量国际、国内仪器设备标准和技术资料,广泛征求了有关单位的意见,经过反复修改,完成了修订工作。

修订后的规程由 14 章、2 个附录构成,主要修订内容有:

1. 修改完善了部分试验方法的适用范围、仪具材料技术要求、方法与步骤;

2. 补充了部分测试设备的对比试验方法和影响因素修正方法;

3. 取消了手推式激光构造深度仪测定沥青路面构造深度试验方法和落球仪快速测定土基现场 CBR 值试验方法;

4. 删除了沥青路面破损调查方法和水泥混凝土路面破损调查方法,有关内容由相关行业标准规定;

5. 增加了短脉冲雷达路面测厚仪、车载式激光平整度仪、几何数据测试系统、车载式激光构造深度仪、双轮式横向力系数测试系统、动态旋转式摩擦系数测试仪、无核密度仪、动力锥贯入仪、激光或超声波车辙仪等九项新设备的试验方法及沥青混合料质量总量测试方法和半刚性基层透层油渗透深度测试方法。

本规程由交通部公路科学研究院负责具体解释,希望各单位在使用中注意总结经验,及时将意见和建议函告交通部公路科学研究院(地址:北京市海淀区西土城路 8 号,邮政编码:100088,E-mail:s. he@ rioh. cn),以便修订时研用。

主 编 单 位:交通部公路科学研究院

参 编 单 位:北京市道路工程质量监督站

长安大学

主要起草人:和　松　李福普　常成利　刘清泉　陈　景　严二虎

周绪利　宋宏勋　钱敬之　窦光武　张　波

目　录

1　总则 …… 1
2　术语、符号 …… 2
2.1　术语 …… 2
2.2　符号 …… 3
3　现场取样 …… 4
T 0901—2008　取样方法 …… 4
4　几何尺寸 …… 6
T 0911—2008　路基路面几何尺寸测试方法 …… 6
T 0912—2008　挖坑及钻芯法测定路面厚度试验方法 …… 8
T 0913—2008　短脉冲雷达测定路面厚度试验方法 …… 10
T 0914—2008　几何数据测试系统测定路面横坡试验方法 …… 12
5　压实度 …… 13
T 0921—2008　挖坑灌砂法测定压实度试验方法 …… 13
T 0922—2008　核子密湿度仪测定压实度试验方法 …… 17
T 0923—1995　环刀法测定压实度试验方法 …… 20
T 0924—2008　钻芯法测定沥青面层压实度试验方法 …… 23
T 0925—2008　无核密度仪测定压实度试验方法 …… 24
6　平整度 …… 27
T 0931—2008　三米直尺测定平整度试验方法 …… 27
T 0932—2008　连续式平整度仪测定平整度试验方法 …… 28
T 0933—2008　车载式颠簸累积仪测定平整度试验方法 …… 31
T 0934—2008　车载式激光平整度仪测定平整度试验方法 …… 33
7　强度和模量 …… 36
T 0941—2008　土基现场 CBR 值测试方法 …… 36
T 0943—2008　承载板测定土基回弹模量试验方法 …… 38
T 0944—1995　贝克曼梁测定路基路面回弹模量试验方法 …… 42
T 0945—2008　动力锥贯入仪测定路基路面 CBR 试验方法 …… 44
8　承载能力 …… 47
T 0951—2008　贝克曼梁测定路基路面回弹弯沉试验方法 …… 47
T 0952—2008　自动弯沉仪测定路面弯沉试验方法 …… 51
T 0953—2008　落锤式弯沉仪测定弯沉试验方法 …… 54
9　水泥混凝土强度 …… 58
T 0954—1995　回弹仪测定水泥混凝土强度试验方法 …… 58
T 0955—1995　超声回弹法测定路面水泥混凝土抗弯强度试验方法 …… 62
T 0956—1995　射钉法快速测定水泥混凝土强度试验方法 …… 67
10　抗滑性能 …… 70
T 0961—1995　手工铺砂法测定路面构造深度试验方法 …… 70

T 0962—1995　电动铺砂仪测定路面构造深度试验方法 …… 72
T 0966—2008　车载式激光构造深度仪测定路面构造深度试验方法 …… 73
T 0964—2008　摆式仪测定路面摩擦系数试验方法 …… 75
T 0965—2008　单轮式横向力系数测试系统测定路面摩擦系数试验方法 …… 79
T 0967—2008　双轮式横向力系数测试系统测定路面摩擦系数试验方法 …… 82
T 0968—2008　动态旋转式摩擦系数测试仪测定路面摩擦系数试验方法 …… 84
11　渗水 …… 86
T 0971—2008　沥青路面渗水系数测试方法 …… 86
12　错台 …… 88
T 0972—1995　路面错台测试方法 …… 88
13　车辙 …… 90
T 0973—2008　沥青路面车辙测试方法 …… 90
14　施工控制 …… 93
T 0981—2008　热拌沥青混合料施工温度测试方法 …… 93
T 0982—1995　沥青喷洒法施工沥青用量测试方法 …… 94
T 0983—2008　沥青混合料质量总量检验方法 …… 95
T 0984—2008　半刚性基层透层油渗透深度测试方法 …… 97
附录 A　公路路基路面现场测试随机选点方法 …… 99
附录 B　检测路段数据整理方法 …… 106

1 总 则

1.0.1 为适应我国公路建设和管理的需要，保证公路路基路面工程的施工和养护质量，规范各类现场检测仪具与设备、试验方法和操作要求，制定本规程。

1.0.2 本规程适用于公路路基路面的现场调查、工程质量检测以及技术状况检测等。

1.0.3 按本规程规定的试验方法进行测试路段的质量评定或验收时，路段选择及采样方法应遵照相应的施工、养护技术规范或《公路工程质量检验评定标准（土建工程）》（JTG F80/1）的规定进行。

1.0.4 按本规程试验用的仪具设备，均应符合相应的标准规定，并经检验合格。

1.0.5 本规程采用国家法定标准计量单位制。

1.0.6 对公路路基路面进行现场测试时，除应遵照本规程规定外，尚应符合国家和行业现行相关标准及规范的规定。

条文说明

本规程的适用范围主要是公路工程路基路面的原位测试，以及在施工过程中进行质量管理与检查，施工结束后的竣工验收以及道路使用期的路况评定，可供施工单位、工程监理、质量监督部门等使用。从20世纪90年代开始，国内各省公路建设管理部门、科研机构、检测机构及大专院校陆续配备了国内外各种自动化路面测试设备。大量昂贵的进口和国产自动化路面测试设备投入运行使用，对促进公路建设和运营质量的提高起到了很大作用，但也存在很多问题。尤其是同一类设备虽然测试的指标相同，由于生产厂家、工作原理、测试方式及精度控制标准等的不同，导致所有同类设备的检测结果存在较大差别，同时缺乏一个能够共同遵循的测试规程来保证测试质量。另外，各种设备检测出的数据格式、统计方式和标准多种多样。因此，统一和规范自动化检测的标准方法及相关规定非常重要。公路工程的现场测试属于原位测试，但还有一些测试项目，尽管也需要在现场进行，却不属于原位测试性质，已在其他规程，如土工、基层材料、沥青材料、集料等规程中列出，未包括在本规程中。与路基路面使用性能有关的许多测试项目如噪声、振动等公害调查，也未包括在本规程中。

对一个测试项目，往往可以用多种方法测试。例如密度、压实度可以用环刀法、挖坑灌砂法、核子密湿度仪法、钻孔法等，其他许多指标都有类似情况。除已在其他相关规程中列出者外，本规程尽量将各种方法都收入，既照顾各地的使用习惯，又满足各种不同情况选用不同的方法。但施工控制、验收检查、质量评定等往往需要一种标准方法，至于选用何种方法作为标准方法，则以有关的设计、施工及验收等规范的规定为准。

本规程未作规定的现场测试项目和检测设备，可依照国内外有关试验方法的规定进行试验和使用，所采用设备检测结果不符合标准计量要求时，应予换算使用，并在试验报告中说明。

现场测试是为施工过程中质量管理与检查，施工结束后的竣工验收及建立道路管理系统服务的，各相关规范对检测路段选择、检测频率都有具体规定，本规程只对其作原则上的说明，具体可遵照相关规范执行。

2 术语、符号

2.1 术 语

2.1.1 路基宽度 subgrade width

为行车道与路肩宽度之和,以 m 计。当设有中间带、变速车道、爬坡车道、紧急停车带时,尚应包括这些部分的宽度。

2.1.2 路面宽度 pavement width

包括行车道、路缘带、变速车道、爬坡车道、硬路肩和紧急停车带的宽度,以 m 计。

2.1.3 路基横坡 subgrade cross slope

路槽中心线与路槽边缘两点高程差与水平距离的比值,以百分率表示。

2.1.4 路面横坡 pavement cross slope

对无中央分隔带的道路是指路拱表面直线部分的坡度,对有中央分隔带的道路是指路面与中央分隔带交界处及路面边缘与路肩交界处两点的高程差与水平距离的比值,以百分率表示。

2.1.5 路面中线偏位 deviation of pavement center-line

路面实际中心线偏离设计中心线的距离,以 mm 计。

2.1.6 压实度 degree of compaction

筑路材料压实后的干密度与标准最大干密度之比,以百分率表示。

2.1.7 平整度 roughness

路面表面相对于理想平面的竖向偏差。

2.1.8 弹性模量 elastic modulus

材料在弹性极限内应力与应变的比值。

2.1.9 水泥混凝土强度 strength of cement concrete

水泥混凝土标准试件在规定条件下养生后的抗压强度。

2.1.10 弯沉 deflection

在规定的荷载作用下,路基或路面表面产生的总垂直变形值(总弯沉)或垂直回弹变形值(回弹弯沉),以 0.01mm 为单位表示。

2.1.11 构造深度 texture depth

路表面开口空隙的平均深度,即宏观构造深度 TD,以 mm 计。

2.1.12 摆值 British pendulum number

用摆式摩擦系数测定仪测定路面在潮湿条件下的摩擦系数表征值,为摩擦系数的 100 倍,即 BPN。

2.1.13 横向力系数 sideway force coefficient

与行车方向成 20°偏角的测定轮以一定速度行驶时,专用轮胎与潮湿路面之间的测试轮轴向摩擦阻力与垂直荷载的比值,简称 SFC,无量纲。

2.1.14 渗水系数 water permeability coefficient

在规定的初始水头压力下,单位时间内渗入路面规定面积的水的体积,以 mL/min 计。

2.1.15 路面错台 faulted joint slabs

不同构造物或相邻水泥混凝土板块接缝间出现的高程突变,以 mm 计。

2.1.16 车辙 rut

路面经汽车反复行驶产生流动变形、磨损、沉陷后,在车行道行车轨迹上产生的纵向带状辙槽,车辙深度以 mm 计。

2.1.17 土基的现场 CBR 值 field CBR of soil subgrade

在公路土基现场条件下按规定方法进行贯入试验,得到荷载压强—贯入量曲线,读取规定贯入量的荷载压强与标准压强的比值,以百分数表示。

2.2 符 号

δ_m——平整度(最大间隙);

Δ_{CL}——路面中线偏位;

R_U——路面车辙深度;

TD——构造深度;

BPN——摆值;

SFC——横向力系数;

C_w——渗水系数;

E_0——土基回弹模量;

E_1——路面材料回弹模量;

CBR——土基加州承载比;

μ——路面材料泊松比;

VBI——颠簸累积仪位移累积值;

IRI——国际平整度指数;

OWP——车道外侧轮迹带位置;

IWP——车道内侧轮迹带位置。

3 现场取样

T 0901—2008 取样方法

1 目的与适用范围

1.1 本方法适用于路面取芯钻机或路面切割机在现场钻取或切割路面的代表性试样。

1.2 本方法适用于对水泥混凝土面层、沥青混合料面层或水泥、石灰、粉煤灰等无机结合料稳定基层取样，以测定其密度或其他物理力学性质。

1.3 本方法钻孔采取芯样的直径不宜小于最大集料粒径的3倍。

2 仪具与材料技术要求

本方法需要下列仪具与材料：

(1)路面取芯钻机：牵引式(可用手推)或车载式，钻机由发动机或电力驱动。钻头直径根据需要决定，选用 ϕ100mm 或 ϕ150mm 钻头，均有淋水冷却装置。

(2)路面切割机：手推式或牵引式，由发动机或电力驱动，也可利用汽车动力由液压泵驱动，附金刚石锯片，有淋水冷却装置。

(3)台秤。

(4)盛样器(袋)或铁盘等。

(5)干冰(固体 CO_2)。

(6)试样标签。

(7)其他：镐、铁锹、量尺(绳)、毛刷、硬纸、棉纱等。

3 方法与步骤

3.1 准备工作

(1)确定路段。可以是一个作业段、一天完成的路段，或按相关规范的规定选取一定长度的检查路段。

(2)按本规程附录A的方法确定取样的位置。

(3)将取样位置清扫干净。

3.2 取样步骤

(1)在选取采样地点的路面上，先用粉笔对钻孔位置作出标记或画出切割路面的大致面积。切割路面的面积根据目的和需要确定。

(2)用钻机在取样地点垂直对准路面放下钻头，牢固安放钻机，使其在运转过程中不得移动。

(3)开放冷却水，启动电动机，徐徐压下钻杆，钻取芯样，但不得使劲下压钻头。待钻透全厚后，上抬钻杆，拔出钻头，停止转动，不使芯样损坏，取出芯样。沥青混合料芯样及水泥混凝土芯样可用清水漂洗干净备用。

注：由于试验需要不能用水冷却时，应采用干钻孔。此时为保护钻头，可先用干冰约3kg放在取样位置上，冷却路面约1h，钻孔时通以低温 CO_2 等冷却气体以代替冷却水。

(4)用切割机切割时，将锯片对准切割位置，开放冷却水，启动电动机，徐徐压下锯片到要求深度(厚度)，仔细向前推进，到需要长度后抬起锯片，四面全部锯毕后，用镐或铁锹仔细取出试样。取得的路面试块应保持边角完整,颗粒不得散失。

(5)采取的路面混合料试样应整层取样,试样不得破碎。

(6)将钻取的芯样或切割的试块,妥善盛放于盛样器中,必要时用塑料袋封装。

(7)填写样品标签,一式两份,一份粘贴在试样上,另一份作为记录备查。试样标签的示例如图T 0901所示。

(8)对钻孔或被切割的路面坑洞,应采用同类型材料填补压实,但取样时留下的水分应用棉纱等吸走,待干燥后再补坑。

试样编号:____________________

路线或工程名称:____________________

材料品种:____________________

施工日期:____________________

取样日期:____________________

取样位置:桩号____中心线左____m 右____m

取样人:____________________

试样保管人:____________________

备注:____________________

(注明试样用途或试验结果等)

图 T 0901 试样标签示例

条文说明

从路面上钻孔取样是近年来广泛采用的标准试验方法,钻孔试样可用来测定厚度、密度、材料级配及其他许多试验,为此列入本规程中。本方法是总结多年的实践经验编写的。

钻头有两种:一类适用于对水泥混凝土路面与无机结合料稳定基层使用,另一类适用于沥青面层,也可通用,均有淋水冷却装置。芯样的直径取决于钻头,通常有ϕ50mm、ϕ100mm、ϕ150mm,按照试件直径大于最大集料粒径的3倍的要求,对沥青混合料及水泥混凝土路面通常采用ϕ100mm的钻头,对水泥、石灰等无机结合料稳定基层,细粒土可使用ϕ100mm,粗粒土可使用ϕ150mm。

关于钻头不能用水冷却时可采用干冰冷却的方法摘自美国的试验方法。

4 几何尺寸

T 0911—2008 路基路面几何尺寸测试方法

1 目的与适用范围

本方法适用于路基路面各部分的宽度、纵断面高程、横坡及中线平面偏位等几何尺寸的检测，以供道路施工过程、路面交竣工验收及旧路调查使用。

2 仪具与材料技术要求

本方法需要下列仪具与材料：

(1)长度量具：钢卷尺。

(2)经纬仪、精密水准仪、塔尺或全站仪。

(3)其他：粉笔等。

3 方法与步骤

3.1 准备工作

(1)在路基或路面上准确恢复桩号。

(2)根据有关施工规范或《公路工程质量检验评定标准(土建工程)》(JTG F80/1)的要求，按附录A的方法，在一个检测路段内选取测定的断面位置及里程桩号，在测定断面作上标记。通常将路面宽度、横坡、高程及中线平面偏位选取在同一断面位置，且宜在整数桩号上测定。

(3)根据道路设计的要求，确定路基路面各部分的设计宽度的边界位置。在测定位置上用粉笔作上记号。

(4)根据道路设计的要求，确定设计高程的纵断面位置。在测定位置上用粉笔作上记号。

(5)根据道路设计的要求，在与中线垂直的横断面上确定成型后路面的实际中心线位置。

(6)根据道路设计的路拱形状，确定曲线与直线部分的交界位置及路面与路肩(或硬路肩)的交界处，作为横坡检验的基准；当有路缘石或中央分隔带时，以两侧路缘石边缘为横坡测定的基准点，用粉笔作上记号。

3.2 路基路面各部分的宽度及总宽度测试步骤

用钢尺沿中心线垂直方向水平量取路基路面各部分的宽度，以m表示，对高速公路及一级公路，准确至0.005m；对其他等级公路，准确至0.01m。测量时钢尺应保持水平，不得将尺紧贴路面量取，也不得使用皮尺。

3.3 纵断面高程测试步骤

(1)将精密水准仪架设在路面平顺处调平，将塔尺竖立在中线的测定位置上，以路线附近的水准点高程作为基准。测记测定点的高程读数，以m表示，准确至0.001m。

(2)连续测定全部测点，并与水准点闭合。

3.4 路面横坡测试步骤

(1)设有中央分隔带的路面：将精密水准仪架设在路面平顺处调平，将塔尺分别竖立在路面与中央分隔带分界的路缘带边缘 d_1 处及路面与路肩交界位置(或外侧路缘石边缘) d_2 处，d_1 与 d_2 两测点必须在同一横断面上，测量 d_1 与 d_2 处的高程，记录高程读数，以m表示，准确至0.001m。

(2)无中央分隔带的路面:将精密水准仪架设在路面平顺处调平,将塔尺分别竖立在路拱曲线与直线部分的交界位置 d_1 及路面与路肩(或硬路肩)的交界位置 d_2 处,d_1 与 d_2 两测点必须在同一横断面上,测量 d_1 与 d_2 处的高程,记录高程读数,以 m 表示,准确至0.001m。

(3)用钢尺测量两测点的水平距离,以 m 表示,对高速公路及一级公路,准确至0.005m;对其他等级公路,准确至0.01m。

3.5 中线偏位测试步骤

(1)有中线坐标的道路:首先从设计资料中查出待测点 P 的设计坐标,用经纬仪对该设计坐标进行放样,并在放样点 P' 做好标记,量取 PP' 的长度,即为中线平面偏位 Δ_{CL},以 mm 表示。对高速公路及一级公路,准确至5mm;对其他等级公路,准确至10mm。

(2)无中桩坐标的低等级道路:应首先恢复交点或转点,实测偏角和距离,然后采用链距法、切线支距法或偏角法等传统方法敷设道路中线的设计位置,量取设计位置与施工位置之间的距离,即为中线平面偏位 Δ_{CL},以 mm 表示,准确至10mm。

4 计算

4.1 按式(T 0911-1)计算各个断面的实测宽度 B_{1i} 与设计宽度 B_{0i} 之差。总宽度为路基路面各部分宽度之和。

$$\Delta B_i = B_{1i} - B_{0i} \qquad (T\ 0911\text{-}1)$$

式中: B_{1i}——各断面的实测宽度(m);

B_{0i}——各断面的设计宽度(m);

ΔB_i——各断面的实测宽度和设计宽度的差值(m)。

4.2 按式(T 0911-2)计算各个断面的实测高程 H_{1i} 与设计高程 H_{0i} 之差。

$$\Delta H_i = H_{1i} - H_{0i} \qquad (T\ 0911\text{-}2)$$

式中:H_{1i}——各个断面的纵断面实测高程(m);

H_{0i}——各个断面的纵断面设计高程(m);

ΔH_i——各个断面的纵断面实测高程和设计高程的差值(m)。

4.3 各测定断面的路面横坡按式(T 0911-3)计算,准确至一位小数。按式(T 0911-4)计算实测横坡 i_{1i} 与设计横坡 i_{0i} 之差。

$$i_{1i} = \frac{d_{1i} - d_{2i}}{B_{1i}} \times 100 \qquad (T\ 0911\text{-}3)$$

$$\Delta i_i = i_{1i} - i_{0i} \qquad (T\ 0911\text{-}4)$$

式中:i_{1i}——各测定断面的横坡(%);

d_{1i} 及 d_{2i}——3.4 所述各断面测点 d_1 及 d_2 处的高程读数(m);

B_{1i}——各断面测点 d_1 与 d_2 之间的水平距离(m);

i_{0i}——各断面的设计横坡(%);

Δi_i——各测定断面的横坡和设计横坡的差值(%)。

4.4 根据本规程附录 B 的方法计算一个评定路段内各测定断面的宽度、高程、横坡以及中线平面偏位的平均值、标准差、变异系数,但加宽及超高部分的测定值不参与计算。

5 报告

5.1 以评定路段为单位列出桩号、宽度、高程、横坡以及中线偏位测定的记录表,记录平均值、标准差、变异系数。注明不符合规范要求的断面。

5.2 纵断面高程测试报告中应报告实测高程与设计高程的差值,低于设计高程为负,高于设计高程为正。

5.3 路面横坡测试报告中应报告实测横坡与设计横坡的差值。实测横坡小于设计横坡差值为负;实测横坡大于设计横坡差值为正。

条文说明

路基路面的几何尺寸，即宽度、纵断面高程、横坡及中线平面偏位等是施工质量检查及竣工验收的规定项目，根据生产需要，列入本规程。

路基路面宽度的测定方法看起来很简单，但对宽度的定义则各有各的理解，尤其是当路面有路拱、横坡时，路面宽度必须是水平宽度，如果尺子贴地面量，测定的是斜面，这是不正确的。另外，测定时不得使用皮尺，必须使用钢尺。

现在道路设计时对纵断面高程规定的断面位置并不统一，有的以中线位置为设计断面，有的以路基边缘为设计断面，对有无中央分隔带的情况也不一致。为此本方法不规定测定断面的位置，仅规定按照道路设计标准决定测定断面位置。

高程检验的关键在于测定高程的位置是否准确。在路基测定时，施工桩号尚在，还比较容易准确。但在路面竣工以后及旧路调查时，桩号已经没有，或者已成了新桩号，如果恢复桩号位置不准确，高程测定值将无法检验是否符合要求。例如对纵坡5%的路段，桩号相差1m，高程相差5cm，便已超过了竣工验收的允许差。所以本方法规定恢复桩号要准确，这对于用最新的全站仪测量可以做到，但对普通经纬仪，尤其是山区公路就困难了，这一点应当特别注意。

路基路面在中心线处建有路拱时，横坡的测定变得很困难，因为路拱是一个曲线，设计横坡则是指直线部分的横坡。测量时路基横坡是指路槽顶面的横坡，路面横坡是路面中心线与路面边缘高程之差对距离的比值。由于路拱断面往往并非一直线，故测定值仅仅是平均横坡，与设计横断面形状的横坡将有所不同，这一点在比较时应该注意。即可将设计横坡按设计横断面图进行计算，换算成设计的平均横坡，然后计算实测横坡与设计横坡之差。

T 0912—2008　挖坑及钻芯法测定路面厚度试验方法

1　目的与适用范围

本方法适用于路面各层施工过程中的厚度检验及工程交工验收检查使用。

2　仪具与材料技术要求

本方法根据需要选用下列仪具和材料：

(1)挖坑用镐、铲、凿子、锤子、小铲、毛刷。

(2)路面取芯样钻机及钻头、冷却水。钻头的标准直径为ϕ100mm，如芯样仅供测量厚度，不做其他试验时，对沥青面层与水泥混凝土板也可用直径ϕ50mm的钻头，对基层材料有可能损坏试件时，也可用直径ϕ150mm的钻头，但钻孔深度均必须达到层厚。

(3)量尺：钢板尺、钢卷尺、卡尺。

(4)补坑材料：与检查层位的材料相同。

(5)补坑用具：夯、热夯、水等。

(6)其他：搪瓷盘、棉纱等。

3　方法与步骤

3.1　基层或砂石路面的厚度可用挖坑法测定，沥青面层及水泥混凝土路面板的厚度应用钻孔法测定。

3.2　挖坑法厚度测试步骤：

(1)根据现行相关规范的要求，按附录A的方法，随机取样决定挖坑检查的位置，如为旧路，该点有坑洞等显著缺陷或接缝时,可在其旁边检测。

(2)在选择试验地点,选一块约40cm×40cm的平坦表面,用毛刷将其清扫干净。

(3)根据材料坚硬程度,选择镐、铲、凿子等适当的工具,开挖这一层材料,直至层位底面。在便于开挖的前提下,开挖面积应尽量缩小,坑洞大体呈圆形,边开挖边将材料铲出,置于搪瓷盘中。

(4)用毛刷将坑底清扫,确认为下一层的顶面。

(5)将钢板尺平放横跨于坑的两边,用另一把钢尺或卡尺等量具在坑的中部位置垂直伸至坑底,测量坑底至钢板尺的距离,即为检查层的厚度,以mm计,准确至1mm。

3.3 钻孔取芯样法厚度测试步骤:

(1)根据现行相关规范的要求,按附录A的方法,随机取样决定钻孔检查的位置,如为旧路,该点有坑洞等显著缺陷或接缝时,可在其旁边检测。

(2)按本规程T 0901的方法用路面取芯钻机钻孔,芯样的直径应符合本方法第2条的要求,钻孔深度必须达到层厚。

(3)仔细取出芯样,清除底面灰土,找出与下层的分界面。

(4)用钢板尺或卡尺沿圆周对称的十字方向四处量取表面至上下层界面的高度,取其平均值,即为该层的厚度,准确至1mm。

3.4 在沥青路面施工过程中,当沥青混合料尚未冷却时,可根据需要随机选择测点,用大螺丝刀插入至沥青层底面深度后用尺读数,量取沥青层的厚度,以mm计,准确至1mm。

3.5 按下列步骤用与取样层相同的材料填补挖坑或钻孔:

(1)适当清理坑中残留物,钻孔时留下的积水应用棉纱吸干。

(2)对无机结合料稳定层及水泥混凝土路面板,应按相同配合比用新拌的材料分层填补并用小锤压实。水泥混凝土中宜掺加少量快凝早强剂。

(3)对无结合料粒料基层,可用挖坑时取出的材料,适当加水拌和后分层填补,并用小锤压实。

(4)对正在施工的沥青路面,用相同级配的热拌沥青混合料分层填补并用加热的铁锤或热夯压实,旧路钻孔也可用乳化沥青混合料修补。

(5)所有补坑结束时,宜比原面层略鼓出少许,用重锤或压路机压实平整。

注:补坑工序如有疏忽、遗留或补得不好,易成为隐患而导致开裂,所有挖坑、钻孔均应仔细做好。

4 计算

4.1 按式(T 0912)计算路面实测厚度 T_{1i} 与设计厚度 T_{0i} 之差。

$$\Delta T_i = T_{1i} - T_{0i} \quad \text{(T 0912)}$$

式中:T_{1i}——路面的实测厚度(mm);

T_{0i}——路面的设计厚度(mm);

ΔT_i——路面实测厚度与设计厚度的差值(mm)。

4.2 当为检查路面总厚度时,则将各层平均厚度相加即为路面总厚度。按本规程附录B的方法,计算一个评定路段检测厚度的平均值、标准差、变异系数,并计算代表厚度。

5 报告

路面厚度检测报告应列表填写,并记录与设计厚度之差,不足设计厚度为负,大于设计厚度为正。

条文说明

路面厚度是施工过程中质量控制及施工验收的必测项目,故列入本测试规程。此方法按工程实际经验编写。

路面厚度的检测,通常规定以测量钻孔试件厚度或挖坑法为标准试验方法,属于破坏性检验。因此,在沥青路面施工过程中,取消了施工过程中挖坑检测厚度的方法,应尽量采用无破损方法进行检验,以减少对路面造成损坏或留下后患。测定点数或具体的检测方法参照相关规范执行。

T 0913—2008 短脉冲雷达测定路面厚度试验方法

1 目的与适用范围

1.1 本方法适用于采用短脉冲雷达无损检测路面面层厚度。

1.2 本方法的数据采集、传输、记录和数据处理分别由专用软件自动控制进行。

1.3 本方法适用于新建、改建路面工程质量验收和旧路加铺路面设计的厚度调查。

1.4 雷达发射的电磁波在路面层传播过程中会逐渐削弱、消散、层面反射。雷达最大探测深度是由雷达系统的参数以及路面材料的电磁属性决定的。对于材料过度潮湿或饱和以及有高含铁量矿渣集料的路面不适合用本方法测试。

2 仪具与材料技术要求

雷达测试系统由承载车、天线、雷达发射接收器和控制系统组成,设备部分如图T 0913所示。

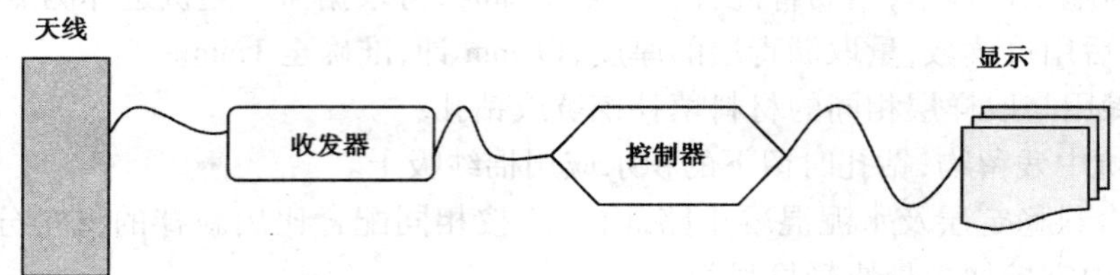

图 T 0913 雷达系统组成图

2.1 设备承载车基本技术要求和参数

设备承载车车型应满足设备制造商的要求。

2.2 测试系统技术要求和参数

(1)距离标定误差:≤0.1%。

(2)设备工作温度:0~40℃。

(3)最小分辨层厚:≤40mm。

(4)系统测量精度要求:见表 T 0913。

表 T 0913 系统测量精度技术要求

测量深度(cm)	测量误差(mm)	测量深度(cm)	测量误差(mm)
<10	±3	>25	±10
10~25	±5		

(5)天线:喇叭形空气耦合天线,带宽能适应所选择的发射脉冲频率。

(6)收发器:脉冲宽度≤1.0ns,时间信号处理能力可以适应所需的测试深度。

3 方法与步骤

3.1 准备工作

(1)距离标定:承载车行驶超过20 000km,更换轮胎,或使用超过1年的情形下需要进行距离标定。距离标定方法根据厂商提供的使用说明进行。

(2)安装雷达天线:将雷达天线按照厂商提供的安装方法牢固安装好,并将天线与主机的连线连接好。

(3)检查连接线安装无误后开机预热,预热时间不得少于厂商规定的时间。

(4)将金属板放置在天线正下方,启动控制软件的标定程序,获取相应参数。

(5)打开控制软件的参数设置界面,根据不同的检测目的,设置采样间隔、时间窗、增益等参数。

3.2 测试步骤

(1)将承载车停在起点,开启安全警示灯,启动软件测试程序,令驾驶员缓慢加速车辆到正常检测速度。

(2)检测过程中,操作人员应记录测试线路所遇到的桥梁、涵洞、隧道等构造物的起终点。

(3)当测试车辆到达测试终点后,操作人员停止采集程序。

(4)芯样标定:为了准确反算出路面厚度,必须知道路面材料的介电常数,通常采用在路面上钻芯取样方法以获取路面材料的介电常数。做法是首先令雷达天线在需要标定芯样点的上方采样,然后钻芯,最后将芯样的真实厚度数据输入到计算程序中,反算出路面材料的介电常数或者雷达波在材料中的传播速度;路面材料的介电常数会随集料类型、沥青产地、密度、湿度等而不同。测试过程中应根据实际情况增加芯样钻取数量,以保证测试厚度的准确性。

(5)操作人员检查数据文件,文件应完整,内容应正常,否则应重新测试。

(6)关闭测试系统电源,结束测试。

4 计算

4.1 计算原理:由于地下介质具有不同的介电常数,造成各种介质具有不同的电导性,电导性的差异影响了电磁波的传播速度。一般用下面公式计算电磁波在不同介质中的传播速度。

$$v = \frac{c}{\sqrt{\varepsilon_r}} \qquad (T\ 0913\text{-}1)$$

式中:v——电磁波在介质中的传播速度(mm/ns);

c——电磁波在空气中的传播速度,取300mm/ns;

ε_r——介质的相对介电常数。

根据雷达波在路面面层中的双程走时以及材料的相对介电常数,用下式确定面层厚度。

$$T = \frac{\Delta t \times c}{2\sqrt{\varepsilon_r}} \qquad (T\ 0913\text{-}2)$$

式中:T——面层厚度(mm);

c——电磁波在空气中的传播速度,取300mm/ns;

ε_r——相对介电常数;

Δt——雷达波在路面面层中的双程走时(ns)。

4.2 路面材料的相对介电常数 ε_r 可以通过路面芯样获得。路面厚度的计算通常先由雷达波识别软件自动识别各层分界线,得到雷达波在各层中的双程走时,然后计算各层厚度。

5 报告

路面厚度测试报告应包括检测路段的厚度平均值、标准差、厚度代表值。

条文说明

短脉冲雷达是目前国内外已普遍用于测试路面结构层厚度的一种无损测试设备。其沥青面层的测试误差一般可控制在3mm内,但是其测试效率是传统方法所无法相比的。考虑到目前国内工程检验中大量使用该设备,故本次修订将其纳入规程。

建议测试路面厚度小于10cm时,宜选用频率大于2GHz的雷达天线;路面厚度为10~25cm时,宜选用频率大于1.5GHz的雷达天线;路面厚度大于25cm时,宜选用频率大于1GHz的雷达天线。

T 0914—2008　几何数据测试系统测定路面横坡试验方法

1　目的与适用范围

1.1　本方法适用于各类几何数据测试系统在正常行车条件下连续采集路面的横坡数据。

1.2　本方法的数据采集、传输、记录和数据处理由专用软件自动控制进行。

1.3　本方法适用于新建、改建路面工程质量验收和无严重坑槽、车辙等病害的通车运行路面的横坡评价。

1.4　测试过程中路面应整洁，宜选择风力较小时。

2　仪具与材料技术要求

几何数据测试系统由承载车、数据采集处理系统和距离测量系统组成。

2.1　设备承载车基本技术要求和参数

几何数据测试系统承载车的车身高度不宜超过1.7m，车型满足设备制造商的要求。

2.2　测试系统技术要求和参数

(1)距离标定误差：≤0.1%。

(2)设备工作温度：-10～60℃。

(3)横坡分辨率：≤0.1°。

3　方法与步骤

3.1　准备工作

(1)检查轮胎气压，使气压达到车辆正常使用的轮胎气压。

(2)距离标定：承载车每行驶5 000km或者更换轮胎必须进行距离标定，距离标定长度1 000m，误差0.1%。

(3)将控制面板电源打开，检查各项控制功能键、指示灯和技术参数选择状态。

3.2　测试步骤

(1)打开测试系统，通电预热时间不少于设备操作手册的规定。

(2)每次测试开始前或连续测试长度超过100km后必须按照设备使用手册规定的方法进行系统偏差标定。

(3)按照设备操作手册的规定和测试路段的现场技术要求设置完毕所需的测试状态。

(4)驾驶员以恒定加速度加速至测试速度，测试车速宜为30～90km/h。沿正常行车轨迹驶入测试路段。测试过程中承载车应沿车道线匀速行驶，不能超车、变线。

(5)进入测试路段后，测试人员在测试过程中必须及时准确地将测试路段的起终点和其他需要特殊标记的点的位置输入测试数据记录中。

(6)当承载车驶出测试路段后，停车，设备操作人员停止数据采集和记录，并恢复仪器各部分至初始状态。

(7)检查测试数据，内容应正常，否则重新测试。

(8)关闭测试系统电源，结束测试。

4　报告

报告应包括横坡值的平均值、标准差和变异系数。

条文说明

本试验方法适用于目前采用激光测距仪、加速度传感器和陀螺仪等设备测试地面横坡的自动化测试系统。由于车辆行驶过程中路面状况和外界风力等因素会影响测试结果，因此对车辆高度和测试速度作了限制性规定。

5 压 实 度

T 0921—2008　挖坑灌砂法测定压实度试验方法

1　目的与适用范围

1.1　本方法适用于在现场测定基层(或底基层)、砂石路面及路基土的各种材料压实层的密度和压实度检测。但不适用于填石路堤等有大孔洞或大孔隙的材料压实层的压实度检测。

1.2　用挖坑灌砂法测定密度和压实度时,应符合下列规定:

(1)当集料的最大粒径小于13.2mm,测定层的厚度不超过150mm时,宜采用ϕ100mm的小型灌砂筒测试。

(2)当集料的最大粒径等于或大于13.2mm,但不大于31.5mm,测定层的厚度不超过200mm时,应用ϕ150mm的大型灌砂筒测试。

2　仪具与材料技术要求

本方法需要下列仪具与材料:

(1)灌砂筒:有大小两种,根据需要采用。形式和主要尺寸见图T 0921及表T 0921。当尺寸与表中不一致,但不影响使用时,亦可使用。上部为储砂筒,筒底中心有一个圆孔。下部装一倒置的圆锥形漏斗,漏斗上端开口,直径与储砂筒的圆孔相同,漏斗焊接在一块铁板上,铁板中心有一圆孔与漏斗上开口相接。在储砂筒筒底与漏斗顶端铁板之间设有开关。开关为一薄铁板,一端与筒底及漏斗铁板铰接在一起,另一端伸出筒身外,开关铁板上也有一个相同直径的圆孔。

表T 0921　灌砂仪的主要尺寸要求

结构		小型灌砂筒	大型灌砂筒
储砂筒	直径(mm)	100	150
	容积(cm^3)	2 120	4 600
流砂孔	直径(mm)	10	15
金属标定罐	内径(mm)	100	150
	外径(mm)	150	200
金属方盘基板	边长(mm)	350	400
	深(mm)	40	50
中孔	直径(mm)	100	150

注:如集料的最大粒径超过31.5mm,则应相应地增大灌砂筒和标定罐的尺寸;如集料的最大粒径超过53mm,灌砂筒和现场试洞的直径应为200mm。

(2)金属标定罐:用薄铁板制作的金属罐,上端周围有一罐缘。

(3)基板:用薄铁板制作的金属方盘,盘的中心有一圆孔。

(4)玻璃板:边长约500~600mm的方形板。

(5)试样盘:小筒挖出的试样可用饭盒存放,大筒挖出的试样可用300mm×500mm×40mm的搪瓷盘存放。

(6)天平或台秤:称量10~15kg,感量不大于1g。用于含水率测定的天平精度,对细粒土、中粒土、粗粒土宜分别为0.01g、0.1g、1.0g。

(7)含水率测定器具:如铝盒、烘箱等。

(8)量砂:粒径0.30~0.60mm清洁干燥的砂,约20~40kg。使用前须洗净、烘干,并放置足够的时间,使其与空气的湿度达到平衡。

(9)盛砂的容器:塑料桶等。

(10)其他:凿子、螺丝刀、铁锤、长把勺、长把小簸箕、毛刷等。

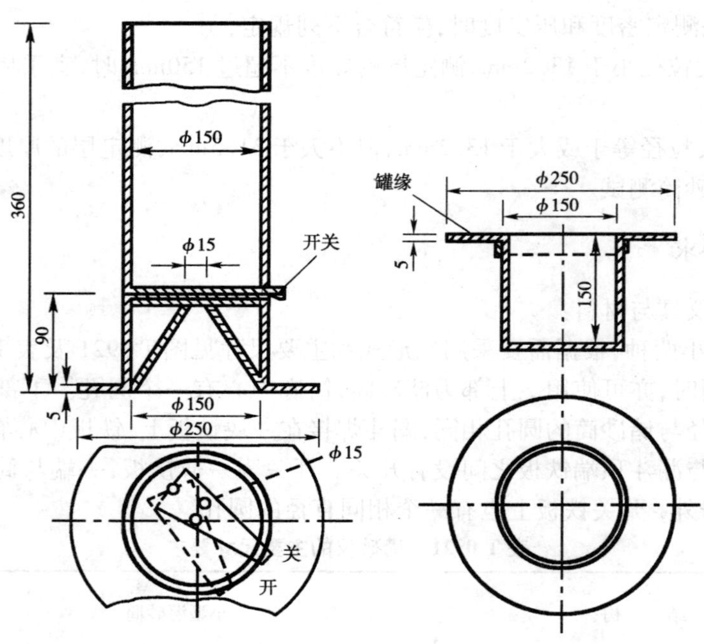

图T 0921　灌砂筒和标定罐(尺寸单位:mm)

3　方法与步骤

3.1　按现行试验方法对检测对象试样用同种材料进行击实试验,得到最大干密度ρ_c及最佳含水率。

3.2　按第1.2条的规定选用适宜的灌砂筒。

3.3　按下列步骤标定灌砂筒下部圆锥体内砂的质量:

(1)在灌砂筒筒口高度上,向灌砂筒内装砂至距筒顶的距离15mm左右为止。称取装入筒内砂的质量m_1,准确至1g。以后每次标定及试验都应该维持装砂高度与质量不变。

(2)将开关打开,使灌砂筒筒底的流砂孔、圆锥形漏斗上端开口圆孔及开关铁板中心的圆孔上下对准重叠在一起,让砂自由流出,并使流出砂的体积与工地所挖试坑内的体积相当(或等于标定罐的容积),然后关上开关。

(3)不晃动储砂筒的砂,轻轻地将罐砂筒移至玻璃板上,将开关打开,让砂流出,直到筒内砂不再下流时,将开关关上,并细心地取走灌砂筒。

(4)收集并称量留在玻璃板上的砂或称量筒内的砂,准确至1g。玻璃板上的砂就是填满筒下部圆锥体的砂(m_2)。

(5)重复上述测量三次,取其平均值。

3.4 按下列步骤标定量砂的松方密度 ρ_s(g/cm^3):

(1)用水确定标定罐的容积 V,准确至1mL。

(2)在储砂筒中装入质量为 m_1 的砂,并将灌砂筒放在标定罐上,将开关打开,让砂流出。在整个流砂过程中,不要碰动灌砂筒,直到储砂筒内的砂不再下流时,将开关关闭。取下灌砂筒,称取筒内剩余砂的质量 m_3,准确至1g。

(3)按式(T 0921-1)计算填满标定罐所需砂的质量 m_a(g):

$$m_a = m_1 - m_2 - m_3 \quad (T\ 0921\text{-}1)$$

式中:m_a——标定罐中砂的质量(g);

m_1——装入灌砂筒内砂的总质量(g);

m_2——灌砂筒下部圆锥体内砂的质量(g);

m_3——灌砂入标定罐后,筒内剩余砂的质量(g)。

(4)重复上述测量三次,取其平均值。

(5)按式(T 0921-2)计算量砂的松方密度 ρ_s:

$$\rho_s = \frac{m_a}{V} \quad (T\ 0921\text{-}2)$$

式中:ρ_s——量砂的松方密度(g/cm^3);

V——标定罐的体积(cm^3)。

3.5 试验步骤

(1)在试验地点,选一块平坦表面,并将其清扫干净,其面积不得小于基板面积。

(2)将基板放在平坦表面上。当表面的粗糙度较大时,则将盛有量砂(m_5)的灌砂筒放在基板中间的圆孔上。将灌砂筒的开关打开,让砂流入基板的中孔内,直到储砂筒内的砂不再下流时关闭开关。取下灌砂筒,并称量筒内砂的质量 m_6,准确至1g。

(3)取走基板,并将留在试验地点的量砂收回,重新将表面清扫干净。

(4)将基板放回清扫干净的表面上(尽量放在原处),沿基板中孔凿洞(洞的直径与灌砂筒一致)。在凿洞过程中,应注意不使凿出的材料丢失,并随时将凿松的材料取出装入塑料袋中,不使水分蒸发,也可放在大试样盒内。试洞的深度应等于测定层厚度,但不得有下层材料混入,最后将洞内的全部凿松材料取出。对土基或基层,为防止试样盘内材料的水分蒸发,可分几次称取材料的质量,全部取出材料的总质量为 m_w,准确至1g。

注:当需要检测厚度时,应先测量厚度后再进行这一步骤。

(5)从挖出的全部材料中取有代表性的样品,放在铝盒或洁净的搪瓷盘中,测定其含水率(w,以%计)。样品的数量如下:用小型灌砂筒测定时,对于细粒土,不少于100g;对于各种中粒土,不少于500g。用大型灌砂筒测定时,对于细粒土,不少于200g;对于各种中粒土,不少于1 000g;对于粗粒土或水泥、石灰、粉煤灰等无机结合料稳定材料,宜将取出的全部材料烘干,且不少于2 000g,称其质量 m_d。

(6)将基板安放在试坑上,将灌砂筒安放在基板中间(储砂筒内放满砂到要求质量 m_1),使灌砂筒的下口对准基板的中孔及试洞,打开灌砂筒的开关,让砂流入试坑内。在此期间,应注意勿碰动灌砂筒。直到储砂筒内的砂不再下流时,关闭开关。仔细取走灌砂筒,并称量筒内剩余砂的质量 m_4,准确至1g。

(7)如清扫干净的平坦表面的粗糙度不大,也可省去(2)和(3)的操作。在试洞挖好后,将灌砂筒直接对准放在试坑上,中间不需要放基板。打开筒的开关,让砂流入试坑内。在此期间,应注意勿碰动灌砂筒。直到储砂筒内的砂不再下流时,关闭开关。仔细取走灌砂筒,并称量剩余砂的质量 m'_4,准确至1g。

(8)仔细取出试筒内的量砂,以备下次试验时再用。若量砂的湿度已发生变化或量砂中混有杂质,则应该重新烘干、过筛,并放置一段时间,使其与空气的湿度达到平衡后再用。

4 计算

4.1 按式(T 0921-3)或式(T 0921-4)计算填满试坑所用的砂的质量 m_b(g):

灌砂时,试坑上放有基板:

$$m_b = m_1 - m_4 - (m_5 - m_6) \tag{T 0921-3}$$

灌砂时,试坑上不放基板:

$$m_b = m_1 - m'_4 - m_2 \tag{T 0921-4}$$

式中: m_b——填满试坑的砂的质量(g);

m_1——灌砂前灌砂筒内砂的质量(g);

m_2——灌砂筒下部圆锥体内砂的质量(g);

m_4、m'_4——不同试验条件下,灌砂后筒内余砂质量(g);

$(m_5 - m_6)$——灌砂筒下部圆锥体内及基板和粗糙表面间砂的合计质量(g)。

4.2 按式(T 0921-5)计算试坑材料的湿密度 ρ_w(g/cm³):

$$\rho_w = \frac{m_w}{m_b} \times \rho_s \tag{T 0921-5}$$

式中:m_w——试坑中取出的全部材料的质量(g);

ρ_s——量砂的松方密度(g/cm³)。

4.3 按式(T 0921-6)计算试坑材料的干密度 ρ_d(g/cm³):

$$\rho_d = \frac{\rho_w}{1 + 0.01w} \tag{T 0921-6}$$

式中:w——试坑材料的含水率(%)。

4.4 当为水泥、石灰、粉煤灰等无机结合料稳定土的场合,可按式(T 0921-7)计算干密度 ρ_d(g/cm³)。

$$\rho_d = \frac{m_d}{m_b} \times \rho_s \tag{T 0921-7}$$

式中:m_d——试坑中取出的稳定土的烘干质量(g)。

4.5 按式(T 0921-8)计算施工压实度。

$$K = \frac{\rho_d}{\rho_c} \times 100 \tag{T 0921-8}$$

式中:K——测试地点的施工压实度(%);

ρ_d——试样的干密度(g/cm³);

ρ_c——由击实试验得到的试样的最大干密度(g/cm³)。

注:当试坑材料组成与击实试验的材料有较大差异时,可以试坑材料做标准击实,求取实际的最大干密度。

5 报告

各种材料的干密度均应准确至0.01g/cm³。

条文说明

本方法系根据 JTJ 057—1983 及 JTJ 051—1993 T 0111 的同类试验方法编写。这些方法基本相同,仅是根据集料的最大粒径及测定层的厚度采用不同大小的灌砂筒及适用的测定对象不同,故合并为一个试验方法。为了与现行《公路工程质量检验评定标准(土建工程)》(JTG F80/1)和《公路沥青路面施工技术规范》(JTG F40)一致,适用范围去掉了贯入式和表面处治部分内容。

挖坑灌砂法是施工过程中最常用的试验方法之一。此方法表面上看起来颇为简单,但实际操作时经常掌握不好,引起较大误差,又因为它是测定压实度的依据,所以是质量检测部门与施工单位之间发生矛盾的环节,因此应严格遵循试验规程的每个细节,以提高试验精度。为使试验做得准确,应注意以下几个环节：

(1)量砂要规则，如果重复使用时一定要注意晾干，处理一致，否则影响量砂的松方密度。

(2)每换一次量砂，都必须测定松方密度，灌砂筒下部圆锥体内砂的数量也应该每次重新标定。因此量砂宜事先准备较多数量。切勿到试验时临时找砂，又不进行标定，仅使用以前的数据。

(3)地表面处理要平，只要表面凸出一点(即使1mm)，使整个表面高出一薄层，其体积便算到试坑中去了，将影响试验结果，因此本方法一般宜采用先放上基板测定一次粗糙表面消耗的量砂。只有在非常光滑的情况下方可省去此步骤操作。

T 0922—2008　核子密湿度仪测定压实度试验方法

1　目的与适用范围

1.1　本方法适用于现场用核子密湿度仪以散射法或直接透射法测定路基或路面材料的密度和含水率，并计算施工压实度。

1.2　核子密湿度仪是现场检测压实度较常用的一种方法，仪器按规定方法标定后，其检测结果可作为工程质量评定与验收的依据。本方法可检测土壤、碎石、土石混合物、沥青混合料和非硬化水泥混凝土等材料。

1.3　本方法属非破坏性检测，允许对同一个测试位置进行重复测试，并监测密度和压实度的变化，以确定合适的碾压方法，达到所要求的压实度。

2　干扰因素

(1)核子密湿度仪对靠近表层材料的密度最为敏感，当测试材料的表面与仪器底部之间存在空隙时，测试结果可能存在表面偏差(仅对散射法)。如果采用直接透射法测试，表面偏差不明显。

(2)材料的粒度、级配、均匀度以及组成成分等因素对密度的测试结果影响较小。但是对一些含有结晶水或有机物的材料，如高岭土、云母、石膏、石灰等可能会对水分的测试有明显的影响，检测时需要与其他可靠的方法进行对比，对测试结果进行调整。

(3)对刚铺筑完的热沥青混合料路面标测时，仪器不能长时间放置在路面上，测试完成后仪器应该从路面上移走冷却，避免影响测试结果。

(4)测量进行时，在周围10m之内不能存在其他核子仪和任何其他放射源。

3　仪器的标定

(1)每12个月以内要对核子密湿度仪进行一次标定。标定可以由仪器生产厂家或独立的有资质的服务机构进行。

(2)对新出厂的仪器事先已经标定过的，可以不标定。对现存仪器如果经过维修后，可能影响仪器的结构，必须进行新的标定后才能使用。现存仪器如果在标定核实过程中被发现不能满足规定的限值，也必须重新标定。

(3)标定后的仪器密度(或含水率)值应达到要求，所有标定块上的每一测试深度上的标定响应应该在±16kg/m^3。

4　仪具与材料技术要求

本方法需要下列仪具与材料：

(1)核子密湿度仪：符合国家规定的关于健康保护和安全使用标准，密度的测定范围为1.12～2.73g/cm^3，测定误差不大于±0.03g/cm^3；含水率测量范围为0～0.64g/cm^3，测定误差不大于±0.015g/cm^3。它主要包括下列部件：

①γ射线源：双层密封的同位素放射源，如铯—137、钴—60或镭—226等。

②中子源:如镅(241)—铍等。

③探测器:γ 射线探测器,如 G-M 计数管;热中子探测器,如氦—3 管。

④读数显示设备:如液晶显示器、脉冲计数器、数率表或直接读数表。

⑤标准计数块:密度和含氢量都均匀不变的材料块,用于标验仪器运行状况和提供射线计数的参考标准。

⑥钻杆:用于打测试孔以便插入探测杆。

⑦安全防护设备:符合国家规定要求的设备。

⑧刮平板、钻杆、接线等。

(2)细砂:0.15 ~0.3mm。

(3)天平或台秤。

(4)其他:毛刷等。

5 方法与步骤

5.1 本方法用于测定沥青混合料面层的压实密度或硬化水泥混凝土等难以打孔材料的密度时宜使用散射法;用于测定土基、基层材料或非硬化水泥混凝土等可以打孔材料的密度及含水率时,应使用直接透射法。

5.2 在表面用散射法测定时,所测定沥青面层的层厚应根据仪器的性能决定最大厚度。用于测定土基或基层材料的压实密度及含水率时,打洞后用直接透射法所测定的层厚不宜大于 30cm。

5.3 准备工作

(1)每天使用前或者对测试结果有怀疑的时候,按下列步骤用标准计数块测定仪器的标准值:

①进行标准值测定时的地点至少离开其他放射源 10m 的距离,地面必须经压实而且平整。

②接通电源,按照仪器使用说明书建议的预热时间,预热测定仪。

③在测定前,应检查仪器性能是否正常。将仪器在标准计数块上放置平稳,按照仪器使用说明书的要求进行标准化计数并判断仪器标准化计数值必须符合要求。如标准化计数值超过规定的限值时,应确认标准计数的方法和环境是否符合要求,并重复进行标准化计数;若第二次标准化计数值仍超出规定的限界时,需视作故障并进行仪器检查。

(2)在进行沥青混合料压实层密度测定前,应用核子密湿度仪与钻孔取样的试件进行标定;测定其他材料密度时,宜与挖坑灌砂法的结果进行标定。标定的步骤如下:

①选择压实的路表面,与试验段测定时的条件一致,对纹理较大的路面必须用细砂填平,然后将仪器放置在测试点上转动几下,或者在测试点上用刮平板平刮几下,以达到测试条件。按要求的测定步骤用核子密湿度仪测定密度,读数。

②在测定的同一位置用钻机钻孔法或挖坑灌砂法取样,量测厚度,按相关规范规定的标准方法测定材料的密度。

③对同一种路面厚度及材料类型,在使用前至少测定 15 处,求取两种不同方法测定的密度的相关关系,其相关系数 R 应不小于 0.95。

(3)测试位置的选择。

①按照附录 A 的方法确定测试位置,但距路面边缘或其他物体的最小距离不得小于 30cm。核子密湿度仪距其他放射源的距离不得少于 10m。

②当用散射法测定时,应按图 T 0922-1 的方法用细砂填平测试位置路表结构凹凸不平的空隙,使路表面平整,能与仪器紧密接触。

③当使用直接透射法测定时,应按图 T 0922-2 的方法用导板和钻杆打孔。在拟测试材料的表面打一个垂直的测试孔,测试孔要以插进探测杆后仪器在测点表面上不倾斜为准。孔深必须大于探测杆达到的测试深度。再按图 T 0922-2 的方法将探测杆放下插入已打好的测试孔内,前后或左右移动仪器,使之安放稳固。

(4)按照规定的时间,预热仪器。

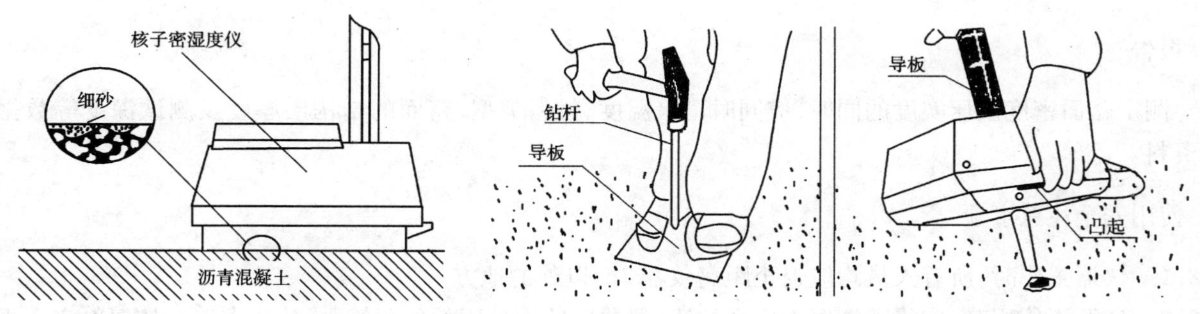

图 T 0922-1　用细砂填平测试位置的方法图　　　　图 T 0922-2　在路表面上打孔的方法

5.4　测试步骤

(1)如用散射法测定沥青混合料压实层密度时，应按图 T 0922-3 的方法将核子仪平稳地置于测试位置上。测点应随机选择，测定温度应与试验段测定时一致，一组不少于 13 点，取平均值。检测精度通过试验路段与钻孔试件比较评定。

(2)如用直接透射法测定时，应按图 T 0922-4 的方法将放射源棒放下插入已预先打好的孔内。

(3)打开仪器，测试员退至距仪器 2m 以外，按照选定的测定时间进行测量，到达测定时间后，读取显示的各项数值，并迅速关机。

注：有关各种型号的仪器在具体操作步骤上略有不同，可按照仪器使用说明书进行。

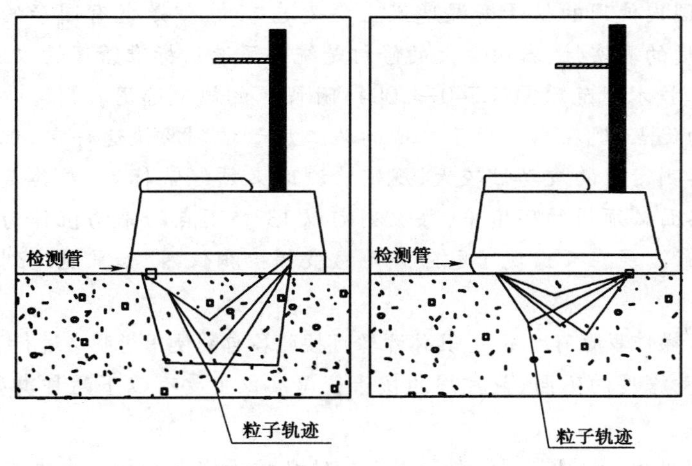

图 T 0922-3　用散射法测定的方法

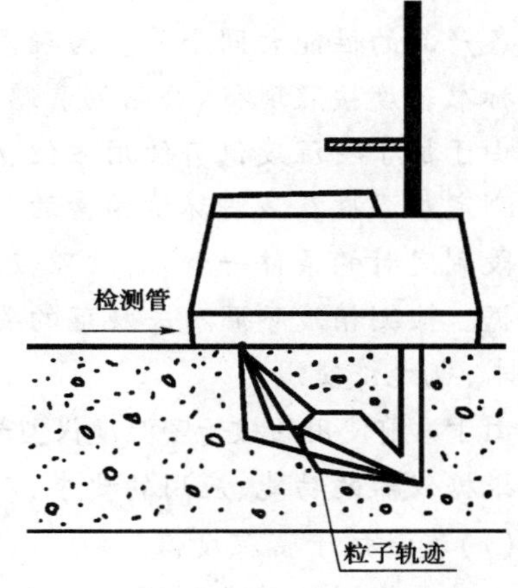

图 T 0922-4　用直接透射法测定的方法

6　计算

按式(T 0922-1)、式(T 0922-2)计算施工干密度及压实度。

$$\rho_d = \frac{\rho_w}{1 + w} \tag{T 0922-1}$$

$$K = \frac{\rho_d}{\rho_c} \times 100 \tag{T 0922-2}$$

式中：K——测试地点的施工压实度(%)；

w——含水率，以小数表示；

ρ_w——试样的湿密度(g/cm^3)；

ρ_d——由核子密湿度仪测定的压实沥青混合料的实际密度(g/cm^3)，一组不少于 13 个点，取平均值；

ρ_c——沥青混合料的标准密度(g/cm^3)，按照《公路沥青路面施工技术规范》(JTG F40—2004)附录 E 的规定选用。

7 报告

测定路面密度及压实度的同时,应同时记录温度、材料类型、路面的结构层厚度及测试深度等数据和资料。

8 使用安全注意事项

8.1 仪器工作时,所有人员均应退至距离仪器2m以外的地方。

8.2 仪器不使用时,应将手柄置于安全位置,仪器应装入专用的仪器箱内,放置在符合核辐射安全规定的地方。

8.3 仪器应由经有关部门审查合格的专人保管,专人使用。从事仪器保管及使用的人员,应符合有关核辐射检测的有关规定。

条文说明

核子密湿度仪是国外用于现场控制压实度最常用的方法,随着国内各种新规范的实施,用核子密湿度仪测定路基路面材料的密度、含水率的检测方法已得到广泛的应用。为了保证其测试数据的可靠性,使原方法更加规范,本次修订参照了2005年版的ASTM D2950—05,主要强调了检测过程中的干扰因素以及对仪器使用时间的标定等问题。目前国内使用的核子密湿度仪主要是进口的,但是也有国产的仪器。各产品的性能大同小异。为确保压实度的真实性,本次最大的修订是统一了选用标准密度的方法,要求标准密度按照现行《公路沥青路面施工技术规范》(JTG F40—2004)附录E的规定选用。

由于核子密湿度仪有使用方便、快速的优点,现在广泛用于工地的施工质量控制及快速评定,但由于受测定层温度及多种环境因素的影响,其测定值的波动性较大,规定检测时必须经常标定,尤其是与试验段测定时的条件一致,对纹理较大的路面必须用细砂填平,每次测定以13个测点的平均值作为一个数据。检测精度参照有关规范的要求执行。现在又出现了电磁式无核破损检测仪器,如果能达到精度要求,也允许使用。

由于目前使用的核子密湿度仪型号太多,操作步骤有所不同,具体步骤可按照各自的使用说明书进行。

根据仪器的功能、应用的要求,以及测量深度的不同,最常用的核子密湿度仪主要有以下两种类型:

(1)浅层核子密湿度仪

通常是指测量深度为30cm的核子密湿度仪,如MC—3C型和MC—4C型核子密湿度仪。也是在公路、铁路等施工中应用最常见的核子密湿度仪。

(2)中层核子密湿度仪(双杆核子密湿度仪)

中层核子密湿度仪测量深度为60~90cm,如MC—S—24和MC—S—36型核子密湿度仪。中层核子密湿度仪的放射源和检测器分别放置于两根不同的探杆的端部,沿水平层面逐层检测被压实材料,一般应用于压实层较厚的情况,特别适用于碾压混凝土(RCC)工程项目的压实检测。

以上两种核子密湿度仪都是用于检测材料的密度和湿度的,工作原理基本一样。但是使用方法和适宜的检测范围不相同。

T 0923—1995 环刀法测定压实度试验方法

1 目的与适用范围

1.1 本方法规定在公路工程现场用环刀法测定土基及路面材料的密度及压实度。

1.2 本方法适用于测定细粒土及无机结合料稳定细粒土的密度。但对无机结合料稳定细粒土,其龄期不宜超过2d,且宜用于施工过程中的压实度检验。

2 仪具与材料技术要求

本方法需要下列仪具与材料：

(1)人工取土器：如图 T 0923-1 所示，包括环刀、环盖、定向筒和击实锤系统(导杆、落锤、手柄)。环刀内径 6～8cm，高 2～3cm，壁厚1.5～2mm。

(2)电动取土器：如图 T 0923-2 所示，由底座、行走轮、立柱、齿轮箱、升降机构、取芯头等组成。

①底座：由底座平台(16)、定位销(15)、行走轮(14)组成。平台是整个仪器的支撑基础；定位销供操作时仪器定位用；行走轮供换点取芯时仪器近距离移动用，当定位时四只轮子可扳起离开地表。

②立柱：由立柱(1)与立柱套(11)组成，装在底座平台上，作为升降机构、取芯机构、动力和传动机构的支架。

③升降机构：由升降手轮(9)、锁紧手柄(8)组成，供调整取芯机构高低用。松开锁紧手柄，转动升降手轮，取芯机构即可升降，到所需位置时拧紧手柄定位。

④取芯机构：由取芯头(10)、升降轴(2)组成。取芯头为金属圆筒，下口对称焊接两个合金钢切削刀头，上端面焊有平盖，其上焊螺母，靠螺旋接于升降轴上。取芯头有三种规格，即 50mm×50mm、70mm×70mm、100mm×100mm，取芯头为可换式。另配有相应的取芯套筒、扳手、铝盒等。

图 T 0923-1　人工取土器

1-手柄；2-导杆；3-落锤；4-环盖；5-环刀；6-定向筒；7-定向筒齿钉；8-试验地面

⑤动力和传动机构：主要由直流电机(4)、调速器(12)、齿轮箱组成，

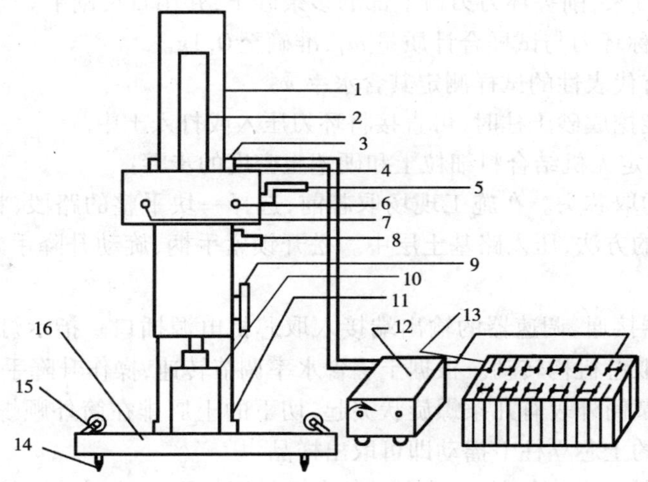

图 T 0923-2　电动取土器

1-立柱；2-升降轴；3-电源输入；4-直流电机；5-升降手柄；6、7-电源指示；8-锁紧手柄；9-升降手轮；10-取芯头；11-立柱套；12-调速器；13-蓄电池；14-定位销；15-行走轮；16-底座平台

另配蓄电池(13)和充电器。当电机工作时，通过齿轮箱的齿轮将动力传给取芯机构，升降轴旋转，取芯头进入旋切工作状态。

⑥电动取土器主要技术参数为：

工作电压 DC24V(36A·h)；

转速 50～70r/min，无级调速；

整机质量约 35kg。

(3)天平：感量 0.1g(用于取芯头内径小于 70mm 样品的称量)，或 1.0g(用于取芯头内径 100mm 样品的称量)。

(4)其他:镐、小铁锹、修土刀、毛刷、直尺、钢丝锯、凡士林、木板及测定含水率设备等。

3 方法与步骤

3.1 按有关试验方法对检测对象试样用同种材料进行击实试验,得到最大干密度及最佳含水率。

3.2 用人工取土器测定黏性土及无机结合料稳定细粒土密度的步骤:

(1)擦净环刀,称取环刀质量 m_2,准确至 0.1g。

(2)在试验地点,将面积约 30cm×30cm 的地面清扫干净,并将压实层铲去表面浮动及不平整的部分,达一定深度,使环刀打下后,能达到要求的取土深度,但不得将下层扰动。

(3)将定向筒齿钉固定于铲平的地面上。顺次将环刀、环盖放入定向筒内与地面垂直。

(4)将导杆保持垂直状态,用取土器落锤将环刀打入压实层中,至环盖顶面与定向筒上口齐平为止。

(5)去掉击实锤和定向筒,用镐将环刀及试样挖出。

(6)轻轻取下环盖,用修土刀自边至中削去环刀两端余土,用直尺检测直至修平为止。

(7)擦净环刀外壁,用天平称取出环刀及试样合计质量 m_1,准确至 0.1g。

(8)自环刀中取出试样,取具有代表性的试样,测定其含水率 w。

3.3 用人工取土器测定砂性土或砂层密度的步骤:

(1)如为湿润的砂土,试验时不需使用击实锤和定向筒,在铲平的地面上,细心挖出一个直径较环刀外径略大的砂土柱,将环刀刃口向下,平置于砂土柱上,用两手平稳地将环刀垂直压下,直至砂土柱突出环刀上端约 2cm 时为止。

(2)削掉环刀口上的多余砂土,并用直尺刮平。

(3)在环刀上口盖一块平滑的木板,一手按住木板,另一手用小铁锹将试样从环刀底部切断,然后将装满试样的环刀反转过来,削去环刀刃口上部的多余砂土,并用直尺刮平。

(4)擦净环刀外壁,称环刀与试样合计质量 m_1,准确至 0.1g。

(5)自环刀中取具有代表性的试样测定其含水率 w。

(6)干燥的砂土不能挖成砂土柱时,可直接将环刀压入或打入土中。

3.4 用电动取土器测定无机结合料细粒土和硬塑土密度的步骤:

(1)装上所需规格的取芯头。在施工现场取芯前,选择一块平整的路段,将四只行走轮打起,四根定位销钉采用人工加压的方法,压入路基土层中。松开锁紧手柄,旋动升降手轮,使取芯头刚好与土层接触,锁紧手柄。

(2)将电瓶与调速器接通,调速器的输出端接入取芯机电源插口。指示灯亮,显示电路已通;启动开关,电动机工作,带动取芯机构转动。根据土层含水率调节转速,操作升降手柄,上提取芯机构,停机,移开机器。由于取芯头圆筒外表有几条螺旋状突起,切下的土屑排在筒外顺螺纹上旋抛出地表,因此,将取芯套筒套在切削好的土芯立柱上摇动即可取出样品。

(3)取出样品,立即按取芯套筒长度用修土刀或钢丝锯修平两端,制成所需规格土芯,如拟进行其他试验项目,装入铝盒,送试验室备用。

(4)用天平称量土芯带套筒质量 m_1,从土芯中心部分取试样测定含水率 w。

3.5 本试验须进行两次平行测定,其平行差值不得大于 0.03g/cm³。求其算术平均值。

4 计算

4.1 按式(T 0923-1)、式(T 0923-2)计算试样的湿密度及干密度。

$$\rho = \frac{4 \times (m_1 - m_2)}{\pi d^2 h} \tag{T 0923-1}$$

$$\rho_d = \frac{\rho}{1 + 0.01w} \tag{T 0923-2}$$

式中:ρ——试样的湿密度(g/cm³);

ρ_d——试样的干密度(g/cm^3);

m_1——环刀或取芯套筒与试样合计质量(g);

m_2——环刀或取芯套筒质量(g);

d——环刀或取芯套筒直径(cm);

h——环刀或取芯套筒高度(cm);

w——试样的含水率(%)。

4.2 按式(T 0923-3)计算施工压实度。

$$K = \frac{\rho_d}{\rho_c} \times 100 \qquad \text{(T 0923-3)}$$

式中:K——测试地点的施工压实度(%);

ρ_d——试样的干密度(g/cm^3);

ρ_c——由击实试验得到的试样的最大干密度(g/cm^3)。

5 报告

试验应报告土的鉴别分类、含水率、湿密度、干密度、最大干密度、压实度等。

条文说明

原规程是参照《公路土工试验规程》(JTJ 051—1993)编写的。本规程修订时,《公路土工试验规程》(JTG E40—2007)已出版,对本试验方法没有作修改,所以本方法不变。

T 0924—2008 钻芯法测定沥青面层压实度试验方法

1 目的与适用范围

1.1 沥青混合料面层的压实度是按施工规范规定的方法测定的混合料试样的毛体积密度与标准密度之比值,以百分率表示。

1.2 本方法适用于检验从压实的沥青路面上钻取的沥青混合料芯样试件的密度,以评定沥青面层的施工压实度。

2 仪具与材料技术要求

本方法需要下列仪具与材料:

(1)路面取芯钻机。

(2)天平:感量不大于0.1g。

(3)水槽。

(4)吊篮。

(5)石蜡。

(6)其他:卡尺、毛刷、小勺、取样袋(容器)、电风扇。

3 方法与步骤

3.1 钻取芯样

按本规程“T 0901 取样方法”钻取路面芯样,芯样直径不宜小于ϕ100mm。当一次钻孔取得的芯样包含有不同层位的沥青混合料时,应根据结构组合情况用切割机将芯样沿各层结合面锯开分层进行测定。

钻孔取样应在路面完全冷却后进行,对普通沥青路面通常在第二天取样,对改性沥青及SMA路面宜在第三天以后取样。

3.2 测定试件密度

(1)将钻取的试件在水中用毛刷轻轻刷净黏附的粉尘。如试件边角有浮松颗粒,应仔细清除。

(2)将试件晾干或用电风扇吹干不少于24h,直至恒重。

(3)按现行《公路工程沥青及沥青混合料试验规程》(JTJ 052)的沥青混合料试件密度试验方法测定试件密度ρ_s。通常情况下采用表干法测定试件的毛体积相对密度;对吸水率大于2%的试件,宜采用蜡封法测定试件的毛体积相对密度;对吸水率小于0.5%特别致密的沥青混合料,在施工质量检验时,允许采用水中重法测定表观相对密度。

3.3 根据《公路沥青路面施工技术规范》(JTG F40—2004)附录E的规定,确定计算压实度的标准密度。

4 计算

4.1 当计算压实度的标准密度采用每天试验室实测的马歇尔击实试件密度或试验路段钻孔取样密度时,沥青面层的压实度按式(T 0924-1)计算。

$$K = \frac{\rho_s}{\rho_0} \times 100 \quad (T\ 0924\text{-}1)$$

式中:K——沥青面层某一测定部位的压实度(%);

ρ_s——沥青混合料芯样试件的实际密度(g/cm^3);

ρ_0——沥青混合料的标准密度(g/cm^3)。

4.2 计算压实度的标准密度采用最大理论密度时,沥青面层的压实度按式(T 0924-2)计算。

$$K = \frac{\rho_s}{\rho_t} \times 100 \quad (T\ 0924\text{-}2)$$

式中:ρ_s——沥青混合料芯样试件的实际密度(g/cm^3);

ρ_t——沥青混合料的最大理论密度(g/cm^3)。

4.3 按本规程附录B的方法,计算一个评定路段检测的压实度的平均值、标准差、变异系数,并计算代表压实度。

5 报告

压实度试验报告应记载压实度检查的标准密度及依据,并列表表示各测点的试验结果。

条文说明

压实度是施工质量管理的最为重要的指标之一,沥青路面的成败与否,压实是最重要的工序。本方法根据国内实践经验,并参照《公路沥青路面施工技术规范》(JTG F40—2004)对钻芯法测压实度的要求,对本方法进行了修订。

压实度的大小取决于实测的压实密度,同样也与标准密度的大小有关。但原来对标准密度的规定并不统一,有些工程在压实度达不到要求时便重新进行马歇尔试验,调整标准密度,只要把标准密度做小一些,压实度马上就高了。如果再把不合格的数据随意舍弃,那么钻孔试件的压实度数据将失去价值。这样实际上是弄虚作假。为防止这种情况,本方法按照《公路沥青路面施工技术规范》(JTG F40—2004)的规定,对标准密度的选用进行了修订,使其与相关规范一致。

T 0925—2008 无核密度仪测定压实度试验方法

1 目的与适用范围

1.1 本方法适用于现场无核密度仪快速测定沥青路面各层沥青混合料的密度,并计算施工压实度,但测定结果不宜用于评定验收或仲裁。

1.2 无核密度仪可用于检测铺筑完工的沥青路面、现场沥青混合料铺筑层密度及快速检查混合料的离析。

1.3 应用无核密度仪时,必须严格标定,通过对比试验检验,确认其可靠性。

1.4 每 12 个月要将无核密度仪送到授权服务中心进行标定和检查。

2 仪具与材料技术要求

本方法需要下列仪具与材料:

(1)无核密度仪:内含电子模块和可充电电池。

①探头:无核,无电容,用于野外测量。

②探测深度:≥4.0cm。

③测量时间:1s。

④精度:0.003g/cm^3。

⑤操作环境温度:0 ~ 70℃。

⑥测试材料表面最高温度:150℃。

⑦湿度:98%且不结露。

(2)标准密度块:供密度标准计数用。

(3)交流充电器或直流充电器。

(4)打印机:用于打印测试数据。

3 方法与步骤

3.1 准备工作

(1)所测定沥青面层的层厚应不大于该仪器性能探测的最大深度。在进行沥青混合料压实层密度测定前,应用无核密度仪与钻孔取样的试件进行标定。

(2)第一次使用前需要对软件进行设置。仪器存储了软件的设置后,操作者无须每次开机后都进行软件的设置。

(3)按照仪器使用说明书的要求综合标定仪器的测量精度。

(4)按照不同的需要选择想要的测量模式。

(5)按照仪器使用说明的规定,进行修正值设置。

3.2 测试步骤

(1)为了保证测量精度,在正式测量前应正确选择测量场地。

(2)把仪器放置平稳,保证仪器不晃动。

(3)为了确保精确测量,仪器应与测量面紧密接触。

(4)在开始测量前应检查仪器的工作状态,如电池电压、内部温度、选择的测量单位、运行参考读数的日期和时间等。

(5)根据需要选择测量模式进行测试。

4 计算

按式(T 0925)计算压实度。

$$K = \frac{\rho_d}{\rho_c} \times 100 \qquad (T\ 0925)$$

式中:K——测试地点的施工压实度(%);

ρ_d——由无核密度仪测定的压实沥青混合料的实际密度(g/cm^3),一组不少于 13 个点,取平均值;

ρ_c——沥青混合料的标准密度(g/cm^3),按照《公路沥青路面施工技术规范》(JTG F40—2004)附录 E 的规定选用。

5 报告

测定路面密度及压实度的同时,应记录气温、路面的结构深度、沥青混合料类型、面层结构及测定厚度等数据和资料。

条文说明

现在,一种新型的电磁无核密度仪使用较多,该仪器采用先进的专利技术,能快速、可靠地给出测试结果。既能用于已有的沥青路面,也能用于新铺的沥青面层。但是使用时必须严格标定,通过对比试验检验其测定精度。由于无核密度仪的探测深度不同,在使用过程中应该根据需要选择不同类型的无核密度仪。

标准密度按照《公路沥青路面施工技术规范》(JTG F40—2004)附录E的规定选用。无核密度仪的类型比较多,本方法是参照2701—B无核密度仪操作手册编写的。对不同类型的仪器操作方法可能会不一样,但基本原理应该大体相同,具体步骤可按照各自的使用说明书或操作规程进行。

6 平 整 度

T 0931—2008 三米直尺测定平整度试验方法

1 目的与适用范围

1.1 本方法规定用三米直尺测定路表面的平整度。定义三米直尺基准面距离路表面的最大间隙表示路基路面的平整度，以 mm 计。

1.2 本方法适用于测定压实成型的路面各层表面的平整度，以评定路面的施工质量，也可用于路基表面成型后的施工平整度检测。

2 仪具与材料技术要求

本方法需要下列仪具与材料：

（1）三米直尺：测量基准面长度为 3m 长，基准面应平直，用硬木或铝合金钢等材料制成。

（2）最大间隙测量器具：

①楔形塞尺：硬木或金属制的三角形塞尺，有手柄。塞尺的长度与高度之比不小于 10，宽度不大于 15mm，边部有高度标记，刻度读数分辨率小于或等于 0.2mm。

②深度尺：金属制的深度测量尺，有手柄。深度尺测量杆端头直径不小于 10mm，刻度读数分辨率小于或等于 0.2mm。

（3）其他：皮尺或钢尺、粉笔等。

3 方法与步骤

3.1 准备工作

（1）按有关规范规定选择测试路段。

（2）测试路段的测试地点选择：当为沥青路面施工过程中的质量检测时，测试地点应选在接缝处，以单杆测定评定；除高速公路以外，可用于其他等级公路路基路面工程质量检查验收或进行路况评定，每 200m 测 2 处，每处连续测量 10 尺。除特殊需要者外，应以行车道一侧车轮轮迹（距车道线 0.8 ~ 1.0 m）作为连续测定的标准位置。对旧路已形成车辙的路面，应取车辙中间位置为测定位置，用粉笔在路面上做好标记。

（3）清扫路面测定位置处的污物。

3.2 测试步骤

（1）施工过程中检测时，按根据需要确定的方向，将三米直尺摆在测试地点的路面上。

（2）目测三米直尺底面与路面之间的间隙情况，确定最大间隙的位置。

（3）用有高度标线的塞尺塞进间隙处，量测其最大间隙的高度（mm）；或者用深度尺在最大间隙位置量测直尺上顶面距地面的深度，该深度减去尺高即为测试点的最大间隙的高度，准确至 0.2mm。

4 计算

单杆检测路面的平整度计算，以三米直尺与路面的最大间隙为测定结果。连续测定 10 尺时，判断每个测定值是否合格，根据要求，计算合格百分率，并计算 10 个最大间隙的平均值。

5　报告

单杆检测的结果应随时记录测试位置及检测结果。连续测定10尺时，应报告平均值、不合格尺数、合格率。

条文说明

平整度是路面使用性能的重要指标之一。它必须通过路基、基层、面层各个层次的精确施工方能得以保证。

路面平整度的测试设备分为断面类及反应类两大类。断面类是实际测定路面表面凹凸情况的，如最常用的三米直尺及连续式平整度仪；还可用精确测定高程得到，国际平整度指数便是以此为基准建立的。这是路面平整度最基本的指标。反应类是利用路面凹凸引起的车辆的振动颠簸，测得驾驶员和乘客直接感受到的平整度指标，因此它实际上得到的是舒适性能的指标，最常用的是车载式颠簸累积仪。

为了与《公路工程质量检验评定标准(土建工程)》(JTG F80/1—2004)和《公路沥青路面施工技术规范》(JTG F40—2004)一致，本规程将三米直尺适用范围进行了修改。本方法适用于测定热拌沥青混合料路面各层施工过程中的接缝及与构造物连接处的平整度，以评定路面的施工质量；也可用于除高速公路以外的其他等级公路路基路面工程质量检查验收或进行路况评定。对正常路段，采用连续式平整度仪测定路面平整度。详细的要求参照相关的规范执行。

三米直尺检测平整度目前在施工过程中还广泛应用。本方法根据实践经验及国内外有关试验方法修订。根据生产需要，对不同检测目的规定了不同的试验方法。

三米直尺测定有单尺测定最大间隙及等距离(1.5m)连续测定两种，它们与用三米连续式平整度仪测定的路面平整度有较好的相关关系。本规程仅规定了单尺测定最大间隙的测试方法。

三米直尺有两种形式：一种两端带有高1cm的垫脚，一种无垫脚。有垫脚的三米直尺，在两端0.75m处有一刻线，用于等距离(1.5m)连续测定，计算标准差。这种三米直尺不适用于单尺测定最大间隙。

T 0932—2008　连续式平整度仪测定平整度试验方法

1　目的与适用范围

1.1　本方法规定用连续式平整度仪量测路面的不平整度的标准差 σ，以表示路面的平整度，以mm计。

1.2　本方法适用于测定路表面的平整度，评定路面的施工质量和使用质量，但不适用于在已有较多坑槽、破损严重的路面上测定。

2　仪具与材料技术要求

本方法需要下列仪具与材料：

(1)连续式平整度仪：

①整体结构：连续式平整度仪构造如图T 0932-1所示。除特殊情况外，连续式平整度仪的标准长度为3m，其质量应符合仪器标准的要求；中间为一个3m长的机架，机架可缩短或折叠，前后各4个行走轮，前后两组轮的轴间距离为3m。

②标准差测量传感器：安装在机架中间，可以是能起落的测定轮，或非接触式位移传感器，如激光或超声位移测量传感器。

③其他辅助机构：蓄电池电源，距离传感器，与数据采集、处理、存储、输出部分配套的采集控制箱及计算机、打印机等。

④测定间距为10cm,每一计算区间的长度为100m并输出一次结果。

⑤可记录测试长度(m)、曲线振幅大于某一定值(如3mm、5mm、8mm、10mm等)的次数、曲线振幅的单向(凸起或凹下)累计值及以3m机架为基准的中点路面偏差曲线图,计算打印。

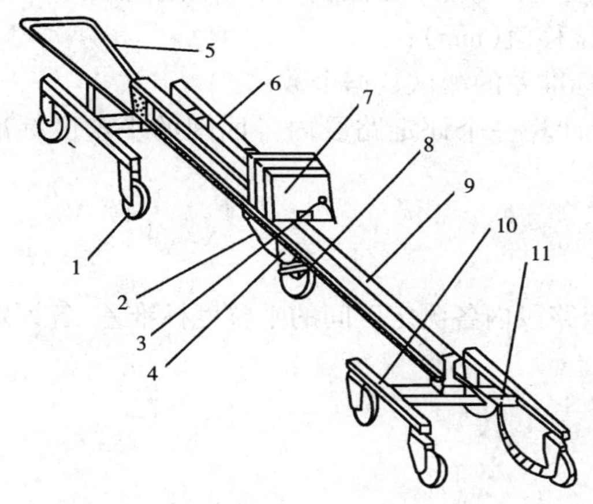

图T 0932-1　连续式平整度仪构造图

1-测量架;2-离合器;3-拉簧;4-脚轮;5-牵引架;6-前架;7-记录计;8-测定轮;9-纵梁;10-后架;11-软轴

⑥机架装有一牵引钩及手拉柄,可用人力或汽车牵引。

(2)牵引车:小面包车或其他小型牵引汽车。

(3)皮尺或测绳。

3　方法与步骤

3.1　准备工作

(1)选择测试路段。

(2)当为施工过程中质量检测需要时,测试地点根据需要决定;当为路面工程质量检查验收或进行路况评定需要时,通常以行车道一侧车轮轮迹带作为连续测定的标准位置。对旧路已形成车辙的路面,取一侧车辙中间位置为测定位置。按第1.2条的规定在测试路段路面上确定测试位置,当以内侧轮迹带(IWP)或外侧轮迹带(OWP)作为测定位置时,测定位置距车道标线80~100cm。

(3)清扫路面测定位置处的脏物。

(4)检查仪器,检测箱各部分应完好、灵敏,并将各连接线接妥,安装记录设备。

3.2　测试步骤

(1)将连续式平整度仪置于测试路段路面起点上。

(2)在牵引汽车的后部,将连续式平整度仪与牵引汽车连接好,按照仪器使用手册依次完成各项操作。

(3)启动牵引汽车,沿道路纵向行驶,横向位置保持稳定。

(4)确认连续式平整度仪工作正常。牵引连续式平整度仪的速度应保持匀速,速度宜为5km/h,最大不得超过12km/h。

在测试路段较短时,亦可用人力拖拉平整度仪测定路面的平整度,但拖拉时应保持匀速前进。

4　计算

4.1　连续式平整度仪测定后,可按每10cm间距采集的位移值自动计算得到每100m计算区间的平整度标准差(mm),还可记录测试长度(m)。

4.2　每一计算区间的路面平整度以该区间测定结果的标准差表示,按式(T 0932)计算:

$$\sigma_i = \sqrt{\frac{\sum d_i^2 - (\sum d_i)^2/N}{N-1}} \tag{T 0932}$$

式中：σ_i——各计算区间的平整度计算值（mm）；

d_i——以100m为一个计算区间，每隔一定距离（自动采集间距为10cm，人工采集间距为1.5m）采集的路面凹凸偏差位移值（mm）；

N——计算区间用于计算标准差的测试数据个数。

4.3 按本规程附录B的方法计算一个评定路段内各区间的平整度标准差的平均值、标准差、变异系数。

5 报告

试验应列表报告每一个评定路段内各测定区间的平整度标准差，各评定路段平整度的平均值、标准差、变异系数以及不合格区间数。

条文说明

平整度是路面施工质量与服务水平的重要指标之一。本方法按国内实际使用经验及国外同类试验方法编写。

在国外，连续式平整度仪的种类很多，长度和结构各不相同，同样是3m，有4轮、8轮、16轮式多种，使用最多的是三米八轮平整度仪。我国目前使用的及本规程规定的标准仪器仅限于三米八轮平整度仪。

平整度计算值以标准差表示，所以与计算区间的长度有很大关系（图T 0932-2），计算区间越长，标准差越小。根据国内习惯，参考国外经验（如日本铺装试验法便览7-2规定计算区间长度为100～300m），本方法规定计算区间长度为100m。

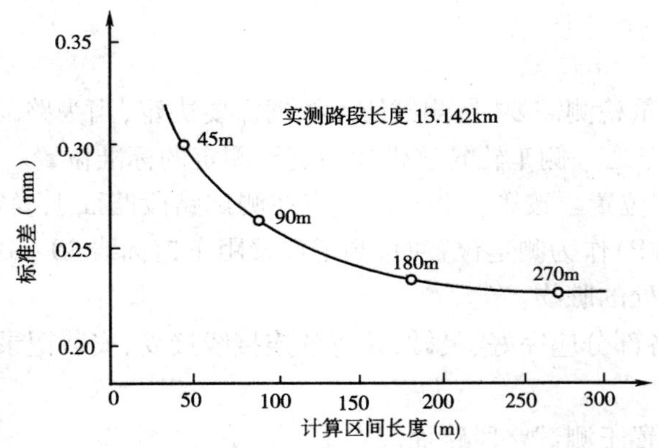

图T 0932-2 平整度计算值（标准差）与计算区间长度的关系示例

本方法规定的三米平整度仪的测定结果与三米直尺连续测定的平整度在原理上相同，计算方法相同，两种不同的方法有较好的相关关系。

平整度以每100m为一计算区间，一个检测路段（通常为1～3km）有若干个计算区间。由测定值得到各计算区间的平整度后，如何评定该检测路段的平整度，由施工过程中的控制标准及交工验收质量标准确定。

现在我国的平整度仪大都有自动计算功能，可自动打印输出测定路段的标准差及振幅大于某一定值（如3mm、5mm、8mm、10mm）的超差次数。而进口的平整度仪有的并无自动计算功能，这是因为国外在测试方法中规定要将某些异常数据，如由于坑洞、接缝、构造物接头、雨水井等人工构造物引起的跳动从记录的曲线中剔除，不参加计算，而自动平整度仪则缺乏自动识别功能。为此，本方法对两种方法即人工计算及自动计算都作了规定，但实际上是有差别的。

T 0933—2008　车载式颠簸累积仪测定平整度试验方法

1　目的与适用范围

1.1　本方法适用于各类颠簸累积仪在新建、改建路面工程质量验收和无严重坑槽、车辙等病害的正常行车条件下连续采集路段平整度数据。

1.2　本方法的数据采集、传输、记录和处理分别由专用软件自动控制进行。

2　仪具与材料技术要求

(1)测试系统

测试系统由承载车辆、距离测量装置、颠簸累积值测试装置和主控制系统组成。主控制系统对测试装置的操作实施控制,完成数据采集、传输、存储与计算过程。

(2)设备承载车要求

根据设备供应商的要求选择测试系统承载车辆。

(3)测试系统基本技术要求和参数

①测试速度:30~80km/h。

②最大测试幅值:±20cm。

③垂直位移分辨率:1mm。

④距离标定误差:<0.5%。

⑤系统工作环境温度:0~60℃。

⑥系统软件能够依据相关关系公式自动对颠簸累积值进行换算,间接输出国际平整度指数IRI。

3　方法与步骤

3.1　准备工作

(1)测试车辆具备下列条件之一时,都应进行仪器测值与国际平整度指数IRI的相关性标定,相关系数 R 应不低于0.99:在正常状态下行驶超过20 000km;标定的时间间隔超过1年;减震器、轮胎等发生更换、维修。

(2)检查测试车轮胎气压,应达到车辆轮胎规定的标准气压;车胎应清洁,不得黏附杂物;车上载重、人数以及分布应与仪器相关性标定试验时一致。

(3)距离测量系统需要现场安装的,根据设备操作手册说明进行安装,确保紧固装置安装牢固。

(4)检查测试系统,各部分应符合测试要求,不应有明显的可视性破损。

(5)打开系统电源,启动控制程序,检查系统各部分的工作状态。

3.2　测试步骤

(1)测试开始之前应让测试车以测试速度行驶5~10km,按照设备操作手册规定的预热时间对测试系统进行预热。

(2)测试车停在测试起点前300~500m处,启动平整度测试系统程序,按照设备操作手册的规定和测试路段的现场技术要求设置完毕所需的测试状态。

(3)驾驶员在进入测试路段前应保持车速在规定的测试速度范围内,沿正常行车轨迹驶入测试路段。

(4)进入测试路段后,测试人员启动系统的采集和记录程序,在测试过程中必须及时准确地将测试路段的起终点和其他需要特殊标记点的位置输入测试数据记录中。

(5)当测试车辆驶出测试路段后,仪器操作人员停止数据采集和记录,并恢复仪器各部分至初始状态。

(6)操作人员检查数据文件,文件应完整,内容应正常,否则需要重新测试。

(7)关闭测试系统电源,结束测试。

4 计算

颠簸累积仪直接测试输出的颠簸累积值 VBI,要按照相关性标定试验得到相关关系式,并以 100m 为计算区间换算成 IRI(以 m/km 计)。

5 颠簸累积仪测值与国际平整度指数 IRI 相关关系对比试验

5.1 基本要求

由于颠簸累积仪测值受测试速度等因素影响,因此测试系统的每一种实际采用的测试速度都应单独进行标定,建立相关关系公式。标定过程及分析结果应详细记录并存档。

5.2 试验条件

(1)按照每段 IRI 值变化幅度不小于 1.0 的范围选择不少于 4 段不同平整度水平的路段,且有足够加速或减速长度的路段。根据实际测试道路 IRI 的分布情况,可以增加某些范围内的标定路段。

(2)每路段长度不小于 300m。

(3)每一段内的平整度应均匀,包括路段前 50m 的引道。

(4)选择坡度变化较小的直线路段,路段交通量小,便于疏导。

(5)标定宜选择在车道的正常行驶轮迹上进行,明确标出标定路段的轮迹、起终点。

5.3 试验步骤

(1)距离标定

①依据设备供应商建议的长度,选择坡度变化较小的平坦直线路段,标出起终点和行驶轨迹。

②标定开始之前应让测试车以测试速度行驶 5 ~ 10km,按照设备操作手册规定的预热时间对测试系统进行预热。

③将测试车的前轮对准起点线,启动距离校准程序,然后令车辆沿着路段轨迹直线行驶,避免突然加速或减速,接近终点时,看指挥人员手势减速停车,确保测试车的前轮对准终点线,结束距离校准程序。重复此过程,确保距离传感器脉冲当量的准确性,应在允许误差范围之内。

(2)参照第 3.2 条,令颠簸累积仪按选定的测试速度测试每个标定路段的反应值,重复测试至少 5 次,取其平均值作为该路段的反应值。

(3)IRI 值的确定

①以精密水准仪作为标准仪具,分别测量标定路段两个轮迹的纵断高程,要求采样间隔为 250mm,高程测试精度为 0.5mm;然后用 IRI 标准计算程序对每个轮迹的纵断面测量值进行模型计算,得到该轮迹的 IRI 值。两个轮迹 IRI 值的平均值即为该路段的 IRI 值。

②其他符合世界银行一类平整度测试标准的纵断面测试仪具也可以作为确定标定路段标准 IRI 值的仪具。

5.4 试验数据处理

用数理统计的方法将各标定路段的 IRI 值和相应的颠簸累积仪测值进行回归分析,建立相关关系方程式,相关系数 R 不得小于 0.99。

6 报告

(1)平整度测试报告应包括颠簸累积值 VBI、国际平整度 IRI 平均值和现场测试速度。

(2)提供颠簸累积值 VBI 与国际平整度指数 IRI 在选定测试条件下的相关关系式及相关系数。

条文说明

目前国内车载式反应类平整度仪(如颠簸累积仪)由于结构和原理简单、价格便宜,故使用范围依然较广,但由于反应类系统的测试结果与自身的动态性能、测试的速度以及路面类型有关,放置较长时间、行驶较长距离以及轮胎和减震器维修、更换等都会影响其动态性能,因此必须制定更为完善的测试规程保证测试结果的准确性。

本方法适用于车载式颠簸累积仪,其他反应类测试设备可参考使用。车载式颠簸累积仪由位移累积机械传感器安装在测试车上组装而成,故组装必须严格按要求做好。如有松动,测定数据将产生偏差。本规程规定了用钢丝绳连接机械传感器的方法,也可采用链条连接,方法可参照本规程执行。

建立反应类平整度仪测试结果(如 VBI)与国际平整度指数 IRI 的相关关系时,可选择不同的测试速度进行标定试验。由于不同车辆承载体系对行驶速度的反应不同,因此应根据不同测试速度分别建立与 IRI 的相关关系。实际现场测试时也必须采用相应的标定速度。

T 0934—2008 车载式激光平整度仪测定平整度试验方法

1 目的与适用范围

1.1 本方法适用于各类车载式激光平整度仪在新建、改建路面工程质量验收和无严重坑槽、车辙等病害及无积水、积雪、泥浆的正常通车条件下连续采集路段平整度数据。

1.2 本方法的数据采集、传输、记录和处理分别由专用软件自动控制进行。

2 仪具与材料技术要求

(1)测试系统

测试系统由承载车辆、距离传感器、纵断面高程传感器和主控制系统组成。主控制系统对测试装置的操作实施控制,完成数据采集、传输、存储与计算过程。

(2)设备承载车要求

根据设备供应商的要求选择测试系统承载车辆。

(3)测试系统基本技术要求和参数

①测试速度:30~100km/h。

②采样间隔:≤500mm。

③传感器测试精度:0.5mm。

④距离标定误差:<0.1%。

⑤系统工作环境温度:0~60℃。

3 方法与步骤

3.1 准备工作

(1)设备安装到承载车上以后应按本方法第5条的规定进行相关性试验。

(2)根据设备操作手册的要求对测试系统各传感器进行校准。

(3)检查测试车轮胎气压,应达到车辆轮胎规定的标准气压,车胎应清洁,不得黏附杂物。

(4)距离测量装置需要现场安装的,根据设备操作手册说明进行安装,确保机械紧固装置安装牢固。

(5)检查测试系统各部分应符合测试要求,不应有明显的可视性破损。

(6)打开系统电源,启动控制程序,检查各部分的工作状态。

3.2 测试步骤

(1)测试开始之前应让测试车以测试速度行驶5~10km,按照设备使用说明规定的预热时间对测试系统进行预热。

(2)测试车停在测试起点前50~100m处,启动平整度测试系统程序,按照设备操作手册的规定和测试路段的现场技术要求设置完毕所需的测试状态。

(3)驾驶员应按照设备操作手册要求的测试速度范围驾驶测试车,宜在50~80km/h之间,避免急加速和急减速,急弯路段应放慢车速,沿正常行车轨迹驶入测试路段。

(4)进入测试路段后,测试人员启动系统的采集和记录程序,在测试过程中必须及时准确地将测试路段的起终点和其他需要特殊标记的位置输入测试数据记录中。

(5)当测试车辆驶出测试路段后,测试人员停止数据采集和记录,并恢复仪器各部分至初始状态。

(6)检查测试数据文件,文件应完整,内容应正常,否则需要重新测试。

(7)关闭测试系统电源,结束测试。

4 计算

激光平整度仪采集的数据是路面相对高程值,应以100m为计算区间长度用IRI的标准计算程序计算IRI值,以m/km计。

5 激光平整度仪测值与国际平整度指数IRI相关关系对比试验

5.1 试验条件

(1)按照每段IRI值变化幅度不小于1.0的范围选择不少于4段不同平整度水平的路段,且有足够加速或减速长度的路段。根据实际测试道路IRI的分布情况,可以适当增加某些范围内的标定路段。

(2)每路段长度不小于300m。

(3)每一段内的平整度应均匀,包括路段前50m的引道。

(4)选择坡度变化较小的直线路段,路段交通量小,便于疏导。

(5)有多个激光测头的系统需要分别标定。

(6)标定宜选择在车道的正常行驶轮迹上进行,明确画出轮迹带测线和起终点位置。

5.2 试验步骤

(1)距离标定

①依据设备供应商建议的长度,选择坡度变化较小的平坦直线路段,标出起终点和行驶轨迹。

②标定开始之前应让测试车以测试速度行驶5~10km,按照设备操作手册规定的预热时间对测试系统进行预热。

③将测试车的前轮对准起点线,启动距离校准程序,然后令车辆沿着路段轨迹直线行驶,避免突然加速或减速,接近终点时,看指挥人员手势减速停车,确保测试车的前轮对准终点线,结束距离校准程序。重复此过程,确保距离传感器测试结果的准确性,应在允许误差范围之内。

(2)参照第3.2条,令所标定的纵断面高程传感器对准测线重复测试5次,取其IRI计算值的平均值作为该路段的测试值。

(3)IRI值的确定

①以精密水准仪作为标准仪具,测量标定路段上测线的纵断高程,要求采样间隔为250mm,高程测试精度为0.5mm;然后用IRI标准计算程序对纵断面测量值进行模型计算,得到标定线路的IRI值。

②其他符合世界银行一类平整度测试标准的纵断面测试仪具也可以作为确定标定路段IRI值的仪具。

5.3 试验数据处理

用数理统计的方法将各标定路段的IRI值和相应的平整度仪测值进行回归分析,建立相关关系方程式,相关系数R不得小于0.99。

6 报告

平整度检测报告应包括以下内容:

(1)国际平整度指数IRI平均值。

(2)提供激光平整度仪测值与国际平整度指数IRI在选定测试条件下的相关关系式及相关系数。

条文说明

高效自动化平整度测试系统种类繁多，结构、原理、操作以及所用的指标均存在较大差异，参照世界银行46号报告对平整度测试方法的研究成果，按其对道路纵断面测试的直接程度以及精确度分为反应类平整度测试系统和纵断面平整度测试系统。

反应类测试系统是通过测量车辆在路面上通行时车轴与车身之间的垂直位移或车身的加速度作为其对路面不平整度的反应值，其测试结果与车辆的动态性能有关，因而具有时间不稳定、不易于转换、难以进行比较等固有特征，需要通过与国际平整度指数IRI之间的相关关系，间接换算成国际平整度指数IRI表征路面的平整度，如车载式颠簸累积仪、BPR平整度测试仪、NAASRA平整度测试仪等。纵断面平整度测试系统是通过测量路面纵向断面高程值，直接计算出国际平整度指数IRI表征路面的平整度，如激光断面测试仪、超声波断面测试仪、APL纵断面分析仪、多轮式平整度测试仪等。这类测试系统要求采样间隔不超过500mm，传感器测试精度为1mm，达不到要求的，则应视为反应类测试系统。

国际平整度指数IRI是由世界银行推荐使用的标准的平整度测试指标，并且在其46号报告里发表了IRI的标准计算程序，采用了1/4车模型。IRI是一个断面类的数学统计指标，具有时间稳定性，易于重现，对路面1.2~30.5m范围内的波长有较好的频率响应特征，与大多数平整度测试结果有良好的相关关系，包括与我国现行规范中使用的标准差σ也有良好的线性关系。以IRI为标准的平整度测试指标，使不同平整度测试系统的结果可以相互比较。

根据世界银行的分类标准，采样间隔小于或等于250mm，断面测量精度为0.5mm的纵断面测试系统，为一类平整度测试系统，如水准仪、手推车断面仪、部分激光平整度仪等。选取5段IRI在0~5m/km范围内不同水平的路面的试验表明，同时用水准仪、手推车断面仪、激光平整度仪进行IRI测定，三种方法的IRI测试结果一致，并且对于所试验的激光平整度仪不同速度的测试结果也具有很好的一致性，因此，我们认为符合世界银行一类平整度标准的仪具，经过系统校准，均可以作为建立反应类测试系统与IRI相关关系的标定工具。

超声波平整度仪的使用可参照本方法。

7　强度和模量

T 0941—2008　土基现场 CBR 值测试方法

1　目的与适用范围

1.1　本方法适用于在现场测定各种土基材料的现场 CBR 值，同时也适合于基层、底基层砂类土、天然砂砾、级配碎石等材料 CBR 值的试验。

1.2　本方法所用试样的最大集料粒径宜小于 19.0mm，最大不得超过 31.5mm。

2　仪具与材料技术要求

本方法需要下列仪具与材料：

(1)荷载装置：装载有铁块或集料等重物的载重汽车，后轴重不小于 60kN，在汽车大梁的后轴之后设有一加劲横梁作反力架用。

(2)现场测试装置：如图 T 0941-1 所示，由千斤顶（机械或液压）、测力计（测力环或压力表）及球座组成。千斤顶可使贯入杆的贯入速度调节成 1mm/min。测力计的容量不小于土基强度，测定精度不小于测力计量程的 1%。

(3)贯入杆：直径 ϕ50mm，长约 200mm 的金属圆柱体。

(4)承载板：每块 1.25kg，直径 ϕ150mm，中心孔眼直径 ϕ52mm，不少于 4 块，并沿直径分为两个半圆块。

(5)贯入量测定装置：由图 T 0941-1 中所示的平台及百分表组成。百分表量程 20mm，精度 0.01mm，数量 2 个，对称固定于贯入杆上，端部与平台接触，平台跨度不小于 50cm。

注：此设备也可用两台贝克曼梁弯沉仪代替。

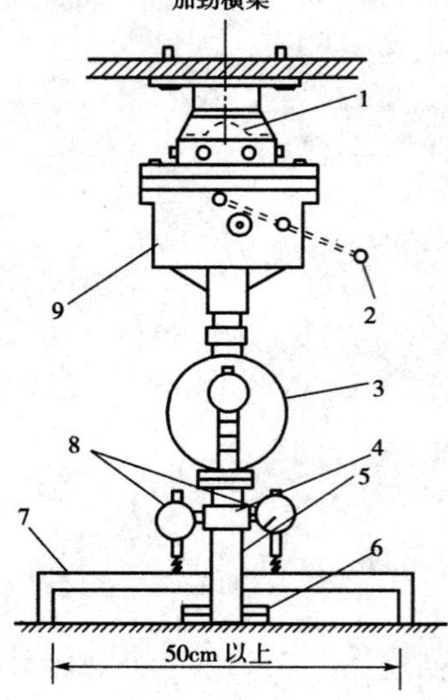

图 T 0941-1　CBR 现场测试装置

1-球座；2-手柄；3-测力计；4-百分表夹具；5-贯入杆；6-承载板；7-平台；8-百分表；9-加载千斤顶

(6)细砂：洁净干燥的细干砂，粒径 0.3 ~ 0.6mm。

(7)其他：铁铲、盘、直尺、毛刷、天平等。

3　方法与步骤

3.1　准备工作

(1)将试验地点约直径 ϕ30cm 范围的表面找平，用毛刷刷净浮土。如表面为粗粒土时，应撒布少许洁净的细砂填平，但不能覆盖全部土基表面避免形成夹层。

(2)安装测试设备：按图 T 0941-1 设置贯入杆及千斤顶。千斤顶顶在加劲横梁上且调节至高度适中。贯入杆应与土基表面紧密接触。

(3)安装贯入量测定装置：将支架平台、百分表（或两台贝克曼梁弯沉仪）按图T 0941-1安装好。

3.2　测试步骤

(1)在贯入杆位置安放 4 块 1.25kg 的分开成半圆的承载板，共 5kg。

(2)试验贯入前，先在贯入杆上施加 45N 荷载后，将测力计及贯入量百分表调零，记录初始读数。

(3)启动千斤顶，使贯入杆以 1mm/min 的速度压入土基，相应于贯入量为 0.5mm、1.0mm、1.5mm、2.0mm、2.5mm、3.0mm、4.0mm、5.0mm、

7.5mm、10.0mm 及12.5mm时,分别读取测力计读数。根据情况,也可在贯入量达 7.5mm 时结束试验。

注:用千斤顶连续加载,两个贯入量百分表及测力计均应在同一时刻读数。当两个百分表读数差值不超过平均值的 30% 时,以其平均值作为贯入量;当两个百分表读数差值超过平均值的 30% 时,应停止试验。

(4)卸除荷载,移去测定装置。

(5)在试验点下取样,测定材料含水率。取样数量如下:

①最大粒径不大于 4.75mm,试样数量约 120g;

②最大粒径不大于 19.0mm,试样数量约 250g;

③最大粒径不大于 31.5mm,试样数量约 500g。

(6)在紧靠试验点旁边的适当位置,用灌砂法(T 0921—2008)或环刀法(T 0923—1995)等测定土基的密度。

4 计算

4.1 用贯入试验得到的等级荷重数除以贯入断面积($19.625cm^2$),得到各级压强(MPa),绘制荷载压强—贯入量曲线,如图 T 0941-2 所示。当图中曲线在起点处有明显凹凸的情况时,应在曲线的拐弯处作切线延长进行修正,以与坐标轴相交的点 O' 作原点,得到修正后的压强—贯入量曲线。

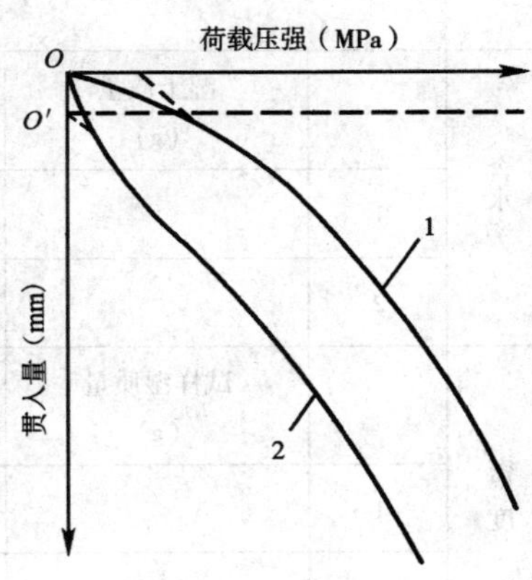

图 T 0941-2 荷载压强—贯入量关系曲线

4.2 从压强—贯入量曲线上读取贯入量为 2.5mm 及 5.0mm 时的荷载压强 p_1,按式(T 0941)计算现场 CBR 值。CBR 一般以贯入量2.5 mm 时的测定值为准,当贯入量 5.0mm 时的 CBR 大于 2.5mm 时的 CBR 时,应重新试验;如重新试验仍然如此时,则以贯入量 5.0mm 时的 CBR 为准。

$$现场\ CBR(\%) = \frac{p_1}{p_0} \times 100 \qquad (T\ 0941)$$

式中:p_1——荷载压强(MPa);

p_0——标准压强,当贯入量为 2.5mm 时为 7MPa,当贯入量为 5.0mm 时 10.5MPa。

5 报告

5.1 本试验采用的记录格式如表 T 0941。

表 T 0941 现场 CBR 值测定记录表

路线和编号　　　　路面结构:

测定层位:

承载板直径(cm):　　　　测定日期:　年　月　日

	预定贯入量(mm)	贯入量百分表读数(0.01mm)			测力计读数	压强(MPa)
		1	2	平均		
加载记录	0					
	0.5					
	1.0					
	1.5					
	2.0					
	2.5					

续上表

	预定贯入量(mm)	贯入量百分表读数(0.01mm)			测力计读数	压强(MPa)
		1	2	平均		
加载记录	3.0					
	4.0					
CBR计算	贯入断面面积： cm^2 相当于贯入量2.5mm时的荷载压强：标准压强 =7MPa　$CBR_{2.5}$ =　(%) 相当于贯入量5.0mm时的荷载压强：标准压强 =10.5MPa　CBR_5 =　(%) 试验结果现场CBR =　(%)					

		湿土质量(g)	干土质量(g)	水质量(g)	含水率(%)	平均含水率(%)
含水率	1					
	2					
		试样湿质量(g)	试样干质量(g)	体积(cm^3)	干密度(g/cm^3)	平均干密度(g/cm^3)
密度	1					
	2					

5.2 试验报告应包括下列结果：

(1)土基含水率(%)；

(2)测点的干密度(g/cm^3)；

(3)现场CBR值及相应的贯入量。

条文说明

土工试验中通常所指的CBR值是土基或基层、底基层材料的加利福尼亚州承载比，是California Bearing Ratio之略称，为室内标准压实的试件经泡水膨胀后进行贯入试验，在荷载压强—贯入量曲线上读取规定贯入量时的荷载压强与标准压强的比值，以百分数表示。标准压强是由优质碎石大量试验得到的，当贯入量为2.5mm时标准压强为7MPa，当贯入量为5.0mm时标准压强为10.5MPa。如果试验条件变化，当然所得到的结果也不一样，例如本方法所指是在公路现场条件下测定的，土基的含水率和压实度与标准条件不同，也未经泡水，但是贯入试验的程序与室内CBR试验相同，所得到的承载比也是从试验得到的荷载压强—贯入量曲线上读取规定贯入量时的荷载压强与标准压强的比值。为了与室内CBR试验一致，本次修订时也要求在试验贯入前，先在贯入杆上施加45N荷载调零后再测试。为了与通常所指的CBR值有所区别，特指为现场CBR值。

T 0943—2008　承载板测定土基回弹模量试验方法

1　目的与适用范围

1.1　本方法适用于在现场土基表面，通过用承载板对土基逐级加载、卸载的方法，测出每级荷载下相应的土基回弹变形值，通过计算求得土基回弹模量。

1.2 本方法测定的土基回弹模量可作为路面设计参数使用。

2 仪具与材料技术要求

本方法需要下列仪具与材料：

(1)加载设施：载有铁块或集料等重物，后轴重不小于60kN的载重汽车一辆，作为加载设备。在汽车大梁的后轴之后约80cm处，附设加劲横梁一根作反力架。汽车轮胎充气压力0.50MPa。

(2)现场测试装置：如图T 0943-1所示，由千斤顶、测力计(测力环或压力表)及球座组成。

(3)刚性承载板一块，板厚20mm，直径为ϕ30cm，直径两端设有立柱和可以调整高度的支座，供安放弯沉仪测头用。承载板安放在土基表面上。

(4)路面弯沉仪两台，由贝克曼梁、百分表及其支架组成。

(5)液压千斤顶一台，80～100kN，装有经过标定的压力表或测力环，其容量不小于土基强度，测定精度不小于测力计量程的1%。

(6)秒表。

(7)水平尺。

(8)其他：细砂、毛刷、垂球、镐、铁锹、铲等。

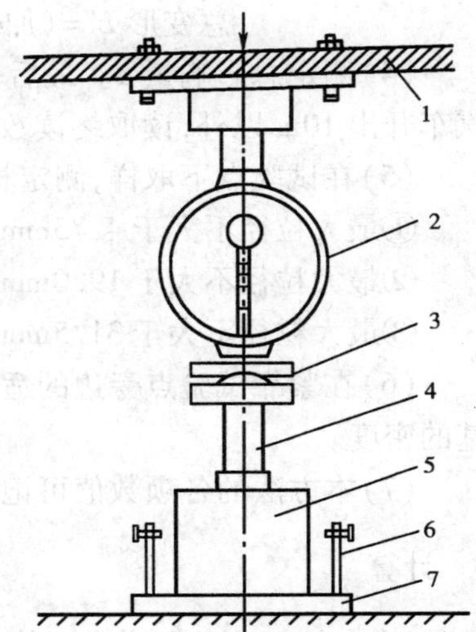

图T 0943-1 承载板试验现场测试装置

1-加劲横梁；2-测力计；3-钢板及球座；4-钢圆筒；5-加载千斤顶；6-立柱及支座；7-承载板

3 方法与步骤

3.1 准备工作

(1)根据需要选择有代表性的测点。测点应位于水平的路基上，土质均匀，不含杂物。

(2)仔细平整土基表面，撒干燥洁净的细砂填平土基凹处。砂子不可覆盖全部土基表面，避免形成夹层。

(3)安置承载板，并用水平尺进行校正，使承载板处于水平状态。

(4)将试验车置于测点上，在加劲横梁中部悬挂垂球测试，使之恰好对准承载板中心，然后收起垂球。

(5)在承载板上安放千斤顶，上面衬垫钢圆筒、钢板，并将球座置于顶部与加劲横梁接触。如用测力环时，应将测力环置于千斤顶与横梁中间，千斤顶及衬垫物必须保持垂直，以免加压时千斤顶倾倒发生事故并影响测试数据的准确性。

(6)安放弯沉仪，将两台弯沉仪的测头分别置于承载板立柱的支座上，百分表对零或其他合适的初始位置上。

3.2 测试步骤

(1)用千斤顶开始加载，注视测力环或压力表，至预压0.05MPa，稳压1min，使承载板与土基紧密接触，同时检查百分表，其工作情况应正常，然后放松千斤顶油门卸载，稳压1min后，将指针对零，或记录初始读数。

(2)测定土基的压力—变形曲线。用千斤顶加载，采用逐级加载卸载法，用压力表或测力环控制加载量，荷载小于0.1MPa时，每级增加0.02MPa，以后每级增加0.04MPa左右。为了使加载和计算方便，加载数值可适当调整为整数。每次加载至预定荷载P后，稳定1min，立即读记两台弯沉仪百分表数值，然后轻轻放开千斤顶油门卸载至0，待卸载稳定1min后，再次读数，每次卸载后百分表不再对零。当两台弯沉仪百分表读数之差不超过平均值的30%时，取平均值；如超过30%，则应重测。当回弹变形值超过1mm时，即可停止加载。

(3)各级荷载的回弹变形和总变形，按以下方法计算：

回弹变形L=(加载后读数平均值－卸载后读数平均值)×弯沉仪杠杆比 (T 0943-1)

总变形 L' =(加载后读数平均值 - 加载初始前读数平均值)× 弯沉仪杠杆比　　(T 0943-2)

(4)测定总影响量 a。最后一次加载卸载循环结束后,取走千斤顶,重新读取百分表初读数,然后将汽车开出 10m 以外,读取终读数,两只百分表的初、终读数差之平均值即为总影响量 a。

(5)在试验点下取样,测定材料含水率。取样数量如下:

①最大粒径不大于 4.75mm,试样数量约 120g;

②最大粒径不大于 19.0mm,试样数量约 250g;

③最大粒径不大于 31.5mm,试样数量约 500g。

(6)在紧靠试验点旁边的适当位置,用灌砂法(T 0921—2008)或环刀法(T 0923—1995)等测定土基的密度。

(7)本方法的各项数值可记录于记录表上。

4 计算

4.1 各级压力的回弹变形值加上该级的影响量后,则为计算回弹变形值。表 T 0943-1 是以后轴重 60kN 的标准车为测试车的各级荷载影响量的计算值。当使用其他类型测试车时,各级压力下的影响量 a_i 按式(T 0943-3)计算:

$$a_i = \frac{(T_1 + T_2)\pi D^2 p_i}{4T_1 Q} \cdot a \quad (T\ 0943\text{-}3)$$

式中:T_1——测试车前后轴距(m);

T_2——加劲小梁距后轴距离(m);

D——承载板直径(m);

Q——测试车后轴重(N);

p_i——该级承载板压力(Pa);

a——总影响量(0.01mm);

a_i——该级压力的分级影响量(0.01mm)。

表 T 0943-1　各级荷载影响量(后轴 60kN 车)

承载板压力(MPa)	0.05	0.10	0.15	0.20	0.30	0.40	0.50
影响量	0.06a	0.12a	0.18a	0.24a	0.36a	0.48a	0.60a

4.2 将各级计算回弹变形值点绘于标准计算纸上,排除显著偏离的异常点并绘出顺滑的 p-L 曲线。如曲线起始部分出现反弯,应按图 T 0943-2 所示修正原点 O,O'则是修正后的原点。

4.3 按式(T 0943-4)计算相应于各级荷载下的土基回弹模量 E_i 值:

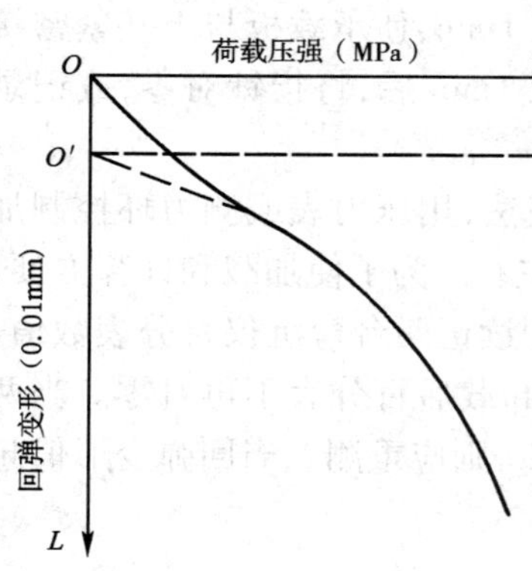

图 T 0943-2　修正原点示意图

$$E_i = \frac{\pi D}{4} \cdot \frac{p_i}{L_i}(1 - \mu_0^2) \quad (T\ 0943\text{-}4)$$

式中:E_i——相应于各级荷载下的土基回弹模量(MPa);

μ_0——土的泊松比,根据相关路面设计规范规定取用;

D——承载板直径,取 30cm;

p_i——承载板压力(MPa);

L_i——相对于荷载 p_i 时的回弹变形(cm)。

4.4 取结束试验前的各回弹变形值按线性回归方法由式(T 0943-5)计算土基回弹模量 E_0 值。

$$E_0 = \frac{\pi D}{4} \cdot \frac{\sum p_i}{\sum L_i}(1 - \mu_0^2) \quad (T\ 0943\text{-}5)$$

式中：E_0——土基回弹模量(MPa)；

μ_0——土的泊松比，根据相关路面设计规范规定选用；

L_i——结束试验前的各级实测回弹变形值；

p_i——对应于 L_i 的各级压力值。

5 报告

5.1 本试验采用的记录格式见表 T 0943-2。

表 T 0943-2 承载板测定记录表

路线和编号： 路面结构：

测定层位： 测定用汽车型号：

承载板直径(cm)： 测定日期： 年 月 日

千斤顶读数	荷载 P (kN)	承载板压力 p (MPa)	百分表读数(0.01mm)			总变形 (0.01mm)	回弹变形 (0.01mm)	分级影响量 (0.01mm)	计算回弹变形 (0.01mm)	E_i (MPa)
			加载前	加载后	卸载后					

总影响量 a(0.01mm)

土基回弹模量 E_0 值(MPa)

5.2 试验报告应记录下列结果：

(1)试验时所采用的汽车；

(2)近期天气情况；

(3)试验时土基的含水率(%)；

(4)土基密度(g/cm^3)和压实度(%)；

(5)相应于各级荷载下的土基回弹模量 E_i 值(MPa)；

(6)土基回弹模量 E_0 值(MPa)。

条文说明

承载板直径有使用 ϕ30cm 的，也有使用 ϕ30.4cm 的，为使用方便，并适应 BZZ-100 标准车的要求，统一为 ϕ30cm。

承载板试验至什么情况结束，现在各单位有一些不同的做法，总的原则是路基应基本上处于弹性变形的范围内，且大体符合路基变形情况，对高速、一级、二级公路，半刚性基层沥青路面、水泥混凝土路面，由于路面较厚，模量较高，交通荷载传递到路基的受力较小，实际上往往小于 0.1MPa，变形小于 0.3～0.5mm；而当路面较薄，公路等级较低时，路基的受力较大，变形就可能达到 0.5～1.0mm。因此，应根据具体情况决定。公路部门多年使用回弹变形到 1mm 结束的规定，建设部门有改为采用压力标准 0.1MPa 的建议，在许多情况下结果相近，但有时会不一样，因为荷载不同时，应力应变直线关系有所变化。请试验时根据情况决定。

计算路基回弹模量 E_i 值时，泊松比 μ_0 是必须用的指标，可根据相关设计规范的规定选用；当无规定时，非黏性土可取0.30，高黏性土取0.50，一般可取0.35或0.40。

T 0944—1995　贝克曼梁测定路基路面回弹模量试验方法

1　目的与适用范围

本方法适用于在土基、厚度不小于1m的粒料整层表面，用弯沉仪测试各测点的回弹弯沉值，通过计算求得该材料的回弹模量值，也适用于在旧路表面测定路基路面的综合回弹模量。

2　仪具与材料技术要求

本方法需要下列仪具与材料：

(1)标准车：按本规程T 0951的规定选用。

(2)路面弯沉仪：由贝克曼梁、百分表及表架组成。贝克曼梁由合金铝制成，上有水准泡，其前臂（接触路面）与后臂（装百分表）长度比为2:1。标准弯沉仪前后臂分别为240mm和120mm，加长弯沉仪分别为360mm和180mm。弯沉采用百分表量得。

(3)路表温度计：分度不大于1℃。

(4)接长杆：直径 ϕ16mm，长500mm。

(5)其他：皮尺、口哨、粉笔、指挥旗等。

3　方法与步骤

3.1　准备工作

(1)选择洁净的路基路面表面作为测点，在测点处做好标记并编号。

(2)无结合料粒料基层的整层试验段（试槽）应符合下列要求：

①整层试槽可修筑在行车带范围内，或路肩及其他合适处，也可在室内修筑，但均应适于用汽车测定弯沉。

②试槽应选择在干燥或中湿路段处，不得铺筑在软土基上。

③试槽面积不小于3m×2m，厚度不宜小于1m。铺筑时，先挖3m×2m×1m（长×宽×深）的坑；然后用欲测定的同一种路面材料按有关施工规范规定的压实层厚度分层铺筑并压实，直至顶面，使其达到要求的压实度标准。应严格控制材料组成，级配均匀一致，符合施工质量要求。

④试槽表面的测点间距可按图T 0944布置在中间2m×1m的范围内，可测定23点。

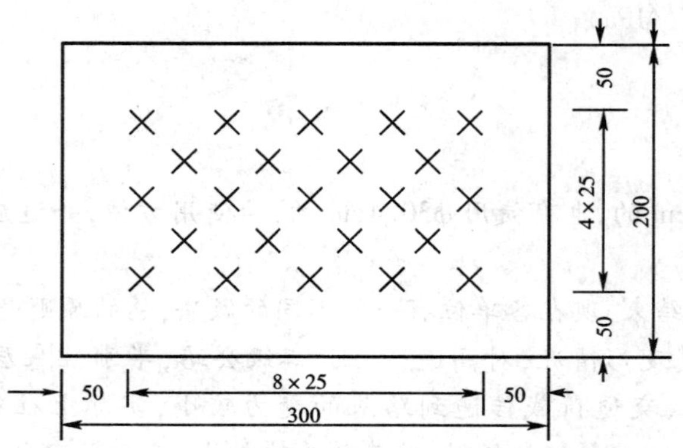

图T 0944　试槽表面的测点布置（单位：cm）

3.2 测试步骤

按本规程 T 0951 的方法选择适当的标准车,实测各测点处的路面回弹弯沉值 L_i。如在旧沥青面层上测定时,应读取温度,并按 T 0951 规定的方法进行测定弯沉值的温度修正,得到标准温度 20℃时的弯沉值。

4 计算

4.1 按式(T 0944-1)、式(T 0944-2)、式(T 0944-3)计算全部测定值的算术平均值 $\bar{L}$,单次测量的标准差 S_0 和自然误差 r_0。

$$\bar{L} = \frac{\sum L_i}{N} \tag{T 0944-1}$$

$$S = \sqrt{\frac{\sum (L_i - L)^2}{N - 1}} \tag{T 0944-2}$$

$$r_0 = 0.675S \tag{T 0944-3}$$

式中:$\bar{L}$——回弹弯沉的平均值(0.01mm);

S——回弹弯沉测定值的标准差(0.01mm);

r_0——回弹弯沉测定值的自然误差(0.01mm);

L_i——各测点的回弹弯沉值(0.01mm);

N——测点总数。

4.2 计算各测点的测定值与算术平均值的偏差值 $d_i = L_i - \bar{L}$,并计算较大的偏差与自然误差之比 d_i/r_0。当某个测点的观测值的 d_i/r_0 值大于表 T 0944-1 中的 d/r 极限值时,则应舍弃该测点;然后重复式(T 0944-1)的步骤计算所余各测点的算术平均值 $\bar{L}$ 及标准差 S。

表 T 0944-1 相应于不同观测次数的 *d/r* 极限值

N	5	10	15	20	50
d/r	2.5	2.9	3.2	3.3	3.8

4.3 按式(T 0944-4)计算代表弯沉值。

$$L_1 = \bar{L} + S \tag{T 0944-4}$$

式中:L_1——计算代表弯沉;

$\bar{L}$——舍弃不合要求的测点后所余各测点弯沉的算术平均值;

S——舍弃不合要求的测点后所余各测点弯沉的标准差。

4.4 按式(T 0944-5)计算土基、整层材料的回弹模量 E_1 或旧路的综合回弹模量。

$$E_1 = \frac{2p\delta}{L_1}(1 - \mu^2)a \tag{T 0944-5}$$

式中:E_1——计算的土基、整层材料的回弹模量或旧路的综合回弹模量(MPa);

p——测定车轮的平均垂直荷载(MPa);

δ——测定用标准车双圆荷载单轮传压面当量圆的半径(cm);

μ——测定层材料的泊松比,根据相关路面设计规范的规定取用;

a——弯沉系数,为 0.712。

5 报告

报告应包括弯沉测定表、计算的代表弯沉、采用的泊松比及计算得到的材料回弹模量 E_1 等,对沥青路面应报告测试时的路面温度。

条文说明

原方法是按照《公路柔性路面设计规范》(JTJ 014—87)的方法编写的,而现行设计规范中对标准轴载早已改为 BZZ-100,取消了 BZZ-60,所以本次修改对标准车按本规程 T 0951 的规定选用。

计算土基及整层材料的回弹模量 E_1 或旧路的综合回弹模量时,材料的泊松比是必须用的指标,但泊松比是随测定方法及使用条件不同而异的,我国历来取用相同的值,为此本规程不作具体规定,取用时可参照设计规范的值。当无规定时,可参考美国 AASHTO 路面设计指南 1987 年版的规定,如表 T 0944-2所列(此表规定仅适用于弯沉计算)。其中,路基 μ 值我国通常采用 0.35,沥青材料通常采用 0.25,有所不同。

表 T 0944-2 AASHTO 规定的道路材料供弯沉计算用的泊松比 μ 值

<table>
<tr><th>材 料</th><th>泊松比范围</th><th colspan="6">备 考</th><th>常用泊松比</th></tr>
<tr><td>水泥混凝土</td><td>0.10 ~ 0.20</td><td colspan="6"></td><td>0.15</td></tr>
<tr><td rowspan="2">沥青混凝土
沥青碎石</td><td rowspan="2">0.15 ~ 0.45</td><td>温度(℃)</td><td><0</td><td>20</td><td>30</td><td>40</td><td>>50</td><td rowspan="2">0.35</td></tr>
<tr><td>μ</td><td>0.15</td><td>0.2</td><td>0.3</td><td>0.4</td><td>0.45</td></tr>
<tr><td>水泥稳定基层</td><td>0.15 ~ 0.30</td><td colspan="6" rowspan="2">无裂缝龄期长取小值,裂缝多龄期短取大值</td><td>0.20</td></tr>
<tr><td>石灰粉煤灰稳定基层</td><td>0.15 ~ 0.30</td><td>0.25</td></tr>
<tr><td>无结合料粒料基层</td><td>0.30 ~ 0.40</td><td colspan="6">碎石取低值</td><td>0.35</td></tr>
<tr><td>土基</td><td>0.30 ~ 0.50</td><td colspan="6">非黏性土 0.30,高黏性土可近 0.50</td><td>0.40</td></tr>
</table>

T 0945—2008 动力锥贯入仪测定路基路面 CBR 试验方法

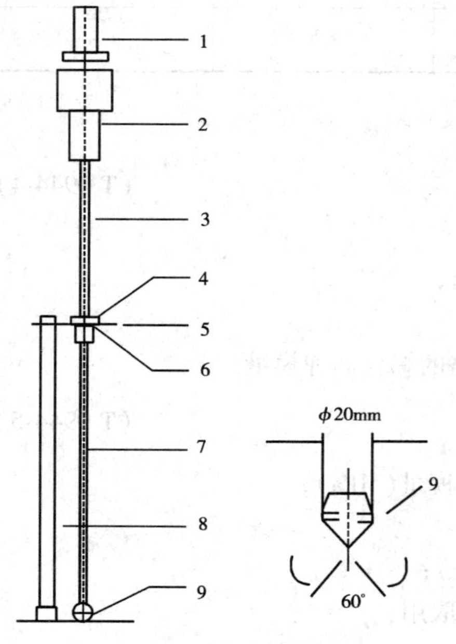

图 T 0945-1 动力锥贯入仪的结构与形状示意图
1-手柄;2-落锤;3-导向杆;4-联轴器;5-扶手;6-夹紧环;7-探杆;8-1m 刻度尺;9-锥头

1 目的与适用范围

本方法适用于动力锥贯入仪(DCP)现场快速测定或评估无结合料材料路基、路面的强度。

2 仪具与材料技术要求

本方法需要下列仪具与材料:

(1)动力锥贯入仪(DCP):结构与形状如图T 0945-1所示,包括手柄、落锤、导向杆、联轴器(锤座)、扶手、夹紧环、探杆、1m 刻度尺、锥头。

标准落锤质量为 8kg 或 10kg。

锥头锥尖角度为90°、60°或30°等,最大直径20mm。锥头最大允许磨损尺寸,尖端为 4mm,直径为 10%,否则必须更换。

(2)电钻。

(3)其他:扳手、铁铲、记录本等。

3 方法与步骤

3.1 准备工作

(1)利用当地材料进行对比试验,建立现场 CBR 值或强度与用 DCP 测定的贯入度 D_d 或贯入阻力 Q_d 之间的相关关系。测点数宜不少于 15 个,相关系数 R 应不小于0.95。

(2)放入落锤,将仪器的导向杆与探杆在联轴器处紧固连接,保证不会松动。

(3)将 DCP 竖直立于硬地(如混凝土)上,然后记录零读数。

(4)根据需要选择有代表性的测点,测点应位于平整的路基、路面基层、面层上。如果要探测的层位上面有难以穿透的坚硬结构层时,应钻孔或刨挖至其顶面。

3.2 测试步骤

(1)将 DCP 放至测点位置。一人手扶仪器手柄,使探杆保持竖直。一人提起落锤至导向杆顶端,然后松开,使之呈自由落体下落。如果试验中探杆稍有倾斜,不可扶正;如果倾斜较大,造成落锤不是自由落体,则该点试验应废弃。

(2)读取贯入深度。每贯入约10mm 读一次数,记录锤击数和贯入量(mm)。

注:对于粒料基层,可能每5次或10次锤击读数一次;对于比较软弱的结构层,可能每1~2次锤击读数一次。

(3)连续锤击、测量,直到需要的结构层深度。当材料层坚硬,贯入量低到连续锤击10次而无变化时,可以停止试验或钻孔透过后继续试验。

(4)将落锤移走,从探坑中取出 DCP 仪器。

4 计算

(1)DCP 的测试结果可用以锤击次数为横坐标、贯入深度为纵坐标的贯入曲线表示,或使用专用的计算机程序进行处理,得出结构层材料的现场强度或 CBR 值等。

(2)通常可以计算出贯入度(平均每次的贯入量,mm/锤击次数)D_d,按得出的相关关系公式(T 0945-1)计算 CBR 值。

$$\lg(\mathrm{CBR}) = a - b \cdot \lg D_d \quad \text{(T 0945-1)}$$

式中:CBR——结构层材料的现场 CBR 值;

D_d——贯入度(mm);

a、b——回归系数。

(3)也可以按荷兰公式(T 0945-2)计算出动贯入阻力 Q_d,按得出的相关关系公式(T 0945-3)计算 CBR 值。

$$Q_d = \frac{m}{m + m_0} \cdot \frac{MgH}{A} \quad \text{(T 0945-2)}$$

式中:Q_d——动贯入阻力(kPa);

m_0——贯入器即被打入部分(包括锥头、探杆、锤座和导向杆等)的质量(kg);

m——落锤质量(kg);

g——重力加速度,$g = 9.8\mathrm{m/s^2}$;

H——落距(m);

A——探头截面积($\mathrm{cm^2}$)。

$$\lg(\mathrm{CBR}) = a + b \cdot \lg Q_d \quad \text{(T 0945-3)}$$

式中:CBR——结构层材料的现场 CBR 值;

Q_d——动贯入阻力(kPa);

a、b——回归系数。

5 报告

5.1 本试验采用的记录格式见表 T 0945。

5.2 测试报告应包括下列事项:

(1)动力锥贯入仪的型号参数;

(2)各测点的位置桩号、锤击次数及相应的贯入量,并附贯入曲线图;

(3)数据处理方法,现场强度或 CBR 值、结构层厚度等。

表 T 0945　动力锥贯入仪试验记录表

工程名称：		路面(路基)结构：		
测点桩号：		测试日期：　年　月　日		
序号	锤击次数	∑锤击次数	贯入深度(mm)	贯入度 D_d(mm)

条文说明

动力锥贯入仪(Dynamic Cone Penetrometer,简称 DCP)在英国、美国、南非等国家被广泛用于测定路面结构性能,法国还使用一种类似的可变能量动力贯入仪(PANDA)进行压实控制(《压实质量控制——可变能量贯入仪法》标准 XP P 94-105)。

动力锥贯入仪技术要求参考了英国运输研究院(TRL)的标准,也可以使用 PANDA 等自动测试和记录的贯入仪。研究结果表明,锥头锥尖角度对测试结果的影响并不显著,90°、60°使用较多。

国内外有关贯入度或贯入阻力与 CBR 等指标的关系式很多,但应根据实际情况标定后采用。

图 T 0945-2 为英国 TRL《沥青路面结构设计指南(第 31 号)》中所列的 CBR 与贯入度(DCR)关系图。

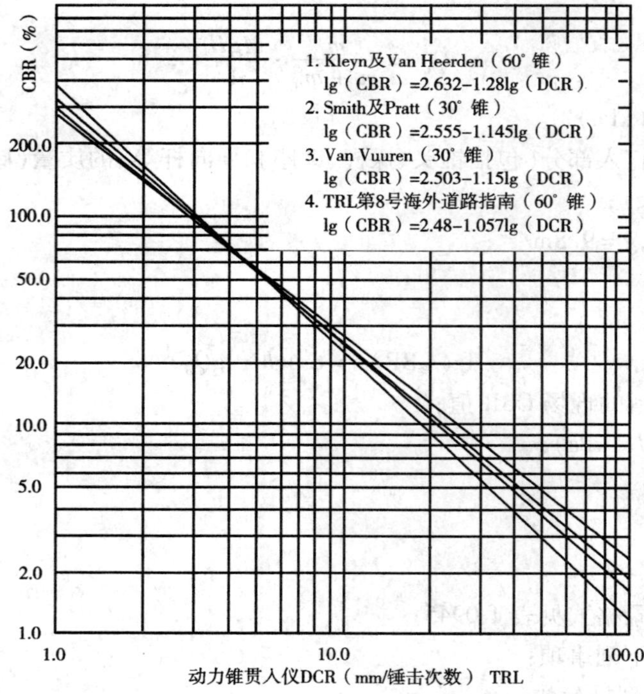

图 T 0945-2　DCR-CBR 关系图

8 承载能力

T 0951—2008 贝克曼梁测定路基路面回弹弯沉试验方法

1 目的与适用范围

1.1 本方法适用于测定各类路基路面的回弹弯沉以评定其整体承载能力，可供路面结构设计使用。

1.2 沥青路面的弯沉检测以沥青面层平均温度20℃时为准，当路面平均温度在20℃ ±2℃以内可不修正，在其他温度测试时，对沥青层厚度大于5cm 的沥青路面，弯沉值应予温度修正。

2 仪具与材料技术要求

本方法需要下列仪具与材料：

(1)标准车：双轴，后轴双侧4轮的载重车。其标准轴荷载、轮胎尺寸、轮胎间隙及轮胎气压等主要参数应符合表T 0951 的要求。测试车应采用后轴10t 标准轴载BZZ-100 的汽车。

(2)路面弯沉仪：由贝克曼梁、百分表及表架组成。贝克曼梁由合金铝制成，上有水准泡，其前臂(接触路面)与后臂(装百分表)长度比为2∶1。弯沉仪长度有两种：一种长3.6m，前后臂分别为2.4m 和1.2m；另一种加长的弯沉仪长5.4m，前后臂分别为3.6m 和1.8m。当在半刚性基层沥青路面或水泥混凝土路面上测定时，应采用长度为5.4m 的贝克曼梁弯沉仪；对柔性基层或混合式结构沥青路面可采用长度为3.6m 的贝克曼梁弯沉仪测定。弯沉采用百分表量得，也可用自动记录装置进行测量。

(3)接触式路表温度计：端部为平头，分度不大于1℃。

(4)其他：皮尺、口哨、白油漆或粉笔、指挥旗等。

表T 0951 弯沉测定用的标准车参数

标准轴载等级	BZZ-100
后轴标准轴载 P(kN)	100 ±1
一侧双轮荷载(kN)	50 ±0.5
轮胎充气压力(MPa)	0.70 ±0.05
单轮传压面当量圆直径(cm)	21.30 ±0.5
轮隙宽度	应满足能自由插入弯沉仪测头的测试要求

3 方法与步骤

3.1 准备工作

(1)检查并保持测定用标准车的车况及制动性能良好，轮胎胎压符合规定充气压力。

(2)向汽车车槽中装载(铁块或集料)，并用地中衡称量后轴总质量及单侧轮荷载，均应符合要求的轴重规定，汽车行驶及测定过程中，轴重不得变化。

(3)测定轮胎接地面积：在平整光滑的硬质路面上用千斤顶将汽车后轴顶起，在轮胎下方铺一张新的复写纸和一张方格纸，轻轻落下千斤顶，即在方格纸上印上轮胎印痕，用求积仪或数方格的方法测算轮胎接地面积，准确至0.1cm^2。

(4)检查弯沉仪百分表量测灵敏情况。

(5)当在沥青路面上测定时，用路表温度计测定试验时气温及路表温度(一天中气温不断变化，应随时测定),并通过气象台了解前5d的平均气温(日最高气温与最低气温的平均值)。

(6)记录沥青路面修建或改建材料、结构、厚度、施工及养护等情况。

3.2 测试步骤

(1)在测试路段布置测点,其距离随测试需要而定。测点应在路面行车车道的轮迹带上,并用白油漆或粉笔画上标记。

(2)将试验车后轮轮隙对准测点后约3~5cm处的位置上。

(3)将弯沉仪插入汽车后轮之间的缝隙处,与汽车方向一致,梁臂不得碰到轮胎,弯沉仪测头置于测点上(轮隙中心前方3~5cm处),并安装百分表于弯沉仪的测定杆上,百分表调零,用手指轻轻叩打弯沉仪,检查百分表应稳定回零。

弯沉仪可以是单侧测定,也可以是双侧同时测定。

(4)测定者吹哨发令指挥汽车缓缓前进,百分表随路面变形的增加而持续向前转动。当表针转动到最大值时,迅速读取初读数 L_1。汽车仍在继续前进,表针反向回转,待汽车驶出弯沉影响半径(约3m以上)后,吹口哨或挥动指挥红旗,汽车停止。待表针回转稳定后,再次读取终读数 L_2。汽车前进的速度宜为5km/h左右。

3.3 弯沉仪的支点变形修正

(1)当采用长度为3.6m的弯沉仪进行弯沉测定时,有可能引起弯沉仪支座处变形,在测定时应检验支点有无变形。如果有变形,此时应用另一台检测用的弯沉仪安装在测定用弯沉仪的后方,其测点架于测定用弯沉仪的支点旁。当汽车开出时,同时测定两台弯沉仪的弯沉读数,如检验弯沉仪百分表有读数,即应该记录并进行支点变形修正。当在同一结构层上测定时,可在不同位置测定5次,求取平均值,以后每次测定时以此作为修正值。支点变形修正的原理如图T 0951-1所示。

(2)当采用长度为5.4m的弯沉仪测定时,可不进行支点变形修正。

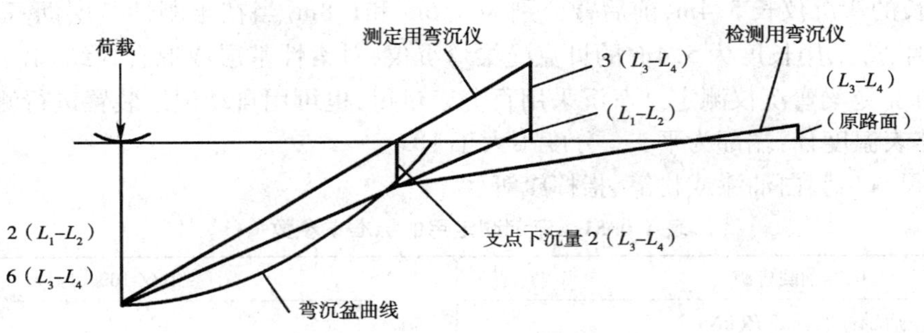

图T 0951-1 弯沉仪支点变形修正原理

4 结果计算及温度修正

4.1 路面测点的回弹弯沉值按式(T 0951-1)计算。

$$l_t = (L_1 - L_2) \times 2 \quad (\text{T 0951-1})$$

式中:l_t——在路面温度 t 时的回弹弯沉值(0.01mm);

L_1——车轮中心临近弯沉仪测头时百分表的最大读数(0.01mm);

L_2——汽车驶出弯沉影响半径后百分表的终读数(0.01mm)。

4.2 当需进行弯沉仪支点变形修正时,路面测点回弹弯沉值按式(T 0951-2)计算。

$$l_t = (L_1 - L_2) \times 2 + (L_3 - L_4) \times 6 \quad (\text{T 0951-2})$$

式中:L_1——车轮中心临近弯沉仪测头时测定用弯沉仪的最大读数(0.01mm);

L_2——汽车驶出弯沉影响半径后测定用弯沉仪的终读数(0.01mm);

L_3——车轮中心临近弯沉仪测头时检验用弯沉仪的最大读数(0.01mm);

L_4——汽车驶出弯沉影响半径后检验用弯沉仪的终读数(0.01mm)。

注:此式适用于测定用弯沉仪支座处有变形,但百分表架处路面已无变形的情况。

4.3 沥青面层厚度大于5cm的沥青路面，回弹弯沉值应进行温度修正。温度修正及回弹弯沉的计算宜按下列步骤进行。

(1)测定时的沥青层平均温度按式(T 0951-3)计算：

$$t = (t_{25} + t_m + t_e)/3 \tag{T 0951-3}$$

式中：t——测定时沥青层平均温度(℃)；

t_{25}——根据 t_0 由图 T 0951-2 决定的路表下25mm处的温度(℃)；

t_m——根据 t_0 由图 T 0951-2 决定的沥青层中间深度的温度(℃)；

t_e——根据 t_0 由图 T 0951-2 决定的沥青层底面处的温度(℃)。

图 T 0951-2 中 t_0 为测定时路表温度与测定前5d日平均气温的平均值之和(℃)，日平均气温为日最高气温与最低气温的平均值。

(2)根据沥青层平均温度 t 及沥青层厚度，分别由图 T 0951-3 及图 T 0951-4 求取不同基层的沥青路面弯沉值的温度修正系数 K。

(3)沥青路面回弹弯沉按式(T 0951-4)计算

$$l_{20} = l_t \times K \tag{T 0951-4}$$

式中：K——温度修正系数；

l_{20}——换算为20℃的沥青路面回弹弯沉值(0.01mm)；

l_t——测定时沥青面层的平均温度为 t 时的回弹弯沉值(0.01mm)。

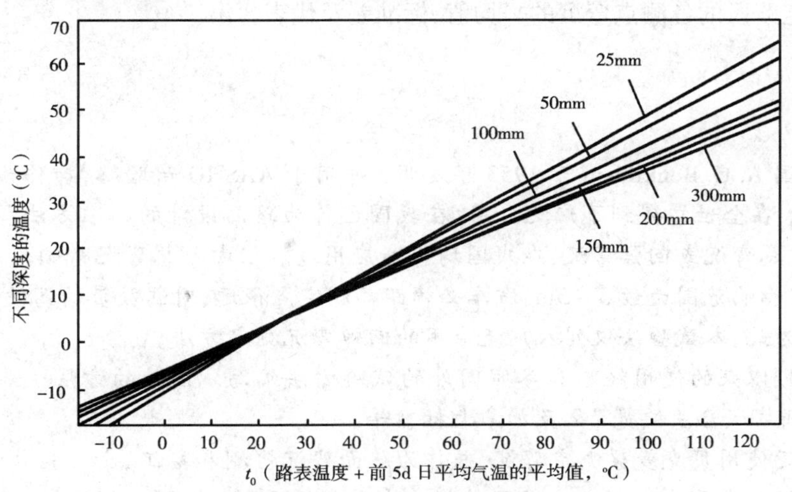

图 T 0951-2 沥青层平均温度的决定

注：线上的数字表示从路表向下的不同深度(mm)。

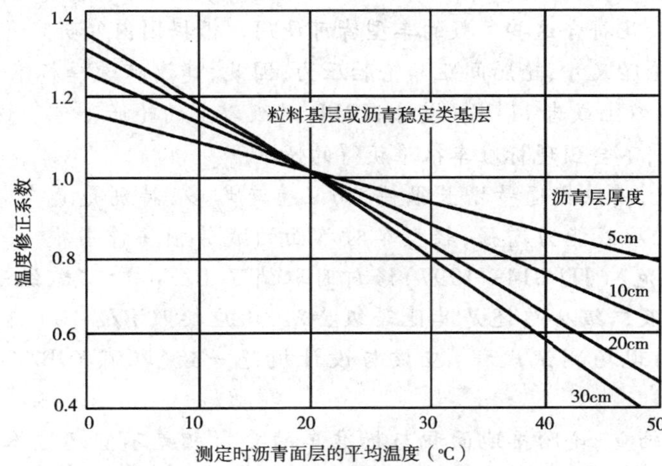

图 T 0951-3 路面弯沉温度修正系数曲线(适用于粒料基层及沥青稳定基层)

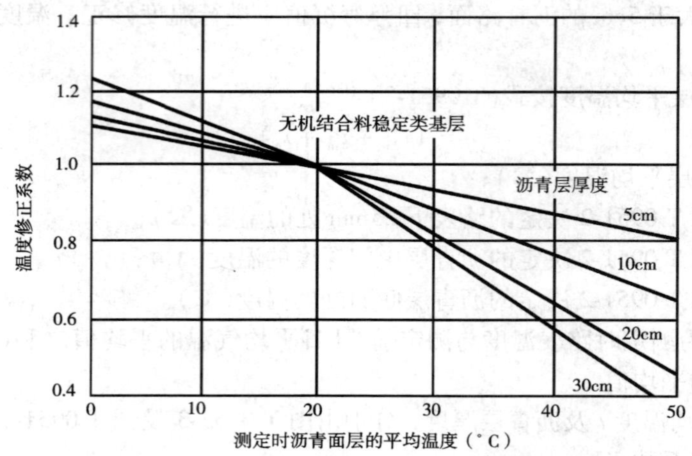

图 T 0951-4　路面弯沉温度修正系数曲线（适用于无机结合料稳定的半刚性基层）

5　报告

报告应包括下列内容：

(1)弯沉测定表、支点变形修正值、测试时的路面温度及温度修正值。

(2)每一个评定路段的各测点弯沉的平均值、标准差及代表弯沉。

条文说明

贝克曼梁由美国 A. C. Benkilman 于 1953 年发明，并用于 AASHO 试验路，后作为补强设计及施工时弯沉检验的手段，在全世界得到了广泛应用，在我国已作为路面设计的标准方法和基本参数。对于路面弯沉，可以测定总弯沉或回弹弯沉，在我国均普遍应用过。但由于总弯沉必须用后退法测定，对半刚性基层来说，弯沉影响范围大致 3～5m，汽车必须距离测定点很远，对驾驶员的驾驶技术要求很高，精确测定十分困难。为此，本试验法仅列入广泛应用的回弹弯沉测定方法。

本方法根据长期以来的使用经验和参照国外的试验方法编写。国外的方法主要有 ASTM、AASHTO、日本道路协会铺装试验法便览 7-2 及加拿大标准等。

目前工程上广泛使用贝克曼梁测定弯沉，并作为路面弯沉检测和竣工、交工验收的标准方法，其测量的精确性和代表性非常重要。测定弯沉用的标准车是很重要的，我国一直规定用解放牌 CA-10B 型及黄河牌 JN-150 型作为两个荷载等级的标准车。但这两种车型已很少使用，显然已不能作为标准车型。因此，对《公路柔性路面设计规范》标准车的规定进行修订，取消对典型车型的规定，改为仅规定轴重、轮压、气压等主要参数，凡符合这些参数的车型皆可使用。根据国内外研究资料，影响路表弯沉测定的主要因素为荷载大小、轮胎尺寸、轮胎间距和轮胎压力，因此，建议在选择标准车的时候，轮胎规格选用 10-20（英寸）12PR 层级以上或者 11-20（英寸）12PR 层级以上的轮胎型号。这些货车类型的参数基本上能达到标准车的要求，不会出现标准车很难获得的情况。

随着交通运输的发展，不仅交通量增长很快，而且重车增多，特别是货车超载现象越来越严重，同时随着半刚性基层结构承载能力增强，轻型车对路面的疲劳损伤作用减小。考虑这些因素，1997 年《公路沥青路面设计规范》（JTJ 014—1997）修订时取消了 BZZ-60 标准，统一采用 BZZ-100 标准；即无论是高速公路、一级及二级公路还是其他等级公路，均应按照 BZZ-100 标准车进行设计，因此，新修订的《公路路基路面现场测试规程》应该与设计规范一致，取消了 BZZ-60 标准车，统一采用 BZZ-100 标准车。

测定车的充气压力、轴重、轮胎接地面积与标准车的要求相差不宜超过本方法规定的值。回弹弯沉测定的正确与否，与弯沉仪的支架距离有明显关系，前臂长 2.4m，对半刚性基层沥青路面或水泥混凝土路面来说，很难避免由于荷载车造成的支架下降变形的影响。为检验有无支架变形影响或进行修正起见,测定时可在支架处再用一台弯沉仪测定,将两台弯沉仪的测定弯沉相加即得测点弯沉。为了与相关规范一致,要求对柔性基层或混合式结构沥青路面宜采用长度为3.6m的贝克曼梁弯沉仪测定。当采用长度为3.6m的弯沉仪进行弯沉测定时,支点如果有变形,要进行支点变形修正。

沥青路面回弹弯沉的温度修正,各国都有不少研究。由于我国在这方面的研究工作甚少,缺乏足够的数据,仍然采用了美国AASHTO路面设计指南的方法。在AASHTO路面设计指南1972、1981、1987及1993年版中均有所规定。1972及1981年版只对粒料基层及软基层的沥青路面作了规定,未考虑厚度的影响;1987年版则规定了各种基层,温度影响在路面温度换算中考虑。不过,美国及加拿大原来对路表温度的测定相当繁琐。美国沥青协会规范MS-17规定在路面上先打一个深3mm、直径3mm的小洞,洞中浇注沥青,插入热电偶,外部留5mm。这样记录路表温度一次要耗费1h,而且必须现场实测,这是很难实现的。后来提出了路表温度真正采用表面的温度(不再打洞),由前5d的平均气温计算得到,并被订入了AASHTO设计指南1987年版,但1987年版的方法在基层影响上考虑过于繁复,故1993年版的方法稍有改变,分开两种基层类型,每种基层考虑路面不同厚度,相对来讲就比较合理。此方法在实施中也不会有困难,可以从气象台得到前5d最高最低气温(或从国家发布的天气预报得到),加上随时测定的路表温度,计算路面平均温度,再根据路面厚度直接从图上查得温度修正系数。因此本规程完全采用AASHTO设计指南1993年版的方法。

另外,温度修正也可参考现行《公路沥青路面设计规范》(JTG D50)的公式执行。

根据检测数据,按照《公路工程质量检验评定标准(土建工程)》(JTG F80/1—2004)的规定计算评定路段的代表弯沉值,公式如下:

$$l_r = \bar{l} + Z_\alpha S \qquad (T\ 0951\text{-}5)$$

式中:l_r——一个评定路段的代表弯沉(0.01mm);

$\bar{l}$——一个评定路段内经各项修正后的各测点弯沉的平均值(0.01mm);

S——一个评定路段内经各项修正后的全部测点弯沉的标准差(0.01mm);

Z_α——与保证率有关的系数,参考相关技术标准、规范选用。

T 0952—2008 自动弯沉仪测定路面弯沉试验方法

1 目的与适用范围

1.1 本方法适用于各类Lacroix型自动弯沉仪在新建、改建路面工程的质量验收中,在无严重坑槽、车辙等病害的正常通车条件下连续采集沥青路面弯沉数据。

1.2 本方法的数据采集、传输、记录和处理分别由专用软件自动控制进行。

2 仪具与材料技术要求

2.1 Lacroix型自动弯沉仪:由承载车、测量机架及控制系统、位移、温度和距离传感器、数据采集与处理系统等基本部分组成,如图T 0952所示。

2.2 设备承载车技术要求和参数:

自动弯沉仪的承载车辆应为单后轴、单侧双轮组的载重车,其标准条件参考贝克曼梁测定路基路面回弹弯沉试验方法(T 0951—2008)中BZZ-100车型的标准参数。

2.3 测试系统基本技术要求和参数:

(1)位移传感器分辨率:0.01mm。

(2)位移传感器有效量程:≥3mm。

(3)设备工作环境温度:0~60℃。

(4)距离标定误差:≤1%。

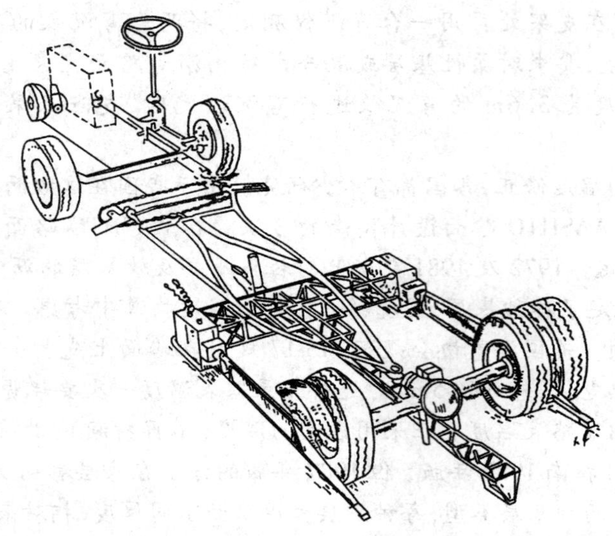

图 T 0952　自动弯沉仪的测量机构

3　方法与步骤

3.1　准备工作

(1)位移传感器标定。每次测试之前必须按照设备使用手册规定的方法进行位移传感器的标定,记录标定数据并存档。

(2)检查承载车轮胎气压。每次测试之前都必须检查后轴轮胎气压,应满足 0.70MPa ± 0.05MPa 的要求。

(3)检查承载车轮载。一般每年检查一次,如果承载车因改装等原因改变了后轴载,也必须进行此项工作,后轴载应满足 100kN ± 1kN 的要求。

(4)检查测量架的易损部件情况,及时更换损坏部件。

(5)打开设备电源进行检查,控制面板功能键、指示灯、显示器等应正常。

(6)开动承载车试测 2 ~3 个步距,观察测试机构,测试机构应正常,否则需要调整。

3.2　测试步骤

(1)测试系统在开始测试前需要通电预热,时间不少于设备操作手册要求,并开启工程警灯和导向标等警告标志。

(2)在测试路段前 20m 处将测量架放落在路面上,并检查各机构的部件情况。

(3)操作人员按照设备使用手册的规定和测试路段的现场技术要求设置完毕所需的测试状态。

(4)驾驶员缓慢加速承载车到正常测试速度,沿正常行车轨迹驶入测试路段。

(5)操作人员将测试路段起终点、桥涵等特殊位置的桩号输入到记录数据中。

(6)当测试车辆驶出测试路段后,操作人员停止数据采集和记录,并恢复仪器各部分至初始状态,驾驶员缓慢停止承载车,提起测量架。

(7)操作人员检查数据文件,文件应完整,内容应正常,否则需要重新测试。

(8)关闭测试系统电源,结束测试。

4　计算

(1)采用自动弯沉仪采集路面弯沉盆峰值数据。

(2)数据组中左臂测值、右臂测值按单独弯沉处理。

(3)对原始弯沉测试数据进行温度、坡度、相关性等修正。

5　弯沉值的横坡修正

当路面横坡不超过 4% 时,不进行超高影响修正;当横坡超过 4% 时,超高影响的修正参照表 T 0952

的规定进行。

表 T 0952　弯沉值横坡修正

横坡范围	高位修正系数	低位修正系数
>4%	$\frac{1}{1-i}$	$\frac{1}{1+i}$

注：i 是路面横坡(%)。

6　自动弯沉仪与贝克曼梁弯沉测值对比试验

6.1　试验条件

(1)按弯沉值不同水平范围选择不少于4段路面结构相似的路段。路段长度可为300~500m，标记好起终点位置。

(2)对比试验路段的路面应清洁干燥，温度应在10~35℃范围内，并且选择温度变化不大的时间，宜选择晴天无风的天气条件，试验路段附近没有重型交通和震动。

6.2　试验步骤

(1)按照第3.2条的步骤，令自动弯沉仪按照正常测试车速测试选定路段，工作人员仔细用油漆每隔三个测试步距或约20m标记测点位置。

(2)自动弯沉仪测试完毕后，等待30min；然后，在每一个标记位置用贝克曼梁按照贝克曼梁测定路基路面回弹弯沉试验方法测定各点回弹弯沉值。

6.3　试验数据处理

从自动弯沉仪的记录数据中按照路面标记点的相应桩号提出各试验点测值，并与贝克曼梁测值一一对应，用数理统计的回归分析方法得到贝克曼梁测值和自动弯沉仪测值之间的相关关系方程，相关系数 R 不得小于0.95。

7　报告

测试报告中应该包括以下内容：

(1)弯沉平均值、标准差、代表值、测试时的路面温度及温度修正值。

(2)自动弯沉仪测值与贝克曼梁测值的相关关系式及相关系数。

条文说明

贝克曼梁测值属于静态弯沉，该方法存在工作效率低、测试精度不易保证的缺点。我国从20世纪80年代末期开始陆续引进了英、法等国生产的Lacroix型自动弯沉仪，国内科研人员也研制出了国产自动弯沉仪。这种类型的自动弯沉仪利用了贝克曼梁的测试原理，可以连续检测，工作效率得到很大提高，近年来在我国得到较广泛的应用，特别是在高速公路验收、养护检测中发挥了很大作用。原规程中列入的自动弯沉仪就是Lacroix型自动弯沉仪，但限于当时的编写条件，其所规定的内容已不适用于当前的设备，故本次参考美国ASTM标准和英国有关资料重新制定Lacroix型自动弯沉仪的测试规程。

英国及国内的试验资料表明，测试速度会影响弯沉的测试结果。试验结果显示，当弯沉水平小于40时，这种影响较小，可不予考虑；但当弯沉水平超过40时，测试结果的差别较大。为减小速度对测试结果的影响，自动弯沉仪测试时速度一般控制在3.5km/h±0.5km/h的范围内。当实际采用的现场测试速度超出此范围时，应进行设备的相关性试验对测试结果进行修正。

一般公路横坡不会影响自动弯沉仪测值的有效性，但是在有较大超高路段，这种影响就不可忽略了。当横坡小于4%时，修正值非常小，可以不予修正；当超高大于4%时，按照给定公式进行修正。所给出的计算方法是根据物理模型计算并参照英国道路和运输研究所(TRRL)试验结论给出的。

贝克曼梁测值与自动弯沉仪测值都属于静态弯沉。但贝克曼梁测值是回弹弯沉，而自动弯沉仪测值是总弯沉，两者是有区别的，必须找到两者的相关关系式以进行换算。

由于路面结构和路基条件的不同都会影响相关关系式的建立，因此选择对比试验的路段时，路面路基条件应基本相同。对于一个地区而言，可以选择几种不同的路面结构及路基条件，分别建立相关关系式进行换算。为了使关系式更具有代表性，对比试验路段的弯沉分布应尽量加宽。在做对比试验时，路段附近应没有重型交通和震动，这两种情况都对测值有较大影响。

在做贝克曼梁测试时，承载车不可长时间作用在测点的路面上。因此，选择每隔三个测试步距确定一个对比点。为了给路面一个充分的恢复时间，当自动弯沉仪测完后，等待30min后再进行贝克曼梁弯沉测试。

T 0953—2008　落锤式弯沉仪测定弯沉试验方法

1　目的与适用范围

本方法适用于测定在落锤式弯沉仪(FWD)标准质量的重锤落下一定高度发生的冲击荷载作用下，路基或路面表面所产生的瞬时变形，即测定在动态荷载作用下产生的动态弯沉及弯沉盆。并可由此反算路基路面各层材料的动态弹性模量，作为设计参数使用。所测结果经转换至回弹弯沉值后可用于评定道路承载能力，也可用于调查水泥混凝土路面接缝的传力效果，探查路面板下的空洞等。

2　仪具与材料技术要求

本方法需要下列仪具与材料：

落锤式弯沉仪：简称FWD，由荷载发生装置、弯沉检测装置、运算控制系统与车辆牵引系统等组成。

(1)荷载发生装置：重锤的质量及落高根据使用目的与道路等级选择，荷载由传感器测定。如无特殊需要，重锤的质量为200kg±10kg，可采用产生50kN±2.5kN的冲击荷载。承载板宜为十字对称分开成4部分且底部固定有橡胶片的承载板。承载板的直径一般为300mm。

(2)弯沉检测装置：由一组高精度位移传感器组成，如图T 0953所示。传感器可为差动变压器式位移计(LVDT)或地震检波器。自承载板中心开始，沿道路纵向隔开一定距离布设一组传感器，传感器总数不少于7个，建议布置在0~250cm范围以内，必须包括0、30、60、90四点，其他根据需要及设备性能决定。

(3)运算及控制装置：能在冲击荷载作用的瞬间内，记录冲击荷载及各个传感器所在位置测点的动态变形。

(4)牵引装置：牵引FWD并安装运算及控制装置的车辆。

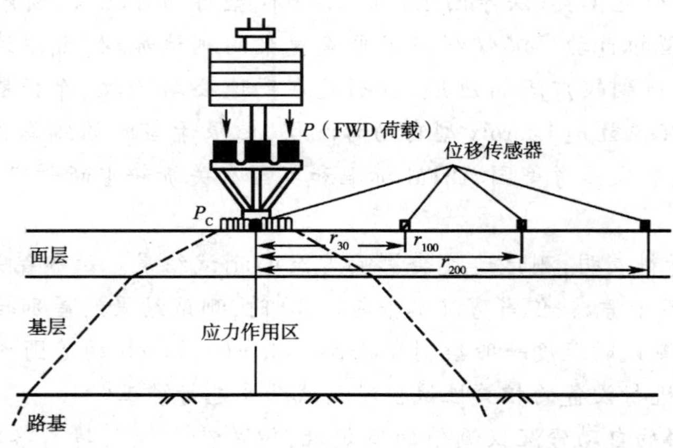

图T 0953　落锤式弯沉仪传感器布置及应力作用状态示例

3 方法与步骤

3.1 准备工作

(1)调整重锤的质量及落高,使重锤的质量及产生的冲击荷载符合第 2 条的要求。

(2)在测试路段的路基或路面各层表面布置测点,其位置或距离随测试需要而定。当在路面表面测定时,测点宜布置在行车道的轮迹带上。测试时,还可利用距离传感器定位。

(3)检查 FWD 的车况及使用性能,用手动操作检查,各项指标符合仪器规定要求。

(4)将 FWD 牵引至测定地点,将仪器打开,进入工作状态。牵引 FWD 行驶的速度不宜超过 50km/h。

(5)对位移传感器按仪器使用说明书进行标定,使之达到规定的精度要求。

3.2 测试步骤

(1)承载板中心位置对准测点,承载板自动落下,放下弯沉装置的各个传感器。

(2)启动落锤装置,落锤瞬即自由落下,冲击力作用于承载板上,又立即自动提升至原来位置固定。同时,各个传感器检测结构层表面变形,记录系统将位移信号输入计算机,并得到峰值,即路面弯沉,同时得到弯沉盆。每一测点重复测定应不少于 3 次,除去第一个测定值,取以后几次测定值的平均值作为计算依据。

(3)提起传感器及承载板,牵引车向前移动至下一个测点,重复上述步骤,进行测定。

4 落锤式弯沉仪与贝克曼梁弯沉仪对比试验步骤

4.1 路段选择

选择结构类型完全相同的路段,针对不同地区选择某种路面结构的代表性路段,进行两种测定方法的对比试验,以便将落锤式弯沉仪测定的动弯沉换算成贝克曼梁测定的回弹弯沉值。选择的对比路段长度 300 ~500m,弯沉值应有一定的变化幅度。

4.2 对比试验步骤

(1)采用与实际使用相同且符合要求的落锤式弯沉仪及贝克曼梁弯沉仪测定车。落锤式弯沉仪的冲击荷载应与贝克曼梁弯沉仪测定车的后轴双轮荷载相同。

(2)用油漆标记对比路段起点位置。

(3)按第 3.1 条布置测点位置,按本规程 T 0951 的方法用贝克曼梁定点测定回弹弯沉。测定车开走后,用粉笔以测点为圆心,在周围画一个半径为 15cm 的圆,标明测点位置。

(4)将落锤式弯沉仪的承载板对准圆圈,位置偏差不超过 30mm,按第 3 条进行测定。两种仪器对同一点弯沉测试的时间间隔不应超过 10min。

(5)逐点对应计算两者的相关关系。

通过对比试验得出回归方程式 $L_B = a + bL_{FWD}$,式中 L_{FWD}、L_B 分别为落锤式弯沉仪、贝克曼梁测定的弯沉值。回归方程式的相关系数 R 应不小于 0.95。

注:由于路面结构和材料、路基状况、温度、水文条件、路面使用状况不同,对比关系也有所不同,为了提高数据的准确性,应分各种情况做此项对比试验。

5 水泥混凝土路面板调查的方法与步骤

5.1 在测试路段的水泥混凝土路面板表面布置测点。当为调查水泥混凝土路面接缝的传力效果时,测点布置在接缝的一侧,位移传感器分开在接缝两边布置。当为探查路面板下的空洞时,测点布置位置随测试需要而定,应在不同位置测定。

5.2 按第 3 条进行测定。

6 计算

6.1 按桩号记录各测点的弯沉及弯沉盆数据,按本规程附录 B 的方法计算一个评定路段的平均值、标准差、变异系数。

6.2 当为调查水泥混凝土路面接缝的传力效果时，利用分开在接缝两边布置的位移传感器的测定值的差异及弯沉盆的形状，进行判断。

6.3 当为探查路面板下的空洞时，利用在不同位置测定的测定值的差异及弯沉盆的形状，进行判断。

7 报告

7.1 报告应包括下列内容：

(1)各测点的最大弯沉及弯沉盆测定数据。

(2)每一个评定路段全部测点弯沉的平均值、标准差、变异系数及代表弯沉。

7.2 如与贝克曼梁弯沉仪进行了对比试验，尚应报告相关关系式、相关系数、换算的回弹弯沉。

条文说明

路面承载力是路面的主要指标之一。近年来，采用落锤式弯沉仪(FWD)测定路面的动态弯沉，并反算路面的回弹模量，已成为世界各国道路界的热门课题。美国战略公路研究计划(SHRP)也把FWD作为2 000条试验路的强度评定手段，并以FWD测定反算的回弹模量作为基准，研究开发材料回弹模量的室内试验方法。我国已引进并投入使用大量FWD，并开发出国产的FWD设备。

路面弯沉的测定方法很多。T 0951 贝克曼梁方法及T 0952 自动弯沉仪方法均属于静态弯沉，因为汽车行进速度很慢。为了模拟汽车快速行驶的实际情况，不少国家开发了动态弯沉的测试设备，例如FWD和振动弯沉仪(Dynaflect)。FWD是利用重锤自由落下的瞬间产生的冲击荷载测定弯沉，荷载最大值可由下式计算：

$$F_{max} = \sqrt{2mghR} \quad (T\ 0953)$$

式中：m——重锤质量；

R——缓冲弹簧常数；

h——落高；

g——重力加速度。

据测算，落锤作用于路面的时间仅5～30ms。所以本设备对位移传感器的测定精度要求很高。

关于落锤式弯沉仪的落锤质量，与设计荷载有关，应根据使用目的选择。现在有50kN、100kN、150kN等不同的荷载。一般用于公路的为50kN，承载板直径ϕ300mm；用于飞机场的需要100kN或150kN，承载板直径ϕ450mm。由于检测层强度不同，实际的荷载将有所不同，大体在±(1～2)kN范围内变化。

承载板有两种，一种是整块圆橡胶板，一种是对称分开成十字的钢板与橡胶板组成的复合板。由于后者与地面更能紧密接触，测定数据更好，故规程规定采用后者。

FWD测定时，第一锤测定结果往往不稳定，故必须打第二锤及第三锤，舍去第一锤结果。

落锤式弯沉仪与贝克曼梁测定的弯沉值之间有没有相关关系，能不能互相换算，是不少学者研究的重点。我国的试验研究表明，在同一条路上，或者同一地区，路面结构、材料、土基等条件相同时，二者有良好的相关关系。如果条件相差较大时，相关关系也就不好，不同地区的数据放在一起也降低相关性。因此，各地在求取相关关系时应该区别不同地区及不同结构、材料及土基条件来求取，不宜套用外地的或不同条件下的相关关系式。

利用计算机按弹性层状体系理论的计算模式和程序，由各传感器的表面弯沉测定值反算路面各层材料的弹性模量，现在有很多方法。利用BISAR、DAMA、CHEVRON、ELSYM 5、CHEV 5L等等都可以反算。例如美国用于沥青路面的BOUSDEF程序、用于水泥混凝土路面的ILLI-BACK、挪威的VORMSUND都是早期知名程序，美国战略公路研究计划(SHRP)又开发了新的程序。我国各单位对此进行了相关研究，对各程序可参考使用。反算用的材料泊松比可按本规程T 0944的规定采用。反算模量是FWD

测定的主要目的之一,但另外还有许多用途,如预测路面的残余寿命(疲劳使用寿命)等。在对水泥混凝土路面进行测定时,还可以用来作如下检查:

(1)利用跨缝测定弯沉盆形状的连续性,检查接缝的荷载传递效果。

(2)检查混凝土板与基层接触是否紧密(板下空洞情况)。

(3)检查接缝下有无空洞及填补空洞的效果等。

9　水泥混凝土强度

T 0954—1995　回弹仪测定水泥混凝土强度试验方法

1　目的与适用范围

1.1　本方法适用于在现场对水泥混凝土路面及其他构筑物的普通混凝土抗压强度的快速评定，所试验的水泥混凝土厚度不得小于100mm，温度应不低于10℃。

1.2　回弹法试验可作为试块强度的参考，不得用于代替混凝土的强度评定，不适于作为仲裁试验或工程验收的最终依据。

2　仪具与材料技术要求

本方法需要下列仪具和材料：

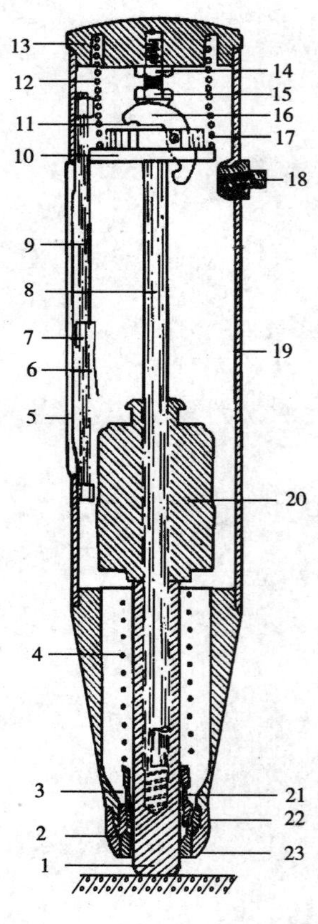

图 T 0954　混凝土回弹仪的结构

1-弹击杆；2-盖帽；3-缓冲压簧；4-弹击拉簧；5-刻度尺；6-指针片；7-指针块；8-中心导杆；9-指针轴；10-导向法兰；11-挂钩压簧；12-压簧；13-尾盖；14-紧固螺母；15-调零螺丝；16-挂钩；17-挂钩销子；18-按钮；19-外壳；20-弹击重锤；21-拉簧座；22-卡环；23-密封毡圈

（1）混凝土回弹仪：指针直读式的混凝土回弹仪，构造和主要零件名称见图 T 0954，也可采用数字显示式或自记录式的回弹仪。回弹仪应符合下列标准：

①水平弹击时，在弹击锤脱钩的瞬间，回弹仪的标称动能应为2.207J。

②弹击锤与弹击杆碰撞的瞬间，弹击拉簧处于自由状态，此时弹击锤起点应位于刻度尺的零点处。

③在洛氏硬度为 HRC60 ±2 的钢砧上，回弹仪的率定值应为80 ±2。

（2）酚酞酒精溶液：浓度1%。

（3）手提式砂轮。

（4）钢砧：洛氏硬度 HRC60 ±2。

（5）其他：卷尺、游标卡尺、凿子、锤、吸耳球等。

3　回弹仪检定与保养

3.1　回弹仪有下列情况之一时，应送检定单位校验。检验合格的回弹仪应具有检定合格证，其有效期为半年。

（1）累计弹击次数超过6 000次；

（2）弹击拉簧座、弹击杆、缓冲压簧、中心导杆、导向法兰、弹击锤、指针轴、指针片、指针块、挂钩及调零螺丝等主要零件之一经更换后；

（3）弹击拉簧前端不在拉簧座原孔位或调零螺丝松动；

（4）遭受严重撞击或其他损害。

3.2　回弹仪有下列情况之一时，应在钢砧上进行率定试验：

（1）进行构件测试前后，如连续数天测试，可在每天测试完毕后率定一次；

（2）测定过程中对回弹值有怀疑时。

如率定试验结果不在规定的 80 ± 2 范围内，应对回弹仪进行常规保养后再行率定；如再次率定仍不合格，应送检定单位检验。

3.3 回弹仪率定步骤。

回弹仪率定试验，宜在室温为 20℃ ± 5℃的条件下进行。率定时，钢砧应稳固地平放在刚度大的混凝土地坪上，回弹仪向下弹击时，弹击杆应分 4 次旋转，每次旋转约 90°，弹击 3 ~ 5 次，取其中最后连续 3 次且读数稳定的回弹值进行平均作为率定值。

4 测试步骤

4.1 测区和测点布置

（1）当为水泥混凝土路面时，将一块混凝土板作为一个试样，试样的选择按附录 A 的方法进行。每个试样的测区数不宜少于 10 个，相邻两测区的间距不宜大于 2m；测区宜在试样的可测表面上均匀分布，并宜避开板边板角。

（2）对其他混凝土构造物，测区应避开位于混凝土内保护层附近设置的钢筋，测区宜在试样的两相对表面上有两个基本对称的测试面，如不能满足这一要求时，一个测区允许只有一个测面。

（3）测区表面应清洁、干燥、平整，不应有接缝、饰面层、粉刷层、浮浆、油垢以及蜂窝、麻面等，必要时可用砂轮清除表面的杂物和不平整处，磨光的表面不应有残留粉尘或碎屑。

（4）一个测区的面积宜不小于 200mm × 200mm，每一测区宜测定 16 个测点，相邻两测点的间距宜不小于 3cm，测点距路面边缘或接缝的距离应不小于 5cm。

（5）对龄期超过 3 个月的硬化混凝土，应测定混凝土表层的碳化深度进行回弹值修正，也可用砂轮将碳化层打磨掉以后进行测定，但经打磨的与未经打磨的回弹值不得混在一起计算或与试块强度比较（未打磨）。

4.2 回弹值测定

在测试过程中，回弹仪的轴线应始终垂直于混凝土表面，具体操作应符合下列规定：

（1）将回弹仪的弹击杆顶住混凝土表面，轻压仪器，使按钮松开，弹击杆徐徐伸出，并使挂钩挂上弹击锤。

（2）手持回弹仪对混凝土表面缓慢均匀施压，待弹击锤脱钩，冲击弹击杆后，弹击锤即带动指针向后移动到达一定位置，指针刻度线在刻度尺上的示值即为该点的回弹值。

（3）使用上述方法在混凝土表面依次读数并记录回弹值，如条件不利于读数，可按下按钮，锁住机芯，将回弹仪移至他处读数，准确至 1 个单位。

（4）使用完毕后应将弹击杆压入仪器内，经弹击后按下按钮锁锁住机芯，待下一次使用。

4.3 碳化深度测定

（1）对龄期超过 3 个月的混凝土，回弹值测量完毕后，可在每个测区上选择一处测量混凝土的碳化深度值。当相邻测区的混凝土生产工艺条件相同，龄期基本相同时，则该测区测得的碳化深度值也可代表相邻测区的碳化深度值。

（2）测量碳化深度值时，可用合适的工具在测区表面形成直径约为 15mm 的孔洞（其深度略大于混凝土的碳化深度），然后用吸耳球吹去孔洞中的粉末和碎屑（不得用液体冲洗），并立即用浓度为 1% 酚酞酒精溶液洒在孔洞内壁的边缘处，当已碳化与未碳化界限清楚时（未碳化部分变成紫红色），用游标卡尺测量已碳化与未碳化交界面至混凝土表面的垂直距离 1 ~ 2 次，该距离即为混凝土的碳化深度值，每次测读精确至 0.5mm。

5 计算

5.1 对一个测区的 16 个测点的回弹值，去掉 3 个最大值及 3 个最小值，将其余 10 个回弹值按式（T 0954-1）计算测区平均回弹值。

$$\overline{N}_s = \frac{\sum N_i}{10} \quad \text{(T 0954-1)}$$

式中：$\overline{N}_s$——测区平均回弹值，准确至0.1；

N_i——第 i 个测点的回弹值。

5.2 当回弹仪非水平方向测试混凝土浇筑侧面时，应根据回弹仪轴线与水平方向的角度将测得的数据按公式（T 0954-2）进行修正，计算非水平方向测定的回弹修正值。当测定水泥混凝土路面为向下垂直方向时，测试角度为 -90°。回弹值修正值 ΔN 见表 T 0954-1。

$$\overline{N} = \overline{N}_s + \Delta N \tag{T 0954-2}$$

式中：$\overline{N}$——经非水平测定修正的测区平均回弹值；

$\overline{N}_s$——回弹仪实测的测区平均回弹值；

ΔN——非水平测量的回弹值修正值，由表 T 0954-1 或内插法求得，准确至0.1。

5.3 平均碳化深度按式（T 0954-3）计算。

$$\overline{L} = \frac{1}{n}\sum_{i=1}^{n} L_i \tag{T 0954-3}$$

式中：$\overline{L}$——平均碳化深度（mm）；

L_i——第 i 测点碳化深度（mm）；

n——测点数。

表 T 0954-1 非水平方向测定的修正回弹值

ΔN 与水平方向所成的角度 / $\overline{N}_s$	+90°	+60°	+45°	+30°	-30°	-45°	-60°	-90°
20	-6.0	-5.0	-4.0	-3.0	+2.5	+3.0	+3.5	+4.0
30	-5.0	-4.0	-3.5	-2.5	+2.0	+2.5	+3.0	+3.5
40	-4.0	-3.5	-3.0	-2.0	+1.5	+2.0	+2.5	+3.0
50	-3.5	-3.0	-2.5	-1.5	+1.0	+1.5	+2.0	+2.5

注：表中未列入的 $\overline{N}_s$，可用内插法求得。

如平均碳化深度值 $\overline{L}$ 小于或等于 0.4mm 时，按无碳化处理（即平均碳化深度为 0）；如等于或大于 6.0mm 时，取 6.0mm。对新浇混凝土龄期不超过 3 个月者，可视为无碳化。

5.4 混凝土强度推算。

（1）当需要将回弹值换算为混凝土强度时，宜采用下列方法：

①有试验条件时，宜通过试验建立实际的测强曲线，但测强曲线仅适用于材料质量、成型、养护和龄期等条件基本相同的混凝土。混凝土标准试块尺寸为 15cm × 15cm × 15cm，采用 1.5、1.75、2.0、2.25、2.50 五个灰水比，以便得到不少于 30 对数据。试件与被测对象有相同的养护条件，到达龄期后，将试块用压力机加压至 30 ~ 50kN 稳住，用回弹仪在两侧面分别测定 8 个测点，按式（T 0954-1）计算平均回弹值，然后进行抗压强度试验，用最小二乘法建立二者相关关系的推定式。推定式可为直线式或其他适当的形式，相关系数不得小于 0.90。然后根据测区平均回弹值利用测强曲线推定混凝土抗压强度。

②当无足够的试验数据或相关关系的推定式不够满意时，可按式（T 0954-4）推算混凝土抗压强度。

$$R = 0.025\overline{N}^2 \tag{T 0954-4}$$

式中：R——水泥混凝土的抗压强度（MPa）；

$\overline{N}$——测区混凝土平均回弹值。

（2）在没有条件通过试验建立实际的测强曲线时，每个测区混凝土的抗压强度值 R_i 可按平均回弹值 $\overline{N}$ 及平均碳化深度值 $\overline{L}$ 根据表 T 0954-2 查出。

（3）按本规程附录 B 的方法计算测定对象全部测区的推定混凝土抗压强度的平均值、标准差、变异系数。

表 T 0954-2　测区混凝土抗压强度值换算表

平均回弹值 $\overline{N}$	测区混凝土抗压强度值 R_i(MPa) 平均碳化深度值 $\overline{L}$(mm)												
	0	0.5	1.0	1.5	2.0	2.5	3.0	3.5	4.0	4.5	5.0	5.5	6.0
20	10.3	9.9											
21	11.4	10.0	10.5	10.1									
22	12.5	12.0	11.5	11.0	10.6	10.2	9.8						
23	13.7	13.1	12.6	12.1	11.6	11.1	10.7	10.2	9.8				
24	14.9	14.3	13.7	13.2	12.6	12.1	11.6	11.2	10.7	10.3	9.8		
25	16.2	15.5	14.9	14.3	13.7	13.1	12.6	12.1	11.6	11.1	10.7	10.3	9.9
26	17.5	16.8	16.1	15.4	14.8	14.2	13.7	13.1	12.6	12.1	11.6	11.1	10.7
27	18.9	18.1	17.4	16.7	16.0	15.8	14.7	14.1	13.6	13.0	12.5	12.0	11.5
28	20.3	19.5	18.7	17.9	17.2	16.5	15.8	15.2	14.6	14.0	13.4	12.9	12.4
29	21.8	20.9	20.1	19.2	18.5	17.7	17.0	16.3	15.7	15.0	14.4	13.8	13.3
30	23.3	22.4	21.5	20.6	19.8	19.0	18.2	17.5	16.8	16.1	15.4	14.8	14.2
31	24.9	23.9	22.9	22.0	21.1	20.3	19.4	18.7	17.9	17.2	16.5	15.8	15.2
32	26.5	25.5	24.4	23.5	22.5	21.6	20.7	19.9	19.1	18.3	17.6	16.9	16.2
33	28.2	27.1	26.0	25.0	23.9	23.0	22.0	21.2	20.3	19.5	18.7	17.9	17.2
34	30.0	28.8	27.6	26.5	25.4	24.4	23.4	22.5	21.6	20.7	19.9	19.1	18.3
35	31.8	30.5	29.8	28.1	27.0	25.9	24.9	23.8	22.9	21.9	21.0	20.2	19.4
36	33.6	32.3	31.0	29.7	28.5	27.4	26.3	25.2	24.2	23.2	22.3	21.4	20.5
37	35.5	34.1	32.7	31.4	30.1	28.9	27.8	26.6	25.6	24.5	23.5	22.6	21.7
38	37.5	36.0	34.5	33.1	31.8	30.0	29.3	28.1	27.0	25.9	24.8	23.8	22.9
39	39.5	37.9	36.4	34.9	33.5	32.2	30.9	29.6	28.4	27.8	26.2	25.1	24.1
40	41.6	39.9	38.3	36.7	35.3	33.8	32.5	31.2	29.9	28.7	27.5	26.4	25.4
41	43.7	41.9	40.2	38.6	37.0	35.6	34.1	32.7	31.4	30.1	28.9	27.8	26.6
42	45.9	44.0	42.2	40.5	38.9	37.8	35.8	34.4	33.0	31.6	30.4	29.1	28.0
43	48.1	46.1	44.3	42.5	40.8	39.1	37.5	36.0	34.6	33.2	31.8	30.6	29.3
44		48.3	46.4	44.5	42.7	41.1	39.5	37.9	36.4	34.9	33.3	32.0	30.7
45			48.5	46.6	44.7	42.9	41.1	39.5	37.9	36.4	34.9	33.5	32.1
46				48.7	46.7	44.8	43.0	41.3	39.6	38.0	36.5	35.0	33.6
47					48.8	46.8	44.9	43.1	41.3	39.7	38.1	36.5	35.1
48						48.8	46.8	44.9	43.1	41.4	39.7	38.1	36.6
49							48.8	46.9	45.0	43.1	41.4	39.7	38.1
50								48.8	46.8	44.9	43.1	41.4	39.7
51									48.7	46.8	44.9	43.1	41.8
52										48.6	46.7	44.8	43.0
53											48.5	46.5	44.6
54												48.3	46.4
55													48.1

注:表中未列入的 $\overline{N}$,可用内插法求得。

6　报告

(1)测区混凝土平均回弹值;

(2)测强曲线、回弹值与抗压强度的相关关系式、相关系数;

(3)各测区的抗压强度推定结果;

(4)推定的混凝土抗压强度的平均值、标准差、变异系数。

条文说明

本方法适用于下列情况下在现场对水泥混凝土路面及其他构筑物的普通混凝土抗压强度的快速评定：

(1)不能按同条件制取试块，按国家标准规定的方法检验混凝土强度时或希望迅速估计混凝土强度时，推测混凝土质量的均匀性，发现质量低劣的部位或区域。

(2)推测施工期的混凝土强度，如检验是否达到折模、拆除支撑、路面开放交通等，为施工进度安排提供依据。

(3)根据混凝土成型试件或钻芯试件的强度与回弹值的相关性推定混凝土的强度，此时宜换算成相当于边长为15cm立方体的同条件试块强度。

本方法按照建设部部标准《回弹法检测混凝土抗压强度技术规程》(JGJ/T 23—2001)，结合公路水泥混凝土路面的实际情况编写。编写时对原规程的内容作了适当的精简。

建立测强曲线应具有较高的技术条件，通常必须由县级以上单位的试验室方能进行，并应得到上级主管部门的许可。

T 0955—1995　超声回弹法测定路面水泥混凝土抗弯强度试验方法

1　目的与适用范围

1.1　水泥混凝土路面的混凝土抗弯强度是标准条件下的梁式试件龄期28d时的抗弯强度。本方法适用于采用回弹仪、低频超声仪在现场对水泥混凝土路面按综合法进行快速检测，并利用测强曲线方程推算混凝土的抗弯强度。

1.2　本方法适用于视密度为1.9~2.5t/m^3，板厚大于100mm，龄期大于14d，强度已达到设计抗压强度80%以上的水泥混凝土。

1.3　本方法不适用于下列情况的水泥混凝土：

(1)隐蔽或外露局部缺陷区；

(2)裂缝或微裂区(包括路面伸缩缝和工作缝)；

(3)路面角隅钢筋和边缘钢筋处，特别是超声波与钢筋方向相同时；

(4)距路面边缘小于10cm的部位。

1.4　现场用超声回弹法测定不能代替试验室标准条件下的抗弯强度测定，本试验不适用于作为仲裁试验或工程验收的最终依据。

2　仪具与材料技术要求

本方法需要下列仪具与材料：

(1)超声波检测仪：有良好的稳定性，仪器具有示波屏显示及手动游标测读功能。显示应清晰稳定，其声时范围应为0.5~9 999μs，测试精度为0.1μs；声时显示调节在20~30μs范围内时，2h内声时显示的漂移不得大于±0.2μs。超声波在空气中传播的计算声速与实测声速值相比，误差不大于±0.5%。

(2)换能器：为厚度振动形式压电材料，其频率在50~100kHz范围内，实测频率与标称频率相差不大于±10%。

(3)耦合剂：采用易于变形，有较大的声阻，有较好黏性且不流淌的材料，通常采用黄蜡油，也可使用凡士林、蜡泥型料等。

(4)回弹仪：回弹仪的构造和主要零件名称如图T 0954。仪器应符合下列规定：

①水平弹击时，在弹击锤脱钩的瞬间，回弹仪的标称动能应为2.207J。

②弹击锤与弹击杆碰撞的瞬间，弹击拉簧处于自由状态，此时弹击锤起点应位于刻度尺的零点处。

③在洛氏硬度为 HRC60 ±2 的钢砧上，回弹仪的率定值应为 80 ±2。

(5)手持砂轮。

(6)其他：油污清洗剂、毛刷、抹布等。

3 方法与步骤

3.1 回弹仪率定试验

在每次测定前，均应在钢砧上进行率定。率定时，钢砧应稳固地平放在刚度大的混凝土地坪上。回弹仪向下弹击时，弹击杆分 4 次旋转，每次旋转约 90°，弹击 3 ~ 5 次，取其中最后连续 3 次且读数稳定的回弹值进行平均作为率定值。如率定结果不在规定的 80 ±2 范围内，应对回弹仪有关零件用清洗剂清洗保养后再进行标定；如仍不合格，则应送检定单位检验后使用。

3.2 测区和测点布置

(1)按附录 A 的方法选择测定的水泥混凝土板，将每一块水泥混凝土路面板作为一个试样，均匀布置 10 个测区，每个测区不宜小于 150mm × 550mm(图 T 0955-1)，测试面应清洁、干燥、平整，不得有蜂窝、麻面，对浮浆和油垢以及粗糙处应清洗或用砂轮片磨平，并擦净残留粉尘。

(2)每个测区的测点宜在测区范围内均匀分布，但不得布置在气孔或外露石子上，相邻两测点的距离不宜小于 30mm。

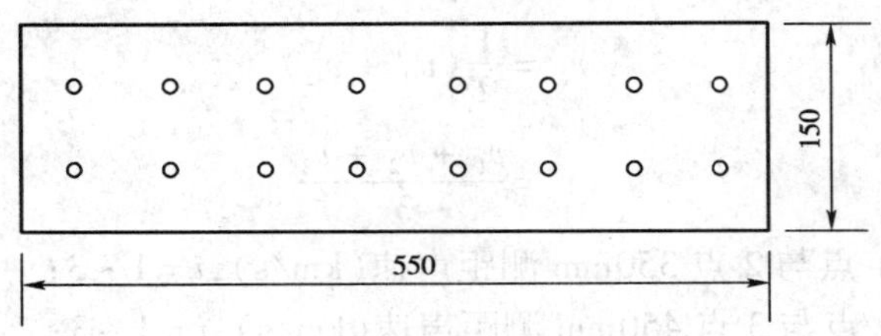

图 T 0955-1 回弹值测点分布图(单位：mm)

3.3 回弹值测定

按本规程 T 0954 的方法用回弹仪对每个测区的 16 个测点进行回弹值测定。

3.4 超声声时值测量

(1)在进行回弹值测试的同一测区内布置三条测轴线(图 T 0955-2)，作为换能器布置区。

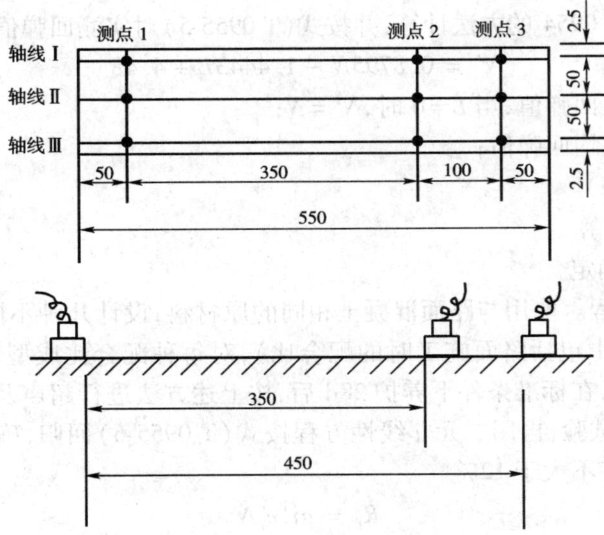

图 T 0955-2 换能器布置图(单位：mm)

(2)在换能器放置处抹上耦合剂。

注:测量超声声时时,耦合剂应与建立测强曲线时所用的耦合剂相同。

(3)将换能器分别放置在轴线Ⅰ的1点及2点处,换能器与路面混凝土应充分接触,耦合良好,发射和接收两换能器直径与测轴线重合,边缘与测距线相切。超声波仪振幅应调到规定振幅(2.5~3.0cm)。测读声时为t_{11},准确至0.1μs。

(4)放置在1点处的换能器不动,将放置在2点处的换能器移置3点处,再测读声时为t_{12},准确至0.1μs。

(5)按上述方法测量测轴线Ⅱ、Ⅲ,分别得声时为t_{21}、t_{22}、t_{31}、t_{32}。

3.5 碳化深度测定

对龄期超过3个月的水泥混凝土路面,在测区内或与测区内混凝土各种条件相同的测区附近路面上按本规程T 0954的方法进行混凝土表面碳化深度的测定。

4 计算

4.1 按式(T 0955-1)~式(T 0955-4)计算测区的超声波声速,准确至0.01km/s。

$$v_{i1}=\frac{350}{t_{i1}} \tag{T 0955-1}$$

$$v_{i2}=\frac{450}{t_{i2}} \tag{T 0955-2}$$

$$v_{i}=\frac{1}{2}(v_{i1}+v_{i2}) \tag{T 0955-3}$$

$$v=\frac{v_1+v_2+v_3}{3} \tag{T 0955-4}$$

式中:v_{i1}——第i条测轴线1点与2点350mm测距声速(km/s),$i=1\sim3$;

v_{i2}——第i条测轴线1点与3点450mm测距声速(km/s),$i=1\sim3$;

v_i——第i条测轴线平均声速(km/s),$i=1\sim3$;

v——测区平均声速(km/s);

t_{i1}——第i条测轴线350mm测距声时(μs);

t_{i2}——第i条测轴线450mm测距声时(μs)。

注:当三条测轴线平均声速v_i中有两条测轴线平均声速与测区的平均声速v之差都超过测区平均声速的15%时,该测区检测结果无效。

4.2 碳化深度按本规程T 0954的方法计算。

4.3 回弹值按本规程T 0954的方法计算,并按式(T 0955-5)对实测回弹值进行碳化深度修正计算。

$$N'=0.8795N-1.4443L+4.48 \tag{T 0955-5}$$

式中:N'——修正后的测区回弹值,当$L=0$时,$N'=N$;

N——实测的测区平均回弹值;

L——碳化深度(mm)。

4.4 混凝土抗弯强度推算

(1)测强曲线方程的确定

建立专用测强曲线方程。取用与路面混凝土相同的原材料,设计几种不同水灰比的混凝土配合比(一般设计4种配合比,其中包括路面施工时的配合比),对每种配合比成型150mm×150mm×550mm的梁式试件(不少于6个),在标准条件下养护28d后,按上述方法进行超声及回弹检测,并按水泥混凝土试验规程进行抗弯强度试验,再用二元非线性方程按式(T 0955-6)回归,确定回归系数,得出测强曲线方程,相对标准误差e_r应不大于12%。

$$R_f=av^{b}e_r^{c}N \tag{T 0955-6}$$

式中:R_f——混凝土抗弯强度(MPa);

v——超声声速(km/s);

N——修正后的回弹值；

a、b、c——回归系数；

e_r——相对标准误差(%)，按式(T 0955-7)计算：

$$e_r = \sqrt{\frac{\sum (R'_{fi}/R_{fi} - 1)^2}{n-1}} \times 100 \quad (T\ 0955\text{-}7)$$

R'_{fi}——第 i 块试件实测抗弯强度(MPa)；

R_{fi}——第 i 块试件由超声、回弹推算的抗弯强度(MPa)；

n——试件数(按单块计)。

(2)混凝土路面抗弯强度推定

①每一段(或子段)中每一幅为一个单位作为抗弯强度评定对象。

②评定抗弯强度第一条件和第二条件值按式(T 0955-8)、式(T 0955-9)计算。

$$R_{n1} = 1.18(\overline{R}_n - m \cdot S_n) \quad (T\ 0955\text{-}8)$$

$$R_{n2} = 1.18(R_{fi})_{min} \quad (T\ 0955\text{-}9)$$

式中：R_{n1}——抗弯强度第一条件值(MPa)，准确至0.1MPa；

R_{n2}——抗弯强度第二条件值(MPa)，准确至0.1MPa；

S_n——抗弯强度标准差(MPa)，按式(T 0955-10)计算，准确至0.1MPa；

$$S_n = \sqrt{\frac{\sum (R_{fi})^2 - n(R_n)^2}{n-1}} \quad (T\ 0955\text{-}10)$$

$\overline{R}_n$——抗弯强度平均值(MPa)，按式(T 0955-11)计算，准确至0.1MPa；

$$\overline{R}_n = \frac{1}{2}\sum R_{fi} \quad (T\ 0955\text{-}11)$$

R_{fi}——第 i 测区推算的抗弯强度(MPa)；

$(R_{fi})_{min}$——所有推算的抗弯强度中的最小值(MPa)；

n——测区数；

m——合格判定系数值，当 $n = 10 \sim 14$ 时，$m = 1.70$；$n = 15 \sim 24$ 时，$m = 1.65$；$n \geq 25$ 时，$m = 1.60$。

(3)按式(T 0955-12)以第一条件值及第二条件值中的小者作为混凝土抗弯强度评定值 R_N。

$$R_N = \min\{R_{n1}, R_{n2}\} \quad (T\ 0955\text{-}12)$$

5 报告

5.1 水泥混凝土路面抗弯强度检测结果可采用表 T 0955-1 的格式。

5.2 水泥混凝土路面抗弯强度评定结果报告可采用表 T 0955-2 的格式。

表 T 0955-1 水泥混凝土路面抗弯强度检测记录表

施工单位：______ 施工日期：______ 工程名称：______

检测单位：______ 检测日期：______ 第______页 共______页

项目桩号	回弹值 N_i	实测回弹值	碳化深度(mm)	平均碳化深度(mm)	修正后回弹值 N	测距声时	v_{i1} (km/s)	v_{i2} (km/s)	v_i (km/s)	v (km/s)	推算抗弯强度 R_f (MPa)

检测者： 记录者： 计算者： 复核者：

表 T 0955-2　水泥混凝土路面抗弯强度评定结果报告表

施工单位:________　　施工日期:________　　工程名称:________

检测单位:________　　检测日期:________　　第________页　共________页

序号	起讫桩号	设计抗弯强度(MPa)	测区数量	平均抗弯强度(MPa)	标准差	合格判定系数	第一抗弯强度条件值(MPa)	第二抗弯强度条件值(MPa)	抗弯强度评定值(MPa)

检测者:　　记录者:　　计算者:　　复核者:

条文说明

在现场无破损评定水泥混凝土路面的方法在我国有了较多研究,一些地区已开始在实践中应用。为了推动此项技术,本规程录入了超声回弹综合法评定的方法。本方法是在湖北省公路局科研所提出的方法基础上修订而成的。

当按规程规定方法建立专用测强曲线方程有困难时,可选用式(T 0955-13)或式(T 0955-14)进行修正,用于修正的试件不得少于10组(每组3个试件)。经验证,若 $e_r \leqslant 14\%$ 时,即测得专用测强曲线方程。

水泥品种为矿渣水泥时:

$$R_f = kv^{0.2348}e_r^{0.02646}N \tag{T 0955-13}$$

水泥品种为普通水泥时:

$$R_f = kv^{0.3541}e_r^{0.02334}N \tag{T 0955-14}$$

式中:k——修正的回归系数,按式(T 0955-15)、式(T 0955-16)确定;

当水泥品种为矿渣水泥时:

$$k = \frac{\sum R'_{fi}v_i^{0.4048}e_r^{0.02646}N_i}{\sum v_i^{0.4096}e_r^{0.05292}N_i} \tag{T 0955-15}$$

当水泥品种为普通水泥时:

$$k = \frac{\sum R'_{fi}v_i^{0.3541}e_r^{0.02334}N_i}{\sum v_i^{0.7082}e_r^{0.04668}N_i} \tag{T 0955-16}$$

R'_{fi}——第 i 块试件实测抗弯强度(MPa);

v_i——第 i 块试件声速(km/s);

N_i——第 i 块试件修正后的回弹值。

经验证(验证试件不得少于10组,每组3个试件),若 $e_r \leqslant 14\%$,也可直接选用式(T 0955-17)或式(T 0955-18)计算。

水泥品种为矿渣水泥时:

$$R_f = 1.39v^{0.2348}e_r^{0.02646}N \tag{T 0955-17}$$

水泥品种为普通水泥时:

$$R_f = 1.22v^{0.3541}e_r^{0.02334}N \tag{T 0955-18}$$

T 0956—1995　射钉法快速测定水泥混凝土强度试验方法

1　目的与适用范围

1.1　本方法采用发射枪使射钉射入混凝土，以射钉外露长度代表贯入阻力，通过相关关系快速评定水泥混凝土的硬化强度。可用于快速评定新浇混凝土的硬化强度，以检测现场混凝土的匀质性，了解质量低劣的部位或范围。它不适用于施工质量的评定验收与仲裁。

1.2　本方法适用于抗压强度不大于50MPa，且厚度不小于15cm的水泥混凝土。

2　仪具与材料技术要求

本方法需要下列仪具与材料：

(1)发射枪：经国家有关部门批准许可的专门用于向混凝土发射射钉，并保证射钉能嵌入混凝土中的发射设备。发射能量应能使射钉嵌入混凝土中的深度和外露长度均不小于10mm，不大于70mm。

(2)子弹：经国家有关部门批准许可的发射枪专用的配套子弹。

(3)射钉：用淬火的合金钢制成，尖端锋利，顶端平整，应便于测定外露长度和拔出回收。射钉长度均匀一致，长度误差在±0.5%范围内。

(4)游标卡尺：准确至0.05mm。

(5)定位装置：为对准射击点而放在混凝土表面的一种装置。

3　方法与步骤

3.1　准备工作

(1)操作前应首先检查发射枪是否装有保险装置，如未安装保护罩时，不得发射。

(2)根据不同混凝土强度，选用不同型号的射钉与子弹，当射钉全部射入混凝土内时，可选用能量较低的子弹。测试时的子弹型号必须与标定时的型号相同。

(3)发射枪安装射钉和子弹后，应将管口朝下，防止发生意外。射钉和子弹应妥善保管，不得靠近火源或受潮。使用射钉枪的试验人员必须是经专用训练并经许可的人员。

(4)混凝土表面如不平整，射钉枪保护罩不能贴紧表面时，应先将表面处理平整之后进行试验。

(5)布置射钉之间的距离不小于140mm，射钉与混凝土表面的边缘相距不得小于100mm。在试验点放置定位装置。

3.2　标定方法

(1)必须对每一支枪及每一批子弹针对工程实际情况进行标定试验，建立射钉外露长度与混凝土强度的相关关系，相关系数必须经数理统计检验为高度显著，且不得小于0.90。变异系数不宜超过15%。

(2)对于同一工程，标定用的混凝土强度宜采用钻芯强度，也可采用标准尺寸的试件，与现场相同条件养护，湿养护和干养护应分别建立相关关系，采用湿养护时在试验前24h将试件搬到大气中养护。强度范围应包括抗压强度5～50MPa(或抗折强度1.5～7.0MPa)，试验组数以10～30为宜。

(3)按第3.3条的步骤分别测定射钉外露长度，并按有关规范规定测定钻芯或试件强度，按式(T 0956)建立现场推定混凝土强度的回归方程式。

$$R = a + bL - S \qquad \text{(T 0956)}$$

式中：R——推定的现场混凝土抗压或抗弯强度(MPa)；

a、b——回归系数；

L——射钉外露长度(mm)；

S——推定式的剩余标准差(MPa)。

3.3　测试步骤

(1)试验应由专人用同一支发射枪及同一批射钉与子弹进行。

(2)从发射枪口装入射钉,用送钉器将射钉推至发射管最深位置。

(3)拉出送弹器,装上子弹,推回原位。用定位装置或在画定位置对准混凝土表面射击点,垂直混凝土表面进行射击,把射钉射入混凝土中。

(4)在外露的射钉上套入一块中间有孔的标准厚度的金属片,套进射钉稳定地放于混凝土表面,以金属片为基准,用游标卡尺测量射钉外露长度,计算时将金属片厚度计入,并作记录。测量外露长度之前应检查射钉嵌入是否牢固,嵌入不牢固的射钉不能作为试验结果,外露长度不宜小于 10mm,也不宜大于 70mm,否则该试验值应予废弃。

(5)每次测定发射 3 枚射钉,射钉的间距宜为 20cm,取 3 枚射钉外露长度的平均值作为本次试验结果。

4 强度的推定

由测定的射钉外露长度 L 按式(T 0956)计算硬化混凝土的推定强度。

5 报告

报告应包括以下内容:

(1)所用发射枪和子弹的型号与规格。

(2)射钉型号、规格与尺寸。

(3)测定的混凝土结构和测试部位的说明(必要时绘图说明)。

(4)混凝土材料、配合比、龄期、养护条件等情况。

(5)试验部位混凝土的厚度。

(6)每个射钉的外露长度,每次试验的平均值、极差、标准差和变异系数,包括舍弃射钉的结果。

(7)必要时将试验结果列出射钉外露长度与强度的相关关系、剩余标准差和回归变异系数。

6 精确度与容许差

专人操作者用同一支发射枪对同一种混凝土进行测定时,每组 3 个测值的最大值与最小值的差(极差)应不超过表 T 0956 规定。若 3 个测值的极差超出此规定时,应发射第 4 个射钉,去掉与 4 个测值平均值相差最大的数据。若其余 3 个测值仍不能满足规定的要求,可再发射第 5 个射钉按上述方法进行处理。如果仍不能满足要求时,应把发射枪移到不同部位重新测试。

表 T 0956 射钉测值的容许差

材　料	3 个测值的容许差(mm)
水泥砂浆	6
集料最大粒径 < 16mm 的混凝土	8
集料最大粒径 < 31.5mm 的混凝土	11

条文说明

本方法参照美国 ASTM C803—82 标准试验方法编写。1988 年水电部第三工程局施工研究所与交通部公路科研所合作用国产射钉枪对此方法进行了试验研究,并通过技术鉴定。近年来,山西省公路局等许多单位将其应用于实际工程已取得良好的效果,认为此法技术简单易行,测试快速,费用低廉。1994 年中国土木工程学会和中国水利学会组织"混凝土无损检测技术研讨会",对回弹法、超声回弹法、射钉法进行了水泥混凝土强度现场测试,与钻芯法比较的结果表明,射钉法不仅速度快,而且与芯样强度十分接近,准确性较高。

射钉法快速检验水泥混凝土强度的原理是利用专用的发射枪发出具有一定能量的射钉,测量射钉射入现场混凝土后的外露长度，即硬化水泥混凝土的贯入阻力，以 mm 表示，通过建立与水泥混凝土强度的相关关系，由此推算水泥混凝土的硬化强度。

被测定的水泥混凝土的抗压强度不宜高于 50MPa，同时必须具有足够的贯入阻力。此法用于快速评定现场新浇混凝土的硬化强度时，可用于确定能否拆除模板、支撑，路面能否开放交通等；用于评定现场混凝土的匀质性时，可通过试验检查由于振捣、养护等施工条件和其他因素变化引起的不均匀性，了解质量低劣的部位或范围。

发射枪及子弹、射钉是本方法的关键仪具，它们的生产都必须经国家专门机构批准，其技术指标对公路部门的用户来说，是无法检验的，因此本规程不作具体规定。由于规程要求必须建立相关关系，射钉测值仅是相对指标，因而发射枪及子弹、射钉在美国 ASTM C803—82 标准试验方法中亦未作规定。本规程规定了射入及外露长度、相关系数、试验的容许差等，使用者可据此对仪具是否合适作出判断。

10 抗滑性能

T 0961—1995 手工铺砂法测定路面构造深度试验方法

1 目的与适用范围

本方法适用于测定沥青路面及水泥混凝土路面表面构造深度,用以评定路面表面的宏观构造。

2 仪具与材料技术要求

本方法需要下列仪具与材料:

(1)人工铺砂仪:由圆筒、推平板组成。

①量砂筒:形状尺寸如图 T 0961-1。一端是封闭的,容积为 25mL ±0.15mL,可通过称量砂筒中水的质量以确定其容积 V,并调整其高度,使其容积符合规定。带一专门的刮尺,可将筒口量砂刮平。

②推平板:形状尺寸如图 T 0961-2。推平板应为木制或铝制,直径 50mm,底面粘一层厚 1.5mm 的橡胶片,上面有一圆柱把手。

③刮平尺:可用 30cm 钢板尺代替。

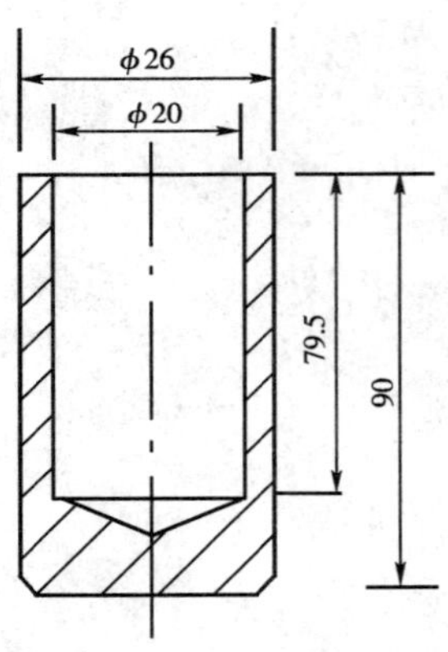

T 0961-1 量砂筒(单位:mm)

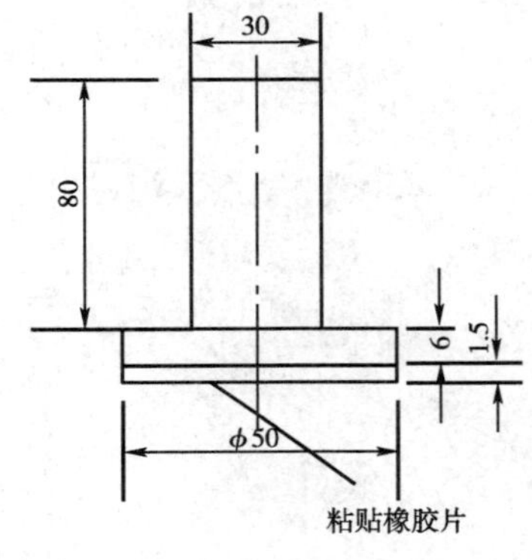

图 T 0961-2 推平板(单位:mm)

(2)量砂:足够数量的干燥洁净的匀质砂,粒径 0.15 ~0.3mm。

(3)量尺:钢板尺、钢卷尺,或采用已按式(T 0961)将直径换算成构造深度作为刻度单位的专用的构造深度尺。

(4)其他:装砂容器(小铲)、扫帚或毛刷、挡风板等。

3 方法与步骤

3.1 准备工作

(1)量砂准备:取洁净的细砂,晾干过筛,取 0.15 ~0.3mm 的砂置适当的容器中备用。量砂只能在路面上使用一次,不宜重复使用。

(2)按本规程附录 A 的方法,对测试路段按随机取样选点的方法,决定测点所在横断面位置。测点应选在车道的轮迹带上,距路面边缘不应小于 1m。

3.2 测试步骤

(1)用扫帚或毛刷子将测点附近的路面清扫干净,面积不小于 30cm×30cm。

(2)用小铲装砂,沿筒壁向圆筒中注满砂,手提圆筒上方,在硬质路表面上轻轻地叩打 3 次,使砂密实,补足砂面用钢尺一次刮平。

注:不可直接用量砂筒装砂,以免影响量砂密度的均匀性。

(3)将砂倒在路面上,用底面粘有橡胶片的推平板,由里向外重复作旋转摊铺运动,稍稍用力将砂细心地尽可能地向外摊开,使砂填入凹凸不平的路表面的空隙中,尽可能将砂摊成圆形,并不得在表面上留有浮动余砂。注意,摊铺时不可用力过大或向外推挤。

(4)用钢板尺测量所构成圆的两个垂直方向的直径,取其平均值,准确至 5mm。

(5)按以上方法,同一处平行测定不少于 3 次,3 个测点均位于轮迹带上,测点间距3~5m。对同一处,应该由同一个试验员进行测定。该处的测定位置以中间测点的位置表示。

4 计算

4.1 路面表面构造深度测定结果按式(T 0961)计算:

$$TD = \frac{1\,000V}{\pi D^2/4} = \frac{31831}{D^2} \qquad (T\ 0961)$$

式中:TD——路面表面构造深度(mm);

V——砂的体积($25cm^3$);

D——摊平砂的平均直径(mm)。

4.2 每一处均取 3 次路面构造深度的测定结果的平均值作为试验结果,准确至0.01mm。

4.3 按本规程附录 B 的方法计算每一个评定区间路面构造深度的平均值、标准差、变异系数。

5 报告

5.1 列表逐点报告路面构造深度的测定值及 3 次测定的平均值。当平均值小于0.2mm时,试验结果以 <0.2mm 表示。

5.2 每一个评定区间路面构造深度的平均值、标准差、变异系数。

条文说明

路面表面的构造深度(TD)以前称纹理深度,是路面粗糙度的重要指标,它与路表抗滑性能、排水、噪声等都有一定关系。手工铺砂法与 T 0962 电动铺砂法都是将细砂铺在路面上,计算嵌入凹凸不平的表面空隙中的砂的体积与覆盖面积之比,从而求得构造深度。这是目前工程上最为基本也是最为常用的方法。

对于铺砂使用砂的粒径和体积,日本铺装试验法便览 7-7 规定,对粗糙的路面用 0.15~0.3mm 的砂 $50cm^3$,对于致密的路面用 0.075~0.15mm 的砂 $10cm^3$。从理论上讲,该规定比较合理,不致使铺开的砂面积过小或过大,但操作起来不好掌握。为便于操作,本方法仍维持原规程规定的 0.15~0.3mm 砂粒径和 $25cm^3$ 体积。

一般认为手工铺砂法误差较大。其原因有很多,例如装砂的方法无标准,以前不少人直接用量筒到装砂的筒中装砂,致使量筒中的砂紧密程度不一样,影响砂量;还有摊砂用的推平板无标准,以前的方法中橡胶片厚 1.5~2.5mm, 材料为钢的,也有用木板的。另外,对量砂本次修订规定不重复使用,原规程对回收砂要求处理后才能使用,可是在实际测试中无法控制。因此取消回收砂,测试时只需要多准备点砂就可以了。

本方法为弥补这些缺陷,尽可能作了统一或明确。除对铺砂用的推平板尺寸材料作了明确规定外,还对装砂敲击密实、摊砂等方法作了规定,摊开时用“使砂填入凹凸不平的路表面的空隙中,尽可能将砂摊成圆形,并不得在表面上留有浮动余砂”的提法,是根据铺砂法的原理并参考日本试验法的提法编写的。只有砂填入路表面空隙中的体积才能用于计算构造深度,如果摊得不足,路表基准平面以上的砂也计入空隙的体积,势必使构造深度变大;反之如果用力过猛,砂摊开面积过大,则又使构造深度变小。因此,为了测试数据的准确性,本次修订规定对同一处测定应该由同一个试验员完成。

T 0962—1995 电动铺砂仪测定路面构造深度试验方法

1 目的与适用范围

本方法适用于测定沥青路面及水泥混凝土路面表面构造深度,用以评定路面表面的宏观构造。

2 仪具与材料技术要求

本方法需要下列仪具与材料:

(1)电动铺砂仪:利用可充电的直流电源将量砂通过砂漏铺设成宽度 5cm,厚度均匀一致的器具,如图 T 0962-1 所示。

(2)量砂:足够数量的干燥洁净的匀质砂,粒径为 0.15 ~0.3mm。

(3)标准量筒:容积 50mL。

(4)玻璃板:面积大于铺砂器,厚 5mm。

(5)其他:直尺、扫帚、毛刷等。

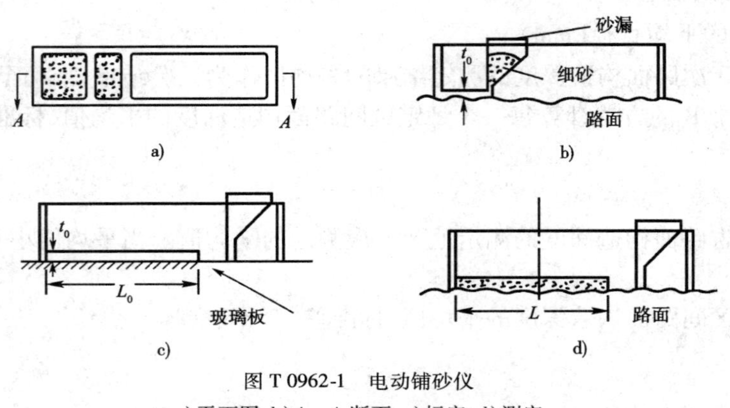

图 T 0962-1 电动铺砂仪

a)平面图;b)A—A 断面;c)标定;d)测定

3 方法与步骤

3.1 准备工作

(1)量砂准备:取洁净的细砂,晾干过筛,取 0.15 ~0.3mm 的砂置适当的容器中备用。量砂只能在路面上使用一次,不宜重复使用。

(2)按本规程附录 A 的方法,对测试路段按随机取样选点的方法,决定测点所在横断面位置。测点应选在车道的轮迹带上,距路面边缘应不小于 1m。

3.2 电动铺砂器标定

(1)将铺砂器平放在玻璃板上,将砂漏移至铺砂器端部。

(2)使灌砂漏斗口和量筒口大致齐平。通过漏斗向量筒中缓缓注入准备好的量砂至高出量筒成尖顶状,用直尺沿筒口一次刮平,其容积为 50mL。

(3)使漏斗口与铺砂器砂漏上口大致齐平。将砂通过漏斗均匀倒入砂漏,漏斗前后移动,使砂的表面大致齐平,但不得用任何其他工具刮动砂。

(4)开动电动机,使砂漏向另一端缓缓运动,量砂沿砂漏底部铺成图 T 0962-2 所示的宽 5cm 的带状,待砂全部漏完后停止。

(5)按图 T 0962-2,依式(T 0962-1)由 L_1 及 L_2 的平均值决定量砂的摊铺长度 L_0,准确至 1mm。

$$L_0 = (L_1 + L_2)/2 \qquad (T\ 0962\text{-}1)$$

(6)重复标定 3 次,取平均值决定 L_0,准确至 1mm。

注:标定应在每次测试前进行,用同一种量砂,由承担测试的同一试验员进行。

3.3 测试步骤

(1)将测试地点用毛刷刷净,面积大于铺砂仪。

(2)将铺砂仪沿道路纵向平稳地放在路面上,将砂漏移至端部。

(3)按第 3.2 条之(2)~(5)相同的步骤,在测试地点摊铺 50mL 量砂,按图 T 0962-2 的方法量取摊铺长度 L_1 及 L_2,由式(T 0962-2)计算 L,准确至 1mm。

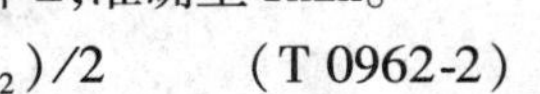

$$L = (L_1 + L_2)/2 \qquad (\text{T 0962-2})$$

铺砂方向 →

L_1

L_2

平面图

$L_0(\text{或} L) = \frac{L_1+L_2}{2}$

t_0

侧面图

图 T 0962-2 决定 L_0 及 L 的方法

L_0-玻璃板上 50mL 量砂摊铺的长度(mm);L-路面上 50mL 量砂摊铺的长度(mm)

(4)按以上方法,同一处平行测定不少于 3 次,3 个测点均位于轮迹带上,测点间距3~5m。该处的测定位置以中间测点的位置表示。

4 计算

4.1 按式(T 0962-3)计算铺砂仪在玻璃板上摊铺的量砂厚度 t_0。

$$t_0 = \frac{V}{B \times L_0} \times 1000 = \frac{1000}{L_0} \qquad (\text{T 0962-3})$$

式中:t_0——量砂在玻璃板上摊铺的标定厚度(mm);

V——量砂体积,50mL;

B——铺砂仪铺砂宽度,50mm。

4.2 按式(T 0962-4)计算路面构造深度 TD。

$$\text{TD} = \frac{L_0 - L}{L} \times t_0 = \frac{L_0 - L}{L \times L_0} \times 1000 \qquad (\text{T 0962-4})$$

式中:TD——路面的构造深度(mm)。

4.3 每一处均取 3 次路面构造深度的测定结果的平均值作为试验结果,准确至0.1mm。

4.4 按本规程附录 B 的方法计算每一个评定区间路面构造深度的平均值、标准差、变异系数。

5 报告

5.1 列表逐点报告路面构造深度的测定值及 3 次测定的平均值。当平均值小于0.2mm时,试验结果以 <0.2mm 表示。

5.2 每一个评定区间路面构造深度的平均值、标准差、变异系数。

条文说明

本方法在日本及其他一些国家使用,我国也有一些单位使用。

电动铺砂法与手工铺砂法虽然原理相同,但测定方法有差别。手工法是将全部砂都填入凹凸不平的空隙中了,而电动法是在与玻璃板上摊铺后比较求得的,所以两法测定结果存在差异。

电动铺砂法的标定十分重要,测试时的做法应与标定时一样,因此必须用同一种砂,由同一试验员进行。为了测定数据的准确性,本次修订规定不使用回收砂。

T 0966—2008 车载式激光构造深度仪测定路面构造深度试验方法

1 目的与适用范围

1.1 本方法适用于各类车载式激光构造深度仪在新建、改建路面工程质量验收和无严重破损病害及无积水、积雪、泥浆等正常行车条件下测定，连续采集路面构造深度，但不适用于带有沟槽构造的水泥混凝土路面构造深度的测定。

1.2 本方法的数据采集、传输、记录和处理分别由专用软件自动控制进行。

2 仪具与材料技术要求

2.1 测试系统构成

测试系统由承载车辆、距离传感器、激光传感器和主控制系统组成。主控制系统对测试装置的操作实施控制，完成数据采集、传输、存储与计算过程。

2.2 设备承载车要求

根据设备供应商的要求选择测试系统承载车辆。

2.3 测试系统基本技术要求和参数

(1)最大测试速度：≥50km/h。

(2)采样间隔：≤10mm。

(3)传感器测试精度：0.1mm。

(4)距离标定误差：<0.1%。

(5)系统工作环境温度：0～60℃。

3 方法与步骤

3.1 准备工作

(1)设备安装到承载车上以后应按第4条进行相关性标定试验。

(2)根据设备操作手册的要求对测试系统各传感器进行校准。

(3)距离测量装置需要现场安装的，根据设备操作手册说明进行安装，确保机械紧固装置安装牢固。

(4)测试系统各部分应符合测试要求，不应有明显的可视性破损。

(5)打开系统电源，启动控制程序，检查各部分的工作状态。

3.2 测试步骤

(1)按照设备使用说明规定的预热时间对测试系统预热。

(2)测试车停在测试起点前50～100m处，启动测试系统程序，按照设备操作手册的规定和测试路段的现场技术要求设置完毕所需的测试状态。

(3)驾驶员应按照设备操作手册要求的测试速度范围驾驶测试车，避免急加速和急减速，急弯路段应放慢车速，沿正常行车轨迹驶入测试路段。

(4)进入测试路段后，测试人员启动系统的采集和记录程序，在测试过程中必须及时准确地将测试路段的起终点和其他需要特殊标记的位置输入测试数据记录中。

(5)当测试车辆驶出测试路段后，测试人员停止数据采集和记录，并恢复仪器各部分至初始状态。

(6)检查：测试数据文件应完整，内容应正常，否则需要重新测试。

(7)关闭测试系统电源，结束测试。

4 激光构造深度仪测值与铺砂法构造深度值相关关系对比试验

(1)选择构造深度分别在0～0.3mm、0.3～0.55mm、0.55～0.8mm、0.8～1.2mm范围的4个各长100m的试验路段。试验前将路面清扫干净，并在起终点做上标记。

(2)在每个试验路段上沿一侧行车轮迹用铺砂法测试至少10点的构造深度值，并计算平均值。

(3)驾驶测试车以30～50km/h速度驶过试验路段，并且保证激光构造深度仪的激光传感器探头沿铺砂法所测构造深度的行车轮迹运行，计算试验路段的构造深度平均值。

(4)建立两种方法的相关关系式，要求相关系数 R 不小于0.97。

5 报告

构造深度检测报告应包括以下内容:

(1)路段构造深度平均值、标准差。

(2)提供激光构造深度仪测值与铺砂法构造深度值在选定测试条件下的相关关系式及相关系数。

条文说明

原规程中所列手推式激光构造深度仪多年来在国内普及使用范围很小,本次修订取消了该设备的试验方法。而目前随着车载式激光断面仪在工程检测工作中的大量使用,已需要制定相应的现场试验方法来规范其测试路面构造深度的过程,因此规程中新增加制定了车载式激光构造深度仪试验方法。

另外,由于测试工作原理的原因,在加工有槽状或坑状表面构造的水泥混凝土路面上,激光构造深度仪的测试结果受到一定影响,故使用受到限制。

车载式激光构造深度仪的激光传感器响应频率和现场测试速度对测试结果有内在的影响,对不同类型设备无法限定激光传感器的参数,因此设备技术要求通过测试速度和采样间隔来间接控制激光传感器的参数。

由于计算模式的差别,激光构造深度仪与铺砂法的测试结果存在一定的差异,因此必须在完成两者之间的相关性试验和转换后才能进行测试结果的评定。

T 0964—2008 摆式仪测定路面摩擦系数试验方法

1 目的与适用范围

本方法适用于以摆式摩擦系数测定仪(摆式仪)测定沥青路面、标线或其他材料试件的抗滑值,用以评定路面或路面材料试件在潮湿状态下的抗滑能力。

2 仪具与材料技术要求

本方法需要下列仪具与材料:

(1)摆式仪:形状及结构如图 T 0964-1 所示。摆及摆的连接部分总质量为 1 500g ±30g,摆动中心至摆的重心距离为 410mm ±5mm,测定时摆在路面上滑动长度为 126mm ±1mm,摆上橡胶片端部距摆动中心的距离为 510mm,橡胶片对路面的正向静压力为 22.2N ±0.5N。

(2)橡胶片:当用于测定路面抗滑值时,其尺寸为 6.35mm ×25.4mm ×76.2mm。橡胶质量应符合表 T 0964-1 的要求。当橡胶片使用后,端部在长度方向上磨耗超过 1.6mm 或边缘在宽度方向上磨耗超过 3.2mm,或有油类污染时,即应更换新橡胶片。新橡胶片应先在干燥路面上测试 10 次后再用于测试。橡胶片的有效使用期从出厂日期起算为 12 个月。

(3)滑动长度量尺:长 126mm。

(4)喷水壶。

(5)硬毛刷。

(6)路面温度计:分度不大于 1℃。

(7)其他:扫帚、记录表格等。

表 T 0964-1 橡胶物理性质技术要求

性质指标	温度(℃)				
	0	10	20	30	40
弹性(%)	43 ~49	58 ~65	66 ~73	71 ~77	74 ~79
硬度(IR)	55 ±5				

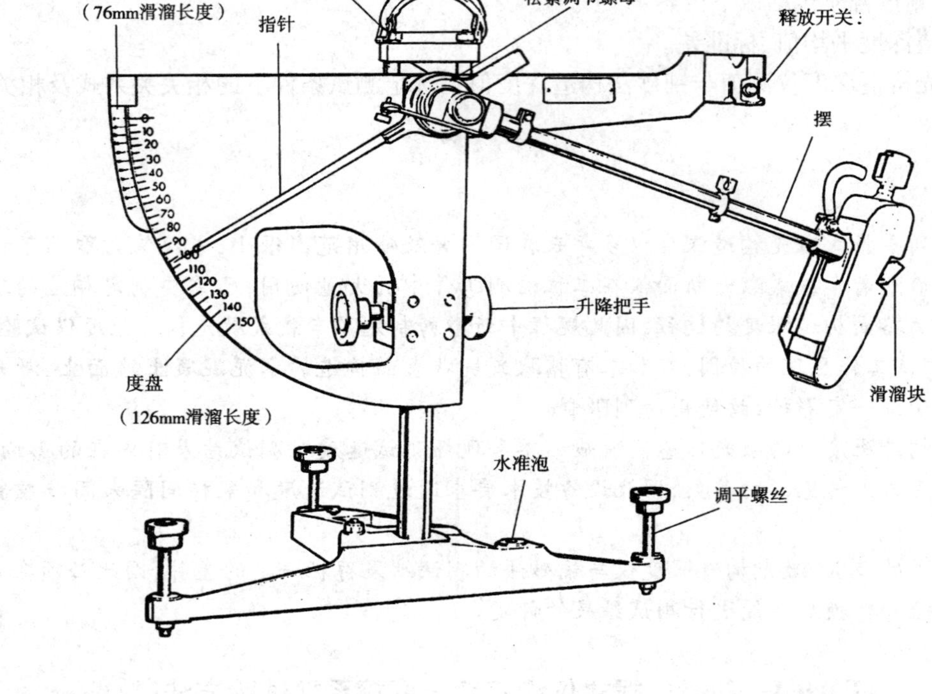

图 T 0964-1 摆式仪结构示意图

3 方法与步骤

3.1 准备工作

(1)检查摆式仪的调零灵敏情况,并定期进行仪器的标定。

(2)按本规程附录 A 的方法,进行测试路段的取样选点。在横断面上测点应选在行车道轮迹处,且距路面边缘应不小于 1m。

3.2 测试步骤

(1)清洁路面:用扫帚或其他工具将测点处的路面打扫干净。

(2)仪器调平。

①将仪器置于路面测点上,并使摆的摆动方向与行车方向一致。

②转动底座上的调平螺栓,使水准泡居中。

(3)调零。

①放松紧固把手,转动升降把手,使摆升高并能自由摆动,然后旋紧紧固把手。

②将摆固定在右侧悬臂上,使摆处于水平释放位置,并把指针拨至右端与摆杆平行处。

③按下释放开关,使摆向左带动指针摆动。当摆达到最高位置后下落时,用手将摆杆接住,此时指针应指零。

④若不指零,可稍旋紧或旋松摆的调节螺母。

⑤重复上述 4 个步骤,直至指针指零。调零允许误差为 ±1。

(4)校核滑动长度。

①让摆处于自然下垂状态,松开固定把手,转动升降把手,使摆下降。与此同时,提起举升柄使摆向左侧移动,然后放下举升柄使橡胶片下缘轻轻触地,紧靠橡胶片摆放滑动长度量尺,使量尺左端对准橡胶片下缘;再提起举升柄使摆向右侧移动,然后放下举升柄使橡胶片下缘轻轻触地,检查橡胶片下缘应与滑动长度量尺的右端齐平。

②若齐平，则说明橡胶片两次触地的距离（滑动长度）符合126mm的规定。校核滑动长度时，应以橡胶片长边刚刚接触路面为准，不可借摆的力量向前滑动，以免标定的滑动长度与实际不符。

③若不齐平，升高或降低摆或仪器底座的高度。微调时用旋转仪器底座上的调平螺丝调整仪器底座的高度的方法比较方便，但需注意保持水准泡居中。

④重复上述动作，直至滑动长度符合126mm的规定。

(5)将摆固定在右侧悬臂上，使摆处于水平释放位置，并把指针拨至右端与摆杆平行处。

(6)用喷水壶浇洒测点，使路面处于湿润状态。

(7)按下右侧悬臂上的释放开关，使摆在路面滑过。当摆杆回落时，用手接住，读数但不记录。然后使摆杆和指针重新置于水平释放位置。

(8)重复(6)和(7)的操作5次，并读记每次测定的摆值。

单点测定的5个值中最大值与最小值的差值不得大于3。如差值大于3时，应检查产生的原因，并再次重复上述各项操作，至符合规定为止。

取5次测定的平均值作为单点的路面抗滑值（即摆值 BPN_t），取整数。

(9)在测点位置用温度计测记潮湿路表温度，准确至1℃。

(10)每个测点由3个单点组成，即需按以上方法在同一测点处平行测定3次，以3次测定结果的平均值作为该测点的代表值（精确到1）。

3个单点均应位于轮迹带上，单点间距离为3～5m。该测点的位置以中间单点的位置表示。

4 抗滑值的温度修正

当路面温度为 t（℃）时，测得的摆值为 BPN_t 必须按式（T 0964-1）换算成标准温度20℃的摆值 BPN_{20}。

$$BPN_{20} = BPN_t + \Delta BPN \qquad (T\ 0964\text{-}1)$$

式中：BPN_{20}——换算成标准温度20℃时的摆值；

BPN_t——路面温度 t 时测得的摆值；

ΔBPN——温度修正值按表T 0964-2采用。

表 T 0964-2 温度修正值

温度（℃）	0	5	10	15	20	25	30	35	40
温度修正值 ΔBPN	-6	-4	-3	-1	0	+2	+3	+5	+7

5 报告

报告应包含如下内容：

(1)路面单点测定值 BPN_t 经温度修正后的 BPN_{20}、现场温度、3次的平均值。

(2)评定路段路面抗滑值的平均值、标准差、变异系数。

条文说明

用手提摆式仪测定路面抗滑是由英国道路和运输研究所（TRRL）发明并逐渐在世界各国使用的。BPN是British Pendulum Number的缩写，即摆式仪的刻度。此法是目前世界各国广泛采用的抗滑性能测试法，在我国亦已普遍使用，故列入本规程。本方法是按照国外通用的试验方法如BS 598、ASTM E303、AASHTO、日本铺装试验法便览7-5编写的。

摆式仪测定的BPN值是反映路面抗滑性能的综合性指标。日本道路公团的施工规范中规定，路面交工时BPN应满足不小于70～75的要求。但是BPN主要取决于石料磨光值PSV，且有良好的相关性，$BPN = PSV \times 0.51 + 25.2$。据日本对碎石的抗滑性能测试（ASPHALT，NO.144），PSV用平均值±1倍标

准差表示,试验结果如下:

火成岩:平均值 71 ±3,其中安山岩、玄武岩、橄榄岩平均 71 ±8;

水成岩:平均值 55 ±3,其中石灰岩 47 ±4、砂岩 58 ±4、砾岩 71 ±4、页岩 73 ±4;

变质岩:平均值 72 ±3,其中黏板岩、角闪岩、片麻岩平均 72 ±9。

原规程摆上橡胶片端部距摆动中心的距离为 508mm,本次修订改为“橡胶片外边缘距摆动中心的距离为 510mm ±2mm”。为了便于测试,将仪具“洒水壶”改为“喷水壶”;将“橡胶刮板”更改为“硬毛刷”。摆式仪的测定结果受摆的结构、质量、橡胶片的硬度的影响很大。各国标准均规定橡胶片应符合英国 BS 812 天然橡胶或美国 ASTM E 501 规定的合成橡胶的要求。英国采用的是特有的天然橡胶,美国采用的是合成橡胶,日本采用英国的橡胶片,我国采用自行研制的橡胶片。ASTM E 501 规定了合成橡胶的配方,其中对测试方法也有所规定。表 T 0964-3 是美国 ASTM E 501 对橡胶物理性质的主要技术要求。

摆式仪在测试前的标定步骤是必需的,否则测试精度达不到要求。具体的标定步骤按国外试验方法编写。实际测试时,对仪器本身的调零和调平、校核滑动长度等都是重要的步骤,且同一人 5 次测定的 BPN 值相差不得超过 3 个单位。

摆值受路面温度影响很大,各国均以 20℃为标准温度。当路面试验温度不是 20℃时,应进行温度修正。英国 TRRL 最早提出了温度修正曲线,在常用的 10 ~40℃范围内,修正值不超过 3。TRRL 提出在用作石料抗滑值 PSV 试验时,用下式修正:

$$C_{20} = \frac{100 + t}{120} \times C_{\mathrm{t}} \qquad (\mathrm{T\ 0964\text{-}2})$$

式中:t——试验温度(℃);

C_{t}、C_{20}——实测温度 t(℃)及换算为 20℃时的摆值 BPN。

表 T 0964-3 橡胶物理性质技术要求

力学指标		要求	测试方法
橡胶片硫化(149℃)(min)	不少于	30	ASTM D 3182
300% 模量(MPa)		5.5 ±1.4	ASTM D 412
硬度(IR)		58 ±2	ASTM D 2240
恢复能		47 ±2	ASTM D 1054
拉伸强度(MPa)		13.8	ASTM D 412
伸长(%)	不少于	500	ASTM D 412

但是后来各国众多的学者均对此进行了研究,认为 TRRL 的修正值偏小,一些学者提出的修正曲线如图 T 0964-2 所示。图中 ΔBPN 是日本在路面现场实测的修正值,当温度为 10℃及 40℃时,修正值达 8。日本道路公团提出的修正公式见式(T 0964-3)。当路面温度为 t(℃)时,测得的摆值为 $\mathrm{BPN_t}$,则换算成标准温度 20℃的摆值为 $\mathrm{BPN_{20}}$。

摆式仪测定的精度用标准差表示时,英国天然橡胶摆是 1.0,美国合成橡胶摆是 1.2。为满足 95% 的精度要求,最小测定次数对英国摆是 4 次,美国摆是 5 次。我国规定每一测点重复测试 5 次,同一测试路段要取 5 个测点的平均值。

$$\mathrm{BPN_{20}} = -0.0071t^2 + 0.9301t - 15.79 + \mathrm{BPN_t} \qquad (\mathrm{T\ 0964\text{-}3})$$

式中:$\mathrm{BPN_{20}}$——换算成标准温度 20℃时的摆值;

$\mathrm{BPN_t}$——路面温度 t 时测得的摆值;

t——测定的路表潮湿状态下的温度(℃)。

本规程采用的换算公式及换算系数表是我国自行对试块进行保温在不同温度下进行测试得出的结果;在中间温度时,可用内插法计算。

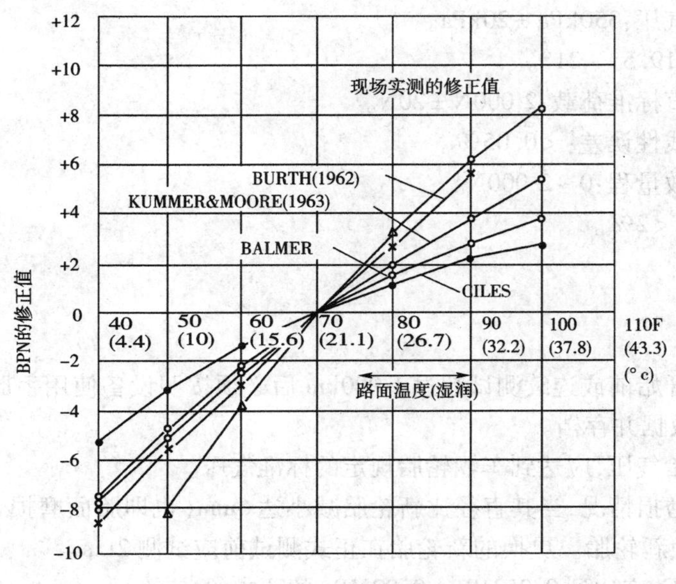

图 T 0964-2 温度修正曲线

T 0965—2008 单轮式横向力系数测试系统测定路面摩擦系数试验方法

1 目的与适用范围

1.1 本方法适用于工作原理和结构与 SCRIM 测试车相同的横向力系数测试系统在新建、改建路面工程质量验收和无严重坑槽、车辙等病害的正常行车条件下连续采集路面的横向力系数。

1.2 本方法的数据采集、传输、记录和处理分别由专用软件自动控制进行。

2 仪具与材料技术要求

2.1 测试系统构成

测试系统由承载车辆、距离测试装置、横向力测试装置、供水装置和主控制系统组成,如图 T 0965。主控制系统除实施对测试装置和供水装置的操作控制外,同时还控制数据的传输、记录与计算等环节。

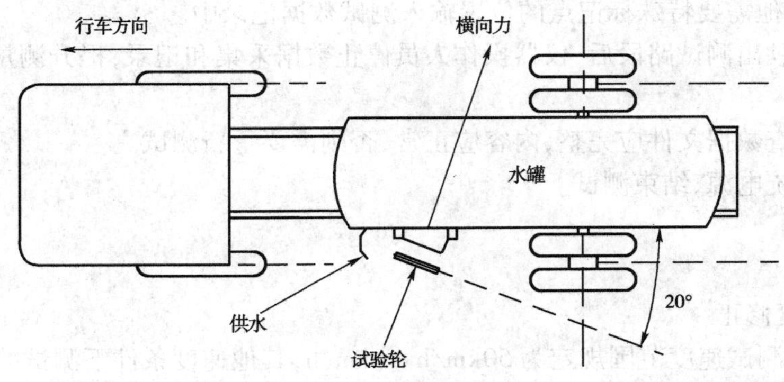

图 T 0965 单轮式横向力系数测试系统构造示意图

2.2 设备承载车基本技术要求和参数

横向力系数测试系统的承载车辆应为能够固定和安装测试、储供水、控制和记录等系统的载货车底盘,具有在水罐满载状态下最高车速大于 100km/h 的性能。

2.3 测试系统技术要求和参数

(1)测试轮胎类型:光面天然橡胶充气轮胎。

(2)测试轮胎规格:3.00/20。

(3)测试轮胎标准气压:350kPa ±20kPa。

(4)测试轮偏置角:19.5°~21°。

(5)测试轮静态垂直标准荷载:2 000N ±20N。

(6)拉力传感器非线性误差:<0.05%。

(7)拉力传感器有效量程:0~2 000N。

(8)距离标定误差:<2%。

3 方法与步骤

3.1 准备工作

(1)每个测试项目开始前或连续测试超过1 000km后必须按照设备使用手册规定的方法进行测试系统的标定,记录标定数据并存档。

(2)检查测试车轮胎气压,应达到车辆轮胎规定的标准气压。

(3)检查测试轮胎磨损情况,当其直径比新轮胎减小达6mm(也即胎面磨损3mm)以上或有明显磨损裂口时,必须立即更换新轮胎。更换的新轮胎在正式测试前应试测2km。

(4)检测测试轮气压,应达到0.35MPa ±0.02MPa的要求。

(5)检查测试轮固定螺栓应拧紧。将测试轮放到正常测试时的位置,检查其应能够沿两侧滑柱上下自由升降。

(6)根据测试里程的需要向水罐加注清洁测试用水。

(7)检查洒水口出水情况和洒水位置应正常;洒水位置应在测试轮触地面中点沿行驶方向前方400mm ±50mm处,洒水宽度应为中心线两侧各不小于75mm。

(8)将控制面板电源打开,检查各项控制功能键、指示灯和技术参数选择状态应正常。

3.2 测试步骤

(1)正式开始测试前,首先应按设备操作手册规定的时间要求对系统进行通电预热。

(2)进入测试路段前应将测试轮胎降至路面上预跑约500m。

(3)按照设备操作手册的规定和测试路段的现场技术要求设置完毕所需的测试状态。

(4)驾驶员在进入测试路段前应保持车速在规定的测试速度范围内,沿正常行车轨迹驶入测试路段。

(5)进入测试路段后,测试人员启动系统的采集和记录程序。在测试过程中必须及时准确地将测试路段的起终点和其他需要特殊标记点的位置输入测试数据记录中。

(6)当测试车辆驶出测试路段后,仪器操作人员停止数据采集和记录,提升测量轮并恢复仪器各部分至初始状态。

(7)操作人员检查数据文件应完整,内容应正常,否则需要重新测试。

(8)关闭测试系统电源,结束测试。

4 SFC值的修正

4.1 SFC值的速度修正

测试系统的标准测试速度范围规定为50km/h ±4km/h,其他速度条件下测试的SFC值必须通过式(T 0965-1)转换至标准速度下的等效SFC值。

$$SFC_{标} = SFC_{测} - 0.22(v_{标} - v_{测}) \quad (T\ 0965\text{-}1)$$

式中:$SFC_{标}$——标准测试速度下的等效SFC值;

$SFC_{测}$——现场实际测试速度条件下的SFC测试值;

$v_{标}$——标准测试速度,取值50km/h;

$v_{测}$——现场实际测试速度。

4.2 SFC值的温度修正

测试系统的标准现场测试地面温度范围为20℃ ±5℃,其他地面温度条件下测试的SFC值必须通过表 T 0965 转换至标准温度下的等效 SFC 值。系统测试要求地面温度控制在 8 ~ 60℃范围内。

表 T 0965　SFC 值温度修正

温度	10	15	20	25	30	35	40	45	50	55	60
修正	−3	−1	0	+1	+3	+4	+6	+7	+8	+9	+10

5　不同类型摩擦系数测试设备间相关关系对比试验

5.1　基本要求

不同类型摩擦系数测试设备的测值应换算成 SFC 值后使用，所以制动式摩擦系数测试设备和其他类型横向力式测试设备在使用时必须和 SCRIM 系统进行对比试验，建立测试结果与 SCRIM 系统测值——SFC 值的相关关系。

5.2　试验条件

(1)按 SFC 值 0 ~ 30、30 ~ 50、50 ~ 70、70 ~ 100 的范围选择 4 段不同摩擦系数的路段，路段长度可为 100 ~ 300m。

(2)对比试验路段地面应清洁干燥，地面温度应在 10 ~ 30℃范围内，天气条件宜为晴天无风。

5.3　试验步骤

(1)测试系统和需要进行对比试验的其他类型设备分别按 3.1 的方法及其操作手册规定的程序准备就绪。

(2)两套设备分别以 40km/h、50km/h、60km/h、70km/h、80km/h 的速度在所选择的 4 种试验路段上各测试 3 次，3 次测试的平均值的绝对差值不得大于 5，否则重测。

(3)两种试验设备设置的采样频率差值不应超过一倍，每个试验路段的采样数据量不应少于 10 个。

5.4　试验数据处理

(1)分别计算出每种速度下各路段 3 次测试结果的总平均值和标准差，超过 3 倍标准差的值应予以舍弃。

(2)用数理统计的回归分析方法建立试验设备测值与速度的相关关系式，相关系数 R 不得小于 0.95。

(3)建立不同速度下试验设备测值 SFC 的相关关系式，相关系数 R 不得小于 0.95。

6　报告

报告应包括横向力系数 SFC 的平均值、标准差、代表值及现场测试速度和温度。

条文说明

横向力系数测试系统在世界许多国家被采用，但在测试轮偏角、测试轮荷载、轮胎类型等方面的技术标准却有所差别。英国 SCRIM 系统是这类设备中性能较为优良、使用范围也较广的一种类型。我国标准体系中引入的横向力系数测试系统即是英国的 SCRIM 系统，因此本方法规定的横向力摩擦系数测定车与英国 SCRIM 原型设备的基本参数指标保持一致。

测试系统在经过长期放置、长途行驶或进入温度、湿度差别较大的地区时，其性能指标都可能发生变化，因此规定在每个测试项目开始前必须对设备进行重新标定。

本规程中测试方法与步骤为满足不同型号 SCRIM 系统的使用要求，在编写内容上着重于规定同类测试方法的基本技术要求，而设备的具体操作程序和标定方法应依照厂家对每台设备提供的操作手册执行。

测试速度是影响 SFC 值大小的重要因素。通过对 8 条不同 SFC 值水平下的试验路段分别以 40km/h、50km/h、……、80km/h 等 5 组测试速度的重复试验，得到相关性较好的回归方程。由于所有回归方程的斜率都相近且修正值幅度一般较小，故近似取为常数 -0.22，代入回归方程可计算得出标准速度下的 SFC 值。

路面 SFC 的测试结果受环境温度影响，原因是不同温度条件下测试轮胎的弹性和路面本身的抗滑性能都会发生变化。英国的 Lander 和 Sabey 分别进行了温度对 SFC 影响的试验，得到关系式如下：

Lander $$\frac{SFC_t}{SFC_{20}} = 1.106 - 0.0054t \quad (r = -0.79) \tag{T 0965-2}$$

Sabey $$\frac{SFC_t}{SFC_{20}} = 0.548 + \frac{44.69}{t+80} \quad (r = 0.81) \tag{T 0965-3}$$

由上述试验得出的结果为，温度每升高1℃，SFC 值减小 0.3 个单位。国内选取的 8 个路段进行的温度试验显示，温度每升高1℃，SFC 值减小 0.2 ~ 0.3 个单位，结论基本一致。为简化修正方法，制定了温度修正表。

根据《公路工程质量检验评定标准（土建工程）》（JTG F80/1—2004）中相关规定，横向力摩擦系数使用代表值进行工程质量评定，具体计算公式如下：

按公式（T 0965-4）计算 SFC 代表值。

$$SFC_r = \overline{SFC} - \frac{t_\alpha}{\sqrt{n}}S \tag{T 0965-4}$$

式中：SFC_r——SFC 代表值；

$\overline{SFC}$——SFC 平均值；

S——标准差；

n——数据个数；

t_α——t 分布表中随测点数和保证率（或置信度）而变的系数，可查本规程附录 B 表 B；采用的保证率：高速公路、一级公路为 95%，其他公路为 90%。

T 0967—2008 双轮式横向力系数测试系统测定路面摩擦系数试验方法

1 目的与适用范围

1.1 本方法适用于工作原理和结构与 Mu-Meter 相同的摩擦系数测试系统在新建、改建路面工程的质量验收和无严重坑槽、车辙等病害的正常行车条件下测定沥青路面或水泥混凝土路面的摩擦系数。

1.2 本方法的数据采集、传输、记录和处理分别由专用软件自动控制进行。

2 仪具与材料技术要求

2.1 测定系统构成

测试系统主要由牵引车、供水系统、测量机构（包括荷载传感器）、电子控制和数据处理系统、标定装置等组成，如图 T 0967-1 和图 T 0967-2。

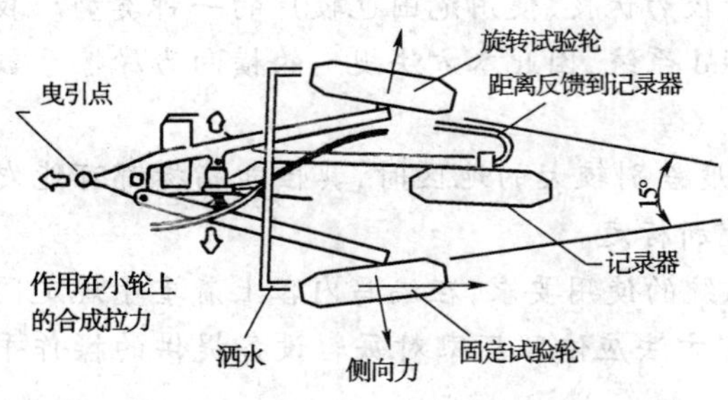

图 T 0967-1 平面示意图

图 T 0967-2 侧视示意图

2.2 设备牵引车基本技术要求和参数

牵引车最高行驶车速应大于80km/h,车辆后部可安装专用拖挂的装置,车辆应配备警灯及相关警示标志。

2.3 测试系统技术要求和参数

(1)测试仪总质量:256kg。

(2)单轮静态标准荷载:1.27kN。

(3)测试轮夹角:15°。

(4)测试轮标准气压:70kPa ±3.5kPa。

(5)测试轮规格:4.00/4.80-8 光面轮胎。

(6)洒水量:路面水膜厚度0.5 ~1.0mm。

(7)测试速度范围:40 ~60km/h。

3 方法与步骤

3.1 准备工作

(1)按照仪器设备技术手册或使用说明书对测试系统进行标定。将专门的标定板放在地面上,人工将测试仪从板上拖拉三遍,系统自动判断标定是否通过,标定通过后才能用于路面测试。

(2)测试前,设备预热10min左右,并检查汽油机是否能正常工作,机油是否需要更换。

(3)测试仪及洒水车轮胎胎压应满足测试要求,野外测试时间较长时,应带上气压表和充气泵,以便随时检查测试车轮胎气压是否正常,必要时及时补气。系统各部分轮胎气压要求如下:

①摩擦测试轮:70kPa ±3.5kPa。

②距离测试轮:210kPa ±13.7kPa。

③水车轮胎:根据轮胎标示气压值。

(4)降下测试轮,打开水阀进行检查,水流情况应正常,水流应符合要求。检查仪表,各项指数应正常,然后升起测试轮。

(5)将牵引车及洒水车、测试仪及控制线路连接线依次连好后,拔出测试车插销,打开电脑进入测试状态,同时发动汽油机,打开水阀,准备测试。

3.2 测试步骤

(1)在测试路段起点前约500m处将车停住,开机预热时间不少于10min。

(2)将车辆驶向测试路段,提前100 ~200m处打开水阀,降下测试轮。测试时的车速为40 ~60km/h,测试过程中应保持匀速。

(3)测试过程中如遇数值异常或其他特征点,应及时通过控制程序做好标记,以备后查。

(4)当测试完成时,停止测试过程,存储数据文件。

4 测试数据处理

测定的摩擦系数数据存储在计算机磁盘中。测试系统提供数据处理程序软件,可计算和打印出每一个计算区间的摩擦系数值、行程距离、行驶速度、统计个数、平均值及标准差,同时还可打印出摩擦系数的变化图。

5 数据类型相关性转换

本试验方法得到的直接数据结果应参照T 0965第5条的内容转换为标准SFC值后才可进行相关的质量检验和评价。

6 报告

(1)路段摩擦系数值平均值、标准差、变异系数。

(2)提供摩擦系数值与SCRIM系统测值所建立的相关关系式及相关系数。

条文说明

Mu-Meter 摩擦系数测试系统是英国制造的一种横向力摩擦系数的测试设备，但其测试机构、传感器测力方向、轮胎尺寸和气压、荷载重量等均与 SCRIM 测试车不同。作为大型设备在实际应用中的补充，Mu-Meter 具有体积小、价格低等优点，在一些国家得到应用，近两年我国的购置数量已超过十台。

Mu-Meter 同样是测试路面的横向力摩擦系数，其测试结果与 SFC 值之间具有良好的相关关系；另外，该设备已被列入美国 ASTM E670—94 标准。Mu-Meter 在我国使用的技术条件之一是其测试结果必须转换成 SFC 值后才能进行工程上的应用和评价，因此本试验方法规定其参考 SCRIM 的方法进行相关性试验。

T 0968—2008　动态旋转式摩擦系数测试仪测定路面摩擦系数试验方法

1　目的与适用范围

本方法适用于工作原理及结构与日本 Dynamic Friction Tester 相同的动态旋转式摩擦系数测试仪测定路面的摩擦系数。

2　仪具与材料技术要求

(1)动态旋转式摩擦系数测试仪：包括控制器、测试仪和记录仪(图 T 0968)。

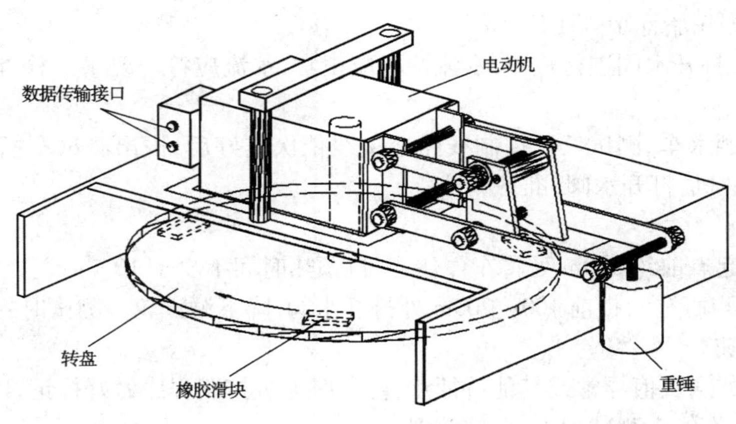

图 T 0968　DF 仪示意图

测试仪的主要部件是一个平面平行于测试表面的转盘，有三个橡胶滑块安装在转盘下方。测试仪还配有洒水装置，用于潮湿测试表面。测试时，当转盘加速到一定转速后被放到测试表面，使橡胶滑块与测试表面接触。在摩擦力的作用下转盘被减速，在此过程中测出由滑块所产生的力矩，并由此计算出摩擦系数。

滑块用簧片固定在转盘上。每个滑块的固定压力为 11.8N。滑块的外形尺寸如图T 0968所示，轮廓尺寸为 6mm × 16mm × 20mm。滑块与测试表面的接触压力为 150kPa。滑块橡胶的肖氏硬度为58 ±2。

测量范围为 20 ~ 80km/h 的模拟车速下摩擦系数 0 ~ 1 的值。在现场测试时需要通过车辆的蓄电池(DC 12V)为其提供电源。

记录仪可以是 *X-Y* 记录仪或便携式计算机。采用 *X-Y* 记录仪时应备好记录纸和专用记录笔。

(2)其他用具：水桶、扫帚等。

3 方法与步骤

3.1 准备工作

(1)检查测试仪。将测试仪中的测试盘上固定橡胶测试块的螺丝拧紧。如果橡胶测试块厚度小于3mm,应及时更换。

(2)检查控制器和 X-Y 记录仪。将控制器上的电源线与车辆电源正确连接,开通控制器和 X-Y 记录仪电源,经检查应工作正常。检查记录笔是否可以使用。如笔尖过粗,应及时更换。

3.2 测试步骤

(1)用车辆将动态旋转式摩擦系数测试仪运到测试地段,选择轮迹上一块较为平坦且均匀的路面作为测试点,尽量避免坑槽或突粒,用扫帚将其清扫干净。将测试仪放到测试点上。测试仪的摆放方向应便于底部排水管将水排向测试点的方向。

(2)将测试仪与控制器正确连接,将灌满清水的水桶通过水管与测试仪的进水管连接,并将水桶放在高于测试仪处。将记录纸按照要求平铺在 X-Y 记录仪上。将控制器上的电源线与车辆电源正确连接。为保证车辆蓄电池保持平稳电压,应将车辆怠速运转。

(3)按顺序开通控制器电源开关及 X-Y 记录仪电源开关,启动记录笔,通过 X、Y 坐标调节器将记录笔调整至记录纸圆点坐标。

(4)开通控制器测试电源开关,下压测试仪电磁铁的开关,此时测试盘提升旋转。开通水桶的开关,向测试点开始喷水。检查 X-Y 记录仪,通过 X、Y 坐标调节器调节记录笔沿坐标轴行走。

(5)检查控制器的时速表,调节水量。当时速表达到 90km/h 的时候,关闭测试电源开关和水桶开关,测试盘降落到路面上进行测试,记录笔在记录纸上开始记录。

(6)测试仪的测试盘停止转动,记录笔在记录纸上记录直至回到圆点。测试结束。按照上述方法在同一测试点测试 3 次,同一测试点测试的 3 次结果的差值应不大于 0.1 个单位。每一处取 3 次测试结果的平均值作为试验结果,准确至 0.01。

4 报告

报告应包含如下内容:

(1)路面单点测定值、现场温度、3 次的平均值。

(2)评定路段路面摩擦系数的平均值、标准差、变异系数。

条文说明

动态旋转式摩擦系数测试仪是日本制造的一种测试路面摩擦系数的装置。其试验过程中一次测试就可得到不同速度下的摩擦系数,结构简单,使用可靠,已被编入美国 ASTM 1911—98 标准。

我国目前已有单位在使用该设备,其与摆式仪和 SCRIM 系统均有良好的相关性。鉴于目前我国摆式仪的使用现状,本次修订增加了动态旋转式摩擦系数测试仪作为摩擦系数试验方法之一。

11 渗 水

T 0971—2008 沥青路面渗水系数测试方法

1 目的与适用范围

本方法适用于在路面现场测定沥青路面的渗水系数。

2 仪具与材料技术要求

本方法需要下列仪具与材料：

(1)路面渗水仪：形状及尺寸如图 T 0971。上部盛水量筒由透明有机玻璃制成，容积 600mL，上有刻度，在 100mL 及 500mL 处有粗标线，下方通过 ϕ10mm 的细管与底座相接，中间有一开关。量筒通过支架联结，底座下方开口内径 ϕ150 mm，外径 ϕ220mm，仪器附不锈钢圈压重两个，每个质量约 5kg，内径 ϕ160mm。

(2)水筒及大漏斗。

(3)秒表。

(4)密封材料：防水腻子、油灰或橡皮泥。

(5)其他：水、粉笔、塑料圈、刮刀、扫帚等。

3 方法与步骤

3.1 准备工作

(1)在测试路段的行车道路面上，按本规程附录 A 的随机取样方法选择测试位置，每一个检测路段应测定 5 个测点，并用粉笔画上测试标记。

(2)试验前，首先用扫帚清扫表面，并用刷子将路面表面的杂物刷去。杂物的存在一方面会影响水的渗入；另一方面也会影响渗水仪和路面或者试件的密封效果。

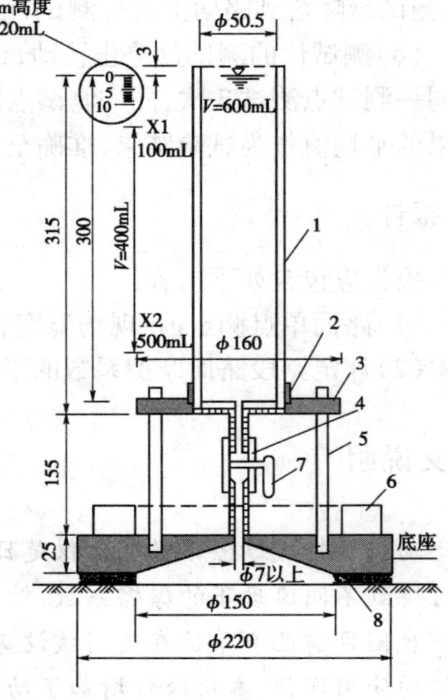

图 T 0971 渗水仪结构图(单位：mm)

1-透明有机玻璃筒；2-螺纹连接；3-顶板；4-阀；5-立柱支架；6-压重钢圈；7-把手；8-密封材料

3.2 测试步骤

(1)将塑料圈置于试件中央或者路面表面的测点上，用粉笔分别沿塑料圈的内侧和外侧画上圈，在外环和内环之间的部分就是需要用密封材料进行密封的区域。

(2)用密封材料对环状密封区域进行密封处理，注意不要使密封材料进入内圈。如果密封材料不小心进入内圈，必须用刮刀将其刮走。然后再将搓成拇指粗细的条状密封材料摞在环状密封区域的中央，并且摞成一圈。

(3)将渗水仪放在试件或者路面表面的测点上，注意使渗水仪的中心尽量和圆环中心重合，然后略微使劲将渗水仪压在条状密封材料表面，再将配重加上，以防压力水从底座与路面间流出。

(4)将开关关闭，向量筒中注满水，然后打开开关，使量筒中的水下流排出渗水仪底部内的空气，当量筒中水面下降速度变慢时用双手轻压渗水仪使渗水仪底部的气泡全部排出。关闭开关，并再次向量筒中注满水。

(5)将开关打开，待水面下降至 100mL 刻度时，立即开动秒表开始计时，每间隔 60s，读记仪器管的刻度一次，至水面下降500mL时为止。测试过程中，如水从底座与密封材料间渗出，说明底座与路面密封不好，应移至附近干燥路面处重新操作。当水面下降速度较慢，则测定3min的渗水量即可停止；如果水面下降速度较快，在不到3min的时间内到达了500mL刻度线，则记录到达了500mL刻度线时的时间；若水面下降至一定程度后基本保持不动，说明基本不透水或根本不透水，在报告中注明。

(6)按以上步骤在同一个检测路段选择5个测点测定渗水系数，取其平均值作为检测结果。

4 计算

计算时以水面从100mL下降到500mL所需的时间为标准，若渗水时间过长，也可以采用3min通过的水量计算。

$$C_w = \frac{V_2 - V_1}{t_2 - t_1} \times 60 \quad \text{(T 0971)}$$

式中：C_w——路面渗水系数(mL/min)；

V_1——第一次计时时的水量(mL)，通常为100mL；

V_2——第二次计时时的水量(mL)，通常为500mL；

t_1——第一次计时的时间(s)；

t_2——第二次计时的时间(s)。

5 报告

现场检测，每一个检测路段应测定5个测点，计算其平均值作为检测结果。若路面不透水，在报告中注明渗水系数为0。

条文说明

沥青路面渗水性能是反映路面沥青混合料级配组成的一个间接指标，也是沥青路面水稳定性的一个重要指标。如果整个沥青面层均透水，则水势必进入基层或路基，使路面承载力降低。相反如果沥青面层中有一层不透水，而表层能很快透水，则不致形成水膜，对抗滑性能有很大好处。所以路面渗水系数已成为评价路面使用性能的一个重要指标列入相关的技术规范中。

原规程的试验方法是在我国以往实践经验的基础上参照日本铺装试验法便览的透水试验方法编写的。本次修订通过对国内外多种渗水测定方法和渗水指标的研究，将原规程中的沥青路面渗水仪进行了适当的改变，用我国原来类似于NCAT的两段式渗水仪进行了大量的对比试验后，发现原规程的渗水仪存在不足，决定对原规程的渗水仪进行改进完善。其主要改进的地方有：增大了底座的外围直径，由原来的16.5cm增大为22cm，这样底盘的圆环宽度由原来的0.75cm增大为3.5cm；增加了渗水仪的高度，由原来的31cm增加为51.5cm；增加了和底盘形状面积一样的塑料环。改进后的渗水仪，由于底座改进后接地面积是原来的5.5倍，大大增加了密封性能。通过使用塑料环画圈，可以比较精确地控制渗水面积，而且采取的密封措施可以使渗水面积在试验过程中不会发生改变。

对渗水较快，水面从100mL降至500mL的时间不很长的情况，中间也可不读数；如果渗水太慢，则从水面降至100mL时开始，测记3min即可中止试验；若水面基本不动，说明路面不透水，则在报告中注明即可。

原渗水系数计算公式里的说明不清楚，修改后的公式更加合理，实施起来也更方便。

12 错　台

T 0972—1995　路面错台测试方法

1　目的与适用范围

本方法适用于测定路面在人工构造物端部接头、水泥混凝土路面或桥梁的伸缩缝以及沥青路面裂缝两侧由于沉降所造成的错台（台阶）高度，以评价路面行车舒适性能（跳车情况），并作为计算维修工作量的依据。

2　仪具与材料技术要求

本方法需要下列仪具与材料：

（1）皮尺。

（2）水准仪。

（3）3m 直尺、钢板尺、钢卷尺、粉笔。

3　方法与步骤

3.1　非经注明，错台的测定位置，以行车道错台最大处纵断面为准，根据需要也可以其他代表性纵断面为测定位置。

3.2　选择需要测定的断面，记录位置及桩号，描述发生错台的原因。

3.3　构造物端部由于沉降造成的接头错台的测试步骤如下：

（1）将精密水平仪架在距构造物端部不远的路面平顺处调平。

（2）从构造物端部无沉降或鼓包的断面位置起，沿路线纵向用皮尺量取一定距离，作为测点，在该处立起塔尺，测量高程。再向前量取一定距离，作为测点，测量高程。如此重复，直至无明显沉降的断面为止。无特殊需要，从构造物端部起的 2m 内应每隔 0.2m 量测一次，2～5m 内宜每隔 0.5m 量测一次，5m 以上可每隔 1m 量测一次，由此得出沉降纵断面及最大沉降值，即最大错台高度 D_m，准确至 1mm。

3.4　测定由水泥混凝土路面或桥梁的伸缩缝或路面横向开裂造成的接缝错台、裂缝错台时，可按第 3.3 条的方法用水平仪测定接缝或裂缝两侧一定范围内的道路纵断面，确定最大错台的位置及高度 D_m，准确至 1mm。

3.5　当发生错台变形的范围不足 3m 时，可在错台最大位置沿路线纵向用 3m 直尺架在路面上，其一端位于错台的高出的一侧，另一端位于无明显沉降变形处，作为基准线。用钢板尺或钢卷尺每隔 0.2m量取路面与基准线之间高度 D，同时测记最大错台高度 D_m，准确至 1mm。

4　资料整理

以测定的错台读数 D 与各测点的距离绘成纵断面图作为测定结果。图中应标明相应断面的设计纵断面高程，最大错台的位置与高度 D_m，准确至 0.001m。

5　报告

测试报告应记录如下事项：

(1)路线名、测定日期、天气情况。

(2)测定地点、桩号、路面及构造物概况。

(3)道路交通情况及造成错台原因的初步分析。

(4)最大错台高度 D_m 及错台纵断面图。

条文说明

路面错台是路面常见的损坏形式,也是产生跳车的主要原因。但关于跳车一直没有严格的定义,本方法是根据我国实际经验并参照国外有关维修养护规范制定的,主要参考日本铺装试验法便览 7-7 编写。

13 车 辙

T 0973—2008 沥青路面车辙测试方法

1 目的与适用范围

本方法适用于测定沥青路面的车辙,供评定路面使用状况及计算维修工作量时使用。

2 仪具与材料技术要求

本方法可选用下列仪具与材料:

(1)路面横断面仪:如图 T 0973-1 所示。其长度不小于一个车道宽度,横梁上有一位移传感器,可自动记录横断面形状,测试间距小于 20cm,测试精度 1mm。

(2)激光或超声波车辙仪:包括多点激光或超声波车辙仪、线激光车辙仪和线扫描激光车辙仪等类型,通过激光测距技术或激光成像和数字图像分析技术得到车道横断面相对高程数据,并按规定模式计算车辙深度。

要求激光或超声波车辙仪有效测试宽度不小于 3.2m,测点不少于 13 点,测试精度 1mm。

(3)横断面尺:如图 T 0973-2 所示。横断面尺为硬木或金属制直尺,刻度间距 5cm,长度不小于一个车道宽度。顶面平直,最大弯曲不超过 1mm,两端有把手及高度为 10 ~ 20cm 的支脚,两支脚的高度相同。

(4)量尺:钢板尺、卡尺、塞尺,量程大于车辙深度,刻度至 1mm。

(5)其他:皮尺、粉笔等。

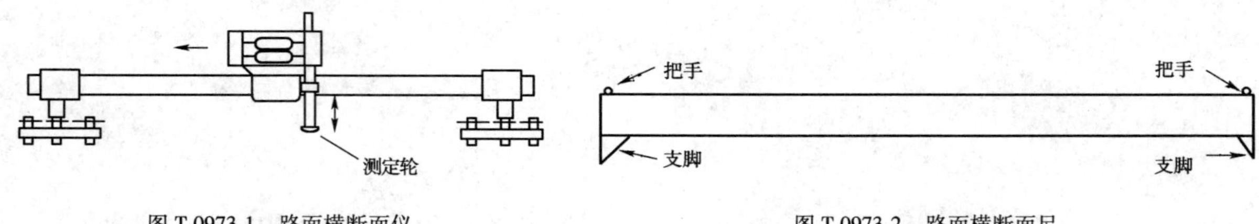

图 T 0973-1 路面横断面仪

图 T 0973-2 路面横断面尺

3 方法与步骤

3.1 车辙测定的基准测量宽度应符合下列规定:

(1)对高速公路及一级公路,以发生车辙的一个车道两侧标线宽度中点到中点的距离为基准测量宽度。

(2)对二级及二级以下公路,有车道区画线时,以发生车辙的一个车道两侧标线宽度中点到中点的距离为基准测量宽度;无车道区画线时,以形成车辙部位的一个设计车道宽作为基准测量宽度。

3.2 以一个评定路段为单位,用激光车辙仪连续检测时,测定断面间隔不大于 10m。用其他方法非连续测定时,在车道上每隔 50m 作为一测定断面,用粉笔画上标记进行测定。根据需要也可按附录 A 的方法在行车道上随机选取测定断面,在特殊需要的路段如交叉口前后可予加密。

3.3 采用激光或超声波车辙仪的测试步骤如下:

(1)将检测车辆就位于测定区间起点前。

(2)启动并设定检测系统参数。

(3)启动车辙和距离测试装置，开动测试车沿车道轮迹位置且平行于车道线平稳行驶，测试系统自动记录出每个横断面和距离数据。

(4)到达测定区间终点后，结束测定。

(5)系统处理软件按照图 T 0973-3 规定的模式通过各横断面相对高程数据计算车辙深度。

3.4 采用路面横断面仪的测试步骤如下：

(1)将路面横断面仪就位于测定断面上，方向与道路中心线垂直，两端支脚立于测定车道的两侧边缘，记录断面桩号。

(2)调整两端支脚高度，使其等高。

(3)移动横断面仪的测量器，从测定车道的一端移至另一端，记录出断面形状。

3.5 采用横断面尺的测试步骤如下：

(1)将横断面尺就位于测定断面上，两端支脚置于测定车道两侧。

(2)沿横断面尺每隔 20cm 一点，用量尺垂直立于路面上，用目平视测记横断面尺顶面与路面之间的距离，准确至 1mm。如断面的最高处或最低处明显不在测定点上应加测该点距离。

(3)记录测定读数，绘出断面图，最后连接成圆滑的横断面曲线。

(4)横断面尺也可用线绳代替。

(5)当不需要测定横断面，仅需要测定最大车辙时，亦可用不带支脚的横断面尺架在路面上由目测确定最大车辙位置用尺量取。

4 计算

4.1 根据断面线按图 T 0973-3 的方法画出横断面图及顶面基准线。通常为其中之一种形式。

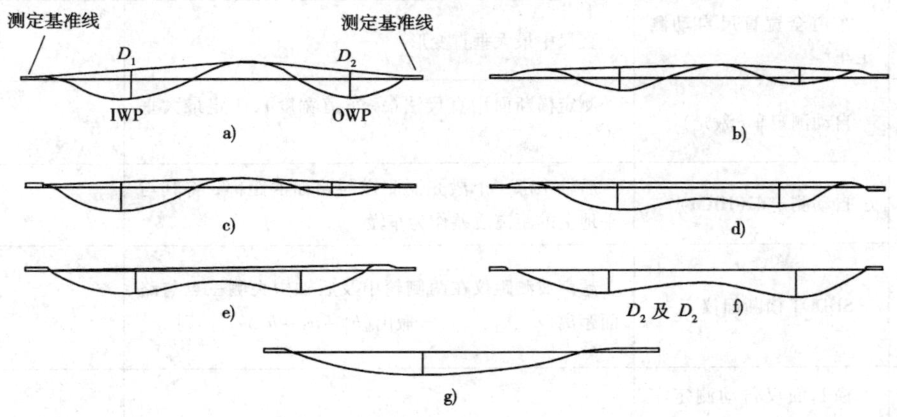

图 T 0973-3 不同形状、不同程度的路面车辙示意图

注：IWP、OWP 表示内侧轮迹带及外侧轮迹带。

4.2 在图上确定车辙深度 D_1 及 D_2，读至 1mm。以其中最大值作为断面的最大车辙深度。

4.3 求取各测定断面最大车辙深度的平均值作为该评定路段的平均车辙深度。

5 报告

测试报告应记录下列事项：

(1)采用的测定方法。

(2)路段描述，包括里程桩号、路面结构及横断面、使用年限、交通情况等。

(3)各测定断面的横断面图。

(4)各测定断面的最大车辙深度表。

(5)各评定路段的最大车辙深度及平均车辙深度。

(6)根据测定目的应记录的其他事项或数据。

车辙是路面常见的损坏形式，尤其对实行渠化交通的汽车专用公路更是如此。本方法参照国外有关试验方法编写。

车辙测定方法各国不尽相同(表 T 0973)，早期最基本的原理是用直尺架在车道上测定直尺与车辙底部的距离，但直尺长度又不一致。美国 AASHTO 路面设计指南以前规定用 1.2m 直尺；美国战略公路研究计划长期路面使用性能(SHRP-LTPP)项目统一规定，除以前已使用 1.2m 直尺观测的路面需继续用 1.2m 直尺观测外，所有路面都应采用一个车道宽度的直尺观测；日本一直规定用一个车道宽度的直尺。如果一个车道的车辙是 W 形，轮迹轨迹集中，两种方法测定的结果可能没有差别，但如果车辙不是 W 形而是 U 形，或者虽然是 W 形而中间鼓出的少两边鼓出的多，则一个车辙的宽度大于 2m，用1.2m或 2m 直尺就不能量出最大车辙深度。结合我国实际情况，除少数高速公路或城市道路主干线分道行驶非常严格者车辙宽度较窄外，大多数二级以下公路车辙均比较宽，有些属 U 形。因此，本试验法采用目前国外通行的方法，规定直尺长度不小于一个车道宽度。

图 T 0973-3 的横断面图概括了不同形状及不同程度的车辙。由于造成车辙的原因不同(沥青混合料推挤流动、压密、路基压实、沉降)以及车轮横向分布的不同，车辙形状是不同的。

表 T 0973　几种车辙测定方法

国　家	仪 器 名 称	方　法	测定间隔
美国 AASHTO (1987)	1.2m 直尺	直尺中最大垂直变形	7m
美国 SHRP (LTPP)	车道全宽直尺自动测定车	直尺中最大垂直变形	30.5m
瑞典	自动测定车(激光)	测定横断面用直尺法(一车道宽度)，决定最大垂直变形	5m
英国	自动测定车(HRM)	后轴中部一个激光器测定与路面的距离，将其与平地上的距离之差作为车辙	10m
美国 (南达科他州)	SDDOT 横断面仪	超声波测距仪在两侧轮中及后轴中央测三点与路面距离(h_1、h_2、h_3)，车辙由($h_1+h_3-h_2$)/2 得到	15m
日本	横断面仪自动测定车直尺法、全宽拉线法(全宽)	测定横断面后决定最大垂直变形	20m

14 施工控制

T 0981—2008 热拌沥青混合料施工温度测试方法

1 目的与适用范围

本方法适用于检测热拌热铺沥青混合料的施工温度，包括拌和厂沥青混合料的出厂温度、施工现场的摊铺温度、碾压开始时混合料的内部温度及碾压终了的内部温度等，供施工质量检验和控制使用。

2 仪具与材料技术要求

本方法需要下列仪具与材料：

（1）温度计：常温至300℃，最小读数1℃，宜采用有数字显示或度盘指针显示的金属杆插入式热电偶温度计，测杆的长度不小于300mm。

（2）其他：棉纱、软布、螺丝刀等。

3 方法与步骤

3.1 在运料卡车上测试

（1）混合料出厂温度或运输至现场温度应在运料卡车上测试，每车检测一次。当运料卡车的侧面中部有专用的温度检测孔（距底板高约300mm）时，可采用如图T 0981所示的方法，用插入式温度计直接插入测试孔内的混合料中测试；当运料卡车无专用的温度检测孔时，可在运料车的混合料堆上部侧面测试。在拌和厂检测的为混合料出厂温度，在运输至现场后检测的为现场温度。

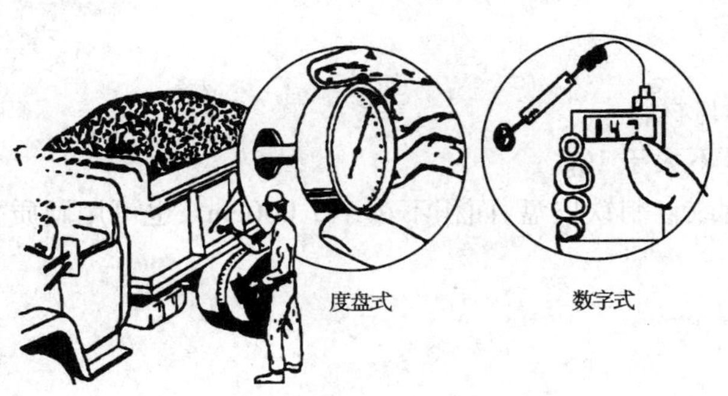

图T 0981 在运料车上测试沥青混合料温度的方法

（2）测试时，温度计插入深度不小于150mm，注视温度变化直至不再继续上升为止，读记温度，准确至1℃。

3.2 在摊铺现场检测

（1）混合料摊铺温度宜在摊铺机的一侧拨料器前方的混合料堆上测试。在测试位置将温度计插入混合料堆内150mm以上，并跟着向前走，如料堆向前滚，拔出后重新插入，注视温度变化直至不再继续上升为止，读记温度，准确至1℃。

（2）摊铺温度应每车检测一次，要求符合现行《公路沥青路面施工技术规范》（JTG F40）的规定。

3.3 在沥青混合料碾压过程中测定压实温度

（1）根据需要，随时选择初压开始、复压或终压成形等各个阶段的测点，供测试碾压温度及碾压终了温度用。

(2)将温度计仔细插入路面混合料压实层一半深度，轻轻压紧温度计旁被松动的混合料；当温度上升停止后，立即拔出并再次插入旁边的混合料层中测量；当测杆插入路面较困难时，可用螺丝刀先插一孔后再插入温度计。注视温度变化至不再继续上升为止，读记温度，准确至1℃。

(3)压实温度一次检测不得少于3个测点，取平均值作为测试温度。

4　报告

(1)每车沥青混合料的出厂温度、到达现场温度、摊铺温度。

(2)压实温度，取3次以上测定值的平均值。

(3)气候状况、测定时间、层位、测定位置等。

条文说明

热拌热铺沥青混合料的施工温度，包括拌和温度、摊铺温度、碾压温度等，在现行《公路沥青路面施工技术规范》(JTG F40)中有明确的规定和具体的要求。沥青混合料的施工温度直接关系到沥青路面的施工质量，所以是施工质量管理的重点项目之一，为此将其测试方法列入本规程。

各种施工温度的测试方法系根据实践经验并参照国外有关试验规程编写。在运料卡车侧面测试的方法摘自美国沥青路面的有关规范(MS-4)。在压实的沥青路面上测试往往不易准确，这是由于温度计插入有困难，插入时与沥青混合料有间隙的缘故，所以往往要在一处测定后立即插入旁边的混合料层中再测一次。

T 0982—1995　沥青喷洒法施工沥青用量测试方法

1　目的与适用范围

本方法适用于检测沥青表面处治、沥青贯入式、透层、黏层等采用喷洒法施工的沥青材料喷洒数量，供施工质量检验和控制使用。

2　仪具与材料技术要求

本方法需要下列仪具与材料：

(1)天平或磅秤：感量不大于10g。

(2)受样盘：浅搪瓷盘或自制铁皮盘，面积不小于1 000cm^2，也可用硬质牛皮纸代替。

(3)钢卷尺或皮尺。

(4)地秤。

3　方法与步骤

3.1　用钢卷尺测量受样盘开口面积或牛皮纸的面积，计算准确至0.1cm^2。并称取受样盘或牛皮纸的质量m_1，准确至1g。

3.2　根据沥青洒布车的沥青用量预计洒布的路段长度，在距两端1/3长度附近的洒布宽度的任意位置上，放置2个搪瓷盘或硬质牛皮纸，但应躲开车轮轨迹。

3.3　沥青洒布车按正常施工速度和洒布方法喷洒沥青。

3.4　将已接受有沥青的搪瓷盘或牛皮纸仔细取走，称取总质量m_2，准确至1g。当采用牛皮纸时，应待沥青稍凝固并将四角稍稍抬起，以防沥青流失。

3.5　搪瓷盘或牛皮纸取走后的空白处，应采用适当方式补洒沥青。

3.6　沥青洒布车喷洒的沥青用量亦可用洒布车喷洒沥青的总质量及洒布总面积相除求得。此时洒布车喷洒前后的质量应由地秤称重正确测定，洒布总面积由皮尺测量求得。

4 计算

4.1 洒布的沥青用量按式(T 0982)计算。

$$Q = \frac{m_2 - m_1}{F} \tag{T 0982}$$

式中:Q——沥青洒布车洒布的沥青用量(kg/m^2);

m_1——搪瓷盘或牛皮纸质量(kg);

m_2——搪瓷盘或牛皮纸与沥青的合计质量(kg);

F——搪瓷盘或牛皮纸的面积(m^2)。

4.2 计算所放置的各搪瓷盘或牛皮纸测定值的平均值。当两个测定值的误差不超过平均值的10%时,取两个数据的平均值作为洒布沥青用量的报告值。

5 报告

(1)试验时洒布车的车速、挡数等数据。

(2)施工路段(桩号)、洒布沥青用量的逐次测定值及平均值。

条文说明

对沥青表面处治及贯入法施工来说,沥青洒布量是最重要的质量指标之一,也是施工质量管理及检查验收用的主要项目,为此将其测试方法列入本规程。本方法根据工程实践经验编写。

用搪瓷盘或牛皮纸测量时,面积较小,或者全路段洒布不均,为此本方法规定也可用洒布车沥青总量及洒布的总面积相除计算平均用量。这种宏观控制的方法往往更加有效。

T 0983—2008 沥青混合料质量总量检验方法

1 目的与适用范围

本方法适用于在热拌沥青混凝土路面施工过程中对各层沥青混合料的厚度、矿料级配、油石比及拌和温度进行现场监测。通过拌和厂对混合料生产质量的总量检验,计算摊铺层的平均压实层厚度。

2 仪具与材料技术要求

(1)拌和机类型:按现行《公路沥青路面施工技术规范》(JTG F40)的规定选用。

(2)高速公路和一级公路宜采用间歇式拌和机生产沥青混合料,拌和机必须配备计算机自动采集及记录打印数据的装置,以进行沥青混合料的总量检验。

3 方法与步骤

3.1 准备工作

(1)对拌和机的各种称重传感器逐个认真标定,自动采集、记录打印的结果应经过校验,如与实际数量有差异时应求出修正系数,保证各项施工参数的准确性。

(2)开始拌和前应设定每拌和一盘沥青混合料的生产量,各个热料仓、矿粉、沥青等的标准配合比用量,设定各项施工温度。

3.2 沥青混合料质量总量测试步骤

(1)拌和过程中计算机通过传感器采集每拌和一盘混合料的各项数据,由计算机自动处理或者逐盘打印这些数据,进行沥青混合料质量的在线监测。当计算机能够实时监测、自动处理、显示、保存所采集的各项数据时,也允许不逐锅打印数据,只打印汇总统计值。

(2)计算机必须逐盘采集各项数据,按各个料仓的筛分曲线,逐锅计算出矿料级配,与工程设计级配范围及容许的施工波动范围进行比较,实时评定矿料级配是否符合要求。当发现有不合格情况时,必须引起注意。如果连续3锅以上都出现不合格情况,宜对设定值进行适当调整。

(3)计算机必须逐盘采集沥青结合料的实际使用量及沥青混合料的生产量,计算油石比(或沥青用量),与设计值及容许的波动范围相比较,评定是否符合要求。如果连续3锅以上不符要求,宜对设定值进行适当调整。

(4)计算机必须实时监测和采集与沥青混合料生产有关的各种施工温度,与施工规范的要求进行比较,评定其是否符合规定。

3.3 沥青混合料总量检验的计算方法

(1)总量检验的报告周期可以是一个工作日或一个台班。施工停止时,计算机应自动计算并及时打印出各项数据的统计结果。

(2)对沥青混合料的矿料级配,可以打印全部筛孔的结果,但评定是否符合要求可只对5个控制性筛孔(0.075mm、2.36mm、4.75mm、公称最大粒径、一档较粗的控制性粒径等筛孔)。并按式(T 0983-1)、式(T 0983-2)、式(T 0983-3)计算全过程各种指标的平均值、标准差、变异系数,进行沥青混合料生产质量的总量检验。

$$K_0=\frac{K_1+K_2+\cdots+K_N}{N} \tag{T 0983-1}$$

$$S=\sqrt{\frac{(K_1-K_0)^2+(K_2-K_0)^2+\cdots+(K_N-K_0)^2}{N-1}} \tag{T 0983-2}$$

$$C_V=\frac{S}{K_0} \tag{T 0983-3}$$

式中: K_0——该报告周期的平均值(%);

S——一个报告周期的测定值的标准差(%);

C_V——一个报告周期的测定值的变异系数(%);

K_1、K_2、…、K_N——该报告周期内每一盘的测定值(%);

N——该报告周期内总的拌和盘数,其自由度为$N-1$。

3.4 计算摊铺层的平均压实厚度

利用一个评定周期的沥青混合料总生产量、施工总面积、沥青混合料密度按式(T 0983-4)计算该摊铺层的平均压实厚度。

$$H=\frac{\sum m_i}{A\times d}\times 1\,000 \tag{T 0983-4}$$

式中:H——该评定周期沥青路面摊铺层的平均施工压实厚度(mm);

m_i——每一盘沥青混合料的质量;

i——依次记录的盘次;

$\sum m_i$——一个评定周期内沥青混合料的总生产量(t);

A——该评定周期沥青路面摊铺层的实际总面积(m^2);

d——评定周期内摊铺层的现场压实密度的平均值,由钻孔试件的干燥密度(即试验室标准密度乘以压实度)测定得到(t/m^3)。

4 其他

(1)沥青混合料生产过程中的动态质量管理按现行《公路沥青路面施工技术规范》(JTG F40)的方法进行。

(2)一个沥青层全部铺筑完成后,应绘制出各个检测指标的变化过程,并计算总的平均值、标准差、变异系数。计算各个指标的总合格率,作为施工质量检验的依据。

(3)计算机采集、计算的沥青混合料过程控制及施工质量总量检验的数据图表,均必须按要求随工程档案一起存档。

条文说明

沥青路面的过程控制是保证施工过程中不出次品的手段。由于将原来的事后检查改为过程控制，本规程增加了沥青混合料质量总量检验的内容。

就我们目前的施工水平而言，能够做到过程控制的项目并不多，为此本规程重点规定了沥青混合料生产过程中的在线监测项目。这就要求每拌和一盘沥青混合料就基本上了解其质量是否满足要求，这是真正意义上的过程控制。如果暂时做不到每一盘控制的话，可对每一天混合料的总量进行检验，这是肯定可以做到的。对沥青混合料质量的检验，以前都是采用抽提筛分，现在还不能将其舍弃，因为总量检验的准确性（关键是称重传感器）需要互相校验。

对沥青路面厚度，以前多通过钻孔取得试件进行检验，数据少，还可能人为地舍弃一些数据；采用每天实际的生产量与铺筑面积计算，将能得到比较准确的平均厚度。以后随着技术水平的提高，能够实行过程控制的项目将会不断增多，施工质量管理的水平也将得到发展和提高。

T 0984—2008　半刚性基层透层油渗透深度测试方法

1　目的与适用范围

本方法适用于测定半刚性基层透层油的渗透深度，以评价透层油的渗透效果。

2　仪具与材料技术要求

本方法需要下列仪具与材料：

（1）路面取芯钻机。

（2）钢板尺：量程不大于200mm，最小刻度1mm。

（3）填补钻孔材料：与基层材料相同。

（4）填补钻孔用具：夯、锤等。

（5）其他：毛刷、量角器、棉布等。

3　方法与步骤

3.1　准备工作

在透层油基本渗透或喷洒48h后，在测试段内随机选取芯样位置，按本规程T 0901中的钻孔法钻取芯样。芯样直径宜为ϕ100mm，也可为ϕ150mm，芯样高度不宜小于50mm。

3.2　测试步骤

（1）用水和毛刷（或棉布等）轻轻地将芯样表面黏附的粉尘除净。

（2）将芯样晾干，使其能分辨出芯样侧立面透层油的下渗情况。

（3）用钢板尺或量角器将芯样顶面圆周随机分成约8等份，分别量测圆周上各等分点处透层油渗透的深度（mm），估读至0.5mm，分别以d_i（$i=1,2,\cdots,8$）表示，见图T 0984。

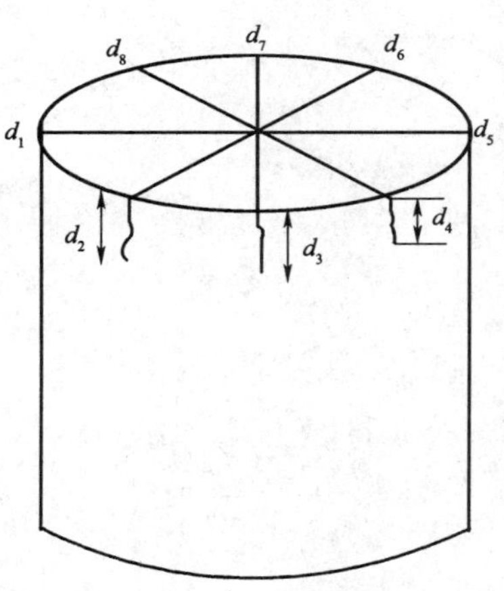

图T 0984　透层油渗透深度测试示意图

3.3　填补钻孔

（1）清理孔中残留物，钻孔时留下的积水应用棉布吸干。

（2）采用与基层相同的材料（包括配合比）进行填补，并用夯、锤击实。

4　计算

4.1　单个芯样渗透深度的计算

去掉3个最小值,计算其他5点渗透深度的算术平均值。

4.2 测试路段渗透深度的计算

取所有芯样渗透深度的算术平均值。

注:检查频度为每5 000m² 取1组,每组3个芯样。

5 报告

透层油渗透深度的报告应记录各测点的位置及各个芯样的渗透深度测试值。

条文说明

我国2004年版以前的《公路沥青路面施工技术规范》中,一直没有明确半刚性基层上喷洒透层油的渗透深度要求,加上长期以来由于半刚性基层上透层油的渗透效果不好以及部分工程技术人员对透层油的渗透效果不重视,造成道路建设过程中普遍存在透层油"洒而不透"的现状,致使基层和面层之间没有黏结成一整体,成为我国沥青路面早期损坏的主要因素之一。认识到这个情况,《公路沥青路面施工技术规范》(JTG F40—2004)中明确要求:"根据基层类型选择渗透性好的液体沥青、乳化沥青、煤沥青作透层油,喷洒后通过钻孔或挖掘确认透层油渗透入基层的深度宜不小于5mm(无机结合料稳定集料基层)~10mm(无结合料基层),并能与基层联结成为一体。"但是关于如何确认渗透深度,没有标准的方法。根据近几年的工程实践经验,本次规程修订提出了测定半刚性基层透层油渗透效果的方法。

在半刚性基层上喷洒透层油后通过钻芯取样可以发现,如果基层表面的某处刚好有一块石料,那么该处透层油无论如何都不会下渗,即下渗深度接近零。这种情况其实与透层油的渗透效果没有关系,此时应将该点作为畸异点剔除。

通过多次试验发现,一个芯样上按顶面圆周8等分后的各渗透点表面可能碰到石料的平均次数约为3个,因此在测试方法中规定每个芯样剔除3个最小值后再取剩余5点的平均值作为该芯样的渗透深度。

《公路沥青路面施工技术规范》(JTG F40—2004)中没有规定透层油渗透深度测试时的取样频度,本试验方法建议检查频度每5 000m² 取1组,每组3个芯样,以渗透深度的算术平均值评价是否达到规范的要求。

附录A　公路路基路面现场测试随机选点方法

1　目的与适用范围

1.1　随机取样选点的方法是按数理统计原理在路基路面现场测定时决定测定区间、测定断面、测点位置的方法。

1.2　本方法适于公路路基路面各个层次及各种现场测定时，为采取代表性试验数据而决定测定区间、测定断面、测定位置时使用。

2　仪具及材料技术要求

本方法需要下列仪具及材料：

(1)量尺：钢尺、皮尺等。

(2)硬纸片：编号从1～28共28块，每块大小2.5cm×2.5cm，装在一个布袋中。

(3)骰子：2个。

(4)其他：毛刷、粉笔等。

3　测定区间或断面决定方法

3.1　路段确定。根据路面施工或验收、质量评定方法等有关规范决定需要检测的路段。它可以是一个作业段、一天完成的路段或路线全程。在路基路面工程检查验收时，通常以1km为一个检测路段。此时，检测路段的确定也按本方法的步骤进行。

3.2　将确定的测试路段划分为一定长度的区间或按桩号间距（一般为20m）划分若干个断面，将其编号为第n个区间或第n个断面，其总的区间数或断面数为T。

3.3　从布袋中随机摸出一块硬纸片，硬纸片上的号数即表A-1上的栏号，从1～28栏中选出该栏。

3.4　按照测定区间数、断面数的频度要求（总的取样数n，当$n>30$时应分次进行），依次找出与A列中01、02、……、n对应的B列中的值，共n对对应的A、B值。

3.5　将n个B值与总的区间数或断面数T相乘，四舍五入成整数，即得到n个断面的编号，与A样的1、2、……、n对应。

例如：按照有关规范规定，拟从K36+000～K37+000的1km检测路段中选择20个断面测定路面宽度、高程、横坡等外形尺寸，断面决定方法如下。

(1)1km总长的断面数$T=1\ 000/20=50$个，编号1，2，……，50。

(2)从布袋中摸出一块硬纸片，其编号为14，即使用表A-1的第14栏。

(3)从第14栏A列中挑出小于或等于20所对应的B列数值，将B与T相乘，四舍五入得到20个断面号，并得到20个断面的桩号，如表A-2所列。

4　测点位置确定方法

4.1　从布袋中任意取出一块硬纸片，纸片上的号数即为表A-1中的栏号，从1～28栏中选出该栏。

表 A-1 一般取样的随机数

栏号 1			栏号 2			栏号 3			栏号 4			栏号 5			栏号 6			栏号 7		
A	B	C	A	B	C	A	B	C	A	B	C	A	B	C	A	B	C	A	B	C
15	0.033	0.578	05	0.048	0.879	21	0.013	0.220	18	0.089	0.716	17	0.024	0.863	30	0.030	0.901	12	0.029	0.386
21	0.101	0.300	17	0.074	0.156	30	0.036	0.853	10	0.102	0.330	24	0.060	0.032	21	0.096	0.198	18	0.112	0.284
23	0.129	0.916	18	0.102	0.191	10	0.052	0.746	14	0.111	0.925	26	0.074	0.639	10	0.100	0.161	20	0.114	0.848
30	0.158	0.434	06	0.105	0.257	25	0.061	0.954	28	0.127	0.840	07	0.167	0.512	29	0.133	0.388	03	0.121	0.656
24	0.177	0.397	28	0.179	0.447	29	0.062	0.507	24	0.132	0.271	28	0.194	0.776	24	0.138	0.062	13	0.178	0.640
11	0.202	0.271	26	0.187	0.844	18	0.087	0.887	19	0.285	0.899	03	0.219	0.166	20	0.168	0.564	22	0.209	0.421
16	0.204	0.012	04	0.188	0.482	24	0.105	0.849	01	0.326	0.037	29	0.264	0.284	22	0.232	0.953	16	0.221	0.311
08	0.208	0.418	02	0.028	0.577	07	0.139	0.159	30	0.334	0.938	11	0.282	0.262	14	0.259	0.217	29	0.235	0.356
19	0.211	0.798	03	0.214	0.402	01	0.175	0.647	22	0.405	0.295	14	0.379	0.994	01	0.275	0.195	28	0.254	0.941
29	0.233	0.07	07	0.245	0.080	23	0.196	0.873	05	0.421	0.282	13	0.394	0.405	06	0.277	0.475	11	0.287	0.199
07	0.260	0.073	15	0.248	0.831	26	0.240	0.981	13	0.451	0.212	06	0.410	0.157	02	0.296	0.497	02	0.336	0.992
17	0.262	0.308	29	0.261	0.037	14	0.255	0.374	02	0.461	0.023	15	0.438	0.700	27	0.311	0.144	15	0.393	0.488
25	0.271	0.18	30	0.302	0.883	06	0.310	0.043	06	0.487	0.539	22	0.453	0.635	05	0.351	0.141	19	0.437	0.655
06	0.302	0.672	21	0.318	0.088	11	0.316	0.653	08	0.497	0.396	21	0.472	0.824	17	0.370	0.811	24	0.466	0.773
01	0.409	0.406	11	0.376	0.936	13	0.324	0.585	25	0.503	0.893	05	0.488	0.118	09	0.388	0.484	14	0.531	0.014
13	0.507	0.693	14	0.430	0.814	12	0.351	0.275	15	0.594	0.603	01	0.525	0.222	04	0.410	0.073	09	0.562	0.678
02	0.575	0.654	27	0.438	0.676	20	0.371	0.535	27	0.620	0.894	12	0.561	0.980	25	0.471	0.530	06	0.601	0.675
18	0.591	0.318	08	0.467	0.205	08	0.409	0.495	21	0.629	0.841	08	0.652	0.508	13	0.486	0.779	10	0.612	0.859
20	0.610	0.821	09	0.474	0.138	16	0.445	0.740	17	0.691	0.583	18	0.668	0.271	15	0.515	0.867	26	0.673	0.112
12	0.631	0.597	10	0.492	0.474	03	0.494	0.929	09	0.708	0.689	30	0.736	0.634	23	0.567	0.798	23	0.738	0.770
27	0.651	0.281	13	0.498	0.892	27	0.543	0.387	07	0.709	0.012	02	0.763	0.253	11	0.618	0.502	21	0.753	0.614
04	0.661	0.953	19	0.511	0.520	17	0.625	0.171	11	0.714	0.049	23	0.804	0.140	28	0.636	0.148	30	0.758	0.851
22	0.692	0.089	23	0.591	0.770	02	0.699	0.073	23	0.720	0.695	25	0.828	0.425	26	0.650	0.741	27	0.765	0.563
05	0.779	0.346	20	0.604	0.730	19	0.702	0.934	03	0.748	0.413	10	0.843	0.627	16	0.711	0.508	07	0.780	0.534
09	0.787	0.173	24	0.654	0.330	22	0.816	0.802	02	0.781	0.603	16	0.858	0.849	19	0.778	0.812	04	0.818	0.187
10	0.818	0.837	12	0.728	0.523	04	0.838	0.166	26	0.830	0.384	04	0.903	0.327	07	0.804	0.675	17	0.837	0.353
14	0.905	0.631	16	0.753	0.344	15	0.904	0.116	04	0.843	0.002	09	0.912	0.382	08	0.806	0.952	05	0.854	0.818
26	0.912	0.376	01	0.806	0.134	28	0.969	0.742	12	0.884	0.582	27	0.935	0.162	18	0.841	0.414	01	0.867	0.133
28	0.920	0.163	22	0.878	0.884	09	0.974	0.046	29	0.926	0.700	20	0.970	0.582	12	0.918	0.114	08	0.915	0.538
03	0.945	0.140	25	0.939	0.162	05	0.977	0.494	16	0.951	0.601	19	0.975	0.327	03	0.992	0.399	25	0.975	0.584

续上表

栏号8			栏号9			栏号10			栏号11			栏号12			栏号13			栏号14		
A	B	C	A	B	C	A	B	C	A	B	C	A	B	C	A	B	C	A	B	C
09	0.042	0.07	14	0.061	0.935	26	0.038	0.023	27	0.074	0.779	16	0.078	0.987	03	0.033	0.091	26	0.035	0.175
17	0.141	0.411	02	0.065	0.097	30	0.066	0.371	06	0.084	0.396	23	0.087	0.056	07	0.047	0.391	17	0.089	0.363
02	0.143	0.221	03	0.094	0.228	27	0.073	0.876	24	0.098	0.524	17	0.096	0.076	28	0.064	0.113	10	0.149	0.681
05	0.162	0.899	16	0.122	0.945	09	0.095	0.568	10	0.133	0.919	04	0.153	0.163	12	0.066	0.360	28	0.238	0.075
03	0.285	0.016	18	0.156	0.430	05	0.180	0.741	15	0.187	0.079	10	0.254	0.834	26	0.076	0.552	13	0.244	0.767
28	0.291	0.034	25	0.193	0.469	12	0.200	0.851	17	0.227	0.767	06	0.284	0.628	30	0.087	0.101	24	0.262	0.366
08	0.369	0.557	24	0.224	0.672	13	0.259	0.327	20	0.236	0.571	12	0.305	0.616	02	0.127	0.187	08	0.264	0.651
01	0.436	0.386	10	0.225	0.223	21	0.264	0.681	01	0.245	0.988	25	0.319	0.901	06	0.144	0.068	18	0.285	0.311
20	0.450	0.289	09	0.233	0.338	17	0.283	0.645	04	0.317	0.291	01	0.320	0.212	25	0.202	0.674	02	0.340	0.131
18	0.455	0.789	20	0.290	0.120	23	0.363	0.063	29	0.350	0.911	08	0.416	0.372	01	0.247	0.025	29	0.353	0.478
23	0.488	0.715	01	0.297	0.242	20	0.364	0.366	26	0.380	0.104	13	0.432	0.556	23	0.253	0.323	06	0.359	0.270
14	0.498	0.276	11	0.337	0.760	16	0.395	0.363	28	0.425	0.864	02	0.489	0.827	24	0.320	0.651	30	0.387	0.248
15	0.503	0.342	19	0.389	0.064	02	0.423	0.540	22	0.487	0.526	29	0.503	0.787	10	0.328	0.365	14	0.392	0.694
04	0.515	0.693	13	0.411	0.474	08	0.432	0.736	05	0.552	0.571	15	0.518	0.717	27	0.338	0.412	03	0.408	0.077
16	0.532	0.112	30	0.447	0.893	10	0.475	0.468	14	0.564	0.357	28	0.524	0.998	13	0.356	0.991	27	0.440	0.280
22	0.557	0.357	22	0.478	0.321	03	0.508	0.774	11	0.572	0.306	03	0.542	0.352	16	0.401	0.792	22	0.461	0.830
11	0.559	0.620	29	0.481	0.993	01	0.601	0.417	21	0.594	0.197	19	0.585	0.462	17	0.423	0.117	16	0.527	0.003
12	0.650	0.216	27	0.562	0.403	22	0.687	0.917	09	0.607	0.524	05	0.695	0.111	21	0.481	0.838	20	0.531	0.486
21	0.672	0.320	04	0.566	0.179	29	0.697	0.862	19	0.650	0.572	07	0.733	0.838	08	0.560	0.401	25	0.678	0.360
13	0.709	0.273	08	0.603	0.758	11	0.701	0.605	18	0.664	0.101	11	0.744	0.948	19	0.564	0.190	21	0.725	0.014
07	0.745	0.687	15	0.632	0.927	07	0.728	0.498	25	0.674	0.428	18	0.793	0.748	05	0.571	0.054	05	0.787	0.595
30	0.780	0.285	06	0.707	0.107	14	0.745	0.679	02	0.697	0.674	27	0.802	0.967	18	0.587	0.584	15	0.801	0.927
19	0.845	0.097	28	0.737	0.161	24	0.819	0.444	03	0.767	0.928	21	0.826	0.487	15	0.604	0.145	12	0.836	0.294
26	0.846	0.366	17	0.846	0.130	15	0.840	0.823	16	0.809	0.529	24	0.835	0.832	11	0.641	0.298	04	0.854	0.982
29	0.861	0.307	07	0.874	0.491	25	0.863	0.568	30	0.838	0.294	26	0.855	0.142	22	0.672	0.156	11	0.884	0.928
25	0.906	0.874	05	0.880	0.828	06	0.878	0.215	13	0.845	0.470	14	0.861	0.462	20	0.674	0.887	19	0.886	0.832
24	0.919	0.809	23	0.931	0.659	18	0.930	0.601	08	0.855	0.524	20	0.874	0.625	14	0.752	0.881	07	0.929	0.932
10	0.952	0.555	26	0.960	0.365	04	0.954	0.827	07	0.867	0.718	30	0.929	0.056	09	0.774	0.560	09	0.932	0.206
06	0.961	0.504	21	0.978	0.194	28	0.963	0.004	12	0.881	0.722	09	0.935	0.582	29	0.921	0.752	01	0.970	0.692
27	0.969	0.811	12	0.982	0.183	19	0.988	0.020	23	0.937	0.872	22	0.947	0.797	04	0.959	0.099	23	0.973	0.082

续上表

栏号15			栏号16			栏号17			栏号18			栏号19			栏号20			栏号21		
A	B	C	A	B	C	A	B	C	A	B	C	A	B	C	A	B	C	A	B	C
15	0.023	0.979	19	0.062	0.588	13	0.045	0.004	25	0.027	0.290	12	0.052	0.075	20	0.030	0.881	01	0.01	0.946
11	0.118	0.465	25	0.08	0.218	18	0.086	0.878	06	0.057	0.571	30	0.075	0.493	12	0.034	0.291	10	0.014	0.939
07	0.134	0.172	09	0.131	0.295	26	0.126	0.990	26	0.059	0.026	28	0.120	0.341	22	0.043	0.893	09	0.032	0.346
01	0.139	0.230	18	0.136	0.381	12	0.128	0.661	07	0.105	0.176	27	0.145	0.689	28	0.143	0.073	06	0.093	0.180
16	0.145	0.122	05	0.147	0.864	30	0.146	0.337	18	0.107	0.358	02	0.209	0.957	03	0.15	0.937	15	0.151	0.012
20	0.165	0.520	12	0.158	0.365	05	0.169	0.470	22	0.128	0.827	26	0.272	0.818	04	0.154	0.867	16	0.185	0.455
06	0.185	0.481	28	0.214	0.184	21	0.244	0.433	23	0.156	0.440	22	0.299	0.317	19	0.158	0.359	07	0.227	0.227
09	0.211	0.316	14	0.215	0.757	23	0.270	0.849	15	0.171	0.157	18	0.306	0.475	29	0.304	0.615	02	0.304	0.400
14	0.248	0.348	13	0.224	0.846	25	0.274	0.407	08	0.220	0.097	20	0.311	0.653	06	0.369	0.633	30	0.316	0.074
25	0.249	0.890	15	0.227	0.809	10	0.290	0.925	20	0.252	0.066	15	0.348	0.156	18	0.390	0.536	18	0.328	0.799
13	0.252	0.577	11	0.280	0.898	01	0.323	0.490	04	0.268	0.576	16	0.381	0.710	17	0.403	0.392	20	0.352	0.288
30	0.273	0.088	01	0.331	0.925	24	0.352	0.291	14	0.275	0.302	01	0.411	0.607	23	0.404	0.182	26	0.371	0.216
18	0.277	0.689	10	0.399	0.992	15	0.361	0.155	11	0.297	0.589	13	0.417	0.715	01	0.415	0.457	19	0.448	0.754
22	0.372	0.958	30	0.417	0.787	29	0.374	0.882	01	0.358	0.305	21	0.472	0.484	07	0.437	0.696	13	0.487	0.598
10	0.461	0.075	08	0.439	0.921	08	0.432	0.139	09	0.412	0.089	04	0.478	0.885	24	0.446	0.546	12	0.546	0.640
28	0.519	0.536	20	0.472	0.484	04	0.467	0.266	16	0.429	0.834	25	0.479	0.080	26	0.485	0.768	24	0.550	0.038
17	0.520	0.090	24	0.498	0.712	22	0.508	0.880	10	0.491	0.203	11	0.566	0.104	15	0.511	0.313	03	0.604	0.780
03	0.523	0.519	04	0.516	0.396	27	0.632	0.191	28	0.542	0.306	10	0.576	0.859	10	0.517	0.290	22	0.621	0.930
26	0.573	0.502	03	0.548	0.688	16	0.661	0.836	12	0.563	0.091	29	0.665	0.397	30	0.556	0.853	21	0.629	0.154
19	0.634	0.206	23	0.597	0.508	19	0.675	0.629	02	0.593	0.321	19	0.739	0.298	25	0.561	0.837	11	0.634	0.908
24	0.635	0.810	21	0.681	0.114	14	0.680	0.890	30	0.692	0.198	14	0.748	0.759	09	0.574	0.699	05	0.696	0.459
21	0.679	0.841	02	0.739	0.298	28	0.714	0.508	19	0.705	0.445	08	0.758	0.919	13	0.613	0.762	23	0.710	0.078
27	0.712	0.368	29	0.792	0.038	06	0.719	0.441	24	0.709	0.717	07	0.798	0.183	11	0.698	0.783	29	0.726	0.585
05	0.780	0.497	22	0.829	0.324	09	0.735	0.040	13	0.820	0.739	23	0.834	0.647	14	0.715	0.179	17	0.749	0.916
23	0.861	0.106	17	0.834	0.647	17	0.741	0.906	05	0.848	0.866	06	0.837	0.978	16	0.770	0.128	04	0.802	0.186
12	0.865	0.377	16	0.909	0.608	11	0.747	0.205	27	0.867	0.633	03	0.849	0.964	08	0.815	0.385	14	0.835	0.319
29	0.882	0.635	06	0.914	0.420	20	0.850	0.047	03	0.883	0.333	24	0.851	0.109	05	0.872	0.490	08	0.870	0.546
08	0.902	0.020	27	0.958	0.356	02	0.859	0.356	17	0.900	0.443	05	0.859	0.835	21	0.885	0.999	28	0.871	0.539
04	0.951	0.482	26	0.981	0.976	07	0.870	0.612	21	0.914	0.483	17	0.863	0.220	02	0.958	0.177	25	0.971	0.369
02	0.977	0.172	07	0.983	0.624	03	0.916	0.463	29	0.950	0.753	09	0.883	0.147	27	0.961	0.980	27	0.984	0.252

续上表

栏号 22			栏号 23			栏号 24			栏号 25			栏号 26			栏号 27			栏号 28		
A	B	C	A	B	C	A	B	C	A	B	C	A	B	C	A	B	C	A	B	C
12	0.051	0.032	26	0.051	0.187	08	0.015	0.521	02	0.039	0.005	16	0.026	0.102	21	0.050	0.952	29	0.042	0.039
11	0.068	0.980	03	0.53	0.256	16	0.068	0.994	16	0.061	0.599	01	0.033	0.886	17	0.085	0.403	07	0.105	0.293
17	0.089	0.309	29	0.100	0.159	11	0.118	0.400	26	0.068	0.054	04	0.088	0.686	10	0.141	0.624	25	0.115	0.420
01	0.091	0.371	13	0.102	0.465	21	0.124	0.565	11	0.073	0.812	22	0.090	0.602	05	0.154	0.157	09	0.126	0.612
10	0.100	0.709	24	0.11	0.316	18	0.153	0.158	07	0.123	0.649	13	0.114	0.614	06	0.164	0.841	10	0.205	0.144
30	0.121	0.774	18	0.114	0.300	17	0.190	0.159	15	0.261	0.928	30	0.405	0.273	25	0.333	0.633	26	0.385	0.111
02	0.166	0.056	11	0.123	0.208	26	0.192	0.676	10	0.301	0.811	06	0.421	0.807	28	0.348	0.710	30	0.422	0.315
23	0.179	0.529	09	0.138	0.182	01	0.237	0.030	24	0.363	0.025	12	0.426	0.583	20	0.362	0.961	17	0.453	0.783
21	0.187	0.051	06	0.194	0.115	12	0.283	0.077	22	0.378	0.792	08	0.471	0.708	14	0.511	0.989	02	0.460	0.916
22	0.205	0.543	22	0.234	0.480	03	0.286	0.318	27	0.389	0.959	18	0.473	0.738	26	0.540	0.903	27	0.467	0.841
28	0.23	0.688	20	0.274	0.107	10	0.317	0.374	03	0.625	0.777	26	0.703	0.622	18	0.670	0.904	16	0.689	0.339
19	0.243	0.001	21	0.331	0.292	05	0.337	0.844	08	0.651	0.790	29	0.739	0.394	11	0.711	0.253	06	0.727	0.298
27	0.267	0.990	08	0.346	0.085	25	0.441	0.336	12	0.715	0.599	25	0.759	0.386	01	0.790	0.392	04	0.731	0.814
15	0.283	0.440	27	0.382	0.979	27	0.469	0.786	23	0.782	0.093	24	0.803	0.602	04	0.813	0.611	08	0.807	0.983
16	0.352	0.089	07	0.387	0.865	24	0.473	0.237	20	0.810	0.371	27	0.842	0.491	19	0.843	0.732	15	0.833	0.757
03	0.377	0.648	28	0.411	0.776	20	0.475	0.761	05	0.126	0.658	20	0.136	0.576	07	0.197	0.013	03	0.210	0.054
06	0.397	0.769	16	0.444	0.999	06	0.557	0.001	14	0.161	0.189	05	0.158	0.228	16	0.125	0.363	23	0.234	0.533
09	0.409	0.428	04	0.515	0.993	07	0.610	0.238	18	0.166	0.040	10	0.216	0.565	08	0.222	0.520	13	0.266	0.799
14	0.465	0.406	17	0.518	0.827	09	0.617	0.041	28	0.248	0.171	02	0.233	0.610	13	0.269	0.477	20	0.305	0.603
13	0.499	0.651	05	0.539	0.620	13	0.641	0.648	06	0.255	0.117	07	0.278	0.357	02	0.288	0.012	05	0.372	0.223
04	0.539	0.972	02	0.623	0.271	22	0.664	0.291	19	0.420	0.557	19	0.510	0.207	27	0.587	0.643	14	0.483	0.095
18	0.560	0.747	30	0.637	0.374	04	0.668	0.856	21	0.467	0.943	03	0.512	0.329	12	0.603	0.745	12	0.507	0.375
26	0.575	0.892	14	0.714	0.364	19	0.717	0.232	17	0.494	0.225	15	0.640	0.329	29	0.619	0.895	28	0.509	0.748
29	0.756	0.712	15	0.730	0.107	02	0.776	0.504	09	0.620	0.081	09	0.665	0.354	23	0.623	0.333	21	0.583	0.804
20	0.760	0.920	19	0.771	0.552	29	0.797	0.548	30	0.623	0.106	14	0.680	0.884	22	0.629	0.076	22	0.587	0.993
05	0.847	0.925	23	0.780	0.662	14	0.823	0.223	01	0.841	0.726	21	0.870	0.435	03	0.844	0.511	19	0.896	0.464
25	0.872	0.891	10	0.924	0.888	23	0.848	0.264	29	0.862	0.009	28	0.906	0.397	30	0.858	0.289	18	0.916	0.384
24	0.874	0.135	12	0.929	0.204	30	0.892	0.817	25	0.891	0.873	23	0.948	0.367	09	0.929	0.199	01	0.948	0.610
08	0.911	0.215	01	0.937	0.714	28	0.943	0.190	04	2.917	0.264	11	0.956	0.142	24	0.931	0.263	11	0.976	0.799
07	0.946	0.065	25	0.974	0.398	15	0.975	0.962	13	0.958	0.990	17	0.993	0.989	15	0.939	0.947	24	0.978	0.636

表 A-2 路面宽度、高程、横坡检测断面随机选点计算表

断面编号	14 栏 A 列	B 列	$B \times T$	断面号	桩号
1	17	0.089	4.45	4	K36 +080
2	10	0.149	7.45	7	K36 +140
3	13	0.244	12.2	12	K36 +240
4	08	0.264	13.2	13	K36 +260
5	18	0.285	14.25	14	K36 +280
6	02	0.340	17.05	17	K36 +340
7	06	0.359	17.95	18	K36 +360
8	20	0.387	19.35	19	K36 +380
9	14	0.392	19.60	20	K36 +400
10	03	0.408	20.40	20	K36 +420
11	16	0.527	26.35	26	K36 +520
12	05	0.797	39.85	40	K36 +800
13	15	0.801	40.05	40	K36 +820
14	12	0.836	41.8	42	K36 +840
15	04	0.854	42.7	43	K36 +860
16	11	0.884	44.2	44	K36 +880
17	19	0.886	44.3	44	K36 +900
18	07	0.929	46.45	46	K36 +920
19	09	0.932	46.6	47	K36 +940
20	01	0.970	48.5	49	K36 +980

4.2 按照测点数的频度要求(总的取样为 n)依次找出栏号的取样位置数,每个栏号均有 A、B、C 三列。根据检验数量 n(当 $n>30$ 时应分次进行),在所定栏号的 A 列,找出等于所需取样位置数的全部数,如 01、02、……、n。

4.3 确定取样位置的纵向距离,找出与 A 列中相对应的 B 列中数值,以此数乘以检测区间的总长度,并加在该段的起点桩号上,即得出取样位置距该段起点的距离或桩号。

4.4 确定取样位置的横向距离,找出与 A 列中相对应的 C 列中的数值,以此数乘以检查路面的宽度,再减去宽度的一半,即得出取样位置离路面中心线的距离。如差值是正(+),表示在中心线的右侧;如差值是负(-),表示在中心线的左侧。

例如:按照有关规范规定,检查验收时拟在 K36 +000 ~ K37 +000 的 1km 检测路段中选择 6 个测点进行钻孔取样检验压实度、沥青用量和矿料级配等,钻孔位置决定方法如下。

(1)选定的随机栏号为 3。

(2)栏号 3 中 A 列从上至下小于或等于 6 的数为 01、06、03、02、04 及 05。

(3)表 A-1 的 B 列中与这 6 个数相应的 6 个小数为 0.175、0.310、0.494、0.699、0.838 及 0.977。

(4)取样路段长度 1 000m,计算得出 6 个乘积(取样位置与该段起点的距离)分别为 175m、310m、494m、699m、838m、977m。

(5)表 A-1 的 C 列中与这 6 个数相应的 6 个小数为 0.647、0.043、0.929、0.073、0.166 及 0.494。

(6)路面宽度为 10m,计算得 6 个乘积分别是 6.47、0.43、9.29、0.73、1.66 及 4.94m。再减去路面宽度的一半,6 个取样的横向位置分别是右侧 1.47m、左侧 4.57m、右侧4.29m、左侧 4.27m、左侧 3.34m 及左侧 0.06m。

上述计算结果可采用表 A-3 的方式表示。

表 A-3　钻孔位置随机取样选点计算表

栏　号　3			取样路段长 1 000m			路面宽度 10m	测点数 6 个
测点编号	A 列	B 列	距起点距离（m）	桩号	C 列	距路边缘距离（m）	距中线位置（m）
NO. 1	01	0.175	175	K36 +175	0.647	6.47	右 1.47
NO. 2	06	0.310	310	K36 +310	0.043	0.43	左 4.57
NO. 3	03	0.494	494	K36 +494	0.929	9.29	右 4.29
NO. 4	02	0.699	699	K36 +699	0.073	0.73	左 4.27
NO. 5	04	0.838	838	K36 +838	0.166	1.66	左 3.34
NO. 6	05	0.977	977	K36 +977	0.494	4.94	左 0.06

条文说明

公路现场测定采用随机取样是非常重要的，尽管我国已推行多年，但使用并不普遍，主要是各施工规范、质量评定标准及相关试验方法要求不明确。本方法是美国各种规范通用且已实行多年的方法，我国《公路路面基层施工技术规范》(JTJ 034—2000)也已列入。本附录 A 是参照这些规范编写的，并结合本规程的情况作了具体说明。

对于连续测量的自动化检测设备，不必按本方法进行选点。

附录 B　检测路段数据整理方法

1　目的与适用范围

1.1　根据相关规范的规定计算一个评定路段内测定值的平均值、标准差、变异系数，计算测定值与设计值之差，按照数理统计原理计算一个评定路段内测定值的代表值。

1.2　计算代表值所使用的保证率，根据相关规范的规定采用。

2　计算

2.1　按式(B-1)计算实测值 X_i 与设计值 X_0 之差。

$$\Delta X_i = X_i - X_0 \tag{B-1}$$

式中：X_i——各个测点的测定值；

X_0——设计值；

ΔX_i——实测值 X_i 与设计值 X_0 之差。

2.2　测定值的平均值、标准差、变异系数、绝对误差、精度等按式(B-2)～式(B-6)计算。

$$\overline{X} = \frac{\Sigma X_i}{N} \tag{B-2}$$

$$S = \sqrt{\frac{\Sigma (X_i - \overline{X})^2}{N-1}} \tag{B-3}$$

$$C_V = \frac{S}{\overline{X}} \times 100 \tag{B-4}$$

$$m_X = \frac{S}{\sqrt{N}} \tag{B-5}$$

$$p_X = \frac{m_X}{\overline{X}} \times 100 \tag{B-6}$$

式中：X_i——各个测点的测定值；

N——一个评定路段内的测点数；

X——一个评定路段内测定值的平均值；

C_V——一个评定路段内测定值的变异系数(%)；

m_X——一个评定路段内测定值的绝对误差；

p_X——一个评定路段内测定值的试验精度(%)。

2.3　计算一个评定路段内测定值的代表值时，对单侧检验的指标，按式(B-7)计算；对双侧检验的指标，按式(B-8)计算。

$$X' = \overline{X} \pm S\frac{t_\alpha}{\sqrt{N}} \tag{B-7}$$

$$X' = \overline{X} \pm S\frac{t_{\alpha/2}}{\sqrt{N}} \tag{B-8}$$

式中：X'——一个评定路段内测定值的代表值；

t_α 或 $t_{\alpha/2}$——t 分布表中随自由度($N-1$)和置信水平 α(保证率)而变化的系数，见表 B。